Frater • Schüller

Das große Buch zu
EXCEL 3

DATA BECKER

Dieses Buch ist keine Original-Dokumentation zur Software der Fa. Microsoft.

Sollte Ihnen dieses Buch dennoch anstelle der Original-Dokumentation zusammen mit Disketten verkauft worden sein, welche die entsprechende Microsoft-Software enthalten, so handelt es sich wahrscheinlich um eine Raubkopie der Software.

Benachrichtigen Sie in diesem Fall umgehend Microsoft GmbH, Edisonstr. 1, 8044 Unterschleißheim - auch die Benutzung einer Raubkopie kann strafbar sein.

Der Verlag
Microsoft GmbH

Copyright	© 1991 by DATA BECKER GmbH Merowingerstr. 30 4000 Düsseldorf 1
	2. überarbeitete Auflage 1991
Umschlaggestaltung	Werner Leinhos
Text verarbeitet mit	Word 5.0, Microsoft
Belichtung	Merlin Belichtungsservice, Essen
Druck und buchbinderische Verarbeitung	Mohndruck, Gütersloh
	Alle Rechte vorbehalten. Kein Teil dieses Buchs darf in irgendeiner Form (Druck, Fotokopie oder einem anderen Verfahren) ohne schriftliche Genehmigung der DATA BECKER GmbH reproduziert oder unter Verwendung elektronischer Systeme verarbeitet, vervielfältigt oder verbreitet werden.
	ISBN 3-89011-355-9

Über die Autoren   Markus Schüller arbeitet als freiberuflicher Software-Trainer im PC- und Großrechnerbereich. Das Training von Anwendern, die Erstellung von Dokumentationen sowie die didaktische Entwicklung von Kurskonzepten stellt sein Hauptaufgabengebiet dar.

Harald Frater ist als Leiter Schulung/Support einer Computerfirma mit typischen Anwenderproblemen bestens vertraut. Sein Aufgabengebiet umfaßt die bedarfsorientierte Beratung der Kunden sowie die Lösung von Hard- und Software-Problematiken.

Durch zahlreiche Publikationen zum Thema Windows und anderen Anwendungsprogrammen bietet das Autorenteam eine Kombination aus praktischer Erfahrung, didaktischen Kenntnissen und theoretischem Hintergrundwissen.

Wichtiger Hinweis

Die in diesem Buch wiedergegebenen Verfahren und Programme werden ohne Rücksicht auf die Patentlage mitgeteilt. Sie sind für Amateur- und Lehrzwecke bestimmt.

Alle technischen Angaben und Programme in diesem Buch wurden von den Autoren mit größter Sorgfalt erarbeitet bzw. zusammengestellt und unter Einschaltung wirksamer Kontrollmaßnahmen reproduziert. Trotzdem sind Fehler nicht ganz auszuschließen. DATA BECKER sieht sich deshalb gezwungen, darauf hinzuweisen, daß weder eine Garantie noch die juristische Verantwortung oder irgendeine Haftung für Folgen, die auf fehlerhafte Angaben zurückgehen, übernommen werden kann. Für die Mitteilung eventueller Fehler sind die Autoren jederzeit dankbar.

Wir weisen daraufhin, daß die im Buch verwendeten Soft- und Hardwarebezeichnungen und Markennamen der jeweiligen Firmen im allgemeinen warenzeichen-, marken- oder patentrechtlichem Schutz unterliegen.

Für Elke und Angela

Vorwort

Der Erfolg der neuen Excel-Version (und von Excel selbst!) hängt eng mit der einfachen Bedienung bei gleichzeitig ungemein hoher Leistungsfähigkeit zusammen. So kann der Einsteiger schon einfache Tabellen nach einer sehr kurzen Lernphase erstellen, der Profi dagegen findet nach Jahren noch interessante Möglichkeiten durch die mächtige Makroprogrammierung.

Wir möchten Sie mit unserem Buch über diese Jahre hinweg begleiten. So finden Sie Kapitel über den Einstieg bis hin zu den fortgeschrittenen Anwendungen, sowie eine komplette Referenz aller Befehle und Funktionen. Informationen rund um Excel, wie die Nutzung und optimale Anpassung von Windows, runden dieses Buch ab.

In der nun vorliegenden zweiten Auflage dieses Buches wurden zahlreiche Detailverbesserungen vorgenommen. Völlig neu ist nun die Möglichkeit, eigene Hilfesysteme zu erstellen. Dazu wurden uns die entsprechenden Tools des SDK-Development Kits freundlicherweise von der Fa. Microsoft zur Verfügung gestellt. Sie befinden sich auf der beiliegenden Diskette. Auch wurden zusätzliche Makros und Add-In's mit aufgenommen.

Wir wünschen Ihnen viel Spaß und Erfolg mit Excel und mit diesem Buch!

Düsseldorf, im Oktober 1991   *Harald Frater und Markus Schüller*

Die Diskette zum Buch

Auf der diesem Buch beiliegenden Begleitdiskette finden Sie eine ganze Reihe an nützlichen Programmen, Makros und Beispieldateien. In diesem Zusammenhang möchten wir dem Technischen Support der Fa. Microsoft danken, die uns die Programme zur Erzeugung eigener Hilfetexte, die Registermakros und die fehlerfreie Version des Q+E-Makros zur Verfügung gestellt hat.

Bis auf das Verzeichnis /DB können Sie alle Dateien problemlos auf die Festplatte kopieren.

Aufgeteilt ist die Diskette in fünf Verzeichnisse:

1. Das Verzeichnis BEISPIEL

Hier befinden sich alle Dateien, die im direktem Zusammenhang mit den Beispielanwendungen in den Kapiteln stehen. Wenn Sie den Lernstoff anhand der dargestellten Beispiele direkt in der Praxis erproben möchten, laden Sie die entsprechende Datei. Sie werden im Text an der entsprechenden Stelle darauf hingewiesen. Weiterhin enthält dieses Verzeichnis die Beispiele, an denen die komplizierteren Formeln erklärt werden. Auch hier werden Sie an entsprechender Stelle darauf hingewiesen.

2. Das Verzeichnis REGISTER

Dieses Verzeichnis enthält einige Makros, die sich der Registerfunktion bedienen. Die Art der Anwendung wird jeweils in der Makrovorlage beschrieben.

3. Das Verzeichnis HILFE

Hier finden Sie alle Programme und Beispiel aus dem SDK Development Kit, um sich eigene Hilfesysteme anzulegen. Die Beschreibung dazu finden Sie im Kapitel 5. Weiterhin befindet sich hier das Konvertierungsprogramm, um Makro-Hilfetexte früherer Excel-Versionen auch unter der neuen Version verwenden zu können. Die Beschreibung erfolgt in den Kapiteln 5 und 13.

4. Das Verzeichnis Q+E

Sie finden hier die neueste Version des Add-In-Makros Q+E zum Aufruf des Datenbankeditors Q+E aus Excel heraus. Hiermit wird die Bearbeitung externer Datenbanken und damit der Datenaustausch zu Excel wesentlich erleichtert.

5. Das Verzeichnis DB

In diesem Verzeichnis sind alle Beispieldateien enthalten, die im Kapitel über den Datenbankeditor Q+E verwendet werden. Da die Pfadverweise innerhalb der Dateien auf A:\DB liegen, gibt es allerdings Probleme, wenn Sie die Beispieldateien einfach auf die Festplatte kopieren.

Inhaltsverzeichnis

1.	**Einleitung**	**17**
	1.1 Was ist eine Tabellenkalkulation?	19
	1.2 Wozu kann eine Tabellenkalkulation eingesetzt werden?	19
	1.3 Was leistet Excel?	21
	1.4 Welche Hardwarevoraussetzungen sind notwendig?	22
2.	**Excel richtig installieren**	**25**
	2.1 Windows einrichten	27
	2.2 Excel einrichten	33
3.	**Die Benutzeroberfläche Windows**	**39**
	3.1 Was ist Windows?	42
	3.2 Die Elemente des Excel-Bildschirms	43
	3.3 Fenstertechnik und Befehlsauswahl	53
	3.4 Umschalten zwischen verschiedenen Programmen	59
4.	**Das Excel-Lernprogramm**	**65**
5.	**Das Excel-Hilfesystem**	**73**
	5.1 Starten der Excel-Hilfe	76
	5.2 Die Schaltflächen des Hilfe-Fensters	78
	5.3 Die Auswahl der Hilfethemen	79
	5.4 Einen persönlichen Hilfetext verfassen	80
	5.5 Anwenderspezifische Hilfetexte in der Makroprogrammierung	82
6.	**Die Grundlagen von Excel**	**91**
	6.1 Der Excel-Bildschirm	93
	6.2 Änderungen im Excel-Bildschirm vornehmen	99

6.3	Befehle auswählen	102
6.4	Eingaben in Felder	103
6.5	Feldinhalte kopieren	114
6.6	Feldinhalte ändern	121
6.7	Feldinhalte ausschneiden	122

7. Berechnungen in Excel ... 125

7.1	Formeln in Feldern berechnen	128
7.2	Verknüpfen von Feldern	131
7.3	Adressierung von Feldbereichen	133
7.4	Funktionen und Argumente verwenden	143
7.5	Feldinhalte übertragen	146
7.6	Verknüpfung mehrerer Tabellen	149
7.7	Besondere Berechnungen	162

8. Gestalten der Tabelle ... 181

8.1	Die Zahlenformate	187
8.2	Die Schriftarten	203
8.3	Ausrichtung der Einträge	208
8.4	Farbliche Gestaltung von Feldern	210
8.5	Umrahmung von Feldern	213
8.6	Einstellung der Spaltenbreite	214
8.7	Einstellen der Zeilenhöhe	216
8.8	Sperren von Feldern	219
8.9	Einrichten der Arbeitsumgebung	221
8.10	Notizen	225
8.11	Die Gliederungsfunktion	229
8.12	Arbeiten mit Formatvorlagen	256
8.13	Zeichnen im Arbeitsblatt	274
8.14	Positionieren von Texten im Arbeitsblatt	288
8.15	Positionieren von Diagrammboxen im Arbeitsblatt	294
8.16	Definition bestimmter Feldbereiche als grafische Objekte	299
8.17	Fremde Grafiken in Tabellen	303

9. Dateien verwalten mit Excel ... 307

9.1	Dateiformate	309
9.2	Speichern einer Tabelle	312
9.3	Speichern eines Diagramms	316
9.4	Speichern einer Makrovorlage	317

9.5	Datenschutz und Datensicherheit	318
9.6	Das Verzeichnis XLSTART	321
9.7	Dateien öffnen	322

10. Die Druckausgabe 325

10.1	Festlegen eines Druckbereiches	327
10.2	Die Seitenansicht	332
10.3	Das Layout	336
10.4	Die Einrichtung des Druckers	340
10.5	Starten der Druckausgabe	343
10.6	Der Druck-Manager	345

11. Diagramme mit Excel erstellen 351

11.1	Welches Diagramm für welche Aussagen?	353
11.2	Formen der Diagrammgestaltung	359
11.3	Erstellen eines Diagramms	368
11.4	Ändern der Vorzugsform	381
11.5	Werte ändern und zusätzliche Werte hinzufügen	383
11.6	Formatierung der Diagrammelemente	388
11.7	Gestaltung des Diagramms	399
11.8	Legende und Texte einfügen	407
11.9	Bilder als Diagrammelemente verwenden	416

12. Excel als Datenbank 421

12.1	Einrichten des Datenbankbereiches	428
12.2	Eingabe von Datensätzen und Formatierung der Felder	431
12.3	Übernahme von Datensätzen aus anderen Anwendungen	435
12.4	Suchkriterienbereich definieren und Suchbefehle einsetzen	439
12.5	Kombinieren von Suchkriterien	449
12.6	Ausgabe der gefundenen Datensätze	454
12.7	Löschen von Datensätzen	459
12.8	Ordnen von Datensätzen	461
12.9	Arbeiten mit der Datenmaske	467
12.10	Ändern von Datensätzen in der Datenmaske	469
12.11	Datensätze mit der Datenmaske suchen oder löschen	470
12.12	Gestaltung einer eigenen Datenmaske	473
12.13	Datenbankfunktionen	477

13. Die Makroprogrammierung unter Excel **483**

- 13.1 Arbeiten mit dem Makrorekorder 488
- 13.2 Starten und Testen eines Befehlsmakros 492
- 13.3 Erstellen eines Funktionsmakros 494
- 13.4 Strukturierte Makroprogrammierung 498
- 13.5 Erstellen von eigenen Menüs 509
- 13.6 Eigene Menüs in die Standard-Menüleisten einfügen 513
- 13.7 Erstellen einer eigenen Menüleiste 514
- 13.8 Erstellen einer eigenen Benutzeroberfläche 517
- 13.9 Interaktive Makros 520
- 13.10 Makros mit Schaltflächen oder anderen Objekten verknüpfen 522
- 13.11 Erstellen von eigenen Dialogfeldern 526
- 13.12 Der Dialogfeldeditor 539
- 13.13 Dynamischer Datenaustausch 549
- 13.14 Arbeiten mit Zusatz-Funktionen 553
- 13.15 Die Makro-Übersetzungshilfe 556

14. Der Excel-Solver **559**

- 14.1 Die Arbeitsweise des Solvers 561
- 14.2 Eingaben an den Solver 562
- 14.3 Lösungssuche starten 565
- 14.4 Eingabe von Beschränkungen 568
- 14.5 Solver-Modelle 571
- 14.6 Einstellungen der Optionen 574

15. Der Datenbankeditor Q+E **577**

- 15.1 Q+E starten 580
- 15.2 Öffnen von Datenbankdateien 581
- 15.3 Sortieren von Datenbankdateien 584
- 15.4 Auswählen von Datensätzen 586
- 15.5 Bestimmte Datensätze oder Teile von Datensätzen suchen 589
- 15.6 Statistische Auswertungen von Datenbankfeldern 590
- 15.7 Auswahl und Änderung der Spaltenfolge 592
- 15.8 Verknüpfung von Datenbanken 594
- 15.9 Etiketten drucken 597
- 15.10 Datenbankdateien bearbeiten 600
- 15.11 Abfragedateien speichern 602
- 15.12 Indexdateien 604
- 15.13 SQL 607

15.14	Textdateien	616
15.15	Datenübertragung in andere Anwendungsprogramme	618

16. Einsatz von Excel im Netzwerk ... **621**

16.1	Die Installation im Netzwerk	623
16.2	Nutzung eines Netzwerksdruckers	625
16.3	Dateien im Netzwerk	626

17. Excel und die Fremdformate ... **629**

17.1	Die unterstützten Dateiformate	631
17.2	Zusammenarbeit mit Multiplan	635
17.3	Zusammenarbeit mit Lotus 1-2-3	639

18. Datenaustausch mit anderen Programmen ... **647**

18.1	Wie Daten übertragen werden	650
18.2	Die Formate der Zwischenablage	654
18.3	Dynamische Verknüpfung über die Zwischenablage	657
18.4	Inhalte der Zwischenablage speichern und löschen	661

19. Excel in der Praxis ... **663**

19.1	Beispiel Warenhandelskalkulation	665
19.2	Beispiel Lagerhaltung	674
19.3	Beispiel Iteration	703
19.4	Beispiel Prognose für Spediteure	708
19.5	Adreßverwaltung mit Excel	717
19.6	Privates Finanzmanagement	724

20. Die Systemsteuerung ... **733**

20.1	Farben einstellen	736
20.2	Ländereinstellungen	738
20.3	Datum und Zeit setzen	740
20.4	Druckerinstallation	741
20.5	Schriften installieren	745
20.6	Arbeitsbereich ändern	747
20.7	Maus- und Tastatur-Einstellungen	750
20.8	Datenübertragungsanschlüsse konfigurieren	751
20.9	Ein- und Ausschalten des Signaltons	753

20.10 Einstellungen im erweiterten 386er-Modus .753
20.11 Einstellung von Netzwerk-Optionen 756

21. Zusatzspeicher richtig nutzen 757

21.1 Die Speicherverwaltung von PC's 759
21.2 Was ist Expanded Memory? 762
21.3 Die Speichernutzung von Windows 766
21.4 Die Konfiguration Ihres Rechners 769
21.5 Expanded Memory einrichten 772
21.6 Extended Memory durch HIMEM.SYS einrichten 774
21.7 Die Windows-Speicheroptimierung 776
21.8 Auslagerungsdateien (Swapfiles) 780

22. Excel in der Übersicht 785

22.1 Befehlsübersicht 787
22.2 Funktionsübersicht 868
22.3 Makrofunktionen 915

Stichwortverzeichnis **1007**

Kapitel 1

1.	**Einleitung**	**19**
1.1	Was ist eine Tabellenkalkulation?	19
1.2	Wozu kann eine Tabellenkalkulation eingesetzt werden?	19
1.3	Was leistet Excel?	21
1.4	Welche Hardwarevoraussetzungen sind notwendig?	22

1. Einleitung

In diesem Kapitel erhalten Sie grundlegende Informationen über die Einsatzgebiete von Tabellenkalkulationen allgemein und über die Rolle, die Excel dabei spielt. Auch die optimale Umgebung, also die Ausstattung des Computers und seine Arbeitsweise, sind Themen dieses Kapitels.

1.1 Was ist eine Tabellenkalkulation?

Bei wohl keiner anderen Anwendungssoftware stellt sich diese Frage nach der Verwendung so häufig wie bei Tabellenkalkulationen, die oft auch als elektronische Arbeitsblätter bezeichnet werden. Den meisten computerinteressierten Menschen ist bekannt, daß Datenbanken zur Speicherung und Verwaltung von Daten zu nutzen sind, Textverarbeitungen zum Erstellen und Bearbeiten von Texten und Grafikprogramme zum Anfertigen von Zeichnungen mit dem Computer.

Bei Tabellenkalkulationen ist es jedoch unzureichend und unbefriedigend, die Kalkulation von Tabellen als Aufgabengebiet zu bezeichnen, denn damit kann man kaum die große Verbreitung von Produkten wie Excel, Multiplan oder auch Lotus 1-2-3 begründen. Wer kalkuliert schon Tabellen, und was ist darunter zu verstehen?

Die Leistungsfähigkeit und damit auch die Möglichkeiten zur Anwendung dieser Art von Software scheinen also wesentlich vielfältiger zu sein. Diese Einleitung soll ein Ansatz sein, um die oben gestellten Fragen zu beantworten.

1.2 Wozu kann eine Tabellenkalkulation eingesetzt werden?

Zuerst sicherlich zum Erfassen und Speichern von Zahlen und Texten. Anders als z.B. Datenbanken bieten Tabellenkalkulationen durch die Gliederung der Arbeitsblätter in eine Vielzahl von Zellen sehr gute und

Einleitung

einfache Möglichkeiten, Daten in Tabellenform darzustellen. Auf diese Weise wird der Anwender von vornherein zu strukturiertem Arbeiten angeleitet.

Berechnungen

Wenn eine Tabelle erst einmal aus Zahlen und Texten zusammengestellt worden ist, taucht sehr oft der Wunsch auf, zeilen- oder spaltenorientierte Rechenoperationen vorzunehmen. Die wohl am häufigsten geforderten Berechnungen sind die spalten- oder zeilenweise Summierung von Zahlen oder die Berechnung eines Mittelwertes. Diese Aufgaben lassen sich in Tabellenkalkulationen durch die Eingabe einfacher Formeln oder Funktionen erledigen.

Indem Tabellenkalkulationen Formeln verwenden (von einfachen bis hin zu sehr komplexen), genügt die Änderung eines einzelnen Werts in der Tabelle, um auch das Ergebnis sofort in aktualisierter Form vor Augen zu haben. Durch diese Flexibilität lassen sich Planungen oder Kalkulationen sehr schnell durch Veränderungen der in den Formeln verwendeten Variablen durchführen.

Diese hier bewußt einfach gewählte Aufgabenstellung kann nach einer relativ geringen Einarbeitungszeit durchaus so leistungsfähig werden, daß komplexe betriebswirtschaftliche, finanzmathematische oder auch wissenschaftliche Zusammenhänge übersichtlich dargestellt und berechnet werden können. Durch die Abbildung in Tabellenform ist auch eine ansprechende Ausgabe auf dem Drucker kein Problem.

Diagramme

Darüber hinaus bieten alle großen Tabellenkalkulationen vielfältige Möglichkeiten zur Formatierung der Feldeinträge und zur grafischen Aufbereitung der Daten als Diagramm. Die Verbindung von mathematischen und grafischen Fähigkeiten ermöglicht eine schnelle, präzise und anschauliche Präsentation der erfaßten und errechneten Daten.

Makros

Für fortgeschrittene Anwender stellen Programme wie Excel, Multiplan und Lotus 1-2-3 immer anspruchsvollere Makrosprachen zur Verfügung, die es ermöglichen, spezielle Anwendungen unter der Kalkulationsoberfläche zu schreiben, die einen ungeübten Benutzer in die Lage versetzen, auch mit sehr großen und komplexen Kalkulationsblättern umzugehen.

Zusammengefaßt heißt das, daß mit einer Tabellenkalkulation unterschiedliche Aufgaben erledigt werden können und daß man diese Programme aufgrund der Leistungspalette besser als integrierte Softwarepakete mit kalkulatorischem Schwerpunkt bezeichnen kann.

Einleitung

1.3 Was leistet Excel?

Excel gliedert sich in vier große Bereiche:

- Excel als Tabellenkalkulation
- Excel als Datenbank
- Excel als Grafikprogramm
- Excel als Programmierumgebung

Der Teil von Excel, der die Erstellung, Berechnung und Ausgabe von Tabellen übernimmt, bietet mit 256 Spalten und 16.384 Zeilen ausreichend Platz, um selbst umfangreiche Modelle aufzunehmen. Eine Vielzahl von mathematischen, finanzmathematischen und statistischen Funktionen steht zur Lösung beinahe aller Ihrer Aufgaben zur Verfügung. Beim Gebrauch bestimmter Darstellungsformen können Was-wäre-wenn-Analysen durchgeführt und Zahlenreihen automatisch fortgeschrieben werden.

Tabellenfunktionen

Die Formatierung und Ausgabe einer Tabelle genügt auch höchsten gestalterischen Ansprüchen. Was die Auswahl an Schriftarten, -größen und -attributen angeht, kann Excel ohne weiteres mit einer modernen Textverarbeitung verglichen werden. Zur Hervorhebung von Tabellenbereichen stehen zahlreiche Rahmenarten, Strichstärken und Schraffuren zur Verfügung. Um eine einheitliche Formatierung zu vereinfachen, können auch Formatvorlagen erstellt werden.

Auf Color-Bildschirmen und auch auf farbfähigen Druckern können farbenprächtige Tabellen und Diagramme ausgegeben werden.

Die Datenbankfunktionen von Excel werden durch die Definition bestimmter Bereiche in Ihrem Arbeitsblatt aktiv. Diese Datenbankfunktionen genügen sicherlich nicht professionellen Ansprüchen, doch kann damit auf die Einträge kleinerer Listen schnell nach bestimmten Kriterien zugegriffen werden. Eine Standard-Datenmaske bietet eine zusätzliche Möglichkeit zum Suchen, Eintragen und Ändern von Daten.

Datenbankfunktionen

Der Grafikteil von Excel ist mit der Version 3.0 um Längen attraktiver geworden. Hier können die Daten einer Tabelle mit wenigen Handgriffen in einer von über 50 Diagrammarten dargestellt werden. Die Bandbreite erstreckt sich vom einfachen Säulendiagramm bis zur dreidimensionalen Flächengrafik. Wer eine besondere Sicht auf dreidimensionale Grafiken werfen möchte, kann den Blickwinkel auf seine Daten sowohl horizontal als auch vertikal drehen.

Grafikfunktionen

Einleitung

Zeichen- | Als ganz neu unter Excel 3.0 muß der Punkt *Zeichnen* in Arbeitsblättern
funktionen | vorgestellt werden. Die Version 3.0 stellt die Grundfunktionen eines Zeichenprogrammes zur Verfügung, um Tabellen und Diagramme durch eigene Zeichnungen bereichern zu können.

Makrofunktionen | Wer Excel als Programmierumgebung für eigene Anwendungen verwenden will, der kam mit diesem Programm durch die umfangreiche Makrosprache schon immer auf seine Kosten. Mit der Version 3.0 stehen weitere Möglichkeiten und noch mehr Features zur Realisierung einer grafischen Benutzeroberfläche zur Verfügung. Nicht zuletzt ist zu erwähnen, daß die Möglichkeiten, die Excel zum Test von Makroprogrammen bietet, deutlich verbessert wurden.

1.4 Welche Hardwarevoraussetzungen sind notwendig?

Da Excel sich der grafischen Benutzeroberfläche Windows bedient, sollte es sich mindestens um einen Computer der AT-Leistungsklasse handeln, also ein System mit einem 80286-Prozessor. Nun gibt es natürlich auch in diesem Bereich unterschiedliche Leistungsklassen.

Taktfrequenzen | Das Hauptmerkmal ist die Verarbeitungsgeschwindigkeit des Computers, also die Taktgeschwindigkeit des Prozessors. Die Palette reicht beim 80286-Prozessor von 6 Mhz (bei älteren Modellen) bis hin zu mehr als 16 Mhz. Je höher also die Verarbeitungsgeschwindigkeit des Prozessors, desto höher auch die Arbeitsgeschwindigkeit von Excel. Beim Einsatz eines Computers mit einem 80386-Prozessor erhalten Sie die volle Leistungsvielfalt von Excel bzw. Windows. In diesem Fall können Sie mit einem speziellen Modus mehrere Programme gleichzeitig ablaufen lassen. Dieses Verfahren nennt man Multitasking. Beim Multitasking können Sie beispielsweise eine umfangreiche Tabelle im Hintergrund berechnen lassen, während Sie zur gleichen Zeit im Vordergrund einen Brief schreiben.

Coprozessor | Werden in der Regel sehr umfangreiche Berechnungen in Excel vorgenommen, lohnt sich der Einsatz eines sogenannten mathematischen Co-Prozessors der Reihe 80287 bzw. 80387. Dieser Prozessor nimmt dem Hauptprozessor die Arbeit des Rechnens ab und überläßt ihm die reine Verwaltungsarbeit. Durch diese Entlastung wird die Verarbeitungsgeschwindigkeit weiter gesteigert. Der Einsatz eines solchen Co-Prozessors ist jedoch optional und keine Bedingung zum Ablauf von Excel.

Festplatte | Das Vorhandensein einer Festplatte ist ein Muß, wenn man mit umfangreichen Windows-Anwendungen arbeitet. Windows und Excel belegen - grob gesagt - etwa 10 MByte Speicherkapazität, also sollte die Festplatte

Einleitung

von vornherein großzügig dimensioniert werden, wenn man später noch den Einsatz weiterer Anwendungen wie Word für Windows oder Pagemaker plant. Auch die Tabellen selbst nehmen je nach Umfang einiges an Kapazität in Anspruch. Für den Anfang genügt zwar eine 20 MByte große Festplatte, doch kann man je nach Datenbestand bald an seine Grenzen stoßen. Empfehlenswert sind 40 MByte Festplattenkapazität. Ein weiterer Hinweis: Windows bzw. Excel greifen häufiger auf die Festplatte zu, um weniger benötigte Programmteile einzuladen. Daher sollte die Zugriffsgeschwindigkeit der Festplatte nicht zu langsam sein. Hier hat sich ein Faktor von ca. 25 ms bewährt.

Neben dem Prozessor spielt auch der Arbeitsspeicher eine große Rolle, um die Leistungsfähigkeit von Windows und damit auch von Excel voll auszuschöpfen. Bei einem 80286-Prozessor sollte mindestens 1 MByte Gesamtspeicher vorhanden sein. Bei der Verwendung eines 80386-Prozessors müssen mindestens 2 MByte Hauptspeicher vorhanden sein, um die entsprechenden Möglichkeiten (Multitasking) nutzen zu können. Die meisten der heute verkauften Computer verfügen bereits über eine splche Speicherkapazität.

Arbeitsspeicher

Bei der Grafikkarte und dem Monitor sollte nicht gespart werden. Windows läuft zwar mit allen Grafik-Standards, entfaltet jedoch erst bei einer VGA-Karte mit entsprechendem Monitor seine vollendete "Schönheit". 16 Farben in Verbindung mit einer hohen Auflösung sollten für eine grafikorientierte Benutzeroberfläche vorhanden sein. Beim Einsatz einer hochauflösenden Grafikkarte lassen sich bei einer Verkleinerung des Schriftbildes mehrere Zeilen und Spalten gleichzeitig auf dem Bildschirm anzeigen. Das ist in der Regel nur dann sinnvoll, wenn auch ein entsprechend dimensionierter Monitor zum Einsatz kommt.

Grafikkarte

Zum Schluß noch ein Wort zur Maus als Eingabegerät. Excel läßt sich komplett über die Tastatur bedienen, doch erst die Maus ist "das Salz in der Suppe". Die meisten Aktionen können wunderbar mit der Maus vollzogen werden. Es gibt jedoch auch eine ganze Reihe von Tastenkombinationen, um eine bestimmte Aktion schnell durchführen zu können. Sie werden sich daher später wahrscheinlich, ähnlich wie wir, an eine kombinierte Bedienung mit Maus und Tastatur gewöhnen.

Maus

Einleitung

Kapitel 2

2.	**Excel richtig installieren** 27
2.1	Windows einrichten 27
	Sicherungskopie erstellen 28
	Den Installationsprozeß starten 28
	Das Windows-Setup 29
	Installationsmöglichkeiten 29
	Machen Sie Windows mit Ihrem Drucker bekannt 31
	Wie der Drucker in der Firma genutzt werden kann 32
	Programme anpassen 32
2.2	Excel einrichten 33
	Makro-Übersetzer 35
	Makro-Bibliotheken 35
	Solver 35
	Q+E 35
	Lotus-1-2-3-Übersetzungs-Hilfe 35
	Excel starten 36
	Excel aus Windows heraus starten 36
	Excel von der DOS-Oberfläche starten 36
	Beenden von Excel 38
	Excel schließen 38
	Windows schließen, ohne Excel beendet zu haben 38

2. Excel richtig installieren

Um Excel installieren zu können, müssen zwei Voraussetzungen erfüllt sein: Zum einen brauchen Sie die richtige Hardware (siehe vorherigen Abschnitt), zum anderen ein installiertes Windows in der Version 3. Da Windows nicht mehr Bestandteil von Excel ist, wie es bei den früheren Versionen der Fall war, soll an dieser Stelle auch die Installation von Windows beschrieben werden, damit der Vorgang komplett durchgeführt werden kann. Die Installation von Excel wird aus der Windows-Oberfläche heraus gestartet. Haben Sie Windows schon installiert, können Sie direkt zum Kapitel 2.2 wechseln.

2.1 Windows einrichten

Bevor Sie mit Windows und Excel arbeiten können, müssen Sie das Programm auf Ihrem Rechner installieren. Das ist notwendig, damit Windows die Leistungsfähigkeit des Rechners optimal ausnutzen kann. Mit dem Installationsprogramm erfolgt also eine Anpassung der Software (Windows) an die Hardware (Ihren Rechner). Dies ist aber gar nicht so schwierig, wie es sich zunächst anhört. Windows verfügt über ein sehr komfortables Installationsprogramm, mit dessen Hilfe die nötigen Dateien von den Disketten auf die Festplatte übertragen und entsprechend eingerichtet werden.

Wenn Sie Windows mit 5¼-Zoll-Disketten installieren wollen, sollten Sie sich über die Kapazität Ihres Diskettenlaufwerks im klaren sein. Wie Sie wissen, gibt es zwei unterschiedliche Diskettengrößen, 5¼ Zoll und 3½ Zoll, und bei jeder Größe wiederum zwei unterschiedliche Kapazitäten. Die 5¼-Zoll-Disketten von windows sind mit der höheren Kapazität, nämlich mit 1,2 MByte beschrieben. Besitzen Sie nur ein 360-KByte-Laufwerk, so können Sie Windows nicht mit den gelieferten Disketten installieren. Für diesen Fall liegt dem Windows-Paket ein Bestellformular bei, mit dem sie bei Microsoft eine Windows-Version auf 360-KByte-Disketten anfordern können. Fragen Sie im Zweifelsfall Ihren Händler oder sehen Sie im Hnadbuch zu Ihrem Computer nach.

Windows und 360-KByte-Laufwerke

Excel richtig installieren

Sicherungskopie erstellen

Die Erstellung einer Sicherungskopie ist notwendig, damit Sie im Falle eines Falles noch einen intakten Diskettensatz zur Verfügung haben. Achten Sie darauf, daß Sie für die Kopie nur Leerdisketten verwenden, die die gleiche Kapazität besitzen, wie die Originaldisketten.

Sicher ist sicher! Nach dem Einschalten Ihres Rechners und dem Laden des Betriebssystems erscheint die DOS-Eingabeaufforderung auf Ihrem Bildschirm. Rufen Sie den DOS-Befehl

DISKCOPY A: A:

auf. Sie werden nun aufgefordert, die Quelldiskette in das Laufwerk zu schieben. Legen sie die erste Originaldiskette in das Laufwerk und starten Sie den Kopiervorgang mit [Return]. Beim Erscheinen der entsprechenden Meldung legen Sie eine neue Diskette in das Laufwerk. Dabei kann es sich auch um eine unformatierte Diskette handeln. Verfahren Sie auf die gleiche Weise mit den übrigen Disketten. Nachdem alle Disketten kopiert wurden, verstauen Sie die Originaldisketten an einem sicheren Ort und arbeiten mit den Sicherungskopien weiter.

Den Installationsprozeß starten

Legen Sie die erste Diskette in das Laufwerk und aktivieren es durch Eingabe von "A:". Um das Installationsprogramm aufzurufen, geben Sie folgenden Befehl ein:

SETUP [Return]

Es dauert einige Sekunden, bis das Programm geladen ist. Dann erscheinen einige Meldungen, die Auskunft über den Installationsvorgang geben. Die Anzeigen lassen sich durch die Taste [Return] quittieren, und es erscheint die nächste Bildschirmseite. Hier erfolgt die Abfrage nach dem Verzeichnis, in das Windows auf der Festplatte installiert werden soll. Mit dem Vorschlag richtet das Installationsprogramm quasi eine eigene "Schublade" (ein Verzeichnis) auf der Festplatte ein, in welche später das Windows-Programm übertragen wird. Quittieren Sie den Vorschlag mit [Return].

Im nächsten Bild erscheint eine Auflistung der einzelnen Peripherie-Geräte (Bildschirm, Maus, Tastatur usw.), über die Ihr Rechner verfügt. Das Installationsprogramm prüft also Ihren Rechner und stellt die entsprechenden Optionen automatisch ein. Die voreingestellten Optionen können durch die [Return]-Taste quittiert werden.

Excel richtig installieren

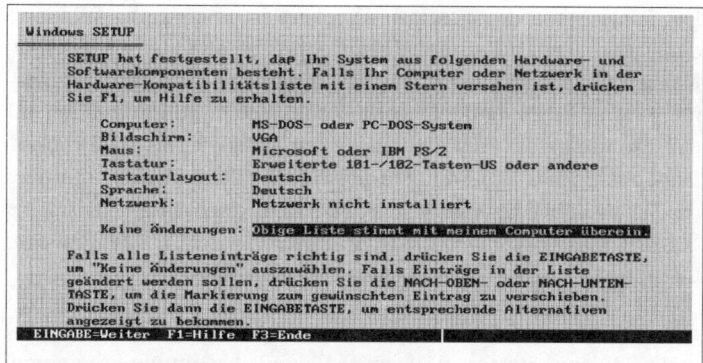

Abb. 1: Die Hardware-Auswahl von Windows 3.0

Das Windows-Setup

Windows kopiert nun die ersten Dateien auf die Festplatte, und es erscheint das erste Windows-Bild. Dieser erste Einblick in die neue Windows-Version zeigt schon einen bedeutenden Vorteil im Gegensatz zu älteren Windows-Versionen: Besitzer von VGA- bzw. EGA-Grafikkarten und mit einem Farbmonitor kommen hinsichtlich der Auflösung und des dargestellten Farbverlaufes voll auf ihre Kosten.

Dieses Setup-Programm läßt sich später auch von Windows aus aufrufen, wenn Sie z.B. Änderungen an der Hardware vorgenommen haben. Die Änderungen können dann hier eingestellt werden, ohne daß Sie Windows erneut installieren müssen. Auch das ist ein großer Vorteil gegenüber älteren Versionen.

Nachträgliche Änderungen vornehmen

Installationsmöglichkeiten

Insgesamt werden in diesem Teil drei Optionen angeboten:

1. Die Einrichtung eines Druckers (oder mehrerer).

2. Die automatische Anpassung von Standard-Programmen an Windows.

3. Die Anzeige der Informationsdateien.

Die einzelnen Optionen sind jeweils durch ein kleines Kreuz gekennzeichnet. Dies bedeutet, daß alle diese Optionen ausgeführt werden sollen.

Excel richtig installieren

Drucker-
einrichtung

zu 1. Die Einrichtung des richtigen Druckers ist wichtig, da Windows einen evtl. angeschlossenen Drucker nicht automatisch erkennt. Daher müssen Sie sich über das Modell und die Typenbezeichnung informieren. In der Regel befindet sich diese Information auf der Frontseite des Gerätes, ansonsten schauen Sie im Drucker-Handbuch nach. Des weiteren müssen Sie sich darüber informieren, an welcher Schnittstelle Ihr Drucker angeschlossen ist. Die Schnittstelle bezeichnet die Verbindung zwischen dem Drucker und Ihrem Rechner über ein entsprechendes Kabel.

Programme
anpassen

zu 2. Die automatische Anpassung von Standard-Programmen an Windows ist dann interessant, wenn Sie bereits bestimmte Programme wie Word oder Lotus 1-2-3 auf Ihrem Rechner installiert haben. Sie können diese Programmedann später von Windows aus starten, um sich die Möglichkeiten des Datenaustausches zunutze zu machen.

Info-Dateien
lesen

zu 3. Der letzte Punkt bewirkt die Anzeige sogenannter Info-Dateien. Hier finden Sie Informationen, die nach Redaktionsschluß des Handbuches noch angefallen sind. Für den reinen Einsteiger ist dies jedoch eher verwirrend, so daß Sie getrost erst einmal darauf verzichten können. Später haben Sie immer noch die Möglichkeit dazu.

Mit [Return] wird der zweite Teil der Installation gestartet. Sie können aber auch mit der Maus das Feld *OK* anklicken. Daraufhin werden Sie aufgefordert, die nächste Diskette einzulegen. Es werden nun die Windows-Programme Paintbrush, Write, Kalender usw. auf die Festplatte kopiert. Ein Laufbalken zeigt dabei an, zu welchem Prozentsatz der Installationsprozeß bereits abgeschlossen ist.

Programm-
gruppen

Im weiteren Verlauf der Installation (bei der Sie mehrmals nach Aufforderung die Disketten wechseln müssen) werden die sogenannten Programmgruppen gebildet. Dabei werden einzelne Programme sortiert und in Gruppen zusammengefaßt. Jede Gruppe stellt dabei im Prinzip ein Fenster dar, das die einzelnen Programme in Form von Symbolen beinhaltet. Es werden dabei verschiedene Gruppen gebildet:

- Hauptgruppe
- Zubehör
- Andere Anwendungen
- Windows-Anwendungen
- Spiele

Diese Gruppen lassen sich nachträglich ändern und sind somit variabel.

Excel richtig installieren

Das Programm fragt nun, ob es die Systemdateien AUTOEXEC.BAT und CONFIG.SYS um die Geräte- und Speichertreiber (Device-Treiber) bzw. die Pfadsetzung (Path-Befehl) ergänzen soll. In diesem Fall werden entsprechende Sicherungsdateien CONFIG.WIN und AUTOEXEC.BAT angelegt. Bei der Aktualisierung der Pfadangabe wird in der Datei AUTOEXEC.BAT ein Suchpfad auf das Windows-Verzeichnis festgelegt, so daß Sie Windows aus jedem beliebigen Verzeichnis heraus starten können. Wenn Sie die Datei CONFIG.SYS automatisch aktualisieren lassen, wird Windows die im Zusammenhang mit der installierten Hardware erforderlichen Gerätetreiber einrichten. Andererseits bedeutet dies auch, daß einige bereits in der ursprünglichen Konfigurationsdatei installierten Gerätetreiber (z.B. für einen Scanner) nicht mehr aktiv sind.

Systemdateien ändern

In der Regel ist es für Sie am günstigsten, wenn Sie die Konfigurationsdatei automatisch von Windows aktualisieren lassen und danach die speziellen Gerätetreiber aus der Sicherungsdatei mit einem Editor (z.B. dem Windows-Notizblock) wieder hinzufügen. Auf diese Weise bekommen Sie die optimalen Windows-Treiber automatisch eingerichtet und erhalten trotzdem Ihre speziellen Gerätetreiber.

Machen Sie Windows mit Ihrem Drucker bekannt

Ist diese Option vollzogen, wird das erste Windows-Programm aus der Gruppe *Hauptgruppe* gestartet: die Systemsteuerung. Dieses Programm wird dazu genutzt, die gewünschten Druckertreiber zu installieren. Damit Windows Ihren Drucker optimal ausnutzen kann, muß ein entsprechender Druckertreiber geladen werden, der Windows Informationen über Ihren Drucker weitergibt.

Über die Schaltfläche *Drucker hinzufügen* erscheint eine Liste aller verfügbaren Druckertreiber. Wählen Sie den Namen aus, der der Typbezeichnung Ihres Druckers entspricht, und betätigen Sie die Schaltfläche *Installieren*. Der Treiber wird dann von einer der Windows-Disketten kopiert und in dem obigen Fenster aufgeführt, das alle installierten Druckertreiber enthält. Als Schnittstelle wird automatisch die erste Parallel-Schnittstelle (LPT1:) zugeordnet, es sei denn, bei dem ausgewählten Druckertyp handelt es sich ausdrücklich um ein Gerät, das über die serielle Schnittstelle (COM1:) betrieben wird. Durch die Anwahl der Schaltfläche *OK* wird die Druckerauswahl beendet. Im Abschnitt über die Systemsteuerung erfahren Sie, wie Sie nachträglich die Zuordnung der Anschlüsse ändern können.

Zuordnung der Drucker-Schnittstelle

Verfügen Sie über zwei Drucker, dann können Sie den zweiten Drucker ebenfalls über die Systemsteuerung installieren. Wenn eine zweite Schnittstelle vorhanden ist, gibt es bei der Ansteuerung der Drucker keine

Zweitdrucker installieren

Excel richtig installieren

Probleme. Verfügen Sie jedoch lediglich über eine Schnittstelle, geben Sie trotzdem die gleiche Schnittstellenbezeichnung (z.B. LPT1:) an. Einer der Drucker erhält dann automatisch aufgrund der gleichen Schnittstellenbezeichnung den Status "Inaktiv". Wenn Sie nun den "inaktiven" Drucker aktivieren und die Option *Aktiv* wählen, so wird der markierte Drucker aktiviert, während der andere Drucker automatisch in den Status "Inaktiv" wechselt. Durch diese Sicherheitsmaßnahme kann es keine Überschneidungen geben.

Wie der Drucker in der Firma genutzt werden kann

Tip

Ein Tip noch: Wenn Sie zu Hause an Ihrem Computer mit Windows kreativ tätig werden, Ihre Ergebnisse jedoch lieber über den Super-Laserdrucker in der Firma oder bei einem Freund ausdrucken möchten, können Sie eine Druckdatei erstellen. Die Druckdatei hat den Vorteil, daß auf dem Computer, an dem der gewünschte Drucker angeschlossen ist, noch nicht einmal eine Windows-Version installiert sein muß. Um die Druckdatei auf den Drucker auszugeben, nutzen Sie einfach die DOS-Befehle COPY bzw. PRINT. Die Vorgehensweise ist einfach: Sie installieren den Drucker, der an dem entsprechenden Computer angeschlossen ist, und ordnen ihm den Anschluß "File" zu. Wenn Sie später einen Druckvorgang starten, werden Sie aufgefordert, einen Dateinamen anzugeben. In diese Datei wird das Dokument dann "gedruckt", wobei nicht nur das Dokument selbst in der Datei festgehalten wird, sondern auch die kompletten Druckparameter.

Programme anpassen

Der letzte Schritt bei der Installation ist die Anpassung der Programme an Windows, die Sie bereits auf der Festplatte installiert haben. Dies macht natürlich nur Sinn, wenn sich bereits Programme auf der Platte befinden. Quittieren Sie daher die Meldung entsprechend, ob auf allen Platten nach Programmen gesucht wird, die eingebunden werden sollen. Wird die Frage bejaht, erscheint folgendes Fenster auf dem Bildschirm:

Anwendungen einrichten

Im linken Fenster werden alle Programme aufgelistet, die Windows auf Ihrer Platte findet. Mit der Schaltfläche *Hinzufügen* wird das markierte Programm vom linken Fenster in das rechte Fenster übertragen. Da Windows die gefundenen Programmdateien automatisch in Windows- und Nicht-Windows-Programme unterteilt, können Sie direkt die Schaltfläche *Alle* wählen. Nachdem Sie mit *OK* bestätigt haben, werden die beiden Programmgruppen *Windows-Anwendungen* und *Andere Anwendungen* gebildet. Alle Programme werden durch ein entsprechendes Symbol in dem entsprechenden Fenster dargestellt. Windows-Programme verfügen von Haus aus über ein Symbolbild, das schon einige Ansprüche an die

Excel richtig installieren

Ästhetik erfüllt. Die Nicht-Windows-Programme werden durch ein recht schlichtes Sinnbild vertreten, das auf die DOS-Version des Programms hinweist. Wie Sie später erfahren werden, gibt es im Bereich der Nicht-Windows-Programme einige weitere Symbole zur eigenen Verwendung.

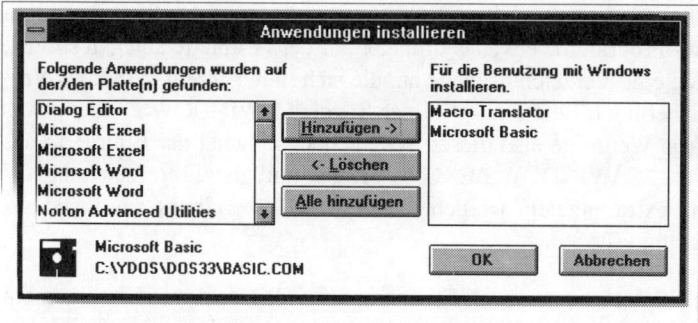

Abb. 2: Die Suche nach Programmen

So, die Installation ist nun erfolgreich abgeschlossen. Damit die ganzen Einstellungen aktiviert werden und Windows gestartet werden kann, müssen Sie einen Neustart durchführen. Betätigen Sie also das Neustart-Symbol, und es erscheint nach einiger Zeit wieder die DOS-Eingabeaufforderung.

2.2 Excel einrichten

Da das Installationsprogramm von Excel nur aus Windows heraus gestartet werden kann, müssen Sie Windows durch die Eingabe von "Win" aufrufen. Es meldet sich zunächst der Programm-Manager, der die einzelnen Programmgruppen bzw. Programme verwaltet.

Excel wird auf drei Disketten im Format 5¼ Zoll bzw. 3½ Zoll geliefert. Um die Installation zu beginnen, legen Sie die Excel-Diskette "Installationsdiskette" in das Laufwerk ein. Öffnen Sie jetzt das Menü *Datei* und rufen Sie den Befehl *Ausführen* auf. Windows öffnet ein Dialogfeld, in das Sie den Namen des auszuführenden Programms eingeben müssen. In unserem Fall starten wir das Installationsprogramm mit folgendem Aufruf:

Die Excel-Disketten

    A: INSTALL

Excel richtig installieren

Durch Anklicken der Schaltfläche *OK* mit der Maus bzw. durch Betätigung der Taste `Return` wird das Installationsprogramm gestartet.

Pfad festlegen

Daraufhin erscheint ein weiteres Dialogfeld, in dem Sie einen Pfad zu dem Verzeichnis angeben müssen, in das Excel installiert wird. Standardmäßig wird der Pfad "C:\EXCEL" vorgeschlagen. Da Sie jedoch Ihre Windows-Programme etwas geordneter auf der Festplatte ablegen sollten, geben Sie eine Verzeichnisebene an, die sich hinter Ihrem Windows-Verzeichnis befindet. Letzteres ist in der Regel "C:\WINDOWS" oder etwas Ähnliches. Wenn Sie also diesen Weg gehen, so lautet der Eintrag in das Dialogfeld "C:\WINDOWS\EXCEL". Dabei muß dieses Verzeichnis vorher nicht extra angelegt werden. Diese Arbeit übernimmt das Installationsprogramm für Sie.

Auswahl der Excel-Applikationen

Als nächstes erscheinen zwei Fenster auf dem Bildschirm: Zum einen ein Auswahlfeld, mit dem Sie angeben können, welche der vielen Excel-Applikation Sie installieren möchten. In der rechten unteren Ecke dieses Dialogfeldes können Sie erkennen, wieviel Speicherplatz auf der Festplatte für alle markierten Applikationen benötigt wird und wieviel freier Speicher tatsächlich noch verfügbar ist. Haben Sie also weniger Speicher zur Verfügung, als Sie benötigen, gibt es zwei Wege: Entweder Sie löschen nicht mehr benötigte Daten von der Festplatte, oder Sie installieren nur die nötigsten Applikationen. Wenn Sie eine bestimmte Applikation nicht installieren möchten, so müssen Sie durch Anklicken das entsprechende Markierungskreuz löschen. Sogleich wird dabei auch die Speicherbedarfsanzeige aktualisiert. Durch Anklicken der Kreuze können Sie also feststellen, wieviel Speicher welche Applikation belegt. Insgesamt werden für alle Applikationen mehr als 5 MByte freie Festplattenkapazität benötigt. Welche Applikationen sollten Sie nun installieren?

Die Excel-Aplikationen

Dazu gibt es wohl keinen Kommentar. Hierbei handelt es sich natürlich um das Kalkulationsprogramm selbst.

Microsoft-Excel-Lernprogramm

Das Lernprogramm gibt Ihnen eine Übersicht über die Möglichkeiten von Excel und bringt Ihnen im Dialog die wichtigsten Aktionen in Form von Abläufen und Abfragen bei. Das Programm ist zwar sehr schön, belegt aber fast 1 MByte Kapazität auf der Festplatte. An dieser Stelle sollten Sie ansetzen, wenn es um's Sparen geht.

Dialog-Editor

Wenn Sie mit der Makro-Sprache später eigene Applikationen erstellen, so werden Sie auch eigene Dialogfelder entwerfen. Mit der Makrosprache ist dies sehr umständlich, da Sie jede Position exakt eintragen müssen. Mit dem Dialog-Editor läßt sich ein Dialogfeld einfach gestalten, und die entsprechenden Positionsangaben werden automatisch in die Makro-Vorlage eingetragen.

Excel richtig installieren

Wenn Sie bereits mit Lotus 1-2-3 gearbeitet haben, können Sie dort erstellte Makros in Excel weiterverwenden, ohne daß diese neu geschrieben werden müssen. Mit diesem Programm werden die Lotus-1-2-3-Makros in eine für Excel verständliche Form übersetzt. Dabei tauscht das Übersetzungsprogramm die Lotus-1-2-3-Befehle gegen die entsprechenden Excel-Befehle aus (soweit Synonyme vorhanden sind!).

Makro-Übersetzer

Hier finden Sie eine Sammlung bereits bestehender Makros, die im Lieferumfang enthalten sind und bestimmte Aktionen durchführen. Aus diesem Grund lassen sich Excel-spezifische Aktionen in eigene Makros einbringen, ohne diese zuvor zeitraubend neu programmieren zu müssen.

Makro-Bibliotheken

Hierbei handelt es sich um ein Programm, mit dessen Hilfe Sie auf einfache Art und Weise "Was-wäre-wenn-Abfragen" aufgrund iterativer Berechnungen in der Tabelle realisieren können.

Solver

Betreiben Sie Excel im Austausch mit Datenbanken, so ist dieses Programm von großem Nutzen. Hiermit lassen sich die Dateien der entsprechenden Datenbanken in Excel leicht verarbeiten. Sie können noch unterscheiden, welche Schnittstellen installiert werden sollen: Excel, dBASE, SQL oder ASCII. Weiterhin kann die Standardschnittstelle definiert werden, die beim Starten von Q+E geladen wird.

Q+E

Haben Sie Ihre Auswahl getroffen, dann bestätigen Sie nun die Auswahl mit `Return`.

Das nächste Dialogfeld ist eine Kampfansage an "alte" Lotus-1-2-3-Anwender. Diese verzichteten in der Regel wegen der in Fleisch und Blut übergegangenen Lotus-1-2-3-Bedienung auf den Einsatz von Excel. Dem setzt Excel eine spezielle Übergangslösung in Form einer Übersetzungshilfe entgegen: Wird diese Hilfe eingerichtet, so haben bestimmte Lotus-1-2-3-Tastenkombinationen unter Excel das gleiche Ergebnis. Auch die Anzeige verhält sich ähnlich wie bei Lotus 1-2-3. Für "eingefleischte" Excel-User nicht zu empfehlen!

Lotus-1-2-3-Übersetzungs-Hilfe

So, nach dieser letzten Entscheidung kopiert Excel die notwendigen Dateien von den Disketten in das zuvor gewählte Verzeichnis auf der Festplatte. Den Stand der Installation können Sie anhand des Laufbalkens und der Prozentzahl überwachen. Entsprechend Ihren Installationswünschen werden Sie aufgefordert, bestimmte Disketten einzulegen. Wurden alle Dateien kopiert, meldet Excel die erfolgreiche Beendigung der Installation. Excel wurde mit seinen Applikationen in eine eigene Programmgruppe gesetzt, die Sie unter dem Namen "Excel 3.0" im Programm-Manager von Windows finden.

Der Installationsvorgang

Excel richtig installieren

Excel starten

Der Start von Excel kann auf unterschiedliche Arten erfolgen: zum einen direkt von der DOS-Oberfläche, zum anderen aus Windows heraus. In beiden Fällen ist Windows auf jeden Fall beteiligt.

Excel aus Windows heraus starten

Wenn Sie sich nach der Installation in Windows befinden, können Sie Excel starten, indem Sie den Mauszeiger auf das Symbol der Excel-Programmgruppe setzen und durch zweimaliges Betätigen der linken Maustaste (Doppelklick) diese Gruppe öffnen. Excel wird in dieser Gruppe durch ein Symbol dargestellt. Um Excel zu starten, verfahren Sie auf die gleiche Art und Weise, nämlich indem Sie mit der Maus das Symbol durch Doppelklick aktivieren.

Excel von der DOS-Oberfläche starten

Nach dem oben beschriebenen Verfahren würden Sie, um mit einem bestimmten Programm zu arbeiten, zuerst Windows starten und dann das entsprechende Programm aus Windows heraus aufrufen. Sie können ein Programm, z.B. Excel, aber auch direkt vom DOS-Prompt aus starten, ohne erst den Weg über Windows gehen zu müssen. Geben Sie in diesem Fall direkt folgenden Befehl ein:

EXCEL [Return]

Befehl oder Datei nicht gefunden!

Sollte jetzt eine Fehlermeldung erscheinen, liegt das wahrscheinlich an der Pfad-Anweisung in der AUTOEXEC.BAT. Hier werden die Suchpfade gesetzt, in denen das Betriebssystem nach Eingabe eines Programmnamens die entsprechende Programmdatei sucht. Erweitern Sie daher die PATH-Anweisung in der AUTOEXEC.BAT um den Verzeichniseintrag, in dem Windows installiert wurde, also z.B. "C:\WINDOWS\EXCEL". Ansonsten müßten Sie immer erst in das Verzeichnis wechseln, in das Excel installiert wurde. Wenn Sie Excel aus Windows heraus starten, spielt dies dagegen keine Rolle.

Excel mit Tabelle laden

Eine weitere Vereinfachung beim Start von excel ist die Möglichkeit, direkt eine bestimmte Tabelle zu laden. In diesem Fall wird einfach der Tabellenname (es kann auch ein Makro sein) hinter den Programmnamen geschrieben:

EXCEL TESTTAB.XLS

Die Dateiendung sollte immer mit angegeben werden, da durchaus mehrmals der gleiche Dateiname bei unterschiedlicher Dateiendung ver-

Excel richtig installieren

wendet werden kann. Auch die Angabe eines bestimmten Pfades ist möglich, also würde es z.B. so lauten:

 excel c:\windows\daten\testab.xls

für den Fall, daß die Tabelle nicht im aktuellen Excel-Verzeichnis vorhanden ist. Dies sollte übrigens auch tunlichst vermieden werden. Der Ordnung halber sollte für die Tabellen ein eigenes Verzeichnis angelegt werden.

Wenn Sie immer mit bestimmten Anwendungen arbeiten möchten, können Sie die Namen der zu startenden Programme in die Datei WIN.INI eintragen. Ist dies der Fall, so müssen Sie noch entscheiden, wie Windows diese Programme starten soll: als Sinnbild, oder ob direkt ein geöffnetes Programmfenster auf dem Bilschirm erscheinen soll.

Eintrag in die WIN.INI

Die Datei WIN.INI muß dabei in den Notizblock geladen werden. Bevor Sie den Ratschlägen in den nächsten Abschnitten folgen, sollten Sie sich erst mit der Bedienung des Notizblockes vertraut gemacht haben.

Im ersten Abschnitt der WIN.INI befindet sich die Zeile "load=". Tragen Sie hier die Namen der Programme ein, die nach dem Start als Sinnbild geladen werden sollen. Möchten Sie z.B. die Uhr, den Kalender und Excel laden, so müssen Sie folgenden Eintrag vornehmen:

 load=clock calendar excel

Die Dateiendungen und der Pfad müssen in diesem Fall nicht mit angegeben werden, da Windows automatisch im Windows-Verzeichnis sucht. Zu ladende Dateien müssen die Endungen ".COM", ".EXE", ".BAT" oder ".PIF" besitzen. Sollen Programme aus anderen Verzeichnissen geladen werden, so muß der komplette Pfad mit angegeben werden.

Sollen dagegen bestimmte Programme nach dem Start direkt ausgeführt werden (also in einem Programmfenster auf dem Bildschirm erscheinen), so erfolgt eine entsprechende Eintragung in der Zeile "run=". Dabei gelten die gleichen Regeln wie bei "load". Wenn Sie die entsprechenden Zeilen der Datei WIN.INI mit den Namen der von vornherein zu startenden Programme gefüllt haben, müssen Sie die Datei speichern und Windows verlassen. Erst durch einen Neustart von Windows werden die Programme aktiviert, da die Änderungen erst beim Starten von Windows eingelesen werden.

Die oben beschriebenen Änderungen haben solange Wirkung, bis eine neue Änderung in der WIN.INI vorgenommen wird.

Beenden von Excel

Zum Beenden von Excel müssen Sie den Umweg über Windows gehen. Dabei können Sie zum einen Excel schließen, und Sie kehren zu Windows zurück, oder Sie schließen Windows, wobei auch Excel als Windows-Anwendung automatisch geschlossen wird.

Excel schließen

Da Excel in einem eigenen Fenster abläuft, verfügt es über ein Steuerungsmenü. Dieses verbirgt sich hinter dem grauen Symbol in der äußersten Ecke links oben. Durch Doppelklick auf dieses Symbol bzw. durch Betätigung der Tastenkombination [Alt]+[F4] wird das Excel-Fenster geschlossen.

Sicherheits-abfrage

Sollten irgendwelche Änderungen in den Tabellen, Makros oder Diagrammen noch nicht abgespeichert worden sein, so werden Sie durch eine entsprechende Warnmeldung auf diesen Umstand aufmerksam gemacht. Hier haben Sie dann immer noch die Möglichkeit, die Änderungen zu speichern.

Den gleichen Effekt erzielen Sie, wenn Sie im Steuerungsmenü den Befehl *Schließen* wählen. In jedem Fall befinden Sie sich jedoch wieder im Programm-Manager von Windows.

Windows schließen, ohne Excel beendet zu haben

Sie können Windows auch dann direkt schließen, wenn Excel noch aktiv ist. In diesem Fall wird Excel automatisch geschlossen, und Sie haben auch hier noch die Möglichkeit, nicht übernommene Änderungen zu speichern.

Zu diesem Zweck schließen Sie Windows über das Steuerungsmenü, indem Sie das Symbol wie im obigen Fall zweimal anklicken oder die Tastenkombination [Alt]+[F4] betätigen. Nun erfolgt eine Sicherheitsabfrage, ob Sie die Arbeit mit Windows wirklich beenden möchten.

Die Option *Änderungen speichern* bezieht sich auf die Darstellung der Fenster im Programm-Manager. Wird diese Option markiert, so werden die eventuell geänderten Positionen der Programmgruppen mit abgespeichert und beim nächsten Start von Windows wieder aktiviert.

Kapitel 3

Die Benutzeroberfläche Windows

3. Die Benutzeroberfläche Windows 41
- 3.1 Was ist Windows? 42
- 3.2 Die Elemente des Excel-Bildschirms 43
  - Die Bedienungselemente eines Fensters 43
  - Die Bedienungselemente in der Titelleiste 44
  - Die Menüleiste eines Fensters 44
  - Die Rollbalken oder Bildlaufleisten 45
  - Verschieben um mehrere Spalten oder Zeilen 46
  - Die Menüauswahl 46
  - Öffnen des Systemmenüs 47
  - Die Befehlsauswahl 47
  - Aktive und inaktive Befehle 48
  - Dialogfelder, Schaltflächen und Optionsfelder 48
  - Schaltflächen 49
  - Runde und eckige Optionsfelder 50
  - Verknüpfte Eingabefelder 51
- 3.3 Fenstertechnik und Befehlsauswahl 53
  - Die Befehle des Systemmenüs 53
  - Der Befehl Vollbild 53
  - Der Befehl Wiederherstellen 54
  - Die Befehle Bewegen und Verschieben 55
  - Der Befehl Größe ändern 55
  - Der Befehl Schließen 56
  - Der Befehl Teilen 56
  - Der Befehl Symbol 58
- 3.4 Umschalten zwischen verschiedenen Programmen 59
  - Arbeit mit zwei Windows-Anwendungen 59
  - Umschalten zwischen den Anwendungen 60
  - Start einer weiteren Anwendung 60
  - Beenden einer Anwendung mit dem Task-Manager 60
  - Anordnung der Fenster 60
  - Anordnen von Symbolen 62
  - Umschalten mit einer Tastenkombination 62

3. Die Benutzeroberfläche Windows

Für die optimale Nutzung von Excel empfiehlt sich die Einarbeitung in das Programm Windows, da hier die Voraussetzungen für Excel geschaffen werden. Die Überschrift diese Kapitels ist eigentlich nicht mehr zeitgemäß, denn inzwischen versteht Windows sich nicht mehr nur als Benutzeroberfläche, sondern auch als Betriebssystemerweiterung. Was leistet diese Betriebssystemerweiterung?

Da wären zum einen die Vorteile, die Windows auch Excel zur Verfügung stellt, wenn es um die Ausnutzung der vorhandenen Hardware-Kapazität geht. Mit Windows 3.0 ist die 640-KByte-Grenze, die von DOS in bezug auf den nutzbaren Arbeitsspeicher gesetzt wird, endgültig aufgehoben. Je nach Kapazität Ihres Rechners können Sie jetzt mit mehreren Anwendungen gleichzeitig arbeiten und im Multitasking-Betrieb länger dauernde Aufgaben, die keine Eingaben seitens des Benutzers erfordern, im Hintergrund laufen lassen, während Sie inzwischen andere Arbeiten mit Ihrem Rechner erledigen.

Windows als Betriebssystemerweiterung

Zum zweiten arbeiten Sie mit Excel unter einer Benutzeroberfläche, die sich als Standardoberfläche für alle Anwendungen durchsetzen wird. Ein wesentlicher Vorteil ist dabei die symbolische Darstellung von Bedienungselementen, die Ihnen einen schnellen Einstieg in ein so umfangreiches Programm wie Excel ermöglicht, ohne zuvor lange Befehlsfolgen zu lernen.

Windows als Benutzeroberfläche

In diesem Zusammenhang sollte auf die Abkürzung SAA eingegangen werden. Diese Abkürzung steht für System Application Architecture, was übersetzt "System-Anwendungs-Architektur" heißt. Das Ziel dieses Standards ist eine einheitliche anwenderfreundliche Benutzeroberfläche, die langwierige Einarbeitungszeiten in die grundsätzliche Bedienung unterschiedlicher Programme vermeiden soll. Dieses Prinzip wird bereits erkennbar, wenn Sie außer mit Excel auch noch mit anderen Windows-Anwendungen arbeiten.

Anwenderfreundlichkeit durch SAA-Standard

Jede Anwendung verfügt z.B. über ein Systemmenü, das einen übereinstimmenden Befehlsvorrat enthält, wobei sogar die Hotkeys für die Befehle dieses Menüs in verschiedenen Anwendungen gleich sind.

Die Benutzeroberfläche Windows

Elementare Funktionen immer am gleichen Ort

Grundlegende Funktionen einer Anwendung können mit den Befehlen im Menü *Datei* erledigt werden, das immer an äußerst linker Position in der Menüleiste existiert. Zum Datenaustausch mit anderen Anwendungen finden Sie in jeder Windows-Anwendung die Befehle für die Arbeit mit der Zwischenablage im Menü *Bearbeiten*, das rechts vom Menü *Datei* angeordnet ist. Dieser Standard gilt selbst dann, wenn Sie mit einer englischen Version einer Windows-Anwendung arbeiten, auch hier befinden sich Menüs und Befehle mit gleicher Funktion an den entsprechenden Stellen, lediglich die Bezeichnungen sind anders.

3.1 Was ist Windows?

Eine recht allgemeine Antwort auf diese Frage haben Sie im vorausgegangenen Abschnitt bereits erhalten. Da Sie ein Excel-Buch in der Hand halten, gehen wir an dieser Stelle hauptsächlich auf die Benutzeroberfläche Windows ein, die es Ihnen möglich macht, Excel effektiv mit der Tastatur oder mit der Maus zu bedienen.

Einfache Bedienung durch grafische Elemente

Wenn Sie bereits mit Tabellenkalkulationen gearbeitet haben, die nicht für den Ablauf unter Windows geschrieben worden sind, haben Sie oft mit unzähligen Menüebenen und langen, schwer nachvollziehbaren Befehlsfolgen zu kämpfen gehabt. Durch ein Bedienungskonzept, das auf grafischen Bedienungselementen beruht, die hauptsächlich mit der Maus angesprochen werden, gehören unter Excel solche Prozeduren der Vergangenheit an.

Befehls- und Optionsanwahl durch Mausklick

In wenigen Menüs finden Sie - mit sprechenden Namen versehen - die Befehle, die Sie brauchen, um Ihre Aufgaben zu erledigen. Alle weiteren Optionen, die Sie für einen Befehl setzen können und möchten, markieren Sie durch einen Mausklick oder eine Tastenkombination in einem Dialogfeld, das nach Anwahl des Befehls erscheint.

Listenfelder erleichtern die Auswahl

Dateinamen, Formate oder Schriftarten können aus Listen gewählt werden, die ebenfalls innerhalb eines Dialogfeldes durch eine einzige Eingabe von Ihnen aktiviert werden können.

Selbst Eingaben in ein Arbeitsblatt, wie z.B. Funktionen oder Feldbezüge in Formeln, erfordern kaum Eingaben über die Tastatur, sondern können durch Bewegungen des Feldzeigers in das gewünschte Feld eingetragen werden. Welche Bedienungselemente Ihnen zur Verfügung stehen und wie diese mit der Maus oder der Tastatur bedient werden, soll Thema der folgenden Abschnitte sein.

3.2 Die Elemente des Excel-Bildschirms

Die folgenden Zeilen sollen Sie mit dem kleinen, grauen "Pelztier", das vielleicht schon auf Ihrem Schreibtisch lebt, etwas vertrauter machen, was den Umgang mit Excel angeht. Es ist natürlich möglich, Excel über die Tastatur zu bedienen, was mit Kenntnis der Kurztasten oft auch einen Geschwindigkeitsvorteil gegenüber der Arbeit mit der Maus zur Folge hat. In diesem Kapitel soll die grundsätzliche Bedienung von Excel mit Maus und Tastatur beschrieben werden - wenn Sie beide Wege kennengelernt haben, können Sie selbst entscheiden, wie Sie Excel bedienen wollen.

Lassen sie sich nicht von den konkreten Beispielen "abschrecken", die wir hier zur Veranschaulichung benutzen - die hier beschriebenen Techniken gelten allgemein für alle Anwendungen, die unter Windows ablauffähig sind.

Die Bedienungselemente eines Fensters

Nach dem Start von Excel erscheint auf Ihrem Bildschirm ein Fenster mit einem leeren Arbeitsblatt und dem Titel "TAB1". Dieses Fenster soll in diesem Kapitel als Beispiel dienen, um die grundsätzlichen Bedienungselemente eines Fensters kennenzulernen.

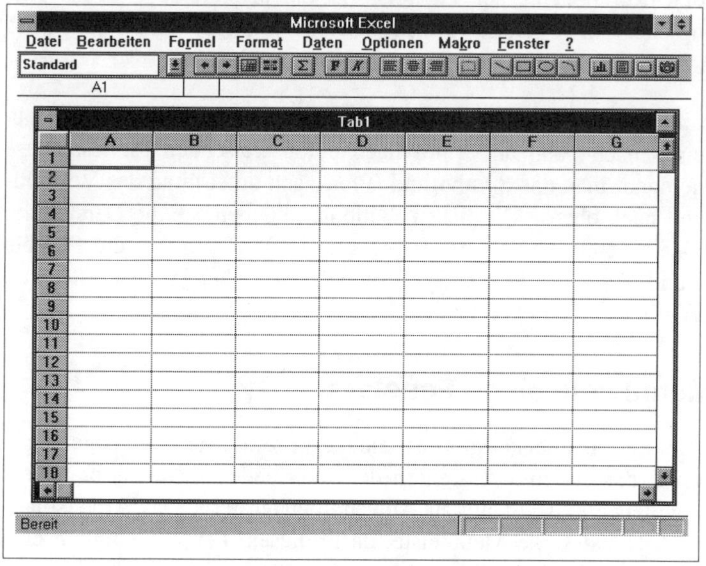

Abb. 3: Das erste Fenster, das Sie in Excel zu Gesicht bekommen

Die Benutzeroberfläche Windows

Wenn Sie genau hinsehen, stellen Sie fest, daß es sich hierbei eigentlich um zwei Fenster handelt. Das äußere Fenster ist das Windows-Fenster, in dem Excel selbst läuft, in der Titelleiste lesen Sie den Namen der Anwendung (hier: "Microsoft Excel"). Das innere Fenster ist das Fenster eines Excel-Arbeitsblattes, an dieser Stelle das Arbeitsblatt TAB1, das immer als erstes auf dem Bildschirm erscheint, wenn Sie Excel ohne weitere Angaben starten.

Titelleiste als oberer Fensterrahmen

Jedes Fenster ist mit einer Vielzahl von Bedienungselementen ausgestattet. Da ist zuerst die Titelleiste eines Fensters zu erwähnen, die den oberen Rahmen des Fensters bildet.

Abb. 4: Die Titelleiste des Excel-Fensters

Die Bedienungselemente in der Titelleiste

Das Systemmenü

Diese Titelleiste hat auf ihrer linken Seite ein wichtiges Symbol für die Bedienung eines Fensters bzw. eines Programms. Der waagerechte Balken in der Mitte des kleinen Quadrats steht für das Systemmenü des Fensters, dieses Menü enthält Befehle, die sich auf den Ablauf und die Darstellungsart einer Anwendung bzw. eines Arbeitsblattes beziehen.

Die größte Komponente der Titelleiste ist der eigentliche Titel der Anwendung oder des Arbeitsblattes. In unserer Beispieltitelleiste finden Sie hier also "Microsoft Excel" als Namen der Anwendung.

Vollbild- und Symbolfeld

Am rechten Ende der Titelleiste befinden sich noch zwei Symbole in Form eines nach oben und eines nach unten weisenden Pfeiles. Diese Symbole nennt man das Symbolfeld (Pfeil nach unten) und das Vollbildfeld (Pfeil nach oben). Mit diesen Symbolen können Sie die Darstellung des Fensters verändern, sie haben die gleiche Wirkung wie die Befehle *Symbol* und *Vollbild* aus dem Systemmenü, die später in diesem Kapitel noch detailliert beschrieben werden.

Die Menüleiste eines Fensters

Unterhalb der Titelleiste gibt es eine zweite Leiste, die sogenannte Menüleiste, die Sie zum Ansteuern der verschiedenen Menüs brauchen. Eine Menüleiste existiert nur in Anwendungsfenstern. Das Arbeitsblattfenster TAB1 hat keine Menüleiste, da in diesem Fenster lediglich eine Datei dargestellt wird und keine Anwendung läuft, die sich über Befehle eines Menüs steuern ließe.

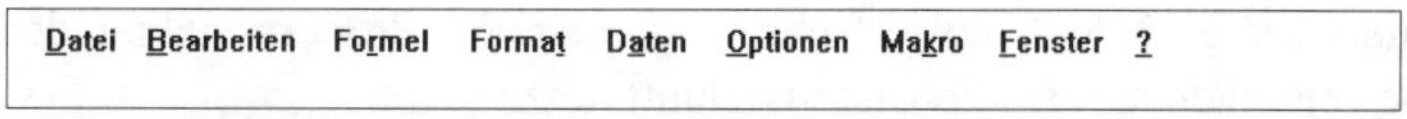

Die Benutzeroberfläche Windows

```
Datei  Bearbeiten  Formel  Format  Daten  Optionen  Makro  Fenster  ?
```

Abb. 5: Die Menüleiste von Excel

Diese Menüleiste enhält nun die Namen der Menüs, aus denen Sie die Befehle wählen können, die Ihnen unter Excel zur Verfügung stehen. Excel verfügt über acht Menüs mit den Namen *Datei*, *Bearbeiten*, *Formel*, *Format*, *Daten*, *Optionen*, *Makro* und *Fenster*. Diese Menüs enhalten alle Befehle, die Ihnen zur Steuerung des Programms zur Verfügung stehen.

Jedes Menü enthält Befehle

Die Rollbalken oder Bildlaufleisten

Ein letztes Bedienungselement, das an diesen beiden Fenstern vorgestellt werden kann, sind die Bildlaufleisten oder Rollbalken am rechten und unteren Rand des Fensters "TAB1". Zu jeder Bildlaufleiste gehören zwei Pfeile an den Enden der Laufleiste und ein Bildlauffeld, das sich zwischen den beiden Pfeilen befindet.

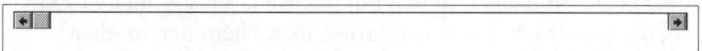

Abb. 6: Eine Bildlaufleiste (ein Rollbalken)

Durch Bildlaufleisten ist es möglich, den Ausschnitt eines Arbeitsblattes, den Sie in einem Fenster sehen möchten, zu beeinflussen. Testen Sie den Umgang mit diesen Bedienungselementen ruhig einmal am Fenster des Arbeitsblattes "TAB1". Auch wenn dieses Arbeitsblatt völlig leer ist, können Sie bei Betätigung der Bildlaufleisten dennoch erkennen, daß sich der im Fenster dargestellte Ausschnitt Arbeitsblattes, das insgesamt 256 Spalten und 16.384 Zeilen umfaßt, verschiebt.

Der Fensterausschnitt läßt sich verschieben

Sie stellen fest, daß Sie den im Fenster sichtbaren Ausschnitt nach links bzw. nach rechts verschieben können, wenn Sie einen Pfeil des unteren Rollbalkens mit der Maus anklicken. Durch Betätigung des Rollbalkens am rechten Fensterrand verschieben Sie den Auschnitt in vertikaler Richtung.

Zeilen- und spaltenweises Verschieben des Fensterausschnitts

Durch Betätigung der entsprechenden Pfeile erreichen Sie also ein zeilen- bzw. spaltenweises Verschieben des Fensterausschnitts in vertikaler bzw. horizontaler Richtung. Um diese Verschiebung zu beschleunigen, können Sie mit dem Bildlauffeld arbeiten. Klicken Sie dieses Bildlauffeld mit der Maus an, und halten Sie dabei die Maustaste fest. Jetzt können Sie das Bildlauffeld und somit auch den im Fenster dargestellten Ausschnitt an eine beliebige Position verschieben.

Das Bildlauffeld

Die Benutzeroberfläche Windows

Manchmal ist es jedoch etwas schwierig, hier die Proportionalität der Mausbewegungen auf den Fensterausschnitt umzusetzen.

Verschieben um mehrere Spalten oder Zeilen

Ihnen steht auch noch eine dritte Möglichkeit zur Verfügung, wenn Sie den im Fenster sichtbaren Ausschnitt schrittweise verschieben möchten. Wenn Sie mit der Maus in den Bereich über oder unter dem bzw. links oder rechts vom Bildlauffeld klicken, erfolgt keine zeilen-/spaltenweise Verschiebung, sondern eine Verschiebung um gleich mehrere Zeilen/ Spalten.

Die Menüauswahl

Die Befehle, die Sie zum Arbeiten mit Excel benötigen, finden Sie in Menüs. Die Namen dieser Menüs stehen in der Menüleiste des Fensters, in dem Excel läuft. Dabei handelt es sich um Pulldown-Menüs. Der Name sagt an sich schon alles über die Bedienung: Um die Befehle eines Menüs zu sehen und daraufhin einen Befehl mit der Maus auszuwählen, ist es erforderlich, das gewünschte Menü zu öffnen bzw. "herunterzuziehen".

Öffnen eines Pulldown-Menüs mit der Maus

Sie haben mehrere Möglichkeiten, ein Menü zu öffnen. Die einfachste Möglichkeit ist das Anklicken des Menünamens mit der Maus. Klicken Sie also versuchsweise das Menü *Datei* an, und beobachten Sie, wie die Liste der Befehle in diesem Menü aufgeklappt wird.

Schließen eines Pulldown-Menüs mit der Maus

Um ein Menü mit der Maus zu schließen, falls Sie sich für keinen der darin enthaltenen Befehle entschieden haben, klicken Sie entweder nochmals auf den Namen des Menüs oder auf irgendeine andere Stelle im Fenster Ihrer Anwendung. Möchten Sie gleichzeitig ein anderes Menü öffnen, brauchen Sie ein offenes Menü nicht zuerst zu schließen. Öffnen Sie einfach das neue Menü durch Anklicken des Namens in der Menüleiste.

Öffnen eines Menüs mit der Tastatur

Mit der Tastatur öffnen Sie ein Menü durch Drücken der Alt-Taste und gleichzeitiger Eingabe des Anfangs- bzw. eines unterstrichenen Buchstabens im Menünamen. Um also das Menü *Datei* zu öffnen, drücken Sie $\boxed{\text{Alt}}$+$\boxed{\text{D}}$. Wenn Sie sich die Namen der acht Menüs einmal etwas genauer ansehen, stellen Sie fest, daß jeder Name mit einem unterstrichenen Buchstaben beginnt. Wenn eine Anwendung über mehrere Menüs mit den gleichen Anfangsbuchstaben verfügt, ist ein anderer Buchstabe im Namen unterstrichen. Diesen Buchstaben können Sie dann in Kombination mit der Taste $\boxed{\text{Alt}}$ zum Öffnen des Menüs verwenden.

Die Benutzeroberfläche Windows

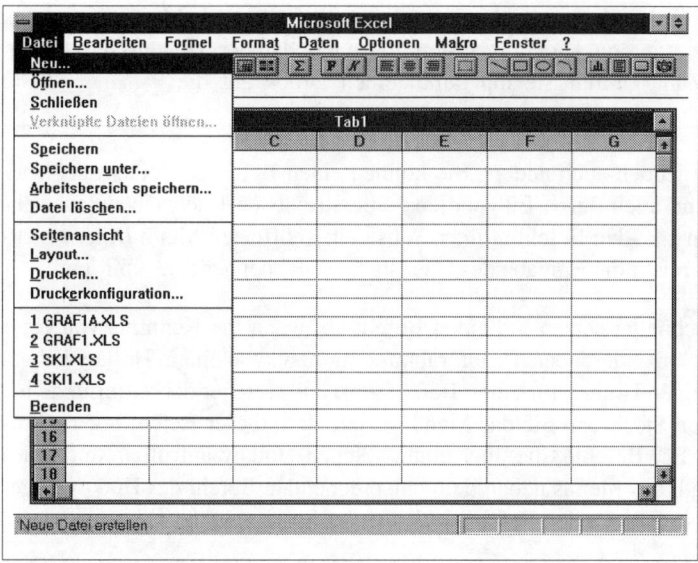

Abb. 7: Excel mit geöffnetem Menü Datei

Um ein Menü zu schließen, reicht ein einfacher Druck auf die `Esc`-Taste. Um in ein anderes Menü zu wechseln, ohne zuvor erst das bereits geöffnete zu schließen, können Sie die Richtungstasten benutzen. `→` öffnet dann das benachbarte Menü zur Rechten und `←` das benachbarte Menü zur Linken. Einen Menüwechsel erreichen Sie auch, wenn Sie die entsprechende Tastenkombination für das nächste Menü drücken.

Schließen eines Menüs mit der Tastatur

Öffnen des Systemmenüs

Eine Ausnahme bildet das Systemmenü, das nicht durch einen Namen in der Menüleiste, sondern durch das Quadrat mit dem kleinen, waagerechten Balken in der Titelleiste vertreten ist. Um dieses Menü mit der Maus zu öffnen, klicken Sie das Quadrat an. Mit der Tastatur bekommen Sie den Inhalt dieses Menüs zu Gesicht, wenn Sie `Alt` + `Leertaste` drücken.

Die Befehlsauswahl

Um einen Befehl aus einem geöffneten Menü auszuführen, klicken Sie ihn einfach mit der Maus an. Haben Sie das Menü jedoch gerade mit der Maus geöffnet und halten die Maustaste noch gedrückt, dann bewegen Sie den Mauszeiger auf den gewünschten Befehl, der daraufhin schwarz unterlegt erscheint, und lassen die Maustaste los.

Auswahl eines Befehls mit der Maus

47

Die Benutzeroberfläche Windows

Auswahl eines Befehls mit der Tastatur

Auf der Tastatur können Sie den schwarzen Balken zur Markierung eines Befehls mit den Richtungstasten bewegen. Ist der gewünschte Befehl ausgewählt, führen Sie ihn durch einen Druck auf die `Return`-Taste aus.

Verwendung von Hotkeys in einem geöffneten Menü

Es geht jedoch auch anders. Sie können einen Befehl aus einem geöffneten Menü auch durch Eingabe des unterstrichenen Buchstabens auswählen. Um z.B. den Befehl *Öffnen...* aus dem geöffneten Menü *Datei* auszuführen, reicht die Eingabe des Buchstabens "F" bei geöffnetem Menü.

Befehlsauswahl, ohne ein Menü zu öffnen

Noch schneller setzen Sie einen Befehl ab, wenn Sie Kenntnis von einer eventuell existierenden Tastaturabkürzung bzw. von einem Hotkey haben. Ob es einen Hotkey für einen Befehl gibt, und welcher der zutreffende ist, erkennen Sie, wenn Sie das Menü öffnen, dem dieser Befehl untergeordnet ist. Für Befehle, die über einen solchen Hotkey aufrufbar sind, wird innerhalb des Menüs neben dem entsprechenden Befehl der Hotkey angegeben, so z.B. für den Befehl *Schließen* im Systemmenü `Alt`+`F4`.

Wenn Sie also eine solche Tastenabkürzung kennen, können sie einen Befehl aufrufen, ohne vorher das entsprechende Menü zu öffnen: Sie drücken einfach die entsprechende Tastenkombination, um den gewünschten Befehl auszuführen.

Aktive und inaktive Befehle

Ist Ihnen aufgefallen, daß es eine Voraussetzung für das Ausführen von Befehlen gibt? Wenn Sie sich das Menü *Formel* ansehen, sehen Sie, daß sich darin drei Befehle befinden, die in der momentanen Situation nicht ausführbar sind. Gemeint sind die Befehle *Namen einfügen...*, *Bezugsart ändern* und *Namen anwenden....* Diese drei erscheinen nicht, wie die anderen Befehle, in deutlicher, schwarzer Schrift, sondern sind in einem Grauton dargestellt.

Warum ist ein Befehl inaktiv?

Der Grund für die momentane Inaktivität dieser beiden Befehle ist, daß es keine markierten Namen oder Feldbezüge gibt, auf die sie sich beziehen könnten. Mit dem Befehl *Bezugsart ändern* können relative in absolute oder gemischte Bezüge umgewandelt werden und umgekehrt. Momentan befindet sich jedoch kein Feldbezug in Bearbeitung. Um einen Befehl ausführen zu können, muß dieser auch aktiv sein, also in schwarzer Schrift in einem Menü erscheinen.

Dialogfelder, Schaltflächen und Optionsfelder

Bei der Auswahl von einigen Befehlen erscheinen vor deren endgültiger Ausführung Dialogfelder, in denen Excel weitere Eingaben fordert oder

Die Benutzeroberfläche Windows

sich noch einmal vergewissert, ob Sie sich der Folgen des von Ihnen ausgewählten Befehls wirklich bewußt sind. Bei welchen Befehlen ein Dialogfeld erscheint, bevor diese Befehle wirklich ausgeführt werden, erkennen Sie an den drei Punkten (...), die im Menü hinter einem solchen Befehl zu finden sind.

Ein solches Dialogfeld erscheint jedesmal auf Ihrem Bildschirm, wenn Sie den Befehl *Öffnen...* aus dem Menü *Datei* gewählt haben.

Das Dialogfeld zum Befehl Öffnen...

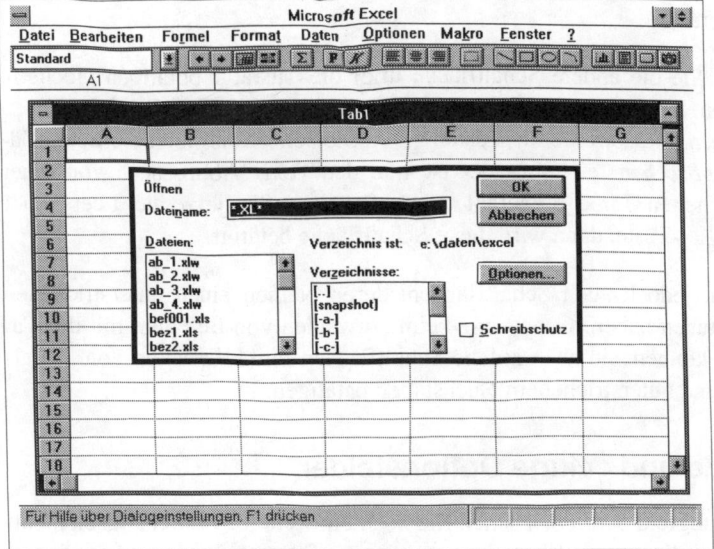

Abb. 8: *Das Dialogfeld Öffnen zum Öffnen einer anderen Datei*

Dies soll jedoch nicht Thema dieses Abschnittes sein. Wir wollen Ihnen an dieser Stelle weitere wichtige Elemente für die Bedienung der grafischen Benutzeroberfläche Windows vorstellen: die Schaltflächen.

Schaltflächen

Sie sehen hier nun die zwei Schaltflächen mit den Namen *OK* und *Abbrechen*. Eine Betätigung der Schaltfläche *OK* bedeutet immer, daß der zuvor ausgewählte Befehl mit den vorgegebenen oder geänderten Einstellungen durchgeführt wird. Durch Betätigung der Schaltfläche *Abbrechen* erreichen Sie einen Abbruch der Befehlsausführung, das bedeutet, daß das Dialogfeld verschwindet und der Befehl nicht ausgeführt wird.

Die Benutzeroberfläche Windows

Bedienung einer Schaltfläche mit der Maus

Wie betätigen Sie nun eine Schaltfläche? Mit der Maus gehen Sie den einfachsten Weg, indem Sie die entsprechende Schaltfläche anklicken.

Um mit der Tastatur eine Schaltfläche zu betätigen, sollten Sie zuvor etwas genauer hinsehen. Die beiden Schaltflächen in diesem Dialogfeld unterscheiden sich nicht nur durch ihre Namen. Die Schaltfläche *OK* ist fett umrandet, und die Buchstaben "OK" sind von einer gestrichelten Linie eingefaßt. Das bedeutet, daß diese Schaltfläche aktiv ist. Bei einem Druck auf die `Leertaste` oder `Return` wird stets die aktive Schaltfläche betätigt.

Aktivieren einer Schaltfläche

Wenn Sie die andere Schaltfläche über die Tastatur betätigen möchten, müssen Sie sie zuerst aktivieren. Um auf eine andere Schaltfläche zu springen, drücken Sie die Taste `Tab`. Sie sehen, daß jetzt die Schaltfläche *Abbrechen* fett umrandet ist und der Text "Abbrechen" von einer gestrichelten Linie eingefaßt wird. Drücken Sie jetzt die Leer- oder `Return`-Taste, dann wird diese Schaltfläche betätigt.

Kurzanwahl einer Schaltfläche

Es gibt jedoch auch Schaltflächen, deren Namen einen unterstrichenen Buchstaben haben. Genau wie beim Anwählen von Befehlen mit der Tastatur, können Sie auch solche Schaltflächen durch Drücken von `Alt`-Taste und unterstrichenem Buchstaben betätigen.

Runde und eckige Optionsfelder

Im Dialogfeld *Schließen* sehen Sie noch ein weiteres Bedienungselement, das dazu dient, eine Einstellung für die Ausführung des Befehls *Öffnen...* vorzunehmen. Gemeint ist das viereckige Optionsfeld mit dem Namen *Schreibschutz*.

Markierung eines eckigen Optionsfeldes mit der Maus

Die Option *Schreibschutz* kann durch Markierung dieses Optionsfeldes ein- oder ausgeschaltet werden. Mit der Maus schalten Sie diese Option durch einen Klick in das Optionsfeld oder auf den Namen des Optionsfeldes ein oder aus. Die Option ist eingeschaltet, wenn das Optionsfeld durch ein Kreuz gekennzeichnet ist.

Markierung eines eckigen Optionsfeldes mit der Tastatur

Mit der Tastatur können Sie sich auch hierfür einer Tastenkombination bedienen. Die Option *Schreibschutz* hat einen unterstrichenen Buchstaben, nämlich "S". Sie können diese Option also durch `Alt`+`S` setzen oder aufheben.

Aktivieren eines eckigen Optionsfeldes

Es gibt jedoch auch noch andere Möglichkeiten: Mit der Taste `Tab` haben Sie eben gelernt, Schaltflächen zu aktivieren. Ebenso können Sie mit `Tab` ein Optionsfeld für eine Eingabe vorbereiten. Tun Sie dies, indem Sie die Taste `Tab` mehrfach drücken. Bei jedem Druck auf diese Taste

Die Benutzeroberfläche Windows

springt die gestrichelte Linie von einer Schaltfläche zur anderen bzw. von einer Schaltfläche zum Optionsfeld.

Haben Sie das Optionsfeld *Schreibschutz* in dieser Form aktiviert, so können Sie das Aus- oder Einschalten dieser Option auch mit der Leertaste erreichen, alternativ geht dies natürlich auch mit `Alt`+`S`.

Etwas anders verhält sich das Aus- und Einschalten von runden Optionsfeldern, die eigentlich immer nur in einer Gruppe auftreten.

Aus- und Einschalten von runden Optionsfeldern

Runde Optionsfelder stehen im Dialogfeld *Öffnen* jedoch nicht zur Verfügung. Sollten Sie jetzt das Dialogfeld *Drucken...* auf den Bildschirm bringen. Dieses Dialogfeld erscheint, wenn Sie aus dem Menü *Datei* den Befehl *Drucken...* aufrufen.

Sie sehen hier für den Druckbereich drei Optionen, die jeweils durch ein rundes Optionsfeld dargestellt werden. Jedes runde Optionsfeld steht hier für eine bestimmte Aufgabe, Sie können nur eine der vorgegebenen Möglichkeiten auswählen. Es gibt an dieser Stelle also nur die Wahl zwischen *Tabelle*, *Notizen* oder *Beide*.

Mit der Maus ist eigentlich alles wie gehabt, Sie klicken das runde Optionsfeld für den gewünschten Dateityp an und haben damit die Einstellung vorgenommen.

Bedienung eines runden Optionsfeldes mit der Maus

Mit der Tastatur ist die Vorgehensweise nur unwesentlich anders als bei der Auswahl von rechteckigen Optionsfeldern. Nach dem Aufruf des Befehls *Drucken...* aus dem Menü *Datei* ist das Optionsfeld *Tabelle* markiert. Um ein anderes Optionsfeld zu markieren, haben Sie zwei Möglichkeiten: Entweder wechseln Sie mit den Richtungstasten `↑` und `↓` von einer Option zur nächsten, oder Sie wählen eine Option durch die Tastenkombination `Alt`+"unterstrichener Buchstabe", also z.B. *Notizen* durch `Alt`+`N`.

... und mit der Tastatur

Verknüpfte Eingabefelder

Ein Bedienungselement, das in Dialogfeldern häufig Anwendung findet, kann am Beispiel des Dialogfelds zum Befehl *Schriftart...* im Menü *Format* vorgestellt werden. Gemeint ist ein mit einem Listenfeld verknüpftes Eingabefeld, das erscheint, wenn Sie die Schaltfläche *Schriftarten* betätigen.

Durch ein Listenfeld ist es möglich, z.B. eine Schriftart festzulegen, ohne den Namen selbst eingeben zu müssen. Diesen Vorgang möchten wir an dieser Stelle auch zuerst für Mausbesitzer beschreiben:

Eingaben ohne Tastatur

Die Benutzeroberfläche Windows

Wie setzt man den Cursor in ein Eingabefeld

Um im Eingabefeld *Schriftart* eine Eingabe zu machen, klicken Sie einfach in dieses Eingabefeld. Daraufhin erscheint der aktuelle Eintrag in diesem Feld schwarz hinterlegt. Das bedeutet, daß Sie jetzt in der Lage sind, diesen Eintrag zu editieren. Wenn Sie eine Eingabe über die Tastatur machen, wird der aktuelle Eintrag durch den neuen Text überschrieben. Durch einen Druck auf die Rücktaste wird der aktuelle Eintrag gelöscht, und ein blinkender Cursor erscheint im Eingabefeld. Sie können also mit der Eingabe beginnen.

Wenn Sie es jedoch etwas bequemer haben wollen, steht Ihnen auch eine Liste von verschiedenen Schriftarten zur Verfügung.

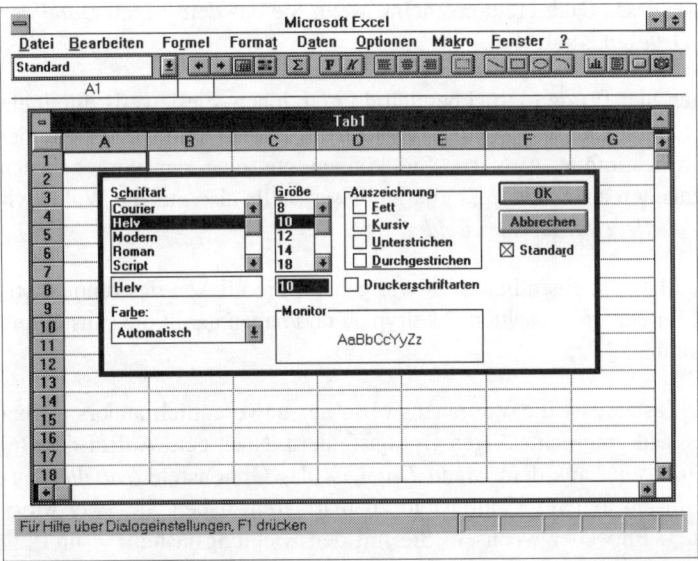

Abb. 9: Listenfeld in einem Dialogfeld

Komfortable Bedienung mit der Maus

Aus dieser Liste können Sie jetzt ebenfalls durch Mausklick einen Eintrag wählen, der sofort ins Eingabefeld übernommen wird. Um die Liste in beiden Richtungen über den Bildschirm rollen zu lassen, finden Sie einen kleinen Rollbalken rechts neben der Liste. Wenn Sie einen der Pfeile betätigen, rollt die Liste in der gewählten Richtung. Bei Bedarf bringen Sie so also auch Listeneinträge auf den Bildschirm, die Sie zuvor nicht sehen konnten.

Auswahl aus einem Listenfeld mit der Tastatur

Mit der Tastatur ist es noch etwas komplizierter. Auch hier müssen Sie zunächst das Eingabefeld markieren. Das tun Sie, indem Sie entweder mehrfach die Taste `Tab` drücken, bis das Eingabefeld schwarz hinterlegt erscheint und somit aktiv ist, oder indem Sie die Tastenkombination `Alt`+`C` eingeben, um das Listenfeld *Schriftarten* zu aktivieren. Der

Die Benutzeroberfläche Windows

Eintrag im Listenfeld erscheint dann mit einer gestrichelten Linie umrandet. Bei aktivem Eingabefeld kann, wie oben beschrieben, mit der Bearbeitung des aktuellen Eintrags begonnen werden. Sie haben jedoch auch mit der Tastatur die Möglichkeit, aus der Liste zu wählen. Nachdem das Listenfeld aktiviert ist, können Sie die Liste durch die Tasten ⌊↓⌋ und ⌊↑⌋ rollen lassen, bis Sie den Eintrag gefunden haben, der Ihren Anforderungen entspricht.

Wenn Sie mit dieser Eingabe fertig sind und eventuell noch eine Option verändern möchten (z.B: die Größe oder die Auszeichnung der Schrift), so springen Sie mit der ⌊Tab⌋-Taste in die anderen Optionsgruppen. Vielleicht wählen Sie probehalber einmal einige Optionen aus.

Wechsel zwischen Bedienungselementen durch ⌊Tab⌋

Sind alle Einstellungen wie gewünscht, bildet ⌊Return⌋ bzw. die Schaltfläche *OK* den passenden Abschluß.

3.3 Fenstertechnik und Befehlsauswahl

In den vorangegangenen Abschnitten sind Sie mit den vielen Bedienungselementen, die Ihnen die Arbeit mit einer grafischen Benutzeroberfläche möglich machen, bekannt gemacht worden. Was jetzt an dieser Einführung in die Arbeit mit Excel unter Windows noch fehlt, sind einige Hinweise für die Arbeit mit verschiedenen Fenstern bzw. Arbeitsblättern. Sie werden sehen, welchen Einfluß Sie auf die Darstellung der Fenster bzw. auf die Aufteilung des Bildschirms haben.

Die Befehle des Systemmenüs

Jedes Arbeitsblattfenster verfügt über ein Systemmenü, das 7 Befehle enthält, die es Ihnen möglich machen, den auf Ihrem Bildschirm verfügbaren Platz so effektiv wie möglich einzuteilen, wenn Sie mit mehreren Arbeitsblättern gleichzeitig arbeiten.

Der Befehl Vollbild

An erster Stelle erklären wir den Befehl *Vollbild*. Dieser Befehl vergrößert das Fenster des Arbeitsblattes auf die Größe des Excel-Fensters. Aus den zwei ineinanderliegenden Fenstern wird so scheinbar ein einziges Fenster. Wenn Sie jedoch genau hinsehen, stellen Sie fest, daß es immer noch ein Systemmenüfeld für das Arbeitsblattfenster gibt. Dies steht jetzt allerdings nicht mehr in der Titelleiste, sondern in der Menüleiste des Excel-Fensters.

Vergrößern eines Fensters

Die Benutzeroberfläche Windows

Die Größe des Excel-Fensters ist entscheidend

Der Befehl *Vollbild* im Systemmenü eines Arbeitsblattfensters vergrößert dieses also nicht unbedingt auf Bildschirmgröße, sondern füllt lediglich das gesamte für Excel geöffnete Fenster mit diesem Arbeitsblatt aus.

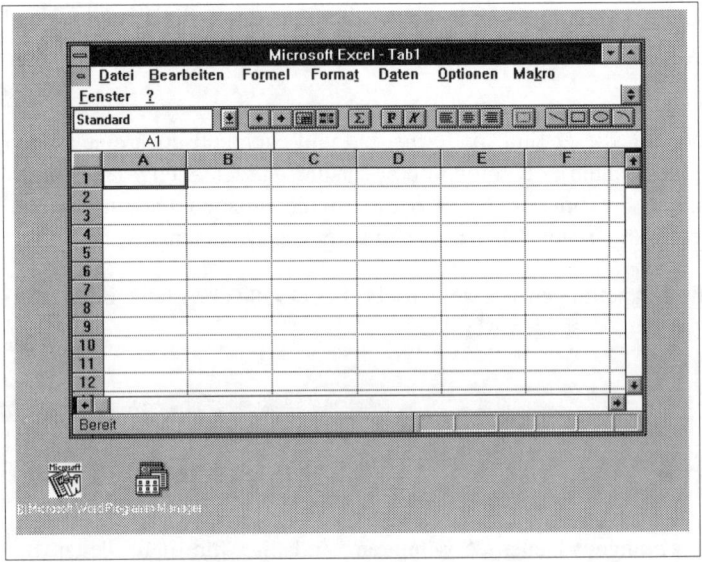

Abb. 10: Ein Arbeitsblattfenster nach dem Befehl Vollbild

Excel-Fenster auf Bildschirmgröße

Geben Sie den Befehl *Vollbild* jedoch aus dem Systemmenü des Excel-Fensters heraus, so vergrößert sich dieses Fenster auf Bildschirmgröße. Der gleiche Befehl wirkt sich also in den verschiedenen Menüs unterschiedlich aus.

Das Vollbildfeld für Mausbediener

Den gleichen Effekt, den Sie durch Anwahl des Befehles *Vollbild* erzielen, erreichen Sie auch, wenn Sie mit der Maus das Vollbildfeld anklicken. Das Vollbildfeld finden Sie in der äußersten, rechten Ecke der Titelleiste, es stellt einen Pfeil nach oben dar. Das Vollbildfeld steht Ihnen ebenso wie der Befehl *Vollbild* nur dann zur Verfügung, wenn Sie das aktive Fenster nicht bereits auf volle Größe vergrößert haben.

Der Befehl Wiederherstellen

Wiederherstellen eines Fensters

Ein weiterer wichtiger Befehl für die Arbeit mit mehreren Fenstern ist der Befehl *Wiederherstellen*. Mit diesem Befehl können Sie eine Änderung der Fenstergröße wieder rückgängig machen. Nach Auswahl dieses Befehls erscheint ein auf Vollbildgröße vergrößertes Fenster wieder in der Größe, die es vor der Vergrößerung hatte.

Die Benutzeroberfläche Windows

Der Befehl *Wiederherstellen* steht nicht immer zur Verfügung, da die Größe eines Fensters nur dann "wiederhergestellt" werden kann, wenn es zuvor mit dem Befehl *Vollbild* oder durch Betätigung des Vollbildfeldes vergrößert worden ist. Ob Sie den Befehl *Wiederherstellen* wählen können, erkennen Sie an der Darstellung dieses Befehls im Menü. Ist der Befehl im Moment inaktiv, so erscheint er lediglich in grauer Schrift.

"Wiederherstellen" ist nicht immer möglich

Mausbediener können natürlich ebenso mit diesem Befehl arbeiten, doch gibt es für sie eine wesentlich elegantere Möglichkeit, das gleiche zu erreichen. Analog zum Vollbildfeld gibt es auch ein Wiederherstellfeld. Es steht nur dann zur Verfügung, wenn das Fenster zuvor auf Vollbildgröße gebracht wurde. Das Wiederherstellfeld erscheint nach dem Vergrößern eines Fensters dort, wo vorher das Vollbildfeld war, und zwar in Form eines Doppelpfeils (im Vollbildfeld war es ein Pfeil nach oben).

Größerer Komfort für Mausbediener

Die Befehle Bewegen und Verschieben

Zur Positionierung eines Arbeitsblattfensters auf dem Bildschirm dient der Befehl *Bewegen*. Die gleiche Funktion hat der Befehl *Verschieben* für ein Anwendungsfenster. Nach Anwahl dieses Befehls erscheint ein gekreuzter Doppelpfeil in der Titelleiste des aktiven Fensters. Diesen Pfeil können Sie nun mit den Richtungstasten auf dem Bildschirm verschieben. Ein grauer Rahmen zeigt Ihnen die aktuelle Position des Fensters auf dem Bildschirm an. Drücken Sie an dieser Stelle `Return`, so erscheint das Fenster an der durch den Rahmen angedeuteten Position.

Bewegen von Fenstern mit der Tastatur

Mit der Maus klicken Sie auf die Titelleiste des Fensters, dessen Position Sie verändern möchten, und halten die Maustaste gedrückt. Jetzt können Sie das Fenster mit der Maus über den Bildschirm bewegen und, wenn Sie die Maustaste loslassen, an die gewünschte Position setzen.

Bewegen eines Fensters mit der Maus

Der Befehl Größe ändern

Die Größe bzw. das Format eines Fensters läßt sich nicht nur mit dem Befehl *Vollbild* verändern, sondern Sie haben mit dem Befehl *Größe ändern* noch vielfältigere Möglichkeiten, ein Fenster an Ihre Belange bzw. an andere Fenster auf dem Bildschirm anzupassen.

Der Befehl *Größe ändern* ruft einen gekreuzten Doppelpfeil in die Mitte des aktiven Fensters. Mit der ersten Richtungstaste, die Sie jetzt drücken müssen, entscheiden Sie, welche Rahmenseite verschoben werden soll, um die Größe des Fensters zu verändern.

Die Fenstergröße mit der Tastatur ändern

Die Benutzeroberfläche Windows

Die erste Richtungstaste ist entscheidend

Drücken Sie z.B. `→`, so springt der gekreuzte Doppelpfeil auf den rechten Rahmen des Fensters und verwandelt sich in einen Doppelpfeil. Dieser Doppelpfeil ermöglicht nun ein Verschieben des rechten Rahmens nach links oder rechts, um das Fenster schmaler oder breiter zu machen. Entsprechend verändern Sie die Höhe mit `↑` oder `↓`. Nachdem Sie `↑` oder `↓` gedrückt haben, springt der Cursor in die jeweilige Ecke des Fensters und ermöglicht so horizontale und vertikale Größenänderungen.

Haben Sie die richtige Größe des Fensters eingestellt, so drücken Sie `Return`, um den Befehl zu beenden und den kleinen Doppelpfeil verschwinden zu lassen.

Die Fenstergröße mit der Maus ändern

Mit der Maus kommen Sie wesentlich schneller ans Ziel. Bewegen Sie den Mauszeiger auf die Fensterseite, die Sie verschieben wollen. Er verwandelt sich in einen kleinen Doppelpfeil, und Sie können den Fensterrahmen jetzt bei gedrückter Maustaste verschieben.

Fenster oder Anwendungen schließen

Der Befehl Schließen

Wenn Sie mit der Bearbeitung eines Arbeitsblattes fertig sind, können Sie das entsprechende Fenster schließen, indem Sie entweder den Befehl *Schließen* aus dem Systemmenü aufrufen oder die Tastenkombination `Ctrl`+`F4` benutzen. Sie schließen damit lediglich das Fenster des aktiven Arbeitsblattes, nicht das Excel-Fenster. Sollten Sie Ihr Arbeitsblatt verändert und den aktuellen Stand noch nicht gesichert haben, erscheint nach Aufruf dieses Befehls ein Dialogfeld, in dem Sie gefragt werden, ob die Änderungen gespeichert werden sollen oder nicht.

Der Befehl Teilen

Der letzte Befehl im Systemmenü hat weniger mit der grafischen Benutzeroberfläche Windows zu tun als vielmehr mit dem Bedienungskomfort, den Excel Ihnen bietet.

Verschiedene Auschnitte in einem Fenster

Mit dem Befehl *Teilen* können Sie ein Fenster in zwei oder vier verschiedene Ausschnitte teilen. Diese Ausschnitte erlauben Ihnen dann auch unterschiedliche Sichten auf dasselbe Arbeitsblatt.

Übereinanderliegende Ausschnitte

So können z.B. in zwei übereinanderliegenden Ausschnitten unterschiedliche Zeilenbereiche der gleichen Spalten angezeigt werden. Auf diese Weise können Sie gleichzeitig die Felder A1 und A1000 auf dem Bildschirm sehen und bearbeiten.

Die Benutzeroberfläche Windows

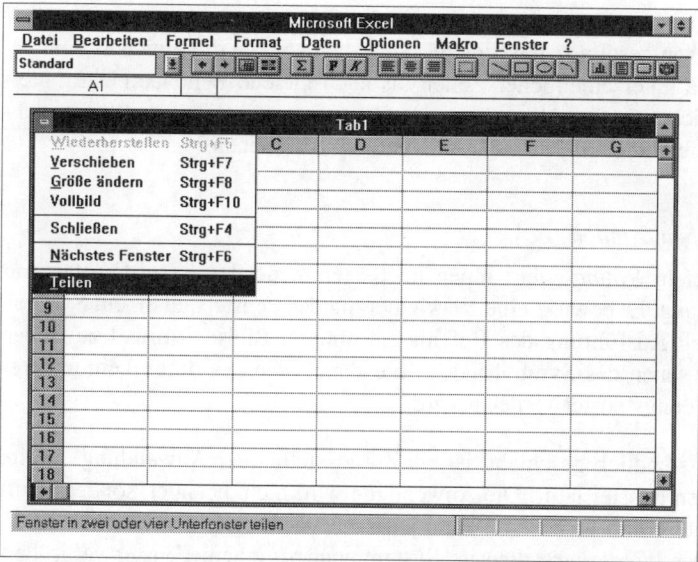

Abb. 11: Zwei Sichten auf ein Arbeitsblatt

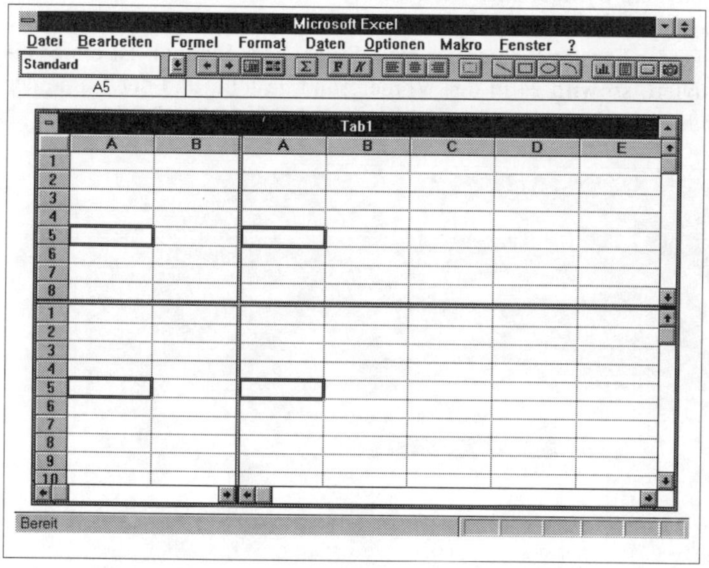

Abb. 12: Vier Ausschnitte in einem Fenster

Gleiches gilt natürlich auch für zwei nebeneinanderliegende Ausschnitte, hierbei sehen Sie dann unterschiedliche Spaltenbereiche der gleichen Zeilen. Sie können also gleichzeitig auf die Felder A1 und AA1 sehen.

Nebeneinanderliegende Ausschnitte

Die Benutzeroberfläche Windows

Vier Ausschnitte in einem Fenster

Wenn Sie mit vier Ausschnitten gleichzeitig arbeiten, verfügen Sie über beide oben geschilderten Sichten. Sie sehen sowohl die gleichen Spaltenbereiche unterschiedlicher Zeilen als auch gleiche Zeilenbereiche unterschiedlicher Spalten. Sie können Ihr Fenster so einteilen, daß Sie gleichzeitig die Felder A1, A1000, AA1 und AA1000 sehen.

Der Befehl Symbol

Der Befehl *Symbol* steht Ihnen im Systemmenü des Excel-Fensters zur Verfügung. Er bewirkt eine Verkleinerung des Fensters zu einem Symbol, das nach Ausführung des Befehls am unteren Bildschirmrand zu finden ist. Sie sehen das Symbol jedoch nur dann, wenn es durch kein anderes Anwendungsfenster verdeckt wird.

Die Anwendung läuft im Hintergrund weiter

Was letztendlich geschieht, ist ein Zurückstellen der Anwendung, die im aktuellen Fenster läuft. Die Anwendung wird nicht beendet, sondern läuft im Hintergrund weiter und kann jederzeit wieder mit den Befehlen *Vollbild* oder *Wiederherstellen* im Systemmenü zu einem Fenster vergrößert werden.

Aktivieren eines Symbols

Sie können ein Symbol aktivieren, indem Sie mit der Tastenkombination `Alt`+`Esc` von Anwendung zu Anwendung schalten. So aktivieren Sie nacheinander Fenster für Fenster bzw. Symbol für Symbol. Ist ein Symbol aktiviert, so wird es in den Vordergrund gestellt, und der Name der Anwendung, für die dieses Symbol steht, erscheint in deutlicher Schrift.

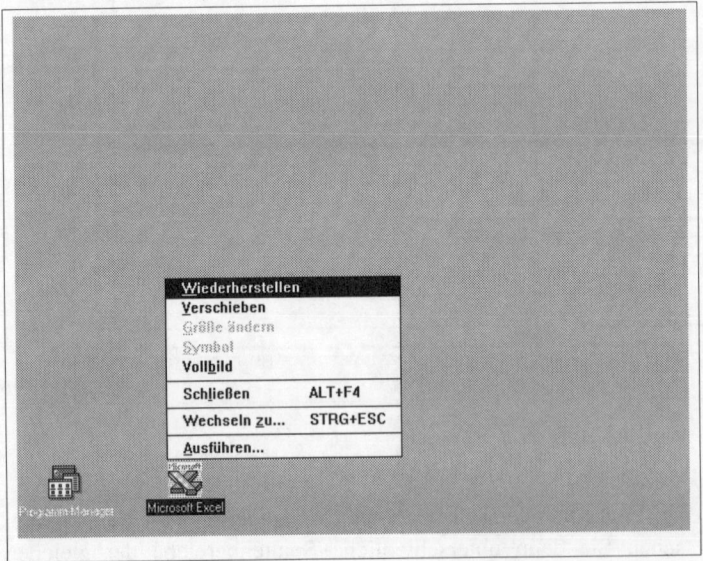

Abb. 13: Geöffnetes Systemmenü an einem Symbol

Die Benutzeroberfläche Windows

Durch die Tastenkombination `Alt`+`Leertaste` oder durch einen einfachen Mausklick auf das Symbol können Sie dann das Systemmenü dieser Anwendung öffnen und einen der aktiven Befehle wählen, um das Symbol wieder zu einem Fenster zu vergrößern oder die Anwendung zu beenden. Mit der Maus reicht ein Doppelklick auf das Symbol, um das Fenster der Anwendung zu öffnen.

Öffnen eines Symbol-Systemmenüs

Detailliertere Informationen zum Arbeiten mit und dem Umschalten zwischen verschiedenen Anwendungen lesen Sie im folgenden Abschnitt.

3.4 Umschalten zwischen verschiedenen Programmen

Ein wesentlicher Komfort der Benutzeroberfläche von Windows ist die Möglichkeit, mit mehreren Programmen gleichzeitig zu arbeiten. In diesem Abschnitt soll es nicht um die Bedienung und den Start unterschiedlicher Programme gehen, sondern es soll erläutert werden, welche Möglichkeiten Sie haben, zwischen bereits laufenden Anwendungen hin- und herzuschalten, um Daten zwischen den Programmen auszutauschen oder Ihre Arbeit mit einem weiteren Programm fortzusetzen, während ein anderes Programm eine Aufgabe im Hintergrund erledigt.

Arbeit mit zwei Windows-Anwendungen

Wir gehen davon aus, daß Sie mit zwei Anwendungen gleichzeitig arbeiten möchten: Sie schreiben z.B. einen Text mit Word für Windows und brauchen in Ihrem Text Zahlen aus einem Excel-Arbeitsblatt. Beide Anwendungen laufen unter Windows, so daß man korrekterweise eigentlich sagen müßte, daß drei Programme laufen, nämlich Windows, Word für Windows und Excel.

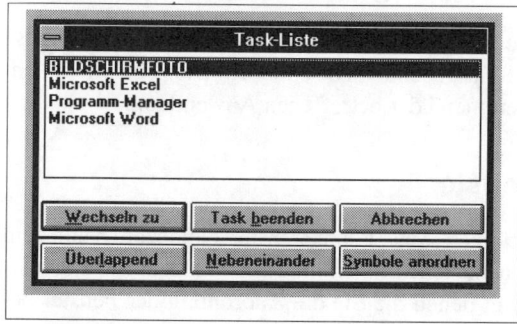

Abb. 14: Das Dialogfeld Task-Liste

Die Benutzeroberfläche Windows

Umschalten zwischen den Anwendungen

Momentan haben Sie ein Excel-Arbeitsblatt auf dem Bildschirm, Excel läuft also im Vordergrund. Um nun zu Word für Windows umzuschalten, haben Sie mehrere Möglichkeiten:

Umschalten über den Task-Manager

Im Systemmenü des Excel-Fensters finden Sie einen Befehl *Wechseln zu...*, der dazu dient, zwischen den gerade laufenden Anwendungen hin- und herzuschalten. Nachdem Sie diesen Befehl gegeben haben, erscheint das Dialogfeld *Task-Liste*, das alle Anwendungen auflistet, die momentan gestartet sind.

Start einer weiteren Anwendung

Wenn Sie sich die Task-Liste ansehen, sehen Sie, daß hier drei Anwendungen zur Auswahl stehen. Der Programm-Manager von Windows wird hier auch aufgeführt. Dies ist erforderlich, damit Sie bei Bedarf weitere Anwendungen starten können, denn dazu brauchen Sie den Programm-Manager.

Auswahl einer Anwendung in der Task-Liste

Innerhalb dieses Dialogfeldes können Sie nun eine Anwendung in der Liste markieren und über die Schaltfläche *Wechseln zu* zu dieser Anwendung umschalten. Mausbediener gehen auch hier wieder einen kürzeren Weg: Führen Sie einfach einen Doppelklick auf dem Namen der Anwendung im Listenfeld aus.

Die Task-Liste zeigt alle gestarteten Anwendungen

Die Task-Liste enthält die Namen aller gestarteten Anwendungen, Sie sehen also auch Anwendungen, die im Moment zum Symbol verkleinert sind. Markieren Sie den Namen einer solchen "symbolischen" Anwendung, und bestätigen Ihre Auswahl mit der Schaltfläche *Wechseln zu*, so wird das Symbol zu einem Fenster vergrößert, und die Anwendung läuft wieder im Vordergrund.

Beenden einer Anwendung mit dem Task-Manager

Es ist auch möglich, eine Anwendung aus der Liste zu wählen und diese dann mit der Schaltfläche *Task beenden* zu schließen. Dies entspricht dem Befehl *Schließen* im Systemmenü der betroffenen Anwendung.

Anordnung der Fenster

Alle Anwendungsfenster nebeneinander

Um alle momentan geöffneten Anwendungsfenster gleichzeitig auf dem Bildschirm sehen zu können, stehen Ihnen im Task-Manager zwei Schaltflächen zur Verfügung, mit denen die Sie die Anordnung der Fenster be-

Die Benutzeroberfläche Windows

einflussen können. Gemeint sind hier die beiden Schaltflächen namens *Nebeneinander* und *Überlappend*.

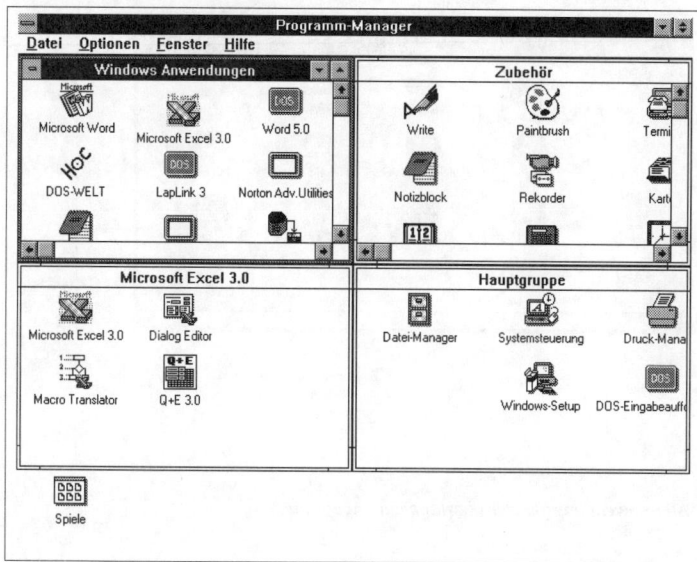

Abb. 15: Alle Anwendungsfenster nebeneinander

Nach Betätigung der Schaltfläche *Nebeneinander* erscheinen alle Anwendungsfenster nebeneinander auf dem Bildschirm. In den meisten Fällen ergibt dies jedoch wenig Sinn, sondern verschafft Ihnen lediglich einen Überblick über den Stand der Anwendungen, denn logischerweise müssen sich bei dieser Einstellung alle Anwendungsfenster den auf dem Bildschirm verfügbaren Platz teilen. Die folgende Abbildung zeigt die Anordnung unserer drei Anwendungsfenster nebeneinander.

Eine andere Anordnung der geöffneten Anwendungsfenster erreichen Sie mit der Schaltfläche *Überlappend*. Durch Betätigung dieser Schaltfläche werden alle Fenster wie Karteikarten übereinanderliegend auf dem Bildschirm angeordnet.

Überlappende Anwendungsfenster

Dies führt dazu, daß lediglich das zur Zeit aktive Anwendungsfenster (nämlich das oberste) vollständig auf dem Bildschirm sichtbar ist, von den anderen Anwendungen sind nur die Titelleisten zu sehen. In dieser Anordnung erkennen Sie aber erstens auf einen Blick, welche Anwendungen momentan laufen, und zweitens können Sie zumindest mit der Maus jede beliebige Anwendung in den Vordergrund rufen, indem Sie deren Titelleiste anklicken.

Die Benutzeroberfläche Windows

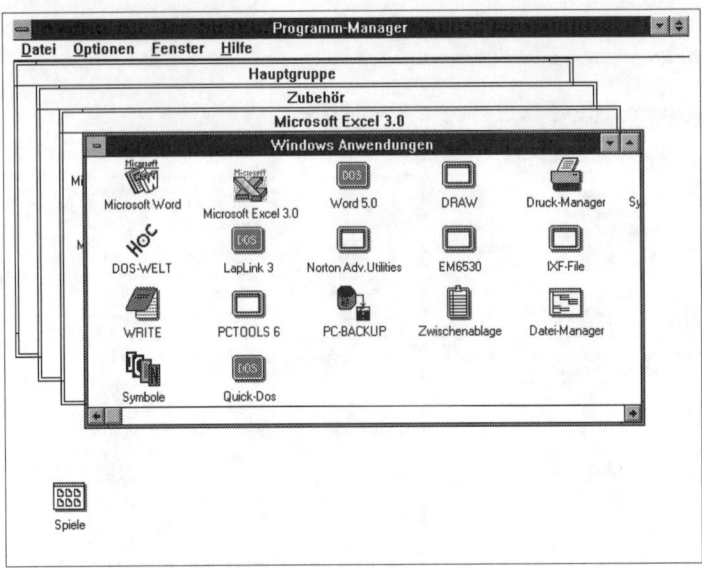

Abb. 16: Alle Anwendungsfenster überlappend angeordnet

Symbole sind nicht betroffen

Nebeneinander und *Überlappend*, beziehen sich nur auf geöffnete Fenster, Symbole werden also nicht entsprechend angeordnet. Zur sinnvollen Anordnung der Symbole dient jedoch die Schaltfläche *Symbole anordnen*.

Anordnen von Symbolen

Symbole können frei auf dem Bildschirm positioniert werden

Symbole können genauso frei auf dem Bildschirm bewegt werden wie Fenster. Aus diesem Grund kann es dazu kommen, daß nicht alle Symbole sichtbar sind. Um sich zu vergewissern, welche Anwendungen, momentan zum Symbol verkleinert, im Hintergrund laufen, sollten Sie alle geöffneten Fenster so verkleinern oder positionieren, daß der untere Bildschirmrand frei bleibt. Vielleicht sehen Sie nun schon einige Symbole, andere können aber noch von den Anwendungsfenstern verdeckt sein.

Um alle Symbole am unteren Bildschirmrand zu positionieren, betätigen Sie die Schaltfläche *Symbole anordnen* im Dialogfeld zum Befehl *Wechseln zu...*. So erscheinen auch vorher verschobene Symbole wieder am gewohnten Platz in der Symbolleiste.

Umschalten mit einer Tastenkombination

Weiterschalten mit Alt+Esc

Mit den Tastenkombinationen Alt+Esc und Alt+Tab können Sie schneller zwischen Anwendungen umschalten. Mit Alt+Esc schalten Sie immer eine Anwendung weiter. Die Reihenfolge, in der die

Die Benutzeroberfläche Windows

Anwendungen angesprochen werden, entspricht der Anordnung der Anwendungen in der Task-Liste. Mit der Tastenkombination `Alt`+`Esc` können Sie nicht nur zwischen den geöffneten Anwendungsfenstern umschalten, sondern auch die zu einem Symbol verkleinerten Anwendungen werden zum Fenster vergrößert, wenn sie durch `Alt`+`Esc` angesprochen werden.

Die zweite Tastenkombination ermöglicht Ihnen eine "Blätterfunktion", die sehr komfortabel ist, wenn Sie mit mehreren Anwendungen arbeiten und nicht der Reihe nach jede Anwendung aktivieren möchten, oder wenn Sie hauptsächlich zwischen zwei Anwendungen hin- und herschalten möchten. Die Tastenkombination `Alt`+`Tab` funktioniert bei erstem Hinsehen genauso wie `Alt`+`Esc`: Sie schaltet zur nächsten Anwendung um. Drücken Sie jedoch erneut `Alt`+`Tab`, so gelangen Sie wieder zurück in das Fenster, aus dem Sie anfänglich umgeschaltet haben. Dies ermöglicht Ihnen ein schnelles Wechseln zwischen zwei Anwendungsfenstern.

Hin- und Herschalten mit `Alt`-`Tab`

Die "Blätterfunktion" steht Ihnen zur Verfügung, wenn Sie `Alt`+`Tab` drücken und die Taste `Alt` gedrückt halten. Jetzt wird nämlich nicht umgeschaltet, sondern lediglich die Titelleiste des nächsten Anwendungsfensters gezeigt. Handelt es sich bei der nächsten Anwendung um ein Symbol, so erscheint dieses Symbol im Vordergrund. Erst wenn Sie die Taste `Alt` loslassen, wird die entsprechende Anwendung geöffnet bzw. deren Fenster in den Vordergrund gestellt. Auf diese Art und Weise können Sie sehr schnell "Durchschalten", ohne abwarten zu müssen, bis der Fensterinhalt der gerade angesprochenen Anwendung aufgebaut ist.

"Blättern" mit `Alt`+`Tab`

Die Benutzeroberfläche Windows

Kapitel 4

4.	**Das Excel-Lernprogramm** 67
	Starten des Lernprogrammes 67
	Die Befehle des Steuerungsfeldes 68
	Einführung 69
	Verwenden des Lernprogrammes 69
	Was ist Microsoft Excel? 69
	Hinweise zum Bildschirmaufbau 69
	Tabellen 69
	Was ist eine Tabelle 69
	Verwenden einer Tabelle 70
	Diagramme 70
	Was ist ein Diagramm? 70
	Verwenden eines Diagramms 70
	Datenbanken 70
	Was ist eine Datenbank 71
	Verwenden einer Datenbank 71
	Makros 71
	Was ist ein Makro 71
	Verwenden eines Makros 71
	Hilfe 72
	Umsteigen von Lotus 1-2-3 auf Microsoft Excel 72

4. Das Excel-Lernprogramm

Im Gegensatz zu einem Hilfesystem, wie es im nächsten Kapitel beschrieben wird, soll ein Lernprogramm dem Anwender eine Einführung in eine bestimmte Problematik bieten. Dabei sollen natürlich auch die Anwendungsgebiete des Programms vorgestellt werden, damit der Anwender einen Überblick über die Einsatzmöglichkeiten erhält.

Es gibt zwei Arten von Lernprogrammen: Die einen laufen als Demonstrationen eines Programmes oder Programmteils selbsttätig ab, ohne daß der Benutzer Einfluß auf das Geschehen hat. Die anderen sind interaktive Lernprogramme, bei denen der Benutzer zu Eingaben aufgefordert wird. Durch Abfragen des Wissenstandes werden dabei die Geschwindigkeit und der Ablauf des Lernprogrammes individuell auf den Anwender abgestimmt. Ein solches interaktives Lernprogramm steht Ihnen in Excel zur Verfügung. Abfragen und Eingaben während des Ablaufes protokollieren den Lernerfolg und geben dem Anwender einen aktiven Status. Das Lernen wird daher interessanter.

Starten des Lernprogrammes

Das Lernprogramm wird mit dem Befehl Lernprogramm im Hilfe-Menü gestartet.

Es ist in mehrere Kapitel untergliedert, die einzelnen Kapitel sind wiederum in mehrere Abschnitte unterteilt. Jedem dieser Abschnitte ist eine Zeit zugeordnet, in der der entsprechende Abschnitt durchgearbeitet werden kann.

Da es an dieser Stelle kaum sinnvoll ist, den Inhalt des Lernprogramms wiederzugeben, möchten wir Ihnen lediglich die Bedienung erklären und einen Überblick über die Themen geben, damit Sie Ihre gewünschten Kapitel finden.

Durch Anklicken der Auswahl oder Eingabe der entsprechenden Ziffer wird das Kapitel aufgerufen. Im Fenster links unten auf dem Bildschirm können Sie sich im Kapitel fortbewegen. Die nächste Seite wird dann durch Betätigung der `Leertaste` aufgeschlagen.

Blättern im Kapitel

Das Excel-Lernprogramm

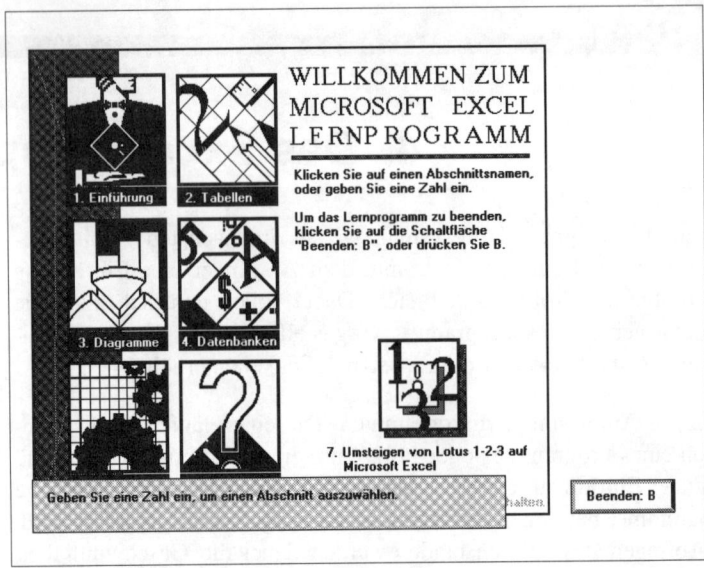

Abb. 17: Das Lernprogramm mit dem Auswahlmenü

Steuerungsfeld   Wenn Sie die Arbeit in einem Kapitel unterbrechen möchten und beispielsweise wieder in das Hauptmenü zurückkehren wollen, so rufen Sie mit der Tastenkombination [Ctrl]+[F1] eine Schaltfläche auf, mit deren Hilfe Sie den Ablauf im Lernprogramm steuern können.

Die Befehle des Steuerungsfeldes

Hinweis	Gibt einen Hinweis auf die nächste Aktion.
Neustart	Kehrt zum Anfang des Kapitels zurück.
Zusammenfassung	Zeigt eine Zusammenfassung der wichtigsten Merkmale.
Menu	Kehrt jeweils zum vorherigen Auswahlmenü zurück.
Beenden	Beendet das Lernprogramm.
Abbrechen: Esc	Schließt das Steuerungsfeld ohne Ausführung einer Aktion.

Das Steuerungsfeld kann nur aufgerufen werden, wenn Sie sich innerhalb eines Kapitels befinden.

Das Excel-Lernprogramm

Einführung

Dieses Kapitel sollte die Grundlage für den Einsteiger in Excel sein. Hier werden grundlegende Techniken im Umgang mit Excel vermittelt. Folgende Themen stehen zur Auswahl:

Verwenden des Lernprogrammes

Zeit: 5 Min.

    Wie Sie sich durch die Lektionen bewegen
    Wie die Steuerung des Lernprogrammes eingesetzt wird
    Wie eine Lektion aufgebaut ist

Was ist Microsoft Excel?

Zeit: 5 Min.

    Tabellen
    Diagramme
    Datenbanken
    Makros
    Präsentationshilfsmittel

Hinweise zum Bildschirmaufbau

Zeit: 5 Min.

    Hilfsmittel zum Formatieren von Daten und zum Zeichnen von Objekten
    Steuerungen zum Bewegen, Vergrößern und Verkleinern sowie zum Aufteilen von Fenstern
    Menüs, Befehle und andere Teile von Tabellen

Tabellen

In diesem Kapitel werden die Grundlagen der Tabellenkalkulation vermittelt. Nach dem Durcharbeiten sind Sie in der Lage, einfache Tabellen zu erstellen und zu formatieren.

Was ist eine Tabelle?

Zeit: 5 Min.

    Wie Daten mit Hilfe einer Tabelle strukturiert werden
    Wie Daten mit Hilfe von Formeln berechnet werden
    Wie Daten geordnet werden
    Wie Tabellen verknüpft werden

Das Excel-Lernprogramm

Wie eine Tabelle formatiert wird
Wie eine Tabelle vor dem Drucken angezeigt und dann gedruckt wird

Verwenden einer Tabelle

Zeit: 15 Min.

Was eine aktive Zelle, ein Zellbezug und eine Bearbeitungszeile sind
Wie Daten eingegeben werden
Wie die Spaltenbreite geändert wird
Wie ein Zellbereich ausgewählt wird
Wie eine Formel erstellt und eine Funktion verwendet wird
Wie eine Tabelle formatiert wird
Wie eine Tabelle gespeichert und gedruckt wird

Diagramme

In diesem Kapitel wird die Erstellung von Diagrammen auf der Basis von Tabellenwerten vorgestellt. Dabei werden solche Diagramme behandelt, die als eigene Datei abgelegt werden, und solche, die einer Tabelle zugeordnet sind.

Was ist ein Diagramm?

Zeit: 10 Min.

Wie ein Diagramm als separates Dokument erstellt wird
Wie ein Diagramm in Ihrer Tabelle erstellt wird
Wie ein Diagrammtyp ausgewählt wird
Wie ein Diagramm formatiert und gedruckt wird

Verwenden eines Diagramms

Zeit: 10 Min.

Wie ein Diagramm erstellt wird
Wie eine Legende und ein Titel in ein Diagramm eingefügt werden
Wie neue Daten in ein Diagramm eingefügt werden
Wie der Diagrammtyp geändert wird

Datenbanken

Die Grundlagen zur Erstellung einer Datenbank werden in diesem Kapitel vorgestellt. Das Anlegen einer Datenbank und das Suchen durch bestimmte Kriterien sind Ziele dieses Kapitels.

Das Excel-Lernprogramm

Was ist eine Datenbank?

Zeit: 10 Min.

      Woraus eine Datenbank besteht
      Wie eine Datenbank erstellt und definiert wird
      Wie mit Hilfe der Datenmaske Daten in einer Datenbank angezeigt, geändert, gelöscht, hinzugefügt oder gesucht werden

Verwenden einer Datenbank

Zeit: 10 Min.

      Wie eine Datenbank definiert wird
      Wie ein Datensatz geändert wird
      Wie ein Datensatz hinzugefügt oder geändert wird
      Wie Sie mit Hilfe von Suchkriterien nach einem Datensatz suchen
      Wie Datensätze in der Datenbank gesucht und kopiert werden

Makros

Hier erhalten Sie eine Einführung in die Anwendung von Makros. Es werden die unterschiedlichen Makroarten und deren Erstellung vermittelt.

Was ist ein Makro?

Zeit: 5 Min.

      Was ein Makro ist
      Wie sich Makrovorlagen von Tabellen unterscheiden
      Wie Makros aufgezeichnet und ausgeführt werden
      Wie Makros verwendet werden, um Microsoft Excel an benutzerdefinierte Anforderungen anzupassen

Verwenden eines Makros

Zeit: 10 Min.

      Wie ein Befehlsmakro aufgezeichnet wird, das sich wiederholende Aufgaben ausführen soll
      Wie ein Befehlsmakro in einer Tabelle ausgeführt wird
      Wie eine benutzerdefinierte Funktion erstellt wird, um spezielle Berechnungen auszuführen
      Wie eine benutzerdefinierte Funktion in einer Tabelle ausgeführt wird

Hilfe

Hier erfolgt eine Einführung in die Bedienung des Hilfesystems:

Zeit: 5 Min.

    Hilfe aufrufen

Umsteigen von Lotus 1-2-3 auf Microsoft Excel

Dieses Kapitel ist interessant für Umsteiger von Lotus 1-2-3 auf Excel. Es werden Vergleiche zwischen den Arbeitsweisen gezogen und entsprechende Umstiegshilfen gegeben.

Zeit: 20 Min.

    Der Microsoft-Excel-Bildschirm
    Hilfe für den Lotus-1-2-3-Anwender
    Aufrufen und Speichern von Dateien
    Eingeben von Daten
    Makros
    Diagramme
    Druckerinstallation und -einstellung

Kapitel 5

5.	**Das Excel-Hilfesystem**	75
5.1	Starten der Excel-Hilfe	76
5.2	Die Schaltflächen des Hilfe-Fensters	78
	Durchsuchen	78
	Zurück	78
	Suchen	78
	Index	79
5.3	Die Auswahl der Hilfethemen	79
	Attribute im Hilfetext	79
5.4	Eigene Anmerkungen in Hilfetexten	80
5.5	Anwenderspezifische Hilfetexte in der Makroprogrammierung	82
	Voraussetzungen	83
	Erstellen einer Hilfedatei	83
	Einfügen von Steuercodes	83
	Einfügen von Bitmaps	84
	Erstellen einer Hilfeprojektdatei	87

5. Das Excel-Hilfesystem

Ein benutzerfreundliches Programm braucht ein umfangreiches und leicht zu bedienendes Hilfesystem. Auf Tastendruck läßt sich jederzeit eine Hilfe starten, ob über das Pulldown-Menü *Hilfe* oder durch Betätigen der Taste `F1`. Übersichtliche Schaltflächen ermöglichen es, sich durch das optimal strukturierte Hilfesystem durchzuarbeiten. Die problemorientierte (kontextsensitive) Hilfe wird über die Tastenkombination `Shift`+`F1` gestartet.

Der *Index* bietet eine in Sachgruppen untergliederte, alphabetische Auflistung aller Stichwörter, für die Hilfetexte bereitstehen. Je nach Anwendung stehen verschiedene Sachgruppen zur Auswahl, in denen auch identische Stichwörter kontextbezogene Ausführungen bieten. Durchgehend unterstrichene Textteile sind "Stichwörter", über die Sie weitere Hilfetexte aufrufen können. Gepunktet unterstrichene Wörter gehören zum Excel-"Glossar".

Die Auswahl der Hilfethemen

Sie können für interessante Textstellen eigene Schlagwörter als "Lesezeichen" definieren, unter denen die ausgewählten Hilfeseiten jederzeit zur Verfügung stehen.

Eigene Lesezeichen definieren

Hilfe zu einem Programm benötigen nicht nur Einsteiger, sondern auch die fortgeschrittenen Anwender, z.B. wenn es darum geht, die Syntax eines Befehles oder einer Funktion nachzuschlagen. Man kann natürlich nicht alle Funktionen eines Programmes aus dem Eff-Eff beherrschen. In der Regel sind einem nur die Befehle geläufig, die häufig verwendet werden. Aus diesem Grund muß ein Hilfesystem hauptsächlich einen lexikalischen Charakter besitzen.

Im allgemeinen werden auch gute Bildschirm-Hilfen selten benutzt. Das liegt vielleicht daran, daß Hilfesysteme früherer Programme lediglich das komplette Handbuch anzeigten und man sich mühsam durch die Bildschirmseiten quälen mußte, bis man die gewünschte Information fand. Neuere Hilfesysteme arbeiten kontextsensitiv, d.h. auf Knopfdruck wird sofort eine Hilfe-Seite angezeigt, die zu einem gerade markierten Befehl paßt. Damit entfällt umständliches Blättern und Suchen, was natürlich einen enormen Zeitvorteil bedeutet.

Bildschirm-Hilfen statt Handbücher

Das Excel-Hilfesystem

*Anforderungen
an ein
Hilfesystem*

Die Anforderungen, die an ein Hilfesystem gestellt werden, sind daher:

- Lexikalischer Charakter
- Kontextsensitiv
- Sehr gut strukturiert
- Wichtigste Funktionen auf einen Blick
- Informationen knapp, aber präzise
- Schneller Aufruf und schnelles Beenden

Excel verfügt über ein ausgezeichnetes Hilfe-Programm, das alle oben aufgeführten Anforderungen erfüllt. So läuft der elektronische Ratgeber in einem eigenen Fenster ab, das, wie jedes andere Windows-Fenster beliebig vergrößert, verkleinert und verschoben werden kann.

5.1 Starten der Excel-Hilfe

Das Hilfe-Fenster kann auf zweierlei Arten verwendet werden, für kontextsensitive und für allgemeine Hilfe. Bei der kontextsensitiven Hilfe wird direkt der zur aktuellen Anwendung passende Hilfetext angezeigt. Haben Sie z.B den Befehl *Datei/Speichern unter* gewählt und wissen damit nichts anzufangen, so sollten Sie die kontextsensitive Hilfe nutzen. Benutzen Sie dazu folgenden Aufruf:

Kontextsensitive Hilfe:

- Markieren eines Befehls
- Taste `F1` drücken

oder

- Tastenkombination `Shift` + `F1`
- Auswahl eines Befehls

Allgemeine Hilfe:

- Menü *?*
- Befehl *Hilfe*
- Auswahl eines Themas

Wenn Sie grundlegende Aktionen bzw. Befehle nachschlagen möchten, die Hilfe also lexikalisch benutzen wollen, sollten Sie über die Menüleiste das Menü *Hilfe* aufschlagen. Hier können Sie direkt die Kapitelüberschrift des jeweiligen Hilfetextes auswählen. Es erscheint dann das Hilfe-

Das Excel-Hilfesystem

Fenster mit dem Inhaltsverzeichnis des Kapitels, und das gewünschte Thema kann nachgeschlagen werden.

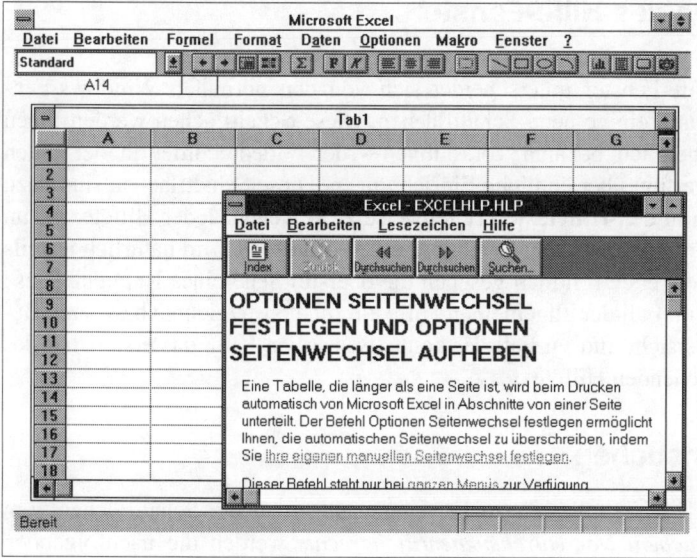

Abb. 18: Die kontextsensitive Hilfe hilft prompt und präzise

Zum Verlassen des Hilfe-Fensters können Sie den Befehl *Schließen* im Steuerungsmenü verwenden. Einfacher geht es natürlich über die Taste `Esc`. In diesem Fall verschwindet das Fenster sofort.

Der Aufruf über `F1` und das Verlassen über `Esc` sind auch bei oftmaligem Gebrauch der Hilfe deutlich schneller und komfortabler als der Weg über das Symbol. Natürlich kann man das Hilfe-Fenster auf dem Bildschirm stehenlassen und mit der Tastenkombination `Alt` + `Tab` zwischen den Fenstern hin- und herschalten. Dabei kann man aber nicht die kontextsensitive Hilfe nutzen, denn die funktioniert nur bei einem erneuten Aufruf der Hilfefunktion.

Hilfe über `F1`

Das jeweilige Verlassen des Hilfe-Fensters hat aber noch einen weiteren Vorteil: Wenn Sie ein Hilfe-Fenster im Hintergrund geöffnet haben und nach einiger Zeit die Hilfe wieder in Anspruch nehmen möchten, haben Sie das erste vielleicht schon vergessen und öffnen irrtümlich ein neues Hilfe-Fenster, später vielleicht noch ein drittes, und die verschwendete Speicherkapazität macht Ihre Arbeit dann deutlich langsamer.

5.2 Die Schaltflächen des Hilfe-Fensters

Das Hilfe-Fenster unterscheidet sich von den normalen Windows-Fenstern durch einige neue Schaltflächen. Diese Schaltflächen werden Ihnen wahrscheinlich bekannt vorkommen - der Videorecorder in der guten Stube verfügt über ähnliche Einrichtungen. Diese Schaltflächen sind dazu da, sich in den Hilfetexten seitenweise zu bewegen. Jeder Hilfetext kann aus einer oder mehreren Seiten bestehen. Angezeigt wird natürlich jeweils immer die erste (bildlich gesehen die oberste) Seite eines Kapitels. Diese enthält im Fall der allgemeinen Hilfe ein Inhaltsverzeichnis bzw. eine Befehlsübersicht und im Fall der kontextsensitiven Hilfe das erste Blatt des entsprechenden Hilfetextes.

Durchsuchen

Um sich in den Texten zu bewegen, nutzt man die Schaltflächen zum *Durchsuchen*. Mit *Durchsuchen/Pfeil rechts* werden die nachfolgenden Blätter des aktuellen Kapitels dargestellt. Mit *Durchsuchen/Pfeil links* blättert man wieder rückwärts. Diese Funktionen arbeiten seitenweise, d.h. es wird jeweils das nächstliegende Blatt angezeigt. Ist es nicht mehr möglich, weiterzublättern, so erscheint die Schaltfläche hellgrau hinterlegt und ist nicht mehr aktiv.

Zurück

Mit der Schaltfläche *Zurück* gelangen Sie schrittweise durch die Texte, die Sie nacheinander betrachtet haben, wieder an den Ausgangspunkt zurück. Dabei muß es sich nicht unbedingt um Textseiten des gleichen Kapitels handeln. Durch die Nutzung der Querverweise können Sie im Hilfe-Fenster durch verschiedene Kapitel springen. Während Sie sich mit der Schaltfläche *Durchsuchen/Pfeil links* immer im gleichen Kapitel zurückbewegen, bewegen Sie sich mit *Zurück* durch die Seiten der verschiedenen Kapitel zurück, die Sie sich zuvor angesehen haben. Excel hat sich diese Seiten gemerkt!

Suchen

Mit dieser Schaltfläche wird ein Optionsfeld aufgerufen, mit dessen Hilfe Sie Erläuterungen zu bestimmten Aktionen erhalten. Dies ist natürlich ganz wichtig bei Fragen wie z.B.: "Wie kann ich die Eigenschaften einer Gruppe ändern". "Wo suchen Sie nun in der Liste nach dem Thema, das der Fragestellung am nächsten kommt? In diesem Fall wäre dies das

Stichwort "Gruppeneigenschaften". Mit *Suchen* wird der Suchvorgang gestartet, und prompt wird im unteren Bereich das Kapitel angezeigt, das das Hilfesystem zur Lösung des Problems anbietet. Mit dem Feld *Gehe zu* gelangen Sie direkt in das entsprechende Kapitel. Werden mehrere Kapitel zum gleichen Thema angeboten, markieren Sie eines der Kapitel, bevor Sie *Gehe zu* wählen.

Index

Der Haupt-Bildschirm des Windows-Fensters wird durch die Schaltfläche *Index* aufgerufen. Hier befinden Sie sich praktisch im ersten Kapitel der Hilfetexte. Von hier aus kann man sich durch die Tiefen des Wissens durcharbeiten. Durch Betätigung dieser Schaltfläche erreichen Sie den Haupt-Bildschirm auch von der tiefsten Ebene aus.

5.3 Die Auswahl der Hilfethemen

Bei kontextsensitiver Hilfe wird direkt der zu einer Aktion passende Hilfetext angezeigt. Bei der allgemeinen Hilfe wird das Hauptthema durch den entsprechenden Befehl im Menü *Hilfe* gewählt.

Ein Hilfetext enthält jedoch einige Besonderheiten, die das Aufschlagen von Unterkapiteln erleichtern und somit der Übersichtlichkeit dienen. So wird die Art der Aussagen durch die unterschiedlichen Schriftgrößen und -attribute deutlich markiert.

Befehle zur besseren Strukturierung

Attribute im Hilfetext

Zwei Attribute haben eine besondere Bedeutung:

Unterstrichen: Ist ein Thema unterstrichen, so verbirgt sich dahinter ein weiteres Kapitel, das Informationen zu diesem Thema liefert. Durch Mausklick oder Tastatur-Bestätigung wird der entsprechende Hilfetext aufgeschlagen. Das Unterfenster enthält dann in der Regel weitere unterstrichene Themen, die wieder in eine Ebene führen.

Gestrichelt: Wenn ein Thema durch eine gestrichelte Linie unterstrichen ist, so verbirgt sich dahinter ein Hilfe-Fenster mit einer Erläuterung zu diesem Begriff. Dieses Fenster läßt sich bei gedrückter Maus- bzw. `Return`-Taste aufschlagen und einsehen. Läßt man die Taste los, so verschwindet das Fenster wieder.

Das Excel-Hilfesystem

In beiden Fällen ändert sich auch das Erscheinungsbild des Cursors, wenn man auf ein unterstrichenes Thema trifft: Eine "Hand" weist auf einen entsprechenden Erklärungstext hin.

Mit der Tastenkombination `Shift`+`F1` bringen Sie einen besonderen Cursor auf den Bildschirm, neben dem ein Fragezeichen erscheint. Wie Sie weiter oben bereits erfahren haben, erscheint die passende kontextsensitive Hilfe, wenn Sie mit diesem Cursor einen Befehl markieren.

Es wird nun deutlich, wie verschachtelt das komplexe Hilfesystem von Excel ist. Man kann ein bestimmtes Kapitel wählen und sich die einzelnen Seiten dieses Kapitels anschauen. Man kann auf einer bestimmten Seite durch Anklicken eines unterstrichenen Themas in ein weiteres Kapitel springen und sich dort wiederum frei bewegen. Auch hier sind eventuell wieder Unterkapitel vorhanden. Wenn man nur ein bißchen stöbern will, ist diese Art der Recherche sehr interessant, jedoch auch sehr zeitaufwendig. Nutzen Sie daher für einen bestimmten Begriff entweder die kontextsensitive Hilfe oder die Schaltfläche *Suchen*.

5.4 Eigene Anmerkungen in Hilfetexten

Das Hilfe-Fenster enthält in knapper und präziser Form Erläuterungen zu vielen Themen über Excel. Dahinter verbirgt sich im Prinzip eine Datenbank, die über ein reichhaltiges Repertoire von Texten verfügt. Das gesamte System stützt sich dabei auf mehrere Hilfe-Dateien, die sich im Verzeichnis \WINDOWS bzw. \WINDOWS\EXCEL hinter der Endung .HLP verbergen. Hier lassen sich einzelne Dateien über den Befehl *Öffnen* im Menü *Datei* direkt laden. Das macht aber nur dann Sinn, wenn man den Themeninhalt der Dateien in etwa kennt.

Bei den Hilfe-Dateien handelt es sich nicht um Text-Dateien, sondern um einen von normalen Editoren nicht lesbaren Code. Selbstverständlich kann es aber vorkommen, daß eine Erläuterung nicht ganz schlüssig oder etwas zu knapp behandelt ist. Vielleicht würden Sie auch gerne bestimmte Tricks und Kniffe, die Sie im Zusammenhang mit einem bestimmten Befehl erfahren haben (z.B. durch unser Buch), für spätere Zwecke niederschreiben.

Natürlich kann man dies alles schön aufbereitet in Write (dem Textverarbeitungsprogramm des Window-Pakets) durchführen, doch ist der Zugriff auf diese Information etwas umständlich.

Das Excel-Hilfesystem

Microsoft hat sich hier etwas äußerst Nützliches einfallen lassen. Zu jedem Titelthema lassen sich eigene Anmerkungen in den Hilfetext einfügen. Dabei wird nicht etwa die Übersicht durch unkontrolliertes Einfügen von Text gestört, sondern die Anmerkungen werden in einer eigenen Ebene abgelegt. Eine Büroklammer vor dem entsprechenden Thema weist auf eine Anmerkung hin. Die Büroklammer wird wie ein unterstrichenes Thema behandelt und durch Maus- bzw. Tastenklick aktiviert.

Anmerkungen in den Text einfügen

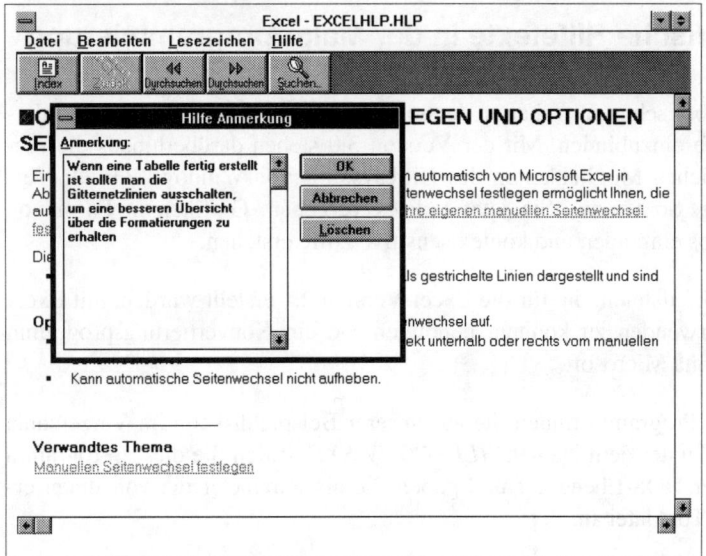

Abb. 19: Die Anmerkung im Hilfetext

Eine Anmerkung kann nur einer Titelüberschrift zugeordnet werden. Wählen Sie daher zuerst das Thema aus, dem Sie eine persönliche Note zuordnen möchten. Wählen Sie im Menü *Bearbeiten* den Befehl *Anmerkung*, und es erscheint ein Dialogfeld mit einem Texteingabefeld. Tragen Sie in dieses Feld nun Ihre Erkenntnisse ein. Mit *OK* bzw. `Return` wird der Text bestätigt und in den Hilfetext eingefügt. Auf diese Weise können Sie alle Tips auf Knopfdruck "On-Line" erfragen.

Pro Textblatt kann nur eine Anmerkung vergeben werden. Um eine Anmerkung zu löschen, wählen Sie wieder den Befehl *Anmerkung* und betätigen die Schaltfläche *Löschen*. Die Büroklammer - und damit auch die Anmerkung - ist verschwunden.

Nur eine Anmerkung pro Textblatt

Einzelne Themen können Sie auch mit dem Befehl *Kopieren* in die Zwischenablage bringen, um sie von dort aus in andere Anwendungen einzufügen.

Das Excel-Hilfesystem

Wenn Ihre Anmerkungen das Textfeld sprengen, können Sie ganze Bereiche in Write einfügen und diese dann mit Ihren Texten vervollständigen. Auf diese Weise können Sie natürlich Ihr eigenes Handbuch schreiben. Mit dem Befehl *Erläuterung drucken* bringen Sie einzelne Themen direkt zu Papier.

5.5 Anwenderspezifische Hilfetexte in der Makroprogrammierung

Grafiken und Indizes im Hilfesystem verwendet

Excel bot schon in früheren Versionen die Gelegenheit, benutzerdefinierte Hilfe einzubinden. Mit der Version 3.0 stehen darüberhinaus die umfangreichen Möglichkeiten des Hilfesystems von Windows 3.0 zur Verfügung. So können Sie jetzt Indizes vergeben, Grafiken in Form von Bitmaps einbinden und kontextsensitive Hilfe erstellen.

Um Hilfedateien, die für die Excel-Version 2.1 erstellt wurden, mit Excel 3.0 verwenden zu können, benötigen Sie ein Konvertierungsprogramm der Firma Microsoft.

Dieses Programm finden Sie auf unserer Beispieldiskette im Verzeichnis HILFE unter dem Namen *HELPCONV.EXE*. Rufen Sie dieses Programm von der DOS-Ebene auf und geben Sie als Parameter die von Ihnen erstellte Textdatei an.

C:\> A:\HILFE\HELPCONV <Pfadname><Hilfetext-Datei>

Das Erstellen einer Hilfedatei

Dieses Programm konvertiert Ihre selbsterstellte Hilfetext-Datei in ein Format, das das Windows-Hilfesystem verwenden kann. Das Programm ist auch dann erforderlich, wenn Sie Ihre Hilfetexte für Excel 3.0 weiter in gewohnter Form erstellen wollen. Wie eine neue Hilfedatei erstellt wird, die einige Fähigkeiten des Windows-Hilfesystem ausnützt, und welche Hilfsmittel Sie dazu benötigen, wird im folgenden kurz erläutert.

Ein Beispiel

An dieser Stelle wollen wir Ihnen an einem kleinen Beispiel die umfangreichen Möglichkeiten demonstrieren, mit denen Sie eigene Hilfetexte erstellen und in das Hilfesystem einbinden können. Das Hilfesystem selbst ist im Programmpaket SDK *Software Development Toolkit* enthalten und ausführlichst in den im Lieferumfang enthaltenen Handbüchern beschrieben. Die Programme zur Erstellung eines eigenen Hilfesystems sind jedoch ebenfalls auf der beiliegenden Diskette enthalten und brauchen nicht gesondert erworben zu werden.

Das Excel-Hilfesystem

Voraussetzungen:

1. Window Help Compiler HC.EXE

2. Microsoft Word, Word für Windows oder ein beliebiges anderes Textverarbeitungsprogramm, das folgende Leistungskriterien unterstützt:

- Unterstrichen formatierten Text

- Doppelt unterstrichen oder durchgestrichen formatierten Text

- Verborgen formatierten Text

- Fußnotenverwaltung mit selbstdefinierten Fußnotenzeichen (#, $, K, +)

- Speicherungsmöglichkeit im RTF-Dateiformat

Erstellen einer Hilfedatei

Bevor Sie beginnen Ihre Hilfetexte zu schreiben, sollten Sie, wie bei jedem umfangreichen Dokument deren Struktur festlegen. Dies ist besonders beim späteren Erstellen der "Sprungmarken" und "Suchkriterien" von Vorteil.

Die Struktur des Hilfetextes festlegen

Beschreiben Sie nun jeden von Ihnen gewünschten Hilfepunkt und speichern Sie die Datei nach Fertigstellung im RTF-Dateiformat ab.

Einfügen von Steuercodes

Um eine Steuerung Ihrer Hilfepunkte innerhalb des Hilfetextes vornehmen zu können, müssen Sie nun den einzelnen Hilfepunkten Steuercodes zuweisen. Dies erfolgt durch die Vergabe von Fußnoten mit speziellen Fußnotenzeichen.

Steuercodes für die Hilfepunkte

\# eindeutige Textkonstante, um einen Hilfepunkt zu identifizieren
$ Titel des Hilfepunktes
K Schlüsselwort, das die Suche nach einem Hilfepunkt ermöglicht
\+ Browse-Sequenznummer, die die Reihenfolge beim Durchblättern Ihres Hilfetextes festlegt

Zusätzlich müssen Sie bestimmte Formatierungen vornehmen.

Doppelt unterstrichen oder durchgestrichen

Beim Anwählen eines so formatierten Wortes wird dann zu einer bestimmten Sprungmarke verzweigt. Der Name dieser

Sprungmarke muß, verborgen formatiert, unmittelbar hinter diesem Wort folgen.

Einfach unterstrichen
Beim Anwählen eines so formatierten Wortes wird zu einer bestimmten Sprungmarke verzweigt. Der Name dieser Sprungmarke muß, verborgen formatiert, unmittelbar hinter diesem Wort folgen. Der zugehörige Hilfetext wird in einer aufklappenden Textbox angezeigt.

Verborgen (doppelt unterstrichen, durchgestrichen, unterstrichen)
Die Definition des Querverweises zu einer Sprungmarke, zu der verzweigt werden soll. Dazu wählen Sie das unmittelbar davor stehende Wort mittels Mausklick an.

Einfügen von Bitmaps

Das Windows-Hilfesystem bietet Ihnen auch die Möglichkeit, Bitmap-Grafiken in Ihre Hilfetexte einzubinden. Sollte Ihr Textverarbeitungsprogramm keine Grafiken einbinden können, so genügt die Eingabe eines Steuercodes und der Name der Bitmap-Grafik in geschweiften Klammern (die Pfadangabe, in welchem Verzeichnis das Bitmap zu finden ist, darf an dieser Stelle nicht erfolgen) Folgende Steuercodes können Sie verwenden:

{bmc dateiname.bmp}
bmc steht für *Bitmap character*, d.h. Ihre Grafik wird behandelt wie ein einzelner Buchstabe. Die Position des nachstehenden oder vorausgegangenen Textes bleibt bestehen.

{bml dateiname.bmp}
Das Bitmap erscheint am linken Rand. Text umfließt die Grafik an der rechten Seite.

{bmr dateiname.bmp}
Das Bitmap erscheint am rechten Rand. Text umfließt die Grafik an der linken Seite.

Durch Zuordnen der oben beschriebenen Steuercodes können Sie die Steuerung Ihrer Hilfetexte auch über das Anklicken der entsprechenden Bitmaps vornehmen. Zur Verdeutlichung ein Beispiel:

Die Abbildung zeigt einen Auszug aus einem benutzerdefinierten Hilfetext. Die erste Zeile des Hilfetextes trägt die Überschrift "**Index**", davor ist eine Bitmapgrafik namens CALLHELP.BMP eingebunden. Durch den Steuercode "**bmc**" wird das Windows-Hilfesystem veranlaßt, diese Grafik genau an der Position anzuzeigen, an der sie im Hilfetext steht. Zusätzlich wurde der Text des Bitmaps doppelt unterstrichen formatiert. Dies kennzeichnet einen Absprungpunkt. Beim Anwählen des Bitmaps mit dem Mauszeiger wird der Hilfebildschirm aufgerufen, dessen Name als Sprungmarke (verborgen formatiert) unmittelbar nach dem Text der einzubindenden Grafik steht, im abgebildeten Beispiel also "**loadfile**". Entsprechend sind die anderen Sprungmarken vergeben. Wird später im Windows-Hilfefenster die Grafik oder der Text "*Datei laden*" mit dem Mauszeiger angewählt, so erscheint der Hilfebildschirm "**loadfile**". Im unteren Fensterausschnitt erkennt man, daß dem Text Datei laden vier Fußnoten mit unterschiedlichen Fußnotenzeichen zugewiesen wurden.

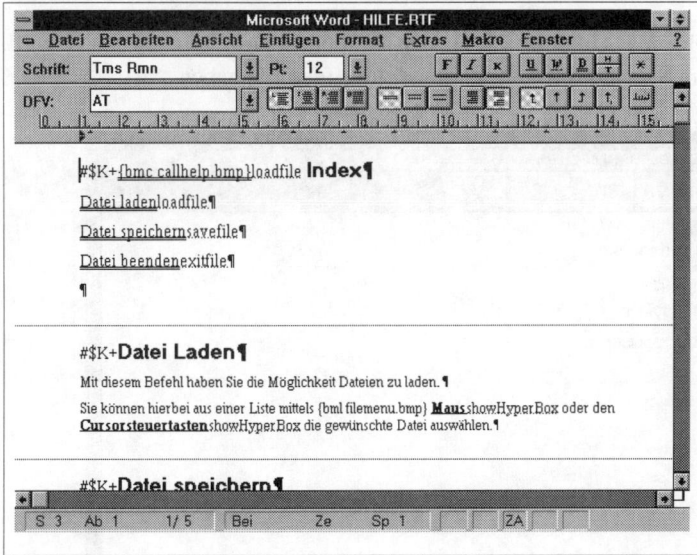

Abb. 20: Der reine Hilfetext in Word für Windows

Um dem Windows-Hilfesystem mitzuteilen welcher Hilfebildschirm angezeigt werden soll, müssen Sie diesem Text eine Fußnote zuweisen, die als Fußnotentext denselben eindeutigen "Sprungmarkennamen" hat, der auch dem Absprungpunkt zugeordnet ist. Die Identifikation erfolgt durch das Fußnotenzeichen "#".

Im Beispiel wurde also der Überschrift Datei laden der Fußnotentext loadfile mit dem Fußnotenzeichen # zugeordnet.

Die Fußnotenzeichen $ und der zugehörige Text "Datei laden", sowie K und "laden;öffnen;Datei laden" und + mit dem Text "browse:102", dienen dem Durchsuchen einer Hilfedatei. Aktivieren Sie im Hilfesystem die Schaltfläche *Suchen*, so werden Ihnen die Indizes "laden", "öffnen" und

Das Excel-Hilfesystem

"Datei laden" angezeigt. Nach Auswahl eines dieser Indizes teilt Ihnen das Windows-Hilfesystem mit, wieviele Hilfepunkte gefunden wurden. In unserem Fall würde die Meldung folgendermaßen lauten:

1 Thema gefunden

Datei laden

Wenn Sie nun "Datei laden" anklicken, wird der entsprechnde Hilfebildschirm angezeigt. Das Fußnotenzeichen + mit dem Fußnotentext "browse:102" definiert für die Schaltfläche *Durchsuchen* die Reihenfolge der Anzeige.

Nachfolgende Abbildung zeigt den Hilfebildschirm, der angezeigt wird, nachdem Sie Ihre selbstdefinierte Hilfe aufgerufen haben.

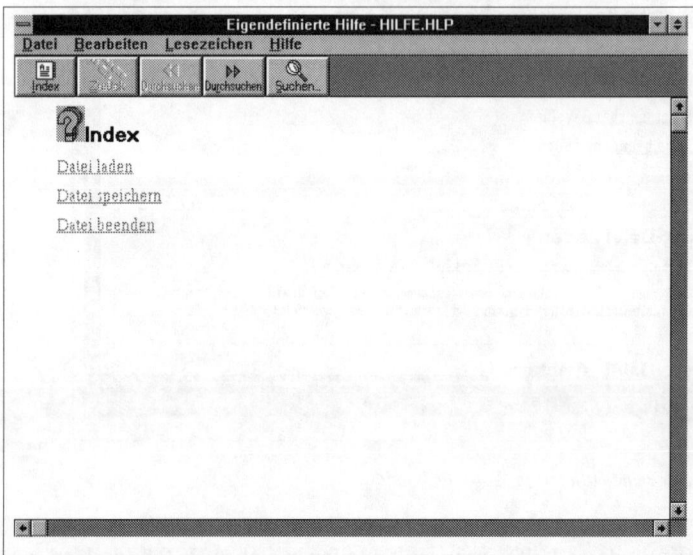

Abb. 21: Die eigene Datei im Hilfesystem

Nach Anklicken der Bitmapgrafik (des Fragezeichens) oder des Textes *"Datei laden"* wird der Hilfe-Bildschirm angezeigt.

Um Hilfetexte zu definieren, die in einer aufklappenden Textbox (lookup) erscheinen sollen, gehen Sie analog zu den bisherigen Beschreibungen vor. Der einzige Unterschied ist die Formatierung des Absprungpunktes: Den entsprechenden Text formatieren Sie nicht doppelt unterstrichen, sondern einfach unterstrichen. Im Beispieltext finden Sie hierzu die Begriffe "**Maus**" und "**Cursorsteuertasten**".

Das Excel-Hilfesystem

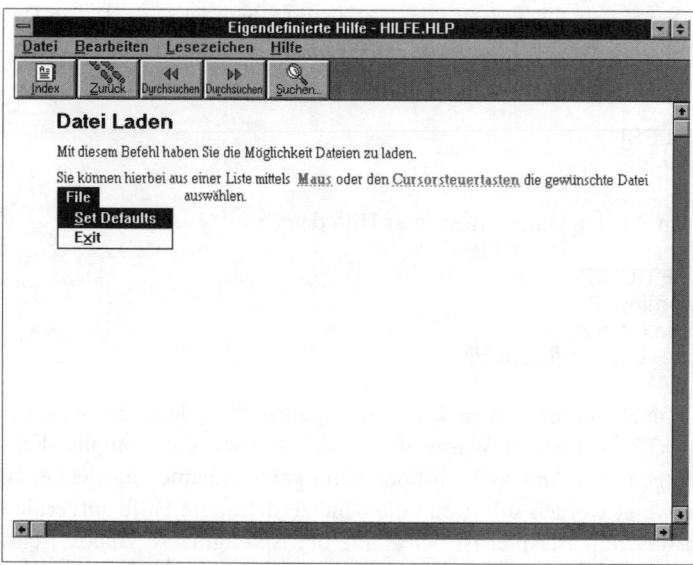

Abb. 22: Auswahl eines Themas

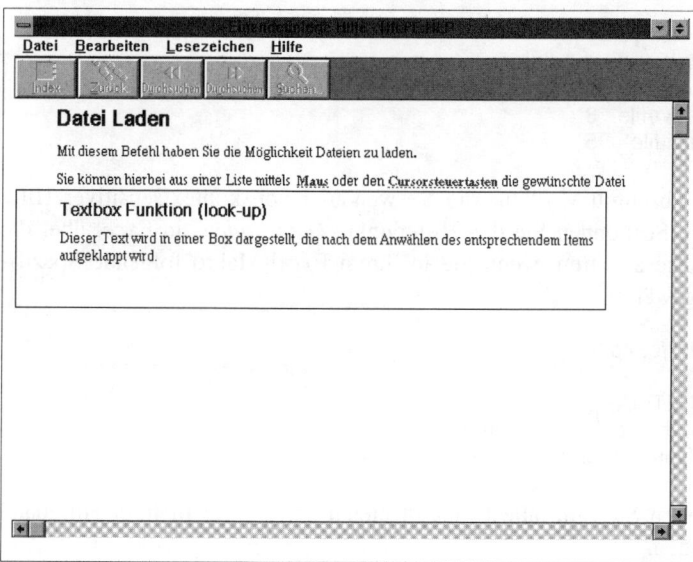

Abb. 23: Die Textbox-Funktion im Hilfetext

Erstellen einer Hilfeprojektdatei (Help project file)

Um die von Ihnen erstellte Hilfedatei für das Windows-Hilfesystem lesbar zu machen, müssen Sie nun eine sogenannte **Hilfeprojektdatei** erstellen. Dies ist eine Textdatei, die ähnlich aufgebaut ist wie z.B. die Datei EXCEL.INI. Die Hilfeprojektdatei für unser Beispiel könnte so aussehen:

```
[FILES]
hilfe.rtf
```

Hier geben Sie den Dateinamen Ihrer Hilfedatei an.

```
[OPTIONS]
warning=3
index=index
title=EigendefinierteHilfe
```

In OPTIONS werden einige Compilerangaben festgelegt. So bedeutet "warning=3" die höchste Warnstufe bei der Angabe der Compiler-Fehlermeldungen. Bei "index=" wird der Sprungmarkenname angegeben, zu dem verzweigt werden soll, wenn die benutzerdefinierte Hilfe aufgerufen wird. In unserem Beispiel ist der Name der Sprungmarke "Index", entsprechend lautet der Eintrag hier "index=index". Mit "title=" können Sie Ihrer Hilfedatei einen Namen zuweisen, der beim Laden in der Titelleiste angezeigt wird.

```
[MAP]
Index     1
loadfile  2
savefile  3
exitfile  5
```

Dieser Abschnitt wird für die Verwendung von kontextsensitiver Hilfe benötigt. So können Sie den Hilfepunkt *"Datei laden"* in Excel über die F1 -Taste aufrufen, wenn Sie in Ihrem Excel-Makro folgende Spezifikation gewählt:

Hilfe.hlp!2

```
[BITMAP]
c:\bitmap\callhelp.bmp
filemenu.bmp
```

Hier geben Sie bitte alle Bitmap-Dateien an, die Sie In Ihrer Hilfedatei verwenden.

Falls Ihre Dateien nicht im aktuellen Verzeichnis liegen, müssen Sie in dieser Datei auch die Pfadangaben eingeben.

Das Excel-Hilfesystem

Nach Erstellung der Hilfeprojektdatei speichern Sie diese im reinen Textformat ab. Der Dateiname muß zwingend die Erweiterung .HPJ haben. Anschließend müssen Sie diese Datei noch kompilieren. Dies geschieht mit Hilfe der Datei HC.EXE. Geben Sie auf DOS-Ebene bitte folgenden Befehl ein:

Abspeichern im reinen Textformat

```
C:\> A:\HC <Pfadname><Hilfeprojektdatei.HPJ>
```

Es wird nun eine Windows-Hilfedatei angelegt, die die Erweiterung HLP hat. Falls Sie detailliertere Informationen benötigen, verweisen wir Sie auf das Windows SDK (*Software Development Kit*), bzw. auf die Dokumentation *Microsoft Windows Programming Tools*, erschienen bei Microsoft Press, ISBN 1-55615-310-4.

Das Excel-Hilfesystem

Kapitel 6

6.	**Die Grundlagen von Excel**		**93**
	6.1	Der Excel-Bildschirm	93
		Der Befehlsbereich	94
		Das Formatierungslineal	95
		Der Arbeitsbereich	95
		Die Feldadressierung	96
		Tastenfunktionen zur Cursorsteuerung	96
		Excel beenden	97
	6.2	Änderungen im Excel-Bildschirm vornehmen	99
		Bildschirm-Parameter einstellen	99
		Bildschirmparameter	100
		Der Arbeitsbereich	101
	6.3	Befehle auswählen	102
		Die Befehlsmenüs	103
	6.4	Eingaben in Felder	103
		Die Datentypen von Excel	104
		Die Dateneingabe in der Bearbeitungszeile	105
		Eine Beispieltabelle erstellen	106
		Direkte Berechnung nach der Eingabe	111
		Cursorsprünge	113
	6.5	Feldinhalte kopieren	114
		Verhalten der Adressierung beim Kopieren	116
		Feld- und Bereichsattribute kopieren	118
		Berechnungen beim Kopiervorgang	118
		Schnelle Berechnung durch Ausfüllen	119
	6.6	Feldinhalte ändern	121
	6.7	Feldinhalte ausschneiden	122

6. Die Grundlagen von Excel

Dieses Kapitel richtet sich an den Erstbenutzer von Excel. Hier werden grundlegende Kenntnisse im Umgang mit Tabellen allgemein vermittelt. Wie der Excel-Bildschirm aufgebaut ist und welche Eingabe- und Berechnungsmöglichkeiten zur Verfügung stehen, soll ebenfalls erklärt werden. Das Kapitel ist also eine Art Grundkurs für Einsteiger, die sich schnell einen Überblick über die Handhabung von Excel verschaffen möchten, auch wenn nur wenige oder keine Computerkenntnisse vorhanden sind.

6.1 Der Excel-Bildschirm

Nach dem Einschalten Ihres Computers erscheint auf Ihrem Bildschirm die Systemanfrage, im allgemeinen mit einem Prompt in der Form "C:\". Wir gehen an dieser Stelle davon aus, daß Excel korrekt auf Ihrem Computer installiert wurde. Starten Sie nun Windows und rufen Excel durch Doppelklicken des Symboles im Programm-Manager auf.

Die Tabelle, die im Excel-Fenster erscheint, hat den vorläufigen Namen TAB1. Sie sehen ihn in der Mitte des waagerechten schwarzen Balkens oberhalb der noch leeren Tabelle. Excel vergibt automatisch die Erweiterung XLS, die vom Namen durch einen Punkt getrennt ist. Der vollständige Name dieser Tabelle lautet also TAB1.XLS. An der Erweiterung XLS erkennt man, daß es sich um eine Excel-Tabelle handelt. Bei dieser Gelegenheit seien gleich zwei weitere Erweiterungen genannt: XLC für Grafiken oder Diagramme, XLM für Makros.

Je nach vorhandener Grafikkarte sind auf dem Bildschirm etwa die Spalten A bis G und die Zeilen 1 bis 19 sichtbar. Dieser Bildschirmausschnitt (Fenster) zeigt nur einen sehr kleinen Teil der Tabelle, die insgesamt 16.384 Zeilen lang und 256 Spalten breit ist. Die 256. Spalte trägt die Buchstaben IV.

Unterschiedliche Darstellung je nach Grafikkarte

Jedes der über 4 Millionen Felder der Tabelle liegt im Schnittpunkt einer Spalte mit einer Zeile und ist damit eindeutig durch den oder die Buchstaben für die Spalte und die Zahl für die Zeilennummer gekennzeichnet. In der obersten linken Ecke des Bildschirms befindet sich das Feld A1,

4 Millionen Felder pro Tabelle

Die Grundlagen von Excel

auch [Home] oder [Pos1] genannt. In der untersten rechten Ecke des Bildschirms erscheint etwa das Feld H17. Ob auf Ihrem Bildschirm mehr oder weniger Felder zu sehen sind, hängt zum einen, wie bereits erwähnt, von Ihrer Grafikkarte ab, zum anderen von der Formatierung der Felder (Breite, Höhe). A1, H17 usw. nennt man Feldadressen oder einfach Adressen. Wenn man sich von einem Feld auf ein anderes Feld, etwa in einer Formel, bezieht, so spricht man auch von Bezug bzw. Bezügen.

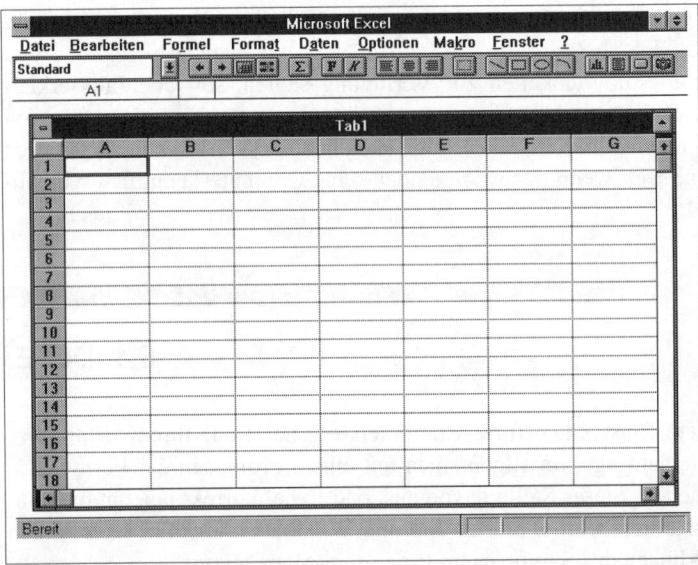

Abb. 24: Der Excel-Grundbildschirm

Der Befehlsbereich

Der Befehlsbereich umfaßt die unterste und die drei obersten Bildschirmzeilen. Die unterste Zeile nennt man Meldungszeile oder Statuszeile; sie zeigt den jeweiligen Zustand des Systems oder besondere Meldungen an, im Moment steht dort "Bereit".

In der zweiten Zeile des Befehlsbereichs, der sogenannten Menüzeile, sehen Sie die neun Namen von Befehlsmenüs. Jeweils ein Buchstabe des Menünamens ist unterstrichen. Wenn Sie die [Alt]-Taste gedrückt halten und den unterstrichenen Buchstaben eintippen, so klappt ein Menü von Befehlen auf und überdeckt teilweise den Arbeitsbereich. Auch in den Befehlszeilen des aufgeklappten Menüs ist jeweils ein Buchstabe unterstrichen. Durch Eintippen dieses Buchstabens (bei einem ausgeklappten Befehlsmenü benötigen Sie die [Alt]-Taste nicht mehr) rufen Sie den entsprechenden Befehl auf oder, wie man auch sagt, Sie aktivieren diesen

Die Grundlagen von Excel

Befehl. Er wird sofort ausgeführt. Wenn Sie statt dessen den Befehl mit den Richtungstasten anfahren und ihn dadurch unterlegen, müssen Sie die Eingabetaste `Return` drücken, um den Befehl auszuführen. Durch Drücken von `Esc` schließen Sie das aufgeklappte Menü.

Mit einer Maus klicken Sie lediglich den Namen des Befehlsmenüs und danach die gewünschte Befehlszeile an. Klicken bedeutet, daß Sie die linke Maustaste dann drücken, wenn der Mauszeiger auf dem Namen des Befehlsmenüs steht. Um ein Menü zu schließen, klicken Sie eine leere Stelle neben dem Mausnamen an. Weil die Menüs ähnlich wie eine Jalousie heruntergezogen werden, spricht man auch von Pulldown-Menüs. Nach dem Aktivieren eines Befehls wird manchmal noch ein sogenanntes Dialogfeld mitten in den Arbeitsbereich eingeblendet.

Befehlsauswahl in Pulldown-Menüs

In der linken oberen Ecke des Befehlsbereichs sehen Sie ein Quadrat mit einem Balken. Wenn Sie dieses Feld mit der Maus anklicken, gelangen Sie in die Systemsteuerung der Betriebssystemebene (DOS-Fenster von Windows). Der entsprechende Tastaturbefehl lautet `Alt`+`Leertaste`.

Das Formatierungslineal

Das Formatierungslineal ist die zentrale Einrichtung von Excel. Die wichtigsten Formatierungen bzw. Funktionen lassen sich an dieser Stelle direkt mit der Maus anwählen, ohne erst einen umständlichen Weg durch die Menüs zu gehen. Die in diesem Bereich enthaltenen Funktionen wirken sich in der Regel fast alle nur auf markierte Bereiche in der Tabelle aus. Das bedeutet, daß zuerst ein Bereich in der Tabelle ausgewählt werden muß, auf den sich die durch Mausklick angewählte Funktion auswirken soll.

Der Arbeitsbereich

Der Arbeitsbereich wird, soweit er auf dem Bildschirm sichtbar wird, durch einen äußeren, grauen Rahmen und einen inneren, dunkleren Rahmen eingefaßt. Bei einem Farbbildschirm sind die Rahmen farbig angelegt, wobei Sie zwischen unterschiedlichen Farben wählen können. Der Name der Tabelle, der Dateiname, steht mittig in dem schwarzen Balken oberhalb des Arbeitsbereichs. In seiner linken Ecke befindet sich ein weiteres Quadrat mit einem kurzen Balken. Durch Anklicken dieses Feldes gelangen Sie in das Systemmenü für das Dateifenster. Der analoge Befehl mit der Tastatur ist `Alt`+`-`.

Die Grundlagen von Excel

Die Feldadressierung

In der Kopfspalte über den Feldern des Arbeitsbereichs stehen Buchstaben, beginnend mit A, und in der linken Randspalte Zahlen. Jedes Feld des Arbeitsbereichs ist durch die Angabe von Buchstaben für die Spalte und der Zahl für die Zeile eindeutig bestimmt. Man kann daher z.B. durch A1 auf das Feld in der linken, oberen Ecke des Arbeitsbereichs "Bezug" nehmen. Bezug ist ein wichtiger Begriff in der Excel-Tabellenkalkulation.

Wenn alle Menüs geschlossen (zugeklappt) sind und in der untersten Meldungszeile "Bereit" angezeigt wird, können Sie in die Felder des Arbeitsbereichs, d.h. in die eigentliche Tabelle, Zahlen, Wörter, Formeln, Gleichungen und Funktionen eintragen. In welchem Feld das jeweils zulässig und möglich ist, ergibt sich aus den Feldkoordinaten, die im linken Feld in der dritten Zeile des Befehlsbereichs angezeigt werden. Das Feld, dessen Koordinaten dort angezeigt werden und in dem Sie somit Eintragungen vornehmen können, nennt man auch aktives Feld. Durch einmaliges Anklicken aktivieren Sie das Feld in der Tabelle, auf dem der Mauszeiger steht, und die zugehörigen Feldkoordinaten werden in der Statuszeile angezeigt. Wenn Sie statt dessen mit den Richtungstasten auf dem Bildschirm herumwandern, ändert sich die Anzeige der Feldkoordinaten mit jeder Änderung der Cursorposition.

Tastenfunktionen zur Cursorsteuerung

Die wichtigsten Bewegungen und Sprünge, die Sie mit dem Cursor auf dem Arbeitsblatt vornehmen können, finden Sie in der folgenden Tabelle:

Funktion	Taste(nkombination)
Benachbarte Felder	Richtungstasten
Erste Spalte der aktiven Zeile	Home
Letzte Spalte der aktiven Zeile	End
Bildschirmblättern vor	PgDn
Bildschirmblättern zurück	PgUp
Bildschirmblättern nach rechts	Ctrl + PgUp
Bildschirmblättern nach links	Ctrl + PgDn
Spaltenanfang auf leerem Blatt	Ctrl + ↑
Spaltenende auf leerem Blatt	Ctrl + ↓
Zeilenanfang auf leerem Blatt	Ctrl + ←
Zeilendende auf leerem Blatt	Ctrl + →

Cursorsteuerung mit der Maus

Mit der Maus läßt sich besonders bequem blättern. Dazu bedient man sich der sogenannten Laufleiste am rechten und unteren Rand des Arbeitsbereichs. Jede Laufleiste ist durch ein kleines Quadrat unterbrochen. Für einen Bildlauf setzen Sie den Mauszeiger auf dieses Quadrat; wäh-

Die Grundlagen von Excel

rend Sie die linke Maustaste gedrückt halten und die Maus nach rechts oder links, nach oben oder unten ziehen, wandert das Quadrat in gleicher Richtung mit. Sie können den Mauszeiger auch auf die Richtungspfeile setzen, die Sie an den beiden Enden der Bildlaufleisten sehen. Wenn Sie die Pfeile der rechten Laufleiste anklicken, verschiebt sich die Tabelle nach oben oder unten. Beim Anklicken der Pfeile in der unteren Laufleiste verschiebt sich die Tabelle nach rechts oder links.

Excel beenden

Um Excel mit Hilfe der Tastatur ordnungsgemäß zu verlassen, rufen Sie entweder mit `Alt`+`Leertaste` das Systemsteuerungsmenü auf und wählen hier den Befehl *Schließen*, oder Sie schlagen das Menü *Datei* auf und wählen hier *Beenden*.

Um Excel mit der Maus zu verlassen, klicken Sie den waagerechten Balken in der obersten linken Ecke des Bildschirms und danach im Systemsteuerungsmenü den Befehl *Schließen* an. Oder Sie öffnen das Menü *Datei* und klicken hier auf *Beenden*.

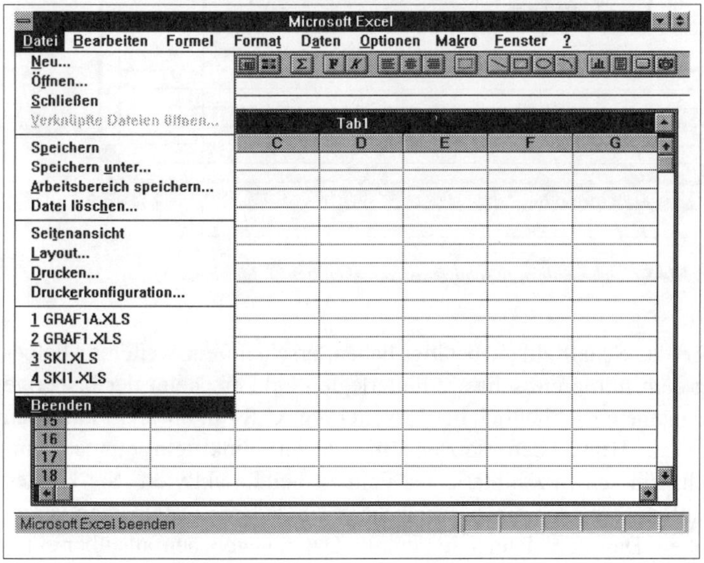

Abb. 25: So verlassen Sie Excel

Wenn Sie das Arbeitsblatt unmittelbar vorher gespeichert hatten, wird Excel ohne weiteres geschlossen. Wenn nicht, wird ein Dialogfeld mitten in das Arbeitsblatt eingeblendet. Hinter einem großen Fragezeichen steht die Anfrage, ob Sie TAB1 (so heißt bisher immer noch Ihre Tabelle) speichern wollen. Unter diesem Text finden Sie drei Schaltfelder. Sie können

Sicherheitsabfrage beim Beenden

Die Grundlagen von Excel

zwischen *Ja*, *Nein* und *Verlassen* wählen. Eins von den drei Feldern ist fett umrandet und damit das aktive Feld. Sie können es mit `Return` bestätigen. Auf der Tastatur springen Sie durch Drücken der `Tab`-Taste von Schaltfeld zu Schaltfeld in Richtung nach rechts, in umgekehrter Richtung durch Drücken von `Shift`+`Tab`. Wenn in dem Befehl des Schaltfeldes ein Buchstabe unterstrichen ist, können Sie durch Eintippen dieses Buchstabens den Befehl unmittelbar aktivieren. Über die Tastatur können Sie stets mit `Esc` abbrechen. Mit der Maus geht es einfacher: Sie klicken das gemischte Feld an.

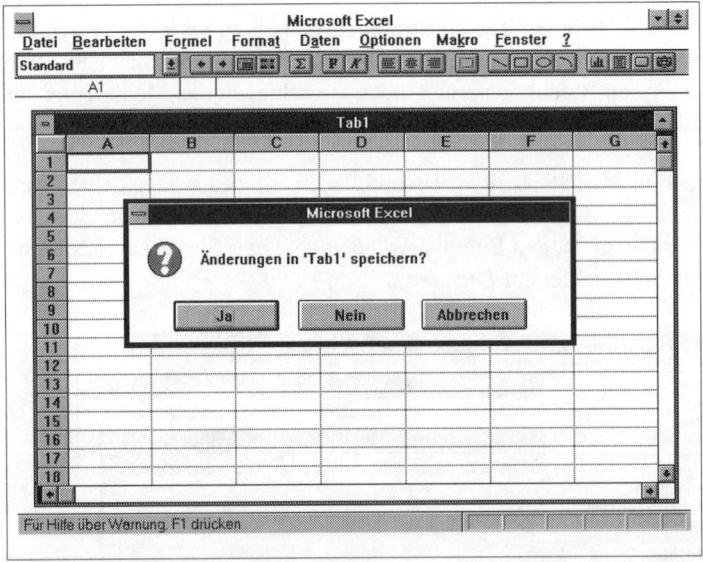

Abb. 26: Die Sicherheitsabfrage schützt vor versehentlichem Löschen

Falls Sie das Schaltfeld *Ja* betätigt haben, erscheint ein weiteres Dialogfeld. In dem mittleren, schwarz hinterlegten Feld erscheint der bisherige Tabellenname einschließlich der Erweiterung XLS - in unserem Fall eben TAB1.XLS. Hinter dem letzten Buchstaben blinkt ein dünner Cursorstrich. Ein schwarz hinterlegtes Feld ist bereits aktiviert; Sie können sofort anfangen zu schreiben, wenn Sie einen anderen Dateinamen vergeben wollen. Das Verzeichnis, in dem die Datei, gegebenenfalls über einen Pfad, abgelegt wird, wird in der dritten Zeile des Dialogfeldes vorgeschlagen. Wenn Sie auch dieses ändern wollen, geben Sie einfach das Laufwerk, den vollständigen Pfad und den geänderten Dateinamen in das mittlere Dialogfeld ein. Weitere Optionen, auf die wir später eingehen werden, können Sie über die dritte Schaltfläche wählen. Schließlich bestätigen Sie Ihre Eingaben und Optionen mit `Return`. Wie immer können Sie das Dialogfeld mit `Esc` verlassen.

Die Grundlagen von Excel

6.2 Änderungen im Excel-Bildschirm vornehmen

Die aufgeschlagenen Menüs haben unterschiedliche Inhalte, je nachdem, ob Sie sich für die Anzeige von *Kurzmenüs* oder *Ganzen Menüs* entscheiden. Beim Laden von Excel steht die Anzeige auf Kurzmenüs. Das sollte Sie nicht irreführen; denn tatsächlich haben Sie die Option *Ganze Menüs* gewählt. Bei dieser Option enthalten die Menüs zusätzliche Befehle. Wenn Sie einen Befehl nur im Modus *Ganze Menüs* finden können, vermerken wir dies in diesem Buch dadurch, daß wir hinter den Befehl (Ganze Menüs) setzen. Wenn Sie aus der Option *Ganze Menüs* zu *Kurzmenüs* wechseln wollen, wählen Sie Optionen *Ganze Menüs*. Für die Wahl der Bildschirmeinstellungen müssen Sie die Option *Ganze Menüs* aktivieren.

Kurze oder ganze Menüs

Mit dem Befehl *Optionen Arbeitsbereich* (Ganze Menüs) bestimmen Sie einige allgemeine Bildschirmparameter, auf deutsch: Sie legen fest, wie Ihre Bildschirmanzeigen aussehen sollen:

Bildschirm-Parameter einstellen

Die Bildschirmanzeige läßt sich mit den Befehlen des Menüs *Optionen Bildschirmanzeige* steuern. Um das Menü aufzurufen (aufzuklappen), halten Sie die [Alt]-Taste gedrückt und tippen den unterstrichenen Buchstaben, also [o] ein. Anschließend wählen Sie daraus die Bildschirmanzeige durch das Eintippen des unterstrichenen Buchstabens [i].

Das gleiche erreichen Sie, indem Sie mit [F10] die Menüleiste aktivieren und mit den Richtungstasten [←] und [→] die Menüs wahlweise ansteuern. Haben Sie Optionen angesteuert, dann aktivieren Sie dort die einzelnen Befehle mit den Richtungstasten [↑] bzw. [↓].

Mit dem Befehl *Optionen Bildschirmanzeige* bestimmen Sie die wesentlichen Parameter der Bildschirmanzeige: ob Sie Gitternetzlinien, Zeilen- und Spaltenköpfe oder Nullwerte auf dem Bildschirm sehen wollen oder nicht. Dazu markieren Sie die entsprechenden Optionsfelder mit einem Kreuz, indem Sie [Alt] gedrückt halten und dann den unterstrichenen Buchstaben der Option eintippen oder das Optionsfeld mit der Maus anklicken. Durch erneutes Markieren löschen Sie das Kreuz aus dem Optionsfeld.

Die Grundlagen von Excel

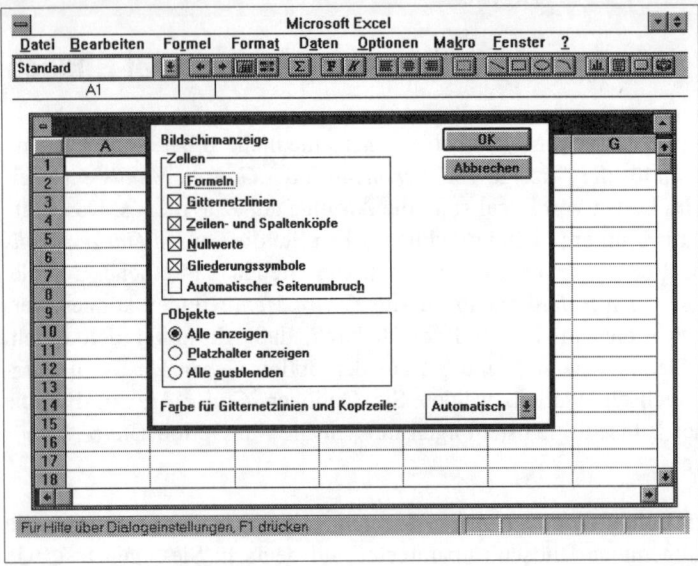

Abb. 27: Die Bildschirmparameter in der Übersicht

Bildschirmparameter

Sie können weiterhin wählen, ob in den Feldern Werte oder die ihnen zugrundeliegenden Formeln und Bezüge angezeigt werden sollen. Im letzteren Fall werden die Feldinhalte linksbündig formatiert, und die Spaltenbreite wird automatisch verdoppelt, um die Formeln vollständiger anzeigen zu können. Wenn das noch nicht reicht, können Sie die Feldbreite manuell weiter vergrößern.

Die Farben für die Gitternetzlinien und die Kopfzeile wählen Sie entweder selbst aus, oder Sie lassen sie automatisch durch Excel anpassen, wenn Sie mit einer EGA-Grafikkarte und einem Farbbildschirm arbeiten. Die gewählte Farbe gilt nur für das aktive Tabellenfenster, sonst gelten die Farbeinstellungen der Windows-Systemsteuerung.

Darstellung bei CGA- und Herkules-Adaptern

Wenn Sie eine CGA-Grafikkarte und einen Farbbildschirm verwenden, so zeigt der Monitor unter Excel nur Grautöne.

Eine Herculeskarte und ein monochromer Bildschirm erreichen eine höhere Auflösung, so daß ein größerer Bildschirmbereich als bei der CGA-Grafikkarte auf dem Monitor angezeigt wird. Nachdem Sie alle Parameter bestimmt haben, bestätigen Sie Ihre Wahl durch Return oder Anklikken des Schaltfeldes OK, oder Sie brechen den Vorgang durch Esc oder Anklicken des entsprechenden Schaltfeldes ab.

Die Grundlagen von Excel

Vorteile der Bildschirmparameter: Durch Löschen der Gitternetzlinien können Sie die in die Tabelle eingefügten Rahmen besser erkennen. Auch durch Unterdrücken der Zeilen- und Spaltenköpfe und der Nullanzeige kann die Übersichtlichkeit einer Tabelle verbessert werden.

Der Arbeitsbereich

Wenn Sie am Bildschirm umfangreiche Eingaben von Dezimalzahlen tätigen müssen, können Sie Excel das Einfügen des Dezimalkommas überlassen. Sie wählen dazu mit dem Befehl *Feste Dezimalstellen* und der Eingabe der Stellenzahl die Anzahl der Dezimalstellen. Wenn Sie nun in ein Feld die Zahl 47,11 einzutragen haben, so brauchen Sie nur 4711 ohne Dezimalkomma einzutippen, und Excel trennt die beiden letzten eingegebenen Stellen automatisch mit einem Komma ab. Der Bildschirm zeigt daher 47,11 an, und dieser Wert ist tatsächlich auch gespeichert. Eine ähnliche Arbeitserleichterung haben Sie bei folgenden Nullen, wenn Sie z.B. als *feste Dezimalstellen* -3 wählen: Ihre Eingabe von 4711 erscheint dann im Arbeitsspeicher und auf dem Bildschirm als 4711000. Die mit der Option *Feste Dezimalstellen* verbundene, automatische Einfügung eines Dezimalkommas bleibt wirkungslos, wenn Sie selbst ein Dezimalkomma eintippen.

Darstellung von Dezimalzahlen

Die Feldbezeichnungen haben Sie bisher in der Form A1 als Schnittpunkt von Spalte A mit Zeile 1 kennengelernt, d.h. die Buchstaben, die die Spalten bezeichnen, stehen jeweils an erster Stelle. Das rechte untere Ende der Tabelle trägt daher die Feldbezeichnung IV16384. Feldnamen oder Feldbezeichnungen in Formeln nennt man auch Feldbezüge.

Feldbezeichnungen

Außer dem Feldbezug vom Typ A1 kennt Excel auch den Feldbezug in der Form Z1S1. Bei diesem Format steht die Zeile an erster Stelle, und auch die Spalten werden von links nach rechts in aufsteigender Folge von 1 bis 256 durchnumeriert. Z16384S256 ist daher im sogenannten Z1S1-Bezug das Feld am rechten unteren Ende der Excel-Tabelle.

Die Multiplan-Feldadressierung

Statt der voreingestellten A1-Feldnamen zeigt der Bildschirm Z1S1-Bezüge an, wenn man in der Option *Bildschirmanzeige* die Option *Z1S1* markiert. Das Optionsfeld ist dann mit einem Kreuz gefüllt. Nochmaliges Markieren entfernt das Kreuz, und die Bildschirmanzeige springt auf Feldbezüge vom Typ A1 zurück.

Die Statuszeile am unteren Bildschirmrand wird dann angezeigt, wenn man die Option *Statuszeile* durch ein Kreuz markiert. Erneutes Markieren löscht das Kreuz und läßt die Statuszeile verschwinden. Mit Hilfe der Bildlaufleisten erkennen Sie die relative Lage in einer Tabelle, so daß Sie mit der Maus einen gezielteren Bildlauf durchführen können. Durch Lö-

Die Grundlagen von Excel

schen des Kreuzes in der Option *Bildlaufleisten* können Sie einen etwas größeren Bereich auf Ihrem Bildschirm überblicken. Wenn Sie die voreingestellte Option *Bearbeitungszeile* beibehalten, so steht in der Bearbeitungszeile (das ist die Zeile oberhalb des Arbeitsbereichs) der Inhalt des aktiven Feldes, entweder als Wert oder als Formel. Wenn Sie die Option *Bearbeitungszeile* aufheben, wird die Anzeige der Bearbeitungszeile unterdrückt.

Menütaste definieren

Das Zeilenmenü hatten Sie bisher durch Drücken von ⸤Alt⸥ und des unterstrichenen Buchstabens aufgerufen. Wenn Sie anstelle von ⸤Alt⸥ lieber eine andere Taste verwenden wollen, weil Sie diese aus anderen Anwendungsprogrammen zum Aufruf der dortigen Menüs gewöhnt sind, so können Sie die gemischte Taste in das Optionsfeld *Menütaste ändern* eintragen, z.B. den Schrägstrich über der Ziffer 7 oder den Winkel <. Daß Sie die Menüleiste auch durch Drücken der Funktionstaste ⸤F10⸥ (und natürlich auch mit der Maus) aktivieren können, hatten wir bereits erwähnt.

Schießlich können Sie noch die Option *Fernanfragen ignorieren* markieren, wenn andere Windows-Anwendungen nicht auf Ihre Tabelle zugreifen sollen. Fernanfragen erfolgen im Rahmen des DDA (Dynamischer Datenaustausch; engl. DDE = Dynamic Data Exchange). Hierbei greift eine andere Anwendung auf den Inhalt eines oder mehrerer Felder in Ihrer Tabelle zu, um damit in der fremden anderen Anwendung weiterzuarbeiten. Dies können Sie mit Hilfe dieser Option zulassen oder verhindern.

6.3 Befehle auswählen

Einen Befehl (eine Anweisung, ein Kommando) können Sie über das zugehörige Menü mit der Maus oder manuell durch Eingabe einer Tastenfolge oder manchmal in Kurzform mit Hilfe von Funktionstasten (den sogenannten Hotkeys) aufrufen. Die Namen der Menüs erscheinen in der Menüleiste. Die Menüleisten hängen von der jeweiligen Fensterart ab. Es gibt drei Fensterarten:

- Tabellen- und Makrovorlagenfenster,
- Diagrammfenster und
- Informationsfenster.

Entsprechend diesen Fensterarten gibt es in Excel ein Tabellenmenü, ein Diagrammenü und ein Informationsmenü.

Die Grundlagen von Excel

Die Befehlsmenüs

Das Tabellenmenü besteht aus *Datei, Bearbeiten, Formel, Format, Daten, Optionen, Makro, Fenster* und *Hilfe*.

Das Diagrammenü enthält *Datei, Bearbeiten, Muster, Diagramm, Format, Makro, Fenster* und *Hilfe*.

Das Informationsmenü umfaßt *Datei, Info, Makro, Fenster* und *Hilfe*.

Nach erfolgter Menüwahl klappt das Menü herunter, das haben Sie bereits kennengelernt. Beim Aufruf eines im Menü enthaltenen Befehls erscheint in der Statuszeile am unteren Bildschirmrand eine Kurzbezeichnung des gewählten Befehls. Manchmal blendet Excel in die Tabelle noch ein Dialogfeld ein, über das zusätzliche Angaben oder Optionen angefordert werden. Ob zu einem Befehl ein solches Dialogfeld gehört, können Sie daran erkennen, daß hinter dem Befehl drei Punkte folgen. Im Dialogfeld unterscheidet man viereckige und runde Optionsfelder. In einer Gruppe von runden Optionsfeldern können Sie nur eines von mehreren Feldern auswählen.

Solange Sie den vollständigen Befehl noch nicht mit `Return` oder durch Anklicken des Schaltfeldes *OK* bestätigt haben, können Sie jederzeit durch (u.U. auch mehrmaliges) Drücken von `Esc`, durch Anklicken des Schaltfeldes *Abbrechen* in einem Dialogfeld oder durch Anklicken eines beliebigen Punktes außerhalb der Menüleiste aus dem Menü "aussteigen".

Die `Tab`-Taste aktiviert nacheinander die einzelnen Feldergruppen

Die Bildschirmfenster lassen sich jederzeit durch Systemmenüs bearbeiten. Man unterscheidet zwischen dem Systemmenü für das Anwendungsfenster (Microsoft Excel). Sie rufen es durch Anklicken des längeren Balkens in der obersten, linken Ecke des Bildschirms bzw. durch `Alt` + `Leertaste` auf und dem Systemmenü für das Dateifenster (TAB1), das durch Anklicken des kürzeren Balkens in der linken, oberen Ecke des Dateifensters mit `Alt`+`-` aktiviert wird.

Manche Befehle sind im Menü grau hinterlegt. Das bedeutet, daß Sie diese Befehle gegenwärtig nicht aktivieren können. Gegebenenfalls müssen Sie vorher einen anderen Befehl ausführen oder eine Auswahl treffen.

6.4 Eingaben in Felder

Das Feld, auf dem der Cursor steht, nennt man das aktive Feld. Es ist durch eine Umrandung markiert, und seine Lage auf dem Arbeitsblatt,

Die Grundlagen von Excel

gekennzeichnet durch Spalte und Zeile, erscheint links in der dritten Bildschirmzeile unterhalb der Menüleiste. Nur in ein aktives Feld kann man - allerdings nicht direkt - Daten eingeben oder die darin bereits enthaltenen Daten bearbeiten (editieren).

Die Datentypen von Excel

- Zahlen,
- Text, auch Zeichenketten, Strings oder Labels genannt,
- Gleichungen, Formeln und Funktionen,
- Wahrheitswerte,
- Fehlerwerte,
- Bezüge und
- Matrizen.

Excel unterscheidet Zahlen und Zeichenketten automatisch bei der Eingabe. Soweit Sie ein Feld nicht besonders formatiert haben, stehen Zahlen rechtsbündig in einem Feld und Zeichenketten linksbündig. "Formatieren" bedeutet, die Erscheinungsform des Feldinhaltes auf dem Bildschirm oder beim Ausdrucken zu bestimmen. So können Sie z.B. Zahlen linksbündig oder mittig im Feld anordnen, oder mit einer bestimmten Anzahl von Dezimalen oder auf volle Tausender gerundet anzeigen lassen bzw. eine Währungsbezeichnung wie DM vor oder hinter der Zahl anfügen, ohne daß dadurch die exakte Zahlenrechnung beeinträchtigt wird. Ebenso läßt sich eine Zeichenkette durch Formatierung zentriert oder rechtsbündig im Feld anordnen. Die Länge einer Zeichenkette ist auf maximal 255 Zeichen beschränkt. Excel rechnet auf 15 Stellen genau.

Das Gleichheitszeichen als Grundlage der Berechnung

Im Unterschied zu Zeichenketten und Zahlen sind Formeln, Gleichungen und Funktionen durch ein vorgesetztes Gleichheitszeichen gekennzeichnet oder müssen durch ein vorausgesetztes Gleichheitszeichen bei der Eingabe gekennzeichnet werden. Das Gleichheitszeichen ist kein Teil einer Funktion, sondern nur ein Hinweis, daß es sich um eine Funktion handelt. In der folgenden, einfachen Gleichung werden die (Zahlen-) Inhalte der beiden Felder B17 und D36 addiert:

= b17 + d36

Wenn Sie, wie empfohlen, Ihre Eingaben in Kleinbuchstaben gemacht haben, und wenn die Eingabe syntaktisch richtig war, werden im Augenblick Ihrer Bestätigung der Eingabe alle Kleinbuchstaben in Großbuchstaben umgewandelt, und Sie haben auf diese Weise eine zusätzliche Kontrolle.

Die Grundlagen von Excel

Für häufig vorkommende Operationen stellt Excel geeignete (Tabellen-) Funktionen bereit. Ein ganz einfaches Beispiel hierfür ist die Funktion SUMME.

Funktionen erleichtern die Arbeit

Wenn Sie z.B. alle Feldinhalte des (rechteckigen) Bereichs zwischen den Feldern B13 und D32 aufsummieren wollten, müßten Sie 60 Feldadressen durch ein Pluszeichen miteinander verknüpfen. Bei Benutzung der Funktion SUMME vereinfacht sich die Operation zu

= summe(b13:d32)

Auch hier wird die syntaktisch richtige Funktion bei der Eingabe automatisch in Großbuchstaben umgewandelt. Die Angaben in Klammern nennt man Argumente.

Es gibt nur die beiden Wahrheitswerte WAHR und FALSCH.

Fehlerwerte erkennt man an dem vorgesetzten Doppelkreuz (#) und dem nachgestellten Ausrufungszeichen (!), z.B. #NV!, wenn Sie in einer Funktion ein Argument ausgelassen haben, oder #ZAHL!, wenn Sie versucht haben, eine Wurzel aus einer negativen Zahl zu ziehen.

Relative, absolute oder gemischte Bezüge in den Feldformaten A1 und Z1S1 werden Sie an anderer Stelle kennenlernen. Sie können sich auf ein einzelnes Feld, auf einen Bereich oder eine Mehrfachauswahl beziehen.

Eine Matrix (Mehrzahl = Matrizen) ist ein rechteckiger Bereich von (Zahlen-)Feldern.

Für diesen Datentyp stellt Excel besondere Matrixfunktionen bereit, um die Determinante einer Matrix zu ermitteln oder Matrizen zu transponieren, zu multiplizieren und zu invertieren.

Die Dateneingabe in der Bearbeitungszeile

Wie gesagt, kann die Dateneingabe nicht direkt in ein Feld erfolgen, sondern nur auf dem Umweg über die Eingabezeile unterhalb der Menüzeile.

Sobald Sie das erste Zeichen Ihrer Eingabe eintippen, springt der Cursor vom aktiven Feld Ihres Arbeitsblattes automatisch in die Eingabezeile und zeigt dort an, was Sie eingeben.

Mit `Return` übertragen Sie Ihre Eingabe in das aktive Feld, mit `Esc` anullieren Sie eine noch nicht mit `Return` bestätigte Eingabe.

Die Grundlagen von Excel

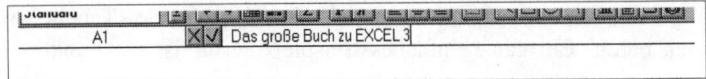

Abb. 28: Eingaben werden über die Bearbeitungszeile in das Feld übertragen

Mausbedienung der Bearbeitungszeile

Wenn das aktive Feld nicht leer ist, wird der bisherige Inhalt überschrieben. Die beiden vor dem Eingabefeld eingeblendeten kleinen Rechtecke benötigen Sie, wenn Sie mit der Maus arbeiten. Durch Anklicken des linken Rechtecks (mit einem Kreuz) brechen Sie die Dateneingabe ab, durch Anklicken des rechten Rechtecks (mit dem Haken) übertragen Sie Ihre Eingabe in das aktuelle Feld.

Aktionen rückgängig machen

Manchmal werden Sie bedauern, einen Befehl voreilig eingegeben zu haben, z.B. einen Bereich gelöscht zu haben. Wenn Sie noch keine andere Taste betätigt haben, können Sie nach dem Excel-Rettungsanker *Rückgängig machen* im Menü *Bearbeiten* (Ganze Menüs) greifen und den gelöschten Bereich auf den Bildschirm zurückholen.

Befehle wiederholen

Excel speichert Ihren letzten Befehl. Sie können ihn mit dem Befehl *Bearbeiten Wiederholen* (Ganze Menüs) wiederholen. Damit Sie kontrollieren können, welcher das war, erscheint hinter dem Doppelpunkt nach dem Wiederholen der letzte Befehl - jedoch nur, wenn Sie keine weitere Taste angerührt haben.

Um den Inhalt eines aktiven Feldes zu löschen, aktivieren Sie das Menü Bearbeiten mit `Alt`+`B` und wählen mit der Taste `L` den Befehl *Inhalte löschen*. Daraufhin erscheint ein Dialogfeld mit den Optionen *Alles*, *Formate*, *Formeln*, *Notizen* und den Schaltflächen *OK* und *Abbrechen*. Wenn Sie *Alles* wählen, wird der gesamte Feldinhalt gelöscht.

Der Befehl *Löschen* und das dazugehörige Dialogfeld lassen sich auch unmittelbar durch Drücken von `Del` und Anwählen der Option *Alles* aufrufen und mit `Return` ausführen. Analog dazu klicken Sie mit der Maus das Menü *Bearbeiten*, den Befehl *Inhalte löschen* und die Option *Alles* an. Noch einfacher geht es, indem Sie `Ctrl`+`Del` drücken.

Eine Beispieltabelle erstellen

Wir wollen nun ein konkretes Projekt in Angriff nehmen. Laden Sie dazu die Tabelle KOSTEN.XLS von der Beispieldiskette. Bevor die Eingaben für die Werte gemacht werden, sollen zunächst die Formeln für die Berechnungen erstellt werden.

Die Grundlagen von Excel

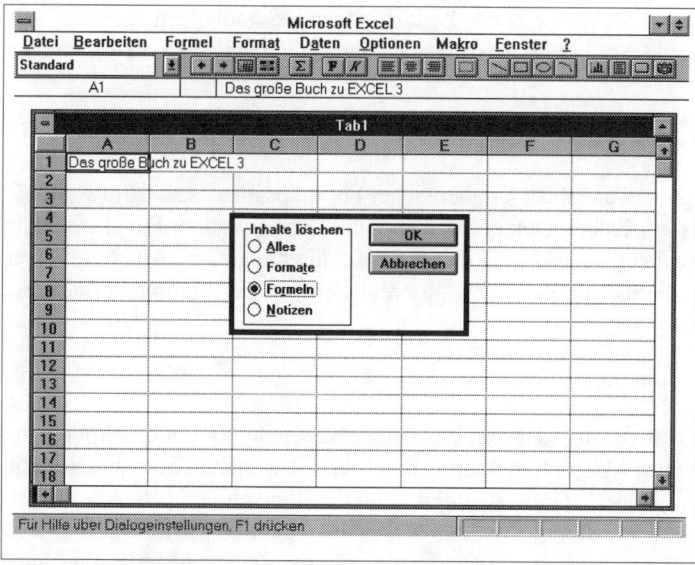

Abb. 29: Das Dialogfeld zum Löschen der Feldeinträge

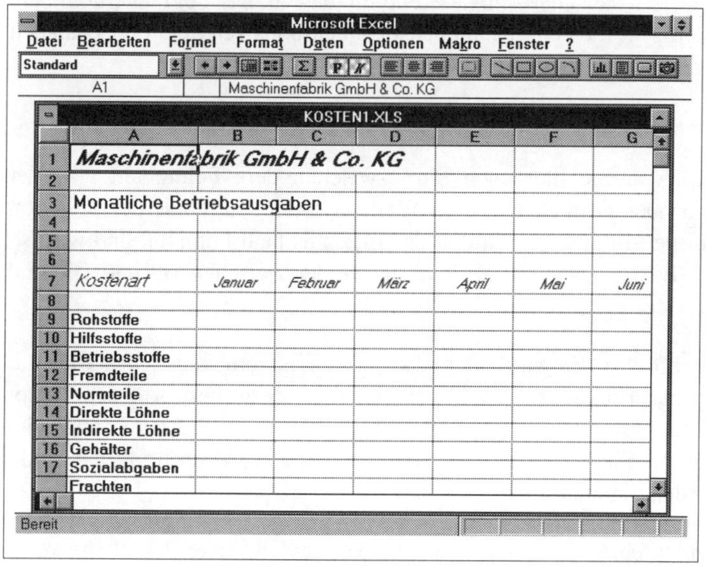

Abb. 30: Die fast noch leere Beispieltabelle

In der Spalte "1. Halbjahr" sollen Sie die - noch nicht vorhandenen - Einträge in den Feldern zwischen B9 und G9 summieren. Das könnten Sie so

107

Die Grundlagen von Excel

machen, daß Sie in der Zelle H9 die einzelnen Summanden addieren, wobei Sie, wie Sie bereits wissen, mit einem Gleichheitszeichen beginnen müssen:

= b9+c9+d9+e9+f9+g9.

Das mag noch angehen, ist aber sicher ein mühsames Geschäft, wenn Sie mehr als ein halbes Dutzend Zahlen summieren wollen. Für diese Fälle stellt Excel sogenannte Funktionen bereit, die die gleiche Arbeit mit einer einzigen Formel erledigen, in unserem Fall mit der Summenformel. Sie lautet:

= summe(b9:g9)

Einsatz von Formeln und Bereichsangaben

Sie ersehen daraus, daß ein zusammenhängender Bereich, nämlich die Felder von B9 bis G9, einfach dadurch erfaßt werden, daß man das erste und letzte Feld als Grenzen eingibt und durch einen Doppelpunkt verbindet. Das Wort "Summe" ist der Name der Funktion; er muß exakt nach Vorschrift geschrieben werden, also nicht etwa "sum" anstelle von "summe". Wenn Sie die Funktion syntaktisch richtig, d.h. buchstabengetreu so, wie Excel sie versteht, geschrieben haben, dann wird sie beim Drücken von ⟨Return⟩ aus der Eingabezeile in das aktive Feld übernommen. Gleichzeitig werden alle Kleinbuchstaben automatisch in Großbuchstaben umgewandelt, in unserem Fall zu

= SUMME(B9:G9)

Unterscheiden Sie hier auch bitte zwischen dem Feldinhalt, also der Funktion oder Formel, und dem Wert, also dem Ergebnis der Funktion oder Formel. In unserem Fall ist das Ergebnis natürlich Null und wird so auch im Feld H9 angezeigt, denn die Felder zwischen B9 und G9 sind noch alle leer.

Excel prüft Ihre Eingabe, wenn Sie ⟨Return⟩ drücken, jedes Mal auf syntaktische Richtigkeit und weist Syntaxfehler zurück. Auf den Fehler werden Sie durch einen Ton und eine eingeblendete Warnung hingewiesen. Wie oft Sie auch ⟨Return⟩ drücken: Eine syntaktisch falsche Funktion werden Sie nicht los.

Funktionen aus der Liste auswählen

Um Syntaxfehler bei der Eingabe zu vermeiden, bietet Excel Ihnen im Menü *Formel* den Befehl *Funktion einfügen*. In einem Auswahlfeld finden Sie in alphabetischer Reihenfolge sämtliche Excel-Funktionen, darunter auch die von Ihnen bereits verwendete *Summe*. Bedienen wir uns für die nächste Spalte "Mittelwert" nun dieses Komforts. Dazu aktivieren Sie Feld I9 und wählen aus dem Menü *Formel* den Befehl *Funktion einfügen*. Mit dem Cursor können Sie nun die Funktionen "durchblättern", bis Sie die gewünschte gefunden haben.

Die Grundlagen von Excel

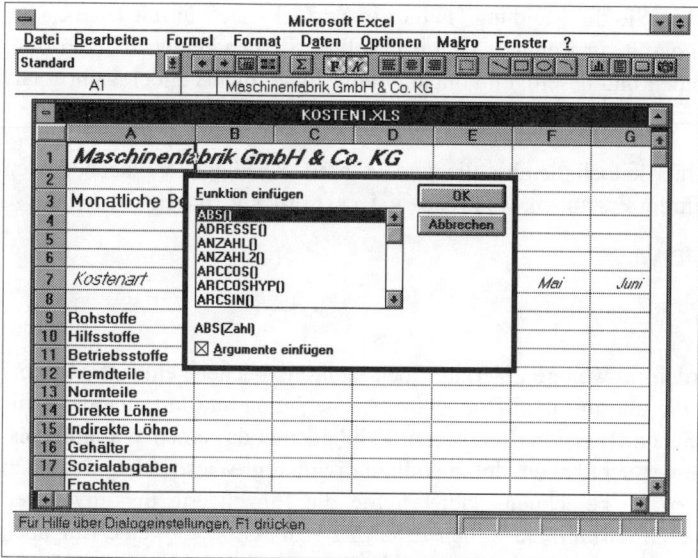

Abb. 31: Die Funktionsliste bietet eine reiche Auswahl

Die Suche nach der gewünschten Funktion kürzen Sie dadurch ab, daß Sie den Anfangsbuchstaben des Funktionsnamens eintippen. Das bringt Sie zur ersten Funktion in der Liste mit diesem Anfangsbuchstaben. Auf der Suche nach "Mittelwert" tippen Sie also einfach "m" ein; damit springt der Cursor MAX an, und mit wenigen weiteren Richtungstasten gelangen Sie zu MITTELWERT. Sie werden schon bemerkt haben, daß den Funktionsnamen durchweg leere Klammern folgen. Die leeren Klammern müssen Sie in den meisten Fällen mit den sogenannten Argumenten füllen.

Anfangsbuchstaben zur schnelleren Auswahl

Für die Eingabe der Argumente bietet Excel Ihnen eine weitere Hilfe, wenn Sie das Optionsfeld *Argumente einfügen* durch Anklicken oder Alt + A ankreuzen. Auf einmal erscheint in der Eingabezeile die Formel

Argumente einfügen

= MITTELWERT(Zahl1; Zahl2; ...)

In die Funktion können Sie nun einzelne Zahlen eingeben, die durch Semikola getrennt sind. Das Semikolon in der Funktion nennt man daher auch Argumententrennzeichen. Der Klammerinhalt ist schwarz hinterlegt, d.h. Sie können hier gleich Ihre Eintragungen vornehmen. Da Sie ebensowenig wie bei der Summe in der Vorspalte die Bezüge von B9 bis G9 einzeln durch Semikolon eingeben wollen, tragen Sie "b9:g9" in die Klammer ein und löschen den Rest bis auf die hintere Klammer durch Del . Sollten Sie aus Versehen die hintere Klammer mitgelöscht haben,

109

Die Grundlagen von Excel

so erhalten Sie die Meldung "Fehler in Formel", die Sie mit *OK* bestätigen und damit zur Kenntnis nehmen. Sollten Sie den Fehler in der Formel nicht finden und beseitigen können, bleibt Ihnen nichts anderes übrig, als mit `Esc` aus der Operation auszusteigen.

Da Sie hier jedoch die abschließende Klammer beibehalten haben, finden Sie zu Ihrem Erstaunen, wenn Sie `Return` drücken, die Feldanzeige

#DIV/0!

vor.

Warnhinweise   Sie werden im weiteren Verlauf noch mehrere solcher Feldanzeigen vorfinden, die alle mit dem Doppelkreuz # beginnen und mit einem Ausrufungszeichen (!) enden. In unserem Fall bedeutet das einen Warnhinweis, weil Sie versucht haben, durch Null zu dividieren. Wieso? Nun, um einen Mittelwert zu berechnen, addieren Sie die Einzelwerte und dividieren durch deren Anzahl. Da in den Feldern B9 bis G9 noch keine Eingaben stehen, ist die Anzahl der Eingaben Null, und daher der Warnhinweis. Er entfällt in dem Augenblick, in dem Sie die erste Eingabe in eines der Felder B9 bis G9 gemacht haben. Sehen Sie davon jedoch bitte vorerst noch ab.

In den nächsten Spalte J soll im Feld J9 das Maximum, in der Spalte K im Feld K9 das Minimum des Bereichs B9:G9 erscheinen. Jetzt haben Sie schon ein wenig Routine: Sie setzen den Cursor auf J9 und verwenden wiederum im Menü *Formel* den Befehl *Funktion einfügen*. Sobald Sie den Anfangsbuchstaben "m" eingegeben haben, springt der Cursor auf die erste vorhandene Funktion mit dem Anfangsbuchstaben "M"; dies ist zufällig gerade die Funktion MAX(), so daß Sie nicht weiter zu blättern brauchen. Das eckige Optionsfeld *Argumente einfügen* ist noch von der vorhergehenden Operation angekreuzt; Sie bestätigen daher Ihre Wahl. In die Klammer tragen Sie als Bereich wiederum "b9:g9" ein und bestätigen mit `Return`. Analog gehen Sie in Zelle K9 vor, wählen hier aber MIN() aus. Das Ergebnis in beiden Fällen überrascht Sie nicht, denn ohne Feldwerte im Bereich B9:G9 sind beide Null.

Um nach dem Anspringen des Anfangsbuchstabens der gewünschten Funktion nicht mit dem Cursor weiterblättern zu müssen, könnten Sie auf die Idee kommen, den ganzen Funktionsnamen oder wenigstens die ersten beiden Buchstaben einzutippen, um die Funktion exakt anzufahren. Das ist bei Excel, im Unterschied zu manchen anderen Anwendungsprogrammen, nicht möglich. Probieren Sie es bitte aus. Wenn Sie "mi" (für MIN) eingeben, erreichen Sie in der alphabetischen Liste nicht MIN, sondern IDENTISCH(), und bei Eingabe von "min" landen Sie auf N().

Die Grundlagen von Excel

Stellen Sie nun den Cursor auf E9, so daß Sie die Spalte K (Minimum) noch sehen können, und geben Sie für Mai 6125,47 ein. Sofort reagieren die Felder H9:K9. Tragen Sie nun noch 5700,88 für Juni ein, und richtig erscheinen die Juni-Zahl unter Minimum und die Mai-Zahl unter Maximum. Die Fehleranzeige in der Spalte "Mittelwert" ist bereits bei der ersten Feldeintragung verschwunden, denn die Anzahl der Summanden war von Null bereits auf 1 angestiegen und beläuft sich jetzt auf 2, und der Mittelwert ist nun tatsächlich die Hälfte der Summe von 6125,47 und 5700,88.

Direkte Berechnung nach der Eingabe

Mit jeder neuen Eingabe im Bereich B9:G9 werden die Ergebnisfelder H9:K9 unverzüglich neu berechnet, obwohl Sie das Resultat im allgemeinen erst interessiert, wenn alle Zahlen eingegeben worden sind. Sie bedienen sich daher des Menüs *Optionen* und wählen den Befehl *Berechnen*. Ändern Sie die Option von *automatisch* auf *Befehl*. Wenn Sie nun den Wert 6321,80 für April eingeben, rührt sich in den Ergebnisfeldern H9:K9 nichts. Dafür erscheint in der untersten Bildschirmzeile die Meldung BERECHNEN. Diese Meldung läßt Sie normalerweise bis zur Beendigung aller Eingaben ungerührt. Ausnahmsweise lassen Sie nach dieser einen Eingabe Ihre Tabelle doch noch einmal im Menü *Optionen* mit dem Befehl *Neu berechnen* aktualisieren. Damit verschwindet die Meldung BERECHNEN wieder aus der Statuszeile.

Warum lassen wir nicht einfach nach jeder Eingabe die ganze Tabelle automatisch berechnen? Die Frage ist bei den kleinen Tabellen, mit denen Sie hier übungshalber arbeiten, berechtigt. Wenn Sie jedoch, wie in der Praxis üblich, mit Tabellen arbeiten, in denen Tausende oder Zehntausende von Feldern Formeln enthalten, die alle möglichen Felder miteinander verknüpfen, so muß Excel bei jeder neuen Eingabe sämtliche Bezüge überprüfen und arithmetisch anpassen. Das kann von Bruchteilen von Sekunden bis zu mehreren Sekunden dauern, und bis dieser Vorgang abgelaufen ist, können Sie keine weitere Eingabe machen. Das kostet Zeit, und daher ist es ratsam, aus Prinzip - außer bei sehr kleinen Tabellen - nur auf Befehl rechnen zu lassen.

Daß die Tabelle zunächst noch einen unordentlichen Eindruck macht, weil die Felder keine oder bis zu fünf Dezimalen hinter dem Komma aufweisen, braucht Sie zunächst nicht zu beunruhigen. Wie Sie das ändern können, lernen Sie etwas später beim Formatieren in Kapitel 8.

Tragen Sie nun bitte die restlichen Zahlen für Januar bis März in Zeile 9 nach, und füllen Sie sie dann gemäß untenstehender Abbildung. Wenn Sie

Die Grundlagen von Excel

sich die Eingabearbeit sparen wollen, dann können Sie die Datei KO-STEN.XLS von der Beispieldiskette laden.

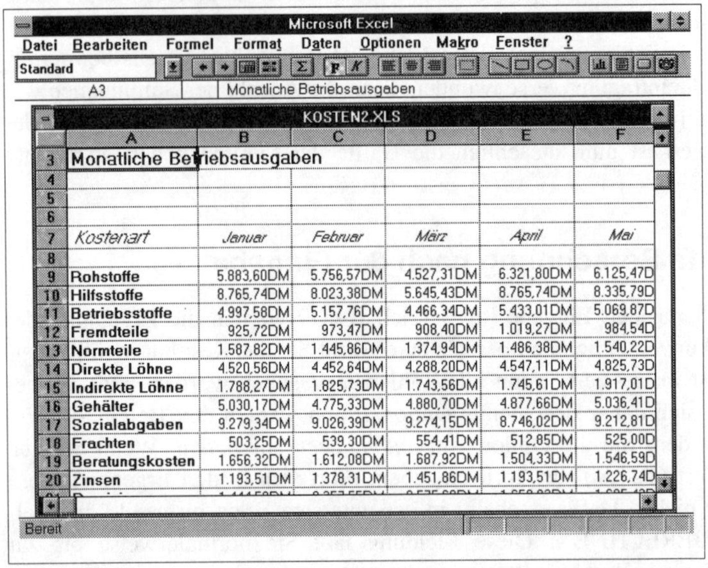

Abb. 32: Die Werte der Beispiel-Tabelle

Korrekturen

Wenn Sie die Werte eingeben, machen Sie dabei auch absichtlich einmal den Fehler, statt eines Dezimalkommas ein Semikolon einzugeben: Excel interpretiert Ihre Eingabe dann als Zeichenkette (Label, Wort) und ordnet die Zahl linksbündig in der Zelle an, während alle anderen Eingaben mit Dezimalkomma rechtsbündig stehen. Wie Sie eine falsche Eingabe korrigieren, bleibt Ihnen überlassen. Entweder Sie betätigen die Funktionstaste F2 (die sogenannte Edit-Taste) und korrigieren den Fehler, oder Sie geben den richtigen Eintrag neu ein, der alte wird damit überschrieben. Wenn Sie bei der Gelegenheit gleich einen Blick auf die Spaltenüberschrift "1.Halbjahr" werfen, so finden Sie auch hier die Eintragung linksbündig. Excel hat bei der Eingabekontrolle automatisch erkannt, daß es sich auch um ein Label handeln muß. Zwar hat Excel wegen der als erstes eingegebenen 1 zunächst vermutet, es handele sich um eine Zahl; bereits das nächste Zeichen, der Punkt, hat diese Vermutung widerlegt, so daß die gesamte Eingabe im Feld linksbündig anzuordnen war.

Der Befehl
Rückgängig

Wenn Sie in ein leeres Feld eine falsche Eingabe gemacht haben, so ist das nicht tragisch, wohl aber, wenn Sie eine ellenlange Formel aus Versehen durch eine Zahl oder einen Text überschrieben haben. Nach Bestätigen dieser falschen Eingabe befindet sich diese eben anstelle des vorherigen Feldinhaltes in der Zelle. Rettung winkt jedoch durch Excel, wenn Sie anschließend an Return keine weitere Taste angerührt haben. Ris-

Die Grundlagen von Excel

kieren Sie dazu einmal, die Formel in Feld I9 durch eine Zahl, z.B. 123, zu überschreiben: Die Formel ist zu Ihrem Leidwesen verschwunden, und in der Zelle steht 123. Sie dürfen nun einzig das Menü *Bearbeiten* aufrufen und den Befehl *Rückgängig machen* aktivieren: Die verloren geglaubte Formel erscheint erneut in I9.

Vergessen Sie nicht, regelmäßig den bis dahin vorhandenen Dateiinhalt mit dem Befehl *Speichern* im Menü *Datei* zu sichern (am Anfang zur Übung am besten nach Abschluß jeder Zeile oder jeder Spalte).

Inzwischen haben Sie vielleicht den Wunsch, auch die Spaltensumme, d.h. die Kosten für jeden einzelnen Monat, in Zeile 24 ausrechnen zu lassen. Ganz einfach: Sie setzen den Cursor auf B24 und holen sich die passende Funktion *SUMME* mit *Formel Funktion einfügen* dort hin. In der leeren Klammer ergänzen Sie noch den Bereich b9:b22.

Gerade die Summierung von Spalten ist ein wesentlicher Funktionsaufruf innerhalb einer Tabellenkalkulation. Aus diesem Grund ist im Formatierungslineal eine Summenfunktion direkt enthalten. Der Schaltknopf ist durch das Sigma-Zeichen eindeutig zu erkennen, Sie finden es unter dem "D" des Menünamens "Datei". Die Handhabung ist denkbar einfach: Sie plazieren den Cursor auf das Ergebnisfeld (hier also B24) und klicken auf den Schaltknopf. Sofort wird die Summenformel in die Bearbeitungszeile eingetragen und der Spaltenbereich markiert. Es gibt außerdem noch die Möglichkeit, die vorgeschlagene Markierung durch eine neue Markierung zu ersetzen. In diesem Fall wird einfach ein anderer Bereich, der aufsummiert werden soll, markiert. Die alte Markierung wird dann ersetzt. Mit `Return` kann das Ergebnis augenblicklich berechnet werden.

Spaltensumme über das Formatierungslineal

Die gleichen Spaltensummen brauchen wir auch noch für die übrigen Monate Februar bis Juni. Wenn Sie vermuten, daß es hierfür wahrscheinlich eine bequemere Lösung gibt, als den gleichen Vorgang noch fünfmal zu wiederholen, liegen Sie richtig. Und das gleiche trifft auch für die Zeilenergebnisse zu, die Sie noch für den Bereich H10:K22 benötigen. Diese Vereinfachung besteht im Kopieren - eine der wichtigsten Möglichkeiten, sich bei der Tabellenkalkulation das Leben leicht zu machen.

Cursorsprünge

Vorher wollen wir jedoch die vorhandene Tabelle dazu benutzen, uns mit dem Bewegen des Cursors vertraut zu machen:

Mit `Ctrl`+`Home` gelangen Sie in die obere linke Ecke Ihrer Tabelle; das ist auch das oberste linke Feld des gesamten Arbeitsbereichs. `Ctrl`+`End` läßt den Cursor in die rechte untere Ecke Ihrer Tabelle

Die Grundlagen von Excel

springen. Mit `Ctrl`+`→` erreichen Sie das äußerste rechte Feld Ihrer Tabelle in der gleichen Zeile, das Daten enthält, mit `Ctrl`+`←` das äußerste linke Feld.

Mit `Ctrl`+`↑` erreichen Sie die oberste Zelle Ihrer Tabelle in der gleichen Spalte, die Daten enthält, mit `Ctrl`+`↓` das unterste, linke Feld.

Voraussetzung für diese Cursorsprünge ist, daß jedes Feld der betreffenden Zeile oder Spalte Daten enthält. Befinden sich im Verlauf der Zeile oder Spalte jedoch Leerfelder, so bleibt der Cursor vor dem ersten dieser Leerfelder stehen. Durch erneutes `Ctrl` + "Richtungstaste" überspringt der Cursor sämtliche Leerfelder und bleibt auf dem ersten folgenden Datenfeld stehen.

Direkte Zielfeldsuche

Wenn Sie sehr große Bereiche in Tabellen überspringen wollen und wissen, welches Ihr Zielfeld ist, benutzen Sie die Funktionstaste `F5` und geben im Dialogfeld den Bezug, d.h. die Feldkoordinaten ein, z.B. IV16384. Das ist das Feld ganz unten rechts in der Tabelle. Wenn Sie diese Zelle mit der Richtungstaste `PgDn` in Zwanzigersprüngen hätten ansteuern wollen, wäre es wahrscheinlich Feierabend, bevor Sie am Ziel ankämen. Von hier aus gelangen Sie natürlich mit `F5`, Bezug A1, wieder in das Feld ganz links oben.

6.5 Feldinhalte kopieren

Bevor Sie durch Kopieren den bisherigen Tabellenumfang in erheblichem Maße erweitern, sollten Sie vorsorglich Ihre Arbeit im gegenwärtigen Stadium speichern. Stellen Sie nämlich fest, daß das Ergebnis Ihrer anschließenden Bearbeitung eher einem Verschlimmern als einem Verbessern entspricht, so können Sie auf den Ausgangszustand zurückgreifen und noch einmal von vorne anfangen.

Die Kopierbefehle werden aus dem Menü *Bearbeiten* (Ganze Menüs) aufgerufen. Doch bevor Sie einen Kopierbefehl eingeben und ausführen lassen, müssen Sie den zu kopierenden Feldbereich markieren (auswählen). Sie können jeweils nur einen einzelnen, zusammenhängenden, rechteckigen Bereich auswählen und kopieren.

Bereiche markieren

Besteht der zu kopierende Bereich nur aus einem Feld, so ist dieses schon dadurch markiert, daß der Cursor auf ihm steht. Mehr als ein Feld wählen Sie dadurch aus, daß Sie die `Shift`-Taste (Umschalttaste) gedrückt halten und den Cursor in Richtung des auszuwählenden Bereichs bewegen. In der Praxis hat es sich als zweckmäßig erwiesen, den Cursor in

Die Grundlagen von Excel

die linke obere Ecke des auszuwählenden Bereichs zu setzen und dann nach unten und rechts (oder umgekehrt) zu markieren.

Selbstverständlich können Sie beim Auswählen auch die Hotkeys `Ctrl` + "Richtungstasten" für Cursorsprünge über größere Bereiche einsetzen.

Beim Aufruf des Befehls *Bearbeiten Kopieren* legt Excel um den ausgewählten Bereich einen sogenannten Laufrahmen, bei dem eine punktierte Linie um den markierten Feldbereich läuft. Bei Bestätigung durch `Return` wird der markierte Bereich in die Zwischenablage kopiert. Der vorherige Inhalt der Zwischenablage wird dadurch überschrieben.

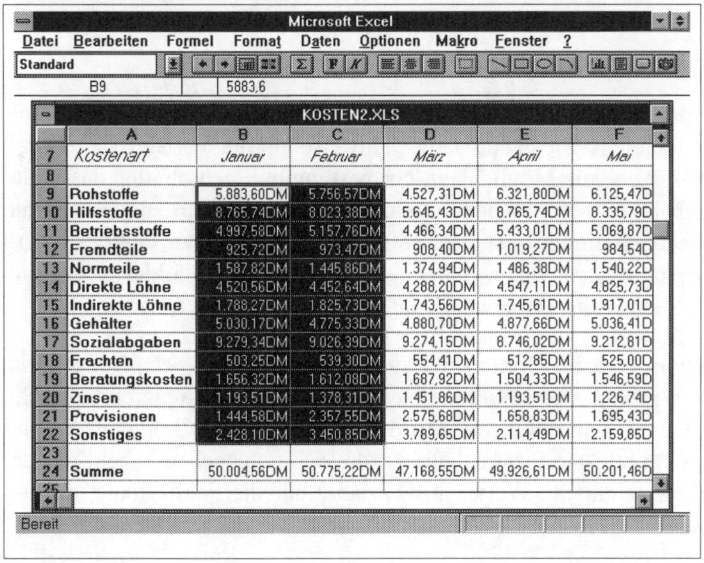

Markierung durch "Laufrahmen"

Abb. 33: Ein zu kopierender Bereich ist markiert

Aus der Zwischenablage können Sie die ausgewählten Felder mit dem Befehl *Bearbeiten Einfügen* beliebig oft an beliebige Stellen in der Tabelle der gleichen Anwendung kopieren. Dazu positionieren Sie den Cursor jeweils in die linke obere Ecke des Einfügungsbereichs.

Nach dem Befehl *Bearbeiten Kopieren* können Sie auch eine oder mehrere andere Anwendungen aufrufen und den Feldbereich durch *Bearbeiten Einfügen* beliebig oft aus der Zwischenablage in diese Anwendung(en) kopieren.

Beachten Sie bitte, daß durch das Einfügen nach dem Kopieren die früheren Inhalte oder Formate durch den zu kopierenden Bereich vollständig überschrieben werden.

Die Grundlagen von Excel

Kopieren mit einem Hotkey

Bei der Bearbeitung einer Tabelle ist das Kopieren der wohl am häufigsten benötigte Vorgang. Es ist daher empfehlenswert, daß Sie sich hierfür statt der entsprechenden Tastatur- oder Mausoperationen die arbeitssparenden Hotkeys aneignen:

Anstelle des Tastaturbefehls *Bearbeiten kopieren* drücken Sie `Ctrl` + `Ins`, anstelle des folgenden *Bearbeiten einfügen* drücken Sie `Shift` + `Ins`.

Welche Feldeigenschaften werden kopiert?

In allen diesen Fällen kopieren Sie außer dem Inhalt des ausgewählten Bereichs (Formeln) auch alle anderen Feldeigenschaften mit, nämlich Werte, Formate und Notizen. Notizen sind Anmerkungen, die Sie zu jedem Feld hinterlegen können, wenn Sie den Feldinhalt besonders erläutern wollen.

Nicht immer benötigen Sie jedoch eine komplette Kopie des ausgewählten Quellbereichs. Sie haben dann wahlweise mit der Variante *Bearbeiten Inhalte einfügen* die Möglichkeit, nur bestimmte Eigenschaften des in der Zwischenablage befindlichen Bereichs zu kopieren, z.B. nur die Daten oder nur die Formeln oder nur die Formate. Die zu den Optionsfeldern *Einfügen* und *Rechenoperationen* gehörenden Optionsfelder sind rund, d.h. daß Sie nur eine der jeweils fünf Optionen auswählen können.

Die Option *Alles* im Optionsfeld zu *Bearbeiten Inhalte einfügen* hat die gleiche Wirkung wie *Bearbeiten einfügen*, d.h. Sie kopieren Formeln, Werte, Formate und Notizen. Mit der Option *Formeln* kopieren Sie nur die Formeln, die Sie für das betreffende Feld eingegeben haben, mit der Option *Werte* nur die Werte, mit *Formate* nur die Feldformate und mit *Notizen* nur die Notizen.

Verhalten der Adressierung beim Kopieren

Kopieren relativ adressierter Felder

Beim Kopieren werden die Feldinhalte in den Zielfeldern automatisch angepaßt, wenn Sie mit relativen Adressen arbeiten, die Sie bereits im Bezugsformat A1 kennengelernt haben. Die Spalten dieses Bezugsformates sind durch Buchstaben von A bis IV gekennzeichnet, die Zeilen durch Zahlen in aufsteigender Reihenfolge von 1 bis 16.384. Wenn Sie also eine Formel im Feld A10 stehen haben, die sich auf Felder in der gleichen Spalte beziehen (z.B. A3+A4), so paßt sich diese Formel beim Kopieren von A10 nach B10 zu B3+B4 an. Man sagt, die neuen Adressen passen sich relativ zur ursprünglichen Adresse an. Würden Sie etwa von A10 nach E10 kopieren, so würde der Inhalt des empfangenden Feldes zu E3+E4 angepaßt. Das jeweilige Ergebnisfeld, in dem die Summe (oder irgendeine andere Formel oder Gleichung) steht, wird beim Kopieren also so angepaßt, daß es sich auf andere Felder an den gleichen relativen Positionen bezieht. Wenn Sie diese automatische Anpassung ausschalten wollen, müssen Sie in der Quelladresse A10 die Inhalte als absolute Adressen oder absolute Bezüge formatieren. Dazu setzen Sie vor die jeweilige Feldadresse, deren Bezüge beim Kopieren unverändert bleiben sollen, Dollarzeichen ($), z.B. $A$3+$A$4. Egal, wohin Sie dann kopieren, im empfangenden Feld steht stets $A$3+$A$4, eine Anpassung findet also nicht statt.

Wenn Sie nur einen der beiden Bestandteile eines relativen Feldbezuges, also entweder die Spalte (z.B. $A3) oder die Zeile (z.B. A$3), mit einem vorgesetzten Dollarzeichen versehen, so spricht man von einem gemischten Bezug. Ein gemischter Bezug bewirkt, daß im Fall von $A3 beim Kopieren die Spalte unverändert bleibt (sie ist ein absoluter Bezug), während die Zeilennummer automatisch angepaßt wird (sie ist ein relativer Bezug). Entsprechend bleibt beim Kopieren eines gemischten Bezuges wie A$3 die Zeile 3 unverändert, während sich die Spalte A automatisch anpaßt.

Die Multiplan-Bezugsadresse

Ähnlich ist es beim Kopieren des Bezugsformates Z1S1. Die Adresse des bisherigen Feldes A10 wäre dann Z10S1, und die Formel A3+A4 würde zu Z(-7)S+Z(-6)S. Kopiert man nun von A10, alias Z10S1, nach B10, alias Z10S2, so bleibt die Formel in Z10S2 unverändert Z(7)S+Z(-6)S. Sie besagt nichts anderes als "Gehe von der gegenwärtigen Position Z10S2 sieben Felder, d.h. Z(-7), nach oben, bleibe aber in der gleichen Spalte S. Addiere dazu das Feld, das sechs Zeilen, nämlich Z(6), oberhalb der gegenwärtigen Position Z10S2 liegt."

Es ist nun unschwer einzusehen, daß im Bezugsformat Z1S1 die Entsprechung zu $A$3 zu Z3S1 oder A3 zu S(3)S(1) wird. Im Bezugsformat Z1S1 stehen bei relativen Bezügen die Zeilen- und Spaltennummern also in Klammern, bei absoluten Bezügen nicht. Ebenso werden gemischte Bezüge wie $B3 zu Z(3)S2 oder B$3 zu Z3S(2).

Bezugsart ändern

Wenn Sie die Bezugsart nicht direkt durch Editieren des Quellenfeldes über die Tastatur ändern wollen, können Sie einen vorhandenen Feldbezug auch mit dem Befehl *Formel Bezugsart ändern* modifizieren. Dazu wiederholen Sie den Befehl solange, bis die Feldbezüge die von Ihnen gewünschte Bezugsart angenommen haben. Durch den erstmalig aufgerufenen Befehl *Formel Bezugsart ändern* wird die relative Adresse A1 in den absoluten Bezug $A$1 umgewandelt. Beim erneut eingegebenen Befehl *Formel Bezugsart ändern* wird $A$1 zu A$1, bei der nächsten Wiederholung wandelt sich A$1 zu $A1, und mit nochmaliger Eingabe von *Formel Bezugsart ändern* wandelt man $A1 wieder in den ursprünglichen relativen Bezug A1 um.

Die Grundlagen von Excel

Im Menü *Formel* gilt der Befehl *Bezugsart ändern* natürlich auch für das Bezugsformat Z1S1. Durch mehrmaliges Aufrufen von *Bezugsart ändern* wandeln Sie den relativen Bezug Z(1)S(1) in den absoluten Bezug Z1S1 und diesen wieder in die gemischten Bezüge Z(1)S1 sowie Z1S(1) um und den letzteren schließlich wieder in den relativen Bezug Z(1)S(1) zurück.

Zwischen den beiden Bezugsformaten A1 und Z1S1 wechseln Sie, indem Sie im Menü *Optionen Arbeitsbereich* das Optionsfeld Z1S1 ein- oder ausschalten.

Feld- und Bereichsattribute kopieren

Inhalte einfügen

Bisher haben Sie mit dem Befehl *Bearbeiten kopieren* und dem anschließenden *Bearbeiten einfügen* den gewählten Kopierbereich identisch in den Einfügungsbereich übertragen. Manchmal wollen Sie jedoch nur bestimmte Feld- oder Bereichsattribute kopieren.

Anstelle des Befehls *Bearbeiten einfügen* wählen Sie dann *Bearbeiten Inhalte einfügen*. Sie haben dann die Möglichkeit, nur die Formeln, nur die Werte, nur die Formate oder nur die Notizen zu kopieren. Wenn Sie im Optionsfeld *Alle* wählen, ist der Befehl *Bearbeiten Inhalte einfügen* identisch mit dem Befehl *Bearbeiten einfügen*. Beim Befehl *Bearbeiten Inhalte einfügen* haben Sie außerdem die Möglichkeit, die Felder im Einfügungsbereich zu transponieren, indem Sie die entsprechende Option wählen. Transponieren heißt, im Einfügungsbereich die Felder mit den Spalten zu vertauschen.

Schließlich können Sie im Dialogfeld noch die Option *Leere Felder überspringen* auswählen. Leerfelder im Kopierbereich werden dann nicht in die entsprechenden Felder im Einfügungsbereich übertragen.

Berechnungen beim Kopiervorgang

Beim Befehl *Bearbeiten Inhalte einfügen* haben Sie weiterhin noch die Möglichkeit, eine der vier Grundrechenarten (*Addition*, *Subtraktion*, *Multiplikation*, *Division*) zu wählen. Dadurch können Sie den Kopierbereich mit dem Einfügungsbereich arithmetisch kombinieren oder verknüpfen. Wenn beispielsweise die Zahlen des ersten Quartals im Einfügungsbereich und die Zahlen des zweiten Quartals im Kopierbereich stehen, so führt die Option *Addition* beim Befehl *Bearbeiten Inhalte einfügen* dazu, daß die Zahlen des Kopierbereichs zu denen des Einfügungsbereichs addiert werden: Im Einfügungsbereich stehen dann die Zahlen des ersten Halbjahres.

Die Grundlagen von Excel

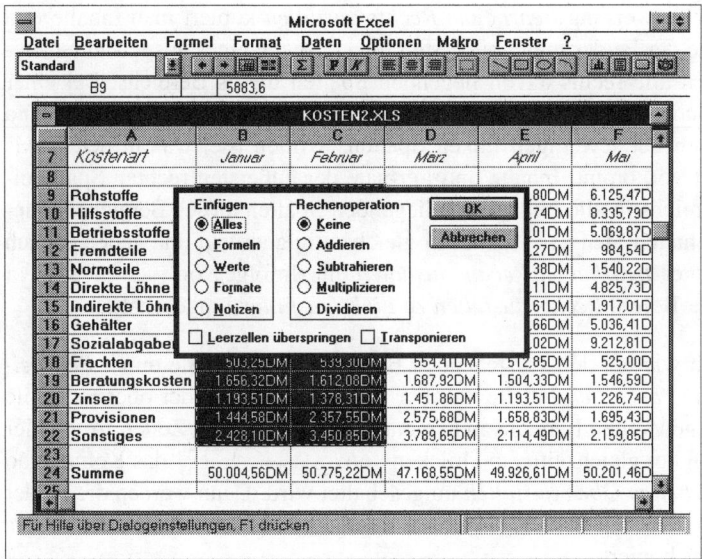

Abb. 34: *Kopier- und Einfügebereich können verknüpft werden*

Oder Sie wählen die Option *Division* aus und kopieren die Gewichte in Kilogramm im Kopierbereich in die Werte des Einfügungsbereichs in DM; dann stehen im Einfügungsbereich die spezifischen Werte DM/kg.

Eine weitere, arbeitssparende Möglichkeit besteht darin, Feldinhalte einer Tabelle in die Bearbeitungszeile zu kopieren. Dazu wählen Sie das Feld oder einen Teil davon aus und aktivieren den Befehl *Bearbeiten Kopieren*. Dann deaktivieren Sie die Bearbeitungszeile durch `Esc`. Wählen Sie nun das Feld aus, in das Sie kopieren wollen, aktivieren Sie die Bearbeitungszeile, und bewegen Sie den Cursor an die Stelle, an der die kopierten Zeichen eingefügt werden sollen. Mit dem Befehl *Bearbeiten Einfügen* schließen Sie die Operation ab.

In die Bearbeitungszeile kopieren

Schnelle Berechnung durch Ausfüllen

Eine Variante zum Kopieren ist der Befehl *Ausfüllen* im Menü *Bearbeiten* (Ganze Menüs). Sie kommt dann in Betracht, wenn sich die Zielfelder unmittelbar anschließend an das Quellfeld nach rechts, links, unten oder oben anschließen. Mit anderen Worten, wenn es darum geht, Inhalte von einem Bereich in benachbarte Bereiche zu kopieren.

Dazu benutzt man im Menü *Bearbeiten* (Ganze Menüs) zunächst die beiden Varianten *Rechts ausfüllen* und *Unten ausfüllen*, die in der Praxis bei der Entwicklung und Bearbeitung von Tabellen auch am häufigsten vorkommen.

Die Grundlagen von Excel

Rechts und links ausfüllen

Mit der Anweisung *Bearbeiten Rechts ausfüllen* kopiert man Inhalte und Formate der Felder in der äußersten linken Spalte eines ausgewählten Bereichs in alle rechts davon liegenden Spalten dieses Bereichs. Bei einer Mehrfachauswahl füllen Sie jeden einzelnen Bereich mit Inhalten und Formaten der jeweiligen linken Spalten. Wollen Sie, was in der Praxis seltener vorkommt, Inhalte und Formate der äußersten rechten Spalte eines Bereichs in alle links davon liegenden Spalten dieses Bereichs kopieren, so halten Sie `Alt`+`Shift` gleichzeitig gedrückt und geben danach wie bisher *Bearbeiten Rechts ausfüllen* ein. Infolge von `Alt`+`Shift` wird der Befehl *Rechts ausfüllen* zu *Links ausfüllen* umgeschaltet.

Oben und unten ausfüllen

Ähnlich wie bei den vorstehenden Befehlen kopieren Sie durch *Bearbeiten Unten ausfüllen* Inhalte und Formate der Felder in der obersten Zeile des ausgewählten Bereichs in alle darunter befindlichen Zeilen. Auch hier gilt, daß bei gleichzeitigem Drücken von `Alt`+`Shift` das Kommando zu *Bearbeiten Oben ausfüllen* umgeschaltet wird. Dann werden die Felder der letzten Zeile des ausgewählten Bereichs in alle oberen Zeilen dieses Bereichs kopiert.

Zurück zur Beispieltabelle

Wir wollen die vorstehenden Kopierbefehle nun zur weiteren Bearbeitung unserer Kostentabelle verwenden und als erstes das Einzelfeld H9 nach unten in den Bereich H10:H22 kopieren. Dazu setzen Sie den Cursor auf die Zelle H9, die dadurch bereits markiert ist. Der Befehl *Bearbeiten kopieren* legt einen Umlaufrahmen um H9. Nun drücken Sie `Shift` und bewegen der Cursor nach unten bis H22. Dadurch wird der Bereich H10:H22 schwarz hinterlegt, d.h aktiviert. Dann bestätigen Sie Ihre Auswahl durch `Return`. Der Umlaufrahmen bleibt stehen, sobald alle Felder H10:H22 gefüllt sind.

Die Bildschirmanzeige in jedem Feld des Bereichs H10:H22 ist identisch mit H9. Warum? In der Meldungszeile steht BERECHNEN, d.h. die Feldformeln sind arithmetisch noch nicht aktualisiert. Sobald Sie dies durch *Optionen Neu berechnen* nachgeholt haben, steht in jedem Feld das korrekte Ergebnis. Die Auswahl H10:H22 steht noch. Sie "berechnen" sie durch Betätigen einer beliebigen Richtungstaste, danach setzen Sie den Cursor auf H10. Dort sehen Sie, daß die Formel automatisch auf Zeile 10 angepaßt wurde. Das gleiche gilt für alle anderen Zeilen der Spalte H, d.h. Sie haben bei dieser Art des Kopierens mit relativen Adressen gearbeitet: Die Spalte H blieb unverändert; was jedoch für Zeile 9 richtig war und sich auf diese Zeile bezog, wurde relativ hierzu verändert und an Zeile 10 und folgende angepaßt.

Den Kopiervorgang müßten Sie nun für die Spalten I, J und K dreimal wiederholen. Da Ihnen das lästig erscheint, sollten Sie einen einfacheren Weg versuchen. Wählen Sie den Bereich I9:K9 dadurch aus, daß Sie den Cursor auf I9 setzen, `Shift` gedrückt halten und den Cursor nach rechts

Die Grundlagen von Excel

bis zu K9 bewegen. I9 bleibt hell unterlegt, J9:K9 werden schwarz. Wenn Sie nun den Befehl *Bearbeiten kopieren* aktivieren, erhalten alle drei Felder einen gemeinsamen Laufrahmen. Nun wählen Sie noch den Bereich bis K22 aus: Sie halten [Shift] gedrückt und fahren mit dem Cursor bis auf Zeile 24. Auf die Anzeige in der Meldungszeile brauchen Sie, mit ein wenig Erfahrung, kaum zu achten. Sie drücken einfach [Return]. Die Zeile I9:K9 wird über den ausgewählten Bereich nach unten kopiert und arithmetisch durch *Optionen Neu berechnen* aktualisiert. Die Meldung BERECHNEN in der Statuszeile verschwindet.

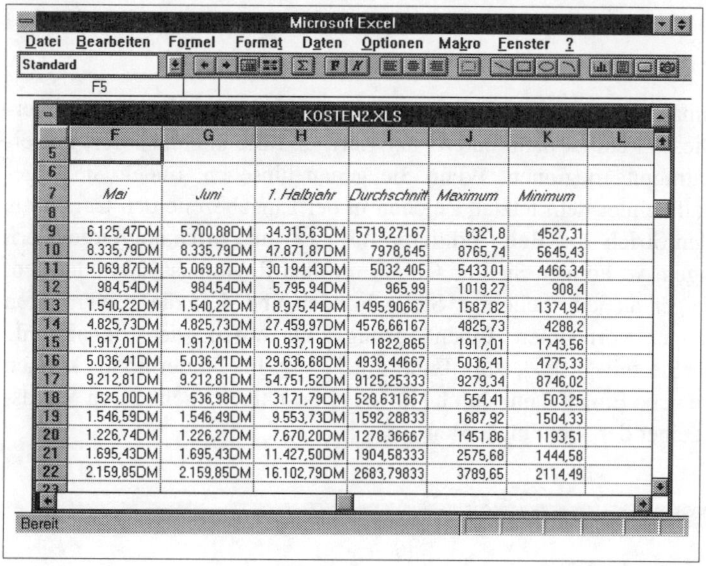

Abb. 35: So soll das Endergebnis aussehen

Nun ist es reine Routine, Feld B24 nach C24:G24 zu kopieren, und wenn Sie jetzt noch in A24 den Text "Summe" eintragen, ist Ihre Tabelle vollständig, wenn auch optisch noch nicht perfekt. Aber dem soll erst in Kapitel 8 abgeholfen werden.

6.6 Feldinhalte ändern

Die einfachste Methode, den Inhalt eines Feldes zu ändern, besteht darin, das Feld durch eine neue Eingabe zu überschreiben. Wenn der Feldinhalt kurz ist, wird man im allgemeinen schneller durch Überschreiben des vorhandenen Feldinhaltes fertig als durch seine Bearbeiten (Editieren). Sie markieren das zu korrigierende Feld und tippen den neuen Inhalt in

Die Grundlagen von Excel

die Eingabezeile ein. Wenn Sie nicht mit `Esc` abbrechen, sondern Ihre neue Eingabe mit `Return` bestätigen, ersetzt diese den ursprünglichen Feldinhalt. Wenn der für das aktive Feld vorgesehene Inhalt bereits in einem anderen Feld abgelegt ist, wird man überlegen, ob man nicht einfach dessen Inhalt durch Kopieren übernimmt.

Aktivieren der Bearbeitungszeile

Andernfalls ändert man die Feldinhalte durch Editieren. Dazu drücken Sie die Editiertaste `F2` und holen damit den Feldinhalt in die Bearbeitungszeile. Die gleiche Wirkung erzielen Sie, wenn Sie mit der Maus die Eingabezeile anklicken; dadurch aktivieren Sie automatisch den Bearbeitungsmodus, und der Inhalt des aktiven Feldes erscheint in der Eingabezeile.

Manchmal ist in einem Dialogfeldfenster eine Eingabe schwarz hinterlegt. Dieses Feld ist dann bereits aktiviert, und Sie können sofort mit einer Eintragung beginnen. Wenn Sie genau hinsehen, finden Sie gegebenenfalls hinter dem letzten Zeichen in der Eingabezeile den Cursor als schmalen Strich vor. Beim Editieren mit `F2` und in Dialogfeldfenstern der obigen Art können Sie den Cursor mit den Richtungstasten oder dem Mauszeiger an jede beliebige Stelle bringen und dort die gewünschten Änderungen vornehmen. Einen Sprung zum Anfang der Eingabezeile machen Sie mit `Home`, zum Ende mit `End`. Im Editiermodus können Sie Ihre neue Eingabe nur durch `Return` bestätigen, nicht durch Verlassen mit einer der Richtungstasten.

6.7 Feldinhalte ausschneiden

Beim Kopieren haben Sie die Inhalte des Kopierbereiches in den Einfügungsbereich übertragen, wobei Sie durch die Optionen des Befehls *Bearbeiten Inhalte einfügen* die kopierten Daten teilweise modifizieren konnten. In jedem Fall blieben die Daten des Kopierbereichs unverändert.

In manchen Fällen wollen Sie jedoch ein Feld oder einen Feldbereich nicht an eine andere Stelle kopieren, sondern an eine andere Stelle verschieben. Bei diesem "Ortswechsel" bleiben alle Inhalte und Formate des versetzten Bereichs erhalten.

Ausschneiden und Einfügen ist ein Versetzen

Auch hier wählen Sie wie üblich zunächst den Bereich aus und verwenden dann im Menü *Bearbeiten* den Befehl *Ausschneiden*. Der gewählte Bereich wird mit einem Laufrahmen markiert. Anschließend bewegen Sie den Cursor an die Stelle, an die Sie den Quellbereich mit dem Befehl *Bearbeiten Einfügen* übertragen wollen. Sie öffnen erneut das Menü *Bear-*

Die Grundlagen von Excel

beiten und wählen den Befehl *Einfügen*: Danach ist der Quellbereich leer, der Zielbereich ist mit dem Inhalt des Quellbereichs gefüllt.

Weil das Ausschneiden ebenfalls eine recht häufige Operation bei der Bearbeitung von Tabellen ist, auch hier Kurzbefehle (Hotkeys) arbeitssparend und hilfreich.

Statt des Tastaturbefehls *Bearbeiten ausschneiden* drücken Sie `Shift` + `Del`, anstelle des folgenden *Bearbeiten einfügen* drücken Sie `Shift` + `Ins`. Der letztgenannte Hotkey ist identisch mit dem Kurzbefehl für das Einfügen beim Kopieren.

Im Unterschied zum Kopieren, wo Sie einen Bereich im Menü *Bearbeiten* durch Einfügen oder Wiederholen beliebig oft aus der Zwischenablage hervorholen und an zahlreichen Stellen plazieren können, ist das Ausschneiden eine einmalige Operation. Sie können sie nicht wiederholen, sondern bestenfalls rückgängig machen. Dazu öffnen Sie das Menü *Bearbeiten* und aktivieren anstelle von *Einfügen* den Befehl *Rückgängig* (Ganze Menüs).

Beim Ausschneiden und Einfügen bleiben die Inhalte des Quellbereichs unverändert. Excel paßt jedoch die Bezüge automatisch an die neuen Positionen der ausgeschnittenen und bewegten Felder an: Die Bezüge erstrecken sich also vor und nach dem Ausschneiden und Einfügen auf die gleichen Felder. Wie beim Kopieren werden im Einfügungsbereich etwa vorhandene Feldinhalte überschrieben. Sie entfallen daher als Bezug für verbleibende Felder in der Tabelle; da diesen verbleibenden Feldern der Bezug fehlt, geben sie den Fehlerwert #BEZUG! aus.

In großen Tabellen ist es vielfach zeitraubend, wenn nicht gar unmöglich, die untergegangenen Bezüge zu rekonstruieren. Sie sollten daher nach dem Ausschneiden und Einfügen die Tabelle jedesmal auf das Auftreten des Fehlerwertes #BEZUG! überprüfen und gegebenenfalls Ausschneiden und Einfügen unverzüglich mit dem Befehl *Bearbeiten Rückgängig* auf die früheren Bezüge zurücksetzen; dadurch verschwinden auch die Fehlerwerte #BEZUG!. Sie können dann mit dem Befehl *Formel suchen* die betroffenen Bezüge ermitteln.

Der Fehlerwert #Bezug!

Anhand der Befunde wählen Sie dann einen anderen, ungefährdeten Einfügungsbereich und machen vor allem die Einfügung rückgängig.

Die Grundlagen von Excel

Kapitel 7

7. Berechnungen in Excel 127

7.1	Formeln in Feldern berechnen	128
	Operatoren	128
	Hohe Wertigkeit	129
	Mittlere Wertigkeit	129
	Niedrige Wertigkeit	129
	Klammerregeln	129
	Formeleingabe	129
7.2	Verknüpfen von Feldern	131
	Die Feldposition	131
	Spalten- und Zeilenbeschriftung, Multiplan-kompatibel .	132
	Felder in Formeln	132
7.3	Adressierung von Feldbereichen	133
	Relative und absolute Adressierung	133
	Die relative Feldadressierung	134
	Die absolute Feldadressierung	135
	Das Dollar-Symbol	135
	Gemischte Bezüge	136
	Bezüge ändern	136
	Bereichsnamen	137
	Anwendung von Bereichsnamen	139
7.4	Funktionen und Argumente verwenden	143
	Funktionen einfügen	144
	Funktionen kombinieren	145
7.5	Feldinhalte übertragen	146
	Transponieren von Wertereihen	147
	Bezüge zu Feldern herstellen	148
7.6	Verknüpfung mehrerer Tabellen	149
	Erstellen einer Tabellenverknüpfung	150
	Eine Verknüpfung herstellen	151
	Aktualisierung der Bezüge	153
	Verknüpfungen anzeigen und aktualisieren	153
	Konsolidierung von Tabellen per Befehl	155

Berechnungen in Excel

	Verknüpfen der konsolidierten Daten	158
	Verwendung von Arbeitsgruppen	159
	Eine Arbeitsgruppe erstellen	161
	Umgang mit Arbeitsgruppen	161
	Bestehende Eintragungen auf mehrere Tabellen übertragen	162
7.7	Besondere Berechnungen	162
	Zielwertsuche	163
	Die Berechnung von Wertereihen	165
	Mehrfachoperationen	168
	Arbeiten mit Matrizen	173
	Unterschiede im Matrix- und Ergebnisbereich	176
	Berechnungen mit mehrdimensionalen Matrizen	176
	Matrixformeln editieren	178
	Die Verwendung von Matrixkonstanten	179
	Formelaufbau der Matrixkonstante	179

7. Berechnungen in Excel

Wie im vorangegangenen Kapitel schon erwähnt, handelt es sich bei einem Tabellenkalkulationsprogramm wie Excel in erster Linie um ein Rechenprogramm. Das Rechnen mit Werten ist eine der Hauptaufgaben dar, eines solchen Programms. Anders als bei einem handelsüblichen Taschenrechner wird bei einer Tabellenkalkulation zum überwiegenden Teil mit Matrizen gerechnet. Matrizen bestehen aus ein-, zwei- oder dreidimensionalen Ebenen, deren Felder miteinander verknüpft sein können.

Jede normale Tabelle stellt im Prinzip eine Matrix dar. Ein normaler Kassenbon ist eine eindimensionale Matrix, deren Felder so verknüpft sind, daß am Ende der zu zahlende Betrag aufsummiert wird. Die Summierung wird dabei von der Kasse aufgrund der einzelnen Posten vorgenommen. Die Posten sind durch ein Additionszeichen miteinander verknüpft. Hierbei handelt es sich noch um die einfachste Art der Verknüpfung. Je nach Anwendung können Verknüpfungen schon recht komplizierte Gebilde werden.

Was ist eine Matrix?

Unter Excel existiert weiterhin eine ganz spezielle Matrizenrechnung, die am Ende dieses Kapitels beschrieben wird. Hier wird der Begriff Matrix im rein mathematischen Sinne verstanden.

Die Leistungsfähigkeit von Excel wird nicht zuletzt von der Fähigkeit getragen, komplexe Verknüpfungen über einzelne Felder bzw. Feldbereiche hinaus auf mehrere Tabellen dateiübergreifend anzuwenden. Dadurch sind den unterschiedlichen Bedürfnissen kaum noch Grenzen gesetzt.

Ziel dieses Kapitels ist es, die vielfältigen Möglichkeiten zu durchleuchten, die Excel im Bereich der Rechenleistung zur Verfügung stellt.

Die hier angesprochenen Formeln bilden die Grundlage jeder Berechnung in Excel. Sie sollten sie kennenlernen, um Excel optimal für Ihre Zwecke einsetzen zu können. Voraussetzung für dieses Kapitel ist Kapitel 6, das die unterschiedlichen Eingabemöglichkeiten in eine Excel-Tabelle beschreibt.

Als Beispiel verwenden wir ein einfaches Modell. In der Tabelle werden die Umsatzzahlen einer Computerfirma zusammengefaßt, die über mehrere Filialen verfügt. Die Umsatzzahlen müssen monatlich als Gesamtumsatz ausgegeben werden. Anhand dieser Tabelle, die Sie unter dem

Beispiel-Modell

Berechnungen in Excel

Namen UMSATZ_1.XLS auf der Übungsdiskette finden, können die einzelnen Funktionen nachvollzogen werden. Die spezielleren Funktionen am Ende des Kapitels werden anhand eigener Beispiele erläutert.

7.1 Formeln in Feldern berechnen

Die einfachste Art der Verknüpfung stellt die Verwendung von Formeln dar. Formeln dienen zur Berechnung von Feldern bzw. Feldbereichen oder auch Feldinhalten in Form einer arithmetischen Operation.

Dabei läßt sich grundsätzlich unterscheiden zwischen einer Formel innerhalb eines Feldes und einer Formel zwischen mehreren Feldern, wobei eine Kombination beider Möglichkeiten zulässig ist.

Operatoren

Um eine Berechnung vornehmen zu können, müssen natürlich gewisse Voraussetzungen erfüllt werden. Die erste Voraussetzung ist das Vorhandensein von Feldwerten bzw. Feldadressen, und die zweite Voraussetzung besteht in der Verwendung von arithmetischen Operatoren. Excel stellt zu diesem Zweck folgende Operatoren zur Verfügung:

+   Addition
-   Subtraktion
*   Multiplikation
/   Division
(Klammer auf
)   Klammer zu
=   Ergebnis

Punkt-vor-Strich-Regel

Natürlich gibt es bei der Arbeit mit Formeln einige Syntaxregeln zu beachten. Ansonsten wird jedoch nach der üblichen mathematischen Methode vorgegangen, der Punkt-vor-Strich-Regel. Diese Regel besagt, das bei Verwendung einer Formel mit mehreren Operatoren diese eine bestimmte Wertigkeit besitzen, nach der die Formel aufgelöst wird.

Hohe Wertigkeiten werden dabei zuerst berechnet. Es ist also in jedem Fall darauf zu achten, daß eine bewußte Reihenfolge eingehalten wird, da es ansonst zu Fehlergebnissen kommen kann. Folgende Wertigkeiten gelten bei der Punkt-vor-Strich-Regel:

Berechnungen in Excel

Hohe Wertigkeit
( ) Klammern

Mittlere Wertigkeit
* / Punktrechnung

Niedrige Wertigkeit
+ - Strichrechnung

Klammerregeln

Anhand der Wertigkeitstabelle sehen Sie, daß Wertigkeiten mit Hilfe der Klammern geregelt werden können. Folgendes Beispiel soll die Bedeutung der Regel vor Augen führen:

Klammerregeln

```
21+34*4/0,5
(21+34)*(4/0,5)
21+(34*4)/0,5
(21+(34*4))/0,5
21+(34*(4/0,5))
```

Durch die Klammern wird jedesmal ein anderes Ergebnis erzielt. Der Grund dafür liegt darin, daß aufgrund der hohen Wertigkeit der Klammern die normale Punkt-vor-Strich Regel unterbrochen wurde. Setzen Sie also die Klammern gezielt ein, und überlegen Sie bei falschen Ergebnissen, ob nicht vielleicht eine Klammer falsch oder gar nicht gesetzt wurde. Weiterhin ist zu beachten, daß bei verschachtelten Klammern eine Auflösung der Formel von innen nach außen erfolgt. Es wird also zuerst das innerste Klammerpaar berechnet und dieses Ergebnis als Basiswert des darauffolgenden Klammerpaares verwendet.

Die wichtigste Regel ist: Eine Formel beginnt durch Eingabe eines Operators.

Tip

Formeleingabe

Der erste Eintrag besteht in der Eingabe des richtigen Operators. In der Regel wird hierfür das Gleichheitszeichen "=" verwendet, um ein Feld als Ergebnisfeld zu deklarieren. Daraufhin kann die Formel wie in einem Taschenrechner eingegeben werden. Achten Sie darauf, daß keine Leerzeichen zwischen Operator und Operanden auftauchen. Dies würde unweigerlich zu einem Fehler in der Formel führen. Mit `Return` wird das Ergebnis in Sekundenschnelle errechnet. Die Anzeige im Feld hängt im we-

Formeleingabe

sentlichen von der Zahlenformatierung des entsprechenden Feldes ab. Bei einer Standard-Formatierung der Felder wird das Ergebnis der Formel im betreffenden Feld direkt angezeigt. In der Bearbeitungszeile wird jedoch die zugrundeliegende Formel zur Anzeige gebracht. Durch diese Art der Darstellung lassen sich später die Ergebniszahlen nachvollziehen, um einen eventuellen Rechenfehler zu korrigieren.

Vorzeichen setzen

Eine Ausnahme im Zusammenhang mit dem ersten Operator zur Definition des Ergebnisfeldes bilden das Plus- und das Minuszeichen. Mit diesen Operatoren können die Vorzeichen für die nachfolgende Zahl gesetzt werden. Möchten Sie die Formel beispielsweise mit einer negativen Zahl beginnen, so geben Sie als ersten Operator der Formel das Minuszeichen ein. Daraufhin folgt die Formeleingabe wie oben bereits beschrieben. Nachdem Sie die `Return`-Taste gedrückt haben, um das Ergebnis zu berechnen, wird Ihnen sicherlich auffallen, daß Excel automatisch vor die Formel das Gleichheitszeichen gesetzt hat, um die Eingabe als Formel zu kennzeichnen. Das gleiche gilt übrigens auch für den Fall, daß Sie als ersten Operator das Pluszeichen eingeben. Dieses wird dann quasi ignoriert, da Excel, außer bei Eingabe des Minuszeichens, immer positive Zahlen annimmt.

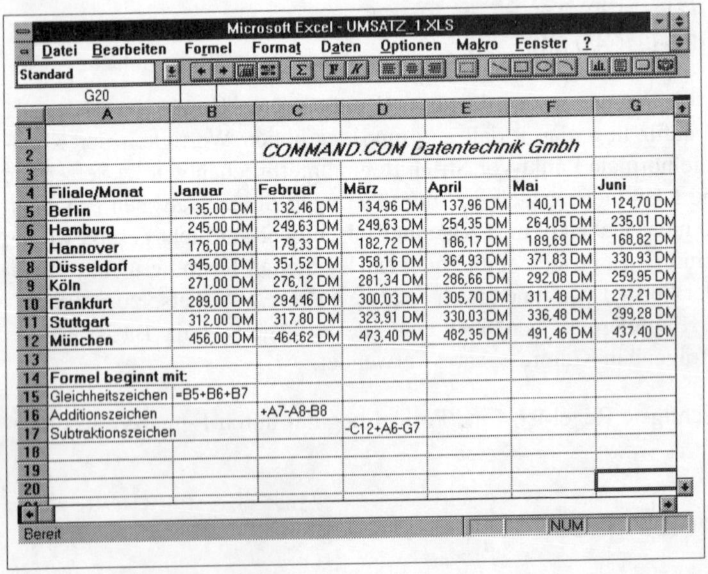

	A	B	C	D	E	F	G
1							
2			COMMAND.COM Datentechnik Gmbh				
3							
4	Filiale/Monat	Januar	Februar	März	April	Mai	Juni
5	Berlin	135,00 DM	132,46 DM	134,96 DM	137,96 DM	140,11 DM	124,70 DM
6	Hamburg	245,00 DM	249,63 DM	249,63 DM	254,35 DM	264,05 DM	235,01 DM
7	Hannover	176,00 DM	179,33 DM	182,72 DM	186,17 DM	189,69 DM	168,82 DM
8	Düsseldorf	345,00 DM	351,52 DM	358,16 DM	364,93 DM	371,83 DM	330,93 DM
9	Köln	271,00 DM	276,12 DM	281,34 DM	286,66 DM	292,08 DM	259,95 DM
10	Frankfurt	289,00 DM	294,46 DM	300,03 DM	305,70 DM	311,48 DM	277,21 DM
11	Stuttgart	312,00 DM	317,80 DM	323,91 DM	330,03 DM	336,48 DM	299,28 DM
12	München	456,00 DM	464,62 DM	473,40 DM	482,35 DM	491,46 DM	437,40 DM
13							
14	Formel beginnt mit:						
15	Gleichheitszeichen	=B5+B6+B7					
16	Additionszeichen		+A7-A8-B8				
17	Subtraktionszeichen			-C12+A6-G7			
18							
19							
20							

Abb. 36: Unterschiedliche Formeleingabe

Wenn Sie mit negativen Zahlen arbeiten, dann müssen Sie das Vorzeichen nicht in Klammern setzen. Es genügt die einfache Voranstellung des Minuszeichens innerhalb der Formel. Auf diese Weise können also durchaus zwei Operatoren aufeinandertreffen. Bei Beachtung aller Syntax-Regeln ist dies jedoch durchaus korrekt. Ein Beispiel für die Berechnung mit negativen Zahlen stellt folgende Formel dar:

=23/3--4+-89

Standardmäßig werden Zahleneingaben von Excel als Werte interpretiert und entsprechend behandelt. Je nach vergebenem Zahlenformat wird die Eingabe entsprechend dargestellt. In vielen Fällen möchte man jedoch, daß eine Zahlenangabe als ganz normaler Text interpretiert werden soll, d.h. die Zahlenformate sollen auf diesen Eintrag keine Anwendung finden. Geben Sie in diesem Fall den Zahlenwert als Formel ein, indem die Zahl in Hochkommata gesetzt wird. Ein entsprechender Eintrag würde also folgendermaßen aussehen:

Zahlen als Text

="12.03.1991"

Das so eingetragene Datum wird dann ohne Hochkommata als Text dargestellt, wobei dieser standardmäßig (soweit nichts anderes vereinbart wurde) linksbündig ausgerichtet wird. Falls sich ein Syntax-Fehler in die Formel eingeschlichen hat, macht Excel Sie mit einer entsprechenden Meldung "Fehler in Formel" darauf aufmerksam. Die Formel kann in diesem Fall nicht berechnet werden. Schauen Sie sich die Formel noch einmal genau an. Vielleicht ist Ihnen ein Leerzeichen mit hineingerutscht, oder Sie haben eine unzulässige Kombination von Operatoren gewählt. Manchmal erscheint zwar keine Meldung, der angezeigte Wert ist trotzdem nicht der gewünschte. In diesem Fall haben Sie das Feld wahrscheinlich nicht mit dem Gleichheits-, dem Minus- oder dem Pluszeichen als Ergebnisfeld deklariert, so daß die Eingabe als reiner Text interpretiert wurde.

Fehler in Formel

Weiterhin kann es vorkommen, daß in der Anzeige ein Datum erscheint, wenn Sie z.B. die Formel "2-3" statt "=2-3" eingeben. In diesem Fall haben Sie ein Datumsformat als Kurzformat eingeben. In diesem Fall müssen Sie den Inhalt des Feldes mit `Del` löschen und das Feld wieder mit dem Standardformat versehen, da Eingaben sonst weiterhin als Datum dargestellt werden.

Eingabe wird als Datum dargestellt

7.2 Verknüpfen von Feldern

Die Feldposition

Wichtig für die Verknüpfung von Feldern ist die genaue Lokalisierung derjenigen Felder, die miteinander verknüpft werden sollen. Ein wichtiges

Positionsangaben

Berechnungen in Excel

Hilfsmittel ist dabei die Beschreibung eines Feldes über die Spalten- und Zeilenposition. Über diese Position kann jedes Feld schnell und präzise angesprochen werden. Die Spalten werden mit Buchstaben bezeichnet, die ersten 26 von "A" bis "Z", danach geht es mit "AA", "AB", "AC" etc. weiter, die 256. und letzte Stelle trägt die Bezeichnung "IV". Die Bezeichnung der Zeilen erfolgt numerisch, angefangen bei Zeile "1" bis hin zur Zeile "16384". Eine Tabelle enthält demnach insgesamt 256*16384, also 4.194.304 Felder.

Spalten- und Zeilenbeschriftung, Multiplan-kompatibel

Damit Umsteiger von Multiplan mit ihren gewohnten Positionsbeschreibungen unter Excel weiterarbeiten können, gibt es einen Befehl, um die Feldposition Multiplan-kompatibel zu beschreiben. Markieren Sie die Option *Z1S1* im Befehl *Optionen/Arbeitsbereich/Bildschirmanzeige*. Danach werden auch die Spalten numerisch gekennzeichnet, von "S1" bis "S256", davor steht der Wert für die Zeile, von "Z1" bis "Z16384".

Felder in Formeln

Feldverknüpfung

Eine Verknüpfung zwischen zwei Feldern wird ebenfalls über einen Operator erreicht. Hier gelten die gleichen Gesetzmäßigkeiten wie bei der Formeleingabe. Die Feldverknüpfung ist im Prinzip nichts anderes als eine Formel mit mehreren Variablen. Die Formel und der Ort der Variablen sind durch die Position der Felder festgelegt. Der Inhalt der beschriebenen Felder kann natürlich beliebig variieren, die Berechnung bleibt jedoch dieselbe. Dies ist auch schon das ganze Prinzip der Feldverknüpfung. Verglichen mit dem herkömmlichen Taschenrechner ist dieses Prinzip nichts weiter als die Zusammenarbeit des Taschenrechners mit seinem Speicher.

Der Speicher des Taschenrechners wird in Excel durch die bezogenen Felder ersetzt. Der Speicherinhalt besteht aus dem Feldinhalt. Bei der Feldverknüpfung geschieht nichts anderes, als daß Zahlenwerte durch Feldpositionen ersetzt werden können.

In der Regel wird jedoch immer eine Kombination aus Zahlenwerten und Feldpositionen verwendet.

Die Feldverknüpfung zeigt folgendes Beispiel. Hier wird aus insgesamt acht Werten durch eine entsprechende Kombination der Operatoren der Mittelwert berechnet:

=(B5+B6+B7+B8+B9+B10+B11+B12)/8

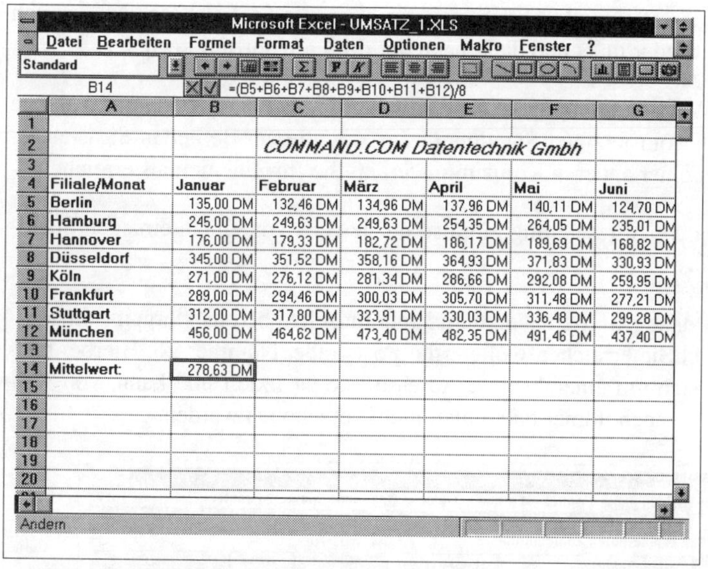
Microsoft Excel - UMSATZ_1.XLS

Datei Bearbeiten Formel Format Daten Optionen Makro Fenster ?

B14 =(B5+B6+B7+B8+B9+B10+B11+B12)/8

Filiale/Monat	Januar	Februar	März	April	Mai	Juni
Berlin	135,00 DM	132,46 DM	134,96 DM	137,96 DM	140,11 DM	124,70 DM
Hamburg	245,00 DM	249,63 DM	249,63 DM	254,35 DM	264,05 DM	235,01 DM
Hannover	176,00 DM	179,33 DM	182,72 DM	186,17 DM	189,69 DM	168,82 DM
Düsseldorf	345,00 DM	351,52 DM	358,16 DM	364,93 DM	371,83 DM	330,93 DM
Köln	271,00 DM	276,12 DM	281,34 DM	286,66 DM	292,08 DM	259,95 DM
Frankfurt	289,00 DM	294,46 DM	300,03 DM	305,70 DM	311,48 DM	277,21 DM
Stuttgart	312,00 DM	317,80 DM	323,91 DM	330,03 DM	336,48 DM	299,28 DM
München	456,00 DM	464,62 DM	473,40 DM	482,35 DM	491,46 DM	437,40 DM
Mittelwert:	278,63 DM					

COMMAND.COM Datentechnik Gmbh

Ändern

Abb. 37: Durch einfache Formeln den Mittelwert errechnen

Beachten Sie, daß auch bei der Feldverknüpfung genau die gleichen Rechenregeln verwendet werden wie bei den normalen Feldformeln. Setzen Sie auch hier die Klammern, um eine bestimmte Wertigkeit in der Berechnung zu erzielen. Auch Vorzeichen können wiederum den Wert eines Feldes verändern.

In diesem Zusammenhang spricht man auch von Feldbezügen. Feldbezüge beschreiben also Abhängigkeitsverhältnisse zwischen Feldern.

7.3 Adressierung von Feldbereichen

Für eine Verknüpfung müssen Felder eindeutig definiert sein. Dies ist sehr wichtig, wenn Sie mit größeren Tabellen arbeiten, man kann sich schließlich nur auf solche Felder beziehen, deren Position man kennt. Excel kennt zwei verschiedene Arten der Feldadressierung: Die relative und die absolute Adressierung. Den Unterschied möchten wir am folgenden Beispiel demonstrieren:

Relative und absolute Adressierung

Sie befinden sich in einer fremden Stadt und fragen einen Einheimischen nach dem richtigen Weg. Sie erhalten, wie in diesen Fällen durchaus üb-

Berechnungen in Excel

lich, eine relative Beschreibung: die erste Straße links, an der zweiten Ampel wieder links und dann nach der dritten Kreuzung rechts.

Diese Wegbeschreibung ist durchaus legitim. Sie gilt jedoch nur, solange Sie sich vom jetzigen Standpunkt aus orientieren. Befänden Sie sich jedoch an einer anderen Kreuzung, würden Sie Ihr Ziel niemals erreichen.

Die relative Adressierung gilt also nur jeweils von einem einzigen Standpunkt aus.

Anders dagegen: Sie haben dem Einheimischen bereits klargemacht, welches Ziel Sie erreichen wollen: die Poststraße, Nummer 26. Hierbei handelt es sich um eine absolute Adresse. Sie ist fixiert und kann, von welcher Seite auch immer betrachtet, nicht verschoben werden.

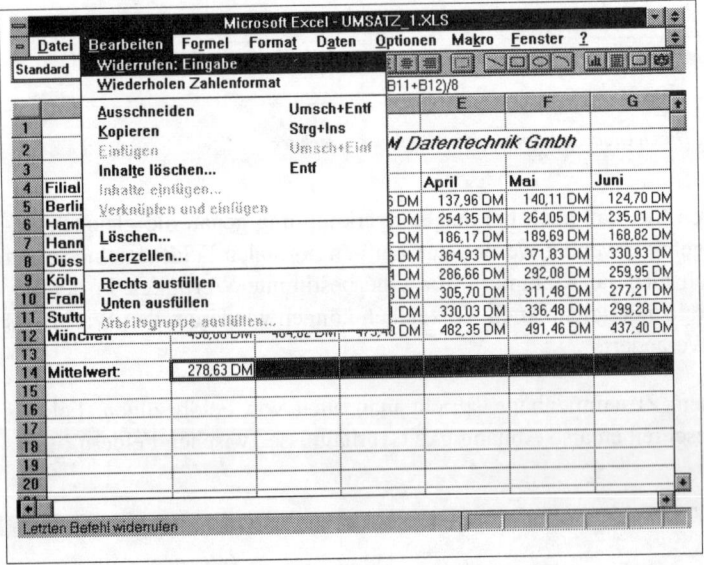

Abb. 38: *Verwendung der relativen Adressierung beim Kopiervorgang*

Die relative Feldadressierung

Bei der relativen Adressierung bleibt die Art der Verknüpfung immer dieselbe. Es ändert sich lediglich der Bezugspunkt, so daß dieselbe Berechnung auf mehrere gleichartige Feldbereiche angewendet werden kann.

Dieses Verfahren dient bei größeren Tabellen der Zeitersparnis. Wir gehen von einer Wertetabelle aus, wobei die einzelnen Wertereihen in Form von Umsatzzahlen aufsummiert werden müssen. Da es sich bei der Wertetabelle um eine Matrix handelt, ist die Berechnung der einzelnen Wertereihen immer dieselbe. Berechnen Sie daher in diesem Fall immer die äußere linke Wertereihe zuerst. Verwenden Sie dazu entweder eine Formel oder eine Funktion. Setzen Sie den Feldzeiger auf das Ergebnisfeld, und markieren Sie die Ergebniszeile bis zur äußeren rechten Spalte.

Wählen Sie den Befehl *Bearbeiten/Rechts ausfüllen* und Sie werden feststellen, daß sich die Feldposition der Formel der jeweiligen Spalte angepaßt hat.

Der Weg ist geblieben, nur der Bezugspunkt hat sich jeweils verschoben. Dieses Verfahren ist für jeden Kopiervorgang (auch einzeln) gültig.

Die absolute Feldadressierung

Auch die absolute Feldadressierung hat ihren festen Platz in der Tabellenkalkulation. Sie wird besonders in den Fällen verwendet, wo das Ergebnis mehrerer Formeln von einer Konstante abhängig ist.

Nehmen diese Formeln auf eine Konstante Bezug, so müssen bei einer Änderung des Konstantenwertes entsprechend aktualisiert werden. Bei einer Verknüpfung geschieht dies natürlich automatisch.

Als Beispiel soll hierfür die Mehrwertsteuer dienen. Der Mehrwertsteuersatz stellt eine Konstante dar, die sich jedoch ändern kann. Die Position dieser Konstanten muß in der Tabelle absolut adressiert werden, da das Feld beim Kopiervorgang mit relativer Adressierung sonst verfehlt würde.

Das Dollar-Symbol

Bei der absoluten Adressierung findet das Dollar-Symbol "$" Verwendung. Es wird vor die eigentliche Spalten- und Zeilenposition gesetzt. Eine absolute Adressierung sieht also so aus:

 =$A$1

Die Einbindung in eine gültige Formel erfolgt wiederum nach den bereits bekannten Syntax-Regeln, wie z.B.

 =((A1+A2+A3)/3)*$D$4

Wenn Sie diese Formel kopieren, wird in jedem Fall der Inhalt des absolut adressierten Feldes verwendet, auch wenn die Formel über mehrere Spalten hinweg kopiert wird.

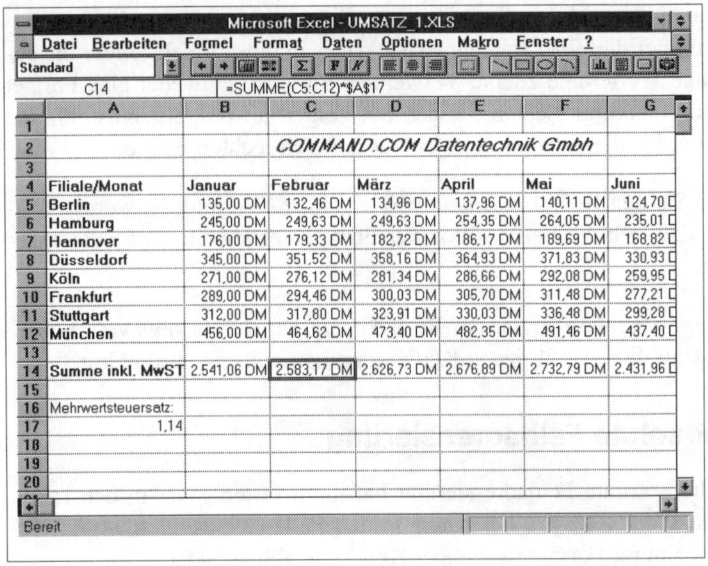

Microsoft Excel - UMSATZ_1.XLS

C14 =SUMME(C5:C12)*$A$17

	A	B	C	D	E	F	G
1							
2			COMMAND.COM Datentechnik Gmbh				
3							
4	Filiale/Monat	Januar	Februar	März	April	Mai	Juni
5	Berlin	135,00 DM	132,46 DM	134,96 DM	137,96 DM	140,11 DM	124,70 D
6	Hamburg	245,00 DM	249,63 DM	249,63 DM	254,35 DM	264,05 DM	235,01 D
7	Hannover	176,00 DM	179,33 DM	182,72 DM	186,17 DM	189,69 DM	168,82 D
8	Düsseldorf	345,00 DM	351,52 DM	358,16 DM	364,93 DM	371,83 DM	330,93 D
9	Köln	271,00 DM	276,12 DM	281,34 DM	286,66 DM	292,08 DM	259,95 D
10	Frankfurt	289,00 DM	294,46 DM	300,03 DM	305,70 DM	311,48 DM	277,21 D
11	Stuttgart	312,00 DM	317,80 DM	323,91 DM	330,03 DM	336,48 DM	299,28 D
12	München	456,00 DM	464,62 DM	473,40 DM	482,35 DM	491,46 DM	437,40 D
13							
14	Summe inkl. MwST	2.541,06 DM	2.583,17 DM	2.626,73 DM	2.676,89 DM	2.732,79 DM	2.431,96 D
15							
16	Mehrwertsteuersatz:						
17	1,14						
18							
19							
20							

Abb. 39: Durch absolute Adressierung kann mit Konstanten gerechnet werden

Gemischte Bezüge

Es ist jedoch nicht zwingend, eine absolute Adressierung sowohl für die Zeile als auch für die Spalte zu verwenden. In der Regel reicht eine gemischte Adressierung völlig aus, in manchen Fällen ist sie sogar zwingend. Im obigen Beispiel würde eine gemischte Adressierung ausreichen.

Hier ändert sich während des Kopiervorgangs jeweils nur die Spaltenposition, nicht aber die Zeilenposition. Daher kann die Zeilenposition relativ adressiert sein. Problematisch wird es erst, wenn die Ergebnisformel auf eine andere Zeile als die aktuelle übertragen wird. In diesem Fall muß auch die Adressierung der Zeilenposition des Konstantenfeldes auf absolut gesetzt werden.

Bezüge ändern

Excel bietet die Möglichkeit, die Adressierung eines Feldes schnell zu ändern. Markieren Sie in einem solchen Fall die zu ändernde Adresse in der Bearbeitungszeile. Durch die Funktionstaste F4 wird die Feldadresse augenblicklich umgewandelt, und zwar in der Reihenfolge, die aus der unteren Tabelle hervorgeht. Relative Bezüge werden bei jedem Betätigen der Taste F4 zunächst in absolute, dann in gemischte und schließlich wieder in relative Bezüge umgewandelt. Das gleiche erreichen Sie durch den Befehl *Formel/Bezugsart ändern*. Dieser Befehl wird nur dann akti-

Berechnungen in Excel

viert, wenn eine entsprechende Feldadresse innerhalb der Bearbeitungszeile markiert ist. In dieser Reihenfolge werden die Bezüge geändert:

A1	Relativ	*Reihenfolge der*
$A$1	Absolut	*Bezugsänderung*
A$1	Gemischt	
$A1	Gemischt	

Bereichsnamen

Bei der absoluten Adressierung gibt es die Möglichkeit, einen Feldbereich mit einem Namen zu versehen. Wird in einer Tabelle immer wieder auf den gleichen Bereich Bezug genommen, so kann die Vergabe eines Bereichsnamens das Handling entscheidend verbessern.

Bereichsnamen als absolute Adressierung

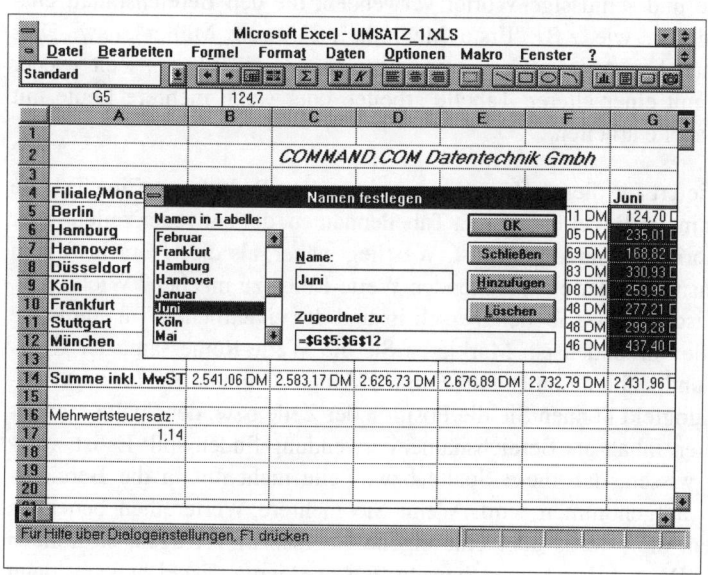

Abb. 40: Die Vergabe eines Bereichsnamens

Auf diese Weise müssen nicht immer die Positionen erneut angegeben werden, sondern es genügt die Angabe des Bereichsnamens, der als absolute Adressierung in einer beliebigen Formel verwendet werden kann. Es kann sowohl ein einzelnes Feld als auch ein ganzer Bereich mit einem Namen versehen werden.

Um einen Bereich mit einem Namen zu versehen, sind folgende Schritte notwendig: Sie markieren den zu benennenden Bereich mit Maus bzw. Tastatur und wählen den Befehl *Formel/Namen festlegen*. Es erscheint ein

Bereichsnamen vergeben

Berechnungen in Excel

Dialogfeld, in das der zukünftige Name des Bereiches eingetragen werden kann. Im linken Optionsfeld des Dialogfeldes (*Namen in Tabelle*) werden alle eventuell bereits vergebenen Bereichsnamen aufgelistet. Im Abschnitt "Zugeordnet zu" wird die komplette Adresse des markierten Bereiches dargestellt. Anhand der verwendeten Dollar-Symbole erkennen Sie die absolute Adressierung. Jetzt müssen Sie nur noch einen Namen für den Bereich vergeben und diesen im entsprechenden Feld eintragen.

Syntax des Bereichsnamens

Achten Sie darauf, daß Sie für den Bereichsnamen nur Buchstaben verwenden. Einige Sonderzeichen, wie der Unterstreichungsstrich, dürfen auch noch verwendet werden. Zahlen werden als Eingabe nicht aktzeptiert. Auch dürfen keine Leerzeichen zwischen den Buchstaben verwendet werden. Als Eingabe können bis zu 256 Zeichen eingegeben werden.

Sinnvolle Benennung von Bereichen

Bei der Vergabe von Bereichsnamen sollten Sie darauf achten, daß Sie logische und schlüssige Wörter verwenden, die den Bereichsinhalt charakterisieren, wie z.B. "Erste_Meßreihe", "Umsatz_Müller" usw. Dies hilft, manchen Ärger zu ersparen, wenn man nach längerer Zeit wieder einmal mit einer älteren Tabelle arbeitet, oder wenn mehrere Leute mit einer Tabelle arbeiten.

Namen übernehmen

Excel liefert für diesen Zweck einen sinnvollen Befehl mit. Eine Tabelle verfügt in der Regel über einen Tabellennamen, der entweder zeilen- oder spaltenorientiert angeordnet ist. Was liegt näher, als die Überschrift zum Bereichsnamen der entsprechenden Werte-Reihe zu machen? Wichtig ist, daß zwischen der Tabellenüberschrift und der eigentlichen Tabelle keine Leerzeile vorhanden ist. Markieren Sie die Werte-Reihe samt der Überschrift und wählen den Befehl *Formel/Namen übernehmen*. Im zugehörigen Dialogfeld können Sie die Position der Zeile bzw. der Spalte markieren, deren Inhalt als Bereichsname Verwendung finden soll. Es ist wichtig, zu wissen, daß diese Spalte bzw. Zeile nicht mit in die Bereichsadresse aufgenommen wird. Wenn Sie mehrere Wertereihen benennen möchten, die jeweils über eine eigene Überschrift verfügen, so können Sie alle Wertereihen samt Überschriften markieren. Excel benennt dann jeweils jede Wertereihe separat.

Wenn Sie den Überblick über die Bereichsnamen verloren haben

Im Fall einer großen Tabelle kann es sehr leicht passieren, daß Sie den Überblick über die vergebenen Bereichsnamen verloren haben. Auch in diesem Fall wird der Befehl *Formel/Namen festlegen* benutzt. Hier werden Ihnen, wie bereits erwähnt, sämtliche in der Tabelle verwendeten Bereichsnamen im Listenfeld aufgezeigt. Jeder aufgelistete Bereichsname verfügt über eine Adressierung, die im Feld "Zugeordnet zu" angezeigt wird. Schauen Sie sich die Liste der Bereichsnamen an und wählen diejenigen aus, deren Adressierung Ihnen nicht mehr geläufig ist. Prompt erhalten Sie die komplette Positionsangabe im entsprechenden Feld.

Anwendung von Bereichsnamen

Bereichsnamen werden innerhalb von Formeln und Funktionen verwendet und bieten eine komfortable Alternative, um auf größere Wertereihen zuzugreifen. Vorausgesetzt wird, daß jeweils der beschriebene Wertebereich auch als Ganzes wiederverwendet wird.

Am einfachsten benutzt man einen Bereichsnamen als Argument in einer Funktion. Funktionen wirken sich in der Regel immer auf Bereiche aus. Wenden Sie mehrere Funktionen immer auf den gleichen Bereich an (z.B. im Fall einer Statistik), so ist die Verwendung eines Bereichsnamens sehr zu empfehlen. Soll beispielsweise aus einer Wertereihe der Mittelwert errechnet werden und ist dieser Bereich benannt, kann die Formel folgendermaßen lauten:

=Mittelwert(Umsatz_Berlin)

Im Zusammenhang mit den Funktionen wird die Arbeit mit Bereichsnamen zusätzlich dadurch erleichtert, daß alle vorhandenen Bereichsnamen aus einer Liste heraus als Argument in eine Funktion eingefügt werden können. Setzen Sie dazu den Feldzeiger auf das gewünschte Ergebnisfeld und wählen eine Funktion mit dem Befehl *Formel/Funktion einfügen*. Die Funktion erscheint in der Bearbeitungszeile, und der Cursor blinkt zwischen den Argumentenklammern. Wählen Sie jetzt den Befehl *Formel/Namen einfügen*, und es erscheint eine Liste aller verwendeter Namen in der Tabelle. Markieren Sie den gewünschten Namen und bestätigen die Auswahl. Schon ist die Berechnung erfolgt. Bei diesem Verfahren erhalten Sie immer einen Überblick über alle vorhandenen Bereichsnamen.

Falls Sie Formeln auf Bereiche anwenden, die im nachhinein mit einem Bereichsnamen versehen wurden, können die Bereichsangaben in der Formel nachträglich durch den entsprechenden Bereichsnamen ersetzt werden. Excel bietet zu diesem Zweck den Befehl *Formel/Namen anwenden* an. Markieren Sie ein Feld, dessen Bereich noch durch Spalten- und Zeilenpositionen definiert ist. Nach der Anwahl des Befehls erscheint eine Liste aller vorhandenen Bereichsnamen. Markieren Sie den Namen, den Sie im nachhinein für den aktuellen Bereich verwendet haben. Nach Abschließen des Befehls werden die Spalten- und Zeilenpositionen automatisch durch den Namen ersetzt.

Adressen durch Bereichsnamen ersetzen

Erhalten Sie jedoch eine Fehlermeldung in Form von "Keine Übereinstimmung", so kennzeichnet der gewählte Bereichsname einen anderen Bereich als den durch die Spalten- bzw. Zeilenpositionen definierten. In diesem Fall sollten Sie prüfen, ob Sie den richtigen Bereichsnamen aus der Liste ausgewählt haben. Sie können die Bereichsadresse des Namens mit dem Befehl *Formel/Namen festlegen* einsehen, indem Sie einfach den

Keine Übereinstimmung

Berechnungen in Excel

entsprechenden Namen markieren. Die Adresse erscheint dann im Optionsfeld *Zugeordnet zu*. Wird hier der Fehler deutlich, müssen Sie den Bereich neu benennen.

Auch in diesem Fall hängt die Anwendung der Bereichsnamen eng mit der relativen und absoluten Adressierung zusammen. Lassen Sie uns dies anhand der Umsatztabelle verdeutlichen. Das Feld "B16" soll die Formel "=Summe(B5;B12)" enthalten, um den Gesamtumsatz aller Filialen im Monat Januar zu ermitteln. Diesem Bereich wurde jedoch bereits der Name "Januar" zugeordnet. Also können wir die Spalten- und Zeilenposition durch den Bereichsnamen ersetzen. Diese Ersetzung wird mit Hilfe des Befehls *Formel/Namen anwenden* durchgeführt, indem einfach der Name "Januar" aus der Liste markiert wird. Die Spalten- und Zeilenposition wurden in der Formel automatisch ersetzt.

Adressierungsart beachten

Eine Überlegung sollten wir dabei noch anstellen: Die Bereichsangabe über die Spalten- und Zeilenposition ist eine relative Adressierung, die über den Bereichsnamen jedoch eine absolute Adressierung. Dies müßte eigentlich einen Konflikt mit sich bringen. Das wäre auch der Fall, wenn das Optionsfeld *Relative/Absolute Bezüge ignorieren* im Befehl *Formel/Namen anwenden* nicht markiert wäre. Standardmäßig ist diese Option immer markiert. In diesem Fall wird nicht überprüft, ob beide Bereichsangaben die gleiche Adressierungsart besitzen.

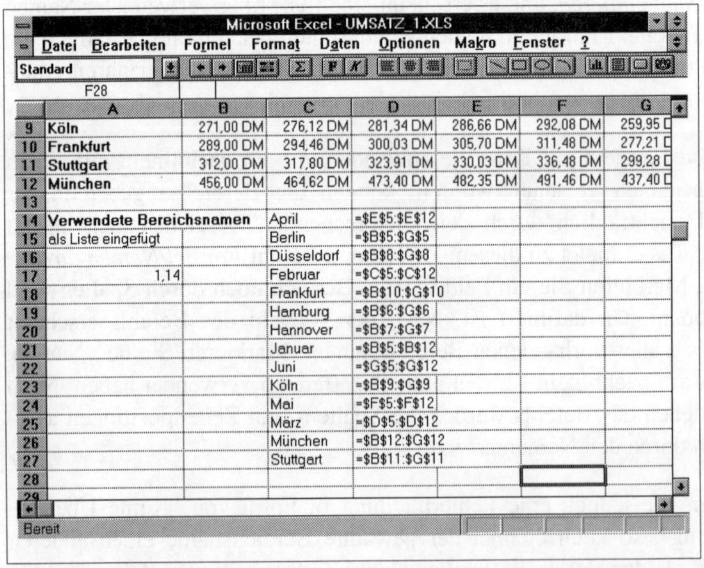

Abb. 41: Verwendete Bereichsnamen können als Liste eingefügt werden

Wird die Option nicht markiert, so können nur absolute Bereichsangaben in Form von "=Summe($B$5;$B$12)" durch den entsprechenden Bereichsnamen ersetzt werden.

Ein hilfreiches Mittel, um den Überblick über alle vergebenen Bereichsnamen zu behalten, ist die Möglichkeit, eine Liste aller Bereichsnamen in die Tabelle eintragen zu lassen. Wichtig ist bei der Positionierung, daß Sie genügend freien Platz in der Tabelle haben. Die Liste wird immer nach links und nach unten ab der aktuellen Feldzeigerposition ausgerichtet. Achten Sie also darauf, daß sich in einem genügend großen Bereich keinerlei Daten befinden, da diese sonst unweigerlich überschrieben würden.

Liste der Bereichsnamen in die Tabelle einfügen

Felder, die einem Bereichsnamen zugeordnet wurden, können weiterhin völlig frei verwendet werden. Der Bezug zum Bereichsnamen ist nur veine organisatorische Maßnahme. Sie können also ein Feld beliebig vielen Bereichsnamen zuordnen. Auf diese Weise lassen sich mehrere Bereiche mit bestimmten Schnittmengen definieren, so daß ein Feld durch die Zugehörigkeit zu mehreren Bereichsnamen für unterschiedliche Berechnungen verwendet werden kann.

Bereichsnamen, die sich schneiden

Anhand einer Umsatztabelle wird dieses Prinzip deutlich. Gegeben sind die Umsatzzahlen der einzelnen Filialen pro Monat. Jedes Feld bildet im Prinzip eine Schnittmenge aus den Bereichen "Monat" und "Filiale", also aus einem Spalten- und einem Zeilenbereich. Die Spalten werden dabei mit den Spaltenüberschriften benannt, die Zeilen dagegen mit den Zeilenüberschriften. So kann ein Feld aufgrund seiner Zugehörigkeit sowohl zum Spalten- als auch zu dem Zeilenbereich Grundlage für zwei Aussagen sein: Zeilenorientiert wird der Jahresumsatz einer Filiale errechnet, spaltenorientiert der Monatsumsatz aller Filialen.

In der Praxis kann ein bestimmtes Feld über die richtige Abfrage der Bereichsnamen angesprochen werden. Im Fall der Beispieltabelle stellt sich z.B. die Frage, welchen Umsatz die Filiale Köln im März gemacht hat.

Formel für die Schnittmenge

Die Lösung ist einfach, da die Umsatzzahl die Schnittmenge aus den Bereichen "Köln" und "März" ist. Als Formel wäre folgende Syntax richtig, wobei die Bereichsnamen durch ein Leerzeichen getrennt werden:

=Köln März

Natürlich lassen sich nun auch die verschiedenen Schnittmengen verknüpfen. Für die Aussage nach dem Monatsumsatz der Filialen "Düsseldorf" und "Köln" im "Februar" wird folgende Formel angewendet:

=Summe(Düsseldorf Februar;Köln Februar)

Das Semikolon faßt beide Schnittmengen wiederum zu einem Bereich zusammen. Auf diese Weise lassen sich prinzipiell alle Abfragen aus einer Tabelle mit Hilfe von Bereichsnamen formulieren. So hätte auch die folgende Formel ihre Gültigkeit:

=Köln März+Berlin Juni

Relative Schnittmenge

Es ist nicht in jedem Fall notwendig, immer beide Bereichsnamen gleichzeitig anzuwenden. Es wird auch hier wieder zwischen einer relativen und einer absoluten Adressierung unterschieden. Während die Angaben beider Bereichsnamen für die Schnittmenge als absolute Adressierung verwendet werden (auch bei Änderung des Bezugspunktes bleibt das Ergebnis gleich) kann unter Angabe nur eines Bereichsnamens die relative Adressierung verwendet werden. Wenn als Ergebnis einer Berechnung der Umsatz der Filiale Köln im Januar ausgeworfen werden soll und sich der Feldzeiger unterhalb der Januarspalte befindet, so genügt folgende Formel, um ein korrektes Ergebnis zu erhalten:

=Köln

Weil der Feldzeiger in der Wertereihe des Monats Januar steht, kann auf die Angabe des Spaltennamens verzichtet werden. Dieser wird in diesem Fall automatisch verwendet. Mit anderen Worten: Die Spaltenadresse ist relativ, die Zeilenadresse jedoch durch Angabe des Filialenbereiches absolut.

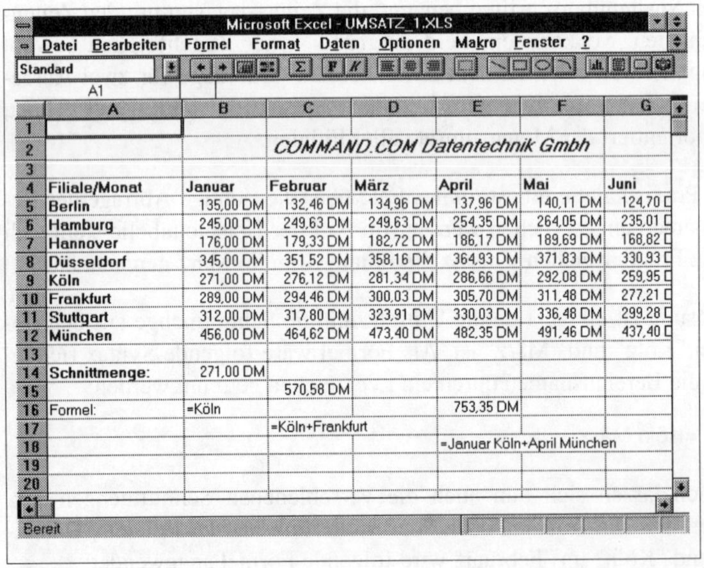

	A	B	C	D	E	F	G
1							
2			COMMAND.COM Datentechnik Gmbh				
3							
4	Filiale/Monat	Januar	Februar	März	April	Mai	Juni
5	Berlin	135,00 DM	132,46 DM	134,96 DM	137,96 DM	140,11 DM	124,70 D
6	Hamburg	245,00 DM	249,63 DM	249,63 DM	254,35 DM	264,05 DM	235,01 D
7	Hannover	176,00 DM	179,33 DM	182,72 DM	186,17 DM	189,69 DM	168,82 D
8	Düsseldorf	345,00 DM	351,52 DM	358,16 DM	364,93 DM	371,83 DM	330,93 D
9	Köln	271,00 DM	276,12 DM	281,34 DM	286,66 DM	292,08 DM	259,95 D
10	Frankfurt	289,00 DM	294,46 DM	300,03 DM	305,70 DM	311,48 DM	277,21 D
11	Stuttgart	312,00 DM	317,80 DM	323,91 DM	330,03 DM	336,48 DM	299,28 D
12	München	456,00 DM	464,62 DM	473,40 DM	482,35 DM	491,46 DM	437,40 D
13							
14	Schnittmenge:	271,00 DM					
15			570,58 DM				
16	Formel:	=Köln			753,35 DM		
17			=Köln+Frankfurt				
18					=Januar Köln+April München		
19							
20							

Abb. 42: Verwenden der Bereichsnamen für unterschiedliche Aussagen

Berechnungen in Excel

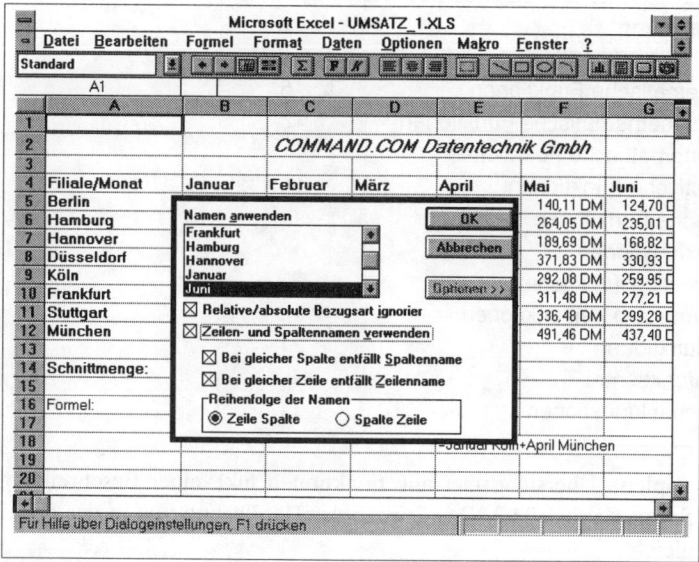

Abb. 43: Die Optionen der Spalten/Zeilennamen

Kopieren Sie die Formel über die Zeile, so werden die Umsatzzahlen der Filiale Köln über die verschiedenen Monate ausgeworfen.

Dieses Verfahren ist durch die Option *Zeilen/Spaltennamen verwenden* im Befehl *Formel/Namen anwenden* geregelt. Standardmäßig ist diese Option markiert, so daß Sie mit *Optionen* nähere Spezifikationen setzen können.

Durch Ein- oder Ausschalten der entsprechenden Option bestimmen Sie dabei, ob, wie im obigen Beispiel, der Name bei gleicher Spalte bzw. Zeile entfällt oder nicht, und welche Reihenfolge für die Bezeichnung der Schnittmengen durch Bereichsnamen verwendet wird.

7.4 Funktionen und Argumente verwenden

Funktionen sind Bestandteile von Formeln und erlauben die Berechnung nach den verschiedensten mathematischen Grundlagen. Komplexe Berechnungen lassen sich in der Regel nur mit Hilfe einer Funktion bzw. durch eine Kombination mehrerer Funktionen durchführen.

Im Gegensatz zum Taschenrechner enthält Excel eine Vielzahl von Funktionen, zu einer ganzen Reihe von Anwendungsgebieten:

Berechnungen in Excel

Anwendung	Anzahl
Mathematische Funktionen	15
Finanzmathematische Funktionen	13
Trigonometrische Funktionen	7
Statistische Funktionen	14
Logische Funktionen	6
Matrixfunktionen	4
Informationsfunktionen	20
Datums- und Zeitfunktionen	12
Textfunktionen	21
Suchfunktionen	8
Datenbankfunktionen	11

Eine komplette Übersicht über alle Funktionen inkl. einer Beschreibung finden Sie in Kapitel 22.2. Das Prinzip der Handhabung ist in der Regel immer gleich.

Jede Funktion besteht aus einem Funktionsnamen und einer Argumentenliste nach folgenden Schemata:

=Mittelwert(B5,B6,B7,B8,B9,B10;B11;B12)
=Mittelwert(B5;B12)
=Mittelwert(Januar)

Funktionsargumente

Als Argument wird in der Regel eine Ortsbezeichnung angegeben, welche die Funktion auf einen definierten Bereich ausüben läßt. Hierbei kann es sich wahlweise um eine Werteliste, einen Wertebereich in Form von Positionsangaben oder einen Wertebereich in Form eines Bereichsnamens handeln.

Funktionsparameter

Manche Funktionen verlangen einige Parameter, die wiederum entweder wahlweise oder zwingend angegeben werden, je nach Aufbau der Funktion.

Dies ist z.B. bei der Funktion "Runden" der Fall, bei der als Parameter die Stellenanzahl angegeben werden muß, auf die die definierte Zahl gerundet werden soll:

=Runden(Zahl;Anzahl_Stellen)

Funktionen einfügen

Funktionen beginnen wie Formeln mit einem Gleichheitszeichen. Darauf folgt der Funktionsname mit den entsprechenden Argumenten. Funktionen können unter Excel aus einer Liste ausgewählt werden, die sich hinter

Berechnungen in Excel

dem Befehl *Formel/Funktion einfügen* verbirgt. Anstelle des Befehls erreichen Sie die Liste über die Tastenkombination `Shift`+`F3` sehr viel schneller.

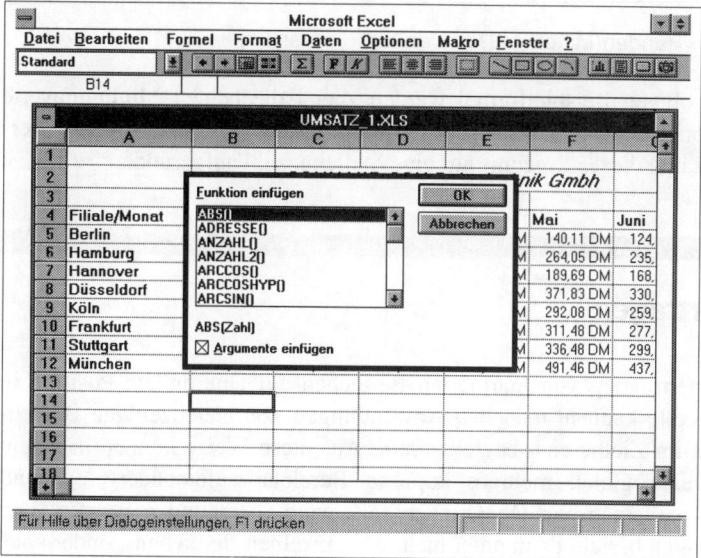

Abb 44: Die Funktionsliste

Mit der Bildlaufleiste rechts neben der Liste können Sie vor- und zurückblättern. Markieren Sie die Funktion, die in das aktive Feld eingefügt werden soll. Wenn Sie eine Funktion aus der Liste einfügen, brauchen Sie nicht zuvor das Gleichheitszeichen in das Feld einzutragen, da dieses Bestandteil der markierten Funktionen ist. Die markierte Funktion wird nun in die Bearbeitungszeile eingetragen, wobei der Cursor zwischen den Klammern steht. Durch eine Bereichsangabe kann die Funktion nun vervollständigt werden.

Funktionen kombinieren

Umfangreiche Berechnungen lassen sich in den meisten Fällen nur über eine komplizierte Formelkombination durchführen. Unter Excel sind Ihnen hier keine Grenzen gesetzt. Da Funktionen Teil einer Formel sind, können sie beliebig kombiniert und ineinander verschachtelt werden. Bei der Verschachtelung ist allerdings darauf zu achten, daß alle Klammern richtig gesetzt und alle durch eine offene Klammer definierten Bereiche durch eine geschlossene Klammer begrenzt werden.

Werden mehrere Funktionen innerhalb einer Formel verwendet, so beginnt die Auflösung mit der innersten Klammer. So werden alle Klam-

Berechnungen in Excel

merpaare von innen nach außen berechnet. Achten Sie daher genau auf die Anordnung der verwendeten Funktionen, da es sonst zwar mathematisch zu einem korrekten Ergebnis kommt, jedoch logisch zu einer falschen Aussage.

=Runden(Mittelwert(Min(Januar,Februar));1)

In der obigen Beispielformel werden zuerst die beiden Minimumwerte der Monate Januar und Februar ermittelt, daraus wird der Mittelwert errechnet und dieses Ergebnis auf eine Stellenanzahl aufgerundet.

7.5 Feldinhalte übertragen

Die Übertragung von markierten Bereichen auf eine andere Position in der Tabelle kann in manchen Anwendungen von gleichzeitigen Berechnungen im Zielbereich begleitet sein. Auf diese Weise können in einem Zielbereich gleich mehrere kopierte Bereiche aufeinandergelegt und durch mathematische Operationen miteinander verbunden werden. Der Zielbereich besteht dann nicht mehr aus einzelnen Bereichen, sondern aus der Gesamtheit aller übertragenen Bereiche.

Zusammenarbeit mit der Zwischenablage

Die zu übertragenen Feldinhalte müssen sich in der Zwischenablage befinden. Dies wird durch Anwendung des Befehls *Bearbeiten/Kopieren* auf einen markierten Bereich erreicht. Wird ein Bereich durch den Befehl *Bearbeiten/Ausschneiden* in die Zwischenablage gebracht, so funktioniert das inhaltliche Einfügen leider nicht. Im Gegensatz zum Befehl *Bearbeiten/Einfügen*, bei dem die Inhalte des Zielbereiches überschrieben werden, werden beim Befehl *Bearbeiten/Inhalte einfügen* der Zielbereich und der Kopierbereich bei Auswahl einer mathematischen Operation miteinander verbunden.

Mathematische Operation

Die bei diesem Verfahren möglichen mathematischen Operationen sind die vier Grundrechenarten Addition, Subtraktion, Division und Multiplikation, die im Dialogfeld markiert werden können. Man muß sich das so vorstellen, daß immer zwischen den Zielbereich und den einzufügenden Bereich gesetzt wird. Nach dem Einfüge-Vorgang erfolgt eine direkte Berechnung des Zielbereiches. Wird keine mathematische Operation gewählt, verhält sich der eingefügte Bereich genauso wie beim Befehl *Bearbeiten/Einfügen*: der Zielbereich wird überschrieben.

Bei diesem Verfahren müssen nicht immer nur deckungsgleiche Bereiche miteinander verbunden werden. Es können auch Inhalte einzelner Felder an einen Zielbereich angeknüpft werden. Dabei muß man sich jedoch immer den logischen Ablauf des Vorgangs vor Augen halten, da sonst

Berechnungen in Excel

eventuell einige Felder aus mehreren Werten zusammengeführt werden. Da in diesen Feldern nur der reine Wert dargestellt wird, ist es später oftmals nicht mehr nachvollziehbar, aus welchen Einzelwerten der dargestellte Wert resultiert. Dies kann natürlich eine potentielle Fehlerquelle sein.

Am Beispiel der Umsatztabelle können Sie auf diese Weise einzelne Spalten übereinanderlegen und mathematisch miteinander verbinden, so daß beispielsweise eine Aufstellung der Gesamtumsatzzahlen aller Filialen jedes ersten Monats im Quartal errechnet werden kann. In diesem Fall kopieren Sie die Wertereihe für Januar in die Zwischenablage und fügen sie an einer beliebigen Stelle unterhalb der Tabelle wieder ein. Kopieren Sie nun die Wertereihe für den April in die Zwischenablage und setzen den Feldzeiger auf das erste Feld des Zielbereiches. Wählen Sie den Befehl *Bearbeiten/Inhalte einfügen*, und markieren Sie als mathematische Operation die Option *Addieren*. Mit Abschließen des Befehls wird nun die Summe aus den beiden Wertereihen errechnet und dargestellt. Auf die gleiche Weise können jetzt noch die beiden übrigen Wertereihen hinzuaddiert werden.

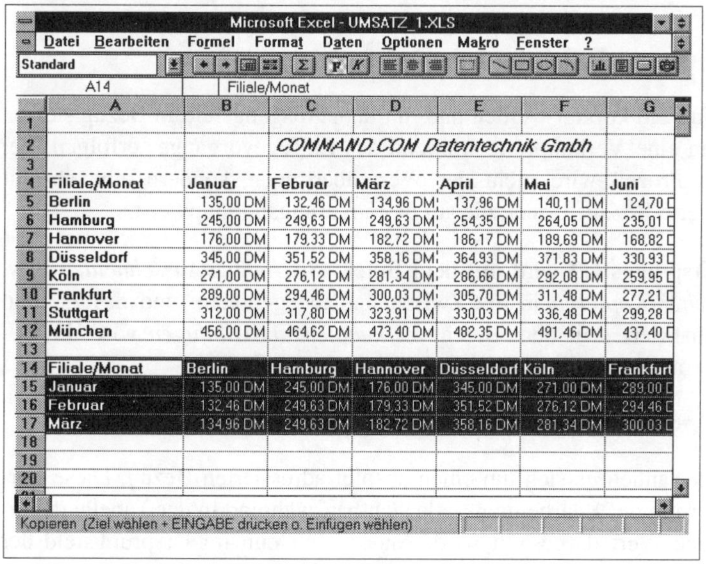

Abb. 45: Ein markierter Bereich wird ausgelagert und transponiert

Transponieren von Wertereihen

Beim Prozeß des Transponierens wird im Prinzip die Anordnung der Zeilen und Spalten vertauscht. Dabei muß allerdings gewährleistet sein,

Berechnungen in Excel

das der Kopier- und der Einfügebereich die gleiche Form aufweisen, da es sonst zu einer entsprechenden Systemmeldung kommt. Definieren Sie den Einfügebereich am besten immer nur durch Markieren des obersten linken Feldes des gedachten Zielbereichs.

Die eingefügte Tabelle richtet sich dann selbstständig aus. Denken Sie jedoch daran, daß beim Transponieren im Zielbereich befindliche Werte überschrieben werden.

Wertereihen transponieren

Nachdem der Ursprungsbereich in die Zwischenablage kopiert und der Zielbereich durch ein markiertes Feld definiert wurde, wählen Sie den Befehl *Formel/Einfügen*. Hier ist nun die Option *Transponieren* zu kennzeichnen, die standardmäßig nicht markiert ist. Nach Abschluß des Befehls wird der eingefügte Bereich in entsprechender Weise dargestellt.

Auch in diesem Fall lassen sich weitere Felder durch Angabe einer mathematischen Operation im Dialogfeld mit dem transponierten Zielbereich verknüpfen. Beachten Sie bitte genau den Vorgang, den Sie mit den Zahlen durchführen, da es sehr schnell zu gedanklichen Fehlern kommen kann.

Bezüge zu Feldern herstellen

Soll ein Feld kopiert werden und mit dem Ausgangsfeld in Bezug stehen, so kann eine Verknüpfung während des Einfügevorganges erfolgen. Bei diesem Prozeß wird nicht der Wert übertragen, sondern eine absolut adressierte Bezugsformel, die auf das Ursprungsfeld hinweist.

Verknüpftes Feld

Das Ursprungsfeld wird mit dem Befehl *Bearbeiten/Ausschneiden* bzw. *Bearbeiten/Kopieren* in die Zwischenablage gebracht, und das Zielfeld wird markiert. Mit dem Befehl *Verknüpfen und Einfügen* wird die Bezugsformel folgendermaßen eingefügt:

=$D$4

Hierbei handelt es sich um einen absolut adressierten Bezug. Diese Formel wird in der Bearbeitungszeile sichtbar, während in der Tabelle der eigentliche Wert dargestellt wird. Ändert sich nun im Ursprungsfeld der Wert, so ändert er sich auch im Zielfeld, da eine Verknüpfung zwischen beiden Feldern existiert.

Verknüpfter Bereich

Handelt es sich jedoch nicht nur um ein Feld, sondern um einen ganzen Bereich, so erhält der Zielbereich ebenfalls eine Bezugsformel, die auf den Ausgangsbereich hinweist:

{=$B$5;$D$12}

Während sich das einzelne Zielfeld ändern läßt, ist ein Überschreiben eines Feldes aus dem Zielbereich nicht möglich. Excel weist darauf mit der Fehlermeldung "Kann Teil der Matrix nicht ändern" hin. Wenn man sich die einzelnen Felder des kompletten Zielbereiches genauer anschaut, wird man feststellen, daß jedes Feld die gleiche Bezugsadresse enthält. Bei diesem Zielbereich handelt es sich um eine zusammengehörige Matrix, deren einzelne Positionen nicht zu ändern sind, es sei denn, die Werte ändern sich in den Ursprungsfeldern. Auch können Teile der Matrix nicht gelöscht werden, da diese immer als absolute Einheit verstanden wird. Es ist nur ein Löschen bzw. Bearbeiten der kompletten Matrix möglich.

Die praktische Verwendung dieses Befehls ist die Verknüpfung von Feldern unterschiedlicher Tabellen, wie im nächsten Kapitel beschrieben wird.

7.6 Verknüpfung mehrerer Tabellen

Bislang wurde die Verknüpfung von Feldern nur innerhalb einer Tabelle vorgenommen. Sinnvollerweise werden jedoch bei komplexen Anwendungen bestimmte Bereiche auf eigene Arbeitsblätter ausgegliedert. Das ist äußerst wichtig, wenn man eine übersichtliche Struktur in seine Anwendung bringen will. Die endgültige Zusammenfassung und Auswertung aller separaten Berechnungen erfolgt dann wiederum auf einem eigenen Arbeitsblatt. Zu diesem Zweck müssen die benötigten Ergebnisse der einzelnen Arbeitsblätter in die Auswertungstabelle übergeben werden. Dabei können beliebig viele Verknüpfungen hergestellt werden. Die Arbeitsblätter, die Teile der Anwendung enthalten, können wiederum mit anderen Tabellen verknüpft werden. Die Verknüpfung kann auch in Form von Verknüpfungsebenen vorgegeben werden. Man stelle sich dazu die Verzeichnisstruktur von DOS vor. Das Hauptverzeichnis entspricht dem Arbeitsblatt, in dem alle zugeführten Daten aufbereitet und präsentiert werden. In der nächsten Ebene werden die Berechnungen einzelner Modelle durchgeführt, die letztendlich als Grundlage für die zusammengefaßte Berechnung und Präsentation in der Haupttabelle dienen. Jedes Modell kann jedoch wieder in weitere, kleinere Einheiten unterteilt werden, die jeweils wieder zusammengefaßt die Grundlage für die Berechnung des Modells sind. Diese Struktur kann beliebig fortgesetzt werden.

Bei Verwendung der entsprechenden Formeln wird so eine Verknüpfung unterschiedlichster Arbeitsblätter erreicht. Auf diesem Weg erhalten Sie abhängige und unterstützende Arbeitsblätter. Unter einem abhängigen Arbeitsblatt wird ein solches verstanden, das auf Felder eines anderen

Dreidimensionalität

Berechnungen in Excel

Arbeitsblattes zugreift. Unterstützende Arbeitsblätter sind jene, auf deren Werte von anderen Tabellen zugegriffen wird. Einen Sonderfall stellen noch die Arbeitsgruppen dar. Mehrere Tabellen können als Arbeitsgruppe zusammengefaßt werden, wobei sich einmalige Eintragungen oder Formatierungen direkt auf alle Tabellen auswirken, die in der aktuellen Arbeitsgruppe zusammengefaßt sind. Hierdurch wird eine Form der dreidimensionalen Tabellenkalkulation erreicht.

Das Laden und Speichern von verknüpften Tabellen entnehmen Sie bitte Kapitel 9. Die Verknüpfung von Excel-Tabellen mit anderen Dokumenten (Word für Windows) finden Sie in Kapitel 18.

Erstellen einer Tabellenverknüpfung

Gleiche Tabellenstruktur

Bevor man eine Tabellenverknüpfung aufbaut, sollte man sich einmal die Art und Weise vergegenwärtigen, wie Excel mit den sog. "externen Bezügen", also den Bezügen zu einer anderen Tabelle, verfährt. Möchten Sie beispielsweise eine Anwendung erstellen, bei der die Umsätze und Kosten in den unterschiedlichen Filialen einer Handelskette zusammengefaßt und ausgewertet werden, so sollte für jede Filiale eine eigene Tabelle erstellt werden. Ohnehin wird jede Filiale eine eigene Umsatztabelle anlegen, für die fehlerfreie Verknüpfung der Tabellen ist es dabei aber wichtig, daß alle Tabellen nach dem gleichen Muster angelegt sind.

Nur mit einfachen Bezügen arbeiten

Wenn Sie also eine konsolidierte Umsatztabelle erstellt haben, in der auf die Tabellen der Filialen zugegriffen wird, so kann Excel auf die Bezüge zugreifen, ohne daß die entsprechenden Tabellen geladen sind. Trifft Excel auf einen Bezug, so erfolgt ein Plattenzugriff auf die entsprechende unterstützende Tabelle, und der Wert wird eingelesen. Dieses Verfahren schont den Arbeitsspeicher, da nicht direkt die komplette unterstützende Tabelle eingeladen werden muß.

Tabellenverknüpfungen sollten geplant werden

Wenn man sich dieses Verfahren vor Augen hält, sollte man seine Tabellen entsprechend planen. Aus Zeitersparnis und Speicherplatzgründen sollte man umfangreiche Modelle auf mehrere Tabellen verteilen. In der Regel benötigt man nicht alle Tabellen zur gleichen Zeit, so daß nur die jeweils benutzten Tabellen in den Hauptspeicher geladen werden. Das spart Zeit und Arbeitsspeicher. Außerdem kann die Zerlegung eines komplexeren Modells eine bessere Übersicht schaffen. Die unterstützenden Tabellen können einen einfachen Aufbau besitzen. Die Übergabe der für die Konsolidierung wichtigen Werte geschieht über einen Bezug. Die Weiterverabeitung erfolgt dann in der konsolidierten Umsatz-Tabelle, deren Felder entsprechend aufbereitet und formatiert werden.

Berechnungen in Excel

Eine Verknüpfung herstellen

Eine Verknüpfung zwischen mehreren Tabellen herzustellen, ist im Prinzip eine leichte Angelegenheit. Die Verknüpfung erfolgt über eine entsprechende Formel mit folgendem Aufbau:

```
=TABELLE!BEREICH
```

Eingeleitet wird die Formel mit einem Gleichheitszeichen, gefolgt von dem Namen der Tabelle, aus der ein Wert abgefragt wird. Bei der Namensvergabe müssen einige Besonderheiten beachtet werden, je nachdem, wie die Formel eingetragen wird (Tastatureingabe oder Zeigemodus). Das Ausrufezeichen trennt den Namen von der Bereichszuordnung, die in Form einer Feldbezeichnung, eines Bereichsnamens oder einer Bereichsangabe folgt.

Um eine Verknüpfung herzustellen, haben Sie drei Möglichkeiten, die sich nur in der Handhabung unterscheiden. Zur Verfügung stehen die Eingabe über die Tastatur, der Zeigemodus und der Befehl *Verknüpfen und einfügen* im Menü *Bearbeiten*.

Am einfachsten ist die Verknüpfung, wenn die zu verknüpfenden Tabellen gleichzeitig auf dem Bildschirm dargestellt werden. Setzen Sie in diesem Fall den Feldzeiger in der abhängigen Tabelle auf das Feld, in dem der entsprechende Wert der unterstützenden Tabelle abgefragt werden soll. Leiten Sie die Verknüpfung durch Eingabe des Gleichheitszeichens ein, und bewegen Sie den Feldzeiger mit der Maus auf das Feld in der unterstützenden Tabelle. In der abhängigen Tabelle erfolgt nun der Eintrag in folgender Form:

Einfache Verknüpfung mit dem Zeigemodus

```
=TAB1!$B$10
```

Mit `Return` wird der Eintrag übernommen und der Inhalt des entsprechenden Feldes angezeigt. Ist in der unterstützenden Tabelle an der entsprechenden Stelle noch kein Eintrag vorhanden, so wird in der abhängigen Tabelle der Wert 0 angezeigt. Ansonsten erfolgt die entsprechende Anzeige des Wertes. Wird jetzt ein neuer Name für die unterstützende Tabelle vergeben, so wird auch der Bezug in der abhängigen Tabelle geändert.

An diesem Punkt sollte man jedoch ein wenig aufpassen, da es hier unter bestimmten Umständen zu Fehlern kommen kann. Bei Fehlermeldungen sollte man daher immer erst überprüfen, ob die eingetragenen Tabellennamen noch gültig sind bzw. ob sich die Tabelle noch im gleichen Verzeichnis befindet. Wenn die Tabelle in der Zwischenzeit in ein anderes Verzeichnis kopiert wurde, stimmt natürlich der Bezug nicht mehr. In

Ist die Tabelle im Zugriff?

Berechnungen in Excel

diesem Fall muß die Bezugsformel mit einer Verzeichnisangabe versehen werden, wie sie im nächsten Abschnitt dargestellt wird.

Verknüpfung per Tastatur

Eine Verknüpfung mit Hilfe der Tastatur hat den Vorteil, daß die unterstützenden Tabellen nicht geladen werden müssen. Dazu muß man jedoch genau die Feldadressen kennen, die abgefragt werden sollen, und außerdem die genaue Syntax der Verknüpfungsformel beherrschen, die in diesem Fall etwas ausführlicher ist. Wenn Sie also die genauen Feldadressen kennen, die in der unterstützenden Tabelle abgefragt werden sollen, beginnen Sie die Formel wieder mit dem Gleichheitszeichen. Es folgen dann explizit die komplette Pfadbezeichnung und der Tabellenname der unterstützenden Tabelle. Beide Angaben werden in Hochkommata (Apostroph) gesetzt. Daraufhin geben Sie wieder das Ausrufezeichen und die Bereichsangabe ein:

='C:\DATA\EXCELDAT\UMSATZ1.XLS'!$B$10

Auch in diesem Fall müssen sie aufpassen, daß Sie diesen Eintrag per Hand ändern müssen, wenn Sie die Tabelle in ein anderes Verzeichnis setzen und im Ursprungsverzeichnis löschen. Geben Sie den Bezug über die Tastatur ein, wenn die unterstützende Tabelle geladen ist, so reicht die Syntax aus, die im Zeigemodus erstellt wird.

Verknüpfungen über die Zwischenablage

Mit Hilfe der Zwischenablage können beliebige Bereiche aus einer Tabelle auch in eine andere Tabelle übertragen werden. Mit dem Befehl *Verknüpfen und einfügen* wird dabei automatisch ein Bezug zwischen der Ursprungs- und der Zieltabelle hergestellt. Zu diesem Zweck setzen Sie den Feldzeiger in das Feld der Tabelle, das in eine andere Tabelle übertragen werden soll. Mit dem Befehl *Kopieren* wird der Feldinhalt in die Zwischenablage gebracht. Positionieren Sie den Feldzeiger nun in die Tabelle, die den Bezug erhalten soll, und wählen Sie den Befehl *Verknüpfen und einfügen*. Die Bezugsformel wird nun automatisch eingetragen. Wenn das Ursprungsfeld mehrmals verwendet werden soll, ist diese Lösung schneller, da die Formel in der Zwischenablage noch vorhanden ist und beliebig oft eingefügt werden kann.

Man kann auch eine Verknüpfung erreichen, indem Werte aus der unterstützenden Tabelle als Textbox in die abhängige Tabelle gesetzt werden. Dazu wird das gleiche Verfahren wie oben verwendet, nur hält man beim Öffnen des Menüs *Bearbeiten/Einfügen* die Shift -Taste gedrückt. In diesem Fall erscheint der Befehl *Bild einfügen*. Damit wird der Inhalt der Zwischenablage in eine separate Textbox in die abhängige Tabelle eingefügt, die jedoch ganz normal über eine entsprechende Formel mit der unterstützenden Tabelle verknüpft ist. Einfacher funktioniert dieses Verfahren mit dem Symbol "Fotoapparat" in der Formatierungsleiste. In diesem Fall wird der entsprechende Bereich markiert und dann das Symbol angeklickt. Aktivieren Sie dann die abhängige Tabelle und öffnen mit gedrückter, linker Maustaste die Textbox, die den zuvor markierten Bereich aufnehmen soll.

Aktualisierung der Bezüge

Die Aktualisierung der Bezüge ist immer dann notwendig, wenn sich Werte geändert haben, die Auswirkungen auf andere Tabellen haben.. Eine Aktualisierung kann beispielsweise erfolgen, wenn eine abhängige Tabelle geladen wird. In diesem Fall erfolgt von Excel eine Abfrage, ob eine Aktualisierung auf nicht geladene Tabellen erfolgen soll. Damit werden Änderungen in den unterstützenden Tabellen in die abhängige Tabelle übertragen und dienen somit als neue Berechnungsgrundlage.

Bei der Aktualisierung werden die Verknüpfungsformeln dahingehend geändert, daß sie auf die gleiche Form gebracht werden, wie unter dem Abschnitt *Verknüpfung per Tastatur* beschrieben wurde, also mit kompletter Pfadangabe.

Prinzipiell können somit in jeder unterstützenden Tabelle Änderungen separat durchgeführt und alle Bezüge nach dem Laden der abhängigen Tabelle durch Bestätigung der Abfrage aktualisiert werden.

Wird nun eine abhängige Tabelle aktualisiert und wird dabei eine unterstützende Tabelle nicht mehr gefunden (beispielsweise weil zwischendurch gelöscht wurde), so erscheint im entsprechenden Verküpfungsfeld der Fehlerwert "#BEZUG!". Der Inhalt des Feldes enthält aber weiterhin die Formel. Falls sich die unterstützende Tabelle in einem anderen Verzeichnis befindet, müssen Sie den Verzeichniseintrag in der Formel ändern. Geben Sie einen falschen Pfad oder Dateinamen an, so erscheint ein Dialogfeld mit dem Hinweis, daß die genannte Tabelle unauffindbar ist. Sie können in den Listenfeldern des Dialogfeldes die unterstützende Datei nun direkt anwählen.

Der Fehlerwert #BEZUG!

Eine Aktualisierung der abhängigen Tabelle während der Arbeitssitzung erfolgt über den Befehl *Verknüpfte Dateien öffnen* im Menü *Datei*.

Aktualisierung während der Arbeit

Verknüpfungen anzeigen und aktualisieren

Wenn Sie einen Überblick über alle unterstützenden Tabellen erhalten möchten, von denen die aktive Tabelle abhängig ist, wählen Sie den Befehl *Verknüpfte Dateien öffnen*. Dieser Befehl kann nur dann aktiviert werden, wenn die aktive Tabelle externe Bezüge enthält. Ist dieser Befehl also grau hinterlegt, wissen Sie genau, daß es zur aktiven Tabelle keine unterstützende Tabelle gibt.

Berechnungen in Excel

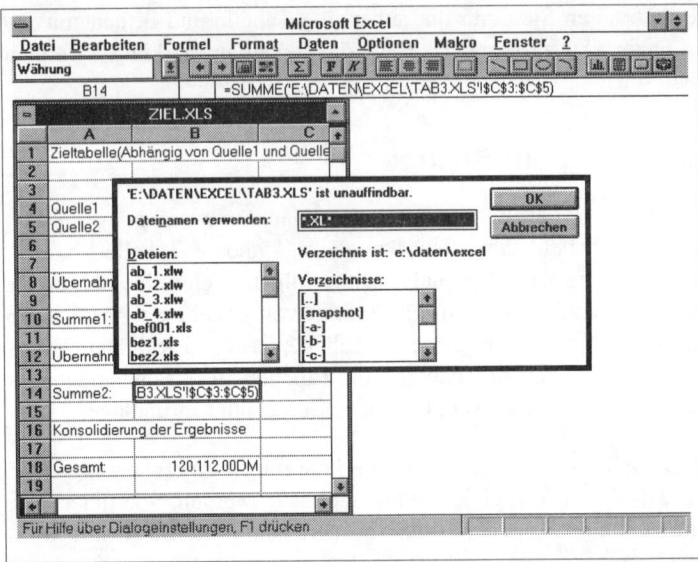

Abb. 46: Die Pfadangabe bzw. der Dateiname war inkorrekt

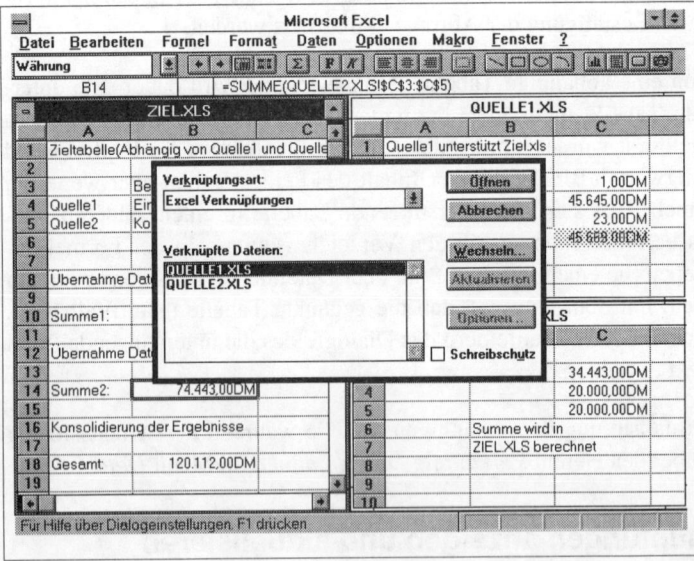

Abb. 47: Das Dialogfeld "Verknüpfte Dateien öffnen"

Im Listenfeld des Dialogfeldes werden alle unterstützenden Tabellen angezeigt. Diese können mit der Maus bzw. den Richtungstasten ausgewählt werden, um sie zu öffnen. In diesem Fall können Sie auch eine Mehrfachauswahl vornehmen, indem Sie vor der Auswahl der nächsten Tabelle die

Berechnungen in Excel

`Shift`-Taste gedrückt halten. Auf diese Art und Weise können mehrere Tabellen geöffnet oder entsprechend aktualisiert werden. Wenn Sie nur das Feld *Aktualisieren* betätigen, erfolgt ein Zugriff auf die unterstützenden Tabellen, ohne daß diese geladen werden.

Eine Verknüpfung kann mit diesem Feld sehr schnell gewechselt werden. Ist in einem Feld beispielsweise ein Bezug zu einer Tabelle enthalten, die einen Umsatzwert aus dem Monat Februar abfragt, der in einer unterstützenden Tabelle errechnet wurde, so ließe sich auf einfache Weise die Umsatzzahl vom März abfragen, wenn die entsprechende Tabelle mit den Umsatzzahlen des März den gleichen Aufbau besitzt wie die ursprüngliche, unterstützende Tabelle. In diesem Fall muß im Prinzip nur der Name der unterstützenden Tabelle ausgewechselt werden. Zu diesem Zweck wird im obigen Dialogfeld die unterstützende Tabelle markiert, die ausgewechselt werden soll. Aktivieren Sie die Schaltfläche *Wechseln*, und es erscheint das Dialogfeld, ähnlich dem zum Befehl *Datei öffnen*. Hier können Sie die neue unterstützende Tabelle auswählen. Die entsprechenden neuen Pfad- und Namensangaben werden dann automatisch in der abhängigen Tabelle angepaßt.

Tabellenverknüpfung wechseln

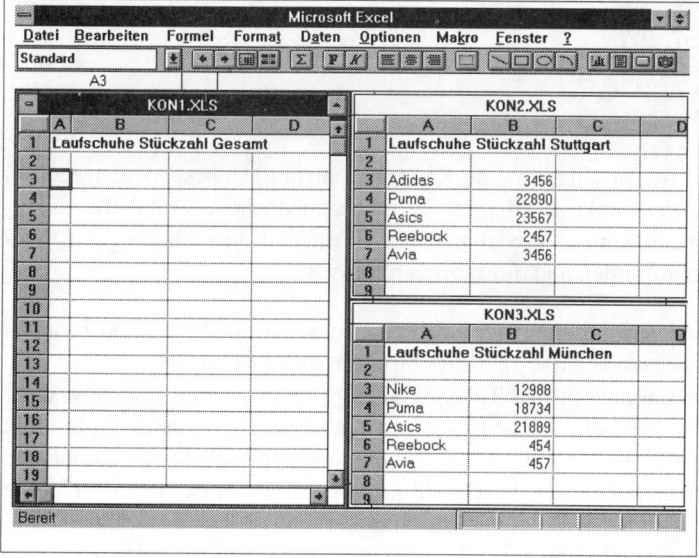

Abb. 48: Konsolidierung der Umsätze

Konsolidierung von Tabellen per Befehl

Eine einfache Möglichkeit, z.B. die Stückzahlergebnisse mehrerer Filialen miteinander in einer Tabelle zu konsolidieren, bietet der gleichnamige

Berechnungen in Excel

Befehl im Menü *Daten*, der einige Aktionen automatisiert. Im angenommenen Beispiel sind die Stückzahlen der einzelnen Filialen jeweils in einem eigenen Arbeitsblatt festgehalten, und alle Zahlen sollen nun in einer Tabelle konsolidiert werden. Die abgebildete Tabelle finden Sie als Arbeitsbereich unter KONSOL.XLW auf der Beispieldiskette.

Berechnungen ausführen

Excel bietet mit dem Befehl *Konsolidieren* die Möglichkeit, markierte Bereiche aus externen Tabellen in einer Tabelle zu konsolidieren, und zwar unter Verwendung einer mathematischen Funktion. In unserem Fall würde dies bei der Abfrage nach der Gesamtstückzahl der verkauften Laufschuhe bedeuten, daß die Stückzahlen der einzelnen Filialen durch die Funktion "=Summe" miteinander konsolidiert werden. Aber auch andere mathematische bzw. statistische Berechnungen sind möglich. So liefert der Befehl folgende Funktionen:

ANZAHL
ANZAHL2
MAX
MIN
MITTELWERT
PRODUKT
STABW
STABWN
SUMME
VARIANZ
VARIANZEN

Die Funktionen selbst sind im Kapitel 22 ausführlich beschrieben. Je nach verwendeter Funktion erhalten Sie unterschiedliche konsolidierte Ergebnisse. Interessant ist in vielen Fällen, mehrere Konsolidierungen nebeneinander zu stellen und direkt zu vergleichen.

Tabellen müssen gespeichert sein

Um eine Konsolidierung vorzunehmen, laden Sie alle beteiligten Tabellen und lassen diese auf dem Bildschirm anordnen. Vergewissern Sie sich, daß alle Einträge in den Tabellen abgespeichert wurden. Bereiche einer temporären Tabelle können nicht verwendet werden. Markieren Sie nun den Bereich in der Zieltabelle, der die konsolidierten Daten aufnehmen soll, und aktivieren Sie den Befehl *Konsolidieren*. Im Fall der Markierung ist es ausreichend, wenn nur ein Feld markiert ist. Der konsolidierte Bereich richtet sich dann entsprechend nach rechts und nach unten aus.

Ursprungsbezüge

Im Feld *Funktion* wird die Art der Berechnung ausgewählt, mit der die Daten konsolidiert werden. Wichtig sind nun der Ursprung bzw. die "Ursprungsbezüge". Aktivieren Sie das Feld *Ursprung* und wählen Sie in der ersten unterstützenden Tabelle den Bereich aus, der konsolidiert werden soll. Die Bereichsangabe erscheint im Feld *Ursprung*. Mit der Schaltfläche *Hinzufügen* wird die Bereichsangabe im Feld *Ursprungsbezüge* gespeichert, und Sie können den Bereich der nächsten unterstützenden Tabelle markieren usw. Ist die Option *Quelldatei verknüpfen* nicht markiert, so erfolgt eine einmalige Konsolidierung. Es besteht daher nach Anwendung dieses Befehls keinerlei Verbindung zwischen den Tabellen. Wie sich eine Verknüpfung auswirkt, erfahren Sie im nächsten Abschnitt.

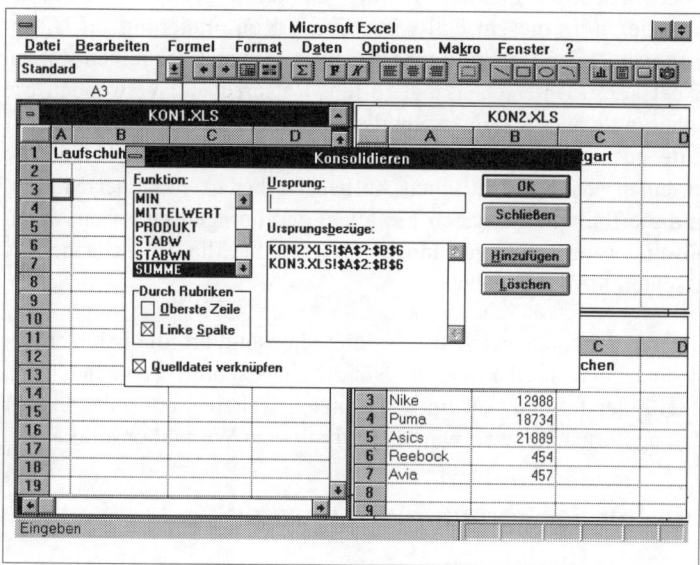

Abb. 49: Dialogbox zum "Konsolidieren"

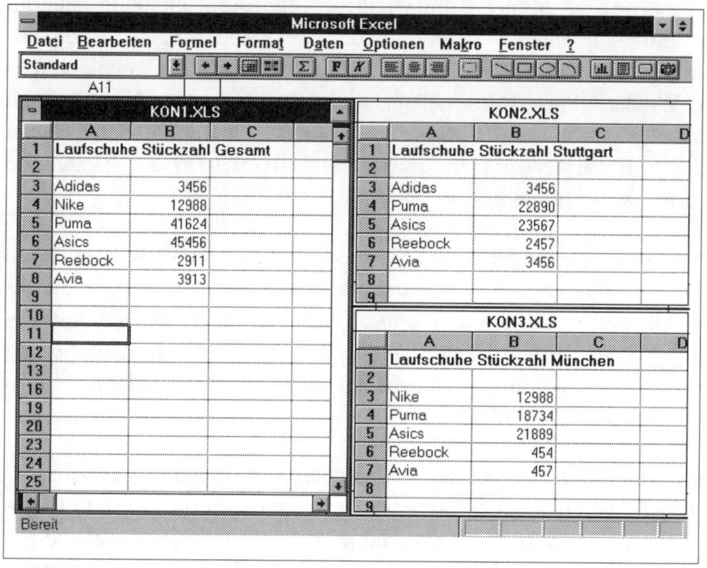

Abb. 50: Die konsolidierten Daten unter Berücksichtigung unterschiedlicher Positionen

Berechnungen in Excel

Unterschiede in Zeilen und Spalten werden erkannt

Wie in der Beispieltabelle auffällt, sind die beiden Spalten mit den Stückzahlen nicht exakt deckungsgleich. In Stuttart werden Adidas-Schuhe verkauft, in München dagegen aber Nike-Schuhe. Diese Zeile ist also unterschiedlich. Damit Excel im Fall der Konsolidierung diesen Unterschied berücksichtigt, müssen Sie die Option *Durch Rubriken/Linke Spalte* markieren. In diesem Fall wird bei der Konsolidierung auf Unterschiede in den Zeilenbeschriftungen geachtet. Anhand der reinen Zahlen kann Excel keine Unterscheidung treffen. Entsprechend verwenden Sie die Markierung *Oberste Zeile*, wenn die Anordnung der zu konsolidierenden Werte aus mehreren unterschiedlichen Spalten besteht. Haben die Tabellen einen absolut identischen Aufbau, so bedarf es keiner Markierung an diese Stelle. Nun haben Sie alle Vorkehrungen getroffen, damit die Konsolidierung erfolgen kann. Aktivieren Sie die Schaltfläche *OK* und betrachten Sie das Ergebnis.

Excel hat alle deckungsgleichen Positionen konsolidiert, die unterschiedlichen jedoch nicht berücksichtigt. Nicht berücksichtigt ist vielleicht an dieser Stelle der falsche Ausdruck. Da keine weitere Zeile mit gleicher Bezeichnung vorhanden war, wurde quasi mit dem Wert 0 konsolidiert.

Verknüpfen der konsolidierten Daten

Da bei der vorherigen Konsolidierung die Option *Quelldatei verknüpfen* nicht markiert wurde, besteht nach der Berechnung keinerlei Verbindung mehr zwischen der Ziel- und den unterstützenden Tabellen. Eine Verknüpfung ist jedoch immer dann wichtig, wenn die Zieltabelle dauernd auf den aktuellen Stand gebracht werden soll. Änderungen in den unterstützenden Tabellen sollen daher das Ergebnis in der Zieltabelle aktualisieren. Wiederholen wir einmal die gleiche Aktion wie oben, nur daß wir jetzt die Option *Quelldatei verknüpfen* im Dialogfeld des Befehls *Konsolidieren* markieren. Der konsolidierte Bereich in der Zieltabelle sollte vorher gelöscht werden.

Nach der Konsolidierung erhalten Sie das gleiche Ergebnis wie im ersten Fall ohne Verknüpfung. Am linken Rand der Zieltabelle werden Sie jedoch die Gliederungsfunktion erkennen. Schalten Sie in die zweite Gliederungsebene, so werden Sie feststellen, wie Excel die Konsolidierung inklusive der Verknüpfung aufgebaut hat (Näheres zur Gliederungsfunktion erfahren Sie in Kapitel 8.11).

Die Gliederung schafft Überblick

Pro Zeile wurde ein externer Bezug zu jeder unterstützenden Tabelle geschaffen. Alle so erfragten Werte werden dann durch die gesetzte Funktion berechnet. Die Berechnung wurde in die erste Gliederungsebene gesetzt und die Bezüge in die zweite. Da auch der Ursprung der externen

Berechnungen in Excel

Bezüge mit angezeigt wird, erhalten Sie so einen kompletten Überblick über die konsolidierten Daten einschließlich ihres Ursprungs.

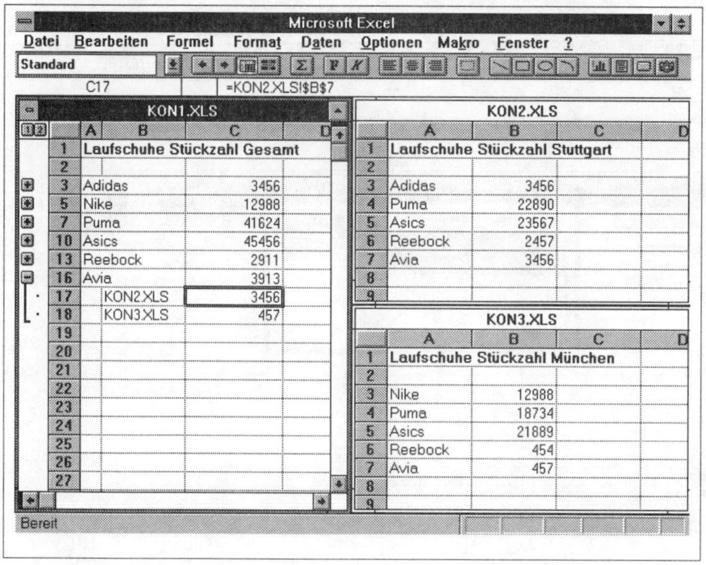

Abb. 51: Die Konsolidierung inklusive Verknüpfung

Verwendung von Arbeitsgruppen

Arbeitsgruppen sind eine wesentliche Erleichterung, wenn man mehrere Tabellen mit gleichem Aufbau erstellen will. Dies ist besonders für den Fall interessant, daß eine Verknüpfung von mehreren Tabellen erfolgen soll, die beispielsweise alle Werte nach dem gleichen Muster errechnet, wie es bei Umsatzzahlen in Filialen der Fall ist. Das gleiche gilt auch, wenn Umsatzzahlen pro Monat vorliegen und für jeden Monat eine eigene Tabelle nach dem gleichen Muster erstellt wird. In diesem Fall können mit Hilfe der Funktion *Arbeitsgruppe* 13 Tabellen aufgebaut werden (12 für die Monate und eine für die Gesamtauswertung), wobei jedoch nur in einer Tabelle ein Eintrag erfolgt. Man kann sich das so vorstellen, daß 13 Blätter, durch Kohlepapier getrennt, übereinanderliegen und die Einträge im obersten Blatt durch das Kohlepapier auf alle unteren Blätter übertragen werden.

Im Bereich einer Arbeitsgruppe sind alle Befehle zulässig, die die Eingabe, Editierung und Formatierung der Daten unterstützen. Selbst Formeln und Funktionen werden entsprechend auf alle Tabellen der Arbeitsgruppe übertragen. Prinzipiell muß später nur noch die Verknüpfung hinzugefügt werden.

Arbeitsgruppen erleichtern die Arbeit

Berechnungen in Excel

Werden jetzt in den einzelnen Monatstabellen die Eingaben vorgenommen, erfolgt eine direkte Berechnung des kompletten Modells.

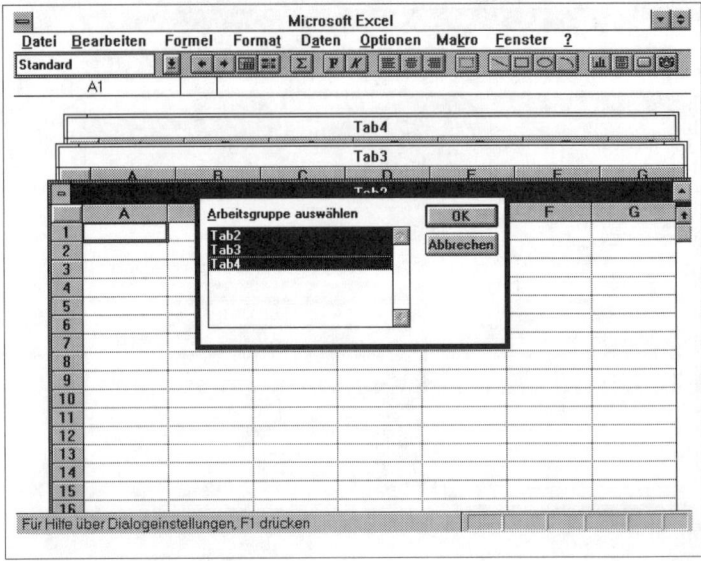

Abb. 52: Tabellen einer Arbeitsgruppe zuweisen

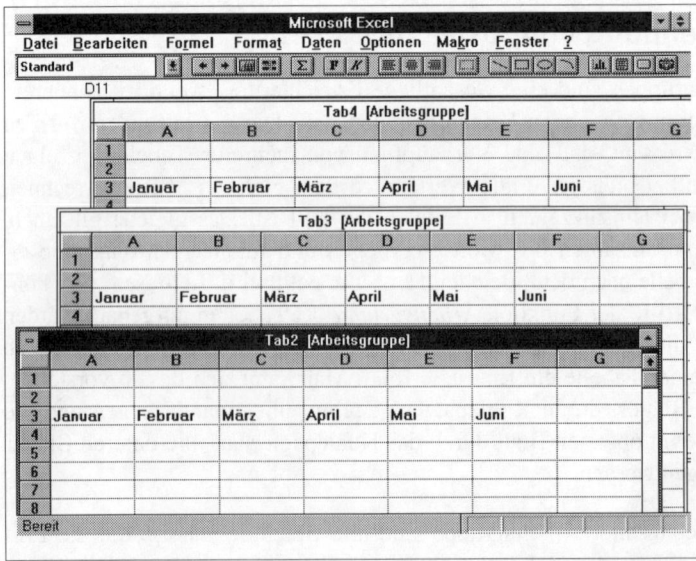

Abb. 53: Monatsübersichten mit gleichem Aufbau erleichtern die Gesamt-Auswertung

Berechnungen in Excel

Eine Arbeitsgruppe erstellen

Die Erstellung einer Arbeitsgruppe ist kinderleicht. Es müssen mindestens zwei Tabellen geöffnet sein. Aktivieren Sie die Tabelle, deren Eintragungen für die gesamte Arbeitsgruppe gelten sollen. Wählen Sie nun den Befehl *Arbeitsgruppe* im Menü *Fenster*.

Im Dialogfeld werden alle geöffneten Dateien aufgelistet. Durch Mehrfachauswahl lassen sich nun die Tabellen markieren, die der Arbeitsgruppe angehören sollen.

Mit der Schaltfläche *OK* wird die Arbeitsgruppe erstellt. Sie erkennen dies daran, daß in der Titelleiste einer zugehörigen Tabelle der Begriff "Arbeitsgruppe" erscheint. Von nun an werden alle Eingaben in der aktiven Tabelle auf alle anderen Tabellen der Arbeitsgruppe übertragen. Es wird dabei jedoch keine Verknüpfung vorgenommen, sondern es handelt sich jeweils nur um eine normale Kopierfunktion.

Um bei dem Beispiel mit den Umsatzzahlen pro Monat zu bleiben, können nun die entsprechenden Feldbezeichnungen auf alle Monatstabellen übertragen werden, so daß die Auswertung in der Gesamttabelle durch Verknüpfung sehr einfach ist, da in jeder Tabelle das gleiche Feld für eine bestimmte Umsatzzahl verwendet wird.

Umgang mit Arbeitsgruppen

Eine Arbeitsgruppe bleibt nur solange aktiv, wie Eintragungen in der zuerst aktivierten Tabelle vorgenommen werden. Setzen Sie den Feldzeiger auf eine andere Tabelle, so wird die Arbeitsgruppe wieder aufgelöst. Damit Eintragungen von einer anderen Tabelle übertragen werden können, muß eine neue Arbeitsgruppe definiert werden.

Arbeitsgruppen auflösen

Während eine Arbeitsgruppe aktiviert ist, können Sie kein neues Dokument öffnen oder erstellen. Sie können aber die Zuordnung der Tabellen zu einer Arbeitsgruppe ändern. Das ist von großem Vorteil, wenn Sie bestimmte Eintragungen in der Gesamt-Tabelle nicht immer in die gleichen Tabellen übertragen möchten. Einige Eintragungen gelten dann nur für die Gruppe, andere Eintragungen für die nächste Gruppe usw.

Tabellen einer bestehenden Arbeitsgruppe zufügen bzw. löschen

Zu diesem Zweck wird eine Arbeitsgruppe definiert, die die gleichen Eintragungen erhalten soll. Wenn für weitere Eintragungen bestimmte Tabellen aus der Arbeitsgruppe herausgelöst oder andere hinzugefügt werden sollen, rufen Sie erneut den Befehl *Arbeitsgruppe* auf. In der Liste sind alle Tabellen der aktiven Arbeitsgruppe markiert. Wählen Sie eine markierte Tabelle in der Liste aus, so wird die Markierung gelöscht. Bei der Bestätigung wird diese Tabelle dann aus der Arbeitsgruppe entfernt.

161

Berechnungen in Excel

Überblick über die Tabellen der Arbeitsgruppe

Das gleiche gilt für den Fall, daß Sie eine nicht markierte Tabelle anklicken. Diese wird markiert und der Arbeitsgruppe nach Bestätigung hinzugefügt. Die folgenden Eintragungen wirken sich dann auf die Tabellen der geänderten Arbeitsgruppe aus.

Damit Sie den Überblick über die Tabellen der Arbeitsgruppe behalten, bedienen Sie sich des Befehls *Arbeitsgruppe anordnen* im Menü *Fenster*. Dieser Befehl ist nur dann aktiv, wenn eine Arbeitsgruppe aktiviert wurde. Tabellen, die der Arbeitsgruppe nicht angehören, sind von dieser Funktion nicht betroffen und bleiben im Hintergrund.

Damit Sie eine Arbeitsgruppe später eventuell weiterverwenden können, sollten Sie sie mit dem Befehl *Arbeitsbereich speichern* sichern. Wenn eine Arbeitsgruppe definiert wurde und Sie den Befehl *Arbeitsbereich speichern* auswählen, werden nur die Tabellen der Arbeitsgruppe als Arbeitsbereich abgespeichert. Auf diese Art und Weise haben Sie später einen leichteren Zugriff und können die entsprechenden Tabellen schnell wieder zu einer Arbeitsgruppe zusammenfassen.

Bestehende Eintragungen auf mehrere Tabellen übertragen

Um einen bestehenden Eintrag auf mehrere Tabellen zu übertragen, kann ein spezieller Befehl im Zusammenhang mit der Arbeitsgruppe verwendet werden. Aktivieren Sie die Tabellen, deren Eintragungen übertragen werden sollen, und definieren Sie eine Arbeitsgruppe mit den Tabellen, die den Eintrag erhalten. Markieren Sie in der aktiven Tabelle den entsprechenden Bereich und wählen Sie im Menü *Bearbeiten* den Befehl *Arbeitsgruppe ausfüllen*. Es erscheint ein kleines Dialogfeld, in dem Sie bestimmen, ob lediglich Formeln, Formate oder aber alles übertragen werden soll. Nun werden vorhandene Einträge auf die Tabellen der Arbeitsgruppe übertragen.

7.7 Besondere Berechnungen

Mit den zuvor beschriebenen Möglichkeiten der Formelgestaltung und Verknüpfung lassen sich nahezu alle Aufgaben in Excel lösen. Es gibt jedoch einige wesentliche Stützen für bestimmte mathematische Aufgaben, deren Lösung nur schrittweise per Hand erfolgen kann. Die Ausführung der einzelnen Schritte bei den berüchtigten "Was-wäre-wenn-Berechnungen" kann jedoch an manchen Stellen sehr viel einfacher von Excel vorgenommen werden.

Zielwertsuche

Bei der Zielwertsuche geht es darum, kalkulatorische Berechnungen durchzuführen, d.h. Berechnungen der Art: "Wieviel muß ich verkaufen, damit ich überlebe?" Bei diesen Berechnungen existiert eine Grundlage auf der Basis real existierender Zahlen. Gesucht wird ein Endwert, der speziell von einem Wert der Basis abhängt. Die den abhängigen Wert unterstützenden Zahlen können unterschiedlicher Art sein, d.h. ein Endwert errechnet sich aus einer Vielzahl von Zusatzwerten. Die Änderung eines Zusatzwertes bedeutet auch eine Änderung des Endwertes. Die Frage ist nun, wie ein Zusatzwert dimensioniert werden muß, damit der Endwert eine bestimmte Größe erhält. Dies ist der Zweck der Zielwertsuche.

Was wäre wenn

Machen wir uns dieses Verfahren anhand eines Beispieles deutlich. Sie sind Besitzer eines Wundertütenwerkes und verkaufen die guten Stücke zu einem bestimmten Verkaufspreis (VK). Sie selbst kalkulieren einen bestimmten Herstellungspreis (EK). Die Differenz dieser beiden Werte ergibt den kalkulatorischen Gewinn. Zusätzlich ist die verkaufte Stückzahl aus dem ersten Quartal des Jahres bekannt. Also ergibt sich der effektive Gewinn aus der Multiplikation des Gewinnes mit der Stückzahl. Auf der anderen Seite fallen jedoch eine Menge Kosten in Ihrem Werk an. Da Sie im Moment rote Zahlen schreiben, stellt sich die Frage, wieviele Wundertüten verkauft werden müssen, damit Sie kostendeckend arbeiten, gar nicht zu schweigen von einem eventuellem Gewinn, den Sie erreichen möchten.

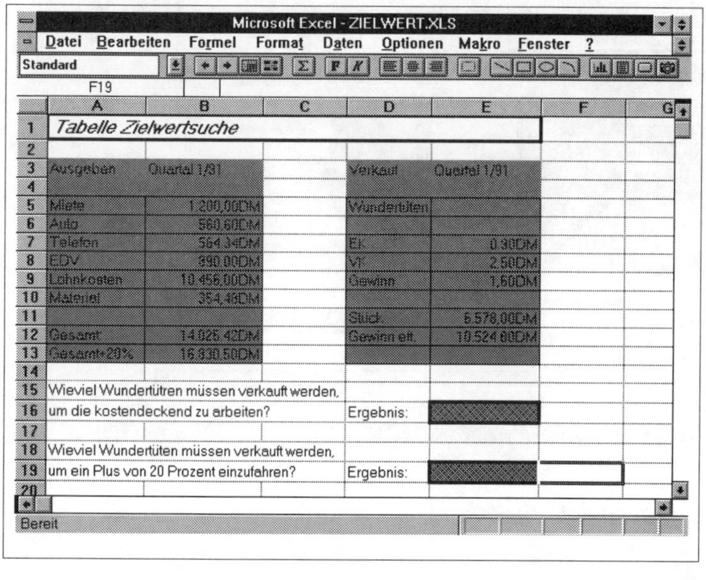

Ein Beispiel

Abb. 54: Eine Kalkulation mit Zielwertsuche

Berechnungen in Excel

Iterative Berechnung

Für die Lösung des Problems hilft uns die Zielwertsuche. Es findet dabei eine iterative Berechnung statt. Dabei bildet die erste Näherung die Grundlage für die Berechnung der zweiten, die zweite Näherung die Grundlage für die dritte usw. Die Datei ZIELWERT.XLS auf der Beispieldiskette soll dies verdeutlichen.

Gegeben sind die Kosten und die tatsächlich verkauften Stückzahlen. Da Sie im Moment rote Zahlen schreiben, beschäftigen Sie sich mit zwei entscheidenden Fragen: Um wieviel Stück muß der Verkauf gesteigert werden, damit wir kostendeckend arbeiten, und um wieviel Stück muß der Verkauf gesteigert werden, damit ein kalkulatorischer Gewinn von 20% anfällt? Zur Lösung des Problems wurden folgende Vorbereitungen getroffen: Im Feld B13 wurden einfach die Ausgaben um 20% erhöht. Wird dieser Wert im Zuge der Stückzahlsteigerung erreicht, ist ein Gewinn von 20% gegeben.

Also muß berechnet werden, um wieviel Stück der Verkauf gesteigert werden muß, damit kostendeckend bzw. mit Gewinn produziert wird. Damit Sie die Zielwertsuche korrekt anwenden können und die Ursprungsergebnisse in den Feldern erhalten bleiben, enthalten die Zielfelder E16 und E19 die gleiche Formel wie das Ursprungsfeld E12 mit dem effektiven Gewinn. Setzen Sie nun den Feldzeiger auf das Feld E12, und rufen Sie die Zielwertsuche im Menü *Formel* auf.

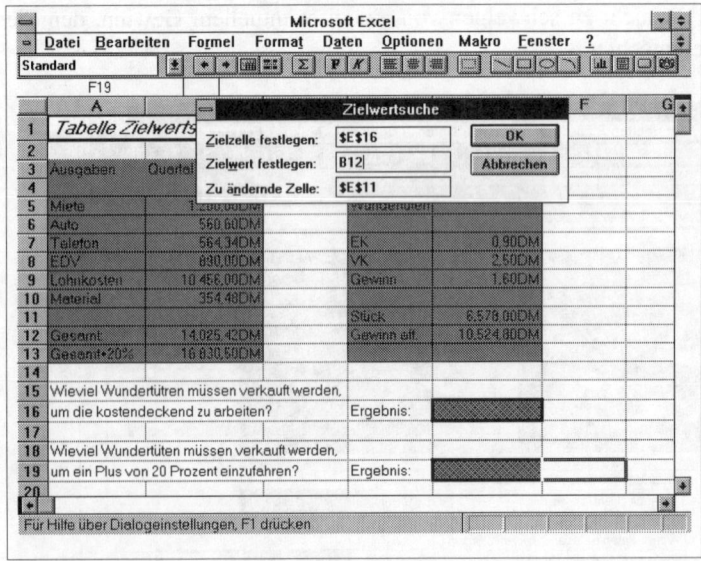

Abb. 55: Einsatz der Zielwertsuche

Berechnungen in Excel

Im Optionsfeld *Zielfeld festlegen* erfolgt automatisch der Eintrag der Feldadresse des aktiven Feldes. Hierbei handelt es sich um das Feld, das den Zielwert aufnehmen soll. Im Feld *Zielwert festlegen* wird derjenige Wert eingetragen, der die Grundlage für die Suche bildet. Dies ist in unserem Fall der Wert im Feld B12. Dieser Wert muß per Hand eingetragen werden. Man kann ihn leider nicht durch Anklicken mit der Maus übernehmen. Es darf sich bei dem Eintrag auch nicht um eine Feldadresse handeln, sondern es muß ein tatsächlicher Wert eingegeben werden.

Zielfeld und Zielwert festlegen

Im letzen Eintrag erfolgt die Angabe über die zu ändernde Zelle. Die ist für uns das Feld E11, das Feld mit der Stückzahl, denn uns interessiert die Frage: Wieviele Wundertüten müssen verkauft werden, damit wir kostendeckend arbeiten. Wenn alle Eintragungen vorgenommen wurden, bestätigen Sie das Optionsfeld, und Excel startet nun eine Iteration. Diese Iteration wird solange durchgeführt, bis der Zielwert mit dem Feldeintrag übereinstimmt. Als Ergebnis erscheint im Feld E11 die erforderliche Stückzahl. Sie können nun diesen Wert in das Ergebnisfeld E16 kopieren und die nächste Berechnung durchführen.

Wiederholen Sie die Zielwertsuche, indem Sie als Zielwert den Wert des Feldes B13 eingeben. Damit erhalten Sie die Stückzahl, die verkauft werden muß, damit ein kalkulatorischer Gewinn von 20% anfällt.

Die iterative Berechnung kann über das Dialogfeld *Status der Zielwertsuche* gesteuert werden. Mit der Schaltfläche *Pause* kann man die Berechnung zu stoppen, mit *Schritt* kann die Berechnung schrittweise durchgeführt und verfolgt werden.

Die Berechnung von Wertereihen

In vielen Fällen benötigen Sie in den Tabellen Wertereihen. Diese können in Form von durchgängigen Numerierungen oder mehreren Tages- oder Monatsdaten usw. auftreten. Die Spanne zwischen den jeweiligen Schritten kann als Inkrement angegeben werden. Excel unterscheidet dabei zwischen einer arithmetischen und einer geometrischen Reihe. Bei der arithmetischen Reihe wird das Inkrement als Spanne verstanden, bei der geometrischen Reihe dagegen als Faktor.

Die Anwendung selbst gestaltet sich recht einfach. Sie möchten beispielsweise mehrere Positionen fortlaufend durchnumerieren. Ohne jetzt mühsam jede Zahl einzeln einzugeben, möchten Sie Excel diese Arbeit überlassen.

Um einen Bereich zu numerieren, wird dieser zuvor markiert. Wenn zwischen den einzelnen Positionen Leerfelder erhalten bleiben sollen, müssen Sie mit der Mehrfachauswahl markieren und die entsprechenden Fel-

Basiswert festlegen

165

Berechnungen in Excel

der freilassen. Grundvoraussetzung ist, daß im ersten Feld des markierten Bereiches ein Basiswert steht. Dies ist im Fall einer Numerierung von Positionen der Wert 1. Nach dem Markieren wählen Sie den Befehl *Reihe berechnen* im Menü *Daten*.

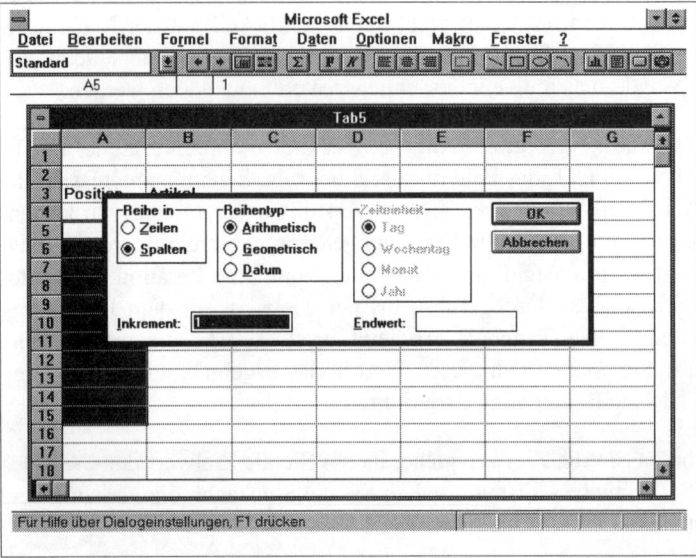

Abb. 56: Die Möglichkeiten des Befehls "Reihe berechnen"

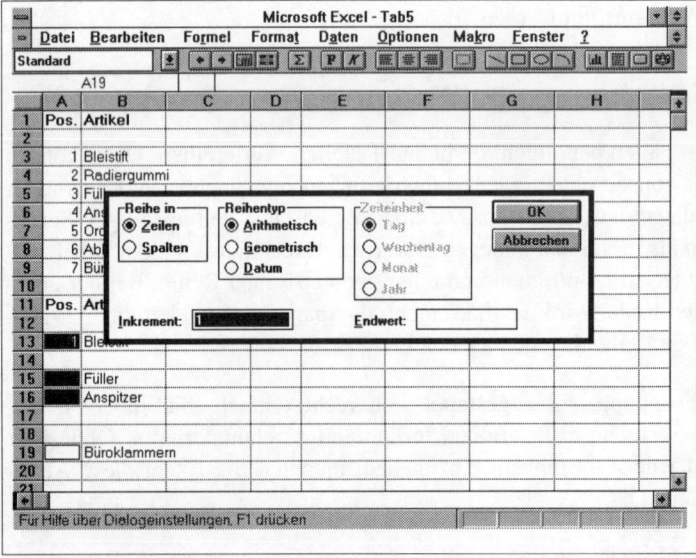

Abb. 57: Die Reihe kann selektiv definiert werden

Berechnungen in Excel

Als nächstes muß die Option *Zeilen* oder *Spalten* überprüft werden, je nachdem, wie die Reihe ausgerichtet ist. Die Voreinstellung richtet sich nach der Markierung in der Tabelle. Bei Verwendung der Mehrfachauswahl ist die Voreinstellung nicht immer korrekt. *Arithmetisch* bezeichnet die Verwendung des Inkrementes als Spanne. Als Voreinstellung ist der Wert 1 eingetragen. Dies bedeutet, daß der Wert 1 jeweils dem nächsten Feld hinzuaddiert wird. Die Abbildung zeigt die Reihe bei zusammenhängendem Bereich und bei einer Mehrfachauswahl.

Die Option Arithmetisch

Für die Berechnung von Wertereihen steht Ihnen jedoch eine Vielzahl von Möglichkeiten zur Verfügung. Wie schon angesprochen, wird bei der reinen Berechnung der Wertereihe zwischen der arithmetischen und der geometrischen Verwendung des Inkrementwertes unterschieden. Ist die Option *Arithmetisch* markiert, wird der Eintrag im Feld "Inkrement" von Feld zu Feld aufsummiert, quasi als Spanne verwendet.

Eine Besonderheit ist die Verwendung des Minuszeichens als negatives Inkrement. Weitere mathematische Operatoren sind jedoch nicht zulässig. Das Inkrement selbst muß natürlich kein ganzzahliger Wert sein, es sind auch Dezimalzahlen zulässig. Der Eintrag im Feld "Endwert" bezeichnet das Ziel der Wertereihe.

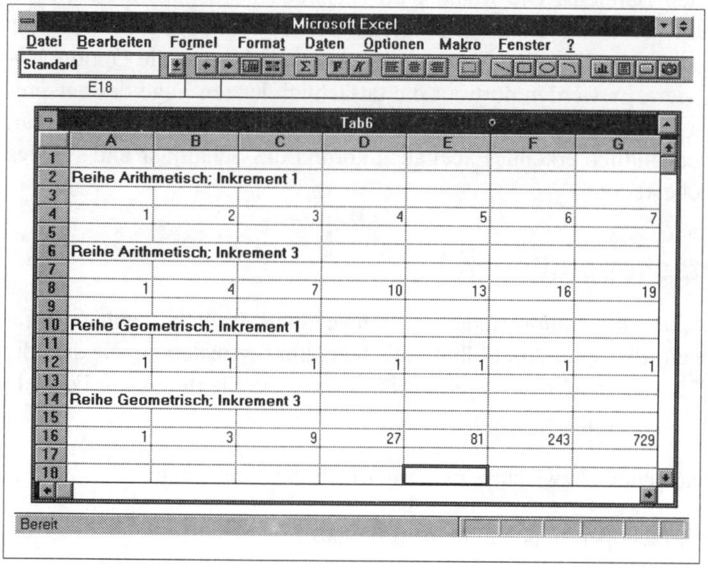

Negative und Dezimalwerte als Inkrement

Abb. 58: Die Reihe wird geometrisch berechnet

Soll eine Berechnung nur bis zu einem bestimmten Wert erfolgen, so wird als Option der Endwert im Dialogfeld eingetragen. Es kann daher auch passieren, daß ein markierter Bereich nicht komplett ausgefüllt wird, je

Endwert festlegen

Berechnungen in Excel

nachdem, ob der Endwert für das Erreichen des Bereichsendes berechnet wurde. Wenn Sie beispielsweise zehn Felder markiert haben und eine arithmetische Reihe unter Verwendung des Wertes 1 als Inkrement berechnen lassen, so wird bei einem eingetragen Endwert von "8" nicht der komplette, markierte Bereich berechnet. Die Reihe endet im achten Feld, da der dort enthaltene Wert mit dem eingetragenen Endwert übereinstimmt.

Die Option Geometrisch

Im Gegensatz zu einer arithmetischen Reihe bewirkt nun die Option *Geometrisch* die Verwendung des Inkrementes als Faktor. Dabei enthält das jeweils nächste Feld das Ergebnis aus der Multiplikation des vorherigen Wertes mit dem im Feld "Inkrement" gesetzten Faktor. Bei einem Anfangswert von 1 und einem Inkrement von 3 würde die unterste Reihe in Abb. 58 aufgebaut werden; darüber steht zum Vergleich eine geometrische Reihe bei der Verwendung des Inkrementes 1.

Die Option Datum

Als weitere Option steht die Datumsberechnung zur Verfügung. Damit kann beispielsweise eine Reihe aus Datumswerten erstellt werden. Dazu wird die Option *Datum* markiert. Bei dieser Markierung wird das sonst grau hinterlegte Optionsfeld *Zeiteinheit* aktiv. Voraussetzung für eine korrekte Zeitreihe ist das Vorhandensein eines Datums im ersten Feld des markierten Bereichs. Die Reihe wird entsprechend der markierten Zahleneinheit berechnet. Bemerkenswert ist die Berechnung, wenn man als Anfangswert das Datum 31. Januar 1991 verwendet und die Option *Monat* aktiviert. Es werden dort nur die tatsächlich letzten Tage des entsprechenden Monats angezeigt, also im Fall des Februar der 28. Februar. Selbstverständlich erkennt Excel auch korrekt das Schaltjahr und stellt es entsprechend dar.

Mehrfachoperationen

Eine Mehrfachoperation findet ihre Anwendung, wenn Sie anhand Ihrer Tabelle ein Planspiel durchführen möchten, um festzustellen, wie sich die in der Tabelle errechneten Werte verändern, wenn Sie die in den Formeln verwendeten Variablen verändern.

Man unterscheidet zwischen zwei Mehrfachoperationsarten:

1. Mehrfachoperationen mit einem Eingabefeld

   und

2. Mehrfachoperationen mit zwei Eingabefeldern.

Der Unterschied zwischen diesen beiden Formen des Befehls besteht letztendlich darin, daß bei einer Mehrfachoperation mit einem Eingabe-

Berechnungen in Excel

feld lediglich eine Variable in einer oder mehreren Formeln verändert wird. Eine Mehrfachoperation mit zwei Eingabefeldern verändert die Werte von zwei Variablen und setzt diese in eine Formel ein.

Bevor Sie mit diesem Befehl arbeiten können, müssen Sie Ihr Arbeitsblatt für die Aufnahme einer Mehrfachoperationsmatrix vorbereiten. Der Befehl *Mehrfachoperation...* führt nur dann zu einem Ergebnis, wenn die Formeln und die Variablen, die Sie verändern möchten, in einer bestimmten Formation angeordnet sind.

Ein Beispiel

Wenn Sie sich die Eingabearbeit sparen wollen, können Sie mit der Tabelle MEHRFACH.XLS auf der Beispieldiskette arbeiten. Im Bereich von A1:E19 befindet sich die Beispieltabelle für die Mehrfachoperation mit einem Eingabefeld, im Bereich von H1:N19 dagegen die Beispieltabelle für die Mehrfachoperation mit zwei Eingabefeldern.

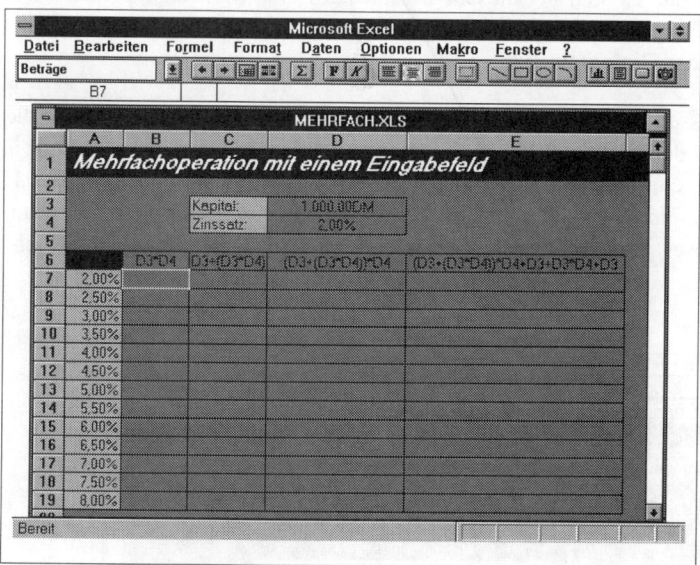

Abb. 59: So sollte Ihr Arbeitsblatt aussehen

Die Abbildung zeigt die Anordnung der Werte für eine Mehrfachoperation mit einem Eingabefeld. In Zeile 7 Spalte B:E stehen die Formeln, in die die unterschiedlichen Prozentsätze aus A7:A19 eingesetzt werden sollen. Daß es sich bei den Werten in Zeile 7 um Formeln handelt, können Sie auf der Abbildung natürlich nur schlecht erkennen. Zur Verdeutlichung haben wir die gleichen Formeln noch einmal als Text in Zeile 6 eingetragen.

Berechnungen in Excel

Die verwendeten Formeln errechnen den Zinsbetrag für einen Prozentsatz im ersten Jahr, das Kapital inklusive der Zinsen des ersten Jahres, die Zinsen im zweiten Jahr und das Kapital am Ende des zweiten Jahres inklusive Zins und Zinseszins.

Alle Formeln beziehen sich auf die Werte in den Feldern D3 und D4. D3 und D4 sind also die Eingabefelder für diese Formeln. Wollten Sie alle Berechnungen für jeden angegeben Zinssatz durchführen, müßten Sie nun der Reihe nach Prozentsatz für Prozentsatz in das Feld D4 eingeben.

Genau diesen Aufwand nimmt Ihnen Excel mit dem Befehl *Mehrfachoperation...* ab. Alles, was Sie jetzt noch tun müssen, ist, den Bereich für die Mehrfachoperation festzulegen. Markieren Sie dazu den Bereich A7:E19, und geben Sie den Befehl *Mehrfachoperation...* aus dem Menü *Daten*. Jetzt erscheint ein Dialogfeld, in dem Sie zwei Eingaben machen können. Da es sich bei diesem Beispiel um eine Mehrfachoperation mit einem Eingabefeld handelt, kommen Sie an dieser Stelle mit einem Eintrag in das Dialogfeld aus.

Sie müssen angeben, in welches Feld die Werte aus der Spalte A, also die verschiedenen Prozentsätze, eingetragen werden sollen. Da die in Zeile 7 verwendeten Formeln den Prozentsatz aus D4 beziehen, geben Sie in das Eingabefeld "Werte aus Spalte:" den Bezug D4 ein. Es genügt auch, wenn Sie dieses Eingabefeld aktivieren und mit der Maus das Feld D4 anklicken.

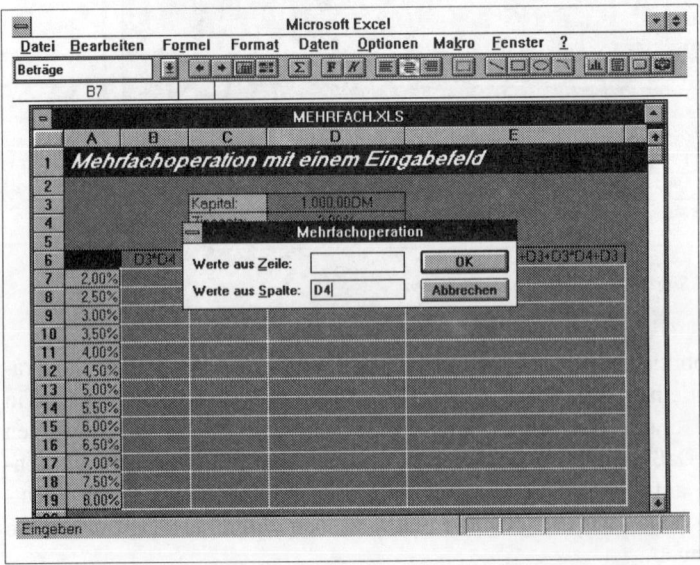

Abb. 60: In dieses Feld werden die Werte aus Spalte A eingetragen

Berechnungen in Excel

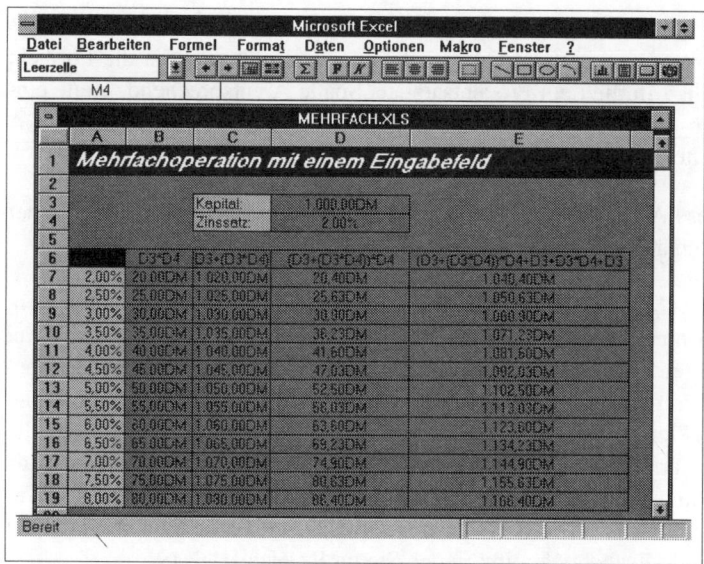

Abb. 61: Mehrfachoperation beendet

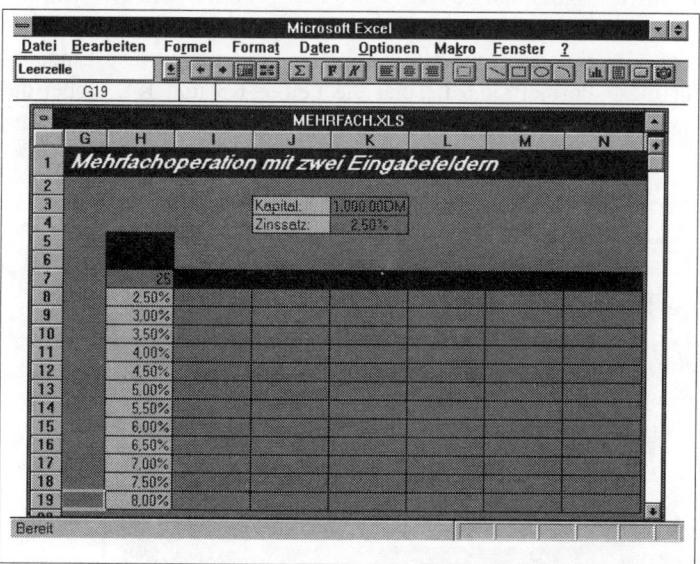

Abb. 62: Vorbereitung auf eine Mehrfachoperation mit zwei Eingabefeldern

Damit wäre Ihr Anteil an der Lösung des Problems erledigt, drücken Sie noch `Return`, und Excel füllt den markierten Bereich mit den Ergebnissen der Formeln für die verschiedenen Prozentsätze aus.

Berechnungen in Excel

Excel macht dabei folgendes: Nacheinander werden alle Prozentsätze aus der Spalte A in das Feld D4 eingetragen, daraufhin werden die Formeln aus Zeile 7 in die dem Prozentsatz aus Spalte A entsprechende Zeile eingetragen und berechnet. Nachdem Excel den letzten Wert aus Spalte A verarbeitet hat, gilt die Mehrfachoperation als beendet.

Auf diese Art und Weise können Sie mit einem Befehl den Einfluß einer Variablen auf mehrere Formeln prüfen.

Mehrfachoperation mit zwei Eingabefeldern

Um eine Mehrfachoperation mit zwei Eingabefeldern zu veranlassen, müssen nur geringfügig andere Vorbereitungen getroffen werden. Zwei Eingabefelder bedeutet auch, daß zwei Variablen von der Mehrfachoperation verarbeitet werden. Sie müssen also nicht nur Werte in einer Spalte zur Verfügung stellen, sondern auch Werte in einer Zeile, die für die zweite Variable eingesetzt werden sollen. Wenn Sie sich die Eingabearbeit sparen wollen, können Sie mit der bereits oben beschriebenen Tabelle MEHRFACH.XLS auf der Beispieldiskette arbeiten; das Beispiel für diese Mehrfachoperation finden Sie im Bereich H1:N19.

In der Abbildung sehen Sie, daß in Zeile 7 an die Stelle der Formeln jetzt unterschiedliche Kapitalien getreten sind. Lediglich im Feld H7 steht die Formel zur Errechnung des Zinsbetrages. In diese Formel werden nun der Reihe nach alle Zinssätze und alle Kapitalien eingetragen. Die Eingabefelder für diese Formel sind diesmal die Felder K3 und K4, wobei die Formel aus K3 das jeweilige Kapital und aus K4 den jeweiligen Zinssatz bezieht.

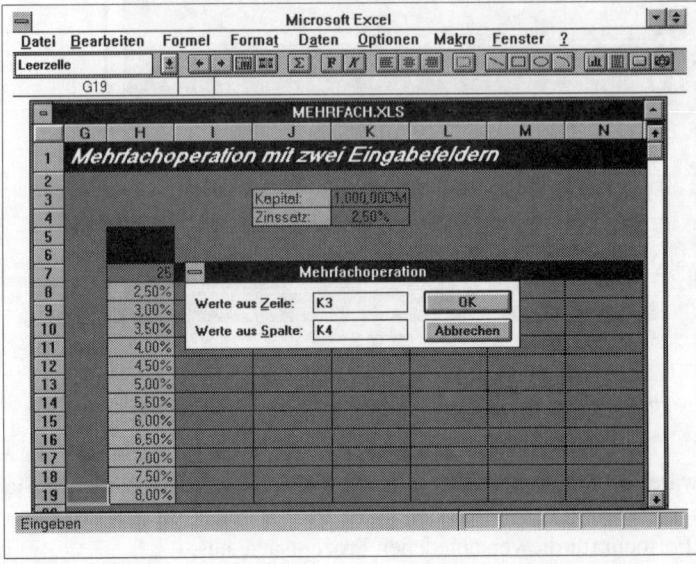

Abb. 63: Beide Eingabefelder müssen angegeben werden

Berechnungen in Excel

Auch diesmal muß zuerst der Bereich der Mehrfachoperation markiert werden, in den die Mehrfachoperationsmatrix eingetragen werden soll. Markieren Sie also den Bereich H7:N19, und wählen Sie den Befehl *Mehrfachoperation...*. Sie müssen beide Eingabefelder des jetzt erscheinenden Dialogfeldes ausfüllen. Das Eingabefeld "Werte aus Zeile:" muß den Eintrag "K3" und das Eingabefeld "Werte aus Spalte:" den Eintrag "K4" erhalten. Die Werte aus der ersten Spalte des markierten Bereiches sollen in K4 und die Werte aus der ersten Zeile des markierten Bereiches in K3 eingetragen werden. Nachdem Sie Ihre Eingaben mit [Return] bestätigt haben, füllt Excel die Mehrfachoperationsmatrix mit allen errechneten Werten aus.

Eingabefelder bestimmen

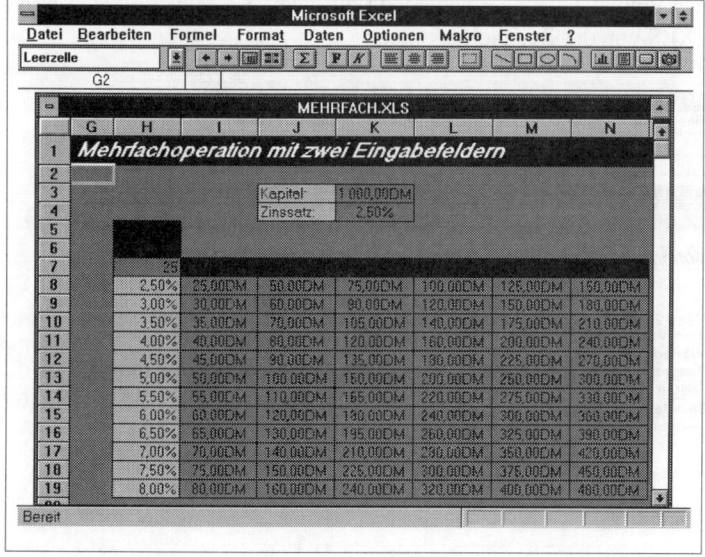

Abb. 64: Die Ergebnisse

Die Vorgehensweise ist hierbei fast die gleiche, Excel verarbeitet nun beide Variablen. Zuerst wird der erste Wert aus der Spalte H in das Feld K4 eingetragen und dann werden der Reihe nach alle Werte aus der Zeile 7 in das Feld K3 übernommen. Ist der letzte Wert aus Zeile 7 verarbeitet, kommt der zweite Wert aus Spalte H an die Reihe. Erst wenn für den letzten Wert aus Spalte H der letzte Wert aus Zeile 7 verarbeitet worden ist, gilt die Mehrfachoperation als beendet.

Arbeiten mit Matrizen

Als Matrix versteht man im allgemeinen einen rechteckigen Bereich, der durch die Zeilen- und Spaltenbeschriftung definiert ist. Jeder Bereich im

Berechnungen in Excel

Arbeitsblatt ist also gewissermaßen eine Matrix. In diesem Sinn würde die Bereichsangabe B10:C15 ebenfalls dem allgemeinen Begriff der Matrix gerecht.

Begriffsdefinition Unter Excel kommt dem Begriff Matrix eine speziellere Bedeutung zu. Zur schnelleren und speicherschonenden Berechnung in Zusammnenhang mit Bereichen kann Excel einen Bereich als Matrix im Sinne einer Einheit kennzeichnen. Excel verwendet dafür eine spezielle Matrixformel, die sich von einer normalen Formel unterscheidet, da sie in geschweifte Klammern gesetzt wird.

Ein Beispiel Ausgehend von einem Beispiel sollten Sie die Funktionsweise einer Matrixformel einmal näher betrachten. Dazu laden Sie nun die Datei MATRIX1.XLS von der Beispieldiskette.

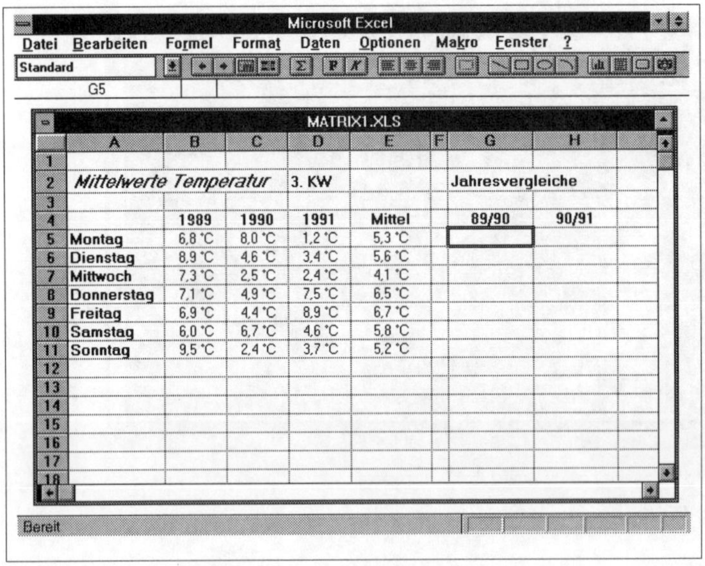

Abb. 65: Die einfache Anwendung einer Matrixformel

Aus den Mittelwerten der Temperaturen sollen die Unterschiede zwischen den einzelnen Jahren berechnet werden. Für den Vergleich zwischen den Jahren '89 und '90 steht die Spalte G mit den Zeilen 5-11 zur Verfügung. Die Berechnung ist eigentlich einfach und soll die Differenz aus den Werten von '89 und denen von '90 ergeben. Im Normalfall würden Sie wahrscheinlich folgendermaßen vorgehen, daß Sie im Feld G5 die Formel =B5-C5 eintragen und diese Formel entlang der Spalte G nach unten kopieren. Der Nachteil bei diesem Verfahren ist aber, daß trotz gleicher Formel innerhalb eines gleichartigen Bereiches diese Formel immer wieder berechnet werden muß. Bei umfangreichen Berechnungen, wie z.B.

Berechnungen in Excel

Bilanzen, kann dies extrem viel Speicherplatz in Anspruch nehmen. Auch dauert die Berechnung länger, da jede Formel einzeln berechnet werden muß. Hier setzen nun die Matrizen an. Die Spalten mit den Temperaturwerten für die Jahre '89-'91 bilden jeweils eine Matrix, d.h. einen logisch zusammengehörenden Bereich. Die Ergebnisspalte G enthält die gleiche Dimension. Also rechnen wir in diesem Fall mit gleichartigen Bereichen, wobei verschiedene Bereiche durch einen Operator (das Minus) verbunden werden. In diesem Fall wollen wir einmal die Anwendung einer Matrixformel betrachten. Markieren Sie zu diesem Zweck die Zeilen 5 bis 11 der Spalte G. Geben Sie im ersten Feld G5 das Gleichheitszeichen ein und markieren Sie die entsprechenden Zeilen der Spalte B. Die Bereichsangabe B5:11 wird in die Bearbeitungszeile eingetragen. Nach der Eingabe des Minuszeichens markieren Sie die Spalten C5 bis C11. Auch dieser Eintrag erfolgt in der Bearbeitungszeile, wobei die Formel nun folgenden Aufbau hat:

=B5:11-C5:11

Würden Sie diese "normale" Formel mit `Return` abschließen, so erhalten Sie als Ergebnis nur die Berechnung der Formel =B5-C5, obwohl die Bereichsangabe bis zur Zeile 11 verläuft. Excel rechnet in diesem Fall immer einfach, gemäß des ersten, markierten Ergebnisfeldes. Damit alle markierten Felder der Ergebnisspalte mit den entsprechenden Berechnungen gefüllt werden, muß aus der normalen Formel eine Matrixformel erstellt werden.

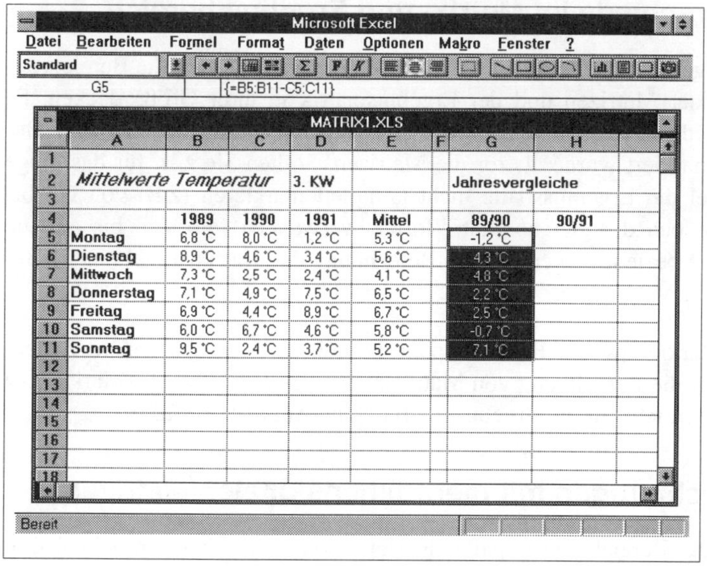

Abb. 66: Matrixformeln erleichtern die Berechnung

Berechnungen in Excel

Excel schließt eine Formel als Matrixformel dann ab, wenn anstelle von `Return` die Tastenkombination `Shift`+`Ctrl`+`Return` verwendet wird. Die Formel wird nun in geschweifte Klammern gesetzt.

Wie geht Excel nun bei der Berechnung von Matrizen vor? Dazu stellen Sie sich das obige Beispiel einmal bildlich vor. Beteiligt sind zwei Matrizen (B5:11) und (C5:11), deren Differenz in der Ergebnismatrix (G5:11) errechnet werden soll.

Wie eine Matrixformel berechnet wird

Durch die Markierung des Ergebnisbereiches weisen Sie Excel unter Verwendung der Matrixformel an, wieviele Berechnungen der Matrixformel durchgeführt werden müssen, um die kompletten Ergebnisse zu erhalten. Die Formel selbst wird nur im ersten Feld der Ergebnismatrix eingetragen, da die Berechnung, wie gerade erwähnt, für alle markierten Felder vorgenommen wird. Nach Eingabe der Formel und Umwandlung in eine Matrixformel durch die Tastenkombination `Shift` + `Ctrl` + `Return` holt sich Excel den ersten Wert aus der ersten Matrix (also hier B5), setzt diesen in das erste Feld der Ergebnismatrix (G5) und errechnet die Differenz mit dem ersten Wert aus der zweiten Matrix (C5). Der "interne" Feldzeiger wandert nun in das zweite Feld der Ergebnismatrix (G6), holt sich den zweiten Wert der ersten Matrix (B6) und errechnet die Differenz zum zweiten Wert der zweiten Matrix (C6). Das Verfahren wird nun für die übrigen Werte fortgesetzt, bis alle Berechnungen durchgeführt sind.

Unterschiede im Matrix- und Ergebnisbereich

Im obigen Beispiel sind wir davon ausgegangen, daß sich die Bereichsangaben der Matrizen und der Ergebnismatrix in ihrer Größe decken. Es kann jedoch vorkommen, daß für die Ergebnismatrix ein kleinerer Bereich markiert wurde als für die Matrizen. Sollten Sie z.B. für das obige Beispiel die Ergebnisspalte nicht komplett markieren (z.B. von G5 bis G7), jedoch die gleiche Matrixformel verwenden (die sich bis auf die Zeile 11 bezieht), so erfolgt die Berechnung der Matrixformel nur im Bereich der Markierung.

Der Markierung der Ergebnisspalte kommt also eine besondere Bedeutung für die Berechnung von Matrizen zu. Umgekehrt hat die Markierung eines Bereichs für die Ergebnismatrix keine Auswirkungen.

Berechnungen mit mehrdimensionalen Matrizen

Wird der Bereich einer Spalte als Matrix verwendet (wie im obigen Beispiel), so wird dies als eindimensionale Matrix bezeichnet. Excel rechnet jedoch auch mit mehrdimensionalen Matrizen. Bei einer mehrdimensio-

Berechnungen in Excel

nalen Matrix erstreckt sich der Bereich über mehrere Zeilen und Spalten. Die Berechnung erfolgt analog zur Berechnung mit eindimensionalen Matrizen.

In der zweiten Beispieltabelle, die sich unter dem Namen MATRIX-2.XLS auf der Diskette befindet, sollen nun die Mittelwerte der Niederschlagsmessungen dreier Klimastationen errechnet werden.

Beispiel Nr. 2

Die Meßwerte der drei Stationen liegen für zwei Zeiträume vor. Wir haben es also mit zwei Matrizen in Form von 4x3 zu tun (Matrix 1 = A6:C9; Matrix 2 = A12:C15). In der Matrizenrechnung werden die Zeilen vor den Spalten genannt, also bestehen unsere Matrizen aus vier Zeilen zu je drei Spalten.

Um den Mittelwert der Stationen im Ergebnisbereich zu ermitteln, wird ein gleich großer Bereich über vier Zeilen und drei Spalten markiert (E6:G9). Geben Sie nun die Formel folgendermaßen ein:

=(A6:C9+A12:C15)/2

Bei einfacher Betätigung der ⟨Return⟩-Taste würde eine Fehlermeldung erfolgen, da in einer normalen Formel eine Bereichsangabe nicht verwendet werden kann (außer als Argument einer Funktion). Mit ⟨Shift⟩ + ⟨Ctrl⟩+⟨Return⟩ wird aus der normalen Formel jedoch eine Matrixformel, und die Berechnung der jeweiligen Mittelwerte erfolgt sofort.

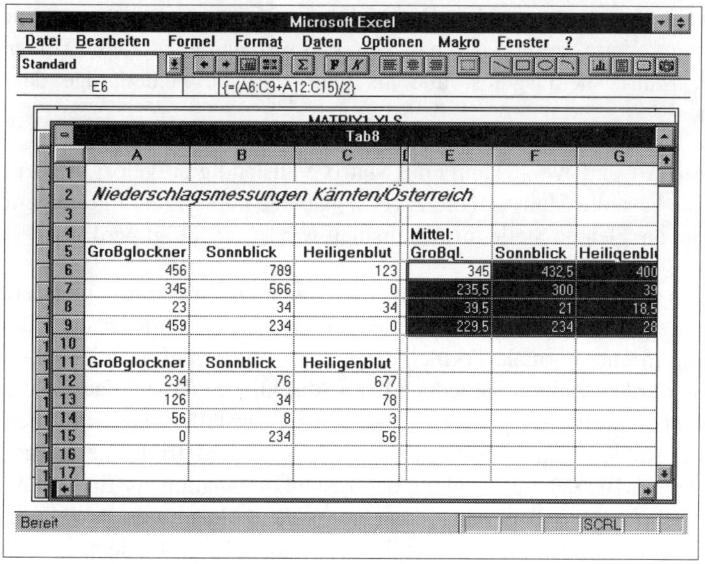

Abb. 67: Berechnung mehrdimensionaler Matrizen

Berechnungen in Excel

Mit diesem Verfahren lassen sich viele größere Blöcke auf einfache Art und Weise sehr schnell berechnen.

Matrixformeln editieren

Der Bereich, der das Ergebnis einer Matrizenrechnung erhält, ist in diesem Fall anders aufgebaut als bei der Verwendung "normaler" Berechnungen. Der Ergebnisbereich stellt nun ebenfalls eine Matrix dar. Dies ist daran zu erkennen, daß immer die gleiche Matrixformel in der Bearbeitungszeile erscheint, unabhängig davon, welches Feld in diesem Bereich markiert wird. Daran läßt sich schon erkennen, daß Änderungen an Matrixformeln anders durchgeführt werden müssen..

Ein durch eine Matrixformel definierter Bereich kann nur im Ganzen verändert werden. Einzelne Felder können Sie weder ändern noch löschen. Dies bezieht sich jedoch nur auf die Werte der Felder. Innerhalb einer Matrix lassen sich nach wie vor einzelne Felder individuell formatieren. Es können alle Formate verwendet werden, auch Notizen lassen sich einzelnen Feldern zuordnen. Formate und Notizen können auch gelöscht werden.

Arbeiten mit der Kopierfunktion

Die einzige Möglichkeit mit einzelnen Feldern der Matrix zu arbeiten, ist die Verwendung der Kopierfunktion. Das Prinzip ist recht einfach: Man kopiert einzelne Felder oder auch die ganze Matrix in die Zwischenablage und fügt sie an einer anderen Stelle im Arbeitsblatt wieder ein. Das Einfügen kann jedoch nur mit dem Befehl *Inhalte einfügen* geschehen, wenn die Option "Werte" gesetzt ist. In diesem Fall werden die kopierten Felder aus der Matrix herausgelöst und als ganz normale Feldeinträge dargestellt.

Auf diese Art und Weise kann eine Matrix vollständig aufgelöst werden, indem die gesamte Matrix in die Zwischenablage kopiert und mit obigem Befehl an die gleiche Stelle im Arbeitsblatt wieder eingefügt wird.

Die Matrixformel ändern

Man kann die Matrixformel selbst ändern, indem man die Matrix markiert und mit `F2` in die Bearbeitungszeile setzt. Dort erfolgt wieder die Umwandlung in eine normale Formel. Jetzt kann die Formel nach Belieben geändert werden. Achten Sie jedoch beim Abschließen darauf, daß Sie die Tastenkombination `Shift`+`Ctrl`+`Return` anstelle eines einfachen `Return` wählen, damit die Formel wieder in eine Matrixformel umgewandelt wird. Bei der Verwendung der Tastenkombination zur Erzeugung einer Matrixformel haben Sie bereits gemerkt, daß Sie auf die Darstellung der geschweiften Klammern keinen Einfluß haben. Es gibt jedoch im Zusammenhang mit Matrixkonstanten noch Situationen, in denen die geschweiften Klammern selbst eingegeben werden müssen.

Die Verwendung von Matrixkonstanten

Im vorigen Abschnitt haben Sie die Verwendung von Bereichsadressen innerhalb der Matrixformel kennengelernt. Eine Bereichsadresse wird wie eine Variable verwendet, die sich an jede Änderung des Ursprungsbereichs anpaßt. Bei einer Matrixkonstante dagegen werden als Variablen keine Adressen, sondern feste Werte verwendet. Dabei kann in der Formel durch Verwendung bestimmter Trennzeichen auch eine mehrdimensionale Matrix aufgebaut werden. Dies soll an einem Beispiel verdeutlicht werden.

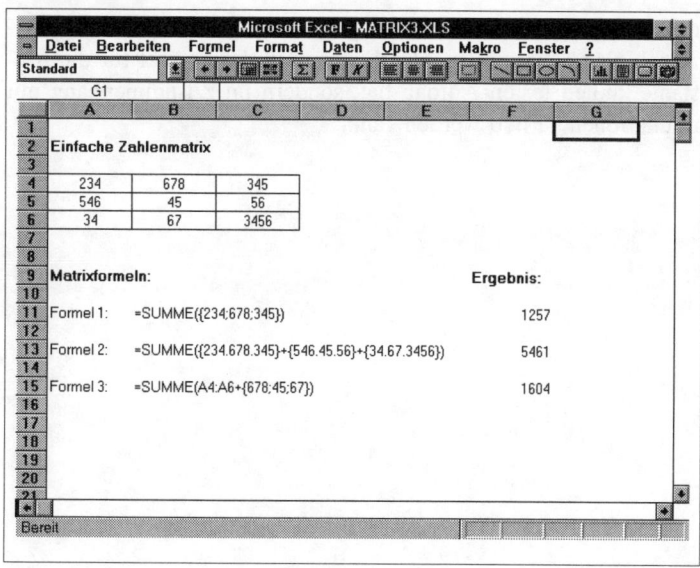

Abb. 68: Verwendung von Matrixkonstanten

In der Abbildung ist eine einfache Zahlenmatrix dargestellt. Darunter befinden sich drei Formeln, die einen Überblick über die Möglichkeiten im Umgang mit Matrixkonstanten geben. Zu beachten ist, daß bei den beiden ersten Formeln zur Berechnung noch der einfache Formelabschluß mit `Return` genügt, während in der dritten Formel eine Matrixformel mit `Shift`+`Ctrl`+`Return` definiert werden muß, da durch die Bereichsangabe wieder ein variabler Bereich Verwendung findet.

Formelaufbau der Matrixkonstante

Der Aufbau einer Formel für die Matrixkonstanten ist recht eindeutig. Grundlage ist hier wieder eine mehrdimensionale Matrix. Die Matrix wird zeilenweise beschrieben, wobei jede Zeile durch ein Semikolon von der nächsten Zeile abgegrenzt wird. Die Werte innerhalb einer Zeile wer-

Berechnungen in Excel

den durch Punkte getrennt. Der gesamte Matrixbereich wird in geschweifte Klammern gesetzt, die per Hand eingegeben werden müssen. In der Abbildung zeigt der Aufbau der Formel 2 die komplette Matrix an.

In der ersten Formel werden die drei Werte der ersten Zeile nicht durch Punkte, sondern durch Semikola getrennt. Der Grund liegt darin, daß jeder Wert gewissermaßen als eindimensionale Matrix verwendet wird. Auf diese Art und Weise lassen sich normale Konstanten als Argumente für viele Funktionen verwenden. Durch die Kennzeichnung als Matrixkonstante werden sie Bereichsangaben gleichgesetzt.

In der dritten Formel werden normale Bereichsangaben mit Matrixkonstanten kombiniert. Dies soll verdeutlichen, daß die Formel für die Matrixkonstante keinen festen Aufbau hat, sondern im Zusammenhang mit anderen Funktionen variiert werden kann.

Kapitel 8

8.	**Gestalten der Tabelle**	185
	Ästhetik	185
	Ansehnliche Darstellung	185
	Hervorhebung besonderer Einträge und Texte	185
	Dokumentation	186
	Feldschutz	186
	Vorab-Formatierung zum effektiveren Arbeiten	186
8.1	Die Zahlenformate	187
	Die automatische Formaterkennung	187
	Behandlung von Zahleneingaben	188
	Behandlung von Texteingaben	226
	Behandlung von Währungsbeträgen	226
	Behandlung von Zeitangaben	227
	Behandlung von Datumsangaben	228
	Die Standardformate	191
	Währungsformate	192
	Datums- und Zeitformate	193
	Auswahl von Standardformaten	194
	Erstellen eigener Zahlenformate	194
	Definition der Dezimalstellen	195
	Nullenunterdrückung ein- und ausschalten	195
	Stellung des Vorzeichens	196
	Farbgebung in Zahlenformaten	196
	Darstellung von Brüchen	197
	Zahlen und Texte kombinieren	198
	Zahlenformate mit Sperrzeichen (Schecksterne)	198
	Zahlenformate mit Trennstrichen	199
	Schrägstriche oder Leerzeichen als Trennzeichen	199
	Erstellen eigener Währungsformate	200
	Erstellen eigener Datumsformate	200
	Ein Beispiel zur Zusammenfassung	202
8.2	Die Schriftarten	203
	Auswahl einer Schriftart	204
	Bildschirmschriften und Druckerschriftarten	205

Gestalten der Tabelle

	Welche Schriftarten stehen zur Verfügung?	205
	Schnelle Formatierung über die Formatierungsleiste	207
8.3	Ausrichtung der Einträge	208
	Standardausrichtung	208
	Links-, rechtsbündige und zentrierte Ausrichtung	208
	Zeilenumbruch	209
	Verteilung längerer Texte in einem Zellbereich	210
8.4	Farbliche Gestaltung von Feldern	210
	Schraffuren	211
	Farbliche Gestaltung von Schraffuren	211
8.5	Umrahmung von Feldern	213
	Innere und äußere Rahmen	213
	Strichstärke der Rahmen	213
8.6	Einstellung der Spaltenbreite	214
	Die Standard-Spaltenbreite	215
	Automatische Anpassung der Spaltenbreite	215
	Ausblenden und Einblenden einer Spalte	216
8.7	Einstellen der Zeilenhöhe	216
	Die Standardzeilenhöhe	217
	Mehrere Zeilen Text in einem Feld	218
	Ausblenden und Einblenden einer Zeile	218
8.8	Sperren von Feldern	219
	Einrichten der Feldsperren	220
	Die Option "Objekte"	220
	Die Option "Fenster"	220
	Ausblenden der Formeln	221
8.9	Einrichten der Arbeitsumgebung	221
	Gitternetzlinien und Zeilen- bzw. Spaltenköpfe	222
	Aus- und Einschalten der Gitternetzlinien	222
	Farbgebung der Gitternetzlinien	222
	Formeln	223
	Nullwerte unterdrücken	224
	Gliederungssymbole	224
	Automatischer Seitenumbruch	224
	Platzhalter an Stelle von Objekten	225
8.10	Notizen	225
	Dokumentation mit Feldnotizen	226
	Verfassen von Feldnotizen	226
	Übernahme und Bearbeitung von Feldnotizen	227
	Ansehen von Feldnotizen	227
	Drucken von Feldnotizen	227
	Markierung der Felder, die Notizen enthalten	228
	Notizanzeiger	228

Gestalten der Tabelle

8.11	Die Gliederungsfunktion	229
	Verschiedene Gliederungsebenen	230
	Wie gestaltet sich eine Gliederungshierarchie?	230
	Ebene 1	231
	Ebene 2	231
	Ebene 3	231
	Erstellen einer inhaltlichen Gliederung	231
	Erstellen einer formalen Gliederung	232
	Was sind Zeilenebenen?	232
	Warum gliedert man zeilenweise?	233
	Arbeiten mit Zeilenebenen	233
	Was sind Spaltenebenen?	234
	Arbeiten mit Spaltenebenen	235
	Kombinierte zeilen- und spaltenweise Gliederung	236
	Gliedern einer Tabelle mit dem Befehl "Gliederung..."	237
	Die Bedeutung der Gliederungssymbole	238
	Erstellen einer spaltenweisen Gliederung	240
	Erstellen einer kombinierten zeilen- und spaltenweisen Gliederung	242
	Festlegen der Gliederungsfolge	243
	Welche Formate für welche Ebene?	245
	Gliedern einer Tabelle mit den Gliederungsschaltflächen der Formatierungsleiste	246
	Erzeugen einer zweiten übergeordneten Ebene	251
	Vollständiges Entfernen einer Gliederung	252
	Markieren von Feldern in gegliederten Tabellen	252
8.12	Arbeiten mit Formatvorlagen	256
	Die Standardformatvorlagen	256
	Die Formatvorlage "Standard"	258
	Formatvorlage "Dezimal"	258
	Auswahl einer Formatvorlage	259
	Definition einer Formatvorlage	260
	Definition einer Formatvorlage auf der Basis formatierter Felder	260
	Gleichzeitige Definition und Zuweisung einer Formatvorlage	263
	Definition und Zuweisung einer Formatvorlage für eine Mehrfachauswahl	266
	Ändern einer Formatvorlage	269
	Löschen einer Formatvorlage	270
	Übernahme von Formatvorlagen aus anderen Tabellen	271
	Erzeugen tabellenübergreifender Standards	271
	Änderung von Formatvorlagen, die in andere Tabellen übernommen wurden	273
	Formatvorlagen in Mustervorlagen	273

Gestalten der Tabelle

8.13	Zeichnen im Arbeitsblatt	274
	Geraden	274
	Rechtecke	277
	Zeichnen von Polygonen	280
	Kurven	280
	Kreise und Ellipsen	282
	Zeichnen von Kreisen	282
	Hilfsmittel zur Kalkulation des Kreises bzw. der Ellipse	283
	Einstellen der Strichstärke	284
	Abhängigkeit von Zellgröße und -position	284
	Gruppieren von Objekten	285
	Formatierung einer Gruppe	286
	Objekte in den Vorder- bzw. Hintergrund stellen	286
	Schutz gezeichneter Objekte	287
8.14	Positionieren von Texten im Arbeitsblatt	288
	Freie Positionierung von Textboxen	289
	Bearbeiten der Texte	289
	Formatierung der Texte	291
	Auswahl der Schriftart und Größe	291
	Ausrichtung der Texte in der Textbox	291
	Formatierung der Textbox	293
	Der Rahmen einer Textbox	293
	Farbliche Gestaltung von Textboxen	294
8.15	Positionieren von Diagrammboxen im Arbeitsblatt	294
	Diagramme im Arbeitsblatt	294
	Bearbeitung der Diagrammboxen	297
	Umrahmung der Diagramme	297
	Farbliche Gestaltung von Diagrammboxen	298
	Auswahl von Farben und Schraffuren	298
8.16	Definition bestimmter Feldbereiche als grafische Objekte	299
	Erzeugen eines Objektbereiches	299
	Verknüpfte Bilder einfügen	301
	Formatieren der Feldgrafiken	302
	Größenänderungen	302
	Formatierungsmöglichkeiten	302
8.17	Fremde Grafiken in Tabellen	303
	Formatierung von eingefügten Grafiken	304

8. Gestalten der Tabelle

Dieses Kapitel soll alle Features behandeln, die Excel Ihnen zur Verfügung stellt, damit Sie Ihre Arbeit nicht nur inhaltlich richtig, sondern auch formal in ansprechender Form präsentieren können. Im folgenden wollen wir zunächst einige Vorteile ansprechen, die die Gestaltung von Tabellen mit sich bringt.

Ästhetik

Dies ist der wohl am häufigsten angeführte Grund für die Aufbereitung einer Tabelle: Die Tabellen werden durch die Verwendung besonderer Schriftformate oder Umrahmungen nicht nur ansehnlicher, sondern - bei maßvollem Einsatz der Formatierung - auch leichter lesbar. Excel 3.0 bietet dazu in Abhängigkeit vom installierten Drucker eine Vielzahl von Schriftarten, -formen und -größen. Felder können umrahmt, schattiert und farblich unterschiedlich dargestellt werden, so daß kein Wunsch offenbleiben muß.

Ansehnliche Darstellung

Sie haben mit Excel umfangreiche Möglichkeiten die Zahlen bzw. das, was hinter den Zahlen steht (z.B. Geldbeträge, Zeitangaben, Datumsangaben, Prozentzahlen, Brüche usw.), mit den entsprechenden Symbolen zu versehen und im richtigen Format darzustellen. Durch die Definition eigener Formate können auch Zahlenformate, die Excel standardmäßig nicht zur Verfügung stellt, verwendet werden.

Hervorhebung besonderer Einträge und Texte

Die Hervorhebung besonderer Einträge und Texte ist vor allem dann interessant, wenn Tabellen sowohl zur Kalkulation als auch zur Präsentation der errechneten Ergebnisse eingesetzt werden. In solchen Fällen arbeiten zwei Personengruppen mit der entsprechenden Tabelle, wobei die Interessen sehr unterschiedlich sein können. Derjenige, der die Tabelle erstellt hat, kennt und beobachtet den Tabellenbereich, mit dem die Kalkulation durchgeführt wird. Ein Benutzer dieser Tabelle zeigt lediglich Interesse am Ergebnis der Kalkulation.

Das Ziel besteht also darin, sowohl den einen als auch den anderen zufriedenzustellen. Excel 3.0 ermöglicht die Extraktion bestimmter Tabellenbereiche in andere Arbeitsblätter oder in andere Bereiche des gleichen Arbeitsblattes, wo die Daten grafisch aufbereitet werden. So kann man zwischen einem reinen Kalkulationsbereich und einem Präsentationsbereich unterscheiden.

Dokumentation

Durch eine Vielzahl von Funktionen und komplexen Formeln kann eine Tabelle bzw. die Kalkulation, die darin durchgeführt wird, schnell unübersichtlich werden. Um zu vermeiden, daß Sie selbst nach einiger Zeit Ihre Tabelle nicht mehr überschauen können, sollte eine Dokumentation existieren, anhand derer man sich in die Kalkulation und deren Grundlagen einarbeiten kann. Um diese Dokumentation ständig zur Hand zu haben und sie so nah wie möglich an die entsprechende Tabelle zu knüpfen, erlaubt Excel Ihnen, zu jedem Feld eine Notiz zu hinterlegen.

Feldschutz

Haben Sie erst einmal eine umfangreiche Tabelle erstellt, in die unerfahrene Excel-Anwender Einträge machen sollen, so besteht die Gefahr, daß Ihre sorgsam ausgeklügelten Formeln und Bezüge durch eventuelle Bedienerfehler zerstört werden könnten. Excel bietet einen wirksamen Schutzmechanismus, mit dem bestimmte Felder vor Veränderungen geschützt werden können. Änderungen darf in einem solchen Fall nur derjenige vornehmen, der sich eines zuvor festgelegten Kennwortes be-dient.

Vorab-Formatierung zum effektiveren Arbeiten

Innerhalb einer Tabelle befinden sich oft mehrere Felder, die mit dem gleichen Zahlenformat, der gleichen Ausrichtung und der gleichen Schriftart versehen werden sollen. Die Formatierung dieser Felder erfordert zum einen die Wiederholung möglicherweise umfangreicher Befehlseingaben und verlangt zum anderen vom Benutzer, wirklich genau die gleichen Formatierungsmerkmale zu wählen. Excel 3.0 bietet durch Formatvorlagen eine komfortable Hilfestellung für solche Aufgaben. Formatvorlagen enthalten sämtliche Formatinformationen zu einem Feld und können jedem anderen Feld dieser Tabelle zugewiesen werden. Die Arbeit mit solchen Vorlagen ermöglicht eine wirklich einheitliche Formatierung von Feldern einer Tabelle.

Wenn Sie häufiger Tabellen mit dem gleichen Layout benötigen und für alle diese Tabellen immer die gleichen Formate benutzen wollen, so können Sie sich eine Menge an Formatierarbeit sparen, wenn Sie mit Druck-

Gestalten der Tabelle

formatvorlagen (Templates) arbeiten. Eine solche Vorlage kann verwendet werden, um immer wiederkehrende Komponenten, wie z.B. Überschriften und Formate, dauerhaft zur Verfügung zu stellen. Auf diese Weise definieren Sie einen tabellenübergreifenden Standard, der Ihre Arbeit wesentlich beschleunigen kann.

8.1 Die Zahlenformate

Dieses Kapitel soll Sie mit den Zahlenformaten vertraut machen, die von Excel verarbeitet werden können. Erläutert werden sowohl die Standardformate als auch Möglichkeiten, eigene Formate zu erzeugen. Nachdem Sie dieses Kapitel gelesen haben, sind Sie in der Lage, über den Befehl *Zahlenformate...* aus dem Menü *Format* jedes von Ihnen benötigte Zahlenformat in einer Tabelle zu verwenden.

Die automatische Formaterkennung

Jeder Feldeintrag, den Sie machen, wird automatisch mit einem bestimmten Format versehen. Daß bei der Eingabe von Text und Zahlen unterschiedliche Formate verwendet werden, haben Sie wahrscheinlich schon bemerkt. Die einfachste Regel ist die, daß Texte standardmäßig linksbündig und Zahlen automatisch rechtsbündig ausgerichtet werden. Es gibt jedoch noch weitere automatische Verfahrensweisen:

Behandlung von Zahleneingaben

Wenn das erste Zeichen, das Sie in ein Feld eintragen, eine Zahl oder ein Vorzeichen ist, wird der gesamte Feldinhalt als Zahl betrachtet und rechtsbündig eingetragen. Es werden nur soviele Dezimalstellen angezeigt, wie zur korrekten Darstellung des Zahlenwertes benötigt werden. Das bedeutet, wenn Sie 3,60 eingeben, erscheint im betroffenen Feld lediglich der Eintrag 3,6.

Eingabe von Zahlen

Bei der Eingabe von Brüchen in der Form 1 1/2 interpretiert Excel die Eingabe als Formel und liefert das Ergebnis in dezimaler Schreibweise, für dieses Beispiel also 1,5. Im Feld selbst erfolgt allerdings die Darstellung des Bruches.

Eingabe von Brüchen

Sie können Zahlen auch direkt in Exponentialschreibweise eingeben, wenn Sie sich an die Regel halten, daß der Exponent durch die Zeichen "E+" (bei positiven Exponenten) oder "E-" (bei negativen Exponenten) von der Mantisse getrennt werden muß. Um die Zahl $4,6 * 10^6$ direkt in

Eingabe in Exponentialschreibweise

Gestalten der Tabelle

Exponentialschreibweise darzustellen, geben Sie 4,6E+6 ein. Die Mantisse wird dann mit zwei festen Dezimalstellen, der Exponent aber zweistellig angezeigt.

Automatische Umwandlung in Exponentialschreibweise

Bei der Eingabe von Zahlen mit mehr als 8 Nachkommastellen nimmt Excel eine automatische Umwandlung in Exponentialschreibweise vor. Gleiches geschieht bei Zahlen, die größer sind als 9.999.999.999. Die Mantisse wird dann jedoch nicht, wie oben schon beschrieben, mit zwei Dezimalstellen, sondern nur mit der tatsächlich notwendigen Anzahl von Dezimalstellen angezeigt. Der Exponent ist bei Zahlen dieser Größenordnung automatisch zweistellig.

Eingabe von Prozentzahlen

Bedenken Sie bei der Eingabe von Prozentzahlen mit dem Prozentzeichen, daß dieses Zeichen die gleiche Bedeutung hat, als hätten Sie "/100" eingegeben. Die Eingabe von 5% führt also zu einem Feldeintrag mit dem Wert 0,05, der jedoch mit 5% dargestellt wird. Die Division durch 100 wird sofort beim Eintrag durchgeführt, so daß Sie sich diesen Rechenschritt in etwaigen Formeln, die mit diesem Feld arbeiten sollen, sparen können.

Kurz zusammengefaßt:

Eingabe	Darstellung im Feld	Wert
3,60	3,6	3,6
1 1/2	1 1/2	1,5
4,6E+6	4,60E+06	4.600.000
5,7E-4	5,70E-04	0,00057
0,000000006	6E-09	0,000000006
16000000000	1,6E+10	16000000000
5%	5%	0,05

Behandlung von Texteingaben

Eingabe von Text

Hierbei entscheidet nicht das erste eingegebene Zeichen darüber, ob es sich bei diesem Feldeintrag um einen Text handelt. Enthält der Eintrag bei Bestätigung durch ⌈Return⌉ oder bei einer Bewegung des Feldzeigers keine Ziffer, so steht eindeutig fest, daß es sich um reinen Text handelt, der linksbündig in das entsprechende Feld eingetragen wird und für Rechenoperationen nicht verwendet werden kann.

Behandlung von Währungsbeträgen

Um Währungsbeträge ohne weitere Formatierung direkt eingeben zu können, müssen Sie sich bei der Eingabe an das Standardwährungsformat halten. Das Standardwährungsformat hängt von der Ländereinstellung in der Windows-Systemsteuerung ab (siehe Kapitel 20.2). Die deutsche Standardeinstellung sieht vor, daß zuerst das Währungssymbol (also die Buchstaben "DM") und dann der entsprechende Betrag eingegeben werden muß. Geben Sie keine Dezimalstellen und auch kein Komma an, so erscheint der Betrag mit vorangestelltem Währungssymbol ohne Dezimalstellen.

Standard-Währungsformat entscheidet

Bei negativen Beträgen muß ein Minus als Vorzeichen entweder vor dem Währungssymbol oder vor dem Betrag eingegeben werden.

Geben Sie einen Betrag mit Dezimalstellen oder auch nur mit einem Komma ein, so wird dieser automatisch auf zwei Stellen hinter dem Komma gerundet. Der Wert des Feldes entspricht jedoch dem eingegeben Wert mit der vollen Anzahl von Dezimalstellen. Einen Hinweis darauf finden Sie, wenn Sie den Feldzeiger auf das entsprechende Feld bewegen und sich die Bearbeitungszeile ansehen. Dort wird der tatsächliche, unformatierte Inhalt des Feldes angezeigt.

Automatische Rundung auf zwei Dezimalstellen

Beträge, die größer sind als DM 999,99, werden mit dem Punkt als Tausendertrennzeichen dargestellt. Dies geschieht unabhängig davon, ob Sie den Punkt als Trennzeichen mit eingeben oder nicht.

Punkt als Tausendertrennzeichen

Kurz zusammengefaßt:

Eingabe	Darstellung im Feld	Wert
DM345	DM345	345
DM345,1	DM345,10	345,1
DM1345,123	DM1.345,12	1345,123
DM-345	-DM345	-345
-DM345	-DM345	-345

Behandlung von Zeitangaben

Auch Zeitangaben werden von Excel automatisch als solche erkannt und formatiert, sofern Sie bei der Eingabe einige Regeln beachten. Sie können

Gestalten der Tabelle

beeinflussen, ob die eingegebene Uhrzeit im 12- oder 24-Stunden-Format dargestellt wird, und ob die Zeitangabe auf die Sekunde genau angezeigt werden soll.

Uhrzeiten im 24-Stunden-Format

Bei der Eingabe der Uhrzeiten im 24-Stunden-Format muß lediglich der Doppelpunkt als Trennzeichen zwischen Stunden und Minuten beziehungsweise zwischen Minuten und Stunden eingegeben werden, um Excel dazu zu veranlassen, Ihre Eingabe als Zeitangabe zu interpretieren. Wenn die Sekundenangabe weggelassen wird, setzt Excel dafür den Wert :00 ein. Bei der Eingabe von unmöglichen Uhrzeiten wie z.B. 25:67 wird der Eintrag als Text interpretiert.

Uhrzeiten im 12-Stunden-Format

Um das 12-Stunden-Format zu verwenden, muß nach Eingabe der Uhrzeit, die ebenso den Doppelpunkt als Trennzeichen erfordert, noch das Kennzeichen AM (ante meridiem = vormittags) oder PM (post meridiem = nachmittags) angegeben werden. Hierbei kommt es zu einer Fehlermeldung, wenn Sie als Stundenangabe eine Zahl eintragen, die größer als 12 ist.

Kurz zusammengefaßt:

Darstellung im Feld	Wert
13:34	13:34:00
13:34:00	13:34:00
13:34:12	13:34:12
11:46 AM	11:46:00
#WERT?	=25:67

Behandlung von Datumsangaben

Datumsangaben werden von Excel durch die Eingabe von Monatsnamen bzw. eines Punktes in einem Feld erkannt. Ihre Eingaben werden dann in zwei unterschiedliche Datumsformate umgesetzt.

Eingabe des Datums mit Punkt

Ein Datum wird üblicherweise in der Form "12.3.91" eingegeben. Diese Eingabe setzt Excel dann analog um und trägt 12.3.91 in die betreffende Zelle ein. Excel nimmt keine Rücksicht darauf, ob Sie zweistellige Tages- und Monatszahlen bzw. vierstellige Jahreszahlen eingeben. Das angegebene Datum wird immer so angezeigt, daß für Tage und Monate nur die notwendige Anzahl an Stellen und für Jahreszahlen grundsätzlich zwei Stellen verwendet werden.

Gestalten der Tabelle

Wer keinen Wert auf das entsprechende Jahr oder auf die Tagesangabe legt, kann die Datumsangabe abkürzen, indem er 3.91 eingibt, um "Mär 91" in ein Feld einzutragen. Das Feld enthält darauf den Eintrag 1.3.91 Im anderen Fall würde 12.3 genügen um den 12. März als "12. Mär" in der Tabelle erscheinen zu lassen. Der Wert des Feldes entspricht dann jedoch dem 12.3. in dem Jahr, das das Systemdatum liefert.

Wer den abgekürzten Monatsnamen innerhalb einer vollständigen Datumsangabe erscheinen lassen will, der muß ihn auch mit eingeben. Nur die Eingabe 12 Mär 91 führt zur Darstellung 12. Mär 91. Selbstverständlich kann der Monatsname auch zur Erzeugung der kürzeren Datumsformate mitangegeben werden.

Eingabe des Datums mit Monatsnamen

Kurz zusammengefaßt:

Eingabe	Darstellung im Feld	Wert
12.03.1991	12.3.91	12.3.91
12.3	12. Mär	*12.3.91
3.91	Mär 91	1.3.91
12 Mär	12. Mär	*12.3.91
Mär 91	Mär 91	1.3.91

* wenn 1991 das aktuelle Systemdatum ist

Die Standardformate

Als Standardformate bezeichnen wir die Formate, die Ihnen in einem Listenfeld zur Auswahl stehen, nachdem Sie den Befehl *Zahlenformate...* aus dem Menü *Format* gewählt haben. Zum Gebrauch dieser Formate bedarf es keiner eigenen Definition.

Sie brauchen sie nur auszuwählen.. Aus diesem Grund sollen die Standardformate an dieser Stelle lediglich vorgestellt werden.

Innerhalb des Listenfeldes im Dialogfeld *Zahlenformat...* haben Sie die Möglichkeit, aus einer Reihe von Standardformaten zu wählen. Die symbolische Darstellung dieser Zahlenformate bedarf jedoch noch einer Erläuterung: In der ersten Spalte finden Sie die Standard-Zahlenformate, in der zweiten die zugehörige automatische Formaterkennung.

Gestalten der Tabelle

0	Zahl ohne Dezimalstellen
0,00	Zahl mit zwei Dezimalstellen, Komma als Dezimaltrennzeichen
#.##0	Zahl ohne Dezimalstellen, führende Nullen werden unterdrückt, Punkt als Tausendertrennzeichen
#.##0,00	Zahl mit zwei Dezimalstellen, Komma als Dezimaltrennzeichen, führende Nullen werden unterdrückt, Punkt als Tausendertrennzeichen
0%	Prozentzahl ohne Dezimalstellen, Prozentzeichen wird nachgestellt angezeigt
0,00%	Prozentzahl mit zwei Dezimalstellen, Prozentzeichen wird nachgestellt angezeigt
0,00E+00	Zahl in Exponentialschreibweise, zwei Dezimalstellen und zweistelliger Exponent
#?/?	Bruchzahl mit einstelligem Zähler und Nenner
#??/??	Bruchzahl mit zweistelligem Zähler und Nenner

Währungsformate

DM #.##0; - DM #.##0
Zahl ohne Dezimalstellen, führende Nullen werden unterdrückt, Punkt als Tausendertrennzeichen, vorangestelltes Währungssymbol "DM"

DM #.##0; [Rot]- DM #.##0
Zahl ohne Dezimalstellen, führende Nullen werden unterdrückt, Punkt als Tausendertrennzeichen, vorangestelltes Währungssymbol "DM", negative Werte werden in der Farbe Rot dargestellt.

DM #.##0,00; - DM #.##0,00
Zahl mit zwei Dezimalstellen, Komma als Dezimaltrennzeichen, führende Nullen werden unterdrückt, Punkt als Tausendertrennzeichen, vorangestelltes Währungssymbol "DM".

DM #.##0,00; [Rot]- DM #.##0,00
Zahl mit zwei Dezimalstellen, Komma als Dezimaltrennzeichen, führende Nullen werden unterdrückt, Punkt als Tausendertrennzeichen, vorangestelltes Währungssymbol "DM", negative Werte werden in der Farbe Rot dargestellt.

Datums- und Zeitformate

T.M.JJ Datum, Tage und Monate werden ein- oder zweistellig, Jahreszahlen zweistellig dargestellt.

T.MMM.JJ Datum, Tage werden ein- oder zweistellig dargestellt, Monatsnamen werden auf drei Buchstaben gekürzt, Jahreszahlen werden zweistellig dargestellt.

T.MMM Datum, Tage werden ein- oder zweistellig dargestellt, Monatsnamen werden auf drei Buchstaben gekürzt, Jahreszahlen werden nicht dargestellt.

MMM JJ Datum, Monatsnamen werden auf drei Buchstaben gekürzt, Jahreszahlen werden zweistellig dargestellt, Tage werden nicht dargestellt.

h:mm AM/PM Zeit, Stunden werden im 12-Stunden-Format, Minuten zweistellig dargestellt, nachgestellt erscheinen die Kennzeichen AM (ante meridiem = vormittags) oder PM (post meridiem = nachmittags), Sekunden werden nicht dargestellt.

h:mm:ss AM/PM Zeit, Stunden werden im 12-Stunden-Format, Minuten und Sekunden zweistellig dargestellt, nachgestellt erscheinen die Kennzeichen AM (ante meridiem = vormittags) oder PM (post meridiem = nachmittags)

h:mm Zeit, Stunden werden im 24-Stunden-Format, Minuten zweistellig, Sekunden nicht dargestellt.

h:mm:ss Zeit, Stunden werden im 24-Stunden-Format, Minuten und Sekunden zweistellig dargestellt.

T.M.JJ h:mm Datum und Zeit, Tage und Monate werden ein- oder zweistellig, Jahreszahlen zweistellig dargestellt, Stunden werden im 24-Stunden-Format, Minuten zweistellig, Sekunden nicht dargestellt.

Um den nachfolgenden Abschnitt zu verstehen und eigene Zahlenformate erstellen zu können, möchten wir kurz auf einige allgemeingültige Regeln zur Darstellung von Zahlenformaten eingehen.

Das Nummernzeichen (#) steht für eine führende Null, die unterdrückt werden soll. Die Unterdrückung von führenden Nullen ist allgemein üblich.

Nullenunterdrückung

Gestalten der Tabelle

Darstellung als Bruch

Das Fragezeichen steht für eine Ziffer im Zähler oder Nenner eines Bruchs.

Besondere Farbgebung

In eckigen Klammern finden Sie bei den Zahlen- und Währungsformaten manchmal den Zusatz "Rot", um z.B. negative Werte in einer besonderen Farbe darzustellen.

Flexible Datumsformate

Die Großbuchstaben T,M und J stehen für Tag, Monat und Jahr eines Datumsformates. Die Anzahl der einzelnen Buchstaben gibt dann noch Auskunft darüber, ob die Jahreszahl zwei- oder vierstellig angegeben wird, ob der Monat als Zahl, als Abkürzung oder ausgeschrieben angezeigt werden soll, und ob der Wochentag mit im entsprechenden Feld erscheint. Unter den Standarddatumsformaten gibt es lediglich die Möglichkeit, den abgekürzten Monatsnamen mit ins Datum aufzunehmen, indem Sie ein Datumsformat wie "MMM JJ" wählen.

Kleinbuchstaben für Zeitformate

Die Kleinbuchstaben h, m und s stehen für Stunden, Minuten und Sekunden eines Zeitformates.

Auswahl von Standardformaten

Der "Monitor" bietet eine Vorschau

Um ein oder mehrere Felder mit einem Standardformat zu versehen, müssen diese Felder markiert sein. Ist diese Voraussetzung erfüllt, so können Sie den Befehl *Zahlenformat...* aus dem Menü *Format* wählen, um sich das Dialogfeld mit allen zur Verfügung stehenden Standardformaten auf den Bildschirm zu holen. Wählen Sie nun mit Maus oder Tastatur das von Ihnen gewünschte Format, und beobachten Sie am unteren Rand des Dialogfeldes den "Monitor". Dieser Monitor zeigt Ihnen, wie sich das ausgewählte Format auf den Eintrag im aktiven Feld auswirkt. Sind Sie mit dem Format zufrieden, betätigen Sie die Schaltfläche *OK* und Ihre Formatierungsaktivitäten sind beendet.

Sollten Sie nicht zufrieden sein, haben Sie entweder das falsche Format gewählt, oder es steht für Ihren Zweck kein passendes Format zur Verfügung. In einem solchen Fall können Sie eigene Zahlenformate erstellen, wie es in den folgenden Abschnitten beschrieben wird.

Erstellen eigener Zahlenformate

Standardformate können nicht zerstört werden

Um eigene Zahlenformate zu erstellen, benutzen Sie den gleichen Befehl wie zur Auswahl von Standard-Zahlenformaten. Wählen Sie dann das Standardformat, was dem neu zu erstellenden Format am ähnlichsten ist, und verändern Sie es im Eingabefeld des Dialogfeldes *Zahlenformat*. Setzen Sie nun dazu den Cursor mit der Maus in das Eingabefeld, oder drücken Sie [Alt]+[F], um das Eingabefeld zu aktivieren. Sie können

Gestalten der Tabelle

jetzt damit beginnen, Änderungen an dem gewählten Standardformat durchzuführen oder ein völlig neues Format zu definieren. In jedem Fall ist sichergestellt, daß Sie kein Standardformat zerstören, da jede Abänderung als neues Format mit in das Listenfeld aufgenommen wird.

Nachdem Sie mit der Definition Ihres Formates fertig sind, drücken Sie `Return` oder betätigen die Schaltfläche *OK*, um den Befehl *Zahlenformat...* abzuschließen. Das Feld, das bei Auswahl des Befehls *Zahlenformat...* aktiv war, hat jetzt Ihr neu erstelltes Zahlenformat. Überprüfen Sie dies, indem Sie erneut den Befehl *Zahlenformat...* wählen. Sie sehen, im Listenfeld ist jetzt Ihr Zahlenformat markiert. Excel hat es also bereits am Ende der Liste mit aufgenommen.

Eigene Formate finden sich am Ende der Liste

Um eigene Zahlenformate auch wieder aus der Liste des Dialogfelds zum Befehl *Zahlenformat...* zu löschen, genügt es nicht, die mit diesem Format formatierten Felder zu löschen. Ein Zahlenformat muß ausdrücklich aus der Liste der zur Verfügung stehenden Formate gelöscht werden.

Löschen von eigenen Zahlenformaten

Auch zum Löschen eines Zahlenformats dient der Befehl *Zahlenformat...* aus dem Menü *Format*. Markieren Sie das Zahlenformat, das Sie löschen möchten, in der Liste, und betätigen Sie die Schaltfläche *Löschen*. Keine Angst, auch hier geht Excel auf Nummer sicher und aktiviert die Schaltfläche nur dann, wenn ein selbstdefiniertes Zahlenformat markiert ist. Andernfalls erscheint die Schaltfläche *Löschen* in Grau.

Standard- Formate können nicht gelöscht werden

Definition der Dezimalstellen

Um Zahlenformate mit mehr als zwei oder nur mit einer Dezimalstelle zu definieren, verwenden Sie die gleiche Schreibweise wie Excel selbst, nachdem sich das Dialogfeld *Zahlenformat* auf dem Bildschirm geöffnet hat. Um drei Dezimalstellen in einem Feld darzustellen, ändern Sie das Format "0,00" in "0,000". Damit legen Sie fest, das Excel alle Einträge in einem so formatierten Feld auf drei Stellen hinter dem Komma gerundet darstellt. Gerechnet wird jedoch mit allen Dezimalstellen des eingetragenen Wertes, auch wenn sie im Feld nicht dargestellt werden.

Nullenunterdrückung ein- und ausschalten

Excel arbeitet von vornherein mit automatischer Unterdrückung führender Nullen bis zur ersten Stelle vor dem Komma. Das bedeutet, selbst wenn Sie eine Zahl wie 000,89 eingeben, wird lediglich 0,89 in das entsprechende Feld eingetragen. Im Normalfall brauchen Sie darauf keine Rücksicht zu nehmen. Wenn Sie jedoch Zahlenformate mit Tausendertrennzeichen verwenden oder definieren wollen, müssen Sie das Nummernzeichen (#) verwenden, um führende Nullen zu unterdrücken.

Automatische Nullenunterdrückung

Gestalten der Tabelle

Ausschalten der Nullenunterdrückung

Nur das Format "#.##0,00" setzt den Punkt als Tausendertrennzeichen mit Nullenunterdrückung bis zur ersten Stelle vor dem Komma. Ein selbstdefiniertes Format wie z.B. "0.000,00" verwendet auch den Punkt als Tausendertrennzeichen, führende Nullen werden jedoch dargestellt. Tragen Sie in ein so formatiertes Feld den Wert 234,6 ein, so erscheint in der Tabelle der Eintrag 0.234,60.

Definieren Sie ein Zahlenformat ausschließlich mit Nullen, so werden in jedem Fall alle definierten Stellen dargestellt, auch wenn sie keine Bedeutung für den Wert der Zahl haben. Verwenden Sie das Nummernzeichen, so prüft Excel, ob jede definierte Stelle auch zur Darstellung der Zahl benötigt wird, und unterdrückt bei Bedarf die führenden Nullen.

Stellung des Vorzeichens

Excel setzt von vornherein nur negative Vorzeichen vor den angezeigten Wert. Positive Werte bekommen kein Vorzeichen. Wer diese Automatik beeinflussen will, muß sich eigene Zahlenformate erstellen.

Nachgestelltes Vorzeichen

Um das Vorzeichen hinter der Zahl darzustellen, muß ein Format definiert werden, in dem Excel Vorschriften für die Darstellung negativer Werte gemacht werden. Das Format könnte so aussehen:

0,00;0,00- Der Teil des Zahlenformats vor dem Semikolon bezieht sich lediglich auf die Darstellung positiver Werte, wohingegen der Teil hinter dem Semikolon die Behandlung negativer Werte beschreibt, in diesem Fall also das Nachstellen des Vorzeichens.

Positives Vorzeichen

Wenn Sie auch positive Vorzeichen in Ihrer Tabelle darstellen wollen, müssen Sie dafür ein eigenes Format kreieren. Ähnlich wie beim zuvor geschilderten Problem mit dem nachgestellten Vorzeichen müssen Sie in diesem Format sowohl Anweisungen für positive als auch für negative Werte geben. Ein Beispiel:

0,00+;0,00- Sowohl im positiven als auch im negativen Fall wird unter diesem Format ein Vorzeichen hinter der Zahl erscheinen.

Farbgebung in Zahlenformaten

Positiv und negativ in unterschiedlichen Farben

Um Zahlen andersfarbig in Ihrer Tabelle darzustellen, haben Sie 16 verschiedene Farben zur Auswahl, die Sie einem Feldeintrag über den Befehl *Schriftart...* aus dem Menü Format zuweisen können. Wenn Sie die Farbgebung einer Zahl aber von Ihrem Wert abhängig machen möchten, müs-

Gestalten der Tabelle

sen Sie dazu ein Zahlenformat definieren, das für positive und negative Werte eines Feldes unterschiedliche Farben angibt.

Auch hier wird wieder ein zweiteiliges Format benötigt, in dem die unterschiedlichen Farben in eckigen Klammern genannt werden müssen. Zum Beispiel:

[Blau]0,00;[Rot]-0,00
>Dieses Format stellt positive Werte in Blau und negative Werte in Rot dar.

Die folgenden 16 Farben stehen Ihnen zur Auswahl:

Schwarz	Weiß
Rot	Dunkelrot
Purpur	Hellgrün
Dunkelgrün	Cyan
Dunkelcyan	Blau
Dunkelblau	Magenta
Gelb	Hellbraun
Grau	Hellgrau

Darstellung von Brüchen

Neu bei der Version 3.0 ist die Möglichkeit, Brüche auch als solche darzustellen. Ihnen stehen dazu die beiden Standardformate "# ?/?" und "# ??/??" zur Verfügung. Mit diesen beiden Formaten sind Sie in der Lage, Brüche mit zwei- oder dreistelligen Zählern und Nennern in Ihrer Tabelle zu verwenden bzw. Dezimalbrüche in Bruchstrichdarstellung umformen zu lassen.

Wem das noch nicht genügt, der kann durch Definition eines eigenen Formats in der Form "# ????/????" die Anzahl der möglichen Stellen für Zähler und Nenner noch bis auf vier erhöhen. Bei der Definition sind Ihnen für die Anzahl der möglichen Stellen keine Grenzen gesetzt. Excel stellt in der Tabelle jedoch nur Brüche mit maximal vier Stellen für Zähler und Nenner dar.

Maximal vier Stellen werden angezeigt

Auch bei diesem Zahlenformat wirkt sich das vorangestellte Nummernzeichen (#) wieder auf die Darstellung von Nullwerten aus. Mit dem Nummernzeichen wird in einem Feld mit dem Wert 0 auch die 0 dargestellt. Lassen Sie bei eigenen Kreationen dieses Zeichen weg, stellt Excel Nullwerte als 0/1 sprich: Null Eintel oder auch Null Ganze dar.

Darstellung der Nullwerte

Gestalten der Tabelle

Zahlen und Texte kombinieren

Zahlenformate mit Maßeinheiten

Bei den Währungsformaten haben wir es mit einer Kombination von Zahlen und Buchstaben zu tun. Diese Kombination ermöglicht es, dennoch mit diesen Zahlen zu rechnen. Wie der Name schon sagt, dienen die Währungsformate lediglich zur korrekten Darstellung von Währungsbeträgen. Was können Sie aber tun, wenn es um andere Maßeinheiten wie Meter, Kilogramm, Stück etc. geht?

Die Lösung liegt auf der Hand: Sie müssen eigene Formate definieren, die die Darstellung solcher Texte im gleichen Feld, in dem auch der Wert steht, zulassen. Weiter oben haben Sie vielleicht schon gelesen, daß es möglich ist, anstelle einer Zahl auch Texte in Abhängigkeit vom eingegebenen Wert in das Feld eintragen zu lassen. Realisiert wurde dies, indem Sie den gewünschten Text einfach in Anführungszeichen in den entsprechenden Abschnitt des Zahlenformats geschrieben haben. Sehr viel anders ist unser jetziges Problem auch nicht zu lösen.

"km" soll als Maßeinheit verwendet werden

Um z.B. die Maßeinheit "km" hinter einen Wert, der in ein bestimmtes Feld eingetragen wurde, zu schreiben, definieren Sie folgendes Zahlenformat:

    0,0 "km"

Dieses Zahlenformat bewirkt, daß z.B. bei der Eingabe einer 9 der Wert 9,0 km im betreffenden Feld erscheint.

Zahlenformate mit Sperrzeichen (Schecksterne)

Gerade beim Ausfüllen von Schecks oder sonstigen Formularen werden gerne Sperrzeichen verwendet, um zu vermeiden, daß jemand den ausgewiesenen Geldbetrag um eine oder gar mehrere Stellen vor dem Komma vergrößert. Auf Schecks werden sehr häufig Sterne oder Bindestriche als Sperrzeichen verwendet, um den Platz, der vor der ersten Stelle bleibt, auszufüllen. Diesen einfachen Schutz bietet Ihnen auch Excel, wenn Sie ein Wiederholungszeichen in Ihre Formatdefinition aufnehmen. Zwei Zahlenformate, die diese Aufgabe erfüllen, wären die folgenden beiden:

Zahlenformat	Feldeintrag
DM **#.##0,00	DM **********23,00

oder

DM *-#.##0,00	DM ------------------23,00

Das verwendete Wiederholungszeichen ist der Stern selbst. Wiederholt wird das erste Zeichen, das auf den ersten Stern folgt. Dieses Zeichen wird sooft in das betreffende Feld geschrieben, bis es vollständig ausgefüllt ist. Das erste Format verwendet "*" und das zweite Format "-" als Sperrzeichen.

Zahlenformate mit Trennstrichen

Ein weiteres, etwas spezielleres Problem stellt sich bei der Darstellung von Telefonnummern im Arbeitsblatt. Die gängige Darstellung von Telefonnummern im täglichen Leben ist die, daß man Ländervorwahl, Ortsvorwahl und die eigentliche Telefonnummer entweder durch Bindestriche, Schrägstriche oder Leerzeichen trennt. Diese Darstellung bedarf aber in Excel einer besonderen Formatdefinition, die für die drei genannten Möglichkeiten auch noch etwas unterschiedlich ist.

Zahlenformate für Telefonnummern

Bei der Definition des Formates für die Darstellung der Telefonnummer mit Bindestrichen legen Sie fest, wieviele Stellen die einzugebende Telefonnummer hat. Dann legen Sie fest, wie diese Stellen für Ländervorwahl, Ortsvorwahl und Teilnehmeranschluß zu gruppieren sind. Für Deutschland und Düsseldorf sind 3 Stellen für die Ländervorwahl, 4 Stellen für die Ortsvorwahl und 7 Stellen für den Teilnehmeranschluß eine gängige Größenordnung. Da Telefonnummern selbstverständlich keine Nullenunterdrückung dulden, verwenden wir im folgenden Zahlenformat die Null als Platzhalter für eine Stelle der Telefonnummer.

Wie lang dürfen die Telefonnummern werden

```
000-0000-0000000
```

Dieses Zahlenformat gruppiert eine Eingabe der Form 04902113100156 so, daß wieder eine lesbare Telefonnummer daraus wird, die im Arbeitsblatt als 049-0211-3100156 dargestellt wird.

Schrägstriche oder Leerzeichen als Trennzeichen

Um Schrägstriche oder Leerzeichen zur Trennung der einzelnen Nummern zu verwenden, müssen diese Zeichen als Text in das Zahlenformat eingetragen werden. Die Formatdefinition sieht dann so aus:

```
000"/"0000"/"0000000        049/0211/3100156
```

oder

```
000" "0000" "0000000        049 0211 3100156
```

Gestalten der Tabelle

Die Schrägstriche oder Leerzeichen werden mit Anführungszeichen eingefaßt, um sie als Text kenntlich zu machen, der in die Zahlenreihe eingefügt werden soll.

Nicht nur für Telefonnummern interessant

Diese Art der Nummernaufbereitung ist natürlich nicht nur für Telefonnummern, sondern auch für Kundennummern, Artikelnummern, Auftragsnummern usw. interessant, kurz für alle Nummern, die entweder sehr lang sind und gruppiert werden oder die Kennbuchstaben enthalten.

Erstellen eigener Währungsformate

Währungsformate unterscheiden sich von den reinen Zahlenformaten eigentlich nur durch das voran- oder nachgestellte Währungssymbol. Alles, was Sie in den vorangegangenen Abschnitten bezüglich Dezimalstellen, Tausendertrennzeichen, Farbgebung, Stellung des Vorzeichens und Nullenunterdrückung gelesen haben, gilt natürlich in gleichem Maße für Währungsformate.

Stellung des Währungssymbols

Hinzu kommt natürlich die Angabe und Stellung des Währungssymbols. Hierbei können Sie frei entscheiden, ob das Währungssymbol vor oder hinter dem Betrag und mit oder ohne Leerzeichen dargestellt werden soll. Die Standardformate positionieren das Währungssymbol anhand einer Format-Einstellung in der Systemsteuerung vor den Werten; möchten Sie davon abweichen, müssen Sie selbst aktiv werden, indem Sie z.B. solche Formate anlegen:

    #.##0,00 DM;-#.##0,00 DM

oder (um negative Werte in roter Farbe auf den Bildschirm zu bringen)

    #.##0,00 DM; [Rot]-#.##0,00 DM

Währungssymbole aller Länder

Sie können die Währungssymbole aller Länder verwenden, die Ihnen in der Ländereinstellung der Windows-Systemsteuerung zur Verfügung stehen. Das Standard-Währungsformat und seine Stellung sind abhängig von dem Land und Format, die in der Systemsteuerung gewählt wurden.

Genau wie bei allen anderen Formaten können Sie auch bei den Währungsformaten aus 16 verschiedenen Farben wählen. Wie oben schon erwähnt, kann die Farbgebung auch in Abhängigkeit vom Wert des Betrags gestellt werden.

Erstellen eigener Datumsformate

Bei den Datumsformaten gibt es ebenfalls eine Reihe von Möglichkeiten, eigene Formate anzulegen. Die vier Standard-Datumsformate stellen lediglich einen Grundstock dar, der bei Bedarf und mit einigen grundlegenden Kenntnissen erweitert werden kann.

Die Standard-Datumsformate stellen Ihnen lediglich zweistellige Jahreszahlen zur Verfügung. Möchten Sie jedoch vierstellige Jahresangaben in der Tabelle darstellen, können Sie die Standardformate in der folgenden Form verändern:

Zweistellige oder vierstellige Jahreszahlen

    T.M.JJJJ

oder

    T.MMM.JJJJ

oder

    MMM JJJJ

Durch die Angabe von vier großen "J" bewirken Sie die vierstellige Anzeige der Jahreszahl.

Die gängigste Darstellung des Datums ist unter Excel das Format T.M.JJ. Dieses Standardformat stellt ein Datum wie den 4. April 1991 in der Form "4.4.91" dar. Datumsangaben müssen aber oft mit zweistelligen Tages- und Monatsangaben gemacht werden, also: "04.04.91". Sie erreichen dies, indem Sie jeweils ein großes "T" und ein großes "M" zusätzlich in die Formatdefinition aufnehmen. Zum richtigen Ergebnis führt also: TT.MM.JJ

Zweistellige Tages- und Monatsangaben

Um Monatsnamen ausgeschrieben in einem Datum erscheinen zu lassen, geben Sie vier große "M" ein. Das Format T.MMMM JJ würde das Datum 24.12.91 in der Form "24. Dezember 91" erscheinen lassen. Der Punkt zur Trennung der Monate von den Jahren ist an dieser Stelle natürlich nicht mehr nötig und kann weggelassen werden.

Monatsnamen als Text ausgeben

Um auch den Wochentag in die Datumsanzeige zu bringen, ist die Angabe von fünf großen "T" erforderlich. So führt dann das Format TTTTT.MMMM JJJJ zur Anzeige eines Datums in der Form Donnerstag18. April 1991. Um den Wochentag durch ein Komma von der Tageszahl zu trennen, schreiben Sie dieses Komma in Ihr Format: TTTT, T. MMMM JJJJ. Das Ergebnis sieht so aus: "Donnerstag, 18. April 1991". Wem dies zu lang ist, der kann den Wochentag auch abkürzen, indem er ein "T" weniger angibt: Das Format TTT, T. MMMM JJJJ führt zur folgenden Anzeige:

Anzeige des Wochentags

    "Don, 18. April 1991"

Farbige Datumsformate

Wie bei allen anderen Formaten können auch Datumsformate in den 16 oben bereits genannten Farben dargestellt werden, wenn die Farbe in ekkigen Klammern mit in die Formatdefinition aufgenommen wird. Zum Beispiel: [Cyan]TTTT, TT. MMMM JJJJ

Ein Beispiel zur Zusammenfassung

Anhand der unten abgebildeten Beispieltabelle können Sie das, was Sie zuvor über Zahlenformate gelesen haben, nachvollziehen. Geben Sie also zuerst anhand der untenstehenden Abbildung die Beispieltabelle ein.

Diese Beispieltabelle sieht zur Zeit noch etwas unansehnlich aus, soll aber während Ihrer Arbeit mit dem Kapitel 8 Stück für Stück formatiert und aufbereitet werden. Zuerst besteht Ihre Aufgabe darin, die Zahlen und Daten der Tabelle in das richtige Format zu bringen. Das Datum im Feld E3 soll in der Form "Samstag, 2.März 1991" erscheinen. Um dies zu erreichen, müssen Sie das eigene Zahlenformat "TTTT, T.MMMM JJJJ" anlegen und dem Feld E3 zuweisen. Die Daten in den Feldern B5 und C5 sollen lediglich den Tag und den Monat zweistellig anzeigen. Auch hierzu ist ein eigenes Format in der Form "TT.MM" erforderlich.

Die Kurse der Aktien in den Feldern B6:C14 sollen als Währungsbeträge mit Tausendertrennzeichen und zwei Dezimalstellen in der Tabelle stehen. Dazu muß kein neues Format angelegt werden, es genügt die Auswahl des richtigen Standardformats.

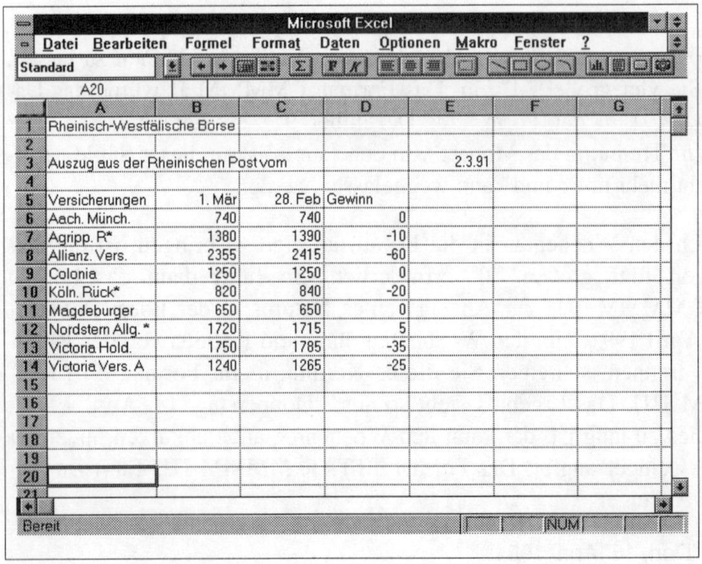

	A	B	C	D	E	F	G
1	Rheinisch-Westfälische Börse						
2							
3	Auszug aus der Rheinischen Post vom				2.3.91		
4							
5	Versicherungen	1. Mär	28. Feb	Gewinn			
6	Aach. Münch.	740	740	0			
7	Agripp. R*	1380	1390	-10			
8	Allianz. Vers.	2355	2415	-60			
9	Colonia	1250	1250	0			
10	Köln. Rück*	820	840	-20			
11	Magdeburger	650	650	0			
12	Nordstern Allg.*	1720	1715	5			
13	Victoria Hold.	1750	1785	-35			
14	Victoria Vers. A	1240	1265	-25			

Abb. 69: Die Beispieltabelle

Zu guter Letzt müssen dann noch die Werte in den Feldern D6:D14, die die Kursgewinne bzw. -verluste zum Vortag ausweisen, so formatiert werden, daß Währungssymbole in den Feldern stehen und negative Kursänderungen zur besonderen Kenntlichmachung in Rot erscheinen. Auch diese Aufgabe wird von einem Standardformat geleistet, das Sie nur aus der Liste im Dialogfeld *Zahlenformat* auswählen müssen.

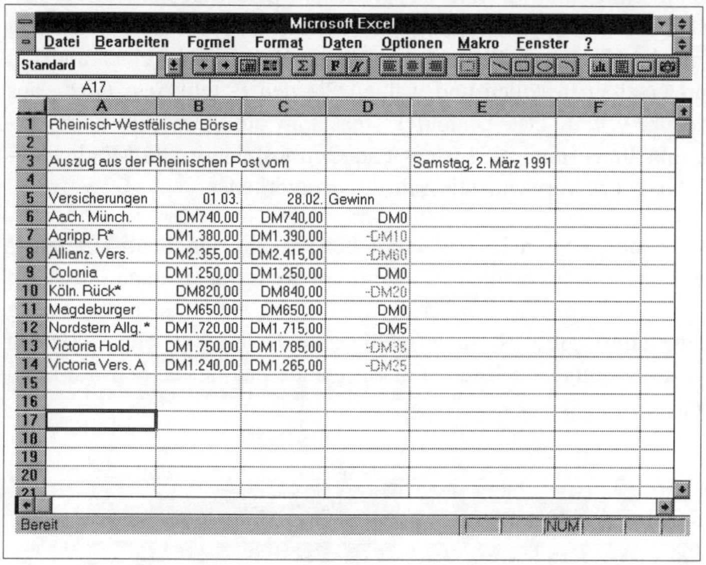

	A	B	C	D	E	F
1	Rheinisch-Westfälische Börse					
2						
3	Auszug aus der Rheinischen Post vom				Samstag, 2. März 1991	
4						
5	Versicherungen	01.03.	28.02.	Gewinn		
6	Aach. Münch.	DM740,00	DM740,00	DM0		
7	Agripp. R*	DM1.380,00	DM1.390,00	-DM10		
8	Allianz. Vers.	DM2.355,00	DM2.415,00	-DM60		
9	Colonia	DM1.250,00	DM1.250,00	DM0		
10	Köln. Rück*	DM820,00	DM840,00	-DM20		
11	Magdeburger	DM650,00	DM650,00	DM0		
12	Nordstern Allg.*	DM1.720,00	DM1.715,00	DM5		
13	Victoria Hold.	DM1.750,00	DM1.785,00	-DM35		
14	Victoria Vers. A	DM1.240,00	DM1.265,00	-DM25		

Abb. 70: Das Ergebnis

8.2 Die Schriftarten

Eine Tabelle gliedert sich zumeist in mehrere Bereiche, wie z.B. Überschrift, Spalten- und Zeilentitel, die Werte der Tabelle, Summen usw. Wenn alle diese Bereiche in der gleichen Schriftart dargestellt sind, fehlt es oft an Übersichtlichkeit, und man muß genau hinsehen, um das, was man gerade liest, auch richtig einzuordnen. Abgesehen davon wäre eine solche Tabelle aufgrund der fehlenden Aufbereitung sicherlich nicht dazu geeignet, sie auch anderen einmal vorzulegen.

Beliebig viele Schriftarten

Excel bietet jedoch eine Reihe von Schriftarten, -größen und -attributen an, mit denen Sie Ihre Tabellen etwas attraktiver gestalten können. Mit der Version 3.0 haben Sie die Möglichkeit, beliebig viele Schriftarten in einer Tabelle zu verwenden. Man kann sicherlich nicht behaupten, daß eine Tabelle umso übersichtlicher ist, je mehr unterschiedliche Schriftar-

Gestalten der Tabelle

ten darin verwendet werden. Dennoch werten eine etwas größere Überschrift und die Hervorhebung besonderer Zahlen die äußere Erscheinung einer Tabelle enorm auf.

Auswahl einer Schriftart

Der Befehl Schriftart...

Jeder Feldeintrag kann in einer ausgesuchten Schriftart dargestellt werden. Die Verfahrensweise ist auch bei dieser Art der Feldformatierung sehr einfach: Markieren Sie das Feld (oder die), die in einer anderen Schriftart erscheinen sollen und wählen Sie den Befehl *Schriftart...* aus dem Menü *Format*. Das Dialogfeld, das nun auf dem Bildschirm erscheint, gibt Ihnen nun mit Listen- und Optionsfeldern alle Möglichkeiten, auf die neu zu verwendende Schrift einzuwirken.

... und Schriftgröße

Aus den beiden oberen Listenfeldern können Sie nun Schriftart und -größe wählen. Da die Namen der Schriften wenig über deren Aussehen wissen lassen und man sich unter der Größenangabe 10 auch sehr wenig vorstellen kann, gibt es auch in diesem Dialogfeld einen kleinen "Monitor", der einige Buchstaben in der gerade markierten Schriftart und -größe darstellt.

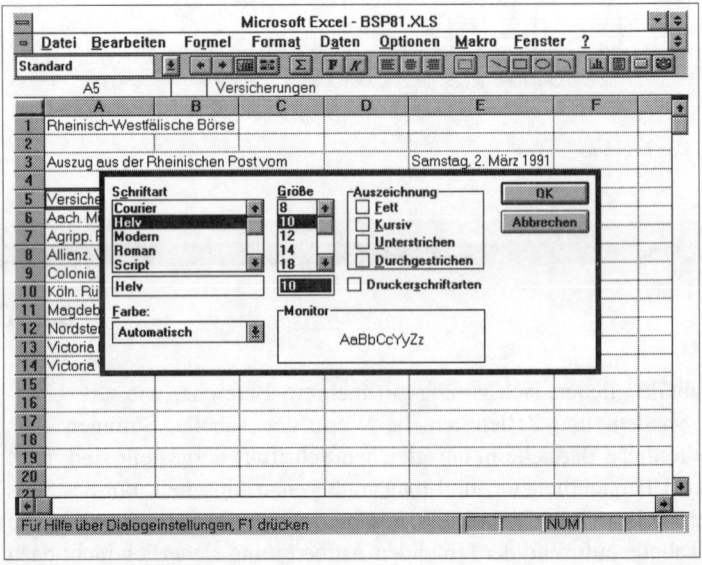

Abb. 71: Das Dialogfeld Schriftart

Schriftattribute sind einstellbar

Haben Sie sich für eine Schriftart in einer bestimmten Größe entschieden, bleibt noch die Frage, ob der oder die Feldinhalte normal, fett, unterstrichen oder durchgestrichen angezeigt werden sollen. Um eines dieser Schriftattribute zu wählen, finden Sie vier rechteckige Optionsfelder, die

Sie durch Mausklick oder durch Eingabe des unterstrichenen Buchstabens in Kombination mit der Taste `Alt` markieren können.

Der Schriftartmonitor zeigt auch hier die von Ihnen gewählten Schriftattribute an. Sie können sich also anhand dieser Vorausschau ein relativ realistisches Bild vom Aussehen Ihrer gewählten Schriftart machen.

Die letzte Auswahl, die Sie jetzt noch treffen müssen, ist die Farbe, in der die Schrift auf dem Bildschirm erscheinen bzw. wie sie später vielleicht auch gedruckt werden soll. Auch an dieser Stelle haben Sie 16 verschiedene Farben in einem Listenfeld zur Auswahl.

Sechzehn verschiedene Schriftfarben

Das Listenfeld öffnet sich jedoch erst dann, wenn Sie mit der Maus auf den nach unten zeigenden Pfeil links neben dem Eingabefeld klicken oder mit der Tastenkombination `Alt`+`F` das Eingabefeld aktivieren und dann `Alt`+`↓` drücken. Aus der geöffneten Liste können Sie nun die gewünschte Farbe wählen und sich das Erscheinungsbild Ihrer Schrift auf dem "Monitor" ansehen. Wenn Sie mit Ihren Einstellungen zufrieden sind, betätigen Sie die Schaltfläche *OK*, oder drücken Sie `Return`, um den Befehl zu beenden und die zuvor markierten Felder mit der neuen Schriftart zu versehen.

Bildschirmschriften und Druckerschriftarten

Sicherlich haben Sie bereits bei ersten Versuchen mit dem Befehl *Schriftart...* das Optionsfeld *Druckerschriftarten* im Dialogfeld zu diesem Befehl bemerkt und sich vielleicht gefragt: Was gibt es den noch für Schriftarten?

Man unterscheidet zwischen Bildschirmschriften und Druckerschriftarten. Bildschirmschriften sind die Schriftarten und -größen, die auf dem Bildschirm dargestellt werden können. Die Darstellbarkeit einer Schrift auf dem Bildschirm läßt jedoch keine Rückschlüsse darauf zu, ob diese Schrift auch von Ihrem Drucker gedruckt werden kann.

Bildschirmschriften

Druckerschriftarten sind die Schriftarten und -größen, die Ihr Drucker zu Papier bringen kann, was jedoch nicht heißen muß, daß Ihr Bildschirm Ihnen diese Schriften auch zeigen kann.

Druckerschriftarten

Welche Schriftarten stehen zur Verfügung?

Um nun herauszufinden, welche Schriftarten von welchem Peripheriegerät dargestellt oder nicht dargestellt werden können, stellt Ihnen Excel das Optionsfeld *Druckerschriftarten* zur Verfügung.

Gestalten der Tabelle

Das Optionsfeld Druckerschriftarten

Wenn dieses Optionsfeld markiert, die Option also eingeschaltet ist, erscheinen im Listenfeld nur die Schriftarten, die der Drucker auch drucken kann. Diese Liste ist vom installierten Drucker abhängig.

Ist das Optionsfeld *Druckerschriftarten* nicht markiert, so sehen Sie im Listenfeld nur die Schriftarten, die auf dem Bildschirm dargestellt werden können.

Um sicher zu gehen und sich alles, was später gedruckt werden soll, auch auf dem Bildschirm ansehen zu können, sollten Sie nur Schriftarten verwenden, die sowohl auf dem Bildschirm als auch auf dem Drucker ausgegeben werden können.

Halten Sie sich nicht an diese strenge Regel, müssen Sie ein paar Unbequemlichkeiten in Kauf nehmen.

Verwendung von Ersatzschriften

Haben Sie z.B. eine Druckerschriftart gewählt, die auf dem Bildschirm nicht angezeigt werden kann, so tappen Sie bis zum Ausdruck Ihrer Tabelle im Dunkeln, wie sie denn nun wirklich aussieht, denn Excel verwendet Ersatzschriften wie z.B. Courier anders, um so formatierte Feldeinträge dennoch auf den Bildschirm zu bringen. Gedruckt wird natürlich im richtigen Format.

Schwierigkeiten bei der Umsetzung

Größere Schwierigkeiten kann es geben, wenn Sie sich für eine Bildschirmschriftart entscheiden, die Ihr Drucker nicht drucken kann. In diesem Fall sind Sie unter Umständen der Meinung, Ihre Tabelle sei hervorragend gelungen, zum Zeitpunkt des Ausdrucks stellt sich aber ein böse Enttäuschung heraus, da Excel auch hier eine andere, dem Drucker bekannte Schriftart statt der von Ihnen ausgesuchten gewählt hat.

Noch schwerwiegender sind die Folgen, wenn Sie sehr viel Information auf ein Blatt Papier bringen wollten und sich aus diesem Grund für eine kleine Schriftart entschieden haben, die Ihr Drucker jedoch nicht drucken kann.

Wenn Sie sich den Ausdruck ansehen, werden Sie feststellen, daß nicht nur die Schriftart von Excel ersetzt worden, sondern auch Ihre gesamte, sorgfältig ausgeklügelte Seitenaufteilung dabei verlorengegangen ist.

Schützen Sie sich vor solchen Pannen, indem Sie vor Ihrer Arbeit prüfen, ob die Schriften, die Sie in einem Arbeitsblatt verwenden wollen, auch von Ihrem Drucker unterstützt werden.

Gestalten der Tabelle

Schnelle Formatierung über die Formatierungsleiste

Wer eine Maus besitzt, kann die häufig eingesetzten Schriftattribute "Fett" und "Kursiv" auch wesentlich schneller einem Feldeintrag zuweisen als es über den Befehl *Schriftart...* aus dem Menü *Format* möglich ist. Zur schnellen Zuweisung dieser beiden Attribute finden Sie in der Formatierungsleiste zwei Buttons, von denen einer mit einem fettgedruckten "F" und der andere mit einem kursivgestellten "K" gekennzeichnet ist. Das "F" steht für "fett" und das "K" für "kursiv". Zuvor markierte Felder erhalten diese Schriftattribute bei Betätigung des entsprechenden Buttons der Formatierungsleiste.

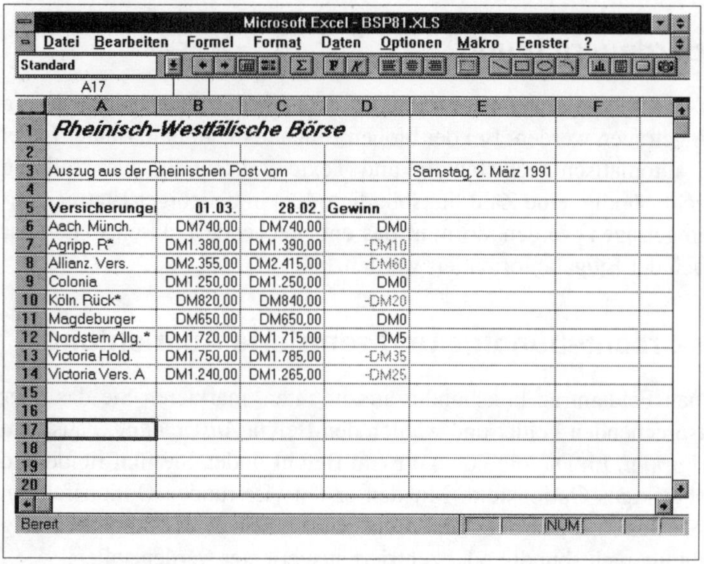

Die Buttons "Fett" und "Kursiv"

Abb. 72: Das Ergebnis

Um die in diesem Kapitel gelesenen Informationen nun auch in die Tat umzusetzen, sollten Sie bestimmte Feldeinträge in der unten abgebildeten Beispieltabelle, an der Sie bereits den Umgang mit Zahlenformaten geübt haben, mit anderen Schriftformaten versehen.

Ein Beispiel

Die Aufgabe, die Sie erledigen sollen, ist erstens, die Tabellenüberschrift im Feld A1 in Helvetica 14 fett und kursiv darzustellen, und zweitens, die Spaltentitel der Tabelle in den Feldern A5:D5 durch Fettdruck etwas hervorzuheben.

207

8.3 Ausrichtung der Einträge

Nachdem Sie nun schon eine Menge über Zahlenformate und Schriftarten gelesen haben, soll an dieser Stelle die nächste Möglichkeit zur Gestaltung Ihrer Tabelle vorgestellt werden, die Ausrichtung von Feldeinträgen. Unter *Ausrichtung der Einträge* versteht man die Position eines Textes oder einer Zahl in einem Feld. Excel positioniert alle Einträge anhand von Standards, gibt Ihnen aber eine Reihe von Möglichkeiten, im nachhinein noch Einfluß darauf zu nehmen.

Standardausrichtung

Zahlen rechtsbündig, Texte linksbündig

Zahlen und Texte können linksbündig, rechtsbündig und zentriert in ein Feld eingetragen werden. Bei der bloßen Eingabe in ein Feld richtet Excel Zahlen automatisch rechtsbündig und Texte linksbündig aus. Soll ein Text rechtsbündig, eine Zahl linksbündig oder ein beliebiger Eintrag zentriert eingetragen werden, so muß das entsprechende Feld entweder vor oder nach der Eingabe formatiert werden.

Links-, rechtsbündige und zentrierte Ausrichtung

Der Befehl Ausrichtung...

Um einen Feldeintrag linksbündig auszurichten, markieren Sie das oder die entsprechenden Felder und wählen den Befehl *Ausrichtung...* aus dem Menü *Format*. Im Dialogfeld zu diesem Befehl finden Sie fünf runde und ein rechteckiges Optionsfeld. Mit den ersten vier runden Optionsfeldern legen Sie fest, ob das oder die zuvor markierten Felder standardmäßig linksbündig, rechtsbündig oder zentriert ausgerichtet werden sollen.

Ausfüllen

Wiederholung eines Zeichens

Die Option *Ausfüllen* hat eine andere Funktion, die weniger mit der Ausrichtung als mit der Wiederholung eines Feldeintrages zu tun hat. Bei eingeschalteter Option *Ausfüllen* werden die in einem Feld eingetragenen Zeichen sooft wiederholt, bis das Feld damit vollständig ausgefüllt ist. Hat das benachbarte Feld zur Rechten noch keinen Eintrag und ebenfalls das Format *Ausfüllen*, so wird auch dieses Feld noch mit ausgefüllt.

Gestalten der Tabelle

Zeilenumbruch

Wenn Sie in Ihrer Tabelle große Schriftarten verwendet haben, passen sich die Zeilen, in denen diese Schriftarten auftauchen, in ihrer Höhe an. Je nach Größe einer Schriftart ist es möglich, daß in einem Feld dieser Zeile durchaus mehrere Zeilen Text in einer kleineren Schriftart Platz hätten.

Darstellung von Texten in großen Feldern

Unter normalen Umständen ist es jedoch nicht möglich, ein Feld mit mehreren Zeilen Text zu füllen. Um dies dennoch zu erreichen, muß die Option *Zeilenumbruch* eingeschaltet werden. Wie Sie in der untenstehenden Abbildung sehen, ist es jetzt auch möglich, ein Feld mehrzeilig mit Text zu füllen.

Mehrzeiliger Text in einem Feld

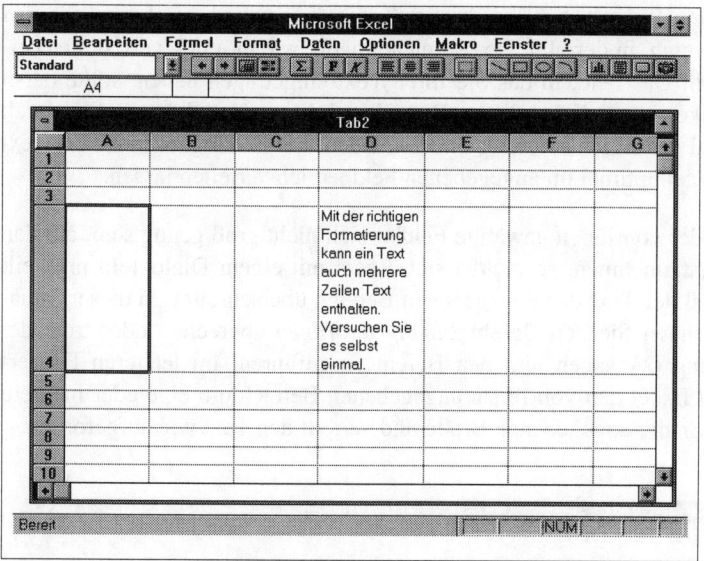

Abb. 73: *Mehrere Zeilen Text in einem Feld*

Eine wesentliche schnellere Ausrichtung erreichen Sie, wenn Sie eine Maus besitzen und die Buttons der Formatierungsleiste benutzen. Ziemlich genau in der Mitte der Formatierungsleiste finden Sie rechts neben den Buttons für Fett- bzw. Kursivdruck drei weitere Buttons, auf denen symbolisch einige Zeilen Text in verschiedenen Ausrichtungen abgebildet sind. Bei Betätigung eines dieser drei Buttons werden der oder die zuvor markierten Feldeinträge linksbündig, rechtsbündig oder zentriert ausgerichtet.

Ausrichtung mit den Buttons der Formatierungsleiste

Gestalten der Tabelle

Verteilung längerer Texte in einem Zellbereich

Wenn längere Texte mit mehreren Zeilen Umfang Ihre Tabelle dokumentieren sollen, müssen Sie Text auf mehrere Felder verteilen. Da Excel keine Textverarbeitung, sondern eine Tabellenkalkulation ist, müssen Sie beim Schreiben dieser Texte schon selbst darauf achten, wann Sie eine neue Zeile beginnen und wie gleichmäßig Ihr Text auf mehrere Zeilen verteilt wird.

Der Befehl "Bündig anordnen"

Eine automatische Unterstützung bietet Excel Ihnen dabei nicht, doch können Sie sich mit dem Befehl *Bündig anordnen* aus dem Menü *Format* weiterhelfen. Schreiben Sie einfach den gewünschten Text in ein einziges Tabellenfeld, gleichgültig, ob er dort hineinpaßt oder nicht.

Nachdem Sie mit der Eingabe des Textes fertig sind, markieren Sie den Feldbereich, in dem Ihr Text so gleichmäßig wie möglich verteilt erscheinen soll. Das Feld, in das Sie Ihren Text eingetragen haben, sollte dabei die linke, obere Ecke dieses Bereiches bilden. Jetzt können Sie durch Anwahl des Befehls *Bündig anordnen* den von Ihnen geschriebenen Text von Excel optimal im angegebenen Feldbereich verteilen lassen.

Sollte der von Ihnen gewählte Feldbereich nicht groß genug sein, um den Text aufzunehmen, so meldet sich Excel mit einem Dialogfeld und teilt mit, daß der Text den angegebenen Bereich überschreitet. In dieser Situation können Sie den Befehl *Bündig anordnen* abbrechen oder trotz der Warnung *OK* sagen, um den Befehl auszuführen. Im letzteren Fall erweitert Excel den von Ihnen angegebenen Bereich um eine oder mehrere Zeilen in der angegebenen Breite und verteilt den Text wie aufgefordert.

8.4 Farbliche Gestaltung von Feldern

Die Möglichkeiten, die Excel zur farblichen Gestaltung von Feldern bietet, sind mit der Version 3.0 wesentlich umfangreicher geworden. So können Felder nicht nur mit unterschiedlichen Mustern schraffiert, sondern auch noch in unterschiedlichen Farben dargestellt werden. Selbst die Schraffuren sind in der Farbgebung frei gestaltbar.

Anwendungsmöglichkeiten für farbig gestaltete Felder kennen Sie eigentlich zur Genüge aus dem täglichen Leben. Erinnern Sie sich nur an farbige Übersichtstabellen in Reisebürokatalogen oder an Verkaufsbroschüren usw. Sinnvolle Anwendungen gibt es sicherlich unzählige, dennoch macht es uns im Rahmen dieses (schwarz-weiß gedruckten) Buches einige Schwierigkeiten, Ihnen farblich gut gestaltete Tabellen vorzuführen. In diesem Kapitel sind also vielleicht etwas mehr als sonst auch Ihre

Gestalten der Tabelle

Phantasie und Ihr Erfindergeist gefordert, um die gelesenen Informationen in Ihren Tabellen umzusetzen.

Schraffuren

Auch hier sollte man sich bereits vor Beginn der Gestaltung darüber klar werden, ob die Tabelle nur auf dem Bildschirm oder auch in ausgedruckter Form gelesen werden soll. Solange Sie Tabellen erstellen, die nur auf dem Bildschirm betrachtet werden, können Sie Schraffuren sehr gut einsetzen, um Feldeinträge zu hinterlegen oder um leere Felder zur Aufteilung Ihrer Tabelle zu benutzen.

Soll die Tabelle auch gedruckt werden, müssen Sie darauf achten, ob die zur Betonung von Feldeinträgen verwendeten Schraffuren nicht zur Unleserlichkeit der Feldeinträge führen. Wenn Sie mit einem Nadeldrucker arbeiten, kann ein Feldeintrag durch eine Schraffur sehr schnell unleserlich werden. Haben Sie jedoch einen Laserdrucker zur Verfügung, fällt das gedruckte Ergebnis wesentlich lesbarer aus. Gleiches gilt auch für die Umsetzung der auf dem Bildschirm vielleicht noch sehr brillant wirkenden Farben in Graustufen auf Papier.

Auf Lesbarkeit achten

Um ein oder mehrere Felder zu schraffieren, müssen diese zuerst markiert werden, bevor Sie den Befehl *Muster...* aus dem Menü *Format* wählen. Im Dialogfeld zu diesem Befehl finden Sie drei Eingabefelder, die mit Listenfeldern verknüpft sind.

Auswahl der Schraffur-Muster

In diesem Eingabefeld geben Sie bekannt, mit welcher Schraffur Sie das markierte Feld versehen wollen. Nachdem Sie das Listenfeld geöffnet haben, können Sie sich für keine Schraffur, einen Vollton oder eine andere der zur Verfügung stehenden Schraffuren entscheiden.

Das Eingabefeld Muster

Keine Schraffur bedeutet, daß das Feld weiß bleibt. Die Anwahl des Volltons führt dazu, daß das Feld vollständig schwarz erscheint. Sie können dies bereits im Dialogfeld anhand des Monitors in der unteren, rechten Ecke nachvollziehen. Alle anderen Muster werden nach Ihrer Auswahl natürlich genauso im Monitor sichtbar.

Farbliche Gestaltung von Schraffuren

Jede Schraffur kann farblich von Ihnen beeinflußt werden, indem Sie die Vorder- und Hintergrundfarbe selbst bestimmen. Eine Ausnahme bildet die Volltonschraffur, hier gibt es keinen Vorder- oder Hintergrund. Für Volltöne bestimmen Sie lediglich, welche Farbe anstatt des Standard-Schwarz verwendet werden soll.

Gestalten der Tabelle

Das Eingabefeld "Vordergrund"
Der Vordergrund einer Schraffur besteht aus den sichtbaren, sprich: gezeichneten Elementen der Schraffur. Haben Sie z.B. eine gepunktete Schraffur gewählt, so sind die Punkte der Vordergrund. In der Liste, die mit dem Eingabefeld *Vordergrund* verknüpft ist, finden Sie 16 Farben, aus denen Sie eine für den Vordergrund Ihrer Schraffur wählen können. Die Einstellung *Automatisch* sorgt für einen schwarzen Vordergrund.

Das Eingabefeld "Hintergrund"
Entsprechend bezeichnet *Hintergrund* alles, was nicht gezeichnet ist. Die mit dem Eingabefeld *Hintergrund* vernüpfte Liste bietet ebenfalls eine Auswahl aus 16 Farben. Der Punkt *Automatisch* steht für einen weißen Hintergrund. Wählen Sie eine dieser Farben, und sehen Sie sich das Ergebnis Ihrer Einstellungen vorab schon einmal auf dem Monitor des Dialogfeldes an. Haben Sie ein Volltonmuster gewählt, so hat die Auswahl einer Hintergrundfarbe keine Bedeutung, da es keinen Hintergund gibt.

Wenn Sie zufrieden sind, reicht hier wieder ein Druck auf die `Return`-Taste oder ein Mausklick auf die Schaltfläche *OK*, um den Befehl *Muster* abzuschließen und die zuvor markierten Felder mit der gewählten Schraffur zu versehen.

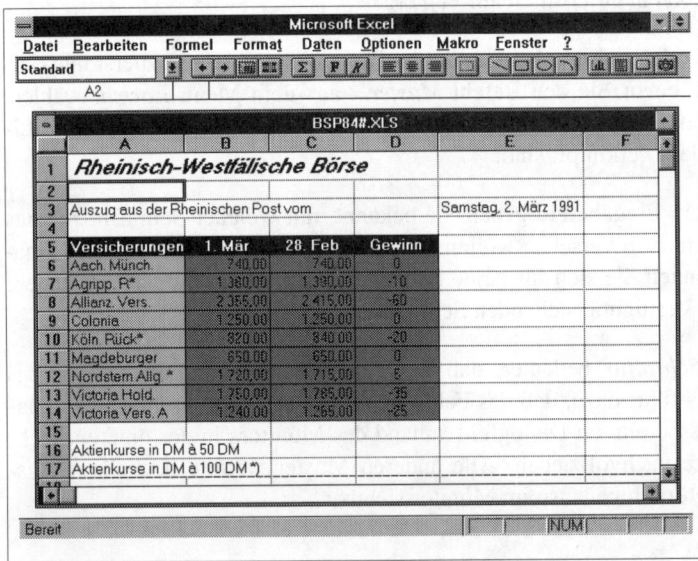

Abb. 74: Das Ergebnis

Wir haben uns überlegt, die Namen der Versicherungen in den Feldern A5:A14 mit der Farbe Cyan zu hinterlegen. Für die Spaltentitel in den Feldern A5:D5 haben wir uns die Farbe Blau ausgesucht und zur besseren Lesbarkeit die Schriftfarbe Weiß gewählt. Der Feldbereich B6:D14, in dem die Kurse der Aktien und die Gewinne zum Vortag zu finden sind,

Gestalten der Tabelle

wurde von uns in der Farbe Magenta dargestellt. Das Ergebnis sieht selbst nach der Umwandlung der Farben in Graustufen noch recht ansprechend aus.

8.5 Umrahmung von Feldern

Ein weiteres Mittel zur Hervorhebung von Feldeinträgen oder Feldbereichen ist die Umrahmung von Feldern. Auch hier ist die Vorgehensweise die gleiche wie bei allen anderen Formatierungsbefehlen auch: Zuerst müssen die zu umrahmenden Felder markiert werden, dann können der Befehl *Rahmenart...* aus dem Menü *Format* gewählt und die entsprechenden Einstellungen im Dialogfeld zu diesem Befehl vorgenommen werden.

Der Befehl Rahmenart...

Das Dialogfeld zum Befehl *Rahmenart...* ermöglicht es Ihnen, auf den Rahmen, die Strichstärke und die Farbe des Rahmens einzuwirken.

Innere und äußere Rahmen

Welcher Rahmen um ein oder mehrere Felder gezogen wird, bestimmen Sie mit den Feldern Gesamt, Oben, Unten, Links und Rechts. *Gesamt* bedeutet, daß der gesamte markierte Feldbereich einen äußeren Rahmen erhält. *Links*, *Rechts* usw. gibt an, welche Seiten eines Feldes des markierten Bereiches einen Rahmen erhalten sollen. *Unten* bedeutet, daß alle markierten Felder einen unteren Rahmen tragen, also unterstrichen werden.

Strichstärke der Rahmen

Welche Strichstärke der zu zeichnende Rahmen haben soll, legen Sie mit den Feldern der Gruppe "Art" fest. Es muß zuerst die gewünschte Strichstärke gewählt und dann die entsprechende Rahmenposition aktiviert werden, um Einfluß zu nehmen.

Ausprägung der Rahmen

Es ist auch möglich, unterschiedliche Rahmenpositionen eines Feldes mit unterschiedlichen Strichstärken zu zeichnen.

Das rechteckige Optionsfeld *Schraffieren* ist wohl noch ein Überbleibsel aus alten Zeiten. Für Anwender früherer Excel-Versionen stellte dieses Optionsfeld die einzige Möglichkeit dar, ein Feld gepunktet zu schraffieren. Wenn eins der ausgewählten Felder eine beliebige Schraffur hat, erscheint bereits dieses Optionsfeld schraffiert, an diesem Zustand sollten

Schraffur

Gestalten der Tabelle

Sie dann auch nichts ändern, weil Sie sich damit die bestehende Schraffur in Ihrer Tabelle zerstören.

Farbe der Rahmen

Zur farblichen Gestaltung der Rahmen stehen die üblichen 16 Farben im Listenfeld *Farbe* zur Verfügung. Die Einstellung *Automatisch* bewirkt auch hier wieder eine schwarze Farbgebung. Nachdem von Ihrer Seite alle Angaben gemacht worden sind, können Sie *OK* klicken oder auf `Return` drücken und das Ergebnis in Ihrer Tabelle bewundern.

8.6 Einstellung der Spaltenbreite

Texte, die länger sind als die Spaltenbreite des Feldes, in das sie eingetragen werden, reichen bis in das nächste Feld hinein, sofern dieses frei ist. Zahlen, die so lang sind, daß sie in einem Feld nicht mehr dargestellt werden können, werden durch eine Reihe kursiv gestellter Nummernzeichen angezeigt. Um derart große Zahlen vollständig anzuzeigen, gibt es nur die Möglichkeit, die Breite der Spalte so zu vergrößern, daß diese Zahlen in einem Feld dargestellt werden können.

Einstellen der Spaltenbreite mit der Tastatur

Um die Automatik bewußt auszuschalten, steht Ihnen der Befehl *Spaltenbreite...* aus dem Menü *Format* zur Verfügung. Hier finden Sie die Möglichkeit, einen Wert für die gewünschte Spaltenbreite einzugeben. Die Spaltenbreite wird in Zeichen angegeben, wobei unter Zeichen hier die nicht proportional dargestellten Zahlen in der Schriftart Helvetica 10 zu verstehen sind.

Die Zahl, die Ihnen im Dialogfeld zum Befehl *Spaltenbreite...* gezeigt wird, ist, sofern Sie vorher keine Veränderungen vorgenommen haben, die Standardbreite in Ihrem Arbeitsblatt. Sie erkennen dies auch an dem markierten Optionsfeld *Standardbreite*.

Einstellen der Spaltenbreite mit der Maus

Als Mausbesitzer können Sie zur Einstellung der Spaltenbreite auf die Anwahl eines Befehls verzichten. Ihre Einstellmöglichkeit besteht in der Verschiebung der Spaltenbegrenzungslinien am oberen Rand des Arbeitsblattes. Klicken Sie einfach auf die rechte Spaltenbegrenzungslinie, halten Sie die Maustaste fest, und ziehen Sie die Linie nach rechts, bis die gewünschte Spaltenbreite eingestellt ist. Zum Verringern der Spaltenbreite muß die rechte Spaltenbegrenzungslinie auf die gleiche Art und Weise nach links geschoben werden. Während der Veränderung der Spaltenbreite bekommen Sie am linken Rand der Bearbeitungszeile die aktuelle Spaltenbreite in Zeichen angezeigt.

Die Standard-Spaltenbreite

Die Standard-Spaltenbreite für Tabellen beträgt 10,71 Zeichen. Woher wir das wissen? Ganz einfach, sehen Sie mit dem Befehl *Spaltenbreite...* aus dem Menü *Format* einfach mal nach. Das Dialogfeld zu diesem Befehl zeigt Ihnen die aktuell eingestellte Spaltenbreite an. War zuvor eine in ihrer Breite unveränderte Spalte ausgewählt, so sieht man, daß im Dialogfeld *Spaltenbreite* die Option *Standard-Spaltenbreite* markiert ist und im Eingabefeld für die Spaltenbreite der Wert 10,71 ausgegeben wird. Der Wert 10,71 steht für die Anzahl der Zeichen, die in der Standard-Schriftart Helvetica 10 in einem Feld dargestellt werden können.

Haben Sie jedoch eine Makrovorlage geladen, so wird die Standardbreite einer Spalte mit dem gleichen Wert angegeben, die Spalte selbst erscheint auf dem Bildschirm jedoch in der doppelten Breite. Dies hängt damit zusammen, daß in Makrovorlagen grundsätzlich der Inhalt der Felder und nicht ein eventuell durch eine Formel oder Funktion errechneter Wert angezeigt wird.

Unterschiedliche Standardbreiten für Tabellen und Makrovorlagen

Da Makrovorlagen in der Hauptsache Makrofunktionen enthalten, dient die Darstellung in doppelter Spaltenbreite der besseren Lesbarkeit Ihrer Makros.

Automatische Anpassung der Spaltenbreite

Insbesondere bei Spalten, die Texte (wie z.B. Namen oder Artikelbezeichnungen) enthalten sollen, ist es oft schwierig, die Breite der Spalte richtig zu definieren. Wenn Sie mehr Einträge in diese Spalte machen möchten, als auf eine Bildschirmseite passen, haben Sie darüber hinaus noch die Schwierigkeit, zu kontrollieren, ob Sie die Spalte wirklich breit genug eingestellt haben.

Mit dem Befehl *Spaltenbreite...* aus dem Menü *Format* können Sie eine Spaltenbreite angeben, wobei Sie allerdings den als Breite anzugebenden Wert immer schätzen und die Richtigkeit des Eintrages im nachhinein prüfen müssen. Eine sehr komfortable Möglichkeit stellt die Anpassung der Spaltenbreite an den breitesten Eintrag dar.

Optimale Spaltenbreite

Diese Automatik machen Sie sich zunutze, wenn Sie die Schaltfläche *Optimale Breite* im Dialogfeld zum Befehl *Spaltenbreite...* betätigen. Excel sucht daraufhin in allen zuvor markierten Spalten den breitesten Eintrag und setzt für die Spaltenbreite einen Wert ein, der selbst diese Einträge, gleich ob Text oder Zahl, vollständig in einem Feld der Spalte sichtbar macht.

Gestalten der Tabelle

Ausblenden und Einblenden einer Spalte

Im Dialogfeld zum Befehl *Spaltenbreite...* finden sich noch zwei weitere Schaltflächen, die dazu dienen, ganze Spalten vom Bildschirm verschwinden zu lassen und bei Bedarf wieder hervorzuholen. Die Rede ist von den Schaltflächen *Ausblenden* und *Einblenden*.

Ausblenden ist ein zeitweises Verbergen

Das Ausblenden einer ganzen Spalte ist dann sinnvoll, wenn die Felder dieser Spalte Informationen enthalten, die nicht immer oder nicht für jeden Betrachter der Tabelle von Bedeutung sind. *Ausblenden* bedeutet also nicht löschen, sondern vielmehr verbergen. Bei Betätigung der Schaltfläche *Ausblenden* geschieht nichts anderes als die Einstellung einer Spaltenbreite von 0. Mit dieser Spaltenbreite werden alle Felder unsichtbar, und sogar der Buchstabe zur Kennzeichnung der Spalte verschwindet aus den Spaltenköpfen des Arbeitsblattes.

Ausgeblendete Spalten werden nicht gedruckt

Bei einem Ausdruck des Arbeitsblattes werden ausgeblendete Spalten selbstverständlich auch nicht gedruckt oder in der Seitenansicht angezeigt.

Aktvieren eines ausgeblendeten Feldes

Ein Feld innerhalb einer ausgeblendeten Spalte kann auch nicht mehr durch Bewegung des Feldzeigers aktviert werden. Der einzige Weg, zu einem solchem Feld zu gelangen, führt über den Befehl *Gehezu...* aus dem Menü *Formel*. In dem dazugehörigen Dialogfeld können Sie natürlich auch ausgeblendete Spalten als Feldbezug angeben. Der Feldzeiger bewegt sich dann auch folgerichtig auf das genannte Feld, verwandelt sich dann aber in einen Strich. Der Eintrag des entsprechenden Feldes wird jedoch in der Bearbeitungszeile angezeigt und kann dort auch editiert werden.

Anzeigen einer ausgeblendeten Spalte

Um eine ausgeblendete Spalte wieder auf den Bildschirm zu holen, gibt es im Dialogfeld zum Befehl *Spaltenbreite...* die Schaltfläche *Einblenden*. Bei Betätigung dieser Schaltfläche werden zuvor markierte, ausgeblendete Spalten wieder zur Anzeige gebracht. Excel erledigt diese Aufgabe, indem die Breite der betreffenden Spalten wieder auf die Standardbreite gesetzt wird.

8.7 Einstellen der Zeilenhöhe

Automatische Einstellung der Zeilenhöhe

Mit der Einstellung der Zeilenhöhe hat der Excel-Anwender wesentlich weniger zu tun als mit der Einstellung der Spaltenbreite. Während sich die Spaltenbreite längeren Feldeinträgen nicht automatisch anpaßt, rea-

Gestalten der Tabelle

giert Excel sofort, wenn Sie ein Feld mit einem höheren Eintrag, d.h. mit einem Eintrag in einer größeren Schriftart, füllen.

Die Begründung ist relativ leicht zu finden. Wenn Sie die Schriftgröße für ein Feld ändern, müssen Sie dies mit dem Befehl *Schriftart...* tun. So erhält Excel also auf jeden Fall Kenntnis von dieser Veränderung, wohingegen längere Feldeinträge nicht mit einem Befehl bekanntgemacht werden müssen, Excel also eigentlich nichts davon erfährt.

Warum gibt es diese Automatik nicht bei der Spaltenbreite?

Um die Automatik bewußt auszuschalten, steht Ihnen der Befehl *Zeilenhöhe...* aus dem Menü *Format* zur Verfügung. Ähnlich wie bei der Spaltenbreite finden Sie hier die Möglichkeit, einen Wert einzugeben. Die Zeilenhöhe wird jedoch nicht in Zeichen, sondern in Punkten angegeben, wobei ein Punkt 1/72 Zoll bedeutet.

Einstellen der Zeilenhöhe mit der Tastatur

Die Zahl, die Ihnen im Dialogfeld zum Befehl *Zeilenhöhe...* gezeigt wird, ist, sofern Sie vorher keine Veränderungen vorgenommen haben, die Standardzeilenhöhe in Abhängigkeit von der gewählten Schriftart. Sie erkennen dies auch an dem markierten Optionsfeld *Standardhöhe*.

Als Mausbesitzer können Sie zur Einstellung der Zeilenhöhe auf die Anwahl eines Befehls verzichten. Ihre Einstellmöglichkeit besteht in der Verschiebung der Zeilenbegrenzungslinien am linken Bildschirmrand. Klicken Sie einfach auf die untere Zeilenbegrenzungslinie, halten Sie die Maustaste fest, und ziehen Sie die Linie nach unten, bis die gewünschte Zeilenhöhe eingestellt ist. Zum Verringern der Zeilenhöhe muß die untere Zeilenbegrenzungslinie auf die gleiche Art und Weise nach oben geschoben werden. Während der Veränderung der Zeilenhöhe bekommen Sie am linken Rand der Bearbeitungszeile die aktuelle Zeilenhöhe in Punkten angezeigt.

Einstellen der Zeilenhöhe mit der Maus

Die Standardzeilenhöhe

Sie haben weiter oben schon gelesen, daß Excel die Zeilenhöhe an die gewählte Schriftgröße anpaßt. So ist die Standardzeilenhöhe also variabel und kann je nach Schriftart unterschiedliche Werte annehmen. Es muß aber irgendeinen Weg zur einheitlichen Berechnung der Standardzeilenhöhe geben. Unsere Berechnungen hatten zum Ergebnis, daß Excel ungefähr 130% der Schriftgröße als Zeilenhöhe einstellt.

Zur Darstellung von Feldeinträgen in einer Schriftgröße von 10 Punkten verwendet Excel eine Zeilenhöhe von 12,75 Punkten. Beträgt die Schriftgröße 24 Punkte, so wird die Zeilenhöhe automatisch auf 30,75 Punkte eingestellt usw.

Zeilenhöhe = 130% der Schriftgröße

217

Gestalten der Tabelle

Selbstverständlich orientiert sich Excel bei der Einstellung der Zeilenhöhe an der größten, in der betreffenden Zeile verwendeten Schriftart.

Mehrere Zeilen Text in einem Feld

Aus den obigen Abschnitten entnehmen Sie, daß Sie sich unter "normalen" Umständen um die Zeilenhöhe überhaupt nicht zu kümmern brauchen. Es gibt jedoch auch Anforderungen an die Formatierung eines Feldes, die eine Einflußnahme notwendig machen.

Wenn Sie, aus welchen Gründen auch immer, einen Text mehrzeilig in einem Feld erscheinen lassen wollen, können Sie mit dem Befehl *Ausrichtung...* die Option *Zeilenumbruch* für das gewählte Feld einschalten.

Auch in diesem Fall bemerkt Excel, daß folgenschwere Veränderungen vor sich gehen werden, und paßt beim Schreiben des mehrzeiligen Feldeintrags die Höhe der Zeile an die Anzahl der in diesem Feld geschriebenen Zeilen an. Sie müssen sich also auch für diesen, schon etwas spezielleren Fall nicht um die Einstellung der Zeilenhöhe kümmern.

Ausblenden und Einblenden einer Zeile

Im Dialogfeld zum Befehl *Zeilenhöhe...* finden sich noch zwei weitere Schaltflächen, die dazu dienen, ganze Zeilen vom Bildschirm verschwinden zu lassen und bei Bedarf wieder hervorzuholen. Gemeint sind die Schaltflächen *Ausblenden* und *Einblenden*.

Ausblenden ist ein zeitweises Verbergen

Das Ausblenden einer ganzen Zeile ist dann sinnvoll, wenn die Felder dieser Zeile Informationen enthalten, die nicht immer oder nicht für jeden Betrachter der Tabelle von Bedeutung sind. *Ausblenden* bedeutet also nicht löschen, sondern vielmehr verbergen. Bei Betätigung der Schaltfläche *Ausblenden* geschieht nichts anderes als die Einstellung einer Zeilenhöhe von 0.

Mit dieser Zeilenhöhe werden alle Felder unsichtbar, und sogar die Zahl zur Kennzeichnung der Zeile verschwindet aus den Zeilenköpfen des Arbeitsblattes.

Ausgeblendete Zeilen werden nicht gedruckt

Bei einem Ausdruck des Arbeitsblattes werden ausgeblendete Zeilen selbstverständlich auch nicht gedruckt oder in der Seitenansicht angezeigt.

Aktivieren eines ausgeblendeten Feldes

Ein Feld innerhalb einer ausgeblendeten Zeile kann auch nicht mehr durch Bewegung des Feldzeigers aktiviert werden. Der einzige Weg, zu einem solchem Feld zu gelangen, führt über den Befehl *Gehezu...* aus dem Menü *Formel*. In dem dazugehörigen Dialogfeld können Sie natürlich auch ausgeblendete Zeilen als Feldbezug angeben. Der Feldzeiger bewegt sich dann auch folgerichtig auf das genannte Feld, verwandelt sich dann aber zu einem Strich. Der Eintrag des entsprechenden Feldes wird jedoch in der Bearbeitungszeile angezeigt und kann dort auch editiert werden.

Um eine ausgeblendete Zeile wieder auf den Bildschirm zu holen, gibt es im Dialogfeld zum Befehl *Zeilenhöhe...* die Schaltfläche *Einblenden*. Bei Betätigung dieser Schaltfläche werden zuvor markierte, ausgeblendete Zeilen wieder zur Anzeige gebracht. Excel erledigt diese Aufgabe, indem die Höhe der betreffenden Zeilen wieder auf die Standardhöhe gesetzt wird.

Anzeigen einer ausgeblendeten Zeile

8.8 Sperren von Feldern

Wenn Sie Arbeitsblätter erstellen, die vielen Benutzern zugänglich sind, laufen Sie ständig Gefahr, daß jemand, absichtlich oder unabsichtlich, Änderungen an Ihrer Tabelle vornimmt. Diese Änderungen können sich positiv und negativ auswirken. Eines ist jedoch klar: Sie haben von diesen Änderungen unter Umständen keine Kenntnis, und wenn Sie sich beizeiten Ihr Arbeitsblatt erneut zur Überarbeitung vornehmen, stellen Sie fest, daß Sie sich selbst nicht mehr auskennen oder irgend etwas nicht mehr so funktioniert, wie es soll.

Excel bietet Schutzmechanismen auf Dateiebene, die es nur unter Kenntnis eines Kennwortes möglich machen, eine Tabelle überhaupt zu laden oder unter dem gleichen Namen, also möglicherweise verändert, abzuspeichern. Für unseren Fall aber helfen diese Mechanismen nicht, denn Sie wollen mehreren Benutzern erlauben, mit Ihrer Tabelle zu arbeiten, Einträge zu machen und diese auch abzuspeichern, aber Ihre Formel möchten Sie unverändert wissen.

Schutzmaßnahmen auf Dateiebene

Für diesen Zweck stellt Excel auch einen Schutz auf Feldebene zur Verfügung. Vielleicht haben Sie bei der Auswahl von Befehlen aus dem Menü *Format* bereits den Befehl *Zellschutz* gesehen. Mit diesem Befehl können unter anderem auch Felder für Eingaben gesperrt werden. Wer neugierig war und diesen Befehl einmal angewählt hat, hat festgestellt, daß alle Felder gesperrt sind, er aber trotzdem jede beliebige Änderung ohne irgendwelche Schwierigkeiten durchführen konnte. Es muß also noch eine Instanz fehlen, die diese Sperre in Kraft setzt.

Schutzmaßnahmen auf Feldebene

Gestalten der Tabelle

Einrichten der Feldsperren

Standardmäßig sind alle Felder eines Arbeitsblattes gesperrt, Sie sind aber trotzdem in der Lage, jedes Feld zu ändern, zu löschen oder zu formatieren. Die Sperre tritt erst in Kraft, wenn Sie sich über den Befehl *Datei schützen...* im Menü *Optionen* dazu entscheiden, *Zellen*, *Objekte* oder *Fenster* gegen jedwede Veränderung zu sperren.

Der Umfang des Schutzes

Über die drei rechteckigen Optionsfelder im Dialogfeld zum Befehl *Datei schützen...* können Sie den Umfang dieses Schutzes noch steuern. Die Option *Zellen* setzt die Feldsperre in Kraft. Diese Sperre verhindert jede Änderung am Inhalt oder Format eines geschützten Feldes.

Die Option "Objekte"

Diese Option muß eingeschaltet werden, wenn Sie verhindern wollen, daß grafische Objekte in Form, Farbe oder Position geändert werden können. Unter dieser Einstellung ist es nicht mehr möglich, ein grafisches Objekt auch nur zu markieren.

Die Option "Fenster"

Über diese Option steuern Sie, ob eine Teilung des Bildschirms oder das Format bzw. die Größe des Arbeistblattfensters geändert werden dürfen. Bei eingeschalteter Option verschwinden das Systemmenü des Arbeitsblattfensters sowie alle Symbole der Titelleiste.

Kennwort erforderlich

Um den Befehl abzuschließen, ist die zweimalige Eingabe eines Kennwortes (maximal 255 Zeichen) erforderlich, einmal zur Festlegung des Kennwortes und einmal zur Bestätigung des Befehls. Denken Sie an dieser Stelle wirklich noch einmal darüber nach, ob Sie die Datei in der aktuellen Form schützen wollen.

Jedes Feld der Tabelle ist standardmäßig gesperrt

Jedes Feld ist per Voreinstellung gesperrt; das bedeutet, daß Sie - sobald Sie die Sperre wirklich in Kraft setzen - in kein Feld der Tabelle mehr einen Eintrag machen können, es sei denn, Sie haben die Felder, für die Sie Einträge zulassen wollen, *zuvor* entsperrt. Denn auch der Befehl *Zellschutz...* ist ein Format-Befehl und steht für gesperrte Felder nicht zur Verfügung.

Erst alles entsperren

In den meisten Fällen ist die sinnvollste Vorgehensweise wohl die, zuerst alle Felder der Tabelle mit dem Befehl *Zellschutz...* aus dem Menü *Format* zu entsperren und dann die Felder wieder mit einer Sperre zu versehen, die Ihrer Meinung nach geschützt werden sollen. Erst wenn Sie diese Festlegung getroffen haben, sollten Sie den Dateischutz in Kraft setzen.

Gestalten der Tabelle

Falls Sie festgestellt haben, daß der Anwender doch etwas mehr Freiheiten haben sollte und Sie Ihren Schutzmechanismus etwas überdenken müssen, können Sie den Dateischutz natürlich auch wieder aufheben und somit auch die Sperren außer Kraft setzen.

Den Befehl zur Aufhebung des Schutzes finden Sie jetzt anstelle des Befehls *Datei schützen...* im Menü *Optionen* jetzt heißt allerdings richtig *Dateischutz aufheben....* Selbstverständlich öffnet sich nach Anwahl des Befehls ein Dialogfeld, in dem Sie zur Eingabe des Kennwortes aufgefordert werden.

Der Befehl "Dateischutz aufheben..."

Nur wer das Kennwort kennt, ist in der Lage, den Dateischutz zurückzunehmen. Merken Sie sich Ihr Kennwort gut, oder machen Sie sich von Zeit eine Sicherungskopie der ungeschützten Datei. Denn haben Sie einmal Ihr Kennwort vergessen, haben Sie keinen Zugang mehr zu der Datei. Auch ein Kopieren der Feldinhalte in ein anderes Arbeitsblatt ist zwar möglich, aber es werden nur die Werte der Felder und nicht die Formeln übertragen.

Ohne Kennwort keine Chance

Ausblenden der Formeln

Eine weitere Option des Befehls *Zellschutz...* heißt *Formel ausblenden.* Vielleicht haben Sie sich schon gefragt, welche Formeln ausgeblendet werden sollen. Per Voreinstellung stellt Excel sowieso keine Formeln im Arbeitsblat dar. Das ist richtig, aber wenn Sie den Feldzeiger auf ein Feld setzen, das eine Formel enthält, dann sehen Sie die Formel in der Bearbeitungszeile und können sie zumindest in aller Ruhe studieren.

Wer den Benutzern seiner Tabellen auch diese Möglichkeit vorenthalten will, weil seine Formeln genial oder vertraulich sind, der kann diesen Schutz für die betreffenden Felder über den Befehl *Zellschutz...* einrichten, sofern die Datei ungeschützt ist, denn bei eingeschaltetem Dateischutz steht kein Befehl aus dem Menü *Format* zur Verfügung.

Geheime Formeln können gänzlich verborgen werden

Nachdem Sie im Dialogfeld zum Befehl *Zellschutz...* diese Option eingeschaltet und den Dateischutz aktiviert haben, erscheint selbst bei Markierung eines Feldes, das eine Formel enthält, diese nicht mehr in der Bearbeitungszeile.

8.9 Einrichten der Arbeitsumgebung

Bei der Vielzahl der Bedienungselemente und Einstellungsmöglichkeiten, die Excel Ihnen bietet, ist es durchaus sinnvoll, ein paar Worte darüber zu

Gestalten der Tabelle

verlieren, wie Sie sich mit dieser Vielzahl von Möglichkeiten arrangieren, denn Sie brauchen mit Sicherheit nicht immer alles, was Excel Ihnen bietet, vielleicht stören manche Dinge Sie sogar bei Ihrer Arbeit, und Sie hätten gern die Möglichkeit, die eine oder andere Funktion auszuschalten.

Welche Chancen Sie haben, Excel so einzurichten, wie Sie es gerne hätten und wie es Ihrer Arbeit am meisten zuträglich ist, darum soll es in den folgenden Abschnitten gehen.

Gitternetzlinien und Zeilen- bzw. Spaltenköpfe

Die Gitternetzlinien, mit denen das Arbeitsblatt in Zeilen und Spalten eingeteilt ist, sind in den meisten Fällen recht nützlich, störend wirken sie dann, wenn Sie Grafiken oder Diagramme in Ihre Tabelle eingefügt haben. Sie verfälschen darüber hinaus den Eindruck, den man von einer Tabelle hat, wenn diese auf dem Bildschirm mit Gitternetzlinien angezeigt, später dann aber ohne Gitternetzlinien ausgedruckt wird.

Das gilt sicherlich auch für Zeilen- und Spaltenköpfe. Kleinere Platzprobleme kann man durchaus akzeptabel lösen, indem man die Zeilen- und Spaltenköpfe ausschaltet.

Aus- und Einschalten der Gitternetzlinien

Der Befehl Bildschirmanzeige...

Um Gitternetzlinien sowie Zeilen- und Spaltenköpfe ein- oder auszuschalten steht der Befehl *Bildschirmanzeige...* aus dem Menü *Optionen* zur Verfügung. In dem dazugehörigen Dialogfeld finden Sie eine Reihe von rechteckigen Optionsfeldern, mit denen Sie steuern können, welche Art der Unterstützung Sie ständig zur Verfügung haben und auf welche Sie lieber verzichten möchten.

Ein markiertes Optionsfeld steht für eine eingeschaltete Option, dies gilt natürlich auch für die Optionsfelder *Gitternetzlinien* und *Zeilen- und Spaltenköpfe*. Ein- oder Ausschalten können Sie eine Option entweder durch Mausklick oder durch Eingabe des unterstrichenen Buchstabens im Optionsnamen in Kombination mit der Taste `Alt`.

Farbgebung der Gitternetzlinien

Kennzeichnung von Tabellengruppen

Wer die Farbe der Gitternetzlinien, und damit auch die Farbe der Zeilen und Spaltenköpfe, verändern will, kann dafür unterschiedliche Gründe haben: Entweder gefällt Ihnen die Darstellung der schwarzen Schrift auf grauem Grund nicht, oder Sie möchten bestimmte Tabellen von vornherein kenntlich machen. So könnte man z.B. Preistabellen grundsätzlich mit roten Gitternetzlinien und Umsatzübersichten mit blauen Gitternetzlinien

versehen. So fällt beim ersten Blick auf die Tabelle in's Auge, worum es
geht. Die Farbauswahl treffen Sie in einem Listenfeld mit dem Namen
Farbe für Gitternetzlinien und Kopfzeile: in der unteren, rechten Ecke des
Dialogfelds zum Befehl *Bildschirmanzeige....*

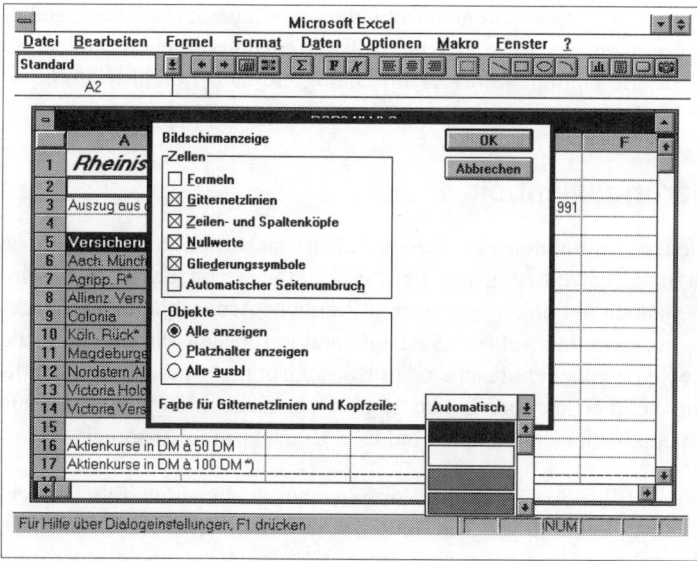

Abb. 75: Das Listenfeld zur Farbauswahl

Formeln

Die Standardeinstellung, unter der Sie normalerweise arbeiten, legt fest,
daß innerhalb eines Arbeitsblattes keine Formeln, sondern lediglich die
Ergebnisse dieser Formeln (u.U. nur Fehlerwerte) dargestellt werden. Für
den herkömmlichen Gebrauch einer Tabelle ist dies sicherlich auch die
geeignete Einstellung. Bei der Entwicklung oder Erweiterung einer
Kalkulationstabelle kann es jedoch sinnvoller sein, auf die Anzeige der
ermittelten Werte zu verzichten und statt dessen die Formeln anzuzeigen,
mit denen die benötigten Ergebnisse errechnet wurden.

Um Excel dazu zu bewegen, keine Werte, sondern Formeln anzuzeigen, *Wahlweise*
genügt das Einschalten der Option *Formeln* im Dialogfeld zum Befehl *Darstellung:*
Bildschirmanzeige.... Eine weitere Konsequenz, die Excel aus dieser Ein- *Formeln oder*
stellung zieht, ist die Darstellung aller Felder in doppelter Breite. Diese *Werte*
Bildschirmanzeige soll die Lesbarkeit der ohnehin meist etwas längeren
Formeln erhöhen, ohne daß Sie von Hand die Breite der Spalten herauf-
setzen. Im übrigen ist dies auch die Standardeinstellung für Makrovorlagen.

Gestalten der Tabelle

Nullwerte unterdrücken

Die Darstellung von Nullwerten ist durchaus sinnvoll, um von vornherein zu dokumentieren, ob ein Feld einen Eintrag hat oder nicht. Wenn der Wert 0 in einem Feld erscheint, können Sie davon ausgehen, daß Sie einen Eintrag in dieses Feld gemacht haben. Sollten Sie aber aus gestalterischen Gründen die Anzeige von Nullwerten unterdrücken wollen, so können Sie die Option *Nullwerte* im Dialogfeld zum Befehl *Bildschirmanzeige...* ausschalten.

Gliederungssymbole

Die Gliederungsfunktion der Version 3.0 ist sicherlich eine wesentliche und nützliche Erweiterung des Leistungsumfangs von Excel. Die Symbole, die jedoch am linken und oberen Rand des Arbeitsblattes verwendet werden, um die unterschiedlichen Gliederungsebenen darzustellen und aus- bzw. einzublenden, machen den Bildschirm nicht gerade übersichtlicher und nehmen darüber hinaus noch eine ganze Menge des ohnehin schon knapp bemessenen Platzes auf dem Bildschirm in Anspruch.

Ohne Gliederungssymbole mehr Platz auf dem Bildschirm

Wenn Sie für Ihre Aufgaben die Vorteile einer gegliederten Tabelle nicht nutzen, aber soviel Platz wie möglich auf dem Bildschirm schaffen möchten, sollten Sie die Anzeige dieser Gliederungssymbole unterdrücken. Auch hierfür finden Sie die entsprechende Option im Dialogfeld zum Befehl *Bildschirmanzeige...*.

Automatischer Seitenumbruch

Normalerweise keine Seitenumbruchanzeige

Per Standardeinstellung ist festgelegt, daß Sie im Arbeitsblatt keinerlei Information über die eventuelle Seitenaufteilung des Arbeitsblattes beim Druck bekommen. Bei eingeschalteter Option *Automatischer Seitenumbruch* dagegen sehen Sie die gestrichelten senkrechten und waagerechten Linien, mit denen Excel auf einen Seitenumbruch aufmerksam macht, ständig in Ihrem Arbeitsblatt, gleichgültig, ob Sie einen Druckbereich definiert haben oder nicht.

Diese Einstellung ist eigentlich sehr empfehlenswert, wenn Sie bereits beim Erstellen einer Tabelle Rücksicht auf eine Seitenaufteilung beim Druck nehmen wollen. Sie ersparen sich so unter Umständen jede Menge Nachbesserungs- und Formatierarbeit im Nachhinein.

Platzhalter an Stelle von Objekten

Für diejenigen, die sehr viel Wert auf die Gestaltung einer Tabelle legen, weil Sie sie vielleicht auf einer Präsentationsfolie vor größerem Publikum zeigen möchten, kann es bei der Bearbeitung des Arbeitsblattes sehr von Nutzen sein, die verwendeten grafischen Objekte, z.B. Diagramme, Textboxen oder Schaltflächen, nicht in ihrer ganzen Pracht darzustellen.

Sicherheit durch Platzhalter

Wer sich nicht durch diese Objekte ablenken lassen möchte oder sicher gehen will, daß er "im Eifer des Gefechtes" nichts zerstört, der kann sich dazu entschließen, die Anzeige der unter Umständen mühevoll gestalteten Objekte zu unterdrücken oder statt dessen graue Platzhalter auf den Bildschirm zu bringen.

Auch diese Möglichkeit haben Sie im Dialogfeld zum Befehl *Bildschirmanzeige...* Sie finden dort ein Gruppe von drei runden Optionsfeldern, die sich auf die Anzeige von Objekten beziehen. Sie haben dort die Auswahl zwischen *Alle anzeigen*, *Platzhalter anzeigen* und *Alle ausblenden*. Die Anwahl der Option *Platzhalter anzeigen* veranlaßt Excel, die von Ihnen im Arbeitsblatt verwendeten Objekte durch graue Platzhalter zu ersetzen. Auf diese Art und Weise verlieren Sie auch nicht den Überblick über den im Arbeitsblatt noch zur Verfügung stehenden Platz.

Die Optionsgruppe "Objekte"

8.10 Notizen

Vielleicht haben Sie schon eine Reihe von Erfahrungen mit Excel gesammelt und einige größere Tabellen mit umfangreichen und komplizierten Formeln erstellt. Dann ist Ihnen nach einigen Monaten, als Sie Ihre Tabelle noch einmal überarbeiten wollten, vielleicht auch bewußt geworden, wie schwierig es sein kann, im nachheinein die Glanzleistungen noch einmal zu erbringen, zu denen Sie beim Erstellen der Tabelle in der Lage gewesen sind.

Es kann u.U. sehr zeitaufwendig sein, die Berechnungen innerhalb einer umfangreichen Tabelle anhand der verwendeten Formeln nachzuvollziehen.

Gestalten der Tabelle

Dokumentation mit Feldnotizen

Für umfangreiche Tabellen sollte eine Dokumentation angefertigt werden

Schön wäre es sicherlich, wenn Sie eine Art Beschreibung oder Dokumentation zu Ihrer Tabelle angelegt hätten, denn dann hätten Sie etwas in der Hand, das Ihnen die Nachbereitung der verwendeten Formeln und Bereichsnamen sicherlich einfacher machen würde. Da die Dokumentation einer Tabelle sicher keine leichte Aufgabe ist, wenn man dies auf einem Stück Papier erledigen muß, bietet Excel Ihnen - wie schon so oft - seine Hilfe an.

Excel gestattet Ihnen, sich "Notizen" zu machen

Sie haben die Möglichkeit, zu den Feldern Ihrer Tabelle kleine Notizen zu verfassen und diese Notizen mit Ihrem Arbeitsblatt in einer Datei abzuspeichern. Dies bringt Ihnen mehrere Vorteile auf einmal. Zum einen können Sie diese Notizen nicht verlieren oder verlegen, zum zweiten haben Sie sie direkt und ständig zur Hand, wenn Sie mit Ihrer Tabelle arbeiten, und drittens können Sie diese Notizen bei Bedarf auch ausdrucken oder mit Hilfe von Excel danach suchen.

Verfassen von Feldnotizen

Der Befehl Notiz...

Um eine Feldnotiz zu verfassen, setzen Sie den Feldzeiger auf das entsprechende Feld und wählen den Befehl *Notiz...* aus dem Menü *Formel*. Sie haben jetzt in einem Texteingabefeld die Möglichkeit, eine Notiz einzugeben. Wenn Sie innerhalb des Texteingabefeldes einen Zeilenumbruch erreichen wollen, benutzen Sie dazu die Tastenkombination `Shift` + `Return`.

Hinterlegen der Notiz

Um die Notiz letztendlich für das Feld zu hinterlegen, benutzen Sie entweder die Schaltfläche *OK* oder die Schaltfläche *Einfügen*. Der Unterschied zwischen diesen beiden Wegen besteht darin, daß Sie durch Betätigung der Schaltfläche *OK* die Notiz hinterlegen und den Befehl abschließen. Betätigen Sie jedoch die Schaltfläche *Einfügen*, haben Sie die Notiz hinterlegt, das Dialogfeld schließt sich jedoch nicht, sondern gibt Ihnen weiterhin die Möglichkeit, Notizen für andere Felder zu verfassen.

Feld für Feld wird dokumentiert

Um eine weitere Notiz für ein anderes Feld zu schreiben, tragen Sie die Feldadresse, die Sie dokumentieren wollen, in das Eingabefeld *Zelle* ein und schreiben den Text Ihrer Notiz in das Texteingabefeld. So können Sie Feld für Feld dokumentieren, ohne jedesmal das Dialogfeld wieder schließen zu müssen.

Gestalten der Tabelle

Übernahme und Bearbeitung von Feldnotizen

Da Sie oftmals die gleichen Formeln in mehreren Feldern verwenden, können Sie gleichartige Felder auch sehr einfach gleichartig dokumentieren. Im Listenfeld *Notizen in der Tabelle:* am linken Rand des Dialogfelds finden Sie eine Liste mit allen Feldern, für die bereits Notizen geschrieben worden sind. Wählen Sie eins dieser Felder aus der Liste, und beobachten Sie, wie Excel die Notiz zu diesem Feld im Texteingabefeld des Dialogfelds anzeigt.

Ähnliche Notizen brauchen nicht neu geschrieben zu werden

Um diese Notiz zu bearbeiten, setzen Sie den Cursor einfach an die zu verändernde Textstelle und machen Ihre Änderung. Möchten Sie die gleiche oder die veränderte Notiz noch für ein anderes Feld verwenden, so ändern Sie einfach die Feldadresse im Eingabefeld *Zelle*, und betätigen Sie die Schaltfläche *OK* oder *Einfügen*. Daraufhin hinterlegt Excel den Inhalt des Texteingabefeldes auch als Notiz für das neu angegebene Feld.

Das Texteingabefeld funktioniert wie ein kleiner Editor

Ansehen von Feldnotizen

Auf die gleiche Art und Weise können Sie natürlich auch Feldnotizen einfach nur lesen. Markieren Sie das Feld, dessen Notiz Sie lesen möchten, und wählen Sie den Befehl *Notiz...*. Das Texteingabefeld zeigt sofort den Text an, den Sie für dieses Feld hinterlegt haben. Um sich andere Notizen anzusehen, können Sie die entsprechenden Feldadressen aus dem Listenfeld *Notizen in der Tabelle:* wählen.

Drucken von Feldnotizen

Wenn Sie sich trotz aller Vorzüge, die eine Dokumentation innerhab der Tabelle bietet, eine Dokumentation auf Papier anfertigen möchten, können Sie sich eine Menge Schreibarbeit ersparen, wenn Sie Ihre Notizen ausdrucken lassen. Im Dialogfeld zum Befehl *Drucken...* muß ein rundes Optionsfeld mit dem Namen *Notizen* markiert werden, damit Excel eine nach Feldadressen sortierte Aufstellung aller im Druckbereich hinterlegten Notizen druckt.

Damit beim Druck der Notizen auch die Feldadresse, auf die sich eine Notiz bezieht, ausgedruckt wird, müssen Sie mit dem Befehl *Layout...* die Option *Zeilen- und Spaltenköpfe* einschalten

Wichtig

Gestalten der Tabelle

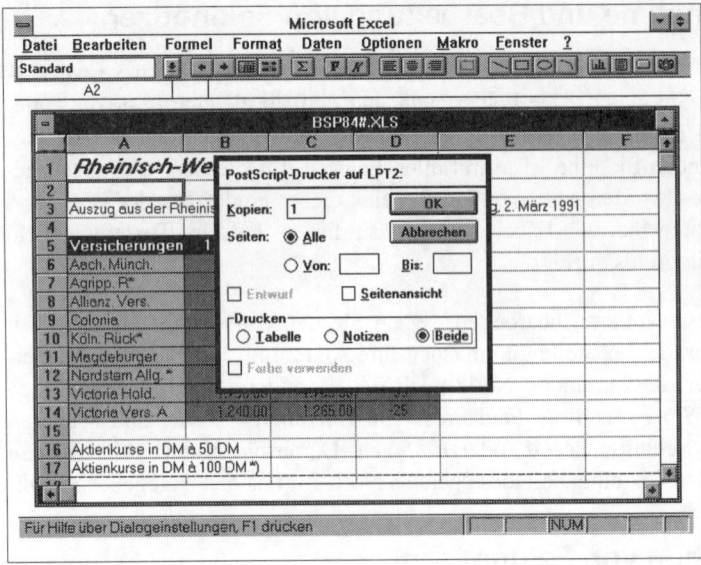

Abb. 76: Das Dialogfeld Drucken

Um sowohl die Tabelle als auch die Feldnotizen zu drucken, markieren Sie das Optionsfeld *Beide* im Dialogfeld zum Befehl *Drucken*....

Markierung der Felder, die Notizen enthalten

Der Befehl Inhalte auswählen...

Um nun alle Felder zu finden, für die Sie Notizen verfaßt haben, stellt Excel Ihnen einen weiteren, sehr komfortablen Befehl im Menü *Formel* zur Verfügung. Der Befehl heißt *Inhalte auswählen...* und bietet zahlreiche Optionen, um Felder mit gleichen Eigenschaften ausfindig zu machen und gleichzeitig zu markieren. Um alle Felder zu markieren, die Notizen enthalten, schalten Sie die Option *Notizen* ein und bringen den Befehl mit der Taste `Return` oder der Schaltfläche *OK* zur Ausführung.

Wenn Sie auf diese Art alle mit Notizen dokumentierten Felder ausgewählt haben, muß lediglich der Befehl *Druckbereich festlegen* aus dem Menü *Optionen* gewählt werden, um alle Vorbereitungen zu beenden.

Notizanzeiger

Woher wissen Sie, welche Felder dokumentiert sind?

Vielleicht haben Sie sich beim Lesen der obigen Abschnitte gefragt, woher Sie denn im nachhinein wissen, ob für ein Feld eine Notiz geschrieben wurde oder nicht. Sicherlich können Sie diese Information bekommen, wenn Sie die Befehle *Notiz...* oder *Inhalte auswählen...* geben, aber letztendlich ist dies sehr umständlich, und Sie bekommen dabei nur einen

Gestalten der Tabelle

schlechten Überblick. Excel leistet natürlich auch an dieser Stelle wieder einmal genau das, was gebraucht wird.

Auf Wunsch können Sie einen kleinen Anzeiger in jedem Feld erscheinen lassen, für das es eine Notiz gibt. Der Notizanzeiger erscheint in Form eines kleinen, roten Punktes in der rechten, oberen Ecke eines Feldes mit einer Notiz.

Ein roter Punkt als Anzeiger

Dieser Notizanzeiger kann mit dem Befehl *Arbeitsbereich...* im Menü *Optionen* ein- und ausgeschaltet werden. Durch diese Einstellungsmöglichkeit können Sie sich nur bei Bedarf, d.h. beim Überarbeiten einer Tabelle, anzeigen lassen, welche Felder dokumentiert sind. Bei der täglichen Arbeit schalten Sie den Notizanzeiger mit dem Befehl *Arbeitsbereich...* aus, um auf diese Information zu verzichten.

Auf Wunsch kann die Information auch ausgeblendet werden

8.11 Die Gliederungsfunktion

Wer tiefergehende Kenntnisse in der Arbeit mit einer Textverarbeitung hat, kann sich unter einer Gliederungsfunktion sicher etwas vorstellen. Bei der Textverarbeitung sind Sinn und Zweck einer Textgliederung das Erzeugen einer Hierarchie. Anhand dieser Hierarchie kann abgelesen werden, welche Hauptkapitel welchen Unterkapiteln übergeordnet sind, welche Unterkapitel welche Zwischenüberschriften enthalten usw. Anhand einer solchen Gliederung kann ein Text dann auch stark komprimiert und somit sehr übersichtlich dargestellt werden.

So ist es z.B. möglich, nur die Kapitelüberschriften der Hierarchie- oder Gliederungsebene 1 anzeigen zu lassen. Um sich etwas genauer zu informieren, schaltet man auf Gliederungsebene 1 und 2 um, auch die Unterkapitel usw.

Durch die Hierarchie bieten sich neue Möglichkeiten

Die umfassende Information wird also durch die Gliederungshierarchie wirkungsvoll strukturiert und ermöglicht einen sehr schnellen Zugriff auf ein gesuchtes Thema.

Die Gliederung schafft einen schnellen Zugriff

Ähnlich wie bei einer Textverarbeitung funktioniert auch die Gliederungsfunktion von Excel 3.0.

Innerhalb einer Tabelle läßt sich oft auch eine gewisse Hierarchie entdecken. Es gibt hier zwar keine Haupt- und Unterkapitel, aber es gibt so etwas wie Basisdaten, Zwischensummen und Gesamtsummen. Oft ist es so, daß bestimmte Betrachter einer Tabelle gar nicht die gesamte Informa-

Welche Vorteile bietet eine gegliederte Tabelle?

Gestalten der Tabelle

tion, also alle darin erfaßten Daten, sehen möchten, sondern es kommt ihnen lediglich auf das Gesamtergebnis an.

Detailinformation ist bei Bedarf verfügbar

Andere wiederum beschäftigen sich hauptsächlich mit den Zwischensummen, anhand derer vielleicht offensichtlich wird, wie eine Entwicklung in unterschiedlichen Bereichen oder in einer Abteilung stattgefunden hat. Erst wenn man dann in's Detail gehen will, um eine Erscheinung an den Basisdaten nachzuvollziehen, ist es wichtig, auf alle Informationen Zugriff zu haben.

Die Verknüpfung von Tabellen ist ein weiterer Ansatz

Sicherlich lassen sich mit Excel für diese Aufgabenstellung hervorragend Tabellen erstellen, die miteinander verknüpft sind und Schritt für Schritt konsolidiert wurden. Dennoch ist es oft sehr viel einfacher, die gesamte Information auf einem Arbeitsblatt zu haben und trotzdem anhand einer durchdachten Gliederungshierarchie bestimmte Zeilen oder Spalten aus- und einblenden zu können.

Automatisch oder von Hand gliedern

Excel 3.0 gibt Ihnen unterschiedliche Möglichkeiten zur inhaltlichen und formalen Gliederung: Sie können sich eine Automatik zunutze machen oder selbst "Hand anlegen". Was die formale Gliederung angeht, so stellt Excel standardmäßig Formatvorlagen für die unterschiedlichen Zeilen- und Spaltenebenen zur Verfügung. Auf Ihren Wunsch werden diese fest definierten Formate auch automatisch zugewiesen.

Verschiedene Gliederungsebenen

In den vorangegangenen Abschnitten, haben wir eine Gliederung oft auch als eine Hierarchie bezeichnet. Eine Hierarchie besteht aus mehreren Ebenen, zwischen denen es eine Rangfolge gibt. Die Ebene 1 ist der Ebene 2 direkt übergeordnet. Die Ebene 2 ist der Ebene 3 direkt übergeordnet, somit ist die Ebene 1 auch der Ebene 3 übergeordnet, wenn auch nicht direkt, so zumindest indirekt.

Wie gestaltet sich eine Gliederungshierarchie?

Eine Gliederungshierarchie läßt sich in einer Tabelle eigentlich nur dann erzeugen, wenn es eine bestimmte Rangfolge oder bestimmte Abhängigkeiten zwischen den einzelnen Formeln gibt. Zum Beispiel werden in einer Tabelle die Umsätze für jeden Monat des Jahres erfaßt. Für jedes Quartal werden Zwischensummen und für das ganze Jahr wird eine Gesamtsumme gebildet. Die Hierarchie läßt sich nun wie folgt aufbauen:

Gestalten der Tabelle

Die Formel zur Errechnung der Gesamtsumme für das ganze Jahr ist die Ebene 1, ihr ist alles untergeordnet. Sie ist für alle anderen Felder und Formeln ein abhängiges Feld und enthält die am stärksten zusammengefaßte Information.

Die höchste Ebene enthält die am stärksten zusammengefaßte Information

Die Formeln, die die Zwischensummen für die Quartale errechnen, stehen auf der Ebene 2, denn sie sind sowohl abhängig von den Monatsumsätzen als auch vorrangig für die Ebene 1.

In den Feldern der Ebene 2 finden sich also zusammengefaßte Informationen aus der Ebene 3, gleichzeitig sind sie die Basis für die zusammengefaßte Information der Ebene 1.

Auf der letzten Gliederungsebene befinden sich die Monatsumsätze, sie sind der Ebene 2 und der Ebene 1 untergeordnet. Die Felder der letzten Gliederungsebene sind für alle anderen Ebenen vorrangige Felder. Die Informationen aus der letzten Gliederungsebene lassen sich nicht mehr weiter aufteilen. Sie stellen die Basis dar.

Basisinformationen finden sich in der letzten Gliederungsebene

Ebene 1

Gesamtsumme

Ebene 2

| Summe 1. Quartal | Summe 2. Quartal | Summe 3. Quartal | Summe 4. Quartal |

Ebene 3

| Jan | Feb | Mär | Apr | Mai | Jun |
| Jul | Aug | Sep | Okt | Nov | Dez |

Erstellen einer inhaltlichen Gliederung

Die Vorgehensweise zur inhaltlichen Gliederung einer Tabelle wurde oben an dem Beispiel der Tabelle für die Monatsumsätze bereits beschrieben. Inhaltlich Gliedern bedeutet in diesem Fall also Strukturieren anhand der Formeln bzw. anhand der in den entsprechenden Formeln verwendeten Informationen.

Die Felder, aus denen andere Felder Informationen beziehen, sind diesen untergeordnet. Auf der untersten Ebene stehen somit immer Felder, die keine Informationen mehr aus anderen Feldern geliefert bekommen, sondern die den Wert selbst enthalten. Auf der obersten Gliederungsebene stehen nur die Felder und Formeln, die für keine andere Formel mehr als Informationsquelle dienen.

Untergeordnete und übergeordnete Felder

Gestalten der Tabelle

Wieviele Gliederungsebenen gibt es

Wieviele Ebenen dazwischenliegen, hängt von der Anzahl der Schritte ab, die in Ihrer Tabelle gemacht werden, um die erfaßten Daten in Formeln auszuwerten.

Im obigen Beispiel wurde nur eine Zwischensumme für ein Quartal gebildet, aus diesem Grund gibt es drei Gliederungsebenen.

Würden noch Zwischensummen für jeden Monat und jede Woche gebildet, könnte man schon eine Gliederungshierarchie auf fünf Ebenen aufbauen.

Excel ist in der Lage, maximal acht Gliederungsebenen innerhalb einer Tabelle zu verwalten.

Erstellen einer formalen Gliederung

Gleiche Formate für gleiche Gliederungsebenen

Eine formale Gliederung macht die unterschiedlichen Gliederungsebenen lediglich durch verschiedene Formate offensichtlich. Unter einer formalen Gliederung verstehen wir nur die einheitliche Formatierung von Feldern auf der gleichen Gliederungsebene.

Hervorhebung der Felder je nach Gliederungsebene

Üblich ist es, die Felder auf den übergeordneten Ebenen stärker hervorzuheben als die Felder auf den untergeordneten Gliederungsebenen.

Für jede Ebene wird ein festgelegtes Format vorgegeben, das bei der Gliederung den entsprechenden Tabellenfeldern zugewiesen wird. Zum Beispiel:

Ebene 1:	Schrift: Helvetica 14, Fett, fett umrahmt
Ebene 2:	Schrift: Helvetica 14, Normal, fett umrahmt
Ebene 3:	Schrift: Helvetica 12, Fett, einfach umrahmt
Ebene 4:	Schrift: Helvetica 12, Normal, einfach umrahmt
Ebene 5:	Schrift: Helvetica 10, Fett
Ebene 6:	Schrift: Helvetica 10, Normal

Was sind Zeilenebenen?

Gliederung in zwei Dimensionen

In den einführenden Abschnitten haben wir lediglich von Gliederungsebenen gesprochen, ohne dabei auf eine Dimension einzugehen. Ihre Tabellen haben aber zwei Dimensionen, die durch Zeilen und Spalten beschrieben werden. Je nach Tabelle kann es durchaus sinnvoll sein, jede Dimension einzeln zu strukturieren, also unterschiedliche Zeilenebenen und unterschiedliche Spaltenebenen zu bilden.

Gestalten der Tabelle

Warum gliedert man zeilenweise?

Eine zeilenweise Gliederung oder die Bildung von Zeilenebenen würde man vornehmen, wenn für bestimmte Zeilen einer Tabelle Zwischensummen oder andere zusammenfassende Formeln gebildet würden. Ein Beispiel dafür wäre eine Tabelle, die in jeder Zeile die Umsätze einer bestimmten Filiale eines Unternehmens enthält und für alle Filialen einer Region jeweils eine Zeile mit den addierten Beträgen aufweist. Die Tabelle besteht also aus einer Zeile für jede Filiale, einer Zeile mit den Summen für jede Region und einer Zeile, in der die Umsätze aller Regionen, also aller Filialen, aufaddiert werden.

Gliederung der vertikalen Dimension

Eine solche Tabelle wäre das Standardbeispiel für eine sinnvolle zeilenweise Gliederung:

Auf der Ebene 1 steht die Zeile mit den Gesamtsummen, auf Ebene 2 stehen die Zeilen, die die Summen der einzelnen Regionen enthalten und auf Ebene 3 die Zeilen mit den Umsätzen der Filialen.

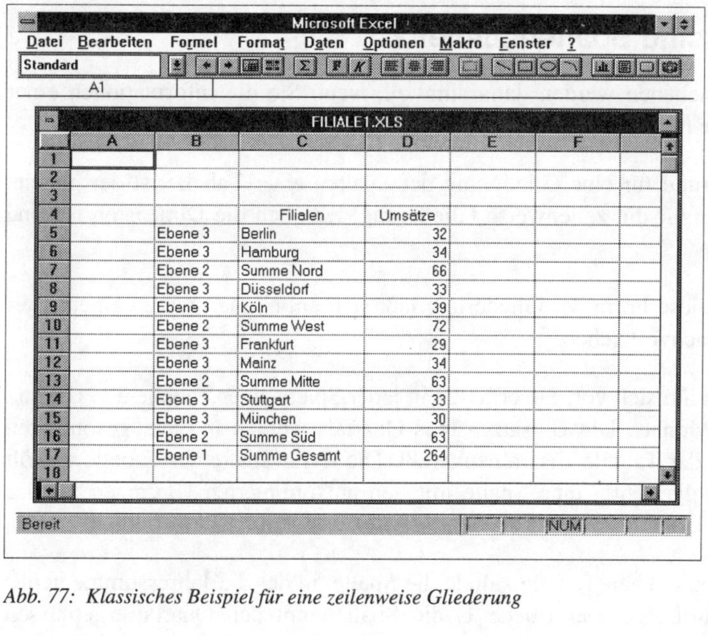

Abb. 77: Klassisches Beispiel für eine zeilenweise Gliederung

Arbeiten mit Zeilenebenen

Steht Ihnen die oben abgebildete Hierarchie erst einmal zur Verfügung, können Sie nun je nach Bedarf Ebene für Ebene aus- oder einblenden. Wenn Sie nur der Gesamtumsatz interessiert, blenden Sie die Ebenen 2

Nur die erste Ebene wird angezeigt

233

Gestalten der Tabelle

und 3 einfach aus. Sie sehen dann nur die Zeile mit der Gesamtsumme und die Spaltenüberschriften.

Wer sich auch für die Regionen interessiert, blendet Ebene 3 aus, daraufhin sieht er die vier Zeilen der einzelnen Regionen inklusive der Zeile auf Ebene 1.

Es können nur untergeordnete Ebenen ausgeblendet werden, die übergeordneten Ebenen werden immer mit angezeigt.

Einblenden aller Ebenen

Um alle Zeilen zu sehen, blenden Sie alle Ebenen ein, indem Sie sich für die Ebene 3 entscheiden. Mit dieser Entscheidung bringen Sie auch die übergeordneten Ebenen zur Anzeige.

Ausblenden einer Ebene bedeutet Zeilenhöhe 0

Das Ausblenden einer Ebene entspricht der Änderung der Zeilenhöhe der Zeilen dieser Ebene auf den Wert 0, dadurch werden diese Zeilen verborgen, und die Zeilennummern verschwinden aus den Zeilenköpfen am linken Rand des Arbeitsblattes.

Was sind Spaltenebenen?

Spaltenebenen werden dann sinnvoll, wenn Sie die Informationen einer Tabelle nicht zeilenweise, sondern spaltenweise zusammenfassen.

Der Grund für eine Gliederung der Spalten einer Tabelle ist der gleiche wie der für die zeilenweise Gliederung, lediglich die Dimension ist eine andere.

Auch diese Form der Gliederung läßt sich am einfachsten an einem Beispiel nachvollziehen.

Spalten für Monate, Quartale und das ganze Jahr

Stellen Sie sich vor, Sie erfassen in jeder Spalte einer Tabelle den Umsatz eines Monats. Die Umsätze eines Quartals werden in einer gesonderten Spalte der Tabelle zusammengefaßt. Die letzte Spalte der Tabelle enthält dann folgerichtig eine Spalte mit den aufsummierten Umsätzen für das ganze Jahr.

In einer solchen Tabelle stünde die Spalte, in der die Jahressumme gebildet würde, auf der Ebene 1, die Spalten mit den Quartalsergebnissen stünden auf Ebene 2 und die Spalten, in denen die Monatsumsätze erfaßt wurden, auf der Ebene 3.

Gestalten der Tabelle

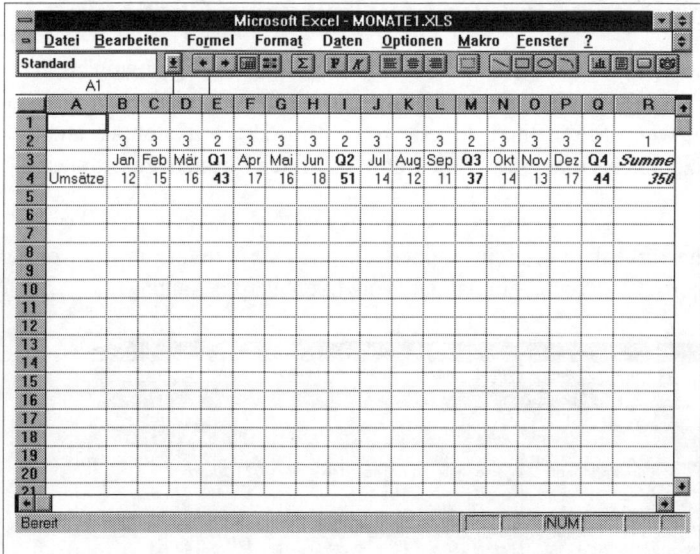

Abb. 78: Ein Beispiel für eine spaltenweise Gliederung

Arbeiten mit Spaltenebenen

Steht Ihnen die oben abgebildete Hierarchie erst einmal zur Verfügung, können Sie nun je nach Bedarf Ebene für Ebene aus- oder einblenden. Wenn Sie nur der Jahresumsatz interessiert, blenden Sie die Ebenen 2 und 3 einfach aus. Sie sehen dann nur die Spalte mit der Gesamtsumme und die Zeilenköpfe.

Nur die erste Ebene wird angezeigt

Wer sich auch für die Quartale interessiert, blendet Ebene 3 aus, daraufhin sieht er die fünf Spalten der einzelnen Quartale inklusive der Spalte auf Ebene 1. Es können nur untergeordnete Ebenen ausgeblendet werden, die übergeordneten Ebenen werden immer mit angezeigt.

Um alle Zeilen zu sehen, blenden Sie alle Ebenen ein, indem Sie sich für die Ebene 3 entscheiden. Mit dieser Entscheidung bringen Sie auch die übergeordneten Ebenen zur Anzeige.

Einblenden aller Ebenen

Das Ausblenden einer Ebene entspricht der Änderung der Spaltenbreite der Spalten dieser Ebene auf den Wert 0, dadurch werden diese Spalten verborgen, und die Buchstaben zur Kennzeichnung der Spalten verschwinden aus den Spaltenköpfen am oberen Rand des Arbeitsblattes.

Ausblenden einer Ebene bedeutet Spaltenbreite 0

Kombinierte zeilen- und spaltenweise Gliederung

Vertikale- und horizontale Gliederung

Selbstverständlich lassen sich Tabellen auch gleichzeitig sowohl zeilen- als auch spaltenweise gliedern. Eine Kombination wird immer dann benötigt, wenn Sie in Ihrer Tabelle sowohl in der vertikalen als auch in der horizontalen Dimension Teile mit bestimmten Formeln zusammenfassen.

Auch hierfür haben wir ein kleines Beispiel vorbereitet, an dem diese kombinierte Gliederung einmal nachvollzogen werden kann.

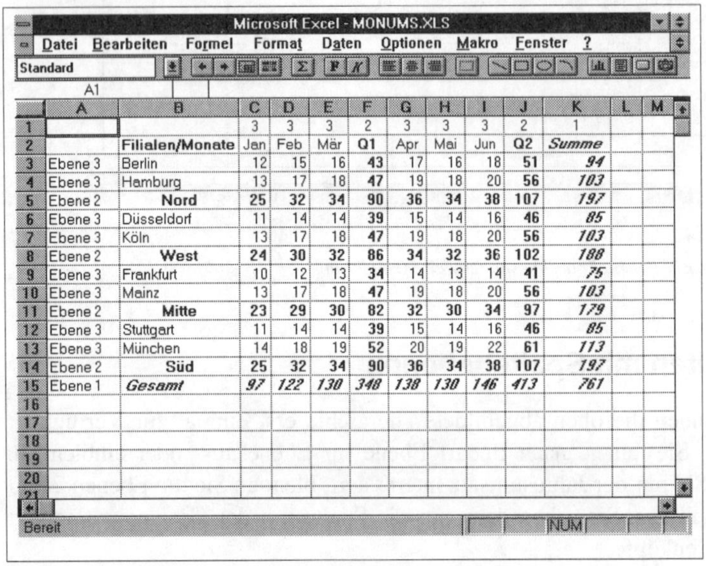

	A	B	C	D	E	F	G	H	I	J	K
1			3	3	3	2	3	3	3	2	1
2		**Filialen/Monate**	Jan	Feb	Mär	**Q1**	Apr	Mai	Jun	**Q2**	***Summe***
3	Ebene 3	Berlin	12	15	16	**43**	17	16	18	**51**	***94***
4	Ebene 3	Hamburg	13	17	18	**47**	19	18	20	**56**	***103***
5	Ebene 2	**Nord**	**25**	**32**	**34**	**90**	**36**	**34**	**38**	**107**	***197***
6	Ebene 3	Düsseldorf	11	14	14	**39**	15	14	16	**46**	***85***
7	Ebene 3	Köln	13	17	18	**47**	19	18	20	**56**	***103***
8	Ebene 2	**West**	**24**	**30**	**32**	**86**	**34**	**32**	**36**	**102**	***188***
9	Ebene 3	Frankfurt	10	12	13	**34**	14	13	14	**41**	***75***
10	Ebene 3	Mainz	13	17	18	**47**	19	18	20	**56**	***103***
11	Ebene 2	**Mitte**	**23**	**29**	**30**	**82**	**32**	**30**	**34**	**97**	***179***
12	Ebene 3	Stuttgart	11	14	14	**39**	15	14	16	**46**	***85***
13	Ebene 3	München	14	18	19	**52**	20	19	22	**61**	***113***
14	Ebene 2	**Süd**	**25**	**32**	**34**	**90**	**36**	**34**	**38**	**107**	***197***
15	Ebene 1	***Gesamt***	***97***	***122***	***130***	***348***	***138***	***130***	***146***	***413***	***761***

Abb. 79: Ein Beispiel für eine kombinierte Gliederung (aus Platzgründen wurden nur die Umsätze der ersten sechs Monate erfaßt)

Zwei Hierarchien existieren nebeneinander

Das ganze Geheimnis besteht darin, daß eine Tabelle in zwei Hierarchien gegliedert wurde. Es existieren also drei Spaltenebenen und drei Zeilenebenen, die je nach Informationsbedarf ein- und ausgeblendet werden können.

Ausblenden der Zeilen- und Spaltenebenen

Wer also lediglich die für die Regionen aufsummierten Umsätze der einzelnen Quartale sehen will, muß die Zeilenebene 3 und die Spaltenebene 3 ausblenden. Zur Anzeige kämen unter dieser Einstellung die Spalten mit den Quartalssummen plus die Spalte mit der Summe für das Halbjahr und die Summenzeilen für die Region und das gesamte Unternehmen.

Gestalten der Tabelle

Gliedern einer Tabelle mit dem Befehl "Gliederung..."

Nach der langen, theoretischen Einführung sind Sie jetzt dazu aufgefordert, alles, was Sie bereits über die Gliederungsmöglichkeiten und deren Vorteile gehört haben, anhand von Beispieldateien nachzuvollziehen.

Excel 3.0 erleichtert Ihnen die Strukturarbeit enorm, indem es eine Gliederungsfunktion zur Verfügung stellt, die weitestgehend automatisch arbeitet. Excel orientiert sich dabei an den in der Tabelle verwendeten Formeln und deren Position, doch mehr dazu in der Praxis.

Die Beispieltabelle, mit der Sie arbeiten können, haben Sie bereits auf einer der vorangegangenen Abbildungen kennengelernt. Laden Sie von Ihrer Beispieldiskette bitte die Datei FILIALE1.XLS. Die in diesem Arbeitsblatt gespeicherte Tabelle wurde weiter oben als Beispiel für eine sinnvolle horizontale Gliederung angeführt. Mit den nachfolgenden Schritten werden wir diese Aussage gemeinsam überprüfen.

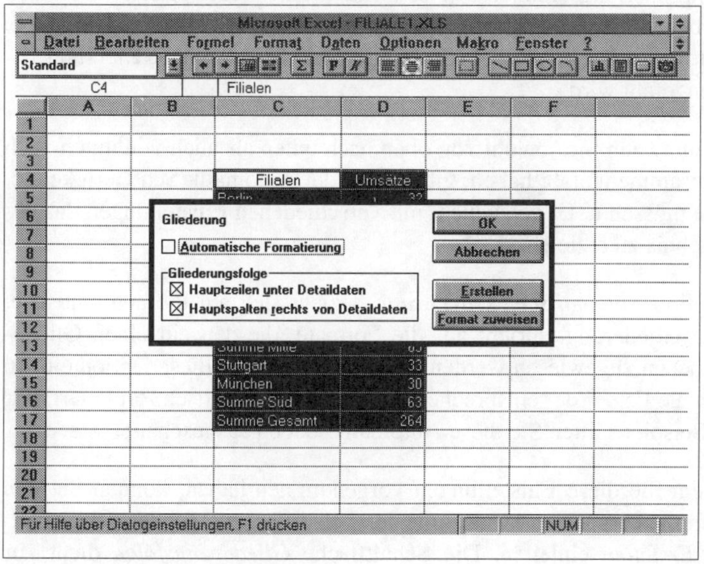

Die Beispieltabelle FILIALE1.XLS

Abb. 80: Das Dialogfeld zum Befehl "Gliederung..."

Als Voraussetzung für die Arbeit mit der automatischen Gliederungsfunktion von Excel muß die Tabelle, die gegliedert werden soll, zuerst einmal markiert werden. Markieren Sie also bitte hier den Feldbereich C4:D17.

Erstellen einer zeilenweisen Gliederung

237

Gestalten der Tabelle

Nachdem dies geschehen ist, wählen Sie bitte den Befehl *Gliederung...* aus dem Menü *Formel*. Sofort öffnet sich ein Dialogfeld auf Ihrem Bildschirm, das Ihnen mit Optionsfeldern und Schaltflächen ermöglicht, noch Einfluß auf Art und Umfang der Gliederung zu nehmen.

In welcher Richtung wird summiert?

Die Optionsfelder *Hauptzeilen unter Detaildaten* und *Hauptspalten rechts von Detaildaten* sind markiert, dies ist die Standardeinstellung, unter der Excel arbeitet. Mit dieser Option geben Sie bekannt, wo sich die Zeilen oder Spalten befinden, die die zusammenfassenden Formeln oder Funktionen enthalten. Die eingeschaltete Option *Hauptzeilen unter Detaildaten* gibt also bekannt, daß z.B. Summenzeilen unterhalb der zu summierenden Detaildaten zu finden sind. Die Option *Hauptspalten rechts von Detaildaten* gibt bekannt, ob zusammenfassende Spalten rechts oder links von den zusammenzufassenden Detaildaten zu finden sind.

Excel erkennt die Richtung selbständig

Mit diesen Optionen geben Sie also eine Richtung bekannt, in der Excel die Gliederungshierarchie aufbauen soll. Solange Sie bei der Zusammenfassung von Spalten und Zeilen konsequent bleiben, d. h. immer in einer Richtung, also z.B. immer von oben nach unten oder immer von unten nach oben summieren, können Sie mit der Standardeinstellung arbeiten. Excel registriert unter diesen Umständen selbst, in welcher Richtung zusammengefaßt wird.

Nur dann, wenn Sie sowohl von oben nach unten als auch von unten nach oben zusammengefaßt haben, gibt es mit der Automatik Schwierigkeiten, und Sie müssen u. U. versuchen, mit verschiedenen Einstellungen das beste Ergebnis zu erzielen.

Formale Gliederung

Die Option *Automatische Gliederung* bezieht sich auf die automatische, formale Gliederung, sprich: auf die Formate, die den einzelnen Gliederungsebenen zugewiesen werden sollen. Schalten Sie diese Option ein, so werden die Felder der entsprechenden Ebenen automatisch formatiert. Für unser Beispiel sollten Sie diese Automatik jedoch ausgeschaltet lassen.

Start der Gliederung

Nachdem Sie diese Einstellungen vorgenommen haben, können Sie den Gliederungsvorgang entweder mit der Schaltfläche *OK* oder der Schaltfläche *Erstellen* einleiten. Die Schaltfläche *Gliederungsfolge* dient zur nachträglichen, formalen Gliederung, diese werden Sie im folgenden Schritt kennenlernen.

Die Bedeutung der Gliederungssymbole

Die Gliederungsleiste

Nach der Gliederung erscheint am linken Bildschirmrand eine Leiste mit Gliederungssymbolen, die Sie darüber informieren, wieviele Gliederungsebenen Excel eingerichtet hat, und Ihnen die Möglichkeit geben, Gliederungsebenen ganz oder teilweise ein- oder auszublenden.

Gestalten der Tabelle

Da wären zuerst ganz oben in der Gliederungsleiste drei kleine, durchnumerierte Schaltflächen. Jede dieser Schaltflächen steht für eine Gliederungsebene. Bei Betätigung einer dieser Schaltflächen werden die entsprechenden Ebenen ein- oder ausgeblendet. Diese Schaltfächen können nur mit der Maus betätigt werden.

Die Bedienung der Schaltflächen ist nur mit der Maus möglich

Betätigen Sie die Schaltfläche *1*, dann werden die Zeilen ausgeblendet, die zu den Ebenen 2 und 3 gehören. Sie sehen also lediglich die Summe aller Umsätze und die Spaltentitel.

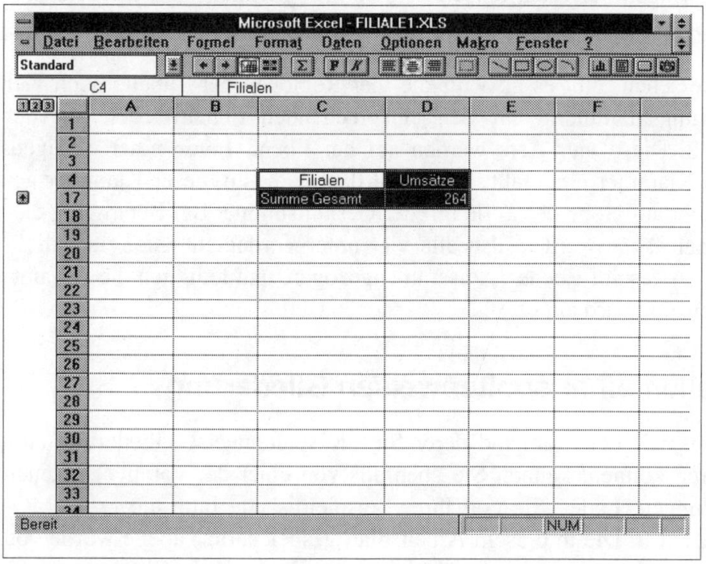

Abb. 81: Nur die erste Ebene wird angezeigt

Analog verhält es sich, wenn Sie eine andere Schaltfläche betätigen, durch die Schaltfläche *2* wird nur die Ebene 3 ausgeblendet usw.

Unterhalb dieser drei Schaltflächen wird Ihnen angezeigt, welche Zeilen zu welcher Gliederungsebene gehören. Die Punkte sind genau unterhalb der Schaltfläche "3" angeordnet und gehören somit zur Ebene 3. Die Zeilen der untersten Gliederungsebene werden grundsätzlich durch Punkte dargestellt.

Punkte für untergeordnete Zeilen

Unterhalb der Schaltfläche *2* finden Sie Gliederungsklammern, an deren unterem Ende sich jeweils eine kleine Schaltfläche befindet, die jetzt ein Minuszeichen darstellt. Jede Klammer steht für einen Ast dieser Gliederungsebene. Das Minuszeichen in der Schaltfläche zeigt an, daß der entsprechende Ast ganz geöffnet ist. Außerdem steht das Minuszeichen

Gliederungsklammern und Schaltflächen

Gestalten der Tabelle

*Das Zusammen-
ziehen von Ästen
ist nur mit der
Maus möglich*

genau auf der Höhe der Zeile, die die zusammenfassenden Formeln, in unserem Beispiel die Summen, enthält.

Bei Betätigung einer solchen Schaltfläche wird der Ast zusammengezogen, die Zeilen mit den Detaildaten werden verborgen, und lediglich die Summenzeile bleibt sichtbar, denn nur diese Zeilen sind auf der Ebene 2 angeordnet. Aus dem Minuszeichen in der Schaltfläche ist nun ein Plus geworden, dies bedeutet, daß der durch die Summenzeile zusammengezogene Ast noch geöffnet werden kann. Auch für diese Funktion ist eine Maus zwingend erforderlich, da es keine Möglichkeit gibt, die beschriebenen Schaltflächen über die Tastatur zu bedienen.

*Die äußere
Klammer steht
für die höchste
Gliederungs-
ebene*

Wie Sie sehen, gibt es also für die vier Regionen der Tabelle auch vier Gliederungsklammern mit den entsprechenden Schaltflächen auf der Ebene 2. Diese vier Äste werden auf der Ebene 1 von einer einzigen, großen Klammer eingefaßt. Die Schaltfläche, die zu dieser Klammer gehört, steht auf Höhe der Zeile mit der Gesamtsumme. Bei Betätigung dieser Schaltfläche werden also alle vier untergeordneten Äste, einschließlich des Astes auf Ebene 1, zusammengezogen, und lediglich die Gesamtsummenzeile wird angezeigt.

Erstellen einer spaltenweisen Gliederung

*Die Beispiel-
tabelle
MONATE1.XLS*

Die Beispieltabelle, anhand derer Sie die spaltenweise Gliederung ausprobieren können, kennen Sie ebenfalls von einer der vorangegangenen Abbildungen. Laden Sie von Ihrer Beispieldiskette bitte die Datei MONATE1.XLS. Die in diesem Arbeitsblatt gespeicherte Tabelle wurde von uns weiter oben als Beispiel für eine sinnvolle vertikale Gliederung vorgeführt. Bei der folgenden Arbeit mit der Gliederungsautomatik werden wir feststellen, daß Excel auch hier automatisch die richtige Gliederung vornimmt.

Auch diesmal muß die Tabelle, die gegliedert werden soll, zuerst einmal markiert werden. Markieren Sie also bitte den Feldbereich A3:R4, und wählen Sie den Befehl *Gliederung...* aus dem Menü *Formel*. Sofort öffnet sich das in Abbildung 80 bereits gezeigte Dialogfeld auf Ihrem Bildschirm.

*Es wird nur
spaltenweise
zusammengefaßt*

Diesmal ist die Option *Hauptspalten rechts von Detaildaten* die wichtigste Option im Dialogfeld, denn innerhalb der geladenen Tabelle gibt es keinerlei Hauptdaten, die zeilenweise angeordnet sind. Diese Option ist markiert und soll auch markiert bleiben, da sich die zusammenfassenden Spalten rechts von den zusammenzufassenden Detaildaten befinden.

Gestalten der Tabelle

Sie können also getrost die Schaltfläche *Erstellen* betätigen, um den Gliederungsvorgang einzuleiten. Das Ergebnis wird in der folgenden Abbildung gezeigt.

Start der Gliederung

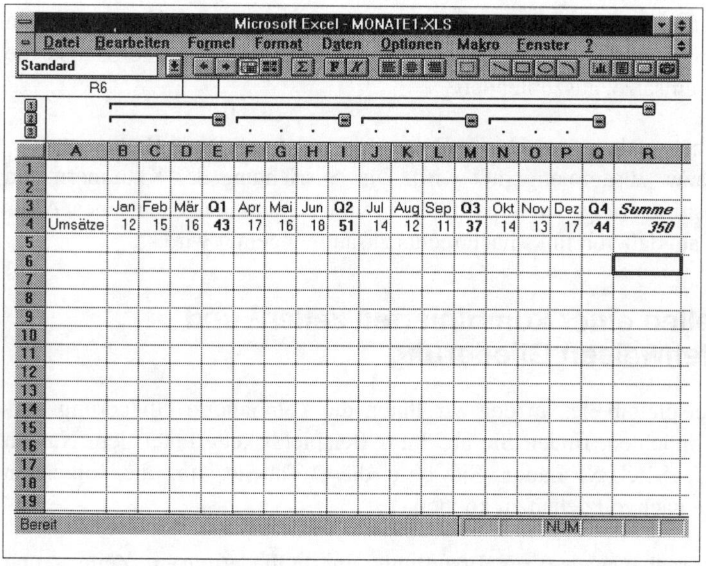

Abb. 82: Die Tabelle wurde automatisch spaltenweise gegliedert

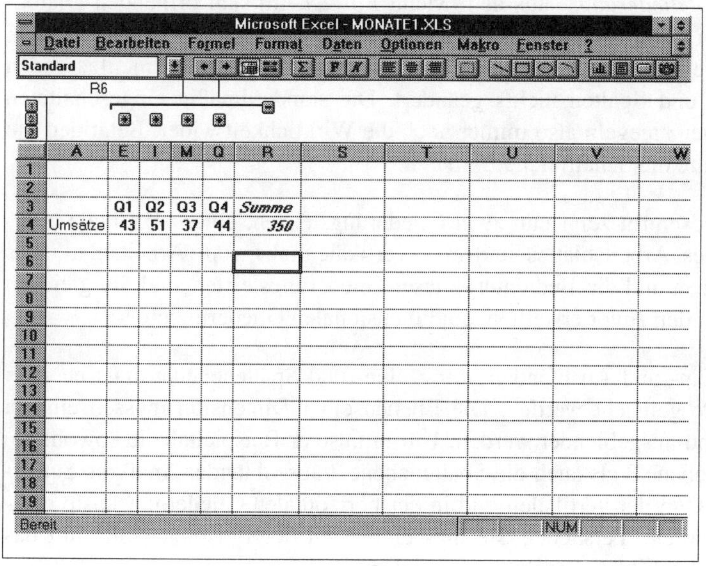

Abb. 83: Die Quartalssummen stehen auf Ebene zwei

241

Gestalten der Tabelle

Gliederungsleiste oberhalb des Arbeitsblattes

Diesmal finden Sie die Gliederungsleiste am oberen Rand des Arbeitsblattes. Die Darstellungsweise und die Gliederungssymbole sind jedoch die gleichen. Für jede Ebene gibt es eine kleine, rechteckige Schaltfläche, bei deren Betätigung die untergeordneten Ebenen, ausgeblendet werden. Testen Sie auch hier die Funktionsweise der Gliederungssymbole, indem Sie die Schaltfläche 2 betätigen, um die Spalten der Ebene 3, also die Monatsumsätze, auszublenden.

Die Summen werden von links nach rechts gebildet

Excel hat auch in der Horizontalen erkannt, in welcher Richtung summiert bzw. zusammengefaßt wird. Die Ausrichtung der Klammern und die Positionierung der Schaltflächen zum Zusammenziehen eines Astes zeigen an, daß von links nach rechts zusammengefaßt wird.

Erstellen einer kombinierten zeilen- und spaltenweisen Gliederung

Die Datei MONUMS1.XLS

Die Beispieltabelle, an der wir Ihnen die kombinierte Gliederung vorstellen möchten, finden Sie auf Ihrer Beispieldiskette unter dem Namen MONUMS1.XLS. Laden Sie bitte diese Tabelle, um die folgenden Schritte nachvollziehen zu können.

Kombinierte Gliederung

Die Vorgehensweise zur Erstellung einer Gliederung in Zeilen- und Spaltenebenen ist die gleiche wie bei den Gliederungen in nur einer Dimension. Markieren Sie zuerst den Bereich B2:K15, und wählen Sie den Befehl *Gliederung...* aus dem Menü *Formel*. Im sich öffnenden Dialogfeld zu diesem Befehl können Sie alle Einstellungen bestehen lassen, denn letztendlich hat sich an der Anordnung der zusammenfassenden Zeilen und Spalten nichts geändert. Die standardmäßig eingeschalteten Optionen spiegeln also immer noch die Wirklichkeit wider. Betätigen Sie jetzt bitte die Schaltfläche *Erstellen*.

Zwei Gliederungsleisten

Ihr Bildschirm zeigt nun zwei Gliederungsleisten: eine horizontale oberhalb des Arbeitsblattes und eine vertikale links vom Arbeitsblatt. Das Aussehen und die Bedienung dieser Gliederungsleisten sind die gleichen wie bei den zuvor erstellten, eindimensionalen Gliederungen.

Zeilen- und Spaltenebenen müssen einzeln ein- und ausgeblendet werden

Zum Ein- und Ausblenden von Zeilen- und Spaltenebenen müssen zwei Schritte gemacht werden. Die Ebenen einer Dimension müssen einzeln ein- und ausgeblendet werden. Um in unserer Beispieltabelle sowohl die Zeilenebene 3 als auch die Spaltenebene 3 auszublenden, muß die Schaltfläche 2 in der vertikalen und in der horizontalen Gliederungsleiste betätigt werden. Versuchen Sie dies einmal an der Beispieltabelle, um das unten abgebildete Ergebnis zu erzielen.

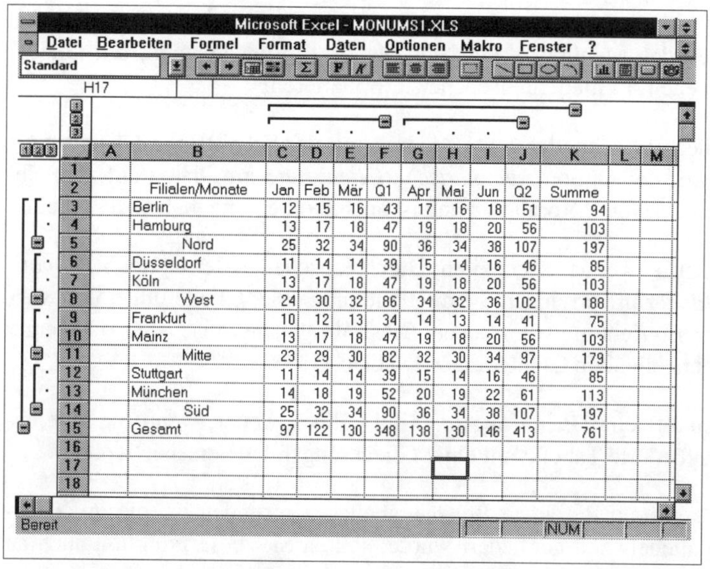

	A	B	C	D	E	F	G	H	I	J	K	L	M
1													
2		Filialen/Monate	Jan	Feb	Mär	Q1	Apr	Mai	Jun	Q2	Summe		
3		Berlin	12	15	16	43	17	16	18	51	94		
4		Hamburg	13	17	18	47	19	18	20	56	103		
5		Nord	25	32	34	90	36	34	38	107	197		
6		Düsseldorf	11	14	14	39	15	14	16	46	85		
7		Köln	13	17	18	47	19	18	20	56	103		
8		West	24	30	32	86	34	32	36	102	188		
9		Frankfurt	10	12	13	34	14	13	14	41	75		
10		Mainz	13	17	18	47	19	18	20	56	103		
11		Mitte	23	29	30	82	32	30	34	97	179		
12		Stuttgart	11	14	14	39	15	14	16	46	85		
13		München	14	18	19	52	20	19	22	61	113		
14		Süd	25	32	34	90	36	34	38	107	197		
15		Gesamt	97	122	130	348	138	130	146	413	761		
16													
17													
18													

Abb. 84: Automatische Gliederung in Zeilen- und Spaltenebenen

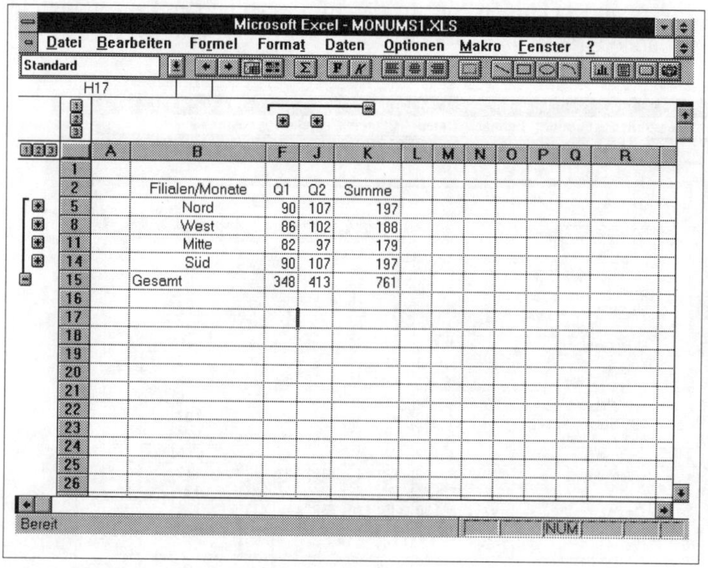

	A	B	F	J	K	L	M	N	O	P	Q	R
1												
2		Filialen/Monate	Q1	Q2	Summe							
5		Nord	90	107	197							
8		West	86	102	188							
11		Mitte	82	97	179							
14		Süd	90	107	197							
15		Gesamt	348	413	761							

Abb. 85: Die Zeilen und Spalten der Ebene 2

Festlegen der Gliederungsfolge

Um die verschiedenen Ebenen, also die Hierarchie, mit der die Tabelle versehen worden ist, auch durch besondere Formate in der vollständigen

Darstellung sichtbar zu machen, können Sie selbstverständlich mit den Befehlen des Menüs *Format* "von Hand" Einfluß nehmen, um Gliederungsebene für Gliederungsebene zu formatieren.

Automatisches Erstellen einer Gliederungsfolge

Einfacher und schneller geht es jedoch mit der Schaltfläche *Gliederungsfolge* oder der Option *Automatische Gliederung* im Dialogfeld zum Befehl *Gliederung....* Voraussetzung ist auch hierbei eine markierte Tabelle.

Es gibt also zwei Möglichkeiten: Durch Einschalten der Option *Automatische Gliederung* erreichen Sie die Erstellung einer Gliederungsfolge während der Einrichtung von Ebenen. Diese Vorgehensweise ist also bei einer neu zu erstellenden Gliederung zu wählen.

Nachträgliche Formatierung

Die Schaltfläche *Gliederungsfolge* hilft Ihnen weiter, wenn Sie eine bereits gegliederte Tabelle mit einer Gliederungsfolge versehen wollen.

Da dies gut auf die letzte Beispieltabelle anzuwenden ist, die in Zeilen- und Spaltenebenen gegliedert wurde, sollten Sie diese Funktion auch an dieser Tabelle nachvollziehen.

Markieren Sie also erneut den Bereich B2:K15, wählen Sie den Befehl *Gliederung...*, und betätigen Sie im daraufhin erscheinenden Dialogfeld die Schaltfläche *Gliederungsfolge*.

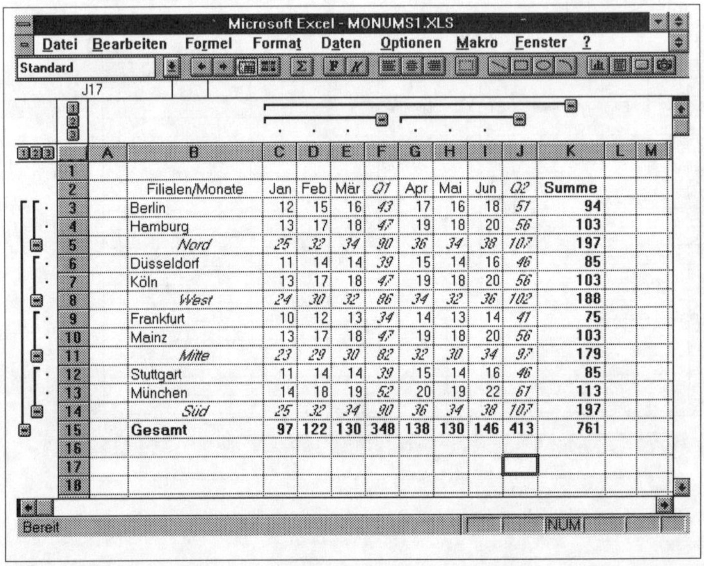

	A	B	C	D	E	F	G	H	I	J	K	L	M
1													
2		Filialen/Monate	Jan	Feb	Mär	*Q1*	Apr	Mai	Jun	*Q2*	**Summe**		
3		Berlin	12	15	16	*43*	17	16	18	*57*	**94**		
4		Hamburg	13	17	18	*47*	19	18	20	*56*	**103**		
5		*Nord*	*25*	*32*	*34*	*90*	*36*	*34*	*38*	*107*	**197**		
6		Düsseldorf	11	14	14	*39*	15	14	16	*46*	**85**		
7		Köln	13	17	18	*47*	19	18	20	*56*	**103**		
8		*West*	*24*	*30*	*32*	*86*	*34*	*32*	*36*	*102*	**188**		
9		Frankfurt	10	12	13	*34*	14	13	14	*41*	**75**		
10		Mainz	13	17	18	*47*	19	18	20	*56*	**103**		
11		*Mitte*	*23*	*29*	*30*	*82*	*32*	*30*	*34*	*97*	**179**		
12		Stuttgart	11	14	14	*39*	15	14	16	*46*	**85**		
13		München	14	18	19	*52*	20	19	22	*67*	**113**		
14		*Süd*	*25*	*32*	*34*	*90*	*36*	*34*	*38*	*107*	**197**		
15		**Gesamt**	**97**	**122**	**130**	**348**	**138**	**130**	**146**	**413**	**761**		
16													
17													
18													

Abb. 86: Einheitlich formatierte Zeilen- und Spaltenebenen

Stören Sie sich nicht daran, daß die Felder D15 und E15 nicht mehr breit genug sind, um die nun fett formatierten Gesamtsummen aufzunehmen. Setzen Sie die Spaltenbreite einfach etwas höher, wenn Ihnen dies nicht gefällt.

Das Ergebnis stellt die Zeilen und Spalten einer Gliederungsebene in einheitlicher Form dar, gleichgültig, ob es sich dabei um Zeilen- oder Spaltenebenen handelt. Die Formate sind nicht auf direkte Weise den entsprechenden Feldern zugewiesen worden, sondern Excel hat Formatvorlagen erzeugt und diese Formatvorlagen den zusammenfassenden Zeilen und Spalten zugewiesen. Die Formatvorlagen tragen die Namen "Zeilenebene_1", "Zeilenebene_2", "Spaltenebene_1" und "Spaltenebene_2". Diese Namen sind eigentlich schon aussagekräftig genug.

Standardformatvorlagen für die Gliederungsebenen

Für jede übergeordnete Ebene wurde eine Formatvorlage erzeugt. Die Zeilen und Spalten der Ebene 3 stellen sich weiterhin im Standardformat dar. Sind Sie mit diesen Standarddruckformaten nicht zufrieden, so ändern Sie einfach die Definition der Formatvorlagen, um die einheitliche Formatierung einer Ebene aufrechtzuerhalten.

Ändern der Formate

Welche Formate für welche Ebene?

Weiter oben haben Sie bereits gelesen, daß Excel in der Lage ist, eine Tabelle bis auf acht Ebenen zu gliedern. Gleichzeitig werden beim automatischen Erstellen der Gliederungsfolge auch bis zu sieben unterschiedliche Formatvorlagen erstellt und den übergeordneten Ebenen zugewiesen. Besondere Formate enthalten jedoch nur die Formatvorlagen für die Ebenen 1 und 2. Die Ebene 1 wird fett und die Ebene 2 kursiv formatiert. Die Formatvorlagen aller anderen Ebenen enthalten keine besonderen Formatierungsmerkmale.

Besondere Formate nur für die Ebenen 1 und 2

Um von vornherein eigene Formatvorlagen für die automatische Erstellung einer Gliederungsfolge zur Verfügung zu stellen, können diese vorher definiert werden. Diese Formatvorlagen müssen dann jedoch unter den gleichen Namen angelegt werden, wie die Standard-Gliederungsformatvorlagen:

Verwendung eigener Formatvorlagen

    Zeilenebene_1
    Spaltenebene_1
    Zeilenebene_2
    Spaltenebene_2
    Zeilenebene_3
    Spaltenebene_3
    Zeilenebene_4
    Spaltenebene_4
    Zeilenebene_5
    Spaltenebene_5

Gestalten der Tabelle

Zeilenebene_6
Spaltenebene_6
Zeilenebene_7
Spaltenebene_7

Wenn diese Namen bei der Festlegung der Formatvorlagen verwendet wurden, werden auch die Gliederungsebenen Ihrer Tabelle beim Erstellen der Gliederungsfolge entsprechend formatiert.

Gliedern einer Tabelle mit den Gliederungsschaltflächen der Formatierungsleiste

Nachdem wir die Möglichkeiten zur Gliederung der Tabelle über den Befehl *Gliederung...* beschrieben haben, muß selbstverständlich auch erwähnt werden, was Sie mit den Gliederungsschaltflächen der Formatierungsleiste erreichen können.

Da wäre zunächst die Schaltfläche zur Anzeige bzw. zum Ausblenden der Gliederungsleiste. Sie finden diese Schaltfläche als zweite Schaltfläche links neben der Schaltfläche mit dem Summenzeichen. Diese Schaltfläche hat drei Funktionen:

1. Ausschalten der Gliederungsleisten

Die Gliederungsleisten, die nach dem Gliedern einer Tabelle links und/oder oberhalb des Arbeitsblattes erscheinen, können ausgeblendet werden, wenn Sie diese Schaltfläche betätigen. Da es keine Tastenkombination für diese Schaltfläche gibt, kann diese Funktion auch nur mit der Maus aufgerufen werden.

2. Anzeigen der Gliederungleisten

Gliederungsleisten, die mit der 1. Funktion dieser Schaltfläche ausgeblendet wurden, können durch erneutes Betätigen mit der Maus wieder eingeschaltet werden.

3. Erstellen einer Gliederung

Ist eine Tabelle noch nicht gegliedert, und Sie versuchen, durch einen Klick auf diese Schaltfläche, sich die Gliederungsleisten anzeigen zu lassen, so erscheint ein Dialogfeld. Dieses Dialogfeld enthält eine Meldung, daß keine Gliederung existiert. Gleichzeitig werden Sie aber gefragt, ob eine Gliederung erstellt werden soll. Durch Betätigen der Schaltfläche *OK* rufen Sie den gleichen Vorgang auf, wie mit dem Befehl *Gliederung...* aus dem Menü *Format*.

Gestalten der Tabelle

Die Voreinstellungen für diesen Aufruf der Gliederungsfunktion holt sich Excel aus den Einstellungen im Dialogfeld zum Befehl *Gliederung...*

Mit welchen Voreinstellungen wird gearbeitet?

Wenn Sie also sofort eine Gliederungsfolge erstellen lassen wollen, so können Sie dies einstellen, indem Sie den Befehl *Gliederung...* wählen und im Dialogfeld zu diesem Befehl die Option *Automatische Gliederung* einschalten.

Zum Beenden Ihrer Eingabe müssen Sie dann jedoch die Schaltfläche *OK* betätigen, damit die Gliederungsfunktion nicht sofort aufgerufen wird.

Zu guter Letzt fehlt noch die Erläuterung der manuellen Gliederungsmöglichkeiten bzw. des Herauf- oder Herunterstufens von Zeilen und Spalten. Es ist durchaus denkbar, daß Ihre Tabelle etwas komplizierter aufgebaut ist, als unsere Beispieltabellen, und daß aus diesem Grund die Gliederungsautomatik nicht zum gewünschten Ergebnis führt.

Herauf- und Herunterstufen von Zeilen und Spalten

Außerdem haben wir bis jetzt noch mit keinem Wort erwähnt, wie Sie eine Gliederung wieder aus einer Tabelle entfernen können. Auch dies ist nur durch einen Eingriff von Hand möglich.

Zum Herauf- und Herunterstufen stehen Ihnen in der Formatierungsleiste zwei Schaltflächen zur Verfügung, die Sie sowohl mit der Maus als auch mit der Tastatur bedienen können.

Funktionsaufruf über Schaltflächen

Die Rede ist von den beiden nach links und rechts weisenden Pfeilen rechts neben dem Pfeil zum Öffnen des Listenfelds für die Formatvorlagen.

Der Pfeil nach links wird zum Heraufstufen von markierten Zeilen oder Spalten verwendet und kann auch über die Tastenkombination [Alt] + [Shift]+[←] bedient werden. Unter dem Heraufstufen versteht man die Zuordnung der markierten Zeilen oder Spalten zu einer höheren Gliederungsebene.

Heraufgestuft wird mit dem Pfeil nach links

Demzufolge dient der Pfeil nach rechts zum Herunterstufen, zur Zuordnung der markierten Zeilen oder Spalten zu einer niedrigeren Ebene. Mit der Tastatur bedienen Sie diese Schaltfläche durch die Kombination [Alt]+[Shift]+[→].

Heruntergestuft wird mit dem Pfeil nach rechts

Die Betätigung einer dieser beiden Schaltflächen bringt ein kleines Dialogfeld zur Anzeige, in dem Sie angeben müssen, ob Sie die markierten Felder um eine Zeilen- oder eine Spaltenebene herauf- oder heruntersetzen wollen.

Auf welche Dimension wollen Sie sich beziehen

247

Gestalten der Tabelle

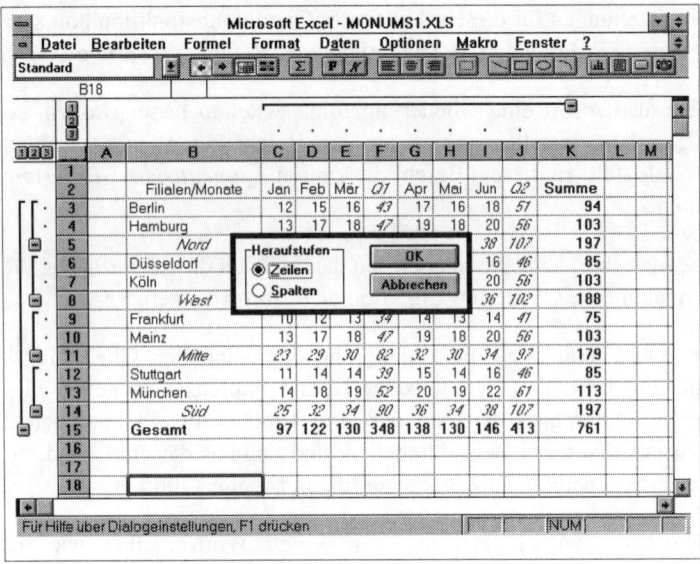

Abb. 87: Horizontale oder vertikale Einstufung

Die Dialogfelder Heraufstufen und Herunterstufen

Markieren Sie in diesem Dialogfeld das runde Optionsfeld *Zeilen*, so werden die markierten Zeilen um eine Ebene herauf- oder heruntergestuft. Bei Markierung des Optionsfeldes *Spalten* geschieht das gleiche in der anderen Dimension.

Letztendlich möchten wir Ihnen auch zum Testen dieser beiden Schaltflächen eine Beispieltabelle zur Verfügung stellen. Laden Sie bitte die Tabelle GLIEDER2.XLS von Ihrer Beispieldiskette.

Herunterstufen von Spalten

Die erste Aufgabe soll das Herunterstufen der Spalten sein, die die Umsätze mit den einzelnen Artikeln beinhalten. Die Spalten C:E sollen später einmal der zusammenfassenden Spalte F untergeordnet werden. Auch hier muß im ersten Schritt bekanntgegeben werden, welche Spalten oder Zeilen herauf- oder heruntergestuft werden sollen.

Markieren Sie also bitte zuerst die Felder C4:E17. Eigentlich hätte es genügt, irgendwelche Felder dieser Spalten zu markieren, denn eine Gliederungsebene bezieht sich immer auf die gesamte Zeile oder Spalte. Sollten Sie also bei der Markierung nicht genau den von uns angegebenen Bereich getroffen haben, bleibt dies ohne Folgen, solange der markierte Bereich die drei genannten Spalten umfaßt.

Haben Sie den ersten Schritt erledigt, betätigen Sie bitte die Schaltfläche zum Herunterstufen, und markieren Sie im Dialogfeld die Option *Spalten*, um in der richtigen Dimension zu gliedern. Diese Schaltfläche zeigt einen

Gestalten der Tabelle

Pfeil nach rechts. In der untenstehenden Abbildung erkennen Sie an der Gliederungsleiste, daß die Spalten C:E nun der Spalte F untergeordnet sind und von einer Gliederungsklammer eingeschlossen werden.

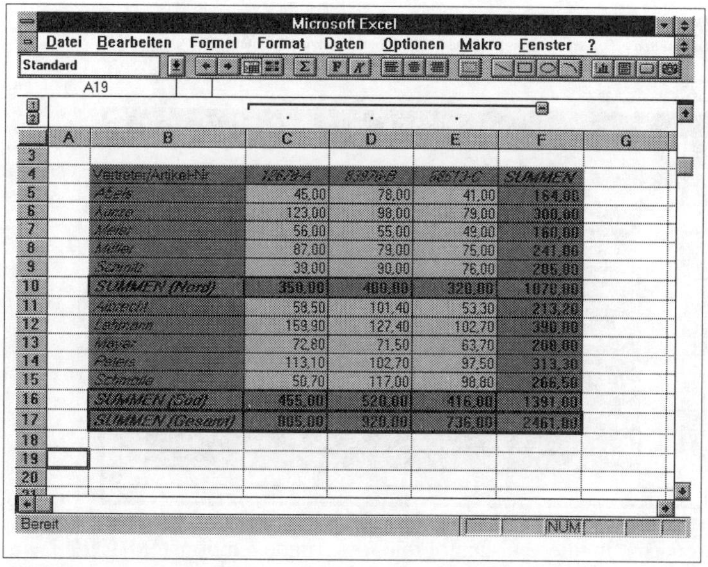

Abb. 88: Die Spalten C:E wurden heruntergestuft

In den Voreinstellungen, die mit dem Befehl *Gliederung...* gemacht werden können, ist die Option *Hauptspalten rechts von Detaildaten* markiert gewesen. Dies ist der Grund, warum die Spalte F nach Betätigung der Schaltfläche den Spalten C:E übergeordnet ist. Die Spalte F steht rechts von den Detaildaten und wird somit als Hauptspalte erkannt. Wenn Sie die Option *Hauptspalten rechts von Detaildaten* ausschalten, wird die Spalte B als Hauptspalte verwendet.

Welche Voreinstellungen werden verwendet?

In der vertikalen Dimension muß nun ein ähnlicher Vorgang zum Herunterstufen der Zeilen erfolgen, die die Umsätze der einzelnen Vertreter enthalten. Die Zeilen 5:9 sollen später der Zeile 10, die die Summen einer Region enthält, untergeordnet sein. Markieren Sie dazu bitte den Feldbereich B5:F9. Natürlich gilt auch die Aussage, die oben zur Markierung der Spalten gemacht wurde. Es müssen also nicht unbedingt alle genannten Felder markiert sein, sondern lediglich Felder der Zeilen 5:9.

Herunterstufen von Zeilen

Sind diese Zeilen markiert, betätigen Sie bitte erneut die Schaltfläche zum Herunterstufen ([→]), markieren im Dialogfeld die Option *Zeilen*, falls diese nicht bereits markiert ist, und bringen den Befehl über die Schaltfläche *OK* oder durch einen Druck auf [Return] zur Ausführung.

Zeilenweises Gliedern

249

Gestalten der Tabelle

Die folgende Abbildung zeigt auch diesmal den Erfolg der Operation: Die Zeilen 5:9 sind der Zeile 10 untergeordnet und von der vertikalen Gliederungsklammer eingeschlossen.

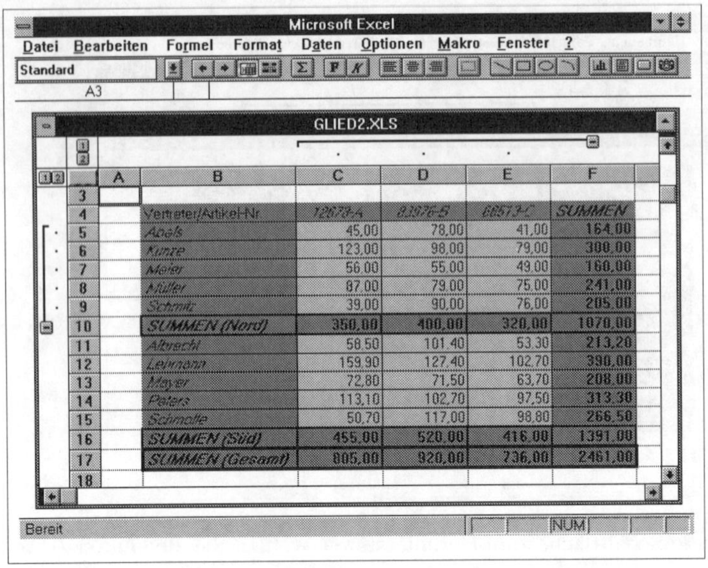

Abb. 89: Die Zeilen 5:9 stehen eine Ebene tiefer

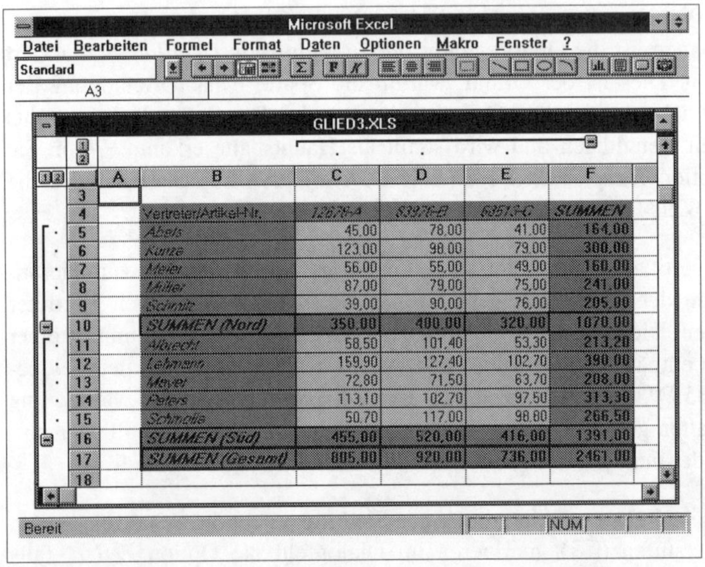

Abb. 90: Die Zeilen 5:9 und 11:15 stehen jetzt auf der gleichen Ebene

Gestalten der Tabelle

Auch die Frage nach den Voreinstellungen ist durch einen Blick in die Voreinstellungen des Befehls *Gliederung...* zu beantworten. Hier war die Option *Hauptzeilen unter Detaildaten* markiert, als Sie den Befehl gegeben haben. Da sich die Zeile 10 unterhalb der Zeile 9 befindet, hat Excel diese Zeile zur Hauptzeile ernannt. Wäre die Option *Hauptzeilen unter Detaildaten* ausgeschaltet gewesen, wäre die Zeile 4 zur Hauptzeile geworden. Wiederholen Sie den gerade beschriebenen Vorgang nun für die Zeilen 11:15, um auch die Detaildaten für die Region Süd auf eine untergeordnete Ebene zu setzen.

Erzeugen einer zweiten übergeordneten Ebene

Die Zeilen der Tabelle lassen sich nun noch weiter gliedern. Nachdem die Summenzeilen für die einzelnen Regionen übergeordnet bzw. die Detaildaten diesen Zeilen untergeordnet worden sind, können nun noch die Zeilen 5:16 der Zeile mit den Gesamtsummen untergeordnet werden. Diese erneute Unterordnung kann nur durch Anlegen einer weiteren Gliederungsebene erreicht werden, wobei die momentan höchste Gliederungsebene der Zeilen 10 und 16 zu einer der Zeile 17 untergeordneten Ebene wird. Markieren Sie dazu bitte den Bereich B5:F16, betätigen Sie erneut die Schaltfläche zum Herunterstufen, wählen Sie die Option *Zeilen* im sich öffnenden Dialogfeld, und bestätigen Sie den Befehl mit *OK* oder Return . Wie die Abbildung zeigt, haben wir wie immer Erfolg gehabt. Durch eine zweite, ganz außen angeordnete Gliederungsklammer werden die Zeilen 5:16 eingefaßt und stellen nun die Ebene 1 dar.

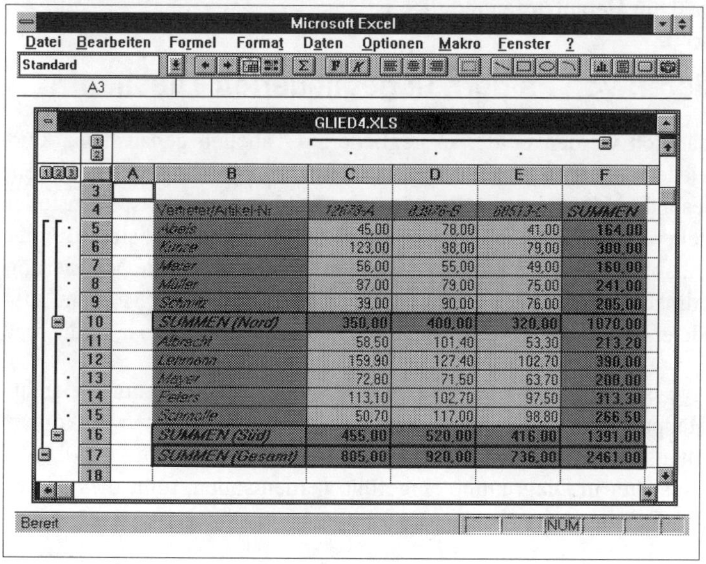

Eine weitere Hierarchiestufe

Abb. 91: Jetzt ist die Tabelle vollständig gegliedert

Gestalten der Tabelle

Heraufstufen von Zeilen und Spalten

Das Heraufstufen von Zeilen und Spalten funktioniert genauso wie das Herunterstufen: Zuerst müssen die entsprechenden Zeilen oder Spalten markiert werden, bevor die Schaltfläche zum Heraufstufen, auf der der Pfeil nach links abgebildet ist, betätigt werden kann.

Vollständiges Entfernen einer Gliederung

Um die gesamte Gliederungshierarchie wieder aus einer Tabelle zu nehmen, müssen Sie Ebene für Ebene und Dimension für Dimension in einzelnen Schritten heraufstufen. Es genügt jedoch, wenn Sie einmal alle einer Gliederungsebene zugewiesenen Felder der Tabelle markieren und dann so oft die Schaltfläche zum Heraufstufen betätigen, wie es Ebenen gibt.

Dabei ist darauf zu achten, daß Sie im Dialogfeld, das nach Betätigung dieser Schaltfläche erscheint, die richtigen Angaben zur Dimension, sprich: Zeilen oder Spalten, machen, da wie bereits beschrieben, nicht nur Ebene für Ebene, sondern auch Dimension für Dimension heraufgestuft werden muß.

Warnton oder Fehlermeldung

Excel erzeugt jedoch einen Warnton, wenn Sie versuchen, Zeilen oder Spalten heraufzustufen, die keiner Ebene zugeordnet sind. Der Warnton ertönt nur dann, wenn es in der anderen Dimension noch Ebenen gibt.

Versuchen Sie, Zeilen oder Spalten einer völlig ungegliederten Tabelle heraufzustufen, bringt Excel eine Meldung auf den Bildschirm, die besagt, daß kein Heraufstufen möglich ist.

Markieren von Feldern in gegliederten Tabellen

Grundsätzlich werden Felder in gegliederten Tabellen genauso markiert wie in jeder anderen Tabelle auch, doch sind einige Dinge zu beachten. Die Besonderheiten liegen bei der Auswahl von Hauptspalten oder Hauptzeilen, denen ausgeblendete Detaildaten untergeordnet sind. Bei der Auswahl solcher Hauptzeilen oder -spalten werden durch die Markierung standardmäßig auch die Felder in untergeordneten und im Moment ausgeblendeten Ebenen angesprochen, obwohl diese nicht sichtbar sind.

Auch die unsichtbaren Felder werden angesprochen

Die Folge ist, daß beim Kopieren oder Ausschneiden nicht nur die sichtbaren Hauptzeilen oder -spalten, sondern auch die Detaildaten mitkopiert oder mitausgeschnitten werden. Gerade beim Kopieren von Feldbereichen, die später in Diagramme eingefügt werden sollen, führt dies zu ungewollten Ergebnissen.

Gestalten der Tabelle

Die Lösung dieses Problems kann auf zwei unterschiedlichen Wegen stattfinden: Der erste Weg führt nach dem Markieren und Kopieren bzw. Ausschneiden der Feldbereiche über den Befehl *Inhalte auswählen...* aus dem Menü *Formel*. Im Dialogfeld zu diesem Befehl können Sie über eine Reihe von Optionen einstellen, auf welche Feldinhalte Sie sich mit einer Auswahl beziehen wollen. Für das angesprochene Problem ist jedoch nur die Option *Nur sichtbare* von Interesse.

Nur sichtbare Felder sollen ausgewählt werden

Durch Einschalten dieser Option teilen Sie Excel mit, daß innerhalb einer Feldauswahl nur die sichtbaren Felder angesprochen werden sollen. Für uns stellt diese Option die Lösung des Problems dar, da ausgeblendete Ebenen unsichtbar sind und somit von der Auswahl ausgeschlossen werden können. Bei einer Mehrfachauswahl, also bei der Auswahl mehrerer, nicht zusammenhängender Feldbereiche, kann der Befehl *Inhalte auswählen...* mit dieser Option nicht ausgeführt werden. In einer solchen Situation bringt Excel jedoch eine entsprechende Fehlermeldung auf den Bildschirm.

Ausschließen der unsichtbaren Felder

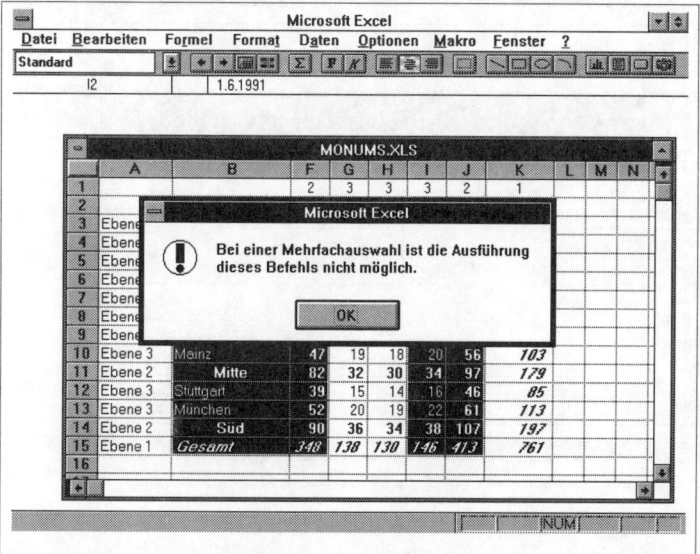

Abb. 92: Bei einer Mehrfachauswahl erfolgt eine Fehlermeldung

Der zweite Weg zur Lösung des Problems ist nur für Mausbesitzer interessant. Die Formatierungsleiste enthält eine Schaltfläche, deren Betätigung den gleichen Effekt hat wie die Anwahl des Befehls *Inhalte auswählen...* mit nachfolgender Markierung der Option *Nur sichtbare*. Diese Schaltfläche finden Sie direkt rechts neben der Schaltfläche zur Anzeige der Gliederungssymbole bzw. links neben der Schaltfläche zur automatischen Summenbildung.

Lösung über eine Schaltfläche der Formatierungsleiste

253

Gestalten der Tabelle

Die Markierung des Feldbereiches ist Voraussetzung

Auch wenn Sie durch Betätigung dieser Schaltfläche erreichen wollen, daß nur sichtbare Felder innerhalb der Auswahl von den Befehlen des Menüs *Bearbeiten* angesprochen werden sollen, dann muß zuerst der gewünschte Feldbereich markiert werden. Haben Sie jedoch eine Mehrfachauswahl vorgenommen, erscheint nach Betätigung dieser Schaltfläche die oben bereits erwähnte Fehlermeldung.

Ein Beispiel

Auch hierzu soll ein kleines Beispiel mehr Praxisnähe bringen. Falls Sie die gegliederte Tabelle im Arbeitsblatt GLIEDER2.XLS nicht mehr geladen haben, öffnen Sie sie jetzt bitte erneut. Gliedern Sie die Tabelle bei Bedarf in der weiter oben beschriebenen Weise, und blenden Sie die Zeilenebene 3 aus.

Das Ergebnis dieser Vorbereitungen sollte auf Ihrem Bildschirm so aussehen:

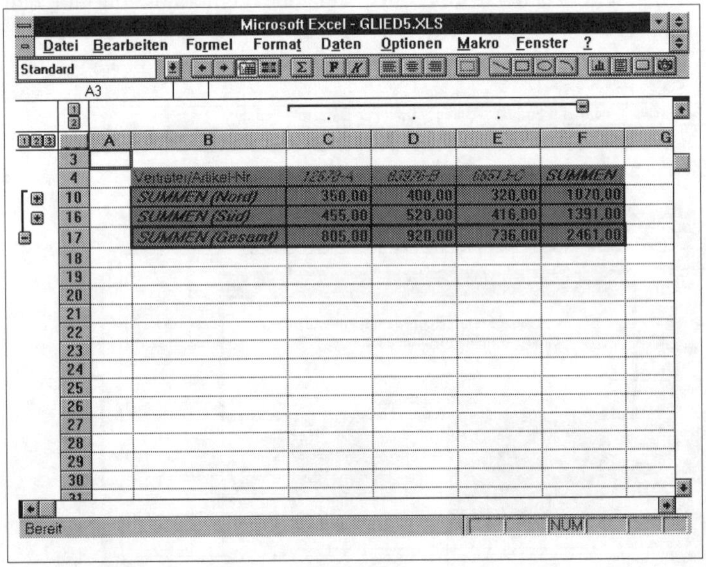

Abb. 93: Sichtbar sind nur die Zeilen der Ebenen 1 und 2

Markieren Sie in dieser Tabelle nun den Feldbereich B4:E16, und wählen Sie den Befehl *Inhalte auswählen...* aus dem Menü *Formel*. Im Dialogfeld zu diesem Befehl muß nun die Option *Nur sichtbare* eingeschaltet und der Befehl mit der Schaltfläche *OK* oder Return zur Ausführung gebracht werden.

Mausbesitzer können anstelle dieser Befehlsauswahl auch die Schaltfläche zur Auswahl der sichtbaren Felder in der Formatierungsleiste benutzen.

Gestalten der Tabelle

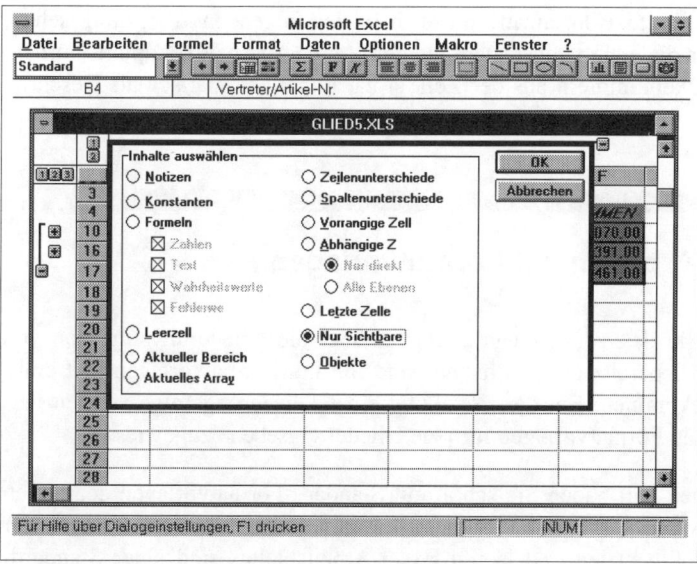

Abb. 94: Das Dialogfeld zum Befehl "Inhalte auswählen..."

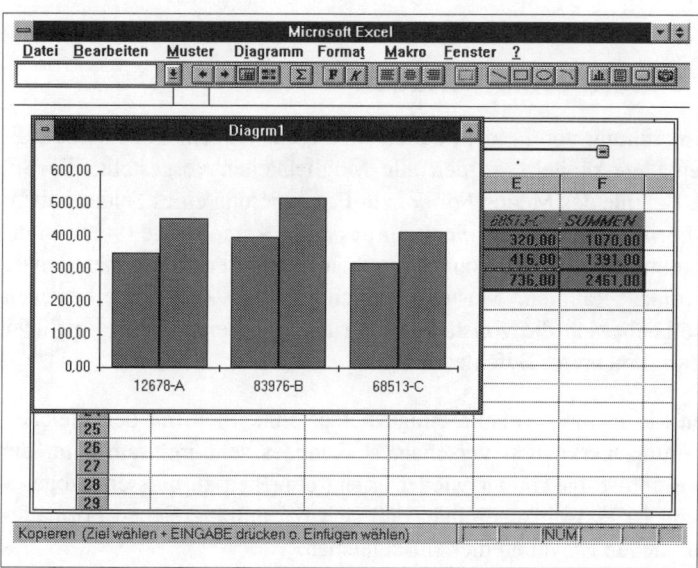

Abb. 95: Nur die sichtbaren Felder wurden kopiert

Wählen Sie jetzt bitte den Befehl *Kopieren* aus dem Menü *Bearbeiten*, und öffnen Sie über den Befehl *Neu...* aus dem Menü *Datei* ein Diagrammfenster. Sie können nun über den Befehl *Einfügen* aus dem Menü *Bearbeiten* die kopierten Daten in das Diagrammfenster einfügen. Wie

Gestalten der Tabelle

Sie auf Ihrem Bildschirm und auch in der folgenden Abbildung sehen, sind nur die sichtbaren Daten aus den Zeilen 10 und 16 kopiert worden. Die Artikelnummern aus der Zeile 4 hat Excel automatisch als Beschriftung der Rubrikenachse verwendet.

8.12 Arbeiten mit Formatvorlagen

Wenn Sie das vorangehende Kapitel über die Gliederungsfunktion von Excel 3.0 bereits gelesen haben, sind Sie mit Formatvorlagen in Berührung gekommen. Bei der Erstellung einer Gliederungsfolge werden verschiedene Formatvorlagen für jede Gliederungsebene zugewiesen.

Standardisierte Feldformate

Auf jeden Fall haben Sie schon mit Standard-Formatvorlagen gearbeitet. Sie verwenden zwangsläufig diese Formatvorlagen, denn selbst die Felder eines völlig neuen und leeren Excel-Arbeitsblattes sind einer Standard-Formatvorlage zugewiesen. Was Formatvorlagen sind, welche Vorteile sie bieten und wie man damit arbeitet, lesen Sie in den folgenden Abschnitten.

Die Standardformatvorlagen

Was sind Format-vorlagen?

Die Formatierung von Feldern haben wir bereits eingehend behandelt. In mehreren Unterkapiteln wurden alle Möglichkeiten vorgestellt, die Sie über die Befehle des Menüs *Format* zur Formatierung eines Feldes haben. Da das Format eines Feldes nicht nur aus einer Komponente (wie z.B. einer bestimmten Schriftart) sondern auch aus mehreren Komponenten wie Zahlenformat, Rahmen, Muster, Ausrichtung und Zellschutz bestehen kann, vollzieht sich die vollständige Formatierung eines Feldes oft über die Auswahl mehrerer Befehle.

Möchten Sie in Ihrer Tabelle einige Felder einheitlich mit den gleichen Formatierungsmerkmalen versehen, so kann es sehr mühsam sein, die gleiche Befehlsfolge immer wieder erneut eingeben zu müssen. Abgesehen davon ist es wahrscheinlich, daß sich bei umfangreichen Formatierungsvorgängen Eingabefehler einschleichen.

Standardisierung von Feld-formaten

Formatvorlagen bieten den Vorteil, die unterschiedlichen Komponenten eines Feldformates unter einem Namen abzuspeichern und diese umfassende Definition jedem beliebigen Feld über einen einzigen Befehl zuweisen zu können. Durch diese Vorgehensweise ist eine einheitliche Formatierung mehrerer Felder sehr viel schneller und sicherer möglich.

Gestalten der Tabelle

Formatvorlagen stellen also einen definierten Standard dar, der vielfach angewandt werden kann.

Ein weiterer, nicht zu unterschätzender Vorteil von Formatvorlagen wird dann offensichtlich, wenn es darum geht, einheitlich vorgegebene Feldformate zu ändern. Wenn Sie alle Felder direkt, also mit den Befehlen des Menüs *Format*, formatiert haben, kommen Sie nicht umhin, jedes Feld einzeln neu zu formatieren, um die Einheitlichkeit zu bewahren. Ist das Format der betreffenden Felder jedoch in einer Formatvorlage definiert, so genügt eine einzige Änderung in der Definition dieser Formatvorlage, um "mit einem Streich" die Formate aller Felder zu ändern, denen diese Formatvorlage zugewiesen ist.

Einfache Änderung

Standard-Formatvorlagen sind Formatvorlagen, die Excel standardmäßig bereits nach dem Öffnen eines neuen Arbeitsblattes zur Verfügung stellt. Standard-Formatvorlagen müssen also nicht erst von Ihnen definiert werden, sondern können direkt aus dem Listenfeld am linken Ende der Formatierungsleiste ausgewählt werden.

Was sind Standard-Formatvorlagen?

In der folgenden Abbildung sehen Sie das geöffnete Listenfeld mit den Formatvorlagen, die Excel für jedes Arbeitsblatt zur Verfügung stellt.

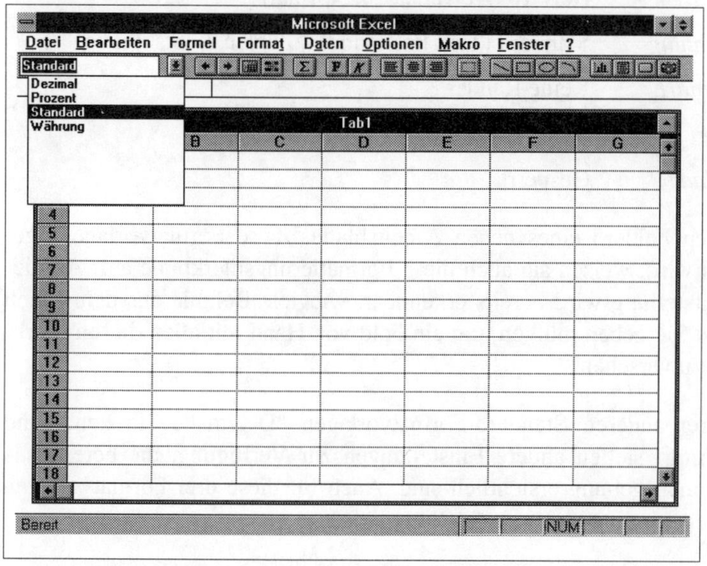

Abb. 96: Das Listenfeld zur Auswahl einer Standardformatvorlage

Nach dem Öffnen eines neuen Arbeitsblattes ist die Formatvorlage *Standard* allen Feldern des Arbeitsblattes zugewiesen. Was sich hinter dieser und den anderen Formatvorlagen verbirgt, entdecken Sie, wenn Sie

Gestalten der Tabelle

den Befehl *Formatvorlage...* aus dem Menü *Format* auswählen. Das Dialogfeld, das nach Auswahl dieses Befehls erscheint, zeigt Ihnen, welche Formatierungsmerkmale unter dem Namen *Standard* als Formatvorlage zugewiesen werden können.

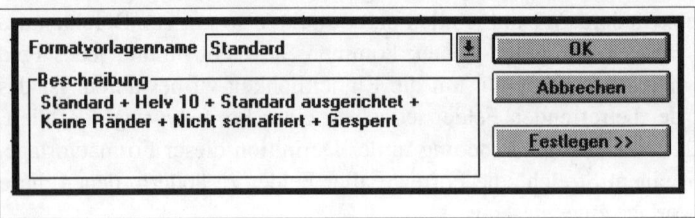

Abb. 97: Die Definition der Formatvorlage Standard

In diesem Dialogfeld lesen Sie die für jede Komponente eines Feldformates gemachte Einstellung:

Die Formatvorlage "Standard"

Zahlenformat	Standard (automatische Formaterkennung)
Schriftart	Helv 10 (Helvetica 10, Normal)
Ausrichtung	Standard (Text linksbündig, Zahlen rechtsbündig)
Rahmenart	Keine Ränder
Muster	Nicht schraffiert
Zellschutz	Gesperrt

Da allen Feldern eines neuen Arbeitsblattes diese Formatvorlage zugewiesen wird, weisen sie auch diese Formatierungsmerkmale auf. An dieser Aufstellung wird bereits erkennbar, wieviele Befehle aus dem Menü *Format* Sie geben müßten, um ein Feld von Hand mit allen diesen Merkmalen zu versehen.

Die drei anderen Standard-Formatvorlagen "Dezimal", "Prozent" und "Währung" stellen andere Einstellungen zur Verfügung, die bereits aus der Namensgebung ersichtlich sind. Auch für diese drei Formatvorlagen möchten wir eine kleine Aufstellung liefern.

Die Formatvorlage "Dezimal"

Zahlenformat	#.##0,00
Schriftart	Keine Angabe
Ausrichtung	Keine Angabe

Gestalten der Tabelle

Rahmenart	Keine Angabe
Muster	Keine Angabe
Zellschutz	Keine Angabe

Die Formatvorlage "Prozent"

Zahlenformat	0%
Schriftart	Keine Angabe
Ausrichtung	Keine Angabe
Rahmenart	Keine Angabe
Muster	Keine Angabe
Zellschutz	Keine Angabe

Die Formatvorlage "Währung"

Zahlenformat	DM#.##0,00;[Rot]-DM#.##0,00
Schriftart	Keine Angabe
Ausrichtung	Keine Angabe
Rahmenart	Keine Angabe
Muster	Keine Angabe
Zellschutz	Keine Angabe

Die Formatvorlagen "Dezimal", "Prozent" und "Währung" enthalten lediglich Informationen zum Zahlenformat. Dies bedeutet, daß alle anderen Formatierungsmerkmale nicht definiert sind und somit bei der Zuweisung dieser Formatvorlage zu einem Feld nicht berücksichtigt, also auch nicht verändert werden. War ein Feld umrahmt, bevor die Formatvorlage "Währung" zugewiesen wurde, so ist es dies auch nach der Zuweisung noch, da in der Formatvorlage zu diesem Formatierungsmerkmal keine Angaben gemacht werden. Bei Zuweisung der Formatvorlage "Standard" würde der Rahmen entfernt, da hier definitiv festgelegt ist, daß kein Rahmen existieren soll.

Auswahl einer Formatvorlage

Die Auswahl oder Zuweisung einer Formatvorlage zu einem Feld oder einem Feldbereich geht sehr einfach vonstatten: Markieren Sie die Felder, die Sie standardisiert formatieren möchten, und wählen Sie mit der Maus die entsprechende Formatvorlage aus dem Listenfeld in der Formatie-

Auswahl mit der Maus

Gestalten der Tabelle

rungsleiste. Sofort erscheinen alle zuvor markierten Felder in dem durch die Standard-Formatvorlage definierten Format.

Auswahl mit der Tastatur

Mit der Tastatur ist der Weg etwas beschwerlicher, aber dennoch effektiver als die direkte Formatierung mehrerer Felder: Wählen Sie den Befehl *Formatvorlage...* aus dem Menü *Format*, und markieren Sie die gewünschte Formatvorlage oder tragen Sie den Namen der Formatvorlage in das Eingabefeld "Formatvorlagenname" ein.

Auswahl aus dem Listenfeld

Zur Auswahl eines Namens können Sie ↑ oder ↓ benutzen, in alphabetischer Reihenfolge erscheinen dann die Namen der zur Verfügung stehenden Formatvorlagen. Gleichzeitig wird im Feld "Beschreibung" auch die hinter den Formatvorlagen stehende Definition angezeigt, so daß Sie sofort informiert werden, welche Formatdefinition bei Betätigung der Schaltfläche *OK* oder Druck auf `Return` den zuvor markierten Feldern zugewiesen wird.

Definition einer Formatvorlage

Was Sie bisher über Formatvorlagen gelesen haben, war nur die Spitze des Eisberges. In diesem Kapitel sollen Sie lernen, wie eigene Formatvorlagen erzeugt werden können, die Ihnen eine individuelle, aber einheitliche Formatierung von Tabellen ermöglichen. Die Definition von Vorlagen kann auf verschiedene Arten durchgeführt werden.

Definition auf der Basis von Feldformaten

Eine Vorgehensweise ermöglicht Ihnen die Definition einer Formatvorlage auf der Basis der Formatierungsmerkmale eines Feldes Ihres Arbeitsblattes. Das bedeutet, daß Sie zuerst ein Feld von Hand mit den Befehlen des Menüs *Format* formatieren, dieses Feld auswählen und alle Formatinformationen unter einem Namen, nämlich dem Namen der Formatvorlage, abspeichern.

Gleichzeitige Definition und Zuweisung einer Formatvorlage

Eine andere Möglichkeit besteht darin, gleichzeitig die Definition der Formatvorlage zu erzeugen und ein oder mehrere markierte Felder zu formatieren. In diesem Fall führt der Weg über den Befehl *Formatvorlage...*, nachdem Sie die einheitlich zu formatierenden Felder markiert haben. Ist dies geschehen, so können Sie das Dialogfeld zu diesem Befehl über die Schaltfläche *Festlegen>>* erweitern, um über zusätzliche Schaltflächen und Optionsfelder die Definition vorzunehmen.

Definition einer Formatvorlage auf der Basis formatierter Felder

An zwei kleinen Beispielen wollen wir Ihnen die unterschiedlichen Möglichkeiten zur Definition eigener Formatvorlagen vorstellen. Die Defini-

Gestalten der Tabelle

tion und die Vorteile von Formatvorlagen können von Ihnen gemäß unserer Anleitung oder anhand eigener Ideen an der Beispieltabelle FORMVOR.XLS nachvollzogen werden.

Laden Sie bitte die Tabelle FORMVOR.XLS von Ihrer Beispieldiskette. Die Tabelle enthält zwei Aufstellungen, in denen Kosten und Erlöse erfaßt wurden. In ihrem jetzigen Erscheinungsbild wirkt die Tabelle recht unattraktiv, da lediglich die erste Überschrift und die erste Summenzeile formatiert worden sind. Es sind also noch einige Formatierungen notwendig, um die dargestellten Informationen optisch etwas aufzuwerten.

Da wir zuerst die Möglichkeiten der Definition anhand bereits formatierter Felder vorstellen wollen, markieren Sie bitte die Felder B8:F8. Da es noch eine Summenzeile in der Tabelle gibt, und vielleicht bei neuen Aufstellungen noch weitere Summenzeilen benötigt werden, haben wir uns entschlossen, eine Formatvorlage anzulegen, die das Format dieser Summenzeilen einheitlich beschreiben soll.

Formatvorlage für Summenzeilen

Nachdem Sie die Felder, deren Formatierungen für die Definition verwendet werden sollen, markiert haben, gibt es zwei Verfahrensweisen, um weiterzumachen. Zuerst der Weg für Mausbesitzer: Klicken Sie in das Eingabefeld des Listenfeldes in der Formatierungsleiste. Der aktuelle Eintrag "Standard" ist jetzt schwarz hinterlegt und kann bearbeitet oder überschrieben werden.

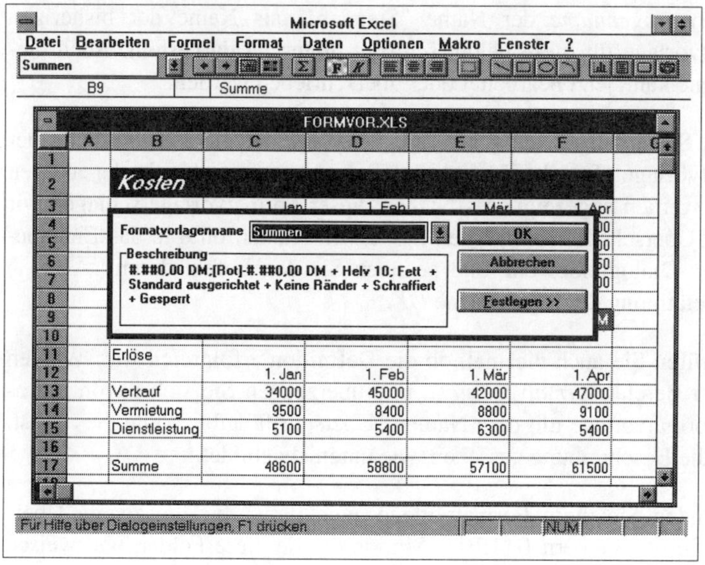

Zwei Wege führen zum Ziel

Abb. 98: Ihre neue Formatvorlage hat den Namen "Summen"

Gestalten der Tabelle

Schreiben Sie jetzt einfach den Namen der neuen Formatvorlage in dieses Eingabefeld. Unser Namensvorschlag lautet "Summen". Durch Ihre Eingabe wird der alte Name überschrieben, und Ihre erste eigene Formatvorlage entsteht, sobald Sie ⌜Return⌝ drücken. Überprüfen Sie dies, indem Sie den Befehl *Formatvorlage...* aus dem Menü *Formel* auswählen. Sie sollten im daraufhin erscheinenden Dialogfeld den gleichen Eintrag finden, der auch auf der Abbildung dargestellt wird.

Sie sehen eine vollständige Formatdefinition, lediglich die Vordergrundfarbe, die die markierten Zellen haben, wird in der Beschreibung nicht angezeigt. Trotzdem ist die Farbe in diesem Druckformat enthalten.

Einsatz der neuen Formatvorlage

Um die neue Formatvorlage nun auch für die zweite Summenzeile einzusetzen, markieren Sie bitte die Felder B17:F17 und weisen diesen Feldern die Formatvorlage "Summen" zu. Der Erfolg ist offensichtlich, die zweite Summenzeile ist von der Formatierung her identisch mit der ersten Summenzeile.

Der Weg über die Tastatur

Die zweite Möglichkeit, bereits vorhandene Formatierungen zu einer Formatvorlage zu machen, ist vor allem für Tastaturbenutzer interessant. Diese Möglichkeit möchten wir Ihnen anhand der fertig formatierten Überschrift in den Feldern B2:F2 vorstellen.

Markieren Sie bitte diese Felder, und wählen Sie daraufhin den Befehl *Formatvorlage....* Im Dialogfeld zu diesem Befehl wird im Eingabefeld *Formatvorlagenname* der Name "Standard" als Name der bisherigen Formatvorlage für diese Felder schwarz hinterlegt dargestellt. Auch dieser Name kann jetzt bearbeitet oder überschrieben werden.

Sobald Sie anfangen, zu schreiben, verschwindet die Beschreibung der Formatvorlage "Standard", und die Formatierungsmerkmale der aktiven Felder werden angezeigt. Als Namen dieser Formatvorlage schlagen wir Ihnen "Überschrift" vor. Tragen Sie diesen Namen bitte in das Eingabefeld des Dialogfeldes ein, und beenden Sie den Befehl durch ⌜Return⌝ oder Betätigung der Schaltfläche *OK*.

Erfolgskontrolle

Überprüfen Sie auch diesmal, ob die Definition erfolgreich war. Wählen Sie den Befehl *Formatvorlage...*, und überzeugen Sie sich davon, ob es eine Formatvorlage mit dem Namen "Überschrift" gibt. Wenn dies so ist, sollte die Beschreibung aussehen, wie unten abgebildet.

Verwenden Sie diese Formatvorlage auch direkt für die zweite Überschrift in den Feldern B11:F11. Markieren Sie diese Felder, und weisen Sie ihnen die neue Formatvorlage "Überschrift" zu.

Gestalten der Tabelle

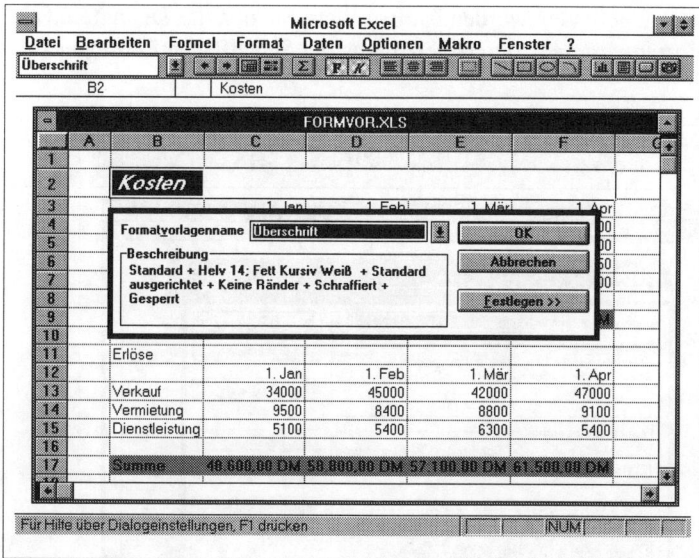

Abb. 99: Diese Formatvorlage erzeugt Überschriften von Format

Gleichzeitige Definition und Zuweisung einer Formatvorlage

Wenn man keine bereits formatierten Felder zur Formatübernahme zur Verfügung hat, kann man Formatvorlagen nur über den Befehl *Formatvorlagen* erzeugen. Der Vorteil bei dieser Vorgehensweise ist, daß die Definition der Formatvorlage und ihre Zuweisung gleichzeitig stattfinden. Natürlich müssen vorher die betreffenden Felder markiert werden. Der Nachteil ist, daß Sie die Wirkung Ihrer Formatierung erst dann sehen, wenn Sie die Vorlagendefinition abgeschlossen haben. Sind Sie mit dem Ergebnis nicht zufrieden, kann die Vorlage natürlich noch geändert werden.

Wir sollten auch diese Möglichkeit an unserer Beispieltabelle ausprobieren. Als Ziel haben wir uns die Erstellung einer Formatvorlage für die Monatsangaben in den Spaltentiteln gesetzt. Obwohl die Monatsangaben nur in den Feldern C3:F3 stehen, markieren Sie bitte die Felder B3:F3. Es sieht besser aus, wenn alle Felder einer Zeile die gleiche Schraffur bzw. Farbgebung aufweisen.

Eine Formatvorlage für die Spaltentitel

Wählen Sie jetzt bitte den Befehl *Formatvorlage...*, und überschreiben Sie dann den Namen "Standard" durch den neuen Formatvorlagennamen "Monatsnamen". Die Beschreibung der Formatvorlage ist diesmal trotz der Eingabe eines neuen Namens gleichgeblieben, weil keine andere

Eingabe des Formatvorlagennamens

Gestalten der Tabelle

Formatierung gefunden worden ist. Erweitern Sie nun das Dialogfeld zum Befehl *Formatvorlage...* durch Betätigung der Schaltfläche *Festlegen>>*.

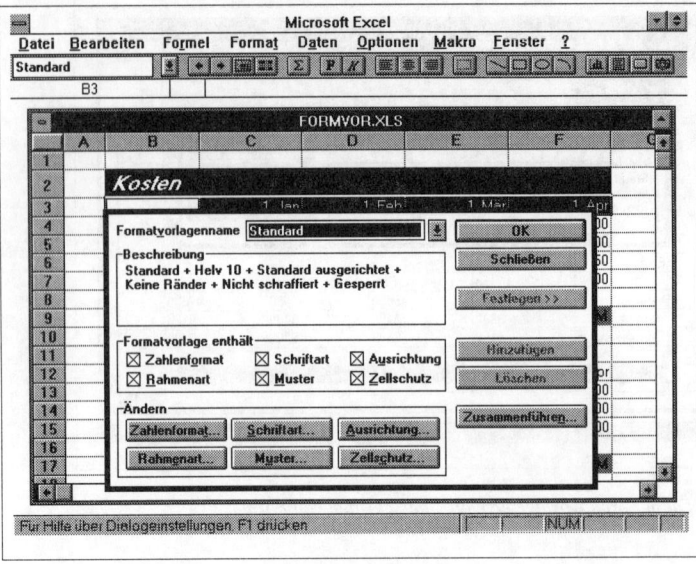

Abb. 100: Das zur Definition der Formatvorlage erweiterte Dialogfeld

Rechteckige Optionsfelder

Mit den zusätzlichen Optionsfeldern und Schaltflächen sind Sie nun in der Lage, eine eigene Formatvorlage zu definieren. Die rechteckigen Optionsfelder geben Auskunft darüber, welche Formatierungsmerkmale in einer Formatvorlage enthalten sind. Die Formatvorlage "Standard", die bisher den markierten Feldern zugewiesen war, enthält alle zur Verfügung stehenden Formatinformationen. Trotzdem ist die Option *Zahlenformat* ausgeschaltet.

Die Ursache dafür liegt in den unterschiedlichen Zahlenformaten der markierten Felder. Die Felder C3:F3 haben durch die Eingabe der Daten automatisch ein Datumsformat zugewiesen bekommen. Das Feld B3 hat noch das Standardzahlenformat, da hier noch keine Eingabe stattgefunden hat, die die automatische Formaterkennung von Excel aktiviert hat. Bei unterschiedlichen Formatinformationen innerhalb der Auswahl wird die entsprechende Option ausgeschaltet.

Definition eines Zahlenformats

Da wir die Monatsnamen ausgeschrieben in den Spaltentiteln erscheinen lassen wollen, besteht unsere Aufgabe jetzt darin, diesen Feldern ein eigenes Zahlenformat in der Form "MMMM" zu geben. Dies ist grundsätzlich über die Schaltfläche *Zahlenformat...* möglich. Da jedoch die Option *Zahlenformat* ausgeschaltet ist, steht auch diese Schaltfläche nicht zur Verfügung und ist in einem etwas undeutlicheren Grau dargestellt.

Gestalten der Tabelle

Bevor Sie also ein neues Zahlenformat vergeben können, muß zuerst die Option durch Markieren des Optionsfeldes eingeschaltet werden. Sofort wird die Schaltfläche deutlich sichtbar und steht zur Verfügung. Betätigen Sie jetzt diese Schaltfläche, um festzustellen, daß daraufhin das gleiche Dialogfeld erscheint, wie bei Anwahl des Befehls *Zahlenformate...* aus dem Menü *Format*. Da das Dialogfeld identisch ist, ist auch die Auswahl oder Definition eines Zahlenformats die gleiche.

Definieren Sie das Datumsformat "MMMM", um Monatsnamen in voller Länge in den markierten Feldern erscheinen zu lassen. Um zurück in das Dialogfeld zum Befehl *Formatvorlage* zu gelangen, drücken Sie bitte Return oder betätigen die Schaltfläche *OK*.

Im Feld "Beschreibung (Zum Beispiel)" ist dieses neue Zahlenformat bereits eingetragen, die Felder der Tabelle sind jedoch noch nicht entsprechend formatiert. Das liegt daran, daß die Definition der Formatvorlage noch nicht abgeschlossen ist. Dies erkennen Sie auch an dem Eintrag "Zum Beispiel" auf dem oberen Rahmen des Beschreibungsfeldes.

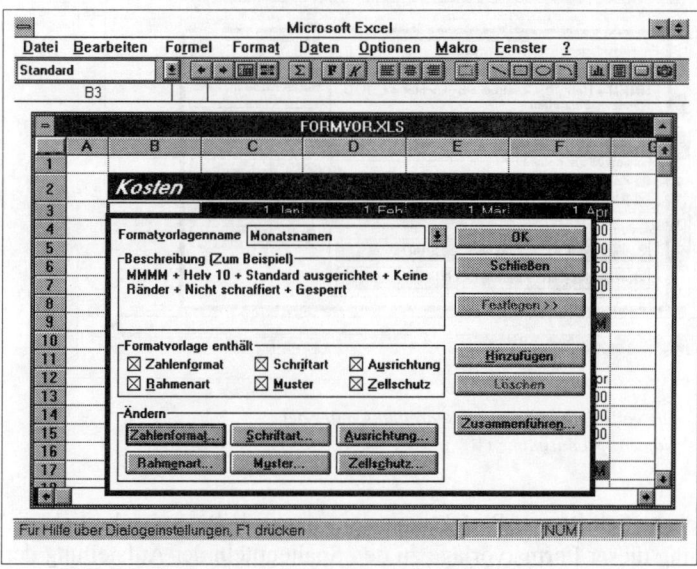

Abb. 101: Das neue Zahlenformat ist in die Beschreibung mit aufgenommen worden

Wir haben uns noch drei weitere Formatierungsmerkmale für die Spaltentitel vorgestellt: Die Monatsnamen sollen zentriert in den Feldern ausgerichtet und die Felder sollen hellgrau dargestellt und am rechten, linken und unteren Rand dünn gerahmt werden.

Gestalten der Tabelle

Die zentrierte Ausrichtung können Sie über die Schaltfläche für die *Ausrichtung...* und die Markierung der entsprechenden Option im daraufhin erscheinenden Dialogfeld einstellen. Die Farbgebung des Feldes kann im Dialogfeld ausgewählt werden, das sich nach Betätigung der Schaltfläche *Muster...* öffnet, und die Umrahmung der Felder nehmen Sie mit den Optionen des Dialogfelds zur Schaltfläche *Rahmenart...* vor. Da wir keine Angaben zum Zellschutz machen möchten, kann diese Option im Dialogfeld zum Befehl *Formatvorlage...* auch ausgeschaltet werden, es stört jedoch nicht, wenn Sie sie eingeschaltet lassen.

Zu guter Letzt sollte die Beschreibung der Formatvorlage "Monatsnamen..." so aussehen:

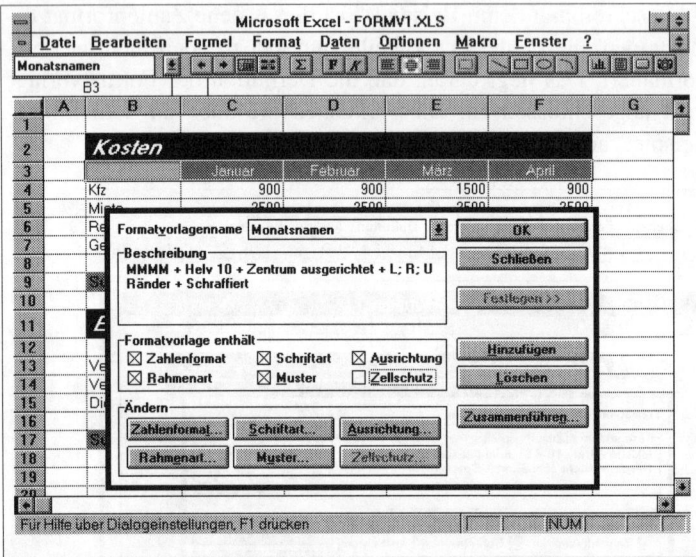

Abb. 102: *Die vollständige Formatbeschreibung unter dem Namen "Monatsnamen"*

Der nächste Schritt zur Perfektionierung der Tabelle ist sicherlich die Zuweisung dieser Formatvorlage zu den Spaltentiteln der Aufstellung der Erlöse in den Feldern B12:F12.

Definition und Zuweisung einer Formatvorlage für eine Mehrfachauswahl

Um bei mehreren Feldbereichen direkt bei der Formatvorlagendefintion auch die Zuweisung vorzunehmen, müssen Sie nicht mehr tun, als diese Bereiche im Rahmen einer Mehrfachauswahl zu markieren und die Vor-

Gestalten der Tabelle

lagendefinition vorzunehmen. Diese Möglichkeit möchten wir in den folgenden Abschnitten vorstellen.

Die Beträge für Kosten und Erlöse befinden sich in den Feldbereichen C4:F7 und C13:F15. Markieren Sie bitte beide Bereiche: Markieren Sie erst einen dieser beiden Bereiche, und drücken Sie [Shift]+[F8], um einen weiteren Feldbereich zur Auswahl hinzufügen zu können. Der Feldzeiger kann jetzt bewegt werden, ohne daß davon die Markierung des ersten Bereiches beeinflußt wird. Wenn Sie die Mehrfachauswahl mit der Maus vornehmen wollen, muß bei der Markierung des zweiten Bereiches lediglich die Taste [Strg] gedrückt werden, um die Markierung des ersten Bereiches zu erhalten. Nachdem Sie auch den zweiten Bereich markiert haben, können Sie die Definition der Formatvorlage durch den Befehl *Formatvorlage...* beginnen.

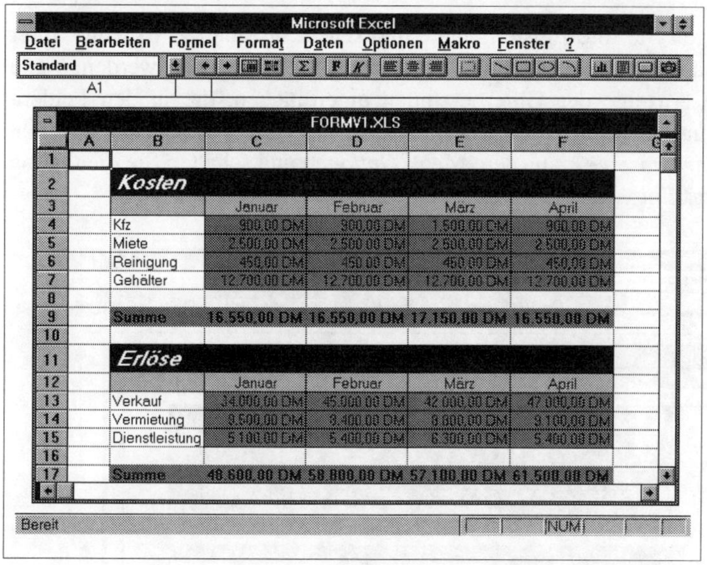

Markieren der Mehrfachauswahl

Abb. 103: Die Formatvorlage ist beiden Bereichen zugewiesen worden

Zuerst sollte der Name für die Formatvorlage eingegeben werden, unser Namensvorschlag lautet diesmal "Beträge". Zur Definition muß jetzt das Dialogfeld über die Schaltfläche *Festlegen>>* erweitert werden. Nehmen Sie bitte über die Schaltflächen *Zahlenformat*, *Muster* und *Rahmen* die folgenden Formatfestlegungen vor:

Zahlenformat   #.##0,00 DM;[Rot]-#.##0,00 DM
Muster   Kein Muster, Vordergrund Magenta
Rahmen   dünn, rechts, links, unten

Gestalten der Tabelle

Wenn Sie dieses erledigt haben, können Sie den Befehl durch *OK* oder Return abschließen.

Die letzte Formatvorlage, die wir noch brauchen, um die Formatierung dieser Tabelle abzuschließen, muß den Zeilenköpfen zugewiesen werden. Markieren Sie dazu bitte die Feldbereiche B4:B7 und B13:B15.

Verfahren Sie jetzt so, wie oben schon beschrieben, um in einer Formatvorlage namens "Zeilenköpfe" die folgenden Formatierungsinformationen festzuhalten:

Schriftart	Helv 10, kursiv
Muster	Kein Muster, Vordergrund Cyan
Rahmenart	dünn, links, rechts, unten

Bestätigen Sie Ihre Einstellungen, und sehen Sie sich das Ergebnis Ihrer Arbeit an. Der "letzte Schliff" kann der Tabelle gegeben werden, wenn Sie die Anzeige der Gitternetzlinien unterdrücken, die in den Feldern ohne Einträge immer noch zu sehen sind. Verwenden Sie dazu den Befehl *Bildschirmanzeige...* aus dem Menü *Optionen* und schalten Sie die Option *Gitternetzlinien* aus.

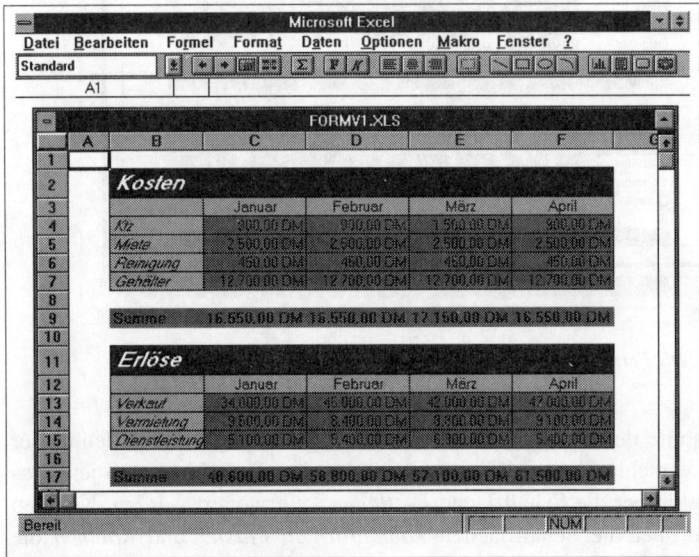

Abb. 104: Perfekt formatiert mit Formatvorlagen

Ändern einer Formatvorlage

Anhand der obigen Abbildung wird offensichtlich, daß alle Formatierungen, die wir zur optischen Aufarbeitung der Tabelle vorgenommen haben, auch ihren Zweck erfüllt haben. Eine Inkonsequenz hat sich bei der Definition der Formatvorlagen dennoch eingeschlichen. Die Felder der Summenzeilen sind, im Gegensatz zu allen anderen Feldern der Tabelle, nicht umrahmt.

Bei der Beseitigung dieses kleinen Mangels kommen die Vorteile der Arbeit mit Formatvorlagen voll zum Tragen, denn wir müssen jetzt nicht jede Summenzeile einzeln mit den entsprechenden Rahmen versehen, sondern wir ändern die Formatvorlage "Summen", indem wir diese zusätzliche Formatierungsinformation zur Definition hinzufügen.

Eine Änderung beseitigt den Fehler in der ganzen Tabelle

Zur Änderung einer Formatvorlagendefinition müssen die Felder, denen diese Formatvorlage zugewiesen worden ist, nicht markiert werden. Der Feldzeiger kann sich an einer beliebigen Stelle im Arbeitsblatt befinden. Um mit der Änderung zu beginnen, wählen Sie einfach den Befehl *Formatvorlage...* und geben den Namen "Summen" als Namen der zu verändernden Formatvorlage im Eingabefeld *Formatvorlagenname* an oder wählen ihn aus dem Listenfeld aus.

Markierung ist nicht erforderlich

Betätigen Sie nun die Schaltfläche *Festlegen>>*, um mit den zusätzlichen Schaltflächen die Definition ändern zu können. Jetzt kann genauso vorgegangen werden, wie bei der Definition einer neuen Formatvorlage. Da wir Formatinformationen bezüglich der Umrahmung der Felder hinzufügen wollen, betätigen Sie bitte die Schaltfläche *Rahmenart...*. Im Dialogfeld stellen Sie jetzt die mittlere Rahmenstärke für den linken, rechten, oberen und unteren Rand des Feldes ein. Zum Beenden Ihrer Einstellung muß nun ein *OK* oder Return folgen.

Da der Feldzeiger nicht auf ein Feld positioniert ist, das anhand der Formatvorlage "Summen" formatiert ist, können Sie den Befehl nicht mit der Schaltfläche *OK* abschließen. In diesem Fall würde die Formatvorlage nicht nur definiert, sondern auch dem markierten Feld zugewiesen. Um diesen Fehler zu vermeiden, muß die "neue", d.h. geänderte Definition lediglich in die Liste der Formatvorlagen eingefügt, aber nicht zugewiesen werden. Erledigen Sie dies mit der Schaltfläche *Hinzufügen*. Bereits bei Betätigung der Schaltfläche *Hinzufügen* werden die Felder, die mit der Formatvorlage "Summen" formatiert worden sind, auf der Basis der neuen Definition unter diesem Namen umformatiert. Nachdem das geschehen ist, dürfen Sie den Befehl immer noch nicht mit Return oder *OK* abschließen, sondern müssen das Dialogfeld mit der Schaltfläche *Schließen* schließen.

Vorsicht beim Beenden des Befehls "Formatvorlage..."

Gestalten der Tabelle

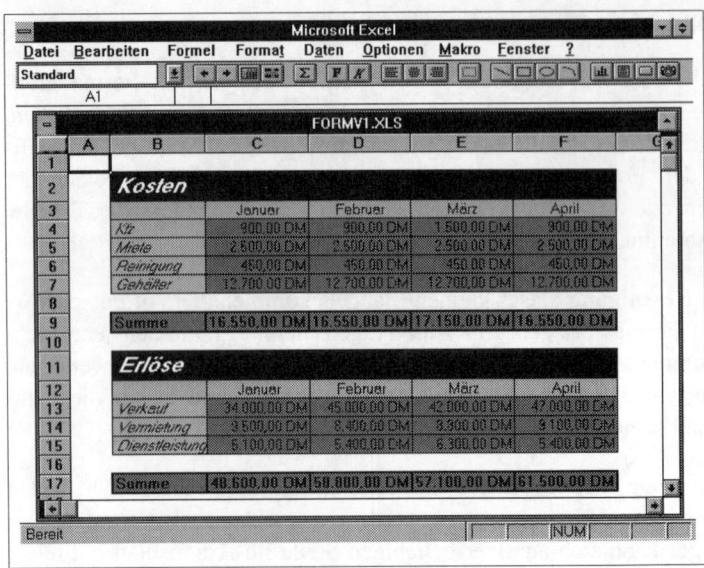

Abb. 105: Mit einem Befehl wurden alle Formatierungen gleichzeitig geändert

Ändern und Erzeugen von Formatvorlagen in Serie

Die Schaltfläche *Hinzufügen* leistet auch wertvolle Dienste, wenn Sie mehrere Druckformate hintereinander ändern oder neu anlegen möchten, ohne jedesmal erneut den Befehl *Formatvorlage...* beenden und aufrufen zu müssen.

Löschen einer Formatvorlage

Das Löschen einer Formatvorlage vollzieht sich, wie die meisten anderen Operationen, ebenfalls über den Befehl *Formatvorlage....* Wählen Sie diesen Befehl aus, geben Sie den Namen der zu löschenden Formatvorlage an, und erweitern Sie das Dialogfeld mit der Schaltfläche *Festlegen>>*. In dem nun vergrößerten Dialogfeld finden Sie auch eine Schaltfläche mit dem Namen *Löschen*. Diese Schaltfläche löscht bei Betätigung die Formatvorlage, deren Namen im Eingabefeld *Formatvorlagenname* angezeigt wird.

Die anhand dieser Formatvorlage formatierten Felder verlieren alle Formatierungen und erscheinen im Format "Standard".

Mehrfaches Löschen

Mehrfach löschen können Sie, indem Sie einen neuen Formatvorlagennamen eintragen oder auswählen und erneut die Schaltfläche *Löschen* betätigen. Haben Sie keine weiteren Aufgaben mit diesem Befehl zu erledigen, schließen Sie das Dialogfeld mit Return oder *Schließen*.

Übernahme von Formatvorlagen aus anderen Tabellen

Bei der Lektüre der vorangegangenen Abschnitte ist Ihnen sicher bewußt geworden, daß Formatvorlagen wesentliche Vorteile bei der Formatierung von Tabellen bringen. Der erzielte Effekt ist jedoch noch größer, wenn Sie diese Standards in mehreren Tabellen nutzen können. Zum einen sind Sie sicher, daß alle Tabellen, die mit diesen Formatvorlagen formatiert sind, ein einheitliches Bild bieten, und zum anderen sparen Sie erheblich Zeit, wenn Sie auf bereits existierende Standards zugreifen können.

Da Formatvorlagen mit in der Tabelle gespeichert werden, können Sie Excel dazu anweisen, in einer neu angelegten Tabelle die Formatvorlagen einer anderen Tabelle zur Verfügung zu stellen und letztendlich auch in dieser Tabelle mit abzuspeichern.

Erzeugen tabellenübergreifender Standards

Die Erstellung von Druckformatvorlagen ist bereits erschöpfend beschrieben worden, vielleicht ist Ihnen jedoch bei der Arbeit mit dem Befehl *Formatvorlage...* eine Schaltfläche namens *Zusammenführen* aufgefallen. Diese Schaltfläche ermöglicht Ihnen die Übernahme von Formatvorlagendefinitionen aus einer anderen, geladenen Tabelle.

Die Quelltabelle muß zum Zeitpunkt der Übernahme geladen sein

Sollten Sie in Ihrer neuen Tabelle bereits Formatvorlagen erzeugt haben, die zufällig oder beabsichtigt den gleichen Namen haben, wie eine Formatvorlage der Quelltabelle, weist Excel Sie mit einer Fehlermeldung in einem Dialogfeld auf diese Namensgleichheit hin. Im Dialogfeld haben Sie nun die Möglichkeit, zu entscheiden, wie verfahren werden soll. Beantworten Sie die Frage "Formatvorlagen mit gleichem Namen zusammenführen?" mit "Ja", so überschreibt Excel die Formatvorlagendefinition in der Zieltabelle mit denen aus der Quelltabelle. Entscheiden Sie sich für "Nein", so bleiben gleichnamige Formatvorlagen in der Zieltabelle bestehen, und Excel fügt nur die Formatvorlagen mit anderem Namen in Ihre Tabelle ein. Sind Sie unsicher, wie Excel handeln soll, so bietet Ihnen die Schaltfläche *Abbrechen* die Möglichkeit, den Befehl zu stoppen und sich erst einmal die doppelt benannten Formatvorlagen anzusehen.

Fehlermeldung bei gleichem Namen

Auch für diese Funktion haben wir ein kleines Beispiel vorbereitet. Um dieses Beispiel auf Ihrem Rechner nachvollziehen zu können, müssen zwei Tabellen von der Beispieldiskette geladen werden. Die Datei FORMVOR1.XLS enthält das Ergebnis der Formatvorlagendefinitionen aus den vorangegangenen Kapiteln und muß nur geladen werden, wenn Sie mit Ihren Ergebnissen beim Nachvollziehen der Beispiele nicht zufrieden waren. Die Datei FORMVOR2.XLS enthält eine unformatierte

Gestalten der Tabelle

Tabelle mit einem ähnlichen Aufbau wie die Tabelle FORMVOR1.XLS. In diese Tabelle sollen die bereits existierenden Formatvorlagen übernommen werden.

Laden Sie nun beide Arbeitsblätter, und bringen Sie über das Menü *Fenster* das Arbeitsblatt FORMVOR2.XLS in den Vordergrund. Um besser arbeiten zu können, sollten Sie es direkt zum Vollbild vergrößern.

Zusammenführen der Formatvorlagen

Der erste Schritt zur weiteren Formatierung muß das Einfügen der Formatvorlagen aus der Tabelle FORMVOR1.XLS in die Tabelle FORMVOR2.XLS sein. Wählen Sie dazu den Befehl *Formatvorlage...*, betätigen Sie zuerst die Schaltfläche *Festlegen>>* und dann die Schaltfläche *Zusammenführen...*.

Sofort öffnet sich ein weiteres Dialogfeld, das beinahe nur aus einem Listenfeld besteht.

Auswahl der Quelltabelle

In diesem Listenfeld werden nun die Namen aller Arbeitsblätter angezeigt, die momentan geöffnet sind. Markieren Sie bitte den Namen FORMVOR1.XLS in diesem Listenfeld, und betätigen Sie die Schaltfläche *OK*.

Daraufhin schließt sich das Listenfeld wieder, und Sie sehen das Dialogfeld zum Befehl *Formatvorlage...*. Dieser Befehl kann jetzt beendet werden, da bereits alle Formatvorlagen in das Arbeitsblatt FORMVOR2.XLS eingefügt worden sind. Am sichersten erledigen Sie dies über die Schaltfläche *Schließen*.

Zuweisung der Formatvorlagen

Alles, was jetzt noch zu tun ist, ist die Zuweisung der Formatvorlagen zu den entsprechenden Feldern. Direkt unter diesem Abschnitt finden Sie eine Vorschlagsliste, die Ihnen eine Hilfestellung geben soll, welche Felder mit welchen Formatvorlagen formatiert werden sollen.

Feldbereich	Formatvorlage
B2:F2	Überschrift
B3:F3	Monatsnamen
B4:B15	Zeilenkopf
B17:F17	Summen
C4:F15	Beträge

Gestalten der Tabelle

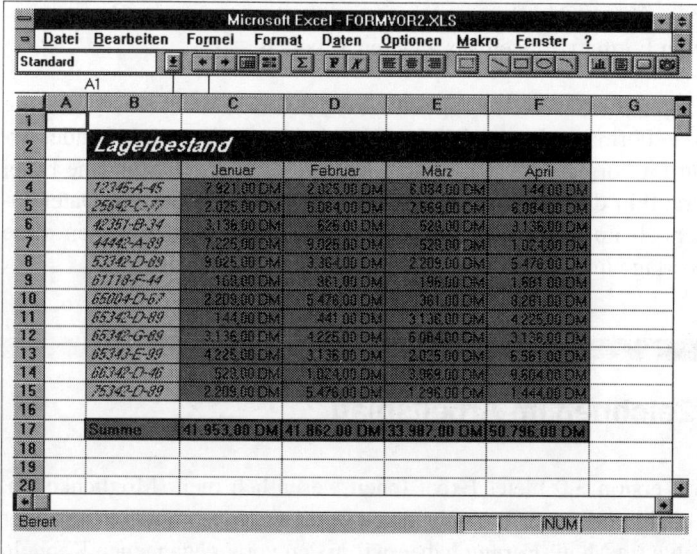

Abb. 106: Die fertig formatierte Tabelle FORMVOR2.XLS

Änderung von Formatvorlagen, die in andere Tabellen übernommen wurden

Beim Ändern von Formatvorlagen, die aus anderen Arbeitsblättern übernommen oder in andere Arbeitsblätter eingefügt wurden, verändern sich die übertragenen oder übernommenen Formatvorlagen nicht automatisch. Es existiert keine Verknüpfung, die Excel diese Änderungen registrieren läßt.

Bei Änderungen an Formatvorlagen, die sich auch auf andere Tabellen übertragen sollen, müssen die geänderten Formatvorlagen erneut mit dem Befehl *Formatvorlage...* zusammengeführt werden. In diesem Fall muß natürlich die Frage, ob Druckformate mit gleichem Namen auch zusammengeführt werden sollen, in jedem Fall mit "Ja" beantwortet werden.

Erneutes Zusammenführen

Formatvorlagen in Mustervorlagen

Wenn Sie bestimmte Formatvorlagen häufiger als Standard verwenden möchten, können Sie ein Arbeitsblatt, in dem die Formatvorlagen abgelegt sind, und das eventuell noch andere Vorgaben (wie festgelegte Überschriften oder Datumsfelder) enthält, als Mustervorlage speichern. Die Formatvorlagen sind damit fester Bestandteil der Mustervorlage und stehen beim Anlegen einer neuen Tabelle auf der Basis einer Mustervorlage

Einfach einzusetzender Standard

Gestalten der Tabelle

von vornherein zur Verfügung. Damit entfällt dann sogar das Zusammenführen von Formatvorlagen aus anderen Tabellen.

Anlegen einer Mustervorlage

Sie erzeugen eine Mustervorlage, die Formatvorlagen enthält, indem Sie zuerst die Formatvorlagen definieren und dann das entsprechende Arbeitsblatt im Format "Mustervorlage" abspeichern. Die entstandene Datei trägt daraufhin die Namenserweiterung .XLT. Wenn Sie diese Datei zusätzlich noch im Verzeichnis XLSTART abspeichern, wird Ihnen diese Mustervorlage im Listenfeld zum Befehl *Neu..* vorgeschlagen.

8.13 Zeichnen im Arbeitsblatt

Mit der Version 3.0 bietet Excel Ihnen wesentlich mehr Möglichkeiten, ein Arbeitsblatt zu gestalten. Die neuen Formatierungsmöglichkeiten über die Befehle im Menü *Format* haben wir in den vorangegangenen Kapiteln schon vorgestellt. In den folgenden Abschnitten soll es um die neuen Zeichenfunktionen gehen, die Excel Ihnen zur weiterführenden Gestaltung Ihrer Arbeitsblätter zur Verfügung stellt.

Geraden

Zum Zeichnen von Geraden muß die entsprechende Schaltfläche in der Formatierungsleiste bedient werden. Sie erkennen diese Schaltfläche an der Diagonalen, die auf ihrer Oberfläche dargestellt ist. Nach der Betätigung dieser Schaltfläche verwandelt sich der Mauszeiger, solange er sich auf dem Arbeitsblatt befindet, in ein Fadenkreuz. Durch diese Verwandlung wird deutlich, das Sie jetzt mit der Maus senkrechte, waagerechte oder diagonale Striche in Ihr Arbeitsblatt zeichnen können.

Zeichnen von Geraden

 Die Art und Weise, wie Sie eine Gerade zeichnen, ist recht einfach zu beschreiben: Betätigen Sie die hier abgebildete Schaltfläche, und positionieren Sie das Fadenkreuz auf die Stelle im Arbeitsblatt, die den Anfangspunkt der Geraden darstellen soll. Drücken Sie nun die linke Maustaste und halten Sie sie fest. Ziehen Sie das Fadenkreuz und mit dem Fadenkreuz auch die Gerade bis auf die gewünschte Länge und an die gewünschte Position.

Erst wenn Sie die Maustaste wieder loslassen, haben Sie den Endpunkt der Geraden definiert.

Gestalten der Tabelle

Um aus einer Geraden einen Pfeil zu machen, muß der Befehl *Muster...* aus dem Menü *Format* angewählt werden, nachdem Sie die Gerade markiert haben. Dieser Befehl öffnet nun ein Dialogfeld, das Ihnen die Möglichkeit gibt, die gezeichnete Gerade mit Pfeilspitzen in unterschiedlichen Formen zu versehen.

Zeichnen von Pfeilen

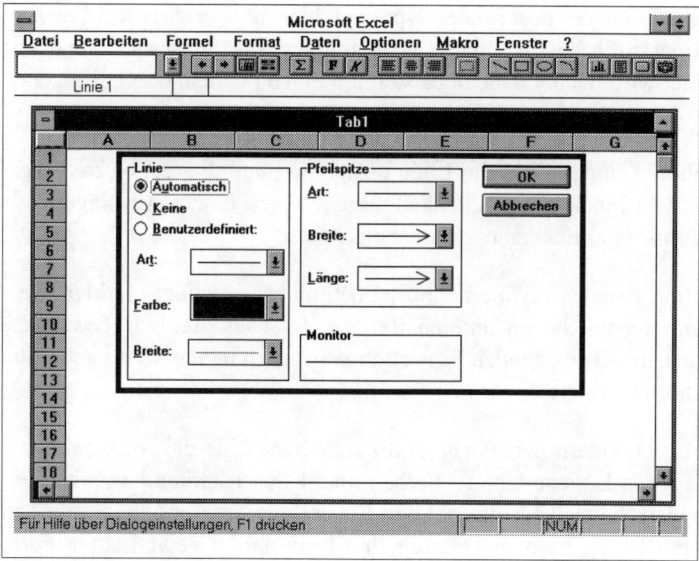

Abb. 107: Das Dialogfeld zur Definition der Pfeilspitzen

In den Listenfeldern *Art*, *Breite* und *Länge* können Sie sich nun aussuchen, wie die Pfeilspitzen für Ihre Gerade aussehen sollen. Im Listenfeld *Art* können Sie aus drei Einstellungen wählen: Keine Spitze, volle Spitze oder Strichspitze. Das Listenfeld *Breite* stellt wiederum drei Möglichkeiten zur Auswahl: von einer ganz schmalen Spitze bis zu einer sehr breiten Spitze.

Drei Listenfelder stellen unterschiedliche Formen zur Wahl

Im Listenfeld *Länge* können Sie Einfluß auf die Länge der Spitze nehmen, indem Sie sich für eine der drei vorgeschlagenen Formen entscheiden.

Ihre Gerade wird jedoch nur dann am Ende mit einer Pfeilspitze versehen, wenn Sie sich im Listenfeld *Art* entweder für eine volle oder für eine Strichspitze entschieden haben.

Gestalten der Tabelle

Einstellen der Strichstärke und -art

Eine weitere Formatierungsmöglichkeit von gezeichneten Linien steht über die Auswahl der Strichstärke und -art zur Verfügung. Diese Einstellungen werden ebenfalls über den Befehl *Muster...* gemacht, nachdem Sie die entsprechende Linie markiert haben. Im linken Teil des Dialogfeldes können Sie Angaben zu diesen beiden Attributen machen.

Eine von drei Optionen muß markiert werden

Zuerst muß eins der drei runden Optionsfelder markiert werden. Die Option *Automatisch* bewirkt, daß eine voreingestellte Strichstärke und -art verwendet wird. Dabei handelt es sich um einen dünnen, durchgezogenen Strich.

Die Option *Keinen* macht die Linie unsichtbar, und die Option *Benutzerdefiniert* gibt Ihnen die Möglichkeit, eigene Angaben zur Ausprägung einer von Ihnen gezeichneten Linie zu machen.

Die Option *Benutzerdefiniert* muß jedoch nicht unbedingt markiert werden, denn sobald Sie im unteren Bereich des Dialogfelds irgendwelche vom Standard abweichenden Einstellungen vornehmen, wird diese Option automatisch markiert.

8 Arten, 16 Farben und 4 Strichstärken

In den Listenfeldern *Art*, *Farbe* und *Breite* haben Sie die Auswahl aus 8 verschiedenen Linienarten, 16 Farben und 4 Strichstärken bzw. -breiten. Entscheiden Sie sich für die richtige Einstellung, und bestätigen Sie den Befehl mit `Return` oder *OK*, um Ihre Linie in der gewünschten Form auf dem Bildschirm und später auch auf dem Drucker erscheinen zu lassen.

Verlängern oder Verkürzen von Geraden

Um im nachhinein Änderungen an der Länge einer Geraden vorzunehmen, können Sie die "Anfasser" benutzen, die an den Enden einer Geraden sichtbar werden, sobald diese markiert ist. Ein Mausklick auf einen dieser "Anfasser" macht es Ihnen bei festgehaltener Maustaste möglich, das Ende der Gerade in die gewünschte Richtung zu ziehen. Auf die gleiche Art und Weise läßt sich aus einer Waagerechten oder Senkrechten natürlich auch eine Diagonale machen.

Grafische Objekte verschieben und verändern sich wie die Felder

Linien sowie alle anderen grafischen Objekte, die Sie in Ihr Arbeitsblatt einfügen, sind standardmäßig von Größe und Position der Felder abhängig, die Sie verdecken. Dies bedeutet, daß sich z.B. eine Gerade, die sich über drei Felder erstreckt, bei Verringerung der Spaltenbreite für diese Felder verkürzt. Werden oberhalb dieser Felder Zeilen oder links von der Geraden Spalten eingefügt, so verschiebt sich die Gerade in gleichem Maße wie die Felder, über die sie sich erstreckt.

Da dieses aber nicht immer wünschenswert ist, haben Sie über den Befehl *Objektposition...* im Menü *Format* die Möglichkeit, diese Abhängigkeit zu lösen. Nach Anwahl dieses Befehls erscheint ein Dialogfeld, in dem

Gestalten der Tabelle

die Standardeinstellung markiert ist, nämlich die Option *Von Zellenposition und -größe abhängig*. Es gibt jedoch noch zwei weitere Einstellungen:

Die Einstellung *Von Zellenposition abhängig* führt dazu, daß Veränderungen von Zeilenhöhe oder Spaltenbreite der Felder, die von einem grafischen Objekt, sei es eine Linie, eine Diagrammbox oder eine Textbox, verdeckt werden, sich nicht auf die Größe des Objektes auswirken.

Von Zellenposition abhängig

Eine veränderte Position der Felder führt jedoch weiterhin dazu, daß das entsprechende Objekt mitverschoben wird.

Die Option *Unabhängig* läßt einem grafischen Objekt die größte Freiheit. Weder veränderte Feldausmaße noch geänderte Feldpositionen haben Einfluß auf Größe und Position des so formatierten, grafischen Objektes.

Unabhängig

Rechtecke

Vielleicht fragen Sie sich, warum es zum Zeichnen von Rechtecken ein eigenes Unterkapitel gibt, wenn Rechtecke doch nur aus vier Geraden bestehen.

Ein eigenes Unterkapitel wird allein dadurch nötig, das Excel für diese Aufgabe eine eigene Schaltfläche zur Verfügung stellt. Zum zweiten besteht ein Rechteck für Excel eben nicht aus vier Geraden, sondern ist ein eigenständiges, grafisches Element, das Sie anders gestalten können, als ein aus vier Geraden selbstgezeichnetes Rechteck.

Um Rechtecke zu zeichnen, müssen Sie nicht mehr Aufwand betreiben, als zum Zeichnen einer Geraden. Die Schaltfläche, die betätigt werden muß, um ein Rechteck in das Arbeitsblatt einzufügen, finden Sie ebenfalls in der Formatierungsleiste. Die Schaltfläche selbst ist durch ein kleines Rechteck auf Ihrer Oberfläche erkennbar.

Zeichnen von Rechtecken

 Betätigen Sie also diese Schaltfläche, und beobachten Sie, wie sich der Mauszeiger, sobald Sie ihn auf das Arbeitsblatt bewegen, zu einem Fadenkreuz verwandelt. Excel ist jetzt zum Zeichnen bereit. Positionieren Sie also das Fadenkreuz auf die Stelle des Arbeitsblattes, an der sich eine Ecke des Rechtecks befinden soll. Es ist dabei gleich, ob Sie sich die linke, die obere oder irgendeine andere Ecke suchen.

Welche Ecke Sie wählen, ist gleich

Wenn Sie die richtige Position gefunden haben, drücken Sie die linke Maustaste und halten sie fest. Jetzt können Sie Ihr Rechteck rund um diesen Anfangspunkt ziehen. Das jeweilige Format des Rechtecks wird Ihnen angezeigt.

277

Gestalten der Tabelle

Das endgültige Format wird jedoch erst in das Arbeitsblatt übernommen, wenn Sie die Maustaste loslassen.

Vergrößern oder Verkleinern von Rechtecken

Stellen Sie nun nach dem Zeichnen des Rechtecks fest, daß Sie (z.B. aus Platzgründen) die Form dieses Rechtecks ändern müssen, so müssen Sie dazu dieses Rechteck nicht löschen und ein neues zeichnen. Nutzen Sie für diese Aufgabe die Vergrößerungs- oder Verkleinerungsmöglichkeiten, die Ihnen über die "Anfasser" zur Verfügung stehen.

Die Anfasser machen es möglich

Diese Anfasser erscheinen, nachdem Sie das Rechteck markiert haben, an jeder Ecke und in der Mitte jeder Seite des Rechtecks in Form von kleinen Quadraten.

Mit der Maus können Sie einen solchen Anfasser anklicken, die Maustaste festhalten und den entsprechenden Rahmen zum Vergrößern oder Verkleinern in die richtige Richtung ziehen. Die aktuelle Größe des Rechtecks wird Ihnen dabei angezeigt, und sobald Sie die Maustaste loslassen, erscheint Ihr Rechteck auch in dieser angezeigten Form.

Die Anfasser an den Ecken eines Rechtecks bieten zusätzlichen Bedienungskomfort dadurch, daß Sie gleichzeitig Änderungen an der Höhe und der Breite des Rechtecks vornehmen können.

Einstellen der Strichstärke und -art

Zur Auswahl der Strichstärke und -art stehen Ihnen im Dialogfeld zum Befehl *Muster...* nach Markierung des Rechtecks die gleichen Einstellungen zur Verfügung, wie für die Formatierung von Geraden.

In den Listenfeldern auf der linken Seite des Dialogfeldes haben Sie wieder die Auswahl aus 8 Linienarten, 16 Farben und 4 Strichstärken, in denen das Rechteck gezeichnet werden kann.

Schatten und runde Ecken

Zusätzlich können Sie hier jedoch über zwei runde Optionsfelder bestimmen, ob das gezeichnete Rechteck runde Ecken haben und mit oder ohne Schatten im Arbeitsblatt dargestellt werden soll.

Ein Schatten ist übrigens auch dann sichtbar, wenn Sie die Option *Keinen* eingeschaltet haben.

Farbgebung und Schraffur von Rechtecken

Da Rechtecke eigene grafische Elemente sind, haben Sie beim Ausfüllen dieser Rechtecke weiteren Einfluß auf Schraffur und Farbgebung. Auch das gilt nur, wenn Sie für ein markiertes Rechteck den Befehl *Muster...* geben. In der rechten Hälfte des Dialogfelds zu diesem Befehl können Angaben dazu gemacht werden, wie das markierte Rechteck ausgefüllt bzw. schraffiert wird.

Gestalten der Tabelle

Auch hier finden Sie drei runde Optionsfelder mit den Namen *Automatisch*, *Keine* und *Benutzerdefiniert*. *Automatisch* weist auf eine Voreinstellung hin, nach der ein Rechteck ohne Schraffur und mit einer weißen Fläche dargestellt wird. Die Option *Keine* ermöglicht Ihnen, das Rechteck durchsichtig zu machen, so daß auch Felder oder andere grafische Objekte sichtbar bleiben, die eigentlich unter dem Rechteck liegen. Dargestellt wird das Rechteck dann nur noch durch seinen Rahmen.

Automatische oder benutzerdefinierte Gestaltung der Rechtecksfläche

Die interessanteste Einstellung bietet auch hier die Option *Benutzerdefiniert*. Über die drei Listenfelder *Muster*, *Vordergrund* und *Hintergrund* können Sie zwischen 17 verschiedenen Schraffuren und der Volltondarstellung wählen. Wenn Sie sich für eine Schraffur entscheiden, haben Sie weiterhin die Auswahl aus 16 verschiedenen Farben für den Vordergrund der Schraffur und den Hintergrund der Schraffur.

Benutzerdefinierte Farben und Muster

Der Monitor des Dialogfeldes zeigt Ihnen dabei ständig das Ergebnis Ihrer aktuellen Einstellungen an.

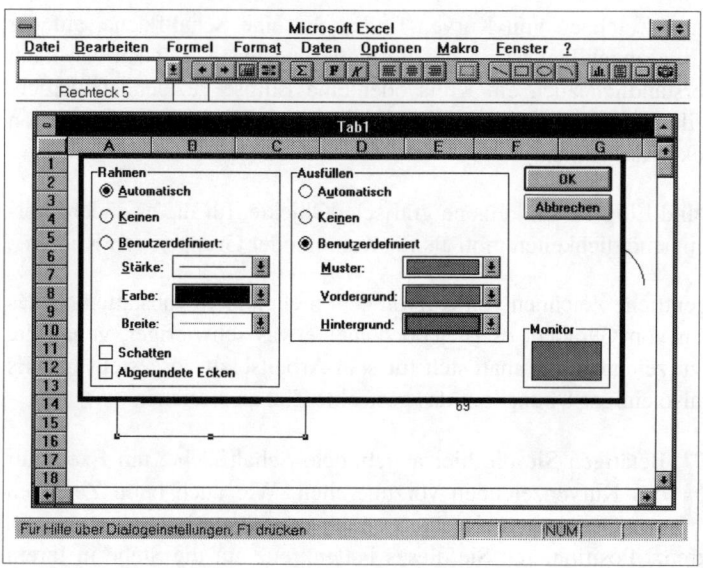

Abb. 108: Das Dialogfeld zur Gestaltung von Rechtecken

Für diese Abhängigkeit gezeichneter Rechtecke von Zellgröße und -position gelten die gleichen Aussagen, die wir oben schon in bezug auf Geraden gemacht haben. Informieren Sie sich bitte im entsprechenden Abschnitt des Kapitels über das Zeichnen von Geraden.

Abhängigkeit von Zellgröße und -position

279

Gestalten der Tabelle

Zeichnen von Polygonen

Dreiecke und andere Vielecke ohne rechte Winkel

Um Polygone (Vielecke) zeichnen zu können, bietet Excel keine eigene Zeichenfunktion. Zur Lösung einer solchen Aufgabe müssen Sie sich etwas behelfen.

Die einzige Möglichkeit, ein Vieleck zu zeichnen, besteht darin, mehrere gruppierte Linien zu verwenden. Dabei kommt es nicht zuletzt auf Ihre Genauigkeit an, denn die Linien müssen für eine saubere Darstellung genau an den Endpunkten zusammenstoßen.

Wie man Linien gruppiert, lesen Sie bitte im Kapitel 8.12.5 "Gruppieren von Objekten", von vornherein möchten wir Sie jedoch darauf hinweisen, daß es nicht möglich ist, auf diese Art und Weise entstandene Vielecke mit einer Farbe oder Schraffur auszufüllen.

Kurven

Auch zum Zeichnen von Kurven finden Sie eine Schaltfläche, auf der eine Kurve abgebildet ist, in der Formatierungsleiste. Mit Kurven kann selbstverständlich auch ein Kreis oder eine Ellipse gezeichnet werden, dabei gilt jedoch genau das Gleiche wie für das Zusammensetzen von Rechtecken aus Linien.

Kreise und Ellipsen sind eigene grafische Objekte, für die es andere Formatierungsmöglichkeiten gibt, als für Kurven oder Gruppen von Kurven.

Zeichnen von Kurven

Das eigentliche Zeichnen von Kurven geht nicht anders vonstatten als das Zeichnen von Geraden, es ist jedoch hier etwas schwieriger, genau die Kurve zu zeichnen, die man sich für sein Arbeitsblatt vorgestellt hat. Es bedarf also einiger Übung, um das gesteckte Ziel zu erreichen.

Betätigen Sie die hier abgebildete Schaltfläche, um Excel auf das Kurvenzeichnen vorzubereiten. Wie auch beim Zeichnen von Geraden und Rechtecken wird aus dem Mauszeiger nun ein Fadenkreuz. Positionieren Sie dieses Fadenkreuz auf die Stelle in Ihrem Arbeitsblatt, die den Anfangspunkt der Kurve enthalten soll, drücken Sie die Maustaste, halten Sie sie fest, und ziehen Sie die Maus einfach in irgendeine Richtung, um ein Gefühl dafür zu bekommen, wie Excel Ihre zeichnerischen Absichten umsetzt.

Gestalten der Tabelle

Wenn Sie das Fadenkreuz, nachdem Sie den Anfangspunkt der Kurve definiert haben, nach oben und nach rechts bewegen, zeichnet Excel eine Kurve, die je nach Proportionalität Ihrer Bewegung das rechte, untere Viertel eines Kreises oder einer Ellipse darstellt.

Es werden immer "Viertel" gezeichnet

Verläuft die Bewegung des Fadenkreuzes jedoch nach links und nach unten, so entsteht eine Kurve, die das obere, linke Viertel eines Kreises oder einer Ellipse beschreiben könnte.

Welchen Kurvenradius Ihre gezeichnete Kurve hat, ist oft schwierig vorauszusehen, aus diesem Grund sollten Sie sich an den Gitternetzlinien orientieren. Wer wirklich symmetrische Kreissegmente zeichnen will, der kann Zeilenhöhe oder Spaltenbreite so einstellen, daß quadratische Felder entstehen und auf dem Arbeitsblatt wie auf Millimeterpapier gezeichnet werden kann.

Hilfsmittel zur Kalkulation des Aussehens

Eine nachträgliche Beeinflussung des Kurvenradius ist dann über die "Anfasser" möglich, die an der und um die Kurve erscheinen, wenn Sie sie markiert haben. Würden Sie die "Anfasser" durch eine gedachte Linie miteinander verbinden, so entstünde ein Rechteck. Durch Bewegung der "Anfasser", die an den Endpunkten der Kurve angebracht sind, verschieben Sie diese Endpunkte in der gleichen Art, wie Sie es bereits vom Zeichnen der Kurve her kennen.

Beeinflussung des Kurvenradius

Die "Anfasser" in der Mitte der Seiten des gedachten Rechtecks bewegen immer nur einen Endpunkt der Kurve in einer Dimension. Die Dimension, in der eine Bewegung stattfinden kann, wird bestimmt durch den Endpunkt der Kurve, der auf der gleichen Höhe mit besagtem Anfasser liegt.

"Anfasser" für eine Dimension

Nur die "Anfasser", die an den Ecken des Rechtecks angebracht sind, die nicht gleichzeitig auch die Endpunkte der Kurve darstellen, ermöglichen eine Verschiebung beider Endpunkte in beiden Dimensionen.

Für die Stärke, Ausprägung und Farbe der Striche, mit denen eine Kurve gezeichnet worden ist, können die gleichen Einstellungen vorgenommen werden, wie beim Zeichnen von Geraden und Rechtecken.

Auswahl von Strichstärke und -art

Obwohl eine gezeichnete Kurve eigentlich keine Einfassung irgendeiner Fläche darstellt, können Kurven mit Farben und Schraffuren "ausgefüllt" werden. Ausgefüllt wird das Kreis- oder Ellipsensegment, das von dieser Kurve beschrieben wird.

Ausfüllen von Kreis- und Ellipsensegmenten

Gestalten der Tabelle

Bei unserer Erläuterung zum Kurvenzeichnen ist bereits der Begriff "Viertel" gefallen. Genau dieses Viertel eines Kreises oder einer Ellipse wird ausgefüllt, wenn Sie im Dialogfeld zum Befehl *Muster...* die Option *Benutzerdefiniert* oder *Automatisch* einschalten.

Standardmäßig wird das gezeichnete Segment nicht ausgefüllt

Standardmäßig arbeiten Sie beim Zeichnen von Kurven immer unter der Einstellung "Keinen", so daß das gezeichnete Segment, bis auf den Rand in Form der Kurve, unsichtbar bleibt. Die Option *Automatisch* steht hier, wie immer, für den Vollton weiß.

Die Option *Benutzerdefiniert* schaltet sich automatisch ein, wenn Sie in den darunter angeordneten Listenfeldern irgendeine vom Standard abweichende Einstellung vornehmen.

Bei der Auswahl der Schraffuren und Farben können Sie, wie bei den Rechtecken auch, aus 17 verschiedenen Schraffuren und jeweils 16 Farben für Vordergrund und Hintergrund wählen.

Abhängigkeit von Zellgröße und Position

Für die Abhängigkeit von Zellgröße und -position gilt für Kurven das Gleiche wie für Geraden und Rechtecke.

Kreise und Ellipsen

Aus Kurven oder Kreissegmenten, können zwar recht einfach Kreise oder Ellipsen zusammengestellt werden, doch ist es wesentlich einfacher, einen symmetrischen Kreis oder eine symmetrische Ellipse mit der eigens dafür vorhandenen Zeichenfunktionen auf das Papier bzw. in Ihr Arbeitsblatt zu bringen.

Um diese Zeichenfunktion zu aktivieren, steht Ihnen die einzige, noch nicht vorgestellte Schaltfläche in der Formatierungsleiste zur Verfügung.

Diese Schaltfläche wird sinnvollerweise durch einen Kreis gekennzeichnet.

Zeichnen von Kreisen

Der Anfangspunkt ist der Eckpunkt eines gedachten Rechtecks

Um einen Kreis zu zeichnen, muß zuerst die hier abgebildete Schaltfläche in der Formatierungsleiste betätigt werden. Die Funktionsweise dieser Zeichenfunktion ist dann genau die gleiche wie die der Funktion zum Zeichnen von Kurven.

Der Unterschied besteht lediglich darin, daß beim Zeichnen von Kreisen nicht nur Viertelkreise, sondern ganze Kreise gezeichnet werden. Der Punkt auf dem Arbeitsblatt, an dem Sie die linke Maustaste drücken, stellt den Eckpunkt eines gedachten Rechtecks um den gezeichneten Kreis dar.

Je nachdem, in welche Richtung Sie das Fadenkreuz bei gedrückter Maustaste ziehen, erscheint der gezeichnete Kreis links, rechts, oberhalb oder unterhalb des von Ihnen gesetzten Eckpunktes.

Hilfsmittel zur Kalkulation des Kreises bzw. der Ellipse

Je nachdem, welchen Zweck Sie mit Ihrer Zeichnung verfolgen, können Sie, um mehr Genauigkeit zu erzielen, die Gitternetzlinien des Arbeitsblattes zur Orientierung verwenden. Wer sichergehen will, daß er tatsächlich einen Kreis und keine Ellipse gezeichnet hat, sollte die Feldgrößen über die Befehle *Spaltenbreite...* und *Zeilenhöhe...* so gestalten, daß quadratische Felder das Ergebnis sind.

Das Arbeitsblatt wird zum Zeichenbrett

Schon oben, als es um das Zeichnen eines Kreises ging, war von einem gedachten Rechteck, in dem der Kreis erscheint, die Rede. Dieses gedachte Rechteck wird durch acht Anfasser dargestellt, die jeweils an den Ecken und auf der Mitte einer Rechteckseite erscheinen, wenn der von Ihnen gezeichnete Kreis markiert ist.

Nachträgliche Veränderung des Durchmessers

Über diese Anfasser können nun auch nach dem Zeichnen die Dimensionen eines Kreises verändert werden.

Die Anfasser, die sich an den Ecken des gedachten Rechtecks befinden, können mit der Maus angeklickt und bei gedrückter Maustaste in jede beliebige Richtung gezogen werden.

Zweidimensionale Änderungen

Ein Kreis kann so in seinem Durchmesser verkleinert, vergrößert oder zu einer waagerecht oder senkrecht stehenden Ellipse verformt werden.

Die Anfasser, die in der Mitte der Rechteckseiten angeordnet sind, ermöglichen lediglich eine Verformung des Kreises zu einer Ellipse, da sie nur in eine Richtung gezogen werden können.

Eindimensionale Veränderungen

Die Anfasser auf den vertikalen Rechteckseiten dehnen den Kreis in der Waagerechten und die Anfasser auf den horizontalen Rechtecksseiten lassen sich nur in vertikaler Richtung bewegen.

Gestalten der Tabelle

Einstellen der Strichstärke

Auch Kreise können Schatten werfen

Genau wie bei allen anderen grafischen Objekten, die bereits in den vorangegangenen Kapiteln behandelt wurden, haben Sie auch bei Kreisen die gleichen Möglichkeiten, auf Strichstärke, -farbe und Ausprägung einzugehen. Analog zu den Rechtecken können auch Kreise mit Schatten versehen werden.

Alle diese Formatierungsmöglichkeiten stehen Ihnen im Dialogfeld zum Befehl *Muster...* zur Verfügung, nachdem Sie den entsprechenden Kreis markiert haben.

Farbgebung und Schraffur von Kreisen und Ellipsen

Farbgebung und Schraffur der durch den gezeichneten Kreis eingeschlossenen Fläche können ebenfalls durch den Befehl *Muster...* ausgewählt werden. Selbstverständlich haben Sie auch hier die Wahl aus 17 verschiedenen Schraffuren und jeweils 16 verschiedenen Farben für Vordergrund und Hintergrund.

Um unnötige Wiederholungen zu vermeiden, möchten wir an dieser Stelle auf den Abschnitt verweisen, der die Farbgebung und Schraffur von Rechtecken behandelt.

Abhängigkeit von Zellgröße und -position

Verformung Ihrer Zeichnung ist möglich

Auch Kreise sind standardmäßig von der Größe und der Position der Felder abhängig, die von ihnen verdeckt werden. Ändern Sie über die Befehle *Spaltenbreite...* oder *Zeilenhöhe...* die Ausmaße dieser Felder, so werden auch die Dimensionen des gezeichneten Objektes verändert.

Haben Sie einen wirklich runden Kreis gezeichnet und verändern im nachhinein die Ausmaße der entsprechenden Felder, so verformt sich der Kreis sicherlich zu einer Ellipse.

Achtung bei Veränderungen an Zeilenhöhe oder Spaltenbreite

Achten Sie also vor der Auswahl eines der Befehle *Zeilenhöhe...* oder *Spaltenbreite...* immer darauf, ob ein von Ihnen gezeichnetes Objekt, von dieser Änderung in seinem Erscheinungsbild betroffen sein könnte. Schalten Sie gegebenenfalls diese Abhängigkeit über den Befehl *Objektposition...* im Menü *Format* aus.

Die Bedeutung der Optionen, die Sie im Dialogfeld zu diesem Befehl auswählen können, wurde bereits im Abschnitt über die Abhängigkeit von Geraden von Größe und Position eines Feldes beschrieben.

Gestalten der Tabelle

Gruppieren von Objekten

Haben Sie erst einmal eine Zeichnung erstellt, die aus mehreren Objekten besteht, so ist es im nachheinein oft schwierig, diese Zeichnung auf dem Arbeitsblatt zu verschieben oder die Größen aller Objekte proportional zu verändern, ohne die Zeichnung zu zerstören. Excel 3.0 bietet jedoch, wie die meisten Zeichenprogramme, die Möglichkeit, Objekte zu einer Gruppe zusammenzufassen. Diese Gruppierung ermöglicht es, alle Objekte gleichzeitig anzusprechen, also zu bewegen, sie proportional zu vergrößern oder zu verkleinern.

Zuerst müssen alle Objekte, die zu einer Gruppe zusammengefaßt werden sollen, markiert werden. Zur Markierung von mehreren Objekten haben Sie zwei Möglichkeiten: Die erste besteht in der Markierung jedes einzelnen Objektes bei gedrückter (Shift)-Taste. Die (Shift)-Taste muß gedrückt sein, damit die zuvor vorgenommene Markierung nicht jedes Mal wieder außer Kraft gesetzt wird.

Wie werden Objekte gruppiert?

Der zweite, sehr viel schnellere Weg führt Sie über eine weitere Schaltfläche in der Formatierungsleiste. Auf dieser Schaltfläche ist ein gestricheltes Rechteck abgebildet. Sie finden sie links von der Schaltfläche zum Zeichnen von Geraden.

 Nach Betätigung dieser Schaltfläche können Sie um die zu markierenden Objekte ein gestricheltes Rechteck zeichnen. Dieses gestrichelte Rechteck wird nicht auf dem Arbeitsblatt dargestellt, sondern führt dazu, daß alle von diesem Rechteck vollständig eingeschlossenen Objekte markiert werden. Ob alle zu markierenden Objekte vollständig eingeschlossen worden sind, erkennen Sie an den Anfassern, die am markierten Objekt erscheinen oder nicht.

Alle eingeschlossenen Objekte werden markiert

Von besonderer Bedeutung ist dies bei gezeichneten Kurven, denn eine Kurve ist erst dann vollständig von dem gestrichelten Rechteck eingeschlossen und wird markiert, wenn das gedachte Rechteck um die Kurve mit allen Eckpunkten innerhalb der gestrichelten Linie liegt.

Sind alle Objekte markiert, so kann die Gruppe mit dem Befehl *Gruppieren* aus dem Menü *Format* gebildet werden. Sofort nachdem Sie diesen Befehl gewählt haben, verschwinden die "Anfasser" an den einzelnen Objekten, und ein gedachtes Rechteck aus "Anfassern" zieht sich um den Bereich, der von allen Objekten der Gruppe eingenommen wird. Alle Objekte sind zu einem einzelnen Objekt zusammengefaßt worden und lassen sich nun nicht mehr einzeln ansprechen.

Eine Gruppe ist ein einziges Objekt

285

Gestalten der Tabelle

Formatierung einer Gruppe

Gleiche Formatierungsmöglichkeiten

Alle Formatierungsmaßnahmen, die Sie an einer Gruppe vornehmen, wirken jetzt natürlich auf alle Komponenten dieser Gruppe gleichzeitig. Änderungen an Farbe, Strichstärke, Schatten, Größe und Form wirken soweit möglich auf alle Objekte. Selbstverständlich können auch innerhalb einer Gruppe keine Kreise mit runden Ecken oder Striche mit Schatten versehen werden.

Zusammengehörigkeit in allen Bereichen

Größenänderungen sind, genau wie bei einzelnen Objekten, über die Anfasser des gedachten Rechtecks möglich, die Markierung um die Gruppe erscheint in beide Richtungen möglich. Die Größenverhältnisse innerhalb der Gruppe bleiben dabei erhalten. Diese Zusammengehörigkeit gilt auch für die Abhängigkeit von Feldgröße und -position. Ändern Sie die Zeilenhöhe oder Spaltenbreite eines Feldes, das auch nur von einem Objekt der Gruppe verdeckt wird, so ändern sich die Größen aller Objekte der Gruppe. Natürlich läßt sich die Abhängigkeit der Gruppe über den Befehl *Objektposition...* steuern.

Per Voreinstellung sind neugebildete Gruppen immer abhängig von der Größe und der Position der Felder, die von ihr verdeckt werden. Ändern Sie dies mit dem Befehl *Objektposition...* und heben später die Gruppierung wieder auf, so wird diese Abhängigkeit auch für jedes einzelne Objekt wieder in Kraft gesetzt.

Formatierung einzelner Objekte ist unmöglich

Um einzelne Objekte andersfarbig darzustellen oder getrennt zu formatieren, muß dies entweder vor der Gruppierung geschehen, oder die Gruppierung muß wieder aufgehoben werden. Innerhalb einer Gruppe kann kein Objekt einzeln angesprochen werden.

Aufheben einer Gruppierung

Um eine Gruppe wieder in einzelne Objekte oder Untergruppen aufzuteilen, muß die Gruppe markiert werden, bevor der Befehl *Gruppierung aufheben* ausgewählt werden kann. Dieser Befehl steht nur dann zur Verfügung, wenn eine Gruppe markiert ist. Sofort nach Ausführung dieses Befehls erscheinen alle Objekte einzeln markiert, und das gedachte Rechteck um die gesamte Gruppe ist nicht mehr zu sehen.

Objekte in den Vorder- bzw. Hintergrund stellen

Bei der Erstellung komplexer und ausgefeilter Zeichnungen kommen Sie oft in die Verlegenheit, Objekte in den Vorder- oder Hintergrund stellen zu wollen, da Sie sie nicht in der richtigen Reihenfolge gezeichnet haben.

Gestalten der Tabelle

Excel stellt neugezeichnete Objekte von vornherein immer im Vordergrund dar, das bedeutet, daß das zuletzt gezeichnete Objekt immer vollständig sichtbar ist und die zuvor gezeichneten Objekte verdeckt sind. Sind Sie also in der Lage, alle Komponenten Ihrer Zeichnung von vornherein in der richtigen Reihenfolge zu zeichnen, so dürften Sie auch ohne die Befehle *In den Vordergrund* und *In den Hintergrund* aus dem Menü *Format* auskommen.

Die richtige Reihenfolge sorgt vor

Haben Sie diese Reihenfolge jedoch nicht konsequent durchgehalten, oder möchten Sie Änderungen vornehmen, so leisten diese beiden Befehle nützliche Dienste. Zur Arbeitsweise der Befehle ist zu sagen, daß Excel hier nicht mit mehreren Ebenen arbeitet, sondern daß das markierte Objekte nach Anwahl eines der beiden Befehle entweder ganz nach hinten oder ganz nach vorne gestellt wird.

Es gibt nur einen Vorder- oder Hintergrund

"Ganz nach hinten" bedeutet, daß es von allen anderen Objekten verdeckt wird, und "ganz nach vorne" stellt dieses Objekt vor und somit über alle anderen Objekte an dieser Position des Arbeitsblattes.

Schutz gezeichneter Objekte

Soll Ihr Arbeitsblatt auch anderen oder mehreren Benutzern zur Verfügung gestellt werden, ohne dabei Gefahr zu laufen, daß Ihre Zeichnungen entweder absichtlich oder unabsichtlich durch Bedienungsfehler zerstört werden, sollten Sie zuvor einen Schutzmechanismus in Kraft setzen. Dieser Schutz wird über die Optionen zweier Befehle gesteuert.

Vielleicht haben Sie im Menü *Format* bereits den Befehl *Objekt schützen...* bemerkt und ausgewählt. Im Dialogfeld zu diesem Befehl haben Sie dann möglicherweise mit etwas Verwunderung festgestellt, daß das von Ihnen gezeichnete Objekt gesperrt ist, obwohl Sie dies nie festgelegt haben. Trotz des Schutzes waren Sie jedoch zu jeder Zeit in der Lage, Änderungen an Form, Farbe und Position des Objektes vorzunehmen, ohne zuvor diesen Schutz ausschalten zu müssen.

Schutz vor Änderung und Verschiebung einrichten

Der Grund für dieses etwas seltsam scheinende Verhalten Excels liegt im fehlenden zweiten Teil des Schutzes. Per Voreinstellung sind grundsätzlich alle Felder und alle Objekte geschützt. Dieser Schutz wird jedoch erst dann aktiv, wenn Sie über den Befehl *Datei schützen...* im Menü *Optionen* die entsprechenden Optionen *Zellen*, *Objekte* und *Fenster* einschalten und ein Kennwort eingeben. Erst wenn Sie auch der wiederholten Aufforderung, das Kennwort einzugeben, nachgekommen sind, ist der Schutzmechanismus vollständig in Kraft gesetzt. Aus Sicherheitsgründen wird das eingegebene Kennwort im Dialogfeld nicht angezeigt.

Gestalten der Tabelle

Über die Optionen wird der Schutzumfang gesteuert

Je nachdem, welche Optionen Sie eingeschaltet haben, können Sie jetzt keinerlei Eingaben mehr in geschützte Felder machen, keine Änderungen an Objekten vornehmen, da Sie sie nicht mehr markieren können, und auch keinen Einfluß auf Teilung oder Größe des Fensters nehmen, in dem die Tabelle dargestellt wird, da weder ein Systemmenü noch die entsprechenden Schaltflächen für "Vollbild" und "Symbol" vorhanden sind.

Der Objektschutz kann auch nur über den Befehl *Dateischutz aufheben* und die Eingabe des zuvor definierten Kennwortes aufgehoben werden. Bevor Sie diesen Befehl gegeben haben, stehen Ihnen keinerlei Möglichkeiten über das Menü *Format* zur Verfügung, weil alle Befehle dieses Menü inaktiv sind.

Die Option "Gesperrt"

Haben Sie den Dateischutz aufgehoben, so ist es wieder möglich, ein Objekt zu markieren, und Änderungen an diesem Objekt trotz eingeschaltetem Dateischutz zuzulassen. Sie erledigen dies über den Befehl *Objekt schützen...* wenn Sie im Dialogfeld zu diesem Befehl die Option *Gesperrt* ausschalten. Der Befehl *Objekt schützen...* wird jedoch nur dann im Menü *Format* dargestellt, wenn zuvor ein Objekt markiert worden ist.

8.14 Positionieren von Texten im Arbeitsblatt

Das Arbeitsblatt der Version 3.0 kann nicht nur durch selbstgefertigte Zeichnungen, sondern auch durch frei auf dem Arbeitsblatt zu positionierende Texte gestaltet werden. Obwohl es möglich ist, auch längere Texte in mehreren Zeilen in ein Feld zu schreiben, bietet der Einsatz von Textboxen als gesondertes Objekt einige Vorteile.

Übermäßig breite Spalten stören nur

Beim Eintrag von längeren, vielleicht dokumentierenden Texten in ein normales Feld des Arbeitsblattes nehmen Sie letztendlich immer Einfluß auf einen Teile der Tabelle. Soll der Text in einem einzelnen Feld untergebracht werden, müssen Sie oft die Zeilenhöhe und die Spaltenbreite verändern. Eine sehr breite Spalte ist aber zur Darstellung von Zahlen nicht sehr gut geeignet, so daß Sie durch übermäßig breite Spalten immer Platz für die Zahlendarstellung verlieren.

Höhere Zeilen durch große Schriftarten

Ein ähnliches Problem haben Sie, wenn der geschriebene Text besonders formatiert werden soll. Bei Auswahl von größeren Schriftarten wird die Zeilenhöhe heraufgesetzt, um sie in voller Höhe darstellen zu können.

Gestalten der Tabelle

Alle diese Schwierigkeiten sind behoben, wenn Sie mit Textboxen arbeiten. Textboxen sind kein Bestandteil Ihrer Tabelle, sie sind weitestgehend unabhängig von den Spalten und Zeilen des Arbeitsblattes und lassen sich frei bewegen.

Textboxen sind unabhängig vom Arbeitsblatt

Zur Formatierung des Textes stehen Ihnen alle Möglichkeiten offen, die Sie auch zur Feldformatierung nutzen können. Textboxen sind als grafische Objekte zu betrachten, die der komfortablen Textdarstellung im Arbeitsblatt dienen.

Freie Positionierung von Textboxen

Um eine Textbox zu öffnen, muß eine Schaltfläche der Formatierungsleiste betätigt werden. Diese Schaltfläche befindet sich rechts neben der Schaltfläche zum Öffnen einer Diagrammbox am rechten Ende der Formatierungsleiste. Als Erkennungsmerkmal sind auf der Schaltfläche schemenhaft einige Zeilen Text in einem Rahmen dargestellt.

Nach Betätigung dieser Schaltfläche finden Sie die gleichen Bedingungen vor, unter denen Sie auch ein Rechteck zeichnen konnten: Der Mauszeiger verwandelt sich in ein Fadenkreuz, mit dem Sie nun ein Rechteck in beliebiger Größe auf Ihr Arbeitsblatt zeichnen können. Das gezeichnete Rechteck soll letztendlich groß genug sein, um Ihren Text aufnehmen zu können.

Eine Textbox ist zuerst ein gezeichnetes Rechteck

Sofort nachdem Sie die linke Maustaste losgelassen haben, erscheint die Textbox als weißes Rechteck mit dünnem, schwarzem Rahmen in Ihrem Arbeitsblatt.

In der linken, oberen Ecke blinkt ein Cursor, um Ihnen mitzuteilen, daß Sie jetzt Text eingeben können.

Bearbeiten der Texte

Innerhalb einer Textbox können Sie Ihre Texte wie mit einem kleinen Editor bearbeiten. Sie können einfügen, ändern und löschen. Innerhalb einer Textbox wird der von Ihnen geschriebene Text automatisch umgebrochen.

Auf Wunsch paßt sich die Textbox in ihrer Größe auch an die Länge und Breite des Textes an.

Gestalten der Tabelle

Eintragen von Texten

Sobald Sie einen Cursor innerhalb der Textbox erkennen, können Sie einfach mit dem Schreiben beginnen. Excel fügt den geschriebenen Text dann ab der Cursorposition in die Textbox ein. Der Einfügemodus ist die Voreinstellung, mit der Sie arbeiten, bei Bedarf kann mit der Taste `Ins` auch in den Überschreibemodus umgeschaltet und wieder zurückgeschaltet werden. Ein Druck auf `Return` beendet nicht etwa die Texteingabe, sondern führt, wie bei jeder Textverarbeitung, an den Anfang der nächsten Zeile. Wenn Sie mit der Eingabe fertig sind, drücken Sie einfach `Esc` oder klicken auf irgendein Feld in Ihrem Arbeitsblatt.

Änderungen an den Texten

Selbstverständlich können an den einmal verfaßten Texten auch Änderungen vorgenommen werden. Ändern können Sie, indem Sie Text überschreiben oder alte Textteile löschen und neue einfügen. Innerhalb der Textbox können Sie, wie üblich, mit der `Backspace`-Taste ein Zeichen links vom Cursor und mit der Taste `Del` ein Zeichen rechts vom Cursor löschen. Blockoperationen wie Löschen, Verschieben oder Einfügen ganzer Textblöcke werden, wie unter Windows üblich, durch Markierung und nachfolgende Auswahl eines Befehls aus dem Menü *Bearbeiten* erledigt.

Datenaustausch mit Tabellenfeldern funktioniert nur in einer Richtung

Eventuell schon im Arbeitsblatt vorhandene Texte können nur umständlich in Textboxen übernommen werden. Hierzu reicht kein einfaches Kopieren des Feldinhaltes, sondern es muß aus der Bearbeitungszeile kopiert werden. Nur aus der Bearbeitungszeile kopierte oder ausgeschnittene Feldinhalte können mit dem Befehl *Einfügen* in Textboxen übernommen werden.

Andersherum gibt es jedoch keine Probleme: Texte, die aus Textboxen kopiert oder ausgeschnitten wurden, können ohne Schwierigkeiten in ein Feld des Arbeitsblattes eingefügt werden.

Verschieben einer Textbox

Um eine Textbox auf dem Arbeitsblatt zu verschieben, klicken Sie einfach mit der Maus auf deren Rahmen, halten die Maustaste fest und ziehen die Textbox an die gewünschte Position. Ein gestrichelter Rahmen zeigt Ihnen die aktuelle Position. Erst wenn Sie die Maustaste wieder loslassen, öffnet sich die Textbox an der ausgewählten Stelle.

Vergrößern oder Verkleinern einer Textbox

Wenn nachträglich die Größe einer Textbox geändert werden soll, verfahren Sie genauso wie beim Vergrößern oder Verkleinern von Rechtecken. Benutzen Sie die entsprechenden "Anfasser" am Rahmen der Textbox, und ziehen Sie einen der Rahmen oder eine Ecke in die gewünschte Richtung. Denken Sie jedoch daran, daß nur die Breite des Textes automatisch an eine schmalere oder breitere Textbox angepaßt wird. Die Länge kann nicht verringert werden, wenn sich nicht die Breite vergrößert. Prüfen Sie also, ob nach der Größenänderung noch der gesamte Text in der Box zu sehen ist.

Formatierung der Texte

Weiter oben haben wir Ihnen versprochen, daß in Textboxen die gleiche Vielzahl von Formatierungsmöglichkeiten besteht, wie für Felder. Dieser Abschnitt soll zeigen, daß es sogar noch mehr sind.

Auswahl der Schriftart und Größe

Auch innerhalb von Textboxen gilt das gleiche Gesetz wie bei der Formatierung von Feldern: Zuerst muß das markiert werden, was formatiert werden soll. Es kann sowohl die ganze Textbox markiert werden als auch nur ein Teil des Textes in der Box. Wenn die gesamte Box markiert ist, wirken sich die gemachten Einstellungen natürlich auf den gesamten Text einheitlich aus. Wer jedoch bestimmte Textpassagen einzeln formatieren will, kommt nicht umhin, diese Textteile auch einzeln zu markieren.

Es kann alles oder auch nur ein Teil formatiert werden

Setzen Sie dazu den Cursor vor das erste oder hinter das letzte Zeichen des zu formatierenden Blockes, und bewegen Sie den Cursor dann bei gedrückter `Shift`-Taste an das andere Ende des Blockes. Der auf diese Weise markierte Teil wird schwarz hinterlegt. Mausbesitzer brauchen natürlich nicht die `Shift`-Taste zu drücken, sondern Sie ziehen den Cursor bei gedrückter, linker Maustaste vom Anfang bis zum Ende des zu markierenden Blockes.

Markieren mit Tastatur und Maus

Ab jetzt können Sie sowohl mit dem Befehl *Schriftart...* aus dem Menü *Format* als auch mit den Schaltflächen der Formatierungsleiste den gleichen Einfluß auf Form, Farbe und Größe der Schrift nehmen, wie Sie es bereits von der Feldformatierung kennen. Bedenken Sie auch hier, daß es einen Unterschied zwischen Bildschirm- und Druckerschriftarten gibt. Nicht alles, was auf Ihrem Bildschirm dargestellt werden kann, kann Ihr Drucker auch auf's Papier bringen.

Gewohnte Vorgehensweise

Im Dialogfeld zum Befehl *Schriftart...* finden Sie in der unteren, rechten Ecke noch zwei Schaltflächen, die Ihnen aus dem Dialogfeld heraus den Aufruf der Befehle *Muster...* und *Text...* möglich machen. Dieses sehr komfortable Verhalten von Excel ist jedoch nur dann zu bemerken, wenn eine Textbox markiert war, als der Befehl *Schriftart...* ausgewählt wurde. Durch diese Verzweigungsmöglichkeiten können alle Einstellungen über diesen einen Befehl vorgenommen werden.

Ausrichtung der Texte in der Textbox

Bei der Ausrichtung der Texte haben Sie einige Möglichkeiten, die Ihnen bei der Feldformatierung nicht zur Verfügung stehen. Zuerst ist zu bemerken, daß innerhalb einer Textbox nur der gesamte Text einheitlich

Gestalten der Tabelle

ausgerichtet werden kann. Einzelne Absätze können nicht abwechselnd links- oder rechtsbündig geschrieben werden. Excel ist nun eben doch keine Textverarbeitung. Dennoch gibt es andere interessante Einstellungen.

Linksbündig, zentriert und rechtsbündig

Zuerst möchten wir die Ausrichtung eines Textes über die entsprechenden Schaltflächen in der Formatierungsleiste erklären. Um mit diesen Schaltflächen den Text innerhalb der Textbox auszurichten, muß diese markiert sein. Drücken Sie daraufhin eine der drei entsprechend gekennzeichneten Schaltflächen, wird der Text wie gewünscht ausgerichtet.

Nicht nur für Tastaturbenutzer interessant: Der Befehl "Text..."

Da die gerade beschriebene Möglichkeit nur Mausbesitzern zur Verfügung steht, muß hier auch auf einen anderen Weg zur Ausrichtung der Texte hingewiesen werden, der gleichzeitig auch noch einige Variationen mehr bietet. Dieser zweite Weg führt über den Befehl *Text...* im Menü *Format*. Dieser Befehl steht nur dann zur Verfügung, wenn eine Textbox markiert ist. Im Dialogfeld zu diesem Befehl können nun auch Tastaturbenutzer angeben, ob der Text linksbündig, zentriert oder rechtsbündig in der Textbox erscheinen soll.

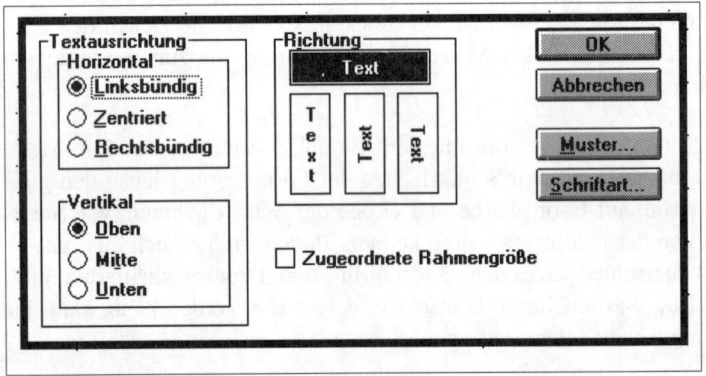

Abb. 109: Das Dialogfeld zur Ausrichtung von Texten

In welcher Richtung soll geschrieben werden?

Darüber hinaus stehen in der Optionsgruppe *Vertikal* aber noch drei Einstellungen zur Verfügung, die es erlauben, den Text im oberen, mittleren oder unteren Drittel der Textbox zu positionieren. Eine weitere, zusätzliche Einflußnahme erlaubt die Angabe einer Textrichtung, soll der Text normal, horizontal geschrieben werden, oder lieber vertikal von oben nach unten oder von unten nach oben, oder vielleicht doch vertikal mit den Buchstaben untereinander?

Gestalten der Tabelle

Eine sehr wichtige und komfortable Einstellung steht Ihnen mit der Option *Zugeordnete Rahmengröße* zur Verfügung. Hiermit schalten Sie eine automatische Anpassung der Textbox an den darin enthaltenen Text ein. Das bedeutet: je umfangreicher Ihr Text ist, desto größer wird die Box, bzw. die Box verkleinert sich, wenn Sie Ihren Text kürzen. Natürlich registriert diese Automatik auch Änderungen an der Schriftgröße. Diese Einstellung gilt solange, bis Sie die Option wieder ausschalten.

Automatische Größenanpassung

Bei eingeschalteter Option *Zugeordnete Rahmengröße* wird gleichzeitig die Abhängigkeit einer Textbox von der Größe und Position der Felder, die sie verdeckt, eingeschränkt. Textboxen mit zugeordneter Rahmengröße sind lediglich von der Position der von ihr verdeckten Felder abhängig. Auch durch das Ausschalten der Option *Zugeordnete Rahmengröße* wird die vollständige Abhängigkeit von Größe und Position der entsprechenden Felder nicht wiederhergestellt.

Keine Abhängigkeit von Feldgrößen

Im Dialogfeld zum Befehl *Text...* finden Sie in der unteren, rechten Ecke noch zwei Schaltflächen, die Ihnen aus dem Dialogfeld heraus den Aufruf der Befehle *Muster...* und *Schriftart...* möglich machen. Dies ist ein sehr benutzerfreundliches Verhalten von Excel, da so alle Formatierungen mit einem Befehl durchgeführt werden können.

"Intelligente" Benutzerführung

Formatierung der Textbox

Nach den Möglichkeiten der Textformatierung sollen hier auch die Maßnahmen vorgestellt werden, mit denen Sie die Gestalt der Textbox selbst beeinflussen können. Hierfür stehen Ihnen jedoch keine besonderen Formatierungsmerkmale zur Verfügung. Wer bereits ein gezeichnetes Rechteck formatiert hat, kennt seine Möglichkeiten und Grenzen.

Der Rahmen einer Textbox

Genau wie bei der Formatierung von Rechtecken führen alle möglichen Einstellungen über den Befehl *Muster...* aus dem Menü *Format*. Mausbesitzer sind jedoch noch etwas schneller in der Lage, das Dialogfeld zu diesem Befehl zu öffnen, wenn Sie auf eine Textbox doppelklicken. Ein kleiner Unterschied wird jedoch im Dialogfeld zum Befehl *Muster...* sichtbar. Da eine Textbox markiert war, als dieser Befehl angewählt wurde, erscheinen in der rechten Hälfte zwei Schaltflächen, die es Ihnen ermöglichen, aus diesem Dialogfeld heraus die beiden Befehle *Text...* und *Schriftart...* aufzurufen.

Verzweigung im Dialogfeld möglich

293

Gestalten der Tabelle

Große Auswahl an Farben und Formen

Im Dialogfeld zum Befehl *Muster...* kann nun aus acht verschiedenen Ausprägungen, vier verschiedenen Breiten und 16 verschiedenen Farben für die Linien gewählt werden, die den Rahmen der Textbox darstellen.

Die runden Optionsfelder *Automatisch*, *Keinen* und *Benutzerdefiniert* bieten eine automatische Gestaltung: dünner schwarzer durchgezogener Rahmen, kein Rahmen oder irgendeine andere mit den Listenfeldern *Stärke*, *Farbe* und *Breite* weiter zu definierende Einstellung.

Nur schwarze Schatten

Letztendlich bieten zwei rechteckige Optionsfelder in der unteren, linken Ecke des Dialogfelds noch die Chance, abgerundete Ecken oder einen Schatten für die Textbox einzustellen. Die Farbe des Schattens ist jedoch nicht zu beeinflussen. Hier wird in jedem Fall schwarz verwendet.

Farbliche Gestaltung von Textboxen

Auch bei der farblichen Gestaltung finden Sie keinen Unterschied zu den Rechtecken. Hier haben Sie im linken Teil des Dialogfeldes zum Befehl *Muster* die Wahl aus 17 Schraffuren und jeweils 16 verschiedenen Farben für Vorder- und Hintergrund der gewählten Schraffur.

8.15 Positionieren von Diagrammboxen im Arbeitsblatt

Ebenfalls ein neues Feature der Version 3.0 ist die Darstellung von Diagrammen im Arbeitsblatt. Über diese Möglichkeit freuen sich alle diejenigen, die bisher die gemeinsame Darstellung von Zahlen und Diagrammen auf einem Bildschirm oder einem Blatt Papier vermißt haben.

Über die Formatierungsmerkmale, die auch für dieses grafische Objekt zur Verfügung stehen, entsteht eine Vielzahl gestalterischer Möglichkeiten, zu deren Ausnutzung wir Sie in diesem Kapitel animieren wollen.

Diagramme im Arbeitsblatt

Die Art und Weise, wie Sie ein Diagramm in Ihrem Arbeitsblatt direkt neben den ursprünglichen Zahlenwerten darstellen, ist denkbar einfach. Dennoch möchten wir diesen Vorgang an einem kleinen Beispiel gemeinsam mit Ihnen nachvollziehen.

Gestalten der Tabelle

Gesetzt den Fall, Sie hätten die unten abgebildete Umsatzübersicht für die Monate eines Quartals in einem Arbeitsblatt zur Verfügung, und Sie möchten diese Zahlen als einfaches Säulendiagramm in Ihr Arbeitsblatt einfügen.

Die Beispieltabelle ARBDIA.XLS

Sollten Sie es noch nicht getan haben, möchten wir Sie bitten, die in der folgenden Abbildung dargestellte Tabelle in ein leeres Arbeitsblatt einzugeben. Wer die Zahlen nicht selbst eingeben möchte, kann die Tabelle unter dem Namen ARBDIA.XLS von der Beispieldiskette laden.

Das erste, was nun zu tun ist, ist die Markierung aller Zahlenwerte, die in Ihr Diagramm übernommen werden sollen. Markieren Sie also bitte den Feldbereich A2:D4.

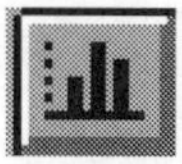

Markieren der Diagrammgrundlage

Betätigen Sie dann die Schaltfläche zum Erstellen von Diagrammen. Sie finden diese Schaltfläche am rechten Ende der Formatierungsleiste. Sie gibt sich durch ein kleines Diagramm auf Ihrer Oberfläche zu erkennen.

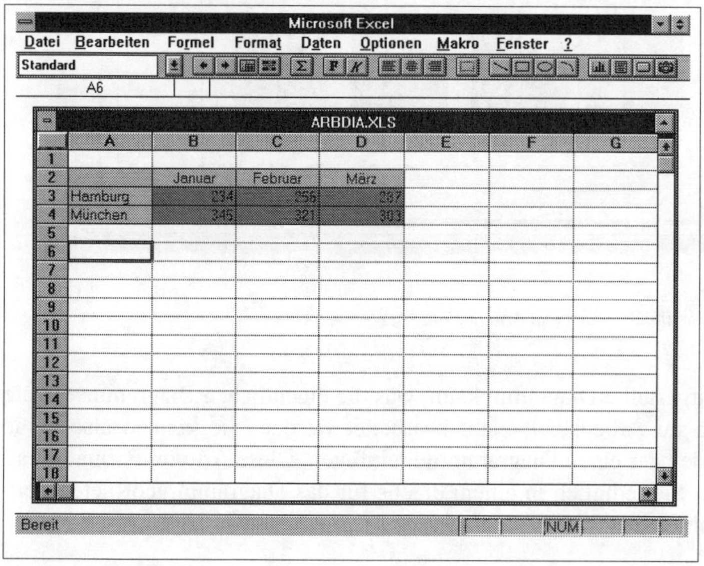

Abb. 110: Die Basis für Ihr Diagramm

Nachdem diese Schaltfläche von Ihnen mit der Maus betätigt worden ist, wird der zuvor markierte Bereich von einer blinkenden, gestrichelten Linie umgeben, und der Mauszeiger verwandelt sich in ein Fadenkreuz.

Ein Rechteck beschreibt die Größe des Diagramms

295

Gestalten der Tabelle

Alles, was Sie jetzt noch tun müssen, ist mit der Maus ein Rechteck auf das Arbeitsblatt zu zeichnen, in dem dann Ihr Diagramm erscheinen soll, wenn Sie die Maustaste loslassen. Zeichnen Sie also mit dem Fadenkreuz als Mauszeiger ein Rechteck auf Ihr Arbeitsblatt, das den Feldbereich B7:F16 umfaßt, und lassen Sie die Maustaste los.

Das Ergebnis   Als Ergebnis der oben beschriebenen Operation erscheint anstelle des Rechtecks ein Säulendiagramm mit andersfarbigen Säulen für jede Datenreihe.

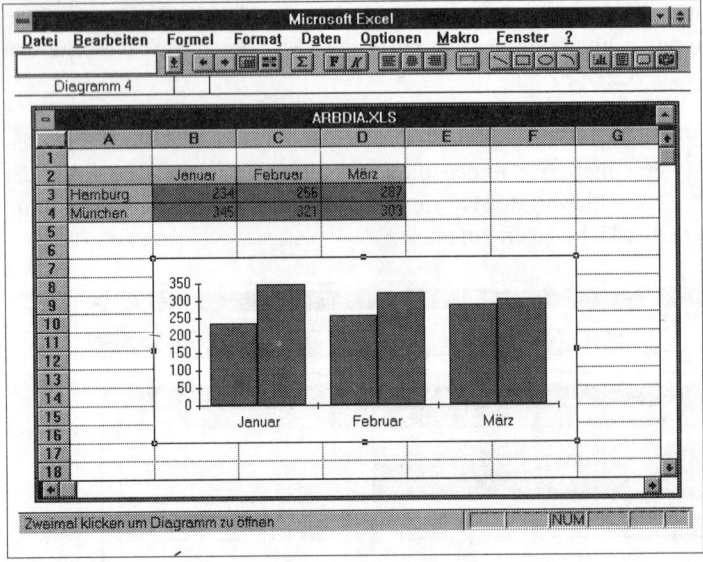

Abb. 111: Ein Diagramm im Arbeitsblatt

Das dargestellte Diagramm kann, was die eigentlichen Diagrammerkmale angeht, im Arbeitsblatt nicht bearbeitet werden. Sie können also keine Legende oder einen Diagrammtitel einfügen. Diese Art von Formatierung können Sie lediglich in einem eigens für das Diagramm geöffneten Fenster vornehmen.

Bearbeitung des Diagramms in einem eigenen Fenster   Einen Hinweis auf diese Möglichkeit bekommen Sie bereits durch die Meldung in der Statuszeile am unteren Bildschirmrand: "Zweimal klikken, um das Diagramm zu öffnen". Ein Doppelklick auf eine Diagrammbox führt dazu, daß sich ein Diagrammfenster öffnet, in dem Ihnen die ganze Palette der Diagrammbefehle zur Gestaltung des Diagramms zur Verfügung steht. Änderungen, die Sie in diesem Diagrammfenster vornehmen, übertragen sich jedoch automatisch auch auf das Diagramm in der Box.

Bearbeitung der Diagrammboxen

Wenn schon das Diagramm in der Box nicht direkt bearbeitet werden kann, so können Sie zumindest die Box, in der es erscheint, nach Ihren Wünschen ins Bild setzen. Die Möglichkeiten, die Sie zur Formatierung einer Diagrammbox haben, sind identisch mit den Formatierungsmöglichkeiten für Rechtecke.

Auch an markierten Diagrammboxen erscheinen Anfasser, die mit der Maus eine Größen- oder Formatänderung ermöglichen. Ein solcher "Anfasser" muß lediglich angeklickt und dann bei gedrückter Maustaste in die richtige Richtung gezogen werden. Erst wenn Sie die Maustaste loslassen, wird das Diagramm im geänderten Format dargestellt.

Vergrößern und Verkleinern der Diagramme

Letztendlich wirken sich die Größenänderungen, die Sie an der Diagrammbox vornehmen, auch auf die Darstellung oder Lesbarkeit des darin befindlichen Diagramms aus. Bei allzu kleinen Diagrammboxen gibt es öfter Schwierigkeiten mit der Beschriftung der Achsen, da die Schrift nicht mitverkleinert wird. Achten Sie also darauf, daß Sie immer genügend Platz für das eigentliche Diagramm in der Box bereitstellen.

Größenänderungen können die Diagrammdarstellung beeinflussen

Umrahmung der Diagramme

Um eine Diagrammbox mit einem ansehnlich gestalteten Rahmen zu versehen, dient, wie auch bei den Rechtecken, der Befehl *Muster...*, nachdem zuvor die Diagrammbox markiert worden ist. Die drei Optionen *Automatisch*, *Keinen* und *Benutzerdefiniert* im Dialogfeld zum Befehl *Muster...* geben grobe Auskunft über die Gestaltung des Rahmens.

Die Option *Automatisch* ist per Voreinstellung eingeschaltet und erzeugt eine Diagrambox in Form eines weißen Rechtecks mit dünnem, durchgezogenem, schwarzem Rahmen. Kein Rahmen wird um die Box gezeichnet, wenn Sie die Option *Keinen* eingeschaltet haben. Die Option *Benutzerdefiniert* wird automatisch eingeschaltet, wenn Sie in den Listenfeldern unterhalb dieser drei Optionen irgendwelche Einstellungen vornehmen.

Die Bedeutung der Optionen

In den Listenfeldern *Stärke*, *Farbe* und *Breite* haben Sie die Auswahl aus acht verschiedenen Stärken bzw. Ausprägungen, 16 verschiedenen Farben und vier Strichbreiten. Treffen Sie Ihre Auswahl, und die Diagrammbox wird mit dem von Ihnen definierten Rahmen eingefaßt.

Einstellen der Rahmenbreite, -art und -farbe

In der unteren, linken Ecke des Dialogfelds finden Sie noch zwei rechteckige Optionsfelder, über die Sie festlegen können, ob die Diagrammbox mit einem Schatten hinterlegt werden und ob die Ecken der Box abgerun-

Gestalten der Tabelle

det werden sollen. Der Schatten ist jedoch in seiner Farbe fest definiert, Excel stellt ihn daher auch immer schwarz dar.

Farbliche Gestaltung von Diagrammboxen

Auch zur farblichen Gestaltung von Diagrammboxen können Sie sich auf Ihre Erfahrungen bei der farblichen Gestaltung von Rechtecken stützen. Bei Diagrammboxen sollte die Farbgebung natürlich im Einklang mit den im Diagramm verwendeten Farben erfolgen.

Auswahl von Farben und Schraffuren

Der Befehl "Muster..." als Allroundtalent

Schraffuren und Farben werden auch Diagrammboxen mit dem Befehl *Muster...* zugewiesen. Die entsprechenden Listenfelder, aus denen Sie die Schraffur und die Farben für Vordergrund und Hintergrund einer Schraffur wählen können, befinden sich in der linken Hälfte des Dialogfeldes zu diesem Befehl. Auch hier wird über drei runde Optionsfelder grobe Auskunft über die Farbgebung gegeben.

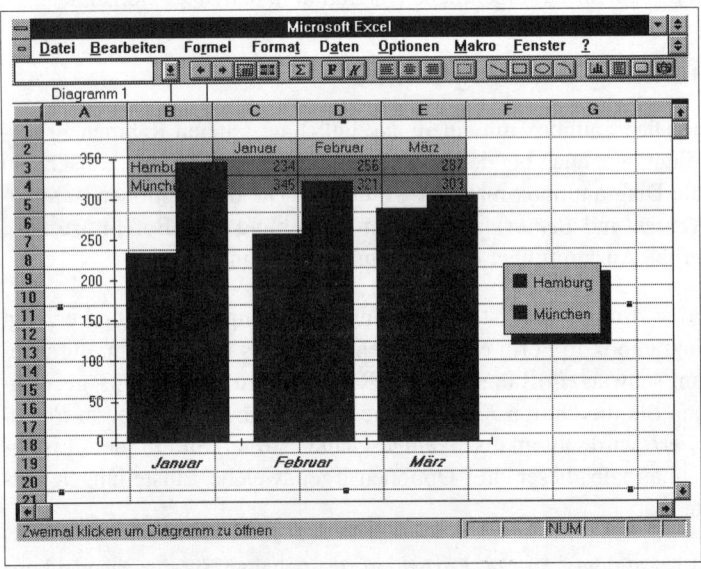

Abb. 112: Ein "gläsernes" Diagramm

Gläserne Diagramme über die Option "Keinen"

Die Option *Automatisch* bewirkt, daß die Diagrammbox in weiß erscheint. *Keinen* ist eine Einstellung, mit der Sie gläserne Diagramme erzeugen, sofern Sie nicht in einem Diagrammfenster einen Hintergrund für Ihr Diagramm eingestellt haben. Gläserne Diagramme sind bis auf die Säulen, Balken, Flächen (oder welche Darstellung Sie auch immer ge-

Gestalten der Tabelle

wählt haben) und die Achsen vollständig durchsichtig, und können somit auch über den Zahlen positioniert werden, die sie grafisch darstellen. Die Abbildung soll nur eine kleine Anregung sein.

Die Option *Benutzerdefiniert* schaltet sich automatisch ein, sobald Sie in den Listenfeldern unterhalb dieser drei Optionen irgendwelche Einstellungen vornehmen. In den Listenfeldern *Muster, Vordergrund* und *Hintergrund* finden Sie die übliche Auswahl für alle Objekte, die ausgefüllt werden können. Es stehen 17 Schraffuren und jeweils 16 Farben für Vordergrund- und Hintergrundgestaltung der gewählten Schraffur zur Wahl.

Die Option "Benutzerdefiniert" bietet die große Auswahl

Das zu erwartende Ergebnis Ihrer Einstellungen bekommen Sie im Dialogfeld in einem kleinen Monitorfeld in der unteren, rechten Ecke angezeigt.

8.16 Definition bestimmter Feldbereiche als grafische Objekte

Excel 3.0 bietet Ihnen die Möglichkeit, bestimmte Feldbereiche als grafische Objekte besonders hervorzuheben.

Kalkulation und Präsentation

Dieses neue Feature erweitert die Präsentationsfähigkeiten von Excel dahingehend, daß ein Arbeitsblatt in einen kalkulatorischen Bereich und einen Bereich, der lediglich unter Präsentationsaspekten angelegt wurde, gegliedert werden kann.

Der Vorteil liegt in der besonderen Gestaltung oder Vergrößerung von Kalkulationsergebnissen, unabhängig von der eigentlichen Formatierung des Arbeitsblattes. Aufwendige Formatierungen wirken in Bereichen, in denen hauptsächlich Berechnungen durchgeführt werden, eher störend.

Einrichtung von Präsentationsbereichen im Arbeitsblatt

Letztendlich sollen aber zwei Wünsche erfüllt werden: 1. Übersichtliche Tabellen zur sachlichen Kalkulation und 2. Aufbereitung der Ergebnisse zur Präsentation.

Erzeugen eines Objektbereiches

Um sich nicht in lange, theorethische Erklärungen zu versteigen, möchten wir Ihnen diese neue Funktion ebenso an einem einfach gehaltenen Beispiel vorstellen.

Gestalten der Tabelle

Legen Sie ein neues Arbeitsblatt mit einer kleinen Tabelle an. Die folgende Abbildung soll ein Vorschlag für eine solche Tabelle sein.

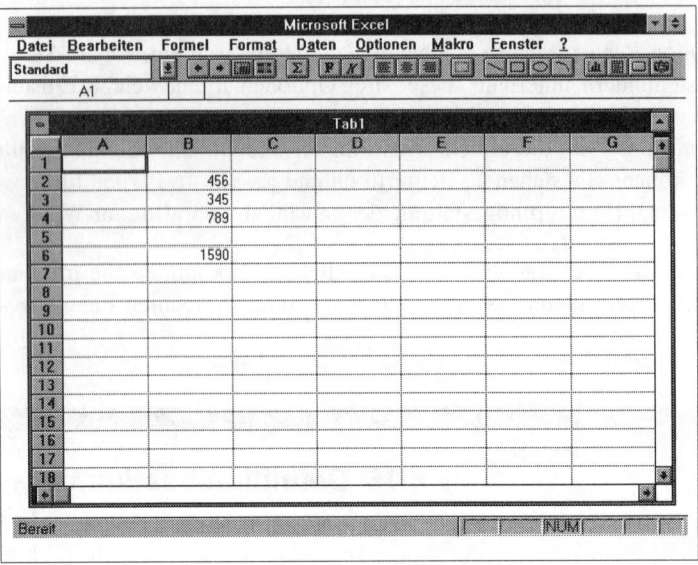

Abb. 113: *Die Grundlage für die "Präsentation" eines Ergebnisses*

Auswahl der entsprechenden Felder

Im Feld B6 steht die Summe der Werte aus B2:B4. Diese Summe soll hervorgehoben und an einer anderen Stelle im Arbeitsblatt vergrößert hervorgehoben werden.

Zuerst muß der Feldzeiger auf B6 positioniert werden.

 Jetzt können Sie über eine Schaltfläche in der Formatierungsleiste dieses Feld als Bild kopieren. Sie finden diese Schaltfläche am äußerst rechten Ende der Formatierungsleiste und erkennen sie an einem kleinen Fotoapparat, der auf der Oberfläche der Schaltfläche dargestellt ist.

Betätigen Sie jetzt diese Schaltfläche, und beobachten Sie, was mit dem Mauszeiger geschieht und welche Meldung Ihnen in der Statuszeile am unteren Bildschirmrand angezeigt wird.

Der Mauszeiger ist zum Fadenkreuz geworden, und in der Statuszeile erscheint die Meldung "Bild kopieren (Zielposition mit Maus wählen)".

Verknüpfte Bilder einfügen

Positionieren Sie das Fadenkreuz auf das Feld D11, und drücken Sie die linke Maustaste. Sofort erscheint der Inhalt des Feldes B6 umrahmt im Feld D11. Die Bearbeitungszeile gibt jedoch etwas mehr Aufschluß darüber, welcher Vorgang sich tatsächlich vollzogen hat. Dort können Sie lesen, daß das im Moment aktive Objekt ein Bild ist, und Sie sehen, daß dieses Bild auf einer Formel, sprich einer Verknüpfung, basiert. Die Verknüpfung lautet =$B$6. Dies führt dazu, daß Ihr Bild immer den aktuellen Inhalt des Feldes B6 darstellt.

Einfügen des kopierten Bildes

Über die Verknüpfung werden nicht nur Änderungen am Feldinhalt registriert und übertragen, sondern auch sämtliche Formatinformationen wie Schriftart, Ausrichtung, Zahlenformat, Muster und Rahmen.

Auch Formatänderungen werden registriert

Über die Tastatur ist der Weg etwas mühsamer. Selbstverständlich muß auch hier zuerst der Feldzeiger auf das Feld B6 positioniert werden. Öffnen Sie dann bitte das Menü *Bearbeiten* bei gedrückter `Shift`-Taste. In diesem Menü finden Sie jetzt anstelle des Befehls *Kopieren* den Befehl *Bild kopieren...* Nach Anwahl dieses Befehls erscheint ein kleines Dialogfeld, in dem Sie angeben müssen, ob der zuvor markierte Zellbereich so kopiert werden soll, wie er auf dem Bildschirm dargestellt wird, oder in dem Format, in dem er ausgedruckt werden würde.

Der Weg über die Tastatur

Für unser Beispiel spielt diese Einstellung ersteinmal keine Rolle. Bestätigen Sie also die Einstellung *Wie angezeigt*, indem Sie `Return` drücken oder die Schaltfläche *OK* bedienen. Positionieren Sie nun den Feldzeiger auf ein anderes Feld, z.B. D11, falls Sie dort keinen anderen Eintrag oder ein anderes Objekt plaziert haben. Öffnen Sie jetzt erneut bei gedrückter `Shift`-Taste das Menü *Bearbeiten* und wählen Sie den Befehl *Verknüpftes Bild einfügen*. Wie Sie sehen, gelangen Sie zum gleichen Ergebnis wie vorhin mit der Maus.

Der Befehl "Verknüpftes Bild einfügen"

Wenn Sie nicht möchten, daß ein eingefügtes Bild mit einem Feld des Arbeitsblattes verknüpft ist, haben Sie auch die Möglichkeit über den Befehl *Bild einfügen*, den Sie ebenfalls nur dann sehen, wenn das Menü *Bearbeiten* bei gedrückter `Shift`-Taste geöffnet wurde, die Verknüpfung gar nicht erst aufzubauen. Wenn Sie ein Bild mit dem Befehl *Bild einfügen* in Ihr Arbeitsblatt einfügen, ist die Einstellung *Wie angezeigt* oder *Wie gedruckt* jedoch von Bedeutung.

Bilder ohne Verknüpfungen

Kopieren Sie das Feld unter der Einstellung *Wie angezeigt*, so werden beim Einfügen des Bildes die Zeilen- und Spaltenköpfe sowie die Gitternetzlinien mit eingefügt. In unserem Beispiel würden also auch noch der Zeilenkopf "6" und der Spaltenkopf "B" links bzw. oberhalb des Feldes dargestellt. Dies geschieht allerdings in Abhängigkeit von der Einstellung

"Wie angezeigt" bezieht auf die Bildschirmanzeige

Gestalten der Tabelle

der Optionen *Zeilen- und Spaltenköpfe* bzw. *Gitternetzlinien* im Dialogfeld des Befehls *Bildschirmanzeige...*

"Wie ausgedruckt" bezieht sich auf das Layout

Kopieren Sie das Feld unter der Einstellung *Wie angezeigt*, so werden beim Einfügen des Bildes die Zeilen- und Spaltenköpfe sowie die Gitternetzlinien mit eingefügt, sofern Sie mit dem Befehl *Layout...* aus dem Menü festgelegt haben, daß diese auch gedruckt werden sollen. Diese Einstellung muß auch dann gewählt werden, wenn Sie auf die oben beschriebene Art und Weise Feldbereiche als Bild bzw. "Grafik" in andere Anwendungen einfügen wollen.

Formatieren der Feldgrafiken

Das Ergebnis, das wir bis jetzt erzielt haben, kann jedoch noch nicht das angesteuerte Ziel sein, denn mehr als ein Rahmen und eine Verknüpfung unterscheidet unser Bild nicht von anderen, gewöhnlichen Feldern. Es muß also noch weitere Möglichkeiten geben, die sich in der Formatierung dieser grafischen Objekte verbergen.

Größenänderungen

Größenänderungen werden über die Anfasser möglich

Zuerst möchten wir auf mögliche Größenänderungen eingehen. Vielleicht ist Ihnen bereits nach dem Einfügen eines Bildes aufgefallen, daß am Rand des Bildes Anfasser erschienen sind, wie Sie sie bereits von Rechtecken, Kreisen oder anderen Objekten her kennen. Diese Anfasser lassen darauf schließen, daß mit der Maus Größenänderungen durchgeführt werden können, indem diese Anfasser angeklickt und bei gedrückter Maustaste in die gewünschte Richtung gezogen werden können.

Änderungen müssen proportional erfolgen

Bei Größenänderungen ist jedoch zu beachten, daß nur proportionale Änderungen in beiden Dimensionen dazu führen, daß der entsprechende Feldeintrag im Bild vollständig sichtbar bleibt.

Formatierungsmöglichkeiten

Gleiche Formatierungsmöglichkeiten wie bei Rechtecken

Über den Befehl *Muster...* aus dem Menü *Format* stehen Ihnen noch weitere Formatierungsmöglichkeiten zur Verfügung, die mit den Einstellungen, die Sie für ein Rechteck machen können, identisch sind. Der einzige Unterschied besteht darin, daß Sie ein Bild nicht mit abgerundeten Ecken darstellen können.

Objektposition unabängig von der Feldgröße

Bilder sind von der Größe der Felder, die von ihnen verdeckt werden, unabhängig, dennoch werden sie verschoben, wenn sich die Position der verdeckten Felder durch Einfügen oder Löschen von Zeilen oder Spalten ändert.

Gestalten der Tabelle

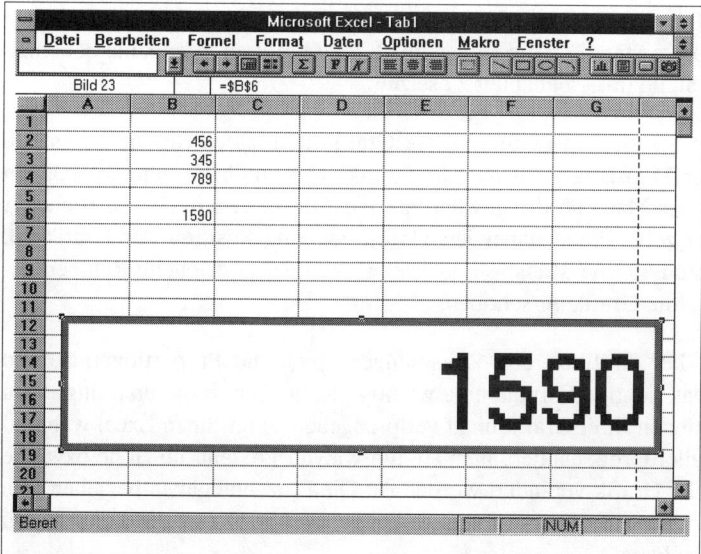

Abb. 114: Das stark vergrößerte Bild mit der Verknüpfung zu $B$6

8.17 Fremde Grafiken in Tabellen

Der i-Punkt in bezug auf die grafischen Gestaltungsmöglichkeiten eines Arbeitsblattes besteht in der Einbindung fremder Grafiken. Excel ist mit der Version 3.0 in der Lage, Grafiken, die mit anderen Programmen, wie z.B. Zeichenprogrammen, erstellt worden sind, in ein Arbeitsblatt aufzunehmen und neben Berechnungen und Diagrammen gleichzeitig darzustellen. Da dies ein Buch zu Excel 3.0 ist, befassen wir uns an dieser Stelle ausschließlich mit den Operationen, die notwendig sind, um eine fertige Grafik über die Zwischenablage in ein Excel-Arbeitsblatt einzufügen.

Wir setzen voraus, daß Sie mit einem Zeichenprogramm wie z.B. Paintbrush eine Zeichnung erstellt haben und diese in einer Excel-Tabelle verwenden wollen. Die Grafik wurde bereits mit dem Zeichenprogramm geladen und von dort in die Zwischenablage kopiert.

Die Grafik befindet sich bereits in der Zwischenablage

Das Einfügen einer fremden Grafik gestaltet sich recht einfach. Sie müssen lediglich den Befehl *Einfügen* oder *Bild einfügen* aus dem Menü *Bearbeiten* anwählen, um die Grafik aus der Zwischenablage in Ihr Arbeitsblatt zu bringen. Excel positioniert die Grafik an der Stelle, an der sich der Feldzeiger gerade befindet. Steht der Feldzeiger jedoch zufällig

Die Grafik erscheint an Feldzeigerposition

Gestalten der Tabelle

an der falschen Position, wenn Sie den Befehl *Einfügen* wählen, so haben Sie selbstverständlich die Gelegenheit, die Grafik an irgendeine beliebige andere Stelle im Arbeitsblatt zu setzen.

Der Mauszeiger verschiebt die Grafik

Klicken Sie einfach mitten auf die Grafik, und halten Sie die Maustaste fest. Der Mauszeiger hat nun die Grafik "fest im Griff", und Sie können sie mit der Maus an die gewünschte Position bewegen. Ein gestrichelter Rahmen zeigt Ihnen dabei jeweils die aktuelle Position der Grafik an. Erst, wenn Sie die Maustaste loslassen, wird der gestrichelte Rahmen gefüllt und die Grafik verschoben.

Prozentzahlen geben Aufschluß über die Proportionen

Gerade bei Grafiken und Zeichnungen spielt die Proportionalität, und damit das richtige Format, eine wichtige Rolle. Damit die ursprünglichen Proportionen Ihrer Grafik nicht verlorengehen, zeigt Ihnen Excel während eventueller Größenänderungen an, um wieviel Prozent die Höhe bzw. die Breite der Grafik verändert worden ist. Die Prozentangaben beziehen sich dabei immer auf die ursprüngliche Größe, die die Grafik direkt nach dem Einfügen hatte.

Formatierung von eingefügten Grafiken

Ähnliche Formatierungsmöglichkeiten wie bei Rechtecken

Zur Formatierung einer markierten Grafik stehen Ihnen, was die Rahmenarten und die Schattierung angeht, alle Möglichkeiten offen, aus denen Sie schon bei der Formatierung von Rechtecken gewählt haben. Im Gegensatz zu Rechtecken können Grafiken natürlich nicht mit besonderen Schraffuren ausgefüllt werden. Excel erlaubt im Dialogfeld zum Befehl *Muster...* zwar die Auswahl einer Schraffur und der Farben für Vordergrund und Hintergrund, diese Einstellungen haben jedoch keinerlei Auswirkungen auf das Erscheinungsbild der Grafik.

Jede Grafik wird in einem Rechteck dargestellt

Grafiken können auch nicht mit abgerundeten Ecken auf dem Arbeitsblatt dargestellt werden. Die Form der Grafik bzw. dessen, was Sie z.B. in Ihrem Zeichenprogramm ausgeschnitten haben, wird von Excel in jedem Fall in einem Rechteck mit spitzen Ecken abgebildet.

Ein weiterer Beitrag zur Erhaltung der Proportionen

Da die Erhaltung der Proportionen besonders bei Grafiken ein wichtiges Thema ist, sind diese auch per Voreinstellung von der Größe der Felder, die sie verdecken, unabhängig. Lediglich Änderungen an der Position dieser Felder führen dazu, daß sich auch die Grafik entsprechend verschiebt.

XLCUBES.BMP als Beispielgrafik

Sofern Sie das Zeichenprogramm "Paintbrush", das zum Lieferumfang von Windows 3.0 gehört, bedienen können, sollten Sie zur praktischen Übung mit diesem Programm einmal die Datei XLCUBES.BMP laden. Diese Grafikdatei finden Sie im gleichen Verzeichnis, in dem Sie Excel installiert haben. Kopieren Sie jetzt bitte diese Grafik in die Zwischenablage, und schalten Sie zurück zu Excel.

Gestalten der Tabelle

Setzen Sie den Feldzeiger in einem neuen Arbeitsblatt auf das Feld A1, und wählen Sie den Befehl *Kopieren*. Sie sehen, daß Excel die Grafik in die obere, linke Ecke des Arbeitsblattes gesetzt hat. Da beinahe ein Viertel des Bildschirms von der Grafik eingenommen wird, haben wir uns entschlossen, die Ausmaße in Höhe und Breite um 50% zu reduzieren. Wir möchten die Größe also proportional verändern und vertrauen dabei auf die Hilfestellung, die Excel uns in der Bearbeitungszeile bietet.

Um die Größe dieser Grafik zu ändern, klicken Sie bitte auf einen "Anfasser" an einer Ecke der Grafik, und halten Sie die Maustaste gedrückt. Sobald Sie die Maus in irgendeine Richtung bewegen, erscheinen am linken Ende der Bearbeitungszeile prozentuale Veränderungswerte für Breite und Höhe in der Form 112%X124%. Die erste Prozentzahl bezieht sich dabei auf die Breite der Grafik und der zweite Wert auf die Höhe. Anhand dieser Prozentwerte sind Sie in der Lage, die Proportionen der Grafik auch bei einer Größenänderung zu erhalten. Verschieben Sie die Ecke der Grafik genau so weit, bis Sie für beide Prozentzahlen den Wert 50% haben, und lassen Sie erst dann die Maustaste los.

Proportionale Größenänderung

Gestalten der Tabelle

Kapitel 9

9.	**Dateien verwalten mit Excel**		**309**
	9.1	Dateiformate	309
		Standard Format	309
		Template Format	309
		Excel 2.1 Format	309
		Sylk Format	310
		Text Format	310
		CSV Format	310
		Add-In Format	310
		Intl Macro Format	310
		Intl Add-In Format	310
		WKS Format	310
		WK 1 Format	310
		WK 3 Format	311
		DIF Format	311
		DBF 2 Format	311
		DBF 3 Format	311
		DBF 4 Format	311
		Text (Macintosh) Format	311
		Text (OS/2 oder DOS) Format	311
		CSV (Macintosh) Format	311
		CSC (OS/2 oder DOS) Format	312
	9.2	Speichern einer Tabelle	312
		Speichern im Standardformat	312
		Speichern im Excel 2.1 Format	314
		Speichern in einem Fremdformat	315
	9.3	Speichern eines Diagramms	316
		Speichern im Standardformat	316
		Speichern der Verknüpfungen	316
		Speichern als Mustervorlage	317
	9.4	Speichern einer Makrovorlage	317
		Speichern im Standardformat	317
		Speichern als Mustervorlage	318
		Speichern als internationale Makrovorlage	318

Dateien verwalten mit Excel

9.5	Datenschutz und Datensicherheit	318
	Sicherungskopie erstellen	319
	Definition eines Zugriffs-Kennwortes	319
	Definition eines Schreibschutzkennwortes	320
9.6	Das Verzeichnis XLSTART	321
9.7	Dateien öffnen	322
	Öffnen neuer Dateien	322
	Laden einer existierenden Datei	322

9. Dateien verwalten mit Excel

In diesem Kapitel erfahren Sie, wie Sie Ihre Tabellen, Diagramme und Makrovorlagen richtig speichern und öffnen. Es gibt in diesem Zusammenhang eine ganze Reihe von Möglichkeiten, die dabei bedacht werden müssen und können. Viele Optionen erleichtern Ihnen den Umgang im Zusammenhang mit der Dateiverwaltung. Auch sollen Hinweise auf mögliche Fehler und deren Ursache bzw. Behebung gegeben werden.

9.1 Dateiformate

Excel ist in der Lage, Fremdformatdateien einzulesen, d.h. Sie können Dateien, die mit einer anderen Software entwickelt wurden, unter Excel verwenden. Voraussetzung ist, daß Excel die Dateierweiterung erkennt. Wenn Fremdformatdateien geladen werden, erkennt Excel automatisch, um welches Format es sich handelt. Analog dazu können Sie auch beim Speichern von Dateien die gleichen Fremdformatoptionen vergeben, um die Dateien dann in anderen Programmen einlesen zu können.

Folgende Formate können in Excel verwendet werden:

Standard Format

Mit dem Standard Format werden Tabellen mit der Endung .XLS gespeichert, ferner Makrodateien, die die Endung .XLM haben, und Diagrammdateien, die durch die Endung .XLW gekennzeichnet sind.

Template Format

Ein weiteres Format ist das Template Format, bei dem die gespeicherte Datei die Endung .XLT aufweist.

Excel 2.1 Format

Mit Hilfe dieser Option können Sie Dateien unter dem alten Excel Format abspeichern. Sie haben dann die Möglichkeit, die Datei in einer alten Version von Excel zu verwenden.

Sylk Format

Falls Sie Excel 3.0-Dateien z.B. unter Multiplan einsetzen wollen, verwenden Sie bitte beim Speichern das Fremdformat Sylk (Symbolik-Link Format).

Text Format

Die Text Format Option ermöglicht es Ihnen, die Datei als Textdatei zu speichern.

CSV Format

Comma Separated Values Format.

Add-In Format

Durch diese Option können Sie Makro-Dateien oder Funktionen im Add-In Format speichern. Die Endung der Datei ist dann .XLA. Voraussetzung für das Speichern in diesem Format ist, daß es sich bei der Datei um eine Makro-Datei handelt.

Intl Macro Format

Mit dieser Option können Sie eine Makro-Datei im internationalen Makro Format speichern.

Intl Add-In Format

Die Wahl dieser Option ermöglicht es Ihnen, Makro Dateien im internationalen Add-In Format zu speichern. Voraussetzung für das Speichern in diesem Format ist, daß Sie über eine amerikanische Version von Excel verfügen.

WKS Format

Falls Sie Ihre Dateien mit dem Programm Lotus 1-2-3 verwenden wollen, können Sie die WK-?-Format-Option verwenden. WKS verwenden Sie bei der Lotus Version 1.x.

WK 1 Format

WK 1 verwenden Sie bei der Lotus Version 2.x.

WK 3 Format

WK 3 verwenden Sie bei der Lotus Version 3.x.

DIF Format

Das DIF (Data Interchange) Format wird verwendet, wenn Sie Dateien unter VisiCalc verwenden wollen.

DBF 2 Format

Falls Sie eine alte Version von dBase verwenden, können Sie die Option DBF 2 verwenden, um die Datei im dBase II Format zu speichern. Die Verwendung dieser Option empfiehlt sich, wenn Sie unter Excel 3.0 eine Datenbank erstellt haben und diese unter dBase verwenden wollen.

DBF 3 Format

Analog gilt das o.g. für dBase III.

DBF 4 Format

Analog gilt das o.g. für dBase IV.

Text (Macintosh) Format

Falls Sie erstellte Dateien auf einem Macintosh-System verwenden wollen, verwenden Sie diese Option.

Text (OS/2 oder DOS) Format

Falls Sie erstellte Dateien auf einem OS/2-oder DOS-System verwenden wollen, verwenden Sie diese Option.

CSV (Macintosh) Format

Falls Sie erstellte Dateien auf einem Macintosh-System verwenden wollen, verwenden Sie diese Option. Die Datei wird dann im Comma Separate Value Format für den Macintosh gespeichert.

Dateien verwalten mit Excel

CSC (OS/2 oder DOS) Format

Falls Sie erstellte Dateien auf einem Macintosh-System verwenden wollen, verwenden Sie diese Option. Die Datei wird dann im Comma Separate Value Format für O2/2-oder DOS-Betriebssysteme gespeichert.

9.2 Speichern einer Tabelle

Das Speichern einer Tabelle ist immer dann notwendig, wenn Änderungen irgendwelcher Art für die nächsten Arbeitssitzungen dauerhaft erhalten bleiben sollen.

Dies gilt auch für den Fall, daß eine Tabelle in einem anderen Format als dem Excel-Format abgelegt werden soll.

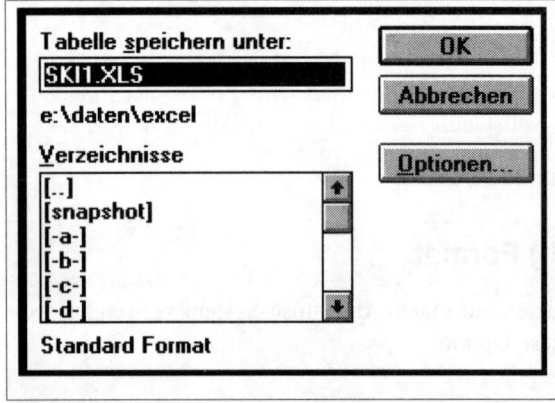

Abb. 115: Geben Sie den gewünschten Dateinamen an

Speichern im Standardformat

Falls Sie ein schon erstelltes Dokument für Änderungen geladen haben und es schnell speichern wollen, ohne einen neuen Namen zu vergeben, dann verwenden Sie den Befehl *Speichern*, der sich im Menü *Datei* befindet. `Shift`+`F12` bewirkt gleiches über die Tastatur. Haben Sie eine neue Datei erstellt, und versuchen Sie, diese mit o.g. Befehl zu speichern, öffnet sich das Optionsfeld des Befehls *Speichern unter*. Dieses Menü kann auch über die Menüleiste mit Hilfe des Befehls *Datei/Speichern unter* eröffnet werden. Vergeben Sie, falls erwünscht, einen Namen, und wählen Sie im Verzeichnisfenster das Verzeichnis aus, unter dem Ihre Datei gespeichert werden soll. Klicken Sie dann die Schaltfläche *OK* an.

Dateien verwalten mit Excel

Unten links in der Statuszeile sehen Sie, wieviel Prozent des Speichervorganges absolviert wurden.

Das Menü *Datei/Speichern unter* beinhaltet eine Fülle von Wahlmöglichkeiten. Sie können eine Datei auf einem Laufwerk Ihrer Wahl speichern. Die meisten Computer verfügen über die Diskettenlaufwerke "A:" und das Festplattenlaufwerk "C:". Es sind aber wesentlich mehr Laufwerke denkbar. Um das Laufwerk auszuwählen, klicken Sie mit der Maus den Rollbalken des Verzeichnisfensters an, bis Sie die einzelnen Laufwerksbezeichnungen gut erkennen können. Klicken Sie dann das gewünschte Laufwerk zweimal an. Unterhalb der Dateiname-Anzeige ist das aktuelle Verzeichnis des gewählten Laufwerkes sichtbar. Wenn Sie einen Verzeichniswechsel vornehmen wollen, klicken Sie *[..]* zweimal an, um eine Verzeichnisebene höher zu gelangen. Analoges gilt, um in tiefere Verzeichnisebenen zu gelangen. Unterhalb des Verzeichnisfensters ist das aktuelle Dateiformat beschrieben. Wenn Sie alle Auswahlen getroffen haben, klicken Sie die Schaltfläche *OK* an.

Speichern auf einem anderen Laufwerk

Wählen Sie das Menü *Datei/Speichern unter*, und klicken Sie das Eingabefeld für den Dateinamen mit der Maus an. Ein zweimaliges Klicken bewirkt hier, daß der gesamte Text markiert wird, um bei der Eingabe eines neuen Namens vollständig gelöscht zu werden. Das Klicken der Schaltfläche *OK* beendet die Auswahl und speichert die Tabelle unter dem neuen Namen ab.

Speichern unter einem anderen Namen

Wenn Sie Tabellen miteinander verknüpft haben und diese dann speichern wollen, sollten Sie die Tabelle, in der keine Formeln stehen (unterstützende Tabelle), zuerst speichern. Damit gewährleisten Sie, daß der Formelbezug Ihrer abhängigen Tabelle angepaßt wird. Sollten Sie die unterstützende Tabelle versehentlich in einem anderen Verzeichnis speichern, werden so die Bezüge in der abhängigen Tabelle automatisch an das neue Verzeichnis angepaßt. Die Speicherung erfolgt über den gleichen Vorgang wie oben beschrieben.

Speichern von Verknüpfungen

Analog verfahren Sie mit den anderen Tabellen. Wenn Sie mehrere Tabellen miteinander verknüpft haben und immer alle am Bildschirm sichtbar und damit auf die Arbeitsfläche laden wollen, ist es ratsam (falls genügend Hauptspeicher zur Verfügung steht) diese Tabellen als zusammengehörigen Arbeitbereich zu speichern. Dazu wählen Sie den Befehl *Arbeitsbereich speichern* im Menü *Datei*. Vergeben Sie einen Namen. Arbeitsbereiche werden automatisch mit der Endung .XLW abgespeichert. Sie werden bei Ausführung des Befehls *Datei/Öffnen* angezeigt und können durch Doppelklick mit der Maus aktiviert werden. Es werden alle zu einem Arbeitsbereich gespeicherten Tabellen geladen. Es ist natürlich auch möglich, nur eine Datei zu öffnen und zu bearbeiten. Falls in dieser Tabelle Bezüge auf eine andere Tabelle existieren, werden Sie von Excel

Verknüpfungen besser als Arbeitsbereich speichern

Dateien verwalten mit Excel

gefragt, ob die externen Bezüge aktualisiert werden sollen. Gleiches gilt auch für Diagramme, die immer einen Bezug auf eine Tabelle haben müssen.

Speichern als Mustervorlage

Wenn Sie Ihre Datei als Musterdatei speichern wollen, brauchen Sie keine weiteren Arbeitsschritte vorzunehmen.

Falls Sie eine schon erstellte Mustervorlage für Änderungen geladen haben und Sie diese schnell speichern wollen, ohne einen neuen Namen zu vergeben, dann verwenden Sie den Befehl *Speichern*, der sich im Menü *Datei* befindet. Haben Sie eine neue Mustervorlage erstellt und versuchen Sie, diese mit o.g. Befehl zu speichern, eröffnet sich das *Speichern unter*-Menü. Vergeben Sie eventuell einen Namen, und klicken Sie dann die Schaltfläche *OK* an.

Ändern der Dateinamenserweiterung

Falls Sie Ihre eigenen Dateinamenserweiterungen definieren wollen, laden Sie, falls noch nicht geschehen, die Datei Ihrer Wahl, und wählen Sie dann aus dem Menü *Datei* die Option *Speichern unter*. Markieren Sie nun mit der Maus die Erweiterung, und schreiben Sie Ihre eigene Erweiterung. Denken Sie daran, daß standardmäßig Dateien, die mit eigenen Namensendungen versehen sind, nicht angezeigt werden, wenn Sie Dateien über das *Datei/Öffnen*-Menü laden wollen. Klicken Sie dann die Schaltfläche *OK* an.

Speichern im Excel 2.1 Format

Microsoft Excel 3.0 bietet die Möglichkeit, unter 3.0 erstellte Dateien in Dateien für die ältere Version Excel 2.1 zu konvertieren. Wählen Sie im Menü *Datei* die Option *Speichern unter*, oder drücken Sie F12. Klicken Sie nun die Schaltfläche *Optionen* an. Wählen Sie als Dateiformat "Excel 2.1" aus. Klicken Sie dann die Schaltfläche *OK* an. Nun erscheint wieder das vorherige Menü. Achten Sie hier darauf, Ihrer Datei einen neuen Namen zu geben, falls Sie nicht wollen, daß die Orginal-Excel-3.0-Datei überschrieben wird.

Verknüpfungen im Excel-2.1-Format speichern

Wenn Sie Tabellen miteinander verknüpft haben und diese im Excel 2.1-Format speichern wollen, sollten Sie die Tabelle, in der keine Formeln stehen (unterstützende Tabelle), zuerst speichern. Damit gewährleisten Sie, daß der Formelbezug Ihrer abhängigen Tabelle angepaßt wird. Sollten Sie die unterstützende Tabelle versehentlich in einem anderen Verzeichnis speichern, wird so der Bezug in der abhängigen Tabelle automatisch auf das neue Verzeichnis angepaßt.

Dateien verwalten mit Excel

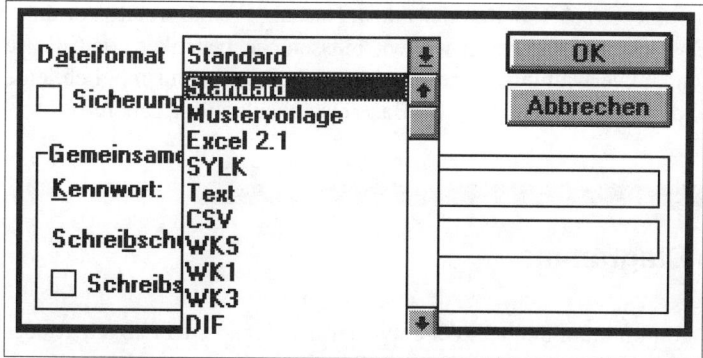

Abb. 116: Die Auswahl des Fremdformates

Wählen Sie im Menü *Datei* die Option *Speichern unter*, oder drücken Sie [F12]. Klicken Sie nun die Schaltfläche *Optionen* an. Wählen Sie als Dateiformat Excel 2.1 aus. Klicken Sie dann die *OK*-Schaltfläche an. Nun erscheint wieder das vorherige Menü. Achten Sie hier darauf, Ihrer Datei einen neuen Namen zu geben, falls Sie nicht wollen, daß die Original-Excel-3.0-Datei überschrieben wird. Nun verfahren Sie für die übrigen Tabellen analog.

Um sich vor dem Verlust von Daten zu schützen, können Sie von Excel automatisch Sicherungskopien anlegen lassen. Diese Sicherungskopien bekommen die Endung .BAK zugewiesen. Standardmäßig werden .BAK-Dateien nicht angezeigt, wenn Sie den *Datei/Öffnen*-Befehl anklicken. Geben Sie im Namenfeld des *Datei Öffnen*-Menüs einfach "*.bak" ein, dann werden alle Dateien mit der Endung .BAK angezeigt, und Sie können eine auswählen.

Verlust von Daten

Um den Sicherungsmodus einzuschalten, wählen Sie im Menü *Datei* die Option *Speichern unter* oder drücken [F12]. Klicken Sie die *Optionen*-Schaltfläche an, und schalten Sie *Sicherungskopie erstellen* ein. Wenn Sie nun Ihre Datei nach der letzten Änderung speichern, erstellt Excel eine Kopie der nicht geänderten Datei mit der Endung .BAK.

Der Sicherungsmodus

Speichern in einem Fremdformat

Wählen Sie im Menü *Datei* die Option *Speichern unter*, oder drücken Sie [F12]. Klicken Sie nun die Schaltfläche *Optionen* an. Wählen Sie Ihr Dateiformat aus. Klicken Sie zum Schluß die *OK*-Schaltfläche an. Geben Sie Ihrer Datei, falls erwünscht, einen neuen Namen, und klicken Sie die *OK*-Schaltfläche an. Excel vergibt eine dem Dateiformat entsprechende Dateinamenserweiterung automatisch.

Dateien verwalten mit Excel

Einschränkungen bei der Speicherung

Falls Sie eine Excel-Tabelle oder einen Text als Fremdformatdatei unter dem dBase-Format speichern wollen, müssen Sie bedenken, daß dBase ein Datenbankverwaltungsprogramm ist. Deshalb ist es nur möglich, eine in Excel definierte Datenbank als dBase-Datenbank zu formatieren.

9.3 Speichern eines Diagramms

Ein Diagramm kann unter Excel entweder als eigene Datei abgelegt oder aber einer Tabelle zugeordnet werden. Beim Speichern eines Diagrammes sind daher einige Besonderheiten zu beachten, die in diesem Kapitel erläutert werden.

Speichern im Standardformat

Falls Sie ein schon erstelltes Diagramm für Änderungen geladen haben und es speichern wollen, ohne einen neuen Namen zu vergeben, dann verwenden Sie den Befehl *Speichern*. Haben Sie ein neues Diagramm erstellt, und versuchen Sie, dieses mit o.g. Befehl zu speichern, öffnet sich das *Speichern unter*-Menü. Geben Sie Ihrem Diagramm nun einen individuellen Namen, und klicken Sie auf die *OK*-Schaltfläche. Die Datei wird mit der Endung .XLC ("C" steht für Chart) gespeichert.

Speichern der Verknüpfungen

Wenn Sie Diagramme mit Tabellen verknüpft haben und diese speichern wollen, dann spielt die Reihenfolge des Speicherns keine Rolle. Speichern Sie das Diagramm, und wählen Sie dazu das *Speichern*-Menü. Diesen Vorgang können Sie bei allen Diagrammen vornehmen. Wenn Sie mehrere Diagramme aus einer Tabelle erstellt haben und immer alle Diagramme am Bildschirm sichtbar haben wollen, speichern Sie alle Dateien als zusammengehörigen Arbeitsbereich. Dazu klicken Sie *Datei/Arbeitsbereich speichern* an. Vergeben Sie einen Namen. Arbeitsbereiche werden automatisch mit der Endung .XLW abgespeichert. Sie werden bei Ausführung des *Datei/Öffnen*-Menüs angezeigt und können durch Doppelklick mit der Maus aktiviert werden. Es werden alle zu einem Arbeitsbereich gespeicherten Diagramme und Tabellen geladen. Es ist natürlich auch möglich, nur eine Datei zu öffnen und zu bearbeiten. Falls in dieser Datei Bezüge auf eine andere Datei existieren, werden Sie von Microsoft Excel gefragt, ob die externen Bezüge aktualisiert werden sollen.

Dateien verwalten mit Excel

In jedem Diagramm befinden sich externe Bezüge zu einer Tabelle, das sei am Beispiel der Liniengrafik verdeutlicht.

Änderung der Verknüpfungen

Klicken Sie in einer Liniengrafik eine Linie an. Im Formeleingabefeld von Excel können Sie nun die Formel erkennen, die diese Linie erzeugt, z.B. =Serie(;;Chart.xls!a1:a8;1). Chart.xls ist der Dateiname der Datei, auf die sich die markierte Linie bezieht. a1:a8 ist der Zahlenbereich innerhalb der Tabelle. Um diese Formel zu ändern, klicken Sie den Formelbereich an oder drücken Sie $F2$, und geben Sie Ihre Änderung ein. Sie haben z.B. eine zusätzliche Zeile eingefügt, der Bereich hat sich dadurch vergrößert, die letzte Zahl steht nun in Zelle B9. Ändern Sie $a8 in a9. Klicken Sie dann den Haken an oder drücken Sie die Return-Taste. Ein weiteres Vorgehen ist, die gesamte Linie nach dem Markieren zu löschen. Es eröffnet sich dann ein Fenster, in dem Sie gefragt werden, ob Sie die Serie oder das Format löschen wollen. Wählen Sie *Serie*. Markieren Sie dann den Bereich Ihrer Tabelle, und verwenden Sie *Bearbeiten/Kopieren*. Markieren Sie das Diagramm, und wählen Sie *Bearbeiten/Einfügen*. Wenn Sie diesen Vorgang über die Tastatur ausgeführt haben, kann es sein, daß in der Tabelle eine Umrahmung zurückbleibt. Esc löst dieses Problem.

Speichern als Mustervorlage

Wenn Sie Ihr Diagramm aktiviert haben und in der Menüleiste *Muster/Vorzugsform festlegen* anklicken, wird das derzeitig aktive Diagramm zu einem Standarddiagramm, welches zum Formatieren anderer Diagramme verwendet werden kann. Aktivieren Sie dazu ein anderes, formatiertes Diagramm, und wählen Sie *Muster/Vorzugsform*. Die Formatierung des Standarddiagrammes wird übernommen.

9.4 Speichern einer Makrovorlage

Beim Abspeichern von Makrovorlagen sind einige Besonderheiten zu beachten, wenn diese Vorlagen in einem international nutzbaren Format abgelegt werden sollen. Ansonsten wird auch eine Makrovorlage als normales Dokument behandelt.

Speichern im Standardformat

Falls Sie eine schon erstellte Makrovorlage für Änderungen geladen haben, und Sie diese schnell speichern wollen, ohne einen neuen Namen zu vergeben, dann verwenden Sie den Befehl *Speichern*. Haben Sie eine

Dateien verwalten mit Excel

neue Datei erstellt, und versuchen Sie, diese mit o.g. Befehl zu speichern, öffnet sich das *Speichern unter*-Menü. Geben Sie einen Namen ein, und aktivieren Sie die Schaltfläche *OK*.

Speichern als Mustervorlage

Falls Sie eine schon erstellte Mustervorlage für Änderungen geladen haben, und Sie diese schnell speichern wollen, ohne einen neuen Namen zu vergeben, dann verwenden Sie den Befehl *Speichern*, der sich im Menü *Datei* befindet. Haben Sie eine neue Mustervorlage erstellt, und versuchen Sie diese mit o.g. Befehl zu speichern, eröffnet sich das *Speichern unter*-Menü. Vergeben Sie eventuell einen Namen, und klicken Sie dann die *OK*-Schaltfläche an.

Speichern als internationale Makrovorlage

Wählen Sie im Menü *Datei* die Option *Speichern unter*. Klicken Sie nun die *Optionen*-Schaltfläche an. Wählen Sie nun als Dateiformat *Intl* aus. Klicken Sie dann die *OK*-Schaltfläche an.

Es kann hier vorkommen, daß Excel eine Übersetzung des Textes nicht unterstützt. Nun erscheint wieder das vorherige Menü. Klicken Sie die Schaltfläche *OK* an. Die Datei wird dann unter demselben Namen mit einer anderen Endung abgespeichert.

Speichern als internationaler Zusatz

Wählen Sie im Menü *Datei* die Option *Speichern unter*. Klicken Sie nun die *Optionen*-Schaltfläche an. Wählen Sie nun als Dateiformat *Intl Add-In* aus. Klicken Sie dann die *OK*-Schaltfläche an.

Speichern im Einfügen-Format

Erstellen Sie eine Makrodatei, und speichern Sie diese mit dem Einfügen-Format *Add-In* ab. Achten Sie darauf, daß die Datei in das gleiche Verzeichnis gespeichert wird, wie die ADDINMGR.XLA Datei. Diese Datei befindet sich standardmäßig im Verzeichnis LIBRARY. Speichern Sie Ihre Makrodatei im Verzeichnis LIBRARY unter dem Fremdformat *Add-In* ab.

9.5 Datenschutz und Datensicherheit

In diesem Kapitel sollen einige Möglichkeiten beschrieben werden, wie Sie sich vor dem Verlust von Daten schützen können. Das gilt auch für das Schützen der Daten gegen unbefugtes Einsehen bzw. Nutzen.

Dateien verwalten mit Excel

Sicherungskopie erstellen

Um sich vor dem Verlust von Daten zu schützen, können Sie Excel dazu veranlassen, von jeder Datei eine Sicherungskopie zu erstellen. Diese Sicherungskopien bekommen die Endung .BAK zugewiesen. Wählen Sie im Menü *Datei* die Option *Speichern unter*, oder drücken Sie F12 .

Klicken Sie die *Optionen*-Schaltfläche an, und schalten Sie *Sicherungskopie erstellen* ein. Falls aus irgendeinem Grund die Orginaldatei nicht mehr geöffnet werden kann, ist es möglich, die Sicherungskopie zu laden.

Verwendung der Sicherungskopie

Die Sicherungskopie ist nicht das Duplikat der aktuellen Datei, sondern das Duplikat des Vorgängers der aktuellen Datei. Um diese zu öffnen, wählen Sie aus dem Menü *Datei* die Option *Öffnen*. Geben Sie *.bak ein, und drücken Sie die Return -Taste. Wählen Sie die gewünschte Sicherungskopie, indem Sie diese zweimal mit der Maus anklicken. Um diese Datei als Excel-Datei verwenden zu können, müssen Sie sie umbennen, lesen Sie dazu den Abschnitt "Speichern einer Tabelle" Kap. 9.2.

Definition eines Zugriffs-Kennwortes

Ein Zugriffs-Kennwort verhindert, daß unberechtigte Benutzer Ihre Datei öffnen können. Mit "Zugriff" ist der Zugriff auf Ihre Festplatte gemeint. Excel hat noch andere Möglichkeiten, den Zugriff auf Dateien zu verhindern, um z.B. Dateien zu laden, aber dem Benutzer trotzdem keinen Einblick in die Datei zu gestatten. Verwenden Sie nicht den Vornamen Ihrer Freundin oder Ihr Geburtsdatum, schreiben Sie auch nicht das Paßwort auf einen Zettel und legen Sie ihn neben den Computer.

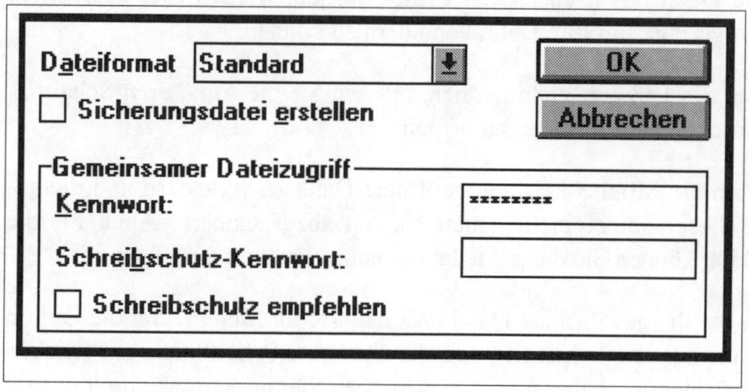

Abb 117: Eintragen des Kennwortes

Dateien verwalten mit Excel

Paßwort vergeben und bestätigen

Wählen Sie im Menü *Datei* die Option *Speichern unter*. Klicken Sie nun die *Optionen*-Schaltfläche an. Klicken Sie das Paßworteingabefeld an, und geben Sie Ihr Paßwort ein. Nun fordert Excel Sie auf, das Paßwort noch einmal einzugeben. Klicken Sie danach die Schaltfläche *OK* an.

Excel fragt Sie dann, ob Sie die alte, noch auf der Festplatte gespeicherte Datei überschreiben wollen. Klicken Sie *Ja* an. Wenn Sie Ihre Datei das nächste Mal öffnen wollen, werden Sie nach Ihrem Paßwort gefragt.

Aufheben eines Zugriffs- Kennwortes

Öffnen Sie die gewünschte Datei. Wählen Sie im Menü Datei die Option *Speichern unter*. Klicken Sie nun die *Optionen*-Schaltfläche an. Klicken Sie das Paßworteingabefeld an, und löschen Sie die Sternchen mit `Del`. Klicken Sie dann die *OK*-Schaltfläche.

Definition eines Schreibschutzkennwortes

Ein Schreibschutz-Kennwort läßt den Zugriff auf die Festplatte beschränkt zu. Es verhindert, daß unberechtigte Benutzer in Ihre Datei schreiben können. Es ist dann nur möglich, Ihre erstellte Tabelle, das Diagramm oder das Makro am Bildschirm sichtbar zu machen. Eine Veränderung seitens eines Anwenders ist nicht möglich. Wählen Sie im Menü *Datei* die Option *Speichern unter* und klicken Sie die *Optionen*-Schaltfläche an. Klicken Sie das *Nur-Lesen*-Feld an und geben Sie Ihr Paßwort ein.

Nun fordert Excel Sie auf, das Paßwort noch einmal einzugeben. Klicken Sie danach die *OK*-Schaltfläche an. Excel fragt Sie dann, ob Sie die alte noch auf der Festplatte gespeicherte Datei überschreiben wollen. Wenn Sie Ihre Datei das nächste Mal öffnen wollen, werden Sie nach Ihrem Paßwort gefragt, um Ihre Datei verändern zu können.

Falls Sie das Paßwort nicht kennen, müssen Sie die *Nur-Lesen*-Schaltfläche anklicken, um die Datei zu öffnen.

Schreibge- schützte Dateien können geändert werden

Sie haben die Möglichkeit, die geöffnete Datei zu verändern und die geänderte Datei unter einem neuen Namen abzuspeichern. Auch für die neue Datei können Sie dann wieder ein neues Paßwort vergeben.

Aufheben eines Schreibschutz- kennwortes

Öffnen Sie die gewünschte Datei. Wählen Sie im Menü *Datei* die Option *Speichern unter*. Klicken Sie nun die *Optionen*-Schaltfläche an. Klicken Sie das Paßworteingabefeld an, und löschen Sie die Sternchen mit `Del`. Bestätigen Sie die Schaltfläche *OK*.

9.6 Das Verzeichnis XLSTART

Microsoft Excel 3.0 verfügt über einen Add-in Manager. Bisher war es nur möglich, Makros zu schreiben, die vor Inbetriebnahme geladen werden mußten. Add-in ermöglicht es, selbstgeschriebene Makros in Excel einzubinden.

Der Add-in-Manager ist ein Makro, welches von Ihnen erweitert werden kann. Somit können Sie eigenständig Routinen schreiben, die über die Menüleiste direkt aufgerufen werden können, ohne daß Sie sie eigens laden müssen.

Startmakros erstellen

Erstellen Sie eine Makrodatei, und speichern Sie diese mit `Alt`+`D` und `U`, klicken Sie das Fremdformat *Add-in* an. Achten Sie darauf, daß die Datei in das gleiche Verzeichnis gespeichert wird, wie die ADDINMGR.XLA-Datei. Diese Datei befindet sich standardmäßig im Verzeichnis MAKRO. Speichern Sie Ihre Makrodatei im Verzeichnis MAKRO unter dem Fremdformat *Add-in* ab.

Wählen Sie *Datei/Öffnen*, und wechseln Sie in das Unterverzeichnis MAKRO. Dort befindet sich die Datei ADDINMGR.XLA. Öffnen Sie diese durch Doppelklick mit der Maus. Nun hat das Menü *Optionen* einen zusätzlichen Menüpunkt erhalten. Über diesen Menüpunkt können Sie den Add-in Manager aktivieren. Sie können nun alle Makros (Addins) betrachten, die in dem Manager gespeichert sind. Standardmäßig sind keine Dateien in dem Manager gespeichert. Um eine Makrodatei einzufügen, die zuvor unter dem Add-in Format gespeichert sein muß, wählen Sie die Schaltfläche *Neu*.

Im Dateilistenfenster des *Neu*-Menüs sehen Sie alle Dateien, die im Verzeichnis MAKRO mit der Endung .XLA gespeichert wurden. Es handelt sich um Makro-Dateien, die zuvor im Fremdformat Add-in gespeichert wurden.

Der Add-in Manager kann auch automatisch zu Beginn einer Sitzung eingelesen werden. Er steht dann unter dem Menüpunkt *Optionen* immer zur Verfügung. Kopieren Sie dazu die Datei ADDINMGR.XLA aus den Verzeichnis MAKRO in das Verzeichnis XLSTART, und die Datei ADDINMGR.XLA wie jedesmal geladen, wenn Microsoft Excel 3.0 gestartet wird.

Dateien verwalten mit Excel

9.7 Dateien öffnen

In diesem Kapitel wird beschrieben, wie Sie bereits existierende Dateien öffnen bzw. neue anlegen können. Auch beim Öffnen gibt es einige interessante Möglichkeiten, die an dieser Stelle erläutert werden.

Öffnen neuer Dateien

Wählen Sie das Menü *Datei*, und klicken Sie mit der Maus die Option *Neu* an. Es erscheint ein weiteres Fenster mit einer Auswahl. Wählen Sie in dieser Liste die Art des Dokumentes aus, die neu erstellt werden soll. Es wird daraufhin ein neues, leeres Arbeitsblatt mit einem temporären Namen (TAB1, TAB2, Diagrm1 usw.) angelegt. Zu Beginn einer Excel-Sitzung wird immer eine neue Tabelle namens TAB1 von Excel zur Verfügung gestellt.

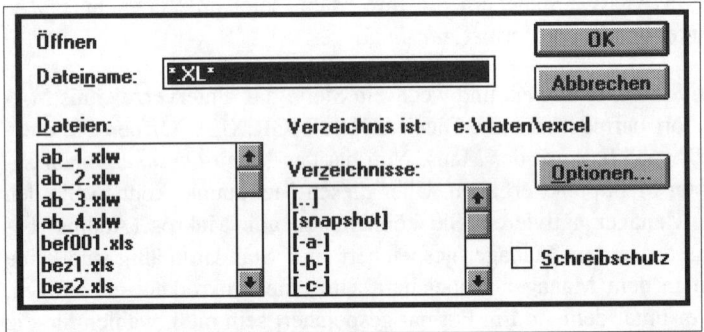

Abb. 118: Auswahl einer zu öffnenden Datei

Im Fall des Diagrammes ist es nicht sinnvoll, ein leeres Arbeitsblatt anzulegen. In diesem Fall sollten zuvor in einer Tabelle Daten markiert werden, die durch den oben angeführten Befehl die Erstellung eines zugehörigen Diagramms bewirken. Wie ein neues Diagramm im einzelnen angelegt wird, erfahren Sie im Kapitel 11.

Laden einer existierenden Datei

Der Befehl *Datei/Laden* lädt eine Datei von der Festplatte in den Arbeitsspeicher und zeigt sie dann auf dem Bildschirm an. Dadurch, daß Excel immer *.XL* als Vorgabe verwendet, werden folgende Dateien im Verzeichnisfenster angezeigt:

Dateien verwalten mit Excel

Standard-Excel-Tabellen mit der Endung .XLS, Arbeitsbereiche mit der Endung .XLW, Diagramme mit der Endung .XLC und Makros mit der Endung .XLM.

Klicken Sie *Datei* in der Menüleiste an, und wählen Sie die Option *Öffnen*. Das aktuelle Verzeichnis wird angezeigt. Wählen Sie durch Doppelklicken mit der Maus eine Datei aus dem Dateilistenfeld.

Laden aus dem aktuellen Verzeichnis

Um eine Verzeichnisebene höher zu springen, klicken Sie *[..]* zweimal an. Sie können auch ein Verzeichnis durch Doppelklick auf dem Verzeichnisnamen aktivieren und dann eine Datei durch Doppelklick aus dem Dateilistenfenster laden.

Wenn Sie über den *Datei/Öffnen*-Befehl ein Verzeichnis eingestellt haben, bleibt dieses Verzeichnis aktuell, d.h. es werden alle neu erstellten Dateien in diesem Verzeichnis abgespeichert, wenn nicht explizit ein anderes Verzeichnis angegeben wird.

Hinweis

Wenn Sie eine Datei nicht bearbeiten, sondern nur Informationen aus ihr lesen wollen, sollten Sie, nachdem Sie den *Datei/Öffnen*-Befehl verwendet haben, die *Nur-Lesen*-Option einschalten. Sie verhindern ein versehentliches Löschen von Daten in der Tabelle. Sie können die Tabelle wie gewohnt bearbeiten, aber wenn Sie diese Tabelle speichern wollen, müssen Sie einen neuen Namen vergeben. Lesen Sie dazu auch den Abschnitt "Definitionen eines Schreibschutzkennwortes" (Kap. 9.5.3).

Laden zum Lesen

Sie haben in Excel die Möglichkeit, Fremdformatdateien zu laden. Dazu müssen Sie die Endung des Dateinamens ändern. Geben Sie z.B. *.slk ein, und klicken Sie dann die *OK*-Schaltfläche. Im Dateilistenfenster sehen Sie nun die Dateien, die unter Multiplan erstellt worden sind und im Sylk-Format gespeichert wurden. Wählen Sie durch Doppelklicken mit der Maus eine Datei aus dem Dateilistenfeld. Excel wandelt dann die Datei automatisch in das Excel-Standard-Format um.

Laden von Dateien anderen Ursprungs

Dateien verwalten mit Excel

Kapitel 10

10.	**Die Druckausgabe**	**327**
	10.1 Festlegen eines Druckbereiches	327
	Setzen des Seitenumbruchs	329
	Festlegen eines Drucktitels	331
	10.2 Die Seitenansicht	332
	10.3 Das Layout	336
	Gestaltung von Kopf- und Fußzeilen	336
	Festlegen der Ränder und Zentrierung	338
	Einstellung des Papierformates und der Ausrichtung	339
	Wenn die Tabelle nicht komplett auf die Seite paßt	339
	10.4 Die Einrichtung des Druckers	340
	Wechseln des Standarddruckers	341
	Ändern der Druckeroptionen	341
	10.5 Starten der Druckausgabe	343
	10.6 Der Druck-Manager	345
	Eine Position in der Warteschlange verändern	346
	Prioritäten für den Druck-Manager setzen	347
	Umgang mit Druckaufträgen	348
	Druck-Manager als Symbol	348
	Drucken im Netzwerk	349
	Verhalten bei Fehlermeldungen	350

10. Die Druckausgabe

Dieses Kapitel beschreibt die Ausgabe Ihrer Ergebnisse auf den Drucker. Excel bietet zahlreiche Optionen, um die Druckausgabe zu beeinflussen. Darunter fallen beispielsweise die Einrichtung und Ansteuerung mehrerer Drucker, aber auch das Layout des zu druckenden Dokumentes in bezug auf Seitenränder, Kopf- und Fußzeilen usw.

Durch die umfangreichen Formatierungsmöglichkeiten entscheidet natürlich auch die Art des Druckers über das letztendliche Ergebnis. Durch dieses "Spreadsheet-Publishing" lassen sich in Verbindung mit Laser- und hochwertigen 24-Nadeldruckern sicherlich die besten Ergebnisse erzielen.

Spreadsheet-Publishing

10.1 Festlegen eines Druckbereiches

Wenn man sich vorstellt, daß Sie unter Excel pro Tabelle 4 Millionen Felder mit Zahlen und Werten füllen könnten, so wäre die Druckausgabe dieser Tabelle sicherlich ein langwieriger Prozess. Das in einer kleineren Tabelle die nicht genutzten Bereiche nicht mitgedruckt werden, ist eigentlich verständlich. Wie geht Excel jedoch vor, damit nur die Bereiche gedruckt werden, die auch Einträge enthalten?

Excel "denkt" prinzipiell immer "rechteckig", auch im Zusammenhang mit der Druckausgabe. Sind in der Tabelle keine Einträge vorhanden, so wird auch nichts gedruckt. Sind mehrere Einträge vorhanden, sucht Excel automatisch seine untere und rechte Druckbereichsgrenze. Als rechte Grenze wird die letzte Spalte verwendet, die noch einen Eintrag enthält. Befindet sich also im Feld M20 der letzte Eintrag einer Spalte, so erstreckt sich der Druckbereich einschließlich bis zur Spalte M.

Die untere Grenze wird auf die gleiche Weise geprüft. Auch hier entscheidet der letzte Eintrag über die untere Grenze. Beim obigen Beispiel wird dann geprüft, ob das Feld M20 nicht auch die untere Grenze des Druckbereiches darstellt. Befindet sich jedoch der letzte Eintrag im Feld B40, so ist die Zeile 40 einschließlich die untere Grenze. Auf jeden Fall haben wir es immer mit einem rechteckigen Druckbereich zu tun.

Unterer und rechter Eintrag bestimmen den Druckbereich

Die Druckausgabe

Damit hat Excel im Prinzip erst einmal den Bereich definiert, den es überhaupt zu drucken in der Lage ist. Innerhalb dieses Bereiches läßt sich ein Ausschnitt definieren, der dann tatsächlich auf dem Drucker ausgegeben wird. Dieser tatsächliche Druckbereich ist deswegen sinnvoll, weil nicht immer die komplette Tabelle ausgedruckt werden soll, sondern in der Regel nur Teilbereiche. Bei diesem anwenderspezifischen Druckbereich kann es sich immer nur um einen rechteckigen Bereich handeln.

Kennzeichnung des Druckbereiches

Die Auswahl eines Druckausschnittes erfolgt über das Menü *Optionen*. Zuvor muß jedoch in der Tabelle der Bereich markiert werden, der gedruckt werden soll. Ist dies geschehen, wählen Sie im genannten Menü den Befehl *Druckbereich festlegen*. Der so festgelegte Bereich wird durch eine gestrichelte Linie gekennzeichnet. Beim Druckvorgang wird also nur der so gekennzeichnete Bereich auf dem Drucker ausgegeben. Intern hat Excel diesem Bereich den Namen *Druckbereich* zugeordnet. Es handelt sich also um einen absolut adressierten Bereich. Nachprüfen können Sie dies, indem Sie den Befehl *Namen festlegen* im Menü *Formel* anwählen. In der Namensliste erscheint dann der Name *Druckbereich*.

Dieser Name ist auch der Schlüssel, um einen Druckbereich zu ändern. Soll ein anderer Ausschnitt gedruckt werden, so wenden Sie den Befehl *Druckbereich definieren* auf eine neue Markierung in der Tabelle an. Anders verhält es sich, wenn Sie wieder die komplette Tabelle drucken möchten. In diesem Fall muß ein definierter Druckbereich wieder gelöscht werden. Dies geschieht ebenfalls über den Befehl *Namen festlegen* im Menü *Formel*. Markieren Sie aus der Namensliste den Namen *Druckbereich*, und aktivieren Sie die Schaltfläche *Löschen*. Sobald der Name aus der Liste verschwunden ist, können Sie wieder die komplette Tabelle ausgeben.

Mehrfachauswahl verwenden

Auch bei der Definition eines Druckbereiches kann eine Mehrfachauswahl getroffen werden. Dies ist eine äußerst sinnvolle Methode, um verschiedene, nicht zusammenhängende Bereiche auf einmal zu drucken. Markieren Sie in diesem Fall den ersten, zu druckenden Bereich, halten dann die `Ctrl`-Taste gedrückt und markieren den nächsten Bereich usw. Wenn Sie noch einmal einen Blick in die Liste der definierten Namen werfen, werden Sie feststellen, daß auch in diesem Fall nur ein Name vergeben wurde. Nur die Zuordnung hat sich geändert, indem gleich mehrere Bereiche absolut definiert wurden. Beim Druck verfährt Excel so, daß jedem Bereich der Mehrfachauswahl eine komplette Seite zugeordnet wird, auch wenn alle markierten Bereiche auf eine Seite passen würden. Bei einer Mehrfachauswahl von drei Bereichen werden demnach insgesamt drei Seiten gedruckt. Je nach Länge eines Bereiches kann dieser auch zwei oder mehr Seiten umfassen.

Die Druckausgabe

Als nächstes wird bestimmt, wie der Bereich auf dem Drucker ausgegeben wird. Diese Ausgabe ist von vielen Faktoren abhängig, die der Anwender jedoch beeinflussen kann. Ist eine Tabelle größer als eine Druckseite, so wird sie in mehrere, gleichgroße Bereiche unterteilt. Diese Bereiche werden dann hintereinander gedruckt. Bei der Druckreihenfolge wird so verfahren, daß zuerst von oben nach unten und danach von links nach rechts gedruckt wird.

Aufteilung der Seiten bei großen Tabellen

Die Anzahl der gedruckten Zeilen und Spalten pro Druckseite ist abhängig vom Seitenformat (Hoch-/Querformat), der Seitengröße, der jeweiligen Spaltenbreite bzw. Zeilenhöhe, dem Drucker-Modell und den gesetzten Seitenrändern. Diese Faktoren können vom Anwender geändert und den persönlichen Bedürfnissen angepaßt werden. Anhand dieser Werte rechnet Excel den tatsächlich gedruckten Bereich pro Seite aus. Paßt dabei eine Spalte bzw. Zeile nicht mehr vollständig auf die Seite, so wird sie auf der nächsten Seite gedruckt. Das ist natürlich einleuchtend, da ein Abschneiden der Spalte bzw. Zeile keinen Sinn macht.

Setzen des Seitenumbruchs

In vielen Fällen ist es nicht immer notwendig, einen Druckbereich zu definieren, um die Tabelle auf mehrere Seiten zu verteilen. Hier genügt in der Regel ein Seitenumbruch, der vom Anwender selbst definiert werden kann. Im Gegensatz zum definierten Druckbereich können beliebig viele Seitenumbrüche definiert werden. Bei einem Seitenumbruch werden quasi der rechte und der untere Bereich pro Druckseite definiert. Standardmäßig wird der Druckbereich durch eine gestrichelte Linie dargestellt. Ein selbstdefinierter Seitenumbruch erhält eine höhere Priorität als der standardmäßige Seitenumbruch.

Um den Seitenumbruch in einer Tabelle zu definieren, setzen Sie den Feldzeiger beispielsweise auf das Feld H30 und wählen den Befehl *Seitenumbruch* im Menü *Optionen*. Die neue Seite erstreckt sich in diesem Fall von Spalte A bis G und von Zeile 1 bis 29. Also liegt das markierte Feld nicht mehr innerhalb der ersten Seite. Befände sich jetzt in der Tabelle nur im Feld H30 ein Eintrag, so würden insgesamt vier Seiten ausgedruckt (siehe Abb. 119).

Beim Seitenumbruch wird so verfahren, daß prinzipiell die Größe der ersten Seite definiert wird. Alle Seiten, die sich rechts von der gestrichelten Linie befinden, nutzen zwar noch den definierten, unteren Rand, erstrekken sich aber in bezug auf die Breite wieder über den gesamten Bereich.

Die Druckausgabe

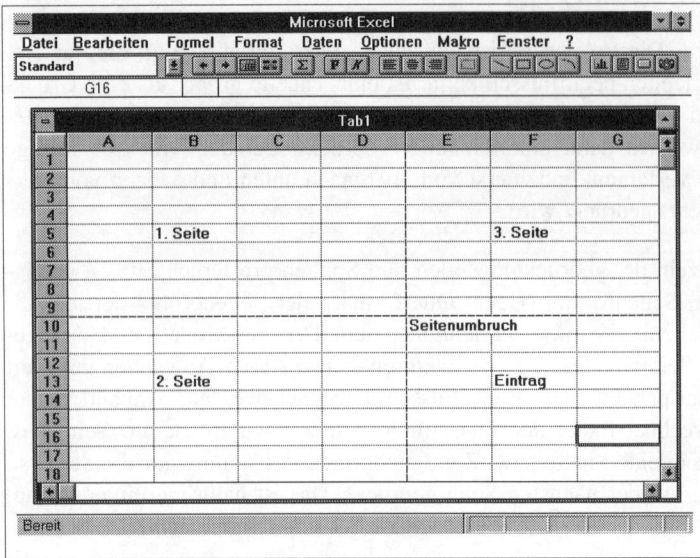

Abb. 119: Durch Seitenumbruch liegt der Eintrag auf Seite 4

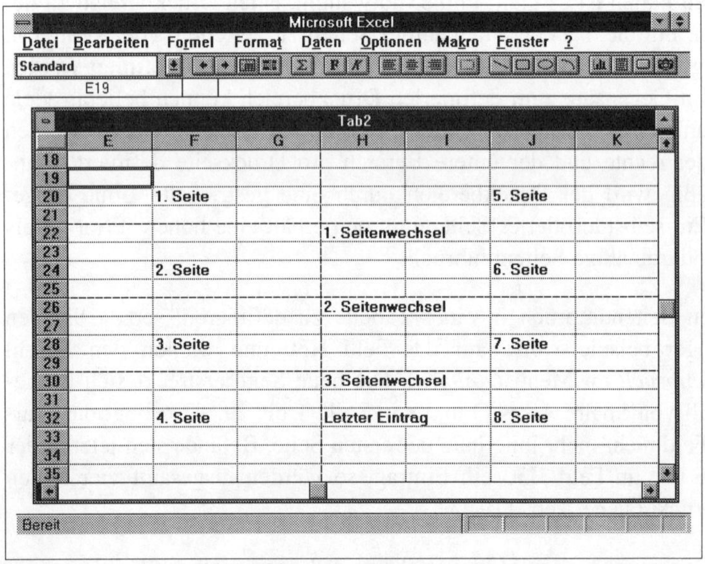

Abb 120: Definition mehrerer Seitenumbrüche

Das gleiche gilt für den Bereich unterhalb des Seitenumbruches. Hier ist die Breite abhängig von der rechten Begrenzung des definierten Seitenumbruchs, die Länge errechnet sich jedoch wieder aus den Standardwerten.

Die Druckausgabe

Wenn mehrere Seitenumbrüche definiert werden, kann man die jeweilige Seitengröße anhand der gestrichelten Linien verfolgen. In der folgenden Abbildungen wurden mehrere Seitenumbrüche definiert. Die rechten und unteren Grenzen ziehen sich durch die gesamte Tabelle.

Wichtig ist, daß ein definierter Druckbereich eine höhere Priorität erhält, als ein definierter Seitenumbruch.

Um einen Seitenumbruch zu löschen, müssen Sie den Feldzeiger in das Feld setzen, in dem der Seitenumbruch definiert wurde. Dies ist immer das Feld, welches sich direkt diagonal gegenüber der rechten, unteren Ecke einer Druckseite befindet. Erkennen Sie beispielsweise anhand der gestrichelten Linien eine Druckseite im Bereich von A1 bis H40, so müssen Sie den Feldzeiger in das Feld I41 setzen. Wenn Sie nun das Menü *Optionen* öffnen, so werden Sie erkennen, daß der Befehl *Seitenumbruch festlegen* in den Befehl *Seitenumbruch löschen* umgewandelt wurde. Auf diese Art und Weise können Sie alle selbstdefinierten Umbrüche löschen.

Löschen eines Seitenumbruches

Haben Sie viele Umbrüche definiert, gleicht Ihrer Tabelle eher einer Strickmusterzeichnung. Wenn Sie beim Löschen der Umbrüche den Feldzeiger Ihrer Meinung nach korrekt plaziert haben, jedoch der Befehl *Seitenumbruch löschen* nicht erscheint, dann handelt es sich bei den Strichlinien um die Grenzen eines definierten Druckbereiches. In diesem Fall müssen Sie den Namen *Druckbereich* mit dem Befehl *Formeln festlegen* löschen.

Seitenumbruch oder Druckbereich?

Festlegen eines Drucktitels

Ein Drucktitel darf nicht mit einer Kopf- bzw. Fußzeile verwechselt werden. Die Kopf- und Fußzeilen werden außerhalb des Tabellenbereiches definiert. Ein Drucktitel dagegen ist ein Bereich innerhalb einer Tabelle. Der Einsatz eines Drucktitels ist bei größeren Tabellen äußerst sinnvoll. Erstrecken sich die Einträge einer Tabelle über mehrere Seiten, so sind die Überschriften der einzelnen Spalten in der Regel nur am Beginn der Tabelle vorhanden. Auf den folgenden Seiten werden dann nur die Zahlenkolonnen ausgedruckt.

Um einen besseren Überblick auf allen Seiten zu erhalten, sollten die Überschriften der Spalten nicht nur auf der ersten, sondern auf allen folgenden Seiten ausgedruckt werden, um die Spalten korrekt zu bezeichnen. In diesem Fall kann ein Bereich definiert werden, der auf allen folgenden Seiten an den Anfang der Tabelle gesetzt wird. Dieser Bereich sollte natürlich die Überschriften der Tabelle enthalten. Dabei kann ein Drucktitel entweder eine Spalte oder eine Zeile umfassen. Ein Drucktitel kann auch eine Zeile bzw. Spalte mitten im Dokument sein.

Spalten- bzw. Zeilenüberschrift als Drucktitel verwenden

Die Druckausgabe

Um einen Drucktitel zu definieren, markieren Sie die komplette Zeile und wählen den Befehl *Drucktitel festlegen*. Diesem Bereich wird nun der Name *Drucktitel* zugeordnet. Der so definierte Drucktitel wird allen Seiten vorangestellt. Da die erste Seite den Text jedoch schon enthält, sollte man einen Druckbereich definieren, der die Zeilen ausklammert, die als Drucktitel verwendet werden (siehe Abb. 121).

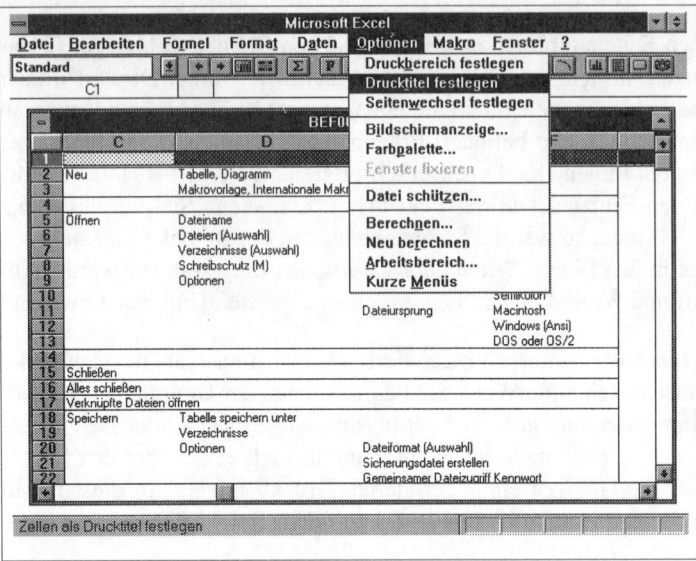

Abb. 121: Richtige Verwendung des Drucktitels

Es kann immer nur ein Drucktitel definiert werden. Wird ein neuer Drucktitel gewählt, wird ein zuvor definierter gelöscht. Soll ein Drucktitel komplett gelöscht werden, so wählen Sie den Namen *Drucktitel* aus der Liste des Befehls *Namen festlegen* aus und aktivieren die Schaltfläche *löschen*.

10.2 Die Seitenansicht

Die Seitenansicht unter Excel ist eine äußerst nützliche Funktion, damit man sich noch vor dem Ausdruck einen Überblick verschaffen kann, wie die Tabelle oder das Diagramm auf der Druckseite plaziert wird. Alle Einstellungen, die Sie im Layout setzen können, werden in der Seitenansicht dargestellt. Daher sollten Sie die Seitenansicht immer verwenden, wenn Sie eine Option im Layout geändert haben.

Die Druckausgabe

Als Einstellmöglichkeit können Sie im Modus Seitenansicht noch die Seitenränder und die Spaltenbreiten ändern, um die Auswirkungen direkt am Bildschirm verfolgen zu können.

Man kann die Seitenansicht auch als "Druck-Kontrollzentrum" verstehen, da hier alle Einstellungen in bezug auf die Seitengestaltung bis hin zum Ausdruck vorgenommen werden können. Das Seitenlayout erhalten Sie auch, wenn Sie im Optionsfeld des Befehls *Drucken* die Markierung *Seitenansicht* aktivieren. In diesem Fall wird vor dem Ausdruck die Seitenansicht aufgerufen.

Alle Einstellungen zum Drucken aus dem Kontrollzentrum

Wenn Sie den Befehl *Seitenansicht* im Menü *Datei* aktivieren, erscheinen eine völlig neue Menüleiste und ein geänderter Bereich auf Ihrem Bildschirm.

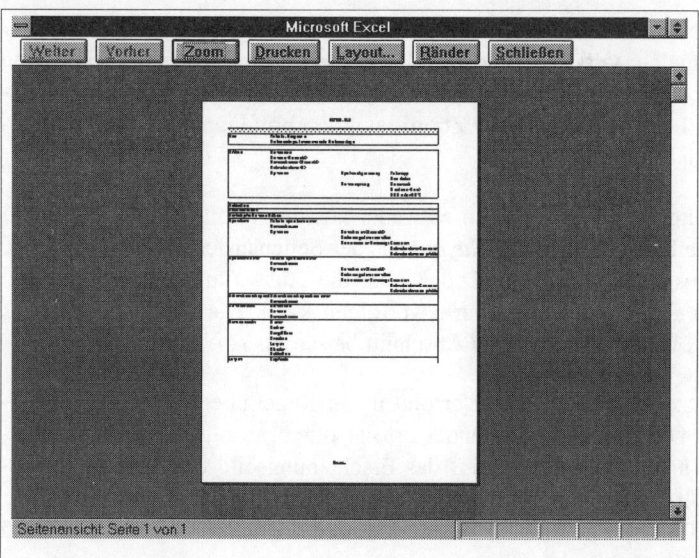

Abb. 122: Die Funktion Seitenansicht erlaubt einen Überblick über die Druckseite

In der Statuszeile am unteren Rand können Sie ablesen, über wieviele Seiten sich das aktuelle Dokument erstreckt und auf welcher Seite Sie sich gerade befinden. Sind mehrere Seiten vorhanden, so können Sie die Schaltflächen *Nächste* bzw. *Vorige* aktivieren, um ein Vor- und Zurückblättern im Dokument zu ermöglichen. Mit den Bildlauftasten `PgUp` bzw. `PgDn` kehren Sie an den Anfang bzw. an das Ende des Dokumentes zurück.

Blättern im Dokument

Die Druckausgabe

Ausschnitte vergrößern

Üblicherweise möchten Sie einen Überblick über die gesamte Druckseite erhalten. Bei Verwendung eines normalen 14"-Bildschirmes können dann Texte und Werte nicht mehr leserlich dargestellt werden. Nun ist es aber manchmal sinnvoll, sich schnell noch einen Überblick über einen bestimmten Tabellenbereich zu verschaffen. Zu diesem Zweck setzen Sie den Mauszeiger (der in Form einer Lupe dargestellt wird) auf den zu vergrößernden Abschnitt und aktivieren die Schaltfläche *Zoom*. Der entsprechende Bereich wird nun über dem gesamten Bildschirm dargestellt. Bei nochmaliger Betätigung dieser Schaltfläche erhalten Sie wieder die Seitendarstellung.

Innerhalb der Zoom-Funktion wird der Rollbalken am rechten Bildschirmrand verwendet. So kann man andere Bereiche im Zoom-Modus darstellen, ohne erneut einen Zoom-Ausschnitt zu definieren.

Das Seitenlayout

Interessant ist diese Funktion im Zusammenhang mit der Funktion der prozentualen Verkleinerung im Befehl *Seitenlayout*. Hiermit kann eine größere Tabelle so verkleinert werden, daß sie auf eine Seite paßt. In diesem Fall können Sie mit der Zoom-Funktion prüfen, ob der Text noch leserlich ist.

Das Seitenlayout selbst kann entweder aus dem Menü *Datei* oder direkt über die Schaltfläche *Seitenlayout* aus der Seitenansicht gestartet werden. Letzteres bietet den Vorteil, daß man die Auswirkungen der einzelnen Optionen direkt am Bildschirm verfolgen kann. Die Möglichkeiten des Layouts werden im nächsten Abschnitt beschrieben.

Randeinstellungen

Das Setzen der Seitenränder erfolgt in der Regel über den Befehl *Seitenlayout*. Die Eingabe der Ränder erfolgt durch absolute Zentimeterangaben. Wie sich die Ränder auf das Erscheinungsbild der Tabelle auswirken, läßt sich gut mit der Seitenansicht überprüfen. Das gleiche gilt für die Definition der Spaltenbreite, die durch absolute Eingaben im Menü *Format/Spaltenbreite* erfolgt.

Durch Aktivieren der Schaltfläche *Ränder* werden sowohl die Seitenränder als auch die jeweiligen Spaltenränder markiert. Diese werden durch gepunktete Linien dargestellt.

Weiterhin erkennen Sie in der Seitenansicht am Papierrand schwarze Kästchen in unterschiedlicher Form. Diese haben eine besondere Bedeutung. Die Kästchen am jeweiligen Ende der Seitenrandmarkierungen dienen zum Verschieben des aktuellen Randes. Die Kästchen am oberen Rand mit den kurzen Strichen dienen zur Änderung der Spaltenbreite.

Die Druckausgabe

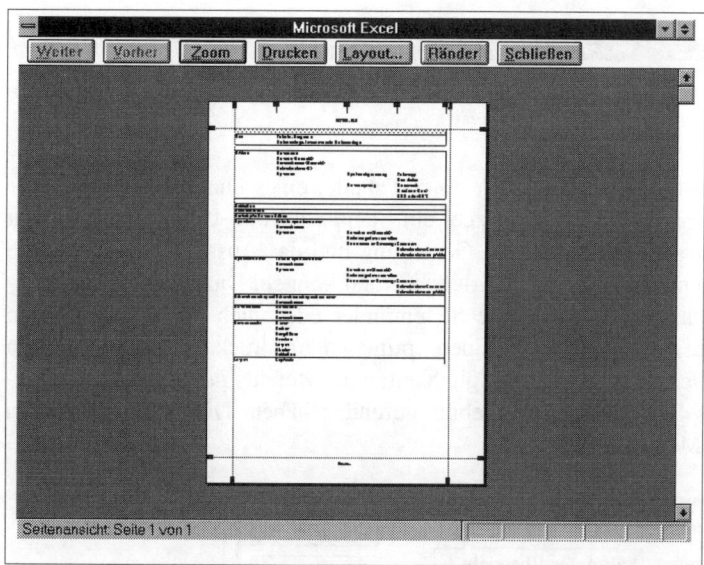

Abb. 123: Darstellung und Änderung der Seiten- und Spaltenränder

Um die jeweiligen Ränder zu setzen, positionieren Sie den Mauszeiger auf den entsprechenden Rand, halten die linke Maustaste gedrückt und ziehen den Rand auf die gewünschte Position. Sofort erfolgt die Umrechnung der Tabelle auf die neuen Randeinstellungen. Der Vorteil ist, daß man direkt am Bildschirm die Seitenränder gemäß der Tabelle anpassen kann. Beim Ändern der Spaltenbreite muß man jedoch einen Nachteil in Kauf nehmen. Normalerweise sollte in einer zusammengehörigen Tabelle die Breite der Spalten gleich sein, damit ein einheitliches Bild vorhanden ist. Wenn Sie jedoch hier die Breite der einzelnen Spalten "nach Gefühl" ändern, werden Sie wahrscheinlich niemals auf eine gleichmäßige Spaltenbreite kommen.

Randeinstellung mit der Maus

In diesem Fall sollten Sie nur eine Spalte ändern, so daß die Breite (auf die anderen Spalten bildlich übertragen) ungefähr dem Ergebnis gleichkommt. Schalten Sie dann die Seitenansicht aus, und überprüfen Sie die Spaltenbreite der so geänderten Spalte. Die Anzeige mit dem Befehl *Spaltenbreite* erfolgt als Absolutzahl. Ordnen Sie die gleiche Zahl auch den übrigen Spaltenbreiten zu, und Sie erhalten eine einheitliches Tabellenbild.

Mit der Schaltfläche *Drucken* wird schließlich der Ausdruck gestartet. Dieser Befehl hat die gleiche Bedeutung wie der Befehl *Drucken* im Menü *Datei*, welcher weiter unten im Kapitel beschrieben ist.

Starten des Ausdrucks

10.3 Das Layout

Für den normalen Ausdruck einer Tabelle, eines Diagramms oder einer Makrovorlage verwendet Excel ein Standardlayout. Unter einem Layout versteht man prinzipiell die Gestaltung und das Aussehen der Seite, die durch einige Faktoren beeinflußt werden können. Dazu zählen beispielsweise das Seitenformat, die Seitenränder oder auch die Erstellung von Kopf- und Fußzeilen. Um einen optimalen Ausdruck zu erhalten, sollten Sie stellenweise mit den Möglichkeiten des Befehls *Layout* experimentieren, bis Sie Ihr Wunschergebnis gefunden haben. Diesen Befehl finden Sie im Menü *Datei*.

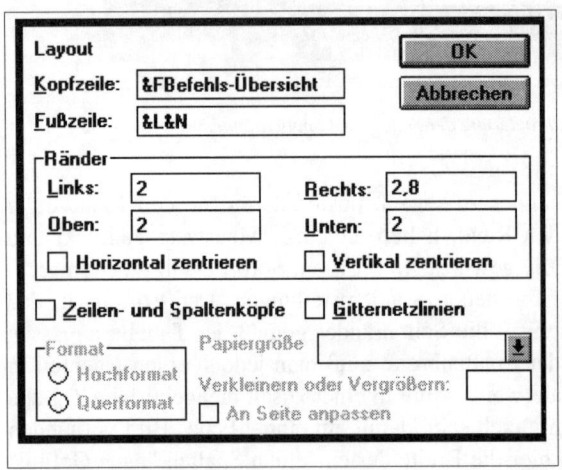

Abb. 124: Individuelle Gestaltung des Seitenlayouts

Gestaltung von Kopf- und Fußzeilen

Kopf- und Fußzeilen sind Ihnen sicherlich bislang hauptsächlich aus Textverarbeitungssystemem wie Word für Windows oder Write bekannt. Sie befinden sich zwischen dem eigentlichen Textbereich und den physikalischen Papierrändern. Sinn von Kopf- und Fußzeilen ist es, eine bestimmte Information über mehrere Seiten zu liefern.

Das kann eine Kapitelüberschrift, der Name der jeweiligen Tabelle oder auch eine Seitennumerierung sein.

Die Druckausgabe

Standardmäßig wird beim Ausdruck eines Dokumentes der Dateiname in die Kopfzeile und die Seitennummerierung in die Fußzeile geschrieben. Gesteuert wird dies über Kurzzeichen, die immer mit dem Zeichen "&" beginnen, gefolgt von einem weiteren Kennzeichen. Sie haben jedoch eine Vielzahl von Möglichkeiten, die Kopf- bzw. Fußzeile zu ändern. Folgende Möglichkeiten stehen Ihnen unter Excel zur Verfügung:

Standardeinstellung für Kopf- und Fußzeile

&L	Linksbündige Ausrichtung der nachfolgenden Zeichen
&Z	Zentrierte Ausrichtung der nachfolgenden Zeichen
&R	Rechtsbündige Ausrichtung der nachfolgenden Zeichen
&D	Ausgabe des Systemdatums (Einstellung über Systemsteuerung)
&U	Ausgabe der Systemzeit (Einstellung über Systemsteuerung)
&N	Ausgabe des Dateinamens (vorher Namen vergeben, sonst wird temporärer Dateiname verwendet)
&F	Fettdruck der nachfolgenden Zeichen
&K	Kursivdruck der nachfolgenden Zeichen
&T	Unterstreichen der nachfolgenden Zeichen
&H	Durchstreichen der nachfolgenden Zeichen
&"Schriftart"	Verwendet die spezifizierte Schriftart (in Anführungsstriche setzen!)
&Zahl	Verwendet die durch eine Zahl definierte Schriftgröße
&&	Ausdruck eines &-Zeichens (ohne Steuerfunktion)
&S	Gibt die Seitenzahl aus
&S+Zahl	Anfangsseitenzahl durch Addition
&S-Zahl	Anfangsseitenzahl durch Subtraktion
&A	Ausgabe der Gesamtanzahl der Seiten

Einige dieser Zeichen stellen Steuerfunktionen dar und werden in Kombination mit solchen Zeichen verwendet, die eine bestimmte Funktion darstellen. Es können beliebige Kombinationen im Zusammenhang mit normalem Text als Kopf- oder Fußzeile verwendet werden. Hier ein Beispiel:

&L&BKapitel 3: &KEinführung&RSeite: &S/&N

Kapitel: Einführung   Seite: 1/"Dateiname"

Die Druckausgabe

Folgendes sollten Sie noch beachten: Wie bereits erwähnt, werden die Kopf- bzw. Fußzeilen zwischen dem eigentlichen Tabellenbereich und dem Papierrand gesetzt. Werden daher die Seitenränder zu niedrig gesetzt, ist der Bereich zwischen dem Tabellenbereich und dem Papierrand zu gering, um die Kopf- bzw. Fußzeile korrekt darzustellen. Der Bereich der Kopf-/Fußzeile fällt dann mit dem Tabellenbereich zusammen, so daß eventuelle Einträge in den Feldern die Kopf- oder Fußzeile überschreiben können.

Festlegen der Ränder und Zentrierung

Die Seitenränder im Dokument bestimmen weitgehend, wieviele Informationen Sie auf einer Seite unterbringen können. Sie definieren den Abstand zwischen dem tatsächlich beschreibbaren Bereich zum physikalischen Papierrand. Die Seitenränder sollten so gesetzt werden, daß eine zusammenhängende Tabelle nicht zu oft geteilt wird, aber auch die Seite nicht durch zu geringe Ränder überladen wird.

Absolute Randangaben in cm

Die Maßeinheit, in der die Ränder gesetzt werden, sind Zentimeter. Zu definieren sind die Ränder *Links*, *Rechts*, *Oben* und *Unten*. Setzen Sie den Mauszeiger durch einmaliges Klicken in den entsprechenden Wertebereich im Dialogfeld und löschen den alten Wert. Tragen Sie Ihre neuen Werte ein.

Zentrierung der Tabelle

Mit der Funktion *Seitenansicht* können Sie nun jederzeit das neue Erscheinungsbild in der Übersicht betrachten. Es wird Ihnen sicherlich auffallen, daß die Ausrichtung der Tabelle auf der Seite immer von links oben erfolgt. In der Regel macht es jedoch einen besseren Eindruck, wenn man die Tabelle auf der Seite vertikal bzw. horizontal zentriert. Das konnte in älteren Versionen nur über die Seitenränder erfolgen. Dabei mußte man ziemlich oft die Einstellung ändern, bis das gewünschte Ergebnis vorhanden war. Jetzt gibt es zwei entsprechende Markierungsflächen für auf die Ausrichtung. Markieren Sie die Option *Horizontal* oder *Vertikal*, um eine entsprechende Ausrichtung zu erhalten.

Die Ausrichtung eines Diagramms

Eine Besonderheit gibt es beim Ausdruck eines Diagrammes. Hier haben Sie zusätzliche Optionen dafür zur Verfügung, wie das Diagramm auf der Seite dargestellt wird. Mit der Option *Bildschirmgröße* wird das Diagramm in der Größe ausgedruckt, wie es auf dem Bildschirm erscheint. Dies ist natürlich eine gute Möglichkeit, den Ausdruck des Diagrammes zu bestimmen. Um eine maximale Größe des Diagramms ausdrucken zu können, setzen Sie das Diagramm-Fenster in den Vollbild-Modus und markieren die Option *Bildschirmgröße*. Soll das Diagramm dagegen optimal an die Seite angepaßt werden, ohne das Höhen- und Seitenverhältnis zu beeinflussen, müssen Sie die Option *An Seite angepaßt* markieren.

Die Druckausgabe

Eine maximale Auslastung der Seite erhalten Sie durch die Option *Ganze Seite*. Hier erstreckt sich das Diagramm über die komplette Seite. Dabei wird jedoch keine Rücksicht auf das Höhen- und Seitenverhältnis genommen. Bei manchen Diagrammen kann es dabei zu Verzerrungen kommen.

Einstellung des Papierformates und der Ausrichtung

Das Papierformat sollte prinzipiell sofort zu Beginn einer neuen Tabelle definiert werden, falls der Standardwert geändert werden soll. Es entscheidet natürlich auch darüber, wieviel Information auf einer Seite Platz findet. Das gleiche gilt auch für die Einstellung des Hoch- bzw. Querformates. Das Hochformat wird natürlich bei langen Tabellen Verwendung finden, während das Querformat eher bei breiten Tabellen eingesetzt wird. Die Einstellungen sind abhängig vom Druckertreiber, der mit dem Befehl *Druckereinrichtung* eingestellt worden ist. Je nach Druckermodell stehen einige Einstellungen nicht zur Verfügung. Sie werden dann hellgrau dargestellt und können nicht mehr aktiviert werden. Das Hoch- bzw. Querformat bezieht sich letztendlich in diesem Fall nur auf die Lage des Excel-Dokumentes in der Seitenansicht. Damit der Ausdruck entsprechend im Querformat erfolgt, muß die entsprechende Option mit dem Befehl *Druckereinrichtung* gesetzt werden.

Hinsichtlich der Papiergröße gibt es beispielsweise beim QMS 800 Postscript-Treiber folgende Auswahlmöglichkeiten:

Papierformat beim Laserdrucker

```
Letter 8 1/2 x 11inch
Legal 8 1/2 x 14inch
A4 210 x 297mm (Standard DIN A4)
B5 182 x 257mm (Standard DIN A5)
```

Verfügen Sie über einen breiten Drucker, wie z.B. den Epson LQ1050 oder ein ähnliches Modell, so können Sie Ihre Tabelle oder das Diagramm auch im Standard DIN A3-Format ausdrucken.

Wenn die Tabelle nicht komplett auf die Seite paßt

Unschön ist es, wenn eine Tabelle bis auf eine Spalte bzw. Zeile auf der ersten Seite Platz hat. Der übriggebliebene Teil wird dann erst auf der zweiten Seite ausgegeben. Das stört natürlich das Erscheinungsbild der Tabelle erheblich. Man kann noch mit den Seitenrändern experimentieren, damit die letzte Spalte doch noch mit auf die Seite paßt.

Wenn das nichts hilft, kann man versuchen, durch Wahl einer kleineren Schriftart und Reduzierung der Spaltenbreite bzw. Zeilenhöhe die Tabelle

Die Druckausgabe

"zurechtzubiegen". Das ist natürlich alles dann auch sehr umständlich und erfordert auch einiges an Zeitaufwand.

Proportionale Verkleinerung der Tabelle

Viel angenehmer ist in einem solchen Fall die Möglichkeit, die Tabelle als Ganze proportional zu verkleinern. Hierzu gibt es noch die Option *Vergrößern oder Verkleinern*. Standardmäßig wird die Tabelle in einer Größe von 100% dargestellt. Anders ausgedrückt: Die absolute Tabellengröße wird als 100% bezeichnet. Damit eine zu große Tabelle auf eine Seite paßt, müssen Sie den Wert verringern. Sie werden sicherlich einige Versuche benötigen, bis Sie das gewünschte Ergebnis erhalten. Benutzen Sie zum Überprüfen immer die Funktion *Seitenansicht*. Ein Eintrag von 50% würde die Größe der Tabelle halbieren. Entsprechend müssen Sie den Wert erhöhen, wenn eine kleine Tabelle größer dargestellt werden soll.

Dieses Verfahren hat zwei große Vorteile: Zum einen müssen Sie nur mit einem Wert experimentieren, um das gewünschte Ergebnis zu erhalten, zum anderen bleibt das Erscheinungsbild der Tabelle erhalten, da hier proportional vergrößert oder verkleinert wird.

Wenn Sie jedoch über einen Postscript-kompatiblen Drucker verfügen, so kann Excel diese Arbeit für Sie erledigen. In diesem Fall müssen Sie nur die Option *Fit to Page* markieren, und schon wird das Dokument automatisch so verkleinert, daß alles auf die erste Seite paßt.

Hilfslinien auf dem Ausdruck

Für die Erstellung von Tabellen sind die Begrenzungslinien der einzelnen Felder äußerst nützlich. In den meisten Fällen stören sie das Erscheinungsbild beim Ausdruck, wenn die Tabelle komplett formatiert wurde. Bei Probeausdrucken längerer und umfangreicher Tabellen ist der Ausdruck der Begrenzungslinien und auch der Spalten- und Zeilenbeschriftungen in der Regel jedoch äußerst sinnvoll. Excel bietet mit den Markierungsflächen *Spalten- und Zeilenbeschriftung* und *Gitternetzlinien* die Möglichkeit, diese Optionen wahlweise zu aktivieren. Wurde eines der Felder durch ein Kreuz markiert, erfolgt der Ausdruck der entsprechenden Option. Sie können diese beiden Einstellungen natürlich unabhängig voneinander setzen.

10.4 Die Einrichtung des Druckers

Bevor Sie ein Dokument ausdrucken können, muß natürlich ein geeigneter Drucker angeschlossen und an Excel angepaßt werden. Die Installation eines entsprechenden Druckertreibers haben Sie bereits bei der Excel-Installation vorgenommen. Wenn nicht, so lesen Sie im Kapitel über die Systemsteuerung nach, wie ein Drucker installiert wird. Neben dem

Die Druckausgabe

Druckermodell wird auch die Schnittstelle, über die der Drucker mit dem Computer verbunden ist, über die Systemsteuerung eingestellt.

Wechseln des Standarddruckers

Wenn Sie mehr als einen Druckertreiber eingerichtet haben, wurde ein Drucker als Standarddrucker definiert. Damit Sie Ihr Dokument auf einen anderen Drucker ausgeben können, müssen Sie diesen als Standarddrukker deklarieren.

Die Änderung des Standarddruckers geschieht über den Befehl *Druckereinrichtung* im Menü *Datei*. Es erscheint ein Dialogfeld mit einer Liste aller installierten Druckertreiber nebst zugeordneter Schnittstelle. Der aktuelle Standarddrucker wird durch einen schwarzen Balken hinterlegt. Um den Standarddrucker zu ändern, setzen Sie den Balken auf die entsprechende Druckerbezeichnung. Mit `Return` wird dann dieser Drucker zum neuen Standarddrucker.

Der Befehl Druckereinrichtung

Beachten Sie, daß sich je nach verwendetem Druckertreiber die Seitengröße, die Schriftarten und die Druckqualität ändern können, da sich diese nach dem Standarddrucker richten.

Abhängige Optionen vom Standarddrucker

Ändern der Druckeroptionen

In den Bereich der Druckeroptionen fallen beispielsweise das Seitenformat, die Ansteuerung von zusätzlichen Schriftkassetten oder die Auswahl eines Papier-Einzugschachtes. Rufen Sie das zugehörige Optionsfeld über die Schaltfläche *Einrichtung* im Dialogfeld des Befehls *Druckereinrichtung* auf.

Je nachdem, welcher Drucker als Standarddrucker eingerichtet wurde, kann sich das Aussehen des Optionsfeldes ändern, da unterschiedliche Druckertypen auch unterschiedliche Möglichkeiten der Einstellung bieten.

Wir können sicherlich an dieser Stelle nicht auf sämtliche Druckertypen eingehen, da dies den Rahmen des Buches sprengen würde.

Prinzipiell werden in den Optionsfeldern, aus denen sich in einigen Feldern sogar weitere Optionsfelder aufrufen lassen, die technischen Möglichkeiten des Druckers dargestellt.

Die Auswahl des Druckertyps innerhalb des Dialogfeldes entscheidet dann letztendlich darüber, welche Optionen wirklich zur Verfügung stehen.

Die Druckausgabe

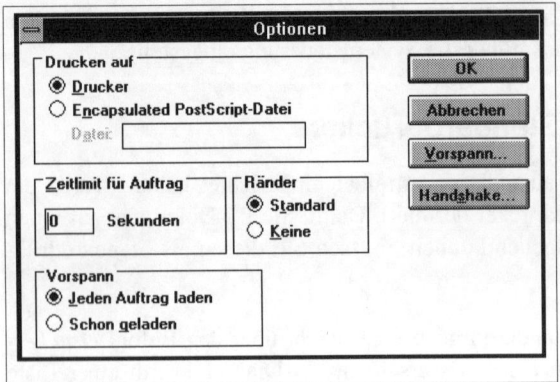

Abb. 125: Druckeroptionen beim Postscript-Laserdrucker

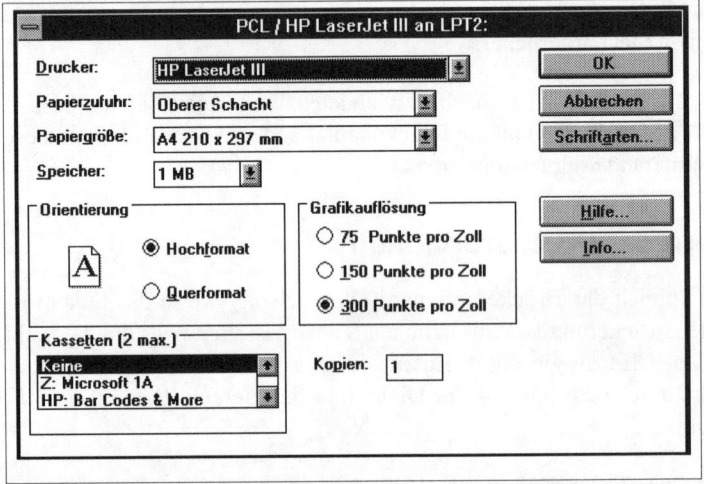

Abb. 126: Druckeroptionen beim HP-Laserjet

Hoch- und Querformat

Wichtig sind im Prinzip einige wenige Einstellungen. Dazu gehört die Einstellung der Papier-Orientierung. Damit wird der Drucker auf das Hoch- oder Querformat eingestellt.

Achten Sie darauf, daß diese Einstellung mit der Einstellung im Seitenlayout übereinstimmt, denn die Einstellung im Seitenlayout ist für die Darstellung des Dokumentes in der Seitenansicht verantwortlich. Die tatsächliche Einstellung für den Ausdruck wird an dieser Stelle vorgenommen.

Die Druckausgabe

Auch die korrekte Einstellung des Papierformates muß in diesem Dialogfeld vorgenommen werden. Dies veranlaßt den Drucker, an entsprechender Stelle eine neue Seite zu beginnen. Nach dem gewählten Format richtet sich auch die Anzahl der druckbaren Zeichen und Spalten pro Seite.

Eine Auswahl des Druckerschachtes ist dann nötig, wenn Ihr Drucker über mehrere Einzugsschächte verfügt. Dies ist in der Regel bei Laserdruckern der Fall, wo z.B. in einem Schacht das Papier mit dem Briefkopf und in dem anderen Schacht normales Papier eingelegt wird. Die Ansteuerung der einzelnen Schächte geschieht durch Markieren der entsprechenden Option.

Druckerschacht ansteuern

Für den Ausdruck von Diagrammen spielt die Grafikauflösung eine Rolle. Die Auflösung, in der ein Diagramm auf dem Drucker ausgegeben wird, wird in Punkten pro Zoll beschrieben. 24 Nadeldrucker und Laserdrucker erreichen in der Regel eine maximale Auflösung von 300x300 dpi (Dots per inch). Wird die maximale Auflösung verwendet, dauert der Ausdruck eines umfangreichen Diagrammes schon eine gute Weile. Man sollte einmal mit den Auflösungen im Zusammenhang mit seinem Drucker experimentieren, um herauszufinden, welche Auflösung noch vertretbar ist, denn je geringer die Auflösung, desto schneller der Ausdruck.

Auflösung des Druckers nutzen

Standardmäßig werden nur die Schriftarten verwendet, die der Drucker von Hause aus zur Verfügung stellt. Man kann in der Regel vor allem bei Laserdruckern noch weitere Schriftarten hinzukaufen. Die zusätzlichen Schriftarten werden beispielsweise in Form von Kassetten angeboten, die beim HP-Laserjet in die Frontseite des Gerätes eingeschoben werden können. Auf der anderen Seite gibt es noch sogenannte Softfonts. Diese Schriftarten liegen als Dateien vor und müssen in den Druckerspeicher geladen werden. Dieser Ladevorgang muß nach jedem Ausschalten des Druckers wiederholt werden, da in diesem Fall auch der Druckerspeicher gelöscht wird. Die Installation erfolgt über die entsprechenden Schaltflächen im Dialogfeld des Druckertyps.

Schriftarten verwenden

10.5 Starten der Druckausgabe

Das Starten des Druckes stellt wohl den leichtesten Teil im Rahmen der Druckausgabe und der Seitengestaltung dar. Nachdem alle Einstellungen noch einmal überprüft wurden und der Drucker "Ready" meldet, wählen Sie den Befehl *Drucken* im Menü *Datei*.

Die Druckausgabe

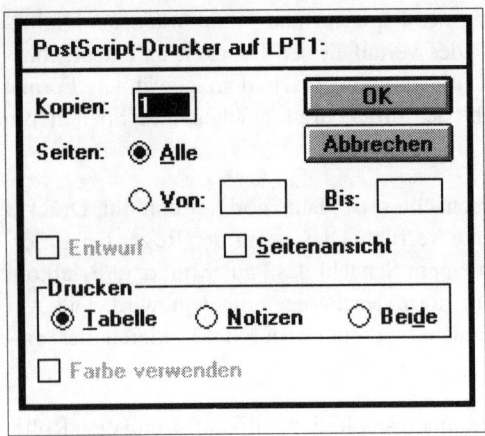

Abb. 127: Auch für den Ausdruck gibt es verschiedene Möglichkeiten

In diesem Optionsfeld kann die Anzahl der Kopien gewählt werden. Wenn also ein Dokument mehrfach ausgedruckt werden soll, setzen Sie die entsprechende Anzahl als ganzzahligen Wert in das Feld.

Selektion der Seiten

Eine Selektierung der Seiten erfolgt über die Felder *Von* und *Bis*. Ist die Markierung *Alle* aktiv (Standardeinstellung), so wird das gesamte Dokument ausgedruckt.

Soll nur ein Teilbereich gedruckt werden, setzen Sie den Mauszeiger in das Feld *Von* und geben die Startseite an, ab der Excel das Dokument drucken soll. Das gleiche gilt für das Feld *Bis*.

Hier steht die Zahl der letzten, zu druckenden Seite. Soll nur eine bestimmte Seite gedruckt werden, muß der Eintrag in den Feldern *Von* und *Bis* die gleiche Seitenzahl enthalten.

Bei einem Testausdruck ist es in der Regel nicht erforderlich, alle Formatierungen mit auszugeben (es sei denn, man möchte das Format überprüfen). Hier soll in der Regel der Ausdruck sehr schnell erfolgen. Dazu läßt sich das Feld *Entwurf* markieren. In diesem Fall verwendet Excel die Standardschrift des Druckers, die eine etwas schlechtere Darstellungsqualität bietet.

Mit dem Feld *Prüfen* wird vor dem Ausdruck der Seitenansichts-Modus aufgerufen. Der endgültige Druck wird über die Schaltfläche *Drucken* in der Seitenansicht gestartet.

Die Druckausgabe

Speziell beim Drucken von Tabellen oder Makrovorlagen gibt es die Möglichkeit, nicht nur die Tabellen, sondern auch die Notizen auszudrucken, die Sie einem Dokument zugeordnet haben. Standardmäßig wird nur die Tabelle ausgedruckt. Durch Wahl der entsprechnden Option im Dialogfeld können Sie entweder nur die Notizen einer Tabelle drucken oder aber beides auf dem Drucker ausgeben.

10.6 Der Druck-Manager

Wenn Sie unter Excel schon einmal gedruckt haben, so haben Sie automatisch den Druck-Manager benutzt, ohne es vielleicht bemerkt zu haben. Der Druck-Manager läuft im Hintergrund, d.h. er schreibt die zu druckende Datei auf die Festplatte oder die Diskette und gibt sie von dort an das angewählte Ausgabegerät (Drucker oder Plotter) weiter. Das hat den Vorteil, daß Sie an Ihrem Computer weiterarbeiten können, während Ihre Datei gedruckt wird.

Das funktioniert nur, wenn Sie mit Hilfe der Systemsteuerung (Auswahl *Drucker*) das Kontrollkästchen für den Druck-Manager markiert haben. Dadurch erfolgt automatisch ein entsprechender Eintrag in der Datei:

Achtung

spooler=yes

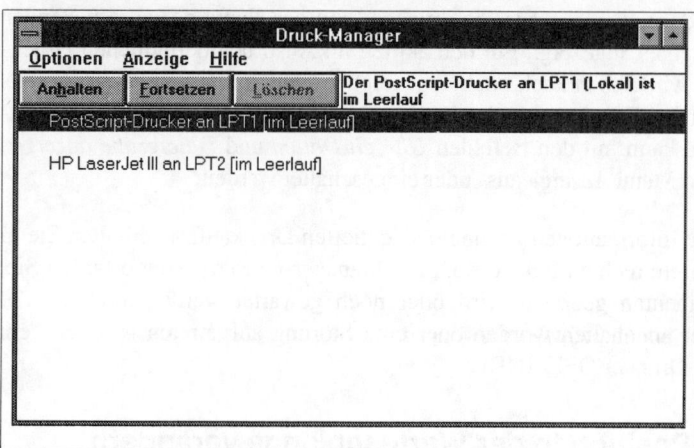

Abb. 128: Der Druck-Manager

Arbeiten Sie mit zwei Disketten-Laufwerken, so ist es sinnvoll, den Spooler nicht zu aktivieren, um Speicherplatz auf der Diskette zu sparen.

Die Druckausgabe

Im Extremfall reicht der Speicherplatz nicht mehr aus, um eine Datei mit Hilfe des Druck-Managers zu drucken. In diesem Fall sollten Sie den Druck-Manager durch Entfernen der Markierung im Kontrollkästchen des Druckermenüs in der Systemsteuerung deaktivieren

Rufen Sie den Spooler einmal auf, damit Sie die weiteren Möglichkeiten kennenlernen.

Alle installierten Drucker werden hier aufgeführt. Eine Meldung in der Informationszeile zeigt Ihnen den Status des jeweiligen Druckers an.

Erzeugung einer Drucker-Warteschlange

Sie können auch mehrere Dateien hintereinander drucken. Dazu markieren Sie die Dateien innerhalb des Datei-Managers in der Reihenfolge, in der sie gedruckt werden sollen, und wählen dann den Befehl *Drucken*. Daraufhin erzeugt der Druck-Manager eine Drucker-Warteschlange, deren Dateien der Reihe nach ausgedruckt werden.

Alle Dateien, die in eine Drucker-Warteschlange eingereiht und noch nicht vollständig ausgedruckt sind, werden in der Liste der Druckaufträge unterhalb der Druckerstatusmeldung aufgeführt. Innerhalb dieser Drucker-Warteschlange können Sie die Markierung mit den Richtungstasten ↑ und ↓ frei bewegen.

Der aktuell in Bearbeitung befindliche Druckauftrag wird durch ein kleines Druckersymbol gekennzeichnet. Zu jedem Druckauftrag werden das Druckdatum bzw. die Druckzeit, der Umfang der Druckdatei sowie die Anwendung, von der aus Sie drucken, und der Name des zu druckenden Dokumentes angezeigt. Für den aktuell im Ausdruck befindlichen Druckauftrag wird Ihnen auch noch angezeigt, zu wieviel Prozent dieser bereits erledigt ist. Die Anzeige der Druckzeit, des Druckdatums sowie der Dateigröße kann mit den Befehlen *Uhrzeit/Datum* und *Dateigröße anzeigen* aus dem Menü *Anzeige* aus- oder eingeschaltet werden.

Weitere Informationen zu einem selektierten Druckauftrag erhalten Sie in der oberen, rechten Ecke des Druck-Manager-Fensters. Hier erfahren Sie, ob momentan gedruckt wird oder noch gewartet werden muß, ob der Drucker angehalten worden oder eine Störung aufgetreten ist (z.B. kein Papier, Drucker OFFLINE).

Eine Position in der Warteschlange verändern

Reihenfolge der Druckaufträge verändern

Die in eine Warteschlange eingereihten Druckaufträge sind mit Ausnahme des in Bearbeitung befindlichen Druckauftrages mit fortlaufenden Positionsnummern versehen. An diesen Positionsnummern orientiert sich auch die Reihenfolge, in der diese Aufträge gedruckt werden. Um einen Druckauftrag innerhalb der Warteschlange nach vorne zu setzen, muß die

Die Druckausgabe

Reihenfolge der Druckaufträge verändert werden. Wenn Sie dazu die Maus benutzen möchten, klicken Sie den bevorzugten Druckauftrag an, halten Sie die Maustaste fest, und bewegen Sie diesen Eintrag an die gewünschte Position. Lassen Sie jetzt die Maustaste los. Sie sehen: Windows hat die Positionen der Druckaufträge vertauscht und auch die Positionsnummern geändert.

Mit der Tastatur muß der zu verschiebende Druckauftrag zuerst markiert werden und kann dann durch Drücken der Richtungstasten ↑ und ↓ in Verbindung mit der Ctrl-Taste an die gewünschte Position gesetzt werden.

Prioritäten für den Druck-Manager setzen

Sie können nun mit Hilfe des Menüs *Optionen* den Anteil der Rechenzeit bestimmen, die für die Bearbeitung der anstehenden Druckaufträge verwendet wird, wenn Sie parallel dazu noch mit anderen Anwendungen arbeiten. Dazu haben Sie im Menü *Optionen* drei Befehle zur Auswahl: *Niedrige Priorität*, *Mittlere Priorität* und *Hohe Priorität*.

Verteilung der Rechenzeiten

Zu interpretieren sind diese Einstellungen wie folgt: Der Befehl *Niedrige Priorität* weist den Anwendungsprogrammen einen höheren Anteil an der Rechenzeit zu als dem Druck-Manager. *Mittlere Priorität* bewirkt, daß die Anwendungsprogramme und der Druck-Manager zu jeweils gleichen Teilen Rechenleistung zur Verfügung gestellt bekommen. Der Befehl *Hohe Priorität* begünstigt den Druck-Manager, indem dieser den größten Teil der Rechenzeit zugeteilt bekommt.

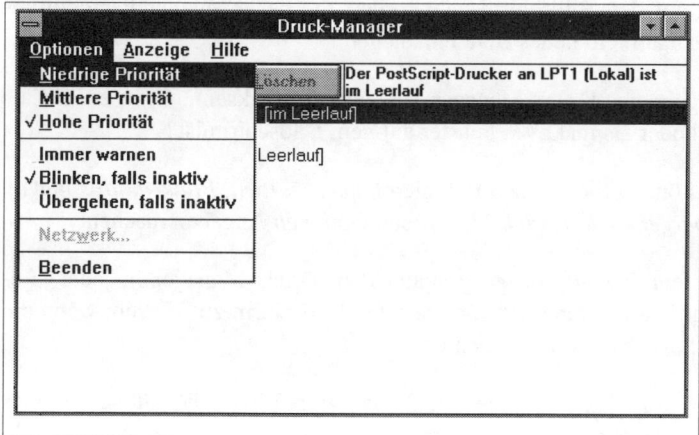

Abb. 129: Schneller oder langsamer?

Die Druckausgabe

Umgang mit Druckaufträgen

Druckauftrag anhalten

Unterhalb der Menüleiste des Druck-Managers befinden sich drei Schaltflächen, mit denen Sie die Bearbeitung des aktuellen Druckauftrages beeinflussen können. Um den gerade im Ausdruck befindlichen Druckauftrag anzuhalten, steht Ihnen die Schaltfläche *Anhalten* zur Verfügung. Nachdem Sie den Drucker, auf den Sie sich beziehen möchten, markiert und diese Schaltfläche betätigt haben, hält der Drucker an, und im Druck-Manager erscheint als Statusanzeige für den Drucker *Angehalten*.

Fortsetzen eines angehaltenen Druckauftrages

Wenn Sie sich entschieden haben, den Ausdruck des aktuellen Druckauftrages fortzusetzen, betätigen Sie die Schaltfläche *Fortsetzen*, was Windows dann auch durch die Statusanzeige "Druckend" quittiert.

Löschen eines Druckauftrages aus der Warteschlange

Wenn Sie beim Ausdruck eines Druckauftrages bemerken, daß Sie dieses Dokument gar nicht drucken wollten, können Sie diesen Druckauftrag auch gänzlich aus der Warteschlange entfernen, indem Sie ihn markieren und dann die Schaltfläche *Löschen* betätigen.

Druck-Manager als Symbol

Wurde der Druck-Manager zu einem Symbol verkleinert, so wird er nach Beendigung des Druckvorganges, also nach der Beendigung des letzten Druckauftrages der Drucker-Warteschlange, automatisch geschlossen.

Läuft der Druck-Manager jedoch in einem geöffneten Fenster, so bleibt er auch nach Vollendung des letzten Druckauftrages aktiv. Er verhält sich wie jede andere Windows-Anwendung auch, bringt im Fehlerfall Meldungen auf den Bildschirm oder fordert Sie bei manueller Papierzuführung dazu auf, ein neues Blatt einzulegen.

Wie macht der Druck-Manager auf sich aufmerksam, wenn er nur als Symbol oder als inaktives Fenster auf dem Bildschirm ist?

Hierzu können Sie mit den Befehlen *Immer warnen*, *Blinken, falls inaktiv* und *Übergehen, falls inaktiv* im Menü *Optionen* Angaben machen.

Der Befehl *Immer warnen* gestattet dem Druck-Manager in jeder "Lebenslage", sofort eine Meldung auf den Bildschirm zu bringen, wenn ein Eingriff durch Sie erforderlich ist.

Blinken, falls inaktiv legt fest, daß das Symbol bzw. die Titelleiste eines inaktiven Druck-Manager-Fensters blinkt und ein Warnton ertönen soll, wenn eine Situation auftritt, von der der Druck-Manager Sie informieren möchte.

Die Druckausgabe

Die dritte Anweisung *Übergehen, falls inaktiv* unterbindet jede Information seitens des Druck-Managers, wenn Störungen auftreten und er nur als Symbol oder als inaktives Fenster auf dem Bildschirm ist. In einem solchen Fall hält der Drucker an, und Sie erfahren den Grund erst, wenn Sie den Druck-Manager wieder aktivieren.

Drucken im Netzwerk

Wenn Ihr Rechner in ein Netzwerk eingegliedert ist, bietet der Druck-Manager noch eine Reihe weiterer Möglichkeiten. Sie können sich z.B. nicht nur die Warteschlange mit Ihren persönlichen Druckaufträgen ansehen, sondern auch erfahren, welche Druckaufträge andere Netzwerkbenutzer an diesen Drucker gesandt haben.

Es ist auch möglich, sich Warteschlangen für andere Drucker im Netzwerk, zu denen Sie keinen Anschluß haben, anzusehen. So können Sie sich zuerst darüber informieren, wie die einzelnen Drucker ausgelastet sind, bevor Sie sich für einen entscheiden.

Anzeige aller Druckaufträge an einen angeschlossenen Drucker

Über den Befehl *Ausgewählte Netzwerk-Warteschlange* im Menü *Anzeige* sehen Sie eine Liste der aktuellen Druckaufträge aller Benutzer des Netzwerks, die an den zuvor von Ihnen markierten Drucker gehen. Durch Betätigung der Schaltfläche *Schließen* verlassen Sie das Dialogfeld für die Netzwerk-Warteschlange wieder.

Um die Druckaufträge zu sehen, die sich an einen anderen Drucker im Netzwerk richten, an den Sie keinen Anschluß haben, wählen Sie den Befehl *Andere Netzwerk-Warteschlangen* aus dem Menü *Anzeige*. Im jetzt erscheinenden Dialogfeld müssen nun noch der den Konventionen Ihrer Netzwerksoftware folgende Pfadname für den Drucker angegeben und die Schaltfläche *Anzeigen* betätigt werden. Auch dieses Dialogfeld verlassen Sie mit der Schaltfläche *Schließen*.

Anzeige aller Druckaufträge an einen nicht angeschlossenen Drucker

In Abhängigkeit von der Netzwerk-Software wird der Status der Netzwerk-Warteschlange automatisch in bestimmten Zeitabständen aktualisiert. Je nach verwendeter Netzwerk-Software kann es durchaus sinnvoll sein, diesen Status "von Hand" zu aktualisieren, indem Sie den Befehl *Netzwerk-Warteschlangen aktualisieren* aus dem Menü *Anzeige* wählen.

Aktualisierung des Netzwerk-Warteschlangenstatus

Da die Aktualisierung der Netzwerk-Warteschlangen eine Last für das Netzwerk darstellt, ist zur Berücksichtigung kritischer Situationen auch die Möglichkeit gegeben, die Aktualisierung der Netzwerk-Warteschlangen zu unterdrücken.

Um diese Einstellung vorzunehmen, bietet Ihnen der Druck-Manager den Befehl *Netzwerk-Optionen* im Menü *Optionen*. Im Dialogfeld zu diesem

Die Druckausgabe

Befehl finden Sie zwei Optionsfelder. Das obere der beiden dient zum Ein- und Auschalten der oben beschriebenen automatischen Aktualisierung der Netzwerk-Warteschlangen. Ist diese Option eingeschaltet, so werden alle Warteschlangen wie lokale Warteschlangen behandelt.

Druck-Manager umgehen

Mit der zweiten Option kann der Druck-Manager umgangen werden, um z.B. beim Ausdruck eines sehr großen Druckauftrages Zeit zu sparen. Wenn diese Option eingeschaltet ist, findet keine Zwischenspeicherung des Druckauftrages auf der Festplatte statt, sondern der Druckauftrag wird direkt auf dem genannten Drucker ausgegeben.

Verhalten bei Fehlermeldungen

Druck-Manager, Fehlermeldung Oftmals kommt es vor, daß Sie nach Aktivierung des Druck-Managers eine Fehlermeldung auf dem Bildschirm erhalten. Sie besagt, daß der Drucker nicht bereit ist, bzw. an der entsprechenden Schnittstelle nicht gedruckt werden kann. Dies kann mehrere Ursachen haben:

Häufige Fehler beim Drucken

- Papier ist nicht eingelegt
- Kabel hat sich gelöst
- Drucker steht auf Offline
- Papierstau
- Druckereigener Spooler belegt

Wenn Sie mechanische Fehler feststellen, müssen Sie diese Beheben. Stellen Sie rein optisch keinerlei Fehler fest, reicht es in den meisten Fällen, den Drucker auszuschalten, einige Sekunden zu warten, um dann erneut einzuschalten. In diesem Fall wird der druckerinterne Spooler gelöscht und der Drucker wieder in den Bereitschafts-Modus versetzt.

Mit dem Drucken "Fortfahren"

In jedem Fall müssen Sie nach Behebung des Fehlers, die Fehlermeldung auf dem Bildschirm mit `Return` quittieren und den Druck-Manager in den Vordergrund holen. Hier sehen Sie anhand des prozentualen Anteils, wieweit der Druckvorgang bereit abgearbeitet wurde. Mit der Schaltfläche *Fortfahren* können Sie den Druckvorgang erneut aktivieren. Wenn auch das nichts hilft, sollten Sie sowohl den Drucker, als auch den Computer ausschalten und einige Sekunden warten. Schalten Sie nun zuerst den Drucker ein und warten, bis die Aufwärmphase vorbei ist. Wenn Sie jetzt den Computer einschalten, wird im Zuge des automatischen Hardwaretestes ein Signal an die Drucker-Schnittstelle gesendet und so der Drukker aktiviert. Rufen Sie Windows auf und versuchen, daß Dokument neu zu drucken.

Kapitel 11

11.	Diagramme mit Excel erstellen	353
	11.1 Welches Diagramm für welche Aussagen?	353
	Die Diagrammtypen	355
	Säulen- und Balkendiagramme	355
	Flächendiagramme	357
	Kreisdiagramme	357
	XY-Diagramme	358
	Verbunddiagramme	358
	3D-Diagramme	358
	11.2 Formen der Diagrammgestaltung	359
	Linearer und logarithmischer Maßstab	365
	11.3 Erstellen eines Diagramms	368
	Von der Tabelle zum Diagramm	368
	Das Standard-Diagramm	369
	Die Menüleiste im Diagramm-Modus	370
	Diagrammtypen und Musteranzahl	371
	Definieren der Datenreihen durch Mehrfachauswahl	374
	Anordnung der Diagrammfenster	376
	Kreisdiagramme	377
	Punktdiagramme	377
	Verbunddiagramme	378
	Ändern der Datenreihenformel	379
	Änderung der Datenreihe	380
	11.4 Ändern der Vorzugsform	381
	Festlegen einer eigenen Vorzugsform	381
	11.5 Werte ändern und zusätzliche Werte hinzufügen	383
	Zusätzliche Spalten durch Mehrfachauswahl	387
	11.6 Formatierung der Diagrammelemente	388
	Das Format-Menü	389
	Kombination von Formatierungen	389
	Das "gestapelte" bzw. "überlappte" Diagramm	391
	Säulen verdeckt hintereinanderstellen	393
	Änderung der Spannweiten	394
	Formatierungen beim Kreis- und Flächendiagramm	395

Diagramme mit Excel erstellen

	Verbunddiagramme	396
	Perspektiven bei dreidimensionalen Diagrammen ändern	397
	Betrachterposition ändern	398
	Änderungen im Diagramm nachvollziehen	399
11.7	Gestaltung des Diagramms	399
	Das Menü Diagramm	400
	Auswahl der Diagrammelemente	399
	Einteilung der Achsen	402
	Verwendung von Gitternetzlinien	403
	Größen- und Rubrikenachsen	404
	Anordnung der Achsenbeschriftung	407
11.8	Legende und Texte einfügen	407
	Zuordnen von Texten	409
	Textformatierung im Diagramm	410
	Zeilenumbruch im Text verwenden	411
	Säulenbeschriftung ändern	411
	Texte löschen	412
	Frei positionierbare Texte im Diagramm	413
	Hinweispfeile einfügen	414
	Farben mit der Farbpalette definieren	415
11.9	Bilder als Diagrammelemente verwenden	416

11. Diagramme mit Excel erstellen

Viele Menschen - soweit sie nicht gerade Mathematiker sind oder täglich mit Zahlen umgehen - können mit Zahlenreihen und -tabellen nur wenig anfangen; sie sind ihnen zu abstrakt. Ganz anders ist es, wenn die Zahlen aus einer Tabelle grafisch wiedergegeben werden. Die grafische Darstellung von Zahlen aus einer Tabelle nennt man Diagramm. Der Vorteil von Diagrammen: Mit einem Blick kann auch ein mathematischer Laie das Wesentliche erfassen und eine Entwicklung, einen Trend oder eine Struktur erkennen.

11.1 Welches Diagramm für welche Aussagen?

Bei Excel verfügen Sie über einen besonders komfortablen Grafikteil, mit dem sogenannte Business-Grafiken aus Zahlenkolonnen (oder, wie es in Excel heißt, Datenreihen) abgeleitet werden können. Eine Datenreihe steht im allgemeinen in der Spalte einer Tabelle. Was die Zahlen dieser Spalte bedeuten, lesen Sie in der Tabelle meist oberhalb der Datenreihe, und diese Überschrift heißt bei Excel Rubrik. Die Rubrik ist in der Regel ein Text, sie kann jedoch auch eine Zahl sein. Eine Datenreihe besteht grundsätzlich immer aus Zahlen, andernfalls kann man aus ihnen keine Diagramme ableiten. Eine Datenreihe kann auch zeitweise angeordnet sein. Dann finden Sie die Bedeutung dieser Datenzeile, d.h. die Rubrik, üblicherweise im äußersten linken Feld der Zeile.

Excel 3 ist in der Lage, Diagramme als eigenständiges Dokument oder aber auch als Teil der Tabelle darzustellen. Im letzteren Fall können sowohl die Tabelle als auch die zugehörige Grafik auf der gleichen Seite gedruckt werden. Eine direkt mit der Tabelle verbundene Grafik wird über das Formatierungslineal erstellt. Das Verfahren ist in Kapitel 8 ausführlich beschrieben worden. Wenn grundlegende Änderungen im Diagramm vorgenommen werden müssen, erstellen Sie aus dem Tabellendiagramm ein separates Dokument und verwenden die Formatierungsmöglichkeiten, wie sie in diesem Kapitel beschrieben werden.

Diagramm als Teil der Tabelle

Diagramme mit Excel erstellen

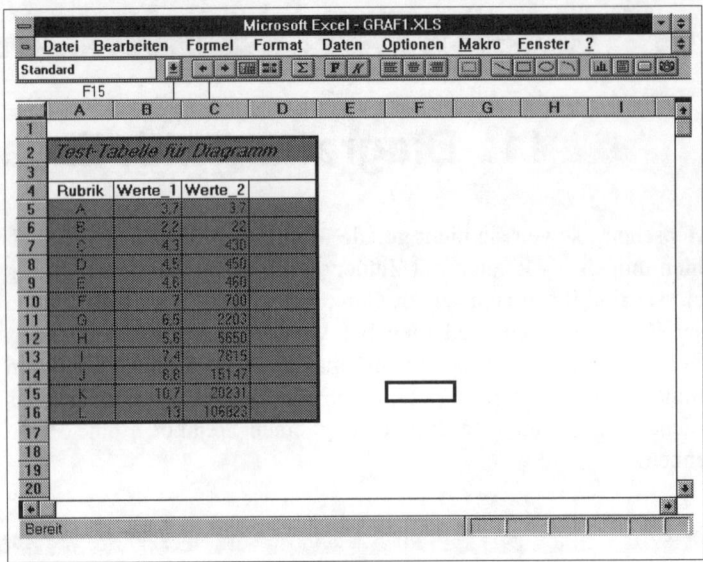

Abb 130: Eine einfache Beispieltabelle zur Grafikerstellung

Abb. 130 zeigt eine einfache Tabelle, die aus der Textspalte A und zwei Datenreihen in den Spalten B und C besteht. Die Überschrift in der Textspalte A lautet "Rubrik". Die Spalten B und C sind mit "Werte_1" und "Werte_2" überschrieben. Stellen Sie sich anstelle der Großbuchstaben in der Rubrikenspalte A beliebige Bezeichnungen vor, z.B. die Monate von Januar bis Dezember. In Spalte B stehen dann die zu jedem Monat (des vergangenen Jahres) gehörenden Werte für den Umsatz oder die Werte für die Ausgaben oder die Zahlen für die Produktionsmengen usw.

Die Datenreihe in Spalte C zeichnet sich durch einen sehr großen Wertebereich zwischen 0 und über 100.000 aus. Hierbei könnte es sich z.B. um eine Bakterienkultur handeln, die zu Anfang der Beobachtungsperiode im Januar über nur wenige Lebewesen verfügt, deren Zahl denn aber innerhalb von wenigen Monaten außerordentlich stark zunimmt; diese Art dieses Wachstums bezeichnet man auch als exponentiell oder progressiv. Für diese und viele andere Sachverhalte, die zahlenmäßig als Datenreihen in Tabellen dargestellt werden können, bietet Excel eine sehr große Anzahl von Möglichkeiten zur grafischen Darstellung in Form von Diagrammen.

Die Diagrammtypen

Excel stellt sieben zweidimensionale und vier dreidimensionale Diagrammtypen zur Verfügung:

- Säulendiagramme
- Balkendiagramme
- Flächendiagramme
- Kreisdiagramme
- Liniendiagramme
- Punktdiagramme
- Verbunddiagramme
- 3D-Flächendiagramme
- 3D-Säulendiagramme
- 3D-Liniendiagramme
- 3D-Kreisdiagramme

Da jeder Anfangsbuchstabe in der vorstehenden Liste der Diagrammtypen erfreulicherweise nur einmal vorkommt, können Sie später im Menü *Muster* durch [Alt] und diesen Anfangsbuchstaben den Diagrammtyp und seine Variationsmöglichkeiten, die sogenannten Muster, mit wenigen Tastenanschlägen auswählen und von Variante zu Variante springen.

Aktivierung der Menüs

Säulen- und Balkendiagramme

Das Säulendiagramm ist die Vorzugsform der Umwandlung von Datenreihen in ein Diagramm. Vorzugsform heißt, daß Excel diesen Diagrammtyp automatisch wählt, wenn Sie keinen anderen Diagrammtyp bestimmen. In einem Säulendiagramm wird jeder Zahlenwert einer Tabelle, z.B. der monatliche Umsatz eines Einzelhandelsgeschäftes, durch die Höhe einer (senkrechten) Säule grafisch dargestellt. Auch wer im Umgang mit Zahlen ungeübt ist, kann so leicht den Trend der Umsatzentwicklung von Monat zu Monat erkennen.

Vorzugsform

Wenn das Säulendiagramm die grundlegende grafische Umsetzung einer Datenreihe ist, so gilt das auch für das Balkendiagramm. Ein Balkendiagramm unterscheidet sich von einem Säulendiagramm lediglich dadurch, daß seine Säulen in die Waagerechte gedreht sind und dann eben Balken statt Säulen genannt werden.

Diagramme mit Excel erstellen

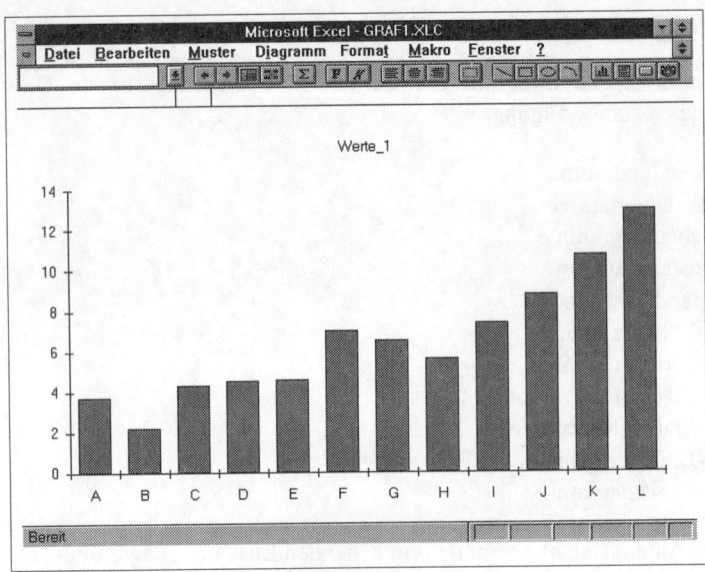

Abb. 131: Die standardmäßige Diagrammform

Abb. 131 ist die grafische Umwandlung der Spalten A und B aus der Tabelle in Abb. 130. Der Vergleich von Tabellen und Diagrammen läßt die Zusammenhänge unschwer erkennen.

Jeder einzelne Wert der Spalte B wird durch eine Säule entsprechender Länge wiedergegeben. Um welche Zeile (gekennzeichnet durch den jeweiligen Buchstaben in Spalte A) es sich handelt, ist unterhalb der betreffenden Säule ersichtlich. Das ganze Diagramm trägt als Überschrift die Bezeichnung der Spalte B, nämlich "Werte_1". Der Höchstwert in Spalte B beläuft sich auf 13 und steht im Feld B16.

Automatische Anpassung der Größenachse

Als Maßstab zum bequemen Ablesen der Höhen der Säulen hat Excel am linken Rand eine Größenachse (Ordinate) vorgesehen und dem Wertebereich in Spalte B automatisch angepaßt. Wenn Sie z.B. den größten Wert in B16 von 13 in 23 ändern (vgl. Abb. 130), bei der gleichen Gelegenheit außerdem die Rubrik C in XYZ umbenennen und danach erneut das Diagrammfenster aktivieren, so erkennen Sie, daß der neue Maßstab nun von 0 bis 25 reicht und damit den neuen Maximalwert der Datenreihe, nämlich 23, berücksichtigt. Wenn Sie nun weiter experimentieren und bei der Feldauswahl die Rubrik L nicht mit einbeziehen, so genügt 12 als Höchstwert auf der Größenachse, um dem in Spalte B verbliebenen Wertebereich Rechnung zu tragen.

Diagramme mit Excel erstellen

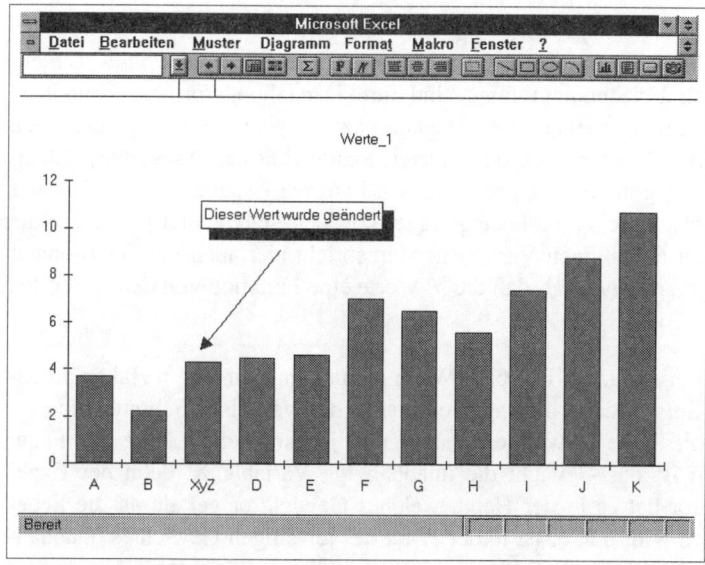

Abb. 132: Änderungen in der Tabelle bewirken eine Anpassung des Diagramms

Flächendiagramme

Bei einem Flächendiagramm verschmelzen die Säulen, die im Säulendiagramm durch einen Zwischenraum voneinander getrennt sind, zu einer einzigen Fläche; die Höhen der oberen Begrenzung der Fläche entsprechen natürlich den Höhen der Säulen.

Kreisdiagramme

Ein Kreisdiagramm oder, wie man es manchmal auch nennt, Tortendiagramm bezieht sich immer nur auf eine einzige Datenreihe. Wenn Sie mehr als eine Datenreihe (Spalte) ausgewählt haben, wandelt Excel nur die erste (linke) Datenreihe in ein Kreisdiagramm um. Die Gesamtfläche des Kreises entspricht der Summe der Einzelwerte dieser Datenreihe. Sie brauchen die Summe der Datenreihe nicht selbst in einem Feld durch die Summenformel zu ermitteln: Wenn Sie den Diagrammtyp Kreisdiagramm gewählt haben, bestimmt Excel diese Summe automatisch und setzt sie gleich 100 %. Der prozentuale Anteil eines Kreisabschnitts, also eines Wertes der Datenreihe, ist so leicht zu erkennen und abzuschätzen - sei es als Fläche oder als Anteil am Gesamtumfang.

Diagramme mit Excel erstellen

XY-Diagramme

Schließlich gibt es noch die sogenannten XY-Diagramme. Punkt-, Linien- und auch Flächendiagramme sind ihre Darstellungsformen. Grundlage sind zwei (oder mehr) Tabellenspalten bzw. -zeilen, von denen die einen (mit den Y-Werten) von der anderen Spalte (mit den X-Werten) abhängen. In der grafischen Darstellung wird auf der (waagerechten) X-Achse die unabhängige Variable eingetragen, auf der (senkrechten) Y-Achse die Werte der abhängigen Variablen. Man spricht hier auch von funktionaler Abhängigkeit und sagt, daß die Y-Werte eine Funktion von den X-Werten sind.

Beispiel

Hierzu ein einfaches Beispiel: Wenn man an eine an einem Haken aufgehängte Spiralfeder - die Ingenieure sprechen von einer Schraubenfeder - unterschiedliche Gewichte anhängt und jedesmal die Länge der Feder mißt, so ist das Gewicht die unabhängige Variable X, denn der Experimentator hat es in der Hand, welches Gewicht er gerade an die Feder anhängen will, d.h. er ist in der Wahl des jeweiligen Gewichtes unabhängig. Da die Längung der Feder vom angehängten Gewicht abhängt - mit steigendem Gewicht steigt die Federlänge - ist die Federlänge also die abhängige Variable Y. Anstelle von X-Achse lesen Sie häufig auch Abszisse (in Excel "Rubrikenachse"), statt Y-Achse dann Ordinate (in Excel "Größenachse"); die Bedeutung der jeweiligen Begriffspaare ist absolut identisch.

Verbunddiagramme

Verbunddiagramme zeigen zusammengehörige Daten, die in unterschiedlichen Einheiten gemessen werden.

3D-Diagramme

Im Fall der dreidimensionalen Diagramme erfolgt zunächst einmal eine perspektivische Darstellung des entsprechenden Diagrammtyps. Die Perspektive, also der Blickwinkel des Betrachters, kann individuell eingestellt werden, um eine optimale Darstellung zu erhalten. Des weiteren kann dem Diagramm eine Z-Achse zugeordnet werden. Erst die Z-Achse bewirkt die richtige Dreimensionalität im Raum. 3D-Diagramme stehen für Säulen, Flächen, Kreise und Linien zur Verfügung.

Für alle elf Diagrammtypen können Sie im Menü *Muster* unter insgesamt 68 Standardformaten auswählen. Wenn Ihnen das im Einzelfall nicht genügt, können Sie die Standardformate Ihren Belangen anpassen.

Diagramme mit Excel erstellen

11.2 Formen der Diagrammgestaltung

Wie Sie oben bereits in den Abbildungen gesehen haben, besteht ein besonderer Vorteil eines grafischen Programms wie Excel darin, daß eine Tabelle mit einem Diagramm dynamisch verknüpft ist. Dynamisch bedeutet: Wenn Sie eine Zahl in der Tabelle verändern, sehen Sie im Grafikfenster sofort die Auswirkung dieser Änderung; überdies können Sie sich zwei oder mehrere Tabellen- und Diagrammfenster gleichzeitig auf dem Bildschirm anzeigen lassen.

Denken Sie bei der Gestaltung von Diagrammen immer daran, daß der Betrachter nicht über Ihre eigene, detaillierte Kenntnis des Tabelleninhalts und der Tabellenstruktur verfügt, die Sie deshalb besitzen, weil Sie die Tabelle selbst von Grund auf entwickelt haben. Ziel eines Diagramms ist es in den meisten Fällen, den Tabelleninhalt über die "Verpackung", eben das Diagramm, "verkaufen" zu helfen.

Überlegungen zur Gestaltung

Einige Diagramme werden wir Ihnen im folgenden vorführen und beschreiben. Sie beziehen sich auf die Datenreihen der Tabelle in Abb. 130 (GRAF1.XLS auf der Übungsdiskette). Die Diagramme sind schon ein wenig formatiert, so daß Sie einen Überblick über die zur Verfügung stehenden Möglichkeiten erhalten. Im folgenden Abschnitt erhalten Sie dann eine Anleitung, damit Sie alle Möglichkeiten durchprobieren können. Das sollten Sie auch sorgfältig und vollständig tun, um die nötigen Fertigkeiten zum gezielten Einsatz von Diagrammen zu erwerben. Den nächsten Diagrammen liegt die Auswahl A4:B16 aus der Tabelle GRAF1.XLS zugrunde; die beiden anschließenden Diagramme benutzen eine sogenannte Mehrfachauswahl, bei der der Bereich A4:A16 mit dem Bereich C4:C16 verknüpft wird.

Verschiedene Beispiele

Das erste Diagramm (vgl. Abb. 131), das Ihnen bereits als die Standard-Vorzugsform vom Typ Säulendiagramm bekannt ist, bilden wir hier nicht erneut ab, aber vielleicht werfen Sie noch einmal einen Blick darauf: Es handelt sich um Muster Nr. 1. Die Säulen sind schwarz angelegt. Jede Säule läßt sich durch den Text unterhalb der Rubrikenachse (Abszisse) leicht identifizieren. Unter den Großbuchstaben von A bis L könnten Sie sich die monatlichen oder seit Jahresanfang kumulierten Umsätze eines Unternehmens oder die auf einen einzelnen Monat bezogenen Umsätze der unterschiedlichen Verkaufsgebiete A bis L vorstellen. Die Größenachse wurde so beziffert, daß sie den Wertebereich der Auswahl in Spalte B abdeckt.

Ein Säulendiagramm

359

Diagramme mit Excel erstellen

Musterauswahl Die von uns getroffene Musterauswahl - in diesem Fall schwarze Säulen (bei Verwendung eines Farbmonitors sind sie in der Regel rot) soll zunächst noch so belassen werden. Sie werden bald die Möglichkeiten kennenlernen, selbst eine Auswahl unter den verfügbaren Mustern (es sind insgesamt 68) nach Ihrem eigenen Geschmack zu treffen. Beachten Sie bitte auch, daß sämtliche typischen Diagramme, die wir Ihnen in der Folge vorstellen, von einer einzigen Tabelle, nämlich GRAF1.XLS, abgeleitet werden, das erste unter dem Dateinamen GRAF1.XLC. Ungeachtet des identischen Dateinamens GRAF1 erkennt Excel an der Erweiterung, daß es sich bei .XLS um eine Tabelle und bei .XLC um ein Diagramm handelt.

Das folgende Säulendiagramm GRAF2.XLC, Abb. 133, entspricht GRAF1.XLC, verwendet aber Nr. 2, durch das die Säulen unterschiedlich schraffiert (gemustert) werden. Schraffuren sind eigentlich immer sinnvoll, da man in der Regel nur einen Schwarz-Weiß-Drucker zur Verfügung hat.

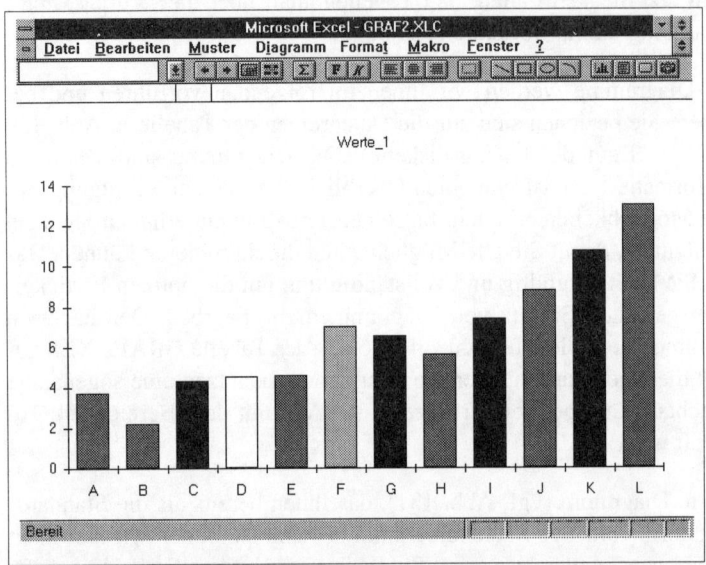

Abb. 133: Wenn Farbe nicht zur Verfügung steht, verwendet man Schraffuren

Für das Diagramm in Abb. 134 wurde Muster Nr.6 gewählt. Es fügt dem Diagramm waagerechte Lienen hinzu, die die Größenunterschiede der Säulen deutlicher hervortreten lassen.

Diagramme mit Excel erstellen

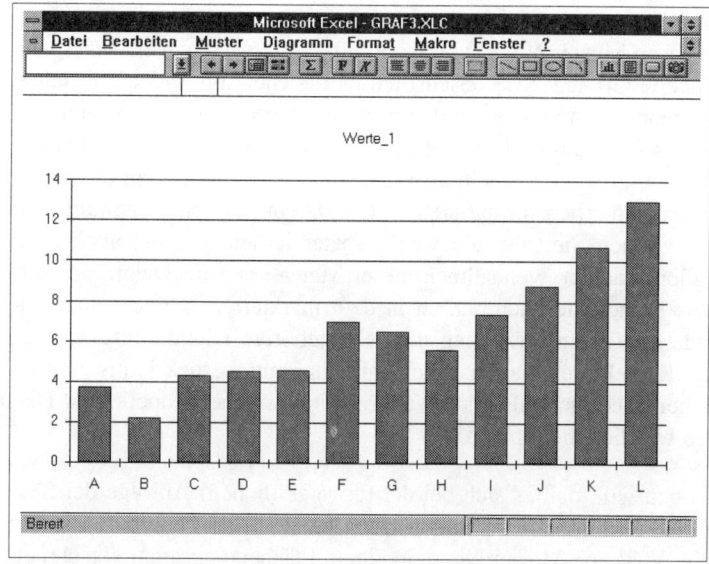

Abb. 134: Netzlinien erleichtern das Ablesen der Werte

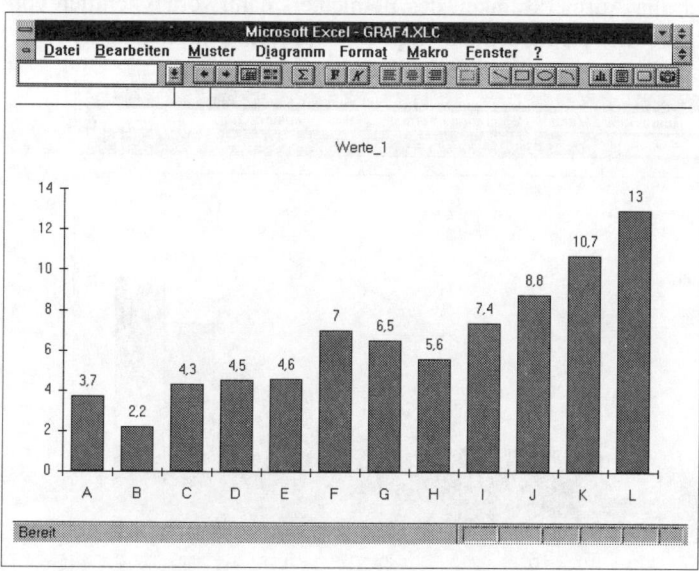

Abb. 135: Wertebezeichnungen der Säulen bieten exakte Information

Diagramme mit Excel erstellen

Linien oder Werte zur besseren Lesbarkeit

Wen diese horizontalen Linien stören, der kann es noch bequemer haben, wenn er durch Muster Nr. 7 jede Säule mit dem exakten Wert aus Spalte B der Tabelle GRAF1.XLS beschriften läßt (siehe Abb. 135). Wie schon die Rubrikenbezeichnungen werden auch die Werte in genau der gleichen Form in das Diagramm übernommen, wie sie in der Tabelle erscheinen, glatte Zahlen, also ohne Dezimalen. Gegebenenfalls wird man die Werte in Spalte B einheitlich formatieren wollen, bevor man ein Diagramm anlegt. Das können Sie, wie Sie wenig später lernen werden, auch noch nachträglich machen, wenn Ihnen dieser Mangel erst im Diagramm auffällt: Was immer Sie nachträglich in dem markierten Bereich einer Tabelle ändern, wird unverzüglich in das zugehörige Diagramm übernommen, d.h. Korrekturen werden sofort im Diagramm berücksichtigt. Einfacher als bei Excel geht also das Wechselspiel zwischen Tabelle und Diagrammen wirklich nicht mehr.

"Verschmolzene" Säulen

Wer betonen will, daß es sich bei der (etwa zeitlichen) Abfolge der Säulen um eine kontinuierliche Entwicklung handelt, der könnte die Säulen durch die Wahl von Muster Nr. 8 zu einem Flächendiagramm verschmelzen lassen (siehe Abb. 136). Weil die weißen Zwischenräume zwischen den schwarzen oder gemusterten Säulen optisch nicht mehr ablenken, wird sich die Aufmerksamkeit des Betrachters dann voraussichtlich vornehmlich auf die verbleibenden "Gipfel" der oberen Begrenzung richten.

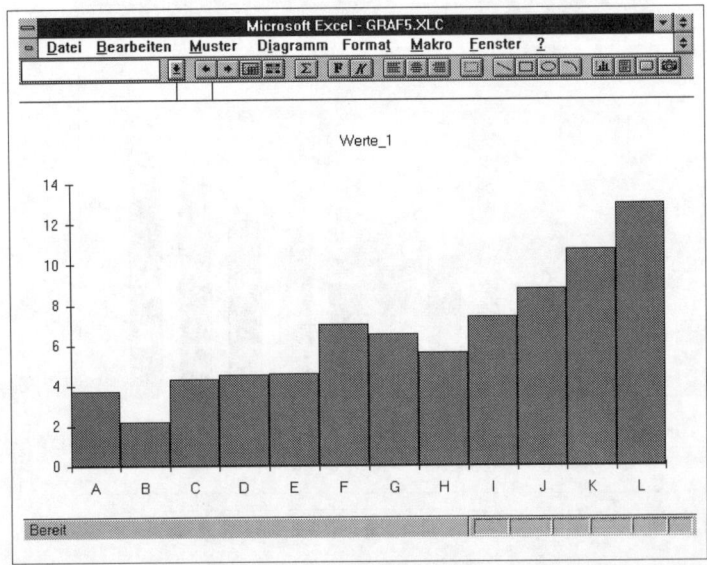

Abb. 136: Ohne Zwischenraum werden die Höhen hervorgehoben

Diagramme mit Excel erstellen

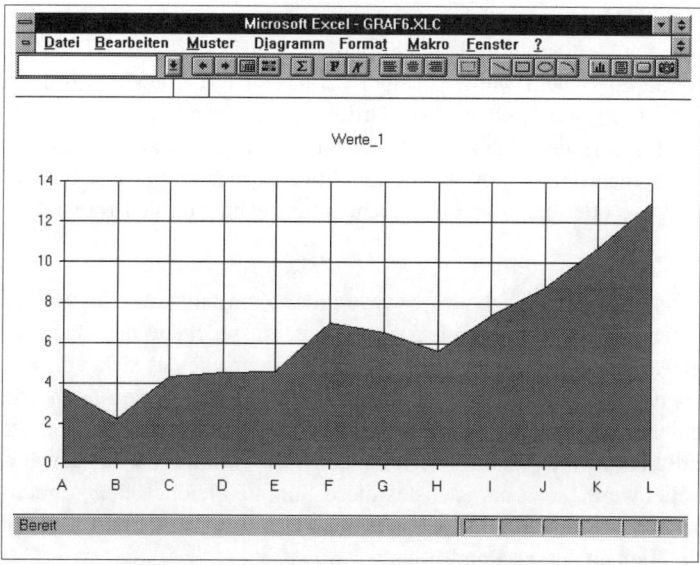

Abb. 137: Flächendiagramme verdeutlichen die "Spitzen"

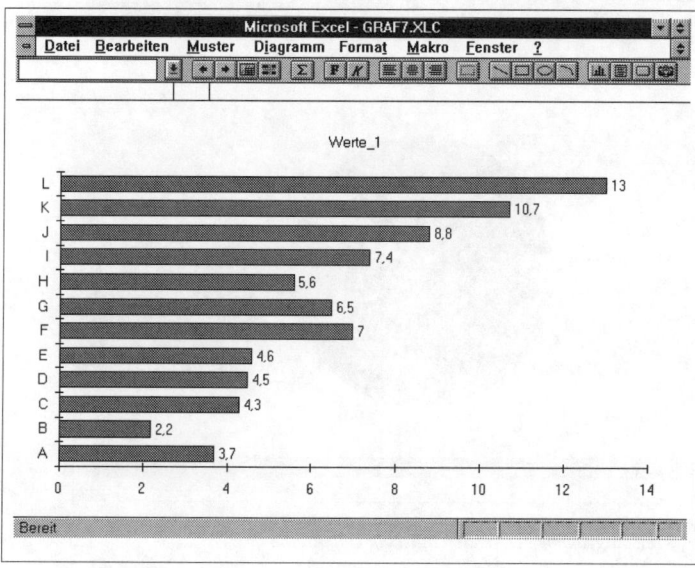

Abb. 138: Aus Säulen werden Balken durch Musterwechsel

Ein echtes Flächendiagramm findet sich in Abb. 137, es wurde unter Verwendung von Muster Nr. 4 mit einem Gitternetz versehen.

Flächendiagramm

Diagramme mit Excel erstellen

Balkendiagramm   Die nächste Abbildung zeigt ein Balkendiagramm; es unterscheidet sich von einem Säulendiagramm dadurch, daß die Säulen durch eine Drehung um 90 Grad zu Balken werden. Dabei vertauscht Excel auch Rubrikenachse (Abszisse) und Größenachse (Ordinate) miteinander: Die Bezeichnungen A bis L finden sich jetzt auf der Größenachse, und die Werte der Balken zwischen 0 und 2000 kann man entweder näherungsweise auf der Rubrikenachse oder exakt an der Beschriftung rechts von den Balken ablesen.

Kreisdiagramm   Das Kreisdiagramm in Abb. 139 wurde unter Zuhilfenahme von Muster Nr. 6 generiert. Der Kreis ist in 12 Segmente, entsprechend den Buchstaben von A bis L, gegliedert; jedes Segment unterscheidet sich von den beiden benachbarten - und angesichts von nur 12 Segmenten auch von allen anderen - durch eine eigene Schraffierung (Musterung). Bei der Umwandlung ermittelt Excel intern zunächst die Summe der ausgewählten Tabellenwerte, setzt als nächstes diese Summe gleich 100 %, errechnet dann den prozentualen Anteil jedes einzelnen Segments und schreibt ihn schließlich an dessen Rand.

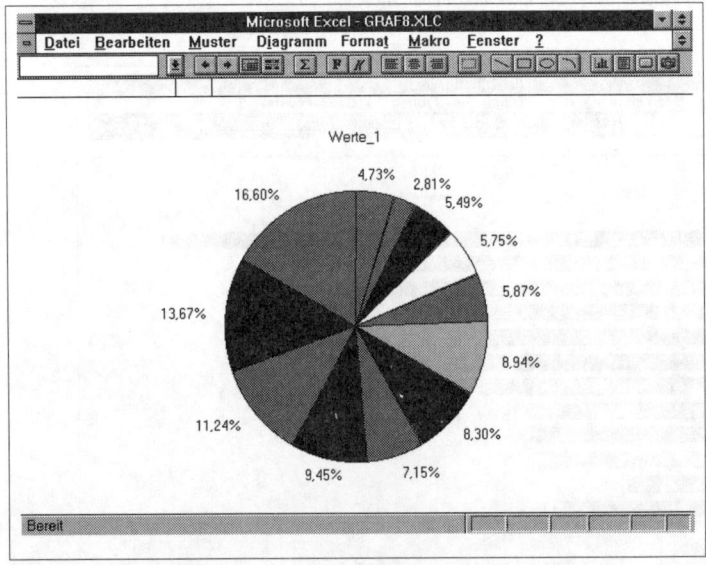

Abb. 139: *Kreisdiagramme verwenden nur eine Datenreihe*

Punktdiagramm   Häufig begnügt man sich anstelle von Säulen, die auf der Rubrikenachse beginnen, oder Balken, die von der Größenachse ausgehen, lediglich mit der grafischen Darstellung der Endpunkte. Die nächste Abbildung zeigt ein solches Punktdiagramm. Die Endpunkte der Säulen werden durch kleine Quadrate markiert, und das als Muster Nr. 3 gewählte Gitternetz erleichtert das Ablesen von Rubrikenachse und Größenachse.

Diagramme mit Excel erstellen

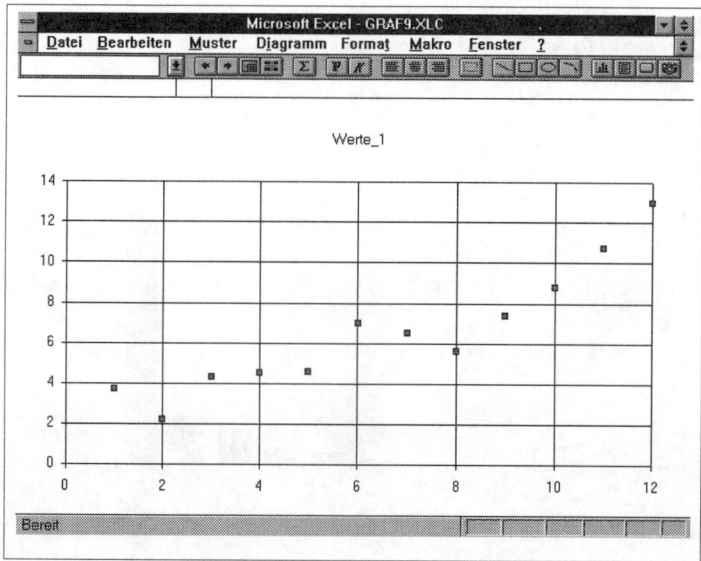

Abb. 140: Punkte bringen die Werte "auf den Punkt"

Mit den vorgestellten Diagrammen haben Sie Werteskalen (von 0 bis 25) kennengelernt, die man als lineare Skalen bezeichnet. Sie sind dadurch gekennzeichnet, daß der Abstand z.B. von 0 bis 2 genauso groß ist wie der von 14 bis 16.

Linearer und logarithmischer Maßstab

Wenn sich die Tabellenwerte jedoch über sehr große Bereiche erstrecken, z.B. von 0 bis über 100.000, sind Diagramme mit linearen Skalen meist ungeeignet - die Werte lassen sich dann kaum noch darstellen. Das möchten wir Ihnen an einem Beispiel vorführen, das sich auf die Bereiche A4:A16 und C4:C16 in der Tabelle GRAF1.XLS, bezieht. Dort befinden sich Werte von 3,7 bis 100000 (vgl. Abb. 130).

Sehen die sich dazu das Säulendiagramm nach Muster Nr. 1 an (Abb. 141). Die Werte der Felder A und B überhaupt nicht zu erkennen, und einige anschließende Säulen sind so niedrig, daß sie zwar das Vorhandensein einer Zahl andeuten, die Zahl aber kaum in der richtigen Größenordnung abzulesen ist. In einem solchen Fall ist ein logarithmisches Netz geeigneter. Bitte betrachten Sie dazu das folgende Liniendiagramm (Abb. 142). Infolge der Wahl von Muster Nr. 5 ist die Größenachse nicht mehr linear, sondern in logarithmischem Maßstab geteilt. Das geschieht ganz einfach so, daß man auf der Größenachse statt des linearen Abstandes von der Rubrikenachse den Logarithmus des Abstandes aufträgt.

Diagramme mit Excel erstellen

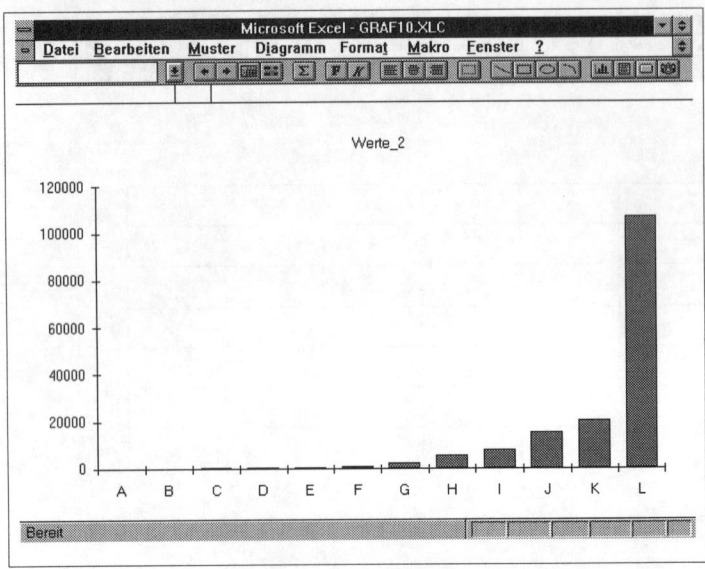

Abb. 141: Lineare Werteskalen sind in diesem Fall unleserlich

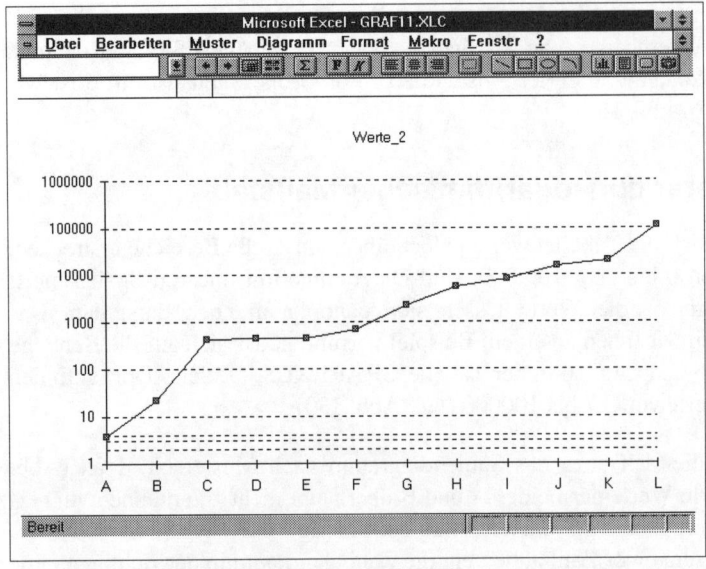

Abb. 142: Logarithmische Skalen verschaffen Klarheit

Die logarithmische Skala Damit wird die Strecke zwischen 1 und 10 gleich lang wie die zwischen 10 und 100, zwischen 100 und 1.000 usw., und man kann sehr große Wertespannen ablesbar in einem Diagramm unterbringen, ohne in Platzschwierigkeiten zu geraten. Die Zahlenbereiche z.B. zwischen 1 und 10,

Diagramme mit Excel erstellen

10.000 und 100.000 usw. umfassen je eine Zehnerpotenz. An das Ablesen von Zwischenwerten von einer logarithmischen Skala müssen Sie sich möglicherweise erst etwas gewöhnen. Zwar sind die Abstände von Zehnerpotenz zu Zehnerpotenz auf der Größenachse gleich; Sie erkennen jedoch beispielsweise, daß die Werte zwischen 10 und etwa 30 die gleiche Strecke auf der Größenachse beanspruchen wie die Werte zwischen 30 und 100. Bei einiger Übung lernen Sie jedoch schnell, logarithmische Skalen zu "lesen". Denken Sie im übrigen auch an den Sinn von Diagrammen: Sie sollen nicht unbedingt ein genaues Ablesen von Werten ermöglichen (dazu sind die Zahlentabellen mit ihrem Dezimalen da), sondern sie sollen die zugrundeliegenden Zahlen übersichtlich darstellen.

Bei unserer Grafik in Abb. 142 handelt es sich um ein einfach logarithmisches Netz, denn nur eine der beiden Achsen, in unserem Fall nur die Größenachse, ist logarithmisch geteilt, die Skalierung der Rubrikenachse bleibt nach wie vor linear. Wenn man sowohl die Rubrikenachse als auch die Größenachse logarithmisch teilt, spricht man von einem doppelt logarithmischen Netz. Logarithmen gibt es nur von positiven Zahlen, nicht von Zeichen, Zeichenketten oder Strings. Excel behilft sich daher damit, die Bezeichnungen von A bis L in Spalte A in GRAF12.XLC in Zeilennummern, beginnend mit A4 als 1 und endend mit A16 als 12, umzuwandeln und die Ziffern von 1 bis 12 ebenfalls in logarithmischem Maßstab auf der Rubrikenachse aufzutragen. Auch hier erkennen Sie, mittlerweile mit en wenig Übung, daß der Rubrikenachsenabstand von Feld 1 bis Feld 3 ungefähr dem von Feld 4 bis 10 gleich ist.

Darstellung einfacher logarithmischer Teilung

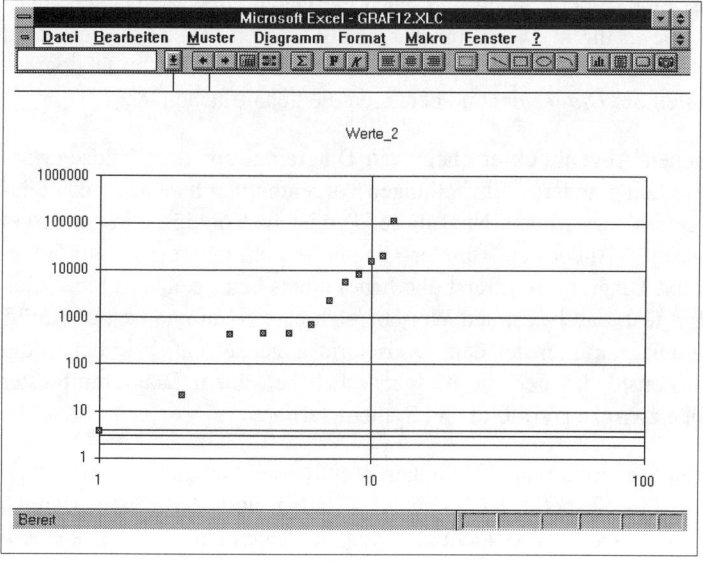

Abb. 143: Logarithmisch in X- und Y-Richtung

Diagramme mit Excel erstellen

11.3 Erstellen eines Diagramms

Nach diesem Überblick über einige wichtige Formen fertiger Diagramme wollen Sie nun vermutlich auch einmal grafische Darstellungen Ihrer eigenen Tabellen generieren. Sie werden dabei erfahren, daß sich nicht jeder Diagrammtyp und jedes Muster in gleicher Weise zur Wiedergabe Ihrer Zahlen eignet. Sie werden daher die Leichtigkeit und Bequemlichkeit schätzen lernen, mit der Sie in Excel einen Diagrammtyp und ein Muster nach dem anderen auf den Bildschirm bringen können. Nach kurzer Zeit haben Sie soviel Erfahrung gewonnen, daß Ihnen ein schneller Blick auf den Bildschirm genügt, um ein Diagramm von vornherein als ungeeignet zu verwerfen oder es solange in der engeren Wahl zu behalten, bis sich ein geeigneteres findet. Denken Sie dabei auch an den Betrachter des Diagramms vor allem, wenn Ihr Diagramm für Dritte bestimmt ist, sollte es die wesentlichen Aussagen Ihrer Zahlenreihen schnell und übersichtlich vermitteln.

Von der Tabelle zum Diagramm

Wie Sie mittlerweile wissen, beruht ein Diagramm stets auf einer Tabelle: Ohne Tabelle und einen in der Tabelle ausgewählten Bereich gibt es kein Diagramm. Bevor Sie also ein Diagramm erstellen können, müssen Sie zunächst eine Tabelle laden und darin die Datenreihen auswählen (markieren), die in Ihrem Diagramm dargestellt werden sollen. Anschließend öffnen Sie das Menü *Datei* und aktivieren die Option *Neu*. Im Dialogfenster wählen Sie *Diagramm* und betätigen die Schaltfläche *OK*.

Standardmäßig wird ein Säulendiagramm erzeugt

Im gleichen Augenblick erscheint ein Diagramm auf dem Bildschirm - wenn Sie keine anderen Einstellungen vorgenommen haben, ist das Säulendiagramm nach Muster Nr. 1 dieser Typ ist als Vorzugsform von Excel voreingestellt. Außer dem simplen Eingangsbefehl müssen Sie zur Generierung des Diagramms vorerst überhaupt nichts beitragen, und Sie stellen befriedigt fest, daß Excel den Wertebereich bereits automatisch überprüft und das Diagrammfenster dem Bildschirm angepaßt hat. Wie bei jedem anderen Fenster können Sie übrigens auch bei einem Diagrammfenster die Größe zwischen Vollbild und Symbol variieren.

Probieren Sie einmal aus, wie außerordentlich einfach das ist, indem Sie zunächst Ihre Tabelle KOSTEN.XLS laden und darin den Bereich A1:B23 markieren, also nicht nur den Wertebereich B9:B23, sondern auch den Textbereich A9:A23 sowie die Tabellenüberschriften, die linksbündig in A1 und A3 beginnen.

Diagramme mit Excel erstellen

Anschließend wählen Sie im Menü *Datei* den Befehl *Neu* und im Dialogfeld die Option *Diagramme*. In wenigen Augenblicken überlagert ein Fenster mit Namen DIAGRM1 Ihre Tabelle KOSTEN.XLS. Die Größenachse ist bereits passend eingeteilt und beziffert, so daß alle Säulen im Diagramm maßstäblich richtig Platz finden. Die Markierungen auf der Rubrikenachse entsprechen augenscheinlich den Zeilen. Wenn Sie unserer Empfehlung gefolgt sind und auch den Kopfteil der Tabelle, A1:A8, einbezogen haben, beginnt die Säule "Rohstoffe" im neunten Feld. Zählen Sie es ruhig am Bildschirm einmal aus.

Hinter Datei/Neu verbirgt sich die Diagrammerstellung

Die Zeilentitel und die Überschriften haben links neben der Größenachse und unterhalb der Rubrikenachse nur unzureichend Platz gefunden, und Sie kommen zu dem Schluß, daß Sie für dieses Diagramm wahrscheinlich nicht gerade den Schönheitspreis bekommen. Das sollte Sie im Augenblick aber nicht beunruhigen, denn die ungezählten Kombinationsmöglichkeiten und die schnelle Handhabung machen die Beschreibung bis zu einer perfekten Presentation recht einfach.

Das heißt nichts anderes, als daß Sie am Anfang die Möglichkeiten erst einmal vollständig durchprobieren sollten, um sich mit dem Potential von Excel-Grafiken vertraut zu machen. Es wird Ihnen deshalb so viel Spaß und kaum Mühe bereiten.

Im Laufe der Zeit erwerben Sie dann so viel Routine, daß Sie mit kundigem Blick erkennen, welche Diagrammtypen mit welchen Mustern am besten geeignet sind, und wenige Versuche genügen, um die für die vorliegenden Daten passende Idealform zu finden.

Das Standard-Diagramm

Das automatisch erstellte Diagramm ist vollständig mit allen Achsen. Links befindet sich die senkrechte Größenachse, unten die waagerechte Rubrikenachse. Größenachse und Rubrikenachse bilden die Diagrammfläche; sie nimmt nur einen Teil des Diagrammfensters ein, weil der übrige Platz für die Beschriftung benötigt wird.

Zum besseren Ablesen sind Größenachse und Rubrikenachse mit Teilstrichen versehen. Die Diagrammfläche kann nun mit senkrechten, waagerechten und Gitternetzlinien überzogen werden, um das Ablesen von Werten zu erleichtern. Unterhalb der Rubrikenachse können Sie die Bezeichnungen der Rubriken anbringen. Die Größenachse ist in regelmäßigen Abständen mit den Werten markiert; auch sie können Sie mit einer geeigneten Bezeichnung versehen. Oberhalb der Diagrammfläche werden Sie den Diagrammtitel anordnen, damit der Leser sofort erkennen kann, was das Diagramm aussagen soll.

Werteeinteilung

Diagramme mit Excel erstellen

Die Legende — Schließlich werden Sie an einem weiteren, freien Platz im Diagrammfenster die sogenannte Legende unterbringen: Das sind die Namen der Datenreihen neben den Feldern mit der zugehörigen Schraffur oder - bei Farbbildschirmen - der gewählten Farbe. Davon aber später mehr, denn zunächst werden Sie Ihr Diagramm vermutlich erst einmal sichern wollen.

Temporäre Diagrammbezeichnungen — Ähnlich wie bei Tabellen, wo die erste leere Tabelle TAB1 hieß, erhält Ihr erstes Diagramm den Dateinamen DIAGRM1. Jedes weitere Diagramm wird durchnumeriert und der Dateiname entsprechend auf DIAGRM2, DIAGRM3, usw. verkürzt. Im allgemeinen werden Sie diese automatische Benennung nicht übernehmen, sondern die Diagramme unter anderen Dateinamen (oder besser: Diagrammnamen) abspeichern wollen. Dazu benutzen Sie, wie bisher, den Befehl *Datei/Speichern unter* und achten darauf, daß die für Diagramme gültige Erweiterung .XLC lautet.

Diagrammfenster werden wie normale Fenster behandelt — Ein Diagrammfenster können Sie wie jedes andere Fenster auf dem Bildschirm verschieben und vergrößern oder verkleinern. Damit wollen wir uns aber im Augenblick nicht aufhalten. Wir wollen uns vielmehr zunächst einen Überbick über das Potential verschaffen, daß uns Excel zur mühelosen Bearbeitung und Generierung von Diagrammen bietet. Vergewissern Sie sich bitte, daß das Diagrammfenster das aktive Fenster ist, indem Sie das Menü *Fenster* öffnen. An dem Haken erkennen Sie, daß DIAGRM1 das aktive Fenster ist und, falls das gerade von Interesse ist, an welcher Stelle es sich im Fensterstapel befindet.

Die Menüleiste im Diagramm-Modus

Ein Diagramm bearbeiten Sie in einem Diagrammfenster unter Benutzung der speziell auf die Eigenschaften von Diagrammen zugeschnittenen Menüs. Betrachten Sie nun bitte zunächst die Menüleiste, die im Diagrammmodus etwas anders aussieht, als Sie es vom Tabellenmenü her gewöhnt sind. Dem Namen nach sind Ihnen die Menüs *Datei*, *Bearbeiten*, *Format*, *Makro*, *Fenster* und *?* bekannt. Klappen Sie sie aber zur Kontrolle einmal auf. Am Menü *Datei* hat sich nichts geändert. Im Menü *Bearbeiten* steht Ihnen im Moment jedoch von allen bisherigen Befehlen kein einziger mehr zur Verfügung. Ähnliches gilt für das Menü *Format*. Hier können Sie nur zwei Befehle aktivieren: *Muster* und *Hauptdiagramm*. Im Menü *Makro* sind auch nur zwei Befehle verblieben: *Ausführen...* und *Aufzeichnung ausführen*. An den drei Punkten hinter den ersten beiden Befehlen erkennen Sie, daß Ihnen mit der Wahl des jeweiligen Befehls noch weitere Optionen angeboten werden.

Das Menü Muster — Konzentrieren wir uns zunächst einmal auf das Menü *Muster*. Hier finden Sie zu jedem der Ihnen bereits bekannten Grafiktypen zwischen 5 und 8

Diagramm-Muster, mit denen Sie Ihre Grafik ausgestalten können. Die drei Punkte hinter jedem Diagrammtyp weisen Sie wieder daraufhin, daß Excel Ihnen mehrere Muster zur Auswahl stellt. Die Zahl der Muster je Grafiktyp ist deshalb unterschiedlich, weil nicht jedes Muster zu jeder Grafik paßt. Das wollen wir zur Übung gleich einmal an der Tabelle KOSTEN.XLS (die Sie sich geladen haben sollten) ausprobieren.

Diagrammtypen und Musteranzahl

Insgesamt können Sie unter 68 Mustern auswählen, um die Art Ihrer Darstellung zu variieren:

Diagrammtyp	Musteranzahl
Säulen	8
Balken	8
Flächen	7
Kreis	6
Punkt	5
Verbund	5
3D-Flächen	7
3D-Säulen	7
3D-Linien	4
3D-Kreise	4

Wenn Sie das Menü *Muster* öffnen, finden Sie in der linken oberen Ecke den Namen des aktuellen Diagrammtyps und in quadratischen Feldern Darstellungen der dazu verfügbaren Muster. Jedes Muster ist durch eine Ziffer zwischen 1 und 8 gekennzeichnet. Ein blinkender Cursor erstreckt sich über die ganze Breite des quadratischen Musterfeldes und zeigt, welches das aktive Muster ist. Sie können nun ein Muster durch Anklicken oder Eingabe der gewünschten Ziffer und Bestätigung in Ihr Diagramm übertragen, um seine Wirkung zu beurteilen. Um einen neuen Diagrammtyp nicht durch Verlassen des Menüs *Muster* auswählen zu müssen, können Sie im Musterbogen durch Wahl der Optionsfelder *Weiter...* und *Vorher...* durch die sieben Diagrammtypen blättern. Zu welchem Diagrammtyp die angezeigten Muster gehören, ersehen Sie - wie gesagt - unmittelbar in der linken oberen Ecke des Musterfensters.

Nachdem Sie sich mit dem Wechseln zwischen Diagrammtypen und mit der den Mustern vertraut gemacht haben, schlagen wir vor, sämtliche Varianten systematisch durchzuarbeiten und zu beurteilen. Wählen Sie dazu bitte "Säulendiagramm" als Diagrammtyp im Menü *Muster*, falls es nicht bereits markiert ist, und probieren Sie, wie im folgenden besprochen, der Reihe nach alle verfügbaren Muster durch.

Diagramme mit Excel erstellen

Ändern des aktuellen Musters

Als aktuelles Muster ist Nr. 1 schwarz hinterlegt, und der Cursor blinkt als weißer Strich über der ganzen Musterbreite. Beachten Sie bitte, daß die schwarze Hinterlegung des Musterfeldes, die Sie im Prinzip schon von den Optionsfeldern (z.B. beim Befehl *Datei/Speichern unter*) her kennen, nicht notwendigerweise Teil des Musters ist, sondern nur zeigt, daß Sie durch Drücken von Return diese Option unmittelbar wählen können. Sie erhalten also im Diagramm keineswegs immer auch einen schwarzen Hintergrund. In unserem vorliegenden Beispiel sind bei Muster Nr. 1 jedoch alle Säulen schwarz gefüllt; ihre Höhe ist proportional ihrem Wert in der Tabelle KOSTEN.XLS. Beachten Sie bitte auch das linke obere Koordinatenfeld bei der Generierung eines Diagramms oder beim Wechsel von einem Muster zu einem anderen: Die Anzeige der Cursorposition verändert sich im Diagramm, und hinter dem Doppelpunkt wird der gerade erreichte Umwandlungsgrad zwischen 0 und 100 % angezeigt.

Unterschiedliche Schraffuren verwenden

Versuchen Sie nun Muster Nr. 2, indem Sie "2" eintippen und *OK* drücken oder das Muster anklicken. Ihre Säulen sind nun unterschiedlich schraffiert oder gemustert, und keine der Musterungen wiederholt sich. Die weiteren Muster des Säulendiagramms sind schnell durchgeprüft: Muster Nr. 3 ist - im vorliegenden Fall - identisch mit Nr. 1. Muster Nr. 5 läßt alle Säulen gleich hoch erscheinen, und die Größenachsenwerte ändern sich von den ursprünglichen 10.000 als höchsten Wert in 100, womit offensichtlich Prozent gemeint sind. In Muster Nr. 7 werden die Tabellenwertezu jeder Säule im Diagramm angezeigt, soweit der Platz dafür ausreicht. Bei den Mustern Nr. 1 bis Nr. 7 war jede Säule von der benachbarten Säule durch einen schmalen, weißen Zwischenraum getrennt. Im Unterschied dazu rücken im Muster Nr. 8 alle Säulen aneinander.

Vom Säulen- zum Balkendiagramm

Gehen Sie nun bitte noch einmal zum Diagrammtyp "Säulen" zurück und blättern dort mit Hilfe des Optionsfeldes *Vorher...* zurück, so daß Sie sich im Diagrammtyp "Balken" befinden. Den UNterschied zwischen diesen Beiden Diagrammtypen haben Sie bereits kennengelernt. Wählen Sie sich zum Typ "Balken" Muster Nr. 1. Excel hat erwartungsgemäß Größenachse und Rubrikenachse vertauscht. Die Balken sind schwarz ausgefüllt, und mit dem Text in Spalte A sind Sie wohl schon zufriedener als im Diagrammtyp "Säulen". Soweit der Text angezeigt wird, ist er vollständig zu lesen, wenn auch bei Überlänge mit einem Zeilenumbruch, der nicht immer den Trennungsregeln des Duden entspricht. Etwas unglücklich hängt die Überschrift in der linken unteren Ecke, und auch die Bezifferung der Rubrikenachse läßt zu wünschen übrig. Muster Nr. 2 liefert wieder unterschiedliche Muster in allen Balken. Muster Nr. 3 unterscheidet sich nicht von Muster Nr. 1. Bei Muster Nr. 5 erscheinen alle Balken gleich lang und der Endwert der Werteskala wandelt sich von 10.000 in

100. Muster Nr. 7 ergänzt die den Werten proportionale Länge der Balken durch Angabe der Werte in Ziffern.

Durch Blättern im Schaltfeld *Vorher...* gelangen Sie zu den Flächendiagrammen, zu denen es fünf Muster gibt. Beginnen Sie jedoch bitte mit Nr. 3, nicht mit Nr. 1. Sie erkennen, daß die früheren Säulen durch Linien ersetzt worden sind, deren Höhe dem Tabellenwert proportional ist und deren Spitzen durch Geraden miteinander verbunden sind. Schalten Sie nun bitte auf Muster Nr. 1. Die Umrisse des Diagramms entsprechen den Umrissen von Muster Nr. 3, doch können Sie durch die schwarze Hinterlegung unterhalb der Verbindungslinien der Spitzen die Struktur des Diagrammaufbaus nicht so gut wie in Nr. 3 erkennen. Muster Nr. 2 ist gänzlich unbrauchbar: Sie erhalten eine praktisch unstrukturierte, schwarze Fläche mit einer auf einen Spitzenwert von 100 umgewandelten Größenachse. Bis auf die Gitternetzlinien, die das Ablesen der Höhe erleichtern sollen, sind Muster Nr. 4 und Nr. 5 identisch mit Muster Nr. 1.

Nächste Musterauswahl treffen

Im Diagrammtyp "Linien" sind die Tabellenwerte bei Muster Nr. 1 durch kleine, schwarze Quadrate markiert und durch Linien zu einem Linienzug verbunden. Das äußerste linke Rechteck steht schlecht platziert über der Beschriftung "Kosten". Bei Muster Nr. 2 entfallen die kleinen, schwarzen Quadrate, und nur der Linienzug verbleibt. Auch das beanstandete Rechteck ganz links ist entfallen. Muster Nr. 3 enthält nur die kleinen, schwarzen Quadrate; der Linienzug entfällt. Muster Nr. 4 entspricht Muster Nr. 1, aber mit dem Unterschied, daß die ergänzten waagerechten Linien das Ablesen erleichtern. Muster Nr. 5 liefert ein vollständiges Gitternetz und entspricht im übrigen Muster Nr. 1.

Liniendiagramme

Wir sind immer noch im Diagrammtyp "Linien" und befassen uns jetzt mit Muster Nr. 6; dieses Muster hat eine logarithmische Teilung der Größenachse. Vielleicht noch einmal zur Wiederholung: Eine logarithmische Teilung unterscheidet sich von der linearen Teilung nur dadurch, daß man jeden Wert durch seinen Logarithmus ersetzt. Während die linear geteilte Strecke von 1 bis 100 zehnmal so lang ist wie die von 1 bis 10 (denken Sie dabei z.B. an ein Zentimetermaß), ist eine logarithmisch geteilte Strecke von 1 bis 10 genau so lang wie die von 10 bis 100 oder von 100.000 bis 1.000.000; die letztgenannten Spannen nennt man Zehnerpotenzen. Sie erkennen die gleichmäßigen Abstände von einer Zehnerpotenz zur anderen unschwer im Muster Nr. 6 am Bildschirm. Logarithmisch unterstellte Größenachsen und/oder Rubrikenachsen sind dann als Darstellung günstiger, wenn sich der Wertebereich über mehrere Zehnerpotenzen erstreckt, z.B. von 1 bis 10.000. Das ist in unserem Beispiel nicht der Fall, denn hier bewegen sich die Werte mit Ausnahme der Frachten zwischen 1.000 und 10.000, also im Bereich nur einer Zehnerpotenz.

Die logarithmische Teilung

Diagramme mit Excel erstellen

Nicht jedes Muster ist geeignet

Muster Nr. 7 und Nr. 8 im Liniendiagramm sind auf unsere gegenwärtige Tabelle, wo die Wertespalte B als einzige markiert ist, nicht sinnvoll anwendbar. Beide Muster dienen vielmehr dazu, je Kategorie (= Zeile) die Werte von drei bzw. vier Spalten darzustellen: Höchst-, Tiefst- und einen dritten, dazwischenliegenden Wert. Hauptbeispiel hierfür ist die Grafik von Börsenkursen. In jeder Zeile der Textspalte steht beispielsweise der Name einer Aktiengesellschaft; die drei folgenden Spalten enthalten den Höchst-, den Tiefst- und den Mittel- (oder Schluß-)kurs. Bei Muster Nr. 7 werden die drei Kurse oder Werte durch drei übereinander angeordnete Rhomben (d.h. durch auf der Spitze stehende Quadrate) wiedergegeben, bei Muster Nr. 8 durch einen senkrechten Strich. Das untere Ende dieses senkrechten Striches entspricht dem Mindestwert, das obere Ende dem Höchstwert; der mittlere Wert ist durch einen kleinen waagerechten Strich gekennzeichnet, der am senkrechten Strich ansetzt und nach rechts zeigt.

Kopieren in der Ursprungstabelle

Diese Muster können Sie auch mit Hilfe der in Ihrer Tabelle KOSTEN.XLS vorhandenen Wertespalten Maximum, Minimum und Mittelwert nachvollziehen. Sie kopieren dazu am besten die Textspalte A mit den Bezeichnungen der Kostenarten in Spalte L, und durch *Bearbeiten/Inhalte einfügen* nur die Werte (!) der Spalten Maximum, Minimum und Durchschnitt in die daran anschließenden Spalten M, N und O. Die Reihenfolge der Spalten ist beliebig; denn Excel ordnet die drei Werte (Höchst-, Niedrigst- und Mittelwert) im Diagramm in der richtigen Reihenfolge von oben nach unten über der jeweiligen Rubrikenachse an. Wenn die Spanne zwischen Höchst- und Niedrigstwert nicht besonders groß ist, kann es sein, daß der Durchschnitt so nahe an einem der beiden Extremwerte liegt, daß sich die Rhomben bei Muster Nr. 7 überlappen oder Sie bei Muster Nr. 8 auf dem Bildschirm nur noch einen Winkel sehen, dessen einer Schenkel nach rechts zeigt.

Definieren der Datenreihen durch Mehrfachauswahl

Spalten und Zeilen müssen nicht benachbart sein

Statt die für ein Diagramm benötigten Spalten in einem freien Bereich Ihrer Tabelle nebeneinander zu kopieren - möglicherweise erweist sich dann Ihr Arbeitsspeicher als unzureichend - , können Sie auch eine sogenannte Mehrfachauswahl vornehmen. Sie haben eine Mehrfachauswahl schon in früheren Kapiteln kennengelernt; sie dient dazu, mehrere, nicht aneinandergrenzende Bereiche Ihrer Tabelle auf einmal zu markieren.

Sie markieren dazu mit der Maus wie üblich den ersten Feldbereich, also A9:A22. Danach drücken Sie die `Ctrl`-Taste und halten sie gedrückt, während Sie den anderen Feldbereich markieren. In der gleichen Weise können Sie bei gedrückter `Ctrl`-Taste noch weitere Bereiche markieren.

Diagramme mit Excel erstellen

Mit der Tastatur geht es ähnlich einfach: Sie markieren wiederum mit der Cursortaste bei gedrückt gehaltener [Shift]-Taste den ersten Bereich A9:A22. Sodann drücken Sie [Shift]+[F8]. In der Statuszeile erscheint daraufhin die Anzeige "ADD", d.h. Sie befinden sich im Hinzufügemodus. Sie können nun den Cursor aus dem markierten Bereich hinausbewegen, ohne daß die Markierung aufgehoben wird. Mit der [Shift]-Taste und dem Cursor markieren Sie nun alle weiteren Bereiche, und zwar die Spalten I (Minimum), J (Maximum) und K (Durchschnitt). Die anschließend erforderliche Befehlsfolge ist Ihnen inzwischen schon zur Gewohnheit geworden: *Datei/Neu/Diagramm*. Im Menü *Muster* wählen Sie "Liniendiagramm" und Muster Nr. 7, und schon erscheint das Diagramm, das die durch Mehrfachauswahl markierten Zahlenbereiche darstellt. Mit wenigen Ausnahmen streuen die Maxima und Minima nicht sehr stark um die Mittelwerte, und von den idealtypischen, senkrechten Linien mit dem durch einen nach rechts ansetzenden, kleinen Querstrich für den Durchschnitt ist für die meisten Dreifachwerte kaum etwas zu sehen.

Mehrfachauswahl über die Tastatur

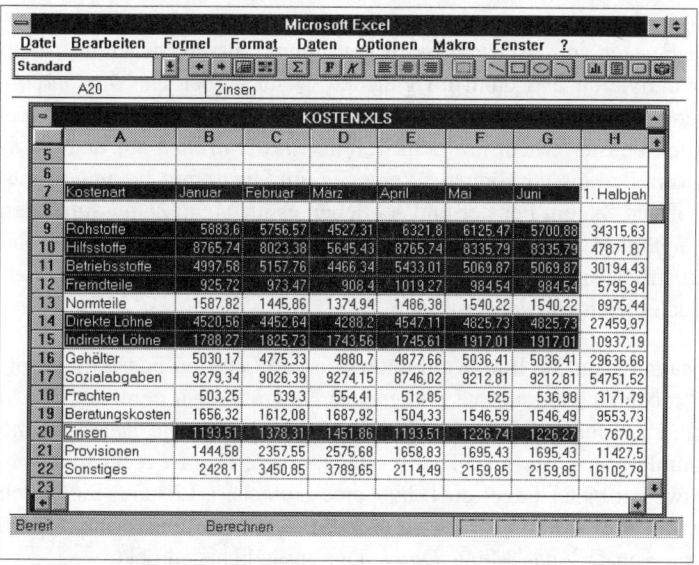

Abb. 144: *Durch Mehrfachauswahl lassen sich bestimmte Werte als Diagramm darstellen*

An allen diesen Beispielen erkennen Sie, daß es keinen idealen Diagrammtyp und kein Standardmuster gibt, das sich durchgängig optimal zur Darstellung jeder Art von Tabelle eignet. Sie müssen selbst ausprobieren, welcher Diagrammtyp und welches Muster die Daten am besten darstellt; sicherlich spielt dabei auch eine persönliche Vorliebe eine Rolle; durch Probieren die den Daten angemessene Grafikwiedergabe er-

Kein Diagrammtyp eignet sich für alle Zwecke

Diagramme mit Excel erstellen

mitteln müssen; und schließlich spielt oft auch die persönliche Vorliebe - Ihre oder die des Betrachters - bei der endgültigen Entscheidung für oder gegen eine bestimmte Diagrammform eine Rolle.

Bedienen Sie sich gegebenenfalls auch der Methode des sogenannte Paarvergleichs bei der Auswahl des geeigneten Diagramms.

Dabei vergleichen Sie schnell, hintereinander immer zwei verschiedene Darstellungen und verwerfen die, die Ihnen schlechter erscheint. Auf diese Weise schließen Sie nacheinander die ungeeigneten Darstellungsformen aus und enden bei der aus Ihrer Sicht am besten geeignetsten.

Anordnung der Diagrammfenster

Der Befehl Alles zuordnen

Wenn Sie den Paarvergleich nicht als das "Ei des Columbus" ansehen, können Sie alle im Stapel befindlichen Fenster gemeinsam auf den Bildschirm bringen, wenn Sie im Menü *Fenster* den Befehl *Alles anordnen* wählen. Sie können dann mehrere Diagrammfenster gleichzeitig auf dem Bildschirm darstellen, um Diagrammformen miteinander zu vergleichen. Um ein Fenster vom Bildschirm zu entfernen, müssen Sie es im Menü *Fenster* aktivieren und dann im gleichen Menü verbergen. Das verborgene Fenster verschwindet sogleich vom Bildschirm, so daß Sie die verbleibenden Fenster erneut mit dem Befehl *Alles anordnen* auf dem Bildschirm verteilen lassen können. Wenn Sie ein Diagramm für ungeeignet halten, öffnen Sie ein Fenster und schließen es im Menü *Datei* durch den Befehl *Schließen* entweder aus dem Arbeitsspeicher (damit gewinnen Sie Platz im Arbeitsspeicher), oder Sie beseitigen es durch *Löschen* im *Datei-Menü* auch gleich von der Festplatte.

Alle Fenster auf einmal schließen

Irgendwann haben Sie Ihre Wahl unter den verbliebenen Fenstern getroffen und möchten dann nur das geeignetste Diagramm auf dem Bildschirm behalten. Dazu müßten Sie in der beschriebenen Weise alle Tabellen- und Diagrammfenster einzeln schließen oder löschen. Das ist recht mühsam, und deswegen bietet Excel auch hier eine einfachere Lösung. Sie halten gleichzeitig die Tasten `Shift` und `Alt` gedrückt und öffnen durch Eintippen von `D` das Menü *Datei*. Die zusätzlich gedrückte `Shift`-Taste hat den Befehlsumfang erweitert, und Sie finden den Befehl *Alles schließen*; diesen wählen Sie aus, und ein Fenster nach dem anderen verschwindet. Unschwer können Sie dann das gewünschte Diagrammfenster allein wieder auf den Bildschirm zurückladen. Damit Sie es hinterher nicht vergessen, haben Sie am besten vorher schon die nicht mehr in Frage kommenden Diagrammfenster gelöscht. Mit der Maus wird das Menü *Datei* bei gedrückter `Shift`-Taste geöffnet.

Kreisdiagramme

Sie wissen sicherlich, daß mit den bisherigen Übungen die von Excel bereitgestellten Möglichkeiten für Diagramme noch nicht erschöpft sind. Wir erproben daher als nächsten Diagrammtyp ein Kreisdiagramm, auch Tortendiagramm genannt. Dazu greifen wir wieder auf die ursprüngliche Auswahl von A9:B22 zurück; denn als Kreisdiagramm läßt sich jeweils nur eine einzelne Spalte darstellen. Wenn Sie dennoch mehr als eine Spalte markiert haben, bearbeitet Excel davon nur die erste.

Die übliche Darstellung erfolgt mit Muster Nr. 1: Alle Einzelwerte erscheinen als Kreisausschnitte mit unterschiedlichen Schraffuren. Excel bildet selbst die Summe aller Einzelwerte und setzt sie gleich 100 (%), so daß jeder Kreisausschnitt dem prozentualen Anteil des Einzelwertes an der Summe aller Werte entspricht. Bei Muster Nr. 2 haben alle Sektoren einen schwarzen Hintergrund; die Sektoren sind durch weiße Linien voneinander getrennt und am Rand beschriftet. Teilweise überlagern sich die Beschriftungen und nehmen unter Umständen die Randbezirke des Kreises in Anspruch. Muster Nr. 3 entspricht Muster Nr. 1 mit dem Unterschied, daß einzelne Sektoren nach außen herausgezogen werden und dadurch die Aufmerksamkeit des Betrachters auf einen oder mehrere Sektoren richten oder die Übersichtlichkeit steigern. Bei Muster Nr. 4 sind alle Sektoren wie bei Muster Nr. 1 unterschiedlich schraffiert und gleichzeitig nach außen gezogen. Es bedarf daher zur Abgrenzung keiner Trennstriche wie bei Muster Nr. 2. Muster Nr. 5 schraffiert die Sektoren und beschriftet sie. Muster Nr. 6 entspricht Muster Nr. 5 mit der Ergänzung, daß die Größe jedes Sektors durch die am Rand vermerkten Prozentangaben abgelesen werden kann.

Die unterschiedlichen Muster

Punktdiagramme

Das Punktdiagramm ist die übliche grafische Darstellung von funktionalen Abhängigkeiten zwischen einer unabhängigen Variablen auf der Rubrikenachse und einer oder mehreren abhängigen Variablen auf der Größenachse. Muster Nr. 1 stellt die (Y-)Werte in Form von kleinen Quadraten dar, die in unserem Fall über der Zeilennummer (= X-Werte) auf der Rubrikenachse aufgetragen werden. Muster Nr. 2 verbindet die Punkte durch Linienzüge, Muster Nr. 3 fügt ein Gitternetz hinzu. Muster Nr. 4 begnügt sich mit waagerechten Linien zur besseren Ablesbarkeit der logarithmisch geteilten Größenachse. Man nennt diese Darstellung auch einfach logarithmisches Netz. Unterhalb der Rubrikenachse findet sich die Beschriftung der Spalte A, soweit im Diagramm dazu Platz ist. Muster Nr. 5 liefert ein doppelt logarithmisches Netz, d.h. logarithmische Skalen für Rubrikenachse und Größenachse. Auf der Rubrikenachse ist die Nummer der Zeile im logarithmischen Maßstab aufgetragen. Das doppelt

Diagramme mit Excel erstellen

logarithmische Netz ermöglicht im Fall der Tabelle KOSTEN.XLS noch eine akzeptable Wiedergabe der Werte, weil der lineare Abstand zwischen 10 und 30 in etwa dem linearen Abstand zwischen 30 und 100 entspricht. Hätten Sie die Zeilen statt dessen zwischen 70 und 90 angesiedelt, würden die jetzt noch erkennbaren einzelnen Punkte zu einem bizarren, schwarzen Fleck zusammenfließen.

Sie ersehen daraus erneut, wie wichtig es ist und wie bequem Sie es unter Excel haben, eine Vielzahl von Diagrammtypen und Mustern durchzuprobieren, um für die jeweils vorliegenden Daten die optimale Form der grafischen Darstellung ermitteln zu können.

Verbunddiagramme

Verbunddiagramme sind die letzte Form der Darstellung von mehreren Datenreihen (= Spalten). Bei einer einzelnen Spalte liefern Verbunddiagramme nicht mehr als Säulendiagramme. Überprüfen Sie dies bitte, indem Sie Muster Nr. 1 und Nr. 2 mit Ihren bisherigen Säulendiagrammen vergleichen. Muster Nr. 3 wandelt die Werte in Quadrate um, die durch Linien miteinander verbunden und unterhalb der Rubrikenachse beschriftet sind. Muster Nr. 4 sieht wie eine schwarze Gebirgssilhouette aus und entspricht im übrigen der Form von Muster Nr. 3.

Muster Nr. 5 ist eine Erweiterung der Muster Nr. 7 oder 8 im Liniendiagramm. Zusätzlich zu der Darstellung von Börsenkursen mit Maximum, Minimum und Schlußkurs tritt jedoch noch das Umsatzvolumen hinzu. Auch diesen Fall können Sie leicht an Hand Ihrer Tabelle KOSTEN.XLS nachvollziehen, indem Sie durch Mehrfachauswahl zu Spalte A und den drei Datenreihen in den Spalten I, J und K noch die Halbjahressumme in Spalte H hinzunehmen. Die Verbundform ist daran zu erkennen, daß zu der linken Größenachse für die Einzelwerte im Bereich von 0 bis 10.000 noch eine weitere, rechte Größenachse mit den Halbjahressummen im Bereich von 0 bis 60.000 hinzugetreten ist.

Extremwerte schaffen Klarheit

Was in der Verbundform was sein soll, läßt sich nicht so ohne weiteres erkennen. Dem Mangel können Sie jedoch dadurch abhelfen, daß Sie in einzelne Felder Extremwerte eintragen und kontrollieren, wie das Diagrammfenster darauf reagiert. Da Sie durch das Arbeiten mit Extremwerten nicht nur die ursprünglichen Werte, sondern auch die in den betreffenden Feldern der Spalten H, I, J und K hinterlegten Formeln überschrieben haben, dürfen Sie nicht vergessen, die Formeln nach Beendigung Ihrer Zahlenexperimente nachzutragen. Am einfachsten geschieht das durch Kopieren aus unversehrt gebliebenen Zellen der gleichen Spalte.

Ändern der Datenreihenformel

Bei der Erstellung von Diagrammen besteht, wie schon mehrfach angedeutet, eine dynamische Verbindung zur entsprechenden Tabelle. Das bedeutet auch, daß der Verbindung zwischen dem einzelnen Tabellenwert und dem entsprechendem Diagrammelement eine Formel zugrunde liegt. Diese Formel wird als Datenreihenfomel bezeichnet. Eine Datenreihe ist bekanntlich durch einen zusammenhängenden Bereich in der Tabelle markiert. Wenn Sie aus der Beispieltabelle KOSTEN.XLS ein Diagramm erstellen, so bildet beispielsweise der Bereich B7:22 die Datenreihe für den Januar. Ein Diagramm besteht also immer mindestens aus einer Datenreihe. Wenn mehrere Monate verglichen werden sollen, enthält das Diagramm entsprechend weitere Datenreihen und damit auch Datenreihenformeln. Wenn man den Aufbau der Datenreihen kennt, kann man am Diagramm eine ganze Reihe von Manipulationen durchführen, ohne jedesmal aufgrund einer neuen Markierung in der Tabelle ein neues Diagramm aufzubauen.

Der Aufbau der Datenreihen-formel

Diese Formeln können Sie in der Bearbeitungszeile sehen, wenn Sie innerhalb eines Diagrammes beispielsweise eine Datenreihe markieren, indem Sie einen Balken anklicken:

=DATENREIHE(KOSTEN.XLS!$G$7;KOSTEN.XLS!$A$9:$A$22; KOSTEN.XLS!$G$9:$G$22;1)

Der Aufbau der im ersten Moment verwirrenden Formel ist recht einfach. Zuerst steht die Funktion "Datenreihe", die bis zu vier Argumente haben kann. Diese Argumente sind wie immer durch Semikola voneinander getrennt. Das erste Argument besteht aus der Adresse eines Feldes, dessen Inhalt für die Beschriftung der Datenreihe in der Legende verwendet wird. Das nächste Argument enthält die Bereichsangabe für die Beschriftung der X-Achse (Rubrikenachse), das dritte Argument letztendlich die Bereichsangabe der darzustellenden Werte. Das letzte Argument ist eine Ganzzahl, die die Position der Datenreihe im Diagramm darstellt. Ist dieser Wert "1", so befindet sich die Datenreihe am Anfang der Balken usw.

Je nachdem, wie der Bereich in der Tabelle markiert wurde, entfällt das eine oder andere Argument in dieser Formel. Werden beispielsweise nur Zahlenwerte markiert und diese als Diagramm dargestellt, fallen die beiden ersten Argumente weg. Man muß dabei allerdings zuvor die Abfrage, ob die ersten Werte der ersten Spalten als Datenreihe verwendet werden sollen, bestätigen.

Diagramme mit Excel erstellen

Änderung der Datenreihe

Für die Manipulation der Datenreihen steht ein eigener Befehl zur Verfügung. Diesen finden Sie im Menü *Diagramm* unter *Datenreihen bearbeiten*.

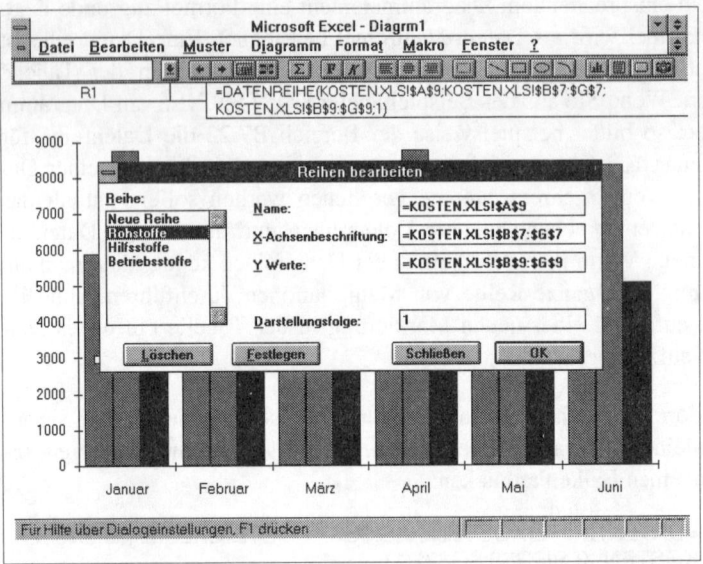

Abb. 145: Datenreihen lassen sich komfortabel manipulieren

Sie ersehen aus dem Dialogfeld, daß sowohl Namen als auch alle Argumente einer Datenreihe an dieser Stelle bearbeitet werden können. Im Feld *Namen* ersehen Sie aus der Option *Neue Reihe*, daß dem aktiven Diagramm eine weitere Datenreihe zugefügt werden kann, ohne den Befehl *Kopieren* und *Inhalte einfügen* zu nutzen. Dazu wird der Name angeklickt, und die übrigen Argumente werden mit den entsprechenden Bereichsangaben versehen. Wird für die übrigen Reihen schon eine bestimmte X-Achsen-Beschriftung verwendet, so erfolgt im Fall der neuen Reihe der entsprechende Vorschlag. Die Darstellungsfolge wird standardmäßig auf den letzten Wert gesetzt, was aber jederzeit geändert werden kann.

Ändern der Darstellungs-reihenfolge

Die Bearbeitung der Datenreihe ist immer dann sinnvoll, wenn beispielsweise die Darstellungsreihenfolge der Datenreihen geändert werden soll. In diesem Fall werden die einzelnen Reihen aufgerufen und die neue Folge vergeben. Die ursprünglich auf dieser Position befindliche Datenreihe wird dann um eine Position nach hinten gerückt.

Auch das Löschen von Datenreihen aus dem Diagramm ist über den Befehl sehr leicht zu realisieren.

Sie können eine Datenreihe löschen, indem Sie die entsprechende Reihe markieren und daraufhin die Schaltfläche *Löschen* aktivieren.

Auch das Wechseln einer Datenreihe ist möglich. In diesem Fall wird der Name der Reihe markiert, die ausgetauscht werden soll. Ändern Sie die zugehörigen Bereichsangaben entsprechend den neuen Adressen, und durch die Schaltfläche *Festlegen* erscheint anstelle des alten Namens der neue Name in der Liste. Dieser Name wird natürlich der Adresse des Argumentes "Name" entnommen. Wird keine Adresse für den Namen angegeben, so erhält die Datenreihe den Namen "Reihe1".

Datenreihe wechseln

11.4 Ändern der Vorzugsform

Bei der erstmaligen Umwandlung einer Tabelle in ein Diagramm mit dem Befehl verwendet Excel automatisch die sogenannte Vorzugsform. Vielleicht fällt Ihnen im Nachhinein auf, daß dies immer ein Säulendiagramm nach Muster Nr. 1 war. Beim Durchprobieren der anderen Diagrammtypen und Musterarten waren Sie durch mehr oder minder alle Varianten gewandert. Schließlich hatten Sie sich für eine entschieden und diese unter einem Dateinamen mit der Erweiterung XLC gespeichert. Unter diesem Namen konnten Sie die abgespeicherte Form stets wieder genau so als sogenanntes Anwenderdiagramm aufrufen. Sie hätten ebenso gut eine Reihe von Diagrammen mit jeweils unterschiedlichen Diagrammarten und Mustern zusammen mit der zugrundeliegenden Tabelle als Arbeitsbereich speichern können. Beim Aufruf des Arbeitsbereichs wären die Diagramme dann in ihrer abgespeicherten Form als Anwenderdiagramme wieder unverändert verfügbar gewesen.

Ein Diagramm im aktiven Fenster können Sie von den von Ihnen gewählten Attributen (Diagrammart, Mustenummer) auf die Excel-Vorzugsform dadurch zurücksetzen, daß Sie im Menü *Muster* den Befehl *Vorzugsform* wählen.

Verwechseln Sie den Befehl *Vorzugsform* nicht mit dem Befehl *Vorzugsform festlegen* im gleichen Menü *Muster*, der im folgenden Abschnitt erklärt wird.

Festlegen einer eigenen Vorzugsform

Ohne ein Diagramm mit ausgewähltem Muster jeweils abspeichern zu müssen, können Sie für die Dauer einer Arbeitssitzung anstelle der Excel-Vorzugsform, d.h. anstelle des Säulendiagramms mit Muster Nr. 1, Ihre

Diagramme mit Excel erstellen

eigene Vorzugsform wählen. Dazu laden Sie ein Diagramm, mit dessen Typ und Muster Sie in der Folge Ihrer Sitzung vorzugsweise arbeiten wollen. Wenn Sie anschließend im Menü *Muster* den Befehl *Vorzugsform festlegen* anwenden, dann gilt das aktive Diagramm ab sofort als Vorzugsform, und jedes zusätzliche Diagramm, das Sie mit *Datei/Neu/Diagramm* neu erstellen, nimmt zunächst automatisch den gewählten Diagrammtyp und das festgelegte Muster an.

Festlegung

Die Festlegung wird aufgehoben, wenn Sie entweder mit dem Befehl *Vorzugsform festlegen* ein anderes aktives Diagramm zur Vorzugsform machen oder die Sitzung beenden. Beim erneuten Starten von Excel gilt zunächst wieder dessen Vorzugsform, also das Säulendiagramm mit Muster Nr. 1.

Wenn Sie das ändern wollen, müssen Sie jedesmal nach dem Start diese Excel-Vorzugsform im Menü *Muster* in eine andere Diagrammart mit einem zugehörigen Muster umwandeln und diese als Ihre eigene Vorzugsform mit *Vorzugsform festlegen* festlegen. Wenn das in der gleichen Weise immer wieder vorkommt, werden Sie vermutlich der Eingabe von Hand überdrüssig werden und möglicherweise für jede Ihrer Vorzugsformen ein Makro schreiben.

Hilfreiche Makros

Ein Beispiel dafür finden Sie in der Makrovorlage M1.XLM!M_4.XLM auf der diesem Buch beiliegenden Übungsdiskette, das Sie mit dem Hotkey `Ctrl`+`K` (für Kreis) aufrufen können. Dadurch wird ein in einer Tabelle vorher ausgewählter Bereich in ein Kreisdiagramm mit Muster Nr. 6 umgewandelt und gleichzeitig als Vorzugsform festgelegt. Für den Fall, daß Sie bereits ein Diagramm in das aktive Fenster geladen haben, dessen Typ und Muster Sie im weiteren Verlauf der Sitzung als Vorzugsform deklarieren wollen, können Sie dazu ein weiteres Makro namens M1.XLM!M_3.XLM mit dem Hotkey `Ctrl` + `V` (für Vorzugsform) aufrufen. Nach dem Durcharbeiten von Kapitel 13 (Makroprogrammierung unter Excel) werden Sie in der Lage sein, das erste Makrobeispiel M1.XLM!M_4.XLM für beliebige andere Vorzugsformen zu variieren. Aus jeder anderen Vorzugsform gelangen Sie in die Standard-Vorzugsform von Excel, d.h. zum Säulendiagramm nach Muster Nr. 1, im Menü *Muster* durch den Befehl *Vorzugsform* zurück.

Die andere Alternative

Statt mit einem Makro wie M1.XLM!M_4.XLM zuerst einen bestimmten Diagrammtyp zu generieren und diesen dann als Vorzugsform zu deklarieren, können Sie die Diagrammart wahlweise auch im Menü *Format* mit dem Befehl *Hauptdiagramm* ändern. Im Optionsfeld *Hauptdiagrammart* können Sie dann jeweils eine der zehn Typen Flächen, Balken, Säulen, Linien, Kreis, Punkt und die vier dreidimensionalen Äquivalente auswählen. Vielleicht versuchen Sie ja dies einmal alternativ zu der im vorhergehenden Abschnitt erörterten Methode. Die übrigen Möglichkeiten im Optionsfeld *Format* beachten Sie am besten im Moment noch nicht, wir kommen im übernächsten Unterkapitel (11.6) ausführlich darauf zu sprechen.

11.5 Werte ändern und zusätzliche Werte hinzufügen

Ein besonderer Vorteil eines grafischen Programms wie Excel besteht darin, daß eine Tabelle mit den daraus generierten Diagrammen dynamisch verknüpft ist: Wenn Sie eine Zahl in der Tabelle verändern, sehen Sie im Grafikfenster sofort die Auswirkung dieser Änderung, vorausgesetzt, Sie lassen Tabellen- und Diagrammfenster gleichzeitig auf dem Bildschirm anzeigen.

Dazu gehen Sie etwa wie folgt vor: Wie üblich laden Sie natürlich zunächst Ihre Tabelle und generieren, soweit Sie das noch nicht gemacht haben, ein oder zwei Diagramme. Wenn Sie auf die Tabelle und die zugehörigen Diagramme des öfteren gemeinsam zugreifen wollen, empfiehlt es sich, den gesamten Satz von Dateien als Arbeitsbereichsdatei, Erweiterung .XLW, abzuspeichern. Für den Namen der Arbeitsbereichsdatei wählen Sie zweckmäßigerweise den Namen der Tabelle, damit Sie die darunter zusammengefaßten Dateien nicht jedes Mal einzeln zu laden brauchen.

Erstellung eines Arbeitsbereiches

Die Arbeitsbereichsdatei faßt, vereinfacht ausgedrückt, lediglich die Namen der ihr zuordneten Dateien zusammen; sie enthält nicht etwa die Dateien selbst. Die einzelnen Dateien bestehen vielmehr nach wie vor und können jederzeit auch einzeln geladen und geschlossen werden. Wenn Sie sich auf Betriebssystemebene mit DIR das Inhaltsverzeichnis Ihres Excel-Verzeichnisses ansehen, erkennen Sie, daß der Speicherbedarf der Arbeitsbereichsdatei wesentlich geringer ist als der der "echten" Excel-Dateien. Die Arbeitsbereichdatei enthält also nur Informationen darüber, welche Dateien zu einem Arbeitsbereich zusammengefaßt wurden, die Dateien selbst bleiben unverändert stehen.

Im Menü *Fenster* bringen Sie sämtliche Fenster der Arbeitsbereichsdatei mit dem Befehl *Alles anordnen* auf den Bildschirm. *Alles anordnen* betrifft alle zum Zeitpunkt des Befehls geladenen Dateien. Im Menü *Fenster* aktivieren Sie dann wie üblich das Fenster (in unserem Fall die Tabelle), in dem Sie zusätzliche Werte hinzufügen oder Werte ändern wollen. Sie können jedes einzelne Fenster, soweit es aktiv ist, jederzeit wieder schließen. Auf dem Bildschirm bleibt dann in der bisherigen Fenstergröße eine freie Stelle mit marmoriertem Hintergrund. Den gleichen Hintergrund

Der Befehl Alles anordnen

Diagramme mit Excel erstellen

kennen Sie von dem Zustand, daß Sie sämtliche Fenster im Vollbild geschlossen haben und von allen Menüs nur noch das Menü *Datei* übriggeblieben ist. Mit dem erneut eingegebenen Fenstermenübefehl *Alles anordnen* arrangiert Excel die verbliebenen Fenster dann wieder neu auf dem Bildschirm.

Eigenständige Bildschirmanpassung

Die von Excel vorgenommene Anordnung muß durchaus nicht Ihre Zustimmung finden. Manchmal steht ein Diagramm links im Fenster, das Sie lieber in der Bildschirmmitte oder rechts haben möchten. Kein Problem: Mit der Systemsteuerung `Alt`+`-` verschieben Sie das Fenster auf dem Bildschirm und passen ggf. seine Größe an. So werden Sie meist das oder die Diagramme in vollem Umfang, wenn auch möglicherweise verkleinert, sehen wollen; dagegen genügt es Ihnen, aus der mit den Diagrammen verbundenen Tabelle nur den Bereich auf dem Bildschirm verfügbar zu haben, in dem Sie Änderungen vornehmen.

Optimale Darstellung festlegen

Nach diesen methodischen Vorbemerkungen laden Sie nun bitte von Ihrer Übungsdiskette die Tabelle KOSTEN.XLS, markieren den Monat Januar von B9:B23 und erzeugen daraus mit *Datei/Neu/Diagramm* ein Säulendiagramm. Die Wahl der jeweiligen Muster bleibt natürlich Ihnen überlassen. Allerdings ist Muster Nr. 7 besonders empfehlenswert, weil Sie infolge der im Diagramm zusätzlich mitgeführten Werte oberhalb der Säulen die Änderungen noch besser verfolgen können. Die geladene Tabelle KOSTEN.XLS wird nun durch das Säulendiagramm unter der temporären Bezeichnung "DIAGRM1" überlagert. Damit Sie gut verfolgen können, wie sich eine Änderung in der Tabelle auch unmittelbar im Diagramm auswirkt, lassen Sie Excel durch Wahl des Befehls *Alles anordnen* im Menü *Fenster* die vorhandenen Fenster auf dem Bildschirm anordnen; dieser Befehl bewirkt, daß alle geladenen Fenster lückenlos aneinandergrenzend auf dem Bildschirm erscheinen, sich also nicht mehr überlappen.

Auf Ihrem Bildschirm sind in der beschriebenen Weise dann die Tabelle KOSTEN.XLS, das soeben erzeugte Säulendiagramm DIAGRM1 und die leere Tabelle TAB1 zu sehen. Die letztere aktivieren Sie und schließen sie dann. Im Menü *Fenster* wählen Sie erneut den Befehl *Alles anordnen*, so daß nun nur noch die beiden Fenster KOSTEN.XLS und DIAGRM1 auf dem Bildschirm verbleiben. Sie rufen nun das Systemmenü auf und verändern mit dem Befehl *Größe verändern* die Tabelle, so daß nur noch die Spalte Januar mit dem Feld B9 sichtbar bleibt. Dann vergrößern Sie in der gleichen Weise das Säulendiagramm DIAGRM1 so, daß es den restlichen Teil des Bildschirms voll einnimmt. Ihr Bildschirm müßte dann etwa so ausssehen:

Diagramme mit Excel erstellen

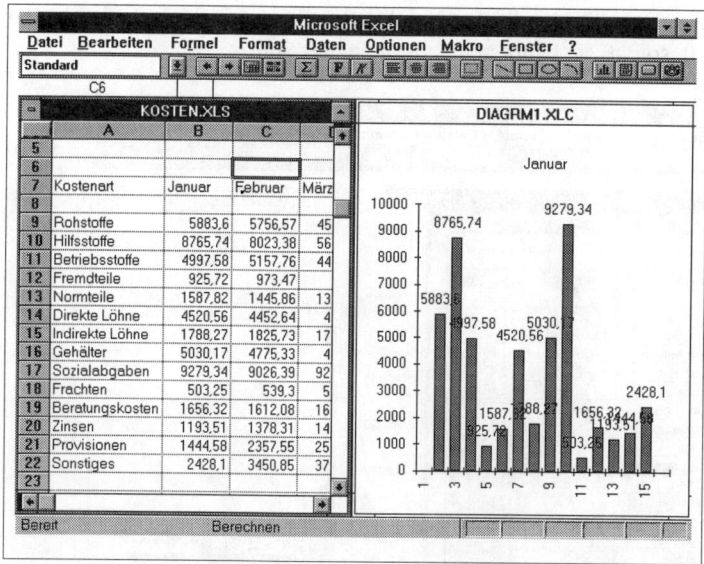

Abb. 146: Tabelle und zugehöriges Diagramm sind angeordnet.

In der Tabelle KOSTEN.XLS ist der Bereich B9:B23 immer noch markiert, so daß Sie die Markierung durch eine Cursorbewegung oder durch [Esc] aufheben müssen, bevor Sie einen Wert ändern oder hinzufügen können. Damit sich ein geänderter Wert im Diagramm nicht sofort, sondern erst nach besonderer Aufforderung auswirken kann, wählen Sie im Menü *Optionen* den Befehl *Berechnen* und die Option *Auf Befehl berechnen*. Dann merken Sie in der Status- oder Meldungszeile an der Anzeige "Berechnung", daß sich vorgenommene Änderungen erst auswirken können, wenn Sie wieder im Menü *Optionen* den Befehl *Neu berechnen* aufrufen.

Auf Befehl berechnen

Nun aktivieren Sie bitte die Tabelle KOSTEN.XLS und setzen den Cursor auf Feld B9. Der dort eingetragene Wert ist 5883,60. Diesen editieren Sie durch Drücken der Funktionstaste [F2] und ändern ihn in die Formel "=5883,6+100000" um. Danach bestätigen Sie die Änderung noch mit [Return]. Sie haben also den ursprünglich vorhandenen Wert absichtlich in so extremer Weise geändert, daß sich auch die ganze Skalierung des Diagramms mit ändern muß. Wenn Sie nunmit *Optionen/Neu berechnen* die Wertänderung in Zelle B9 wirksam werden lassen, reagiert das Säulendiagramm unverzüglich (vgl. Abb. 147). Insbesondere fällt die geänderte Größenbezeichnung 105883,6 an der Spitze der Januar-Säule auf. Auch die Skalierung der Größenachse, die in Abb. 146 mit einem Endwert von 10000 auskam, hat sich der Wertänderung in Feld B9 angepaßt. So beherrscht die Januar-Säule praktisch das ganze Diagramm DIA-

Werte ändern

385

Diagramme mit Excel erstellen

GRM1, und die übrigen, bisher beachtlichen, anderen Säulen schrumpfen auf fast 0, so daß sie kaum noch auszumachen sind.

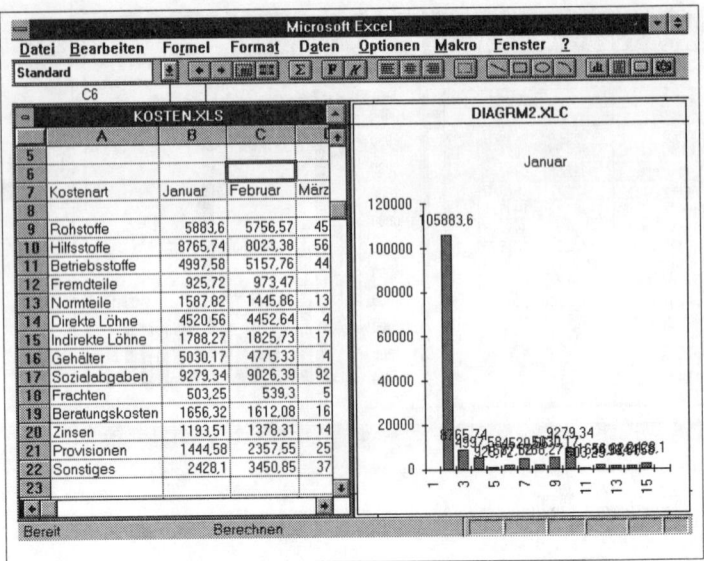

Abb. 147: Änderung in der Tabelle bewirkt eine Anpassung im Diagramm

Da macht es sich positiv bemerkbar, daß Sie Muster Nr. 7 gewählt hatten, so daß Sie wenigstens die Werte der grafisch nur noch bescheidenen Höhen der übrigen Säulen im Diagramm ablesen können. Beachten Sie bitte auch das leere Feld 16 auf der Rubrikenachse. Wie Sie durch Vergleich mit Ihrere Tabelle KOSTEN.XLS erkennen können, entspricht es dem in Ihren ausgewählten Bereich einbezogenen, jedoch vorerst noch leeren Feld B23.

Führen wir den gleichen Vorgang noch in zwei weiteren Schritten auf den ursprünglichen Zustand zurück. Nach wie vor ist die Tabelle KOSTEN.XLS das aktive Fenster, in dem der Cursor unverändert auf B9 steht. Sie können daher die Zelle erneut durch die Funktionstaste F2 editieren. Da der gegenwärtige Inhalt bereits eine Formel ist, beschließen Sie, zunächst einmal 50.000 abzuziehen. Die Formel lautet also daher =5.883,6+100.000-50.000. An dem Hinweis "Berechnung" in der Meldungszeile erkennen Sie, daß die vorgenommene Änderung noch nicht ihren Niederschlag bei der Aktualisierung der Bezüge gefunden hat. Sie lassen daher durch *Optionen/Neu berechnen* alle Abhängigkeiten aktualisieren, und sofort schrumpft die Januar-Säule auf rund die Hälfte. Um nun den Ausgangszustand zu erreichen, in dem der Wert 5883,6 betrug, genügt es, von der Formel in Zelle B9 noch einmal 50.000 abzuziehen - der Zelleninhalt lautet dann also =5.883,6+100.000-50.000-50.000 - und

Diagramme mit Excel erstellen

mit *Optionen/Neu berechnen* neu berechnen zu lassen: Das Säulendiagramm DIAGRM1 hat wieder seine ursprüngliche Gestalt angenommen.

Wir hatten das leere Feld B23 in die Auswahl eingeschlossen; da es keinen Inhalt (bzw. den Inhalt 0) hatte, konnte es sich im Diagramm, außer durch die Strecke 16, nicht als Säule bemerkbar machen. Das wollen wir jetzt ändern, indem Sie auch hier den zur Demonstration bewährten Wert 100.000 eingeben. Es ist Ihnen mittlerweile schon geläufig, mit *Optionen/Neu berechnen* das Säulendiagramm auf Befehl neuzeichnen zu lassen. Die im Vergleich zu allen anderen Werten überragende Säule steht jetzt lediglich am äußeren rechten Rand des Diagramms.

Damit könnten Sie es genug sein lassen. Weil die Tabelle KOSTEN.XLS immer noch das aktive Fenster ist, schließen Sie es und beantworten die Frage, ob Sie die Änderungen (in Feld B9) speichern wollen, mit "Nein". Auch das Säulendiagramm DIAGRM1, das Sie als letztes schließen, wollen Sie vermutlich nicht speichern, da Sie es jederzeit mit den ursprünglichen Werten unschwer wieder neu erzeugen können.

Zusätzliche Spalten durch Mehrfachauswahl

Es kommt nicht selten vor, daß Sie ein Diagramm entwickelt und formatiert haben (mehr zur Formatierung von Diagrammen in den Unterkapiteln 11.6 bis 11.8) und dann auf einmal zusätzliche Spalten zu berücksichtigen haben, die bei der Entwicklung des Diagramms nicht in die (Mehrfach-)Auswahl einbezogen oder später in die Tabelle eingefügt wurden. Nehmen wir dazu als Beispiel die Tabelle KOSTEN.XLS. Entwickeln Sie daraus bitte eine weitere Tabelle, indem Sie hinter der bisherigen Spalte D für Monat März eine zusätzliche Spalte, zur Errechnung der Summe für das erste Quartal einschieben. Die Formel in E9 lautet =summe(b9:d9). Sie schreiben diese Formel natürlich, wie an anderer Stelle vorgeschlagen, zur Kontrolle in Kleinbuchstaben. Wenn sie syntaktisch richtig ist, werden die Kleinbuchstaben in Großbuchstaben umgewandelt. Da die Formel relative Adressen enthält, kopieren Sie sie von E9 bis E22 herunter, so daß sich die Zeilenbezüge automatisch anpassen.

Wir wollen an dieser Stelle noch einmal die Mehrfachauswahl, die wir bereits kurz im Zusammenhang mit bestimmten Diagramm-Mustern (dem Höchst-, Mindest- und Durchschnittswert bei Börsenkursen) benutzt hatten, im Zusammenhang mit den sogenannten Datenreihen erörtern. In der um die eingeschobene Spalte E erweiterten Tabelle markieren Sie den Bereich A8:D22. Wenn Sie nun `Shift`+`F8` drücken, erscheint in der Meldungszeile ADD als Zeichen, daß Sie den Cursor aus dem bisher markierten Bereich herausbewegen können, ohne die Markierung aufzuheben. Sie markieren daher ohne Probleme F8:H22 und erzeugen daraus

Mehrfachauswahl in das Diagramm einfügen

Diagramme mit Excel erstellen

mit *Datei/Neu/Diagramm* ein neues Diagramm. Dieses gestalten Sie im Menü *Muster* zu einem Liniendiagramm nach Muster Nr. 1 um. Anschließend aktivieren Sie das Tabellenfenster und markieren hier für das 1. Quartal die Spalte E8:E22, um sie nun mit *Bearbeiten/Kopieren* zum Kopieren vorzubereiten. Sie erkennen die Auswahl zum Kopieren an dem Laufrahmen. Sie rufen nun das soeben erzeugte Diagramm auf und fügen die Werte der eingefügten Spalte E mit *Inhalte einfügen* in das Diagramm ein. Weil die Quartalswerte rund dreimal höher als die Werte der einzelnen Monate sind, erkennen Sie ohne weiteres den höheren Linienzug.

Sie könnten nun auf die Idee kommen, zunächst ein Diagramm aus den Quartalswerten zu erstellen und danach die ersten und die folgenden drei Monate dem Diagramm nachträglich durch eine Mehrfachauswahl hinzuzufügen. Diesen umgekehrten Weg toleriert Excel nicht, sondern quittiert das Vorgehen durch die Meldung "Bei Mehrfachauswahl nicht möglich!"

11.6 Formatierung der Diagrammelemente

Wenn Sie die von uns vorgeschlagenen Übungen regelmäßig nachvollzogen haben, dann werden Ihnen die Techniken leicht von der Hand gehen, die Elemente jeder der elf Diagrammarten im Diagrammfenster zu bemustern und innerhalb weiter Grenzen Ihren eigenen Vorstellungen anzupassen. Dabei konnten Sie allerdings auch auf die beachtliche Zahl von insgesamt 68 Varianten zurückgreifen.

Als Mangel haben Sie möglicherweise empfunden, daß wir bisher die Anordnung der Diagrammelemente noch nicht beeinflussen konnten, d.h. wir konnten das Diagrammfeld noch nicht formatieren. Diese Lücke wollen wir daher im weiteren Verlauf schließen.

Begriffs- Unter "Diagramm" ist das gesamte Diagrammfenster auf dem Bildschirm
definitionen zu verstehen.

Die eigentliche Diagrammfläche ist kleiner als das Diagrammfenster; sie wird durch die Abmessungen der Rubrikenachse und der Größenachse begrenzt.

Unter Diagrammelement verstehen wir die Bestandteile, aus denen eine Diagrammart zusammengesetzt ist und von der sie ihren Namen ableitet: Die Balken und Säulen in Balken- und Säulendiagrammen, die Linien und Punkte in Linien- und Punktdiagrammen, Kreis und Flächen in Kreis- und Flächendiagrammen.

Diagramme mit Excel erstellen

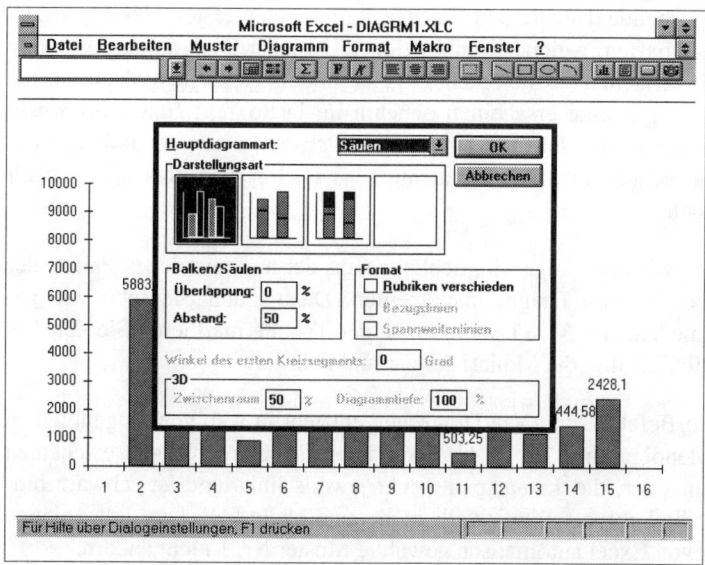

Abb. 148: Die Möglichkeiten des Befehls Format/Hauptdiagramm

Das Format-Menü

Zur Formatierung der Diagrammelemente dient das Menü *Format*, das jedoch im Diagramm-Modus nur den Befehl *Hauptdiagramm* zur Verfügung stellt. Je nach Darstellungsart lassen sich nur bestimmte Optionen im Dialogfeld aktivieren. Das liegt ganz einfach daran, daß manche Optionen für eine bestimmte Darstellungsart überhaupt keinen Sinn ergeben. Sinnvollerweise stehen die 3D-Optionen auch nur den dreidimensionalen Diagrammarten zur Verfügung, und ein Winkel des ersten Kreissegmentes hat bei der Diagrammart "Flächen" nichts zu suchen.

Kombination von Formatierungen

Mögliche Kombinationen von Diagramm-Formatierungen:

Flächen	Balken	Säulen	Linien	Kreis	Punkt	Art
	X	X	X	X	X	Rubriken verschieden
X			X			Bezugslinien
	X	X				Überlappung in %
				X		Winkel des 1. Kreissegments
			X			Spannweiten
3D		3D	3D			3D-Zwischenraum
3D		3D	3D			3D-Diagrammtiefe

Diagramme mit Excel erstellen

Die vorstehende Tabelle soll Ihnen lediglich einen ersten Überblick darüber verschaffen, welche Kombinationen bei jeder Diagrammart möglich sind. Sie brauchen sie sich nicht etwa besonders zu merken, denn die zulässigen Argumente erscheinen ohnehin im Dialogfeld *Hauptdiagramm/ Format* des Menüs *Format* durch helle Buchstaben hervorgehoben, während die nicht wählbaren Argumente zwar noch lesbar, aber abgedunkelt erscheinen.

Erproben wir nun einige Möglichkeiten aus der umfangreichen Palette der Formatierung von Diagrammelementen. Dazu laden Sie bitte wie gewohnt die Tabelle KOSTEN.XLS. In der Tabelle markieren Sie den Bereich B9:C22, d.h. die Monate Januar und Februar.

Mit dem Befehl *Datei/Neu/Diagramm* entsteht in wenigen Augenblicken ein Säulendiagramm DIAGR1: Die Säulen für jede Kostenart erscheinen nebeneinander; die Januarspalte steht jeweils links und ist schwarz hinterlegt, die Februarspalte jeweils rechts und bleibt hell. Dies gilt, solange Sie das von Excel automatisch gewählte Muster Nr. 1 nicht ändern.

Wenn Ihnen die Überlagerung des Diagramms über die Tabelle nicht gefällt, bewegen Sie nach Aufruf des Systemmenüs das Tabellenfenster an den linken Rand des Bildschirms und verkleinern es auf die beiden Spalten Januar und Februar. Den verbleibenden Platz auf dem Bildschirm teilen Sie dem Säulendiagramm DIAGRM1 zu.

Das müßte dann so ähnlich aussehen wie in der folgenden Darstellung:

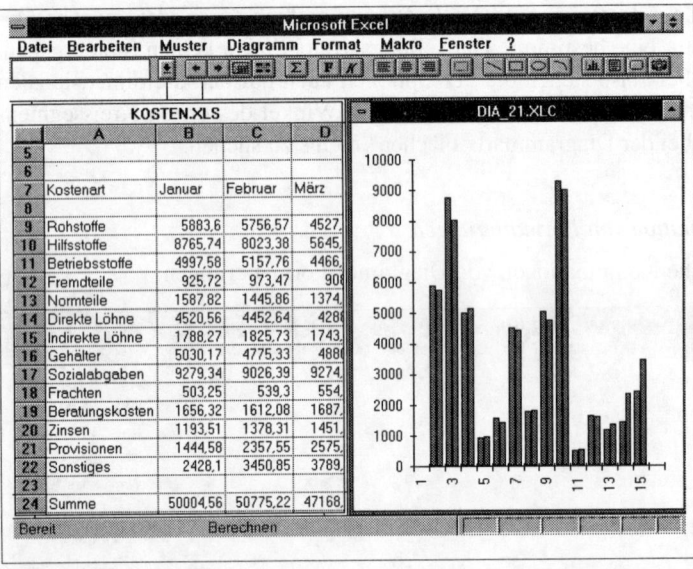

Abb. 149: So können Diagramme verändert werden

Diagramme mit Excel erstellen

Markieren Sie in der Tabelle KOSTEN.XLS nun bitte den Bereich B9:G22, d.h. alle sechs Monate von Januar bis Juni, und erzeugen Sie hieraus das verbundene Säulendiagramm.

Stapelbalkendiagramm erzeugen

Dieses Diagramm trägt die vorläufige Bezeichnung DIAGRM2, denn wie Sie wissen, numeriert Excel sämtliche während einer Sitzung erstellten Diagramme, mit DIAGRM1 beginnend, fortlaufend. Dies gilt auch, wenn Sie unterdessen ein Diagramm schließen, ohne es gespeichert zu haben.

Sie stellen schnell fest, daß der Platz etwas zu eng geworden ist. Dies ist die Stunde der Stapelbalken. "Stapelbalken" bedeutet, daß die gegenwärtig in DIAGRM2 in Sechsergruppen nebeneinander stehenden Balken übereinander angeordnet werden. Das müssen wir nun nicht mit dem 1. Halbjahr erproben; wir empfehlen daher, auf das erste Diagramm DIAGRM1 mit den beiden Monaten Januar und Februar zurückzugreifen, die dem in der Tabelle KOSTEN.XLS markierten Bereich B9:C22 zugeordnet ist.

Das "gestapelte" bzw. "überlappte" Diagramm

Eine Stapelung wird über eine Kombination von Argumenten des Befehls *Format/Hauptdiagramm* erreicht. Dazu markieren Sie das mittlere Symbol der *Darstellungsart* und vergewissern sich, daß die Option *Rubriken verschieden* markiert ist und die *Überlappung* den Wert 0 besitzt. Das geänderte Diagramm bringt uns zwar in der Breite keine Ersparnis, wir haben jedoch erreicht, daß sich die Säule für Februar von der Rubrikenachse abgehoben hat und ihre Basis genau auf dem Niveau beginnt, auf dem die linke Säule für Januar endet.

Der Maßstab der Größenachse wurde automatisch auf 20.000 angepaßt, so daß Sie die Summe beider Monate ablesen können. Wenn Sie im Menü *Muster* das Säulendiagramm, Muster Nr. 7 wählen, werden die gestapelten Säulen getrennt für Januar und Februar mit ihren Werten beschriftet, eine Gesamtsumme erscheint jedoch im Diagramm nicht.

Formatierung der Stapelung

Wenn Sie nicht den Eindruck gewonnen haben, daß diese Art der Stapelung die Übersichtlichkeit und Klarheit Ihres Diagramms gegenüber der Darstellung in DIAGRM1 wesentlich verbessert hat, würden Sie vermutlich daran denken, die Säulen nicht nur nebeneinander (wie in Abb. 148) zu stapeln, sondern überlappen zu lassen, um Breite einzusparen. Die Formatierungsmöglichkeit hierzu finden Sie im Menü *Format/Hauptdiagramm* mit dem Argument *Überlappung in %*. Versuchen Sie es einmal mit 100 %: Beide Balken stehen glatt übereinander. Dies ist die übliche Darstellung von Stapelbalken. Auch jetzt nützt es nichts, im Menü *Muster* das Säulendiagramm, Muster Nr. 7 zu aktivieren, um Excel zur Summierung beider Säulen zu veranlassen. Allerdings ist das Diagramm dadurch

Diagramme mit Excel erstellen

übersichtlicher geworden, daß die Werte etwa in der Mitte jeder Säule erscheinen. Ändern Sie jedoch für die folgende Übung Muster Nr. 7 wieder in Muster Nr. 1.

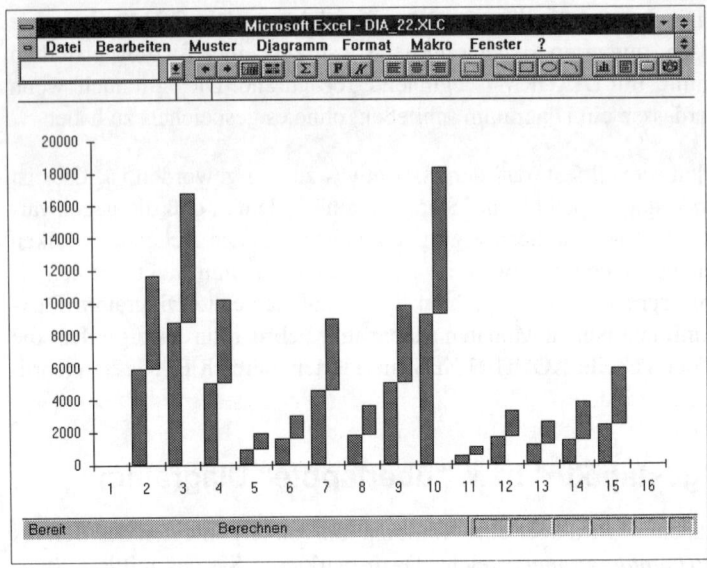

Abb. 150: Ein gestapeltes Säulendiagramm

Gleiche Höhe der Stapel

Die rechte "Darstellungsart" stellt auch eine Art der hundertprozentigen Überlappung dar. Sie erreichen damit, daß die Höhe sämtlicher Stapelsäulen gleich gemacht wird (nämlich gleich 100 %). Das heißt nichts anderes, als daß Excel ohne Rücksicht darauf, wie hoch der tatsächliche Betrag beider Werte ist, die Summe jeder einzelnen Kostenart für Januar und Februar (in DM) gleich 100 % setzt. Dies hat den Vorteil, daß Sie die prozentualen Anteile der Monate Januar und Februar an den kosten sehr gut erkennen und miteinander vergleichen können. Betrachten Sie dazu bitte Säule 1, die den Bereich B9:C9 (Zeile 9) in Tabelle KOSTEN.XLS grafisch darstellt. Die Kosten für Rohstoffe im Januar und Februar verhalten sich ungefähr wie 50 % zu 50 % - mit anderen Worten, es gibt keine nennenswerten Schwankungen der Kosten zwischen Januar und Februar.

Vergleichen Sie diesen Befund nun einmal mit der grafischen Darstellung von Zeile 21, das ist der Bereich B21:C21. Die Aufwendungen für Provisionen im Januar und Februar verhalten sich ungefähr wie 40 zu 60, d.h. sie schwanken erkennbar. Und genau diese Struktur können Sie aus dem Diagramm erheblich einfacher und bequemer ablesen, als wenn Sie, was natürlich auch möglich, aber wesentlich weniger anschaulich wäre, in der Tabelle KOSTEN.XLS in einer freien Spalte für jede Zeile die Summe der Werte von Januar und Februar bilden müßten. In der folgenden freien Spalte würden Sie dann zunächst zeilenweise den prozentualen Anteil der Januarkosten an den Gesamtkosten von Januar und Februar ermitteln und analog dazu in der dritten freien Spalte den prozentualen Anteil der Februarkosten wiederum an den Gesamtkosten von Januar und Februar. Falls jemand Ihrer Prozentrechnung nicht trauen sollte, müßten Sie schließlich in der letzten freien Spalte noch beide Vorspalten summieren und für jede Zeile 100 % ausweisen.

Dies ist unserer Meinung nach ein überzeugendes Beispiel für den Nutzen von Diagrammen, die mit vorhandenen Tabellen dynamisch verbunden sind.

Setzen Sie noch den Gruppenabstand, dessen Vorgabewert 50 % beträgt, auf 0 %. Damit verschwinden in Ihrem Diagramm die Grenzenflächen zwischen den Säulen, d.h. die Säulen fließen zu einem Flächendiagramm zusammen. Wandeln Sie das Flächendiagramm wieder zu einem Säulendiagramm, indem Sie den Gruppenabstand auf 100 % setzen - Sie können auch 100 % überschreiten und z.B. 200 % wählen.

Vom Säulen- zum Flächendiagramm

Hier noch einige Übungen, um die Kombination der Argumente kennenzulernen:

Säulen verdeckt hintereinanderstellen

Erstellen Sie ein normales Säulendiagramm aus zwei Wertereihen. Wählen Sie dann im Menü *Format* die Option *Überlappung* und ersetzen Sie die Voreinstellung 0 z.B. durch 50. Die hell hinterlegten Säulen für Februar verschwinden zur Hälfte hinter den schwarzen Säulen für Januar.

Laden Sie für die nächste Übung nun noch einmal Ihre Tabelle KOSTEN.XLS und markieren den Bereich B9:G22, d.h. alle sechs Monate von Januar bis Juni, und lassen Sie Excel daraus mit *Datei/Neu/Diagramm* das standardmäßige Säulendiagramm nach Muster Nr. 1 erstellen.

Als Säulendiagramm mindestens unübersichtlich, wenn nicht gar unbrauchbar, sieht es eher wie eine Wolkenkratzersilhouette aus. Sie versuchen es daher vielleicht einmal mit einem Liniendiagramm. Sie wissen, daß es zunächst gleichgültig ist, ob Sie dieses über das Menü *Muster* mit Muster Nr. 1 oder über das Menü *Format/Hauptdiagramm* erreichen. Im letzteren Fall können Sie jedoch gleich ersehen, welche Möglichkeiten Sie zur weiteren Formatierung der Diagrammelemente für die Diagrammart "Linien" haben: Symbol "Stapelung", Symbol "Stapelung 100 %", "Rubriken verschieden", "Bezugslinien" und "Spannweitenlinien".

Diagramme mit Excel erstellen

Rufen Sie als erstes das Liniendiagramm ohne vorherige Formatierung der Diagrammelemente auf: Bei dem kleinen Format des Diagrammfensters liegen die Linien recht dicht beieinander. Diesem Mangel helfen Sie dadurch ab, daß Sie das Diagrammfenster im Systemmenü auf Vollbild vergrößern. Wählen Sie nun nacheinander die möglichen Formate im Menü *Format/Hauptdiagramm*, indem Sie zuerst das Symbol "Gestapelt" markieren. Das Aussehen dieses Diagramms ist schon besser, allerdings handelt es sich auch um eine ganz andere Darstellung, wie Sie gleich erkennen. Die Rubriken auf der Rubrikenachse zeigen gestapelte Linien, wobei sich die Monatswerte von Januar bis Juni aufeinanderstapeln. Entsprechend hat sich auch der Maximalwert der Größenachse von bisher 10.000 auf 60.000 angepaßt. Markieren Sie nun das Symbol "Stapelung 100 %" hinzu. Sie wissen, daß dadurch die gestapelten Monatswerte auf 100 % umgerechnet werden, und Sie können erkennen, daß sich die Strukturabweichungen bis auf die letzten Rubriken von etwa 13 bis 16 im Rahmen halten. Gäbe es überhaupt keine Strukturabweichungen, d.h. wären die Kosten für jede Kostenart von Monat zu Monat gleich, so würden alle Linien genau parallel zur Rubrikenachse verlaufen. Gehen Sie erneut ins Menü *Format*, und wählen Sie zusätzlich zu den bisherigen Argumenten "Bezugslinien". Im Diagramm erkennen Sie, daß Bezugslinien Senkrechte sind, die von der Rubrikenmitte aus die Punkte im gestapelten und genauso im reinen Liniendiagramm miteinander verbinden. Löschen Sie anschließend die Bezugslinien und wählen Sie statt dessen Spannweitenlinien.

Änderung der Spannweiten

Unter Spannweite versteht man den Abstand zwischen dem höchsten und dem niedrigsten Punkt einer Rubrik. Spannweitenlinien verbinden also den Maximal- und Minimalwert einer Rubrik miteinander. Wenn gleichzeitig mit Spannweitenlinien auch Bezugslinien aktiviert sind, werden die Spannweitenlinien ein Teil der Bezugslinien - mit anderen Worten, die Bezugslinien überdecken die Spannweitenlinien. Vergewissern Sie sich davon, indem Sie zunächst *Spannweitenlinien* aktivieren, sich das Diagramm anzeigen lassen und danach *Bezugslinien* wählen und das gleiche tun. Das Bezugsliniendiagramm unterscheidet sich von dem Spannweitenliniendiagramm nur dadurch, daß von den niedrigsten Werten des Stapeldiagramms das Lot auf die Rubrikenachse gefällt wird.

Linien erleichtern das Ablesen von Werten

Bei eng beieinanderliegenden, gestapelten Linien werden Ihre Diagramme übersichtlicher, wenn Sie anstelle des Standardmusters Nr. 1 (mit Punkten) Muster Nr. 2 (ohne Punkte) wählen. Probieren Sie es aus.

Nicht alle Varianten und Kombinationen von Diagrammtypen, Mustern und Formaten liefern erkennbar unterschiedliche grafische Resultate.

Diagramme mit Excel erstellen

Überzeugen Sie sich als nächstes z.B. davon, daß das Standard-Punktdiagramm mit einem Liniendiagramm nach Muster Nr. 2 identisch ist.

Ebenso besteht kein Unterschied zwischen einem Liniendiagramm mit Muster Nr. 1 und einen Punktdiagramm mit Muster Nr. 2. Sie finden weitere Identitäten heraus, indem Sie weitere Paarungen zwischen Linien- und Punktdiagrammen mit unterschiedlichen Mustern durchprobieren.

Formatierungen beim Kreis- und Flächendiagramm

Gehen Sie nun zu Kreisdiagrammen über. Es schadet nichts, wenn Ihre Markierungen in der Tabelle KOSTEN.XLS sechs Rubriken, also die Monate von Januar bis Juni, umfassen. Excel berücksichtigt in dem Fall, daß Sie mehr als eine Spalte oder Zeile ausgewählt hatten, nur jeweils die erste. Wenn Sie also im Menü *Muster* den Befehl *Kreis* auswählen, würde nur Spalte B grafisch als Kreisdiagramm dargestellt werden. Im Menü sehen Sie, daß die Möglichkeiten im Dialogfeld *Format/Hauptdiagramm* erheblich eingeschränkt sind und Sie nur *Rubriken verschieden* und auch *Winkel des ersten Kreisdiagrammsegmentes* wählen können. Die numerischen Werte der betreffenden Spalte müssen übereinandergestapelt sein, um grafisch von einer Säule zu einem Kreis "zusammengebogen" zu werden; die Umrechnung *Summe aller Spaltenwerte auf 100%* ist erforderlich, weil sonst die Kreisfläche von den Spaltenwerten abhinge, und das macht der Bildschirm nicht mit; die Bezugslinien sind die Strahlen, die vom Kreismittelpunkt ausgehen und zum Kreisumfang laufen, weil anders die Kreissektoren nicht voneinander abgegrenzt werden könnten. Damit bleiben Ihnen nur die beiden Gestaltungsmöglichkeiten *Rubriken verschieden* und *Winkel des ersten Kreisdiagrammsegmentes*.

Unterschiedliche Segmentmuster

Wenn Sie *Rubriken verschieden* nicht aktivieren, bleibt der Kreishintergrund hell, und die Sektoren werden nur durch die radialen Bezugslinien voneinander getrennt. Wenn Sie *Rubriken verschieden* wählen, erhalten Sie unterschiedlich gemusterte Kreissegmente. Zur besseren Identifikation bleibt das erste Segment, d.h. die Rubrik 1, stets hell hinterlegt. Stellen Sie zwischendurch schnell einmal fest, mit welcher Musternummer diese Darstellung im Menü *Muster* übereinstimmt.

Winkel definieren

Den Kreis können Sie um seinen Mittelpunkt mit *Winkel des ersten Kreisdiagrammsegmentes* gegenüber der Senkrechten drehen. Die Voreinstellung ist 0. Der Winkel dreht die linke, senkrechte Sektorengrenze des ersten Kreissegments um die eingegebene Gradzahl im Uhrzeigersinn zwischen 0 und 360 Grad nach rechts. Damit können Sie bestimmen, welches Segment oben stehen soll. In das vierstellige Feld können Sie als Winkel nur ganze Zahlen eingeben. Eine Dezimalzahl weist Excel mit der Fehlermeldung "Ungültige Zahl" zurück. Wenn Sie sich jedoch an ganze

395

Diagramme mit Excel erstellen

Zahlen halten, können Sie das Feldformat bis zum Extrem von 9.999 ausnutzen - ob das sinnvoll ist, mag dahingestellt bleiben. Excel schluckt das klaglos und konvertiert diese Eingabe in die entsprechende sinnvolle Zahl zwischen 0 Grad und 360 Grad. Bleiben wir jedoch im Rahmen und prüfen die internen Umrechnungen, indem wir uns für überschaubare Winkel, z.B. 420 Grad, entscheiden. 420 Grad sind für Excel 60 Grad, und dieser Wert erscheint dann bei der Generierung des Kreisdiagramms auch in Ihrem Optionsfeld. Sie können auch Linksdrehungen vornehmen, indem Sie eine negative Ganzzahl eingeben, z.B. -15. Excel wandelt diese negative Zahl in 345 Grad um.

Viel einfacher wird das Kreissegment jedoch mit der Maus hervorgehoben. Klicken Sie das entsprechende Segment an und ziehen es mit der Maus in die gewünschte Richtung und Entfernung.

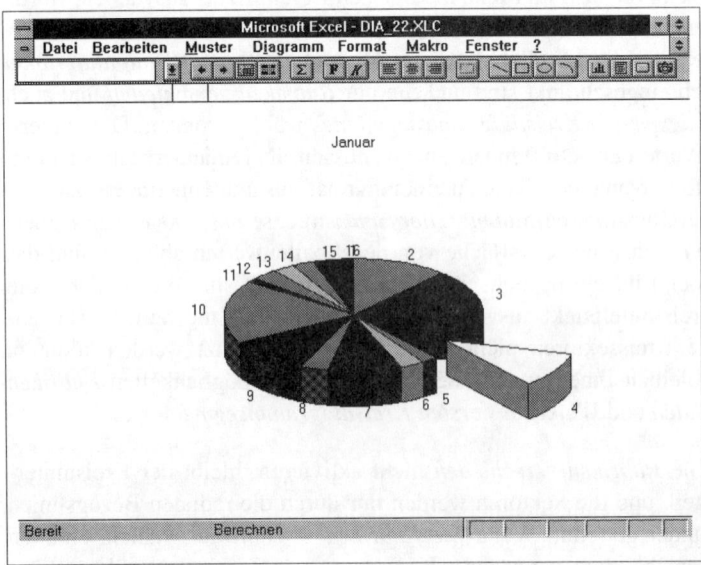

Abb. 151: Ein losgelöstes Kreissegment wird hervorgehoben

Verbunddiagramme

Haupt- und überlagerndes Diagramm

Excel baut Verbunddiagramme aus zwei verschiedenen Diagrammformaten auf, die sich gegenseitig überlagern. Ein Verbunddiagramm ist sehr einfach erzeugt, wenn Sie im Menü *Muster Verbund* aktivieren und eines der Muster, z.B. Nr. 4, wählen. Das eine Diagramm heißt Hauptdiagramm oder überlagertes Diagramm, das andere überlagerndes Diagramm. Wenn in der mit dem Diagramm zu verbindenden Tabelle eine gerade Anzahl von Spalten ausgewählt wurde, wird das Hauptdiagramm aus der ersten

Hälfte und das überlagernde Diagramm aus der zweiten Hälfte der Spalten gebildet. Bei ungerader Anzahl von Spalten erhält das Hauptdiagramm eine Spalte mehr. Wenn Sie mit dieser Excel-Automatik nicht einverstanden sind, können Sie sie im Menü *Format* durch den Befehl *Überlagerung* ändern, indem Sie die *Erste Datenreihe im überlagernden Diagramm* festlegen. Im Menü *Diagramm* können Sie die Überlagerung durch den Befehl *Überlagerung löschen* rückgängig machen. Den erneuten Verbund stellen Sie im Menü *Diagramm* durch *Überlagerung einfügen* wieder her. Im gleichen Menü können Sie jedes der beiden verbundenen Diagramme mit eigenen Achsen versehen und dem Hauptdiagramm (nur diesem) Gitternetzlinien zuweisen. Haupt- und überlagerndes Diagramm lassen sich im Menü *Format* einzeln formatieren, weil dort zum Befehl *Hauptdiagramm* zusätzlich das Argument *Überlagerung* aktiviert werden kann.

Machen Sie hierzu bitte folgende Übung: Sie laden die Tabelle KOSTEN.XLS und markieren hier den Bereich A9:H22, d.h. einschließlich der Summenspalte H, damit Sie an den unterschiedlichen Höhen der Säulen im Diagramm gleich erkennen können, welches das Haupt- und welches das überlagernde Diagramm ist. Erzeugen Sie nun ein Standarddiagramm, das Sie im Menü *Muster* mit Muster Nr. 4 in ein Verbunddiagramm umwandeln. Im Menü *Diagramm* wechseln Sie zwischen *Überlagerung löschen* und *Überlagerung einfügen* hin und her, wobei Sie gegebenenfalls zu Muster Nr. 1 zurückspringen, wenn Sie keine Vorzugsform gewählt hatten. Belassen Sie es aber ruhig bei Nr. 1. Im Menü *Format* ist der Befehl *Überlagerung* neben dem *Hauptdiagramm* aktiv. Wählen Sie im Hauptdiagramm z.B. Flächen, nicht gestapelt, und im Überlagerungsdiagramm etwa Linien. Dort sehen Sie, daß die Option *Automatische Datenreihenzuordnung* voreingestellt ist und die *Erste Datenreihe im überlagernden Diagramm* auf 5 steht. Im Menü *Diagramm* teilen Sie - allerdings nur dem Hauptdiagramm - Gitternetzlinien zu. Mit Achsen können Sie jedoch im gleichen Menü sowohl das Hauptdiagramm als auch das überlagernde Diagramm versehen. Löschen Sie wahlweise die Größenachsen im Haupt- und überlagernden Diagramm, um die Maßstabsunterschiede von 10.000 zu 60.000 erkennen zu können.

Perspektiven bei dreidimensionalen Diagrammen ändern

Die "normale" Darstellung von dreidimensionalen Diagrammen in der Vorderansicht läßt manche Werte nicht richtig zur Geltung kommen. Dies ist beispielsweise dann der Fall, wenn größere Werte im Vordergrund kleinere Werte im Hintergrund überlagern. In diesem Fall können Sie entweder die Darstellungsreihenfolge der Datenreihen mit dem Befehl *Datenreihen bearbeiten* oder aber die Perspektive des 3D-Diagramms

Diagramme mit Excel erstellen

verändern. Dabei wird im Prinzip die Position des Betrachters geändert, so daß er einen Einblick in alle Datenreihen erhält. Die Funktion erhalten Sie, wenn Sie im Menü *Format* den Befehl *3D-Ansicht* anklicken.

Betrachterposition ändern

Prinzipiell gibt es drei zu verändernde Positionen. Das ist zum einen die Betrachtungshöhe, die mit zwei Richtungs-Schaltflächen oder auch absoluten Werten gesetzt werden kann. Der Wertebereich liegt dabei im Fall der Betrachtungshöhe zwischen -90 und 90 Grad und im Fall der Drehung zwischen 0 und 360 Grad. Hierbei müssen Sie sich vorstellen, daß Sie bei Betätigung der entsprechenden Schaltfläche für "Oben" und "Unten" Ihre Position in bezug auf das Diagramm verändern. Wird die Schaltfläche für "Oben" betätigt, so wandert der Fluchtpunkt weiter nach unten, und Sie scheinen das Diagramm aus der Höhe zu betrachten.

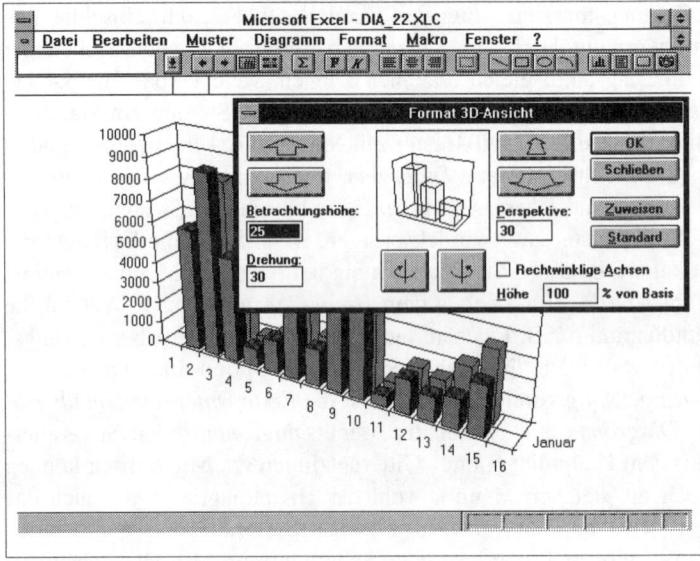

Abb. 152: *Die Position des Betrachters ändern*

Eine weitere Positionsänderung besteht in der Drehung des Diagramms um die hintere Y-Achse. Dadurch wird dem Betrachter wiederum ein besserer Einblick gewährt, wenn mehrere Datenreihen dargestellt werden.

Änderung der dritten Dimension

Eine zusätzliche Positionsänderung über die Z-Achse (die eigentliche dritte Dimension) wird erst aktiv, wenn Sie die Markierung der Option *Rechtwinklige Achsen* löschen. Dann erscheinen zwei neue Richtungspfeile, mit deren Hilfe Sie die Perspektive einstellen können. Der absolute Wertebereich liegt dabei zwischen 0 und 100. Die Werte beziehen sich auf die Länge der Z-Achse. Je höher der Wert ist, desto länger ziehen sich die Diagrammelemente in die dritte Dimension.

Als letze Manipulation steht Ihnen die Hohenänderung des Diagramms zur Verfügung. Grundlage bildet dabei die Basis, von der die Diagrammelemente ausgehen. Als "Höhe" wird ein Prozentwert zwischen 5 und 500 eingetragen. Je höher Sie den Wert wählen, desto mehr wird das Diagramm "gezogen".

Änderungen im Diagramm nachvollziehen

Werden alle einzustellenden Betrachtungswerte auf 0 gesetzt, so erscheint das Diagramm als ganz normales, zweidimensionales Diagramm. Diese Einstellung sollten Sie vornehmen, um dann alle Positionsveränderungen einmal einzeln auszuprobieren. So kann man am besten nachvollziehen, welche Positionsänderung welche Auswirkung mit sich bringt. Mit der Schaltfläche *Standard* können Sie die Werte jedesmal wieder auf die Voreinstellung zurücksetzen.

Zu Ausprobieren sollten Sie das Diagrammfenster in seiner Größe so ändern, daß es zusammen mit dem Dialogfeld auf den Bildschirm paßt. Wenn Sie nun eine bestimmte Einstellung vorgenommen haben, können Sie über die Schaltfläche *Zuweisen* die neuen Werte in das Diagramm übertragen, ohne das Dialogfeld verlassen zu müssen. So können mehrere Einstellungen durchgespielt werden.

11.7 Gestaltung des Diagramms

Bei unseren ersten Versuchen, Tabellenbereiche in Form von Diagrammen grafisch wiederzugeben, haben Sie zunächst großzügig übersehen, daß es mit den Diagrammtexten manchmal sehr erheblich haperte. Die Beschriftungen waren teilweise verstümmelt oder gar nicht zu erkennen, teilweise überlagerten sie sich gegenseitig oder reichten - etwa bei den Kreisdiagrammen - in das Diagramm selbst hinein. Die Diagrammtexte stammen bisher ausschließlich aus dem Inhalt der Tabelle, und Sie werden vermutlich noch andere Texte wie Überschriften, Diagrammtitel, Legenden und Erläuterungen von Symbolen in Ihre Diagramme einfügen wollen. Schließlich denken Sie möglicherweise auch daran, die Texte in unterschiedlichen Schriftarten erscheinen zu lassen oder das Diagramm mit Rahmen, ergänzenden Gitternetzlinien und Pfeilen zu verbessern und leichter lesbar zu machen.

Diagramme mit Excel erstellen

Das Menü Diagramm

Alle diese Möglichkeiten, die Bildschirmdarstellung zu ändern und zu beeinflussen, ergeben sich aus den grafischen Elementen und Grafikfunktionen, die im Menü *Diagramm* (Ganze Menüs) zu den folgenden Befehlen (die im Excel-Jargon auch Kategorien heißen) zusammengefaßt sind:

- Text zuordnen
- Pfeil einfügen
- Legende einfügen
- Achsen
- Gitternetzlinien
- Überlagerung einfügen
- Datenreihen bearbeiten
- Diagramm auswählen
- Diagrammfläche auswählen
- Datei schützen
- Farbpalette
- Neu berechnen
- Kurze Menüs

Damit versetzt Sie das Menü *Diagramm* z.B. in die Lage, die Achsen zu formatieren und Legenden, Diagrammtexte und Diagrammpfeile zur ergänzenden Beschriftung des Diagramms und seiner Bestandteile einzufügen. Auch lassen sich eigene Farben zusammenstellen. Der Übersichtlichkeit dienen Gitternetzlinien, Bezugslinien und Spannweitenlinien, die Sie zusätzlich zu den im Menü *Format/Hauptdiagramm* vorhandenen Argumenten verwenden können.

Diagrammfenster und -fläche

Unterscheiden Sie dabei noch einmal klar zwischen Diagrammfenster und Diagrammfläche. Das Diagrammfenster ist der umrahmte Bildschirmbereich, in dessen oberer Leiste der Diagrammname erscheint und dessen Größe Sie nach Aufruf des Systemmenüs zwischen Symbol und Vollbild verändern können. Die Diagrammfläche ist stets kleiner als das Diagrammfenster und wird durch die Diagrammachsen bzw. durch den Kreisradius bestimmt. Bei der Gestaltung des Diagramms geht es überwiegend um die Formatierung des Bereichs, der die Diagrammfläche umgibt, also zwischen Diagrammfläche und Rahmen des Diagrammfensters liegt. Die Diagrammfläche selbst haben Sie überwiegend bereits im Menü *Muster* bzw. im Menü *Format/Hauptdiagramm* formatiert.

Auswahl der Diagrammelemente

Aus dem Menü *Diagramm* wählen Sie die Befehle am einfachsten mit der Maus aus. Wenn Sie mit der Maus das gesamte Diagrammfenster anwählen wollen, benutzen Sie den Befehl *Diagramm/Diagramm auswäh-*

Diagramme mit Excel erstellen

len. Wenn Sie lediglich die Diagrammfläche bearbeiten möchten, aktivieren Sie den Befehl *Diagramm/Diagrammfläche auswählen*. Zur anschließenden Bearbeitung des Diagrammfensters oder der Diagrammfläche brauchen Sie dann nur noch den Mauszeiger auf das ausgewählte Element zu setzen und die Maustaste zu klicken.

Mit der Tastatur wandern Sie mit Hilfe der Richtungstasten von Kategorie zu Kategorie und fahren die gewünschten Elemente an, mit denen Sie Ihr Diagramm bearbeiten oder die Sie in Ihr Diagramm einfügen wollen.

Die aktivierten Diagrammelemente werden durch kleine Quadrate an ihrem Umfang markiert. Die Quadrate sollen Sie daran erinnern, daß sich der nächste Befehl auf das ausgewählte Diagrammelement bezieht. Wenn diese kleinen Quadrate hell hinterlegt sind, können Sie weder die Größe noch die Lage der Diagrammelemente auf dem Bildschirm beeinflussen. Sind die Diagrammelemente jedoch von schwarzen Quadraten umgeben, können Sie die Größe und die Lage der Diagrammelemente mit der Maus oder der Tastatur verändern. Eine Ausnahme bilden die Texte der Achsenbeschriftungen und Legenden, die Sie bewegen und formatieren können. Diese Texte werden wie die Feldinhalte von Tabellen in der Bearbeitungszeile angezeigt und können dort bearbeitet werden. Das gleiche gilt für Datenreihenformeln, auf die wir an anderer Stelle noch eingehen.

Darstellung markierter Diagrammelemente

Manchmal sagt Ihnen ein unbearbeitetes Diagramm, das Sie eingangs unter allen anderen Diagrammtypen als das am besten geeignete ausgewählt hatten, nach der weiteren Formatierung und Gestaltung nicht mehr recht zu. Das kann einmal darauf zurückzuführen sein, daß das Diagramm durch Rahmen, Flächen, Farben und Legenden überladen wurde, weniger wäre dann mehr gewesen. Es kann aber auch sein, daß ein anderer Diagrammtyp die vorgenommene Formatierung und Gestaltung besser "vertragen" hätte. Lassen Sie sich dadurch nicht entmutigen: Durch ständige Übung und durch Experimentieren an - es kann nichts "anbrennen" - gewinnen Sie im Laufe der Zeit so viel Routine, daß Sie einer Tabelle mit wenigen Blicken ansehen, welches die am besten geeignete Diagrammart ist und mit welchen sparsam eingesetzten Formatierungselementen Sie die beabsichtigte Information grafisch am besten "hinüberbringen".

Bei dieser Gelegenheit wollen wir nicht verschweigen, daß Sie schließlich noch eine Überraschung beim Drucken von Diagrammen erleben können, die auf dem Bildschirm noch Ihren vollen Beifall gefunden haben, sich auf Papier aber recht dürftig ausnehmen. Dem können Sie unter anderem dadurch begegnen, daß Sie die Schriftgröße der Texte um einen oder zwei Punkte höher wählen, als es für die Darstellung auf dem Bildschirm angemessen wäre.

Diagramme mit Excel erstellen

Wir wollen nun endlich zur praktischen Arbeit im Menü *Diagramm* übergehen und laden dazu erneut die Tabelle KOSTEN.XLS. Darin treffen Sie eine Mehrfachauswahl: Markieren Sie in der üblichen Weise den Bereich B7:F7 - das sind die Felder mit den Monatsbezeichnungen, die wir als Diagrammtext verwenden wollen. Um den Cursor bewegen zu können, ohne die Auswahl B7:F7 rückgängig zu machen, drücken Sie nun [Shift]+[F8], worauf in der Meldungszeile ADD angezeigt wird. Sie können nun unter Beibehaltung der Markierung in B7:F7 den weiteren Bereich B9:F22 auswählen. Daraus generieren Sie mit *Datei/Neu/Diagramm* ein Säulendiagramm im Standardformat. Dieses bearbeiten Sie im Menü *Format/Hauptdiagramm*, wo Sie das Symbol "Stapelung" und das Argument "Überlappung 100%" markieren. Das klein geratene Diagrammfenster vergrößern Sie im Systemmenü auf Vollbildgröße - es müßte dann so wie in der folgenden Darstellung aussehen - und schließen KOSTEN.XLS und TAB1.

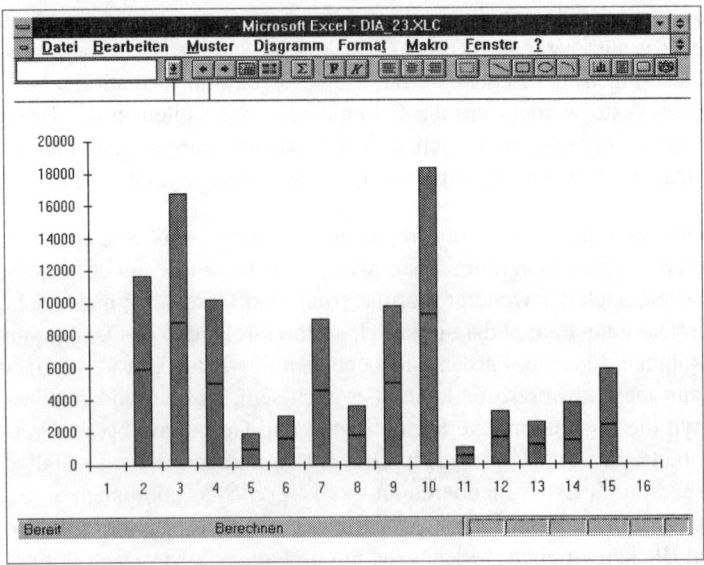

Abb. 153: Das Beispieldiagramm ist erstellt

Einteilung der Achsen

Nach diesen Vorbereitungen wollen wir uns als erstes mit den Achsen befassen. Öffnen Sie das Menü *Diagramm* und aktivieren Sie dort *Achsen*. Im Dialogfenster sind *Rubrikenachse (X)* und *Größenachse (Y)* markiert. Löschen Sie die Markierung *Rubrikenachse* und beachten Sie, wie Excel den durch die wegfallende Rubrikenbeschriftung gewonnenen Platz genutzt hat, um die Diagrammfläche zu erweitern: Der Nullpunkt der Größenachse ist etwas nach unten gewandert, der Endpunkt der Größenachse dagegen unverändert geblieben.

Beseitigen Sie nun noch die Größenachse, indem Sie im Menü *Diagramm* erneut *Achsen* aufrufen und die Markierung *Größenachse* löschen: Das Diagramm verbreitert sich um den eingesparten Platz etwas nach links. Für die nächste Übung mit Gitternetzlinien ergänzen Sie das Diagramm bitte wieder um Rubriken- und Größenachse; denn ohne die beiden Diagrammachsen nützen Ihnen die Gitternetze nichts.

Verwendung von Gitternetzlinien

Gitternetzlinien können Sie sowohl für die Rubriken- als auch für die Größenachse spezifizieren und dabei wählen, ob Sie zu dem Hauptgitternetz noch ein Hilfsgitternetz haben wollen. Gehen Sie am besten gleich "in die Vollen" und aktivieren Sie alle vier Optionen. Sie werden uns zustimmen, daß das Diagramm dadurch nicht gerade an Übersichtlichkeit gewinnt. Zunächst erscheinen Haupt- und Hilfsgitternetz der Rubrikenachse entbehrlich; denn zwischen den Monatsnamen brauchen keine Zwischenwerte abgelesen zu werden. Es bleibt Ihrer Entscheidung überlassen, ob das Hilfsgitternetz für das Ablesen von Werten auf der Größenachse notwendig ist. Im Zweifel werden Sie es wahrscheinlich löschen.

Die im Diagramm vorliegende Achsenteilung hat Excel entsprechend den Tabellenwerten sachgerecht zu berücksichtigen versucht, ist dabei von den vorgefundenen Höchst- und Niedrigstwerten ausgegangen, hat diese nach oben auf- und nach unten (meist auf 0) abgerundet, die Achsenlängen der Größe des Diagrammfensters angepaßt und zur besseren Übersichtlichkeit ggf. mit Teilstrichen versehen. Mit den bisher vorgestellten Optionen des Menüs *Diagramm* konnten Sie jedoch lediglich entscheiden, ob Sie die von Excel automatisch generierten Achsen und gegebenenfalls Gitternetze beibehalten oder unterdrücken und eventuell durch Hilfsgitternetze ergänzen wollten. Was Sie jedoch noch nicht konnten, war, die Achsen Ihren Vorstellungen entsprechend zu bearbeiten.

Gitternetzlinien werden anhand der Achsen ausgerichtet

Voraussetzung für eine Bearbeitung im Menü *Diagramm* ist, daß die Achsen im Diagramm vorhanden, d.h. nicht unterdrückt sind; denn Diagrammelemente, die geändert werden sollen, müssen vorher markiert werden, und das können Sie im Diagramm wie in einer Tabelle nur, wenn sie auf dem Bildschirm sichtbar sind. Die Achsen begrenzen die Diagrammfläche und sind daher ein Teil von ihr, ein sogenanntes Element. Zugang zur Diagrammfläche erhalten Sie, wie Sie bereits wissen, durch Aktivieren des Befehls *Diagrammfläche auswählen* im Menü *Diagramm*. In diesem Augenblick wird die Diagrammfläche durch die bereits erwähnten acht weißen (oder leeren) Quadrate markiert. Jedes Element in-

Diagramme mit Excel erstellen

nerhalb der markierten Fläche, sei es im Diagrammfenster oder in der Diagrammfläche, können Sie mit der Maus oder mit den Cursortasten markieren.

Größenachse auswählen

In unserem Beispiel wollen wir das Element Größenachse auswählen. Mit der Maus ist das durch Anklicken schnell erledigt. Mit den Cursortasten müssen Sie ohne vorherige Erfahrung zunächst etwas herumprobieren. Ein hilfreicher Hinweis: Betätigen Sie die Cursortaste zweimal nach rechts, und die Größenachse wird am oberen und am unteren Ende durch je einen weißen Markierungspunkt gekennzeichnet. Wenn Sie das erreicht haben, benutzen Sie die Cursortasten nach links, um festzustellen, welche Elemente der Diagrammfläche Sie hiermit markieren. Schließlich bewegen Sie sich mit den Cursortasten nach oben und unten.

Sobald die Markierungspunkte auf den Abschnitten der Säulen stehen, erkennen Sie in der Bearbeitungszeile längere Formeln, die Datenreihenformeln. Sie beziehen sich auf eine Datenreihe (einfach ausgedrückt: auf eine Spalte, z.B. für Januar). Die Datenreihe besteht aus Datenpunkten (das sind die Zahlen in den einzelnen Zellen der Spalte), die Excel mit Hilfe der Datenreihenformel in ein Diagramm umwandelt. Wenn zu dieser Umwandlung eine Formel dient, dann müßte man ein Diagramm auch nur durch eine solche Formel ohne Rückgriff auf eine Tabelle erzeugen können - und genau das ist der Fall.

Größen- und Rubrikenachsen

Um die Möglichkeiten der Achseneinstellungen genauer zu untersuchen, laden Sie die Tabelle KOSTEN.XLS von der Diskette und erstellen ein Diagramm aus den Monatswerten. Die Rubrikenachse weist jetzt eine Werteskala zwischen 0 und 60.000 auf, gemäß den Werten der Datenreihen. Wenn Sie jetzt in der Tabelle einen Wert auf 90.000 setzen (z.B. C12), ändert sich die Skala der Rubrikenachse entsprechend auf einen Maximalwert von 100.000. Sie paßt sich immer dem größten Wert in der Tabelle an und rundet dann auf die nächsthöhere Einheit auf. Auch die Intervalle innerhalb der Skala passen sich dem neuen Maximum an. So finden Sie die Hauptintervalle jeweils bei 20.000 und die Hilfsintervalle jeweils bei 10.000.

Achsen können eingeteilt werden

Nach Bestätigung Ihrer Änderungen erscheint das geänderte Diagramm auf dem Bildschirm: Der Höchstwert der Größenachse ist von 60.000 auf 100.000 gestiegen, das Hauptintervall der Teilstriche beträgt 20.000, aber Sie vermissen noch die dazwischenliegenden Teilstriche im Abstand von 10.000. Bevor Sie Änderungen an der Rubrikenachse vornehmen, müssen Sie diese zuerst wieder markieren. In diesem Fall aktivieren Sie den Befehl *Teilung* und aktivieren die Schaltfläche *Muster*.

Diagramme mit Excel erstellen

Die Hilfsteilstriche, die bisher unsichtbar waren, wählen Sie nach *Außen*, die Hauptteilstriche setzen Sie auf *Innen und außen*, die Teilungsbeschriftung belassen Sie bei *Achsennah*. Suchen Sie sich bei dieser Gelegenheit auch gleich noch die *Schriftart* für die Achsenbeschriftung aus, z.B. Helvetica, Größe 8 und kursiv. Jetzt befolgt das anschließend generierte Diagramm exakt Ihre Spezifikationen. Wenn es Sie stört, daß der Höchstwert der Größenachse mit 100.000 doch recht unzweckmäßig war und auch der von Excel automatisch gewählte Wert von 60.000 noch auf 55.000 heruntergesetzt werden könnte, dann nehmen Sie diese Änderung eben schnell vor; denn die Markierung der Größenachse bleibt solange unverändert, bis Sie das Diagramm abspeichern. Das modifizierte Diagramm erscheint unverzüglich, aber Sie erkennen, daß jetzt die Teilung verbesserungsfähig ist, da der Endpunkt der Skala immer numerisch ersichtlich sein sollte. Dem tragen Sie gleich dadurch Rechnung, daß Sie das Hauptintervall der Skalierung auf 5.000 und das Hilfsintervall auf 1.000 oder 2.500 herabsetzen. Wenn Sie nun mit dieser so formatierten Größenachse zufrieden sind, sollten Sie noch einige andere Einstellung ausprobieren.

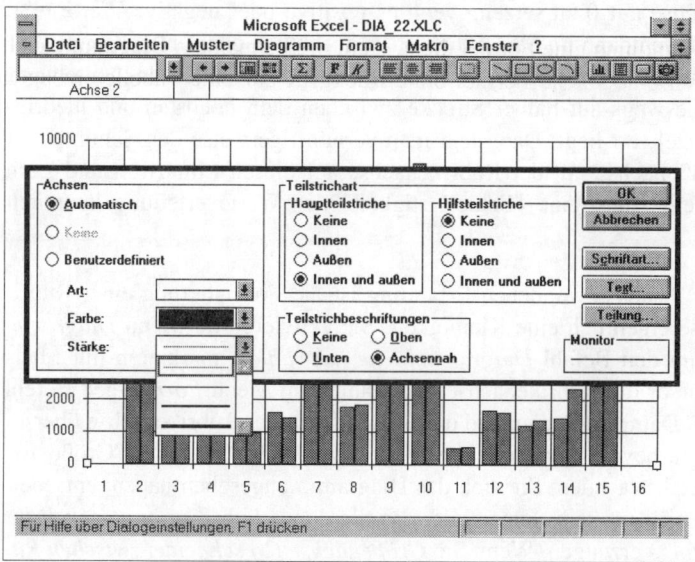

Abb. 154: Die Einstellung der Achsen beinhaltet Strichstärke, Muster, Teilstriche und Position

Versuchen Sie also beispielsweise die logarithmische Teilung. Weil der Kleinstwert 0 war, gibt Excel sofort die Meldung aus, daß Werte, die kleiner oder gleich 0 sind, nicht logarithmisch dargestellt werden können. Sie werden daher den Kleinstwert und ebenso den Schnittpunkt mit der Rubrikenachse auf 1 setzen. Ein solches Diagramm ist angesichts der

Logarithmische Teilung bei Höchstwerten verwenden

Diagramme mit Excel erstellen

Werte in der Tabelle KOSTEN.XLS unsinnig, aber Sie wollten nur einmal üben. Und außerdem wäre der logarithmischen Darstellung auch noch der Endwert der Größenachse anzupassen. Darauf verzichten Sie und wenden sich der Option *Größen in umgekehrter Reihenfolge* zu. Damit das einen Sinn gibt, müßten Sie den Endpunkt der Größenachse und den Schnittpunkt mit der Rubrikenachse genau auf den Maximalwert setzen.

Wie wäre es, wenn Sie dies zur Abwechslung einmal der Automatik von Excel überließen und dazu die entsprechenden Markierungen in den Optionsfeldern vornähmen? Sie können dann anschließend Änderungen anbringen, nachdem Excel erst einmal den groben Formatierungsrahmen abgesteckt hat. Auch sonst bemüht sich Excel, unstimmige Kombinationen auszubügeln. Wenn Sie z.B. die Option *Rubrikenachse schneidet bei Höchstwert:* ankreuzen, den Höchstwert auf eine Zahl setzen und den Schnittpunkt mit der Rubrikenachse bei einer niedrigeren Zahl, so korrigiert Excel diese unsinnigen Einstellungen.

Zweckmäßig ist es aber, den Schnittpunkt der Größenachse mit der Rubrikenachse auf 0 zu setzen, wenn es positive oder negative Werte gibt, deren Säulen dann im Säulendiagramm nach oben oder unten zeigen. Aus nur positiven Werten bildet man häufig einen (arithmetischen) Mittelwert, der keineswegs auf halber Strecke zwischen dem höchsten und niedrigsten Einzelwert liegt. Dann legt man vernünftigerweise den Schnittpunkt der Größenachse mit der Rubrikenachse auf diesen Mittelwert und kann mit einem Blick eine "Schieflastigkeit" der Werteverteilung kenntlich machen.

Formatierung einer Rubrikenachse

Mit der bisher gewonnenen Erfahrung ist die Formatierung einer Rubrikenachse eigentlich eine Kleinigkeit. Sie aktivieren im Menü *Diagramm* wiederum den Befehl *Diagrammfläche auswählen*, markieren mit Maus oder Cursor die Rubrikenachse und wählen im Menü *Format* den Befehl *Teilung*. Damit auch niemand die Beschriftung der Rubrikenachse übersehen kann, bevorzugen Sie als Schriftart vielleicht "Roman", "Größe 16" und "Fett". Nachdem Sie sich das Diagramm angesehen haben, entscheiden Sie sich für sein Spiegelbild, das Sie durch *Rubriken in umgekehrter Reihenfolge* erzeugen. Wenn Sie *Größenachse (Y) schneidet zwischen Rubriken* mit der Ziffer 4 beantworten, wandert die Größenachse zwischen die Monate März und April, wobei allerdings die Skalenbeschriftung stört. Sie würden im Zweifelsfall wahrscheinlich die Anzeige von Hauptintervall und Hilfsintervall unterdrücken oder auf die Teilungsbeschriftung verzichten. Dann müßten Sie lediglich den Höchstwert am Ende der Skala anzeigen lassen; wie man das macht, werden wir noch lernen. Wenn Sie *Anzahl der Rubriken zwischen den Teilungsbeschriftungen:* auf 2 setzen, so entfällt jede zweite Beschriftung, und Februar, April und Juni werden nicht angezeigt. Die Anzahl der Rubriken zwischen den Teilstrichen läßt sich durch *Anzahl der Rubriken zwischen den Teilstrichen:* mit 2 auf die Hälfte verringern.

Anordnung der Achsenbeschriftung

Die Anordnung der Achsenbeschriftung wird über die Schaltfläche *Text* des Dialogfeldes *Teilung* gesteuert. Standardmäßig prüft Excel den für die Beschriftung der Achsen zur Verfügung stehenden Raum und richtet den Text entsprechend horizontal oder vertikal aus. Mit den Optionen der Schaltfläche *Text* können Sie nicht nur die Text-Gesamtrichtung festlegen, sondern auch, ob die vertikale Beschriftung von unten nach oben oder von oben nach unten zu lesen ist. Das gleiche gilt nicht nur für die Achsenbeschriftungen, sondern für alle Textelemente im Diagramm.

Je nachdem, welchen Diagrammtext Sie anwählen, können noch weitere Optionen des Befehls *Format/Text* zur Verfügung stehen. Darunter fällt z.B. die Textbündigkeit. So können Diagrammtitel beispielsweise linksbündig, rechtsbündig oder in Blocksatz ausgerichtet werden.

11.8 Legende und Texte einfügen

Im Menü *Diagramm* aktivieren Sie zunächst den Befehl *Legende einfügen*, wodurch rechts vom Diagramm ein Rahmen erscheint, der die Legende enthält: Die Muster werden der Reihe nach von oben nach unten dargestellt und jeweils rechts daneben mit dem zugehörigen Text versehen. Aber halt! In unserem Beispiel bei der Tabelle KOSTEN.XLS ist die Legende unvollständig, weil offensichtlich der Platz in der Höhe des Bildschirmes nicht ausreicht, die letzten beiden Einträge "Provisionen" und "Sonstiges" unterzubringen. Wir versuchen, dem Problem durch Formatierung beizukommen.

Unvollständige Legende ...

Dazu markieren Sie im Menü *Diagramm* den Befehl *Diagramm auswählen*, da die Legende Teil des Diagrammfensters und nicht mehr der Diagrammfläche ist. Nach Anklicken mit der Maus oder zweimaligem Drücken der Cursortaste umgeben die weißen Markierungsquadrate den Rahmen der Legende. Nun aktivieren Sie im Menü *Format* den Befehl *Legende* mit den fünf Optionen *Unten*, *Ecke*, *Oben*, *Rechts* und *Links* und wählen *Unten*. Das sieht schon vollständig aus; denn Provisionen" und "Sonstiges" sind berücksichtigt. Leider fand nun wieder das abschließende "n" von "Beratungskosten" keinen Platz mehr in der gleichen Zeile und wurde in die nächste Zeile abgespalten.

... durch Formatierung ergänzen

Diagramme mit Excel erstellen

Probieren Sie nun bitte die beiden anderen Varianten aus: *Oben* entspricht *Unten*, und *Ecke* ist mit *Rechts* vom Diagramm identisch.

Freie Positionierung der Legende

Mit der Maus läßt sich die Legende auch auf einfache Weise völlig frei im Diagramm positionieren. Klicken Sie die Legende an und ziehen Sie sie an die gewünschte neue Position. In diesem Fall paßt sich das Diagramm jedoch nicht automatisch an die neue Position an, sondern wird von der Legende einfach überlagert. Eine Anpassung kann nur über den Befehl *Format/Legende* erreicht werden. Allerdings müssen Sie sich dann mit maximal fünf Positionierungsvarianten zufriedengeben. Die freie Positionierung der Legende erreichen Sie über die Tastatur, indem Sie den Befehl *Bewegen* im Menü *Format* anklicken und die Legende mit den Richtungstasten positionieren.

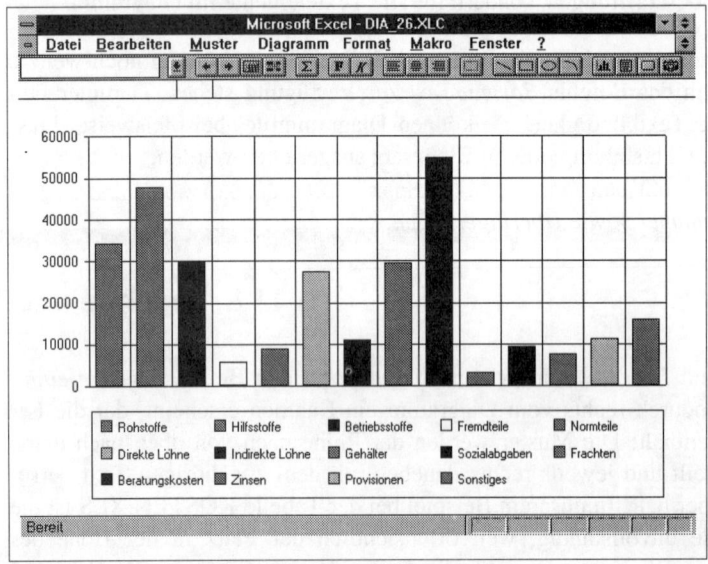

Abb. 155: Die Legende erläutert die Datenreihen

Wenn der Text nicht vollständig in die Legende aufgenommen wird

Ist in der Legende zuviel Text enthalten, wird er abgeschnitten und kann nicht komplett dargestellt werden. In diesem Fall haben Sie drei Möglichkeiten:

1. Sie ändern die Beschriftung in der Tabelle, indem Sie sinnvolle Abkürzungen verwenden.

2. Sie probieren andere Positionen der Legende aus (Oben/Unten), wenn diese mehr Raum zur Verfügung stellen.

Diagramme mit Excel erstellen

3. Sie orden der Legende eine kleinere Schriftart zu (8 Punkt), damit mehr Raum für die Beschriftung zur Verfügung steht.

In der Regel hilft eine Kombination aus den oben genannten Punkten. Wenn beispielsweise eine zu kleine Schriftart gewählt wird, besteht die Gefahr der Unleserlichkeit, und man hätte nichts gewonnen.

Zuordnen von Texten

Ein vollständiges Diagramm enthält in der Regel erklärende Texte. Dabei kann es sich um Achsenbeschriftungen, Überschriften, Quellenangaben oder auch frei positionierbare Bemerkungen handeln.

Um einem Diagramm einen Titel zu "verpassen", wählen Sie im Menü *Diagramm* den Befehl *Text zuordnen*. Dieser Befehl ruft gleichzeitig die Markierungsquadrate auf und erspart Ihnen in diesem Fall den gesonderten Markierungsbefehl *Diagramm auswählen*, wie Sie gleich sehen werden. Das Dialogfenster bietet Ihnen vier Auswahlmöglichkeiten: den vormarkierten *Diagrammtitel*, *Größenachse*, *Rubrikenachse* und *Datenreihe/-punkt* mit den numerischen Feldern *Datenreihennummer* und *Datenpunktnummer* sowie *Überlagerungen*.

Diagrammtitel zuordnen

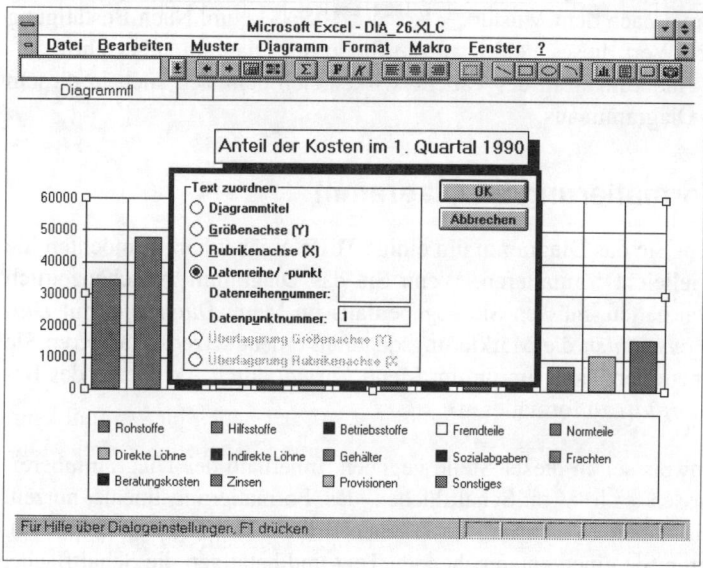

Abb. 156: *Zuordnen von Textpositionen*

Wenn Sie den voreingestellten Diagrammtitel bestätigen, erscheint oberhalb des Diagramms das durch die Markierungsquadrate eingerahmte Wort "Titel", das Sie durch Drücken der Editiertaste F2 in der Bear-

Diagramme mit Excel erstellen

beitungszeile durch die von Ihnen gewünschte Überschrift ersetzen wollen. Sie schreiben also beispielsweise "Kostenarten im 1. Halbjahr 19..". Für die Größenachse und die Rubrikenachse läuft der Vorgang in der gleichen Weise ab, nur daß das durch Markierungsquadrate eingerahmte Wort "Achsentext 1" bzw. "Achsentext 2" heißt.

Achsenbeschriftung

Der Text für die Größenachse, die Sie einfach nur "DM" nennen, steht links neben der Größenachse, der Text für die Rubrikenachse, auf den Sie verzichten, würde unterhalb der Rubrikenachse stehen. Mit *Datenreihe/punkt* ordnen Sie oberhalb jeder Säule den zugehörigen Tabellenwert an (einfacher hätten Sie das bei einem Säulendiagramm im Menü *Muster* durch Wahl von Muster Nr. 7 haben können). Da Sie nur eine einzige Datenreihe haben, nämlich die Summe für das 1. Halbjahr in Spalte H der Tabelle KOSTEN.XLS, bleibt die Datenreihennummer unverändert 1. Der Halbjahreswert für Rohstoffe hat dann die Datenpunktnummer 1, der Halbjahreswert für Hilfsstoffe die Datenpunktnummer 2, usw. Die letzte Datenpunktnummer ist 14. Wenn Sie das übersehen und einen weiteren Datenpunkt mit der Nummer 15 anfordern, werden Sie mit "Zahl muß zwischen 1 und 14 liegen" gewarnt.

Text mit der Tabelle verknüpfen

Sie können sich beim Titel auch auf ein Feld in der Tabelle beziehen. Zu diesem Zweck bringen Sie den Text in die Editierzeile (F2) und geben die Formel nach dem Muster: "=Kosten.xls!$A$1" ein. Nach Bestätigung wird der Wert dieses Feldes an die Stelle der Diagrammüberschrift gebracht. Änderungen in der Tabelle wirken sich demnach auch in diesem Fall im Diagramm aus.

Textformatierung im Diagramm

Nachdem Sie das Diagramm um einige Texte ergänzt haben, möchten Sie diese vielleicht formatieren. Wenn Sie das Diagramm zwischenzeitlich verlassen hatten, müssen Sie gegebenfalls im Menü *Diagramm* mit *Diagramm auswählen* die Markierungsquadrate erneut setzen. Markieren Sie jetzt erneut den Titel, um ihn im Menü *Format* durch Aktivieren des Befehls *Schriftart* zu formatieren.

Einsatz des Formatierungslineals

Ein Hinweis sei an dieser Stelle gegeben. Innerhalb des Diagrammbereiches lassen sich zwei Schaltflächen des Formatierungslineals nutzen. Hierbei handelt es sich um die Zeichenattribute Fett (F) und Kursiv (I). Markieren Sie einen entsprechenden Text und betätigen die Schaltfläche, so erhalten Sie das gleiche Resultat wie mit der entsprechenden Option des Befehls "Schriftart".

Auch eine Ausrichtung längerer Texte ist über die Schaltflächen *Linksbündig*, *Zentriert* und *Rechtsbündig* möglich.

Diagramme mit Excel erstellen

Formatieren Sie nun die Beschriftung der Größenachse, indem Sie die Markierung auf DM setzen, im Menü *Format Text* und *Schriftart* aufrufen und die Schriftart Helvetica, die Schriftgröße 12 und als Auszeichnung fett markieren.

Zeilenumbruch im Text verwenden

Nun wollen wir noch den Zeilenumbruch erproben. Dazu setzen Sie die hellen Markierungsquadrate wieder auf den Titel zurück, drücken [F2] und ändern die bisherige Überschrift in "Kostenarten der Maschinenfabrik GmbH & Co. KG im 1. Halbjahr 1991". Wenn Sie diese neue Eingabe bestätigen, setzt Excel einen Zeilenumbruch voraussichtlich vor oder hinter "GmbH". Wenn Ihnen das nicht recht ist, können Sie mit [Ctrl]+[Return] an jeder beliebigen Stelle selbst Zeilenumbrüche vornehmen, z.B. nach dem Vorschlag: "Kostenarten [Ctrl]+[Return] der [Ctrl]+[Return] Maschinenfabrik GmbH & Co. KG [Ctrl]+[Return] im 1. Halbjahr 1991".

Zur Übung sollten Sie einen Rahmen um diesen Titel setzen, der noch aktiviert sein müßte. Erneut wählen Sie im Menü *Format* den Befehl *Muster*. Zuerst legen Sie die Strichart (z.B. ununterbrochen) und Strichstärke des Rahmens (z.B. die maximale der drei Strichstärken) fest. Bei Schwarzweiß-Bildschirmen ist als Farbe schwarz bereits voreingestellt. Statt *Automatisch* bestimmen Sie auch Ihr Muster selbst. Die Vordergrundfarbe steht auf schwarz, die Hintergrundfarbe auf weiß. Wählen Sie nun die Vordergrundfarbe weiß, so werden alle Muster gelöscht. Das gleiche gilt, wenn Sie als gemeinsame Farbe für Vorder- und Hintergrund schwarz einstellen. Das versteht sich eigentlich von selbst, weil es sonst keinen Kontrast und keine Grenzen zwischen den Mustern geben kann. Fazit: Wählen Sie also - bei Schwarz-Weiß-Bildschirmen - immer komplementäre Vorder- und Hintergrundfarben. Bei Farbbildschirmen haben Sie schon mehr Möglichkeiten. Wenn Sie keine Zeit zur Erprobung haben, lassen Sie Excel die Wahl für Rahmen und Muster treffen, indem Sie in beiden Fällen *Automatisch* aktivieren. Die Monitorfunktion erlaubt Ihnen jederzeit die Kontrolle über die Auswirkung der Kombinationen.

Rahmen und Titel setzen

Säulenbeschriftung ändern

Markieren Sie für die nächste Übung einen beliebigen Datenpunkt (also eine Zahl, die oberhalb der betreffenden Säule steht) und wählen Sie im Menü *Format* den Menüpunkt *Text*. Das Argument *Zugeordneter Text* ist bereits angekreuzt, und Sie bemerken die beiden bisher noch nicht bekannten, zusätzlichen Auswahlfelder nämlich, das bereits markierte *Werte anzeigen* und *Schlüssel anzeigen*. Markieren Sie nun *Schlüssel anzeigen*, und im Diagramm wird die bisher oberhalb der Säule erscheinende Zahl

Schlüssel oder Werte anzeigen

411

Diagramme mit Excel erstellen

durch "Rohstoffe" ersetzt, falls Sie die erste Datenreihe und den ersten Datenpunkt ausgewählt hatten. Der Name dieser Kostenart erscheint auch in der Bearbeitungszeile.

Sie könnten daher die Bearbeitungszeile mit `F2` aktivieren, hinter "Roh" einen Bindestrich einfügen und die Zeile mit `Ctrl`+`Return` umbrechen. Über der Säule steht dann die zweizeilige Beschriftung mit dem Schlüsselwort der zugehörigen Kostenart, die zur Rubrikenbreite paßt. Wenn Sie nun das Schlüsselwort wieder durch den Wert ersetzen wollen, wählen Sie erneut im Menü *Format* den Befehl *Text*, kreuzen *Werte anzeigen* und *Zugeordneter Text* an. Sogleich wird das Schlüsselwort durch die Zahl ersetzt. Durch Editieren können Sie die lästigen Dezimalen beseitigen, die Sie im Diagramm nicht benötigen, aber in der Tabelle sehr wohl bestehen lassen und ersichtlich machen wollen. Sie können jederzeit wieder auf die vollständige Zahl zurückgreifen, wenn Sie im Menü *Format/Text* die Option *Werte anzeigen* und *Zugeordneter Text* ankreuzen.

Keine Verwendung von Funktionen

Da Sie den Wert in der Bearbeitungszeile editieren konnten, könnten Sie auf die Idee kommen, das Runden durch die entsprechende Excel-Funktion RUNDEN vorzunehmen. Dies geht jedoch nicht, weil die Zahlen im Diagramm und damit auch in der Bearbeitungszeile nur wie Zahlen aussehen, jedoch Text sind, auf den man keine numerischen Funktionen anwenden kann. Den ursprünglichen Normtext können Sie auch beim Titel oder der Größen- und Rubrikenachse wiederherstellen. Dabei bleiben die gewählten Formate (Rahmen, Muster und Schriftarten) erhalten, doch wird Ihr schöner Titel zu "Titel", und die bisherigen Bezeichnungen der Größen- und Rubrikenachse werden zu "Y" und "X".

Texte löschen

Mit Ausnahme der Legende, die im Menü *Format* über einen eigenen Löschbefehl *Legende löschen* verfügt, können Sie alle anderen Texte - nach dem Markieren im Menü *Diagramm* durch *Diagramm auswählen* oder *Diagrammfläche auswählen* - dadurch löschen, daß Sie einmal `Backspace` und dann `Return` drücken. Markieren Sie z.B. die Bezeichnung "DM" der Größenachse (wir werden sie etwas später platzsparender anbringen) und löschen Sie sie auf die beschriebene Weise.

Die bisherigen Formatierungsoperationen betrafen den sogenannten zugeordneten Text. Zugeordnet bedeutet, daß der Text den Diagrammelementen fest zugeordnet ist. Dadurch werden Sie in der Gestaltung schon eingeschränkt; denn der Titel und die Texte der Größen- und Rubrikenachse sind stets mittig oberhalb oder seitlich des Diagramms angeordnet, und Sie können die horizontalen Texte in diesen festen Positionen lediglich im Menü *Format* mit dem Befehl *Text* linksbündig, zentriert oder rechtsbündig, die vertikalen Texte nach oben, mittig oder nach unten ausrichten.

Frei positionierbare Texte im Diagramm

Außer dem zugeordneten Text können Sie Ihre Diagramme auch mit nicht zugeordnetem Text versehen. Nicht zugeordneter Text unterliegt keinen zwangsweisen Positionen im Diagramm, Sie können ihn daher an beliebigen Stellen des Diagramms ablegen. Bevor Sie anfangen, nicht zugeordneten Text zu schreiben, achten Sie bitte darauf, daß kein zugeordneter Text mehr durch die bekannten hellen Quadrate markiert ist. Der Text, den Sie nun einfach eintippen, erscheint irgendwo mitten im Diagramm und ist von kleinen, schwarzen Quadraten markiert.

Diese schwarzen Markierungen können Sie im Diagrammfenster beliebig bewegen, wenn Sie im Menü *Format* den Befehl *Bewegen* aktivieren. Im gleichen Augenblick werden die schwarzen Quadrate durch einen geschlossenen Rahmen ersetzt, den Sie mit den Cursortasten oder der Maus verschieben können. Die Verschiebeoperation beenden Sie am Zielpunkt durch [Return]. Mit der Maus positionieren Sie den Mauspfeil auf die schwarzen Quadrate. Wenn Sie die linke Maustaste drücken, verwandeln sich die kleinen, schwarzen Quadrate in den obigen Rahmen; während Sie die Maustaste gedrückt halten, verschieben Sie den Rahmen an die gewünschte Stelle und lassen die Taste los.

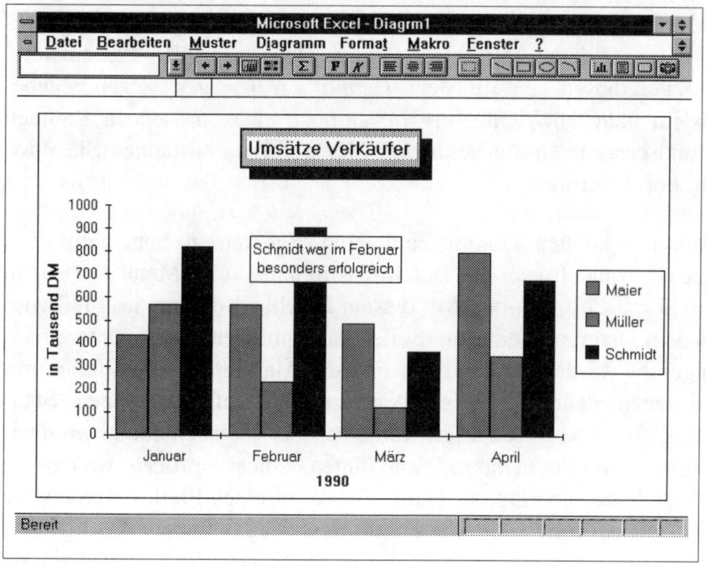

Text verschieben

Abb. 157: Ein mit Texten versehenes Diagramm ist aussagekräftiger

Diagramme mit Excel erstellen

Praktizieren Sie nun bitte das Positionieren von nicht zugeordnetem Text, indem Sie "DM" anstelle der zugeordneten Ordinatenbeschriftung die wir oben gelöscht hatten, an der Größenachse anbringen. Sie tippen also "DM" ein und bestätigen mit `Return`; dadurch werden Ihre beiden Buchstaben durch die kleinen schwarzen Quadrate markiert; sie wandeln sich durch *Format/Bewegen* in einen geschlossenen Rahmen. Diesen bewegen Sie mit den Cursortasten auf eine Position oberhalb von "60.000". Zur Feinpositionierung in einer bestimmten Richtung bedienen Sie sich der Tastenkombination `Ctrl` + `Cursortaste`. Wenn Sie wollen, können Sie im Menü *Format/Muster* noch einen Rahmen hinzufügen und den nicht zugeordneten Text, einschließlich Rahmen, durch `Return` dort belassen.

Hinweispfeile einfügen

Im Menü *Diagramm* gibt es noch den Befehl *Pfeil einfügen*. Wenn Sie diesen Befehl aufrufen, erscheint in der Mitte des Diagramms ein kleines, schwarzes Quadrat, das Sie im Menü *Format* mit *Bewegen* auf dem Bildschirm verschieben und mit *Größe bearbeiten* verändern können. Im Menü *Format* passen Sie mit dem Befehl *Muster* die Form des Pfeiles Ihren Wünschen an, wenn Sie es nicht der Option *automatisch* überlassen wollen. Unabhängig voneinander können Sie den Pfeilschaft mit geschlossener oder unterschiedlich gestrichelter Linie, in drei Stärken sowie in schwarz oder farbig bestimmen. Für die Pfeilspitze stehen drei Breiten, drei Längen und drei Auszeichnungen zur Wahl.

Pfeil beschriften

Wenn der Pfeil allein nicht genügt, fügen Sie noch einen nicht zugeordneten Text als Erläuterung hinzu: Sie schreiben also z.B. "Extremwert" und bewegen diesen Text im Menü *Format* mit *Bewegen*, setzen gegebenenfalls im gleichen Menü mit *Muster* noch einen passenden Rahmen darum und bestimmen die Schriftart. Mit `Return` bestätigen Sie Position und Formatierung.

Einfügen und Löschen mehrerer Pfeile

Pro Diagramm können mehrere Pfeile eingefügt werden. Sobald ein Pfeil markiert ist, wandelt sich der Befehl *Pfeil einfügen* im Menü *Format* in den Befehl *Pfeil löschen* um. Mit diesem Befehl wird dann der Pfeil wieder aus dem Diagramm entfernt. Sollen daher mehrere Pfeile hintereinander eingefügt werden, müssen Sie erst die Markierung des Pfeiles mit `Esc` löschen, damit Sie einen weiteren Pfeil einfügen können. Standardmäßig fügt Excel den Pfeil immer an der gleichen Stelle ins Diagramm ein. Wenn Sie mehrere Pfeile hintereinander einfügen, werden sie sich in der Regel überlagern. Durch Bewegen eines Pfeiles werden Sie dann feststellen, ob sich darunter ein weiterer Pfeil befindet.

Diagramme mit Excel erstellen

Farben mit der Farbpalette definieren

Die Farbpalette haben Sie sowohl im Tabellen- als auch im Diagrammbereich zur Verfügung. Standardmäßig stehen Ihnen 16 Farben zur Verfügung. Diese Farben sind in der Standard-Farbpalette zusammengestellt. Farben werden beispielsweise den Diagrammelementen über den Befehl *Muster* und Texten über den Befehl *Schriftart* zugeordnet. Die Auswahl der Farben erfolgt aus der Standard-Farbpalette.

Sie haben nun mit dem Befehl *Diagramm/Farbpalette* die Möglichkeit, eigene Farbpaletten zu definieren und die entsprechenden Farben einem Element zuzuordnen. Weiterhin können Sie definierte Farbpaletten anderen Dokumenten zuordnen.

Nach Anwahl des Befehls wird die aktuelle Farbpalette angezeigt, die aus 16 Farben besteht. Soll eine Farbe geändert werden, so wird diese markiert und die Schaltfläche *Bearbeiten* aktiviert.

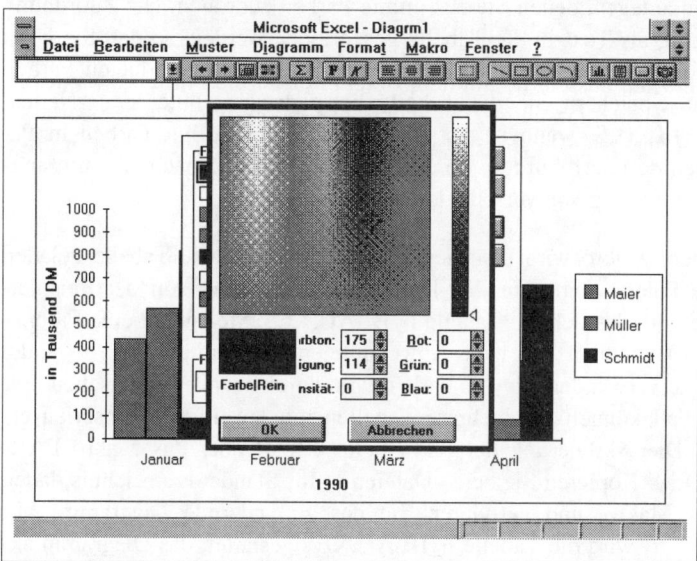

Abb. 158: Es können eigene Farben definiert werden

Es öffnet sich ein Untermenü mit einer Farbauswahlfläche. Mit der Maus setzen Sie den Farbzeiger auf die Farbe, die Sie in die aktuelle Palette aufnehmen wollen. Die Monitorfunktion hilft Ihnen, die aktuell eingestellte Farbe einzusehen. Durch Farbmischung anhand der Wertefelder (0 - 255) lassen sich die Farben absolut abmischen. Wenn Ihnen die eigenen Farben nicht mehr gefallen, können Sie mit der Schaltfläche *Standard* wieder die Standard-Farbpalette zurückordern. Die "Farben" Weiß und

Diagramme mit Excel erstellen

Schwarz lassen sich jedoch nicht ändern, sie sind fest definiert. Wurde eine bereits im Diagramm verwendete Farbe geändert, so ändert sich auch die Farbe des entsprechenden Diagrammelementes.

Zuordnung der Farbpaletten

Farbpaletten sind immer dem jeweiligen Dokument zugeordnet und werden mit diesem abgespeichert. Sie können einem neuen Diagramm eine Farbpalette zuordnen, die Sie bereits im Zusammenhang mit einem früheren Diagramm bzw. einer Tabelle erstellt haben. Dazu muß jedoch das entsprechende Dokument geladen werden, damit auf die Palette Bezug genommen werden kann. Zur Übernahme einer Farbpalette wählen Sie den Befehl *Farbpalette* und aktivieren das untere Listenfeld *Farben kopieren von*. Sie erhalten dann eine Auflistung aller geöffneten Dateien. Wählen Sie den Namen der Datei aus, dessen Farbpalette Sie übernehmen möchten. Die Änderungen der Palettte wirken sich dann sofort auf das aktive Diagramm aus.

Eigene Paletten verwenden

Wenn Sie häufiger eigene Farbpaletten benutzen möchten, sollten Sie sich Tabellen anlegen, denen Sie bestimmte Farben zuordnen. Die Zuordnung kann ruhig als Text in die Tabelle geschrieben werden, so daß Sie beim Laden der Tabelle immer den Überblick über die zugeordneten Farben besitzen. Speichern Sie die Tabelle beispielsweise unter dem Namen F_PASTEL.XLS, wenn in der zugeordneten Palette nur Farben in Pastelltönen definiert wurden. So erhalten Sie nach und nach eine umfangreiche Sammlung von verschiedenen Farbpaletten.

Ein nützliches Makro

Mit einem Makro wird dann jeweils die entsprechende Tabelle geladen und die Palette dem aktuellen Dokument zugeordnet. Auf der Beispieldiskette befindet sich die Tabelle F_BLAU.XLS. Sie enthält eine Farbpalette mit Blautönen. Für viele Anwendungen ist es sinnvoller, verwandte Farben zu verwenden, als alle Farben wild durcheinander zu mischen. Für diesen Fall können Sie mehrere Tabellen mit jeweiligen Farbserien erstellen. Die Aktivierung der Farbpalette erfolgt über das Makro FARBEN.XLM. Kopieren Sie beide Dateien in Ihr Standardverzeichnis, laden Sie das Makro, und aktivieren Sie das zu ändernde Diagramm. Mit `Ctrl`+`D` wird die Tabelle F_BLAU.XLS gestartet, das Diagramm aktiviert, die Farbpalette der Tabelle zugeordnet und dann die Tabelle wieder geschlossen. Sie können dieses Makro auch noch um eigene Paletten nach dem gleichen Muster erweitern.

11.9 Bilder als Diagrammelemente verwenden

Eine recht interessante Möglichkeit zur Gestaltung individueller Diagramme bietet Excel mit der Option, Bilder als Diagrammelemente zu

Diagramme mit Excel erstellen

verwenden. Prinzipiell kann jedes Format verwendet werden, das in die Zwischenablage gebracht werden kann. Von dort aus werden sie in das Excel-Diagramm eingefügt und anstelle der Standardelemente gesetzt.

Aufbereitung fremder Grafiken

Voraussetzung ist natürlich, daß die zu verwendenden Bilder und Grafiken in entsprechender Form vorliegen. Sie sollten beispielsweise nicht zu groß gewählt werden, um das Diagramm nicht zu überlagern. Bei der Verwendung von Grafiken oder Symbolen aus Nicht-Windows-Anwendungen wird eine Hardcopy mit `PrtScr` bzw. `Shift`+`PrtScr` erstellt und somit in die Zwischenablage gebracht.

Von dort aus kann sie gegebenenfalls in das Windows-Programm Paintbrush eingeladen und bearbeitet werden. Auch können Sie die Größe des Elementes entsprechend ändern.

Man kann in diesem Fall keine Idealrezepte vergeben, da die Größe des Elementes immer abhängig ist von der Darstellungsart und der Anzahl der Datenreihen im Diagramm. Hier müssen Sie verschiedene Einstellungen ausprobieren.

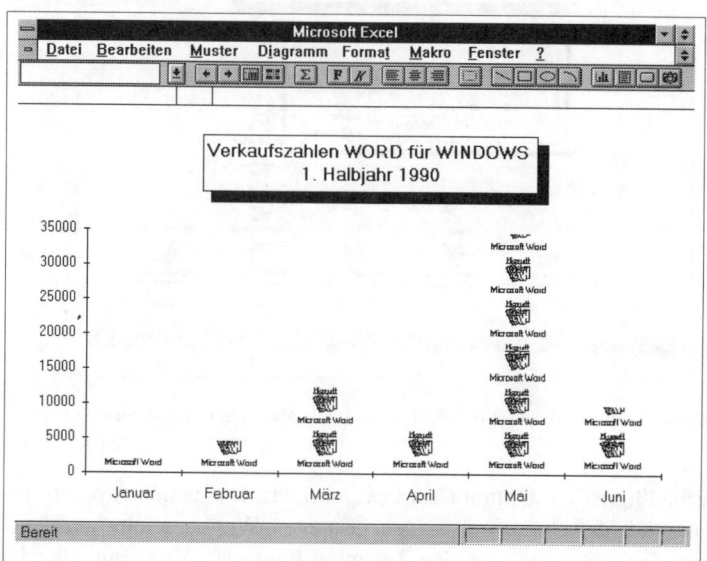

Abb. 159: Eigene Symbole aus der Zwischenablage verwenden

Als Beispiel haben wir mit `Shift`+`Druck` eine Hardcopy vom Programm-Manager erstellt und diese mit *Bearbeiten/Einfügen* in Paintbrush eingeladen. Das Symbol für WinWord wurde markiert und mit *Bearbeiten/Kopieren* in die Zwischenablage gebracht. Dort sollte man es abspeichern, damit man nach und nach eine Symbolbibliothek erhält. Sie kön-

Diagramme mit Excel erstellen

nen es dann jederzeit wieder in die Zwischenablage einladen und von dort aus in Excel einfügen.

Als Tabelle wurde eine einfache Datenreihe erstellt und daraus ein Standard-Säulendiagramm erzeugt. Durch Markieren der Datenreihe und des Befehls *Bearbeiten/Einfügen* werden die Säulenelemente durch das Symbol aus der Zwischenablage ersetzt. Standardmäßig wird immer nur der markierten Datenreihe das Symbol zugeordnet. Aus diesem Grund lassen sich bei mehreren Datenreihen natürlich auch unterschiedliche Symbole verwenden.

Wenn Ihr Symbol zu Anfang etwas anders aussieht als auf der obigen Abbildung, dann müssen Sie die Einstellungen im *Format/Muster* ändern.

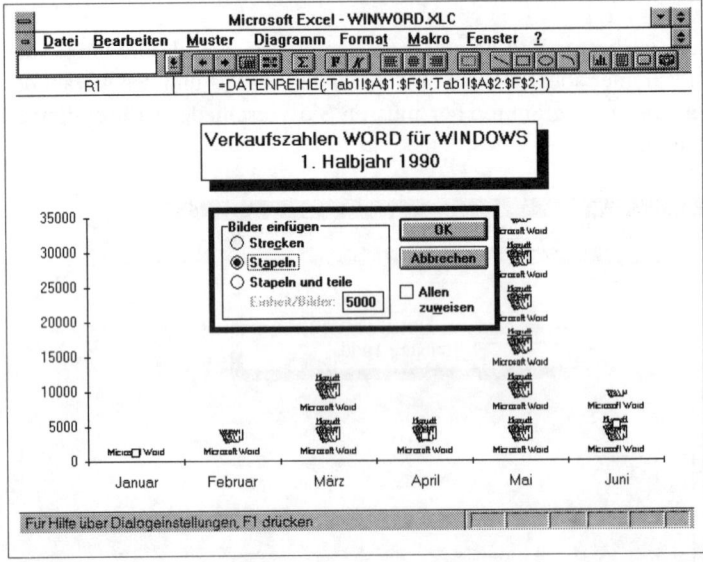

Abb. 160: Die Symbole können den Anforderungen individuell angepaßt werden

Gestreckt oder gestapelt?

Standardmäßig ist die Option *Gestreckt* markiert. Das bedeutet nichts anderes, als daß das Symbol über den gesamten Wertebereich "gezogen" wird. Ein Symbol deckt also den gesamten Raum ab. Viel sinnvoller ist dagegen jedoch die Option *Gestapelt*. Hierbei werden die Symbole wiederholt übereinandergesetzt und an entsprechender Stelle (am Maximum) abgeschnitten. Zeichnerisch ist diese Option eher zu empfehlen. Dabei wird das Symbol entsprechend dem Wertebereich sooft in seiner Originalgröße gestapelt, bis der Maximalwert erreicht ist (Abb. 159).

Eine letzte Option besteht schließlich darin, ein Symbol einem Wertebereich zuzuweisen. Das bedeutet beispielsweise, daß auf jeden Tausenderbereich ein Symbol gesetzt wird. Bei einer Gesamtgröße der Y-Achse von 0 bis 10000 werden also 10 Symbole dargestellt, vorausgesetzt die Datenreihe enthält den Wert 10000.

Soll ein Symbol für unterschiedliche Datenreihen verwendet werden, so kreuzen Sie die Option *Allen zuweisen an*. Hier kann man beispielsweise Vergleiche bei Verkäufen eines Produktes zwischen den Jahren anstellen:

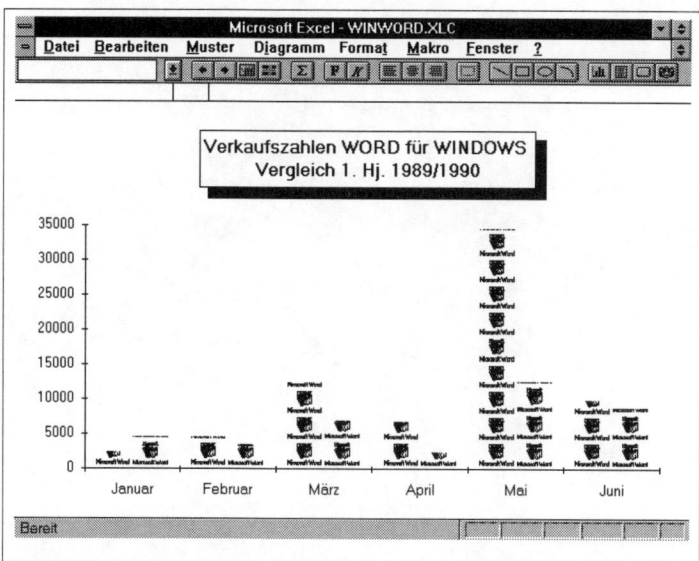

Abb. 161: *Bei gleichem Symbol für mehrere Datenreihen wird der Vergleichs-Charakter deutlich.*

Diagramme mit Excel erstellen

Excel als Datenbank

Kapitel 12

12.	**Excel als Datenbank**		425
	Datenbankbereich		425
	Datensatz		426
	Feld		426
	Feldname		426
	Kriterienbereich		426
	Vergleichendes Suchkriterium		427
	Berechnetes Suchkriterium		427
	Zielbereich		427
	Überlegungen vor dem Anlegen einer Datenbank		428
12.1	Einrichten des Datenbankbereiches		428
	Vergabe der Feldnamen		429
	Der Bereichsname "Datenbank"		430
12.2	Eingabe von Datensätzen und Formatierung der Felder		431
	Formatieren der Datenbankfelder		432
12.3	Übernahme von Datensätzen aus anderen Anwendungen		435
	Herstellen einer Datensatzstruktur		436
	Aufhebung der geschätzten Aufteilung		438
12.4	Suchkriterienbereich definieren und Suchbefehle einsetzen		439
	Positionieren des Kriterienbereiches		439
	Verschieben des Datenbankbereiches		439
	Die Größe des Kriterienbereiches		440
	Eintragen der Feldnamen im Suchkriterienbereich		440
	Suchkriterien und Suchbefehle		441
	Vergleichende Suchkriterien		448
	Vergleich mit einer Formel		443
	Verwendung von Bereichsnamen in Suchkriterien		444
	Text als vergleichendes Suchkriterium		444
	Eingabe des Suchtextes		445
	Der Anfangsbuchstabe als Suchkriterium		445
	Vergleich mit einem Zeichenmuster		446
	Berechnete Suchkriterien		447

Excel als Datenbank

12.5	Kombinieren von Suchkriterien	449
	Logische Verknüpfungen	449
	Das logische "Und"	450
	Das logische "Oder"	450
	Verknüpfung von Suchkriterien mit dem logischen "Und"	450
	Verknüpfung von Suchkriterien mit dem logischen "Oder"	451
	Erweitern des Suchkriterienbereiches um eine Zeile	452
12.6	Ausgabe der gefundenen Datensätze	454
	Kopieren der gefundenen Datensätze	454
	Der Zielbereich	454
	Ausschließen der Duplikate	455
	Anlegen des Zielbereichs	456
	Kopieren von bestimmten Feldern eines Datensatzes	456
	Kopieren von Datensätzen in andere Arbeitsblätter	457
	Datenbank- und Kriterienbereich als externer Bezug	457
12.7	Löschen von Datensätzen	459
	Löschen der Feldeinträge	459
	Der Befehl Löschen	459
	Vorschlag zur größeren Sicherheit	460
	Löschen von Datensätzen aus der Beispieldatenbank	460
	Löschen der Kunden nach Auftragsdatum	460
12.8	Ordnen von Datensätzen	461
	Ordnen von Zeilen nach Spalten	462
	Start des Sortierlaufs	462
	Definition des ersten Sortierschlüssels	463
	Festlegen der Sortierreihenfolge	463
	Arbeiten mit mehreren Sortierschlüsseln	465
	Definition des zweiten Sortierschlüssels	465
	Ordnen von Spalten nach Zeilen	465
	Schwierigkeiten beim Ordnen von Datenbankbereichen	466
12.9	Arbeiten mit der Datenmaske	467
	Aufruf der Maske	467
	Schließen der Maske	469
12.10	Ändern von Datensätzen in der Datenmaske	469
12.11	Datensätze mit der Datenmaske suchen oder löschen	470
	Die Maske stellt jetzt den Suchkriterienbereich dar	471
	Eintragen von kombinierten Suchkriterien	473
	Datensätze mit der Datenmaske löschen	473

Excel als Datenbank

12.12	Gestaltung einer eigenen Datenmaske	473
	Definition einer eigenen Datenmaske	474
	Beschreibung der Komponenten	475
12.13	Datenbankfunktionen	477
	Formatierung des Ergebnisfeldes	479
	DBANZAHL(Datenbank;"Feldname";Suchkriterien)	479
	DBANZAHL2(Datenbank;"Feldname";Suchkriterien)	480
	DBMAX(Datenbank;"Feldname";Suchkriterien)	480
	DBMIN(Datenbank;"Feldname";Suchkriterien)	481
	DBAUSZUG(Datenbank;Suchkriterien)	481
	DBSUMME(Datenbank;"Feldname";Suchkriterien)	481
	DBPRODUKT(Datenbank;"Feldname";Suchkriterien)	482
	DBSTDABW(Datenbank;Feld;Suchkriterien)	482
	DBSTABWN(Datenbank;Feld;Suchkriterien)	482
	DBVARIANZ(Datenbank;Feld;Suchkriterien)	482
	DBVARIANZEN(Datenbank;Feld;Suchkriterien)	482

12. Excel als Datenbank

Zunächst möchten wir Ihnen einen Überblick über den Inhalt des Kapitels vermitteln und einige Begriffe klären, die bei der Arbeit mit der Excel-Datenbank den elementaren Wortschatz darstellen. Sollte Ihnen manches zu theoretisch erscheinen, so erfahren Sie im darauffolgenden praxisorientierten Abschnitt mehr über die Details, die Sie in praktischen Beispielen nachvollziehen können.

Eine Datenbank ist eine elektronische Datensammlung. Jedes Telefonbuch ist eine Datenbank auf Papier, so wie die Namen im Telefonbuch alphabetisch geordnet sind, lassen sich auch die Einträge in einer Datenbank alphabetisch oder nach anderen Kriterien ordnen. Anders als ein Telefonbuch ermöglicht eine Datenbankdatei auf Diskette oder Festplatte eine sehr schnelle Bearbeitung jedes beliebigen Eintrags. Sie können nach Einträgen suchen, sich diese anzeigen oder ausdrucken lassen oder sogar in eine Tabelle kopieren, wo Sie dann z.B. anhand von Kundenstammdaten eine konkrete Analyse Ihres Umsatzes anstellen könnten.

Was ist eine Datenbank?

Um Ihren Datenbestand besser überblicken zu können, haben Sie die Möglichkeit, z.B. eine Adressdatei nach Namen, Straßen, Städten, Postleitzahlen in aufsteigender oder absteigender Reihenfolge zu ordnen.

Sortieren zum besseren Überblick

Kurz und gut, eine Datenbank ermöglicht einen wesentlich schnelleren Zugriff auf die in ihr gespeicherten Informationen, als es z.B. ein Katalog oder eine Liste tun könnte.

Excel kann eine Datenbank in einer Tabelle einrichten, sie bietet alle Vorzüge einer Datenbank und dabei gleichzeitig eine hervorragende Zusammenarbeit mit der Tabellenkalkulation von Excel.

Hervorragende Zusammenarbeit mit der Tabellenkalkulation

Bevor es an die praktische Arbeit geht, sollten noch einige Begriffe geklärt werden, die bei der Arbeit mit Datenbanken üblich sind.

Datenbankbereich

Der Datenbankbereich ist der Bereich einer Tabelle, in dem sich die Einträge, also die Daten und die Feldnamen befinden. Dieser Bereich wird durch den Befehl *Datenbank festlegen* im Menü *Daten* definiert. Excel weist dem auf diese Art und Weise eingerichteten Bereich automatisch den Namen "Datenbank" zu.

Bereichsname "Datenbank"

Excel als Datenbank

Datensatz

Eine Zeile in einer Datenbank nennt man Datensatz. Ein Datensatz enthält alle Daten, die einem Element der Datenbank zugeordnet werden. Ein Datensatz einer Adressdatenbank würde also z.B. Name, Vorname, Adresse, Postleitzahl, Stadt, Zustellbezirk und Telefonnummer eines Kunden enthalten. Die Bestandteile eines Datensatzes nennt man Felder. Alle Datensätze einer Datenbank bestehen aus den gleichen Feldern.

Name	Strasse	Plz	Ort	
Hans Meier	Irrweg 6	1234	Irgendwo	<-- Datensatz
				<-- Feld

Feld

Alle Datensätze bestehen aus den gleichen Feldern

Ein Feld ist ein Bestandteil eines Datensatzes. Jedes Feld entspricht einer Spalte eines Datensatzes. Einträge in die Felder einer Datenbank werden auf die gleiche Weise vorgenommen wie Einträge in Feldern einer Tabellenkalkulation. Sie können also auch hier Zahlen, Texte, Formeln und Funktionen eingeben. Wie Sie später in diesem Kapitel noch lesen werden, können Sie Einträge auch auf etwas komfortablere Weise mit einer Datenmaske machen.

Feldname

Ein Feld wird über seinen Namen angesprochen

Die Spaltenüberschriften einer Datenbank stellen gleichzeitig die Feldnamen dar. Ein Feld, das die Adresse eines Kunden aufnehmen soll, trägt z.B. den Namen "Straße".

Kriterienbereich

Platz für Suchkriterien

Im Kriterienbereich der Tabelle werden die Suchkriterien angegeben. Der Kriterienbereich wird durch den Befehl *Suchkriterien festlegen* im Menü *Daten* definiert und erhält von Excel automatisch den Namen "Suchkriterien". Da sich ein Suchkriterium immer auf eine bestimmte Datenbank bezieht, muß dieser Bereich sich auch in der gleichen Tabelle befinden wie der Datenbankbereich. Die durch ein Suchkriterium herausgefilterten Datensätze können von Excel angezeigt, gedruckt, kopiert oder gelöscht werden.

Vergleichendes Suchkriterium

Vergleichende Suchkriterien dienen zur Suche von Datensätzen, deren Feldeinträge mit dem Suchkriterium ganz oder teilweise übereinstimmen.

Übereinstimmung mit dem Suchkriterium

Die Spaltenüberschrift eines vergleichenden Suchkriteriums muß ein gültiger Feldname sein.

Um z.B. aus einer Adressdatei alle Adressen in München herauszufiltern, lautet das vergleichende Suchkriterium "Postleitzahl gleich 8000". Mit diesem umgangssprachlich formulierten Suchkriterium kann Excel natürlich sehr wenig anfangen. Um Datensätze anhand eines Suchkriteriums herauszufiltern, müssen Sie bestimmte Regeln und Konventionen beachten, die Excel braucht, um gezielt auf Datensätze zuzugreifen.

Wenn Sie dieses Suchkriterium in eine für Excel verständliche Form bringen, wird daraufhin in o.g. Beispiel das Feld Postleitzahl in allen Datensätzen auf Übereinstimmung mit dem angegebenen Wert 8000 geprüft.

Berechnetes Suchkriterium

Mit berechneten Suchkriterien können Sie Datensätze mit Feldeinträgen suchen, deren Wert mit der im Suchkriterium angegebenen Formel übereinstimmt. So können Sie Werte als Suchkriterium verwenden, die sich aus anderen Feld- oder Tabelleninhalten berechnen lassen.

Übereinstimmung mit einem berechneten Wert

Die Spaltenüberschrift eines berechneten Suchkriteriums darf keinen schon vergebenen Feldnamen tragen.

Sie können somit, Werte, die in den Feldern eines Datensatzes enthalten sind, in Berechnungen bzw. Formeln verwenden und das Ergebnis dieser Berechnung innerhalb eines Suchkriteriums einsetzen.

So können Sie z.B. in einer Kundendatenbank alle Kunden heraussuchen, die 1989 mehr Umsatz gemacht haben als im Vorjahr.

Zielbereich

Der Zielbereich ist ein weiterer Bereich der Tabelle, der dazu dient, gesuchte und kopierte Datensätze aufzunehmen.

Ausgabe gesuchter Datensätze

Excel als Datenbank

Überlegungen vor dem Anlegen einer Datenbank

Welche Struktur brauchen Sie?

Grundlegend für den erfolgreichen Einsatz einer Datenbank ist ihre Struktur. Deshalb sollen Sie sich vor dem Anlegen einer Datenbank Gedanken darüber machen, welche Daten Sie mit Ihr erfassen wollen, nach welchen Kriterien Sie Ihre Daten ordnen und in welcher Art und Weise Sie später einmal darauf zugreifen wollen.

Was soll gespeichert werden?

Die erste Überlegung ist, welche Datensätze Sie überhaupt bilden wollen. Hierbei kommt es natürlich auf Ihre Problemstellung an: Wenn Sie Ihren Kundenstamm in einer Datenbank speichern wollen, um diese Stammdaten besser analysieren und schneller darauf zugreifen zu können, so sollten Sie für jeden Kunden einen Datensatz anlegen. Möchten Sie Ihr Bestellwesen überwachen, bildet selbstverständlich jede Bestellung einen Datensatz.

Wie setzt sich ein Datensatz zusammen?

Als nächstes müssen Sie wissen, aus welchen Daten ein Datensatz über einen Kunden, eine Bestellung oder einen Artikel bestehen muß, um für Sie eine sinnvolle Information darzustellen. Ein Datensatz in einer Kundenstammdatei wird zumindest Kundennummer, Name, Adresse, Telefonnummer, Ansprechpartner und Branche enthalten.

Wie soll sortiert werden?

Die dritte wichtige Frage ist, nach welchen Kriterien Sie Ihren Datenbestand ordnen wollen. Möchten Sie z.B. Ihren Kundenbestand in der Bundesrepublik nach Postleitzahlen ordnen, so sollten Sie zwei getrennte Felder für Ort und Postleitzahl einrichten. Wenn Sie darüber hinaus die Kunden in einer Stadt noch nach Zustellbezirken aufgliedern möchten, richten Sie noch ein zusätzliches Feld für die Eingabe dieses Bezirks ein.

Testdaten bewahren vor Verlusten

Bevor Sie sich die Mühe machen, vielleicht viele hundert Datensätze einzugeben, sollten Sie die Funktionstüchtigkeit Ihrer Datenbank mit wenigen Datensätzen testen. Geben Sie 10 oder 15 möglichst unterschiedliche Datensätze ein und testen Sie alle Zugriffs- und Ordnungsverfahren, die für Ihre Arbeit wichtig sind. Können Sie auf 10 Datensätze in jeder von Ihnen beabsichtigten Form problemlos zugreifen, so wird es auch bei wesentlich mehr Eintragungen kaum Probleme geben.

12.1 Einrichten des Datenbankbereiches

Um Excel, der Tabellenkalkulation, nun verständlich zu machen, daß Sie mit einer Datenbank arbeiten möchten, müssen Sie innerhalb einer Tabelle einen Bereich dafür definieren. Die Größe dieses Bereiches ist nur durch die Größe der Tabelle, also 16.384 Zeilen und 255 Spalten, begrenzt. Die Breite des Datenbankbereiches ergibt sich aus der Anzahl der Felder, in die Sie einen Datensatz aufteilen wollen.

Am Beispiel einer Kundendatenbank möchten wir Ihnen vorführen, wie sich eine Datenbank strukturieren läßt. Öffnen Sie ein neues Arbeitsblatt, indem Sie den Befehl *Neu...* im Menü *Datei* wählen und im entsprechenden Dialogfenster die Option *Tabelle* einstellen. In die erste Spalte der ersten Zeile tragen Sie nun eine Überschrift ein, z.B. "Kundendaten einschl. Umsatz 1988 und Umsatz 1989".

Maximal 16.384 Datensätze, maximal 255 Felder in einem Datensatz

Vergabe der Feldnamen

In Feld A3 kann nun der erste Feldname eingegeben werden, in einer Kundendatenbank ist das meist die Kundennummer. Da Sie nur vierstellige Kundennummern vergeben, können Sie den Feldnamen auch abkürzen, z.B. zu KUNR oder KUNO. Schreiben Sie also KUNO in das Feld A3. In die nächste Spalte gehört der Kundenname, als Feldname bietet sich natürlich NAME an, diesen Begriff tragen Sie bitte in B3 ein.

Sprechende Namen sind gefragt

Das Feld C3 sollte STRASSE heißen, um die Adresse des Kunden aufnehmen zu können. In D3 findet die Postleitzahl Platz, also nennen Sie es PLZ. Das Feld rechts daneben ist für die Stadt reserviert, in der der Kunde ansässig ist, tragen Sie bitte als Namen ORT in E3 ein.

Feldnamen als Spaltentitel

Was nun noch wichtig wäre, sind die Telefonnummer, die Branche, der Ansprechpartner und der Umsatz im vergangenen Jahr und im Jahr davor, damit Sie einschätzen können, welches Gewicht dieser Kunde für Sie hat.

Nennen Sie die folgenden Felder also TELEFON (F3), KONTAKT (H3), BRANCHE (G3), UMSATZ88 (I3), UMSATZ89 (J3), LETZTER AUFTRAG (K3).

Achten Sie bei der Vergabe von Feldnamen bitte darauf, daß Sie keine Zahlen, Formeln, logischen Werte, Fehlerwerte oder leere Felder als Feldnamen benutzen. Feldnamen müssen aus Text bestehen. Da jedes Feld max. 255 Zeichen aufnehmen kann, können natürlich auch Feldnamen aus maximal 255 Zeichen bestehen. Sie sollten allerdings die Feldnamen so kurz wie möglich halten, damit die Spalten nicht breiter werden als die Daten, die sie aufnehmen sollen, und Sie die größtmögliche Übersicht bewahren.

Feldnamen müssen aus Text bestehen

Excel als Datenbank

Der grundlegendste Schritt wäre hiermit schon getan, Sie haben Ihrer Datenbank eine Struktur gegeben.

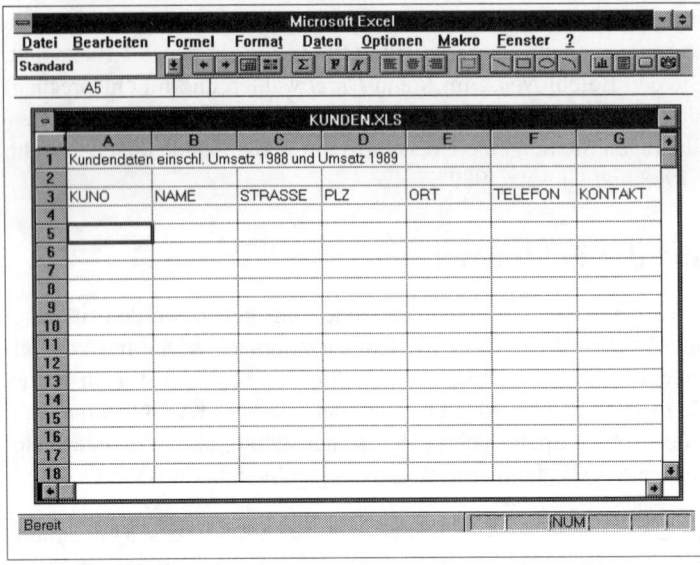

Abb. 162: Die Datenfelder Ihrer Kundendatenbank

Der Bereichsname "Datenbank"

Platz für 10 Test-Datensätze

Jetzt ist es an der Zeit, einen Datenbankbereich zu definieren. Da Sie die Funktionstüchtigkeit der Excel-Datenbank erst einmal an 10 Datensätzen testen wollen, reicht es, wenn wir den Datenbankbereich von Zeile 3, die die Feldnamen enthält, bis Zeile 15 definieren. Natürlich muß dieser Bereich alle Spalten von A bis K umfassen.

Bewegen Sie dazu den Feldzeiger in Feld A3 und aktivieren Sie den gesamten Bereich von A3 bis K15.

Dieser Bereich muß nun auch "Datenbank" genannt werden, damit Excel ihn von einer herkömmlichen Tabelle unterscheiden kann.

Der Befehl Datenbank festlegen

Wählen Sie dazu den Befehl "Datenbank festlegen" aus dem Menü *Daten*. Excel hat dem von Ihnen ausgewählten Bereich automatisch den Namen "Datenbank" gegeben. Dieser Name bezieht sich auf den Bereich namens $A$3:$K$15.

Excel als Datenbank

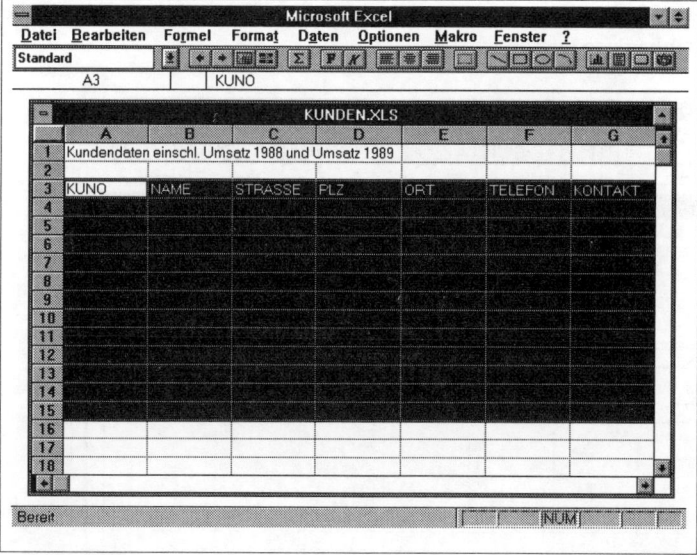

Abb. 163: Der markierte Datenbankbereich

12.2 Eingabe von Datensätzen und Formatierung der Felder

Eintragungen in Datenbankfelder erfolgen genauso wie Eintragungen in gewöhnliche Tabellenfelder. Um Ihren ersten Datensatz eingeben zu können, bewegen Sie den Feldzeiger in Feld A4. Hier können Sie nun eine Kundennummer eintragen. Tragen Sie nun "1234" in das Feld unter KUNO ein. Bewegen Sie den Feldzeiger eine Spalte nach rechts, um in das Feld NAME zu gelangen. Tragen Sie hier nun "Müller & Sohn GmbH" ein und bewegen den Feldzeiger wieder um eine Spalte nach rechts, um in das Feld STRASSE zu gelangen. Tragen Sie hier die Adresse "Wiesenstr. 48" ein. Auf diese Weise vervollständigen Sie den ersten Datensatz mit folgenden Texten und Werten:

Datenbankfelder sind gewöhnliche Tabellenfelder

PLZ	4000
ORT	Düsseldorf
TELEFON	T(0211)683728
KONTAKT	Hr. Mayer
BRANCHE	Elektro
UMSATZ88	34000
UMSATZ89	40000
LETZTER AUFTRAG	17.9.89

431

Excel als Datenbank

Nachdem Sie Ihren ersten Datensatz komplett eingegeben haben, sollte Ihre Datenbank so aussehen:

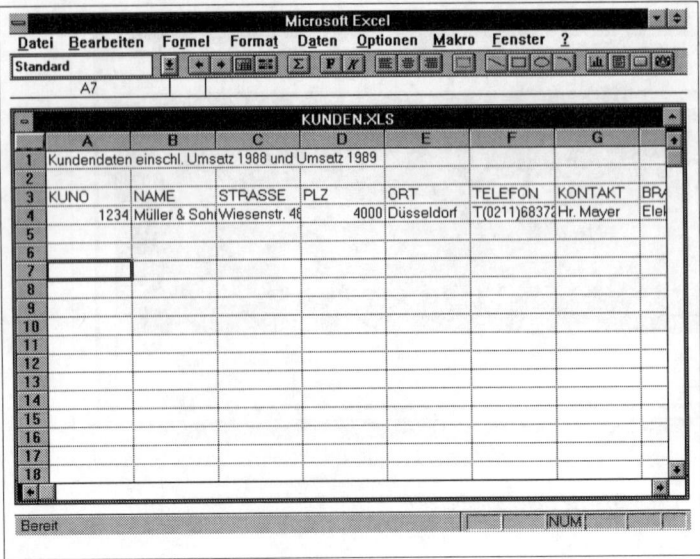

Abb. 164: Der erste Kunde

Formatieren der Datenbankfelder

Die Standardformate sind unbefriedigend

Ihnen ist bestimmt schon aufgefallen, daß vieles von dem, was Sie eingegeben haben, gar nicht vollständig auf dem Bildschirm erscheint, da manche Spalten zu schmal sind, um alle Daten aufnehmen zu können. Außerdem sieht es nicht besonders schön aus, daß z.B. alle Feldnamen linksbündig in die Felder eingetragen sind, das Währungszeichen in den Umsatzfeldern fehlt, und manche Felder, wie z.B. das für die Kundennummer, sind zu breit. Es wäre also sinnvoll, die Datenfelder auch nach Ihren Ansprüchen zu formatieren und sich nicht mit dem voreingestellten Standardformat zu begnügen.

Die Spaltenbreite muß ausreichend sein

Beginnen Sie mit dem Datenbankfeld KUNO. Ganz zu Anfang hatten wir vorgeschlagen, daß Sie nur 4-stellige Kundennummern vergeben, also würde eine 5, max. 6 Zeichen breite Spalte vollkommen ausreichen, um Ihre Kundennummern aufzunehmen.

Bewegen Sie also den Feldzeiger in Spalte A. In welcher Zeile er dort steht, spielt hierbei keine Rolle. Wählen Sie nun den Befehl *Spaltenbreite...* aus dem Menü *Format*. Stellen Sie die Breite der Spalte A auf 6 Zeichen ein und drücken Sie Return oder betätigen Sie die Schaltfläche *OK*.

Excel als Datenbank

Die Felder NAME und STRASSE dagegen sind zu kurz. Wählen Sie hier durch die gleiche Befehlsfolge den Wert 25 als Spaltenbreite. Für das Feld PLZ wählen Sie eine Spaltenbreite von 5 Zeichen. Das Feld ORT wäre mit 15 Zeichen Breite besser dimensioniert. Da Telefonnummern in Deutschland aus 4- bis 5-stelligen Vorwahlen und einer 6- bis 7-stelligen Nummer bestehen, sollten Sie für dieses Feld unter Berücksichtigung der beiden Klammern eine Spaltenbreite von 14 Zeichen einstellen.

Wie breit sollen die Felder sein?

Die Felder KONTAKT, BRANCHE, UMSATZ88 und UMSATZ89 haben mit 15 Zeichen die richtige Breite. Das Feld LETZTER AUFTRAG hingegen sollte eine Breite von 20 Zeichen haben, damit der Feldname noch vollständig in der ersten Zeile des Datenbankbereiches lesbar ist.

Um die Feldnamen in der 3. Zeile zentriert in jedes Feld zu schreiben, aktivieren Sie zuerst die Felder A3 bis K3 und wählen dann den Befehl *Ausrichtung...* aus dem Menü *Format*. Markieren Sie im Dialogfeld zu diesem Befehl die Option *Zentriert*. Starten Sie diesen Befehl durch `Return` oder einen Mausklick auf *OK*.

Ausrichtung der Feldnamen

Jetzt muß nur noch das Währungssymbol in die Umsatzfelder gesetzt werden, und Ihre Datenbank hat sehr an "Format" gewonnen. Bewegen Sie also den Feldzeiger in Feld I4. Markieren Sie nun den Bereich von I4 bis J15. Ist dies geschehen, so wählen Sie den Befehl *Zahlenformat* im Menü *Format*. Markieren Sie in der Liste, die Ihnen das Dialogfeld zu diesem Befehl zeigt, das Format "DM#.##0,00 DM;-DM#.##0,00", und drücken Sie `Return` oder klicken Sie *OK*.

Die richtigen Zahlenformate

Dieses Format bewirkt, daß als Tausendertrennzeichen ein Punkt und als Dezimaltrennzeichen ein Komma verwendet wird, des weiteren werden zwei Nachkommastellen angezeigt, und das Währungssymbol "DM" erscheint neben dem Zahlenwert.

Die letzte optische Änderung soll die Überschrift in der ersten Zeile und die Feldnamen in der dritten Zeile betreffen. Um diese Texte von den sonstigen Feldeinträgen unterscheiden zu können, sollten Sie sie fettgedruckt auf dem Bildschirm darstellen.

Hervorheben der Feldnamen

Um die Überschrift in dieser Schriftart auf den Bildschirm zu bringen, müssen die Felder A1 bis E1 markiert werden, danach stellen Sie mit dem Befehl *Schriftart* aus dem Menü *Format* Helvetica 10 Fett ein. Wiederholen Sie diese Formatierung für die Felder A3 bis K3.

Wenn Ihnen alle Formatierungen geglückt sind, sollte Ihr Bildschirm so aussehen:

433

Excel als Datenbank

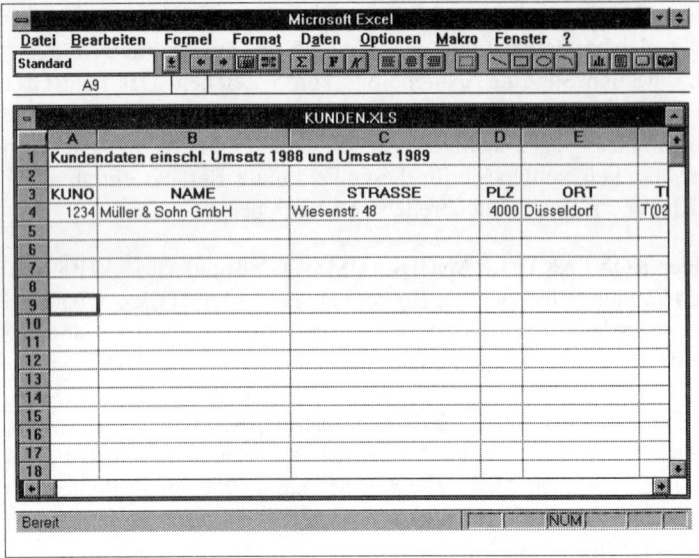

Abb. 165: Eine Datenbank von Format

Nachdem jetzt alle Felder die richtige Breite und das richtige Format haben, sollten Sie nun die weiteren 11 Datensätze der Testausgabe Ihrer Datenbank eingeben. Wenn Sie sich die Eingabearbeit sparen wollen, können Sie die Beispieldatenbank auch von Ihrer Beispieldiskette in der Datei KUNDEN.XLS laden.

Damit wir später die gleiche Ausgangsbasis haben, schlagen wir Ihnen folgende Kundendaten vor:

Eingabe der Testdaten

1.7456,Data Becker GmbH,Merowingerstr. 30,4000,Düsseldorf,(0211)3100162,Fr. Jonak,Verlag,76000,85000,19.11.89

2.7681,Gierig KG,Eller Str. 12,4010 Hilden,(02103)57828,Hr. Schling,Lebensmittel,12750,11380,28.2.90

3.3546,Umsatz & Absatz OHG,Marktplatz 5,5100,Aachen,(0241)761419,Hr. Kunze,Werbung,24780,30170,16.3.89

4.6789,Airport Transfer AG,Flughafenstr. 7,8000,München,(089)6717656,Hr. Fiedler,Transport,7890,8340,4.10.90

5.5893,Bier-Taxi GmbH & Co. KG,Neurather Weg 37,3000,Hannover,(0511)465987,Hr. Rauten,Getränke,41000,47840,28.9.90

Excel als Datenbank

6.2679,Citymot GmbH,Adersstr.
94,4000,Düsseldorf,(0211)376074,Hr.
Städter,Kurier,16360,18000,30.9.90

7.5673,Thelen + Höfer,Münster Str.
340,4000,Düsseldorf,(0211)623038,Hr.
Thelen,Autos,45990,35940,27.8.90

8.5354,Data Klüger,Bayrische Str. 45,1000,Berlin,(030)367812,Fr.
Nahaus,Computer,78690,84780,7.6.90

9.4567,Dikic & Co.,Wallstr. 8,2000,Hamburg,(040)567813,Fr.
Dikic,Übersetzer,4780,9100,12.7.90

10.1867,Hecktor & Partner,Sanddornweg 75,2000
Norderstedt,(040)207658,Hr.
Herzog,Steuerberater,17630,17670,23.5.89

11.3224,Data Klüger & Co.,Märkische Str.
12,4000,Düsseldorf,(0211)276459,Hr. Weide-
mann,Computer,56600,57000,12.6.90

12.3 Übernahme von Datensätzen aus anderen Anwendungen

Wenn Sie mit bereits erfaßten Daten arbeiten möchten, stellt sich die Frage, welche Dateiformate Excel verarbeiten, also importieren kann. Grundsätzlich kann Excel alle Dateiformate importieren, die es auch exportieren kann.

Welche dies sind, erfahren Sie, wenn Sie sich einmal das Dialogfeld zum Befehl *Speichern unter...* ansehen und die Schaltfläche *Optionen...* betätigen. Sie sehen ein mit einem Listenfeld verknüpftes Eingabefeld, aus dem Sie ein Dateiformat wählen können, in dem Excel die aktuell geladene Datei abspeichert.

Welche Dateiformate kennt Excel?

Da es in diesem Buch ein eigenes Kapitel über die Zusammenarbeit von Excel mit anderen Anwendungen gibt (Kap. 17), möchten wir an dieser Stelle nur kurz darauf eingehen, wie Sie Datenbanken aus anderen Anwendungen in Excel übernehmen können.

Die besten Voraussetzungen haben Sie natürlich dann, wenn die fremde Datenbankanwendung Dateien in einem der typischen Tabellenkalkulationsformate SYLK, WKS oder WK1 abspeichern kann. Bei diesen Dateiformaten, wie sie von Multiplan, Symphony und Lotus 1-2-3 verwendet werden, entstehen die wenigsten Konvertierungsprobleme.

Excel als Datenbank

Die Vorgehensweise beim Laden einer "fremden" Datei ist jedoch immer die gleiche: Sie öffnen die Datei über den Befehl *Laden*... im Menü *Datei*. Excel erkennt bei Öffnen einer Datei automatisch das Format, in dem die Daten gespeichert sind. Welches Dateiformat Excel erkannt hat und wie weit der Ladevorgang fortgeschritten ist, zeigt Ihnen ein Eintrag in der äußersten linken Ecke der Statuszeile. Beim Laden einer dBase-Datei erscheint dort "DBF: <Prozentangabe>".

Keine numerischen Felder aus dBase-Dateien

Beim Laden von dBase-Dateien im original dBase-Dateiformat werden von Excel jedoch keine numerischen Felder übernommen. Die Feldnamen werden zu Spaltentiteln umgewandelt, die numerischen Inhalte gehen jedoch verloren.

Die beste Lösung dieses Problems besteht darin, die dBase-Datei mit dem dBase-Befehl COPY TO <Dateiname> in eine andere Datei zu kopieren und dort deren Struktur zu ändern, indem Sie die numerischen Felder in Zeichenfelder umwandeln. Versuchen Sie nun erneut, die Datei zu laden, so werden alle Feldinhalte übertragen.

Der Befehl Ersetzen... kann helfen

Bei eventuellen Schwierigkeiten aufgrund unterschiedlicher Dezimaltrennzeichen in dBase und Excel können Sie sich des Befehls *Ersetzen*... im Menü *Formel* bedienen und alle Kommata durch Dezimalpunkte (oder umgekehrt) ersetzen lassen. Durch diese Änderung der als Text übertragenen Feldinhalte werden aus diesen Texten wieder Werte, die Sie in Formeln und Funktionen weiterverarbeiten können.

Näher möchten wir an dieser Stelle nicht auf dieses Thema eingehen. Wir verweisen noch einmal auf Kapitel 17, das sich ausführlicher mit Fremdformaten beschäftigt.

Herstellen einer Datensatzstruktur

Austausch im ASCII-Format

Bei der Übernahme von Datensätzen aus anderen Anwendungen, z.B. von einem Host, besteht die einzige Chance zum Datenaustausch oftmals über das ASCII-Format. Eine Datei im ASCII-Format enthält jeden Datensatz in einer Zeile. Beim Laden einer solchen Datei wird jede Zeile in ein Feld einer Excel-Tabelle übertragen. Wenn Sie jedoch die übertragenen Daten weiterhin als Datensätze in einer Excel-Datenbank weiterverarbeiten wollen, muß die Datensatzstruktur wiederhergestellt werden.

Der Inhalt der Felder, die nach dem Laden der Datei einen ganzen Datensatz enthalten, muß wieder so auf mehrere Felder verteilt werden, daß jedes Feld des Datensatzes in ein Feld der Excel-Tabelle geschrieben wird.

Excel als Datenbank

Der Befehl, den Excel Ihnen bietet, um dieses Problem zu lösen, lautet *Analyse...* und befindet sich im Menü *Daten*. Dieser Befehl analysiert den Eintrag eines Feldes und ist in der Lage, aufgrund vorhandener Leer- oder Trennzeichen abzuschätzen, wie das entsprechende Feld aufgesplittet werden muß.

Analysieren der Daten

Am sinnvollsten scheint es uns, die Arbeitsweise dieses Befehls an einem kleinen Beispiel vorzustellen. Sie finden eine Datei namens HOST.XLS auf Ihrer Beispieldiskette. Diese Datei enthält Daten, die aus einer HOST-Datei geladen worden sind. Laden Sie jetzt bitte diese Datei.

Ein Beispiel

Wie Sie sehen, enthalten die Felder A1:A4 jeweils einen Datensatz. Um diese Daten auf mehrere Felder verteilen zu lassen, müssen zuerst die Felder A1:A4 markiert werden. Jetzt kann der Befehl *Analyse...* aus dem Menü *Daten* aufgerufen werden. Das Dialogfeld, das sich daraufhin auf dem Bildschirm öffnet, stellt den Eintrag im Feld A1 in einer Analysezeile dar.

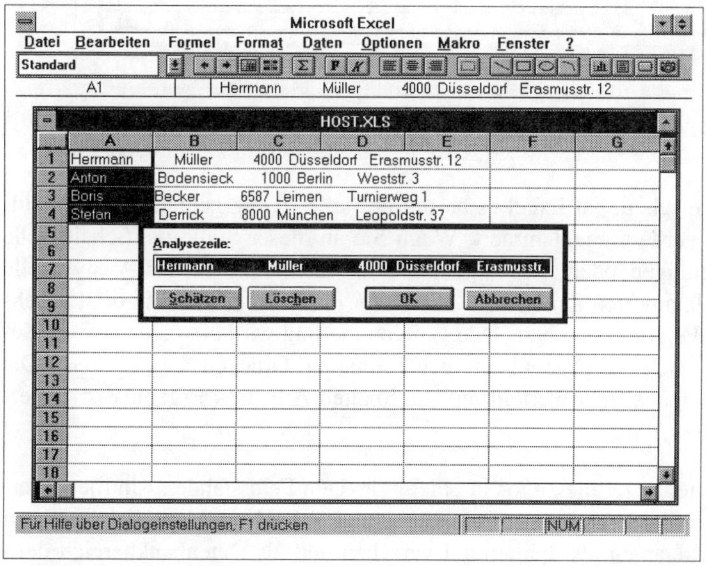

Abb. 166: Die Analysezeile

In der Analysezeile kann nun durch das Setzen von runden Klammern festgelegt werden, wieviele Zeichen jeweils in die einzelnen Felder eines Datensatzes übertragen werden sollen.

Runde Klammern bestimmen die Aufteilung

Sowohl in unserem Beispiel als auch in der Praxis sollten Sie versuchen, die gesamte Arbeit auf Excel abzuwälzen, indem Sie Excel die Aufteilung

Lassen Sie Excel schätzen

437

Excel als Datenbank

schätzen lassen. Um Excel zur einer Schätzung zu bewegen, betätigen Sie die Schaltfläche *Schätzen*.

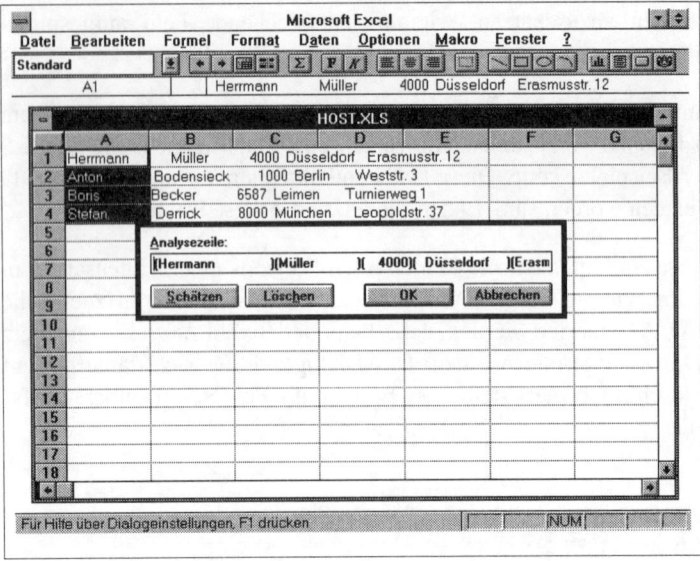

Abb. 167: Excel schlägt eine Aufteilung vor

Wie Sie sehen, hat Excel es an dieser Stelle richtig gemacht. Jeder Feldinhalt wurde eingeklammert. Wenn Sie an dieser Stelle die Schaltfläche *OK* betätigen oder Return drücken, werden die in der Analysezeile eingeklammerten Zeichen für alle zuvor markierten Felder in die benachbarten Felder geschoben. Jede Einklammerung wird ein eigenes Feld. Sehen Sie sich das Ergebnis einfach einmal an: Drücken Sie Return. Die Datensätze wurden verteilt auf die Spalten A:E. Das Ergebnis ist fehlerfrei.

Die Datensätze, die zuvor in einem einzigen Feld standen, sind jetzt verteilt auf die Spalten A:E. Der Feldbereich A1:E4 muß lediglich noch mit den Feldnamen als Spaltentitel versehen und als Datenbankbereich definiert werden, bevor die Datenbank bearbeitet werden kann.

Aufhebung der geschätzten Aufteilung

Löschen der Klammern

Sollten Sie mit dem Ergebnis der Schätzung nicht zufrieden sein, können Sie die von Excel gesetzten Klammern mit der Schaltfläche *Löschen* wieder entfernen. Die Analysezeile ist nach Betätigung dieser Schaltfläche wieder völlig ohne Struktur.

Excel als Datenbank

Wenn die Schätzung dem gewünschten Ergebnis schon recht nahe kommt, können Sie selbstverständlich auch von Hand Einfluß auf die Aufteilung der Daten nehmen. Setzen Sie den Cursor in die Analysezeile, und löschen oder verschieben Sie die runden Klammern selbst an die gewünschte Position.

Setzen der Klammern von Hand

Sehen Sie sich das Ergebnis einer Aufteilung Zeile für Zeile an. Sollte es in einer oder mehreren Zeilen Schwierigkeiten gegeben haben, machen Sie die Aufteilung mit dem Befehl *Widerrufen: Analyse* aus dem Menü *Bearbeiten* wieder rückgängig und versuchen Sie es erneut.

Prüfen des Ergebnisses

12.4 Suchkriterienbereich definieren und Suchbefehle einsetzen

Der Sinn und Zweck einer Datenbank besteht darin, auf Datensätze nach bestimmten (Such-)Kriterien zugreifen zu können. Solche Suchkriterien müssen in einer Excel-Tabelle in einem eigens definierten Feldbereich festgehalten sein, bevor ein Suchbefehl gegeben werden kann.

Positionieren des Kriterienbereiches

Wo sich der Kriterienbereich befinden soll, bestimmen letztendlich Sie, Excel macht Ihnen diesbezüglich keine Vorschriften. Es ist jedoch ratsam, einen Platz in der Tabelle auszusuchen, der nicht zu weit von der Datenbank entfernt liegt und Ihnen leichte Bearbeitungsmöglichkeiten sowie eine gute Übersicht bietet.

Am besten nach an der Datenbank

Ein solcher Platz wäre z.B. direkt über oder neben dem Datenbankbereich. Ein Suchkriterienbereich unterhalb des Datenbankbereiches könnte später von einer wachsenden Datenbank überschrieben werden.

Gefahr des Überschreibens

Verschieben des Datenbankbereiches

Fügen also zuerst 5 Zeilen oberhalb der Zeile 3, die die Feldnamen enthält, ein. Machen Sie sich keine Sorgen, der von Ihnen vorhin definierte Datenbankbereich registriert seine Verschiebung von 5 Zeilen nach unten automatisch und richtet sich darauf ein.

Markieren Sie nun den Bereich von A3 bis K4 und wählen Sie dann den Befehl *Suchkriterien festlegen* aus dem Menü *Daten*. Diesem markierten Bereich wird von Excel sofort der Name "Suchkriterien" gegeben worden.

Der Befehl Suchkriterien festlegen

Excel als Datenbank

Die Größe des Kriterienbereiches

*Die Mindest-
größe*

Die Mindestgröße des Suchkriterienbereiches ist festgelegt auf mindestens eine Spalte und zwei Zeilen.

*Excel erkennt
Größenände-
rungen*

Wenn Sie Spalten oder Zeilen am Ende des Kriterienbereiches zufügen möchten, müssen Sie diesen Bereich erneut definieren. Fügen Sie allerdings eine Spalte oder Zeile an den Anfang oder in die Mitte des Bereiches ein, so erkennt Excel automatisch die von Ihnen vorgenommene Erweiterung.

Eintragen der Feldnamen im Suchkriterienbereich

*Ohne Feldnamen
keine Such-
kriterien*

Bevor Sie den soeben definierten Suchkriterienbereich nutzen können, müssen Sie zuerst die Namen der Suchkriterien in die erste Zeile des Kriterienbereiches eintragen.

Da Sie noch nicht genau wissen, nach welchen Kriterien Sie suchen wollen, kopieren Sie einfach alle Feldnamen aus Zeile 8 in Zeile 3. Damit haben Sie alle Voraussetzungen geschaffen, um mit vergleichenden Suchkriterien arbeiten zu können.

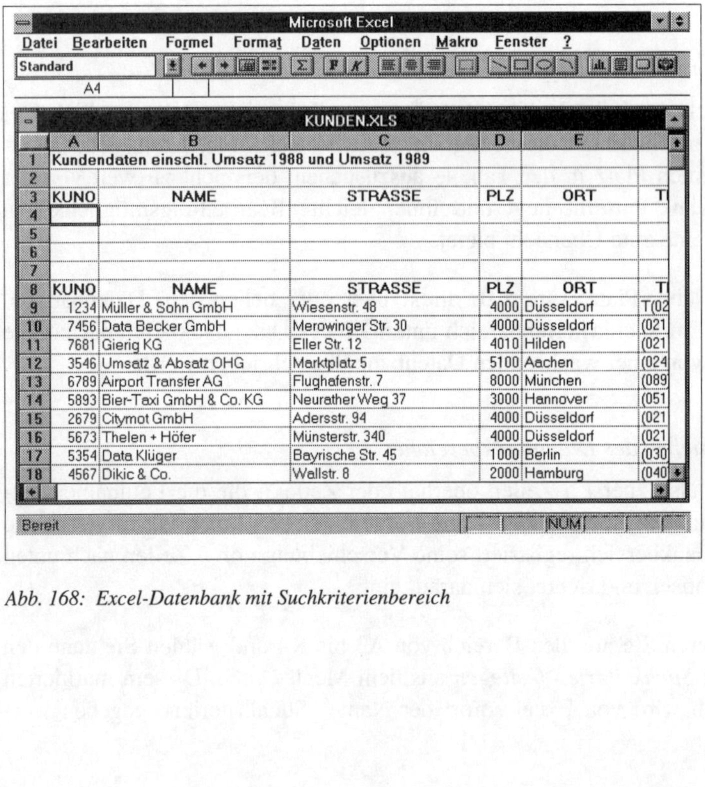

Abb. 168: Excel-Datenbank mit Suchkriterienbereich

Excel als Datenbank

Suchkriterien und Suchbefehle

Zu Beginn dieses Kapitels haben wir schon erwähnt, daß Excel zwei Arten von Suchkriterien verwenden kann, nämlich vergleichende und berechnete. Hier soll es nun darum gehen, solche Suchkriterien auch einzusetzen. Beginnen wir mit den vergleichenden Suchkriterien.

Über das Formulieren von Suchkriterien können Datensätze selektiert werden. Man muß jedoch zwischen verschiedenen Arten von Suchkriterien unterscheiden und die Arbeitsweise der Suchbefehle kennen.

Vergleichende und berechnete Suchkriterien

Vergleichende Suchkriterien

Vergleichende Suchkriterien filtern die Datensätze aus dem Datenbankbereich heraus, deren Feldinhalte den im Suchkriterium formulierten Bedingungen ganz oder teilweise entsprechen.

Vergleichende Suchkriterien müssen einen Namen tragen, der gleichzeitig Feldname in der Datenbank ist, auf die sich das Suchkriterium bezieht. Dieser Name muß in der ersten Zeile des Kriterienbereiches stehen.

Übereinstimmende Feldnamen

Vergleichende Suchkriterien können nicht nur Werte, Formeln, Texte oder Textteile sein, sondern Sie können auch mit einem Vergleichsoperator beginnen, der einen Vergleich mit einem Wert, einer Formel, einem Text oder einem Textteil einleitet.

Formeln als Suchkriterium

Durch vergleichende Suchkriterien können Sie also gezielt nach Datensätzen suchen, die eine oder mehrere von Ihnen formulierte Bedingungen erfüllen. Als Vergleichsoperatoren stehen Ihnen die sechs folgenden zur Verfügung:

Zugriff anhand bestimmter Auswahlbedingungen

=	Gleich
>	Größer als
<	Kleiner als
>=	Größer als oder gleich
<=	Kleiner als oder gleich
<>	Ungleich

Sie haben also z.B. die Möglichkeit, die in unserer Kundendatenbank gespeicherten Informationen so zu selektieren, daß Sie sich lediglich alle Kunden in Düsseldorf anzeigen lassen, nämlich indem Sie das Suchkriterium "Postleitzahl = 4000" formulieren. Weiter wäre es möglich, alle größeren Kunden des letzten Jahres herauszufiltern. Das Suchkriterium "UMSATZ89 >= 50.000" würde das gewünschte Ergebnis liefern.

Beispiel

Um sich über die Firmenform Ihrer Kunden zu informieren, könnten Sie das Suchkriterium "Name = GmbH" eingeben, um alle Kunden mit der

Excel als Datenbank

Gesellschaftsform "GmbH" angezeigt zu bekommen. Da Sie die Namen aller Felder in die erste Zeile des Kriterienbereiches kopiert haben, sind Sie jetzt in der Lage, jedes beliebige Feld eines Datensatzes in ein vergleichendes Suchkriterium mit einzubeziehen.

Die Praxis

Tragen Sie nun in Feld D4 als Suchkriterium den Wert 4000 ein. Dieses Suchkriterium bewirkt, daß Ihnen alle Datensätze angezeigt werden, die Kunden in Düsseldorf enthalten. Bei Ausführung des nachfolgenden Suchbefehls prüft Excel alle Datensätze auf ihren Inhalt im Feld PLZ, und wenn dieser mit dem im Suchkriterienbereich eingetragenen Wert übereinstimmt, gilt der Datensatz als gefunden.

Der Befehl Suchen

Wählen Sie nun den Befehl *Suchen* aus dem Menü *Daten*. Excel beginnt jetzt damit, den gesamten Datenbankbereich nach Datensätzen zu durchsuchen, die dem von Ihnen eingegebenen Suchkriterium entsprechen.

Wie Sie sehen, zeigt Excel Ihnen mit dem Feldzeiger bereits den ersten Datensatz, dessen Inhalt diesem Suchkriterium entspricht. Mit den Richtungstasten können Sie sich nun alle weiteren Datensätze zeigen lassen, die im Feld PLZ den Wert "4000" aufweisen. Hierbei können Sie nur die Tasten ↑ und ↓ benutzen, um den Feldzeiger zum jeweils nächsten oder vorhergehenden Datensatz zu bewegen.

Warnton bei Mißerfolg

Existiert in Ihrer Datenbank nur ein Datensatz, auf den dieses Suchkriterium zutrifft, so ertönt ein Warnton, wenn Sie versuchen, den Feldzeiger auf den nächsten oder vorherigen Datensatz zu bewegen.

In Ihrer Beispieldatei KUNDEN.XLS können Sie nach Eingabe dieses Suchkriteriums den Feldzeiger nur auf 5 Datensätze bewegen, nämlich:

1234	Müller & Sohn GmbH	Wiesenstr. 48	4000 Düsseldorf
7456	Data Becker GmbH	Merowinger Str. 30	4000 Düsseldorf
2679	Citymot GmbH	Adersstr. 94	4000 Düsseldorf
5673	Thelen + Höfer	Münster Str. 340	4000 Düsseldorf
3224	Data Klüger + Co	Märkische Str. 12	4000 Düsseldorf

Wenn Sie unserer Beschreibung genau gefolgt sind, stand bei Auswahl des Suchbefehls der Feldzeiger in A4, also außerhalb des eigentlichen Datenbankbereiches. Der erste Datensatz, der gefunden wurde, war "1234 Müller & Sohn GmbH".

Excel findet diesen Datensatz als ersten, da durch den Befehl *Suchen* die Datenbank vom ersten bis zum letzten Datensatz geprüft wird, wenn sich der Feldzeiger außerhalb der Datenbank befindet.

Excel als Datenbank

Steht der Feldzeiger allerdings bei Auswahl des Befehls *Suchen* schon auf einem Datensatz, so beginnt die Suche erst von der Position des Feldzeigers an abwärts.

Suche ab Feldzeigerposition abwärts

Um dies einmal auszuprobieren, drücken Sie zuerst `Esc`, um den Suchbefehl außer Kraft zu setzen. Bewegen Sie jetzt den Feldzeiger auf den Datensatz "7681 Gierig KG" in A11 und wählen Sie erneut den Suchbefehl. Jetzt findet Excel "2679 Citymot GmbH" als ersten Datensatz. Dieser Datensatz ist der erste unterhalb von Gierig KG, der dem Suchkriterium entspricht. Dieses Vorgehen beeinflußt aber nicht Ihre Möglichkeiten, nach Auffinden des ersten Datensatzes zu allen anderen gesuchten Datensätzen zu springen.

Ihre erste Suche nach Düsseldorfer Kunden ist geglückt, doch stellen Sie sich einmal vor, Sie müßten alle Ihre Kunden im Süden Deutschlands finden. In diesem Fall eignet sich die Postleitzahl als hervorragendes Suchkriterium. In der Bundesrepublik läßt sich aufgrund der Postleitzahl auf die ungefähre Lage einer Stadt schließen. Das heißt, je höher die Postleitzahl, desto südlicher die Lage der Stadt.

Vergleich mit einer Formel

Wenn Sie sich dieses Postleitzahl-System zunutze machen, können Sie durch das Suchkriterium "PLZ >= 5000" alle Kunden herausfiltern, die im Raume Köln oder südlich davon angesiedelt sind.

Überschreiben Sie also den Wert "4000" in D4, indem Sie den Feldzeiger auf dieses Feld bewegen und als Kriterium ">=5000" eintippen. Durch den Druck auf die `Return`-Taste bekommt das Feld D4 einen neuen Inhalt.

Belassen Sie den Feldzeiger auf D4, und wählen Sie den Befehl *Suchen*. Excel findet nun "3546 Umsatz & Absatz OHG" in "5100 Aachen" als ersten Datensatz, der einen Kunden im Raum Köln oder südlich davon enthält, also Ihrem Suchkriterium entspricht.

Außer diesem gibt es nur noch einen Datensatz, der diese Bedingung ebenfalls erfüllt:

     6789   Airport Transfer AG   Flughafenstr. 7   8000 München.

In einer solch kleinen Datenbank treten die Vorteile dieser Suchmöglichkeit noch nicht so offen zutage, da Sie noch alle Einträge mit eigenem Auge überblicken können. Wenn Sie jedoch in einer 500 oder mehr Datensätze umfassenden Datenbank Kunden nach solchen Kriterien suchen

443

Excel als Datenbank

müssen, werden Sie sehr schnell merken, um wieviel schneller Excel die gewünschten Datensätze anzeigt.

Verwendung von Bereichsnamen in Suchkriterien

Die Excel-Datenbank behandelt Bereichsnamen in vergleichenden Suchkriterien wie Formeln. Verglichen wird in diesem Fall der Inhalt von Datenfeldern mit dem Wert, den dieser Bereichsname liefert. Liefert das benannte Feld z.B. den durchschnittlichen Umsatz aller Kunden im Jahr 1986, so werden die Datenfelder auf Übereinstimmung mit diesem errechneten Wert geprüft.

Beispiel

Hierzu nun ein kleines Beispiel. Geben Sie dem Feld M8 den Namen "Mittel88" und tragen Sie dort die Funktion MITTELWERT(I9:I20) ein. Diese Funktion errechnet nun den durchschnittlichen Wert aller Umsätze in 1988. Wenn Sie jetzt im Feld J4 den Bereichsnamen "Mittel88" verwenden, das Suchkriterium ="<"&Mittel88 eintragen und den Befehl *Suchen* wählen, werden Ihnen alle Datensätze angezeigt, die im Feld UMSATZ89 einen kleineren Wert aufweisen, als der durchschnittliche Umsatz aus dem letzten Jahr.

Da der errechnete Mittelwert 34705,83 DM beträgt, entspricht das verwendete Suchkriterium also der Suche nach ">34705,83". Durch das kaufmännische Und (&) teilen Sie Excel mit, daß der Inhalt dieses Bereichsnamens in der Formel, d.h. dem Suchkriterium, verwendet werden soll.

Um die folgenden Suchvorgänge an Ihrer Datenbank nachvollziehen zu können, sollten Sie nun zuerst das berechnete Suchkriterium im Feld J4 löschen, damit es nicht zu Mißverständnissen beim Einsatz von anderen Suchkriterien kommt.

Text als vergleichendes Suchkriterium

Zugriff über Texte

Wie bereits eingangs erwähnt, können Sie auch Zeichenketten (also Texte) in vergleichenden Suchkriterien verwenden. Situationen, in denen dies erforderlich ist, gibt es mindestens genauso viele wie bei der Suche nach Werten oder Ergebnissen von Formeln.

Zugriff über den Namen

Wenn Sie z.B. Informationen über einen Kunden abrufen möchten, von dem Sie im Moment nichts weiter wissen als seinen Namen, müssen Sie die Möglichkeit haben, die Datenbank nach einem bestimmten Text, nämlich dem Namen eines Kunden, durchsuchen zu lassen.

Excel als Datenbank

Diese Möglichkeit bietet Ihnen Excel, wenn Sie einen Text als vergleichendes Suchkriterium verwenden. Um dies einmal auszuprobieren, sollten Sie zuerst das Suchkriterium ">=5000" in D4 löschen und den Feldzeiger in B4 bewegen. Dort können Sie die Suchkriterien eingeben, die sich auf das Datenbankfeld NAME beziehen.

Eingabe des Suchtextes

Tippen Sie nun "Dikic & Co" als Namen des Kunden ein, nach dem Sie suchen. Drücken Sie `Return`, um den neuen Feldeintrag im Kriterienbereich zu bestätigen. Jetzt können Sie den Befehl *Suchen* wählen, woraufhin der Feldzeiger sofort auf den Datensatz springt, der den gesuchten Kunden enthält. Mit den Richtungstasten können Sie nun überprüfen, ob es einen oder mehrere Kunden mit diesem Namen gibt.

Zu suchender Text ohne Anführungszeichen

Der Anfangsbuchstabe als Suchkriterium

Sollten Sie noch nicht einmal den ganzen Namen des Kunden wissen, sondern lediglich einige Anfangsbuchstaben, so hilft Ihnen Excel auch hier beim Eingrenzen der zu prüfenden Datensätze. Auch diese Art des Suchens sollten Sie an Ihrer Beispieldatei einmal ausprobieren. Wie gehabt, ersetzen Sie zuerst das alte Suchkriterium durch den Anfangsbuchstaben des Kundennamens, also durch "D". Bestätigen Sie mit `Return` und geben Sie den Suchbefehl.

Ein großzügigeres Suchkriterium

Diesmal findet Excel zuerst den Datensatz "7456 Data Becker". Mit den Richtungstasten können Sie sich nun alle anderen Datensätze anzeigen lassen, die einen Kunden mit dem Anfangsbuchstaben "D" enthalten.

Eine dritte Problemstellung wäre, wenn Sie Kunden mit nahezu gleichen Namen in Ihre Datenbank aufgenommen hätten. Ihre Beispieldatenbank enthält z.B. die Kundennamen "Data Klüger" und "Data Klüger + Co." Möchten Sie nur den Datensatz "Data Klüger" herausfiltern, so müssen Sie Excel mitteilen, daß Sie nach einem genau definierten Text suchen.

Exakter Vergleich mit dem eingegebenen Text

Um den praktischen Beweis vor Augen zu haben, ändern Sie das Suchkriterium in ="=Data Klüger". Das zweite Gleichheitszeichen zeigt an, daß ausschließlich nach der Zeichenkette "Data Klüger" gesucht werden soll. Auf "Data Klüger + Co" trifft diese Bedingung also nicht mehr zu. Um Groß- und Kleinschreibung müssen Sie sich keine Gedanken machen, sie spielt beim Vergleich mit den Suchkriterien keine Rolle.

Zeichen für Zeichen wird genau geprüft

Excel versteht dieses Suchkriterium als Formel, die einen Textwert liefert. Dieser Textwert beginnt mit einem Vergleichsoperator. Auf dem Arbeitsblatt werden demzufolge auch das erste Gleichheitszeichen unter-

Excel als Datenbank

drückt und nur das Gleichheitszeichen als Vergleichsoperator und der Textwert "Data Klüger" dargestellt, mit dem das Feld "Name" in allen Datensätzen verglichen werden soll.

Testen Sie bitte auch dieses Suchkriterium. Also: Menü *Daten*, Befehl *Suchen*. Excel zeigt den richtigen Datensatz an und reagiert nicht auf weitere Versuche, sich in der Datenbank zu bewegen, da kein zweiter Datensatz diesem Suchkriterium entspricht.

Vergleich mit einem Zeichenmuster

Suchen nach Textteilen

Möchten Sie jedoch Datensätze nach bestimmten, übereinstimmenden Textelementen herausfiltern, sind Sie auf die Verwendung von Stellvertreterzeichen, sog. Wildcards oder Jokern angewiesen.

Um z.B. alle Kunden mit der Firmenform "GmbH" angezeigt zu bekommen, müßte das als Text formulierte Suchkriterium lauten "Alle Datensätze, die im Feld NAME das Textelement "GmbH" enthalten". Nun gibt es Kunden, die "Citymot GmbH" heißen oder "Biertaxi GmbH + Co. KG". Das Textelement "GmbH" steht also nicht immer an der gleichen Stelle im Feld NAME.

Verwendung von Stellvertreterzeichen

Durch Stellvertreterzeichen, wie sie auch von MS-DOS verwendet werden, können Sie Excel nun mitteilen, wieviele Zeichen vor oder hinter dem gesuchten Textelement stehen, oder ob die Anzahl der Zeichen unerheblich ist.

Ein * als Platzhalter

Ein * steht für eine beliebige Anzahl Zeichen. Beliebig heißt in diesem Fall, daß auch kein Zeichen anstelle des * stehen kann.

Das ? als Platzhalter

Ein ? hingegen stellt immer nur ein einzelnes beliebiges Zeichen dar. Dabei muß hier, genau wie in MS-DOS, für jedes gesetzte Fragezeichen auch ein Zeichen stehen.

Unter Verwendung des Suchkriteriums ="*GmbH*" finden Sie also alle Datensätze, die im Feld "NAME", ganz gleich an welcher Position, die Zeichenkette "GmbH" enthalten, sowohl "Citymot GmbH", als auch "Biertaxi GmbH & Co KG" und alle anderen.

Die genaue Anzahl der Zeichen muß bekannt sein

Durch ="=*GmbH?????????" finden Sie nur die Datensätze, die nach der Zeichenkette "GmbH" neun Zeichen aufweisen, aus unseren Beispieldatensätzen finden Sie also nur den Datensatz "Biertaxi GmbH & Co. KG". Beim Zählen der Zeichen werden Leerzeichen innerhalb des Namens wie Buchstaben behandelt.

Excel als Datenbank

Wenn Sie einen * oder ein ? z.B. als Markierungszeichen in bestimmten Datensätzen verwendet haben und nach diesen Zeichen suchen möchten, müssen Sie sie durch Voranstellen einer Tilde (~) von Stellvertreterzeichen trennen.

*Suchen nach * oder ?*

Berechnete Suchkriterien

Berechnete Suchkriterien filtern Datensätze heraus, deren Feldinhalte den im Suchkriterium durch Formeln formulierten Bedingungen entsprechen. Charakteristisch ist allerdings, daß diese Formeln mindestens einen Feldnamen der Datenbank enthalten müssen. Genauer betrachtet, findet beim Suchvorgang auch bei berechneten Suchkriterien ein Vergleich statt. Bezeichnend ist jedoch, daß der Wert, mit dem ein Feld eines Datensatzes verglichen wird, aus anderen Feldern des gleichen Datensatzes berechnet wird, daher auch der Name.

Die Berechnung muß sich auf den Datensatz beziehen

Berechnete Suchkriterien müssen einen Namen tragen, der nicht gleichzeitig Feldname in der Datenbank ist, auf die sich das Suchkriterium bezieht. Dieser Name muß, wie bei den vergleichenden Suchkriterien auch, in der ersten Zeile des Kriterienbereiches stehen.

Name des Suchkriteriums darf kein Feldname sein

Ein berechnetes Suchkriterium muß mindestens einen Feldnamen der Datenbank oder eine Feldangabe innerhalb des Datenbankbereiches aufweisen.

Vergleichende Suchkriterien müssen nach Prüfung eines Datensatzes die logischen Werte "wahr" oder "falsch" liefern können. Excel berechnet den Wert einer Formel für jeden Datensatz einmal. Wenn der Wert, der sich aus der Formel ergibt, eine Zahl außer Null ist oder sich durch einen Vergleich das Ergebnis "wahr" herausstellt, gilt dieser Datensatz als dem Kriterium entsprechend und wird angezeigt. Wenn das Ergebnis der Formel allerdings ein Text, ein Fehlerwert, Null oder der logische Wert "falsch" ist, gilt dieser Datensatz als nicht dem Kriterium entsprechend.

Auswertung der Kriterien

Durch berechnete Suchkriterien können Sie also gezielt nach Datensätzen suchen, die eine oder mehrere von Ihnen formulierte und von Excel errechnete Bedingungen erfüllen.

Um zu unserer Kundendatenbank zurückzukommen, können Sie sich jetzt also alle Kunden anzeigen lassen, deren Umsatz gesunken ist, indem Sie das Suchkriterium "UMSATZ88-UMSATZ89>0" formulieren.

Ein Beispiel

Weiter wäre es möglich, alle Kunden herauszufiltern, deren Umsatz pro Auftrag > 500 war. In diesem Fall müßten Sie sich im Suchkriterium auf das Feld AUFTRAGSANZAHL88 bzw. AUFTRAGSANZAHL89 in einer (noch zu erstellenden) nebenstehenden Tabelle beziehen.

Durchschnittlicher Umsatz > 500

Excel als Datenbank

Viele andere Möglichkeiten stehen Ihnen offen, Suchkriterien lassen sich auf vielfältige Arten formulieren.

Automatische Größenänderung

Testen Sie einmal ein berechnetes Suchkriterium. Zuerst sollten Sie den Suchkriterienbereich um eine Spalte erweitern; wenn Sie eine Spalte in den definierten Bereich einfügen, so vergrößert er sich automatisch.

Neue Definition von Hand erforderlich

Fügen Sie die neue Spalte allerdings vor der ersten ein oder hängen Sie sie an die letzte an, so müssen Sie die Definition des Bereiches selbst ändern. Definieren Sie den Suchkriterien-Bereich von A3 bis L4.

Vergabe des Namens

Beginnen Sie mit der Spaltenüberschrift für das berechnete Suchkriterium. Prinzipiell können Sie diese Überschrift weglassen, wir empfehlen Ihnen aber der besseren Übersicht wegen einen kurzen, sprechenden Namen zu vergeben, für unser Beispiel vielleicht "Minus". Auf gar keinen Fall dürfen Sie einen schon vergebenen Datenbankfeldnamen als Überschrift verwenden.

Tragen Sie also in L3 die Überschrift "Minus" ein. Das Suchkriterium soll schließlich die Kunden finden, die 1989 weniger Umsatz gemacht haben als im Vorjahr.

Eintragen der Formel

Bewegen Sie nun den Feldzeiger eine Zeile tiefer in L4. Schreiben Sie in dieses Feld das Suchkriterium: "=UMSATZ88-UMSATZ89>0", und drücken Sie `Return`. Im Feld L4 erscheint nun der Fehlerwert "#NAME?", diese Meldung bleibt für den Suchvorgang jedoch ohne Folgen.

Fehlermeldung ohne Folgen

Excel meldet hiermit lediglich, daß Sie mit nicht festgelegten Feld- oder Bereichsnamen arbeiten. Schließlich gibt es kein Feld oder keinen Bereich, dem Sie offiziell den Namen "Umsatz88" oder "Umsatz89" gegeben haben. Da es sich bei diesen Namen jedoch um Spaltenüberschriften, also Feldnamen eines definierten Datenbankbereiches handelt, kann Excel diese Namen verarbeiten.

Wenn alles glatt gelaufen ist, zeigt Excel Ihnen nach Anwahl des Befehls *Suchen* zwei Datensätze als gefunden an: "7681 Gierig Kg" als erster und "Thelen + Höfer" als zweiter Datensatz haben die Bedingungen erfüllt.

Ihre Möglichkeiten, berechnete Suchkriterien zu formulieren, sind genauso unbegrenzt wie die Anzahl der vergleichenden Suchkriterien. Sie können die gleichen Vergleichsoperatoren benutzen und sich in Ihren Berechnungen auch auf Felder außerhalb der Datenbank beziehen.

Excel als Datenbank

Es ist jedoch nicht möglich, Suchkriterien zu formulieren, die eine Datenbankfunktion enthalten. Datenbankfunktionen werden im letzten Abschnitt dieses Kapitels noch detaillierter vorgestellt. Sie dienen dazu, statistische Funktionen anhand der den Suchkriterien entsprechenden Datensätze zu errechnen. Da diese Funktionen in direkter Abhängigkeit zu den Suchkriterien stehen, können sie nicht selbst innerhalb von Suchkriterien eingesetzt werden.

Datenbankfunktionen können in Suchkriterien nicht verwendet werden

12.5 Kombinieren von Suchkriterien

Bis jetzt haben Sie immer nur mit einem Suchkriterium gearbeitet. Vielleicht sind Sie dabei auf den Gedanken gekommen, daß es Problemstellungen gibt, die sich nicht in einem einzigen Suchkriterium formulieren lassen.

Man braucht gar nicht lange zu suchen, um ein Beispiel für eine solche Problemstellung zu finden. Stellen Sie sich nur einmal vor, Sie möchten sich einen Überblick über Ihre Großkunden in Düsseldorf verschaffen.

Wann sind mehrere Suchkriterien nötig?

Mit Ihren bisherigen Möglichkeiten müßten Sie einmal nach allen Kunden in Düsseldorf und dann nach allen Kunden mit einem Umsatz über 30.000 DM suchen lassen, mit dem Ergebnis, daß Sie immer noch selbst vergleichen müßten, ob der gefundene Großkunde nun auch in Düsseldorf ansässig ist bzw. ob der gefundene Kunde in Düsseldorf auch entsprechend viel Umsatz bringt.

Eine andere Aufgabe, die sich typischerweise bei der Arbeit mit einer Datenbank stellt, ist die folgende: Sie möchten alle Kunden selektieren, die unter der Postleitzahl 4000 oder 8000 ansässig sind. Auch dies erreichen Sie, nach bisherigem Kenntnisstand, nur mit zwei Suchvorgängen.

Logische Verknüpfungen

Allgemein formuliert, geht es in den angesprochenen zwei Beispielen darum, zwei oder mehr Suchkriterien logisch miteinander zu verknüpfen. Im ersten Fall handelt es sich um eine "Und"-Verknüpfung (in Düsseldorf ansässig und Großkunde), im zweiten Fall um eine "Oder"-Verknüpfung (Postleitzahl 4000 oder 8000).

Excel als Datenbank

Das logische "Und"

Beide Kriterien müssen erfüllt sein

Für die erste Aufgabenstellung verknüpfen Sie die beiden Suchkriterien "Ort = Düsseldorf" und "UMSATZ89 > 30000" mit dem logischen Operator "Und". Sie suchen damit nach den Datensätzen, die im Feld "ORT" den Eintrag "Düsseldorf" haben und gleichzeitig im Feld "UMSATZ89" eine Zahl aufweisen, die größer ist als 30.000.

Die Kriterien sind mit "Und" verknüpft und müssen somit gleichzeitig erfüllt sind, damit Excel diesen Datensatz als den Kriterien entsprechend anerkennt.

Das logische "Oder"

Nur ein Kriterium muß erfüllt sein

Bei der zweiten Aufgabenstellung verbinden Sie die beiden Suchkriterien "PLZ=4000" und "PLZ=8000" mit dem logischen Operator "Oder", d.h. nur eine der beiden Bedingungen muß erfüllt sein, damit ein Datensatz als den Kriterien entsprechend anerkannt wird.

Dies soll zur Theorie genügen, wir gehen nun darauf ein, wie diese logischen Verknüpfungen unter Excel realisiert werden können.

Verknüpfung von Suchkriterien mit dem logischen "Und"

Kriterien in einer Zeile sind mit "Und" verknüpft

Die Realisierung einer "Und"-Verknüpfung geht recht einfach vonstatten: Die Kriterien, die mit "Und" verknüpft werden sollen, werden zusammen in eine Zeile des Kriterienbereiches geschrieben. Excel interpretiert den Eintrag von mehreren Suchkriterien in eine Zeile des Suchkriterienbereiches so, daß alle Datensätze auf gleichzeitige Übereinstimmung mit allen Suchkriterien überprüft werden. Die praktische Lösung der ersten Aufgabenstellung vollzieht sich also in wenigen Schritten: Entfernen Sie aber zuerst etwaige andere Suchkriterien. Tragen Sie dann in E4 den Text "Düsseldorf" und in J4 das Kriterium ">30.000" ein.

Geben Sie nun den Befehl *Suchen* ein.

Sowohl der Ort als auch der Umsatz müssen stimmen

Da beide Suchkriterien in einer Zeile stehen, verknüpft Excel sie durch ein logisches "Und". Das heißt, die Datenbank wird auf Datensätze geprüft, die sowohl den Ort Düsseldorf enthalten als auch im Feld UMSATZ89 einen Eintrag aufweisen, der größer als 30.000 ist. In Ihrer Beispieldatenbank findet Excel genau 4 Datensätze:

KUNO	NAME	STRASSE	PLZ	ORT
1234	Müller & Sohn	Wiesenstr. 48	4000	Düsseldorf
7456	Data Becker	Merowinger Str. 30	4000	Düsseldorf
5673	Thelen + Höfer	Münster Str. 340	4000	Düsseldorf
3224	Data Klüger & Co.	Märkische Str. 12	4000	Düsseldorf

Excel als Datenbank

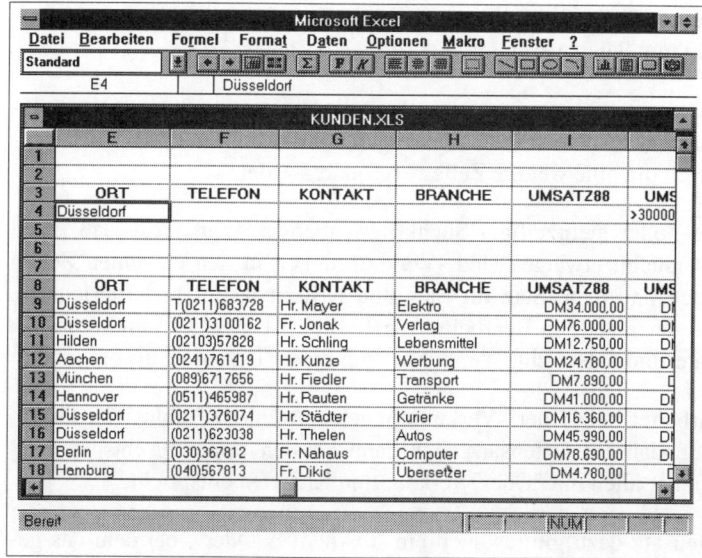

Abb. 169: Beide Suchkriterien sind durch "UND" verknüpft

Was mit zwei Kriterien geht, funktioniert natürlich auch mit drei oder noch mehr, Sie können so viele Suchkriterien durch "Und" miteinander verknüpfen, wie Sie möchten und wie es Ihnen sinnvoll erscheint. Probieren Sie es einfach einmal aus, die Vorgehensweise bleibt dabei die gleiche: Alle Suchkriterien stehen in einer Zeile.

Es können auch mehr als zwei Kriterien verknüpft werden

Für anspruchsvolle Suchaufgaben möchten wir Ihnen einen Tip geben: Excel überprüft die Datenbank zuerst nach dem Suchkriterium, das ganz links im Kriterienbereich zu finden ist, danach wird das Kriterium rechts davon ausgewertet usw.

Tip

Nun gibt es einfache und schwierigere Suchkriterien. Zahlen fallen Excel am leichtesten, dann folgt Text, danach Zahlen oder Text mit Vergleichsoperatoren und als schwierigstes berechnete Suchkriterien. Wenn Sie die Suchkriterien in dieser Reihenfolge von links nach rechts im Kriterienbereich anordnen, erreicht Excel die größtmögliche Suchgeschwindigkeit.

Reihenfolge der Auswertung

Verknüpfung von Suchkriterien mit dem logischen "Oder"

Um zwei Suchkriterien durch ein "Oder" miteinander zu verknüpfen, ist eine Erweiterung des Suchkriterienbereiches um eine Zeile erforderlich. Realisiert wird die Verknüpfung dann, wenn man jeweils ein Suchkriterium in eine Zeile schreibt.

Kriterien in unterschiedlichen Zeilen sind mit "Oder" verknüpft

451

Excel als Datenbank

Ein in einer Zeile formuliertes Suchkriterium kann natürlich auch aus mehreren mit "Und" verknüpften Kriterien bestehen.

Für jedes weitere Kriterium, das ebenfalls durch eine "Oder"-Verknüpfung mit in den Suchvorgang einbezogen werden soll, muß der Suchkriterienbereich um eine weitere Zeile vergrößert werden.

Zuerst die "Und"-Verknüpfungen

Ein zwei- oder mehrzeiliger Suchkriterienbereich führt dazu, daß Excel zuerst versucht, etwaige "Und"-Verknüpfungen in den einzelnen Zeilen aufzulösen und dann Satz für Satz und Kriterienzeile für Kriterienzeile prüft, ob der gerade in Bearbeitung befindliche Datensatz mindestens einem Kriterium entspricht. Wenn ja, so gilt dieser Datensatz als gefunden.

Inklusives "Oder"

Excel arbeitet bei "Oder"-Verknüpfungen mit einem "inklusiven Oder", das heißt, daß ein Datensatz auch dann als den Kriterien entsprechend gilt, wenn er allen mit "Oder" verknüpften Kriterien entspricht.

Im Gegensatz dazu gibt es auch ein "exklusives Oder", bei dem das gesamte Kriterium nur dann als erfüllt gilt, wenn ausschießlich ein Teil der Verknüpfung eine Entsprechung findet.

Um der zweiten Problemstellung gerecht zu werden, ist also ein Arbeitsgang mehr erforderlich:

Erweitern des Suchkriterienbereiches um eine Zeile

Prüfung mit dem Befehl Gehe zu...

Erweitern Sie den Suchkriterienbereich um eine Zeile und prüfen Sie, ob Excel die Vergrößerung dieses benannten Bereiches registriert hat. Eine komfortable Möglichkeit zur Prüfung haben Sie über den Befehl *Gehe zu...* im Menü *Formel*.

Tragen Sie im Dialogfeld zu diesem Befehl den Bereichsnamen ein, den Sie prüfen möchten, und bestätigen Sie mit `Return`. Excel markiert daraufhin den Ihrem Bereichsnamen zugeordneten Bereich.

Wenn Sie eine Zeile in den bestehenden Bereich einfügen, erweitert er sich automatisch. Hängen Sie allerdings eine Zeile an, so müssen Sie den Kriterienbereich neu definieren.

Entweder ... oder...

Durch den jetzt zweizeiligen Kriterienbereich haben Sie die Möglichkeit, zwei oder mehr Suchkriterien durch ein logisches "Oder" zu verknüpfen.

Wenn Sie nun in die oberste Zeile Ihr erstes Suchkriterium eintragen und in die Zeile darunter das zweite Suchkriterium, so prüft Excel die Datenbank auf Datensätze, die Suchkriterium 1, Suchkriterium 2 oder beide Suchkriterien erfüllen.

Excel als Datenbank

Zurück zu unserer Aufgabenstellung: Tragen Sie nun also in D4 den Wert "4000" und in D5 den Wert "8000" ein.

[Screenshot: Microsoft Excel – KUNDEN.XLS]

	A	B	C	D	E	F
1	Kundendaten einschl. Umsatz 1988 und Umsatz 1989					
2						
3	KUNO	NAME	STRASSE	PLZ	ORT	TE
4				4000		
5				8000		
6						
7						
8	KUNO	NAME	STRASSE	PLZ	ORT	TE
9	1234	Müller & Sohn GmbH	Wiesenstr. 48	4000	Düsseldorf	T(02
10	7456	Data Becker GmbH	Merowinger Str. 30	4000	Düsseldorf	(021
11	7681	Gierig KG	Eller Str. 12	4010	Hilden	(021
12	3546	Umsatz & Absatz OHG	Marktplatz 5	5100	Aachen	(024
13	6789	Airport Transfer AG	Flughafenstr. 7	8000	München	(089
14	5893	Bier-Taxi GmbH & Co. KG	Neurather Weg 37	3000	Hannover	(051
15	2679	Citymot GmbH	Adersstr. 94	4000	Düsseldorf	(021
16	5673	Thelen + Höfer	Münsterstr. 340	4000	Düsseldorf	(021
17	5354	Data Klüger	Bayrische Str. 45	1000	Berlin	(030
18	4567	Dikic & Co.	Wallstr. 8	2000	Hamburg	(040

Abb. 170: Beide Suchkriterien sind durch "ODER" verknüpft

Geben Sie nun den Befehl *Suchen*. Excel prüft Satz für Satz und Kriterium für Kriterium alle Datensätze und kommt zu folgendem Ergebnis:

KUNO	NAME	STRASSE	PLZ	ORT
1234	Müller & Sohn	Wiesenstr. 48	4000	Düsseldorf
7456	Data Becker	Merowiger Str. 30	4000	Düsseldorf
6789	Airport Transfer AG	Flughafenstr. 7	8000	München
2679	Citymot GmbH	Adersstr. 94	4000	Düsseldorf
5673	Thelen + Höfer	Münster Str. 340	4000	Düsseldorf
3224	Data Klüger & Co.	Märkische Str. 12	4000	Düsseldorf

Auch hier gilt: Was mit zwei Kriterien funktioniert, klappt auch mit drei oder mehr, Sie können soviele Verknüpfungen erzeugen, wie Ihnen sinnvoll erscheint. Für jede zusätzliche "Oder"-Verknüpfung muß der Kriterienbereich um eine Zeile erweitert werden.

Es können auch mehrere Kriterien verknüpft werden

Ein Hinweis: Wenn Sie einen zwei- oder mehrzeiligen Kriterienbereich definiert haben, so sollte auch in jeder Zeile mindestens ein Kriterium stehen. Leere Zeilen in einem Suchkriterienbereich haben zur Folge, daß alle Datensätze die Bedingungen, gleich welche, erfüllen. Die leere Zeile, in der kein Kriterium steht, ist genauso durch "Oder" mit den anderen Kriterien verknüpft.

Tip

12.6 Ausgabe der gefundenen Datensätze

Sicher haben Sie sich beim Lesen des Kapitels bereits gewünscht, die von Excel gefundenen Datensätze einmal alle auf einen Blick auf dem Bildschirm zu haben. Das einfache Anzeigen dieser Datensätze liefert schließlich kein dauerhaftes und komfortabel auszuwertendes Ergebnis.

Kopieren der gefundenen Datensätze

Der Befehl *Suchen und Kopieren...* ermöglicht es Ihnen, die nach einem Suchkriterium herausgefilterten Datensätze direkt an eine andere Stelle auf dem gleichen Arbeitsblatt oder in ein anderes Arbeitsblatt zu kopieren.

Der Zielbereich

Ein Zielbereich wird benötigt

Um die gesuchten Daten kopieren zu können, ist es erforderlich, einen Zielbereich zu aktivieren, der die Datensätze aufnimmt. Dieser Zielbereich kann einen Namen tragen oder durch reine Feldangaben bestimmt werden.

Die Namen der zu kopierenden Felder müssen angegeben werden

Zwingende Voraussetzung ist allerdings, daß er in der ersten Zeile die Namen der Felder enthält, die Sie kopieren möchten. Sie müssen also nicht den ganzen Datensatz in den Zielbereich kopieren, wenn nur einige Felder interessant für Sie sind. Kopiert werden nur die Felder der Datenbank, deren Namen sich in der ersten Zeile des Zielbereiches wiederfinden lassen.

Jede Spalte muß einen Feldnamen im Titel haben

Eine weitere Voraussetzung für einen erfolgreichen Kopiervorgang ist die richtige Anzahl von Spalten im Zielbereich. Jede Spalte des Zielbereichs muß auch einen Datenbankfeldnamen in der ersten Zeile aufweisen, ansonsten erscheint bei Eingabe des Kopierbefehls die Meldung "Zielbereich ist ungültig!". Ein Zielbereich, der über mehr Spalten verfügt als der eigentliche Datenbankbereich, wird bei Auswahl des Befehls *Suchen und Kopieren...* ebenfalls als ungültig betrachtet.

Die Reihenfolge der Felder kann anders sein

Die Reihenfolge der Spalten im Zielbereich muß jedoch nicht mit der im Datenbankbereich übereinstimmen. So können Sie völlig wahlfrei die Informationen aus Ihrer Datenbank extrahieren, die Sie benötigen.

Excel als Datenbank

Die Länge des Zielbereichs ist ausschlaggebend dafür, daß alle gefundenen Datensätze aufgenommen werden können.

Auswahl der richtigen Länge

Haben Sie die Länge mit 5 Zeilen bestimmt, so können nur 4 Datensätze kopiert werden, da die erste Zeile von den Feldnamen beansprucht wird.

Ist die Anzahl der gefundenen Datensätze größer als die Anzahl der zur Verfügung stehenden Zeilen, so erscheint die Meldung "Zielbereich ist voll!", und es werden nur soviele Datensätze kopiert, wie der Zielbereich aufnehmen kann.

Sie haben aber auch die Möglichkeit, die Länge des Zielbereiches variabel zu gestalten, indem Sie lediglich die erste Zeile definieren.

Variable Länge des Zielbereichs

Excel wertet diese Einstellung in der Art, daß der gesamte Bereich unterhalb dieser Zeile bis zum Tabellenende als Zielbereich zur Verfügung steht.

Hier ist jedoch Vorsicht geboten, da zuerst der gesamte Zielbereich gelöscht wird, bevor die Daten kopiert werden. Diese Einstellung sollten Sie nur dann verwenden, wenn sich keine Daten mehr unterhalb dieser ersten Zeile befinden.

Ausschließen der Duplikate

Nach Auswahl des Befehls *Suchen und Kopieren...* erscheint ein Dialogfeld, in dem Sie mit einem rechteckigen Optionsfeld bekanntgeben können, ob Datensätze, die vielleicht mehrfach in der Datenbank vorkommen, auch mehrfach in den Zielbereich kopiert werden sollen.

Doppelte Datensätze können beim Kopieren eliminiert werden

Um doppelte Datensätze nur einmal in den Zielbereich zu kopieren, muß die Option *Keine Duplikate* eingeschaltet werden. Ein Datensatz gilt erst dann als Duplikat, wenn er in allen Feldern exakt mit einem anderen Datensatz des Datenbankbereiches übereinstimmt.

Reorganisation: Durch Einschalten dieser Option können Sie doppelte Datensätze aus Ihrer Datenbank entfernen, indem Sie alle Datensätze unter dieser Einstellung in einen Zielbereich kopieren und diesen Zielbereich dann als neuen Datenbankbereich definieren.

Für diese Aufgabe müssen Sie mit einem Zielbereich arbeiten. Es ist nicht möglich, den Datenbankbereich als Zielbereich des Kopiervorgangs zu verwenden, da Excel zuerst den gesamten Zielbereich löscht, bevor er mit den kopierten Datensätzen gefüllt wird.

Achtung: Der Zielbereich wird vorher gelöscht!

Excel als Datenbank

Ein praktisches Beispiel

Um alles etwas anschaulicher zu machen, wollen wir uns die Datensätze, die dem Suchkriterium "PLZ = 4000" und "UMSATZ >= 30.000" entsprechen, in einen Zielbereich auf Ihrem Arbeitsblatt zu kopieren.

Anlegen des Zielbereichs

Alle Felder der Datensätze sollen kopiert werden

Kopieren Sie zuerst die Feldnamen der Datenbank in die Felder A24:K24. Durch diese Aktion ist die Zeile 24 zur zwingend erforderlichen Titelleiste Ihres Zielbereichs geworden.

Prüfen des Kriterienbereiches

Der zweite Schritt ist die Eingabe des Suchkriteriums. Tragen Sie also in Feld D4 den Wert "4000" und in Feld J4 das Kriterium ">=30000" ein. Vergewissern Sie sich jetzt bitte noch einmal, ob keine anderen Suchkriterien mehr in dieser Zeile stehen und ob der Kriterienbereich einzeilig ist.

Definieren Sie jetzt den Zielbereich: Bewegen Sie dazu den Feldzeiger in A24 und markieren Sie den Bereich von A24 bis K35. Sie gehen damit auf Nummer sicher, denn der Zielbereich umfaßt so nur 12 Zeilen und 11 Spalten, um im Notfall alle Datensätze vollständig aufnehmen zu können.

Kopieren der Datensätze

Wenn Sie dies alles erledigt haben, wählen Sie den Befehl *Suchen und Kopieren...* im Menü *Daten*. Das Dialogfeld zu diesem Befehl können Sie hier in diesem Fall ignorieren, denn in der Beispieldatenbank gibt es keine doppelten Datensätze, es spielt hier also keine Rolle, ob Sie sich für oder gegen das Kopieren von doppelten Datensätzen entscheiden.

Überzeugen Sie sich selbst, ob alles funktioniert hat, was Sie vorhatten. Bewegen Sie den Feldzeiger in A25, um zu sehen, ob die Datensätze der Kunden in Düsseldorf mit einem Umsatz von über 30.000 DM in die Zeilen 25 - 28 kopiert worden sind.

Da sich unterhalb des Zielbereiches keine weiteren Daten mehr befinden, können Sie hier auch mit einem einzeiligen Zielbereich arbeiten, der lediglich die Feldnamen der Datensätze enthält - Versuchen Sie's doch einmal.

Kopieren von bestimmten Feldern eines Datensatzes

Da Sie nicht immer alle in einem Datensatz gespeicherten Informationen benötigen, möchten wir Ihnen die Möglichkeit vorstellen, nur bestimmte Felder eines Datensatzes zu speichern. Für unsere Kundendatenbank könnten dies z.B. die Felder Kundennummer, Name, Adresse, Postleitzahl, Ort, Telefonnummer und der Umsatz im Jahr 1989 sein.

Sie schränken den Umfang der in den Zielbereich kopierten Daten ein, wenn Sie nicht alle Feldnamen in die Titelleiste des Zielbereiches eintragen, sondern nur die, die Sie wirklich interessieren. Die Reihenfolge, in der Sie die gewünschten Feldnamen in der ersten Zeile des Zielbereiches positionieren, können Sie ebenfalls frei wählen. Excel findet die Zuordnungen über die Namen der Felder und nicht über deren Position.

Die Reihenfolge der Spalten kann frei gewählt werden

Um auch dies einmal auszuprobieren, beschneiden Sie Ihren Zielbereich um die Spalten G, H, I und K ab Zeile 24. Markieren Sie daraufhin den Bereich A24:F24, und wählen Sie dann erneut den Befehl Suchen und Kopieren. Da Sie diesmal nur die Titelzeile als Zielbereich markiert haben, erfahren Sie gleichzeitig, daß die Länge dieses Bereiches jetzt von der Anzahl der zu kopierenden Datensätze bestimmt wird.

Wenn Sie im Zielbereich nachschauen, sehen Sie, daß Excel nur die Felder kopiert hat, deren Namen als Überschriften in der ersten Zeile des Zielbereiches auftauchen.

Nur die Spalten im Zielbereich wurden gefüllt

Kopieren von Datensätzen in andere Arbeitsblätter

Um Datensätze in andere Arbeitsblätter zu kopieren, muß das Ziel-Arbeitsblatt geladen sein und einen gültigen Zielbereich aufweisen, der zum Zeitpunkt der Befehlsauswahl von *Suchen und Kopieren...* markiert ist. Es müssen jedoch noch andere Vorbereitungen getroffen werden, damit Excel erkennt, wo sich Datenbank- und Suchkriterienbereich befinden, aus denen die Kriterien geprüft und die Datensätze extrahiert werden sollen.

Bei Anwahl des Befehls *Suchen und Kopieren...* prüft Excel das aktive Arbeitsblatt auf das Vorhandensein eines Datenbank- und eines Kriterienbereiches. Möchten Sie nun Datensätze in einen Zielbereich kopieren, der sich in einem anderen Arbeitsblatt befindet, so kann Excel diese beiden Bereiche bei Anwahl des Befehls *Suchen und Kopieren...* nicht finden, da das aktive Arbeitsblatt lediglich den markierten Zielbereich enthält.

Excel prüft das Vorhandensein einer Datenbank

Datenbank- und Kriterienbereich als externer Bezug

Dieses Problem kann jedoch behoben werden, indem Sie im Arbeitsblatt des Zielbereiches Datenbank- und Kriterienbereiche einrichten, die sich auf die tatsächlichen Bereiche im anderen Arbeitsblatt beziehen.

Sie können dies leider nicht mit den Befehlen *Datenbank festlegen* und *Suchkriterien festlegen* erreichen, da bei Aktivierung des Arbeitsblattes mit dem Zielbereich der markierte Datenbankbereich wieder inaktiv wird.

Mit Datenbank festlegen geht es nicht

Excel als Datenbank

Also muß die Namensfestlegung für das Arbeitsblatt des Zielbereichs per Hand über den Befehl *Namen festlegen...* im Menü *Formel* erfolgen. Wählen Sie diesen Befehl im Arbeitsblatt des Zielbereichs und tragen Sie in das Eingabefeld für den neu zu vergebenden Bereichsnamen "Datenbank" ein. In das Eingabefeld "Zugeordnet zu" schreiben Sie "KUNDEN.XLS!Datenbank".

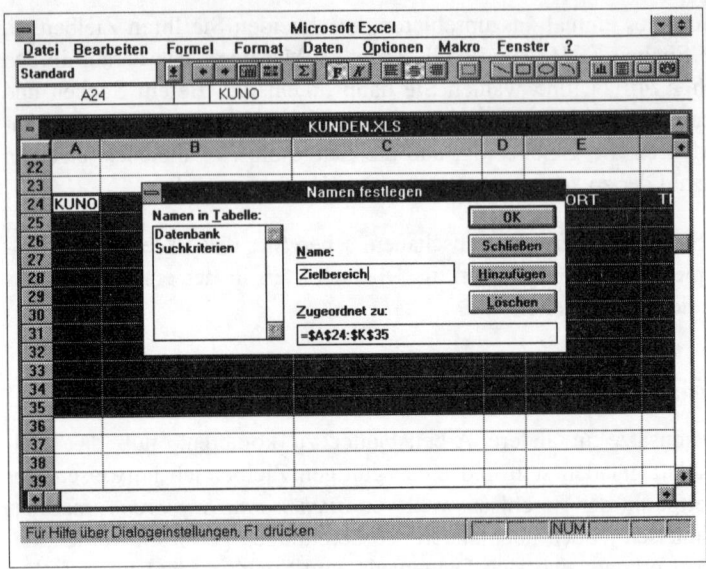

Abb. 171: Datenbankbereich mit externem Bezug

Der Dateiname KUNDEN.XLS steht hier natürlich als Beispiel für unsere Datenbanktabelle, die auch unter diesem Namen auf der beiliegenden Diskette gespeichert ist.

Beim Kriterienbereich muß genauso vorgegangen werden

Zur Einrichtung eines Kriterienbereichs muß die oben beschriebene Prozedur für den Bereichsnamen "Suchkriterien" wiederholt werden. Sind beide Vorgänge erfolgreich beendet worden, finden sich in der Bereichsnamenliste des Arbeitsblattes Zielbereich zwei neue Bereichsnamen mit externen Bezügen:

```
Datenbank     KUNDEN.XLS!Datenbank
Suchkriterien KUNDEN.XLS!Suchkriterien
```

Sind alle Voraussetzungen getroffen, arbeitet der Befehl *Suchen und Kopieren...* wie bei Verwendung von Datenbank- und Zielbereich innnerhalb eines Arbeitsblattes.

Excel als Datenbank

12.7 Löschen von Datensätzen

Wenn Sie über längere Zeit mit einer Datenbank arbeiten, werden bestimmte Verwaltungstätigkeiten notwendig, die den Datenbestand in seinem Umfang und seiner Struktur aktuell und effektiv halten. Zu solchen Verwaltungstätigkeiten gehört das Löschen von Datensätzen, die mittlerweile unwichtig gewordene Informationen enthalten oder die aus dieser Datenbank in eine andere Tabelle übertragen worden sind und nun einen eigenen Datenbestand bilden.

Der Datenbestand muß gepflegt werden

Löschen der Feldeinträge

Um Datensätze aus Ihrer Datenbank zu entfernen, haben Sie drei Möglichkeiten. Die erste Möglichkeit bietet den wenigsten Komfort: Sie entfernen Datensätze, indem Sie die entsprechende Zeile aus Ihrem Datenbankbereich löschen.

Der Befehl Löschen

Die zweite Möglichkeit führt über den Befehl *Löschen* im Menü *Daten*. Dieser Befehl arbeitet in Abhängigkeit von den von Ihnen formulierten Suchkriterien. Das bedeutet, daß Ihnen lediglich solche Datensätze zum Löschen vorgeschlagen werden, die den aktuellen Suchkriterien entsprechen.

Der Befehl Löschen hängt von den Suchkriterien ab

Die Sicherheitsabfrage erscheint nach dem Positionieren des Datensatzzeigers auf dem entsprechenden Satz und nach dem Anzeigen eines Dialogfeldes, in dem die Meldung *Angezeigter Datensatz wird endgültig gelöscht!* durch Betätigen der Schaltfläche *OK* bestätigt bzw. durch die Schaltfläche *Abbrechen* zurückgewiesen werden kann.

Bei Betätigung der Schaltfläche *Abbrechen* wird jedoch der Löschbefehl vollständig abgebrochen, es ist also nicht möglich, Satz für Satz im Rahmen dieser Sicherheitsabfrage zu selektieren.

Abbrechen bedeutet das Ende des Befehls

Wenn Sie die Sicherheitsabfrage bestätigt haben, ist deswegen der Datensatz noch nicht vollständig verloren, denn es wird lediglich das in den Arbeitsspeicher Ihres Rechners geladene Arbeitsblatt verändert. Erst beim Abspeichern Ihres Arbeitsblattes sind die Datensätze endgültig verloren, das heißt, auch physikalisch nicht mehr auf der Festplatte oder Diskette vorhanden.

Datensätze können noch zurückgeholt werden

Excel als Datenbank

Vorschlag zur größeren Sicherheit

Erst Kopieren, dann Löschen

Bevor Sie den Befehl *Löschen* geben, sollten Sie sich einen Überblick verschaffen, welche Datensätze von Ihrem Suchkriterium erfaßt werden. Dazu sollten Sie sich einen Zielbereich einrichten und den Befehl *Suchen und Kopieren...* anwenden. Wenn dieser Extrakt aus Ihrer Datenbank für Sie keinerlei Bedeutung hat, können Sie risikolos den Löschvorgang einleiten.

Löschen von Datensätzen aus der Beispieldatenbank

Sollten Sie Ihre Kundendatenbank einmal aktualisieren und z.B. alle Datensätze mit Kunden löschen wollen, die Ihnen schon über 1 Jahr keinen Auftrag mehr gegeben haben, so besteht die Aufgabe eigentlich nur noch darin, das Suchkriterium zu formulieren, das genau solche Kunden aus Ihrem Datenbestand herausfiltert.

Löschen der Kunden nach Auftragsdatum

Gelöscht wird anhand eines Suchkriteriums

Dieses Problem löst das umgangssprachlich formulierte Suchkriterium: Datum des letzten Auftrags <= heutiges Datum - 365 Tage. Die Datumsfunktion Jetzt() liefert eine serielle Zahl, die Excel aus dem aktuellen Systemdatum Ihres Computers errechnet. Wenn man vom heutigen Datum als serielle Zahl 1 Jahr, also 365 Tage zurückrechnet (subtrahiert), so erhält man eine weitere Zahl, die mit dem Datum des letzten Auftrags verglichen werden kann.

Ist das Ergebnis dieser Subtraktion kleiner als die serielle Zahl des letzten Auftragsdatums, so ist es noch kein Jahr her, daß der Kunde eine Bestellung aufgegeben hat. Im umgekehrten Fall, wenn die Differenz größer ist als das letzte Auftragsdatum, warten Sie schon länger als ein Jahr auf einen neuen Auftrag, und der Kunde kann getrost aus der Datenbank gelöscht werden.

Eintrag des Lösch-Kriteriums

Tragen Sie also in K4 unter "LETZTER AUFTRAG" nun das Suchkriterium "="<="&Jetzt()-365 ein. Vergewissern Sie sich noch einmal, ob keine weiteren Suchkriterien eingetragen sind und ob der Suchkriterienbereich einzeilig definiert ist.

Das Dialogfeld zur größeren Sicherheit

Ist dies alles der Fall, können Sie den Befehl *Löschen* aus dem Menü *Daten* wählen. Jetzt erscheint ein Dialogfeld mit der Frage, ob die angezeigten Datensätze entfernt werden sollen.

Excel als Datenbank

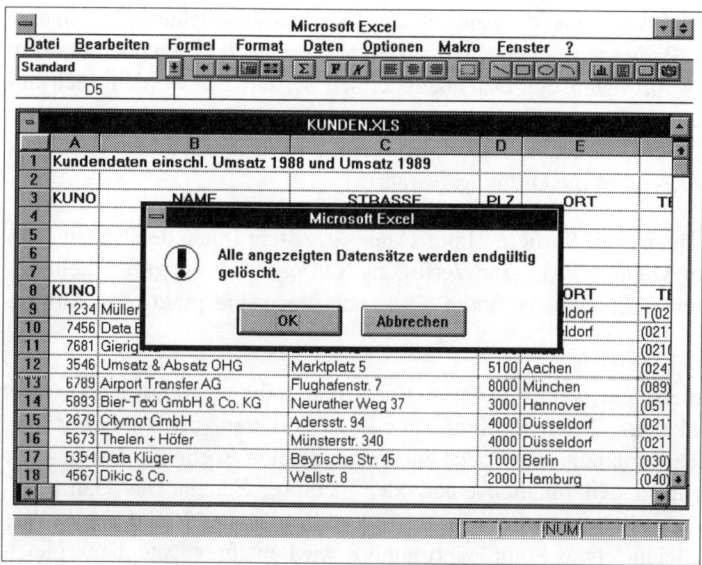

Abb. 172: *Sicher ist Sicher*

In diesem Fall sollten Sie sich für ein klares *OK* entscheiden, da nichts auf dem Spiel steht. Prinzipiell können Sie natürlich auch, wenn Sie einmal die falschen Sätze einer Datenbank gelöscht haben, Ihr ursprüngliches Arbeitsblatt wieder laden, das die noch vollständige Datenbank enthält.

Um sich vor ungewolltem Löschen zu schützen, sollten Sie die betreffenden Datensätze vor dem endgültigen Löschen erst einmal kopieren, um eine Kontrolle zu haben, ob Sie durch Ihr Suchkriterium auch die richtigen Sätze herausgefiltert haben.

Tip

12.8 Ordnen von Datensätzen

Eine sinnvoll geordnete Datenbank kann die Arbeit für bestimmte Aufgaben wesentlich schneller und effektiver machen. So wäre es z.B. wesentlich einfacher, in einer nach Postleitzahlen geordneten Datenbank nach Einträgen mit der Postleitzahl 2000 zu suchen, als in einer ungeordneten Datenbank ein - wenn auch sehr einfaches - Suchkriterium einzugeben und zuvor den Suchkriterienbereich noch auf Richtigkeit hin zu überprüfen.

461

Excel als Datenbank

Ein anderer Vorteil ist die Ausgabe der Datensätze: Möchten Sie sich eine Liste auf Papier ausgeben lassen, so sollte diese auch in irgendeiner Form sortiert sein. Wenn der Datenbankbereich sortiert ist, werden auch automatisch die in den Zielbereich kopierten Datensätze in der Sortierreihenfolge der Datenbank kopiert. So bleibt also auch bei einem Ausdruck des Zielbereiches die Ordnung gewahrt.

Zum Ordnen oder Sortieren Ihrer Datensätze steht Ihnen der Befehl *Ordnen...* im Menü *Daten...* zur Verfügung. *Ordnen...* ist eigentlich kein reiner Datenbankbefehl, er findet aber auch hier seine praktische Anwendung.

Doch zuerst ein wenig Theorie: Excel bietet Ihnen grundsätzlich zwei Möglichkeiten, Daten in einer Tabelle zu sortieren. Sie können Zeilen nach den Inhalten einer oder mehrerer Spalten sortieren lassen oder Spalten nach den Inhalten einer oder mehrerer Zeilen. Das Ganze geschieht natürlich wahlweise in auf- oder absteigender Reihenfolge. Was sich vielleicht etwas kompliziert anhört, wird an Ihrer Datenbank gleich deutlich.

Ordnung bringt schnellen Zugriff

Ganz zu Anfang dieses Kapitels wurde gesagt, daß ein Datenbankbereich ein Tabellenbereich ist wie jeder andere auch. Aus diesem Grund läßt sich dieser Bereich auch ordnen wie jeder andere auch.

Ordnen von Zeilen nach Spalten

Die Feldstruktur darf nicht zerstört werden

Ein Datenbankbereich ist nur zeilenweise sinnvoll zu ordnen. Jede Zeile eines Datenbankbereiches weist eine Struktur in Form von Feldern auf. Diese Struktur - sprich: die Reihenfolge der Felder innerhalb der Datensätze - muß in jedem Datensatz gleich sein und darf nicht zerstört werden.

Die Reihenfolge der Datensätze

Beim Ordnen der Zeilen wird lediglich die Reihenfolge der Datensätze geändert. Je nach Sortierschlüssel lassen sich die Datensätze nach bis zu 3 Spalten ordnen.

Start des Sortierlaufs

Erläutern möchten wir die Vorgehensweise zum Sortieren einer Datenbank anhand unserer Beispieldatenbank. Die Datensätze sollen in aufsteigender Reihenfolge nach der Postleitzahl und in einem zweiten Schritt in absteigender Reihenfolge nach dem Umsatz sortiert werden.

Excel als Datenbank

Markieren Sie zuerst Ihren kompletten Datenbankbereich mit Ausnahme der Zeile 8, in der die Feldnamen stehen. Wählen Sie nun den Befehl *Ordnen...* aus dem Menü *Daten*. Im Dialogfeld zu diesem Befehl, welches jetzt auf dem Bildschirm erscheint, wird Ihnen die Option *Ordnen nach Zeilen* vorgeschlagen.

Die Feldnamen dürfen nicht mit einsortiert werden

Dies ist die richtige Einstellung für Ihr Vorhaben. Wenn sie auch etwas mißverständlich formuliert ist, so erreichen Sie damit, daß im markierten Bereich zeilenweise nach den Einträgen in einer bestimmten Spalte geordnet wird.

Definition des ersten Sortierschlüssels

Nach welcher Spalte geordnet werden soll, müssen Sie im Optionsfeld *1.(Sortier-)Schlüssel* eintragen. Dort steht $A$9 als Vorschlag, wenn Sie in Feld A9 mit der Markierung begonnen haben. Da Sie aber nach Postleitzahlen sortieren wollen, muß hier auch die entsprechende Spalte, nämlich "D", eingetragen werden.

Die Postleitzahl wird Sortierschlüssel

Dies können Sie entweder von Hand tun, indem Sie $D$9 eintippen, oder Sie bewegen den Feldzeiger mit den Richtungstasten auf dieses Feld. Da der Feldzeiger im Moment durch das Dialogfeld zum Befehl *Ordnen...* verdeckt ist, sollten Sie dazu das Dialogfeld verschieben.

Benutzen Sie den Befehl *Verschieben* aus dem Systemmenü des Dialogfeldes oder ziehen Sie es mit der Maus an die richtige Position.

Für den Anfang begnügen wir uns mit diesem einem (Sortier-) Schlüssel, so daß jetzt nur noch die Festlegung der Sortierfolge ansteht.

Festlegen der Sortierreihenfolge

Auch hier wird Ihnen wieder eine Einstellung vorgeschlagen. Die Option *aufsteigend* ist voreingestellt. Aufsteigende Sortierfolge bedeutet, daß der kleinste Wert oder, wenn Sie Texte sortieren, der Text mit dem Anfangsbuchstaben, der am weitesten vorne im Alphabet zu finden ist, an erster Stelle steht.

Da Sie nach Postleitzahlen sortieren möchten, können Sie die aufsteigende Sortierreihenfolge akzeptieren.

Excel als Datenbank

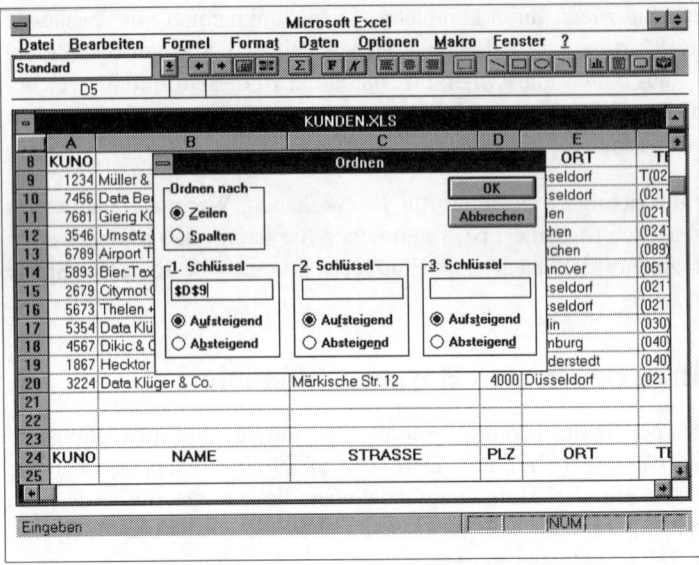

Abb. 173: So ist alles richtig eingestellt

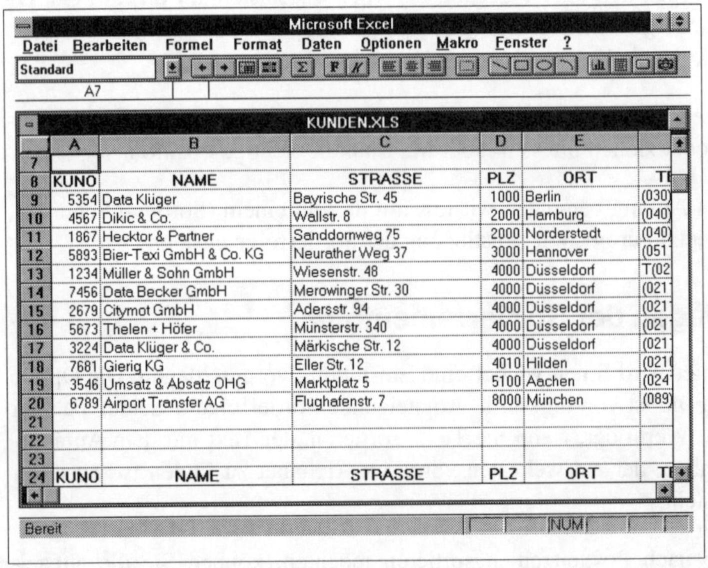

Abb. 174: Berlin steht auf Position 1

Ordnung auf Knopfdruck

Jetzt brauchen Sie nur noch [Return] zu drücken oder *OK* anzuklicken, und Excel bringt Ordnung ins Durcheinander. Je nach Größe der Datenbank sind in Sekundenschnelle alle Datensätze in aufsteigender Reihenfolge nach Postleitzahlen geordnet.

Arbeiten mit mehreren Sortierschlüsseln

Die Spalte D hat Ihnen bei diesem Sortiervorgang als Sortierschlüssel gedient. Wenn Sie den Umsatz des vergangenen Jahres in Spalte J als zweiten Sortierschlüssel verwenden würden, entstünde außer einer geographischen zusätzlich eine umsatzbezogene Ordnung.

Benutzen einer zweiten Ordnungsstruktur

Excel geht in diesem Fall folgendermaßen vor: Zuerst überprüft es die Reihenfolge der Datensätze nach dem ersten Sortierschlüssel (PLZ), bei mehreren Datensätzen mit gleicher Postleitzahl entscheidet nun der zweite Sortierschlüssel (UMSATZ89) über die Position des Datensatzes in der Datenbank. Doch auch dies sollten Sie an Ihrer Kundendatenbank ausprobieren.

Bewegen Sie dazu den Feldzeiger wieder in A9 und markieren Sie den gesamten Datenbankbereich mit Ausnahme der ersten Zeile. Wählen Sie nun erneut den Befehl *Ordnen...* aus dem Menü *Daten*.

Die Ihnen vorgeschlagenen Einstellungen sind die gleichen wie beim ersten Sortiervorgang, ändern Sie also zuerst wieder den Eintrag unter *1. Schlüssel* in $D$9 um.

Definition des zweiten Sortierschlüssels

Da Sie jetzt aber als zweiten Sortierschlüssel den Umsatz in 1987 verwenden möchten, müssen Sie in das Feld *2. Schlüssel* $J$9 eintragen, da der Umsatz für dieses Jahr in Spalte J festgehalten wird.

Wenn Sie nach Umsatz sortieren möchten, dann wollen Sie sicherlich, daß der Kunde mit dem größten Umsatz an erster Stelle steht, also müssen Sie für den zweiten Sortierschlüssel auch noch die Sortierfolge ändern.

Absteigende Sortierreihenfolge

Entscheiden Sie sich hierbei also für die Option *Absteigend*.

Drücken Sie jetzt `Return` oder klicken Sie *OK*. Excel hat, wie Sie sehen, auch diese Aufgabe glänzend erledigt.

Ordnen von Spalten nach Zeilen

Die Spalten, d.h.: die Feldnamen, einer Datenbank in alphabetischer Reihenfolge oder nach einem anderen formalen Sortierkriterium zu ordnen, macht keinen Sinn, da die Anordnung der Feldnamen auf inhaltlichen und organisatorischen Überlegungen beruht.

Excel als Datenbank

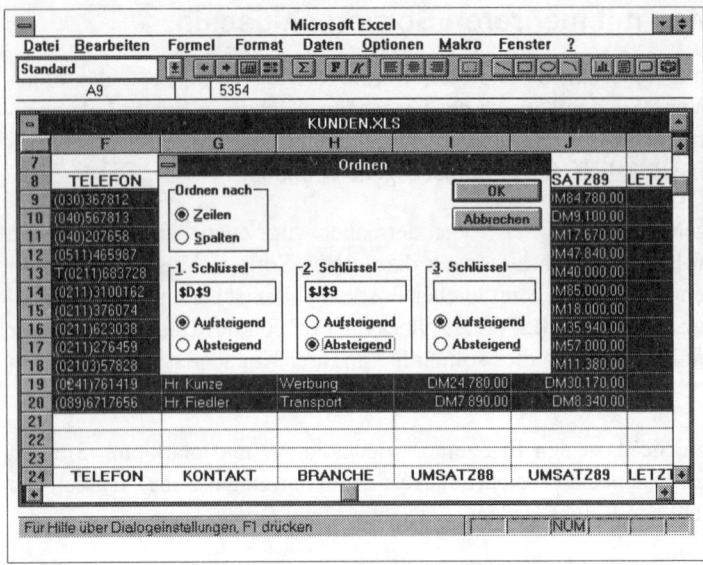

Abb. 175: Die richtige Einstellung für den zweiten Sortiervorgang

Aus diesem Grund möchten wir in diesem Kapitel nicht darauf eingehen. Der Befehl *Ordnen...* wurde ohnehin schon in den vorangegangenen Kapiteln über den Tabellenbereich von Excel erwähnt, bei Bedarf schlagen Sie bitte dort nach.

Schwierigkeiten beim Ordnen von Datenbankbereichen

Was passiert mit Formeln oder Bezügen beim Ordnen einer Tabelle oder Datenbank?

Automatische Anpassung der Bezüge

Bezüge werden automatisch an die veränderte Position des Datensatzes angepaßt. Um eine Datenbank ohne durch die Neuordnung veränderte Formeln zu erhalten, müssen Sie die Option *automatische Berechnung* ausschalten. So bleibt jeder Datensatz erhalten, d.h. er besteht aus den gleichen Feldinhalten wie vor dem Sortieren.

Vorsicht beim Speichern

Eine Datenbank läßt sich ohne Komplikationen in dieser Form drucken. Sie sollten jedoch vermeiden, eine in dieser Art und Weise umsortierte Datenbank zu speichern, da die richtigen Bezüge dabei verlorengehen können.

Excel als Datenbank

12.9 Arbeiten mit der Datenmaske

Excel stellt Ihnen ein komfortables Hilfsmittel zur Verfügung, um mit einer von Ihnen erstellten Datenbank zu arbeiten: die Datenmaske. Mit dieser Datenmaske können Sie sich Datensätze ansehen, ändern, löschen, neue Sätze hinzufügen und Sätze nach bestimmten Kriterien suchen. Die Datenmaske ermöglicht Ihnen alle diese Funktionen, ohne daß Sie die oben beschriebenen Regeln und Voraussetzungen beherrschen müssen. Obwohl Sie dies alles schon gelernt haben, bleibt die Datenmaske für Sie dennoch nicht uninteressant, da andere Anwender mit wesentlich geringeren Excel-Kenntnissen damit in der Lage sind, mit einer von Ihnen angelegten Datenbank zu arbeiten oder zumindest darauf zuzugreifen.

Mehr Bedienungskomfort

Excel ist aber auch in diesem Punkt für weiterführende Ideen und Ansprüche offen. So haben Sie z.B. die Möglichkeit, die Datenmaske, was optische Erscheinung und inhaltliche Struktur angeht, selbst zu gestalten.

Erstellen einer eigenen Datenmaske

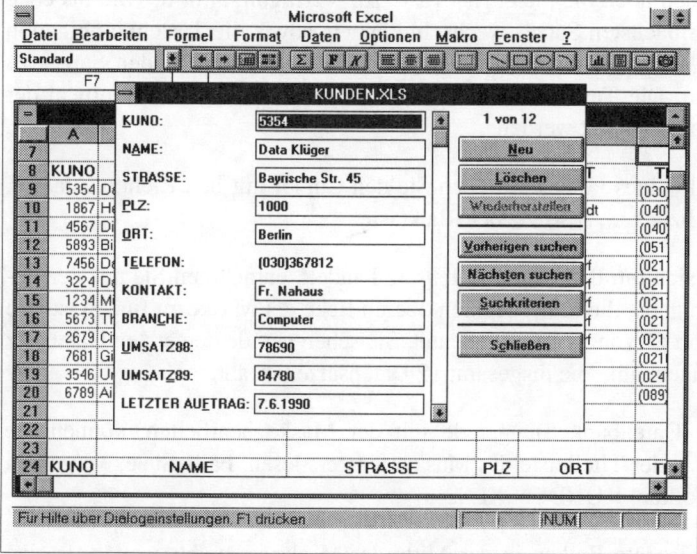

Abb. 176: Die Datenmaske mit dem ersten Datensatz

Aufruf der Maske

Lernen Sie die Standard-Datenmaske kennen, indem Sie im Menü *Daten* den Befehl *Maske...* anwählen. Voraussetzung dafür ist natürlich, daß die

Excel als Datenbank

Tabelle, die aktuell geladen ist, einen definierten Datenbankbereich enthält. Wenn Sie die Datei Ihrer Kundendatenbank, also KUNDEN.XLS, aktiviert haben, können Sie mit dem Befehl *Maske...* arbeiten.

Der erste Datensatz wird bereits angezeigt

Wenn Sie zuerst die linke Seite dieser Datenmaske ins Auge fassen, so sehen Sie, daß hier untereinander alle von Ihnen verwendeten Feldnamen aufgelistet sind. Hinter diesen Feldnamen stehen in Eingabefeldern die Einträge des ersten Datensatzes.

Jeder Feldname weist einen unterstrichenen Buchstaben auf. Um einen Eintrag in einem bestimmten Feld zu ändern, müssen Sie zuerst den Cursor in dieses Feld bewegen. Sie erreichen dies durch die Tastenkombination `Alt`+<Unterstrichener Buchstabe> oder durch einen einfachen Mausklick.

Wichtige Tastenkombinationen

Um lediglich von einem Feld ins benachbarte zu wechseln, benutzen Sie, wie unter der Benutzeroberfläche Windows üblich, die `Tab`-Taste (für das nächste Feld) bzw. `Shift`+`Tab` (für das vorhergehende Feld).

Mit den Pfeiltasten in den Datensätzen blättern

Als zusätzliche Tastenkombination für die Änderung von Feldeinträgen steht Ihnen noch die `Return`-Taste zur Verfügung, mit der Sie ins erste Feld des nächsten Satzes wechseln können, sowie die Tastenkombination `Shift`+`Return`, um in das erste Feld des vorhergehenden Satzes zu gelangen. Die Tasten `↑` und `↓` können ebenfalls zum Blättern in der Datenbank benutzt werden.

Innerhalb eines Feldes bewegen Sie den Cursor mit den Richtungstasten, `Home` bzw. `End` sowie der Rücktaste.

Anzeige des aktuellen Datensatzes

Daß es sich um den ersten Datensatz handelt, entnehmen Sie aus der Positionsangabe, die in der rechten oberen Ecke der Maske zu finden ist. Sie lesen dort "1 von 12", das bedeutet, Sie sehen gerade den ersten Datensatz einer Datenbank, die insgesamt 12 Datensätze umfaßt.

Anzeige des Dateinamens

Welche Datenbank Sie gerade mit der Maske bearbeiten, können Sie ständig in der Titelleiste des Maskenfensters lesen. Falls Sie es vergessen haben sollten: KUNDEN.XLS.

Blättern in der Datenbank

Der senkrechte Balken in der Mitte der Maske ist nichts weiter als eine Bildlaufleiste. Über Bildlaufleisten haben Sie bereits am Anfang dieses Buches gehört. Die Bildlaufleiste hier dient dazu, sich in Ihrer Datenbank zu bewegen, sprich: Datensatz für Datensatz unter die Lupe nehmen zu können. Wenn Sie die Pfeile am unteren bzw. oberen Ende der Bildlaufleiste betätigen, erscheint jeweils der nächste bzw. vorhergehende Datensatz in der Maske. Diese beiden Mauseingaben entsprechen den Tasten `↑` bzw. `↓`.

Excel als Datenbank

Möchten Sie aber direkt 10 Sätze nach vorne oder nach hinten "blättern", so klicken Sie in das Feld unter bzw. über dem Bildlauffeld. Auf der Tastatur drücken Sie entsprechend `PgUp` bzw. `PgDn`.

An den Anfang bzw. das Ende der Datenbank gelangen Sie, wenn Sie das Bildlauffeld an das obere bzw. untere Ende der Bildlaufleiste ziehen. Mit der Tastatur erreichen Sie das durch `Ctrl`+`PgUp` bzw. `Ctrl` + `PgDn`.

Die Funktionen der Schaltflächen, die sich unterhalb der Positionsangabe im rechten Teil des Fensters befinden, werden wir Ihnen während der Benutzung erklären.

Schließen der Maske

Betätigen Sie nun die Schaltfläche *Beenden* oder drücken Sie die `Esc`-Taste, um wieder in die normale Darstellungsform Ihres Arbeitsblattes zu gelangen.

Die Taste `Esc`

12.10 Ändern von Datensätzen in der Datenmaske

Innerhalb der Datenmaske können Sie jede Veränderung von Feldeinträgen vornehmen. Diese Änderung wird automatisch auch an dem entsprechenden Datensatz in der Tabelle vorgenommen. Felder, deren Inhalt geschützt oder das Ergebnis einer Berechnung ist, können nicht in der Maske geändert werden. Wählen Sie zuerst den Befehl *Maske...* aus dem Menü *Daten*.

Das Dialogfeld *Datenmaske* erscheint auf dem Bildschirm, und der erste Datensatz Ihrer Datenbank steht zur Bearbeitung bereit.

Sie können sich, wie oben beschrieben, in der Datenmaske bewegen und alle möglichen Änderungen vornehmen. In diesem Fall kann jedes Feld geändert werden, da keine Feldinhalte existieren, die auf Berechnungen beruhen und kein Feld geschützt worden ist.

Wenn Sie innerhalb eines Feldes Zeichen löschen möchten, so können Sie dies mit der `Del`- oder der `Backspace`-Taste erledigen. Sollen Zeichen eingefügt werden, bewegen Sie den Cursor einfach an die entsprechende Stelle und schreiben Sie den Text, den Sie einfügen möchten.

Excel als Datenbank

Rückgängig-
machen einer
Änderung

Stellen Sie jedoch nach einer Änderung fest, daß der ursprüngliche Eintrag doch der richtige war, so ist es möglich, durch Betätigung der Schaltfläche *Wiederherstellen* den alten Inhalt wieder auf den Bildschirm zu rufen. Voraussetzung ist allerdings, daß Sie dies unmittelbar nach der irrtümlichen Änderung tun, denn sobald Sie sich auch nur zu einem anderen Satz bewegt haben, ist der ursprüngliche Eintrag verloren.

12.11 Datensätze mit der Datenmaske suchen oder löschen

In den vorangegangenen Kapiteln haben Sie eine ganze Menge über den Befehl *Suchen* und die Suchkriterien gelesen. Daß Excel auch auf anderen Wegen eine Auswahl treffen kann, soll dieses Kapitel zeigen. Die Schaltflächen *Suchkriterien*, *Suche Nächsten* und *Suche Vorherigen* in der rechten Hälfte der Datenmaske lassen schon erkennen, daß man auch mit der Datenmaske Datensätze zu suchen kann.

Und in der Tat: Nach Betätigung der Schaltfläche *Suchkriterien* verwandelt sich die Datenmaske in eine Suchkriterienmaske.

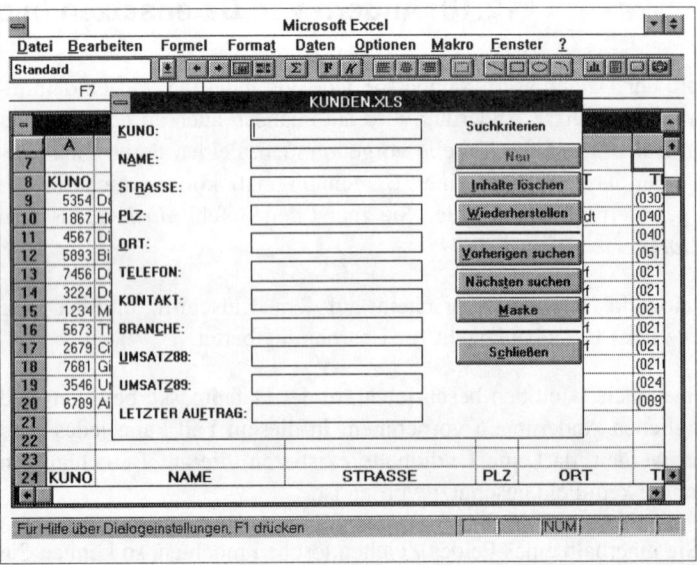

Abb. 177: Eingabe von Suchkriterien in der Datenmaske

Excel als Datenbank

Wie Sie sehen, hat die Maske ihr äußeres Erscheinungsbild etwas geändert. Die Schaltfläche *Suchkriterien* ist zur Schaltfläche *Maske* geworden. Die Feldnamen mit den Eingabefeldern sind zwar noch vorhanden, die Eingabefelder sind jedoch leer.

Die Maske stellt jetzt den Suchkriterienbereich dar

Statt der Anzeige der Datensatznummer steht in der rechten oberen Ecke, jetzt "Suchkriterien". Die Datenmaske ist zur Suchmaske geworden. Aus diesem Grund fehlen auch die Feldeinträge, denn in die leeren Eingabefelder können nun Suchkriterien geschrieben werden, um bestimmte Sätze herauszufiltern.

Die Regeln für die Formulierung von Suchkriterien sind die gleichen wie beim Suchen ohne Datenmaske. Der einzige Unterschied ist, daß Sie hier die Suchkriterien nicht in einen Kriterienbereich eintragen, sondern in von Excel vorbereitete Eingabefelder.

Suchkriterien formulieren

Interessant ist dabei auch, daß kein Suchkriterienbereich im aktuellen Arbeitsblatt vorhanden sein muß, um mit der Datenmaske Datensätze zu suchen. Darüber hinaus spielt es auch keine Rolle, wenn in der Tabelle ein Suchkriterienbereich vorhanden ist. Bei der Arbeit mit der Suchmaske wird in diesem Bereich nichts verändert.

Suchkriterienbereich ist nicht erforderlich

Allerdings läßt die Suchmaske auch einige Wünsche offen. So können z.B. keine berechneten Suchkriterien in die Suchmaske eingetragen werden, da dort nur Eingabefelder mit Spaltennamen existieren.

Keine berechneten Suchkriterien

Der zweite große Nachteil ist, daß die Suchmaske nur "Und"-Verknüpfungen von zwei oder mehr Kriterien ermöglicht.

Keine "Oder"-Verknüpfungen

Machen Sie sich mit der Maske vertraut, indem Sie nach dem Kunden "Data Becker GmbH" suchen. Tragen Sie also in das Eingabefeld hinter Name: "Data Becker GmbH" ein.

Eintragen eines Suchkriteriums

Betätigen Sie nun die Schaltfläche *Suche Nächsten*. Excel überprüft jetzt die Datenbank, beginnend beim ersten Datensatz, auf einen Satz hin, der den Eintrag "Data Becker GmbH" im Feld "Name" hat.

Excel sucht den nächsten Datensatz

Dabei wird Excel auch fündig. In der Datenmaske wird der komplette Datensatz angezeigt, der an zweiter Position in der Datenbank steht. Da es nur einen Datensatz mit dem Namen "Data Becker GmbH" gibt, bleiben alle Versuche, die Schaltflächen *Suche Nächsten* oder *Suche Vorherigen* zu betätigen, erfolglos und werden mit einem Warnton bestraft.

Anzeige des gefundenen Datensatzes

471

Excel als Datenbank

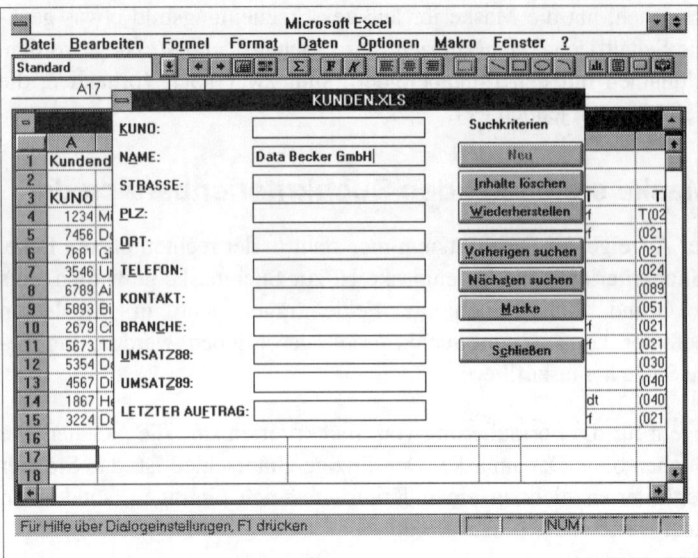

Abb. 178: Suchkriterium in der Maske

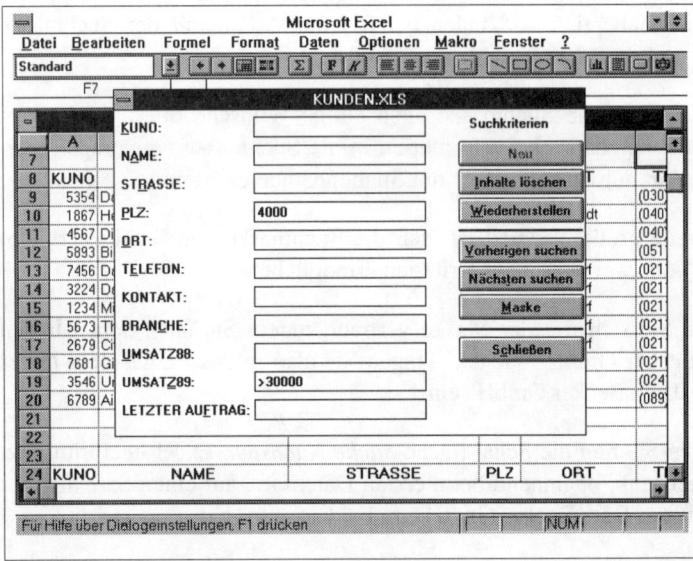

Abb. 179: Kombinierte Suchkriterien in der Maske

Um auch einmal die Kombination von zwei Suchkriterien in der Maske auszuprobieren, betätigen Sie jetzt bitte noch einmal die Schaltfläche *Suchkriterien*.

Excel als Datenbank

Sie sind jetzt wieder am Ausgangspunkt Ihrer Suchaktion, entfernen Sie hier das alte Suchkriterium mit der Schaltfläche *Inhalte Löschen*.

Löschen eines Suchkriteriums

Eintragen von kombinierten Suchkriterien

Tragen Sie nun bitte "UMSATZ89: >30000" und danach "PLZ: 4000" als Suchkriterium in die entsprechenden Eingabefelder ein.

Betätigen Sie jetzt bitte die Schaltfläche *Suche Nächsten*. Excel beginnt mit seiner Prüfung jetzt beim 3. Datensatz, denn der aktuelle Satz in der Maske war Nr. 2. Excel findet als nächsten Datensatz den Satz Nr. 8 mit dem Kunden "Thelen + Höfer".

Durch ein erneutes *Suche Nächsten* wird der Datensatz, der die Nummer 12 von 12 trägt, in die Maske gerufen. Wenn Sie nun zur Abwechslung die Schaltfläche *Suche Vorherigen* benutzen, gelangen Sie wieder zu "Thelen + Höfer".

Anzeige des nächsten gefundenen Datensatzes

Damit ist im Grunde auch geklärt, welche Funktion diese Schaltfläche hat, sie funktioniert genauso wie ihr Gegenstück *Suche Nächsten*, die Suche beginnt allerdings in der entgegengesetzten Richtung.

Datensätze mit der Datenmaske löschen

Es gibt eigentlich keinen einfacheren Weg, einen Datensatz aus einer Datenbank zu entfernen, als über die Datenmaske. Sie holen sich dazu den gewünschten Datensatz in die Maske und betätigen die Schaltfläche *Löschen*. Kurz darauf werden Sie durch ein Dialogfeld noch einmal gefragt, ob der eben angezeigte Datensatz wirklich gelöscht werden soll. Überlegen Sie sich Ihre Antwort auf diese Frage gut, denn auf diese Art und Weise gelöschte Datensätze können auch nicht durch Betätigen der Schaltfläche *Wiederherstellen* zurückgeholt werden.

Gelöschte Datensätze können nicht "wiederhergestellt" werden

Sind Sie sich aber sicher, daß Sie auf diesen Datensatz verzichten können, bestätigen Sie Ihr Vorhaben durch *OK*.

12.12 Gestaltung einer eigenen Datenmaske

Wie in anderen Bereichen stellt Excel auch für Datenmasken vielfältige Möglichkeiten zur Gestaltung durch den Benutzer zur Verfügung. Im vorangegangenen Abschnitt haben Sie die Standard-Datenmaske ken-

Excel als Datenbank

nengelernt, die für sich betrachtet schon ein recht komfortables Hilfsmittel für die Arbeit mit einer Datenbank darstellt.

Individuelle Gestaltung der Maske

Vielleicht waren Sie aber mit der Anordnung der einzelnen Datenfelder in der Datenmaske nicht ganz einverstanden und hätten die in diesen Feldern gespeicherten Informationen dort gerne anders angeordnet gesehen. Im folgenden Abschnitt soll es darum gehen, wie eine individuelle Datenmaske erstellt wird.

Die Schaltflächen der Datenmaske

Die Datenmaske ist kein herkömmliches Dialogfeld, bei dem Sie Form und Inhalt völlig an Ihre Belange anpassen können. Die Datenmaske ist vielmehr ein von Excel zur Verfügung gestelltes Hilfsmittel, das sich an bestimmte Bedürfnisse des Anwenders anpassen läßt. Die Schaltflächen im rechten Teil der Maske sind davon allerdings ausgenommen.

Zuerst sollten Sie sich einen Bereich in Ihrem Arbeitsblatt aussuchen, der etwas abseits von der eigentlichen Datenbank liegt und frei von Feldinhalten ist.

Dieser freie Bereich sollte 9 Spalten breit und 24 Zeilen lang sein. Wir haben uns für das Beispiel anhand der Datei KUNDEN.XLS für den Bereich A50:G74 entschieden.

Der Name "Datenmaske" muß vergeben werden

Aktivieren Sie diesen Bereich und geben Sie ihm den Namen "Datenmaske", indem Sie den Befehl *Namen festlegen...* im Menü *Formel* anwählen. Dieser Name ist zwingend vorgeschrieben, damit Excel erkennt, daß nach dem Befehl *Maske* nicht die Standard-Datenmaske aufgerufen werden muß, sondern auf eine von Ihnen definierte Maske zugegriffen werden soll.

Definition einer eigenen Datenmaske

Jetzt können Sie damit beginnen, zu definieren, wie Ihre Datenmaske aussehen soll und an welche Stelle Sie die entsprechenden Feldinhalte bzw. erläuternde Texte zu den Datenbankfunktionen plazieren möchten.

Statischer Text und Eingabefelder

Sie müssen grundsätzlich unterscheiden zwischen statischem Text, also Feldnamen oder zusätzlichen Erläuterungen, und Eingabefeldern, in die Sie Texte oder Werte eintragen können. Diese Eintragungen werden dann natürlich auch in das entsprechende Feld in der Datenbank eingetragen. Die Ausnahme bilden hierbei wieder die geschützten Felder und solche, deren Inhalt das Ergebnis einer Berechnung ist.

Geschützte oder berechnete Felder werden auch in der Datenmaske angezeigt, allerdings nicht in einem Eingabefeld, um Ihnen von vornherein die Möglichkeit zu nehmen, diese Inhalte zu verändern.

Excel als Datenbank

Um uns langwierige Erklärungen zu sparen, zeigt Ihnen die nächste Abbildung, wie die Definition einer Datenmaske aussehen kann:

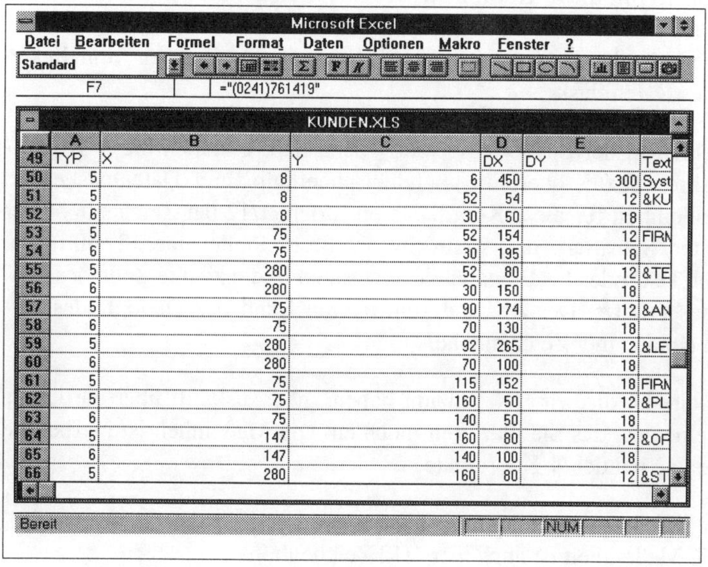

TYP	X	Y		DX	DY	Text
5		8		6	450	300 Syst
5		8		52	54	12 &KU
6		8		30	50	18
5		75		52	154	12 FIRN
6		75		30	195	18
5		280		52	80	12 &TE
6		280		30	150	18
5		75		90	174	12 &AN
6		75		70	130	18
5		280		92	265	12 &LE
6		280		70	100	18
5		75		115	152	18 FIRN
5		75		160	50	12 &PL
6		75		140	50	18
5		147		160	80	12 &OF
6		147		140	100	18
5		280		160	80	12 &ST

Abb. 180: Dieser Bereich trägt den Namen "Datenmaske"

Da die obige Abbildung nicht die gesamte Definition abbilden kann, steht die Datenmaske auch in der Datei KUNDEN.XLS auf Ihrer Beispieldiskette zur Verfügung. Die Maskendefinition befindet sich im Feldbereich A50:G74 und muß noch mit dem Namen "Datenmaske" versehen werden, damit Sie sie aufrufen können.

Die Spaltenüberschriften in Zeile 39 sind nur zur besseren Erläuterung gedacht und dürfen von Ihnen nicht in die Datenmaske übertragen werden. Lassen Sie diese Zeile in Ihrem Beispiel frei.

Beschreibung der Komponenten

Die Einträge in der Spalte A mit der Überschrift TYP teilen Excel lediglich mit, ob es sich bei der nachfolgenden Definition um einen statischen Text oder um ein Eingabefeld handelt.

Statische Texte werden hier mit einer 5 angekündigt, wenn Sie aber ein Eingabefeld definieren wollen, müssen Sie an dieser Stelle eine Zahl zwischen 6 und 10 eintragen.

Excel als Datenbank

Die Koordinaten der Elemente müssen angegeben werden

Die Zahlen in der Spalte B mit der Überschrift X stellen die X-Koordinate Ihres Textes oder Eingabefeldes innerhalb des Datenmaske dar, wobei die Maßeinheit für diese Koordinate 1/8 der Zeichenbreite der gewählten Schriftart entspricht, d.h. wenn Sie hier eine 8 eintragen, beginnt Ihr Eingabefeld oder Ihr Text im Abstand von einem Zeichen vom linken Rand des Datenmaske.

Die Zahlen in der Spalte C mit der Überschrift Y stellen die Y-Koordinaten Ihres Textes oder Eingabefeldes innerhalb Ihrer Datenmaske dar. Die Maßeinheit für diese Koordinate entspricht 1/12 der Zeichenhöhe der gewählten Schriftart, d.h. wenn Sie an dieser Stelle eine 12 eintragen, wird Ihr Text oder Ihr Eingabefeld sozusagen in die zweite Zeile des Dialogfeldes gesetzt. Der Abstand zum oberen Rand des Dialogfeldes entspricht genau einer Zeichenhöhe.

Die Größen der Elemente müssen bestimmt werden

Die Spalte D, die wir DX genannt haben, gibt Auskunft über die Länge des Elementes, das Sie plazieren möchten. Die Maßeinheit ist hierbei die gleiche wie bei der X-Koordinate

In Spalte E, in der Abbildung DY, wird die Höhe des Elementes angegeben, die Maßeinheit ist auch hier 1/12 Zeichenhöhe.

Statische Texte müssen in Spalte F eingetragen werden. Handelt es sich hierbei um Feldnamen, die ein Eingabefeld bezeichnen, sollten Sie dafür sorgen, daß ein Buchstabe innerhalb dieses Feldnamens unterstrichen wird, damit Sie später durch `Alt`+<unterstrichener Buchstabe> den Cursor in dieses Feld bewegen können.

Stellen Sie dem Buchstaben, den Sie unterstreichen lassen wollen, ein kaufmännisches Und (&) voran. Beispiele dafür finden Sie genug in der Abbildung.

Die letzte Spalte Ihrer Datenmaskendefinition (G) enthält die Namen Ihrer Eingabefelder. Diese Namen müssen mit den tatsächlich in der Datenbank verwendeten Feldnamen übereinstimmen.

Aufruf der eigenen Datenmaske

Dies sollte zur Erklärung eigentlich reichen. Wenn Sie alle Einträge gemacht haben, können Sie Ihr Werk bewundern, indem Sie wie gewohnt den Befehl *Maske...* aus dem Menü *Daten* aufrufen. Ab sofort wird Excel Ihre gerade erstellte Maske statt der standardmäßig vorgegebenen Maske verwenden.

Excel als Datenbank

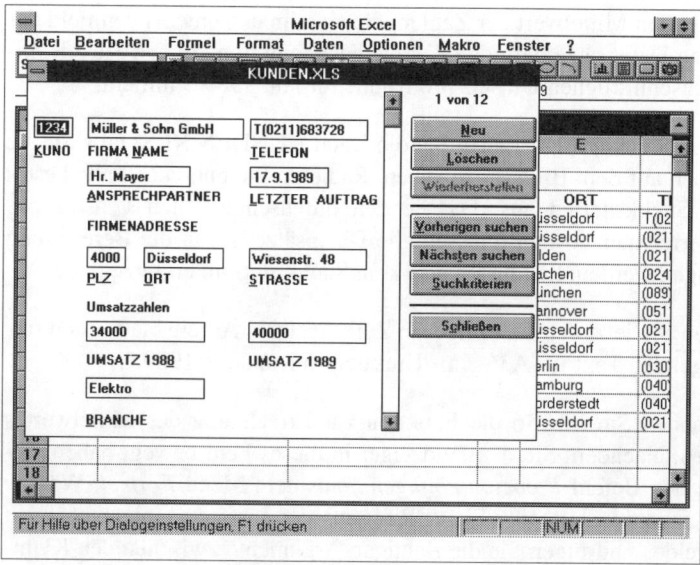

Abb. 181: So kann es aussehen

Weitere Informationen zur Erstellung von eigenen Dialogfeldern finden Sie im entsprechenden Abschnitt des Kapitels über die Makroprogrammierung (Kap. 13.11).

12.13 Datenbankfunktionen

Datenbankfunktionen sind statistische Funktionen, Sie liefern Werte, die sich aus Feldinhalten von Datensätzen errechnen, die einem bestimmten Suchkriterium entsprechen.

Excel stellt Ihnen 11 statistische Datenbankfunktionen zur Verfügung. Am Beispiel der Mittelwertfunktion möchten wir Ihnen die Syntax, also die reglementierte Schreibweise, der Datenbankfunktionen erklären. Die anderen Datenbankfunktionen werden ausführlich erklärt und mit einem kleinen Beispiel belegt.

DBMITTELWERT(Datenbank;"Feldname";Suchkriterien)

Excel als Datenbank

Der Mittelwert in Abhängigkeit von den Suchkriterien

Errechnet den Mittelwert der Zahlen, die sich im entsprechenden Feld der gesuchten Datensätze befinden. Durch diese Funktion können Sie z.B. Ihren durchschnittlichen Umsatz pro Kunde im Jahr 1989 ermitteln.

Beginnen Sie wie folgt: Laden Sie die Datei KUNDEN.XLS, falls Sie sie nicht noch auf dem Bildschirm haben. Radieren Sie nun zuerst alle bestehenden Suchkriterien aus. Da Sie den durchschnittlichen Umsatz pro Kunde errechnen wollen, müssen alle Datensätze mit in die Berechnung einbezogen werden. Sie dürfen also kein Suchkriterium einsetzen.

Bewegen Sie jetzt den Feldzeiger in Zeile 36 Ihres Arbeitsblattes und tippen folgenden Text für A36 ein: "Umsatz pro Kunde in 1989:".

Jetzt können Sie in C36 die Funktion zur Errechnung des Mittelwertes eintragen. Nachdem Sie den Feldzeiger in dieses Feld bewegt haben, geben Sie den Befehl *Funktion einfügen...* aus dem Menü *Formel*. Wählen Sie die Funktion DBMITTELWERT() aus der Liste des entsprechenden Dialogfeldes und fügen Sie die richtigen Argumente zwischen den Klammern ein.

DBMITTELWERT(Datenbank;"UMSATZ89";Suchkriterien)

"DBMITTELWERT" ist der Name der Funktion zur Berechnung des statistischen Mittelwertes, bezogen auf Datensätze in einer Datenbank. DBMITTELWERT() entspricht der Funktion MITTELW(), die ihre Anwendung in gewöhnlichen Tabellen findet.

Die in den Klammern angegebenen Bereichs- bzw. Feldnamen stellen die Argumente dar, das sind die Angaben, die zur Durchführung der Berechnung notwendig sind.

Der Datenbankbereich

"Datenbank" bestimmt die Datenbank, aus der die Funktion einen Wert errechnen soll. Mit "Datenbank" muß immer ein gültiger Datenbankbereich gemeint sein, der sich auf dem gleichen Arbeitsblatt befindet oder zu dem ein externer Bezug besteht. Anstatt des Bereichsnamens können Sie auch den Feldbereich eintragen.

Der Feldname kann als Bezug angegeben werden

Das zweite Argument, das durch ein Semikolon vom ersten getrennt werden muß, gibt in Anführungszeichen den Namen des Feldes an, aus dem die Funktion die Werte für die Berechnung erhält. Dieses Argument muß immer den Namen eines gültigen Datenbankfeldes enthalten. In diesem Beispiel muß an dieser Stelle natürlich der Feldname "UMSATZ89" stehen. Die Funktion liefert aber auch dann den richtigen Wert, wenn anstelle des Feldnamens die Adresse des Feldes genannt wird, in dem der Feldname steht, hier also $J$8.

Excel als Datenbank

Durch das dritte Argument, auch durch Semikolon von den anderen getrennt, teilen Sie Excel mit, auf welchen Suchkriterienbereich zugegriffen werden muß, damit auch nur Werte aus selektierten Datensätzen mit in die Berechnung einfließen. Statt des Bereichsnamens können Sie auch den Feldbereich eingeben.

Wenn Sie mit `Return` den Eintrag der Funktion in C36 bestätigt haben, erscheint sofort der von DBMITTELWERT errechnete durchschnittliche Umsatz in diesem Feld.

Formatierung des Ergebnisfeldes

Eine kleine Schönheitsreparatur sollten Sie allerdings noch vornehmen, für C36 das Standardformat eingestellt ist, wird der errechnete Wert mit zehn Stellen hinter dem Komma und ohne Währungssymbol dargestellt. Wählen Sie daher also für dieses Feld das Zahlenformat "#.##0,00 DM;(#.##0,00 DM)."

DBANZAHL(Datenbank;"Feldname";Suchkriterien)

errechnet die Anzahl der Datensätze, die im benannten Feld Zahlen enthalten und dem Suchkriterium entsprechen. DBANZAHL() entspricht also der Funktion ANZAHL(), die in gewöhnlichen Tabellen angewandt wird.

Auf Ihre Datenbank bezogen, deren Suchkriterienbereich im Moment leer ist, liefert DBANZAHL(Datenbank;"UMSATZ89";Suchkriterien) die Anzahl aller aufgenommenen Datensätze.

Selbst Datensätze, die Kunden enthalten, die 1989 keinen Umsatz gemacht haben, werden gezählt, da sie im Feld UMSATZ89 trotzdem eine Zahl, nämlich 0,00, enthalten. Hätten Sie für einen solchen Kunden in diesem Feld keinen Eintrag gemacht, würde dieser Datensatz nicht gezählt, da er keine Zahl enthält.

Hier können Sie auch auf die Angabe des zweiten Argumentes verzichten, Excel zählt dann alle Datensätze, die den Suchkriterien entsprechen, ganz gleich, ob diese Datensätze Zahlen enthalten oder nicht. Auch wenn Sie keinen Feldnamen als Argument angeben, muß die Anzahl der Semikola gleichbleiben. Die Funktion hätte dann folgendes Format:

DBANZAHL(Datenbank;;Suchkriterien)

Doch zurück zur Praxis: Bewegen Sie den Feldzeiger in A37, und schreiben Sie den Text "Anzahl der Datensätze:". Tragen Sie dann, wie oben schon beschrieben, in C37 die Funktion DBANZAHL(Datenbank;"UM-

Excel als Datenbank

SATZ89";Suchkriterien) ein. Drücken Sie `Return`, und Sie erhalten sofort die Information, daß sich 12 Datensätze in Ihrer Datenbank befinden.

DBANZAHL2(Datenbank;"Feldname";Suchkriterien)

Errechnet die Anzahl der Datensätze, die im benannten Feld einen Eintrag haben, ganz gleich, ob Zahlen oder Text den Suchkriterien entsprechen. DBANZAHL2() entspricht der statistischen Tabellenfunktion ANZAHL2().

Diese Funktion arbeitet ähnlich wie die zuvor beschriebene Funktion DBANZAHL(), der Unterschied besteht darin, daß Sie so auch Datenfelder auf Einträge prüfen können, die keine Zahlen enthalten. DBANZAHL2() macht keinen Unterschied zwischen Zahlen und Text, es wird lediglich festgestellt, ob im benannten Feld ein Eintrag steht.

Wenn Sie keinen Feldnamen als Argument definieren, werden alle Datensätze, die den Suchkriterien entsprechen, gezählt. Auch hierbei muß die Anzahl der Semikola gleichbleiben.

Um sich von der Arbeitsweise dieser Funktion zu überzeugen, bewegen den Feldzeiger in C37 und verändern Sie den vorhandenen Feldeintrag einfach in DBANZAHL2(Datenbank;"NAME";Suchkriterien) um, dann drücken Sie `Return`.

Wenn alles nach Vorschrift gelaufen ist, hat sich die Zahl in C37 nicht verändert, da alle Datensätze einen Eintrag im Feld NAME aufweisen.

DBMAX(Datenbank;"Feldname";Suchkriterien)

Errechnet die größte Zahl im benannten Feld der Datensätze, die den Suchkriterien entsprechen. DBMAX() entspricht der statistischen Funktion MAX().

DBMAX() kann nur Zahlen verarbeiten. Wenn Sie ein Feld angeben, das Text enthält, liefert DBMAX() den Wert 0.

Bewegen Sie jetzt den Feldzeiger in A38, und geben Sie den Text "Umsatz des größten Kunden:" und in Feld C38 die Funktion DBMAX(Datenbank;"UMSATZ89";Suchkriterien) ein.

Sofort, nachdem Sie `Return` gedrückt haben, erscheint die Zahl 85.000 als größter Umsatz in C38. Um der Optik genüge zu tun, sollten Sie dem

Feld C38 noch das Zahlenformat "#.##0,00 DM;(#.##0,00 DM)" zuweisen, damit der errechnete Wert mit einem Währungssymbol versehen wird.

DBMIN(Datenbank;"Feldname";Suchkriterien)

Errechnet die kleinste Zahl im benannten Feld der Datensätze, die den Suchkriterien entsprechen. DBMIN() entspricht der statistischen Funktion MIN().

DBMIN() kann wie DBMAX() nur Zahlen verarbeiten. Wenn Sie ein Feld angeben, das Text enthält, liefert DBMIN() den Wert 0.

Bewegen Sie jetzt den Feldzeiger in A39 und geben Sie den Text: "Umsatz des kleinsten Kunden:" ein, und tragen Sie dann in Spalte C dieser Zeile die Funktion DBMIN(Datenbank;"UMSATZ89";Suchkriterien) ein.

Sofort, nachdem Sie [Return] gedrückt haben, erscheint die Zahl 0 als kleinster Umsatz in C39. Weisen Sie auch diesem Feld das Zahlenformat "#.##0,00 DM;(#.##0,00 DM)" zu.

DBAUSZUG(Datenbank;Suchkriterien)

Diese Funktion zieht einen einzigen Feldeintrag aus der Datenbank. Durch die Argumente der Funktion geben Sie an, in welcher Datenbank gesucht werden soll, welche Suchkriterien ausgewertet werden sollen und welcher Feldinhalt von der Funktion ausgegeben werden soll.

Wenn kein Datensatz den Suchkriterien entspricht, liefert diese Funktion den Fehlerwert #WERT!. Genügt mehr als ein Satz den Suchkriterien, erhalten Sie den Fehlerwert #ZAHL!.

DBSUMME(Datenbank;"Feldname";Suchkriterien)

Errechnet die Summe der Zahlen im benannten Feld der gesuchten Datensätze.

DBSUMME() erzeugt nur dann ein korrektes Ergebnis, wenn sich im angegebenen Feld Zahlen befinden. Wird ein Feld mit Textinhalt als Argument angegeben, liefert DBSUMME() den Wert 0.

Bewegen Sie jetzt den Feldzeiger in A40 und geben Sie den Text "Gesamtumsatz 1989:" ein. Tragen Sie in Spalte C dieser Zeile die Funktion DBSUMME(Datenbank;"UMSATZ89";Suchkriterien) ein.

Excel als Datenbank

Nachdem Sie die Taste `Return` gedrückt haben, erscheint die Zahl 425.1800 als Summe der Umsätze aller Kunden 1989 in C40. Da auch dieses Feld einen DM-Betrag darstellt, sollte es mit einem Währungssymbol versehen werden. Wählen Sie also für C40 das Zahlenformat "#.##0,00 DM;(#.##0,00 DM)".

DBPRODUKT(Datenbank;"Feldname";Suchkriterien)

Errechnet das Produkt der Zahlen im benannten Feld der Datensätze, die den Suchkriterien entsprechen. DBPRODUKT entspricht der Funktion PRODUKT().

DBPRODUKT() kann nur Zahlen verarbeiten. Wenn Sie ein Feld angeben, das Text enthält, liefert DBPRODUKT() den Wert 0.

In Ihrer Beispieldatenbank gibt es keine sinnvolle Anwendung für diese statistische Datenbankfunktion.

DBSTDABW(Datenbank;Feld;Suchkriterien)

Diese Funktion liefert als Ergebnis die Standardabweichung durch Schätzung aus einer Stichprobe unter Verwendung der Zahlen im angegebenen Feld der gesuchten Datensätze.

DBSTABWN(Datenbank;Feld;Suchkriterien)

Diese Funktion liefert als Ergebnis die Standardabweichung auf der Basis aller Werte, also der Grundgesamtheit, unter Verwendung der Zahlen im angegebenen Feld der gesuchten Datensätze.

DBVARIANZ(Datenbank;Feld;Suchkriterien)

Diese Funktion liefert als Ergebnis die Varianz durch Schätzung aus einer Stichprobe unter Verwendung der Zahlen im angegebenen Feld der gesuchten Datensätze.

DBVARIANZEN(Datenbank;Feld;Suchkriterien)

Diese Funktion liefert als Ergebnis die Varianz auf der Basis aller Werte, also der Grundgesamtheit, unter Verwendung der Zahlen im angegebenen Feld der gesuchten Datensätze.

Kapitel 13

13. Die Makroprogrammierung unter Excel **485**

- 13.1 Arbeiten mit dem Makrorekorder 488
  - Aufzeichnungsverfahren mit dem Makrorekorder 491
  - Absolute Aufzeichnung 492
  - Relative Aufzeichnung 492
- 13.2 Starten und Testen eines Befehlsmakros 492
  - Start des Makros über den Tastenschlüssel 492
  - Die Makrofunktion EINZELSCHRITT() 493
- 13.3 Erstellen eines Funktionsmakros 494
  - Was ist eine Funktion? 495
  - Wie entsteht ein Funktionsmakro? 495
  - Einfügen von Makrofunktionen über
    den Befehl Funktion einfügen... 496
  - Benennen eines Funktionsmakros 497
  - Einfügen einer selbstgeschriebenen Funktion 497
- 13.4 Strukturierte Makroprogrammierung 498
  - Codierung einer kopfgesteuerten Schleife 499
  - Codierung einer Zählschleife 499
  - Verzweigungen und Sprünge 500
  - Modularer Aufbau durch Unterprogramme 501
  - Schreiben eines neuen Makros 502
  - Rückkehr aus dem Unterprogramm 505
  - Festlegen der Ausgangsposition 505
  - Ende des Schleifenrumpfes definieren 505
  - Weitere Makros durch Kopieren der Module 508
- 13.5 Erstellen von eigenen Menüs 509
  - Eigene Befehle in ein Standardmenü einfügen 510
  - Löschen von Befehlen 512
- 13.6 Eigene Menüs in die Standard-Menüleisten einfügen 513
- 13.7 Erstellen einer eigenen Menüleiste 514
  - Löschen einer selbstdefinierten Menüleiste 516
  - Selbstausführende Makros 516
- 13.8 Erstellen einer eigenen Benutzeroberfläche 517
  - Einrichten eines Arbeitsbereiches 517

Die Makroprogrammierung unter Excel

	Automatisches Laden des Arbeitsbereiches	518
	Automatischer Start aus Windows	518
	Excel als einzige Anwendung zulassen	519
	Automatischer Start von Makros	519
13.9	Interaktive Makros	520
	Beenden von Excel über ein Makro	520
	Einfügen des Befehls Ende	520
	Auswahlmöglichkeit über Standard-Schaltflächen	521
	Die Funktion BEENDEN()	522
13.10	Makros mit Schaltflächen oder anderen Objekten verknüpfen	522
	Zeichnen einer Schaltfläche	523
	Die Schaltfläche zum Zeichnen von Schaltflächen	523
	Verknüpfung einer Schaltfläche mit einem Makro	523
	Das Dialogfeld "Objekt zuweisen"	524
	Erstellen und Verknüpfen eines anderen Objektes	524
	Markierung von zugewiesenen Objekten	525
	Beschriften einer Schaltfläche	525
	Aufrufen des Makros	526
13.11	Erstellen von eigenen Dialogfeldern	526
	Ein Makro zur Erzeugung eines Dialogfelds	527
	Definition des Dialogfeldbereiches	527
	Erstellen einer eigenen Hilfedatei	536
13.12	Der Dialogfeldeditor	539
	Der Befehl "Sinnbilder..."	546
13.13	Dynamischer Datenaustausch	549
13.14	Arbeiten mit Zusatz-Funktionen	553
	Anlegen einer Zusatz-Funktion	553
	Das Dateiformat Zusätze	554
	Unsichtbare Makrovorlage	554
	Bearbeiten von Zusatzfunktionen	554
	Laden einer Zusatzfunktion zur Bearbeitung	555
	Automatisch geladene Zusatzfunktionen	555
	Das Verzeichnis XLSTART	555
13.15	Die Makro-Übersetzungshilfe	556
	Fehler bei der Übersetzung werden gemeldet	557

13. Die Makroprogrammierung unter Excel

Zu Beginn dieses Kapitels wollen wir zunächst einige Worte darüber verlieren, was ein Makro ist. Unter einem Makro versteht man ein Programm, das innerhalb einer Anwendung abläuft und oftmals wiederkehrende Befehle zusammenfaßt. Das Formatieren von Feldern, das Kopieren von ganzen Spalten oder Zeilen, das Einrichten von Datenbank- oder Kriterienbereichen, das Drucken einer ganzen Tabelle oder eines Tabellenausschnitts u.a. besteht aus immer den gleichen Befehlsfolgen. Ähnlich wie in einer Batchdatei unter DOS werden beim Aufruf eines Makros solche Befehle hintereinander (sequentiell) abgearbeitet.

Die Leistungsfähigkeit der Excel-Makroprogrammierung ist enorm, sie ist mit der reiner Programmiersprachen zu vergleichen. Wenn Sie sich mit der Programmierung nicht näher beschäftigen wollen, können Sie dennoch einfache Befehlsmakros nutzen, die auf einfache Art und Weise erstellt werden können.

Vergleich zu reiner Programmiersprache

Eine leistungsfähige Makroprogrammierung zeichnet sich durch die Verwendung von Verfahren strukturierter Programmierung aus. So sind die Verwendung von Sprungbefehlen, Unterprogrammen und die Einbettung des dynamischen Datenaustausches (DDE) Ausweis für die professionellen Möglichkeiten der Excel-Makroprogrammierung.

Im folgenden sollen zunächst einmal die Möglichkeiten vorgestellt werden, die Excel für das Programmieren von Makros bietet.

Aufzeichnen einer Befehlsfolge

Ein Befehlsmakro führt, wie schon gesagt, eine Reihe von Befehlen aus. Befehlsmakros bestehen zum großen Teil aus den Excel-Standardbefehlen. Durch das Aneinanderreihen oder Verknüpfen dieser Standardbefehle können Sie wiederum neue, eigene Befehle kreieren, nichts anderes ist ein Befehlsmakro. Z.B. könnten Sie so ein Befehlsmakro schreiben, das eine Spalte in Ihrer Tabelle mit einem Zahlenformat versieht, die Tabelle speichert und anschließend druckt. Wenn Sie nur Befehlsfolgen aufzeichnen lassen, brauchen Sie sich um die eigentliche Makroprogrammierung nicht zu kümmern.

Befehlsmakros

Die Makroprogrammierung unter Excel

Erstellen eigener Funktionen

Funktionsmakros

Funktionsmakros dienen zur Berechnung von Werten, sie sind vergleichbar mit den Standard-Tabellenfunktionen. Ein Funktionsmakro ist eine von Ihnen erstellte Funktion, die wesentlich komplexer sein kann als eine gewöhnliche Tabellenfunktion. Durch ein Funktionsmakro könnten Sie z.B. eine eigene Funktion erstellen, die einen in einer Tabelle gespeicherten Preis in eine andere Währung umrechnet, ihn um 20 % erhöht und diesen neuen Preis in einem anderen Feld der Tabelle ausgibt. Zur Durchführung von aufwendigeren Berechnungen wie Umrechnungen von Maßeinheiten (z.B. Kilometer pro Stunde in Meilen pro Stunde) oder Währungen (z.B. DM-Werte in US-Dollar) sowie zur Addition mehrerer Positionen lassen sich eigene Funktionen definieren, die Ihnen die Eingabe langer Formeln ersparen.

Eigene Menüleisten erstellen

Zusätzliche Befehle für die Standardmenüleiste

Durch bestimmte Makrobefehle, die von Excel vorgegeben sind, können Sie eigene Menüs in die Excel-Standardmenüleiste einfügen. Sie können selbst Menüleisten erstellen, die eigens auf Ihre spezielle Anwendung zugeschnitten sind. So ermöglichen Sie Mitarbeitern, die mit Excel nicht so vertraut sind wie Sie, mit diesem Programm zu arbeiten und sinnvolle Ergebnisse sowohl auf dem Bildschirm als auch auf dem Papier zu produzieren.

Benutzeroberflächen

Ein solches selbsterstelltes Menü oder eine Menüleiste kann, mit eigenen Erläuterungen und Hilfetexten versehen, eine komplette Benutzerführung darstellen. Doch damit ist der Komfort, den Excel bietet, noch lange nicht erschöpfend beschrieben. Durch das Erzeugen von eigenen Dialogfeldern ist man in der Lage, andere Anwender zu bestimmten Eingaben aufzufordern.

Eine eigene benutzerfreundliche Oberfläche erstellen

Sie können einem fremden Anwender in einem solchen Dialogfeld durch eigene Listenfelder, aus denen er dann Begriffe wählen kann, oder durch Schaltflächen, die wie gewohnt mit der Maus angeklickt werden, eine benutzerfreundliche Oberfläche zum Erledigen einer Aufgabe zur Verfügung stellen. Einen ersten Vorgeschmack darauf haben Sie bereits in Kapitel 12.12 beim Gestalten einer eigenen Datenmaske bekommen.

Die Makroprogrammierung unter Excel

Individuelle Systemeinrichtung

In Verbindung mit den Möglichkeiten des Windows-Systems und den oben genannten Möglichkeiten läßt sich Excel so einrichten, daß ein unerfahrener Benutzer gar nicht merkt, daß er mit Excel arbeitet. Er kann so nur die Eingaben und Berechnungen vornehmen, zu denen er berechtigt ist. So kann beispielsweise die Umschaltung auf Windows verhindert werden, nur eine bestimmte Datei bzw. Oberfläche geladen oder auch nur der Zugriff auf bestimmte Windows-Anwendungen (z.B. Taschenrechner, Paintbrush o.ä.) erlaubt werden. Dadurch werden Fehlbedienungen vermindert. Es wird einem unerfahrenen EDV-Anwender aber auch die Scheu vor dem doch sehr "offenen" Windows-System genommen, die bewußte Einengung der sehr umfangreichen Möglichkeiten kann in einem solchen Fall eine Hilfe sein.

Fehlbedienungen vermindern

Wie wird ein Makro erstellt?

Die Erstellung von Makros unter Excel läßt sich auf zweierlei Weise durchführen. Die einfachste Art, häufig wiederkehrende Befehlsfolgen in einem Makro zusammenzufassen, ist die, solche Befehlsfolgen mit dem Makrorekorder aufzuzeichnen. Man gibt dieser Befehlsfolge einen Namen und ordnet ihr ein Tastenkürzel zu. Damit ist das Makro erstellt. Der Aufruf eines Makros erfolgt entweder über eine Tastenkombination oder über das Makro-Menü. In diesem Fall müssen Sie sich mit dem Aufbau von Makros nicht befassen.

Zwei Arten der Makroerstellung

Wenn Sie jedoch die zusätzlichen Möglichkeiten der strukturierten Makroprogrammierung nutzen möchten, indem Sie beispielsweise die mit dem Makrorekorder aufgezeichneten Befehlsfolgen um weitere Befehle erweitern, müssen Sie sich etwas näher mit den Makrovorlagen und den Makrobefehlen befassen. Makrovorlagen sind vom Prinzip her ganz normale Arbeitsblätter, bei denen die Makrobefehle in die entsprechenden Felder eingetragen werden. Dabei soll Sie jedoch nur die Anwendung der Makrobefehle interessieren, da die Handhabung der Makrovorlagen absolut identisch mit der eines normalen Arbeitsblattes ist.

Strukturierte Makroprogrammierung

Die Vorgehensweise in diesem Kapitel

Wir möchten Ihnen in diesem Kapitel alle oben beschriebenen Möglichkeiten vorstellen. Dabei können wir natürlich nur Grundlagen vermitteln, da es bei jeder Programmierung sehr vielfältige Anwendungen gibt. Auch können natürlich nicht alle Makrobefehle im Zusammenhang vorgestellt werden. Eine ausführliche Beschreibung der Makrobefehle finden Sie im Referenzteil dieses Buches (Kap. 22.3).

Die Makroprogrammierung unter Excel

Beispiele und Nachschlage-Charakter

Wir haben die einzelnen Möglichkeiten der Makroprogrammierung durchgehend an einem Beispiel dargestellt, so daß ein Einsteiger sich ein vollständiges, praxisorientiertes Modell aufbauen und die Makroprogrammierung von Excel daran nachvollziehen kann. Es wurde jedoch darauf geachtet, daß der Nachschlage-Charakter nicht verloren geht, wenn es um das Nachlesen einer bestimmten Problematik geht.

13.1 Arbeiten mit dem Makrorekorder

Ein Makro mit dem Makrorekorder aufzeichnen

Wenn Sie lediglich eine reine Befehlsfolge als Befehlsmakro aufzeichnen möchten, nutzen Sie die Möglichkeiten des Makrorekorders. Dieses Verfahren funktioniert ähnlich wie ein Kassettenrekorder: Rekorder auf Aufnahme stellen - sprechen - Rekorder abstellen - Kassette ablaufen lassen.

Da das Verfahren sehr einfach ist, möchten wir Ihnen gleichzeitig zeigen, was dabei (eigentlich) im Hintergrund geschieht. Auf diese Weise lernen Sie gleichzeitig die Struktur eines Makros kennen und kommen vielleicht auf den Geschmack, sich mit der Makroprogrammierung näher zu befassen.

Zu diesem Zweck wird eine Makrovorlage und eine Beispieltabelle gleichzeitig auf den Bildschirm gebracht. Während der Aufzeichnung des Makros werden die entsprechenden Befehle in die Makrovorlage eingetragen. Sie können dem Makrorekorder bei der Erstellung eines Makros sozusagen über die Schulter gucken.

Eine Beispieltabelle

Ihr erstes Makro soll die Beträge in Ihrer Tabelle auf zwei Dezimalstellen runden und mit dem Währungssymbol DM versehen.

Entweder üben Sie den Umgang mit Excel und geben die abgebildete Tabelle selbst ein, oder Sie legen Ihre Beispieldiskette ins Laufwerk und laden die Tabelle ARTIKEL.XLS.

Falls Sie die Tabelle selbst eingegeben haben, speichern Sie sie unter dem Namen ARTIKEL.XLS.

Erzeugen einer Makrovorlage

Zuerst sollten Sie mit dem Befehl *Neu...* aus dem Menü *Datei* ein neues Arbeitsblatt unter der Option *Makrovorlage* laden. Um Ihre Arbeit auf dem Bildschirm einfacher zu gestalten und dem Makrorekorder bei der Aufzeichnung zusehen zu können, schließen Sie alle Fenster außer der Datei ARTIKEL.XLS und der neuen Makrovorlage. Wählen Sie nun den Befehl *Alles anordnen* aus dem Menü *Fenster*. Sie haben nun sowohl die Tabelle als auch die Makrovorlage ständig im Auge. Uns interessiert in

Die Makroprogrammierung unter Excel

diesem Fall nur die erste Spalte der Makrovorlage, so daß Sie das Fenster der Beispieltabelle bei Bedarf auch etwas erweitern können.

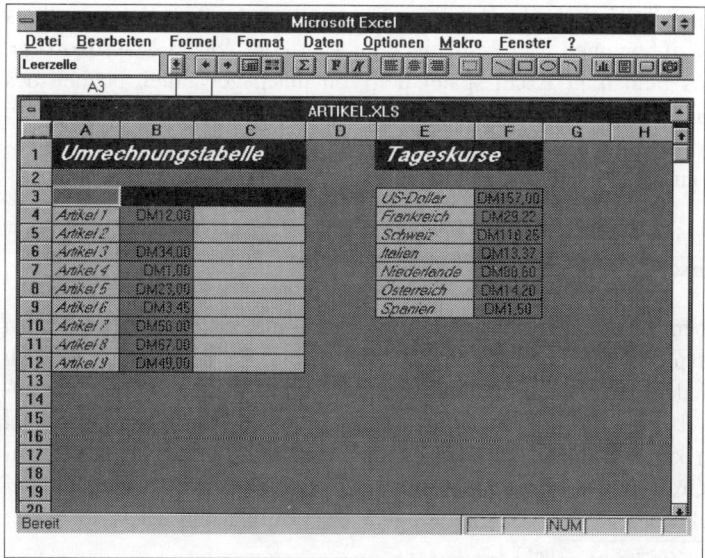

Abb. 182: Die Beispieltabelle ARTIKEL.XLS

Bewegen Sie nun den Feldzeiger in das Feld A1 der Makrovorlage. Klicken Sie entweder mit der Maus auf dieses Feld oder aktivieren Sie das Fenster mit [Strg]+[F6]. Bestimmen Sie jetzt, daß Ihr Makro in Spalte A der Makrovorlage aufgezeichnet werden soll.

Wahl der Makrovorlage

Normalerweise lädt Excel bei Beginn einer Aufzeichnung eine neue Makrovorlage in den Hintergrund, um die folgende Aufzeichnung dort einzutragen. Ein Makro kann jedoch nur gestartet werden, wenn die entsprechende Makrovorlage geladen ist. Aus diesem Grund sollten Sie darauf achten, immer nur bestimmte Makrovorlagen zu verwenden. Wenn Sie sich für ein Arbeitsblatt eine Reihe von Makros anlegen möchten, die Sie nur innerhalb dieses Arbeitsblattes verwenden möchten, sollten Sie alle entsprechenden Makros nur in eine Makrovorlage eintragen lassen. Aufnahmekapazität ist reichlich vorhanden.

Festlegen des Aufzeichnungsbereiches

Wählen Sie nun den Befehl *Aufzeichnung festlegen* aus dem Menü *Makro*, nachdem Sie die entsprechende Makrovorlage geöffnet haben. Ohne die Anwahl dieses Befehls lädt Excel bei Beginn der Aufzeichnung eine neue Makrovorlage im Hintergrund. Wenn Sie mehrere Makros in einer Makrovorlage abspeichern möchten, sollten Sie also jedesmal vor Beginn

Die Makroprogrammierung unter Excel

einer Aufzeichnung festlegen, in welche Spalte Ihrer Makrovorlage die aufgezeichneten Aktionen eingetragen werden sollen.

Starten der Aufzeichnung

Jetzt sind alle Voraussetzungen getroffen, um mit der Aufzeichnung Ihres Makros zu beginnen. Der Feldzeiger steht im Feld A1 der Makrovorlage, in dieses Feld trägt Excel später den von Ihnen gewählten Namen des Makros ein. In allen darunterliegenden Feldern der Spalte A werden die Aktionen aufzeichnet, die Sie nach Anwahl des Befehls *Aufzeichnung beginnen* aus dem Menü *Makro* ausführen.

Excel zeigt jetzt ein Dialogfeld, das Sie nach einem Namen und einem Tastaturschlüssel fragt.

Vergabe von Namen und Tastenschlüssel

Schreiben Sie nun den Namen, den Ihr Makro später einmal haben soll, in das entsprechende Eingabefeld. Wir haben uns für den Namen *Format* entschieden. Als Tastenschlüssel können Sie eine Tastenkombination angeben, über die Ihr Makro später aufgerufen und zur Ausführung gebracht werden kann. Denken Sie daran, daß Excel beim Tastenschlüssel zwischen Groß- und Kleinbuchstaben unterscheiden kann. Wir haben an dieser Stelle ein großes "F" eingetragen. Der Tastenschlüssel lautet daher also [Strg]+[Shift]+[F].

Bestätigen Sie Ihre Eingaben und beobachten Sie, was in Feld A1 der Makrovorlage geschieht: Excel trägt den Namen des Makros in dieses Feld.

Aufzeichnung läuft

Die Statuszeile am unteren Bildschirmrand weist durch den Text "Aufzeichnung" darauf hin, daß der Makrorekorder eingeschaltet ist. Ab sofort wird also jeder von Ihnen gewählte Befehl in die entsprechende Makrofunktion umgewandelt und in die Makrovorlage eingetragen.

Im Feld A2 kann nun das eigentliche Makro beginnen. Was müssen Sie zuerst tun, um die Werte in Spalte B zu formatieren? Zuerst muß die Tabelle durch anklicken aktiviert und die entsprechenden Felder ausgewählt, also markiert werden, damit Excel weiß, welche Felder formatiert werden sollen.

Aktivieren der Tabelle

Nachdem Sie dies getan haben, finden Sie im Feld A2 der Makrovorlage die Makrofunktion

=AKTIVIEREN("ARTIKEL.XLS")

Auswählen der zu formatierenden Felder

und im Feld A3 der Makrovorlage:

=AUSWÄHLEN("Z4S2:Z11S2")

Die Makroprogrammierung unter Excel

Als nächstes muß der Befehl zum Formatieren gegeben werden. Hierbei handelt es sich um den Befehl *Zahlenformat...* aus dem Menü *Format*:

Daraus erzeugt der Makrorekorder die Makrofunktion:

=FORMAT.ZAHLENFORMAT()

Sie sehen: Excel-Standardbefehle werden auch in Makros benutzt. Zuerst wird der Name des Menüs genannt, in dem der Befehl zu finden ist und dann, durch einen Punkt getrennt, der eigentliche Befehl, gefolgt von zwei Klammern, da es sich um eine Funktion handelt.

Makrofunktionen basieren auf Standardbefehlen

Zwischen den Klammern müssen nun die Argumente eingetragen werden, die die Funktion verwendet. In diesem Fall ist das gewünschte Zahlenformat das gesuchte Argument.

Wählen Sie also aus der Liste im Dialogfeld zum Befehl *Zahlenformat* den Formattext "DM #.##0,00;DM -#.##0,00". Excel trägt diesen Formattext dann in Anführungszeichen zwischen den Klammern ein. Mit folgendem Ergebnis:

=FORMAT.ZAHLENFORMAT("DM #.##0,00;DM -#.##0,00")

Das war's eigentlich schon. Da ein Makro nach seinem Aufruf solange die Steuerung übernimmt, bis es beendet wird, fehlt nur noch die Makrofunktion, die das Makro abbricht.

Wählen Sie den Befehl *Aufzeichnung beenden* aus dem Menü *Makro* und die Funktion

=RÜCKSPRUNG()

erscheint in Feld A5 der Makrovorlage. Damit wäre die erste Aufzeichnung beendet und Sie können das Makro ausprobieren.

Aufzeichnungsverfahren mit dem Makrorekorder

An dieser Stelle möchten wir Sie mit zwei Verfahren vertraut machen, mit denen der Makrorekorder Adressierungen bzw. Positionen innerhalb eines Arbeitsblattes aufzeichnet.

Man unterscheidet zwischen relativer und absoluter Aufzeichnung eines Befehlsmakros. Standardmäßig arbeitet der Makrorekorder mit der absoluten Aufzeichnung, deshalb finden Sie momentan auch nur den Befehl *Relative Aufzeichnung* im Menü *Makro*.

Absolute Aufzeichnung ist voreingestellt

Die Makroprogrammierung unter Excel

Absolute Aufzeichnung

Absolute Aufzeichnung bedeutet, daß vor Beginn der Aufzeichnung aktive Felder keine Auswirkung auf die Aufzeichnung haben. Wenn z.B. das Auswählen der Felder A1:A5 unter der Einstellung *Absolute Aufzeichnung* vom Makrorekorder als Makrofunktion in die Makrovorlage eingetragen wird, steht dort die Funktion =AUSWÄHLEN("Z1S1:Z5S1"), unabhängig davon, welches Feld vor Beginn der Aufzeichnung aktiv war.

Relative Aufzeichnung

Wenn jedoch vor Beginn der Aufzeichnung B2 das aktive Feld war, so erzeugt der Makrorekorder unter der Einstellung "Relative Aufzeichnung" aus der gleichen Aktion die Makrofunktion =AUSWÄHLEN("Z(-1)S(-1):Z(3)S(-1)"),d.h. es wird in diesem Makro ein Bereich ausgewählt, der mit dem Feld eine Zeile höher und eine Spalte weiter links beginnt und mit dem Feld drei Zeilen tiefer und eine Spalte weiter rechts aufhört.

Zwischen diesen beiden Einstellungen kann jederzeit auch während einer Makroaufzeichnung umgeschaltet werden. Das Umschalten zwischen diesen Einstellungen wird vom Makrorekorder nicht aufgezeichnet.

13.2 Starten und Testen eines Befehlsmakros

Ein Befehlsmakro kann auf zwei verschiedene Arten gestartet werden: Über die Tastenkombination, die Sie zu Beginn einer Aufzeichnung oder bei der Namensvergabe festgelegt haben, oder über den Namen des Makros beim Befehl *Ausführen*.... Eine dritte Möglichkeit, die allerdings nicht immer zur Verfügung steht, ist der Befehl *Aufzeichnung ausführen*. Mit *Aufzeichnung ausführen* wird das Makro ausgeführt, das zuletzt vom Makrorekorder aufgezeichnet worden ist. Der Befehl *Aufzeichnung ausführen* steht natürlich nur dann im Menü *Makro* zur Verfügung, wenn Sie seit dem Aufruf von Excel auch ein Makro aufgezeichnet haben.

Start des Makros über den Tastenschlüssel

Führen Sie nun einen ersten Probelauf durch. Drücken Sie dazu die ~~beiden~~ Tasten [Umschalt]+[F].

Wie Sie sehen, laufen jetzt alle von Ihnen vorhin geplanten und im Makro festgehaltenen Befehle ab. Das Makro hat seine Aufgabe erledigt, und Sie

Die Makroprogrammierung unter Excel

haben Ihr Ziel erreicht: Alle Zahlen in Spalte B sind auf zwei Zeichen gerundet und tragen das Währungssymbol "DM".

Sollte dies nicht so sein, haben Sie entweder einen Warnton gehört und ein Dialogfeld mit einer Fehlermeldung ist auf dem Bildschirm erschienen, oder Sie haben die falschen Felder markiert bzw. ein anderes Zahlenformat eingetragen.

Bei Fehlern werden Sie informiert

Ein Fehler kann also viele Ursachen haben. Deswegen möchten wir Ihnen schon an dieser Stelle eine große Hilfe vorstellen, die Excel Ihnen zur Fehlersuche bietet: den Einzelschrittmodus.

Excel bietet Ihnen die Möglichkeit, ein Makro Schritt für Schritt abarbeiten zu lassen, wobei jeder einzelne Schritt durch einen Tastendruck oder Mausklick von Ihnen eingeleitet werden muß. Wenn Sie meinen, den Fehler erkannt zu haben, können Sie das aufgerufene Makro genauso einfach stoppen, um es zu korrigieren.

Auch wenn Sie keinen Fehler gemacht haben, sollten Sie sich einmal anschauen, wie Excel im Einzelschrittmodus arbeitet. Der Einzelschrittmodus kann jederzeit, auch während des Ablaufs eines Makros, durch `Esc` eingeschaltet werden. Dies erspart Ihnen vor allem bei längeren Makros die vollständige schrittweise Abarbeitung, also ein häufiges Betätigen von Tasten.

Einschalten des Einzelschrittmodus

Die Makrofunktion EINZELSCHRITT()

Löschen Sie zuerst die DM-Formate der Felder B4:B11, indem Sie mit dem Befehl *Zahlenformat...* wieder das Standardformat wählen. Fügen Sie jetzt ein Feld mit der Funktion =EINZELSCHRITT() vor dem Feld A2 in Ihre Makrovorlage ein:

```
Format
=EINZELSCHRITT()
=AKTIVIEREN("ARTIKEL.XLS")
=AUSWÄHLEN("Z4S2:Z11S2")
=FORMAT.ZAHLENFORMAT("#.##0,00 DM;-#.##0,00 DM")
=RÜCKSPRUNG()
```

Aktivieren Sie jetzt die Tabelle ARTIKEL.XLS und rufen Sie Ihr Makro erneut auf. Benutzen Sie diesmal dazu den Befehl *Makro ausführen*. Im Dialogfeld zu diesem Befehl können Sie aus der Liste der Makros, die zur Zeit geladen sind, Ihr Makro aufrufen. Da Sie erst ein einziges Makro geschrieben haben, fällt die Auswahl nicht schwer.

Die Makroprogrammierung unter Excel

Das Dialogfeld "Einzelschritt"

Sofort nachdem Sie Ihre Auswahl bestätigt haben, erscheint das Dialogfeld *Einzelschritt* auf dem Bildschirm. Dort wird angezeigt, welches Feld in Ihrer Makrovorlage gerade gelesen wird. Darunter wird Ihnen mitgeteilt, welcher Befehl sich in diesem Feld befindet, also zur Ausführung ansteht.

Vier Schaltflächen

Darüber hinaus gibt es noch vier Schaltflächen:

Schritt bewirkt, daß der angezeigte Befehl ausgeführt wird.

Stop bricht das Makro ab.

Weiter beendet den Einzelschrittmodus und arbeitet das Makro ab, ohne noch einmal anzuhalten.

Berechnen wertet zuerst die zur Ausführung anstehende Funktion aus und zeigt Ihnen das Ergebnis an. Erst wenn das Ergebnis vorliegt und Sie zum zweiten Mal die Schaltfläche *Berechnen* betätigen, wird die Funktion ausgeführt.

Excel wartet jetzt auf eine Eingabe von Ihnen. Betätigen Sie die Schaltfläche *Schritt* und beobachten Sie, was geschieht. Auf diese Weise schauen Sie Excel beim Abarbeiten Ihres Makros "über die Schulter" und haben so leichter die Möglichkeit, einen Fehler zu erkennen.

Speichern Sie nun Ihre Tabelle mit den neu formatierten Werten in Spalte B unter dem alten Namen ab. Da Ihr Makro inzwischen auch reibungslos funktioniert, sollten Sie die Makrovorlage unter dem Namen ARTIKEL.XLM sichern.

13.3 Erstellen eines Funktionsmakros

Nun zur zweiten Makroart, die Excel verarbeiten kann: den Funktionsmakros. Funktionsmakros können nur selbst geschrieben, also nicht aufgezeichnet werden.

Wie eingangs schon erwähnt, dienen Funktionsmakros zur Berechnung von Werten. Diese Werte werden anhand einer von Ihnen definierten Funktion errechnet. Neben den Funktionen, die Excel zur Verfügung stellt, wie z.B. SUMME(), können Sie eigene Funktionen definieren und dann wie "normale" Funktionen benutzen.

Die Makroprogrammierung unter Excel

Was ist eine Funktion?

Wie definiert man eine Funktion? Vergegenwärtigen Sie sich, wie die Funktion SUMME() definiert ist. Hinter der Summenfunktion verbirgt sich nichts anderes als die Addition der angegebenen Argumente. Es steht also letztendlich eine Formel in der Form "Argument1+Argument2+ ... +Argumentn" dahinter.

Die Aufgabe besteht also darin, eine bestimmte Berechnung, die sich auf ein oder mehrere Argumente bezieht, in eine Formel zu fassen. Diese Formel kann natürlich in mehreren Rechenschritten zum Ergebnis kommen und muß den errechneten Wert für die weitere Arbeit zur Verfügung stellen. Unterschiedliche Rechenschritte und die Verarbeitung der Argumente Ihrer Funktion müssen mit der zur Verfügung stehenden Makrofunktion realisiert werden.

Rechenschritte werden in einem Programm zusammengefaßt

Haben Sie alle zu Ihrer Funktion gehörenden Operationen ausgeführt, so muß das entstandene Makro noch als solches definiert und benannt werden.

Unser Beispiel bietet eine Problemstellung, die hervorragend von einem Funktionsmakro gelöst werden kann.

Die Umrechnung der DM-Werte in andere Währungen erfordert die Eingabe einer Formel. Da mehrere Werte umgerechnet werden müssen, müßten Sie diese Formel mehrfach benutzen, um die richtige Summe bilden zu können.

Erstellen einer Umrechnungsfunktion

Der erste Schritt zum rationellen Erledigen dieser Aufgabe ist das Erzeugen einer Funktion, die die Umrechnung übernimmt. Dies soll durch ein Funktionsmakro geschehen.

Wie entsteht ein Funktionsmakro?

Wie bereits erwähnt, können Funktionsmakros nicht aufgezeichnet werden. Doch keine Sorge: Dieses Makro wird keine gewaltigen Ausmaße annehmen.

Aktivieren Sie die Makrovorlage ARTIKEL.XLM und setzen Sie den Feldzeiger in das Feld B1.

In dieses Feld gehört, wie schon beim vorherigen Makro, der Name, den die Funktion später einmal haben soll. Da DM-Werte in US-Dollar umgerechnet werden, tragen Sie hier am besten den Namen "Dollar" ein.

Die Makroprogrammierung unter Excel

Welche Argumente werden zur Berechnung benötigt?

Zur Berechnung eines Wertes werden von einer Funktion Argumente benötigt, die in die Berechnung einfließen. Die Funktion, die Sie erstellen möchten, errechnet den Dollarwert aus drei Argumenten:

1. dem in die Tabelle eingetragenen DM-Betrag,

2. dem Dollartageskurs

3. und dem Wert 100, mit dem zum Schluß multipliziert werden muß, da der Tageskurs für 100 Dollar angegeben wird.

Der Dollar-Tageskurs ist in Ihre Tabelle eingetragen und steht somit unveränderlich zur Verfügung, denn alle DM-Werte werden anhand eines Tageskurses umgerechnet. Der Wert 100 ist ebenso unveränderlich. Das einzige Argument, das sich während der Umrechnung aller Werte verändert, ist der DM-Betrag.

Für jede Berechnung muß ein Argument übergeben werden

Aus diesem Grund muß für die Berechnung jedes Wertes zunächst der entsprechende DM-Betrag als Argument an die Funktion übergeben werden.

Excel übergibt Argumente an die Funktionen durch die Makrofunktion =ARGUMENT(). Fügen Sie diese Funktion durch den Befehl *Funktion einfügen...* in Feld B2 der Makrovorlage ein. Wählen Sie diesen Befehl aus dem Menü *Formel*. Markieren Sie im Dialogfeld zu diesem Befehl die Funktion ARGUMENT() und schalten Sie die Option *Argumente einfügen* aus, bevor Sie die Schaltfläche *OK* betätigen.

Einfügen von Makrofunktionen über den Befehl Funktion einfügen...

Unterschiedliche Funktionen in Makrovorlagen

Ihnen ist sicher aufgefallen, daß der Befehl *Funktion einfügen...* ganz andere Funktionen im Dialogfeld zur Auswahl stellt, als Sie es bis jetzt gewöhnt waren. Da das aktive Fenster eine Makrovorlage ist, werden Ihnen durch diesen Befehl nur Makrofunktionen zur Verfügung gestellt.

Excel hat diese Funktion jetzt in das Feld B2 eingetragen, der Einfügevorgang ist aber noch nicht beendet. In der Bearbeitungszeile blinkt der Cursor zwischen den Klammern, und Excel wartet auf die Eingabe der Argumente, die diese Funktion übergeben soll.

Wie eben besprochen, soll der jeweilige DM-Wert übergeben werden, tragen Sie also zwischen die beiden Klammern als Argument "DM" in Anführungszeichen ein:

=ARGUMENT(DM)

Die Makroprogrammierung unter Excel

Im Feld B3 muß nun die Formel festgehalten werden, die die eigentliche Berechnung durchführt. Der Dollar-Wert errechnet sich aus DM-Wert/ Dollartageskurs*100. Tragen Sie in B3 also ein:

=DM/ARTIKEL.XLS!$F$3*100

mit "DM" beziehen Sie sich auf das durch B2 übergebene Argument. Den Bezug "ARTIKEL.XLS!$F$3" brauchen Sie nicht von Hand einzugeben, Sie erhalten diesen Eintrag auch, wenn Sie in der Tabelle ARTIKEL.XLS das Feld F3 markieren und den * als Multiplikationszeichen eingeben.

Im Feld B3 fehlt jetzt nur noch die Makrofunktion RÜCKSPRUNG(), um das Makro zu beenden. In diesem Makro erfüllt sie allerdings noch eine andere Funktion, welche, wird gleich klarer. Schreiben Sie im Feld B4:

=RÜCKSPRUNG(B3)

RÜCK-SPRUNG() gibt den berechneten Wert aus

In diesem Fall beendet RÜCKSPRUNG() nicht nur das Makro und gibt die Steuerung an den Benutzer zurück, sondern sie sorgt auch dafür, daß der durch das Funktionsmakro berechnete Wert, also das Ergebnis der Formel in B3, in dem Feld ausgegeben wird, in das die Funktion eingefügt wurde.

Benennen eines Funktionsmakros

So weit, so gut. Geben Sie nun Excel den Namen Ihrer neuen Funktion bekannt, indem Sie die Felder B1:B4 markieren und den Befehl *Namen festlegen...* aus dem Menü *Formel* wählen. Excel hat im Dialogfeld schon den Feldbereich, inklusive Name, eingetragen. Ihnen bleibt nur noch übrig, die Option *Funktion(smakro)* einzuschalten. Funktionsmakros können nicht durch einen Tastenschlüssel aufgerufen werden, deshalb entfällt an dieser Stelle auch die Eingabe eines solchen.

Testen Sie nun, ob die in diesem Makro festgehaltene Berechnung ihren Zweck erfüllt.

Einfügen einer selbstgeschriebenen Funktion

Aktivieren Sie die Tabelle ARTIKEL.XLS und setzen Sie den Feldzeiger in Feld C4. Wählen Sie nun den Befehl *Funktion einfügen...* In der im Dialogfeld angezeigten Liste finden Sie Ihre Funktion ganz unten, sie trägt nun den Namen "ARTIKEL.XLM!Dollar".

Leider müssen Sie die Markierung mit den Richtungstasten oder mit den Rollbalken bis ans untere Ende der Liste bewegen, denn ein beschleunig-

Auswahl der Funktion aus einem Listenfeld

497

Die Makroprogrammierung unter Excel

tes Auswählen der Funktion durch Eingabe des Anfangsbuchstabens ist hier für Sie nicht möglich.

Die Option *Argumente einfügen* ist bei der Auswahl von "selbstgestrickten" Funktionen immer eingeschaltet, Sie können also getrost die Schaltfläche *OK* betätigen.

ARTIKEL.XLM!Dollar erscheint jetzt in C4, Excel macht Sie in der Bearbeitungszeile allerdings darauf aufmerksam, daß noch ein Argument, das Sie "DM" genannt haben, eingefügt werden muß.

Übergabe des Argumentes

Der DM-Wert, der umgerechnet werden soll, steht in B4, setzen Sie also den Feldzeiger auf dieses Feld und drücken `Return`. Excel übergibt nun den Wert in B4 an Ihre Funktion, und die Berechnung beginnt. Bruchteile von Sekunden später erscheint dann das richtige Ergebnis in C4, da Excel auf die Funktion RÜCKSPRUNG() gestoßen ist und den errechneten Wert ausgibt.

Aufgrund des Erfolges sollten Sie die durch Ihr neues Makro aufgewertete Makrovorlage unter dem alten Namen abspeichern.

13.4 Strukturierte Makroprogrammierung

Normalerweise wird ein Makro spaltenweise von oben nach unten abgearbeitet. Diese rein sequentielle Struktur ist recht übersichtlich und tut auch gute Dienste, Programme handelt, deren Ablauf nicht von Eingaben des Anwenders oder aus der Tabelle gelesenen Werten beeinflußt bzw. gesteuert werden sollen.

Eine solche sequentielle Struktur ist z.B. für das Formatieren einer Spalte oder Zeile, Fortschreiben bzw. Erweitern einer Übersicht oder Drucken eines Tabellenbereiches oder Diagramms geeignet. Alle diese Aufgabenstellungen erfordern ein Programm, das eine einzige Aufgabe immer wieder erledigt, ohne auf unterschiedliche Ausgangsbedingungen auch unterschiedlich reagieren zu müssen.

Je länger Sie mit Excel arbeiten, desto größer werden Ihre Ansprüche werden, Makros zu schreiben, die auf Eingaben von Ihnen eingehen oder deren Ablauf sich an den Werten innerhalb der Tabelle orientiert. Dieser Anspruch ist jedoch mit einem Programm, das rein sequentiell abläuft, nicht zu befriedigen.

Innerhalb dieses Programmes müßten Entscheidungen getroffen werden, die dazu führen, eventuell einen Programmteil zu überspringen oder mehrfach auszuführen. Vielleicht muß ein anderes Programm aufgerufen werden, das die zu verarbeitenden Werte erst in die gewünschte Form bringt.

Programmzweige von Bedingungen abhängig

Wenn Sie sich schon einmal mit Programmierung befaßt haben, wissen Sie schon, welche Möglichkeiten zur Strukturierung eines Programms Ihnen die gängigen Programmiersprachen zur Verfügung stellen.

Mit kopf- oder fußgesteuerten Schleifen sowie Zählschleifen lassen sich Problemstellungen bewältigen, die eine mehrfache Ausführung eines ganzen Programmteils oder nur einer einzigen Anweisung erfordern. Excel bietet Ihnen zur Realisierung solcher iterativen Strukturen sowohl eine Zählschleife als auch eine kopfgesteuerte Schleife.

Programmierung von Schleifen ist möglich

Codierung einer kopfgesteuerten Schleife

Eine kopfgesteuerte Schleife programmieren Sie in Excel durch Verwendung der Makrofunktionen SOLANGE() und WEITER(). Mit der Funktion SOLANGE() wird die Schleifeneingangsbedingung formuliert, die vor jedem Schleifendurchlauf geprüft wird.

Die Makrofunktion WEITER() steht hinter der letzten Anweisung innerhalb der Schleife. Sie teilt Excel mit, daß das Ende der Schleife erreicht ist und die Schleifeneingangsbedingung erneut geprüft werden muß, bevor die Schleife erneut durchlaufen wird. Ist diese Bedingung weiterhin erfüllt, wird der gesamte Schleifenrumpf, also alle Anweisungen, die zwischen SOLANGE() und WEITER() stehen, erneut abgearbeitet.

Der Schleifenrumpf kann natürlich auch nur aus einem Unterprogrammaufruf bestehen. In diesem Fall würde das gesamte Unterprogramm ausgeführt, solange die Schleifeneingangsbedingung erfüllt ist.

Wird beim Prüfen der Schleifeneingangsbedingung festgestellt, daß diese nicht mehr erfüllt ist, so fährt Excel mit der Abarbeitung des Makros bei der ersten Anweisung hinter der Funktion WEITER() fort.

Codierung einer Zählschleife

Zählschleifen lassen sich mit Excel durch die Makrofunktionen FÜR() und WEITER() realisieren. FÜR() hat als Argumente den Zähler, der bei jedem Schleifendurchlauf erhöht oder verringert wird, den Startwert, also den Wert, den der Zähler beim ersten Schleifendurchlauf hat, den Endwert, bei dessen Erreichen die Anweisungen im Schleifendurchlauf nicht

Die Makroprogrammierung unter Excel

mehr ausgeführt werden, und die Schrittweite, mit der der Zähler hoch- bzw. heruntergezählt wird.

Prüfung auf Endwert

Die Makrofunktion WEITER() steht auch hier hinter der letzten Anweisung des Schleifenrumpfes. Sie teilt Excel mit, daß die letzte Anweisung im Schleifenrumpf erledigt worden ist und der Zähler um die angegebene Schrittweite verändert werden muß. Ist dies geschehen, wird der Zähler auf Übereinstimmung mit dem festgelegten Endwert geprüft. Wenn Zähler und Endwert nicht übereinstimmen, wird die Schleife erneut durchlaufen. Enthält der Schleifenrumpf nur einen oder mehrere Unterprogrammaufrufe, so werden natürlich auch diese Unterprogramme erneut ausgeführt.

Hat der Zähler jedoch den von Ihnen festgelegten Endwert erreicht, wird die Abarbeitung des Makros mit der ersten Anweisung hinter der Makrofunktion WEITER() fortgesetzt.

Weitere Möglichkeiten zur Strukturierung eines Programms sind Verzweigungen, Sprünge und Unterprogrammaufrufe. Durch Verzweigungen und Sprünge ist es z.B. möglich, das Programm "sensibel" für Eingaben vom Benutzer zu machen.

Verzweigungen und Sprünge

Verzweigungen und Sprünge werden in Abhängigkeit von Bedingungen durchgeführt. Durch die Funktion WENN() können Sie mit Excel Bedingungen formulieren und - in Abhängigkeit von diesen Bedingungen - auch unterschiedliche Anweisungen geben.

WENN() hat drei Argumente

WENN() hat drei Argumente: Die Bedingung, deren Ergebnis ein Wahrheitswert sein muß, den Dannwert, der eine Anweisung darstellt, die ausgeführt wird, wenn die Bedingung erfüllt, das Ergebnis der Wahrheitsprüfung also WAHR ist, und den Sonstwert, ebenfalls eine Anweisung, die aber nur dann ausgeführt wird, wenn das Ergebnis der Wahrheitsprüfung FALSCH ist.

Sowohl der Dannwert als auch der Sonstwert können weggelassen werden, was bewirkt, daß das Makro bei entsprechendem Ausgang der Wahrheitsprüfung weiter sequentiell, also in der gleichen Spalte hinter der Makrofunktion WENN() abgearbeitet wird.

Es ist jedoch auch möglich, die Funktion WENN() einzusetzen, ohne einen Dann- oder einen Sonst-Wert anzugeben. WENN() hat als Argument dann lediglich eine Bedingung. Dies führt dazu, daß die Funktion WENN() den Beginn eines Bereiches darstellt, der nur dann ausgeführt wird, wenn die als Argument formulierte Bedingung erfüllt ist.

Die Makroprogrammierung unter Excel

Das Ende dieses Bereiches wird durch die Funktion WENN.ENDE() definiert. Alle Makrofunktionen, die zwischen WENN() und WENN.ENDE() stehen, werden nur dann ausgeführt, wenn die Wahrheitsprüfung der Funktion WENN() den Wahrheitswert WAHR ergibt.

Ist das Ergebnis der Wahrheitsprüfung der Wert FALSCH, so fährt Excel mit der Abarbeitung des Makros hinter der Funktion WENN.ENDE() fort.

Wenn Sie als Dann- oder Sonstwert die Funktion GEHEZU() einsetzen, können Sie, abhängig von der Bedingung, bestimmte Teile Ihres Makros überspringen. GEHEZU() führt als Argument entweder eine Feldadresse oder einen Text mit sich, der das Feld bezeichnet, in dem die nächste auszuführende Makrofunktion steht. Wenn Sie einen Text als Argument verwenden, muß dieser Text natürlich auch in der Makrovorlage existieren. Excel führt dann die Makrofunktion aus, die im Feld unter diesem Text steht. Wenn Sie als Argument eine Feldadresse angeben, wird die in diesem Feld eingetragene Anweisung ausgeführt.

Bedingte Sprünge

Modularer Aufbau durch Unterprogramme

Unterprogrammaufrufe dienen dazu, umfangreichere Programme übersichtlicher zu gestalten und so eine leichtere Überarbeitung zu ermöglichen. Durch diese Unterprogrammtechnik entsteht ein modularer Aufbau, bei dem das eigentliche Makro, das die Unterprogramme steuert, recht kurz bleibt, da die Verarbeitung in viele verschiedene Module ausgegliedert wird. So wäre es z.B. sinnvoll, ein Makro zu schreiben, das lediglich drei Unterprogramme aufruft:

Das erste Unterprogramm legt ein Suchkriterium fest und kopiert die entsprechenden Datensätze in den Zielbereich.

Das zweite Unterprogramm verarbeitet die Daten im Zielbereich, ermittelt die gewünschten statistischen Werte und formatiert die Felder der Datensätze, die numerische Werte enthalten.

Das dritte Unterprogramm macht den Zielbereich zum Druckbereich und druckt die Datensätze mit dem richtigen Seitenlayout aus.

Ein so gegliedertes Makro läßt sich einfach pflegen, da bei eventuell notwendigen Veränderungen oder auftretenden Fehlern schnell klar ist, in welchem Programmodul der Fehler liegen muß. Um die entsprechenden Veränderungen durchzuführen oder die aufgetretenen Fehler zu beheben, muß nun nur noch ein bestimmter Teil des Programms überarbeitet werden.

Einfache Pflege durch modularen Aufbau

501

Die Makroprogrammierung unter Excel

Bei anstehenden Erweiterungen oder dem Hinzufügen neuer Programmfunktionen ist es leicht möglich, das Programm durch Einfügen eines neuen Programmoduls in das Steuerungsmakro auszubauen.

Beispiel: Das war nun eine ganze Menge an Theorie. Anhand unseres Beispiels möchten wir Ihnen die Arbeitsweise der oben schon angesprochenen Makrofunktionen in der Praxis vorstellen:

Da Sie in der Beispieltabelle ARTIKEL.XLS nicht nur den Artikel 1 in amerikanische Dollars, sondern auch die anderen Artikel in die richtige Währung umrechnen wollen, muß die automatische Berechnung nun auch mit den folgenden Zeilen durchgeführt werden. Selbst etwas "bequemere" Excel-Anwender können jetzt unbesorgt weiterlesen, da das Makro zur Umrechnung des 1. Artikels allgemeingültig auch für alle anderen Werte benutzt werden kann. Die Aufgabenstellung ist also folgende:

Aufgabenstellung Es muß ein Programm geschrieben werden, das den Feldzeiger in Spalte C bewegt, den DM-Wert in B4 in Dollar umrechnet und in C4 einträgt. Danach muß der Feldzeiger eine Zeile tiefer gesetzt und die Berechnung wiederholt werden. Der letzte Wert, der umgerechnet wird, steht in B12.

Schreiben eines neuen Makros

Bewegen Sie also den Feldzeiger in das Feld C1 Ihrer Makrovorlage, um dort wie üblich den Namen Ihres Makros einzutragen. Nennen Sie dieses Makro "US_Dollar".

In C2 muß nun die erste Makrofunktion eingetragen werden, die das Feld C3 in Ihrer Tabelle ARTIKEL.XLS auswählt.

Schreiben Sie also in C2:

=AUSWÄHLEN("Z3S3")

Da die von Ihnen erstellte Umrechnungsfunktion nun für alle Werte in den Feldern B4 bis B12 angewandt werden soll, wäre es am günstigsten, wenn Sie eine Schleife programmieren würden, die den Feldzeiger neunmal eine Zeile tiefer setzt und in jeder Zeile die Umrechnung durchführt.

Da Sie wissen, wie oft diese Schleife durchlaufen werden soll, programmieren Sie eine Zählschleife.

Eine Zählschleife Zählschleifen werden von Excel durch die Funktionen FÜR() und WEITER() ausgeführt, wobei als Argumente der Funktion FÜR() ein Zähler, der Anfangswert des Zählers, die Abbruchbedingung (also der höchste Wert, den der Zähler annehmen soll) und die Schrittweite (das ist der

Die Makroprogrammierung unter Excel

Wert, um den der Zähler bei jedem Schleifendurchlauf hochgezählt wird) angegeben werden müssen.

Die Funktion WEITER() erhöht den Zähler um die angegebene Schrittweite und veranlaßt Excel dazu, zu prüfen, ob die durch die Funktion FÜR() festgelegte Abbruchbedingung erfüllt ist oder nicht.

Für Ihre Schleife lautet diese Funktion:

=FÜR ("Zähler";1;9;1)

"Zähler" ist der Name des Zählers. Der Anfangswert, der in den Zähler geschrieben wird, ist 1. Abbruchbedingung ist 9, das heißt, der Zähler kann keinen höheren Wert als 9 annehmen. Hat er diesen Wert erreicht, springt Excel an die Stelle hinter der Funktion WEITER() und liest die dort eingetragene Makrofunktion. Das letzte Argument ist die Schrittweite, die hier auch mit 1 angegeben wird. Damit steht fest, daß die Anweisungen zwischen der Funktion FÜR() und der Funktion WEITER(), also der Schleifenrumpf, 9 mal ausgeführt werden.

Tragen Sie die Funktion FÜR() mit den oben angegebenen Argumenten in C3 der Makrovorlage ein.

Jetzt muß das Feld ausgewählt werden, in das die Umrechnungsfunktion eingetragen werden soll. Tragen Sie im Feld C4 also die Funktion

Feldauswahl

=AUSWÄHLEN("Z(1)S")

ein. Durch das Argument "Z(1)S" wird der Feldzeiger jeweils um eine Zeile in der gleichen Spalte tiefer gesetzt. Durch die oben geschilderte Arbeitsweise einer FÜR-WEITER-Schleife geschieht dies bei jedem Schleifendurchlauf.

Theoretisch könnten Sie jetzt Ihre Umrechnungsfunktion einfügen. Da der Feldzeiger sich während des Makroablaufs jetzt in C4 befindet, würde dadurch der Grundpreis umgerechnet. Sie müssen jedoch weiter denken.

Beim nächsten Schleifendurchlauf befindet sich der Feldzeiger in C5. Würden Sie an dieser Stelle die Umrechnungsfunktion einfügen, so würde als Argument das Feld B5 übergeben und die Berechnung durchgeführt. Da B5 ein leeres Feld ist, würde in C5 eine 0 eingetragen.

Da dies wenig sinnvoll ist, sollten Sie für leere Felder eine Ausnahmeregelung treffen, die dafür sorgt, daß an dieser Stelle keine Umrechnung durchgeführt wird. Diese Ausnahmeregelung muß so aussehen, daß die Umrechnungsfunktion nur dann aufgerufen wird, wenn ein umzurechnen-

Die Makroprogrammierung unter Excel

der Wert vorhanden ist. Wenn kein Wert vorhanden ist, soll das Makro in der nächsten Zeile fortfahren.

Prüfung, ob es einen Wert gibt, der verarbeitet werden kann

Zunächst gilt es also, mit der Funktion =WENN zu prüfen, ob ein Wert in der Spalte B vorhanden ist. Dies läßt sich hervorragend mit der Funktion ISTLEER() in Bezugnahme auf ein aktives Feld realisieren. Da das aktive Feld durch die Funktion in C4 Ihrer Makrovorlage das Feld C4 in der Tabelle ARTIKEL.XLS ist, muß diese Funktion geändert werden. Ändern Sie diese Funktion so, daß der Feldzeiger nicht nur eine Zeile tiefer, sondern auch eine Spalte nach links in Spalte B bewegt wird:

=AUSWÄHLEN("Z(1)S(-1)")

Jetzt steht der Feldzeiger im ersten Durchlauf der Schleife in B4, und es kann geprüft werden, ob das aktive Feld einen Wert enthält oder nicht. Formulieren Sie in C5 Ihrer Makrovorlage also folgenden bedingten Unterprogrammaufruf:

WENN(ISTLEER(AKTIVE.ZELLE());;US_DOLLARWERTFELD())

Bedingter Unterprogramm- aufruf

Die Funktion WENN() führt eine Prüfung der vor dem ersten Semikolon formulierten Bedingung durch. Wird diese Bedingung erfüllt, so wird die Funktion hinter dem ersten Semikolon, der sogenannte Dann-Wert, ausgeführt (in unserem Beispiel steht hier keine Funktion. Wird diese Bedingung nicht erfüllt, wird die Funktion hinter dem zweiten Semikolon, der Sonst-Wert ausgeführt. In diesem Beispiel ist als Sonst-Wert ein Unterprogrammaufruf definiert, d.h., daß Excel zum Unterprogramm US_Dollarwertfeld() verzweigen soll, das letztendlich die Umrechnung durchführt. Die in diesem Beispiel formulierte Bedingung lautet:

ISTLEER(AKTIVE.ZELLE())

Umgangssprachlich formuliert würde man diese Bedingung so ausdrükken: Wenn das aktive Feld keinen Inhalt hat, so liefert die Funktion ISTLEER() den Wahrheitswert WAHR, und die Bedingung gilt als erfüllt. In diesem Fall würde der Dann-Wert ausgeführt.

Hat das aktive Feld jedoch einen Inhalt, so liefert die Funktion ISTLEER() den Wahrheitswert FALSCH, und die Bedingung gilt als nicht erfüllt. Diese Umstände führen zur Ausführung des Sonst-Wertes, in unserem Beispiel also zur Umrechnung des Wertes in Spalte B.

Damit hätten Sie das Feld C5 vom Eintrag der Null befreit. Die Ausnahmeregel, die wir jetzt codiert haben, gilt jedoch nicht nur für das Feld C5, sondern für alle Felder, die in der Spalte B keinen entsprechenden DM-Wert stehen haben. Excel prüft die Bedingung bei jedem Schleifendurchlauf. Geprüft wird keine explizit angegebene Feldadresse, sondern das

Die Makroprogrammierung unter Excel

aktive Feld, das durch die Bewegung des Feldzeigers bei jedem Schleifendurchlauf eine Zeile nach unten wandert.

Rückkehr aus dem Unterprogramm

Jetzt gilt es, dafür zu sorgen, daß das Makro "sauber" fortgesetzt wird, denn wir haben keinen fest definierten Ausgangspunkt mehr. Nach Abarbeitung der Funktion WENN() werden unterschiedliche Programmzweige durchlaufen. Wenn das geprüfte Feld leer ist, wird keine Anweisung ausgeführt, und Excel macht mit der Makrofunktion weiter, die in Feld C6 steht. Hat das geprüfte Feld jedoch einen Inhalt, so wird zum Unterprogramm mit dem Namen "US_Dollarwertfeld" verzweigt. Dieses Unterprogramm führt die Umrechnung durch und trägt den errechneten Wert in ein Feld der Spalte C ein. Dieses Unterprogramm existiert jedoch noch nicht, also wissen wir auch nicht, wo sich der Feldzeiger befindet, wenn das Unterprogramm beendet wird und Excel wieder zum Hauptmakro zurückkehrt. Wir haben es hier also mit einem Problem modularer Programmentwicklung zu tun.

Festlegen der Ausgangsposition

Dennoch können wir an dieser Stelle weitermachen, wenn wir eine Ausgangsposition festlegen, die in beiden Fällen vorhanden sein muß: Bedingung erfüllt oder Bedingung nicht erfüllt. Da bei erfüllter Bedingung keine Anweisung ausgeführt wird, können wir uns an der Position des Feldzeigers vor Ausführung der Funktion WENN() orientieren.

Wo stand der Feldzeiger vorher?

Durch die Funktion in C4 der Makrovorlage wird der Feldzeiger eine Zeile tiefer und eine Spalte weiter nach rechts gesetzt. Damit dies auch beim nächsten Schleifendurchlauf eine Positionierung in Spalte B bewirkt, muß darauf geachtet werden, daß der Feldzeiger nach Abarbeitung der letzten Anweisung im Schleifenrumpf in Spalte C steht. Da sich der Feldzeiger jetzt in Spalte B befindet, muß er also um eine Spalte nach links versetzt werden. Die Zeile bleibt dabei die gleiche. Tragen Sie also in C6 folgende Funktion zur Positionierung des Feldzeigers ein:

=AUSWÄHLEN("ZS(1)")

Ende des Schleifenrumpfes definieren

An dieser Stelle muß Excel mitgeteilt werden, daß alle Anweisungen, die durch die Schleife wiederholt werden, nur einmal ausgeführt worden sind und Excel die Schleifeneingangsbedingung neu prüfen soll, um dann den nächsten Schleifendurchlauf einzuleiten.

Die Funktion WEITER()

Machen Sie diese Mitteilung durch die Funktion WEITER().

Die Makroprogrammierung unter Excel

C7 hat also den Inhalt:

    WEITER( )

Setzen Sie nun den Feldzeiger in Feld C8 der Makrovorlage. An diese Position des Makros kommt Excel erst, wenn die Schleife neunmal durchlaufen worden ist. Dann sind alle Werte umgerechnet, und das Makro kann beendet werden. Tragen Sie also die Funktion

    =RÜCKSPRUNG( )

in C8 ein. Jetzt sollen Sie Ihrem neuen Makro auch einen Namen geben. Markieren Sie die Felder C1:C8 Ihrer Makrovorlage und vergeben Sie diesem Makro den Namen "US_Dollar". Kennzeichnen Sie es dann als Befehlsmakro und weisen Sie ihm den Tastenschlüssel [Strg]+[D] zu.

Speichern Sie nun Ihre Makrovorlage durch den Befehl *Speichern* aus dem Menü *Datei*.

Die Bestandteile des Unterprogramms

Der letzte Schritt, der noch übrigbleibt, ist die Codierung des Unterprogramms "US_Dollarwertfeld". Dieses Unterprogramm besteht nur aus drei wesentlichen Makrofunktionen, die die folgenden Aufgaben erledigen:

1. Positionieren des Feldzeigers in Spalte C. Dort soll der errechnete Wert, also unsere Umrechnungsfunktion, eingetragen werden.

2. Einfügen der Umrechnungsfunktion.

3. Zurücksetzen des Feldzeigers in Spalte B, um eine einheitliche Schnittstelle zum Hauptmakro zu haben. Denn die nächste Anweisung nach Rückkehr zum Hauptmakro setzt den Feldzeiger eine Spalte nach rechts.

Die Makrofunktion muß das Unterprogramm beenden und den Rücksprung zum Hauptmakro einleiten.

Das aufgerufene Unterprogramm stellt quasi ein eigenständiges Makro dar. Schreiben Sie es ebenfalls in Spalte C Ihrer Makrovorlage, z.B., indem Sie im Feld C13 den Namen "US_Dollarwertfeld" eintragen.

In C14 der Makrovorlage muß also jetzt die Funktion zur Positionierung des Feldzeigers in Spalte C stehen:

    =AUSWÄHLEN("ZS(1)")

Die Makroprogrammierung unter Excel

Im nächsten Feld C15 steht der Aufruf der Umrechnungsfunktion, als Argument wird der in der gleichen Zeile in Spalte B stehende Wert an die Funktion übergeben:

=FORMEL("=ARTIKELXLM!DOLLAR(ZS(-1))")

In C16 wird der Feldzeiger wieder in Spalte B zurückgesetzt:

=AUSWÄHLEN("ZS(-1)")

Als letzte Funktion des Unterprogramms findet der Rücksprung ins Hauptmakro durch die Makrofunktion in C17 statt:

Geben Sie dem Bereich C14:C17 mit dem Befehl *Namen festlegen*... den Namen "US_Dollarwertfeld", damit Excel den Unterprogrammaufruf durch die Funktion =WENN() auch durchführen kann. Der Aufruf von US_Dollarwertfeld() ist lediglich eine Verzweigung zu einem benannten Feldbereich, die beiden Klammern am Ende des Namens teilen Excel mit, daß es sich hierbei um ein Unterprogramm handelt.

=RÜCK-SPRUNG( )

Benennen des Unterprogramms

Sehen Sie sich nun Ihr kleines Programm einmal in Aktion an. Aktivieren Sie die Tabelle ARTIKEL.XLS und drücken Sie [Strg]+[Shift]+[D].

Programmtest

Na also, es klappt doch prima. Allerdings hat die Sache noch einen Haken.

Wahrscheinlich sind Sie genausowenig von der optischen Erscheinung der umgerechneten Werte begeistert wie wir. Also steht als nächstes die Aufbereitung dieser Zahlen auf dem Programm. Anforderungen an das Format sind zwei Dezimalstellen und das $-Zeichen als Währungssymbol.

Zahlenausgaben formatieren

Diese Aufgabenstellung sollte Ihnen bekannt vorkommen, wenn Sie sich noch an das allererste Makro erinnern, das Sie bei der Arbeit mit diesem Kapitel geschrieben haben. Der Unterschied besteht lediglich im Währungssymbol und in der Spalte, auf die es sich bezieht.

Dieses Makro können Sie als Unterprogramm aufrufen, nachdem Sie das Währungssymbol hinter der Funktion FORMAT.ZAHLENFORMAT() und die Spaltenangabe hinter der Funktion AUSWÄHLEN() geändert haben. Damit sollten Sie auch beginnen. Bewegen Sie den Feldzeiger in Feld A3 der Makrovorlage und ändern Sie den auszuwählenden Bereich in "Z4S3:Z12S4" um.

Ersetzen Sie jetzt noch die Buchstaben "DM" in A4 der Makrovorlage durch das $-Zeichen. Damit wäre Ihr Unterprogramm fertig. Sie sollten es jetzt nur noch in "Dollarformat" umbenennen. Benutzen Sie dazu den Be-

Die Makroprogrammierung unter Excel

fehl *Namen festlegen...*, wählen Sie den Namen "Format" aus der Liste und überschreiben Sie ihn einfach durch den neuen Namen. Ändern Sie gleichzeitig auch den Tastenschlüssel von `Strg`+`F` in `Strg`+`U`. Jetzt sollten Sie den Feldzeiger in Spalte C bewegen und dafür sorgen, daß dieses Unterprogramm durch das Makro "US_Dollar" aufgerufen wird.

Es wäre ratsam, wenn Sie nun noch den Namen des Formatierungsmakros in A1 der Makrovorlage ändern, damit Sie auch später noch wissen, wozu dieses Makro dient. Tragen Sie also auch im Feld A1 der Makrovorlage den Namen "Dollarformat" ein.

Das geänderte Formatierungsmakro:

Fügen Sie dazu vor dem Feld C8 der Makrovorlage ein Leerfeld ein. In dieses Leerfeld tragen Sie nun hinter einem Gleichheitszeichen den Namen Ihres Unterprogrammes ein.

Also steht in C8:

=Dollarformat()

Da Sie wieder eine Änderung an Ihrem Makro gemacht haben, sollten Sie die Makrovorlage erneut zwischenspeichern, um den aktuellen Zustand zu sichern.

Probelauf

Starten Sie nun einen Probelauf, um zu sehen, ob der Unterprogrammaufruf reibungslos funktioniert. Wenn dies der Fall ist, erscheinen alle Werte, umgerechnet anhand des aktuellen Tageskurses und mit dem richtigen Währungssymbol versehen, in Spalte C.

Ändern des Makros

Da DM-Werte nicht nur in Dollar, sondern auch in andere Währungen umgerechnet werden, ist es an der Zeit, auch für diese Aufgaben Makros zu erstellen.

Weitere Makros durch Kopieren der Module

Durch den strukturierten Aufbau fällt es jetzt sehr leicht, die Umrechnung in andere Währungen zu realisieren. Die vier Makros brauchen nur kopiert und leicht geändert zu werden.

Kopieren Sie das Makro "Dollarformat" aus Spalte A bitte in Spalte E. Die Spalte D sollten Sie aus Übersichtlichkeitsgründen frei lassen und auf zwei Zeichen Spaltenbreite einstellen.

Ändern Sie das Makro in Spalte D, indem Sie die $-Zeichen in die Buchstaben "FF" für französische Francs umändern.

Die Makroprogrammierung unter Excel

Wenn Sie diesem Makro nun noch dem Namen "Francsformat" und den Tastenschlüssel `Strg`+`R` geben, ist die ganze Arbeit getan. Ihnen steht ein Makro zur Verfügung, das die Werte der Felder C4:C12 mit dem Zahlenformat FF #.##0,00;FF -#.##,00 versieht.

Das geänderte Feld E4:

Als nächstes sollten Sie das Funktionsmakro aus Spalte B in Spalte F kopieren. In diesem Makro ändern Sie lediglich in F3 den Bezug ARTIKEL.XLS!$F$3 in den Bezug ARTIKEL.XLS!$F$4 um. Denn der Tageskurs für französische Francs steht in F4, also eine Zeile tiefer als der Dollarkurs. Geben Sie auch diesem Makro einen neuen Namen, und legen Sie fest, daß es sich dabei um ein Funktionsmakro handelt, wir schlagen "FF" vor.

Zuletzt müssen noch die Makros aus Spalte C in Spalte G kopiert werden. An dieses Makros müssen lediglich der Name der Umrechnungsfunktion in "FF" und die Namen der aufzurufenden Unterprogramme in "Francsformat" und "Francswertfeld" geändert werden. Geben Sie diesem Makro den Namen "Francs" und den Tastenschlüssel `Strg`+`F`. Das Unterprogramm zum Aufruf der Umrechnungsfunktion sollten Sie folgerichtig auch mit dem Namen "Francswertfeld" versehen.

Das geänderte Feld F6:

Probieren Sie Ihr neues Makro nun einmal aus. Wenn der Probelauf erfolgreich verläuft, können Sie sich in den nächsten Abschnitten über weitere Möglichkeiten der Programmierung unter Excel informieren.

13.5 Erstellen von eigenen Menüs

Excel ermöglicht Ihnen durch spezielle Makrofunktionen die Erstellung von eigenen Befehlen, Menüs oder ganzen Menüleisten.

Diese Menüs oder Menüleisten werden genauso bedient wie die Excel-Menüs oder Standardmenüleisten. Ihre eigenen Befehle können Sie wie gewohnt durch `Return` oder Eingabe des Anfangsbuchstabens aktivieren. Des weiteren lassen sich Ihre Erläuterungen zu den einzelnen Befehlen auf dem Bildschirm in der Statuszeile darstellen, um einem fremden Benutzer den Weg durch Ihre individuelle Anwendung zu weisen.

Grundsätzlich sollte Ihr Befehl, Ihr Menü oder Ihre Menüleiste in einer eigens dafür erstellten Makrovorlage beschrieben sein. Aus diesem Grund sollten Sie nun sowohl die Tabelle als auch die Makrovorlage, mit der Sie bis jetzt gearbeitet haben, zwischenspeichern und eine neue Makrovorlage laden.

Eigene Menüs in separater Makrovorlage

509

Die Makroprogrammierung unter Excel

Inzwischen haben Ihre Makros zur Umrechnung der DM-Werte in US-Dollar oder französische Francs vorzeigbare Formen angenommen. Der Aufruf dieses Makros ließe sich aber wesentlich komfortabler handhaben, wenn man die Umrechnung in eine andere Währung wie einen Befehl aus irgendeinem Excel-Menü aufrufen könnte.

Somit könnte auch jemand Ihre Umrechnungstabelle nutzen, der nicht weiß, wie man ein Makro aufruft, oder der den entsprechenden Tastenschlüssel vergessen hat.

Eigene Befehle in ein Standardmenü einfügen

Einfügen eines Befehls

Um einen Befehl in ein Menü einer Standardmenüleiste einzufügen, verwenden Sie die Funktion BEFEHL.EINFÜGEN(Kennummer;Menüposition;Menübezug). Das Argument dieser Funktion ist die Kennummer der Menüleiste, in der sich das Menü befindet, in das der Befehl eingefügt werden soll. Excel hat alle seine Standardmenüleisten mit Kennummern von 1 - 6 durchnumeriert:

Makrovorlagen- und Tabellen-Menüleisten	Kennr.
Für ganze Menüs	1
Für Kurzmenüs	5
Diagramm-Menüleisten	
Für ganze Menüs	2
Für Kurzmenüs	6
Basis-Menüleiste (nur, wenn kein Fenster geöffnet ist)	3
Info-Menüleiste	4

Das zweite Argument ist die Menüposition. Damit ist die Stelle gemeint, an der das Menü, in das der Befehl eingefügt werden soll, in der Standardmenüleiste steht. In der Standardmenüleiste des Tabellenfensters steht das Menü *Datei* z.B. an Position 1, Daten an Position 5, usw. Die Menüs sind einfach von links nach rechts durchnumeriert.

Der Menübezug beschreibt den Befehl

Das letzte Argument ist schließlich der Menübezug. Darunter versteht man den Feldbereich, in dem der Befehl beschrieben ist. Was darunter zu verstehen ist, werden Sie gleich feststellen. Tragen Sie im Feld A1 der neuen Makrovorlage nun die Funktion =BEFEHL.EINFÜGEN(1;4;) ein. Das letzte Argument lassen Sie bitte noch offen. Bis jetzt ist damit festgelegt, daß der neue Befehl an letzter Stelle im Menü *Format* in der Tabellen-Menüleiste für ganze Menüs erscheinen wird.

Die Makroprogrammierung unter Excel

Um die nun anliegende Befehlsbeschreibung räumlich etwas von den Makrofunktionen zu trennen, stellen Sie bitte die Breite der Spalte B auf 2 Zeichen ein und setzen den Feldzeiger in Feld C1. Schreiben Sie nun bitte Ihren neuen Befehl in C1. Empfehlenswert ist die Bezeichnung "Dollar". Da das entsprechende Makro genauso heißt, weiß jeder Benutzer sofort, was gemeint ist.

Befehlsbeschreibung

In D1 müssen Sie nun angeben, welches Makro aufgerufen werden muß, wenn dieser Befehl gewählt wird. Tragen Sie hier den Bezug ARTIKEL.XLM!US_Dollar ein.

Stellen Sie nun die Breite der Spalte E auf zwei Zeichen ein, um die Erläuterung zu diesem Befehl in Feld F1 etwas von den anderen Einträgen abzugrenzen. Die Erläuterung erscheint in der Statuszeile, wenn der Befehl markiert ist. Ein sinnvoller Text für die Erläuterung wäre der folgende:

Erläuterung festlegen

"Rechnet die DM-Werte der Tabelle anhand des in F3 angegebenen Tageskurses in $-Werte um."

Nun hätten Sie in Spalte G noch die Möglichkeit, auf eine eigene Hilfedatei zu verweisen, die natürlich von Ihnen auch angelegt werden müßte. Wir halten das an dieser Stelle aber für unnötig. Alles über das Erstellen und Aufrufen dieser selbstgestalteten Anwenderhilfefunktion können Sie in Kapitel 19.2 lesen.

Ihr erster eigener Befehl wäre somit definiert. Für die Definition haben Sie den Feldbereich C1:F1 benutzt. Diesen Bereich müssen Sie jetzt noch als letztes Argument der Funktion BEFEHL.EINFÜGEN() angeben.

Da natürlich auch das Makro zur Umrechnung in französische Francs als Befehl aufgerufen werden soll, müssen Sie noch einen zweiten Befehl einfügen.

Schreiben Sie also in Feld A2 die Funktion:

Definition des zweiten Befehls

=BEFEHL.EINFÜGEN(1;4;C2:F2)

Da die Beschreibung des zweiten Befehls nicht mehr Platz in Anspruch nimmt als die des ersten, können Sie getrost den entsprechenden Feldbereich angeben.

In Feld C2 tragen Sie als Befehlsnamen "Francs" ein. Der Bezug auf das entsprechende Makro lautet "ARTIKEL.XLM!Francs" und muß in D2 eingetragen werden. Als Erläuterungstext haben wir folgendes in F2 eingetragen:

Die Makroprogrammierung unter Excel

"Rechnet die DM-Werte der Tabelle anhand des in F4 angegebenen Tageskurses in französische Francs um."

So, das wär's schon. Beenden Sie das Makro durch die Funktion RÜCKSPRUNG() in Feld A3.

Markieren Sie nun den Bereich A1:A3 und geben Sie ihm durch den Befehl *Namen festlegen* den Namen "Befehl_einfügen". Als Tastenschlüssel empfehlen wir `Strg`+`B`. Sie sollten auch Ihre Makrovorlage unter dem Namen BEFEHL.XLM abspeichern.

Probelauf

Aktivieren Sie Ihre Tabelle ARTIKEL.XLS und starten Sie einen Probelauf. Sehen Sie jetzt im Menü *Format* nach, ob beide Befehle dort erscheinen. Wenn ja, testen Sie auch, ob Ihre Makros ausgeführt werden, wenn Sie einen Befehl auswählen.

Die Befehle werden bei jedem Durchlauf erneut eingefügt

Seien Sie aber etwas zurückhaltend, was den Ablauf dieses Makros angeht. Denn jedes Mal, wenn Sie dieses Makro aufrufen, werden die beiden Befehle "Dollar" und "Francs" in das Menü *Format* eingefügt, gleichgültig, ob sie schon sechsmal dort stehen oder nicht.

Sie können innerhalb eines Befehlsnamens auch einen Buchstaben durch einen Unterstrich kennzeichnen. Dieser Buchstabe kann dann in Verbindung mit `Alt` gedrückt werden, um den Befehl aufzurufen.

Um z.B. den Befehl "Dollar" auch durch Eingabe von `Alt`+`D` aufrufen zu können, muß dem Buchstaben "D" ein kaufmännisches Und (&) vorangestellt werden. Für diesen Fall tragen Sie in C1 als Befehlsnamen "&Dollar" ein.

Löschen von Befehlen

Eingefügte Befehle können Sie nur mit der Makrofunktion BEFEHL.LÖSCHEN() löschen. Bei Verwendung dieser Funktion müssen die Kennummer der Menüleiste, die Position des Menüs und die Position des zu löschenden Befehls innerhalb des Menüs als Argumente angegeben werden.

Beispielmakro zum Löschen von Befehlen

Ein Beispiel für die Anwendung dieser Makrofunktion finden Sie auf der Beispieldiskette in der Makrovorlage BEFEHL.XLM. Das Makro hat den Namen "Befehl_löschen" und ist in der Makrovorlage dokumentiert.

Wenn Sie Excel verlassen und dann wieder neu starten, präsentiert es sich natürlich wieder in der Standardform ohne Ihre selbsteingefügten Befehle.

Die Makroprogrammierung unter Excel

Um diese Befehle, die im Menü *Format* etwas fremd wirken und eigentlich nicht dort hingehören, in ein eigenes Menü zu fassen, muß ein neuer Menüpunkt in eine Standard-Menüleiste eingefügt werden.

13.6 Eigene Menüs in die Standard-Menüleisten einfügen

Genauso, wie Sie einen Befehl in ein bestehendes Menü einfügen können, kann auch ein ganzes Menü in eine bestehende Menüleiste eingefügt werden.

Um ein Menü in die Tabellen-Menüleiste einzufügen, verwenden Sie die Funktion **MENÜ.EINFÜGEN**(Kennummer;Menübezug).

Die Funktion MENÜ.EIN-FÜGEN()

Als Argumente der Funktion MENÜ.EINFÜGEN() sind lediglich die Kennummer der Menüleiste und der Menübezug erforderlich, d.h. der Feldbereich, in dem das Menü beschrieben ist.

Setzen Sie also den Feldzeiger in Feld A5 der Makrovorlage BEFEHL.XLM und tragen Sie dort die Funktion

=MENÜ.EINFÜGEN (1;C5:F7)

ein. Diese Funktion bewirkt, daß das im Bereich C5:F7 noch zu definierende Menü in die Standard-Tabellen-Menüleiste eingefügt wird.

Angabe des Menübereiches

In A6 kann die Funktion RÜCKSPRUNG() eingetragen werden.

In C5 beginnen Sie nun mit der Definition des Menüs. In dieses Feld gehört der Name des Menüpunktes, der später in der Menüleiste erscheint. Wir haben dieses Menü "Umrechnung" genannt und diesen Begriff auch in C5 eingetragen.

Definition des Menüs

Um das Menü auch durch Eingabe des Anfangs- oder irgendeines anderen unterstrichenen Buchstabens öffnen zu können, muß von Ihnen festgelegt werden, welcher Buchstabe dies sein soll.

Buchstaben zur Öffnung definieren

Stellen Sie dem Buchstaben, über den das Menü angesprochen werden soll, ein kaufmännisches *Und (&)* vor. Soll das Menü *Umrechnung* auch durch `Alt`+`U` geöffnet werden können, müssen Sie in C5 "&Umrechnung" eintragen. Das kaufmännische Und kann aber auch vor jeden anderen Buchstaben im Menünamen gesetzt werden.

Das kaufmännische Und (&)

513

Die Makroprogrammierung unter Excel

Die Definition der Menübefehle

Jetzt kommt eigentlich eine Wiederholung dessen, was Sie oben beim Einfügen der Befehle schon gemacht haben: die Beschreibung der Befehle, die in Ihrem Menü erscheinen sollen. Aus diesem Grund können Sie Ihre Befehlsbeschreibungen aus den Feldern C1:F2 getrost in das Feld C6 kopieren.

Damit wären Sie schon fertig, es sei denn, Sie möchten, daß schon bei Anwahl des Menüs ein Kommentar in der Statuszeile erscheint. Diesen Kommentar können Sie in F5 eintragen, z.B. "Umrechnung der DM-Werte in andere Währungen."

Benennung des Makros

Markieren Sie nun die Felder A5:A6, vergeben Sie den Namen "Menü_einfügen" und weisen Sie diesem Befehlsmakro den Tastenschlüssel ⌈Strg⌉+⌈M⌉ zu.

Beachten Sie auch die Kommentare in der Statuszeile

Starten Sie nun einen Testdurchgang, und begutachten Sie den neuen Menüpunkt. Probieren Sie alle Funktionen aus und achten Sie darauf, ob auch alle Kommentare zur richtigen Zeit in der Statuszeile erscheinen. Seien Sie auch mit diesem Makro etwas sparsam. Bei jedem Aufruf wird ein Menü mit dem Namen *Umrechnung* in die Standardmenüleiste eingefügt.

Löschen von Menüs

Eingefügte Menüs können nur durch die Funktion MENÜ.LÖSCHEN() gelöscht werden. Argumente dieser Funktion sind die Kennummer der Menüleiste und die Position des zu löschenden Menüs.

Ein Beispiel für die Anwendung dieser Makrofunktion finden Sie auf der Beispieldiskette in der Makrovorlage BEFEHL.XLM. Das Makro hat den Namen "Menü_löschen" und ist in der Makrovorlage dokumentiert.

Zweizeilige Menüleisten sind unübersichtlich

Wenn Sie mehrere solcher Menüs in einer Menüleiste zeigen wollen, sollten Sie dies nicht in einer Standard-Menüleiste tun. Da die eingefügten Menüs grundsätzlich an die letzte Position in der Menüleiste gesetzt werden, entsteht bei mehreren neuen Menüs eine zweizeilige Menüleiste, die wir für unübersichtlich halten. In einem solchen Fall sollten Sie eine eigene Menüleiste erstellen.

13.7 Erstellen einer eigenen Menüleiste

Die Funktion **MENÜLEISTE.EINFÜGEN()** erstellt eine neue, leere Menüleiste und weist dieser eine Kennummer zu. Diese Menüleiste wird aber erst durch die Funktion MENÜLEISTE.ZEIGEN() angezeigt. Als Argument der Funktion MENÜLEISTE.ZEIGEN() muß die Kennummer der Menüleiste angegeben werden. Beziehen Sie sich direkt auf die Funk-

Die Makroprogrammierung unter Excel

tion MENÜLEISTE.EINFÜGEN(), wenn Sie diese Kennummer angeben. Es können bis zu 15 neue Menüleisten eingefügt werden.

Jedes Menü, das in dieser Menüleiste erscheinen soll, muß durch die Funktion MENÜ.EINFÜGEN() definiert werden.

Die Funktion MENÜLEISTE.EINFÜGEN()

Bewegen Sie den Feldzeiger in Feld A12 der Makrovorlage und tragen Sie dort die Funktion

   =MENÜLEISTE.EINFÜGEN()

ein.

In A13 schreiben Sie dann die Funktion

   =MENÜ.EINFÜGEN(A12;C5:F7)

Definition der Menüs

Dadurch wird Ihr Menü in der neuen Menüleiste an die erste Position gesetzt.

Fügen Sie in A14 ein neues Menü ein. Die Befehle, die in unserem Beispiel in diesem Menü stehen werden, rufen keine Makros auf, sie dienen nur zur Demonstration.

   =MENÜ.EINFÜGEN(A12;C9:F11)

In A15 schreiben Sie nun die Funktion, die die Menüleiste zeigt:

   =MENÜLEISTE.ZEIGEN(A12)

Wenn die neue Menüleiste angezeigt wird, gibt es keine Möglichkeit mehr, diese Menüleiste zu löschen, es sei denn, Sie haben ein Makro geschrieben, das eine andere Menüleiste zeigt. Diese Arbeit möchten wir Ihnen ersparen und setzen hier die Funktion WARTEN() ein. Diese Funktion hält das Makro bis zu dem Zeitpunkt an, der durch die als Argument angegebene serielle Zahl bestimmt wird. Tragen Sie in A16 die Funktion

Menüleisten können nicht gelöscht werden

   =WARTEN(JETZT()+0,0007)

ein. Excel wartet jetzt eine Minute, bis die nächste Makrofunktion ausgeführt wird.

Diese Makrofunktion muß MENÜLEISTE.ZEIGEN(1) heißen. Fügen Sie diese Funktion in A17 ein. Durch diese Funktion wird die Standard-Tabellenmenüleiste mit der Kennummer 1 wieder angezeigt. Der einzige Weg, Ihre eigene Menüleiste verschwinden zu lassen, ist die Anzeige einer anderen Menüleiste.

Die Funktion MENÜLEISTE.ZEIGEN()

Die Makroprogrammierung unter Excel

In A18 kann das Makro durch

=RÜCKSPRUNG()

beendet werden. Definieren Sie nun noch das leere Menü, indem Sie im Feld C9 "Ändern" als neuen Menüpunkt eintragen. In C10 und C11 schreiben Sie die Befehle "Tageskurse ändern..." und "DM-Werte ändern...".

Markieren Sie nun die Felder A12:A18 und geben Sie diesem Befehlsmakro den Namen "Menüleiste_einfügen" und dazu den Tastenschlüssel Strg + L .

Diesmal können Sie Ihr Makro testen, so oft Sie wollen, denn die Menüleiste verschwindet auch jedesmal wieder.

Löschen einer selbstdefinierten Menüleiste

Sie löschen eine selbstdefinierte Menüleiste mit der Funktion MENÜLEISTE.LÖSCHEN() unter Angabe der Kennummer, die von der Funktion MENÜLEISTE.EINFÜGEN() geliefert wird.

Verwenden Sie einen Feldbezug zur Angabe der Kennummer

Beziehen Sie sich also auch hierbei wieder ganz direkt auf die Funktion MENÜLEISTE.EINFÜGEN(), um die Kennummer einzugeben. Da unsere Menüleiste durch die Funktion MENÜLEISTE.EINFÜGEN() im Feld A12 ins Leben gerufen wurde, müßte die Makrofunktion zum Löschen dieser Menüleiste wie folgt lauten:

=MENÜLEISTE.LÖSCHEN(A12)

Eine Menüleiste kann jedoch nur dann gelöscht werden, wenn sie nicht angezeigt wird.

Selbstausführende Makros

Selbstausführende Makros sind Makros, die ausgeführt werden, ohne daß Sie einen Befehl oder einen Tastaturschlüssel eingeben. Es gibt zwei Arten von selbstausführenden Makros:

1. Makros, die beim Laden einer Datei ausgeführt werden

2. Makros, die beim Schließen einer Datei ausgeführt werden

Automatische Ausführung beim Laden

Wenn Sie ein Makro beim Laden einer Datei ausführen lassen wollen, müssen Sie ihm den Namen "auto_laden" geben. Mehr brauchen Sie nicht zu tun.

Die Makroprogrammierung unter Excel

Sollte dieses selbstausführende Makro eine Datei laden, die wiederum ein selbstausführendes Makro enthält, so wird letzteres nicht ausgeführt.

Um ein Makro automatisch beim Schließen einer Datei ausführen zu lassen, muß dieses Makro den Namen "auto_schließen" tragen.

Automatische Ausführung beim Schließen

Die automatische Ausführung beider Makros läßt sich unterdrücken, indem Sie die `Shift`-Taste gedrückt halten, wenn Sie den Befehl *Laden...* bzw. *Schließen* wählen.

13.8 Erstellen einer eigenen Benutzeroberfläche

Sie haben ein kleines Programm geschaffen, mit dem Sie gut zurechtkommen und dessen Ablauf auf dem Bildschirm ganz akzeptabel ist. Durch das Menü wird die Bedienung recht einfach, auch für jemanden, der mit Excel nur wenig vertraut ist. Voraussetzung dafür ist allerdings, daß das Menü schon aufgerufen ist, wenn sich der Excel-Neuling an den Bildschirm setzt.

Das erfordert jedoch die Kenntnis des Tastenschlüssels und grundsätzlich die Berechtigung, mit Excel eventuell auch andere Tabellen bearbeiten zu können. Daraus erwächst natürlich auch die Gefahr, daß, wenn auch unbeabsichtigt, Änderungen in fremden Tabellen vorgenommen und somit unter Umständen wertvolle Arbeit zerstört werden kann.

Zumindest gegen diesen ungewollten Schaden können Sie sich absichern, indem Sie die Bedienung und den Aufruf von Excel noch weiter automatisieren, also eine eigene Benutzeroberfläche erzeugen, die ohne Kenntnis von Excel nur die Operationen bietet, die Sie zulassen.

Zuerst sollten Sie dafür sorgen, daß sich nur noch die Fenster auf Ihrem Bildschirm befinden, die für Ihre Anwendung von Interesse sind. Für unser Beispiel sind dies: die Tabelle ARTIKEL.XLS und die Makrovorlagen ARTIKEL.XLM und BEFEHL.XLM.

Einrichten eines Arbeitsbereiches

Speichern Sie diese Fenster nun als Arbeitsbereich ab. Als Dateiname für diesen Arbeitsbereich bietet sich hier ARTIKEL.XLW an. Beim Speichern einer solchen Arbeitsbereichsdatei werden alle geöffneten Dateien einander zugeordnet. Der Vorteil ist, daß beim Laden einer Arbeitsbereichsdatei sofort alle einander zugeordneten Dateien durch einen Befehl geladen werden.

Die Namenserweiterung .XLW

517

Die Makroprogrammierung unter Excel

So ist es also möglich, daß Sie mehrere verknüpfte Tabellen sowie die dazugehörenden Makrovorlagen und Diagramme zusammenhängend bearbeiten können.

Automatisches Laden des Arbeitsbereiches

Die Batch-Datei zum automatischen Start

Der zweite Schritt wäre das Anlegen einer Batch-Datei im gleichen Verzeichnis, in dem sich auch Excel befindet. Diese Batch-Datei sollte den Namen EXCEL.BAT tragen, damit sie beim normalen Aufruf von Excel sofort in Kraft tritt. Diese Batch-Datei muß folgenden Inhalt haben:

 EXCEL C:\WINDOWS\ARTIKEL.XLW

Damit erreichen Sie, daß Excel gestartet wird und sofort die Tabelle ARTIKEL.XLS und die Makrovorlagen ARTIKEL.XLM sowie BEFEHL.XLM zur Bearbeitung auf dem Bildschirm erscheinen. Wenn Excel sich in einem anderen Verzeichnis befindet, muß die Pfadangabe in der Batch-Datei natürlich entsprechend geändert werden.

Wenn Sie Excel grundsätzlich von Windows aus starten, brauchen Sie Ihre AUTOEXEC.BAT nicht zu verändern. Sie erreichen den automatischen Aufruf Ihres Arbeitsbereiches, indem Sie einen Eintrag in der Datei WIN.INI machen. Diese Datei dient zur Einstellung der Standardwerte, unter denen Windows auf Ihrem Rechner ablaufen soll.

Automatischer Start aus Windows

Windows erkennt die Namenserweiterung

In der Datei WIN.INI können Sie festlegen, ob beim Start vom Windows andere Anwendungen geladen oder sogar gestartet werden sollen. Da es für Ihren Zweck mit einem Laden des Arbeitsbereiches als Sinnbild nicht getan ist, sollten Sie in WIN.INI hinter dem Eintrag "run=" den Namen Ihrer Arbeitsbereichsdatei eintragen. Der Eintrag in der WIN.INI-Datei muß also wie folgt lauten:

 run=ARTIKEL.XLW.

Durch die Namenserweiterung .XLW weiß Windows, daß zur Bearbeitung dieser Datei das Programm EXCEL.EXE benötigt wird. Speichern Sie WIN.INI. Zur Kontrolle sollten Sie jetzt Windows beenden und erneut starten, um festzustellen, ob Ihre Eintragung Erfolg gehabt hat und Excel automatisch mit den Dateien geladen wird, die zum Arbeitsbereich ARTIKEL.XLW gehören.

Der dritte Schritt ist die Umbennenung des Makros zum Aufruf der Menüleiste. Wenn Sie dem Makro in Feld A12 der Makrovorlage BE-

Die Makroprogrammierung unter Excel

FEHL.XLM den Namen "auto_laden" geben, wird automatisch Ihre Menüleiste erscheinen, wenn diese Tabelle geladen wird.

Excel als einzige Anwendung zulassen

Wenn Sie verhindern möchten, daß ein Benutzer nach Windows umschalten kann und mit Ihren Programmen spielt, können Sie Windows zu einer Runtime-Version degradieren. Das bedeutet, daß Sie nur mit Excel arbeiten können und mit sonst keinem anderen Programm. Ein Beenden von Excel zieht automatisch das Beenden von Windows mit sich.

Zu diesem Zweck müssen Sie die Initialisierungsdatei der Windows-Systemumgebung ändern. Diese befindet sich im Windows-Verzeichnis unter dem Namen SYSTEM.INI. In der dritten Zeile müssen Sie den Eintrag SHELL=PROGMAN.EXE (Das ist die Programmdatei zum Programm-Manager) ändern in SHELL=EXCEL.EXE.

Diese Einstellung wird nach dem nächsten Start von Windows aktiv, wobei jedoch lediglich Excel geladen werden kann.

Automatischer Start von Makros

Beim Laden einer Makrovorlage überprüft Excel zuerst, ob diese einen Bereich mit dem Namen "auto_laden" enthält, der als Makro definiert ist. Wenn Excel ein Makro mit diesem Namen findet, wird dieses Makro abgearbeitet, nachdem die Tabelle geladen ist.

Automatischer Start beim Laden

Excel bietet Ihnen auch die Möglichkeit, ein Makro automatisch beim Schließen einer Datei auszuführen. Dazu müssen Sie ähnlich verfahren wie beim Erzeugen eines Makros, das automatisch beim Laden einer Tabelle ausgeführt wird. Der einzige Unterschied besteht im Makronamen. Makros, die beim Schließen einer Tabelle ausgeführt werden sollen, müssen den Namen "auto_schließen" tragen. Sinnvoll wäre an dieser Stelle z.B. ein Makro, das die Standard-Menüleiste wieder zur Anzeige bringt, wenn Ihre Datei geschlossen wird.

Automatischer Start beim Schließen

Der vierte Schritt ist das Erstellen eines zusätzlichen Menüpunktes, der den Namen "Ende" trägt, damit der Excel-Neuling auch von Ihrem Menü aus in der Lage ist, Excel ordnungsgemäß zu beenden. Das dazu erforderliche Makro ist recht kurz, wobei Sie hier noch wählen können, ob Sie ein Beenden mit oder ohne Speichern einstellen wollen. Wie dies zu realisieren ist, lesen Sie im nächsten Abschnitt über interaktive Makros.

Die Makroprogrammierung unter Excel

13.9 Interaktive Makros

Bis jetzt haben Sie nur Makros kennengelernt, die nach ihrem Aufruf ablaufen, ohne daß der Benutzer eine Möglichkeit hat, diesen Ablauf oder das Ergebnis zu beeinflussen. Für zahlreiche Fälle wäre aber ein interaktives Makro wünschenswert. So müßte, um beim Beispiel zu bleiben, vor dem Beenden von Excel eine besondere Abfrage erfolgen, ob die Arbeit gespeichert werden sol, oder nicht.

Verarbeitung von Eingaben

Das Beenden von Excel erfordert nach einer Änderung in der Tabelle immer eine Eingabe des Benutzers, da Excel immer versucht, die Datei zu speichern, bevor das Fenster geschlossen wird. Ohne Ihre Zustimmung durch Betätigung der Schaltfläche *Nein* kann also kein Fenster geschlossen werden, ohne die Datei abzuspeichern.

Sie haben nun zwei Möglichkeiten, auf diese Gegebenheit zu reagieren: Entweder, Sie überlassen Excel die Mitteilung an den Benutzer, oder Sie geben selbst eine Warnung aus, wobei der Benutzer die Möglichkeit hat, durch eine eigene Eingabe die Speicherung einer vielleicht fehlerhaften Tabelle zu unterdrücken und den Fehler zu beseitigen.

Beenden von Excel über ein Makro

Doch Sie sollten auch diese Form des Makros in der Praxis kennenlernen. Laden Sie die Makrovorlage BEFEHL.XLM und bewegen Sie den Feldzeiger in Feld A8. Fügen Sie an dieser Position ein Leerfeld ein.

Einfügen des Befehls Ende

In dieses Leerfeld schreiben Sie die Funktion, die Ihren neuen Befehl, der *Ende* lauten soll, in das Menü einfügt. Schreiben Sie also:

=BEFEHL.EINFÜGEN(1;9;C8:F8)

Die 9 deutet daraufhin, daß Ihr Menü an neunter Stelle in der Standard-Tabellenmenüleiste steht. Jetzt müssen Sie Ihren neuen Befehl noch in den Feldern C8:F8 beschreiben.

Formulierung der Meldung in der Statuszeile

Setzen Sie den Feldzeiger in C8 und tragen Sie dort "Ende" ein. In D8 muß der Bezug auf die Makrovorlage stehen, also: "ARTIKEL.XLM!Ende". Das Feld F8 soll einen Kommentar aufnehmen, schreiben Sie: "Speichert die Tabelle und beendet Excel".

Die Makroprogrammierung unter Excel

Damit wäre auch dieser Befehl in Ihr neues Menü aufgenommen.

Jetzt ist es an der Zeit, das Makro zu schreiben, das letztendlich die Arbeit machen soll.

Dazu bringen Sie die Makrovorlage ARTIKEL.XLM in den Vordergrund. Setzen Sie den Feldzeiger in das Feld I13, nachdem Sie die Spalte H auf zwei Zeichen verkleinert haben. In dieses Feld schreiben Sie den Namen des Makros: "Ende".

In I14 soll die Funktion stehen, die dem Benutzer die Möglichkeit bietet, Excel mit oder ohne Speichern der Tabelle zu verlassen.

Um dem Benutzer diese Auswahlmöglichkeit zu geben, müssen Sie sich der Funktion WARNUNG() bedienen. Diese Funktion erzeugt ein Dialogfeld, in dem ein von Ihnen formulierter Text ausgegeben wird. Unter diesem Text befinden sich, je nach dem von Ihnen bestimmten Typ des Dialogfeldes, eine oder zwei Schaltflächen, *Ok* und *Abbrechen*.

Verarbeitung der Funktion WARNUNG()

Auswahlmöglichkeit über Standard-Schaltflächen

Durch Betätigen der Schaltfläche *Ok* liefert die Funktion WARNUNG() den Wahrheitswert WAHR; wenn *Abbrechen* gewählt wurde, liefert sie den Wert FALSCH. Wie Sie sich dies für Ihren Zweck zunutze machen, wird klarer, wenn Sie in Feld I14 die Funktion

OK liefert den Wahrheitswert WAHR

=WENN(WARNUNG("Wollen Sie die geänderte Datei wirklich speichern?";1);SPEICHERN())

eintragen. Die Funktion WARNUNG() erzeugt hier ein Dialogfeld, in dem der angegebene Text und, durch das Argument 1, die beiden Schaltflächen *Ok* und *Abbrechen* erscheinen. Wählt der Benutzer die Schaltfläche *Ok*, erhält die Funktion WENN() den Wahrheitswert WAHR als Ergebnis der Prüfung und führt den Dann-Wert SPEICHERN() aus.

Wird allerdings die Schaltfläche *Abbrechen* betätigt, ist das Ergebnis der Wahrheitsprüfung FALSCH und der Sonst-Wert, der hier nicht definiert ist, wird ausgeführt. In diesem Beispiel fährt Excel also mit der Abarbeitung des Makros in der nächsten Zeile fort.

Abbrechen bringt den Sonst-Wert zur Ausführung

In I15 muß nun folgerichtig die Funktion eingetragen werden, die Excel beendet. Tragen Sie also

=BEENDEN()

in dieses Feld ein.

Die Makroprogrammierung unter Excel

Die Funktion BEENDEN()

Die Funktion BEENDEN() hat eine Sicherheitsabfrage zur Folge, wenn in den geöffneten Dateien seit dem letzten Abspeichern Änderungen vorgenommen worden sind. Da in unserem Beispiel die Tabelle aber zuerst gespeichert wird, bevor die Funktion BEENDEN() zur Ausführung kommt, erscheint an dieser Stelle keine Abfrage.

Sicherheitsabfrage für jede geänderte Datei

Haben Sie jedoch noch andere Dateien des Arbeitsbereiches bearbeitet und geändert, zeigt Excel das Dialogfeld mit der Sicherheitsabfrage.

Makro trotzdem beenden

Tragen Sie nun noch in I16 die Makrofunktion RÜCKSPRUNG() ein. Wenn keine Datei verändert oder alle veränderten Dateien im Rahmen der Sicherheitsabfragen gespeichert werden, wird Excel durch die Makrofunktion BEENDEN() beendet. Betätigen Sie jedoch die Schaltfläche *Abbrechen*, kann Excel nicht beendet werden, und es wird versucht, die Ausführung des Makros mit der auf BEENDEN() folgenden Makrofunktion fortzusetzen.

Ein Makro muß auf jeden Fall beendet werden

Wenn in I16 jedoch keine Makrofunktion steht, erscheint die Fehlermeldung: "Konnte RÜCKSPRUNG() oder STOP() in Makrovorlage nicht finden.". Das bedeutet, daß Ihr Makro nicht ordnungsgemäß beendet wird. Für diesen Fall sollte in I16 trotzdem das Ende des Makros durch die Funktion RÜCKSPRUNG() definiert werden.

Markieren Sie nun die Felder I13:I16, und geben Sie diesem Makro den Namen "Ende" und den Tastenschlüssel [Strg]+[E].

Funktioniert alles?

Aktivieren Sie die Tabelle ARTIKEL.XLS und testen Sie Ihren neuen Befehl. Tun Sie dies mindestens zweimal, um auszuprobieren, ob Excel auch auf die Anwahl der verschiedenen Schaltflächen verschieden reagiert.

Den zusätzlichen Befehl zum Beenden von Excel haben wir nicht mit in die Dateien BEFEHL.XLM und ARTIKEL.XLM aufgenommen. Sie finden das gleiche Menüsystem mit diesem Befehl in den Dateien BEFEHL2.XLM und ARTIKEL2.XLM. Für diese Dateien wurde ein eigener Arbeitsbereich mit dem Namen ARTIKEL2.XLW eingerichtet.

13.10 Makros mit Schaltflächen oder anderen Objekten verknüpfen

Wenn Sie Kapitel 8 gelesen haben, ist Ihnen sicherlich schon bekannt, daß Sie die gleichen Schaltflächen, wie Sie sie bereits aus Dialogfeldern kennen, auch in Ihr Arbeitsblatt einfügen können. Welchen Sinn soll eine solche Schaltfläche aber haben? Wenn sie als gestalterische Maßnahme

Die Makroprogrammierung unter Excel

dienen soll, kann man sich sicher darüber streiten, ob man eine Schaltfläche oder ein Rechteck zeichnet.

Eine solche Schaltfläche dient zum komfortablen Aufruf eines Makros direkt aus dem Arbeitsblatt, ohne zuvor einen Befehl aus einem Menü wählen zu müssen. Beim Gebrauch von Schaltflächen hat sowohl der Benutzer einer Tabelle einen Vorteil als auch derjenige, der die zur Bedienung der Tabelle erforderlichen Makros entwickeln muß.

Der Vorteil liegt auf beiden Seiten

Der Benutzer sieht seinen Vorteil in der einfachen Bedienung, und das Erstellen des Makros spart zeitraubende Arbeit bei der Entwicklung einer Benutzeroberfläche in Form von selbstgeschriebenen Befehlen, Menüs und Menüleisten. Alles, was der "Programmierer" tun muß, um ein Makro über eine Schaltfläche aufrufbar zu machen, sind das Zeichnen und Beschriften der Schaltfläche und die Zuweisung des entsprechenden Makros.

Leichte Bedienung und einfache Entwicklung

Zeichnen einer Schaltfläche

Wie eine Schaltfläche gezeichnet wird und welche Möglichkeiten Sie zur Formatierung oder farblichen Gestaltung haben, ist ausführlich in Kapitel 8 beschrieben. Hier soll nur das Wesentliche noch einmal kurz wiederholt werden.

Die Schaltfläche zum Zeichnen von Schaltflächen

Zum Zeichnen einer Schaltfläche benutzen Sie zunächst einmal eine solche, nämlich die zweite von rechts in der Formatierungsleiste.

Schaltfläche in der Formatierungsleiste

Nachdem Sie diese Schaltfläche mit der Maus betätigt haben, verwandelt sich der Mauszeiger in ein Fadenkreuz, sobald Sie ihn über ein Feld des Arbeitsblattes bewegen. Drücken Sie die linke Maustaste und halten Sie sie fest, wenn Sie eine Position gefunden haben, an der Sie zu zeichnen beginnen möchten. Wenn Sie das Fadenkreuz nun mit der Maus nach oben, unten, rechts oder links bewegen, erscheint ein gestricheltes Rechteck, das die aktuelle Größe und Position der Schaltfläche anzeigt. Erst wenn Sie die Maustaste loslassen, wird die von Ihnen gezeichnete Schaltfläche in das Arbeitsblatt eingefügt.

Der Mauszeiger wird zum Fadenkreuz

Verknüpfung einer Schaltfläche mit einem Makro

Sofort, nachdem Sie die linke Maustaste losgelassen haben und die Schaltfläche in Ihr Arbeitsblatt eingefügt wird, erscheint ein Dialogfeld auf dem Bildschirm, in dem Sie gefragt werden, welches Makro dieser Schaltfläche zugewiesen werden soll.

Die Makroprogrammierung unter Excel

Das Dialogfeld "Objekt zuweisen"

Auswahl des gewünschten Makros

Im Listenfeld dieses Dialogfelds erscheinen nun alle Befehlsmakros aller geöffneten Makrovorlagen. Wenn geöffnete Makrovorlagen existieren und Befehlsmakros zur Verfügung stehen, können Sie einen Eintrag aus dieser Liste wählen und das Dialogfeld mit `Return` oder *OK* schließen. Das ist schon alles, was Sie tun müssen, um eine Verknüpfung zu einem bereits existierenden Makro in einer geöffneten Makrovorlage herzustellen.

Was tun, wenn die benötigte Makrovorlage nicht geöffnet ist?

Ist die Makrovorlage, mit dem Makro für diese Schaltfläche jedoch nicht geöffnet, so müssen Sie selbst Hand anlegen. In einem solchen Fall können Sie die Schaltfläche *Abbrechen* betätigen oder die Taste `Esc` drücken und die erforderliche Makrovorlage öffnen. Haben Sie dies erledigt, dann können Sie nach Markieren der Schaltfläche den Befehl *Objekt zuweisen...* aus dem Menü *Makro* anwählen, um das Dialogfeld *Objekt zuweisen* erneut auf den Bildschirm zu holen und jetzt das richtige Makro aus der Liste auszuwählen.

Wer das Makro noch nicht geschrieben hat, aber den Namen bereits weiß, der kann diesen Namen inklusive der Makrovorlage, in der das Makro sich befindet, auch von Hand in das Eingabefeld "Bezug" eintragen. Zur Trennung des Makronamens vom Namen der Makrovorlage muß das Ausrufezeichen gesetzt werden.

Erstellen und Verknüpfen eines anderen Objektes

Die Verknüpfung von Makros mit grafischen Objekten erlaubt die Entwicklung noch ansprechender gestalteter Anwendungen. Nicht nur Schaltflächen können zum Aufruf von Makros verwendet werden, sondern auch alle anderen Objekte, die Sie bislang vielleicht nur aus gestalterischen Gründen in Ihr Arbeitsblatt mit aufgenommen hätten. Sie können Linien, Rechtecke, Ellipsen, Textboxen, Diagrammboxen und sogar Bilder mit einem Makro verknüpfen.

Auf das Zeichnen von Linien, Rechtecken usw. sowie auf das Erstellen von Text und Diagrammboxen möchten wir hier nicht erneut eingehen. Wenn Sie mehr wissen möchten, lesen Sie in Kapitel 8 nach.

Excel schlägt keine Verknüpfung vor

Der einzige Punkt, in dem sich Excel bei anderen Objekten anders verhält als bei Schaltflächen, ist das Öffnen des Dialogfelds *Objekt zuweisen*. Während sich nach dem Zeichnen einer Schaltfläche dieses Dialogfeld sofort automatisch öffnet, muß es zur Verknüpfung von anderen Objekten manuell geöffnet werden.

Die Makroprogrammierung unter Excel

Wählen Sie also den Befehl *Objekt zuweisen...* aus dem Menü *Makro*, um dieses Dialogfeld zu öffnen.

Um eine bestehende Zuweisung eines Objektes zu ändern, also ein anderes Makro zur Ausführung zu bringen, wenn dieses Objekt angeklickt wird, dient ebenfalls der Befehl *Objekt zuweisen...* aus dem Menü *Makro*. Voraussetzung ist jedoch, daß das Objekt, dessen Verknüpfung geändert werden soll, zuvor markiert wird.

Ändern der Verknüpfung

Markierung von zugewiesenen Objekten

Diese Voraussetzung birgt eine kleine Schwierigkeit in sich, da bereits zugewiesene Objekte ein Makro aufrufen, sobald man sie mit der Maus anklickt. Sie erkennen diese Funktionsweise auch daran, daß der Mauszeiger sich zu einer kleinen Hand verformt, sobald er über ein zugewiesenes Objekt bewegt wird.

Die Lösung führt auch hier wieder einmal über die Kombination des Mausklicks mit gleichzeitig gedrückter Taste `Strg`. Wenn die Taste `Strg` gedrückt ist, können Sie den Mauszeiger über ein zugewiesenes Objekt bewegen, ohne daß er sich zu einer Hand verformt. Sie haben also die Möglichkeit, die Schaltfläche nur zu markieren.

Mit `Strg` kann ein zugewiesenes Objekt markiert werden

Ist ein Objekt erst einmal markiert, verfahren Sie wie bereits oben beschrieben: Wählen Sie den Befehl *Objekt zuweisen...* aus dem Menü *Makro* und nehmen Sie Ihre Änderungen im Eingabefeld *Bezug* vor. Sobald sich das Dialogfeld *Objekt zuweisen* öffnet, erscheint auch das momentan durch die Schaltfläche aufzurufende Makro in diesem Eingabefeld.

Das Eingabefeld "Bezug" zeigt die Verknüpfung an

Um eine Verknüpfung vollständig zu entfernen, löschen Sie den Eintrag im Eingabefeld *Bezug* des Dialogfelds *Objekt zuweisen*. Selbstverständlich sollten Sie sich zuvor vergewissern, daß bei Anwahl des Befehls *Objekt zuweisen...* das richtige Objekt markiert war.

Löschen einer Zuweisung

Beschriften einer Schaltfläche

Die Beschriftung der Schaltfläche ist jederzeit möglich, Sie müssen sie dazu lediglich markieren und sich somit in die Lage versetzen, einen Cursor zu positionieren, der eine Bearbeitung des Textes, z.B. "Schaltfläche 17", möglich macht. Solange die Schaltfläche keinem Makro zugewiesen ist, stellt die Markierung über einen einfachen Mausklick und die Positionierung des Cursors mit der Maus kein Problem dar. Besteht jedoch eine Zuweisung, so muß auch hier die oben bereits beschriebene Kombination

Die Schaltfläche muß markiert sein

Die Makroprogrammierung unter Excel

`Strg`+Mausklick verwendet werden, um das zugewiesene Makro nicht zur Ausführung zu bringen.

Weitere Informationen bezüglich der verwendbaren Schriftarten, -farben und -größen entnehmen Sie bitte Kapitel 8.

Aufrufen des Makros

Mausklick genügt

Zum Aufruf des Makros reicht bei funktionierender Zuweisung ein Klick auf das gezeichnete Objekt. Ist das Makro jedoch nicht verfügbar, weil es entweder noch nicht existiert oder weil die Makrovorlage, die Sie bei der Zuweisung angegeben haben, momentan nicht geöffnet ist, beschwert sich Excel über diesen Mangel in Form einer Fehlermeldung.

Prüfen Sie in einem solchen Fall die Richtigkeit der Verknüpfung bzw. öffnen Sie die fehlende Makrovorlage.

Bei einem Bogen steht Ihnen ein Viertelkreis zur Verfügung

Wenn es sich bei dem zugewiesenen Objekt um einen Bogen handelt, sollten Sie wissen, daß Sie zum Aufruf des Makros nicht genau auf den Bogen klicken müssen. Ein Bogen stellt immer ein Viertel eines Kreises dar. Genau dieses Viertel steht Ihnen auch als Fläche zur Verfügung, die Sie anklicken können, um ein einem Bogen zugewiesenes Makro über Mausklick aufzurufen.

Ursachen für Fehler

Zu solchen Fehlern kann es insbesondere dann kommen, wenn Sie ein Objekt kopiert und dann unterschiedlich beschriftet oder formatiert haben. Beim Kopieren eines Objektes mit den Befehlen des Menüs *Bearbeiten* geht die existierende Verknüpfung nicht verloren. Die Folge ist, daß auch das eingefügte Objekt mit dem gleichen Makro verknüpft ist wie die Vorlage, von der Sie kopiert haben.

13.11 Erstellen von eigenen Dialogfeldern

Die Datenmaske kennen Sie vielleicht schon

Den Bedienungskomfort, mit dem Sie selbsterstellte Anwendungen versehen können, haben Sie zum Teil schon in Kapitel 12 kennengelernt, als Sie eine eigene Datenmaske erstellt haben.

In diesem Abschnitt möchten wir Ihnen einen Eindruck vermitteln, wie vielfältig die Möglichkeiten sind, in Excel eigene Dialogfelder zu erstellen. Sie können die gesamte Palette der durch die grafische Benutzeroberfläche von Windows zur Verfügung gestellten Eingabemöglichkeiten nutzen.

Schließen Sie alle auf dem Bildschirm befindlichen Fenster, und laden Sie ein neues Arbeitsblatt unter der Option *Makrovorlage*.

Ein Makro zur Erzeugung eines Dialogfelds

Um ein selbsterstelltes Dialogfeld auf den Bildschirm zu bringen, muß ein Befehlsmakro ausgeführt werden, das die Funktion DIALOGFELD() enthält.

Die Makrofunktion DIALOGFELD()

Als Argument dieser Funktion muß lediglich der Feldbereich angegeben werden, in dem das gewünschte Dialogfeld beschrieben wird.

Arbeiten Sie nun einmal das folgende Beispiel durch. Es macht nichts, wenn Ihnen nicht alle Schritte sofort klar sind, sie werden später noch erläutert.

Wenn Ihnen die Eingabe der Werte zu mühsam ist, finden Sie die fertige Dialogfelddefinition auf der Beispieldiskette in der Datei DIALOG.XLM.

Beispiel auf Diskette

Tragen Sie bitte im Feld A1 der Makrovorlage den Namen des Makros ein, das Ihr Dialogfeld ins Leben rufen soll. Für dieses Dialogfeld haben wir als Namen "Autohandel" eingetragen.

In A2 schreiben Sie nun die Funktion

    =DIALOGFELD(B3:H30)

Die Funktion in A3 beendet das Makro auch schon wieder, denn es soll nichts anderes getan werden, als nur dieses Dialogfeld auf den Bildschirm zu bringen.

A3 hat also den Inhalt:

    =RÜCKSPRUNG()

Markieren Sie nun die Felder A1:A3 und geben Sie Ihnen den Namen "Autohandel" und den Tastenschlüssel ⌈Strg⌉+⌈A⌉. Damit wäre der Aufruf erledigt.

Um ein wenig System in unsere Erklärungen zu bringen, möchten wir Ihnen vorschlagen, Ihr Arbeitsblatt auf die Beschreibung Ihres ersten Dialogfeldes einzurichten.

Definition des Dialogfeldbereiches

In Spalte A werden Sie zur Erläuterung die Namen der Elemente festhalten, die in Spalte B durch Kennummern definiert werden.

Die Makroprogrammierung unter Excel

Erläuterungen in Spalte A, Feldtypen in Spalte B

Da in Spalte B nur maximal zweistellige Zahlen als Elementtyp eingetragen werden, können Sie diese Spalte auf 3 Zeichen Breite einstellen und in B1 die Spaltenüberschrift "Typ" eintragen.

In B3 tragen Sie bitte einen Verweis auf eine eigene Hilfedatei ein, auf die der Benutzer zurückgreifen kann, wenn er Hilfe wünscht.

Tragen Sie dort bitte "DIALOG.HLP!1" ein. Das hat den Effekt, daß der Anwender den in DIALOG.HLP unter Hilfepunkt 1 geschriebenen Text als Hilfestellung erhält, wenn er die Taste F1 drückt, während dieses Dialogfeld auf dem Bildschirm ist. Diese Hilfedatei können Sie erstellen, wenn Sie das Dialogfeld komplett aufgebaut haben.

Die X-Koordinaten zur horizontalen Positionierung

Die Spalte C sollte in C1 die Überschrift "X" erhalten. In den Feldern dieser Spalte werden später Zahlen eingetragen, die die Abstände vom linken Rand des Dialogfeldes angeben (in waagerechten Bildschirmeinheiten gemessen).

Eine waagerechte Bildschirmeinheit entspricht dabei einem Achtel der Zeichenbreite in der Schriftart des Systems.

Die erste in dieser Spalte angegebene X-Koordinate gibt den Abstand des Dialogfeldes vom linken Bildschirmrand, also die waagerechte Position des Dialogfeldes an. Ist der Wert dieser Koordinate 0 oder kein Wert eingetragen, so wird das Dialogfeld zentriert positioniert.

Die Y-Koordinaten zur vertikalen Positionierung

Die Spalte D erhält in D1 die Überschrift "Y". In den Feldern dieser Spalte werden später Zahlen eingetragen, die die Abstände vom oberen Rand des Dialogfeldes angeben (in senkrechten Bildschirmeinheiten gemessen).

Eine senkrechte Bildschirmeinheit entspricht dabei einem Zwölftel der Zeichenhöhe in der Schriftart des Systems.

Die erste in dieser Spalte angegebene Y-Koordinate gibt den Abstand des Dialogfeldes vom oberen Bildschirmrand, also die senkrechte Position des Dialogfeldes, an. Ist der Wert dieser Koordinate 0 oder kein Wert eingetragen, so wird das Dialogfeld zentriert positioniert.

Die Spalten C und D sollten mit 5 Zeichen Breite groß genug sein, diese Werte aufzunehmen.

Die Makroprogrammierung unter Excel

Die Spalte E legt in ihrer ersten Zeile innerhalb des Dialogfeldbezuges die Breite des Dialogfeldes fest. In allen folgenden Zeilen wird dort die Breite der Elemente in waagerechten Bildschirmeinheiten definiert.

Breite festlegen

Aus diesem Grund sollte in E1 die Überschrift "Breite" stehen und die Spaltenbreite auf 5 eingestellt werden.

Spalte F hingegen legt in der ersten Zeile die Höhe des Dialogfeldes fest. Alle anderen Einträge in dieser Spalte beziehen sich auf die Höhe der Elemente.

Höhe festlegen

Diese Maße sind in senkrechten Bildschirmeinheiten angegeben. Sinngemäß muß diese Spalte die Überschrift "Höhe" tragen und kann auch auf 5 Zeichen Breite eingestellt werden.

Texte, die innerhalb von Argumenten angezeigt werden, müssen in Spalte G eingetragen werden. Um ein Element, das keinen Text enthält (wie z.B. ein Eingabefeld), durch Eingabe eines Buchstabens anspringen zu können, müssen Sie dem gewünschten Buchstaben innerhalb des Textes ein kaufmännisches Und (&) voranstellen.

Statische Texte

Als weitere Voraussetzung für diese schnellere Anwahlmöglichkeit muß dem Element ohne Text ein Element vom Typ 5 vorangehen.

Für Elemente des Typs 15 und 16, also verknüpfte und nicht verknüpfte Listenfelder, werden hier Bezüge im Format Z1S1 eingetragen. Für Eingabefelder, also Elemente mit den Kennummern 6, 7 und 8, sowie Laufwerks- bzw. Verzeichnisfelder und Verzeichnistexte, die die Kennummern 19 und 20 tragen, werden Einträge in dieser Spalte ignoriert.

Inhalt der Listenfelder im Format Z1S1

Spalte H ist die Ein-/Ausgabespalte und sollte auch so betitelt werden. In dieser Spalte können Sie Vorgaben oder Anfangswerte für ein Element angeben.

Beim Schließen eines Dialogfeldes werden hier die in das Dialogfeld eingetragenen Werte festgehalten, so daß Sie durch entsprechende Makros diese vom Benutzer eingegebenen Daten verarbeiten können.

Für die Spalten G und H sollten Sie es bei der Standardbreite belassen.

Soviel zur Erläuterung der Einträge in den einzelnen Spalten, die Sie anhand unseres Beispieldialogfeldes vornehmen werden.

Die Makroprogrammierung unter Excel

Schreiben Sie nun folgende Texte und Werte in die angegebenen Felder der Spalten A bis E:

	A	B	C	D	E	F
3			DIALOG.HLP!1	0	0	600	250
4	Text		5	12	9	40	18
5	Textfeld		6	12	30	150	18
6	verknüpftes Listenfeld		16	12	55	150	90
7	Text		5	200	9	55	18
8	Textfeld		6	200	30	200	18
9	verknüpftes Listenfeld		16	200	55	200	90
10	Schaltfläche OK		1	450	20	130	20
11	Schaltfläche Abbrechen		2	450	45	130	20
12	Gruppierungs-Optionsfeld		14	12	150	120	80
13	Runde Optionsfeldgruppe		11	12	170	100	70
14	Rundes Optionsfeld		12	16	170	100	18
15	Rundes Optionsfeld		12	16	188	100	18
16	Rundes Optionsfeld		12	16	206	100	18
17	Gruppierungs-Optionsfeld		14	200	150	120	80
18	Runde Optionsfeldgruppe		11	200	170	100	18
19	Rundes Optionsfeld		12	204	170	100	18
20	Rundes Optionsfeld		12	204	188	100	18
21	Rundes Optionsfeld		12	204	206	100	18
22	Sinnbild		17	150	170	20	20
23	Gruppierungsoptionsfeld		14	400	150	180	80
24	Runde Optionsfeldgruppe		11	400	170	150	18
25	Rundes Optionsfeld		12	404	170	150	18
26	Runes Optionsfeld		12	404	188	150	18
27	Rundes Optionsfeld		12	404	206	150	18
28	Sinnbild		17	345	170	20	20
29	Text		5	450	80	100	18
30	Zahlenfeld		8	450	100	100	18

In die Spalte G tragen Sie bitte folgendes ein:

	G
4	&Auto
5	
6	Z2S9:Z21S9
7	&Extras
8	
9	Z2S10:Z14S10
10	A&uswahl
11	Bee&nden
12	Zahlungsweise
13	
14	&Bar
15	&Rechnung
16	&Leasing
17	Lieferung
18	
19	&Abholer

Die Makroprogrammierung unter Excel

20	per &Schiff
21	per &Bahn
22	3
23	Kilometerleistung
24	
25	< &50.000
26	< 1&00.000
27	< &150.000
28	3
29	&Preis in DM
30	

Spalte H lassen Sie frei, in Spalte I und J tragen Sie die Vorgaben für die beiden Listenfelder ein:

	I	J
2	VW KÄFER 1303	Ledersitze
3	VW GOLF GTI	rechter Außenspiegel
4	VW PASSAT	Standheizung
5	VW SCIROCCO	Schiebedach
6	MERCEDES 190E	Cassettenradio
7	MERCEDES 200D	elektr. Fensterheber
8	MERCEDES 250D	Tempomat
9	MERCEDES 260E	Sportlenkrad
10	MERCEDES 300E	Sportfelgen
11	OPEL MONZA 3.0	Schalensitze
12	OPEL SENATOR 2.8 i	Drehzahlmesser
13	OPEL KADETT GSI	Metallic-Lackierung
14	OPEL CORSA	Anhänger-Kupplung
15	FORD SIERRA	
16	FORD ESCORT	
17	FORD SCORPIO	
18	LADA NIVA 1600	
19	PORSCHE 924	
20	PORSCHE 944	
21	PORSCHE 928S	

Speichern Sie nun Ihre Makrovorlage unter dem Namen DIALOG.XLM.

Sehen Sie sich dann das Ergebnis an, indem Sie die Tastenkombination [Strg]+[Shift]+[A] drücken, um einen Probelauf Ihres Makros zu starten.

531

Die Makroprogrammierung unter Excel

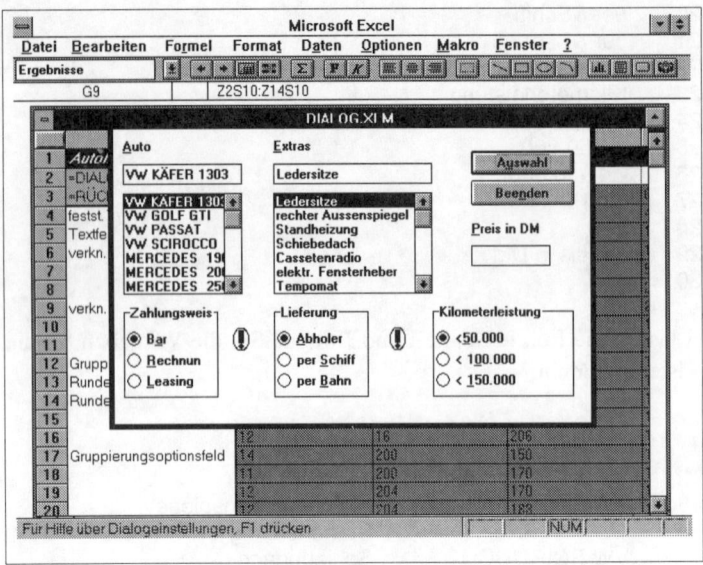

Abb. 183: Ein Dialogfeld für Autohändler

Als weitere theoretische Hilfestellung möchten wir Ihnen eine Erläuterung der Elemente und Kennummern geben, die Sie in einem Dialogfeld verwenden können.

Dialogfeld: Das Dialogfeld hat keine Kennummer, die in der Spalte B festgehalten werden kann. Die Spalte C darf keinen Eintrag oder einen Hilfebezug aufweisen. Die angegebenen X- und Y-Koordinaten geben den Abstand vom linken und oberen Bildschirmrand an. Die in den Spalten Breite und Höhe angegebenen Werte definieren die Größe des Dialogfelds. Die Spalte Text wird übergangen. Der Eintrag in der Spalte Ein-/Ausgabe bleibt Ihnen freigestellt. Ansonsten wird hier die Zahl des Elementes eingetragen, das zuerst ausgewählt werden soll. Die Elemente des Dialogfelds werden in der zweiten Zeile, von 1 an aufsteigend, durchnumeriert.

1 Standardschaltfläche *Ok*: In der Spalte "Text" wird der Text angegeben, der anstelle der Buchstaben "OK" dort erscheinen soll.

Standardschaltfläche bedeutet, daß diese Schaltfläche mit einem fetten Rand dargestellt wird. Durch Drücken auf die `Return`-Taste wird das Dialogfeld geschlossen, die Steuerung an das Makro zurückgegeben, und die eingetragenen bzw. ausgewählten Elemente werden in die Ein-/Ausgabespalte eingetragen.

Die Makroprogrammierung unter Excel

2   Schaltfläche *Abbrechen*: In der Spalte Text wird der Text eingetragen, der anstelle von "Abbrechen" in der Schaltfläche erscheinen soll. Bei Betätigung dieser Schaltfläche wird das Dialogfeld geschlossen und die Steuerung an das Makro zurückgegeben, ohne Werte in die Ein-/Ausgabespalte einzutragen.

3   Schaltfläche *Ok*: In der Spalte "Text" wird der Text angegeben, der anstelle der Buchstaben "OK" in der Schaltfläche erscheinen soll. Bei Betätigung der Schaltfläche werden die ausgewählten und eingetragenen Daten in die Ein-/Ausgabespalte geschrieben, das Dialogfeld geschlossen und die Steuerung an das Makro zurückgegeben.

4   Standardschaltfläche *Abbrechen*: In der Spalte "Text" wird der Text angegeben, der in der Schaltfläche anstelle von "Abbrechen" erscheinen soll. Die Schaltfläche wird mit einem fetten Rand dargestellt, d.h. sie kann durch Return betätigt werden, woraufhin das Fenster geschlossen wird, ohne Werte in den Dialogfeldbezug einzutragen. Das Makro übernimmt dann wieder die Steuerung.

5   *Text:* Der angebene Text wird im Dialogfeld als feststehender Text angezeigt. Wenn Sie diesen Text als Bezeichnung für Eingabefelder verwenden möchten, sollten Sie einem Buchstaben innerhalb dieses Textes ein kaufmännisches Und (&) voranstellen. Durch Eingabe dieses Buchstabens, der unterstrichen angezeigt wird, und gleichzeitiges Drücken der `Alt`-Taste springt Excel zum folgenden Eingabefeld.

6   *Textfeld:* Eingabefeld, das lediglich die Eingabe von Text erlaubt. Einträge in der Spalte "Text" werden ignoriert. In der Spalte "Ein-/Ausgabe" eingetragener Text wird als Anfangswert in diesem Eingabefeld angezeigt.

7   *Ganze-Zahlen-Feld:* Eingabefeld, das lediglich die Eingabe von ganzen Zahlen von -32.765 bis 32.767 erlaubt. Einträge in der Spalte "Text" werden übergangen. In Spalte H kann ein Anfangswert für dieses Eingabefeld bestimmt werden.

8   *Zahlenfeld:* Ähnlich wie Element 7. Es können jedoch auch Brüche eingegeben werden.

9   *Formelfeld:* Eingabefeld, das ausschließlich Formeln aufnehmen kann. Als Anfangswert können in der Spalte "Ein-/Ausgabe" Formeln eingetragen werden. Diese Formeln müssen jedoch als Bezüge im Format Z1S1 formuliert sein. Bei der Anzeige dieser Bezüge im Dialogfeld wird dann aber die Schreibweise verwendet, die für das aktive Arbeitsblatt eingestellt ist.

Die Makroprogrammierung unter Excel

10 *Bezugsfeld:* Dieses Eingabefeld kann nur Bezüge aufnehmen. Anfangswerte können auch hierfür in der Spalte "Ein-/Ausgabe" eingetragen werden. Für die in dieses Eingabefeld eingetragenen Bezüge gilt das gleiche wie für die Formeln im Formelfeld. Sie werden im Dialogfeld in der Schreibweise des aktiven Arbeitsblattes angezeigt, müssen jedoch als Anfangswert im Format Z1S1 angegeben werden.

11 *Runde Optionsfeldgruppe:* In der Spalte Ein-/Ausgabe wird entweder das ausgewählte Optionsfeld als Zahl eingetragen oder der Anfangswert als Zahl angegeben. Die Optionsfelder sind von 1 an aufsteigend durchnumeriert. Dabei bekommt das erste Optionsfeld unterhalb der Optionsfeldgruppe die Nummer 1. Wenn in der Spalte "Ein-/Ausgabe" keine Zahl angegeben ist, wird automatisch das erste Optionsfeld der Gruppe ausgewählt. Ist in dieser Spalte allerdings der Fehlerwert #NV eingetragen, wird kein Optionsfeld ausgewählt. Jeder Gruppe runder Optionsfelder muß ein solches Element vorangestellt sein.

12 *Rundes Optionsfeld:* In der Spalte "Text" wird der Name des Optionsfeldes eingetragen. Innerhalb einer Gruppe runder Optionsfelder kann immer nur eine Option eingeschaltet sein.

13 *Viereckiges Optionsfeld:* Um dieses Optionsfeld auszuwählen, muß in der Spalte "Ein-/Ausgabe" der Wahrheitswert WAHR eingetragen werden. FALSCH schaltet die Option wieder aus. Wird jedoch der Fehlerwert #NV in diese Spalte eingetragen, erscheint dieses Optionsfeld grau hinterlegt.

14 *Gruppierungs-Optionsfeld:* Dient dazu, zusammengehörende Optionsfelder durch einen Rahmen als Gruppe zu formatieren. In der Spalte "Text" kann ein Name eingetragen werden, der im oberen Teil des Rahmens abgebildet wird. Ein Eintrag in dieser Spalte ist allerdings nicht zwingend.

15 *Listenfeld:* Dient zur Auswahl von vorgegebenen Einträgen. In der Spalte "Text" muß ein Feldbezug angegeben sein, der den Feldbereich nennt, in dem die für das Listenfeld vorgegebenen Werte gespeichert sind. In der Spalte "Ein-/Ausgabe" kann als Anfangswert eine Zahl angegeben werden. Diese Zahl wird als Position eines Elementes in der Liste verstanden. Wenn dort keine Zahl eingetragen ist, wird automatisch das erste Element ausgewählt. Stößt Excel in dieser Spalte auf den Fehlerwert #NV, wird kein Element aus der Liste gewählt.

Die Makroprogrammierung unter Excel

16 *Verknüpftes Listenfeld:* Dient zur Auswahl von vorgegebenen Einträgen. In der Spalte "Text" muß ein Feldbezug angegeben sein, der den Feldbereich nennt, in dem die für das Listenfeld vorgegebenen Werte gespeichert sind. In der Spalte "Ein-/Ausgabe" kann als Anfangswert eine Zahl angegeben werden. Diese Zahl wird als Position eines Elementes in der Liste verstanden. Wenn dort keine Zahl eingetragen ist, wird automatisch das erste Element ausgewählt. Stößt Excel in dieser Spalte auf den Fehlerwert #NV, wird kein Element aus der Liste gewählt. Der Unterschied zum einfachen Listenfeld besteht darin, daß hierbei ein Feld des Typs 6, also ein Textfeld, vorausgehen muß, in das automatisch das ausgewählte Argument eingetragen wird.

17 *Sinnbild:* In der Spalte "Text" kann durch eine Ziffer angegeben werden, welches der drei zur Verfügung stehenden Sinnbilder im Dialogfeld angezeigt werden soll. Die 1 steht für das Fragezeichen (?), die 2 für den Stern (*) und die 3 für das Ausrufezeichen (!).

18 *Verknüpftes Datei-Listenfeld:* Dieses Listenfeld listet alle Dateien in einem Verzeichnis auf. Es muß direkt auf ein Textfeld vom Typ 6 folgen, in das der ausgewählte Dateiname eingetragen wird. Außerdem kann in diesem Textfeld noch bestimmt werden, welche Dateien im Listenfeld angezeigt werden. Trägt man in das Textfeld *.XLS ein, werden lediglich Dateien mit dieser Erweiterung angezeigt.

19 *Verknüpftes Laufwerks- und Verzeichnisfeld:* Listet alle verfügbaren Laufwerke, das übergeordnete Verzeichnis und alle Unterverzeichnisse auf. Es muß direkt nach einem verknüpften Datei-Listenfeld definiert werden. Wenn hinter einem verknüpften Laufwerks- und Verzeichnisfeld ein Text vom Typ 5 steht, so gibt dieser das aktuelle Laufwerk und den Namen des Verzeichnisses an. Dieser Text ändert sich, wenn Laufwerk bzw. Verzeichnis sich ändern. Sie können in ein anderes Verzeichnis oder Laufwerk wechseln, wenn Sie den Namen des gewünschten Laufwerks oder Verzeichnisses in das Textfeld vor dem verknüpften Datei-Listenfeld eintragen.

20 *Verzeichnistext:* Gibt den Namen des aktuellen Verzeichnisses aus. Der Text verändert sich nicht, wenn das Laufwerk oder Verzeichnis gewechselt wird.

Durch die in den Feldern G6 und G9 angegebenen Bezüge wird festgelegt, wo die Elemente zu finden sind, die in den Listenfeldern angezeigt werden. Noch ist die Spalte H völlig frei von Einträgen. Das hat zur Folge, daß sich beim ersten Aufruf des Dialogfelds keine Einträge in den Eingabefeldern befinden und auch in den Listenfeldern kein Eintrag schwarz hinterlegt ist.

Zurück zum Beispiel

Die Makroprogrammierung unter Excel

Treffen Sie nun folgende Auswahl und machen Sie die von uns vorgeschlagenen Eintragungen.

Auto:	MERCEDES 300E
Extras:	Tempomat
Zahlungsweise:	Leasing
Lieferung:	per Schiff
Kilometerleistung:	< 50.000
Preis:	65870

Betätigen Sie nun die Schaltfläche *Ok* durch Mausklick oder `Return`.

Wenn Sie jetzt die Spalte H noch einmal betrachten, finden Sie folgende Einträge:

H5	MERCEDES 300E
H6	9 (gemeint ist das 9. Element in der Liste)
H8	Tempomat
H9	7 (gemeint ist das 7. Element in der Liste)
H13	3 (Sie haben die 3. Option gewählt)
H18	2 (Sie haben die 2. Option gewählt)
H24	1 (Sie haben die 1. Option gewählt)
H30	65870

Auf diese Werte können Sie nun durch ein anderes Makro zugreifen. Sie können sie in eine Tabelle eintragen, dort verarbeiten oder ausdrucken. Wie Sie im Kapitel 12.10 schon gelesen haben, können Sie ein solches Dialogfeld als Datenmaske verwenden und die eingetragenen Daten direkt in Ihre Datenbank einfügen. Dieser Vorgang erledigt sich automatisch, wenn Sie für die Eingabefelder den Feldnamen der Datenbank in die Ein-/Ausgabespalte eintragen.

Erstellen einer eigenen Hilfedatei

Im Feld B3 Ihrer Makrovorlage haben Sie zu Beginn einen Verweis auf einen Hilfepunkt in einer Hilfedatei eingetragen. An dieser Stelle sollten Sie jetzt auch den entsprechenden Hilfetext formulieren, damit der Hilfebezug gültig wird.

Der Hilfebezug DIALOG.HLP!1 verweist auf den Hilfepunkt 1 in einer Hilfedatei mit dem Namen DIALOG.HLP. Hinter diesem Hilfepunkt kann nun ein Text hinterlegt werden, der den Anwender unterstützt, wenn dieser die Taste `F1` drückt, während das Dialogfeld angezeigt wird.

Anlegen einer Hilfedatei

Da diese Hilfedatei noch nicht existiert, öffnen Sie mit dem Befehl *Neu...* ein neues Arbeitsblatt unter der Option *Tabelle*.

Die Makroprogrammierung unter Excel

Im Feld A1 dieses neuen Arbeitsblattes tragen Sie nun zuerst die Nummer des Hilfepunktes ein, auf den Sie verwiesen haben. Zusätzlich können Sie hier noch eine Bemerkung notieren, die Ihre Hilfedatei dokumentiert und anhand derer Sie auch später noch wissen, worauf sich dieser Hilfepunkt bezieht.

Machen Sie also im Feld A1 Ihrer Hilfedatei folgenden Eintrag:

> *1 Autohandel

Der Stern kennzeichnet einen Hilfepunkt und muß immer der Nummer des Hilfepunktes vorangestellt werden. Ob Sie eine Bemerkung notieren, ist Ihnen jedoch freigestellt.

Im Feld A2 kann jetzt der eigentliche Hilfetext verfaßt werden. Für Ihre Anwendung sollten Sie sich an dieser Stelle geeignete Hilfstexte einfallen lassen. Zur Demonstration haben wir auch in der Hilfedatei auf der Beispieldiskette folgenden Hilfetext angegeben:

"Dies ist der Hilfepunkt zum Dialogfeld "Autohandel", geben Sie dem Anwender Ihrer Dialogfelder an dieser Stelle die Unterstützung, die er braucht, um mit Ihrer Anwendung arbeiten zu können."

Wenn Sie diesen oder einen anderen Hilfetext eingetragen haben, muß die Hilfedatei unter dem Namen abgespeichert werden, auf den Sie in der Dialogfelddefinition verwiesen haben.

Hilfedateien dürfen jedoch nicht im Excel-Standardformat abgespeichert werden. Bevor Sie den Befehl *Speichern* oder *Speichern unter...* mit der Schaltfläche *Ok* bestätigen, muß die Option *Text* eingeschaltet werden.

Hilfedateien müssen als Text abgespeichert werden

Doch damit noch nicht genug. Während es in früheren Versionen ausreichte, einen normalen ASCII-Text als Hilfetext zu nutzen, müssen Sie diesen nun noch konvertieren, da sich unter Windows 3 das Format der Hilfe-Dateien geändert hat. Das Konvertierungsprogramm von Microsoft nennt sich HELPCONV.EXE und ist auf unserer Beispieldiskette im Verzeichnis \HILFE vorhanden. Es erzeugt aus einem ASCII-Text eine geeignete Hilfe-Datei. Es wird folgendermaßen angewendet:

Konvertierungsprogramm nutzen

> helpconv [Pfad] Dateiname

Die ASCII-Datei trägt in der Regel die Erweiterung .TXT. HELPCONV erzeugt eine Datei mit der gleichen Endung, legt allerdings eine Sicherungsdatei (.BAK) an, die der ursprünglichen Textdatei entspricht. Die konvertierte Hilfe-Datei muß nun in *.HLP umbenannt werden und kann dann von der Windows-Hilfefunktion gelesen werden.

Die Makroprogrammierung unter Excel

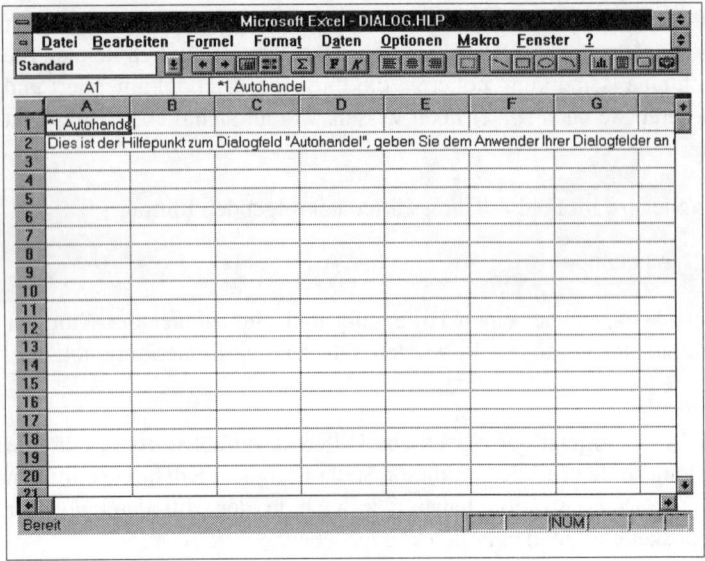

Abb. 184: Die Hilfedatei DIALOG.TXT

Starten Sie jetzt das Makro zum Aufruf des Dialogfeldes. Sobald das Dialogfeld auf dem Bildschirm erscheint, können Sie durch Drücken der Taste F1 den von Ihnen formulierten Hilfetext zur Anzeige bringen.

Die Hilfedatei muß nicht geladen sein

Diese selbstformulierte Anwenderunterstützung steht Ihnen immer zur Verfügung, wenn sich das Dialogfeld auf dem Bildschirm befindet. Die Hilfedatei muß nicht geladen, aber auf dem aktuellen Laufwerk im aktuellen Verzeichnis verfügbar sein.

Der Pfad zur Hilfedatei kann mit angegeben werden

Wenn Sie mit einer Hilfedatei auf einem anderen Laufwerk oder in einem anderen Verzeichnis arbeiten möchten, so können Sie dies in Ihrem Hilfebezug vermerken, indem Sie den Pfad der Hilfedatei vollständig angeben.

Ein Beispiel:

> A:\EXCEL\DIALOG.HLP!1

verweist auf den Hilfepunkt 1 in der Hilfedatei DIALOG.HLP auf Laufwerk A: im Verzeichnis EXCEL.

Hilfepunkte können nicht nur für Dialogfelder, sondern auch für selbstdefinierte Befehle geschrieben werden. Mehr darüber erfahren Sie im Praxisteil dieses Buches, insbesondere in Kapitel 19.2, in dem Ihnen eine größere Makroanwendung vorgestellt wird.

13.12 Der Dialogfeldeditor

Da die Grundlagen für die Arbeit mit Dialogfeldern schon im vorhergehenden Kapitel erläutert wurden, gehen wir in diesem Kapitel nicht mehr näher auf Begriffe oder Elementbezeichnungen ein. Wenn Sie mit der Erstellung von Dialogfeldern noch keine konkreten Erfahrungen gemacht haben, sollten Sie im Zweifelsfall zuerst Kapitel 13.11 lesen.

Seit der Version 2.1 stellt Excel Ihnen ein Dienstprogramm zur Verfügung, mit dem Sie auf einfache Art und Weise neue Dialogfelder erstellen und bestehende Dialogfelder bearbeiten können.

Die Programmdatei dieses Utility hat den Namen EXCELDE.EXE und befindet sich nach der Installation im gleichen Verzeichnis wie Excel selbst.

Der Dialogfeldeditor verbirgt sich als Symbol der Excel-Programmgruppe des Programm-Managers unter Windows. In den meisten Fällen werden Sie den Editor jedoch benötigen, wenn Sie Makros programmieren und ein Dialogfeld entwerfen möchten. Aus diesem Grund kann der Dialog-Editor auch von Excel aus gestartet werden. Öffnen Sie dazu das Menü *System* und wählen Sie den Befehl *Ausführen...* Im folgenden Dialogfeld finden Sie eine Option namens *Dialogfeld-Editor*. Markieren Sie dieses Optionsfeld und betätigen Sie die Schaltfläche *Ok*. Auf Ihrem Bildschirm erscheint nun ein Fenster, in dessen Mitte ein leeres Dialogfeld abgebildet ist.

Pfad richtig setzen

Da Excel ein eigenes Verzeichnis benutzt, funktioniert der Aufruf nur, wenn die Pfadangabe in der AUTOEXEC.BAT um den Eintrag des Excel-Verzeichnisses erweitert worden ist. Ansonsten erhalten Sie eine Fehlermeldung, da Windows nur in den Verzeichnissen nachschaut, zu denen ein Pfad gesetzt ist.

Durch die Befehle im Menü *Elemente* können Sie nun die von Ihnen gewünschten Bestandteile in Ihrem Dialogfeld plazieren. Die Auswahl an einzufügenden Elementen ist genauso groß wie beim Erstellen eines Dialogfeldes "von Hand". Um den Dialogfeldeditor in der Praxis kennenzulernen, öffnen Sie das Menü *Elemente*.

Der Befehl "Schaltflächen..."

Nach Anwahl des Befehls *Schaltflächen...* erscheint ein Dialogfeld, in dem Sie durch das Markieren einer Option entscheiden können, ob Sie Schaltflächen oder Optionsfelder in Ihr neues Dialogfeld einfügen möchten.

Die Makroprogrammierung unter Excel

Bei den Schaltflächen gibt es zwei Auswahlmöglichkeiten: *OK* und *Abbrechen*. Um eine Schaltfläche schon beim Aufruf des Dialogfelds zu aktivieren, müssen Sie die Option *Standard-Schaltflächen* einschalten, daraufhin wird bei einem Druck auf die `Return`-Taste automatisch diese Schaltfläche betätigt. Es versteht sich von selbst, daß nur eine Schaltfläche innerhalb eines Dialogfelds als Standard-Schaltfläche definiert werden kann.

Bei den Optionsfeldern haben Sie die Wahl zwischen runden Optionsfeldern und Kontrollkästchen. Markieren Sie bitte die Option *Optionsfeld*, und betätigen Sie die Schaltfläche *OK*. In der linken oberen Ecke Ihres Dialogfelds befindet sich nun ein rundes Optionsfeld, das mit dem Text "Optionsfeld" versehen ist. Um diesen Text zu ändern, brauchen Sie nichts weiter zu tun, als die von Ihnen gewünschte Information zu diesem Optionsfeld einzugeben. Wir haben als neuen Text zu diesem Optionsfeld "Nachnahme" eingegeben.

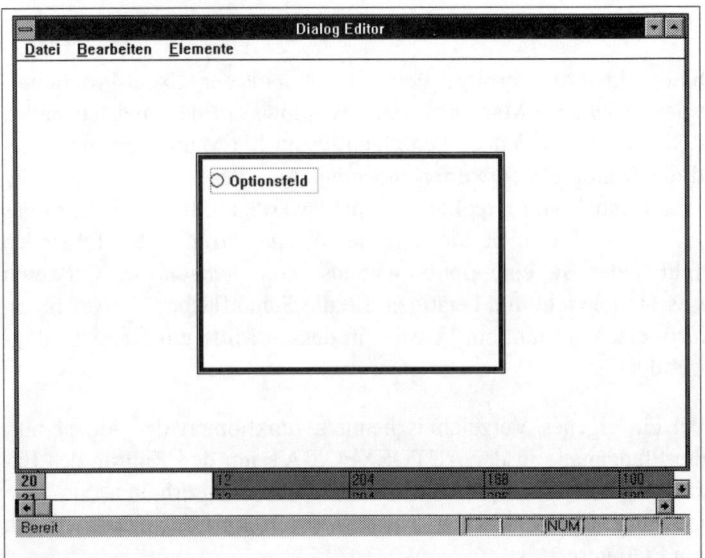

Abb. 185: Der erste Schritt

Aktivieren eines Elementes

Um eine Änderung an einem Element vorzunehmen, muß dieses Element immer zuerst ausgewählt bzw. aktiviert werden. Dieser Vorgang ist jetzt entfallen, da ein Element, unmittelbar nachdem es in das Dialogfeld eingefügt worden ist, automatisch ausgewählt wird. Sie erkennen dies an der dünnen gestrichelten Linie, die das Element umrahmt. Sie markieren ein Element, indem Sie es mit der Maus anklicken oder sooft die `Tab`-Taste drücken, bis besagte gestrichelte Linie um das gewünschte Element erscheint.

Die Makroprogrammierung unter Excel

Wenn Sie mehrere gleichartige Elemente, etwa mehrere runde Optionsfelder oder mehrere Kontrollkästchen in Ihrem Dialogfeld einsetzen möchten, können Sie natürlich für jedes Element den oben beschriebenen Weg gehen, leichter ist es allerdings, wenn Sie das zuerst eingefügte Element duplizieren.

Duplizieren eines Elements

Zum Duplizieren von Dialogfeldelementen haben Sie zwei Möglichkeiten. Die erste Möglichkeit bietet der Befehl *Duplizieren* aus dem Menü *Bearbeiten*. Aktivieren Sie Ihr Optionsfeld und wählen Sie den Befehl *Duplizieren*. Daraufhin erscheint ein zweites Optionsfeld mit dem gleichen Text direkt unterhalb des ersten.

Der Befehl Duplizieren

Für Optionsfelder und Schaltflächen hat dieser Befehl eigentlich keine sinnvolle Anwendung, da zwei gleiche Optionsfelder oder Schaltflächen in einem Dialogfeld keinen Sinn machen. Sollten Sie jedoch zwei andere gleichartige, Elemente in einem Dialogfeld darstellen wollen, so kann dieser Befehl zeitsparend angewandt werden.

Die zweite Möglichkeit, von der Sie in unserem Beispiel Gebrauch machen sollten, ist ein einfacher Druck auf die Return-Taste, nachdem das Element, das verdoppelt werden soll, ausgewählt worden ist. Das zweite Optiontionsfeld wird unterhalb des ersten plaziert, trägt aber den voreingestellten Text "Rundes Optionsfeld".

Duplizieren durch Return

Verdoppeln Sie bitte das erste Optionsfeld zweimal und ändern Sie die Texte der neuen Optionsfelder, so daß drei Optionsfelder mit den Namen "Nachnahme", "Lastschrift" und "Scheck" in Ihrem Dialogfeld entstehen.

Um diese drei zusammengehörenden Optionsfelder zusammen bewegen zu können, ohne die exakte Ausrichtung und die Abstände zu verändern, können sie als Gruppe definiert werden. Die Position dieser Optionsfelder zueinander ist dann fixiert.

Der Befehl "Gruppe auswählen"

Um dies zu erreichen, wählen Sie den Befehl aus dem Menü . Da die Optionsfelder die einzigen Bestandteile Ihres Dialogfeldes sind, markiert der Dialogfeldeditor diese Gruppe und stellt sie auf schwarzem Untergrund dar. Befinden sich mehrere verschiedene Elemente in einem Dialogfeld und Sie wählen diesen Befehl, so wird das gesamte Dialogfeld als Gruppe definiert.

Bewegen einer ganzen Gruppe

Ein eingefügtes Element kann frei an einer beliebigen Stelle innerhalb des Dialogfeldes plaziert werden, vorausgesetzt die Kontrollkästchen für die Positionierung von X und Y wurden im Dialogfeld des Befehls ausgeschaltet. Um ein Element bewegen zu können, muß es zuvor aktiviert werden. Ist dies geschehen, können Sie das Element mit den Pfeiltasten innerhalb des Dialogfeldes verschieben. Ein grauer Rahmen zeigt dabei

Bewegen eines Elementes

541

Die Makroprogrammierung unter Excel

die aktuelle Position des Elementes an. Wenn Sie die gewünschte Position gefunden haben, drücken Sie `Return`, und das Element befindet sich am gewünschten Platz. Mit der Maus erreichen Sie das gleiche, indem Sie das Element anklicken, das Sie versetzen wollen, dabei die Maustaste festhalten und es an die richtige Stelle setzen. Dort lassen Sie die Maustaste dann wieder los.

Bewegen Sie nun bitte die definierte Gruppe von Optionsfeldern von der linken oberen Ecke des Dialogfeldes in die rechte untere Ecke.

Bewegen eines Dialogfeldes

Das Dialogfeld läßt sich genau wie ein Element frei auf dem Bildschirm plazieren. Voraussetzung ist natürlich auch hierbei, daß das Dialogfeld zuvor mit dem Befehl *Dialogfeld auswählen* oder durch Mausklick auf eine Stelle, an der sich kein Element befindet, aktiviert wurde.

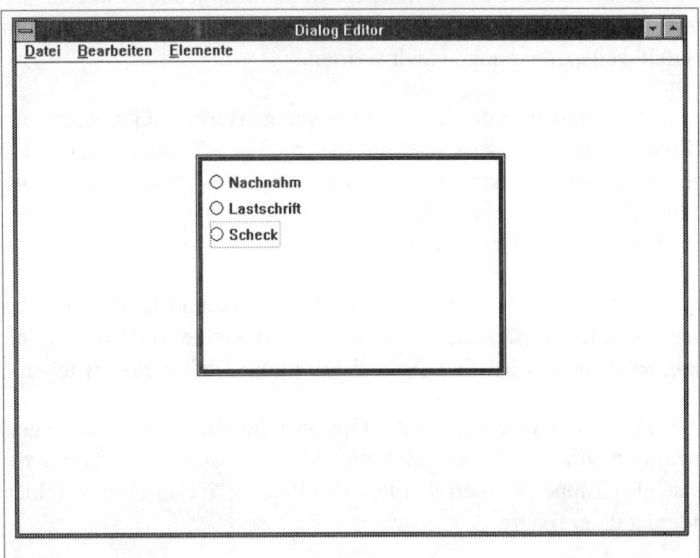

Abb. 186: Das Ergebnis

Der Befehl "Gruppenfeld"

Die drei soeben entstanden Optionsfelder zur Auswahl der Zahlungsform lassen sich nicht nur sinngemäß, sondern auch organisatorisch innerhalb des Dialogfeldes zu einer Gruppe zusammenfassen. Wählen Sie bitte den Befehl *Gruppenfeld* aus dem Menü *Elemente*. Es erscheint ein gestrichelter Rahmen um die drei Optionsfelder. Dieser Rahmen ist etwas zu groß geraten, so daß er nahezu das gesamte Dialogfeld ausfüllt. Das soll uns aber im Moment nicht weiter stören, viel wichtiger wäre es, den Text im oberen Rahmen dieses Gruppenoptionsfelds aussagekräftiger zu machen.

Die Makroprogrammierung unter Excel

Da auch das neu eingefügte Gruppenfeld noch aktiviert ist, können Sie den alten Text ersetzen, indem Sie den neuen Text eingeben. Wir haben das Gruppenfeld mit dem Text "Zahlbar per" versehen.

In der Regel sollten Sie sich jedoch vorher Gedanken darüber machen, welche Elemente innerhalb eines Gruppenfeldes zusammengefasst werden soll. So ist es einfacher, zuerst das Gruppensymbol zu plazieren und bei Markierung die übrigen Elemente dieser Gruppe zuzuordnen.

Elemente können nicht nur an jeder beliebigen Stelle im Dialogfeld plaziert, sondern auch beliebig in ihrer Größe verändert werden. Ausnahmen sind dabei Sinnbilder und runde Optionsfelder bzw. Kontrollkästchen, deren Größe nicht verändert werden kann.

Ändern der Größe von Elementen

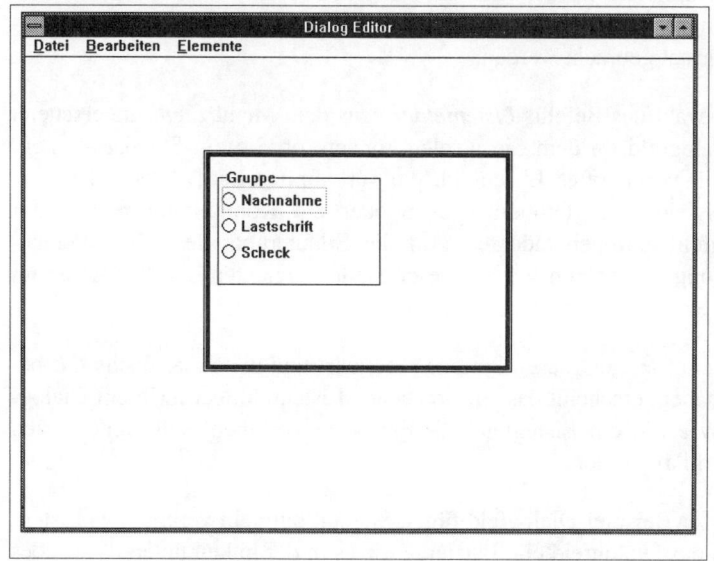

Abb. 187: Hier kann in Zukunft eine Auswahl getroffen werden.

Die Größe der Schaltflächen *OK* und *Abbrechen* kann nur dann geändert werden, wenn die automatische Größeneinstellung ausgeschaltet ist. Dies erreichen Sie, indem Sie die entsprechende Schaltfläche aktivieren und den Befehl *Info* aus dem Menü *Bearbeiten* wählen. Im Dialogfeld zu diesem Befehl finden Sie rechts neben den Größen- und Positionsangaben vier Optionsfelder mit dem Namen *Auto*. Schalten Sie diese Option für die Größenangaben "Breite" und "Höhe" aus, wenn Sie die Größe der Schaltfläche ändern möchten.

Größe einer Schaltfläche ändern

Alle anderen Dialogfeldelemente lassen sich ohne Schwierigkeiten vergrößern oder verkleinern. Um ein Element mit der Tastatur zu verklei-

Die Makroprogrammierung unter Excel

nern, benutzen Sie bei gedrückter Shift -Taste die Tasten ← und ↑. Um ein Element mit der Tastatur zu vergrößern, benutzen Sie bei gedrückter Umschalt-Taste die Tasten → und ↓. Mit der Maus klicken Sie eine Seite des Elements an, halten die Maustaste gedrückt, ziehen diese Seite, bis die gewünschte Größe erreicht ist, und lassen die Mausteste wieder los.

Verkleinern Sie das Gruppenfeld so weit, daß es lediglich die drei Optionsfelder zusammenfaßt, ohne weiteren Platz im Dialogfeld zu beanspruchen.

Ändern der Dialogfeldgröße

Das gleiche Verfahren, das bei Elementen zur Größenänderung angewandt wird, ist auch für Dialogfelder praktikabel. Nachdem das Dialogfeld aktiviert wurde, kann es bei gedrückter Shift -Taste mit den Richtungstasten oder durch Ziehen einer Seite mit der Maus in das richtige Format gebracht werden.

Der Befehl "Listenfelder..."

Bei Anwahl des Befehls *Listenfelder..* aus dem Menü *Elemente* erscheint ein Dialogfeld, in dem Sie wählen können, ob Sie ein Standard-Listenfeld, ein verknüpftes Listenfeld, ein verknüpftes Laufwerks- oder Verzeichnisfeld, eine Dropdown-Liste oder ein Kombinationsfeld in Ihr Dialogfeld einfügen möchten. Auf die Erläuterung dieser fünf Feldbezeichnungen möchten wir an dieser Stelle verzichten, da dies schon im vorangegangenen Kapitel geschehen ist.

Nachdem Sie eine dieser Optionen markiert und die Schaltfläche *OK* betätigt haben, erscheint das entsprechende Listenfeld leer in Ihrem Dialogfeld. Wie Sie ein Listenfeld mit Einträgen versehen, soll weiter unten noch erklärt werden.

Für unser Beispiel-Dialogfeld fügen Sie nun bitte ein verknüpftes Listenfeld in das Dialogfeld ein. Plazieren Sie es in der linken unteren Ecke des Dialogfeldes neben dem Gruppenfeld und vergrößern Sie es, bis seine Höhe ca. zwei Drittel der Höhe des Dialogfeldes ausmacht.

Element-Informationen modifizieren

Um ein Listenfeld mit den entsprechenden Einträgen zu füllen, muß der Feldbereich angegeben werden, in dem diese Einträge gespeichert sind. Der Befehl *Info...* gibt Ihnen dazu Gelegenheit.

Aktivieren Sie bitte Ihr neues Listenfeld und wählen Sie den Befehl *Info...*. Mausbesitzer brauchen statt dessen nur ihr Listenfeld zweimal anzuklicken. Sie haben nun ein Dialogfeld vor sich, in dem Sie eine Menge an Eintragungen vornehmen können.

Die ersten beiden Eingabefelder "X" und "Y" zeigen die X- und Y-Koordinate des aktiven Elementes im Dialogfeld an. Ist das Dialogfeld bei

Die Makroprogrammierung unter Excel

Anwahl des Befehls "Info.." aktiviert, so geben diese beiden Eingabefelder die Koordinaten des Dialogfeldes auf dem Bildschirm an. Änderungen an diesen Einträgen sind nur möglich, wenn die dahinterstehende Option *Auto* für die automatische Einstellung ausgeschaltet ist.

Die Eingabefelder *Breite* und *Höhe* nehmen Einträge für die Breite und Höhe des aktiven Elements oder Dialogfelds auf. Auch diese Einträge können nur geändert werden, wenn die Option *Auto* für die automatische Größeneinstellung ausgeschaltet ist.

Durch diese ersten vier Eingabefelder kann die Größe und die Position von Elementen viel genauer angegeben werden, als wenn Sie sie mit der Maus oder der Tastatur auf dem Bildschirm verändern. Diese Eingabefelder eignen sich also zur exakten Plazierung und Formatierung von Elementen in einem Dialogfeld.

Das nächste Eingabefeld trägt den Namen *Text*, hier kann bestimmten Elementen wie z.B. Texten, Optionsfeldern, Gruppenfeldern und Schaltflächen ein Text zugeordnet werden, der daraufhin im Dialogfeld erscheint.

In dieses Eingabefeld muß also für unser Listenfeld der Feldbereich eingetragen werden, in dem die Texte stehen, aus denen sich später die im Dialogfeld erscheinende Liste zusammensetzt.

Füllen eines Listenfeldes

Für unser Beispiel haben wir nun an dieser Stelle den Feldbereich "Z1S9:Z14S9" eingetragen. Zuvor müssen Sie im Dialogfeld zum Befehl Info... die Schaltfläche *Abbrechen* betätigen und das Listenfeld im Dialogfeld-Editor aktivieren. Erst dann sind Sie sicher, daß der Eintrag des Feldbereiches auf das richtige Listenfeld wirkt. Durch diese Eingabe können bis zu 15 Einträge in die Liste aufgenommen werden.

Im Eingabefeld "Eingabe/Ausgabe" werden die Feldbereiche angegeben, aus denen Elemente wie z.B. Textfelder von verknüpften Listenfeldern ihre Eingaben, d.h. Start-Einträge, beziehen. Sie können also bestimmen, welcher Eintrag in einer Liste markiert ist oder in einem Textfeld erscheint, wenn Sie das Dialogfeld zum ersten Mal aufrufen.

Das Eingabefeld "Kommentar" dient zur besseren Dokumentation von Dialogfeldern, hat aber keinen Einfluß auf das, was hinterher auf dem Bildschirm zu sehen ist.

Dokumentation eines Dialogfeldes

Ein Dialogfeld wird in den meisten Fällen mit einem Text versehen, der dem Anwender mitteilt, welche Informationen in diesem Dialogfeld überhaupt gegeben werden sollen. Der Befehl aus dem Menü fügt einen Text von beliebiger Länge in das Dialogfeld ein.

Der Befehl "Text"

545

Die Makroprogrammierung unter Excel

Wählen Sie diesen Befehl, um unserem Beispieldialogfeld einen Titel zu geben. Plazieren Sie den neu eingefügten Text in der linken oberen Ecke des Dialogfeldes über dem noch leeren Listenfeld. Ersetzen Sie den Standard-Text durch "Elektronisches Bestellformular".

Der Befehl "Eingabefelder..."

Die Auswahl des Befehls *Eingabefelder...* ruft ein Dialogfeld auf den Bildschirm, in dem Sie wählen können, ob Sie ein Eingabefeld für Text, für ganze Zahlen, für alle Zahlen, für Formeln oder für Bezüge in Ihr Dialogfeld einfügen möchten.

Einfügen von Eingabefeldern

Für unser Beispiel fehlt im Dialogfeld noch ein Eingabefeld für die zu bestellende Stückzahl. Da Artikelstückzahlen in der Regel ganzzahlig sind, fügen Sie bitte mit dem Befehl *Eingabefelder...* ein Ganze-Zahlen-Feld in Ihr Dialogfeld ein. Positionieren Sie dieses Eingabefeld über dem Gruppenfeld in der linken Hälfte des Dialogfeldes. Oberhalb des Ganze-Zahlen-Feldes sollten Sie noch einen Text einsetzen, der erklärt, worauf sich die einzugebende Zahl bezieht. Wir haben hier den Text "Stückzahl" eingesetzt.

Der Befehl "Sinnbilder..."

Einfügen von Symbolen

Mit diesem Befehl können Sie eins der drei Sinnbilder Fragezeichen, Stern oder Ausrufezeichen, die auch in anderen Excel-Dialogfeldern erscheinen, in Ihrem persönlichen Dialogfeld einsetzen.

Die letzten Schritte

Um die Eintragungen, die später in Ihrem Dialogfeld gemacht werden, auch in die Tabelle zu übertragen oder die Eingabe abzubrechen, müssen Sie noch zwei Schaltflächen einfügen. Zum Übertragen der eingegebenen Werte dient die Schaltfläche *OK* mit dem Text "Bestellen", woraufhin die Zahlungsweise, der Artikel und die Stückzahl weiterverarbeitet werden können, und zum Abbruch dient die Standard-Schaltfläche "Abbrechen", um das Dialogfeld verlassen zu können, ohne daß ein Eintrag gemacht wird.

Diese beiden Schaltflächen plazieren Sie am besten in der rechten oberen Ecke des Dialogfeldes, die bis zum Schluß noch freigeblieben ist.

Genaue Ausrichtung über Info...

Zu guter Letzt bleibt nur noch die genaue Ausrichtung der Elemente des Dialogfelds. Für diese Aufgabe verwenden Sie nun am besten den Befehl *Info...* aus dem Menü *Bearbeiten*. Versuchen Sie, die Elemente so auszurichten, daß alle untereinanderstehenden Elemente linksbündig abschließen und etwa den gleichen Abstand voneinander haben. Da die beiden Schaltflächen etwas kürzer sein müssen als das Zahlenfeld und das Gruppenfeld, sollten sie so angeordnet sein, daß sie rechtsbündig mit den darunter angeordneten Elementen abschließen.

Die Makroprogrammierung unter Excel

Um die Früchte Ihrer Arbeit auch in Excel begutachten zu können, müssen Sie Ihr Dialogfeld in eine Makrovorlage einfügen. Dies geschieht, wie unter Windows üblich, über die Zwischenablage.

Einfügen des Dialogfelds in die Makrovorlage

Um das gesamte Dialogfeld bzw. alle Elemente des Dialogfeldes zu aktivieren, benutzen Sie entweder den Befehl *Dialogfeld auswählen* oder *Alle Elemente auswählen*. Nachdem Sie dies getan haben, muß das Dialogfeld mit dem Befehl *Kopieren* aus dem Menü *Bearbeiten* in die Zwischenablage kopiert werden.

Jetzt können Sie den Editor verlassen und sich wieder Ihrer Excel-Makrovorlage widmen. Setzen Sie den Feldzeiger in Feld B1 der Makrovorlage und wählen Sie den Befehl *Einfügen* aus dem Menü *Bearbeiten*. Excel kopiert jetzt alle Kennzahlen, Größenangaben und den Text, die/den der Dialogfeld-Editor aus Ihren Eingaben generiert hat.

Die Dialogfelddefinition belegt den Feldbereich B1:G13. Die Makrofunktion =DIALOGFELD() muß sich jedoch auf einen Bereich von mindestens 7 Spalten Breite beziehen. Die vom Dialogfeld-Editor generierte Definition ist nur 6 Spalten breit, da kein Element Ihres Dialogfelds mit einer Standard-Eingabe versehen worden ist. Um das Dialogfeld durch ein Makro aufzurufen, muß die Funktion also wie folgt lauten:

Achtung

=DIALOGFELD(B1:H13).

Wenn Ihr Makro zuerst einmal nichts anderes erledigen soll als den Aufruf des Dialogfeldes, muß auf die Makrofunktion DIALOGFELD() noch die Funktion RÜCKSPRUNG() zum ordnungsgemäßen Beenden des Makros folgen. Bevor Sie Ihr Makro aufrufen, sollten Sie noch den Bereich I1:I14 Ihrer Makrovorlage mit den Einträgen für Ihr Listenfeld füllen. Um das in der folgenden Abbildung erzielte Ergebnis zu erzielen, haben wir die folgenden Texte in den Bereich I1:I14 eingetragen:

Aufruf des Dialogfeldes

MS C-Compiler
MS Chart
MS COBOL
MS DOS 3.3
MS DOS 4.01
MS Excel
MS Fortran
MS Multiplan
MS Pageview
MS Pascal
MS Project
MS Quick C
MS Word
MS Word für Windows

Die Makroprogrammierung unter Excel

Schreiben Sie also das erforderliche Makro in Spalte A Ihrer Makrovorlage, vergeben Sie einen Namen, und sehen Sie sich Ihre Kreation an.

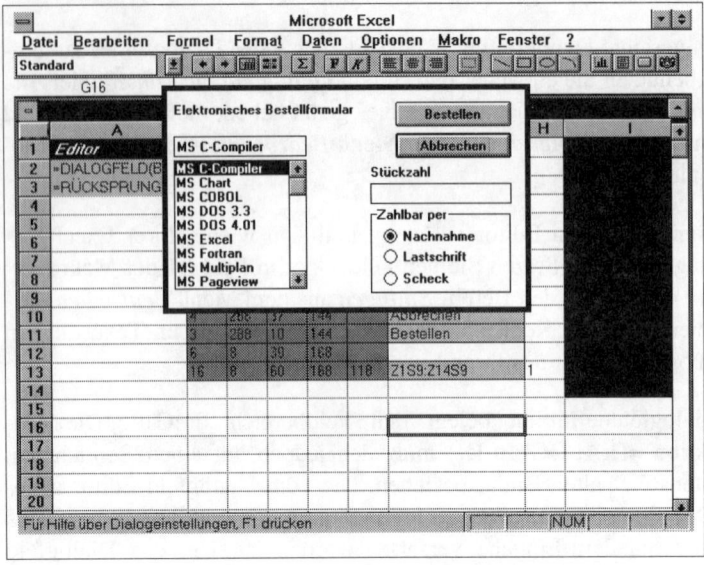

Abb. 188: Im Listenfeld haben Sie die Auswahl aus 14 Microsoft-Produkten

Falls der im verknüpften Listenfeld markierte Eintrag nicht in dem dazugehörigen Textfeld erscheint, kontrollieren Sie, ob die Definition des Textfeldes direkt oberhalb der Definition des verknüpften Listenfeldes in die Makrovorlage eingetragen worden ist.

Fehler bei der Übertragung
Da wir mit einem verknüpften Listenfeld gearbeitet haben, kann es beim Einfügen des Dialogfeldes in die Makrovorlage zu einem Übertragungsfehler kommen.

Ursache des Fehlers
Das verknüpfte Listenfeld hat die Kennummer 16 und wird in Zeile 13 definiert. Einem verknüpften Listenfeld muß jedoch die Definition eines verknüpften Textfeldes mit der Kennummer 6 vorausgehen.

Korrektur des Übertragungsfehlers
Verschieben Sie die Definition des Textfeldes, das mit dem Listenfeld verknüpft ist, aus Zeile 2 in Zeile 12, demzufolge muß natürlich die Definition des Zahlenfeldes von Zeile 12 in Zeile 2 verlagert werden.

Um die überarbeitete Dialogfelddefinition und die Definition des Dialogfeldeditors vergleichen zu können, finden Sie auf der Beispieldiskette zwei Makrovorlagen mit den Namen DIAEDIT.XLM und DIAEDITF.XLM. Die Makrovorlage DIAEDITF.XLM enthält die *falsche*, nicht überarbeitete Dialogfelddefinition des Editors.

Die Makroprogrammierung unter Excel

Die Vorgehensweise beim Bearbeiten von Dialogfeldern ist in umgekehrter Reihenfolge die gleiche wie beim Einfügen von Dialogfeldern, die mit dem Editor erstellt worden sind.

Bearbeiten von Dialogfeldern mit dem Dialogfeld-Editor

Laden Sie eine Makrovorlage, die eine Dialogfelddefinition enthält. Markieren Sie den Bereich, den diese Definition in der Makrovorlage einnimmt, und wählen Sie den Befehl *Kopieren* aus dem Menü *Bearbeiten*. Starten Sie den Dialogfeld-Editor mit dem Befehl *Ausführen*. aus dem Menü *System* und wählen Sie den Befehl *Einfügen* aus dem Menü *Bearbeiten* in der Menüleiste des Dialogfeld-Editors.

Sie sehen, es funktioniert also auch andersherum. Ihr Dialogfeld erscheint jetzt im Editor, und Sie können nach Belieben Position und Größe von Elementen ändern, neue Elemente hinzufügen und andere entfernen.

Beim Einfügen eines überarbeiteten Dialogfeldes aus dem Editor in die Makrovorlage kann es jedoch vorkommen, daß die vom Editor generierte Definition mehr Zeilen enthält als vor der Überarbeitung.

Achtung

Schützen Sie sich vor einem eventuellen Überschreiben von anderen Daten in der Makrovorlage, indem Sie vor dem Einfügen kontrollieren, ob sich rechts oder unterhalb des dafür vorgesehenen Bereiches noch andere Feldeinträge befinden.

13.13 Dynamischer Datenaustausch

Um Daten zu anderen Windows-Anwendungen zu senden oder Daten von diesen zu empfangen, können Sie sich der Windows-Standardeinrichtung Dynamischer Datenaustausch (DDA) oder, auf englisch, Dynamic Data Exchange (DDE) bedienen. Wenn Sie mit Windows etwas vertrauter sind, ist Ihnen dieser Begriff sicherlich schon einmal begegnet. Voraussetzung für den Gebrauch dieser Funktion ist allerdings, daß die Windows-Anwendung, mit der Sie Excel auf diese Art und Weise kommunizieren lassen wollen, den dynamischen Datenaustausch unterstützt.

Vom Prinzip her findet dieser Datenaustausch wie folgt statt: Sie müssen einen Kanal öffnen, durch den die Daten transportiert werden. Bedienen Sie sich dazu der Funktion KANAL.ÖFFNEN(). Wenn ein solcher Kanal geöffnet ist, können Sie mit Hilfe der Funktionen SENDEN() und ABFRAGEN() Daten an die durch KANAL.ÖFFNEN() genannte Anwendung senden oder von dort Daten empfangen. Es ist auch möglich, mit der Funktion AUSFÜHREN() Befehle der anderen Anwendung aus Excel heraus aufzurufen.

Wie funktioniert dynamischer Datenaustausch?

Die Makroprogrammierung unter Excel

Wenn der gewünschte Austausch stattgefunden hat, sollten Sie den geöffneten Kanal mit der Funktion KANAL.SCHLIESSEN() auch wieder schließen. Dies ist unerläßlich, da manche Anwendungen nur eine begrenzte Anzahl von Kanälen zur Verfügung haben. Bleibt ein Kanal für eine Anwendung offen, die nur über einen einzigen Kanal verfügt, so können erst wieder Daten mit dieser Anwendung ausgetauscht werden, wenn dieser Kanal geschlossen wird.

Die von den oben genannten Funktionen verwendeten Argumente wie Kanalnummer, Objekt, Anwendungstext und Thema sind von der Anwendung abhängig, für die ein Kanal geöffnet werden soll. So kann sich z.B. der DDA-Name einer Anwendung von dem Ihnen bekannten Namen der Programmdatei unterscheiden.

Um den entsprechenden Anwendungstext, die Themen und Elemente herauszufinden, die für den Datenaustausch mit einer Anwendung angegeben werden müssen, sehen Sie bitte in den Handbüchern dieser Anwendung nach. Wenn Sie keine Handbücher in greifbarer Nähe haben, sollten Sie es einmal mit leicht abgewandelten Formen des Anwendungsnamens ausprobieren.

Die Zwischen-
ablage

Um auch mit solchen Anwendungen Daten auszutauschen, die den Dynamischen Datenaustausch nicht unterstützen, steht Ihnen z.B. die Zwischenablage zur Verfügung, diese Art des Datenaustauschs ist zwar nicht so komfortabel wie DDA, erfüllt jedoch, richtig angewendet, auch ihren Zweck.

Eine weitere Möglichkeit zum Datenaustausch realisieren Sie über die Funktionen ANW.AKTIVIEREN() und TASTENF.SENDEN(). Durch die zuerst genannte Funktion rufen Sie ganz einfach eine andere Windows-Anwendung, wie z.B. den Karteikasten, auf.

Senden von
Tastenfolgen

Durch TASTENF.SENDEN() können Sie diese Anwendung bedienen, indem Sie ihr als Argument der Funktion die Buchstaben oder Tasten senden, die Sie eingeben oder drücken würden, wenn Sie diese Anwendung selbst bedienen würden. Diese Tastenfolge ist sozusagen ein Makro für diese Anwendung innerhalb eines Makros von Excel.

Doch warum so theoretisch, versuchen Sie es doch mit einem kleinen Beispiel. Voraussetzung ist, daß Sie Windows installiert und eine kleine Kartei, z.B. mit Telefonnummern, angelegt haben. Fügen Sie in diese Kartei bitte eine neue Karte ein, die in der Stichwortzeile den Eintrag "Peter Strohm" und die Telefonnummer "040-345678" aufweist. Laden Sie nun eine neue Makrovorlage und schreiben Sie als Überschrift für Ihr Makro "Fernbedienung" in A1. In A2 rufen Sie die Anwendung auf, die Sie mit der Tastenfolge steuern wollen, schreiben Sie die Funktion:

Die Makroprogrammierung unter Excel

=AUSF("C:\WINDOWS\CARDFILE A:\TELEFON.CRD";1)

> **Achtung**
>
> Wenn Sie mit einer älteren deutschen Windows-Version (älter als 3.0) arbeiten, müssen Sie den Namen "Kartei" verwenden, da in älteren deutschen Windows-Versionen die Programmdatei des Karteikastens KARTEI.EXE hieß. Die "1" öffnet den Karteikasten in seinem Standardfenster. Eine "2" würde ihn als Symbol aufrufen und die "3" ein Vollbild erzeugen.

Nach dieser Funktion ist die Anwendung aktiv, und Ihre Tastenfolge kann gesendet werden. A3 muß also so aussehen:

=TASTENF.SENDEN(%%(S){EINGABE}STROHM{EINGABE}; WAHR)

Falls Ihre Datei nicht TELEFON.CRD heißt, verwenden Sie bitte Ihren Dateinamen. Sollte sich die Datei, die Sie laden möchten, in einem anderen Verzeichnis als dem aktuellen befinden, müssen Sie selbstverständlich auch den Pfad des entsprechenden Verzeichnisses mit angeben.

Zur Erläuterung der Tastencodes sehen Sie bitte in der Liste am Ende dieses Kapitels nach. Die nachstehende Tastenfolge wird durch diese Funktion gesendet:

TELEFON.CRD	Name der zu ladenden Datei
{EINGABE}	Return
ALT+S	öffnet das Menü Suchen
{EINGABE}	Return
STROHM	zu suchender Name
{EINGABE}	Return

WAHR bewirkt, daß Excel erst mit dem Abarbeiten des Makros fortfährt, wenn die gesendete Tastenfolge verarbeitet ist.

Sie finden das oben erläuterte Beispielmakro auf Ihrer Beispieldiskette in der Makrovorlage TASTEN.XLM, es ist auch eine kleine Kartei mit dem Namen TELEFON.CRD vorhanden, in der nach der entsprechenden Karte gesucht werden kann.

Beenden Sie das Makro in A4 durch die Funktion RÜCKSPRUNG(), geben Sie ihm einen Namen und einen Tastenschlüssel. Starten Sie dann einen Probelauf. Die Kartei öffnet sich, und die gewünschte Karte erscheint im Vordergrund.

Wenn Sie sich vorstellen, dieses Makro auch noch um den Karteibefehl *Automatisch wählen...* zu bereichern und über ein Modem mit Selbstwählautomatik auch noch die auf dieser Karte eingetragene Tele-

Die Makroprogrammierung unter Excel

fonnummer wählen zu lassen, haben Sie vielleicht einen Eindruck bekommen, was durch diese Funktion mit Excel möglich ist.

Tastencodes für die Funktion TASTENFOL-GE.SENDEN()

Buchstaben, die z.B. zur Befehlsauswahl oder Menüauswahl gesendet werden sollen, müssen in runde Klammern gesetzt werden. "%(D)" öffnet z.B. das Menü *Datei*, da es der Tastenkombination [Alt]+[D] entspricht.

<BILD-AUF>	{BILDO}
<BILD-AB>	{BILDU}
<CLEAR>	{FREI}
<DRUCK>	{DRUCK}
<EINFG>	{EINFG}
<EINGABE>	{EINGABE} oder {EG}
<ENDE>	{ENDE}
<ENTF>	{ENTF}
<ESC>	{ESC}
<F1>	{F1}
<F2>	{F2}
<F3>	{F3}
<F4>	{F4}
<F5>	{F5}
<F6>	{F6}
<F7>	{F7}
<F8>	{F8}
<F9>	{F9}
<F10>	{F10}
<F11>	{F11}
<F12>	{F12}
<F13>	{F13}
<F14>	{F14}
<F15>	{F15}
<F16>	{F16}
<HILFE>	{HILFE}
<Pfeil links>	{LINKS}
<Pfeil rechts>	{RECHTS}
<Pfeil oben>	{OBEN}
<Pfeil unten>	{UNTEN}
<NUM-LOCK>	{NUMFT}
<POS1>	{POS1}
<RETURN>	{EINGABE} oder {EG}
<RÜCKTASTE>	{RÜCK}
<TAB>	{TAB}
<SHIFT-LOCK>	{UMSCHALTFEST} oder {USFT}
<UNTBR>	{UNTBR}

Zum Senden von Tastenkombinationen:

<UMSCHALT>	+
<STRG>	^
<ALT>	%

Die Makroprogrammierung unter Excel

Zur Wiederholung einer Taste:

{Taste Anzahl}

So bedeutet {TAB 3}, daß die Taste `Tab` dreimal gedrückt wird.

Sie haben nun schon eine ganze Menge über Makros gelernt, aber das ist alles erst die Spitze des Eisbergs. Die Vielzahl der Probleme, die sich durch die Verwendung von Makros lösen läßt, sprengt den Rahmen dieses Buches und erst recht den Rahmen dieses Kapitels.

Was wir an dieser Stelle lrdiglich tun können, ist, Ihnen noch einige Makrofunktionen, die Sie bis jetzt noch nicht kennengelernt haben, wenigstens vorzustellen. Ansonsten können wir Sie nur noch auf das Praxiskapitel dieses Buches verweisen, dessen Anwendungsbeispiele natürlich auch eine ganze Reihe typischer Makroanweisungen enthalten.

Bei größerem Interesse sollten Sie sich intensiv mit der "Programmiersprache" Makro auseinandersetzen, indem Sie versuchen, die Bedienung, Erweiterung und Wartung Ihrer zukünftigen Arbeitsblätter weitestgehend zu automatisieren. Nur auf diesem Weg erhalten Sie einen tieferen Einblick in die Makroprogrammierung von Excel.

13.14 Arbeiten mit Zusatz-Funktionen

Über Zusatz-Funktionen können Sie einem Excel-Anwender quasi unsichtbar selbstgeschriebene Funktionen oder Makros zur Verfügung stellen. Dahinter steckt eigentlich nichts anderes als eine Makrovorlage, die in einem besonderen Format gespeichert ist. Sie haben keine anderen Makrofunktionen zur Auswahl als in einer herkömmlichen Makrovorlage, die im Standardformat gespeichert ist.

Anlegen einer Zusatz-Funktion

Um eine Zusatz-Funktion zu erzeugen, müssen Sie nichts anderes tun, als den Leistungsumfang dieser Funktion festzulegen und anhand dieser Definition ein Makro zu schreiben, das diese Funktionen erledigt. Wenn diese Arbeit fertiggestellt ist, speichern Sie die Makrovorlage, in der Sie Ihr Makro abgelegt haben, als Zusatz-Funktion.

Besonderes Dateiformat für Makrovorlagen

Die Makroprogrammierung unter Excel

Das Dateiformat "Zusätze"

Solange die Zusatzfunktion noch nicht geschlossen worden ist, gibt es keine Unterschiede

Dieses besondere Dateiformat legt Excel an, wenn Sie im Dialogfeld zum Befehl *Speichern unter* die Schaltfläche *Optionen* betätigen und als Dateiformat *Zusätze* wählen. Diese Einstellung führt dazu, daß Excel die aktive Makrovorlage unter dem angegebenen Namen mit der Namenserweiterung .XLA abspeichert. Bis hierhin gibt es keinerlei Unterschiede zu der Arbeit mit Makrovorlagen, die im Standard-Format abgelegt worden sind.

Nach dem Speichern können die Zusatzfunktion weiterbearbeitet und die darin enthaltenen Makros aufgerufen werden, wie jedes andere Makro aus einer "normalen" Makrovorlage auch. Der Unterschied wird erst dann offensichtlich, wenn Sie die Zusatzfunktion einmal geschlossen haben und dann wieder öffnen.

Unsichtbare Makrovorlage

Beim Öffnen einer Zusatzfunktion wird die entsprechende Makrovorlage mit der Namenserweiterung .XLA zwar in den Arbeitsspeicher Ihres Rechners geladen, sie erscheint jedoch nicht auf dem Bildschirm. Wenn Sie den Befehl *Ausführen...* aus dem Menü *Makro* aufrufen, werden Sie darüberhinaus feststellen, das kein Makro aus der Zusatzfunktion im Listenfeld des Dialogfelds erscheint. Dennoch haben Sie alle Makros zur Verfügung, sofern Sie Tastenschlüssel zum Aufruf angegeben haben.

Sicherheit durch Unsichtbarkeit

Diese Unsichtbarkeit bewirkt, daß Sie einem Benutzer Ihre Makros zur Verfügung stellen können, ohne daß er zusätzliche Dateien verwalten muß. Er hat dabei beinahe den Eindruck, als wären Ihre Makros ein Teil von Excel. Das ist wahrscheinlich der Grund, warum man dieses Dateiformat im Listenfeld des Dialogfelds *Speichern* mit dem Namen *Einfügen* versehen hat. Auf die oben beschriebene Art und Weise fügen Sie Makros in die Excel-Standardumgebung ein. Diese Zusatzfunktionen bleiben unsichtbar und können ohne weitere Kenntnisse nicht geändert oder geschlossen werden.

Bearbeiten von Zusatzfunktionen

Solange die Zusatzfunktion unsichtbar ist, kann sie nicht bearbeitet werden

Um dennoch Änderungen an einer Zusatzfunktion vornehmen zu können, müssen Sie sie zuerst einmal auf den Bildschirm bringen können. Über den Befehl *Öffnen...* erreichen Sie nur die Installation einer Zusatzfunktion, ohne daß diese auf dem Bildschirm erscheint oder sonst in irgendeiner Weise zugänglich wäre. Auch der Befehl *Einblenden...* aus dem Menü *Fenster* steht Ihnen zum Sichtbarmachen einer Zusatzfunktion nicht zur Verfügung.

Die Makroprogrammierung unter Excel

Laden einer Zusatzfunktion zur Bearbeitung

Makrovorlagen mit Zusatzfunktionen müssen also auf besondere Weise geöffnet werden. Geben Sie den Befehl *Öffnen...* aus dem Menü *Datei*, und wählen Sie im Dialogfeld den Namen der Zusatzfunktion aus. Drücken Sie jetzt die `Shift`-Taste und betätigen Sie bei gedrückter `Shift`-Taste die Schaltfläche *OK*.

Aufgrund dieser Operation wird die Zusatzfunktion geladen, ist aber immer noch nicht in einem Fenster auf dem Bildschirm sichtbar. Der zweite Schritt zur Bearbeitung besteht nun in der Anwahl des Befehls *Einblenden...* aus dem Menü *Fenster*. Über diesen Befehl kann die Makrovorlage erst dann eingeblendet werden, wenn Sie sie auf die oben beschriebene Art und Weise geöffnet haben.

"Einblenden"... führt zum gewünschten Erfolg

Im Listenfeld des Dialogfelds zum Befehl *Einblenden...* finden Sie jetzt auch den Namen der Zusatzfunktion wieder. Wählen Sie diesen Namen aus und bestätigen Sie die Ausführung des Befehls durch `Return` oder die Schaltfläche *OK*. Erst jetzt öffnet sich ein Fenster mit der ausgewählten Zusatzfunktion, so daß Sie diese jetzt bearbeiten können.

Automatisch geladene Zusatzfunktionen

Um eine Zusatzfunktion grundsätzlich zur Verfügung zu haben, ohne sie jedesmal erneut zu laden, können Sie festlegen, daß diese Zusatzfunktion bei jedem Start von Excel installiert wird. Über diese Festlegung erreichen Sie, daß selbst das Öffnen einer Zusatzfunktion zur Installation dem Benutzer vor dem Bildschirm verborgen bleibt.

Beim Öffnen einer Zusatzfunktion über den Befehl *Öffnen* erscheint in der Bearbeitungszeile ein Hinweis darauf, wieviel Prozent der Zusatzfunktion aktuell in den Speicher geladen worden sind. Erst wenn sich die gesamte Makrovorlage im Arbeitsspeicher befindet, verschwindet dieser Hinweis wieder. Bei kleinen Zusatzfunktionen mag das nicht so wichtig sein, da dieser Vorgang nur wenig Zeit in Anspruch nimmt. Dennoch kann der geübte Excel-Anwender erkennen, ob beim Öffnen eines Arbeitsbereiches eine Zusatzfunktion mitinstalliert wird.

Das Verzeichnis XLSTART

Um eine Zusatzfunktion automatisch zu laden, muß diese in einem besonderen Verzeichnis abgelegt werden. Dieses Verzeichnis trägt den Namen XLSTART und ist ein Unterverzeichnis Ihres Excel-Verzeichnisses.

Die Makroprogrammierung unter Excel

XLSTART wird bei jedem Start von Excel geprüft

Excel überprüft bei jedem Start, ob sich im Verzeichnis XLSTART Dateien befinden, die die Namenserweiterung .XLA haben. Ist dies der Fall, so werden alle diese Zusatzfunktionen installiert, und die in diesen Makrovorlagen gespeicherten Makros werden zur Verfügung gestellt.

Bei automatischer Installation erscheint keine Meldung

Bei der automatischen Installation von Zusatzfunktionen erscheint auch in der Bearbeitungszeile keine Meldung, die darüber Auskunft gibt, wieviel Prozent einer Zusatzfunktion bereits im Arbeitsspeicher sind. Das bedeutet, daß ein Anwender keinerlei Kenntnis davon bekommt, welche Zusatzfunktionen im Hintergrund aktiv sind bzw. aufgerufen werden können.

13.15 Die Makro-Übersetzungshilfe

Die Makro-Übersetzungshilfe, die Excel Ihnen erst ab der Version 2.1 zur Verfügung stellt, bietet Ihnen eine komfortable, wenn auch eingeschränkte Hilfestellung, um bestehende Makros aus Multiplan und Lotus 1-2-3 in Excel-Makros zu übersetzen und lauffähig zu machen.

Auch die Bedienung der Übersetzungshilfe ist recht einfach und mit wenigen Worten zu beschreiben:

Um ein Makro übersetzen zu lassen, muß zuerst das Lotus 1-2-3- oder Multiplan-Arbeitsblatt, das das Makro enthält, geladen werden. Um Multiplan-Arbeitsblätter in Excel laden zu können, müssen diese zuvor im Dateiformat SYLK gespeichert werden (siehe auch Kap. 9 und 17).

Laden der zu übersetzenden Makros

Da im Listenfeld des Dialogfelds zum Befehl *Laden...* von Excel standardmäßig nur Dateien mit der Endung .XL* angezeigt werden, erscheinen Multiplan- und Lotus-1-2-3-Dateien dort nicht. Ändern Sie deshalb den Eintrag im Textfeld oberhalb des Listenfeldes für Lotus 1-2-3 in *.WK1 um. Multiplan-Dateien im SYLK-Format haben Sie vielleicht mit der Erweiterung .SLK gespeichert, ändern Sie also den Eintrag in *.SLK oder gemäß der Namenserweiterung, die Sie beim Speichern der Tabelle vergeben haben.

Start des Übersetzungs-programms

Nachdem die Tabelle in Excel geladen ist, rufen Sie durch den Befehl *Ausführen...* aus dem Menü *System* die Makro-Übersetzungshilfe auf. Im Menü *Übersetzen* der Übersetzungshilfe legen Sie jetzt per Befehl fest, ob Sie ein Multiplan- oder Lotus-1-2-3-Makro übersetzen lassen möchten. Daraufhin erscheint ein Dialogfeld mit einer Liste aller geladenen Dateien. Aus dieser Liste wählen Sie nun die Datei aus, die das zu übersetzende Makro enthält.

Die Makroprogrammierung unter Excel

Im Anschluß daran erscheint das nächste Dialogfeld, und zwar mit einer Liste aller in der Tabelle vergegebenen Bereichsnamen. Aus dieser Liste muß nun der Name des Makros gewählt werden, das übersetzt werden soll. Sie können an dieser Stelle auch mehrere Makros auswählen und zusammen übersetzen lassen.

Die Option *Originalmakro* am unteren Rand des Dialogfeldes ist standardmäßig eingeschaltet, was bedeutet, daß der Text des Originalmakros mit in die Excel-Makrovorlage übertragen wird. Das Originalmakro wird oberhalb des übersetzten Makros kursiv dargestellt. Wenn Sie dies vermeiden wollen, schalten Sie die Option aus.

Starten Sie die Übersetzung durch Betätigen der Schaltfläche *OK*. Excel lädt jetzt eine neue Makrovorlage, beginnt mit der Übersetzung und trägt seine Ergebnisse in die Makro-Zielvorlage ein. Diese Makrovorlage ist während der Übersetzung allerdings nicht auf dem Bildschirm sichtbar. Der Übersetzungsvorgang kann jederzeit durch einen Druck auf die `Esc`-Taste gestoppt werden.

Start der Übersetzung

Fehler bei der Übersetzung werden gemeldet

Eventuelle Fehler, die bei der Übersetzung auftauchen könnten, werden Ihnen im Fenster der Übersetzungshilfe durch Übersetzungskommentare angezeigt. Die Bedeutung dieser Übersetzungskommentare wird sehr ausführlich unter dem gleichnamigen Hilfepunkt erläutert. Ein weiterer Hilfepunkt beschreibt umfassend alle problematischen Multiplan- oder Lotus-1-2-3-Makros.

Ist die Übersetzung abgeschlossen, werden Sie in einem Dialogfeld gefragt, ob Sie den Makro-Übersetzer verlassen möchten. Wenn Sie das übersetzte Makro direkt ausführen lassen und den Übersetzer beenden wollen, betätigen Sie die Schaltfläche *Ja*. Sollte die Datei TRANS-MP.XLM (für Multiplan-Makros) oder die Datei TRANS123.XLM (Lotus 1-2-3-Makros) noch nicht geladen sein, werden Sie jetzt in einem Dialogfeld gefragt, ob dies geschehen soll. Um das übersetzte Makro ablaufen zu lassen, antworten Sie mit *Ja*.

Soviel zur Bedienung des Makro-Übersetzers. Was auftretende Probleme angeht, möchten wir Sie auf die wirklich vorbildliche Hilfefunktion zu diesem Thema verweisen, die Sie durch die Taste `F1` auf den Bildschirm rufen können.

Die Makroprogrammierung unter Excel

Der Excel-Solver

Kapitel 14

14. Der Excel-Solver **561**

14.1 Die Arbeitsweise des Solvers 561
14.2 Eingaben an den Solver 562
       Zurücksetzen der Parameter-Einträge 565
14.3 Lösungssuche starten 565
       Erstellung eines Reportes 567
14.4 Eingabe von Beschränkungen 568
14.5 Solver-Modelle 571
       Abspeichern der Modelle 572
       Modell einladen 573
14.6 Einstellungen der Optionen 574

14. Der Excel-Solver

Excel bietet als Unterstützung für die typischen "Was-wäre-wenn"-Berechnungen ein Add-In zur Lösung solcher Aufgaben an. Dieses Programm wird als Solver (to solve = lösen) bezeichnet und ist als eigenständiges Modul im Excel-Paket enthalten. Der Solver arbeitet optional, d.h. auf der Grundlage einer mit den normalen Möglichkeiten von Excel erstellten Tabelle. Es muß also immer erst eine komplette Kalkulation vorhanden sein, die einen Ist-Zustand widerspiegelt. Daraufhin kann der Solver gestartet werden und die Zahlenzauberei beginnen.

Grundlage für die Verwendung des Solvers ist die korrekte Installation. Erst wenn der Solver installiert ist, erscheint der Befehl zum Aufruf im Menü *Formel*. Beim ersten Setup, als Sie Excel installiert haben, konnten Sie die Option *Solver* markieren, um diesen zur späteren Verwendung einzurichten. Haben Sie den Solver bei der Erstinstallation nicht installiert, müssen Sie dies im Nachhinein tun, damit Sie über den entsprechenden Befehl in *Formel* überhaupt auf ihn zugreifen können.

Solver richtig installieren

Legen Sie die Installationsdiskette von Excel in das Laufwerk, schalten Sie zum Programm-Manager und rufen Sie über den Befehl *Datei/Ausführen* das Installationsprogramm mit "A:Setup" auf. Daraufhin wird das Excel-Installationsprogramm gestartet, und es erscheint die Abfrage nach dem Installationsverzeichnis. Geben Sie das Laufwerk und das Verzeichnis an, in das Sie Excel bereits installiert haben. Nun erscheint ein Optionsfeld mit allen zu installierenden Excel-Programmen, die standardmäßig markiert sind. Entfernen Sie die Markierung aller Programme bis auf den Solver. Nach Bestätigung mit ⌜Return⌝ werden nach einem Diskettenwechsel die Solver-Dateien auf die Festplatte kopiert. Es werden insgesamt zwei neue Verzeichnisse angelegt: *EXCEL\XLSTART\SOLVER:* enthält die Solver-Programmdateien und *EXCEL\SOLVEREX:* enthält die Solver-Beispieldateien. Wenn Sie ab jetzt Excel starten, finden Sie den Befehl *Solver* im Menü *Formel*.

14.1 Die Arbeitsweise des Solvers

In diesem Kapitel möchten wir Ihnen anhand eines Beispieles eine einfache Einführung in die Handhabung des Solvers bieten, bei der es eine

Der Excel-Solver

klare Abfolge gibt. Zuerst wird die Kalkulation mit Hilfe von Excel erstellt. Der Solver kann immer nur von einem Ist-Zustand ausgehen. Danach wird das Problem aufgrund von Parameter-Einträgen im Dialogfeld des Solvers definiert. Zu diesem Zweck werden alle Informationen über Abhängigkeiten, zu erzielende bzw. zu ändernde Werte und über bestimmte Einschränkungen eingetragen. Die Näherung wird gestartet, und der Solver rechnet unter Berücksichtigung aller eingetragener Faktoren die optimale Lösung aus.

Solver-Werte als neue Basis übernehmen

Nach erfolgreicher Lösung kann man die vom Solver errechneten Werte übernehmen. Das ist sinnvoll, wenn man die neue Zahlenbasis als Grundlage für die weitere Planung verwenden möchte. Es lassen sich natürlich auch die Originalzustände der Werte wieder herstellen.

Lösungsreporte können erstellt werden

Wenn mehrere Lösungen durchgespielt werden, können Sie einen Report über alle Verfahren erstellen lassen, so daß Sie zu jeder Zeit nachvollziehen können, welche Wirkung welcher Eintrag verursacht hat. Auch lassen sich mehrere unterschiedliche Lösungen pro Arbeitsblatt als eigenes Lösungsmodell abspeichern und zur späteren Verwendung wieder einladen. Dabei geht man davon aus, daß in einem umfangreichen Arbeitsblatt mehrere Lösungen durch den Solver berechnet werden sollen, die sich jeweils auf unterschiedliche Bereiche im Arbeitsblatt beziehen.

14.2 Eingaben an den Solver

An den Umsatzzahlen eines Sportartikel-Versandes sollen die Möglichkeiten des Solvers demonstriert werden. Laden Sie bitte dazu die Datei SKI.XLS von der Beispieldiskette.

Abhängigkeiten durch Formeln ausdrücken

Bei dieser Kalkulation wird der Umsatz aus der Stückzahl der verkauften Skimodelle, multipliziert mit dem Verkaufspreis (VK) ermittelt. Die Marge ergibt sich aus der Differenz vom Umsatz und den Einkaufskosten (EK*Stückzahl). Diese Werte befinden sich in den Feldern B10:F10. Die wichtigste Formel befindet sich in den Feldern, die die Stückzahlen ausgeben. Hier werden durch ein Marketing-Modell die Kosten für Promotion-Veranstaltungen nach einem bestimmten Muster in Abhängigkeit zur Verkaufszahl gesetzt. Diese Formel bildet das Herz der Kalkulation, da ohne Abhängigkeitsverhältnis natürlich auch keine Optimierung errechnet werden kann. Achten Sie also immer darauf, daß die Felder, die geändert werden sollen, auch in ein entsprechendes Abhängigkeitsverhältnis gesetzt werden.

Der Excel-Solver

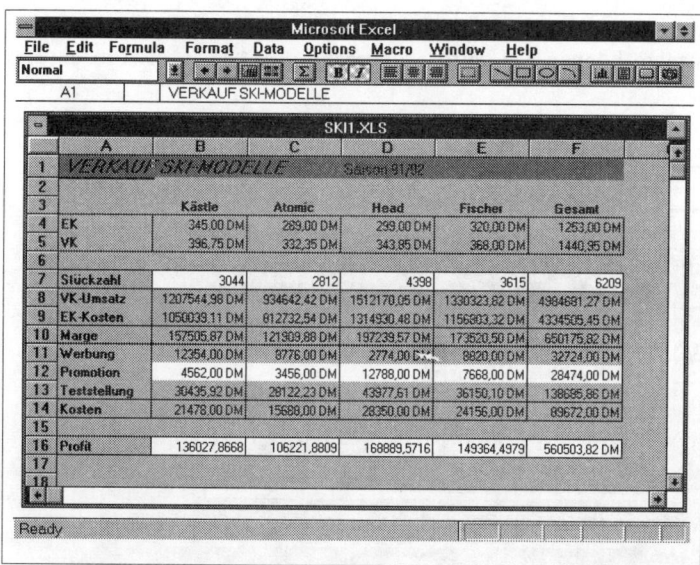

Abb. 189: *Die Verkaufszahlen der Ski-Modelle in Abhängigkeit von Werbe- und Promotion-Maßnahmen*

Der Profit in den Feldern B16:F16 ergibt sich dabei aus der Differenz der Marge und den Kosten für Werbe- und Promotionmaßnahme. Diese Kosten, aufgeschlüsselt in den Feldern B11:F13, stehen in direktem Verhältnis zum Umsatz. Für diese Zahlen wird also angenommen, daß die investierten Beträge für die Verkaufsförderung direkt für die umgesetzten Stückzahlen verantwortlich sind.

Nun ist jedoch nicht bei jedem Ski-Modell der gleiche Aufwand betrieben worden. Bei einigen Modellen wurde mit weniger Förderungsaufwand mehr Umsatz erreicht als es bei den übrigen der Fall ist. Soweit zu den Fakten.

Jetzt möchte man natürlich erforschen, wie weit die Verkaufsförderung gesteigert werden muß, um einen optimalen Profit zu erzielen. Abgesehen von subjektiven Einflüssen, die in einer Kalkulation schwer zu erfassen sind, sollen nun rein kalkulatorisch die Beträge für Promotion-Veranstaltungen dahingehend optimiert werden, daß ein Maximum an Profit erzielt wird. In diesem Fall wird natürlich nur eine Größe untersucht. Man kann dies für jede andere Größe (Werbung, Teststellungen) separat durchführen, wenn sie in einem direkten Verhältnis zur verkauften Stückzahl steht.

Stückzahlen abhängig vom Einsatz

Damit ist nun eine Kalkulation vorhanden und ein Problem definiert. Zur Lösung dieses Problems starten Sie den Solver aus dem Menü *Formel*.

Solver starten

563

Der Excel-Solver

Der Ladevorgang kann einige Sekunden in Anspruch nehmen. In der Statusanzeige können Sie den Ladevorgang des Add-In als Prozentwert ablesen.

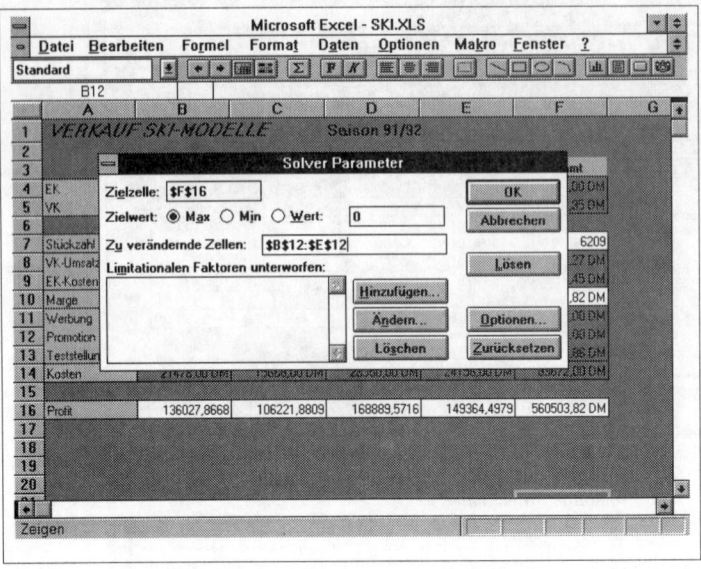

Abb. 190: Das Dialogfeld des Solvers

Der erste Schritt besteht immer darin, durch Eingabe bestimmter Parameter das eigentliche Problem zu definieren. Ohne das Problem genau zu kennen, kann der Solver natürlich auch keine korrekten Ergebnisse liefern. Überall dort, wo Feldadressen eingegeben werden müssen, können Sie die Angaben per Tastatur einfügen oder aber durch normale Markierung mit Hilfe der Maus.

Zielzelle

Der Parameter *Zielzelle* beschreibt die Adresse des Feldes, welches den zu optimierenden Wert enthält. Der Eintrag verweist immer auf ein Feld mit einer Formel, die von anderen Feldern abhängig ist. Schließlich müssen die Felder, auf die in der Formel Bezug genommen wird, geändert werden, damit überhaupt eine Optimierung ermöglicht werden kann. Die Optimierung des Zielwertes muß jedoch nicht immer auf einer Maximierung beruhen, sondern kann gleichermaßen eine Minimierung oder eine Näherung an einen festen Wert darstellen, der nicht über- bzw. unterschritten werden darf.

Grundsätzlich können Sie eine Spalte separat berechnen lassen. Bei gleichartigen Tabellen wie in unserem Beispiel kann jedoch die Optimierung direkt für alle Ski-Modelle durchgeführt werden. Dies kann allerdings nur auf der Basis der Gesamtsumme geschehen, da nur ein Feld

Der Excel-Solver

eingetragen werden darf. Für unser Beispiel setzen wir die Gesamtsumme des Profits ein, da dieser für alle Modelle maximiert werden soll. Der Eintrag lautet also F16.

Die Art der Optimierung des in *Zielzelle* definierten Wertes wird unter Angabe der entsprechenden Option *Zielwert* erreicht. Standardmäßig ist die Option *Max* markiert. Dabei wird der maximale Wert in *Zielzelle* gesucht, der allen Bedingungen am besten gerecht wird. Umgekehrt wird durch Markierung der Option *Min* der kleinste Wert gesucht, der den Bedingungen entspricht. Auch die Näherung an einen bestimmten Wert läßt sich im Solver einstellen. Markieren Sie die Option *Wert* und tragen Sie die gewünschte Zahl in das Feld rechts neben dieser Option ein.

Zielwert

Da der maximale Profit gesucht wird, können Sie die Standardeinstellung auf *Max* belassen.

An dieser Stelle erfolgt der Eintrag der Felder, die eine Veränderung des in *Zielzelle* definierten Feldes bewirken. An dieser Stelle wird die Optimierung angesetzt, was natürlich eine Anpassung der Formeln bewirkt, die sich auf dieses Feld beziehen. Je nachdem, welche Größe in der Kalkulation verändert werden soll, erfolgt der entsprechende Eintrag der Feldadressen. Bei dem Eintrag kann es sich sowohl um ein einzelnes Feld handeln als auch um einen Feldbereich. Der Feldbereich darf jedoch nicht so definiert sein, daß er mehrere Größen für eine Optimierung enthält. Ein Feldbereich wird nur dann angegeben, wenn mehrere gleichartige Berechnungen durchgeführt werden.

Zu verändernde Zellen

Da der maximale Profit für alle Ski-Modelle gesucht wird, geben Sie entsprechend die Promotion-Kosten für alle Modelle an. Also lautet der Eintrag an dieser Stelle B12:E12.

Zurücksetzen der Parameter-Einträge

Die Einträge des Solvers bleiben für die Arbeitssitzung aktiv. Möchten Sie grundlegende Neueingaben tätigen, können Sie den Solver mit der Schaltfläche *Zurücksetzen* auf seinen Ursprung zurücksetzen. Auf diese Weise können neue Parameter leicht eingegeben werden.

14.3 Lösungssuche starten

Nachdem die wichtigsten Parameter eingegeben wurden, kann die Berechnung gestartet werden. Hierzu dient jedoch nicht die Schaltfläche *OK*, wie es normalerweise der Fall ist, sondern die Schaltfläche *Lösen*.

Der Excel-Solver

Mit *OK* werden lediglich die Eingaben zur Verwendung zu einem späteren Zeitpunkt gespeichert.

Alle Möglichkeiten werden durchgerechnet

Nach Betätigung der Schaltfläche *Lösen* erfolgt die iterative Berechnung zum Ziel des maximalen Profits. Sie erkennen dabei im Arbeitsblatt die Rechenschritte und die sich fortlaufend ändernden Werte. Es dauert einige Zeit, bis der Solver alle Möglichkeiten durchgespielt hat. Danach erfolgt eine Meldung, daß eine Lösung unter Berücksichtigung der angegebenen Faktoren gefunden wurde, und es wird Ihnen zur Wahl gestellt, ob Sie die neuen Werte übernehmen oder die alten Werte weiterverwenden möchten.

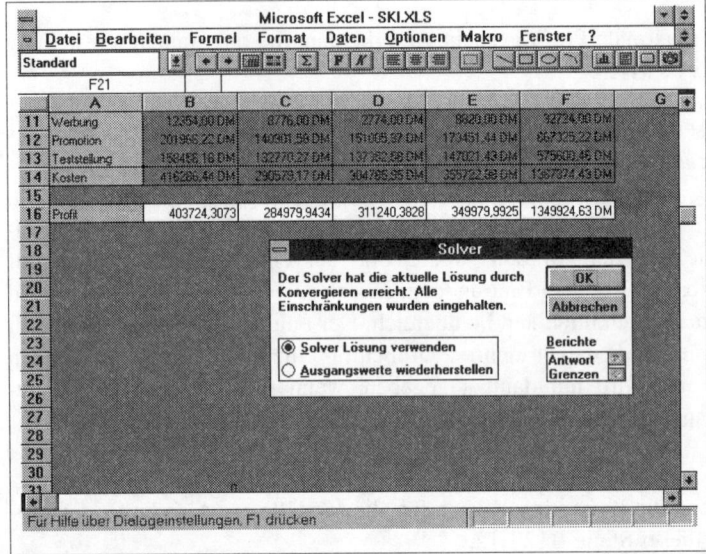

Abb. 191: *Neue Werte als Grundlage verwenden oder auf die alten Werte zurückgreifen*

Gefunden wurde ein maximaler Profit von 1.349.924,63 DM. Das hört sich natürlich schon sehr vielversprechend an. Leider müssen Sie jedoch 667.325,22 DM in Promotions-Aktivitäten investieren, um diesen Profit zu erreichen.

Mit diesen Zahlen sollte man natürlich vorsichtig umgehen. Realistisch gesehen ist natürlich noch lange nicht bewiesen, daß durch Einsatz einer solchen Summe auch wirklich der errechnete Profit erwirtschaftet wird. In der Praxis wird man noch andere Faktoren berücksichtigen, wie das Kaufverhalten der Skifahrer, das Saisonklima, die Größe des Abatzmarktes usw. Allein die "nackten" Zahlen reichen natürlich nicht aus, eine solche Investition zu tätigen.

Der Excel-Solver

Erstellung eines Reportes

Wenn Sie mit mehreren Werten experimentieren und jeweils die Werte im Arbeitsblatt auf ihre Originalzustände zurücksetzen lassen, können Sie mit Hilfe eines automatischen Reports alle Berechnungen und Veränderungen in einem eigenen Arbeitsblatt aufzeichnen lassen. Dies ist ein sehr effektives Hilfsmittel für eine Auswertung anhand mehrerer Berechnungen.

Der Solver unterscheidet zwischen zwei Arten des Reports:

Der *Antwort*-Report erzeugt ein Arbeitsblatt, in dem alle Angaben dargestellt werden, die durch die Berechnung geändert wurden bzw. an ihr beteiligt waren. Auf diese Art und Weise werden die Ursprungs- und Zielwerte und die Bedingungen ihrer Entstehung dokumentiert.

Der Antwort-Report

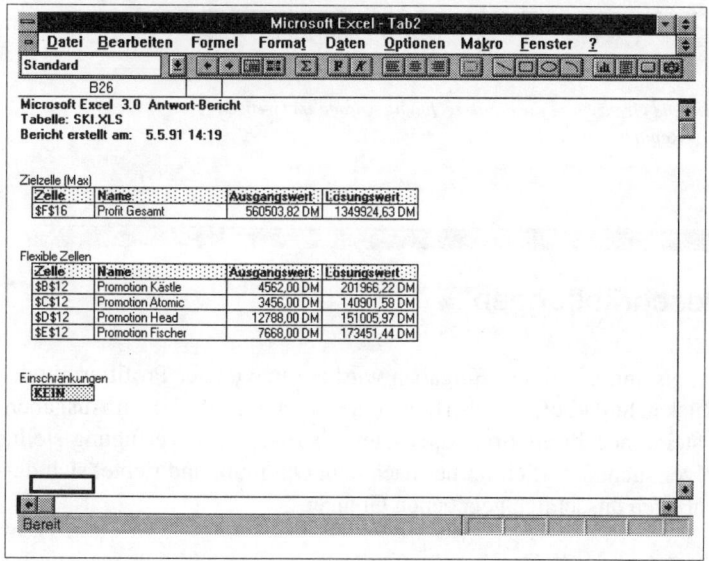

Abb. 192: Der ausführliche Antwort-Report als Dokumentationshilfe

Im Fall des *Grenzen*-Reports wird ein eigenes Arbeitsblatt angelegt, in dem die Grenzwerte, also das Minimum und das Maximum der Berechnung, aufgelistet werden. Wenn keine Beschränkungen gesetzt sind, werden immer das absolute Minimum und das absolute Maximum berechnet. Ist als Beschränkung ein Wertebereich definiert worden, so werden diese Werte als oberste und unterste Grenze verwendet.

Der Grenzen-Report

567

Der Excel-Solver

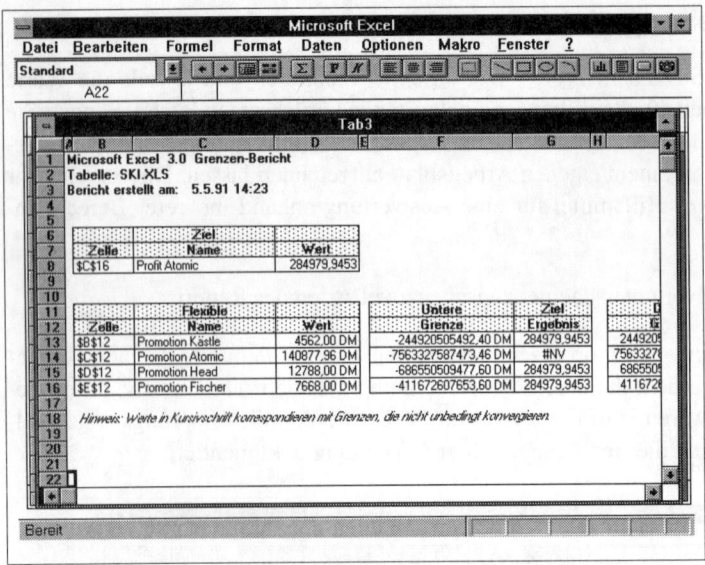

Abb. 193: Die Grenzwerte für die Berechnung werden im Grenzen-Report dargestellt

14.4 Eingabe von Beschränkungen

"Limitationalen Faktoren unterworfen"

Mit den bislang getätigten Eingaben wird ein maximaler Profit ermittelt, ohne Rücksicht darauf, ob das Budget die eventuell sehr hohen Ausgaben für zu steigernde Promotion-Aktivitäten überhaupt zur Verfügung stellt. Der Solver sucht natürlich immer nach dem Optimum und richtet sich dabei nicht nach tatsächlich gegebenen Grenzen.

Erst die Angabe von Beschränkungen erlaubt eine wirklich realistische Berechnung. Was nützt der schönste Profit, wenn man sich die Maßnahmen nicht leisten kann, mit denen er überhaupt erst erzielt wird. In diesem Fall gibt man im Feld *Limitationalen Faktoren unterworfen* Beschränkungen ein, damit die Berechnung unter möglichst realistischen Bedingungen abläuft. Die Angabe von Beschränkungen ist jedoch optional und erfordert nicht zwingend einen Eintrag.

Eine Bedingung stellt in unserem Sinn beispielsweise eine Maximalsumme dar, die als Gesamtsumme für Promotion-Veranstaltungen bereitgestellt werden kann. Z. Zt. belaufen sich die Kosten für Promotion-Veranstaltungen auf 28.474 DM (im Feld F12). Es können jedoch nur maximal 100.000 DM zur Verfügung gestellt werden. Die Verteilung der Promotion-Aktivitäten erfolgt automatisch für die einzelnen Ski-Modelle, da

Der Excel-Solver

im Feld *Zu verändernde Zelle* die entsprechenden Ist-Zustände in Abhängigkeit vom Verkauf angegeben wurden.

Um eine Beschränkung zu definieren, betätigen Sie die Schaltfläche *Hinzufügen* im Dialogfeld des Solvers. Daraufhin erscheint ein eigenes Eingabefeld, in dem die Beschränkungen definiert werden können.

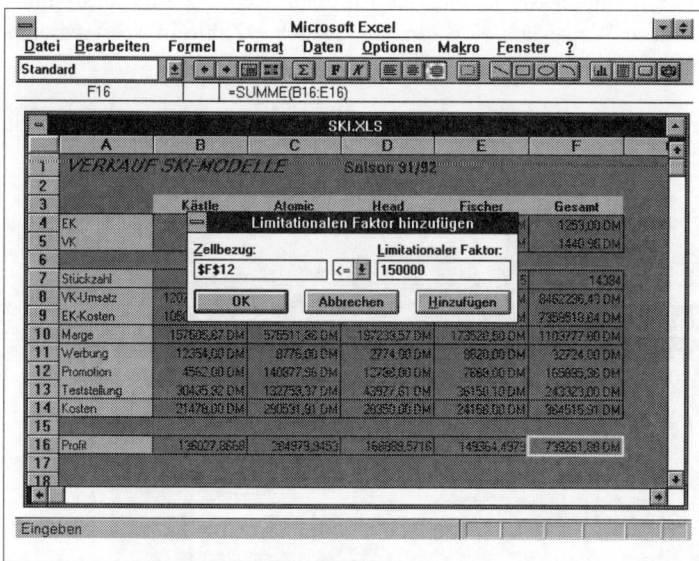

Abb. 194: Beschränkungen werden im eigenen Eingabefeld definiert

Im linken Bereich wird die Adresse des Feldes eingetragen, das den im rechten Bereich definierten Wert nicht über- bzw. unterschreiten darf. Ist im rechten Feld ein Wert eingeben, so wird durch Angabe eines logischen Vergleiches die Art des Wertes definiert. Als logische Operatoren stehen folgende Optionen zur Verfügung:

<= Feldeintrag ist kleiner oder gleich dem Wert
= Feldeintrag ist gleich dem Wert
>= Feldeintrag ist größer oder gleich dem Wert

Da wir für Promotion-Aktionen nur ein maximales Budget von 100.000 DM zur Verfügung haben, geben Sie als Bezugsfeld die Adresse F12 ein, da dieses Feld die Gesamtsumme für Promotion-Kosten enthält. Da diese Summe den Wert nicht überschreiten darf, wir uns jedoch ein wenig Spielraum nach unten hin freihalten, lassen wir die Standardeinstellung für den logischen Vergleich auf "<=" stehen. Im rechten Bereich wird noch die maximale Summe als Wert von 100.000 eingetragen, und die Beschränkung ist gesetzt.

Der Excel-Solver

Mehrere Beschränkungen definieren

Mit der Schaltfläche *OK* wird der Eintrag übernommen, und es erscheint wieder das Dialogfeld des Solvers. Sie können jedoch an dieser Stelle mehrere Beschränkungen definieren. Als Beispiel könnte hier eine Gesamtsumme genannt werden, die einen bestimmten Wert nicht unterschreitet. In diesem Fall schließen Sie den ersten Eintrag nicht mit *OK*, sondern wählen die Schaltfläche *Hinzufügen*. In diesem Fall wird der Eintrag übernommen, sie können jedoch einen weiteren Eintrag definieren. Auf diese Weise läßt sich für eine gesuchte Zahl ein Wertebereich definieren.

Nachdem alle Beschränkungen definiert sind, kann das Dialogfeld mit *OK* geschlossen werden, und Sie erkennen die Einträge im Dialogfeld des Solvers.

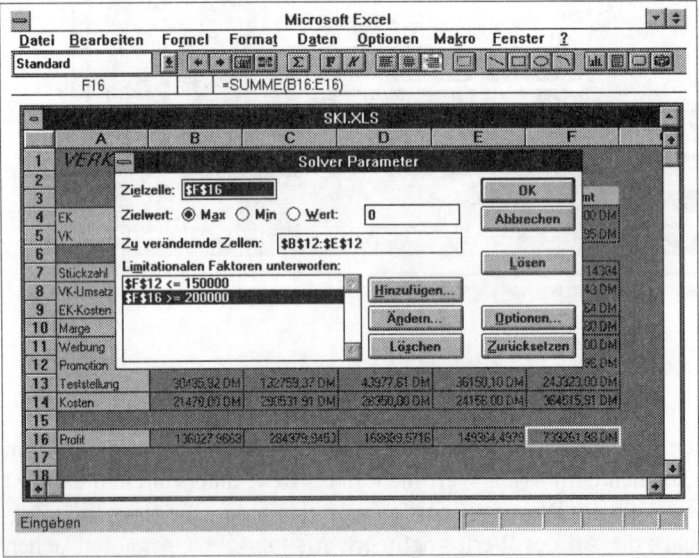

Abb. 195: Beschränkungen sind definiert und werden berücksichtigt

Mit *Lösen* wird die Berechnung gestartet und erfolgt solange, bis für den Wert 100.000 als Gesamtsumme der entsprechende Profit für die einzelnen Ski-Modelle errechnet wurde. Bei einem Einsatz von 100.000 DM für Promotions-Veranstaltungen wird also ein Profit von 719.237,90 DM erwartet.

Beschränkung ändern

Da die Einträge im Solver nach der Berechnung erhalten bleiben, lassen sich die Beschränkungen ändern, damit man verschiedene Werte ausprobieren kann. Dazu wird bei mehreren Beschränkungen diejenige markiert, die geändert werden soll, und die Schaltfläche *Ändern* aktiviert. Es erscheint wieder das Eingabefeld für Beschränkungen, wobei dort genauso verfahren wird wie bei der Ersteingabe auch.

Das Löschen einer Beschränkung erfolgt durch Anklicken der Schaltfläche *Löschen* im Dialogfeld des Solvers.

Beschränkung löschen

14.5 Solver-Modelle

In den meisten Fällen reicht ein Versuch zur Annäherung an eine Lösung nicht aus. Sie werden dann mit mehreren Zahlen experimentieren. Nun ist es aber nicht immer notwendig, über jeden Durchlauf einen Report zu erstellen. Das würde nur unnötig viel Speicher in Anspruch nehmen.

Excel bietet hier die Möglichkeit, die Eingabe-Parameter entweder direkt im gleichen oder in einem beliebigen anderen Arbeitsblatt zu speichern. Diese können von dort aus bei Bedarf als Parameter wieder in den Solver eingelesen werden. Dieses Verfahren hat mehrere große Vorteile:

Speichern der Parameter im Arbeitsblatt

1. Alle getesteten Parameter können im gleichen Arbeitsblatt gespeichert werden, und man kann schnell auf sie zurückgreifen.

2. Wenn alle getesteten Parameter nachträglich in ein separates Arbeitsblatt kopiert werden, können die Parametereinträge z.B. über ein Netzwerk von mehreren Benutzern gleichzeitig verwendet werden. Das ist äußerst sinnvoll, wenn zur Lösung von mehreren Problemen an unterschiedlichen Orten gleiche Parameter benötigt werden. Das Arbeitsblatt mit den Solver-Parametern kann natürlich auch via Diskette an andere Mitarbeiter weitergereicht werden. Die Modelle müssen dann jeweils in das Arbeitsblatt kopiert werden, das die Kalkulation enthält.

Von Hause aus speichert Excel im aktuellen Arbeitsblatt nur jeweils den letzten Eintrag im Solver. Dieser wird durch den Befehl *Speichern* mit dem Arbeitsblatt verbunden. Wenn ein Arbeitsblatt geöffnet wird, das mit Einträgen in den Solver abgespeichert wurde, so sind die Einträge wieder aktiv, sobald der Solver aus dem Menü *Formel* aufgerufen wird. Wenn Sie jeweils den letzten Eintrag der Parameter mit dem Arbeitsblatt abspeichern wollen, dürfen Sie vor dem Speichern die Schaltfläche *Zurücksetzen* nicht betätigen.

Durch normales Speichern wird nur der letzte Parameter-Eintrag erhalten

Abspeichern der Modelle

Nach Durchführen einer Berechnung erscheint die Abfrage, ob Sie die neuen errechneten Werte übernehmen möchten oder sich wieder auf die Ursprungswerte beziehen, wie sie vor der Berechnung vorgelegen haben. Wenn Sie mit mehreren Zahlen experimentieren, setzen Sie die Werte entsprechend in den Originalzustand zurück. Wenn das dargestellte Ergebnis wichtig ist, lassen Sie sich vor dem Zurücksetzen einen Report erstellen.

Um die aktuellen Parameter-Einträge zu speichern, markieren Sie im Arbeitsblatt einen freien Bereich über mindestens drei Felder einer Spalte bzw. einer Zeile, je nachdem, welche Ausrichtung Sie verwenden möchten. Markieren Sie für unser Beispiel den Bereich B19:B21. Hier sollen unsere Parameter eingetragen werden.

Betätigen Sie die Schaltfläche *Optionen* im Solver. Es erscheint ein weiteres Dialogfeld:

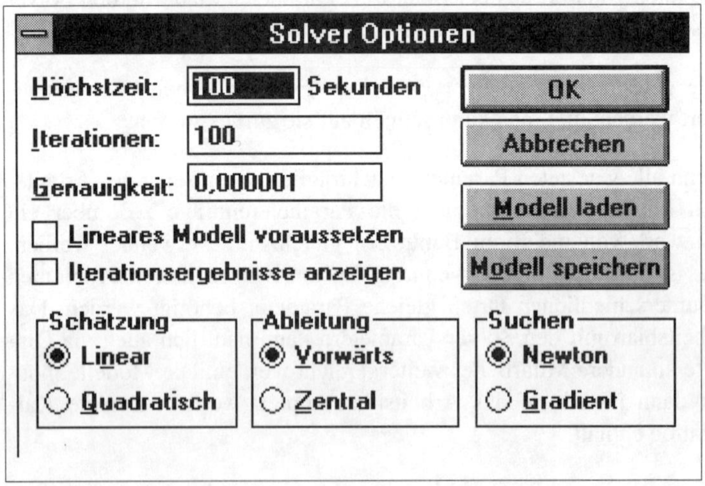

Abb. 196: Die Schaltflächen für das Speichern und Laden von Modellen

Durch Anklicken der Schaltfläche *Speichern* werden die aktuellen Parameter in den markierten Bereich eingetragen. Dabei wird folgende Reihenfolge eingehalten: Das erste Feld enthält den Eintrag für die Option *Zielzelle*, das zweite den Eintrag für die Option *Zielwert*, das dritte den für die Option *Limitationellen Faktoren unterworfen* und die folgenden Felder enthalten die Einträge für die *Limitationellen Faktoren*. Sollten Sie mehr Parameter gesetzt haben als Felder markiert sind, werden Sie von Excel darauf hingewiesen, daß nicht für alle Parameter genügend Platz reserviert wurde. Die folgende Abbildung zeigt im Bereich B19:B21 die

vom Solver getätigten Einträge, und in der Spalte direkt daneben sehen
Sie, in welcher Art die Parameter abgespeichert werden.

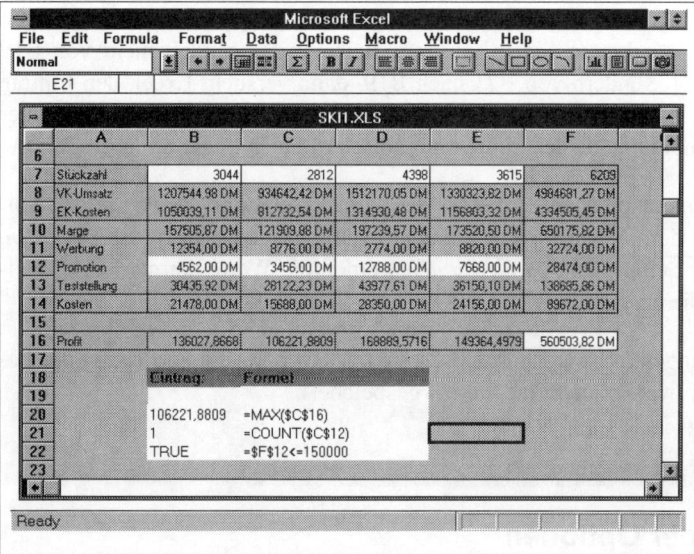

Abb. 197: Ein gespeichertes Modell besteht aus Formeln

Wenden Sie dieses Verfahren mehrmals für verschiedene Einträge an, so erhalten Sie mit der Zeit eine Modell-Bibliothek.

Modell einladen

Um ein im Arbeitsblatt gespeichertes Modell zu laden, müssen Sie den gewünschten Bereich markieren, der die Parameter für die neue Berechnung enthält. Dies muß jedoch geschehen, bevor der Solver gestartet wird. Ansonsten versteht der Solver die Markierung als neuen Eintrag und setzt die Bereichsadressen in die Felder für *Zielzelle* oder *Zu verändernde Zelle*. Da dies nicht erwünscht ist, entfernen Sie den Solver durch die Schaltfläche *OK*.

Beim Markieren eines Modells können Sie die Mehrfachauswahl benutzen. Das ist dann sinnvoll, wenn Sie in einem Modell beispielsweise 5 Beschränkungen gesetzt haben, für die aktuelle Berechnung jedoch nur drei davon verwenden möchten. Markieren Sie auf jeden Fall die drei ersten Felder des Modells, die die Basisdaten enthalten, und wählen Sie dann durch Mehrfachauswahl die gewünschten Beschränkungen. Bei der Mehrfachauswahl können Sie sich natürlich auch auf Felder beziehen, die Einträge anderer Modelle enthalten.

Mehrfachauswahl beim Laden eines Modells

Der Excel-Solver

Die Felder müssen nicht zwingend einem Modell zugeordnet sein. Wichtig ist nur, daß alle markierten Felder logisch zusammenwirken. Auch muß bei der Mehrfachauswahl beachtet werden, daß die Felder des Modells in der Reihenfolge markiert werden, wie sie im Solver eingetragen werden. Markieren Sie in unserem Beispiel das Modell nicht von B19 nach B21, sondern von B21 nach B19, dann versucht Excel, den Eintrag in B21 in die Option *Zielzelle* einzutragen. Dies führt natürlich zu einer Fehlermeldung, da der Eintrag nur aus einer Feldadresse bestehen darf.

Sind die entsprechenden Felder des Modells markiert, rufen Sie den Solver aus dem Menü *Formel* auf und betätigen die Schaltfläche *Optionen*. Mit der Schaltfläche *Modell laden* werden die Werte der markierten Felder in die entsprechenden Optionen des Solvers eingetragen.

Änderungen in bezug auf die Berechnungsart bzw. die Festlegung der Iterationen werden nicht im Modell gespeichert.

14.6 Einstellungen der Optionen

Zur Steuerung der Iteration können im Dialogfeld der Solver-Optionen bestimmte Einstellungen vorgenommen werden. Dieses Dialogfeld wird über die Schaltfläche *Optionen* des Solvers aufgerufen.

Standardmäßig sind folgende Einstellungen gesetzt:

Höchstzeit	100 sek.
Iterationen	100
Genauigkeit	0,000001
Lineares Modell voraussetzen	nicht markiert
Iterationsergebnisse anzeigen	nicht markiert
Schätzung	Linear
Ableitung	Vorwärts
Suchen	Newton

Für die Einstellungen werden prinzipiell mathematische Grundlagen der iterativen Berechnung erwartet. Sie können an dieser Stelle mit den einzelnen Optionen experimentieren, wenn die Standardwerte nicht die gewünschten Resultate liefern.

Zeit und Anzahl steuern die Berechnung

Die Steuerung der Iteration und damit der Anzahl der Berechnungsdurchläufe ist abhängig von den Einträgen für Zeit und Anzahl der Iterationen. Die Berechnung kann nur dann vollständig durchgeführt werden, wenn beide Grenzwerte nicht erreicht werden. Bei Überschreitungen der Zeit oder wenn 100 Durchläufe nicht ausreichen, um das Problem zu lösen, werden Sie von Excel mit einer entsprechenden Meldung darauf aufmerksam gemacht, daß die hier gesetzten Bedingungen eine vollständige Berechnung nicht ermöglichen. In den meisten Fällen reichen die Standardeinträge aus. Für komplexe Berechnungen sollten höhere Werte verwendet werden. Beide Einträge dürfen nur aus positiven, ganzzahligen Werten bestehen.

Ein Faktor, der die Dauer und Anzahl der Berechnung beeinflußt, ist die Genauigkeit, nach der die Iteration erfolgt. Je höher die Genauigkeit, desto häufiger die Iterationen und desto länger die benötigte Zeit. Also greifen diese drei Einträge ineinander. Dies sollte bei Änderungen der Standard-Einstellungen berücksichtigt werden.

Die Genauigkeit beeinflußt Zeit und Anzahl

Wenn Sie sich die einzelnen Wertänderungen pro Durchlauf anschauen möchten, können Sie die Option *Iterationsergebnisse anzeigen* markieren. In diesem Fall wird nach Anwahl von *Lösen* nach jedem Durchlauf eine Pause eingelegt, damit Sie die Änderungen betrachten können.

Zwischen-Schritte nachvollziehen

Die Einstellung und Änderung des Verfahrens, nach dem der Solver bei der Lösung eines Problems vorgeht, bedarf einer genauen Kenntnis der unterschiedlichen mathematischen Iterationsverfahren. Die Erklärung dieser Verfahren kann in diesem Kapitel bei weitem nicht geleistet werden. Hier sei auf die spezielle Fachliteratur verwiesen, da die Anwendung unterschiedlicher Iterationsverfahren nur bei ganz speziellen mathematischen Problemen notwendig ist.

Ändern des Berechnungs-Verfahrens

Der Excel-Solver

Kapitel 15

15. Der Datenbankeditor Q+E **579**

15.1	Q+E starten	580
15.2	Öffnen von Datenbankdateien	581
15.3	Sortieren von Datenbankdateien	584
15.4	Auswählen von Datensätzen	586
15.5	Bestimmte Datensätze oder Teile von Datensätzen suchen	589
	Die Suche ist nicht auf eine Spalte beschränkt	590
15.6	Statistische Auswertungen von Datenbankfeldern	590
15.7	Auswahl und Änderung der Spaltenfolge	592
15.8	Verknüpfung von Datenbanken	594
15.9	Etiketten drucken	597
15.10	Datenbankdateien bearbeiten	600
15.11	Abfragedateien speichern	602
15.12	Indexdateien	604
15.13	SQL	607
	SQL-Befehle	608
	Arbeiten mit Teilstrings	612
15.14	Textdateien	616
15.15	Datenübertragung in andere Anwendungsprogramme	618

15. Der Datenbankeditor Q+E

Q+E ist ein Datenbankeditor. Mit diesem Datenbankeditor lassen sich sowohl Excel-Datenbankdateien noch schneller als bisher bearbeiten als auch Datenbanken im dBase-Format unmittelbar handhaben. Datenbankdateien im dBase-Format sind durch die Erweiterung .DBF gekennzeichnet, die beim Abspeichern im dBase-Format automatisch vergeben wird. Auch solche dBase-Datenbankdateien lassen sich mit Excel, d.h. im Rahmen der Tabellenkalkulation, unter der grafischen Oberfläche Windows unmittelbar handhaben. Mit anderen Worten: Sie können Datenbankdateien mit den von der Tabellenkalkulation her bekannten Methoden bearbeiten. Dazu ist nichts weiter erforderlich, als daß Sie dBase-Dateien einfach in Excel übernehmen, um sie mit den gewohnten Analyse-, Formatierungs- und Layoutfunktionen von Excel zu bearbeiten.

Auch die Fenstertechnik steht Ihnen zur Verfügung. So können Sie sich u.a. verschiedene dBase-Dateien in beliebig vielen Fenstern am Bildschirm anzeigen lassen, dort bearbeiten - z.B. Datensätze hinzufügen oder löschen - und von einem Fenster in ein anderes kopieren. Insbesondere können Sie unter Excel mit Q+E auch solche Datenbanken auswerten, bearbeiten, verändern und aufbereiten, die so umfangreich sind, daß der Hauptspeicher zu ihrer Aufnahme nicht ausreichen würde. Schließlich steht Ihnen der Dynamische Datenaustausch (DDE = Dynamic Data Exchange) zur Verfügung: Wenn Sie also in der Datenbank einen Wert ändern, wird dieser in Excel automatisch aktualisiert.

Anzeige von dBase-Dateien

Im übrigen wählen Sie über die Menüs wie gewohnt die gewünschten Datenbankfunktionen aus: durch Anklicken mit der Maus oder durch Anwählen mit dem Cursor und Drücken der Eingabetaste. Auf diese Weise sortieren Sie mit wenigen Befehlen z.B. die Datensätze einer Datenbank, treffen geeignete Auswahlen oder kombinieren zwei oder mehrere Datenbanken, ohne eine spezielle Datenbank(abfrage)sprache beherrschen zu müssen. Sie brauchen daher keine dBase-Befehle zu kennen oder das dBase-Regiezentrum zu beherrschen, um dBase-Datenbankdateien abzufragen und zu verwalten.

Wenn Sie dem Installationsvorschlag beim SETUP gefolgt sind, wurde automatisch ein Verzeichnis C:\WINDOWS angelegt. Dieses rufen Sie am Prompt C:\> mit "CD WINDOWS" auf. Haben Sie statt dessen einen anderen Verzeichnisnamen gewählt, geben Sie diesen anstelle von WINDOWS ein.

Der Datenbankeditor Q+E

15.1 Q+E starten

Wenn Sie nichts anderes bestimmt haben, wurde bei der Installation auch das Makro QE.XLM in das Windows-Verzeichnis kopiert. Dadurch haben Sie sichergestellt, daß die Datei WIN.INI automatisch modifiziert wurde, so daß QE.EXE selbständig geladen wird. Dann brauchen Sie Windows nur noch durch Eingabe von "WIN" zu starten.

Aus Windows starten Sie Q+E aus der Programmgruppe *Microsoft Excel 3.0*, indem Sie das Symbol von Q+E mit der Maus anklicken.

Die Menüleiste von Q+E

Daraufhin erscheint auf dem Bildschirm das Q+E-Fenster in der Ihnen von Excel her bekannten Form. Die Menüleiste sieht jedoch etwas anders aus, weil sie den Belangen der Bearbeitung und Pflege von Datenbankdateien angepaßt ist. Die folgenden Menüs stehen Ihnen zur Verfügung:

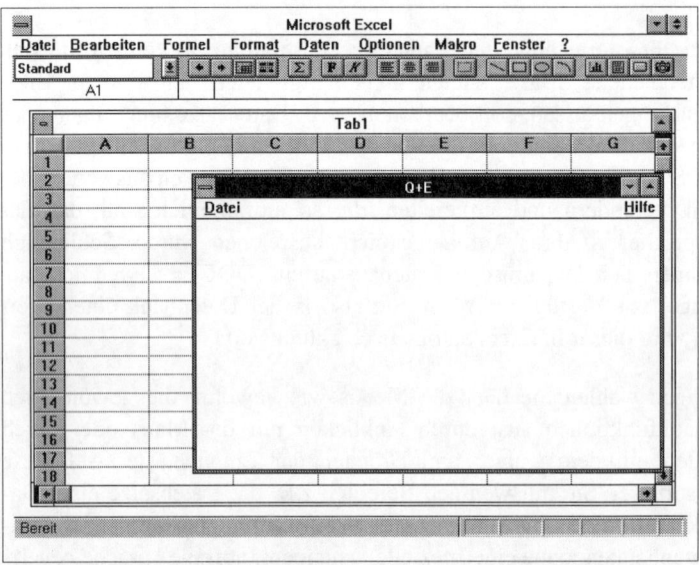

Abb. 198: Das Programmfenster von Q+E

1. *Datei*. Mit diesem Menü öffnen und drucken Sie Datenbankdateien und speichern gegebenenfalls die Ergebnisse Ihrer Bearbeitung ab.

2. *Bearbeiten*. Hiermit aktualisieren Sie die Felder der Datenbankdatei, Sie ergänzen die Datenbank um zusätzliche Datensätze, Sie löschen

nicht mehr benötigte Datensätze, Sie lassen sich erläuternde Texte in Merkfeldern (Notizfeldern) anzeigen. Außerdem steht Ihnen die Zwischenablage zur Verfügung.

3. *Sortieren*. Mit Hilfe dieses Menüs sortieren Sie Datensätze nach geeigneten Auswahlkriterien.

4. *Auswahl*. Sie legen fest, welche Datensätze aus der Datenbankdatei ausgewählt und angezeigt werden sollen, Sie können verschiedene Dateien miteinander verknüpfen und mit der universellen Datenbankabfragesprache SQL (= Structured Query Language) abfragen. Im Unterschied zu den deutschsprachigen Befehlen von Q+E sind die SQL-Befehle jedoch englisch.

5. *Suchen*. Häufig wollen Sie nur solche Datensätze aus einer Datenbankdatei heraussuchen und bearbeiten, deren Felder bestimmte Inhalte haben, z.B. einen bestimmten Namen.

6. *Layout*. Unabhängig davon, wie die Reihenfolge und Anzahl der Felder in der Stammdatei beschaffen ist, können Sie mit diesem Menü eine beliebige Auswahl unter den verfügbaren Feldern treffen und die Reihenfolge der Felder nach Ihren besonderen Bedürfnissen wählen.

7. *Fenster*. Hiermit holen Sie das Q+E-Fenster in den Vordergrund oder ordnen die Fenster auf dem Bildschirm nach Ihrem Gutdünken an.

8. *Hilfe*. Nach dem Anklicken dieses Menüs erscheint eine alphabetische Liste aller Menübefehle. Nach Auswahl des gewünschten Befehls bestätigen Sie die Schaltfläche *OK*, und daraufhin wird ein Hilfefenster mit den zugehörigen On-Line-Informationen eingeblendet. Um das Hilfefenster zu schließen, klicken Sie den waagerechten Balken in der linken oberen Ecke des Hilfefensters und wählen den Befehl *Schließen*.

15.2 Öffnen von Datenbankdateien

Wie einfach die Handhabung ist, wollen wir gleich einmal unter Verwendung einer dBase-Datenbankdatei mit dem Dateinamen KUNDEN.DBF ausprobieren, die sich auf der Beispieldiskette im Verzeichnis \DB befindet.

Der Datenbankeditor Q+E

Eine Datenbank- Sie gehen also in das Menü *Datei* und wählen den Befehl *Öffnen*. Darauf-
datei wird hin erscheint ein Dialogfeld, in dem im allgemeinen das Verzeichnis
geöffnet C:\WINDOWS aktiv ist.

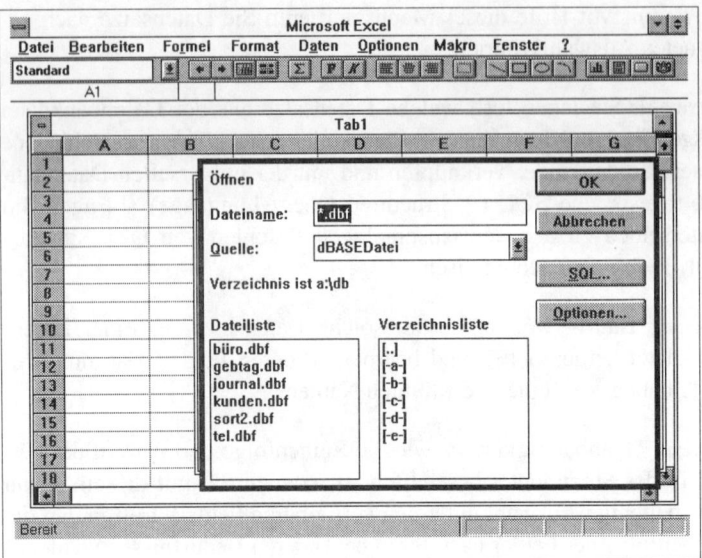

Abb. 199: Die Datenbank wird ausgewählt

Dateien im Soweit in diesem Verzeichnis Dateien im dBase-Datenbankformat *.DBF
dBase-Format abgelegt wurden, werden diese auch gleich im Fenster "Dateiliste" ange-
werden angezeigt zeigt und können dort von Ihnen ausgewählt werden. In das nächsthöhere
Verzeichnis wechseln Sie durch Wählen von [..]. Soweit sich - wie in unserem Fall - die Übungsdateien jedoch noch auf der Beispieldiskette im
Laufwerk A (oder B) befinden, würden Sie im Feld "Verzeichnisse"
durch [-A-] (oder [-B-]) zu diesem Laufwerk und gegebenenfalls in das
dort befindliche Unterverzeichnis wechseln. Im Fenster "Dateien" erscheinen daraufhin die in diesem Verzeichnis vorhandenen dBase-Datenbankdateien mit der Erweiterung .DBF. Wählen Sie hieraus bitte die
Datenbankdatei KUNDEN.DBF, die sogleich auf dem Bildschirm in einem Fenster mit der Bezeichnung "Abfra1" erscheint.

Im gewohnten Excel-Format sehen Sie die Datenbankfelder KUNDEN-
NR, NAME, STR, PLZ, ORT. Zwei weitere Felder, UMSATZ und INFO,
befinden sich außerhalb des rechten Bildschirmrandes. Sie erreichen diese
beiden Felder, indem Sie die Bildrollpfeile am unteren Fensterrand anklicken oder den Cursor mit der [Tab]-Taste nach rechts bewegen. Durch
[Shift]+[Tab] führen Sie den Cursor nach links zurück.

Der Datenbankeditor Q+E

Die Spalte INFO ist leer, bis auf die Anzeige beim Datensatz 22. Den Inhalt dieses Infos können Sie sich anzeigen lassen, wenn Sie das Feld in der Spalte INFO markieren und im Menü *Vergrößerungsfeld* den Befehl *Notizen anzeigen* klicken.

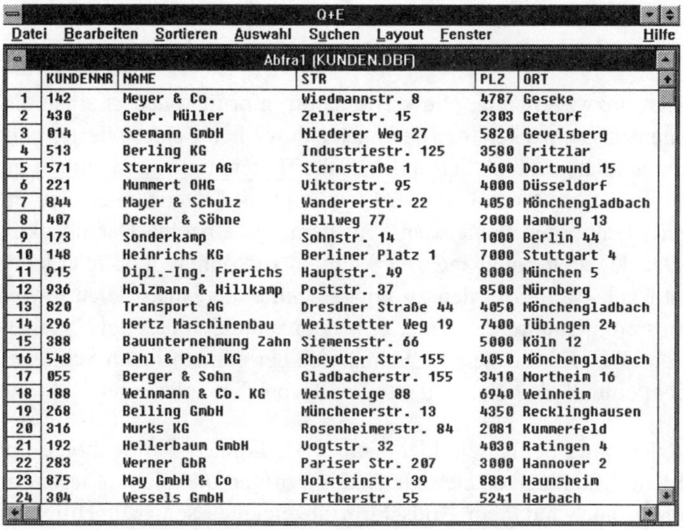

```
                              Q+E
 Datei  Bearbeiten  Sortieren  Auswahl  Suchen  Layout  Fenster         Hilfe
                        Abfra1 [KUNDEN.DBF]
    KUNDENNR   NAME             STR               PLZ    ORT
 1  142        Meyer & Co.      Wiedmannstr. 8    4787   Geseke
 2  430        Gebr. Müller     Zellerstr. 15     2303   Gettorf
 3  014        Seemann GmbH     Niederer Weg 27   5820   Gevelsberg
 4  513        Berling KG       Industriestr. 125 3580   Fritzlar
 5  571        Sternkreuz AG    Sternstraße 1     4600   Dortmund 15
 6  221        Mummert OHG      Viktorstr. 95     4000   Düsseldorf
 7  844        Mayer & Schulz   Wandererstr. 22   4050   Mönchengladbach
 8  407        Decker & Söhne   Hellweg 77        2000   Hamburg 13
 9  173        Sonderkamp       Sohnstr. 14       1000   Berlin 44
10  148        Heinrichs KG     Berliner Platz 1  7000   Stuttgart 4
11  915        Dipl.-Ing. Frerichs Hauptstr. 49   8000   München 5
12  936        Holzmann & Hillkamp Poststr. 37    8500   Nürnberg
13  820        Transport AG     Dresdner Straße 44 4050  Mönchengladbach
14  296        Hertz Maschinenbau Weilstetter Weg 19 7400 Tübingen 24
15  388        Bauunternehmung Zahn Siemensstr. 66 5000  Köln 12
16  548        Pahl & Pohl KG   Rheydter Str. 155 4050   Mönchengladbach
17  055        Berger & Sohn    Gladbacherstr. 155 3410  Northeim 16
18  188        Weinmann & Co. KG Weinsteige 88    6940   Weinheim
19  268        Belling GmbH     Münchenerstr. 13  4350   Recklinghausen
20  316        Murks KG         Rosenheimerstr. 84 2081  Kummerfeld
21  192        Hellerbaum GmbH  Vogtstr. 32       4030   Ratingen 4
22  283        Werner GbR       Pariser Str. 207  3000   Hannover 2
23  875        May GmbH & Co    Holsteinstr. 39   8881   Haunsheim
24  304        Wessels GmbH     Furtherstr. 55    5241   Harbach
```

Abb. 200: Die Datensätze von KUNDEN.DBF

Teil der Datenbankdatei ist auch die äußerste linke Spalte, die nicht eigens angelegt zu werden braucht, weil sie automatisch zu jeder Datenbankdatei generiert wird - die Datensatznummer. Sie sehen, daß die Datensatznummern in aufsteigender Reihenfolge lückenlos sind, stets mit 1 beginnen und in unserem Fall mit 26 enden, d.h. die Übungsdatei KUNDEN.DBF umfaßt zunächst 26 Datensätze. Bei näherem Betrachten stellen Sie fest, daß die Datensätze dieser Stammdatei offensichtlich keiner erkennbaren Regel folgen, mit anderen Worten, die Datensätze sind in ganz beliebiger Reihenfolge eingegeben worden.

Editierung der Datensätze durch Menü Bearbeiten

Sie können sich die Datenbank zunächst nur ansehen. Um die Datenbank und die Datensätze bearbeiten zu können, benötigen Sie eine Bearbeitungserlaubnis aus dem Menü *Bearbeiten*, auf die wir später zurückkommen. Dann könnten Sie die Datenbank um zusätzliche Datensätze ergänzen, die im allgemeinen einfach am Ende der Datenbank angefügt werden, und überflüssige Datensätze an der Stelle löschen, wo sie gerade ihren Platz in der Datenbankdatei gefunden haben.

Der Datenbankeditor Q+E

Alphabetische Sortierung

Die Einträge im Fenster "Dateiliste" ist alphabetisch geordnet. Wenn Sie den Namen der gewünschten Datei kennen, können Sie in einer sehr umfangreichen Dateiliste durch Eingabe des ersten Buchstabens des Dateinamens mit dem Cursor gleich auf den ersten Dateinamen springen, der mit diesem Buchstaben beginnt. Im übrigen können Sie die vom Betriebssystem MS-DOS her bekannten Platzhalter * und ? im Eingabefeld verwenden.

Gemeinsame Schlüsselfelder

Es ist meist unzweckmäßig, alle verfügbaren Informationen in einen einzigen Datensatz zu packen, der dann aus zahlreichen Feldern besteht und die Datenbankdatei unhandlich macht. Häufig benötigt man nämlich gar nicht alle Felder auf einmal, sondern legt einzelne Datenbankdateien mit den jeweils benötigten Feldern an. Um derartige einzelne Datenbankdateien später dennoch miteinander verknüpfen zu können, muß man lediglich darauf achten, daß in den zu koppelnden Datenbankdateien jeweils mindestens ein gemeinsames Feld, das sogenannte Schlüsselfeld, vorhanden ist. Unter Q+E brauchen die Feldnamen der gemeinsamen Schlüsselfelder nicht einmal gleichlautend zu sein, davon aber später mehr.

Mehrere Datenbankdateien können geöffnet sein

Ob mit oder ohne Schlüsselfelder - mit Q+E können Sie beliebige und verschiedene Datenbankdateien gleichzeitig öffnen und sich in gesonderten Fenstern auch auf dem Bildschirm anzeigen lassen. Mit Hilfe von `Strg`+`F6` können Sie zwischen den einzelnen Fenstern "blättern", d.h. hin- und herwechseln. Alle Fenster bringen Sie im Menü *Fenster* durch den Befehl *Alle anordnen* gleichzeitig auf den Bildschirm. Ein nicht mehr benötigtes Fenster schließen Sie durch Anklicken des waagerechten Balkens in der linken oberen Fensterecke oder durch den Befehl *Schließen* im Steuerungsmenü.

Auch dies wollen wir unter Verwendung der auf der Beispieldiskette verfügbaren Datenbankdateien im dBase-Format, BÜRO, GEBTAG und JOURNAL nachvollziehen. Laden Sie also bitte in beliebiger Reihenfolge mit dem Befehl *Öffnen* im Menü *Datei* diese drei Datenbankdateien nacheinander, wandern Sie mit `Strg` `F6` von Fenster zu Fenster und sehen Sie sich kurz deren Inhalt an. Dann schließen Sie die Fenster und beenden Ihre Übung gegebenenfalls im Menü *Datei* durch den Befehl *Beenden*, um zum DOS-Fenster zurückzugelangen.

15.3 Sortieren von Datenbankdateien

Wie bereits erwähnt, werden neue Datensätze an eine vorhandene Datenbankdatei einfach am Schluß "angehängt". Die Datensätze stehen daher in

Der Datenbankeditor Q+E

der Stammdatei im allgemeinen ungeordnet hinter- oder untereinander. Um mit solchen ungeordneten Datensätzen gezielt und systematisch arbeiten zu können, sortiert man sie in geeigneter Form, die Datenbankdatei KUNDEN.DBF z.B. nach der Postleitzahl mit dem Feldnamen PLZ.

Nachdem Sie diese Datei geladen, d.h. geöffnet haben, markieren Sie das Feld, nach dem Sie die Datensätze ordnen lassen wollen, in unserem Fall also PLZ, dadurch, daß Sie das Feld in einem beliebigen Datensatz anklicken. Dann wählen Sie im Menü *Sortieren* eine der Optionen *Aufsteigend* oder *Absteigend*, und Q+E zeigt unverzüglich die nach Postleitzahlen auf- oder absteigend geordneten Datensätze an.

In gleicher Weise können Sie Ihre Datenbank nach jedem beliebigen anderen Feld auf- oder absteigend sortieren lassen. Zuvor müssen Sie jedoch die Datenbankdatei in den unsortierten Ausgangszustand zurückversetzen. Dies erreichen Sie, indem Sie im Menü *Sortieren* den Befehl *Originalanordnung* aufrufen, der die Datensätze in die anfängliche Reihenfolge zurückzuversetzt, in der die Stammdatei zu Beginn angelegt wurde. Wählen Sie nun beispielsweise das Feld UMSATZ als Sortierkriterium, indem Sie sich im Menü *Sortieren* für die Option *Aufsteigend* oder *Absteigend* entscheiden.

Sortiervorgang starten

Manchmal genügt es nicht, eine Datenbank nur nach einem einzelnen Feld zu sortieren. Das ist beispielsweise dann der Fall, wenn Sie die Datenbankdatei KUNDEN.DBF zunächst nach Postleitzahlen und die Datensätze innerhalb einer einzelnen Postleitzahl dann zusätzlich nach Umsätzen sortieren lassen wollen.

Sortieren nach mehreren Sortierkriterien

Wie Sie bereits wissen, müssen Sie vor jedem neuen Sortiervorgang die Datenbankdatei aus der zufällig vorliegenden Sortierfolge durch den Befehl *Originalanordnung* im Menü *Sortieren* in die Reihenfolge der Datensätze bringen, in der die Datenbankdatei ursprünglich angelegt wurde.

Wie bisher markieren Sie dann zunächst das Feld PLZ oder, was auf das Gleiche hinauskommt, ORT eines beliebigen Datensatzes durch Anklicken und wählen im Menü *Sortieren* den Befehl *Aufsteigend* oder *Absteigend*. Anschließend wiederholen Sie die Markierung mit dem Feld UMSATZ und entscheiden sich im Menü *Sortieren* erneut für die Sortierfolge *Aufsteigend* oder *Absteigend*. Auf dem Bildschirm sehen Sie dann für die Postleitzahl 4050 (Mönchengladbach) drei Datensätze, die ihrerseits wieder nach auf- oder absteigenden Umsätzen sortiert sind.

Wenn Sie nicht mehr wissen, welche Felder Sie in welcher Reihenfolge sortiert haben, oder ob Sie Ihre Datenbank vielleicht schon wieder in die ursprüngliche Sortierfolge zurückversetzt haben, dann lassen Sie sich einfach die gegenwärtig gültige Sortierung im Menü *Sortieren* durch den Be-

Anzeige der Sortierfolge

Der Datenbankeditor Q+E

fehl *Sortierfolge* anzeigen. Q+E blendet dann ein Anzeigefeld mit der Überschrift "Sortierfolge: Abfra1" ein und zeigt die Felder in der hierarchischen Reihenfolge mit der Sortierfolge auf- oder absteigend an. Probieren Sie dies einmal für die soeben vorgenommene Sortierung aus.

Es können beliebig viele Felder sortiert werden

Soweit das sinnvoll ist, können Sie nach beliebig vielen Feldern sortieren lassen. Nehmen wir beispielsweise an, daß Sie gezielt mit Namen und Adressen versehene Prospekte verteilen lassen wollen. Sie würden dann etwa eine Adressenliste zunächst nach Orten (oder Postleitzahlen) ordnen lassen. Als zweites Sortierkriterium würden Sie die Straße, als drittes die Hausnummer und als viertes den Familiennamen wählen. Man würde dann einem Prospektverteiler in einem Ort eine bestimmte Straße zuweisen, in der er bei der niedrigsten oder höchsten Hausnummer beginnt und unter jeder Hausnummer nach Familiennamen alphabetisch geordnete, adressierte Prospekte oder Briefe vorfindet.

Einheitliche Sortierfolge

Wenn mehrere Felder einheitlich auf- oder absteigend sortiert werden sollen, lassen sich einige Arbeitsschritte sparen: Sie halten dann lediglich die `Strg`-Taste gedrückt, klicken die Spalten in der gewünschten Reihenfolge an und wählen dann die für alle markierten Spalten identische Sortierfolge *Aufsteigend* oder *Absteigend* im Menü *Sortieren*.

15.4 Auswählen von Datensätzen

Datensätze mit bestimmten Eigenschaften auswählen

Häufig interessieren Sie sich nicht für alle Datensätze einer Datenbankdatei, sondern nur für solche, die bestimmte Eigenschaften haben oder bestimmten Bedingungen genügen. In der Datei KUNDEN.DBF würden Sie einem Außendienstmitarbeiter nur die Datensätze einer bestimmten Postleitzahl oder eines Postleitzahlgebietes an die Hand geben.

Dazu rufen Sie im Menü *Datei* mit dem Befehl *Öffnen* die Datenbankdatei KUNDEN.DBF auf, klicken das Feld 4050 in der Spalte PLZ oder - was auf das Gleiche hinauskommt - das Feld "Mönchengladbach" in der Spalte ORT an und wählen dann im Menü *Auswahl* den Befehl *Bedingung hinzufügen*.

In dem eingeblendeten Dialogfeld gleichen Namens erscheinen der Name der markierten Spalte, d.h. PLZ oder ORT, und der Wert des gewählten Kriteriums, in unserem Fall also entweder "4050" oder "Mönchengladbach". Wenn Sie außerdem das Feld "Groß-/Kleinschreibung beachten" markieren, werden nur diejenigen Datensätze ausgewählt, deren Feldinhalte exakt die gleiche Schreibweise aufweisen wie das angeklickte Feld.

Andernfalls gelten ungeachtet der tatsächlichen Schreibweise alle Buchstaben als Großbuchstaben.

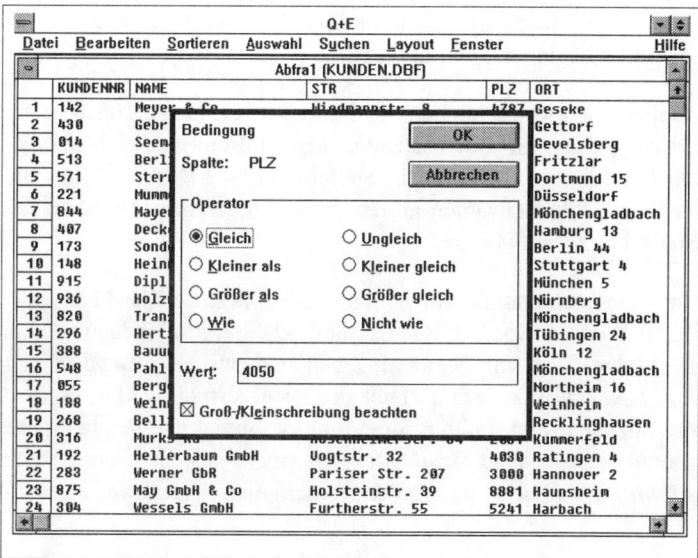

Abb. 201: Hinzufügen einer Bedingung

In dem Optionsfeld *Operator* würden Sie im vorliegenden Beispiel die Bedingung *Gleich* wählen, so daß nur Datensätze mit der Postleitzahl 4050 angezeigt werden, nachdem Sie Ihre Wahl mit *OK* bestätigt haben.

Probieren Sie statt dessen auch einmal die Optionen *Kleiner als* und *Größer als* aus. Im ersteren Fall werden alle Datensätze mit Postleitzahlen unter 4050, nicht aber 4050 selbst, aufgelistet, im zweiten Fall alle Datensätze mit Postleitzahlen größer als 4050. Wenn Sie gerade alle Datensätze mit Ausnahme solcher mit der Postleitzahl 4050 auswählen lassen wollen, entscheiden Sie sich für die Option *Ungleich*. Erproben Sie nun zur Übung auch noch die übrigen Optionen *Kleiner gleich* und *Größer gleich*. Lassen Sie sich zwischendurch im Menü Sortieren durch den Befehl *Sortierfolge* auch immer wieder einmal die aktuelle Sortierfolge anzeigen oder vergewissern Sie sich, daß Sie sich im ursprünglichen Sortierzustand der Stammdatei befinden, bevor Sie eine neue Sortierfolge bestimmen.

Unterschiedliche Operatoren verwenden

Die Optionen *Wie* und *Nicht wie* benutzen Sie meist in Verbindung mit den Platzhaltern * oder ?.

Die Optionen "Wie und "Nicht wie"

Um bei *Wie* und den Postleitzahlen zu bleiben, geben Sie bei markierter Spalte PLZ im Feld "Wert" "4*" ein, um alle Datensätze mit Postleitzah-

Der Datenbankeditor Q+E

len zwischen 4000 und 4999 auswählen zu lassen. Ein Wert von "*0" zeigt dagegen alle Datensätze an, deren Postleitzahlen mit 0 enden. Das Auswahlkriterium "4?5?" berücksichtigt alle Postleitzahlen, deren erste Ziffer 4 und deren dritte Ziffer 5 ist, und "5*0" würde Postleitzahlen betreffen, die mit 5 beginnen und mit 0 enden.

Mit der Option *Nicht wie* erreichen Sie das genaue Gegenteil von *Wie*: die Auswahl bringt dann alle Datensätze auf den Bildschirm, die das eingegebene Kriterium *nicht* erfüllen. Das Suchmuster "4?5?" liefert dann alle Datensätze, deren Postleitzahlen an der ersten Stelle *keine* 4 und an der dritten Stelle *keine* 5 aufweisen.

Groß- und Kleinschreibung beachten

Wählen wir nun noch einmal reine Zeichenfolgen aus, z.B. das Feld ORT. Wenn Sie als Wert der Spalte ORT die Stadt "DüSSeldorf" (genau so, d.h. mit zwei großen S, geschrieben) eingeben und das Feld *Groß-/Kleinschreibung beachten* markieren, bleibt die Suche erfolglos, d.h. es wird kein Datensatz angezeigt. Führen Sie nun noch einmal die gleiche Suche mit dem unmarkierten Feld *Groß-/Kleinschreibung beachten* durch: Der Datensatz wird nunmehr ungeachtet der fehlerhaften Schreibweise gefunden.

Mehrere Bedingungen definieren

Bisher haben wir nur Datensätze ausgewählt, die unter *einer* erfüllten oder nicht erfüllten Bedingung standen. Wenn Sie jedoch bei der sogenannten zusammengesetzten Auswahlbedingung eine Datenbank nach mehr als einer Bedingung auswerten wollen, müssen Sie für jede zusätzliche Bedingung den Befehl *Bedingung hinzufügen* erneut aktivieren.

Für zusammengesetzte Auswahlbedingungen bietet Q+E Ihnen im Rahmen der Abfrage *Bedingungen anzeigen* im Menü *Auswahl* die folgenden Symbole an:

=	gleich
<>	ungleich
<	kleiner als
>	größer als
<=	gleich oder kleiner als
>=	gleich oder größer als
LIKE	Wie
NOT LIKE	Nicht wie

Die Befehlsworte LIKE und NOT LIKE haben wir als Bestandteile der Datenbankabfragesprache SQL, die Sie im Unterkapitel 15.13 kennenlernen werden, hinzugefügt.

Der Datenbankeditor Q+E

Die jeweils letzte Bedingung, die Sie mit dem Befehl *Bedingung hinzufügen* aktiviert haben, können Sie mit dem Befehl *Widerrufen* rückgängig machen.

Vergessen Sie am Ende Ihrer Übung nicht, im Menü *Auswahl* mit dem Befehl *Originalzustand* die ursprüngliche Sortierfolge wieder herzustellen.

15.5 Bestimmte Datensätze oder Teile von Datensätzen suchen

Wenn Sie wissen, welches die Datensatznummer des gewünschten Datensatzes in einer großen Datenbankdatei ist, können Sie diesen Datensatz unmittelbar anspringen, indem Sie im Menü *Suchen* den Befehl *Gehe zu* aufrufen. Geben Sie dann im Dialogfeld die Datensatznummer als Zahl ein und betätigen Sie die Schaltfläche *OK*. Der Cursor markiert dann das erste Feld des betreffenden Datensatzes.

Manchmal kennen Sie weder die Datensatznummer noch den vollständigen Feldinhalt, nach dem Sie suchen. Ineinem solchen Fall benutzen Sie einen Teil des Feldinhalts, dem sogenannten Teilstring, als Suchkriterium. Sie können mit Q+E nach diesem Teilstring in den Datensätzen des markierten Feldes suchen.

Suchkriterien benutzen

Öffen Sie also als Beispiel vielleicht noch einmal die Datei KUNDEN.DBF und markieren hier das Feld NAME. Sie wissen möglicherweise, daß der gesuchte Kunde die Rechtsform einer GmbH hat. Also aktivieren Sie im Menü *Suchen* den gleichnamigen Befehl *Suchen*. In das daraufhin eingeblendete Dialogfeld *Suchen* geben Sie im nun Textfeld "GmbH" ein. Von der Stelle der Markierung springt der Cursor nunmehr vom ersten gefundenen Teilstring "GmbH" jedesmal weiter auf den nächsten, sobald Sie im gleichen Menü den Befehl *Weitersuchen* anklicken. Mit jedem weiteren Befehlsaufruf *Weitersuchen* springt der Cursor zum folgenden Datensatz, der die als Suchkriterium eingegebene Zeichenfolge in dem markierten Feld enthält, bis das Ende der Datenbank erreicht ist. Statt von oben nach unten können Sie auch in umgekehrter Reihenfolge mit dem Befehl *Vorübergehenden suchen* suchen.

Der Befehl "Suchen"

In der unsortierten Datenbankdatei ist der letzte Datensatz zufällig eine GmbH; hier bleibt der Cursor endgültig stehen, und Q+E bricht die Suche ab. Etwas anders sieht die Sache aus, wenn Sie in der ungeordneten Da-

Der Datenbankeditor Q+E

tenbankdatei im Feld NAME nach einem Teilstring "KG" im Firmennamen suchen. Hier bleibt der Cursor auf dem letzten zutreffenden Datensatz stehen, der ein "KG" im Namen führt. Wenn diesem Datensatz jedoch noch weitere Datensätze ohne den Teilstring "KG" folgen, wandert der Cursor nicht bis zum physischen Ende der Datenbankdatei, d.h. bis zum letzten Datensatz, sondern gibt statt dessen die Meldung aus "Zeichenkette nicht gefunden: KG".

Suche nach einem Teilstring

Suchen Sie nun probeweise bitte im Feld UMSATZ nach einem Teilstring "50". Q+E zeigt Ihnen zahlreiche identische Zahlenpaare an, die an beliebigen Stellen der Umsatzzahlen stehen können. Sie erkennen daran, daß Sie im Suchmenü mit dem Befehl *Suchen* lediglich nach einem Teilstring überhaupt, nicht aber nach einem Teilstring suchen können, der an einer bestimmten Stelle einer Zeichenfolge steht. Im Datumformat genau nach dem Monat "05" zu suchen und dabei nicht auf den Tag oder Jahrgang "05" zu treffen, ist daher mit Q+E so nicht möglich. Wir werden jedoch später eine Lösung hierfür finden.

Die Suche ist nicht auf eine Spalte beschränkt

Andererseits sind Sie mit Q+E bei der Suche nicht auf eine einzige Spalte beschränkt. Um beim Teilstring "50" zu bleiben, könnten Sie z.B. die Spalten PLZ und UMSATZ markieren, indem Sie zunächst die erstere anklicken, die `Strg`-Taste drücken und festhalten, bis Sie die Spalte UMSATZ als weitere Spalte markiert haben. Dann werden sowohl die Felder mit dem Teilstring "50" in der Spalte PLZ als auch in der Spalte UMSATZ vom Cursor angesprungen, wenn Sie nach jedem Treffer im Menü *Suchen* den Befehl *Weitersuchen* aktivieren. Ohne Maus schalten Sie mit der Funktionstaste `F8` in den Erweiterungsmodus um, in dem Sie mit den Richtungstasten den markierten Bereich um jeweils ein weiteres Feld vergrößern. Durch nochmaliges Drücken von `F8` verlassen Sie den Erweiterungsmodus. Der Erweiterungsmodus ist nicht mit dem Hinzufüge-Modus zu verwechseln: In den Erweiterungsmodus gelangen Sie mit `F8`, in den Hinzufüge-Modus mit `Shift`+`F8`.

15.6 Statistische Auswertungen von Datenbankfeldern

5 statistische Funktionen stehen zur Verfügung

Q+E verfügt über statistische Funktionen zur Ermittlung des Minimums, des Maximums, der Anzahl der Datensätze, des Mittelwertes und der Summe der Feldinhalte einer markierten Spalte. Die gewünschten Statistikfunktionen aktivieren Sie in bezug auf die markierte Spalte durch den Befehl *Rechenergebnisse* im Menü *Layout* durch Anklicken eines, mehrerer oder aller jeweils einzubeziehenden fünf rechteckigen Optionsfelder.

Der Datenbankeditor Q+E

Ob diese spaltenweisen Statistiken im Einzelfall sinnvoll sind, ergibt sich aus dem Sachzusammenhang und der von Ihnen benötigten Information.

Bevor Sie diese Übung durchführen, stellen Sie zunächst jedoch fest, daß Ihnen offenbar beim Laden von Datenbankdateien im dBase-Format bestimmte Informationen über den Datentyp eines Datenbankfeldes verlorengehen. Diesen Datentyp hätten Sie in der ursprünglichen dBase-Datei oder in einem ursprünglichen Excel-Feld ohne weiteres ermitteln können. Im Q+E-Fenster ist es Ihnen dagegen nicht (mehr) möglich, festzustellen, von welchem Datumtyp z.B. das Feld PLZ (Postleitzahl) ist. Die Feldinhalte sehen wie eine Zahl aus. Sie könnten tatsächlich auch eine Zahl, ebensogut aber auch eine Zeichenkette (Label, String) sein.

Wären die Postleitzahlen in ein ursprüngliches Excel-Feld eingegeben worden, könnten Sie vom Fehlen oder Vorhandensein der Hochkommata sofort auf den Feldtyp schließen. Beruhigt haben Sie allerdings bereits früher zur Kenntnis genommen, daß ein in Excel geöffnetes Datumfeld einer dBase-Datenbankdatei ohne weiteres zum Sortieren nach dem Datum dient.

Gewisse Schlüsse lassen sich jedoch auf den ursprünglichen Feldtyp ziehen, wenn Sie auf jede Spalte sämtliche Optionsfelder im Menüfeld "Rechenergebnisse" anwenden. Markieren Sie dazu bitte das Feld UMSATZ und wählen dann im Menü *Layout* den Befehl *Zahlenergebnisse* aus, nachdem Sie alle 5 Rechenoptionen aktiviert haben. Daraus, daß sämtliche fünf Werte auf dem Bildschirm angezeigt werden, schließen Sie, daß es sich in der Spalte UMSATZ tatsächlich um Zahlenfelder handelt.

Obwohl Sie sich in einer Excel-Tabelle befinden, können Sie unter Q+E leider nicht die in Tabellen gängigen Rechenoperationen vornehmen, also nicht etwa die Excel-Formeln für Minimum, Maximum, Anzahl der Datensätze, Mittelwert und Summe in einem beliebigen Excel-Feld verwenden. An der Tatsache, daß bei der Ermittlung aller fünf Rechenergebnisse in der Spalte PLZ nur drei, nämlich Maximum, Minimum und Anzahl, ausgewiesen werden, erkennen Sie, daß der Feldtyp der dBase-Datenbankdatei nicht numerisch, sondern als Zeichenkette definiert wurde. Immerhin sehen Ihre Statistikergebnisse aber nach Zahlen aus. In der Spalte STR ist das nicht der Fall. Hier wird eindeutig nach dem Alphabet geordnet, indem beim Minimum die Ackerstraße und beim Maximum die Zellerstraße angezeigt wird. Die Zahl der Datenbanksätze bleibt auch hier erwartungsgemäß bei 26. Alphabetisch analysiert wird auch die Spalte NAME, wo "Bauunternehmen" als Minimum und "Willner" als Maximum ausgewiesen werden.

Um die Ergebnisse einzusehen, müßten Sie bei umfangreichen Datenbankdateien jeweils den Cursor einige Zeilen unterhalb des letzten Daten-

Der Datenbankeditor Q+E

satzes positionieren. Denn Q+E listet die genannten Statistikwerte unter dem Datensatz auf. Vielleicht interessieren Sie die Datensätze in diesem Zusammenhang aber gar nicht, und Sie möchten sich lediglich mit der Anzeige der Ergebnisse begnügen. Das ist im Menü *Layout* unschwer möglich, wenn Sie sich für den Befehl *Nur Rechenergebnisse anzeigen* entscheiden. Q+E blendet dann die Anzeige der Datensätze auf dem Bildschirm aus und zeigt Ihnen nur die Resultate in den Spalten an. Die Namen der zu den angezeigten fünf Zeilen gehörigen Statistikfunktionen stehen in der äußersten linken Bildschirmspalte, wo normalerweise die Datensatznummern erscheinen.

Die Datensätze werden wieder anzeigt, wenn Sie im Menü *Layout* den Befehl *Datensätze anzeigen* aufrufen.

Statistische Auswertung beschränken

Bisher haben Sie die fünf Statistikfunktionen nur für ein Datensatzfeld (also für eine Spalte) eingesetzt, die sämtliche Datensätze der Stammdatei umfaßt. Sie können jedoch die statistische Auswertung auf Datensätze beschränken, die bestimmten Kriterien genügen. Öffnen Sie dazu bitte die dBase-Datenbankdatei JOURNAL.DBF auf Ihrer Beispieldiskette. Hier hat eine Firma Ein- und Ausgaben in derselben Spalte verbucht, in der benachbarten Spalte vom Feldtyp "logisch" jedoch durch "W" oder "F" gekennzeichnet, ob es sich um eine Einnahme (= W) oder keine Einnahme (= F), d.h. um eine Ausgabe handelt. Wenn Sie z.B. nur die Zahlen analysieren wollen, die mit einem "W" gekennzeichnet sind, aktivieren Sie im Menü *Auswahl* den Befehl *Bedingung hinzufügen*, geben im Dialogfeld als Bedingung "W" ein und betätigen die Schaltfläche *OK*.

Je nach ursprünglichem Datenbankdateiformat und der Umsetzung können Sie anstelle der Anzeigen "W" (= wahr) oder "F" (= falsch) auf andere logische Paare stoßen, z.B. "Y" (= Yes) und "N" (= No) bzw. "T" (= True) und "F" (= False). Achten Sie daher genau auf die Anzeige und die Schreibweise. Manchmal erscheinen T und F auch zwischen Punkten, also als ".T." und ".F." In der Auswahlbedingung müssen Sie dann gegebenenfalls ausprobieren, auf welche Syntax der eingegebene Befehl reagiert. Bei der Abfragesprache SQL werden wir einige hierauf beruhende scheinbare Irregularitäten kennenlernen.

15.7 Auswahl und Änderung der Spaltenfolge

Ein großer Vorteil aller gängigen Datenbankeditoren oder Datenbankabfragesprachen liegt darin, daß Sie sich beim Anlegen einer Datenbankdatei - in der Fachsprache: bei der Generierung der Datenbankstruktur - über die Reihenfolge der Datensatzfelder nicht den Kopf zu zerbrechen brauchen. Sie können nämlich bei jeder Anzeige am Bildschirm die in der Datenbank selbst vorliegende Reihenfolge der Datensatzfelder beliebig ändern.

Öffnen Sie dazu bitte wieder die Datei KUNDEN.DBF, die wie gewohnt in voller Spaltenzahl auf dem Bildschirm erscheint. Die Anzeige der für den gegenwärtigen Zweck jeweils unnötigen Spalten unterdrücken Sie im Menü *Layout* durch den Befehl *Spalte entfernen*: Die gelöschte Spalte verschwindet vom Bildschirm, und die Spalten rechts davon schließen um die freigewordene Breite nach links auf. Weitere Spalten entfernen Sie, indem Sie die gleiche Prozedur wiederholen. Statt dessen können Sie auch von vornherein mehr als eine Spalte dadurch markieren, daß Sie nach dem Anklicken der ersten Spalte die `Strg`-Taste drücken und festhalten, während Sie auf ein beliebiges anderes Feld der nächsten zu unterdrückenden Spalte klicken. Mit der Tastatur treffen Sie eine solche Mehrfachauswahl mit Hilfe der Funktionstaste `F8` (Erweiterungsmodus) bzw. `Shift`+`F8` (Hinzufügemodus).

Unnötige Spalten können unterdrückt werden

Wenn Sie im weiteren Verlauf Ihrer Sitzung erneut auf eine gelöschte Spalte zugreifen müssen, aktivieren Sie im Menü *Layout* den Befehl *Spalte wiederherstellen*. In dem daraufhin eingeblendeten Dialogfeld erscheinen die Feldnamen der "gelöschten" Spalten, die Sie durch Anklicken des Feldnamens und der Schaltfläche *OK* wieder an der gewünschten, nicht unbedingt der ursprünglichen, Stelle einfügen. Ohne Maus setzen Sie den Cursor in eine Spalte rechts oder links neben die Stelle, an der die gelöschte Spalte eingefügt werden soll. Durch Drücken der Taste `←` erscheint die gelöschte Spalte links vom Cursor, durch Drücken der Taste `→` wird die gelöschte Spalte rechts vom Cursor wieder eingefügt.

Aktivieren der unterdrückten Spalten

Um die Reihenfolge der Spalten auf dem Bildschirm zu ändern, müssen Sie nicht unbedingt erst eine Spalte eliminieren und dann wieder in eine neue Position aufrufen. Sie können vielmehr wie üblich die betreffende Spalte markieren, im Menü *Layout* den Befehl *Spalte aktivieren* wählen, den Cursor auf Ihre Wunschposition verschieben und dann die Schaltfläche *OK* betätigen. Ohne Maus wandern Sie mit dem Cursor auf eine Spalte links oder rechts von der gewählten Position der einzufügenden Spalte; beim Betätigen der Taste `←` oder `→` wird in der betätigten Richtung die zu verschiebende Spalte eingefügt.

Mehrere Spalten versetzen Sie gleichzeitig mit der Maus, indem Sie die `Strg`-Taste drücken und gedrückt halten, während Sie die einzelnen Spalten markieren und dann die Stelle anklicken, an der Sie die Einfügung vorgesehen haben. Ohne Maus treffen Sie eine Mehrfachauswahl durch die Kombinationstastenfolge `Shift`+`F8`; diese gestattet Ihnen, beliebige Spalten in einem Zug zu markieren und dann mit dem Cursor und durch Betätigen der Schaltfläche *OK* an die gewünschte Stelle auf

Der Datenbankeditor Q+E

dem Bildschirm zu versetzen. Am besten experimentieren Sie ein wenig mit den Layoutfunktionen, indem Sie nach Ihrem Gutdünken in beliebigen Q+E-Fenstern Spalten unterdrücken oder in beliebiger anderer Reihenfolge auf dem Bildschirm anzeigen lassen.

15.8 Verknüpfung von Datenbanken

Daten müssen nicht in einer einzigen Datenbank abgelegt werden

Eine der wertvollsten Eigenschaften von Datenbankeditoren und Datenbanksprachen ist die Möglichkeit, mehrere Datenbanken miteinander zu verknüpfen. Das hat den Vorteil, daß man nicht sämtliche Daten in einer einzigen Datenbank ablegen muß, wodurch diese unnötig "schwer" würde. Denn die Erfahrung lehrt, daß eine solche Universaldatenbank über zahlreiche Datensatzfelder verfügt, die zwar alle irgendwann einmal gebraucht werden, aber nicht immer zur gleichen Zeit verfügbar sein müssen.

So gibt es in fast allen Firmen ein Fernsprechverzeichnis, für das die Datensatzfelder *Name*, *Fernsprechnummer* und gegebenenfalls das *Gebäude* und die *Nummer des Büros* genügen. Eine solche elementare Datenbankdatei finden Sie z.B. auf der Beispieldiskette unter der Bezeichnung TEL.DBF.

In einer anderen Datenbankdatei der gleichen Firma finden sich Daten, die die Personalabteilung benötigt und die zudem dem Datenschutz unterworfen sind. Eine solche Personaldatendatei umfaßt außer dem Namen des Mitarbeiters Datensatzfelder für das Geburts- und das Eintrittsdatum in die Firma und etwa die Jahresbezüge. Daraus lassen sich jederzeit z.B. Lebensalter und Dienstalter unschwer ermitteln (wir werden das unter Q+E mit der Abfragesprache SQL später durchführen). Diese Datenbankdatei finden Sie ebenfalls auf Ihrer Beispieldiskette unter dem Namen GEBTAG.DBF.

Und schließlich mag es noch eine weitere Datei wie BÜRO.DBF auf Ihrer Beispieldiskette geben, in der außer dem Namen noch die eine oder andere Information enthalten ist, die der jeweilige Sachbearbeiter an seinem speziellen Arbeitsplatz laufend benötigt und mit der er auch regelmäßig auskommt.

Der Name als Schlüsselfeld

Vielleicht ist Ihnen aufgefallen, daß in jeder der drei Datenbankdateien GEBTAG.DBF, BÜRO.DBF und TEL.DBF ein Feld mit Familiennamen vorhanden ist; sein Feldname ist NAME. Ein solches Feld nennt man Schlüsselfeld. Wenn es nicht wie in unserem Beispielfall aus rein sachlichen Gründen in jeder der drei personenbezogenen Datenbankdateien vorhanden wäre, müßten Sie es bewußt anlegen. Schlüsselfelder mit we-

Der Datenbankeditor Q+E

nigstens teilweise gleichen Inhalten in je zwei der miteinander zu verknüpfenden Datenbankdateien sind nämlich die Voraussetzung dafür, Datenbanken miteinander verknüpfen zu können. In manchen Datenbanksystemen müssen die Schlüsselfelder auch identische Feldnamen tragen, bei Q+E ist dies für eine Verknüpfung keine Bedingung.

Der konkrete Anlaß für eine solche Verknüpfung könnte etwa der Wunsch der Firmenleitung sein, monatlich über eine Liste mit den Mitarbeitern zu verfügen, die an dem aufzulistenden Tag (in aufsteigender Reihenfolge sortiert) Geburtstag oder Firmenjubiläum haben, ergänzt um Spalten mit den Telefonnummern, um fernmündlich zu gratulieren oder gegebenenfalls ohne Herumfragen zum Büro des Jubilars zu gelangen.

Mit Q+E gelingt Ihnen die Verknüpfung mehrerer Datenbanken mit gemeinsamen Schlüsselfeldern recht leicht. Dazu müssen Sie natürlich die einzelnen Datenbanken im unmittelbaren Zugriff haben. Das erreichen Sie dadurch, daß Sie jede der drei Datenbanken, die wir miteinander verknüpfen wollen, in einem eigenen Fenster bereitstellen. Eine der drei Dateien, z.B. GEBTAG.DBF, wählen Sie als Quellendatei aus. Das ist diejenige Datei, mit der die anderen beiden Dateien, nämlich TEL.DBF und BÜRO.DBF, der Reihe nach kombiniert werden sollen. Das Fenster, in dem sich die Quellendatei GEBTAG.DBF befindet, nennt man daher auch Quellenfenster. In diesem Quellenfenster markieren Sie die Schlüsselspalte FAM_NAME. Sie wechseln danach zu dem (Ziel-)Fenster einer der beiden anderen Dateien, z.B. zu BÜRO.DBF, und markieren hier ebenfalls die Schlüsselspalte FAM_NAME. Im Menü *Auswahl* verknüpfen Sie die Datei GEBTAG.DBF, die sich im Quellenfenster befindet, durch den Befehl *Verbinden* mit der Datei BÜRO.DBF im Zielfenster: Die Ergebnisse, d.h. die verknüpften Datensatzfelder aus beiden Datenbankdateien, sind im Zielfenster zu sehen. Damit Sie den Überblick darüber behalten, welche Datenbankdateien Sie nun verknüpft haben, zeigt Q+E in der Überschriftenleiste des Zielfensters die Namen der beiden verbundenen Dateien an.

Verknüpfung mehrerer Datenbanken

Für die weitere Verknüpfung dienen die beiden verknüpften Datenbankdateien im bisherigen Zielfenster, das nun zum Quellenfenster wird. Sie wechseln daher zum neuen Zielfenster, in dem die dritte Datenbankdatei TEL.DBF bereitsteht. Hier markieren Sie ebenfalls das gemeinsame Schlüsselfeld FAM_NAME und aktivieren, wie gehabt, im Menü *Auswahl* den Befehl *Verbinden*: Im neuen Zielfenster erscheinen alle Datensatzfelder der früheren Einzeldateien. Die Überschriftenleiste des neuen Zielfensters wird durch den dritten Datenbankdateinamen ergänzt.

Die verknüpften Dateien dienen jetzt als Quellfenster

Die Spalten, die Sie nicht benötigen, blenden Sie aus, wie Sie es im Unterkapitel 15.7 kennengelernt haben. Wenn Ihnen die verbleibende Reihenfolge der Datensatzfelder unzweckmäßig erscheint, ändern Sie eben

Verknüpfte Felder anzeigen

Der Datenbankeditor Q+E

die Spaltenanordnung. Wenn Sie außerdem wissen wollen, über welche Felder die Verknüpfungen vorgenommen wurden, lassen Sie sich diese im Menü *Auswahl* mit dem Befehl *Verbindungen anzeigen*.

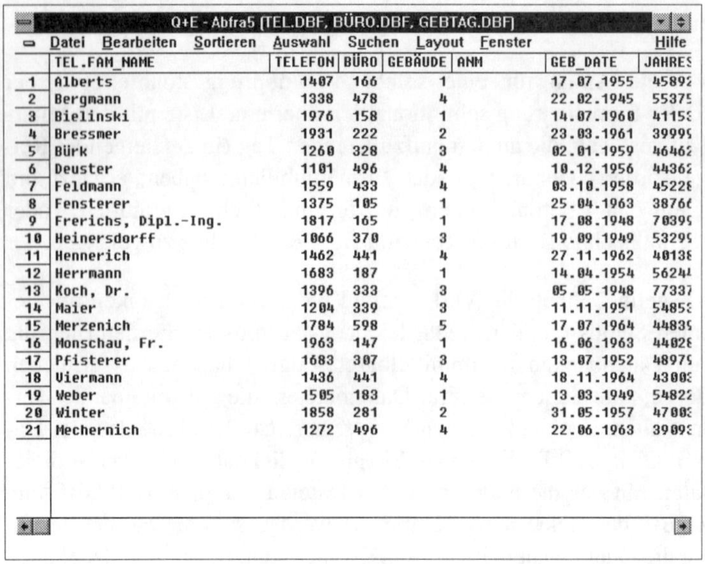

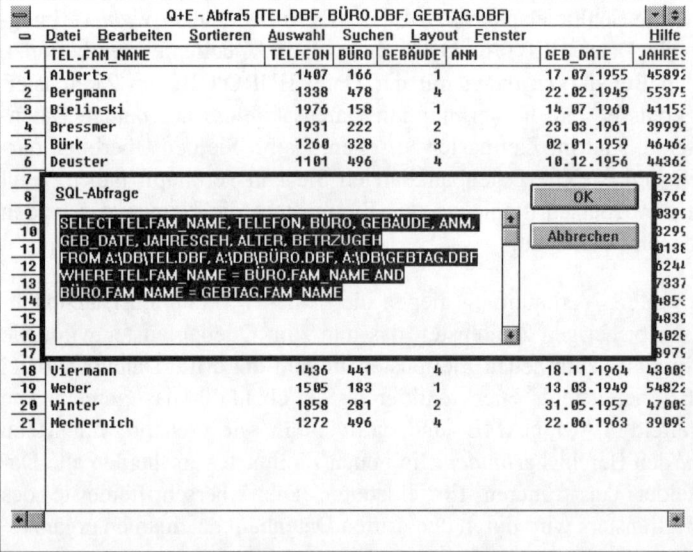

Abb. 202: *Mehrere Datenbankdateien sind verknüpft*

Abb. 203: *Anzeiger der Datenbank-Verbindungen*

Der Datenbankeditor Q+E

Bei näherer Überlegung ist es einsichtig, daß eine Verknüpfung mehrerer Datenbankdateien keineswegs voraussetzt, daß *alle* diese Dateien *ein* gemeinsames Schlüsselfeld haben müssen. Notwendig ist lediglich, daß jeweils zwei nacheinander zu verknüpfende Datenbankdateien über ein gemeinsames Schlüsselfeld verfügen. Gegebenenfalls hängt also die Reihenfolge der Verknüpfung davon ab, welche Dateien jeweils ein gemeinsames Schlüsselfeld haben. Bei der bisher vorgenommenen Verknüpfung handelte es sich um eine sogenannte Eins-zu-eins-Relation, d.h. jeder Datensatz im jeweiligen Zielfenster läßt sich nur mit einem Datensatz im Quellenfenster verknüpfen.

Die Reihenfolge der Verknüpfung hängt von gemeinsamen Schlüsselfeldern ab

Bei einer Eins-zu-viele-Relation gibt es dagegen zu jedem Datensatz im Zielfenster mehr als einen, häufig sogar sehr zahlreiche Datensätze im Quellenfenster, die dem einzelnen Datensatz im Zielfenster zugeordnet werden können. Auch in diesem Fall müssen die zu verknüpfenden Datenbankdateien eine Schlüsselspalte mit gemeinsamen Inhalten haben. Die Schlüsselspalten brauchen jedoch (bei Q+E) nicht notwendigerweise gleichnamig zu sein, wie das bei unserem vorherigen Beispiel mit der Schlüsselspalte FAM_NAME der Fall war.

Eins-zu-viele-Relation

Wenn es in einigen Feldern der Schlüsselspalte keine Inhalte gibt, die mit den entsprechenden Inhalten der Schlüsselspalte der anderen Datenbankdatei übereinstimmen, fallen diese Datensätze aus der Verknüpfung heraus, d.h. sie erscheinen nicht in der neuen Datei im Zielfenster.

Datensätze können bei einer Verküpfung herausfallen

Wenn Sie jedoch auch diese Datensätze im Zielfenster anzeigen lassen wollen, die mit dem bisher verwendeten Befehl *Verknüpfen* im Menü *Auswahl* "unter den Tisch gefallen" sind, so wählen Sie im gleichen Menü *Auswahl* statt dessen den Befehl *Einschließend verbinden*. Dann enthält das Zielfenster *alle* Datensätze aus beiden Datenbankdateien ohne Rücksicht darauf, ob die Datensätze verknüpft werden konnten oder sich die Datensätze nicht zuordnen ließen. Mit anderen Worten: Mit dem Befehl *Einschließend verbinden* verlieren Sie keine der Informationen, die in beiden Datenbanken ursprünglich vorhanden waren. Das muß nicht unbedingt ein Vorzug sein, aber die Variante *Einschließend verbinden* beläßt Ihnen die Option, beim späteren Durcharbeiten der kombinierten Datei im Zielfenster diejenigen Datensätze und/oder Spalten zu eliminieren oder zu unterdrücken, die Sie nicht benötigen.

Durch "Einschließend Verbinden" verlieren Sie keine Informationen

15.9 Etiketten drucken

Eine typische Datenbankdatei ist die Adressendatei, und der Wunsch liegt nahe, sie zum Drucken von Adreßetiketten zu verwenden. Auch Q+E

Der Datenbankeditor Q+E

bietet diese Funktion, die wir gleich erproben wollen. Laden Sie dazu bitte wieder die Datenbankdatei KUNDEN.DBF von Ihrer Beispieldiskette.

Nachdem Sie das Feld NAME markiert haben, speichern Sie die soeben geöffnete Datei im Menü *Datei* mit dem Befehl *Resultat speichern unter* und wählen im Dialogfeld die Option *Adressenetiketten*. Das vorher markierte Feld NAME steht im Etikettenfeld bereits in der linken oberen Ecke an erster Stelle. Auch der Cursor steht ganz links. Wenn Sie nun die `Return`-Taste betätigen, verschiebt sich der Feldname "NAME" um eine Zeile nach unten. Wenn Sie dagegen den Cursor an das Ende des Feldnamens "NAME" bewegen und dann die `Return`-Taste drücken, können Sie in der neuen Zeile den nächsten Feldnamen eintippen. Das wird im allgemeinen dann "STR" sein, was Sie ebenfalls bestätigen. Ein nochmaliges Drücken der `Return`-Taste liefert eine Leerzeile zwischen "STR" und der letzten Zeile, in der Sie die Postleitzahl "PLZ" und die Stadt "ORT" sehen wollen. Beide Feldinhalte verknüpfen Sie über ein oder zwei Leerzeichen durch folgende Syntax:

    PLZ + " " + ORT

mit anschließender Bestätigung durch `Return`.

Zeichenketten können an beliebiger Stelle eingefügt werden

Die Gestaltungsmöglichkeiten Ihrer Etiketten beschränken sich nun nicht nur auf die vorhandenen Feldnamen, sondern Sie können an beliebigen Stellen beliebige Zeichenketten anordnen oder einfügen. Letzteres haben Sie bereits bei der Verknüpfung von Postleitzahl und Stadt durch Kommata, unter Einfügung von zwei Leerstellen in Anführungsstrichen, gemacht. Sie ersehen daraus, daß Sie die ergänzenden Zeichenketten (solche, die keine Feldnamen sind) in Anführungsstriche setzen müssen. Editieren Sie zur Übung bitte das Etikettenformatfeld durch die Zeichenkette "Firma", die Sie in die Zeile vor dem Feldnamen "NAME" bei allen Etiketten ausgeben lassen.

Im Dialogfeld *Leerzeilen* geben Sie eine Ziffer, z.B. 3, ein, wenn Sie zwischen der letzten Zeile der vorhergehenden Etiketts und der ersten Zeile des nachfolgenden Etiketts drei Leerzeilen haben wollen.

Voreinstellung der Optionsfelder

Die Voreinstellung des ersten der vier Optionsfelder *Anfangsposition der Spalten* ist 1. Wenn Sie es dabei belassen, werden die Etiketten einspaltig linksbündig untereinander angezeigt und auch einspaltig gedruckt. Wenn Sie bis zu drei weitere Etiketten, insgesamt also vier Etiketten, nebeneinander anzeigen und drucken lassen wollen, geben Sie in jedem der drei folgenden Optionsfelder die Nummer der Spalte ein, in der das jeweilige Etikett linksbündig beginnen soll. Hinweis: Der Bildschirm hat üblicherweise 80 Spalten. Ihre im Dialogfeld getroffene Auswahl bestätigen Sie

Der Datenbankeditor Q+E

durch Betätigen des Schaltfeldes *OK*. Die korrekte Positionierung mehrspaltiger Etiketten zur Vermeidung von Überlappungen oder Textverlusten werden Sie möglicherweise erst durch mehrfaches Ausprobieren herausfinden.

Ihre bisherige Arbeit speichern Sie nun im Menü *Datei* mit dem Befehl *Resultate speichern unter...* unter dem vorgeschlagenen Dateinamen ABFRA1.LAB ab, gegebenenfalls mit dem gewünschten Pfad, indem Sie *OK* bestätigen. Mit dem weiteren Befehl *Datei beenden* gelangen Sie zum Programm-Manager zurück. Die von Q+E automatisch vergebene Erweiterung .LAB ist die Abkürzung für Label (= Etikett).

Im Programm-Manager rufen Sie das Windows-Textverarbeitungsprogramm WRITE auf und laden mit dem Befehl *Datei öffnen* die im Verzeichnis DB auf Ihrer Beispieldiskette befindliche Datei ABFRA1.*, d.h. ABFRA1.LAB.

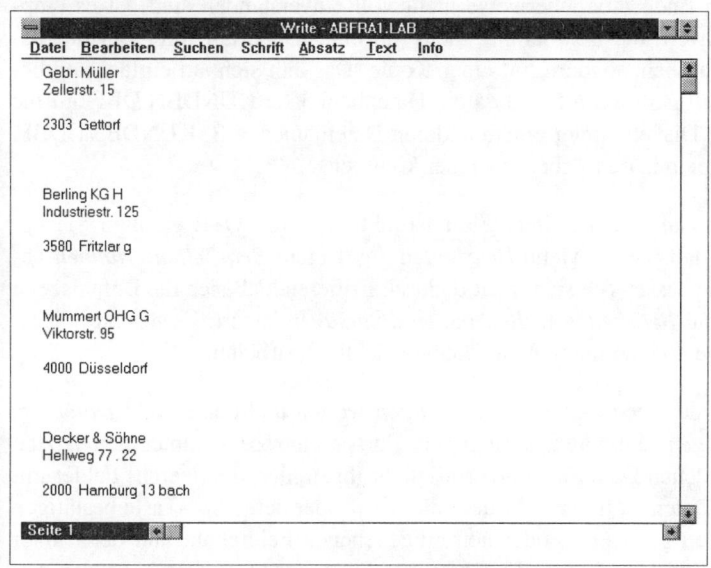

Abb. 204: Die umgewandelte Label-Datei in Write

Diese Datei wandeln Sie zweckmäßig durch Bestätigen der bereits vorgeschlagenen Schaltfläche *Umwandeln* in das MS-Write-Format um. Wenn Sie statt dessen die Schaltfläche *Nicht umwandeln* betätigen, haben Sie möglicherweise Schwierigkeiten mit den deutschen Umlauten. Im Write-Fenster lassen Sie sich nun die Etiketten vorführen, wo Sie sie wahrscheinlich noch redaktionell bearbeiten werden, bevor Sie einen Probeausdruck versuchen.

Umwandeln in das MS-Write-Format

Der Datenbankeditor Q+E

15.10 Datenbankdateien bearbeiten

Datenpflege

Bisher konnten wir mit Q+E Datenbankdateien im dBase-Format lediglich am Bildschirm zur Kenntnis nehmen und nur insoweit manipulieren, als wir Spalten umstellen oder ihre Anzeige unterdrücken konnten. Wir konnten zwar gewisse Abfragen vornehmen und die Bedingungen dafür formulieren, doch war uns eine Bearbeitung im eigentlichen Sinne mit unseren bisherigen Mitteln nicht möglich. Dabei verstehen wir unter Bearbeitung bei Datenbankdateien die sogenannte Datenpflege, d.h. das laufende Aktualisieren des Datenbankinhaltes. Dazu gehört u.a. das Ändern von Feldinhalten, das Löschen und Hinzufügen von Datensätzen.

Arbeiten Sie mit einer Sicherungskopie weiter

Weil wir dies erproben wollen und mit dem Ergebnis unserer "Datenpflege" am Ende möglicherweise nicht voll einverstanden sind, ist es empfehlenswert, die Bearbeitung nicht mit einer Datei auf Ihrer Beispieldiskette zu üben, sondern mit einer Kopie. Das läßt sich am einfachsten bewerkstelligen, wenn Sie etwa die Datenbankdatei KUNDEN.DBF auf die gleiche Diskette unter einem anderen Dateinamen, z.B. KUNDEN1.DBF, oder gleich in den Arbeitsspeicher kopieren.

Zugang zu den Bearbeitungsfunktionen

Den Zugang zu den Bearbeitungsfunktionen von Q+E erhalten Sie dadurch, daß Sie im Menü *Bearbeiten* den Befehl *Bearbeiten erlauben* anwählen. Lassen Sie sich nicht dadurch irritieren, daß sich die Befehlszeile im Menü *Bearbeiten* in *Bearbeiten untersagen* ändert. Ungeachtet dieser Anzeige können Sie nun die Datenbankdatei bearbeiten.

Datensatz hinzufügen

Wenn Sie einen *Datensatz hinzufügen* wollen und den Befehl *Datensatz hinzufügen* aktivieren, springt der Cursor eine Zeile hinter den letzten vorhandenen Datensatz und ermöglicht Ihnen hier, die (leeren) Felder mit neuen Daten zu füllen. Mit der `Return`- oder der `Tab`-Taste bestätigen Sie jeden geänderten oder neu eingegebenen Feldinhalt, und der Cursor springt auf das folgende Feld bzw. am Ende eines Datensatzes an den Anfang des nächsten Datensatzes. Q+E fügt jeden neuen Datensatz der Datenbankdatei automatisch hinzu.

Löschen von überflüssigen Zeichen

Bei geringfügigen Korrekturen in einem Feld müssen Sie nicht den gesamten Feldinhalt neu eingeben. Nachdem Sie das Feld mit der `Tab`-Taste in Richtung nach rechts oder mit `Shift`+`Tab` in Richtung nach links angesprungen oder mit der Maus angeklickt haben, wandern Sie mit den Richtungstasten im aktiven Feld nach links oder rechts, woraufhin die Markierung ausgeblendet und ein dünner senkrechter Strich sichtbar wird. Je nachdem, ob Sie sich im Überschreib- oder Einfügemodus befinden, nehmen Sie Ihre Korrektur vor und löschen überflüssige Zeichen durch

Der Datenbankeditor Q+E

die ⌈Rück⌉-Taste oder die ⌈Delete⌉-Taste. Jede einzelne Aktualisierung wird, sobald Sie das betreffende Feld verlassen haben, sofort in der Datenbankdatei gespeichert; Sie brauchen also nicht, wie Sie es von der Tabellenkalkulation her gewohnt sind, die bearbeitete Tabelle von Zeit zu Zeit in dem jeweils erreichten Zustand gesondert zu sichern.

Wenn mehrere Felder einheitlich geändert oder gefüllt werden sollen - das kann z.B. bei Postleitzahlen oder Ortsnamen der Fall sein -, markieren Sie diese Felder mit der Maus, halten die Maustaste gedrückt und ziehen den Mauszeiger über alle Felder, die so markiert werden sollen, um anschließend in einem Zug den gleichen Inhalt zu erhalten bzw. aufzunehmen. Wenn Sie nun im Menü *Bearbeiten* den Befehl *Alle aktualisieren* wählen, so wird ein Dialogfeld eingeblendet, in das Sie die Eintragung machen können, mit der die soeben markierten Felder einheitlich gefüllt oder vervollständigt werden sollen.

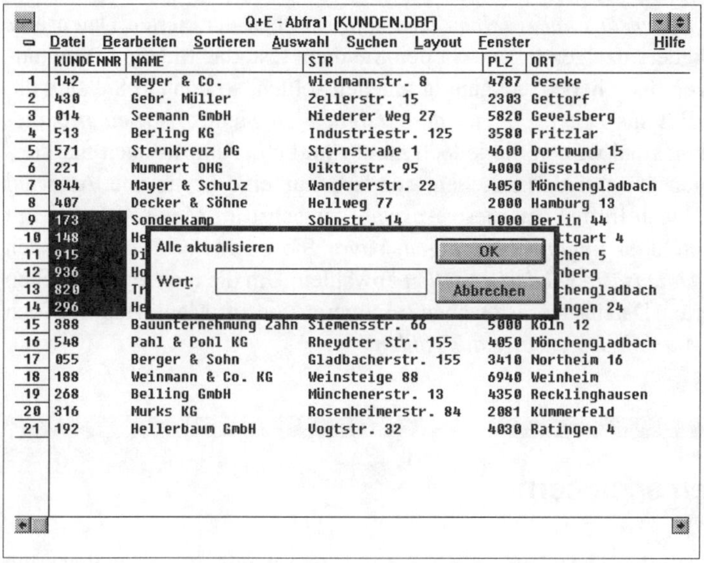

Mehrere Felder auf einmal ändern

Abb. 205: Eine Aktualisierung auf mehrere Felder anwenden

Durch Betätigen der Schaltfläche *OK* ersetzen Sie alle bisherigen Feldinhalte durch die neue Eingabe.

Sie haben auch die Möglichkeit, einen vorhandenen Datensatz an andere Stellen der Datenbank zu kopieren, nachdem Sie den gesamten Datensatz markiert haben. Mit der Maus ziehen Sie dazu den Mauszeiger über alle Felder des Datensatzes. Um mehrere Datensätze zu kopieren, halten Sie die ⌈Strg⌉-Taste gedrückt und klicken sämtliche Felder aller zu kopierenden Datensätze an. Ohne Maus markieren Sie einen vollständigen Da-

Datensätze kopieren

Der Datenbankeditor Q+E

tensatz wie die Zeile einer Excel-Tabelle: durch $\boxed{\text{Shift}}$+$\boxed{\text{Leertaste}}$. Im Menü *Bearbeiten* wählen Sie den Befehl *Kopieren* und anschließend im gleichen Menü den Befehl *Einfügen* aus. Dadurch werden alle markierten Datensätze automatisch an das bisherige Ende der Datenbank als zusätzliche Datensätze angefügt, deren Feldinhalte Sie nach Ihren Bedürfnissen modifizieren können.

Datensätze löschen

Überflüssige Datensätze löschen Sie im Menü *Bearbeiten* durch den Befehl *Datensätze löschen*, nachdem Sie zuvor ein beliebiges Feld in jedem zu löschenden Datensatz markiert haben. Durch den Löschbefehl werden die markierten Datensätze jedoch nicht physikalisch eliminiert, sondern nur zum Löschen markiert. Verwechseln Sie bitte diese bei Datenbanken eigentümliche Löschmarkierung nicht mit der durch die Maus oder die Tastatur vorgenommenen Markierung der Datensätze. Weil die zur Löschung vorgesehenen Datensätze also nur gekennzeichnet (markiert) sind, können Sie sich jederzeit im Menü *Auswahl* mit dem Befehl *Gelöschte Datensätze auswählen* diese zum Löschen markierten Datensätze auch wieder anzeigen lassen. Stellen Sie dann fest, daß Sie die Löschmarkierungen doch lieber rückgängig machen sollten, so können Sie sich dazu des Befehls *Datensätze wiederherstellen* im Menü *Bearbeiten* bedienen. Manchmal wollen Sie jedoch nicht sämtliche zum Löschen markierten Datensätze wiederherstellen, sondern nur eine bestimmte Auswahl daraus. Dann treffen Sie diese Auswahl zunächst im Menü *Auswahl* mit dem Befehl *Bedingung hinzufügen*, bevor Sie im Menü *Bearbeiten* den Befehl *Datensätze wiederherstellen* anwählen. Um die nicht zum Löschen markierten Datensätze anzusehen, aktivieren Sie im Menü *Auswahl* den Befehl *Aktuelle Datensätze auswählen*.

15.11 Abfragedateien speichern

Oft dienen Ihre Datenbankabfragen nur dazu, schnell einige Resultate von vorübergehender Bedeutung zu ermitteln. In anderen Fällen kommt die gleiche Art von Abfragen in mehr oder weniger regelmäßigen zeitlichen Abständen immer wieder in Betracht, wenngleich sich inzwischen die Inhalte der Datenbankdateien durch ständige Aktualisierung geändert haben. Dann ist es zweckmäßig, diese besondere Art der Abfrage zu speichern. Das kostet auch nicht ungebührlich viel Speicherplatz, denn Q+E legt nicht die auf dem Bildschirm angezeigten Datensätze auf dem Datenträger ab, sondern speichert lediglich die Namen der verwendeten (geöffneten) Datenbankdateien sowie die Befehle, die Sie für Ihre spezielle Abfrage eingegeben haben.

Der Datenbankeditor Q+E

Sie müssen dann nicht jedesmal den gleichen Vorgang wiederholen, d.h. immer wieder die gleichen Dateien (aber mit geändertem Inhalt) öffnen und die Folge der bisherigen Bearbeitungsbefehle wiederholen; denn Q+E lädt beim Öffnen einer Abfragedatei die benötigten Datenbankdateien und führt die gespeicherten Befehle selbständig und unverändert aus. Um eine Abfragedatei zu speichern, rufen Sie im Menü *Datei* mit dem Befehl *Abfrage speichern unter* ein Dialogfenster auf, in dessen Eingabefeld ein Vorschlag wie z.B. ABFRAGE1.QEF für den Dateinamen und das aktuelle Verzeichnis stehen. Dateinamen und Pfad können Sie ändern, die Erweiterung QEF vergibt Q+E standardmäßig für Abfragedateien.

Bearbeitungsbefehle müssen nicht wiederholt werden

Eine Abfragedatei öffnen Sie wie jede andere Datei auch im Menü *Datei* durch den Befehl *Öffnen* mit Eingabe des (bekannten) Dateinamens oder durch Auswahl aus der Liste der Dateinamen. Nach Betätigen der Schaltfläche *OK* läuft die Abfrageroutine automatisch ab; die Abfrageergebnisse erscheinen in einem Fenster, in dessen Titelleiste der Name der Abfragedatei steht.

Abfragedatei öffnen

Das Speichern der Abfrageergebnisse und die Abfrage selbst sind zwei unterschiedliche Dinge. Die Abfrageergebnisse speichert Q+E als Kopien der Datensätze auf dem Bildschirm, wobei Sie wählen können, ob Sie sie in einer neuen dBase-Datenbankdatei oder in einer Textdatei abspeichern wollen. Die für Adreßenetiketten speziell formatierten Textdateien, die im Write-Fenster bearbeitet werden, haben wir an anderer Stelle bereits ausführlich behandelt.

Speichern als dBase oder Textdatei?

Als dBase-Datenbankdatei speichern Sie Ihre Abfrageergebnisse ebenfalls wie üblich im Menü *Datei* mit dem Befehl *Resultate speichern unter* ab. Beim Bearbeiten des Dialogfeldes sind jedoch folgende Besonderheiten zu beachten:

Im Eingabefeld steht bereits ein Vorschlag für den Dateinamen wie z.B. ABFRAGE1.TXT. Den Dateinamen können Sie beibehalten oder auch ändern. Die vorgeschlagene Erweiterung .TXT dürfen Sie nicht übernehmen; Sie müssen sie vielmehr löschen, weil beim Speichern automatisch die Erweiterung DBF vergeben wird, nachdem Sie sich für eines der drei runden Optionsfelder *dBase II*, *dBase III* oder *dBase IV* entschieden haben.

Erweiterung .TXT nicht übernehmen

Wenn Sie Ihre Abfrageergebnisse in Form einer Textdatei ablegen wollen belassen Sie es bei der vorgeschlagenen Erweiterung.TXT. Außerdem wählen Sie ggf. das runde Optionsfeld Text an. Daraufhin blendet Q+E ein weiteres Dialogfeld ein, in dem Sie in zwei rechteckigen Optionsfeldern entscheiden können, ob mit oder ohne Spaltenbezeichnungen (d.h. mit oder ohne Feldnamen) und mit oder ohne Datensatznummern abgespeichert werden soll. Sie müssen die Seitenbreite und damit die Anzahl

Abspeichern als Textdatei

603

Der Datenbankeditor Q+E

der möglichen Spalten und die Zeilenzahl je Seite bestimmen. Es ist jedoch meist empfehlenswert, die Vorgabewerte von jeweils 0 für Seitenbreite und Zeilenzahl je Seite zu bestätigen. Wenn Sie es bei der Vorgabe 0 für die Zeilenzahl je Seite belassen, so wird die Datei ohne Seitenumbruch abgelegt. Eine andere Zahl als 0 für die Seitenbreite interpretiert Q+E als Aufforderung, die Länge der Datensätze auf diese Breite zu formatieren. Ist die effektive Länge der Datensätze größer als eine Vorgabe (außer 0), so werden die auf einer Seite nicht untergebrachten Spalten auf den folgenden Seiten ausgedruckt.

Datensätze drucken

Sie können auch die jeweils am Bildschirm angezeigten Datensätze im Menü *Datei* mit dem Befehl *Drucken* zu Papier bringen, jedoch eben nur in der Länge, die auf Ihren Bildschirm paßt. Überschreitet der Datensatz die Bildschirmbreite, so werden die restlichen Spalten auf den Folgeseiten gedruckt. Mit Bestätigung des Befehls *Drucken* wird ein Dialogfeld mit dem Druckernamen eingeblendet, der in Windows installiert wurde. Im übrigen wählen Sie zunächst die Anzahl der Kopien und entscheiden in den rechteckigen Optionsfeldern, ob der Ausdruck in Entwurfsqualität oder nicht, mit oder ohne Spaltenbezeichnungen (Feldnamen) und mit oder ohne Datensatznummern erfolgen soll.

15.12 Indexdateien

Unterschiedliche Anforderungen an eine Datenbank

Wie wir gesehen haben, erfolgt die Pflege und Aktualisierung einer Datenbankdatei, abgesehen von gelegentlichen Berichtigungen fehlerhafter Feldinhalte, überwiegend durch Löschen nicht mehr benötigter Datensätze und durch Anfügen neuer Datensätze am Ende der Datenbank. Wenn eine Datenbank daher jemals in einem frühen Entstehungsstadium nach irgendeinem Kriterium systematisch angelegt und aufgebaut wurde, geht diese Systematik nach kurzer Zeit durch ständiges Löschen und Anfügen verloren. Das ist jedoch kein Nachteil; denn selten sieht sich jemand eine vollständige Datenbankdatei an. Er stellt vielmehr jeweils so unterschiedliche, gezielte Fragen an die Datenbankdateien, daß diese aus ihrer jeweiligen Form hierfür spezifisch aufbereitet werden müssen.

Meist besteht diese Aufbereitung darin, daß man die Datensätze, deren Felder in der Stammdatei in einer unverrückbaren Folge festliegen, nach einzelnen Feldern sortieren muß, um die Abfragen in möglichst kurzer Zeit bewerkstelligen zu können. Das könnte man im Prinzip durchaus auch so machen, daß man soviele Kopien der Datenbank anlegt, wie es Felder gibt, wobei das gesamte Datenbankvolumen jedesmal in vollem Umfang, nur jeweils in auf- oder absteigender Sortierung des betreffenden Feldes, abgespeichert werden müßte. Dies erweist sich sogleich als

Der Datenbankeditor Q+E

äußerst unzweckmäßig, weil mit einem unvertretbaren Speicherbedarf verbunden. Statt dessen gibt es eine andere Möglichkeit, die Indizierung (manchmal auch Indexierung) genannt wird.

Man generiert also je nach Bedarf und gegebenenfalls auch auf Vorrat sogenannte Indexdateien, die die gleiche Sortierung bewirken, dabei jedoch nur einen mäßigen Speicherbedarf haben. Bei einer Indexdatei braucht man anstelle der theoretisch unbegrenzten Anzahl von Feldern der eigentlichen Datenbankdatei nur drei. Zwei davon liegen schon in genau der benötigten Form vor: die Spalte mit den Datensatznummern der unsortierten Stammdatei und die Indexspalte. Die Indexspalte ist das Feld, nach dem in auf- oder absteigender Folge sortiert werden muß oder soll. In dem folgenden, vereinfachten Musterbeispiel etwa so:

Wozu Index-dateien?

Datensatznummer der Stammdatei	Indexspalte z.B. NAME
1	GERLACH
2	DIETRICH
3	MEINARD
4	VICTOR
5	ULRICHS

Diese beiden Spalten der Stammdatei sortieren wir nach der Indexspalte, nämlich nach den Familiennamen, in aufsteigender Reihenfolge mit folgendem Ergebnis:

Datensatznummer der Stammdatei	Indexspalte z.B. NAME
2	DIETRICH
1	GERLACH
3	MEINARD
5	ULRICHS
4	VICTOR

Durch diese Sortierung nach der Indexspalte gerieten die ursprünglich so schön aufsteigend und auch lückenlos sortierten Datensatznummern der

Der Datenbankeditor Q+E

Stammdatei aber unsystematisch durcheinander. Diesen Mangel "bügeln" wir allerdings sogleich durch unsere dritte Spalte aus, die wir nun als Ersatz für die durcheinandergeratene Spalte der Datensatznummern von 1 anfangend bis zum letzten Datensatzfeld der Indexspalte lückenlos durchnumerieren. Und das ist das Endergebnis:

Datensatznummer der Stammdatei	Indexspalte z.B. NAME	Datensatznummer der Indexdatei
2	DIETRICH	1
1	GERLACH	2
3	MEINARD	3
5	ULRICHS	4
4	VICTOR	5

Verknüpfungen von Stamm- und Indexdateien sind sehr einfach

Nach Ihren bisherigen Erfahrungen mit dem Verknüpfen von Dateien können Sie sich vorstellen, daß es verhältnismäßig einfach ist, die sehr umfangreiche Stammdatei mit der wegen ihrer drei Spalten nur wenig Speicherplatz beanspruchenden Indexdatei bei Bedarf schnell und nur temporär zu verknüpfen, ohne daß dazu mehrere sortierte Versionen der Stammdatei bereitgehalten zu werden brauchten.

Indexdateien stehen auf der Beispieldiskette zur Verfügung

Eine solche Indexdatei steht Ihnen auf Ihrer Beispieldiskette unter dem Dateinamen GEBTAG.NDX zur Verfügung. Die Stammdatei kennen Sie unter dem gleichen Dateinamen, jedoch mit der Erweiterung DBF. Die Erweiterung NDX kennzeichnet dagegen eine Indexdatei. In dBase IV gibt es noch sogenannte Mehrfachindexdateien mit der Erweiterung MDX, die in der Regel mehr als einen Index enthalten und daher eleganter zu handhaben sind als Einfachindexdateien. Auf diese gehen wir nicht weiter ein, weil es uns hier vornehmlich auf die Erläuterung des Prinzips der Indexierung von Dateien ankommt.

Indexdateien öffnen

Um unter Q+E mit Einfachindexdateien arbeiten zu können, müssen wir im Menü *Datei* derartige Indexdateien mit dem Befehl *Index öffnen* aufrufen. Für die gleiche Stammdatei kann man auch mehr als eine Indexdatei öffnen. Das müssen Sie dann mit dem gleichen Befehl *Index öffnen* für jede weitere, zur Stammdatei gehörige Indexdatei, manuell vornehmen. Mehrfachindexdateien mit der Erweiterung MDX werden dagegen automatisch mit dem Öffnen der Stammdatei geladen. Dafür müssen Sie dann aber jeden Einzelindex in der MDX-Datei aktivieren.

Der Datenbankeditor Q+E

Der Befehl *Index schließen* im gleichen Menü *Datei* ist entbehrlich, weil Indexdateien beim Schließen der Stammdatei automatisch mit geschlossen werden. Wenn Sie jedoch bei der gleichen Stammdatei laufend mit anderen Indexdateien arbeiten wollen, müssen Sie - vielleicht aus Gründen des Arbeitsspeichers - nicht alle gleichzeitig im Zugriff halten. Dann schließen Sie eben die jeweils nicht benötigte Indexdatei mit *Index schließen* im Menü *Datei*.

Geschlossen werden Indexdateien automatisch

Nachdem Sie die Datenbankdatei (Stammdatei) und die zugehörige(n) Indexdatei(en) geöffnet haben, bestimmen Sie im Menü *Datei* durch den Befehl *Index verwenden* den Index, der zum Sortieren der Datensätze dienen soll.

Wie arbeitet man mit Indexdateien?

Führen wir das gleich einmal praktisch durch. Im Menü *Datei* öffnen Sie mit dem Befehl *Öffnen* zunächst die Datenbankdatei GEBTAG.DBF. Dann blenden Sie im gleichen Menü mit dem Befehl *Index öffnen* ein Dialogfeld ein, in dem Sie die vorhandenen Indexdateien wählen können. In unserem Fall steht Ihnen nur eine einzige, nämlich GEBTAG.NDX, zur Verfügung. Sie dürfen nicht vergessen, das rechteckige Optionsfeld *Index verwenden* auszuwählen, damit die Datensätze der Datenbankdatei GEBTAG.DBF gleich nach dem geöffneten Index sortiert werden können. Wenn Sie das rechteckige Optionsfeld *Index verwenden* nicht aktivieren, haben Sie den Index mit dem Befehl *Index öffnen* zwar korrekt geöffnet, ihn jedoch daran gehindert, die Sortierung der Datenbankdatei GEBTAG.DBF zu bewirken. Ein geöffneter Index wird bei Änderungen der zugehörigen Datenbankdatei (also beim Löschen, Anfügen neuer Datensätze usw.) ständig mit aktualisiert. Eine nicht geöffnete Indexdatei nimmt dagegen an der Aktualisierung nicht teil.

15.13 SQL

SQL ist die Abkürzung für "Structured Query Language, auf deutsch: Strukturierte Abfragesprache. SQL ist eine sehr leistungsfähige Sprache zur externen Abfrage von Datenbanken, die zudem den Vorteil hat, daß sie einfach aufgebaut ist und mit relativ wenigen (englischen) und leicht zu lernenden Befehlen auskommt. Sie ist weltweit verbreitet und wird in weitgehend gleicher Form vom PC bis zum Hochleistungscomputer benutzt, um Datenbankdateien durch externe Abfragen zu benutzen und zu bearbeiten. Unter Q+E können Sie eine SQL-Abfrage durch Menübefehle vornehmen, Sie können aber genauso gut einen SQL-Befehl in das SQL-Abfragefenster in dem Umfang eingeben, wie SQL von dem verwendeten Datenbanksystem unterstützt wird.

SQL ist leicht zu erlernen

SQL-Befehle

Den jeweils gültigen SQL-Befehl können Sie sich jederzeit durch Einblenden bzw. Aufrufen des SQL-Abfragefensters anzeigen lassen.

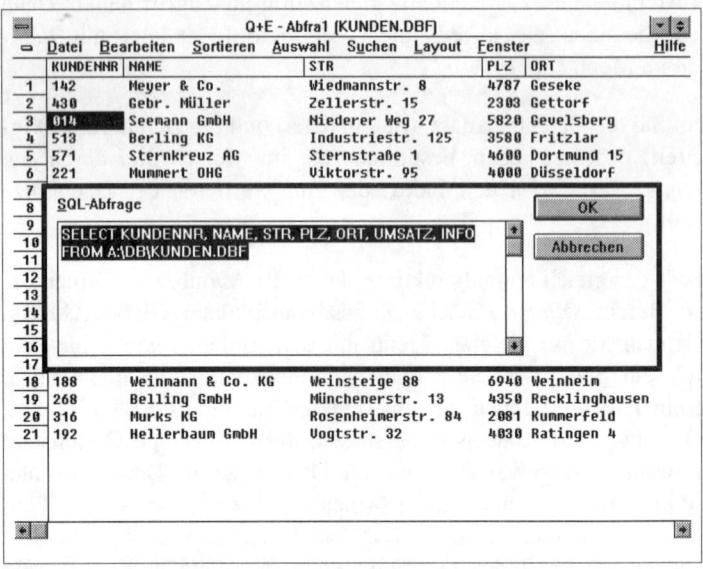

Abb. 206: Die SQL-Abfrage

Im einfachsten Fall braucht Ihre SQL-Abfrage nur aus den beiden Befehlsworten SELECT und FROM - in dieser Reihenfolge - zu bestehen. Bezogen auf die Datei KUNDEN.DBF könnte Ihre direkt eingegebene SQL-Abfrage im SQL-Fenster z.B. wie folgt lauten:

    SELECT fam_name, jahresgeh
    FROM a:\db\gebtag.dbf;

Am besten probieren Sie das gleich einmal am Bildschirm aus.

Beachten Sie bei SQL-Anweisungen das Semikolon

Beachten Sie bitte, daß die reine SQL-Syntax üblicherweise verlangt, eine Anweisung mit einem Semikolon abzuschließen. Da das bei Anfängern "im Eifer des Gefechtes" häufig übersehen wird und zu Problemen führt, hat Microsoft im Q+E-Fenster von SQL darauf verzichtet. Sie selbst sollten daher entscheiden, ob Sie unserer Empfehlung folgen, sich aus Gründen der SQL-Kompatibilität anderen Anwendungen die Verwendung von Semikola am Befehlsende gleich routinemäßig anzugewöhnen. Für Q+E jedenfalls spielt es keine Rolle, ob Sie am Schluß Ihrer SQL-Anweisung ein Semikolon eingeben oder nicht.

Der Datenbankeditor Q+E

Hinter SELECT (= wähle aus) geben Sie also eine Felderliste an. Das sind die durch Kommata getrennten Feldnamen der von Ihnen aufgerufenen Datenbankdatei. Diese Feldnamen geben Sie in einer beliebigen Reihenfolge ein, so wie Sie sie nachher auf dem Bildschirm sehen wollen. Ob Sie die Befehle und die Felderliste groß oder klein schreiben, ist belanglos; denn intern werden Kleinbuchstaben sowieso in Großbuchstaben umgesetzt. Anschließend an den letzten Feldnamen müssen Sie dann obligatorisch hinter dem Befehlswort FROM den Pfad und den Datenbanknamen mit Erweiterung (.DBF) folgen lassen. SELECT und FROM sind, wie gesagt, zwingende Mindestbestandteile einer SQL-Abfrage.

Groß- oder Kleinschreibung ist belanglos

Mit der Ausnahme der freigestellten Groß- oder Kleinschreibung müssen Sie allerdings peinlich genau auf die anderen Einzelheiten der Syntax achten und z.B. hinter dem letzten Feldnamen auf das Komma verzichten. Am Anfang vergessen Sie vielleicht auch, Zeichenketten (Strings, Labels) in Hochkommata ' ' oder Anführungsstriche " " zu setzen.

Ein Datum müssen Sie in geschweiften Klammern ({ = "Alt"+123; } = "Alt"+125) und in der Form MM/TT/JJ, also als {07/14/92}, eingeben. Mit diesem SQL-Datum können Sie ohne weitere Umformungen rechnen, d.h. {07/14/92} + 10 ist {07/24/92}.

Das logische WAHR heißt bei SQL .T. (=TRUE), das logische FALSCH ist .F. (=FALSE).

Dennoch kein Grund, bei einem Syntaxfehler im SQL-Befehlsfeld zu verzweifeln: Sie werden lediglich Ihren fehlerhaften Befehl nicht los und können, statt abzubrechen, mit der `Tab`-Taste das Befehlsfeld wieder aktivieren und den Fehler zu beheben versuchen. Wenn die Syntaxprüfung keinen Fehler mehr findet, betätigen Sie erfolgreich die Schaltfläche *OK*, und der SQL-Befehl wird unverzüglich ausgeführt.

Syntaxfehler im SQL-Befehlsfeld

Kein Syntaxfehler ist es, für SQL-Befehlsworte wie SELECT, FROM und die weiteren, die Sie im folgenden kennenlernen werden, jeweils eine besondere Zeile zu wählen. Zeilenweise Eingabe ist üblich und zweckmäßig, weil Sie so leichter den Überblick behalten können. Sehen wir uns nun noch einige weitere SQL-Befehlsvarianten an.

Wenn Sie statt einer Feldauswahl sämtliche Datensatzfelder auf dem Bildschirm sehen wollen, ersetzen Sie die Felderliste durch ein Sternchen (*) wie folgt:

```
SELECT *
FROM a:\db\kunde.dbf;
```

Ob Sie anschließend an SELECT und FROM die folgenden Befehlsworte WHERE, ORDER BY, COMPUTE und OPTIONS verwenden oder nicht,

Der Datenbankeditor Q+E

ist Ihnen freigestellt, hängt aber natürlich von den Informationen ab, die Sie aus der Datenbank herausziehen wollen.

Auswahlbedingungen durch logische Operatoren

Hinter dem Befehlswort WHERE formulieren Sie die Auswahlbedingungen mit den Ihnen bereits bekannten logischen Operatoren wie <, >, <>, >=, <=, AND, OR, LIKE, NOT LIKE usw. Geben Sie also beispielsweise im SQL-Abfragefenster den folgenden Befehl ein:

SELECT *
FROM a:\db\kunde.dbf
WHERE umsatz > 100000;

oder fragen Sie statt dessen nach

SELECT *
FROM a:\db\kunde.dbf
WHERE plz LIKE "4050";

Nur Datensätze der Postleitzahl 4050 erscheinen auf dem Bildschirm. Mit

SELECT *
FROM a:\db\kunde.dbf
WHERE plz NOT LIKE "4050";

erreichen Sie genau das Gegenteil, nämlich sämtliche Datensätze, die nicht die Postleitzahl 4050 enthalten. Experimentieren Sie gleich auch noch einmal mit den Platzhaltern * oder ? im Suchwort, wie wir es im Unterkapitel 15.4 beim Suchen mit dem Auswahlmenü bereits getan haben. Wenn man mit SQL etwas vertraut ist, geht es offenbar schneller, als wenn man sich durch Menüs "hangeln" muß; denn der vorausgegangene SQL-Befehl bleibt erhalten und läßt sich mit wenigen Tastenanschlägen ergänzen.

Versuchen Sie nun bitte eine Verknüpfung der folgenden Art, wobei Sie das LIKE durch das Gleichheitszeichen bzw. das NOT LIKE durch das Ungleichheitszeichen <> ersetzen können. Mit dieser Abfrage wollen Sie sich alle Datensätze anzeigen lassen, deren Postleitzahl 4050 oder 4000 ist:

SELECT *
FROM a:\db\kunde.dbf
WHERE plz = "4050" OR plz = "4000";

OR oder AND

Sie erhalten das erwartete Ergebnis, nämlich nur die Datensätze mit den spezifizierten Postleitzahlen. Ändern Sie nun den vorstehenden SQL-Befehl in der folgenden Weise, indem Sie OR durch AND ersetzen:

SELECT *
FROM a:\db\kunde.dbf

Der Datenbankeditor Q+E

```
WHERE plz = "4050" AND plz = "4000";
```

Was sehen Sie auf dem Bildschirm? Nichts. Warum? Sie sind einem logischen Fehler aufgesessen; denn es gibt keinen Datensatz, der sowohl die Postleitzahl 4050 als auch die Postleitzahl 4000 aufweist. Sie lernen daraus, daß das logische Und (AND) "sowohl als auch" bedeutet. Oder (OR) bedeutet dagegen (wie im ganz normalen Sprachgebrauch) "entweder - oder".

Sortierform

Als nächstes legen Sie hinter ORDER BY fest, in welcher Sortierform (ASC = aufsteigend; DESC = absteigend) die Ergebnisse angezeigt werden sollen, und lassen bei der Gelegenheit auch nach COMPUTE noch Datenbankstatistiken wie Anzahl der Datensätze, Summen, Maximal-, Durchschnitts- und Minimalwerte "in einem Aufwasch" mit berechnen:

```
SELECT *
FROM a:\db\gebtag.dbf
WHERE jahresgeh > 40000 AND jahresgeh < 50000
ORDER BY fam_name desc
COMPUTE COUNT(fam_name), SUM(jahresgeh),
MAX(jahresgeh),
MIN(jahresgeh), AVG(jahresgeh), min(geb_date),
max(geb_date);
```

Die Rechenoption COUNT liefert die Anzahl der Datensätze unter Berücksichtigung der Bedingung, daß nur Jahresgehälter über 40.000 DM und unter 50.000 DM in die Auswahl einbezogen werden. Beachten Sie bitte, daß Sie bei zwei Auswahlgrenzen den Spaltennamen bei *jeder* Grenze wiederholen müssen, da SQL sonst nicht weiß, ob sich die zweite Grenze auf die gleiche Spalte bezieht wie die erste. Beispiel:

Die Rechenoption COUNT

```
WHERE jahresgeh > 30000 AND fam_name >= "F"
```

SUM, MAX, MIN und AVG beziehen sich auf die Spalte mit den Jahresgehältern. SUM berechnet die Summe aller in den ausgewählten Datensätzen enthaltenen Gehälter, MAX ermittelt das höchste Gehalt, das wegen der Auswahlbedingung natürlich nicht über 50.000 DM liegen kann, MIN das niedrigste Gehalt innerhalb der Auswahlgrenzen, das daher nicht geringer als 30.000 DM sein wird. AVG ist der arithmetische Mittelwert aller in die Auswahl gelangten Gehälter.

Aus dem letzten Teil der Rechenanweisung ersehen Sie, daß die arithmetischen Funktionen auch auf Datumfelder angewandt werden können; denn der Datumtyp im Datumfeld einer dBase-Datenbank ist durch eine kalendarische Zahl hinterlegt, so daß Sie mit einem Datum wie mit einer Zahl rechnen können. Sie können z.B. fragen, welches das Datum in 90 Tagen, von heute (heute entspricht dem Systemdatum DATE() Ihres Computers) an gerechnet, sein wird, indem Sie die Summe aus DATE() +

Arithmetische Funktionen auf Datumfelder anwenden

90 bilden lassen. Im gleichen Sinn haben wir das Geburtsdatum des jüngsten und des ältesten Mitarbeiters aller in der Auswahl enthaltenen Personen ausrechnen lassen. Die Numerik eines Datumfeldes geht jedoch nicht so weit, daß Sie auch ein "mittleres Geburtsdatum" durch AVG(geb_date) hätten berechnen lassen können. Während AVG(jahresgeh) bei einem echten numerischen Feld möglich war, würde AVG(geb_date) zu einer Fehlermeldung führen.

Dafür können wir die Rechenmöglichkeiten mit Datumwerten jedoch gezielt bei den Auswahlbedingungen WHERE einsetzen. Wenn Sie sich dafür interessieren, welche Mitarbeiter am heutigen Abfragetag älter als 35 Jahre sind, würden Sie Ihre SQL-Abfrage so formulieren:

SELECT name, geb_date
FROM a:\db\gebtag.dbf
WHERE (date()-geb_date)/365 > 35;

Durch einen Blick auf die Spalte mit den Geburtsdaten überzeugen Sie sich von der Richtigkeit der Auswahl. Wenn Sie sich statt auf das Systemdatum DATE() auf ein bestimmtes kalendarisches Datum beziehen wollen, müssen Sie dies in geschweiften Klammern und in der Form MM/TT/JJ eingeben, in der vorstehenden SELECT-Anweisung, bezogen auf den 31.12.1992, also wie folgt:

SELECT name, geb_date
FROM a:\db\gebtag.dbf
WHERE ({12/31/92}-geb_date)/365 > 35;

Arbeiten mit Teilstrings

Suche nach Geburtsdaten

Bei der Q+E-Suche nach einem Teilstring wie "50" waren wir damit unzufrieden gewesen, daß der Cursor sowohl bei 50 Pfennigen als auch bei der 50 in 50.000 DM landete, als wir in der Umsatzspalte der Datei KUNDEN.DBF arbeiteten. Auch bei einem Datum möchten wir in der Regel nicht sowohl auf "05" als Tag als auch auf "05" als Monat landen. Hier hilft uns SQL wie in dem folgenden Beispiel weiter, wenn Sie die Liste der Mitarbeiter sehen möchten, die im Monat Juli geboren sind, aber nicht gemischt mit denjenigen, die am 7. eines beliebigen Monats zur Welt kamen.

SELECT name, geb_date, jahresgeh
FROM a:\db\gebtag.dbf
WHERE substr(dtoc(geb_date),1,2) = "07";

Die vorstehende Auswahlbedingung müssen wir noch näher erläutern, damit sie verständlich wird: Ein Datum hat in unserer PC-Umgebung die Form ../../JJ. Einig sind wir uns bei den unterschiedlichen Anwendungs-

Der Datenbankeditor Q+E

systemen nur darin, daß ein Datum die Länge von 8 Zeichen hat und daß die beiden letzten Ziffern der Jahreszahl an der 7. und 8. Stelle stehen. Das dBase-Datenbankformat sieht in der deutschen Version den Datumtyp in der Form TT.MM.JJ vor. Der gewünschte Monat "07" beginnt demnach an der 4. Stelle und hat, ab dort gezählt, eine Länge von 2 Zeichen. Wenn Sie jedoch die Auswahlbedingung dementsprechend formulieren, d.h.

    WHERE substr(dtoc(geb_date),4,2) = "07";

eingeben, erhalten Sie, wie Sie sich durch einen Blick in die Stammdatenbank überzeugen können, ein unsinniges, jedenfalls nicht das richtige Ergebnis. Das liegt daran, daß SQL - auch unter Q+E - das Datum nur und ausschließlich in der Form MM/TT/JJ kennt. Obgleich also die Datumspalte auf dem Bildschirm die Gestalt TT.MM.JJ hat, müssen Sie die Auswahlbedingung entsprechend dem internen SQL-Format MM/TT/JJ formulieren.

Zur weiteren Erklärung der dBase-Syntax in der WHERE-Auswahlbedingung: Durch die dBase-Funktion DTOC wandeln Sie den Datumtyp in eine Zeichenkette (String) um. Aus dieser Zeichenkette können Sie dann mit SUBSTR den Teilstring herausziehen, der SQL-intern (MM/TT/JJ) an der 1. Stelle der Zeichenkette beginnt und 2 Zeichen lang ist.

Wenn Sie also bei Ihren weiteren Arbeiten mit SQL auf Irregularitäten stoßen, kann das möglicherweise damit zusammenhängen, daß Sie beim SQL-Dialog unter Q+E zwar die dBase-Syntax beachtet haben, Sie sich jedoch auf eine SQL-Syntax unter ANSI (ANSI = American National Standards Institution) hätten beziehen müssen. Dann ist die Frage berechtigt, ob Sie im komplizierteren Einzelfall nicht gleich auf die dBase-Umgebung zurückgehen sollten.

Suche nach dem Familiennamen

Weil die Suche nach Teilstrings einen wichtigen Teil der Arbeit mit Datenbanken darstellt, wollen wir noch ein weiteres Beispiel bringen, das reine Zeichenketten betrifft, wo die Definition der Teilstringposition erfreulicherweise eindeutig ist. Dazu suchen Sie beispielsweise nach allen Datensätzen, wo der Familienname mit M beginnt.

    SELECT name, jahresgeh
    FROM a:\db\gebtag.dbf
    WHERE substr(fam_name,1,1) = "M";

Die gewählte Auswahlbedingung ist identisch mit

    WHERE substr(fam_name,1,1) = upper("m");

Nun können Sie beliebig weiter experimentieren, z.B. mit

Der Datenbankeditor Q+E

```
SELECT name, jahresgeh
FROM a:\db\gebtag.dbf
WHERE substr(fam_name,2,1) = "e";
```

Unterschied zwischen SQL-Syntax und dBase-Syntax

Auf einen weiteren Unterschied zwischen SQL-Syntax und dBase-Syntax wollen wir noch aufmerksam machen: Bei dBase werden die SQL-Logikfunktionen AND und OR zwischen Punkten eingeschlossen, also .AND. und .OR..

Einen ähnlichen Unterschied zwischen der Bildschirmanzeige und der Formulierung der Abfragebedingung müssen Sie im folgendem Fall beachten. Öffnen Sie dazu bitte im Menü *Datei* die Datenbankdatei JOURNAL.DBF, die sich auf Ihrer Beispieldiskette im Verzeichnis DB befindet. In der letzten Spalte EINZAHL (= Einzahlung) ist vermerkt, ob der in der Vorspalte registrierte Betrag BETRAG eingezahlt (d.h. W = wahr) oder ausgezahlt (d.h. F = falsch) wurde. Wenn Sie nun die Auswahlbedingung der SQL-Abfrage als

```
WHERE einzahl = W
```

formulieren, erleben Sie eine Enttäuschung. Das liegt nicht etwa daran, daß Sie versäumt hätten, W als Zeichen in Anführungsstriche (= "W") zu setzen, sondern dies hängt damit zusammen, daß intern W als .T. (= True) und F als .F. (= False) geführt werden. Sie müssen daher bei der Auswahlbedingung im folgenden Beispiel die dort ersichtliche Syntax beachten, wobei es unerheblich ist, ob Sie ".t." oder ".T." schreiben:

```
SELECT *
FROM a:\db\journal.dbf
WHERE einzahl = .t.;
```

Hartnäckig beharrt die Bildschirmanzeige dennoch auf" W" in der Spalte EINZAHL.

Als letztes steht Ihnen im SQL-Dialogfeld noch eine Option hinter dem SQL-Befehlswort OPTIONS zur Verfügung, die Sie nach Bedarf als letzte Befehlszeile hinter allen anderen Befehlszeilen anfügen:

```
OPTIONS only show totals;
```

Diese Option haben Sie bereits unter Q+E kennengelernt, als Sie sich die statistischen Werte von Datenbankspalten bei gleichzeitigem Ausblenden der eigentlichen Datensätze haben anzeigen lassen. Das gleiche bewirkt also OPTIONS ONLY SHOW TOTALS unter SQL. Wenn Sie eine frühere SQL-Abfrage, die zu einer umfangreichen Bildschirmanzeige geführt hat, entsprechend ergänzen, erhalten Sie als Bildschirmanzeige nur noch die Ergebnisse:

Der Datenbankeditor Q+E

```
SELECT *
FROM a:\db\gebtag.dbf
WHERE jahresgeh > 40000 AND jahresgeh < 50000
ORDER BY fam_name desc
COMPUTE COUNT(fam_name), SUM(jahresgeh),
MAX(jahresgeh),
MIN(jahresgeh), AVG(jahresgeh), min(geb_date),
max(geb_date)
OPTIONS only show totals;
```

Wir halten also stichwortartig fest, daß die Voreinstellung im SQL-Abfragefenster von Q+E das dBase-SQL (Compatibility = dbase) ist und Sie mit unterschiedlichen Ergebnissen bei Ihren Abfragen rechnen müssen, wenn statt dessen die Kompatibilität ANSI (Compatibility = ansi) sein sollte. Beispiel: Wenn die Auswahlbedingung für den Anfangsbuchstaben der Namen im Datensatzfeld NAME folgendermaßend lautet

```
WHERE name = "m"
```

so erhalten Sie beim dBase IV-SQL alle (groß- oder kleingeschrieben) Namen mit M, bei ANSI-SQL jedoch gar keinen, wenn nicht zufällig ein Familienname fälschlicherweise mit kleinem M eingegeben worden ist. Soweit es sich um Fragen der Rechtschreibung handelt, wäre dieser Unterschied zwischen dBase IV-SQL und ANSI-SQL noch hinzunehmen. Bei numerischen Feldern können die Unterschiede bei der Behandlung der Null jedoch zu nicht ohne weiteres erkennbaren Fehlinterpretationen der Ergebnisse führen, wie die folgende Erläuterung zeigt.

Q+E und dBase IV-SQL behandeln leere, numerische Felder als Ziffer Null und beziehen auch die Anzahl der Leerfelder in die Berechnung des arithmetischen Mittels ein; ANSI-SQL berücksichtigt numerische Leerfelder nicht bei der Zählung der Anzahl der Werte und daher auch nicht bei der Mittelwertbildung. dBase IV-SQL würde als Minimum ein Leerfeld (Blank) liefern, ANSI-SQL die kleinste vorhandene numerische Zahl; diese wäre dann größer als Null, wenn in der Zahlenreihe nicht zufällig ein ausdrücklich mit der Ziffer Null gefülltes Feld vorhanden ist. Analoge Unterschiede treten beim Feldtyp Datum auf, wo wir ein Beispiel kennengelernt haben.

Der IBM-Zeichensatz

Unterschiede können auch auf den jeweiligen Zeichensatz zurückzuführen sein, je nachdem, ob der Datenbankdatei der ANSI-Zeichensatz oder der IBM-Zeichensatz zugrundeliegt. Die Abkürzung für einen Zeichensatz ist CHARSET (charset = Abkürzung für character set, d.h. Zeichensatz). Zwar sind die beiden Zeichensätze einander ähnlich, wenn jedoch internationale Zeichen oder Buchstaben verwendet werden sollen, sind manche der Ansicht, daß ANSI besser geeignet ist als der IBM-Zeichensatz. Daher generiert Excel seine Dateien mit dem ANSI-Zeichensatz,

Der Datenbankeditor Q+E

dBase verwendet dagegen den IBM-Zeichensatz, der auch die Voreinstellung von Q+E ist. Wiederholend erwähnen wir noch einmal, daß die SQL-Schnittstelle von Q+E nur einen Teil aller SQL-Optionen abdeckt, so daß Sie in Sonderfällen den SQL-Befehl selbst formulieren müssen. Das war z.B. dann der Fall, wenn eine Auswahlbedingung mit einem Datumfeld unter Rückgriff auf dBase-Funktionen formuliert werden sollte:

```
SELECT name, geb_date, jahresgeh
FROM a:\db\gebtag.dbf;
```

Die vorstehend gewählte Syntax hinter dem Befehlswort FROM ist dann ausreichend, wenn die dort erwähnte Datei Teil der Quellendatenbank ist, die Sie im Dialogfeld beim Öffnen der Datei spezifiziert haben.

Für den Fall, daß Sie zwischendurch auf eine andere Quellendatenbank zurückgreifen oder sicher sein wollen, daß Sie die spezifizierte Datei auch tatsächlich aus der vorausgesetzten oder vermuteten Datenbank aufrufen, können Sie die Quellendatenbank auch gleich hinter der FROM-Anweisung durch einen Präfix eingeben, z.B. so:

```
SELECT (Felderliste)
FROM dBaseFile|a:\db\kunden.dbf
```

Für andere Datenbanksysteme als dBase, für Textdateien oder für Arbeitsblätter gelten folgende Präfixe, die mit einem senkrechten Strich (`Alt` + `1` `2` `4`) abzuschließen sind, bevor Sie den Pfad eingeben:

Quellendatenbank	Präfix
Textdatei	textfile|
Oracle	oracle|
Excel-Tabelle	excelfile|
OS/2 SQL-Server	sqlserver|
OS/2 Extended Edition	eedatamgr|

15.14 Textdateien

Textdateien sind ASCII-Dateien

Praktisch alle gängigen Datenbank-Systeme bieten die Möglichkeit, ihre Datenbankdateien in Textdateien zu transformieren. Diese Textdateien sind ASCII-Dateien, so daß deren Benutzer dann insoweit unabhängig von dem jeweiligen speziellen Datenbankdateiformat ist, als er die Datei mit den TYPE- und PRINT-Befehlen des Betriebssystems lesen und aus-

Der Datenbankeditor Q+E

drucken oder mit einem Textverarbeitungssystem editieren kann. Im allgemeinen können Sie Textdateien bereits an der Erweiterung .TXT erkennen.

Zwei derartige Textdateien, nämlich KUND_1.TXT und KUND_2.TXT finden Sie auf Ihrer Beispieldiskette im Verzeichnis DB. Beide Textdateien beruhen auf der Datenbankdatei KUNDEN.DBF im dBase-Datenbankformat und haben in allen drei Fällen den identischen Inhalt, die Textdateien sind jedoch in der Form unterschiedlich. Lassen Sie sich bitte diese beiden Dateien gleich einmal unter dem Betriebssystem MS-DOS auf Ihrem Bildschirm anzeigen und zwar mit dem Befehl TYPE a:\db\kund_1.txt|more bzw. TYPE a:\db\kund_2.txt|more (Die Option MORE hinter dem senkrechten Strich, den Sie, falls Sie ihn nicht auf Ihrer Tastatur finden, durch `Alt`+`1``2``4` erzeugen können, hält den Bildschirm nach jeweils 20 Zeilen an, so daß Sie sich die Datensätze in Ruhe ansehen können). Die Textdatei KUND_1.TXT hat unterschiedliche Satzlängen, die Textdatei KUND_2.TXT weist konstante Satzlängen auf.

Variable Satzlängen sind dadurch möglich, daß die Datensatzfelder durch sogenannte Begrenzer (delimiter) voneinander abgegrenzt und dadurch zweifelsfrei voneinander unterschieden werden können. In unserem Fall haben wir als Begrenzer das Komma gewählt. Statt dessen könnte man auch jedes andere (einzelne) ASCII-Zeichen und schließlich auch eine Leerstelle (blank) wählen, um die Felder variabler Länge voneinander abzugrenzen.

Begrenzer sorgt für variable Satzlängen

In Textdateien mit konstanter Satzlänge bleiben die ursprünglichen Feldlängen erhalten; daher beginnt jedes Feld nach wie vor in der gleichen Spalte des Bildschirms, so daß es so aussieht, als sei - wie in einer Tabelle - für jedes Feld eine eigene Spalte vorgesehen.

Auch Q+E bietet Ihnen die Möglichkeit, Textdateien mit festen oder variablen Satzlängen in einem Q+E-Fenster zu öffnen. Wenn Sie das runde Optionsfeld *Text* anklicken, zeigt das Listenfeld die Namen der vorhandenen Textdateien an. Falls Textdateien mit der Erweiterung .TXT nicht im Listenfeld erscheinen, wiederholen Sie bitte Ihren Aufruf im Eingabefeld in der Form *.TXT. Sie müssen dann noch spezifizieren, ob es sich um eine Textdatei mit variabler (KUND_1.TXT) oder aber auch fester (KUND_2.TXT) Satzlänge handelt.

Wenn Sie eine Textdatei mit variabler Satzlänge öffnen, die ASCII-Begrenzer verwendet, kann Q+E Spaltenbreiten und Datentypen automatisch zuweisen. Wenn Sie eine Textdatei mit fester Satzlänge öffnen, stellt Q+E die Datensätze in einer einzigen Spalte und die Feldinhalte als Zeichenketten dar. Um die Datensatzfelder voneinander zu trennen, müssen Sie den Datentyp für jede Spalte im Menü *Layout* mit dem Befehl *Feldtyp*

617

Der Datenbankeditor Q+E

definieren richtig (!) bestimmen. Andernfalls erhalten Sie bei einem nur numerisch aussehenden Zeichenfeld beim Aufruf der Statistikfunktionen weder Summen noch Mittelwerte. Bei Textdateien bietet Q+E Ihnen schließlich noch die Option, die Feldinhalte des ersten Datensatzes als Überschriften zu verwenden.

Textdateien editieren und definieren

Laden Sie nun bitte nach diesen Vorbemerkungen die beiden Textdateien KUND_1.TXT und KUND_2.TXT. Jeder Datensatz nimmt eine eigene Zeile in den beiden Fenstern ein. Mit Q+E können Sie Textdateien zwar nicht editieren oder definieren, aber Sie können die Ergebnisse Ihrer Abfragen im Menü *Datei* mit dem Befehl *Abfrage speichern unter* als neue Textdatei ablegen.

15.15 Datenübertragung in andere Anwendungsprogramme

Die Zwischenablage macht es möglich

Q+E-Daten lassen sich unschwer über die Zwischenablage in andere Windows- oder OS/2-Anwendungen, wie z.B. Excel und Word für Windows übertragen. Dazu rufen Sie Q+E auf, markieren die Daten, die Sie in eine andere Anwendung übertragen wollen, und wählen im Menü *Bearbeiten* den Befehl *Kopieren*. Dann rufen Sie das andere Anwendungsprogramm auf und öffnen dort die Datei, in die Sie die markierten Q+E-Daten übertragen wollen. Dort setzen Sie den Cursor in die linke obere Ecke des Bereichs, in den die Daten kopiert werden sollen, und nehmen die Einfügung mit einem dem Q+E-Befehl *Übertragen einfügen* entsprechenden Befehl des Ziel-Anwendungsprogramms vor.

Dynamische Verbindungen sind auch möglich

Ebensogut können Sie Q+E-Daten dynamisch mit anderen Anwendungen verknüpfen, wenn diese den Dynamischen Datenaustausch (DDE) unterstützen. Bei Excel und Word für Windows ist dies der Fall. Sie können auch in der empfangenden Anwendung selbst in einer Formel die dynamische Verknüpfung eingeben. Beides bewirkt, daß die Daten in den Anwendungen automatisch aktualisiert werden, wenn Sie die Datenbankinhalte in Q+E ändern. Beachten Sie aber bitte folgendes: Eine dynamische Verbindung zu einem Q+E-Abfragefenster besteht nur solange, wie das Fenster offen ist. Um einen dauerhaften, dynamischen Datenaustausch sicherzustellen, sollten Sie daher die empfangende Anwendung mit einer Abfragedatei (*.QEF), nicht mit einem Abfragefenster verknüpfen. Hierzu als Beispiel die Verknüpfung zwischen einer Q+E-Abfragedatei und einem Excel-Arbeitsblatt:

Im Menü *Bearbeiten* kopieren Sie aus Q+E den markierten Bereich mit dem Befehl *Kopieren* in die Zwischenablage. Dann rufen Sie Excel auf und laden das Arbeitsblatt, in das Sie die Daten aus Q+E kopieren wollen.

Der Datenbankeditor Q+E

In dem Excel-Arbeitsblatt aktivieren Sie die Option *Volles Menü* und wählen den Feldbereich aus, in den die Daten aus der Zwischenablage eingefügt werden sollen. Überzeugen Sie sich davon, daß der Bereich ausreichend groß ist, da Daten, die diesen Bereich überschreiten, nicht eingefügt werden. Mit dem Befehl *Übertragen einfügen* im Menü *Bearbeiten* schließen Sie den Vorgang der Verknüpfung zwischen Q+E-Daten und dem Arbeitsblatt ab. Sie können ein Excel-Arbeitsblatt auch über eine Feldformel dynamisch mit einer SQL-Abfrage unter Q+E verknüpfen.

Wenn der Umfang der auszutauschenden Daten die DDE-Grenze von 64 KByte überschreitet oder wenn der Arbeitsspeicher nicht ausreicht, liefert Q+E den Fehlerwert #NULL! zurück. Sie können sich dann so behelfen, daß Sie die Datensätze gruppenweise übertragen. Wenn Q+E den Fehlerwert #NAME? zurückliefert, kann das z.B. daran liegen, daß Sie ein Arbeitsblatt geladen haben, das sich auf eine mittlerweile gelöschte Q+E-Datei bezieht. Sie müßten dann die Q+E Abfragedatei neu generieren und die Verknüpfung zum zweiten Mal herstellen.

Probleme beim dynamischen Datenaustausch zwischen Q+E und Excel

619

Der Datenbankeditor Q+E

Kapitel 16

16. Einsatz von Excel im Netzwerk **623**

16.1 Die Installation im Netzwerk 623
Eigene Einstellungen verwenden 625
16.2 Nutzung eines Netzwerksdruckers 625
16.3 Dateien im Netzwerk 626

16. Einsatz von Excel im Netzwerk

Durch die Entwicklung von immer leistungsfähigeren Computern gehen mehr und mehr Firmen und Anwender dazu über, einzelne PC-Arbeitsstationen (sog. Workstationen) miteinander zu verbinden. Dies geschieht mit Hilfe eines Netzwerkes, das unterschiedliche Topologien aufweisen kann. Unter der Topologie eines Netzwerkes versteht man den Aufbau und die Anordnung der PC's zueinander.

Wir möchten uns hier auf das *Novell*-Netzwerk beziehen, da es unserer Meinung nach in kleinen und mittleren Betrieben am weitesten verbreitet ist. Der Einsatz von Excel innerhalb eines Netzwerkes ist jedoch prinzipiell immer gleich, so daß alle Erklärungen bezüglich des Datei-Handlings für alle anderen Netzwerke ebenfalls zutreffen.

Excel auf dem Novell-Netzwerk

Das Herz des Novell-Netzwerkes bildet der Server, der idealerweise aus einem schnellen PC (386er) besteht. An den Server angeschlossen sind mehrere PC's, je nach Ausbaugrad des Netzwerkes möglicherweise weit über hundert. Diese Workstations sind also eigenständige Rechner, mit denen wie gewohnt gearbeitet werden kann. Es handelt sich also nicht um "dumme" Terminals, wie es bei Großrechenanlagen der Fall ist.

Sinn und Zweck eines Netzwerkes ist der gemeinsame Zugriff auf einen zentralen Datenbestand von jeder Arbeitsstation aus. Dabei kann nicht nur auf Daten zugegriffen werden, sondern man kann auch Programme starten, die sich auf dem Server befinden. So benötigt man für ein Programm nur noch eine einzige Lizenz; dies ist zwar in der Regel eine spezielle Netzwerk-Lizenz, doch diese ist immer noch preiswerter ist als die Summe der Einzel-Lizenzen. Windows als grafische Benutzeroberfläche ist in der Netzwerk-Umgebung sehr beliebt. Die Einrichtung ist recht unkompliziert und im Benutzer-Handbuch bzw. im großen Windows-Buch von DATA BECKER ausführlich beschrieben.

Vorteil ist der zentrale Datenbestand

16.1 Die Installation im Netzwerk

Je nach Art der Anwendung und Größe der Plattenkapazität können Sie entscheiden, ob Sie Excel zentral auf dem Server oder als Einzel-Lizenz auf einem Arbeitsplatz installieren. Vorteil der Netzwerk-Installation ist

Lizenzen beachten

Einsatz von Excel im Netzwerk

der gemeinsame Zugriff auf nur ein Version und die damit verbundene Plattenspeicherersparnis auf den Arbeitsstationen. Je nach Auslastung des Netzwerkes und Kapazität des Servers kann jedoch die Arbeitsgeschwindigkeit darunter leiden. Soll nur auf einer Arbeitsstation Excel betrieben werden, sollte die Version direkt auf der Arbeitsstation installiert werden. Aus Gründen der Datensicherung werden dann lediglich die Daten auf dem zentralen Server abgelegt.

Hier wird nun ein weiterer Vorteil eines Netzwerkes angesprochen. In der Regel sollten alle Daten zentral auf dem Server abgelegt werden, auch wenn diese nicht unbedingt von anderen Anwendern genutzt werden. Allabendlich sollte dann ein Backup gefahren werden, was bedeutet, daß alle Daten und Programme auf der Festplatte gespeichert werden und somit bei einem Datenverlust immer eine aktuelle Version zur Verfügung steht. Die Datensicherung wird in der Regel mit Hilfe eines Bandlaufwerkes (Streamer) durchgeführt.

Datensicherheit ist gewährleistet

Für die Datensicherheit, also das unbefugte Einsehen von vertraulichen Informationen, ist ebenfalls gesorgt. Neben den normalen Sicherungsfunktionen von Excel (Paßwort usw.) bietet ein Netzwerk ebenfalls eine Reihe von weitreichenden Sicherheitsmaßnahmen. Diese werden vom Netzwerkbetreuer (Supervisor) eingerichtet. Jeder Netzwerkbenutzer muß sich zur Arbeit innerhalb eines Netzwerkes anmelden. Dies geschieht über ein Paßwort, das regelmäßig geändert werden sollte (es kann vom Benutzer selbst geändert werden). Je nach Sicherheitsstufe sind dem Benutzer nur bestimmte Verzeichnisse zugänglich, so daß er zu anderen, geschützten Verzeichnissen keinen Zugriff hat. Selbst das Datei-Handling innerhalb eines Verzeichnisses kann geregelt werden, so daß ein Benutzer zwar einen Lese-, jedoch keinen Schreibzugriff hat. Die entsprechenden Restriktionen innerhalb des Netzwerkes können jedoch nur vom Supervisor vorgenommen werden.

Zugang zu der Server-Festplatte

Wenn Sie sich entschieden haben, Excel lokal auf einem Arbeitsplatzrechner zu installieren, folgen Sie der Installationsanleitung in Kapitel 2. Das gleiche gilt eigentlich auch für die Installation auf dem Server. Hier muß jedoch beachtet werden, daß das korrekte logische Laufwerk inklusive Pfadangabe angegeben wird. Die Festplatte des Servers ist in mehrere logische Laufwerke unterteilt. Diese beginnen in der Regel mit Laufwerk E:. Das muß natürlich so sein, damit es zu keinen Überschneidungen mit den Laufwerksbezeichnungen des Arbeitsplatzrechners kommt. Beim praktischen Arbeiten an einer Arbeitsplatzstation bezieht man sich durch Angabe der Laufwerksbezeichnungen A: - D: wie gewohnt auf die lokalen Laufwerke, bei Angabe der Laufwerksbezeichnungen E: - Z: auf die Festplatte des Servers.

Einsatz von Excel im Netzwerk

Wenn Sie sich schon etwas intensiver mit Excel beschäftigt haben, ist Ihnen die Datei WIN.INI sicherlich bereits bekannt. Diese Datei enthält alle Einstellungen bezüglich Bildschirmfarben, Druckereinstellungen, Länderformate usw. Excel liefert ebenso eine eigene Initialisierungsdatei mit, die EXCEL.INI. Diese enthält nur wenige Angaben. So finden Sie hier z.B. die Dateiauflistung der letzen vier bearbeiteten Dateien, die Sie im Menü *Datei* des Excel-Bildschirms auswählen können.

Die Initialisierungsdatei

Eigene Einstellungen verwenden

WIN.INI und EXCEL.INI befinden sich regulär im Windows-Verzeichnis. Sind Windows und Excel zentral auf dem Server installiert, so wirken sich Änderungen (z.B. über die Systemsteuerung) auf alle Benutzer des Netzwerkes aus. Möchten Sie jedoch Ihre persönlichen Einstellungen weiter beibehalten, sollten Sie sich die INI-Dateien in ein lokales Verzeichnis auf Ihrer Festplatte kopieren, aus dem Sie Windows heraus starten. Wichtig ist, daß in der AUTOEXEC.BAT die Pfadangabe so gesetzt wird, daß das lokale Verzeichnis vor dem Netzverzeichnis steht, in dem sich Windows befindet. So wird nach Aufruf von Windows aus dem lokalen Verzeichnis heraus zuerst die INI-Datei des lokalen Verzeichnisses gefunden (und ausgewertet) und dann erst die Windows-Startanweisung im zentralen Netzwerk-Verzeichnis.

16.2 Nutzung eines Netzwerkdruckers

Ein nicht unerheblicher Vorteil eines Netzwerkes stellt die gemeinsame Nutzung eines bzw. mehrerer Drucker dar. Je nach Anforderungen und Anzahl kann die Anschaffung mehrerer Drucker sehr teuer sein. Auch aus diesem Grund werden innerhalb eines Netzwerkes zentrale Drucker eingesetzt. Das hat den Vorteil, daß gleiche Einstellungen, gleiche Schriftbilder und gleiche Formulare bzw. Briefbögen genutzt werden können. Wenn zuvor kein Arbeitsplatzdrucker vorhanden war, mußte eine zu druckende Datei erst umständlich via Diskette auf eine Arbeitsstation kopiert werden, die über einen geeigneten Drucker verfügte.

Innerhalb eines Netzwerkes ist der Zugriff auf einen Drucker sehr einfach. Er unterscheidet sich in der Regel überhaupt nicht vom Zugriff auf einen Drucker, der direkt an dem lokalen Rechner angeschlossen ist. Unter Novell ist es möglich, daß sowohl am Server, als auch an jeder beliebigen Arbeitsstation ein Drucker angeschlossen und von jedem Benutzer genutzt werden kann.

Einsatz von Excel im Netzwerk

Die Nutzung eines Netzwerkdruckers geschieht automatisch, wenn Windows innerhalb eines Netzwerkes entsprechend eingerichtet wurde. Die Schnittstellenzuordnung entspricht genau der lokalen Zuordnung. In der Praxis verhält sich das so: Ein Netzwerkdrucker ist am Server an der Schnittstelle LPT1: (erste parallele Schnittstelle) angeschlossen. Von einer Netzwerk-Arbeitsstation aus wird zum Drucken ebenfalls auf die Schnittstelle LPT1: Bezug genommen. Durch die Anmeldung des Netzwerkes wurde die lokale Schnittstelle LPT1: umgeleitet auf die Schnittstelle LPT1: des Servers. Durch dieses Verfahren kann beispielsweise eine Schnittstelle auf ein Netzwerk umgeleitet, die übrigen jedoch weiterhin lokal genutzt werden.

Bei Verwendung von Netzwerkdruckern, die sich in vielen Fällen in anderen Räumen (manchmal sogar anderen Etagen) befinden, sollte darauf geachtet werden, daß immer das notwendige Papier eingelegt ist (Briefkopf, Formular, Blanko o.ä.). Nichts ist ärgerlicher als dauernd die Zimmer zu wechseln, um die Papierkassette anders zu füllen. Hier sollte die Anschaffung eines Doppelschachtdruckers bedacht werden. Die dezentrale Plazierung des Druckers hat einen weiteren Vorteil: Man wird dazu erzogen, den Befehl *Seitenansicht* intensiv zu nutzen, da der "mal-eben-ein-Probeausdruck"-Effekt immer ein zusätzlicher Umstand ist.

Wenn Sie Windows zentral installiert haben, sollten Sie immer erst die Druckerkonfiguration bezüglich des Papierschachtes, des Papierformates und besonders der Ausrichtung überprüfen, da diese Einstellungen allgemeingültig sind und bis zur nächsten Änderung erhalten bleiben.

16.3 Dateien im Netzwerk

Eine grundsätzliche Schwierigkeit beim Einsatz von Netzwerken ist die Nutzung zentraler Daten. Wenn man sich vorstellt, daß mehrere Benutzer die gleiche Datei geladen haben und Änderungen vornehmen, muß natürlich eine gewisse Ordnung eingehalten werden.

Dateischutz   Sie sollten darauf bedacht sein, daß immer nur ein Anwender Änderungen in der Datei vornehmen kann. Wenn mehrere Anwender autorisiert sind, Daten zu ändern, sollte das Netzwerk so eingerichtet sein, daß immer nur derjenige Änderungen durchführen kann, der die entsprechende Datei zuerst geladen hat. Es können auch Dateien teilweise geschützt werden, so daß nur bestimmte Personen diese Dateien lesen und/oder bearbeiten, bzw. nur Teilbereiche der Datei einsehen und ändern können.

Einsatz von Excel im Netzwerk

Grundsätzlich kann der Supervisor den Zugriff auf Dateien für jeden Anwender regeln. Der Anwender meldet sich durch einen Login-Namen und ein Paßwort im System an. Aufgrund des Login-Namens werden dann die Zugriffs-Restriktionen aktiviert. So kann ein Anwender die Dateien z.B. nur lesen, während ein anderer Sie lesen und ändern darf.

Netzwerk-Restriktionen über den Supervisor

In Excel können die gleichen Restriktionen vergeben werden. Hier kennen Sie bereits die Optionen *Kennwort* und *Schreibschutz* des Befehls *Datei/Speichern unter/Optionen* bzw. den Befehl *Zellschutz* im Menü *Format*.

Wir möchten an dieser Stelle noch einmal die Möglichkeiten aufzeigen, die Excel für den gemeinsamen Zugriff innerhalb eines Netzwerkes zur Verfügung stellt. Die Netzwerk-Restriktionen entnehmen Sie bitte dem Handbuch oder Sie fragen Ihren Supervisor.

Für den Fall, daß Sie eine zentrale Datei nur lesen möchten, sollten Sie die Datei mit der Option *Schreibschutz* des Befehls *Datei/Öffnen* starten. In diesem Fall wird die Datei in den lokalen Arbeitsspeicher geladen, wobei jedoch der Schreibschutz in der Titelleiste des Arbeitsblattes markiert ist. Sie können die Datei beliebig bearbeiten, jedoch nicht mehr unter dem gleichen Namen speichern. Wenn Sie den Befehl *Datei/Speichern* wählen, so erscheint das Dialogfeld des Befehls *Datei/Speichern unter* und Sie werden aufgefordert, einen neuen Namen zu vergeben. Mit diesem Verfahren ist es einem anderen Anwender möglich, zur gleichen Zeit Änderungen an dieser Datei vorzunehmen, soweit er nicht beim Öffnen der Datei die Option *Schreibschutz* markiert hat. Er kann also Änderungen innerhalb der Datei unter dem gleichen Namen abspeichern.

Schreibschutz beim Öffnen aktivieren

Wird versucht, eine Datei zu öffnen, die ohne Schreibschutz bereits von einem anderen Benutzer geöffnet wurde, erhält man eine Warnmeldung, und man kann entweder die Datei mit Schreibschutz-Option laden oder den Vorgang abbrechen. Ansonsten sollten alle Dateien mit dem Zusatz *Schreibschutz empfehlen* des Befehls *Datei/Speichern unter/Optionen* versehen werden, so daß jeder Benutzer eine entsprechende Meldung erhält, wenn er eine Datei öffnet. Ob er sich an das Verfahren hält, muß er aber selbst entscheiden.

Für den Fall, daß nur bestimmte Bereiche einer Tabelle geändert werden sollen, müssen Sie mit dem Befehl *Zellschutz* arbeiten und ein Kennwort vergeben. Teilen Sie das Kennwort nur solchen Personen mit, die die gesamte Datei ändern dürfen.

Zellschutz und Paßwort vergeben

Einen vollständigen Dateischutz erhalten Sie durch Vergabe eines Kennwortes über den Befehl *Datei/Speichern unter/Optionen*. Wer nicht über das Kennwort verfügt, bekommt diese Datei auch nicht zu Gesicht.

Einsatz von Excel im Netzwerk

Excel und die Fremdformate

Kapitel 17

17.	**Excel und die Fremdformate**	**631**
	17.1 Die unterstützten Dateiformate	631
	Spaltenabgrenzungen und Dateiursprung	634
	17.2 Zusammenarbeit mit Multiplan	635
	Multiplan-SYLK-Tabellen	636
	Excel-Tabellen im SYLK-Format	636
	Umwandlung von Formeln	636
	Umwandlung von Zahlenformaten	638
	Berechnung und Iteration	638
	17.3 Zusammenarbeit mit Lotus 1-2-3	639
	Laden einer Lotus-1-2-3-Datei	640
	Speichern als Lotus-1-2-3-Datei	640
	Umwandlung von Formeln	640
	Umwandlung von Zahlenformaten	643
	Umwandlung von Mehrfachoperationsbereichen	644
	Umwandlung von Datenbankbereichen	644
	Unterschiede in der Terminologie	644

17. Excel und die Fremdformate

Excel bietet Ihnen die Möglichkeit, Dateien zu verarbeiten, die nicht mit anderen Programmen erstellt wurden. Auf diese Weise ist nicht jede Arbeit vergeblich gewesen, wenn man von einem anderen Produkt auf Excel umsteigt. Auch die Verarbeitung der Daten, die von parallel verwendeten Programmen wie dBase oder Word erzeugt wurden, ist in Excel kein Problem. Das liegt an der Fülle der Fremdformate, die Excel in sein eigenes Format umwandeln kann.

Aber auch die Ausgabe von Excel-Dateien in ein anderes Format ist sinnvoll, z.B. wenn man eine Excel-Adreßdatenbank für die WinWord- oder auch Word-Serienbrieffunktion verwenden möchte. Gegenstand dieses Kapitels ist, Ihnen die Möglichkeiten aufzuzeigen, wie Sie als Umsteiger Ihre Daten in Excel weiterverwenden können, und wie Sie über die Fremdformate mit anderen Programmen kommunizieren können.

Datenaustausch ist wichtig

17.1 Die unterstützten Dateiformate

Neben seinem eigenen Format, das schlicht als "Standard" bezeichnet wird, kennt Excel eine Vielzahl von weiteren Formaten, die es sowohl verarbeiten, als auch erzeugen kann. Durch diese Flexibilität ist Excel in der Lage, mit fast jedem anderen Programm zu kommunizieren. Die Qualität der Kommunikation ist davon abhängig, auf welchem Formatlevel sich beide Programme treffen, also in welchem Maße Formatierungen und andere Informationen beiden Programmen gemeinsam bekannt sind.

Jedes Format enthält eine gewisse Anzahl von zusätzlichen Informationen, beispielsweise in Form von Steuerzeichen, die vom entsprechenden Programm interpretiert werden. Kann Excel diese Datei interpretieren, so werden die Steuerzeichen von Excel in gleichwertige Ergebnisse umgesetzt. Kennt Excel das entsprechende Format nicht, muß die Datei vom Original-Programm in einem Format mit einem niedrigen Level abgespeichert werden. Hierbei gehen natürlich gewisse Informationen verloren.

Excel-Format ist Standard-Format

Excel und die Fremdformate

Chart-Dateien mit Excel weiterverarbeiten

Man darf dabei natürlich nicht nur den direkten Weg sehen, daß ein anderes Programm direkt mit Excel über eine entsprechende Format-Schnittstelle kommunizieren kann. In den meisten Fällen trifft man sich bei einem Format, das beide Programme interpretieren können. Wenn Sie beispielsweise ein Diagramm aus MS-Chart in Excel unterbringen möchten, so gibt es zunächst keine direkte Schnittstelle. Das Problem kann nur über ein Format gelöst werden, was von beiden Produkten erzeugt werden kann. So muß das zu übertragene Chart-Diagramm im SYLK-Format abgespeichert werden, das von Excel dann als entsprechende Zahlenwerte in eine Tabelle geschrieben wird. Aus diesen Zahlenwerten kann in Excel nun wieder ein Diagramm erstellt werden.

ASCII als letzte Möglichkeit

Die unterste Ebene beim Austausch von Daten ist das reine ASCII-Format. Hier wird der reine Text ohne auch nur die geringsten Steuerzeichen gespeichert. Da die Erzeugung von ASCII-Dateien von jedem Programm beherrscht wird, trifft man sich spätestens hier zum gegenseitigen Datenaustausch. Die Daten müssen dann allerdings in Excel (umgekehrt natürlich im anderen Programm auch) erneut aufbereitet werden.

Standard

Hinter diesem Format verbirgt sich das standardmäßige Excel-Format. Dieses wird beim Abspeichern automatisch erzeugt, wenn man nicht explizit ein anderes Format anwählt. Das Excel-Format (Standard) kennt insgesamt vier Datei-Endungen (weitere Endungen existieren für Zusätze und Mustervorlagen):

XLS = Tabelle (eXceL Sheet)
XLC = Diagramm (eXceL Chart)
XLM = Makro (eXceL Makro)
XLW = Arbeitsbereich (eXceL Work)

Mustervorlage

Arbeitsblätter, Makrovorlagen und Diagramme können mit dieser Option als Mustervorlage gespeichert werden. Erfolgt die Speicherung im Verzeichnis XLSTART, so wird nach Anwahl des Befehls *Datei/Neu* die Mustervorlage im Auswahlfenster mit aufgeführt.

Excel 2.1

Mit dieser Angabe wird ein Excel 3-Dokument im Excel 2.1-Format abgespeichert. In diesem Fall werden alle Optionen und Formatierungen entfernt, die in der älteren Version von Excel noch nicht enthalten waren. Beim Einlesen älterer Excel-Dokumente ist diese Option natürlich nicht notwendig, da Excel in der aufwärtskompatibel ist, d.h. Excel 3 alle Optionen und Formatierungen älterer Versionen unterstützt.

Excel und die Fremdformate

SYLK	Dieses Format ist das SYmbolik-LinK-Format. Hier werden Informationen auf ihre Ursprungswerte "zurechtgestutzt" (siehe Beispiel oben).
Text	Hinter diesem Format verbirgt sich das reine Text-Format, das mit dem ANSI-Zeichensatz erzeugt wurde. Dies geschieht beispielsweise durch ein Programm, das in der Windows Umgebung läuft. Beispiel: WIN.INI ist eine reine Text-Datei, die aus dem ANSI-Zeichensatz besteht.
CSV	Wird eine Tabelle in diesem Format abgespeichert, so werden die einzelnen Feldeinträge durch Semikola getrennt. Die Ablage erfolgt als reine ASCII-Datei und kann mit einem normalen Editor weiterbearbeitet werden.
Zusatz	Eine Makrovorlage wird mit dieser Option mit der Endung .XLA als Add-In gespeichert. Beim Aufruf können die Makros ausgeführt, die Vorlage jedoch weder eingesehen noch geändert werden. Setzt man ein solches Add-In in das Verzeichnis XLSTART, so werden diese Makros beim Start von Excel automatisch geladen.
Int'l Makro	Diese Option ermöglicht die Nutzung einer Makrovorlage mit anderen, länderspezifischen Excel-Versionen, die sich in der Regel in der Befehlsbezeichnung und in der Dezimalwert-Trennung voneinander unterscheiden. Die Übersetzung der Makrobefehle erfolgt dabei in die englischsprachigen Bezeichnungen.
Int'l Zusatz	Wie oben bereits beschrieben, werden Zusätze mit dieser Option mit den entsprechenden englischen Befehlen übersetzt, so daß sie in anderssprachigen Excel-Versionen verwendet werden können.
Einfügen	Diese Option steht nur in Verbindung mit Makrovorlagen zur Verfügung. Eine mit dieser Option gespeicherte Makrovorlage wird automatisch als Zusatz umgewandelt und unter gleichem Namen mit der Endung .XLA abgelegt.
WKS, WK1, WK3	Die Kompatibilität zur Lotus-Welt soll natürlich durch eine entsprechende Format-Schnittstelle gewährleistet werden. Dazu unterstützt Excel die Lotus-Formate für alle Versionen 1.x (WKS), 2.x (WK1) und 3.x (WK3). Welche Funktionen wie umgesetzt werden, erfahren Sie weiter unten im Kapitel.
DIF	Hierbei handelt es sich um ein Format, das von einigen Programmen zur Datenübergabe verwendet wird. Dieses

Excel und die Fremdformate

Data Interchange Format wird beispielsweise von Programmen wie VisiCalc genutzt.

DBF2, DBF3, DBF4

Entsprechend den unterschiedlichen dBase-Versionen gibt es eine Schnittstelle zu dem wohl am weitesten verbreiteten Datenbankprogramm in der PC-Welt.

Text(Macintosh)

Hinter diesem Format verbirgt sich das reine Text-Format, das mit dem Macintosh-Zeichensatz erzeugt wurde. Dies geschieht natürlich nur durch ein Programm, das in der Mac-Umgebung läuft.

Text(OS/2 oder DOS)

Hinter diesem Format verbirgt sich das reine Text-Format, das mit dem ASCII-Zeichensatz erzeugt wurde. Dies geschieht beispielsweise durch ein Programm, das in der DOS- bzw. OS/2- Umgebung läuft. Beispiel: AUTOEXEC.BAT ist eine reine Text-Datei, die aus dem ASCII-Zeichensatz besteht.

Automatische Einlesefunktion

Die o.g. Optionen werden folgendermaßen verwendet: Wenn Daten aus einem fremden Programm eingelesen bzw. in diesem Format erzeugt werden müssen, schauen Sie in der obigen Liste nach, ob das entsprechende Format enthalten ist. Ist dies der Fall, kann beim Befehl *Speichern unter* mit Hilfe der *Optionen* ein entsprechendes Format eingestellt werden. Das Einlesen eines der in der Liste enthaltenen Formate geschieht automatisch.

Die automatische Einlesefunktion muß jedoch nicht immer von Vorteil sein. Folgendes Beispiel: Sie laden eine Word 5.0-Datei (die als Nur-Text-Datei mit Zeilenumbrüchen abgespeichert wurde) mit durch Semikola getrennten Adreßfeldern. Laden Sie diese Datei kommentarlos ein, so wird jede Zeile einem einzigen Feld zugeordnet. Dies macht natürlich keinen Sinn, da eine Abrenzung in Excel dadurch erreicht werden soll, daß jedem Adreßfeld einer Zeile ein Feld innerhalb einer Excel-Zeile zugeordnet werden soll.

Spaltenabgrenzungen und Dateiursprung

Trennzeichen für ASCII-Format angeben

In diesem Fall müssen Sie im Dialogfeld *Datei/Öffnen* die *Optionen* anwählen. Hier können Sie die Spaltenabgrenzungen definieren. Sind also in der Ursprungstabelle Semikola als Trennzeichen enthalten, so wird die entsprechende Option in diesem Dialogfeld ausgewählt. Entsprechend verfahren Sie, wenn die Trennung der einzelnen Felder durch Tabstopps erzeugt wurde. Gleichzeitig müssen Sie das Ursprungsformat mit ange-

Excel und die Fremdformate

ben. Dies ist in unserem Fall die Option *DOS oder OS/2 (PC-8)*. Der Grund dafür liegt in den unterschiedlichen Zeichensätzen, die an dieser Stelle verwendet werden. Da die Zeichensätze ASCII, ANSI und Macintosh nicht hundertprozentig übereinstimmen, muß ein solcher Ursprung unbedingt angegeben werden, da sonst die Darstellung der Sonderzeichen (Umlaute) bzw. Grafikzeichen fehlerhaft ist.

Sind nun die entsprechenden Optionen eingestellt, kann der Einlesevorgang gestartet werden. Nun werden die einzelnen Adressfelder auf die entsprechenden Excel-Felder aufgeteilt und können mit den bekannten Excel-Funktionen ausgewertet werden.

17.2 Zusammenarbeit mit Multiplan

Bei Dateien, die mit den Kalkulationsprogrammen Multiplan bzw. Lotus 1-2-3 erstellt wurden, verhält es sich etwas anders. In diesem Fall werden ähnliche Strukturen verwendet, so daß in diesem Fall in der Regel bis zu 95% der Informationen aus diesen Dateien übernommen werden können. Wie das im einzelnen vor sich geht, soll Gegenstand des restlichen Kapitels sein.

Damit Excel mit Multiplan (Version 3.0) kommunizieren kann, besitzt es eine automatische Formaterkennung in bezug auf das Dateiformat SYLK (SYmbolic LinK = Logische Verknüpfung). Excel ist damit in der Lage, Multiplan-Tabellen zu lesen und Tabellen im Multiplan-Format abzuspeichern. *Automatische Formaterkennung*

Einen umfangreichen Hilfe-Leitfaden erhalten Sie durch Anwahl des Befehls *Multiplan* im Menü *Hilfe (?)*. Hier erhalten Sie Informationen darüber, welche Multiplan-Befehle mit welchen Excel-Befehlen gleichzusetzen sind. Geben Sie nach Aufruf des Befehls im zugehörigen Dialogfeld eine Multiplan-Tastenfolge ein, so erscheint der entsprechende Excel-Befehl. *Ein umfangreicher Hilfe-Leitfaden*

Im Prinzip funktioniert die Umwandlung in beide Richtungen, so daß Excel-Dateien unter Multiplan und Multiplan-Dateien unter Excel weiterverarbeitet werden können. In der Regel werden alle Feldeigenschaften, wie z.B. Formeln, Werte, Formatierungen und Schutzstatuten sowie Namen entsprechend umgewandelt. Von der Umwandlung nicht betroffen sind allerdings Makros, Fenster- und Tabelleneigenschaften wie z.B. Teilungen und Unterfenster, fixierte Zeilen- und Spaltenüberschriften, die Position der aktuellen Auswahl und der Bildlaufleisten und schließlich noch die Druckformate. *Umwandlung in beide Richtungen möglich*

Excel und die Fremdformate

Multiplan-SYLK-Tabellen

Da Excel eine Multiplan-SYLK-Datei automatisch erkennt, können Sie diese auf normale Art und Weise mit dem Befehl *Öffnen* im Menü *Datei* einladen. Schreiben Sie in das Eingabefeld jetzt den Dateinamen einschließlich der Erweiterung (.SLK), wobei Sie selbstverständlich auch die Stellvertreterzeichen ? und * benutzen können. Die Formaterkennung erfolgt dann später automatisch. Bedenken Sie, daß Excel nun im aktuellen Verzeichnis nach den spezifizierten Dateien sucht. Sollten sich diese Dateien nicht im aktuellen Laufwerk/Verzeichnis befinden, geben Sie vor dem Dateinamen das vollständige Laufwerk/Verzeichnis an. Nach Eingabe von `Return` erfolgt nun die Auflistung aller vorhandener Multiplan-SYLK-Dateien im Listenfeld. Markieren Sie den Namen der zu ladenen Multiplan-Tabelle und betätigen die Schaltfläche *OK*, bzw. drücken Sie die `Return`-Taste.

Bei Übertragungsfehlern Format prüfen

Sollte es hier zu Fehlermeldungen kommen, überprüfen Sie, ob die Tabelle unter Multiplan tatsächlich im SYLK-Format abgespeichert wurde. Ansonsten wählen Sie unter Multiplan mit Hilfe des Befehls *Übertragen/Optionen* die Option *Symbolisch* und wählen den Befehl *Übertragen/Speichern* erneut.

Excel-Tabellen im SYLK-Format

Um eine Excel-Tabelle im Multiplan-SYLK-Format abzuspeichern, wählen Sie den Befehl *Speichern unter* im Menü *Datei* und betätigen die Schaltfläche *Optionen*. Es erfolgt eine Auflistung aller verfügbaren Dateiformate. Markieren Sie das entsprechende Format (SYLK) und schreiben in das Eingabefeld für *Datei speichern unter* einen Namen für die Multiplan-Datei. Beachten Sie auch hier, daß diese Datei nun in das aktuelle Verzeichnis gespeichert wird. In der Regel ist dies das Excel- oder Windows-Verzeichnis. Möchten Sie die Multiplan-Datei anderswo speichern, setzen Sie die vollständige Bezeichnung für das Laufwerk/Verzeichnis vor den Dateinamen.

Umwandlung von Formeln

Durch die strukturellen Unterschiede zwischen Multiplan und Excel ist es nicht immer möglich, alle Formeln in das entsprechende Dateiformat umzuwandeln. Das liegt außer der Struktur daran, daß nicht alle Optionen in beiden Programmen gleichzeitig vorhanden sind. Stößt Excel bei der Umwandlung auf einen Fehler, so erscheint ein Dialogfeld mit einer entsprechenden Fehlermeldung, wobei der Bezug des Feldes mit der fehlerhaften Formel angezeigt wird. Zum Schluß erhalten Sie dann eine Liste mit der Gesamtzahl der Formeln, die nicht umgewandelt werden konnten. Kann eine Formel nicht umgewandelt werden, erhält Excel auf jeden Fall

Excel und die Fremdformate

den zugehörigen Wert. Wurden in der Excel-Tabelle nur Formeln verwendet, die Multiplan kennt, so erfolgt die Umwandlung völlig problemlos.

Texte werden in beiden Programmen gleich behandelt, so daß es hier zu keinerlei Komplikationen kommen kann. Matrizen werden jedoch nicht umgewandelt, da Multiplan sie nicht kennt. Zahlen in Datums-, Währungs- und Prozentformaten werden zwar von Excel, jedoch nicht von Multiplan unterstützt. Ansonsten verwenden beide Programme die gleichen Formate für die in Formeln verwendeten Zahlen. *Zahlen und Text*

In beiden Programmen werden sowohl die gleichen Operatoren, als auch die gleiche Auswertungsreihenfolge verwendet. Ausnahme ist jedoch der Vorrang des Bereichsoperators (:) und des Schnittmengenoperators, die hier vertauscht sind. Weiterhin werden unter Excel die Operatoren für den Vergleich von Argumenten jedes Typs verwendet, unter Multiplan ist die Verwendung der Operatoren bei logischen Argumenten nicht möglich. *Operatoren*

Die Wahrheitswerte WAHR und FALSCH werden von beiden Programmen als solche erkannt. Dies gilt auch für die Funktionen WAHR und FALSCH. Im Gegensatz zu Multiplan unterstützt Excel WAHR und FALSCH auch als Konstanten in Feldern und Formeln. *Wahrheitswerte*

Es werden sowohl die Fehlerwerte #NV, #WERT!, #NAME?, #BEZUG!, #ZAHL! und #DIV/0! als Ergebnisse von Formeln als auch die Funktion NV von beiden Programmen erkannt und auch dementsprechend umgewandelt. Wird in Excel ein falscher Argumenttyp zu einer Funktion oder einem Operator angegeben, so versucht das Programm zunächst, dieses Argument umzuwandeln, bevor es einen Fehlerwert ausgibt. Im Gegensatz dazu erfolgt in Multiplan keine Umwandlung. Die Formel gibt dann bei einem falschen Argumenttyp einen Fehlerwert aus. *Fehlerwerte*

Im Prinzip werden sämtliche Funktionen von beiden Programmen unterstützt und entsprechend umgewandelt. Ausnahmen sind die Funktionen DELTA und ZÄHLER, deren Umwandlung weiter unten in diesem Kapitel beschrieben wird. *Funktionen*

Es werden von beiden Programmen Bezüge auf einzelne Felder, auf Feldbereiche und Mehrfachbereiche unterstützt. Die Bezugsoperatoren für Bereich (:), Schnittmenge (?) und Vereinigung (;) werden ebenfalls von beiden Programmen verwendet. Beachten Sie jedoch, daß eine Excel-Tabelle die vierfache Zeilenanzahl einer Multiplan-Tabelle beinhalten kann. *Bezüge*

Excel und die Fremdformate

Verknüpfte Feldbereiche zwischen zwei Tabellen werden unter Multiplan problemlos gehandhabt. Unter Excel geschieht dies mit Hilfe externer Bezüge. Wird eine Multiplan-Datei umgewandelt, so werden die Formeln in verknüpften Feldern als Matrixformeln mit externen Bezügen dargestellt.

Umwandlung von Zahlenformaten

Diese Formate werden problemlos umgewandelt. Excel besitzt für jedes Multiplan-Format ein entsprechendes eigenes Format. Die einzige Ausnahme bildet das Format "Balkendiagramm", das unter Excel in das Standardformat umgewandelt wird. Umgekehrt werden Datums- und Anwenderformate bei Multiplan (Version 3.0) im Standardformat gespeichert.

Multiplan	Excel
Standard	Standard
Währung, Tsd.-Punkte, 0 Dezimal.	#.##0 DM; -#.##0DM
Währung, Tsd-Punkte, 2 Dezimal.	#.##0,00 DM; -#.##0,00 DM
Währung, 0 Dezimalstellen	0 DM; -0 DM
Währung, 2 Dezimalstellen	0,00 DM; -0,00 DM
%, Tsd.-Punkte, 0 Dezimalstellen	#.##0 %
%, Tsd.-Punkte, 2 Dezimalstellen	#.##0,00 %
%, 0 Dezimalstellen	0 %
%, 2 Dezimalstellen	0,00 %
Ganz, Tsd.-Punkte	#.##0
Ganz	0
Fest, Tsd.-Punkte, 2 Dezimal.	#.##0,00
Fest, 2 Dezimalstellen	0,00
E-Form, 0 Dezimalstellen	0E+00
E-Form, 2 Dezimalstellen	0,00E+00

Berechnung und Iteration

Bei Berechnungen und Iterationen gibt es einige kleinere Unterschiede in der Art der Ausführung. Bei Multiplan wird fest nach Spalten berechnet, wohingegen die Berechnung in Excel eine natürliche Reihenfolge einhält. Natürliche Reihenfolge bedeutet hier, daß die Berechnung entsprechend der abhängigen Formeln erfolgt.

Bei der Iteration verwendet Multiplan die zwei Funktionen DELTA() und ZÄHLER() für die Steuerung der Iterationsdurchgänge. Bei Excel erfolgt diese Steuerung durch die entsprechenden Einträge im Dialogfeld des Befehls *Berechnen* im Menü *Optionen*. Trotzdem erfolgt die Umwandlung nahezu problemlos. Wenn die Multiplan-Funktionen DELTA und ZÄHLER nicht umgewandelt werden, steuern Sie die Iteration durch die entsprechenden Einträge für die "Höchstzahl der Iteration" und den "Änderungshöchstwert" im zuvor beschriebenen Dialogfeld. Weist das Itera-

Excel und die Fremdformate

tionsmodell bei Multiplan jedoch eine komplizierte Grenzbedingung auf, sollten Sie das Modell unter Excel lieber gleich neu erstellen, um mögliche Fehler zu vermeiden.

Anders ist es, wenn Sie ein solches kompliziertes Modell in eine Excel-Makrovorlage übertragen. Speichern Sie dazu die Multiplan-Tabelle im SYLK-Format ab, und laden Sie die Tabelle in Excel ein. Markieren Sie die gesamte Tabelle und wählen Sie den Befehl *Kopieren* im Menü *Bearbeiten*. Rufen Sie jetzt eine neue Makrovorlage mit Hilfe des Befehls *Neu* im Menü *Datei* auf. Nach Bestätigung des Befehls wählen Sie den Befehl *Einfügen* im Menü *Bearbeiten*, und Sie erhalten Ihr Iterationsmodell als lauffähige Makrovorlage unter Excel.

Modelle in Excel-Makrovorlagen übertragen

17.3 Zusammenarbeit mit Lotus 1-2-3

Mit Excel können Sie Daten aus Lotus 1-2-3 sowohl lesen als auch speichern. Auf diese Weise ist es möglich, mit Anwendern zu kommunizieren, die ihre Tabelle mit Lotus 1-2-3 erstellen. Excel bietet dem Lotus-Anwender einige Gemeinsamkeiten, so daß der Umstieg von Lotus auf Excel recht leicht fällt.

Einen umfangreichen Hilfe-Leitfaden erhalten Sie durch Anwahl des Befehls *Lotus 1-2-3* im Menü *Hilfe (?)*. Hier finden Sie Informationen darüber, welche Lotus-Befehle mit welchen Excel-Befehlen gleichzusetzen sind. Geben Sie nach Aufruf des Befehls im zugehörigen Dialogfeld eine Lotus-Tastenfolge ein, so erscheint der entsprechende Excel-Befehl.

Befehls-Übersetzungshilfe für Lotus-Umsteiger

Die Umwandlung der Dateien geschieht wechselseitig. Es können also Lotus-Dateien gelesen und Excel-Dateien im Lotus-Format abgespeichert werden. Unter Lotus gibt es je nach Version zwei verschiedene Dateiformate: für die Version 1A das Format WKS und für die Version 2.0 oder höher das Format WK1.

Tabellen können, wie schon erwähnt, in beide Richtungen umgewandelt werden, also von Lotus nach Excel und zurück. Enthält eine Lotus-Tabelle eine Grafik, so kann auch diese in Excel verarbeitet werden. Die Grafik wird dann in ein normales Excel-Diagramm umgewandelt. Ein reines Excel-Diagramm kann dagegen nicht als Lotus-Diagramm dargestellt werden.

Lotus-Diagramme werden in Excel-Diagramme umgewandelt

Bei der Umwandlung der Daten werden im Prinzip Feldeigenschaften wie Formeln, Werte, Formatierung und Schutzstatus sowie Namen umgewandelt.

Excel und die Fremdformate

Dies gilt aber nicht für Fenster- bzw. Tabellenoptionen wie Unterfenster, Überschriften, Anzahl der Fenster, Position der Auswahl und Druckereinstellungen.

Laden einer Lotus-1-2-3-Datei

Um eine Lotus-1-2-3-Datei in Excel zu laden, wählen Sie den Befehl *Laden* im Menü *Datei*. In das Eingabefeld schreiben Sie jetzt den Dateinamen einschließlich der Erweiterung, wobei Sie selbstverständlich auch die Stellvertreterzeichen ? und * benutzen können. Dies ist bei Angabe der Erweiterung sinnvoll, damit Excel die Dateien aller Lotus-Versionen auflistet. Die Formaterkennung erfolgt später automatisch. Bedenken Sie, daß Excel nun im aktuellen Verzeichnis nach den spezifizierten Dateien sucht. Sollten sich diese Dateien daher nicht im aktuellen Verzeichnis befinden, geben Sie vor dem Dateinamen das vollständige Laufwerk/Verzeichnis an. Nach Eingabe von `Return` erfolgt nun die Auflistung aller vorhandenen Lotus-Dateien im Listenfeld. Markieren Sie den Namen der zu ladenden Lotus-Tabelle, und betätigen Sie die Schaltfläche *OK* bzw. drücken Sie die `Return`-Taste.

Abfrage bei Diagrammen

Eine weitere Abfrage erfolgt, wenn Ihre Lotus-Tabelle ein oder mehrere Diagramme enthält. In diesem Fall müssen Sie bestätigen, daß die Diagramme in Excel-Diagramme umgewandelt werden sollen. Brechen Sie diese Option ab, so erfolgt lediglich die Umwandlung der Tabelle.

Speichern als Lotus-1-2-3-Datei

Bei diesem Vorgang müssen Sie beachten, mit welcher Lotus-Version die zu speichernde Datei weiterverarbeitet werden soll. Es stehen Ihnen die Formate WKS (Version 1A) und WK1 (Version 2.0 oder höher) zur Verfügung. Wählen Sie den Befehl *Speichern unter* im Menü *Datei*, und betätigen Sie die Schaltfläche *Optionen*. Es erfolgt eine Auflistung aller verfügbaren Dateiformate. Markieren Sie je nach verwendeter Lotus-Version die entsprechende Erweiterung, und schreiben Sie in das Eingabefeld für *Datei speichern unter* einen Namen für die Lotus-Datei. Beachten Sie auch hier, daß diese Datei nun im aktuellen Verzeichnis gespeichert wird. In der Regel ist dies das Excel- oder Windows-Verzeichnis. Möchten Sie die Lotus-Datei woanders speichern, dann setzen Sie die vollständige Bezeichnung für das Laufwerk/Verzeichnis vor den Dateinamen.

Umwandlung von Formeln

Da Lotus und Excel doch eine recht unterschiedliche Struktur haben, ist es nicht immer möglich, alle Formeln in das entsprechende Dateiformat umzuwandeln. Das liegt außer an der Struktur auch daran, daß nicht alle

Excel und die Fremdformate

Optionen in beiden Programmen gleichzeitig vorhanden sind. Als Strukturproblem können z.B. Excel-Diagramme nicht in Lotus-Diagramme umgewandelt werden, umgekehrt ist dies jedoch möglich. Dagegen können keine Excel-Formeln in das Lotus-Format umgewandelt werden, da Lotus keine Matrizen kennt.

Stößt Excel bei der Umwandlung also auf einen solchen Fall, so erscheint ein Dialogfeld mit einer entsprechenden Fehlermeldung, wobei der Bezug des Feldes mit der fehlerhaften Formel angezeigt wird. Mit jeder Betätigung der Schaltfläche *Ja* wird Ihnen dann jeweils die nächste fehlerhafte Formel angezeigt. Zum Schluß erhalten Sie so eine Liste mit der Gesamtzahl der Formeln, die nicht umgewandelt werden konnten. Kann eine Formel nicht umgewandelt werden, so erhält Excel auf jeden Fall den zugehörigen Wert. *Fehlermeldung bei nicht umwandelbaren Formeln*

Zahlen werden uneingeschränkt als Konstanten in Feldern und Formeln zugelassen. Es wird mit Formeln gearbeitet, die als Ergebnis Zahlen ausgeben. *Zahlen*

Texte werden als Konstanten in Feldern zugelassen. Im Gegensatz zur Lotus-Version 1A werden in Excel und in der Lotus-Version 2.0 oder höher Formeln zugelassen, die als Ergebnis Text ausgeben. Jede Excel-Formel mit einem Textargument oder Operanden kann umgewandelt werden, wenn sie im WK1-Format gespeichert wird. *Text*

Matrizen werden von Lotus nicht unterstützt und können demnach nicht umgewandelt werden. *Matrizen*

Excel und Lotus unterstützen Namen für Felder und Bereiche. Da Excel aber auch benannte Konstanten, benannte Formeln und benannte Bezüge auf Mehrfachbereiche unterstützt, Lotus jedoch nicht, werden bei der Umwandlung anstelle der Namen die betreffenden Formeln und Konstanten ausgegeben. Benannte Bezüge auf Mehrfachbereiche werden nicht umgewandelt. *Namen*

Unter Excel werden die Wahrheitswerte WAHR und FALSCH als Konstanten in Feldern und Formeln sowie als Ergebnis von logischen Formeln unterstützt. Dies ist bei Lotus nicht der Fall. Hier erfolgt die Ausgabe der Zahlen 1 und 0 in logischen Formeln, die jedoch nicht als Wahrheitswerte betrachtet werden. Dagegen gibt es unter Lotus die Funktionen @WAHR und @FALSCH, die den Wahrheitswerten unter Excel entsprechen und auch entsprechend umgewandelt werden. *Wahrheitswerte*

Excel unterstützt die Fehlerwerte #NV, #WERT!, #DIV/0, #NAME?, #NULL!, #ZAHL! und #BEZUG! als Konstanten in Feldern und Formeln sowie als Formelergebnisse. Unter Lotus dagegen gibt es lediglich die *Fehlerwerte*

Excel und die Fremdformate

Fehlerwerte NV und FEHLER, die nur als Formelergebnisse unterstützt werden. Der Excel-Funktion NV mit dem Ergebnis #NV stehen die beiden Lotus-Funktionen @NV und @FEHLER gegenüber, die als Ergebnis die Werte NV und FEHLER ausgeben. Der in Excel konstante Fehlerwert #NV wird in die Lotus-Funktion @NV umgewandelt; alle anderen konstanten Fehlerwerte werden in die Lotus-Funktion @FEHLER umgewandelt.

Bezüge

In Lotus und Excel werden Bezüge auf Formeln und Felder unterstützt und auch dementsprechend umgewandelt. Bezüge auf Mehrfachbereiche werden nicht umgewandelt, da sie von Lotus nicht erkannt werden. Dies gilt auch für Bezüge auf externe Tabellen, die unter Lotus nicht vorhanden sind und damit auch nicht umgewandelt werden. Ein Problem stellt auch die Größe des Tabellenbereiches dar, der in der Lotus-Version 1A aus 2.048 Zeilen und 256 Spalten, in der Lotus-Version 2.0 oder höher aus 8.192 Zeilen und 256 Spalten und unter Excel aus 16.384 Zeilen und 256 Spalten besteht. Daher werden beim Speichern einer Excel-Datei in ein Lotus-Format die überschüssigen Bezüge nicht umgewandelt.

Operatoren

Als Bereichsoperator wird unter Lotus ein zweifacher Punkt verwendet, doch darf dieser nur in Zusammenhang mit Positionen und nicht mit Namen stehen. Der Bereichsoperator (:) unter Excel ist dort nicht bekannt. Dies gilt auch für das Prozentzeichen (%) unter Excel. Hier erfolgt eine Umwandlung in eine Dezimalzahl. Formeln, die unter Excel einen Vereinigungsoperator (;) bzw. einen Schnittmengenoperator (?) besitzen, werden ebenfalls nicht umgewandelt, da sie unter Lotus nicht vorhanden sind. Die folgende Liste zeigt die in beiden Programmen vorhandenen Operatoren in der entsprechenden Auswertungsreihenfolge:

Excel

:
Leerstelle
,
+ oder - (unär)
%
^
* oder /
+ oder -
&
0 < <= > >= <>

Lotus 1-2-3

^
+ oder - (unär)
* oder /

Excel und die Fremdformate

+ oder -
= < <= > >= <>
#NICHT# (unär)
#UND# #ODER#
& (Version 2.0 oder höher)

Bei der Umwandlung der Berechnungsreihenfolge wird immer die natürliche Reihenfolge zugrunde gelegt, da nur diese von Excel erkannt wird. Bei der Umwandlung von Lotus in Excel werden die Berechnungsarten *Automatisch* und *Auf Befehl* entsprechend umgewandelt. Bei der Umwandlung von Excel in Lotus wird dagegen aus den Berechnungsarten *Automatisch* und *Automatisch, außer bei Mehrfachoperationen* die Berechnungsart *Automatisch*. Bei Umwandlung von Iterationen können Sie sowohl die Anzahl als auch den Differenzwert zwischen zwei Iterationen angeben.

Berechnung

Umwandlung von Zahlenformaten

Aus der folgenden Tabelle können Sie entnehmen, wie Excel die Lotus-Zahlenformate umwandelt.

Zahlenformate:

Lotus-Format	Excel-Format
"Fest", 0 Dezimalstellen	0
"Fest", 2 Dezimalstellen	0,00
"Exp-Form", 0 Dezimalstellen	0E+00
"Exp-Form", 2 Dezimalstellen	0,00E+00
"Währung", 0 Dezimalstellen	#.##0 DM; -#.##0 DM
"Währung", 2 Dezimalstellen	#.##0,00 DM; -#.##0,00 DM
"Prozent", 0 Dezimalstellen	0%
"Prozent", 2 Dezimalstellen	0,00%
"Punkt", 0 Dezimalstellen	#.##0; -#.##0
"Punkt", 2 Dezimalstellen	#.##0,00; -#.##0,00
"Standard"	Standardformat
"+/-"	Standardformat
"Datum1"	TT.MMM JJ
"Datum2"	T.MMM
"Datum3"	MMM JJ
"Text"	Standardformat
"Verbergen" (2.0 oder höher)	;

Excel und die Fremdformate

Feldschutz   Der normale Feldschutz wird ganz normal umgewandelt. Verborgene Formeln in Excel werden jedoch bei Umwandlung in Lotus angezeigt.

Ausrichtung   Die Ausrichtung von Textkonstanten erfolgt ganz normal. Zahlen und andere Arten werden dagegen immer rechtsbündig ausgerichtet und bleiben bei der Umwandlung auch so erhalten.

Umwandlung von Mehrfachoperationsbereichen

In bezug auf die Mehrfachoperationsbereiche bestehen zwischen Excel und Lotus einige Unterschiede. In Excel werden diese automatisch neu berechnet, da es sich um ganz normale Formeln handelt. In Lotus geschieht die Berechnung jedoch nur auf Befehl, z.B. durch Anwahl des Befehls oder Drücken einer entsprechenden Funktionstaste. Bei Excel spielt es keine Rolle, an welcher Stelle die Eingabewerte bei einer Mehrfachoperation mit einem Eingabefeld stehen. Lotus dagegen schreibt die erste Spalte des Mehrfachoperationsbereiches vor. Im Prinzip werden die Formeln und Werte in beide Richtungen umgewandelt. Möchten Sie die Bereiche nach der Umwandlung neu berechnen, so muß zuerst eine neue Festlegung als Mehrfachoperationsbereich vorgenommen werden.

Umwandlung von Datenbankbereichen

Der Bereich "Eingabe" und "Kriterienbereich" in Lotus entspricht den Bereichen "Datenbankbereich" und "Kriterienbereich" unter Excel. Die Umwandlung erfolgt problemlos in beide Richtungen. Zu beachten ist, daß der Ausgabebereich von Lotus nicht in einen Excel-Zielbereich umgewandelt wird, da Excel die gesuchten Daten in die aktuelle Auswahl kopiert. Außerdem gibt es in Excel Datenbankfunktionen (z.B. die Funktion DBPRODUKT), die von Lotus 1-2-3 nicht erkannt und somit auch nicht umgewandelt werden können.

Unterschiede in der Terminologie

Lotus 1-2-3	Excel
Daten Tabelle 1	Mehrfachoperation 1
Eingabefeld	
Daten Tabelle 2	Mehrfachoperation 2
Eingabefelder	
Grafik	Diagramm
XY-Diagramm	Punktdiagramm
Labels	Textkonstanten
Aktuelle Zelle	Aktives Feld
Geschützte Zelle	Geschütztes Feld

Excel und die Fremdformate

Lotus 1-2-3	Excel
Zelladresse	Feldbezug
Arbeitsblatt Titel	Fenster fixieren
Fenster	Unterfenster
Formelkriterien	Berechnete Suchkriterien
Bereich Eingabe	Datenbankbereich
Ausgabe-Bereich	Zielbereich
Kopieren	Kopieren und einfügen
Versetzen	Ausschneiden und einfügen
Transfer laden	Laden
Löschen	Inhalte löschen
Zeigen	Auswählen

Excel und die Fremdformate

Datenaustausch mit anderen Programmen

Kapitel 18

18.	**Datenaustausch mit anderen Programmen** **649**	
	18.1	Wie Daten übertragen werden 650
		Bereiche in die Zwischenablage setzen 650
		Einfügen aus der Zwischenablage 651
		Leerfelder gesondert behandeln 652
		Einfügen in ein anderes Arbeitsblatt 652
		Selektiv aus der Zwischenablage einfügen 653
		Berechnungen zwischen Kopier- und Einfügebereich 654
		Bild kopieren 654
	18.2	Die Formate der Zwischenablage 654
		Texte in Grafiken umwandeln 655
	18.3	Dynamische Verknüpfung über die Zwischenablage 657
		Markieren in einer Fenster-Anwendung 657
		Verknüpfung mit Word für Windows 658
		Aktualisierung der dynamischen Verknüpfung 659
	18.4	Inhalte der Zwischenablage speichern und löschen 661

Datenaustausch mit anderen Programmen

18. Datenaustausch mit anderen Programmen

Im vorigen Kapitel haben wir Ihnen die Möglichkeiten erläutert, wie Excel die Formate fremder Programme verarbeiten bzw. selber erzeugen kann. Auf diese Weise lassen sich ganze Arbeitsblätter in anderen Programmen, wie Lotus, dBase, Multiplan usw. verarbeiten.

Dieses Kapitel möchten wir den ungeheuer vielfältigen Möglichkeiten des Datenaustausches unter Zuhilfenahme der Zwischenablage widmen. Hier bieten wir Ihnen Hilfestellungen, Tips und Tricks, wie Sie Excel in der Umgebung von anderen Programmen einsetzen bzw. Vorteile anderer Programme innerhalb von Excel nutzen können. Dies reicht bis hin zum dynamischen Datenaustausch (DDE) zwischen einzelnen Programmen.

Vorteile anderer Programme nutzen

Die Zwischenablage ist das zentrale Element in der Windows-Umgebung. Es stellt die Schnittstelle zwischen den Windows-Applikationen einerseits und den DOS-Applikationen andererseits dar. Mit Hilfe der Zwischenablage wird der Datenaustausch zwischen Anwendungen möglich, die unter verschiedenen Oberflächen ablaufen. Es handelt sich dabei im Prinzip um einen Zwischenspeicher, der temporäre Informationen enthält. Temporär deshalb, weil der aktive Inhalt der Zwischenablage durch einen jeweils neuen Inhalt ersetzt wird.

Die Zwischenablage

Excel macht sich diesen Vorteil zunutze, so daß Informationen, die aus anderen Programmen in die Zwischenablage eingefügt wurden, in Excel weiterverwendet werden können. Die Zwischenablage arbeitet normalerweise für Sie unsichtbar im Hintergrund. Sie funktioniert damit automatisch und steht jederzeit zur Verfügung.

Über die Zwischenablage ist es auch möglich, Verknüpfungen zwischen unterschiedlichen Anwendungen aufzubauen, beispielsweise zwischen Excel und Word für Windows. Auch kann der Inhalt der Zwischenablage so in seinem Format manipuliert werden, daß er problemlos von einer anderen Anwendung verwendet werden kann. Da der Inhalt der Zwischenablage nur temporär ist, muß er zur späteren Verwendung als eigene Datei abgespeichert werden.

Verknüpfungen über die Zwischenablage

Datenaustausch mit anderen Programmen

Zwischenablage starten

Damit Sie den Einsatz der Zwischenablage selbst nachvollziehen können, sollten Sie sie jetzt aufrufen. Die Zwischenablage wird aus der Hauptgruppe im Windows-Programm-Manager über ihr Symbol aufgerufen. Durch Umschalten zwischen Anwendung und Zwischenablage können Sie jederzeit die Auswirkung der im folgenden besprochenen Befehle nachvollziehen. Unter Excel können Sie die Zwischenablage aber auch im Steuerungsmenü unter dem Befehl *Ausführen* finden. Dort erscheint sie in einer Liste und kann durch Markierung gestartet werden.

18.1 Wie Daten übertragen werden

Die Zwischenablage steht in engem Zusammenhang mit den Befehlen des Menüs *Bearbeiten*. Hier sind in erster Linie die Befehle *Ausschneiden*, *Kopieren* und *Einfügen* zu nennen. Mit diesen Befehlen werden Informationen in die Zwischenablage kopiert und aus ihr in die aktuelle Anwendung eingefügt. Dabei werden in den meisten Fällen Informationen innerhalb der Excel-Umgebung ausgetauscht, in Form von Kopier- oder Verschiebeaktionen. Das bedeutet, daß mit diesen Befehlen das Kopieren bzw. Verschieben von Bereichen an andere Positionen des Arbeitsblattes oder in andere Arbeitsblätter möglich ist.

Verwendung der Mehrfachauswahl nicht möglich

Die Grundlage für die Zusammenarbeit mit der Zwischenablage stellt wiederum das Markieren dar. Bevor man sich auf die Zwischenablage beziehen kann, muß ein entsprechender Bereich markiert werden. Dabei kann es sich natürlich auch um ein einzelnes Feld handeln. Beachten Sie, daß bei einer Mehrfachauswahl die Befehle des Menüs *Bearbeiten* aktiv sind, jedoch nicht verwendet werden können. Excel weist mit einer entsprechenden Fehlermeldung auf diesen Umstand hin, wenn Sie versuchen, einen dieser Befehle auf eine Mehrfachauswahl anzuwenden.

Bereiche in die Zwischenablage setzen

Ist ein Feld oder ein Bereich markiert, so haben Sie zwei Möglichkeiten, ihn in die Zwischenablage zu setzen:

Kopieren: Mit dem Befehl *Kopieren* wird das markierte Feld bzw. der Bereich in die Zwischenablage gesetzt. Er bleibt jedoch an der Ursprungsposition erhalten. Damit wird sozusagen ein Abbild des Originals in die Zwischenablage geschrieben.

Ausschneiden:

Der Befehl *Ausschneiden* hat den Charakter einer Löschfunktion. Der markierte Bereich wird mit diesem Befehl

Datenaustausch mit anderen Programmen

von seiner Ursprungsposition entfernt und in die Zwischenablage gebracht. Er steht also nur noch auf Abruf zur Verfügung.

In beiden Fällen wurde ein markierter Bereich in die Zwischenablage gebracht, jedoch mit unterschiedlichen Ergebnissen im Arbeitsblatt. Der markierte Bereich ist in beiden Fällen von einem "Lauflicht" umrahmt. Dies signalisiert Ihnen, daß sich der markierte Bereich in der Zwischenablage befindet und an geeigneter Stelle wieder eingefügt wird. Wenn Sie den Feldzeiger an eine Einfügeposition setzen, bleibt das Lauflicht erhalten. Wenn Sie jedoch vor dem eigentlichen Einfügen die Taste `Esc` betätigen, verschwinden sowohl das "Lauflicht" als auch der Eintrag in der Zwischenablage. Der Inhalt der Zwischenablage bleibt demnach nur solange erhalten, wie das "Lauflicht" aktiv ist.

Einfügen aus der Zwischenablage

Befindet sich ein markierter Bereich in der Zwischenablage, so kann er an (mehr oder weniger!) beliebiger Stelle im Arbeitsblatt eingefügt werden. Zu diesem Zweck setzen Sie den Feldzeiger auf die Position, ab der der Inhalt der Zwischenablage eingefügt werden soll und wählen den Befehl *Einfügen*, oder Sie betätigen einfach die `Return`-Taste.

Um den Einfügebereich zu definieren, setzen Sie den Feldzeiger auf die Position, die als oberstes linkes Feld des Einfügebereiches gelten soll. Auf diese Art brauchen Sie sich nicht darum zu kümmern, wie groß der Bereich ist, der aus der Zwischenablage eingefügt werden soll. Ansonsten müssen Sie als Einfügebereich einen Bereich markieren, der genauso groß wie der Bereich ist, der eingefügt werden soll.

Den Einfügebereich richtig wählen

Sie möchten den Bereich A5:B10 an die Position D5:E10 kopieren. Zu diesem Zweck markieren Sie den Bereich A5:A10 und wählen den Befehl *Kopieren*. Um die Einfügeposition zu definieren, bewegen Sie den Feldzeiger auf das Feld D5 und betätigen entweder die Taste `Return` oder wählen den Befehl *Einfügen*. In diesem Fall wird der markierte Bereich ab der Position D5 eingefügt. Die Position D5 bildet damit die linke obere Ecke des Einfügebereiches.

Sie können als Einfügebereich auch D5:E10 direkt markieren. Das Ergebnis ist zwar das gleiche, doch dieses Verfahren ist fehlerträchtiger. Excel erwartet, daß der Einfügebereich absolut identisch ist mit dem Bereich, der sich in der Zwischenablage befindet. Ist demnach der Einfügebereich nicht korrekt markiert, so werden Sie in einer entsprechenden Fehlermeldung darauf hingewiesen. Der einfache Weg ist also immer der,

Datenaustausch mit anderen Programmen

als Einfügeposition das linke obere Feld des Einfügebereichs zu markieren.

Der Einfügebereich und der Kopierbereich können nicht überlappen. Haben Sie den Befehl *Kopieren* gewählt (z.B. bei A5:B10), so können Sie als Einfügebereich zwar den Ursprungsbereich (also wieder A5:B10) wählen, nicht aber einen Bereich, der sich mit dem Kopierbereich überschneidet (z.B. A3:B7).

Anders ist dies beim Befehl *Ausschneiden*. In diesem Fall können der Einfügebereich und der "Ausschneidebereich" sehr wohl überlappen. Das liegt daran, daß der Inhalt dieses Bereichs beim Einfügen erst entfernt und dann eingefügt wird. So kommt es zu keinen Überschneidungen.

Beim Einfügen können Felder überschrieben werden

Wenn Sie Informationen aus der Zwischenablage in das Arbeitsblatt einfügen, so sollten Sie darauf achten, daß sich keine wichtigen Informationen im Einfügebereich befinden. Excel verhält sich so, daß bei Überschneidungen die ursprünglichen Feldinhalte überschrieben werden. Das gilt nicht nur für die Werte, sondern auch für die Formate. Beim Kopieren bzw. Ausschneiden von Bereichen werden sämtliche Feldinformationen in die Zwischenablage übertragen. Das gleiche gilt auch für das Einfügen. Die eingefügten Werte und Formate haben eine höhere Priorität als die Werte und Formate, die sich ggf. im Einfügebereich befinden.

Leerfelder gesondert behandeln

Wenn sich im Einfügebereich Werte befinden, so kann es unter Umständen sinnvoll sein, nur die Felder durch solche Felder überschreiben zu lassen, die Werte enthalten. Leerfelder sollen demnach keine Felder im Einfügebereich überschreiben, die Werte enthalten. Für diesen Fall verwenden Sie zum Einfügen den Befehl *Inhalte einfügen* und markieren die Option *Leerzellen überspringen*. Damit werden im Einfügebereich keine Felder von den Leerfeldern des Kopierbereiches überschrieben. Wenn Sie z.B. den Bereich D5:E10 kopieren und in den Bereich G10H15 einfügen möchten, so werden bei eingeschalteter Option nur die Felder aus D5:E10 eingefügt, die keine Leerfelder sind.

Einfügen in ein anderes Arbeitsblatt

Wenn Sie den kopierten Bereich nicht in das aktive Arbeitsblatt, sondern in ein anderes Arbeitsblatt einfügen möchten, so setzen Sie ihn in die Zwischenablage und rufen dann direkt das entsprechende Arbeitsblatt entweder über *Datei/Öffnen* oder *Datei/Neu* auf. Setzen Sie den Feldzeiger an die Einfügeposition, und wählen Sie den Befehl *Einfügen*. Auf diese Art und Weise werden Bereiche arbeitsblattübergreifend übertragen.

Datenaustausch mit anderen Programmen

Selektiv aus der Zwischenablage einfügen

Bislang haben Sie mit dem Befehl *Einfügen* immer den kompletten Inhalt der Zwischenablage an eine neue Position eingefügt. Es ist jedoch auch möglich, nur bestimmte Informationen eines Feldbereiches aus der Zwischenablage einzufügen. Beim Einfügen eines Bereiches wird der Inhalt der Zwischenablage komplett überschrieben. Das gilt sowohl für Werte, Formeln und Notizen, als auch für Formate. Es kann aber sinnvoll sein, nur die Werte einzufügen, ohne eine bereits bestehende Formatierung der Felder zu überschreiben. Andersherum möchten Sie vielleicht nur ein Format übertragen und auf eine bestehende Zahlenreihe anwenden. In diesem Fall soll nur das Format eingefügt werden, nicht aber die Werte, denen das entsprechende Format bislang zugeordnet war.

Zu diesem Zweck markieren Sie wie gewohnt nach dem Ausschneiden bzw. Kopieren die neue Einfügeposition und wählen im Menü *Bearbeiten* den Befehl *Inhalte einfügen*.

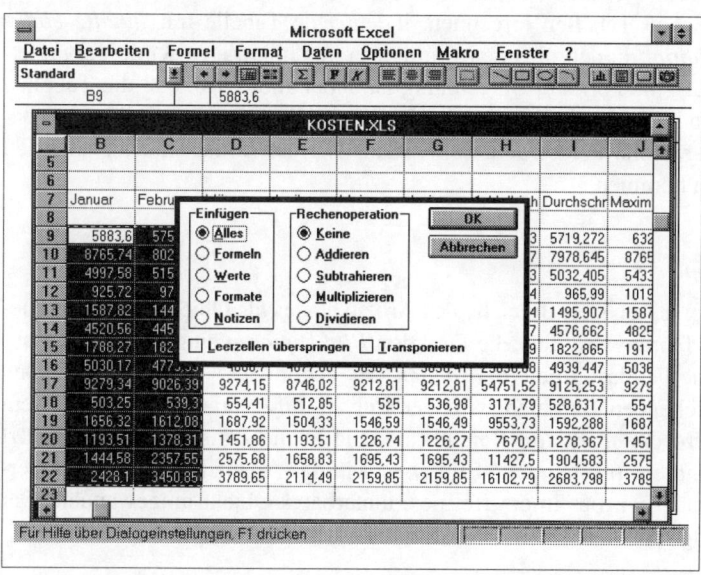

Abb. 207: Das Dialogfeld zum selektiven Einfügen

Bestimmen Sie durch Auswahl der entsprechenden Option, welche Information eingefügt werden soll. Eine Mehrfachauswahl (z.B. Formate und Notizen) ist nicht möglich. Sie können immer nur eine Option auswählen.

Mehrfachauswahl nicht möglich

Markieren Sie die Option Formate, so werden aus dem Kopierbereich nur die Formate in den Einfügebereich übertragen. Dazu zählen u.a. die Schriftarten, Zahlenformate, Rahmen usw. Indirekt gilt dies auch für die

653

Datenaustausch mit anderen Programmen

Zeilenhöhe. Da die Zeilenhöhe von der Schriftart abhängt und die Schriftart als Format mit übertragen wird, paßt sich die Zeilenhöhe im Einfügebereich der Schriftart entsprechend an. Im Fall der Spaltenbreite ist dies in der Regel nicht der Fall. Hier wird die Spaltenbreite nur dann im Einfügebereich geändert, wenn als Kopierbereich eine komplette Spalte in die Zwischenablage übertragen wurde.

Berechnungen zwischen Kopier- und Einfügebereich

Mit dem Befehl *Inhalte einfügen* können mathematische Berechnungen zwischen dem Kopier- und Einfügebereich vorgenommen werden. Dabei wird durch Auswahl eines der angezeigten Operationszeichen die Berechnung entsprechend durchgeführt. Ihnen stehen dabei die vier Grundrechenarten Addition, Subtraktion, Division und Multiplikation zur Verfügung.

Bei diesem Verfahren können Sie praktisch die Summe aus zehn unterschiedlichen Tabellen errechnen, indem jede Tabelle mit *Inhalte einfügen/Addition* in den gleichen Einfügebereich übertragen wird. Voraussetzung für eine korrekte Berechnung ist dabei allerdings, daß die Tabellen alle den gleichen Aufbau haben. Bei ungleichem Aufbau sollte man beachten, welche Felder addiert werden. Es kann in diesem Fall leicht zu Fehlern kommen.

Bild kopieren

In Excel lassen sich Bereiche des Arbeitsblattes als Objekte ablegen. Dieses Verfahren wird über die Funktion *Bild kopieren* eingeleitet. Dazu aktivieren Sie das Menü *Bearbeiten* bei gedrückter `Shift`-Taste. Den entsprechenden Befehlen wird der Begriff *Bild* vorangesetzt. In diesem Fall wird der markierte Bereich als Bild in die Zwischenablage gesetzt und kann entsprechend als Bild wieder in das Arbeitsblatt eingefügt werden. Dabei wird es in ein frei positionierbares Objekt umgewandelt. Der Umgang mit Objekten wird im Kapitel 8 näher erläutert.

18.2 Die Formate der Zwischenablage

Wenn Einträge von Excel in andere Anwendungen (und umgekehrt) vorgenommen werden sollen, so kann bei Bedarf das Format der Übertragung in der Zwischenablage verändert werden. Beim normalen *Kopieren* und *Ausschneiden* von Feldern wird standardmäßig ein relativer Verweis in der Zwischenablage abgelegt:

Datenaustausch mit anderen Programmen

Kopieren 2Zx4S

Dieser Eintrag besagt, daß aus dem aktuellen Arbeitsblatt ein Bereich von 2 Zeilen und 4 Spalten kopiert wurde. Wenn Sie jetzt das Menü *Anzeige* aufschlagen, erkennen Sie eine ganze Reihe von Formaten, von denen jedoch nur einige aktiviert werden können. Das sind die Formate, die Excel aus Feldern erzeugen kann.

Beim Format *Automatisch* wird das Standard-Format *Anzeige Text* erzeugt. Das reine *Text*-Format gibt die Werte der Felder in ihrer korrekten Anordnung wieder. Dabei wird eine proportionale Systemschrift verwendet. Die Darstellung der Werte in einer nicht-proportionalen Systemschrift erhalten Sie über das Format *OEM-Text*. Wenn Sie Wertereihen aus anderen Programmen über die Zwischenablage in Excel einfügen wollen, sollten Sie das Format *OEM-Text* verwenden, da durch die Nicht-Proportionalschrift der Tabellencharakter erhalten bleibt und Sie später in Excel die Wertereihen durch den Befehl *Daten/Analyse* leichter zerlegen können.

Verwenden Sie das richtige Textformat

Texte in Grafiken umwandeln

Für die Umwandlung der Werte in eine grafische Darstellung verwenden Sie die Formate *Bild* und *Bitmap*. Das Format *Bild* erzeugt ein Systembild über die gesamte Zwischenablage, wobei die unterschiedlichen Formate der Felder zur Geltung kommen.

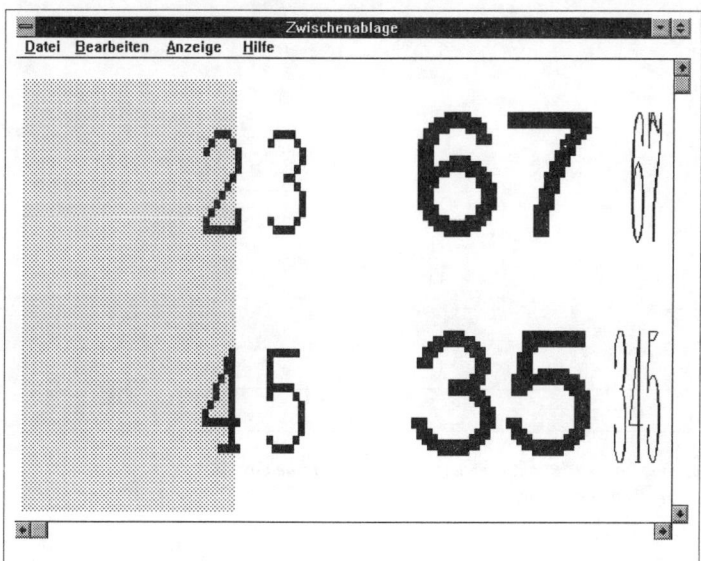

Abb. 208: Das Format "Bild" in der Zwischenablage

Datenaustausch mit anderen Programmen

Beim Format *Bitmap* wird das Tabellenfeld in Originalgröße und Ausrichtung in der Zwischenablage dargestellt. Zusätzlich werden die Gitternetzlinien, Spalten- und Zeilenüberschriften dargestellt. Dies wird automatisch vorgenommen und muß nicht etwa über den Befehl *Layout* im Excel-Menü *Datei* eingestellt werden.

Im Kapitel 8 erfahren Sie genau, wie ein Bitmap bzw. Bild als Objekt in die Tabelle wieder eingefügt werden kann.

Das gleiche Verfahren gilt auch für die Diagramme. Im Format *Anzeige-Text* verweist der Text "Diagramm aus Microsoft Excel" lapidar auf den Ursprung des Zwischenablage-Inhalts. Weiterhin stehen nur noch die Formate *Bild* und *Bitmap* zur Verfügung, die sich in ihrer Erscheinung der Form des entsprechenden Formates für Felder anpassen.

Keine geeigneten Daten   Es ist nicht möglich, ein Diagramm beispielsweise in Word 5.0 zu laden. Das wird Ihnen durch die Meldung "Keine geeigneten Daten in der Zwischenablage" bestätigt. Diese Meldung erscheint immer dann, wenn die Daten nicht kompatibel sind, d.h. im Zielprogramm nicht eingelesen werden können. In diesem Fall nützen Ihnen die anderen Formate auch nichts.

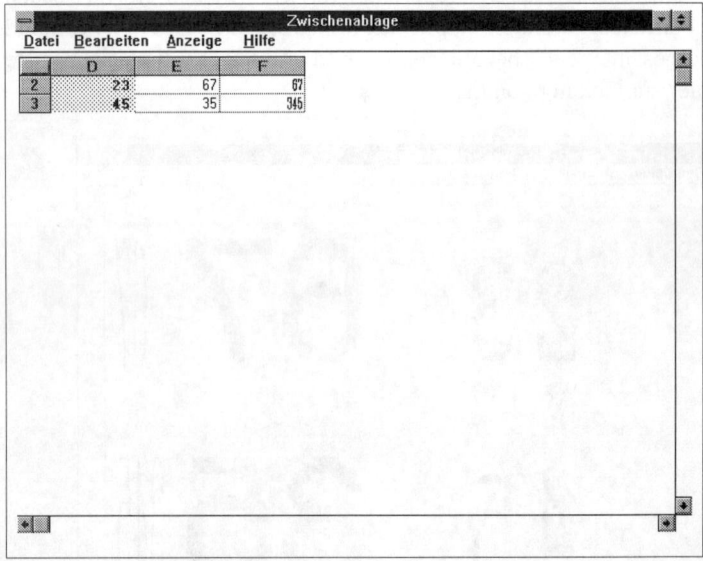

Abb. 209: Das Format "Bitmap" erzeugt eine naturgetreue Grafik des Tabellenbereiches

Datenaustausch mit anderen Programmen

18.3 Dynamische Verknüpfung über die Zwischenablage

Über die Zwischenablage lassen sich auf einfache Art und Weise Daten zwischen den unterschiedlichen Anwendungen dynamisch miteinander verknüpfen. Diese Art der Verknüpfung ist in der Windows-Welt als Dynamischer Datenaustausch (DDE = Dynamic Data Exchange) bekannt. Voraussetzung für den dynamischen Datenaustausch ist, daß die entsprechenden Anwendungen dafür ausgelegt sind.

Dies ist bei Excel, Word für Windows oder auch beim Pagemaker 4.0 der Fall. Im nächsten Abschnitt soll zuvor jedoch etwas über die statische Verknüpfung gesagt werden.

Markieren in einer Fenster-Anwendung

So können Sie beispielsweise Werte aus einer DOS-Anwendung über die Zwischenablage in ein Excel-Arbeitsblatt einfügen. Dazu starten Sie die Anwendung aus Windows heraus. Wenn Sie im 386-Enhanced-Modus von Windows arbeiten, können Sie eine DOS-Anwendung mit der Tastenkombination `Alt`+`Return` in eine Fenster-Anwendung umwandeln und mit Hilfe der Maus rechteckige Bereich markieren und in die Zwischenablage übertragen. Dazu markieren Sie den Bereich mit der linken Maustaste und übertragen ihn durch Druck auf die rechte Maustaste in die Zwischenablage. Unseres Wissens ist dies unter Windows die einzige Aktion, die die rechte Maustaste benötigt.

Daten aus Nicht-Windows-Anwendungen übertragen

Man muß natürlich auch bedenken, wie die Werte markiert werden, damit sie in Excel weiterverarbeitet werden können. Grundsätzlich werden übertragene Werte auch als Werte interpretiert und können weiterhin als Grundlage einer Berechnung dienen. Wenn jedoch zwei Werte nebeneinanderstehen, die in der Ursprungsanwendung getrennt sind, so erkennt Excel diese als zusammengehörig und setzt sie in ein einziges Feld. Das kann soweit gehen, daß ganze, weitere Zeilen in nur ein Feld übertragen werden. In diesem Fall sollten Sie entweder nur einzelne Wertespalten markieren oder eine Wertezeile mit dem Befehl *Daten/Analyse* zerlegen, wie es in Kapitel 12 beschrieben ist.

Was ist nun eigentlich unter dem dynamischen Datenaustausch zu verstehen? Die Grundlagen haben Sie bereits kennengelernt, wenn Sie unter Excel schon Formeln verwendet haben. Damit haben Sie auf bestimmte Felder Bezug genommen. Wurden in den entsprechenden Feldern Werte

Auch Formeln sind dynamisch

geändert, so änderte sich das Ergebnis in der Formelzeile, so daß die Formel dynamisch mit den Feldern verbunden ist. Offensichtlicher wird die Sache, wenn Arbeitsblätter miteinander verknüpft werden. Hier spielt sich die Sache also blattübergreifend ab, d.h. Änderungen in einem Arbeitsblatt bewirken Änderungen in einem anderen Arbeitsblatt. Auch zwischen einem Excel-Diagramm und der zugehörigen Tabelle besteht eine dynamische Verbindung. Änderungen in der Tabelle bewirken eine direkte Anpassung des Diagramms.

Verknüpfung mit Word für Windows

Der Aufbau einer Verknüpfung zwischen verschiedenen Arbeitsblättern wird im Kapitel 7 eingehend erläutert. Er soll an dieser Stelle nicht wiederholt werden. Wenn aber schon die Möglichkeit besteht, Verknüpfungen zwischen unterschiedlichen Arbeitsblättern herzustellen, dann sollte es nur recht und billig sein, entsprechende Verknüpfungen zwischen unterschiedlichen Anwendungen herzustellen. Mit Windows und Excel ist dies kein Problem. Dazu kommen alle Programme in Frage, die für die Nutzung des dynamischen Datenaustausches geschrieben worden sind. Stellvertretend möchten wir das am Beispiel von Word für Windows verdeutlichen.

Wenn Sie mit Word für Windows einen wöchentlichen Geschäftsbericht erstellen wollen, so ist es sinnvoll, alle entsprechenden Tabellen und Diagramme aus Excel heraus zu übernehmen. Sie können zwischen allen Anwendungen (in diesem Fall auch bei manchen Nicht-Windows-Anwendungen) Daten über die Zwischenablage von einer Anwendung in eine andere Anwendung übertragen. Je nach Art der Übertragung und des Zielprogrammes kann das zu übertragende Format entsprechend in der Zwischenablage verändert werden (siehe Kapitel 17). Diese Art der Übertragung ist im Prinzip statischer Natur. Wurde die Übertragung abgeschlossen, so bestand keinerlei Verbindung mehr zum Ursprungsprogramm.

Dieses Verfahren wird über die Zwischenablage mit den Befehlen *Ausschneiden* bzw. *Kopieren* und mit *Einfügen* erreicht. Auf diese Weise können Sie Tabellen und Grafiken aus Excel in die Zwischenablage bringen und von dort in jedes andere Programm einfügen, vorausgesetzt, es wurde aus Windows heraus gestartet. Der umgekehrte Weg ist natürlich auch möglich.

Bei einem wöchentlichen Geschäftsbericht möchten Sie jedoch nicht die ganze Prozedur des Einfügens wiederholen, sondern die wöchentlichen Änderungen in der Excel-Tabelle sollten sich automatisch auf das Win-

Datenaustausch mit anderen Programmen

Word-Dokument auswirken und dort die Daten aktualisieren. Dies kann nur über eine dynamische Verknüpfung erfolgen.

Aktualisierung der dynamischen Verknüpfung

Wenn Sie die entsprechenden Tabellen und Diagramme erstellt haben, schalten Sie über den Task-Manager [Ctrl]+[Esc] zum Programm-Manager zurück und starten Word für Windows. Laden Sie den entsprechenden Text für den Geschäftsbericht. Nun ist alles bereit, um Tabelle und Diagramm aufzunehmen. Schalten Sie wieder zurück zu Excel, und markieren Sie den Tabellenbereich, der in das Word-Dokument eingefügt werden soll.

Programmschaltung über den Task-Manager

Gehen Sie wieder zurück zu WinWord, und setzen Sie den Cursor auf die Position, ab der die Tabelle eingefügt werden soll. Öffnen Sie das Menü *Bearbeiten* und wählen Sie den Befehl *Verknüpfen und Einfügen*. Es erscheint ein Dialogfeld, in dem die Art der Aktualisierung der Verknüpfung bestimmt werden kann.

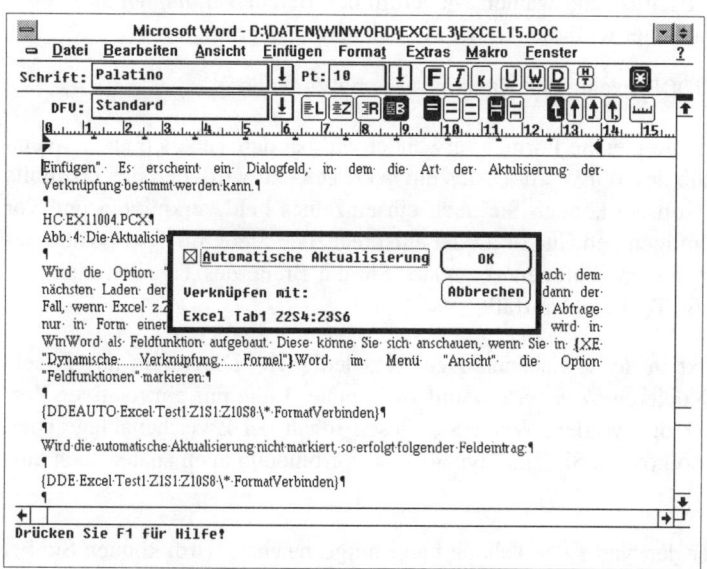

Abb. 210: Die Aktualisierung bestätigen

Wird die Option *Automatische Aktualisierung* markiert, so wird jeweils nach dem nächsten Laden der Datei die entsprechende Tabelle abgefragt. Das ist auch dann der Fall, wenn Excel z.T. nicht geladen ist. Ist die Option nicht markiert, wird eine Abfrage nur in Form einer Feldaktualisierung erreicht. Die dynamische Verbindung wird in WinWord als Feld-

659

Datenaustausch mit anderen Programmen

funktion aufgebaut. Diese können Sie sich anschauen, wenn Sie in Word im Menü *Ansicht* die Option *Feldfunktionen* markieren:

{DDEAUTO Excel Test1 Z1S1:Z10S8 * FormatVerbinden}

Wird die automatische Aktualisierung nicht markiert, so erfolgt folgender Feldeintrag:

{DDE Excel Test1 Z1S1:Z10S8 * FormatVerbinden}

Um die Tabellen zu aktualisieren, müssen Sie das Feld markieren und die Aktualisierung durch die Funktionstaste F9 starten. Die eingefügten Tabellenfelder werden im WinWord-Tabellenformat abgelegt und können entsprechend den Befehlen beliebig formatiert werden.

Auf die gleiche Weise können Sie auch Diagramme in das WinWord-Dokument einfügen. Markieren Sie das Diagramm in Excel mit dem Befehl *Diagramm/Diagramm auswählen* und bringen es durch den Befehl *Kopieren* in die Zwischenablage. Zurück in WinWord, setzen Sie den Cursor auf die Position und wählen wiederum den Befehl *Verknüpfen und einfügen*. Auch hier wird die Art der Aktualisierung abgefragt.

{DDE Excel Test1 Diagrm * FormatVerbinden}

Es wird die gleiche Formel verwendet wie bei den Tabellen auch. Wenn innerhalb des WinWord-Textes ein Wert genannt wird, der sich ebenfalls ändern soll, so können Sie auch ein einzelnes Feld verknüpfen und vor dem Einfügen den Cursor an die entsprechende Stelle im Text positionieren. Nach dem Einfügen verändern Sie die Breite des Tabellenfeldes so, daß es im Text nicht auffällt.

Als Text in der Zwischenablage steht lediglich "Diagramm aus Excel" oder "Kopieren 5Z x 6S". Damit ist in erster Linie nur ein relativer Verweis erzeugt worden. Wenn Sie diesen Inhalt der Zwischenablage speichern, so können Sie eine dynamische Verbindung auch später noch aufbauen.

Da aber der Name der Tabelle nicht mitgespeichert wird, können Sie bei Verwendung eines anderen Arbeitsblattes die Zwischenablage-Datei wieder laden und eine dynamische Verknüpfung erzeugen.

Jetzt wird natürlich der Inhalt der Felder verwendet, die sich an entsprechender Position im Arbeitsblatt befinden, die durch den Eintrag in der Zwischenablage definiert wurde.

Datenaustausch mit anderen Programmen

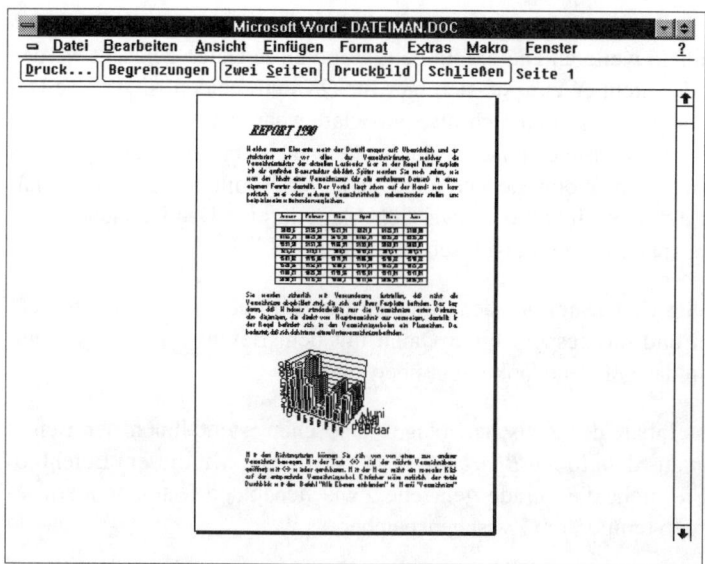

Abb. 211: Das fertig gestaltete und verknüpfte Dokument in WinWord

18.4 Inhalte der Zwischenablage speichern und löschen

Der Inhalt der Zwischenablage wird bei jedem Kopiervorgang ersetzt. Damit enthaltene Informationen auch zu einem späteren Zeitpunkt verwendet werden können, müssen Sie den Inhalt als eigene Datei abspeichern.

Gespeichert wird in der Zwischenablage, wie unter Excel üblich, mit dem Befehl *Speichern unter* aus dem Menü *Datei*. Das Dialogfeld zu diesem Befehl gibt Ihnen die Möglichkeit, ein Laufwerk und ein Verzeichnis auszuwählen, in dem Sie den Inhalt der Zwischenablage speichern. Sie werden aufgefordert, einen Dateinamen anzugeben, der von der Zwischenablage automatisch mit der Erweiterung .CLP für Clipboard versehen wird. Wenn Sie für den Befehl *Speichern unter* keinen Dateinamen angeben, verwendet die Zwischenablage immer den Dateinamen STANDARD.CLP

CLP-Dateien für die Zwischenablage

Um nun den in einer Datei gespeicherten Inhalt der Zwischenablage mit dem Befehl *Einfügen* bzw. *Inhalte einfügen* in einer Anwendung einzusetzen, müssen Sie diese Datei zuerst mit dem Befehl *Öffnen* aus dem Menü *Datei* laden.

661

Datenaustausch mit anderen Programmen

Löschen des Inhaltes

Sollte die Zwischenablage zu diesem Zeitpunkt Daten enthalten, werden Sie in einem weiteren Dialogfeld gefragt, ob diese Daten gelöscht werden sollen oder nicht. Wenn Sie sich hier für *OK* entscheiden, sind diese Daten verloren. Sie sollten sich also im Klaren darüber sein, ob Sie diese Daten in die Zwischenablage kopiert oder aus einer Anwendung ausgeschnitten haben. Wenn Sie sich nicht sicher sind, sollten Sie vorsichtshalber den aktuellen Inhalt der Zwischenablage in eine Datei speichern, die Sie dann später immer noch löschen können.

Haben Sie Ihre Datei geladen, können Sie zu Ihrer Anwendung zurückschalten und die gespeicherten Daten mit dem Befehl *Einfügen* wie gewohnt in das geladene Dokument übertragen.

Um den Inhalt der Zwischenablage zu löschen, steht Ihnen der Befehl *Löschen* aus dem Menü *Bearbeiten* zur Verfügung. Mit diesem Befehl löschen Sie nicht die gerade geladene Zwischenablage-Datei, sondern lediglich den temporären Zwischenspeicher.

Kapitel 19

19.	**Excel in der Praxis**	**665**
19.1	Beispiel Warenhandelskalkulation	665
19.2	Beispiel Lagerhaltung	674
	Erstellen eines eigenen Menüs	684
	Schritt für Schritt zum Ziel	696
19.3	Beispiel Iteration	703
19.4	Beispiel Prognose für Spediteure	708
19.5	Adreßverwaltung mit Excel	717
	Die verwendeten Arbeitsblätter	718
	Starten und Beenden der Adreßverwaltung	719
	Die Befehle der Anwendung	719
	Bearbeitung der Anwendung	720
	Die Datenbank-Datei	721
	Die Makro-Vorlage	721
19.6	Privates Finanzmanagement	724
	Versicherungsdatenbank	725
	Adreßdatenbank	726
	Kredittilgung	726
	Kfz-Kosten	727
	Haushalt	728
	Abschreibung	729
	Kalender	730
	Reisekostenberechnung	731

Excel in der Praxis

19. Excel in der Praxis

In diesem Kapitel werden wir Ihnen einige Lösungen mit Excel vorstellen. Die vorgestellten Tabellen finden Sie auf der Beispieldiskette. Es soll prinzipiell das Zusammenwirken verschiedener Befehle und Funktionen innerhalb einer Anwendung vorgestellt werden.

19.1 Beispiel Warenhandelskalkulation

Ziel der Warenhandelskalkulation ist es, dem Groß- oder Einzelhändler eine Antwort auf die Frage zu geben, zu welchem Preis er eine bestimmte Ware verkaufen soll, um wirtschaftlich zu handeln und konkurrenzfähig zu bleiben.

Dabei müssen nacheinander verschiedene Faktoren und Einflüsse berücksichtigt werden. Zunächst muß man eine Übersicht über den Einstands- und Bezugspreis bekommen, der durch vom Lieferer gewährte Rabatte und Skonti vermindert sowie durch auftretende Bezugskosten wie Fracht oder Zoll in die Höhe getrieben wird.

Eine Tabellenkalkulation wie Excel bietet Ihnen die optimalen Voraussetzungen, eine solche Warenhandelskalkulation durchzuführen, da Sie durch spielerisches Ändern der verschiedenen Faktoren ersehen können, zu welchen Bedingungen Sie eine Ware mit Gewinnerwartung einkaufen können und unter welchen Umständen der Handel mit einer Ware zum Verlustgeschäft wird.

Spielerisches Kalkulieren mit Excel

Wenn Sie dieses Beispiel nicht "von Hand" durch eigene Eingaben nachvollziehen möchten, haben Sie die Möglichkeit, den Endstand des Kalkulationsblattes von Ihrer Beispieldiskette zu laden. Die Tabelle heißt WARENHAN.XLS.

Beginnen Sie damit, daß Sie ein neues Arbeitsblatt auf den Bildschirm rufen, indem Sie Excel starten oder den Befehl *Neu...* aus dem Menü *Datei* geben.

Excel in der Praxis

Die Schritte zur Errechnung des Einstandspreises

Der erste Schritt ist die Auflistung der Faktoren, die die Berechnung beeinflussen. Da das erste Zwischenziel in unserer Warenhandelskalkulation die Errechnung des Einstandspreises ist, haben nur vier Faktoren Einfluß auf das Ergebnis:

1. Die Höhe des Rabattes, der Ihnen vom Lieferanten gewährt wird.
2. Die Höhe des Skontos, das Ihnen für einen bestimmten Zeitraum vom Lieferanten eingeräumt wird.
3. Die entstehenden Bezugskosten für die gesamte Bestellung.
4. Die Stückzahl der bestellten Ware, auf die die gesamten Bezugskosten umgerechnet werden.

Schreiten Sie zur Tat, und schreiben Sie in A1 die Überschrift:

   Warenhandelskalkulation Fahrräder

Formatieren der Überschrift

Um dieser Überschrift etwas mehr Gewicht zu verleihen, sollten Sie sie in der Schriftart Helvetica, der Größe 14 und sowohl fett als auch kursiv gedruckt erscheinen lassen.

Nachdem dies erledigt ist, schraffieren Sie bitte den Bereich der Felder A1:E1.

In A2 sollte nun der Name des Lieferanten Platz finden, der Ihnen das folgende Angebot gemacht hat. Also schreiben Sie:

   Lieferant: Endspurt GmbH

Erhöhen Sie nun in weiser Voraussicht die Breite der Spalte A auf 30 Zeichen.

Schreiben Sie jetzt in:

A4	Bestellmenge in Stck.
A5	Lieferrabatt in %
A6	Lieferskonto in %
A7	Bezugskosten ges. Bestellmenge
B4	20
B5	12
B6	2
B7	163,2

Damit haben Sie alle wichtigen Größen erst einmal erfaßt. Um ein übersichtliches Format für die Werte in Spalte B zu erzeugen, wählen Sie für die Zeilen 4 bis 20 dieser Spalte den Formatcode "0,00".

Excel in der Praxis

Jetzt sollten Sie daran gehen, ein Rechenformular für die eigentliche Warenhandelskalkulation zu erstellen.

Um einen kleinen Zwischenraum zu schaffen, stellen Sie die Breite der Spalte C auf zwei Zeichen ein. Schreiben Sie nun folgende Positionen in die auf 20 Zeichen verbreiterte Spalte D:

- D3   Listenpreis/Stck.
- D4   - Rabatt
- D6   Zieleinkaufspreis
- D7   - Skonto
- D9   Bareinkaufspreis
- D10   + Bezugskosten/Stck.
- D12   Einstandspreis

Tragen Sie in E3 den Wert 350 ein. Setzen Sie dann den Feldzeiger in E4, und geben Sie ein Gleichheitszeichen ein, um die Formel für die Berechnung des Lieferantenrabattes einzuleiten. Bewegen Sie den Feldzeiger jetzt zum Feld E3, in dem der Listenpreis für ein Fahrrad steht. Geben Sie den "/" als Divisionszeichen ein, gefolgt vom Divisor 100.

Errechnung des Lieferantenrabattes

Das Ergebnis dieser Division entspricht 1% vom Listenpreis. Geben Sie jetzt den "*" als Multiplikationszeichen ein, und bewegen Sie den Feldzeiger in B5, dort finden Sie den Wert 12 als Prozentsatz für den Lieferrabatt.

Drücken Sie [Return], denn Sie sind mit der Eingabe der ersten Formel fertig. Das Ergebnis 42 entspricht 12% vom Listenpreis.

Wenn Sie sich die Formel in E4 einmal ansehen, so stellen Sie fest, daß Excel die Adressen der Felder, die Sie mit in die Berechnung einbeziehen müssen, in die Formel hineingeschrieben hat.

Die Feldadressen wurden von Excel eingetragen

Die Formel besteht also aus Feldinhalten und nicht aus Werten.

Somit können Sie durch Änderung der Werte in Spalte B das Rechenergebnis in Spalte E beeinflussen, ohne eine Formel geändert zu haben. Die Feldadressen stehen quasi als Variable.

Daraus ergibt sich die Formel E3/100*B5. Bitte vergleichen Sie diese Formel mit Ihrer, damit von vornherein keine Unstimmigkeiten auftauchen.

Um schon jetzt der Optik genüge zu tun, weisen Sie der Spalte E in den Zeilen 3 bis 24 den Formatcode "#.##0,00 DM;(#.##0,00 DM)" zu.

667

Excel in der Praxis

Errechnung des Zieleinkaufspreises

Die nächste Formel, die eingetragen werden muß, dient der Errechnung des Zieleinkaufspreises als Ergebnis der Subtraktion des Lieferrabattes vom Listenpreis.

Folglich gehört in E6 die Formel E3-E4. Das richtige Ergebnis lautet 308,00 DM.

Errechnen des Lieferantenskontos

Errechnen Sie nun in E7 das Lieferskonto mit folgender Formel:

    E6/100*B6

Als richtiges Ergebnis gilt hier der Betrag 6,16 DM.

Errechnung des Bareinkaufspreises

In E9 muß eine Subtraktion zur Errechnung des Bareinkaufspreises vorgenommen werden. Die Formel hierzu können Sie aus dem Feld E6 kopieren, da die Felder, die voneinander abgezogen werden, im gleichen Positionsverhältnis zueinander stehen.

Die Formel lautet also wie gehabt: E6-E7. Sie liefert das Ergebnis 301,84 DM.

Berechnung der Bezugskosten pro Stück

Zur Berechnung der Bezugskosten pro Stück müssen die für die gesamte Bestellung anfallenden Bezugskosten durch die Stückzahl geteilt werden.

Das geschieht nach folgender Formel, die Sie in E10 eintragen: B7/B4. Das Ergebnis dieser Division ist ein Kostenanteil von 8,16 pro Fahrrad.

Errechnung des Einstandspreises

Zum Abschluß bleibt die Errechnung des Einstandspreises als Addition von Bareinkaufspreis und Bezugskosten. Auch hier können Sie die Formel zur Subtraktion von zwei übereinanderstehenden Werten aus E9 in Feld E12 kopieren. Tauschen Sie jetzt das Minus gegen ein Plus aus, so daß die Formel E9+E10 entsteht.

Der richtig errechnete Einstandspreis lautet 310,00 DM.

Dieser Einstandspreis gibt den Aufwand des Händlers an, der erforderlich ist, um die Ware in sein Lager oder seinen Laden zu bringen.

Das erste Zwischenziel ist also erreicht. Als nächstes Zwischenziel setzen wir uns die Ermittlung des Barverkaufspreises. Der Barverkaufspreis ist der Preis, zu dem ein Händler seine Ware ohne Gewährung von Rabatt und Skonto mit Gewinn verkaufen kann.

Excel in der Praxis

Zur Ermittlung des Verkaufspreises ist es notwendig, alle anderen Kosten, die nicht Bezugskosten sind, anteilig aufzuschlagen und einen angemessenen, möglichst hohen Gewinn zu berücksichtigen.

Die Schritte zur Errechnung des Barverkaufspreises

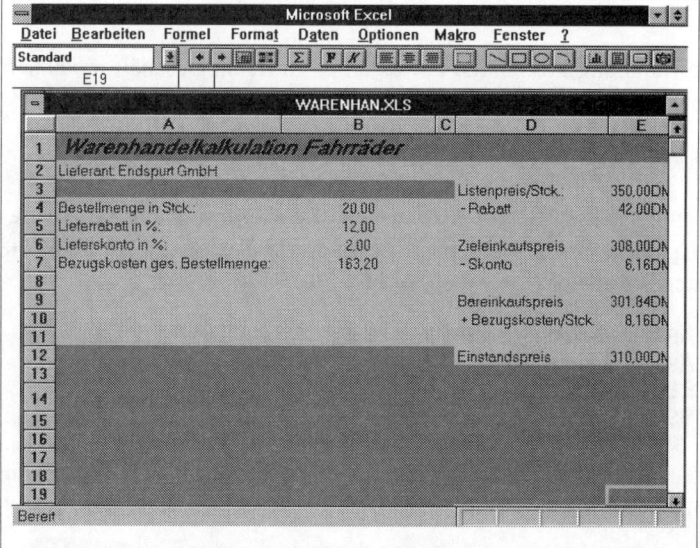

Abb. 212: Der Einstandpreis auf der Basis der obengenannten Faktoren

Setzt man diese anderen, innerhalb eines Jahres anfallenden Kosten ins Verhältnis zur Summe der Einstandspreise der in diesem Jahr umgesetzten Waren, so erhält man einen Prozentsatz, der, auf den Einstandspreis eines jeden Artikels aufgeschlagen, eine Kostendeckung gewährleistet.

Ein Beispiel: In Ihrem Handelsunternehmen wurden im letzten Jahr Waren zum Einstandspreis von 1.566.700,00 DM umgesetzt. Auf diesen Umsatz entfielen Kosten in Form von Löhnen, Gehältern und Mieten in Höhe von 360.341,00 DM. Daraus errechnet sich ein Prozentsatz von 24%, der als Handlungskostenzuschlag auf jeden Einstandspreis aufgeschlagen werden muß, um diese Kosten zu decken.

Die Summe aus Einstandspreis und Handlungskostenzuschlag ist der Selbstkostenpreis. Wenn Sie eine Ware zum Selbstkostenpreis verkaufen, erwächst Ihnen daraus kein Verlust, Sie erwirtschaften aber auch keinen Gewinn.

Folglich ist ein weiterer Aufschlag nötig, um einen Gewinn verbuchen zu können. Für die Errechnung dieses Gewinnaufschlags kann keine feste Formel genannt werden, jedoch sollte darin eine Verzinsung des Eigen-

Excel in der Praxis

kapitals, ein angemessener Unternehmerlohn und eventuell eine Entschädigung für das unternehmerische Risiko enthalten sein.

Die folgenden Faktoren sind wichtig für die Errechnung des Barverkaufspreises auf der Basis des Einstandspreises:

1. Die Handlungskosten, die unweigerlich in Ihrem Geschäft produziert werden.

2. Der Gewinn, den Sie anstreben.

Zuerst sollten Sie in Spalte A wieder die Größen festhalten, die die Berechnung beeinflussen. Schreiben Sie folgende Texte und Werte an die genannten Positionen:

    A8   Handlungskosten in %
    A9   Gewinn in %
    B8   24
    B9   12,5

Der nächste Schritt ist das Erweitern des Rechenformulars. Tragen Sie bitte folgendes ein:

    D13   + Handlungskosten
    D15   Selbstkostenpreis
    D16   + Gewinn
    D18   Barverkaufspreis

Errechnung der Handlungskosten

In E13 müssen jetzt die Handlungskosten aufgrund des oben ausgewiesenen Handlungskostenzuschlages errechnet werden. Die Formel, nach der dies geschieht, lautet:

    E12/100*B8.

Das Ergebnis dieser Berechnung ist 74,40 DM.

Errechnung des Selbstkostenpreises

In E15 addieren Sie mit der Formel E12+E13, die Sie aus Feld E12 kopieren können, die Handlungskosten zum Einstandspreis und erhalten den Selbstkostenpreis von 384,40 DM.

Errechnung des Gewinns

Eine Zeile tiefer in E16 muß die Formel E15/100*B9 stehen, die den aufzuschlagenden Gewinn in Höhe von 48,05 DM liefert.

Errechnung des Barverkaufspreises

In E18 findet nun die übliche Addition statt, diesesmal heißt das Ergebnis "Barverkaufspreis", die Summe ist hier 432,45 DM. Die Formel ist identisch mit der in E15 und läßt sich natürlich von dort ohne Änderung übernehmen (E15+E16).

Excel in der Praxis

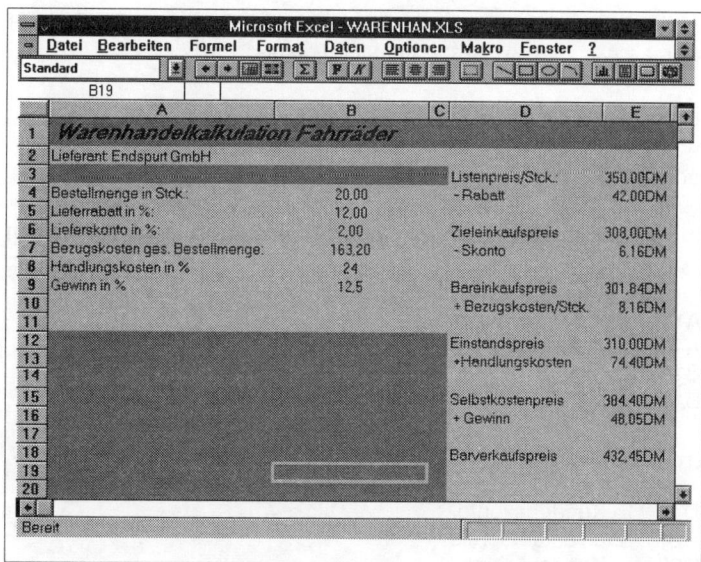

Abb. 213: Der Barverkaufspreis inklusive Gewinn

Zu diesem Preis könnten Sie ein Fahrrad mit Gewinn verkaufen.

Da Ihnen jedoch der Lieferant Skonto und Rabatt gewährte, sollten Sie Ihren Kunden auch die Möglichkeit einräumen, von diesen Vorzügen zu profitieren.

Diese Möglichkeit des Kunden zur Preisminderung müssen Sie jedoch kalkulieren, und deswegen können Sie die Ware nicht bei dem zuletzt berechneten Barverkaufspreis belassen.

Denn jede Mark Skonto oder Rabatt, die Sie dem Kunden gewähren, mindert Ihren persönlichen Gewinn.

Aus diesem Grund müssen Sie das, was Sie dem Kunden erlauben abzuziehen, vorher auf den Barverkaufspreis aufschlagen.

Sie rechnen hierbei rückwärts mit dem verminderten Grundwert.

Unser nächstes Zwischen- und gleichzeitig auch Endziel ist es, den endgültigen Verkaufspreis zu ermitteln, der es Ihnen ermöglicht, einem Kunden sogar Skonto und Rabatt zu gewähren.

Der endgültige Verkaufspreis

Excel in der Praxis

Die Faktoren, die auf der Basis des Barverkaufspreises noch Einfluß auf die Ermittlung des Verkaufspreises haben, lauten:

1. Kundenskonto

2. Kundenrabatt

Nehmen Sie auch diesmal zuerst die neuen Faktoren in die ersten beiden Spalten auf.

A10	Kundenskonto in %
A11	Kundenrabatt in %
B10	2
B11	5

Erweitern Sie Ihr Rechenformular um die folgenden Zeilen:

D19	+ Kundenskonto
D21	Zielverkaufspreis
D22	+ Kundenrabatt
D24	Verkaufspreis

Errechnung des Kundenskontos

In E19 soll das Kundenskonto berechnet werden, die Formel hierfür ist etwas umfangreicher, da erst errechnet werden muß, um wieviel Prozent der Barverkaufspreis als Grundwert vermindert werden muß.

Daraus ergibt sich folgende Formel:

Errechnung des Zielverkaufspreises

E18/(100-B10)*B10, das Ergebnis der Rechnung ist 8,83 DM. Dieser Betrag muß zum Barverkaufspreis addiert werden, um den Zielverkaufspreis zu erhalten.

Kopieren Sie die Formel E18+E19 aus Feld E15 in E21.

Der Zielverkaufspreis beträgt 441,28 DM.

Errechnung des Kundenrabattes

Auf diesen Zielverkaufspreis muß nun noch ein eventueller Rabatt für den Kunden aufgeschlagen werden.

Die Berechnung des Rabattes erfolgt in E22.

Die Formel E21/(100-B11)*B11 muß in dieses Feld eingetragen werden.

Ermittlung des endgültigen Verkaufspreises

Um trotz Rabatt keine Gewinneinbußen zu haben, muß der eben errechnete Betrag von 23,23 DM auf den Zielverkaufspreis addiert werden. Diese Addition findet in E24 statt.

Excel in der Praxis

Benutzen Sie auch dazu wieder die Formel aus Feld E21: E21+E22. Zu guter Letzt errechnet sich ein Verkaufspreis von 464,50 DM.

```
                Microsoft Excel - WARENHAN.XLS
 Datei  Bearbeiten  Formel  Format  Daten  Optionen  Makro  Fenster  ?
 Standard
        E25
              A                B         C          D              E
  6  Lieferskonto in %:        2,00          Zieleinkaufspreis    308,00DM
  7  Bezugskosten ges. Bestellmenge:  163,20  - Skonto              6,16DM
  8  Handlungskosten in %      24
  9  Gewinn in %               12,5          Bareinkaufspreis     301,84DM
 10  Kundenskonto in %         2             + Bezugskosten/Stck.   8,16DM
 11  Kundenrabatt in %         5
 12                                          Einstandspreis       310,00DM
 13                                          +Handlungskosten      74,40DM
 14
 15                                          Selbstkostenpreis    384,40DM
 16                                          + Gewinn              48,05DM
 17
 18                                          Barverkaufspreis     432,45DM
 19                                          + Kundenskonto         8,83DM
 20
 21                                          Zielverkaufspreis    441,28DM
 22                                          + Kunderabatt         23,23DM
 23
 24                                          Verkaufspreis        464,50DM
 25
 Bereit
```

Abb. 214: Das Ergebnis der Kalkulation des Verkaufspreises

Dadurch, daß Sie die Feldinhalte der Spalte B als Variablen verwenden, steht Ihnen mit diesem Rechenformular ein Kalkulationsinstrument zur Verfügung, mit dem Sie bei beliebiger Veränderung der Faktoren verschiedene Konditionen durchspielen können. Das jeweilige Kalkulationsergebnis sowie alle Zwischenergebnisse werden Ihnen, auf zwei Dezimalstellen gerundet, in übersichtlicher Darstellung angezeigt.

Bevor wir ein Beispiel mit Ihnen gemeinsam durchgehen, sollten Sie zuerst noch etwas an der Gestaltung Ihrer Tabelle tun. Der größte Nachteil dieses Rechenformulars ist, daß der Verkaufspreis nicht sichtbar ist, wenn Sie die Faktoren in Spalte B verändern. Zum zweiten sollte der Verkaufspreis in der gleichen Schriftart und Größe dargestellt werden wie die Überschrift, und drittens sähe es schöner aus, wenn die die Kalkulation beeinflussenden Faktoren zentriert in den Feldern der Spalte B ausgerichtet wären.

Formatierung

Verschieben Sie das Rechenformular, also den Bereich D3:E24, in den Bereich A20:B41. Benutzen Sie die Befehle *Ausschneiden* und *Einfügen* aus dem Menü *Bearbeiten*.

Setzen Sie den Feldzeiger in Feld A14, und tragen Sie dort den Text "Verkaufspreis" ein. In B14 muß jetzt eine Formel geschrieben werden,

673

Excel in der Praxis

die den errechneten Verkaufspreis aus dem Feld B41 "nach oben" holt. Die Formel +B41 erledigt diese Aufgabe.

Formatieren Sie nun die Felder A14:B14 mit der Schriftart, die Sie auch für die Überschrift festgelegt haben: Helvetica, 14 Punkt, Fett und Kursiv. Die Standardbreite der Spalte B reicht nun nicht mehr aus, um den Verkaufspreis darzustellen, setzen Sie deswegen die Spaltenbreite auf 20 Zeichen. Was jetzt noch bleibt, ist die Ausrichtung der Faktoren und des Verkaufspreises. Markieren Sie dazu die Felder B4:B14, und wählen Sie die Option *Zentriert* im Dialogfeld zum Befehl *Ausrichtung*...

Die vorgenommenen Änderungen waren nicht nur der optischen Erscheinung dieses Arbeitsblattes zuträglich, sondern erleichtern auch die Arbeit mit diesem Kalkulationsformular. Zurück zu unserem Beispiel: Gesetzt den Fall, Sie würden durch intensive Recherche eine Möglichkeit finden, die Bezugskosten auf 100,00 DM zu senken und den Lieferanten durch geschicktes Verhandeln dazu bewegen, Ihnen einen Rabatt von 20% zu gewähren. Um die Kalkulation mit diesen neuen Werten erneut durchzuführen, brauchen Sie nur diese beiden Posten zu ordnen.

Tragen Sie also in B5 den Wert 20 als Prozentsatz für den Lieferrabatt ein. Das Gleiche muß in B7 geschehen. Vermindern Sie dort die Bezugskosten auf 100,00 DM.

Falls in Ihrem Arbeitsblatt die automatische Neuberechnung ausgeschaltet ist, drücken Sie jetzt die Taste F9 , um den Verkaufspreis unter den geänderten Bedingungen errechnen zu lassen.

Unter diesen Bedingungen beträgt der Verkaufspreis 418,65 DM. Sie könnten also ca. 45,-- DM billiger anbieten als vorher. Jetzt hängt es von der Marktsituation ab, welcher Preis Ihnen das günstigste Verhältnis zwischen Nachfragern und Gewinn bietet.

Durch diese Anwendung haben Sie einen kleinen Einblick in den kalkulatorischen Einsatz von Excel gewonnen; daß Excel jedoch nicht nur solche Aufgabenstellungen bewältigen kann, erfahren Sie, wenn Sie sich mit den folgenden Beispielen befassen.

19.2 Beispiel Lagerhaltung

Mit dieser Anwendung sollen Sie die Möglichkeiten kennenlernen, die Excel Ihnen zur Erstellung einer eigenen Benutzeroberfläche bietet. Mit dem Arbeitsblatt, das Sie in diesem Kapitel erstellen werden, sind Sie in der Lage, Ihren Lagerbestand zu überwachen und menügesteuert eine Be-

Excel in der Praxis

stellung abzuwickeln. Von der bloßen Anzeige der Artikel, die bestellt werden müssen, über den Ausdruck der Bestellung bis hin zum Anlegen einer Kopie des Bestellformulars auf Diskette sind alle Vorgänge durch Anwählen eines Menüpunktes durchzuführen.

Wenn Sie dieses Beispiel, das zweifelsohne eine ganze Menge an Tastaturarbeit erfordert, nicht "von Hand" nachvollziehen möchten, können Sie auf die Beispieldiskette zu diesem Buch zurückgreifen. Dort finden Sie alle hier beschriebenen Dateien im Arbeitsbereich LAGER.XLW.

Alle Dateien befinden sich bereits auf der Beispieldiskette

Zu diesem Arbeitsbereich gehören die drei Dateien LAGER.XLS, LAGER.XLM und LAGERMEN.XLM. Die Hilfedatei trägt den Namen LAGER.HLP und ist diesem Arbeitsbereich nicht zugeordnet.

Wenn Sie jedoch selbst mitarbeiten möchten, sollten Sie Ihre Arbeit in relativ kurzen Abständen unter dem Namen LAGER.XLS zwischenspeichern.

Zwischenspeichern ist sinnvoll

Am Anfang steht wie immer die Überschrift. Schreiben Sie also in A1 folgenden Text:

> Lagerhaltung Büroartikel Meyer & Schulze

Jetzt möchte ich Ihnen die Spaltenbreite der ersten fünf Spalten angeben:

> Spalte A: 25 Zeichen
> Spalte B: 10 Zeichen
> Spalte C: 7 Zeichen
> Spalte D: 16 Zeichen
> Spalte E: 16 Zeichen

In Zeile 3 schreiben Sie nun die Spaltenüberschriften für Ihre Lagerliste.

A	B	C	D	E
ARTIKEL	EK-PREIS	MENGE	MELDEBESTAND	BESTELLMENGE

Diese Spaltenüberschriften sollten zentriert in die jeweiligen Felder eingetragen werden.

In die ersten fünf Spalten der Zeilen 4 bis 12 tragen Sie nun folgende Artikel mit EK-Preis, Menge, Meldebestand und Bestellmenge ein:

Excel in der Praxis

	A	B	C	D	E
4	Kugelschreiber, rot	0,75	24	30	100
5	Kugelschreiber, blau	0,75	36	30	100
6	Aktentasche, Leder	34,56	1	2	5
7	Füllfederhalter	7,98	3	4	20
8	Lineal, 30cm	1,64	25	20	50
9	Geodreieck	1,95	25	20	50
10	Ringbucheinlagen DIN A4	2,32	16	15	80
11	Ringbucheinlagen DIN A5	2,18	9	15	80
12	Zirkelkasten	17,94	3	2	6

Um einen besseren Überblick über die Einkaufspreise zu erhalten, teilen Sie den Zeilen 4 bis 12 in der Spalte B den Formatcode "#.##0,00 DM;(#.##0,00 DM)" zu.

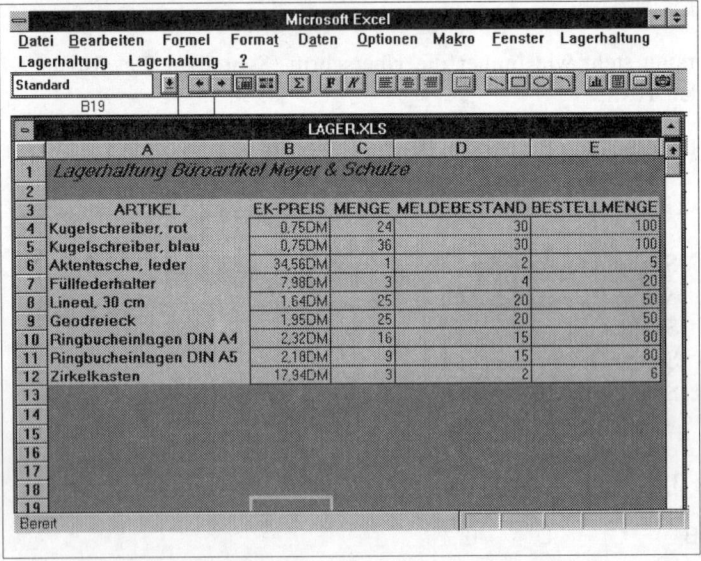

Abb. 215: So sollte Ihre Lagerliste aussehen

Um das Auswählen bestimmter Tabellenbereiche durch die später in diesem Kapitel zu erstellenden Makros zu erleichtern, geben Sie bitte dem Bereich A1:E12 den Namen "Lagerliste".

Anlegen des Meldeformulars

Jetzt können Sie die Maske vorbereiten, in der die zu bestellenden Artikel angezeigt werden sollen. Bewegen Sie den Feldzeiger in Zeile 1, Spalte G, und schreiben Sie die Kopfzeile für diese Ausgabemaske:

"Folgende Artikel müssen bestellt werden:"

Die Spalten G bis J haben folgende Breite:

- Spalte G: 25 Zeichen
- Spalte H: 10 Zeichen
- Spalte I: 16 Zeichen
- Spalte J: 12 Zeichen

Tragen Sie in Zeile 3 auch für diese Spalten die Überschriften in zentrierter Ausrichtung ein:

ARTIKEL   EK-PREIS   BESTELLMENGE   GESAMT

In Spalte J mit der Überschrift "GESAMT" werden Sie später den errechneten Bestellwert pro Artikel wiederfinden. Der Bestellwert ist das Produkt aus Menge * EK-Preis.

Tragen Sie also in die Felder J4:J12 die Formel I4*H4 ein. Geben Sie dann den Feldern dieser Spalte im Bereich von Zeile 4 bis 14 den Formatcode #.##0,00 DM;(#.##0,00 DM).

Da in J14 der Gesamtbestellwert stehen soll, den Sie bequem mit der Summenfunktion bilden können, sollten Sie dem Feldbereich J4:J12 den Namen "Bestellungen" geben.

Jetzt brauchen Sie in das Feld J14 nur noch die Funktion =SUMME(Bestellungen) einzutragen, und Sie haben alle Vorarbeiten für die spätere Errechnung des Gesamtbestellwertes erledigt.

Ein Additionsstrich wäre der Übersichtlichkeit der Maske sicher zuträglich. Geben Sie also in G13 die Funktion WIEDERHOLEN("=";65) ein.

Additionsstriche dienen der Übersichtlichkeit

In Zeile 14, Spalte G, sollten Sie nun noch schriftlich festhalten, wie das Ergebnis der Addition zu nennen ist. Tragen Sie dort also "GESAMTBESTELLWERT:" ein.

Soweit, so gut. Diese Vorab-Bestelliste sollte nun noch mit einigen Hinweisen versehen werden. Mit diesen Hinweisen sollten Sie in Zeile 17, Spalte G, beginnen. Da Excel beim Darstellen von längeren Texten nicht gerade märchenhaften Bedienungskomfort bietet, müssen Sie bei der Eingabe etwas zurückhaltend sein.

Schreiben Sie den folgenden Text in G17:

Bitte kontrollieren Sie die jeweiligen Preise auch bezüglich eventuell

Excel in der Praxis

Beenden Sie diesen Satz in G18:

> neuer Preisstaffeln!

Na bitte, die letzten beiden Zeilen sind doch ganz ordentlich geworden. Doch Sie haben noch mehr mitzuteilen:

Schreiben Sie in Zeile 20 Spalte G:

> Bei Gesamtbestellwerten über DM 1.000,-- halten Sie bitte Rücksprache

und in G21:

> mit dem Abteilungsleiter Einkauf.

Damit wären also auch mögliche Kompetenzprobleme gelöst.

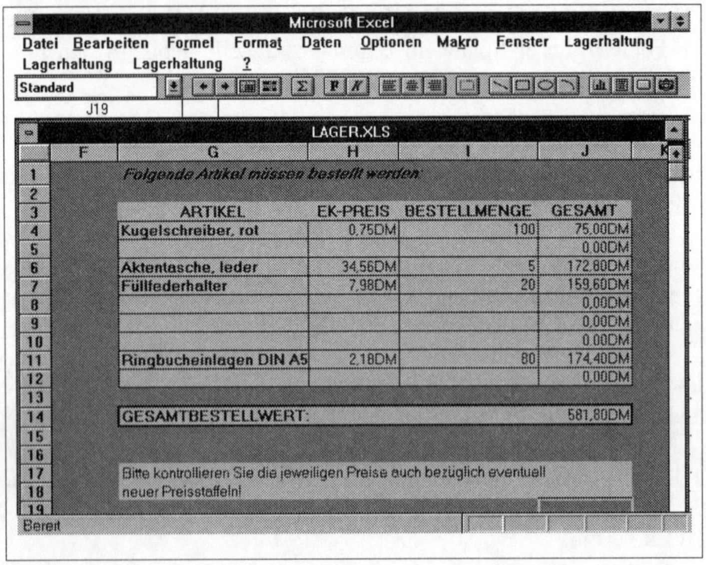

Abb. 216: Ihre Ausgabemaske in vollendeter Form

Vergabe von Bereichsnamen zur Arbeitserleichterung

Um das Auswählen bestimmter Tabellenbereiche durch die später in diesem Kapitel zu erstellenden Makros zu erleichtern, geben Sie bitte dem Bereich G1:J21 den Namen "Meldeformular".

Da Sie nach dem Prüfen der Preise in der gerade erzeugten Ausgabemaske die Bestellungen auch ausdrucken und an den Lieferanten schicken möchten, sollten Sie nun ein Bestellformular entwerfen, in das die zu bestellenden Positionen nur noch per Makro eingetragen werden müssen.

Excel in der Praxis

Dieses Bestellformular kann dann durch ein weiteres Makro einschließlich der Adresse des Lieferanten und Ihres Briefkopfes mit dem aktuellen Tagesdatum ausgedruckt werden.

Entwerfen eines Bestellformulars zum Ausdruck

Da Excel noch leichte Ungereimtheiten aufweist, was das Erzeugen Ihrer Unterschrift und das Eintüten von bedrucktem Papier in Briefumschläge angeht, sollten Sie diese Routinearbeiten selbst erledigen.

Die Spalte K bleibt frei und stellt so einen Zwischenraum zwischen Meldeformular und Bestellformular dar.

Damit der zur Verfügung stehende Raum von Anfang an richtig aufgeteilt wird, gebe ich Ihnen an dieser Stelle die Spaltenbreiten durch:

Richtig dimensionierte Spalten vermeiden Probleme beim Drucken

Spalte L	6 Zeichen
Spalte M	25 Zeichen
Spalte N	10 Zeichen
Spalte O	7 Zeichen
Spalte P	18 Zeichen
Zusammen	66 Zeichen

Damit paßt die Bestellung inklusive der Ränder an beiden Seiten auf ein DIN-A4-Blatt.

Dieser Spaltenbereich kann später als Druckbereich festgelegt werden, ohne daß Excel dieses Bestellformular auf mehrere Blätter verteilt.

Beginnen Sie mit dem Erstellen des Formulars:

In Zeile 1 Spalte L tragen Sie nun die Adresse des Lieferanten ein:

> Büroartikel Großhandel

Zeile 2 Spalte L	Schmitz & Sohn
Zeile 3 Spalte L	Postfach 33 44 55
Zeile 5 Spalte L	4000 Düsseldorf 12

und auf der gegenüberliegenden Seite des Formulars Ihren Briefkopf:

Zeile 1 Spalte P	Büroartikel
Zeile 2 Spalte P	Meyer & Schulze
Zeile 3 Spalte P	Bachstelzenweg 31
Zeile 5 Spalte P	4000 Düsseldorf 30

Da bei einer Bestellung auch das Zeichen des Sachbearbeiters sowie das Bestelldatum eingetragen werden müssen, sollten Sie auch dafür einen Platz bestimmen.

Excel in der Praxis

Die Datums-funktion JETZT() garantiert Aktualität

Schreiben Sie also in N8 den Text "Unser Zeichen" und in P8 "Düsseldorf, den".

Eine Zeile tiefer tragen Sie in den entsprechenden Spalten das Zeichen des Sachbearbeiters und die Datumsfunktion JETZT() ein.

Das Feld P9 muß natürlich noch in ein gängiges Datumsformat gebracht werden. Wählen Sie den Formatcode "TT-MM-JJJJ".

In L11 geben Sie dem Empfänger den "ins Auge stechenden" Hinweis, daß es sich bei diesem Schreiben um eine Bestellung handelt.

Schreiben Sie also

"B E S T E L L U N G"

mit Zeichenformat "Fett" und Rahmenart "Rand unten".

In Zeile 14, Spalte L gehört die Anrede: "Sehr geehrte Damen und Herren!"

Die eigentliche Bestellung beginnt mit folgendem Satz in L17:

Die folgenden Positionen bestellen wir zum schnellstmöglichen Liefertermin:

Der nächste Schritt ist eine gestalterische Maßnahme. Trennen Sie die Bestellpositionen vom übrigen Text durch einen Strich in Zeile 20.

Geben Sie also den Feldern L20:P20 das Format "Rahmen oben".

Vergleichen Sie nun den ersten Teil Ihres Bestellformulars mit der folgenden Abbildung.

Das nächste Problem bilden die Spaltenüberschriften, die in Zeile 21 Platz finden sollten. Tragen Sie dort bitte die folgenden Spaltentitel ein:

POS. ARTIKEL   EK-PREIS   MENGE   GESAMT

Ordnen Sie diese Spaltentitel jetzt noch zentriert in den jeweiligen Feldern an, und wählen Sie für die Spalte P in den Zeilen 22 bis 32 das Format #.##0,00 DM;(#.##0,00 DM).

Excel in der Praxis

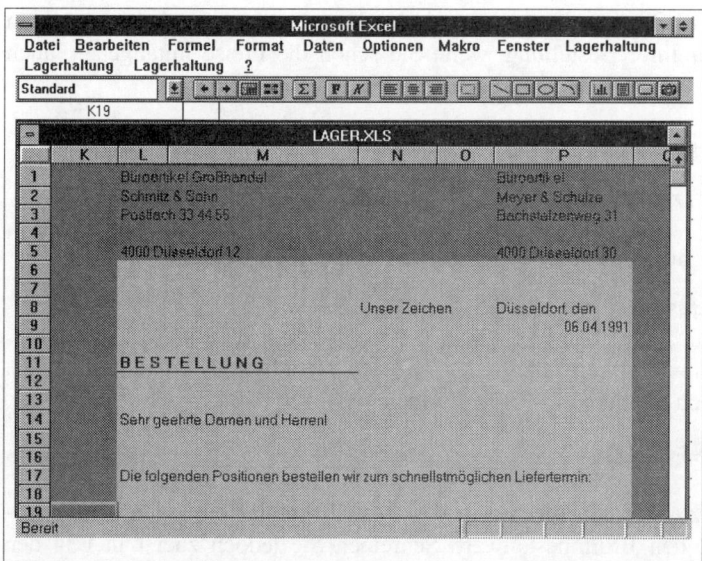

Abb. 217: *Die Hälfte ist geschafft*

Da Sie gerade dabei sind, geben Sie dem Feldbereich P22:P30, in dem die Bestellwerte der einzelnen Positionen festgehalten sind, den Namen "Artikel". Ist auch dies geschehen, brauchen Sie in P32 lediglich die Funktion SUMME(Artikel) einzugeben, und Sie sind für die nahende Addition gerüstet.

In Spalte L können die Positionsnummern eingetragen werden, das Feld L22 muß demnach den Wert 1 enthalten.

Je nach Laune führen Sie diese Numerierung in den darunterliegenden Zeilen fort, indem Sie die Werte eintragen, oder Sie schreiben in L23 eine Formel, L22+1, die Sie dann lediglich siebenmal nach unten kopieren können.

Bevor die Summe der Bestellwerte errechnet werden kann, muß in Zeile 31 ein Additionsstrich gezogen werden. Geben Sie den Feldern L31:P31 das Format "Rand unten".

Wie hoch ist der Gesamtbestellwert?

Schreiben Sie in L32 den Text "GESAMTBESTELLWERT", um der rechts davon stehenden Summe einen Namen zu geben.

681

Excel in der Praxis

Errechnung der Mehrwertsteuer Bis jetzt haben Sie immer nur mit den Nettobeträgen gearbeitet, möchten aber auf Ihrer Bestellung, wenn Sie schon die Preise mitangeben, auch auf die Mehrwertsteuer nicht verzichten.

Schreiben Sie also in Feld N33 den Text:

"zzgl. MwSt."

In O33 muß jetzt noch der Prozentsatz angegeben werden:

14%

Um den Mehrwertsteuerbetrag auf den Nettobestellwert auszurechnen, schreiben Sie bitte in P33 die Formel:

=P32*O33

Errechnung des Bruttobestellwertes Die letzte Formel, die Sie in das Bestellformular eintragen sollten, errechnet den Bruttobestellwert. Schreiben Sie jedoch zuerst in L34 den Text

BRUTTOBESTELLWERT:

bevor Sie in P34 die vorläufig letzte Formel zur Addition von Nettobetrag und Mehrwertsteuer eintragen:

=P33+P32

Zum Abschluß sollten Sie noch klarstellen, unter welchen Bedingungen diese Bestellung rechtskräftig ist, und dem Empfänger freundliche Grüße senden.

Verweisen Sie in L36 auf die allgemeinen Bedingungen, unter denen Sie diese Bestellung aufgeben wollen.

Schreiben Sie:

Es gelten die allgemein bekannten Bedingungen für Lieferungen und Leistungen

Fortsetzung in L37:

in der Büroartikelindustrie.

Zum Schluß etwas Erfreuliches: Zwei Leerzeilen und in L40:

Mit freundlichen Grüßen

Und so sollte die Tabelle jetzt aussehen:

Excel in der Praxis

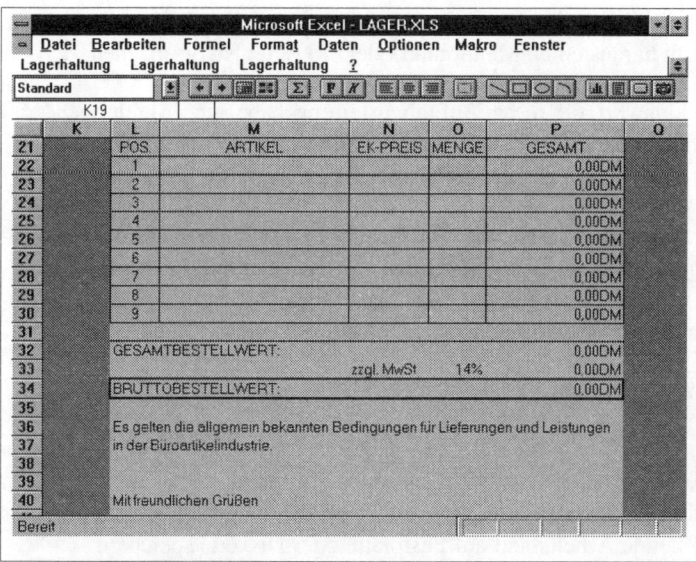

Abb. 218: Das Unterteil des Formulars

Bitte unterschreiben Sie jetzt nicht in der obigen Abbildung, sondern haben Sie Geduld, bis diese Bestellung, mit den entsprechenden Positionen ausgefüllt, aus Ihrem Drucker rutscht.

Um das Auswählen bestimmter Tabellenbereiche durch die später in diesem Kapitel zu erstellenden Makros zu erleichtern, geben Sie bitte dem Bereich L1:P40 den Namen "Bestellformular".

Bereichsauswahl durch Bereichsnamen

Um alle zu Anfang dieses Kapitels formulierten Ansprüche zu erfüllen, geht es jetzt daran, die Benutzeroberfläche, sprich eine Menüsteuerung, zu kreieren.

Ein paar konzeptionelle Gedanken vorweg können nicht schaden. Was soll diese Anwendung leisten, und welche Arbeitsgänge möchten Sie durch Makros automatisieren?

Entwurf der Menüsteuerung

Als erstes sollen Ihnen in einer Ausgabemaske, dem Meldeformular, die Artikel angezeigt werden, deren Lagerbestand so gering ist, daß sie bestellt werden müssen. Damit Sie nicht jede einzelne Position in der Lagerliste mit dem entsprechenden Mindestbestand vergleichen müssen, wäre es schön, wenn Excel Ihnen diesen Vergleich abnimmt.

Feststellen der zu bestellenden Artikel

Die Artikel, auf die das oben genannte Kriterium zutrifft, möchten Sie wahrscheinlich auch nicht selbst bei jeder Bestandsübersicht in das Meldeformular kopieren. Dies muß also auch von einem Makro übernommen

Erstellen einer Bestelliste

Excel in der Praxis

werden. Da diese beiden Arbeitsgänge unmittelbar zusammenhängen, sollte man daraus einen Menüpunkt oder ein Befehlswort machen.

Als Befehlswort für diese Aufgabenstellung habe ich "Meldungen" gewählt, da Ihnen zuerst die entsprechenden Artikel gemeldet werden, damit Sie die Preise noch auf bestimmte Änderungen hin prüfen können.

Ausdruck der Bestellungen

Den nächsten Punkt stellt der Ausdruck der Bestellungen auf dem von Ihnen schon erstellten Bestellformular dar. Da auch hierbei viele Kleinigkeiten, wie das Festlegen des Druckbereiches und das Eintragen der Bestellnummer anfallen, lohnt es sich, auch dies zu automatisieren.

Dieses zweite Befehlswort sollten Sie "Drucken" nennen.

Speichern der Bestellungen

Als ein der EDV aufgeschlossen gegenüberstehender Mensch möchten Sie Ihre Bestellungen nicht nur in gedruckter Form archivieren, sondern sich schnellere Zugriffsmöglichkeiten zunutze machen, indem Sie das entsprechende Arbeitsblatt auf Festplatte oder Diskette speichern.

Wenn Sie auch hiermit ein Makro beauftragen möchten, bietet sich das Befehlswort "Speichern" als dritter Menüpunkt geradezu an.

Beenden der Anwendung

Als letzte Position im Menü müssen Sie dem Benutzer noch die Möglichkeit einräumen, Excel ordnungsgemäß zu verlassen, und zwar einschließlich dem Abspeichern der eventuell geänderten Lagerliste unter dem alten Dateinamen.

Mein Namensvorschlag für das vierte Befehlswort lautet: "Ende".

Im Kapitel 13, das die Excel-Makros zum Thema hatte, haben Sie schon einiges über Menüs gelernt, was Sie nun verwerten können.

Erstellen eines eigenen Menüs

1. Laden Sie ein neues Arbeitsblatt unter der Option "Makrovorlage". In Spalte A dieser Makrovorlage werden Sie nun die Makrofunktionen schreiben, die das Menü aufrufen und den Bereich der Makrovorlage definieren, in dem der Menüname, die Befehle dieses Menüs, die Bezüge auf andere Makrovorlagen, die Kommentare und die Verweise auf eventuelle Hilfedateien stehen. Diese Makrofunktionen tragen Sie erst dann in diese Spalte ein, wenn Sie die im vorhergehenden Satz genannten Komponenten in diese Makrovorlage eingegeben haben.

   Wenn Sie die Spalte B der Übersicht wegen frei lassen und auf zwei Zeichen Spaltenbreite einstellen, können Sie den Namen, unter dem Ihr Menü in der Excel-Menüleiste erscheinen soll, in C2 schreiben.

Setzen Sie den Feldzeiger also in C2, und schreiben Sie "Lagerhaltung". Direkt darunter in C3 muß der erste Befehl des Menüs stehen. Tragen Sie in C3 das Befehlswort "Meldungen" ein.

2. In der gleichen Zeile haben Sie in Spalte D die Möglichkeit, die Makrovorlage und den Bereich anzugeben, in dem sich das Makro befindet, das ausgeführt werden soll, wenn dieser Befehl ausgewählt wird. Die Makrovorlage, die Sie später zur Aufnahme der Befehle erstellen werden, wird LAGER.XLM heißen. Das Makro, das nach Anwahl des Befehls "Meldungen" in Ihrem Menü ablaufen wird, erhält sinnvollerweise auch den Namen "Meldungen". Schreiben Sie also in D3 den Bezug LAGER.XLM!Meldungen.

3. Spalte E sollten Sie freilassen und auf zwei Zeichen Spaltenbreite einstellen, um den Kommentarbereich in den Spalten F und G vom Befehlsbereich in den Spalten C und D zu trennen. In Spalte F können Sie nun einen Kommentar oder eine Erläuterung des Befehlswortes eintragen. Diese Erläuterung wird in der Statuszeile angezeigt, wenn der entsprechende Befehl markiert ist. Für Ihren konkreten Fall haben wir in F3 den Text "Zeigt die Artikel an, die bestellt werden müssen-PREISE KONTROLLIEREN!!!" niedergeschrieben.

4. Noch eine Spalte weiter rechts besteht die Möglichkeit, auf eine von Ihnen selbsterstellte Hilfedatei zu verweisen. Da Sie für dieses Beispiel eine Hilfedatei zur Verfügung stellen, die unter dem Namen LAGER.HLP abgespeichert wird, sollten Sie in dieser Spalte darauf hinweisen. Tragen Sie in G3 jetzt den Bezug "LAGER.HLP!1" ein. Die 1 ist hier die Nummer des Hilfepunktes, da "Meldungen" der erste Befehl im Menü "Lagerhaltung" ist.

Tragen Sie jetzt der Reihe nach alle Befehlsworte samt Bezug, Kommentar und Verweis auf den richtigen Hilfepunkt in der Datei LAGER.HLP in die entsprechenden Felder ein.

In C4 gehört der Menüpunkt "Drucken". Der Bezug in D4 muß "LAGER.XLM!Drucken" heißen. Als Kommentar in F4 tragen Sie bitte "Ausdruck der Bestellung" ein. In G4 verweisen Sie durch "LAGER.HLP!2" auf den Hilfepunkt mit der Nummer 2.

Jetzt C5 Menüpunkt "Speichern", Bezug in D5: "LAGER.XLM!Speichern", Erläuterung in F5: "Speichert die Tabelle unter der angegebenen Bestellnummer", Verweis auf Hilfe in G5: "LAGER.HLP!3".

Die ersten drei Befehle des Menüs dienen dazu, bestimmte Aktionen durchzuführen, die die in der Lagerliste gespeicherten Daten verarbeiten oder ausgeben. Der letzte Befehl des Menüs soll jedoch lediglich den ak-

Excel in der Praxis

tuellen Lagerbestand speichern und Excel beenden. Um diese unterschiedlichen Befehlsgruppen im Menü voneinander zu trennen, tragen Sie in C6 einen Bindestrich ein. Durch diesen Bindestrich wird Excel dazu veranlaßt, im Menü selbst einen Strich zwischen dem dritten und dem letzten Befehl zu ziehen.

Das Feld C7 nimmt den letzten Menüpunkt auf: "Ende". Der entsprechende Bezug in D7 lautet "LAGER.XLM!Ende". Dazu gehört die Erläuterung in F7: "Löschen der Meldungen, Speichern der Lagerliste und Verlassen von Excel.".

Zum Schluß folgt noch der Verweis auf die Hilfedatei in G7: "LAGER.HLP!4".

Erstellung des Makros zum Menüaufruf

Jetzt ist es an der Zeit, die Makrofunktionen zum Aufruf des Menüs in Spalte A einzutragen. Zuerst muß jedoch die Tabelle, in der sich die Lagerliste, das Meldeformular und das Bestellformular befinden, aktiviert werden, damit es zu jedem Zeitpunkt möglich ist, das Menü aufzurufen. Erledigen Sie dies, indem Sie im Feld A1 der Makrovorlage die Makrofunktion

=AKTIVIEREN("LAGER.XLS")

eintragen. Bewegen Sie jetzt den Feldzeiger in A2 und tragen dort mit Hilfe des Befehls *Funktion einfügen...* aus dem Menü *Formel* die Funktion MENÜ.EINFÜGEN() ein.

Ihr Menü wird in die Standardmenüleiste 1 eingefügt

Als Argument dieser Funktion steht an erster Stelle die Kennummer der Standardmenüleiste, in die Ihr neues Menü eingebaut werden soll. Für diese Anwendung kommt nur die Tabellenmenüleiste mit ganzen Menüs in Frage. Diese Menüleiste trägt die Kennummer 1. Tragen Sie also die 1 als erstes Argument, gefolgt von einem Semikolon, zwischen den Klammern ein.

Das zweite Argument dieser Funktion ist der Menübezug. Wenn Sie Ihre Makrovorlage betrachten, stellen Sie fest, daß Sie die Felder C2 bis G7 genutzt haben, um alle Informationen zur Beschreibung Ihres neuen Menüs festzuhalten. Folgerichtig muß das zweite Argument der Funktion MENÜ.EINFÜGEN() C2:G7 lauten.

Das Feld A2 muß nun folgenden Inhalt haben:

=MENÜ.EINFÜGEN(1;C2:G7)

Excel in der Praxis

Weiterhin wäre es praktisch, wenn nach Aufruf dieses Makros direkt der richtige Tabellenausschnitt, in diesem Fall der Bereich mit dem Namen "Lagerliste", auf dem Bildschirm abgebildet würde, also muß auch der Feldzeiger im Feld A1 gebracht werden.

Einblenden des richtigen Tabellenausschnitts

Um dies zu erreichen, schreiben Sie in A3 bitte die Makrofunktion

=FORMEL.GEHEZU("Lagerliste")

Nach Ausführung der Makrofunktion FORMEL.GEHEZU() erscheint der benannte Bereich jedoch immer schwarz hinterlegt, da die Funktion gleichzeitig eine Markierung des Bereiches verursacht.

Um die Markierung wieder auszuschalten, sollten Sie den Feldzeiger einfach in das Feld A1 bewegen. Schreiben Sie dazu in A4 folgende Makrofunktion:

=AUSWÄHLEN("LAGER.XLS!Z1S1")

Das wär's eigentlich schon. Da es sich um eine Standardmenüleiste handelt, kann auf eine Makrofunktion, die eine neue Menüleiste aufruft, verzichtet werden. Was noch fehlt, sind die Beendigung des Makros und die Rückgabe der Steuerung an den Anwender durch die Makrofunktion RÜCKSPRUNG(). Schreiben Sie diese Funktion bitte in A5:

=RÜCKSPRUNG()

Stören Sie sich nicht daran, daß die Erläuterungen zu den einzelnen Befehlsworten nicht in voller Länge in den jeweiligen Feldern erscheinen. Erst wenn das Menü aufgerufen wird, können Sie sie vollständig bewundern.

Damit wären Sie mal wieder einen ganzen Schritt weiter, doch die Hauptarbeit liegt immer noch vor Ihnen: die Programmierung der Makros. Denn erst durch diese kleinen Programme wird das jetzt fertige "Gerippe" mit "Fleisch" gefüllt.

Zuerst sollten Sie jedoch dem in Spalte A festgehaltenen Makro einen Namen geben. Prinzipiell haben Sie hierbei die freie Auswahl. Da dieses Menü aber immer benötigt wird, wenn Sie mit der Datei LAGER.XLS arbeiten, sollte dieses Makro durch den Namen "auto_laden" zum selbstausführenden Makro ernannt werden. Zur Namensvergabe markieren Sie bitte den Bereich A1:A5 und wählen den Befehl *Namen festlegen...* aus dem Menü *Formel*. Auf einen Tastenschlüssel sollten Sie an dieser Stelle verzichten.

Definieren eines selbstausführenden Makros

Excel in der Praxis

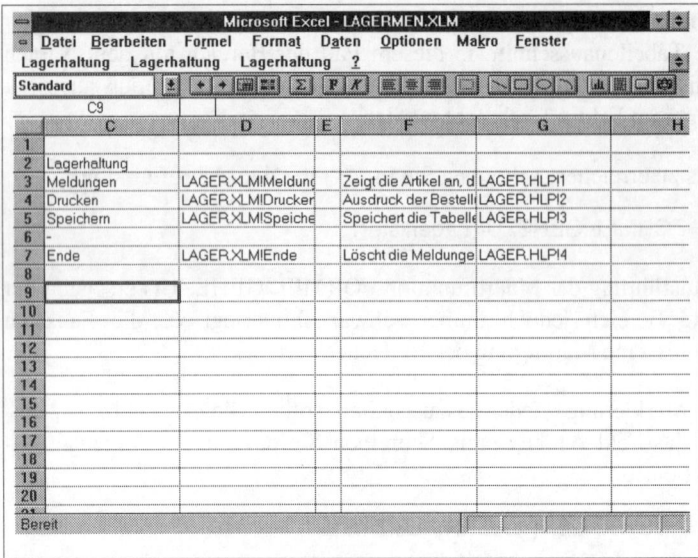

Abb. 219: Ihr neues Menü in Konstruktion

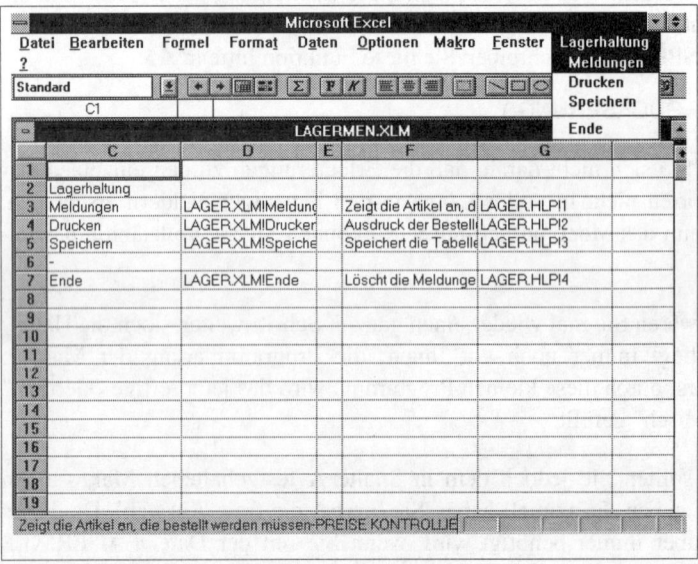

Abb. 220: Noch steckt nichts dahinter

Speichern Sie jetzt bitte die Makrovorlage unter dem Namen LAGER-MEN.XLM.

Excel in der Praxis

Starten Sie einen ersten Testlauf, indem Sie das Makro "auto_laden" mit dem Befehl *Ausführen...* aus dem Menü *Makro* starten, um Ihr neues Menü aufzurufen. Öffnen Sie dann das Menü "Lagerhaltung".

Stellen Sie Ihre Programmierkünste mit dem ersten Makro, das die zu bestellenden Artikel in das Meldeformular eintragen soll, unter Beweis. Jetzt wird es also ernst, Sie müssen das Makro zum Ausfüllen der Ausgabemaske planen.

Das erste Makro erledigt die Meldungen

Der erste Schritt hierbei ist wieder die richtige Positionierung des Feldzeigers, damit auch wirklich die Liste mit den zu bestellenden Artikeln auf dem Bildschirm erscheint.

Wenn Sie einen kleinen Schritt weiterdenken, so müssen Sie einkalkulieren, daß von der letzten Arbeit mit Ihrer Anwendung noch Artikel in dieser Ausgabemaske stehen. Aus diesem Grund sollten Sie, bevor Sie die Maske erneut ausfüllen lassen, erst einmal dafür sorgen, daß sich keine alten Einträge mehr darin befinden. Das Stichwort heißt also "Inhalte löschen".

Löschen des Meldeformulars

Der erste Schritt, um diese Aufgabe zu erledigen, ist das Laden einer neuen Makrovorlage, in der alle Makros, die durch das Menü aufgerufen werden können, gespeichert werden.

Bewegen Sie den Feldzeiger in A1, und erheben Sie dieses Feld mit dem Befehl *Aufzeichnung festlegen* zum Aufzeichnungsbereich.

Schalten Sie nun den Makrorekorder durch den Befehl *Aufzeichnen...* ein, und tragen Sie in das Dialogfeld zu diesem Befehl gleich den Namen des nun aufzuzeichnenden Makros ein. Nennen Sie das Makro "Meldungen", genau wie den entsprechenden Befehl im Menü. Als Tastenschlüssel wählen Sie Strg+M und geben Ihr *OK*.

Achtung: Aufnahme

Um Fehler zu vermeiden, achten Sie ab jetzt bitte sorgsam darauf, daß Ihre Eingaben mit dem von Ihnen gelesenen Text übereinstimmen.

Bringen Sie das Fenster, in dem Ihre Lagerliste (LAGER.XLS) abgebildet ist, in den Vordergrund. Wählen Sie jetzt den Befehl *Gehezu...* aus dem Menü *Formel*. Wählen Sie aus der Liste der vergebenen Namen den Begriff "Meldeformular" und bestätigen Sie Ihre Wahl. Markieren Sie nun den Bereich G4:I12, und wählen Sie den Befehl *Inhalte löschen...* aus dem Menü *Bearbeiten*. Entscheiden Sie sich für die Option *Alles*, und bestätigen Sie mit der Schaltfläche *OK*.

Schalten Sie nun den Makrorekorder durch den Befehl *Aufzeichnung beenden* aus dem Menü *Makro* aus. Zum Vergleich sehen Sie bitte nach,

Excel in der Praxis

ob der Makrorekorder in der Spalte A der neuen Makrovorlage den folgenden Makrocode aufgezeichnet hat:

```
=AKTIVIEREN("LAGER.XLS")
=FORMEL.GEHEZU("Meldeformular")
=AUSWÄHLEN("Z4S7:Z12S9")
=INHALTE.LÖSCHEN(1)
=RÜCKSPRUNG()
```

Speichern Sie Ihre neue Makrovorlage unter dem Namen LAGER.XLM ab, und führen Sie einen Testlauf durch, indem Sie den Befehl "Meldungen" wählen. Wenn der Feldzeiger sich nach Ablauf des Makros in G4 von LAGER.XLS befindet, kein Warnton erklingt und auch sonst keine Fehlermeldung erscheint, ist alles glatt gelaufen.

Lagerbestand wird mit dem Meldebestand verglichen

Nun bewegen Sie sich auf Neuland. Sie haben die Aufgabe, den Lagerbestand eines jeden Artikels mit dem Meldebestand zu vergleichen. Ist der aktuelle Lagerbestand kleiner oder gleich dem Meldebestand, so soll der Artikel samt EK-Preis, Bestellmenge und errechnetem Bestellwert in die Ausgabemaske eingetragen werden.

Teile der Lagerliste müssen in das Meldeformular kopiert werden

Bevor Sie loslegen, planen Sie, welcher Feldbereich in welches Feld kopiert werden muß. Im Meldeformular erscheinen lediglich die Felder ARTIKEL, EK-PREIS, BESTELLMENGE und das Produkt aus EK-PREIS und BESTELLMENGE, das im Formular unter dem Spaltentitel GESAMT erfaßt wird.

Die Artikelbezeichnung sowie den EK-Preis finden Sie in den Zeilen A und B der Lagerliste. Von dort aus müssen diese Werte in die Spalten G und H kopiert werden.

Die Bestellmenge muß aus Spalte E in Spalte I übertragen werden. Die nachfolgenden Berechnungen des Bestellwertes pro Artikel sowie der Gesamtbestellwert werden durch die in den entsprechenden Feldern abgelegten Formeln und Funktionen automatisch errechnet, sobald das Formular ausgefüllt ist.

Tabelle und Makrovorlage teilen sich den Bildschirm

Für Ihre weitere Arbeit teilen Sie den Bildschirm am besten etwas praktischer auf, damit Sie sowohl die Makrovorlage als auch Ihre Lagerliste im Auge haben.

Diese Aufteilung erreichen Sie, indem Sie alle Fenster außer den beiden für die Lagerliste und für die Makrovorlage LAGER.XLM schließen und dann den Befehl *Alles anordnen* aus dem Menü *Fenster* wählen.

Excel in der Praxis

Da das Kopieren der Daten aus der Lagerliste an eine Bedingung gebunden ist, kann dieser Teil des Makros nicht mit dem Makrorekorder aufgezeichnet werden. Das heißt jedoch nicht, daß Sie alle Funktionen von Hand eintippen müssen, der Befehl *Funktion einfügen...* erledigt dies für Sie.

Wann muß gemeldet werden?

Als Voraussetzung muß ein Lagerbestand gegeben sein, der kleiner oder gleich dem Meldebestand ist. Um dies in eine für Excel verständliche Form zu bringen, müssen Sie die Feldinhalte von C4 mit D4 vergleichen. Ist C4 kleiner als der in D4 gespeicherte Wert, so muß der Kopiervorgang initialisiert werden.

Durch die Makrofunktion =WENN() sind Sie in der Lage, eine solche Bedingung zu formulieren.

Formulierung der Bedingung

Gut, setzen Sie nun den Feldzeiger in Feld A6 der Makrovorlage LAGER.XLM. Geben Sie den Befehl *Funktion einfügen...*. Wählen Sie aus der Liste die Funktion WENN(), und bestätigen Sie Ihre Wahl mit der Schaltfläche *OK*. Wie Sie sehen, befindet sich der Cursor in der Bearbeitungszeile zwischen den beiden Klammern der Funktion WENN(). Sie können also Argumente eingeben.

Klicken Sie mit der Maus auf das Feld C4 in der Lagerliste. Der richtige Vergleichsoperator für die zu formulierende Bedingung ist <= (kleiner gleich), denn die Artikel, deren Lagerbestand kleiner oder gleich dem Meldebestand ist, sollen in das Meldeformular eingetragen werden. Schreiben Sie also hinter die von Excel eingetragenen Koordinaten LAGER.XLS!$C$4 den Vergleichsoperator <=. Klicken Sie nun auf D4, das Feld, dessen Inhalt mit C4 verglichen werden soll. In der Bearbeitungszeile steht jetzt die komplette Bedingung:

=WENN(LAGER.XLS!$C$4<=LAGER.XLS!$D$4)

Jetzt muß der sogenannte Dann-Wert formuliert werden. Unter dem Dann-Wert versteht man das, was geschehen soll, wenn die Bedingung erfüllt ist. Um diesen Dann-Wert von der Bedingung zu trennen, verwenden Sie, wie bei Excel üblich, das Semikolon.

Wählen Sie erneut den Befehl *Funktion einfügen...*. Setzen Sie auf diesem Weg die Funktion AUSWÄHLEN(), mit ausgeschalteter Option *Argumente einfügen* hinter das Semikolon. Der Cursor befindet sich jetzt in der Bearbeitungszeile zwischen den Klammern der Funktion AUSWÄHLEN(). Markieren Sie nun die Felder A4:B4 in der Lagerliste, Excel trägt diese Bereichsangabe als Argument zwischen den Klammern ein. Die Felder, die Sie gerade ausgewählt haben, sollen nun in das Meldeformular kopiert werden.

Verknüpfung von mehreren Makrofunktionen

Excel in der Praxis

Setzen Sie mit der Maus den Cursor vor die letzte Klammer, die die Funktion WENN() beendet, und fügen Sie dort die Funktion KOPIEREN() ein.

Jetzt müssen die Felder im Meldeformular ausgewählt werden, in die die Artikelbezeichnung und der EK-Preis kopiert werden sollen. Fügen Sie also hinter der Funktion KOPIEREN() die Funktion AUSWÄHLEN() ein. Markieren Sie nun das Feld G4, dieses Feld wird als Argument eingetragen. Setzen Sie mit der Maus den Cursor wieder vor die letzte Klammer in der Bearbeitungszeile, um die nächste Funktion einfügen zu können. Die nächste Funktion heißt EINFÜGEN(). Sie sorgt dafür, daß die Artikelbezeichnung und der EK-Preis auch tatsächlich in das Meldeformular eingetragen werden.

Wenn Sie einen Blick auf Ihre Bearbeitungszeile werfen, sollte dort folgendes geschrieben stehen:

=WENN(LAGER.XLS!$C$4<=LAGER.XLS!$D$4;AUSWÄHLEN
(LAGER.XLS!$A$4:$B$4)+KOPIEREN()+AUSWÄHLEN
(LAGER.XLS!$G$4)+EINFÜGEN())

Wie Sie sehen, hat Excel alle eingefügten Funktionen durch ein "+" verknüpft. Fügen Sie jetzt auf die gleiche Art und Weise die Funktionen ein, die benötigt werden, um die Bestellmenge auch in das Meldeformular zu kopieren.

Das Ergebnis sollte so aussehen:

=WENN(LAGER.XLS!$C$4<=LAGER.XLS!$D$4;AUSWÄHLEN
(LAGER.XLS!$A$4:$B$4)
+KOPIEREN()+AUSWÄHLEN(LAGER.XLS!$G$4)+EINFÜGEN()
+AUSWÄHLEN(LAGER.XLS!$E$4)+KOPIEREN()
+AUSWÄHLEN(LAGER.XLS!$I$4)
+EINFÜGEN())

Wenn in Ihrer Makrovorlage das Feld A6 diesen Inhalt hat, haben Sie die Hauptarbeit für die Erstellung dieses Makros schon geleistet.

Den Rest erledigen Sie durch Kopieren

Um auch die folgenden Zeilen der Lagerliste auf diese Bedingung hin zu überprüfen und bei Bedarf die richtigen Felder in die Ausgabemaske zu übertragen, reicht es, das Feld A6 achtmal nach unten zu kopieren. Erhöhen Sie jetzt in jeder Zeile des Makros die Zeilenangabe um 1. Am schnellsten vollziehen Sie diese Änderung, wenn Sie den Feldzeiger auf das Feld A6 setzen und den Befehl *Ersetzen...* aus dem Menü *Formel* wählen. In das Eingabefeld *Ersetzen:* tragen Sie eine 4 und in das Eingabefeld *Durch:* eine 5 ein. Ziel der ganzen Operation ist es, alle Feldbezüge auf Zeile 4 in Bezüge auf Zeile 5 umzuwandeln. Nachdem Sie diese Eingaben gemacht haben, brauchen Sie lediglich noch die Schaltfläche

Excel in der Praxis

Ersetzen zu betätigen. Nach Ausführung des Befehls muß in A7 folgendes Makro stehen:

=WENN(LAGER.XLS!$C$5<=LAGER.XLS!$D$5;AUSWÄHLEN(LAGER.XLS!$A$5:$B$5)+KOPIEREN()+AUSWÄHLEN(LAGER.XLS!$G$5)+EINFÜGEN())+AUSWÄHLEN(LAGER.XLS!$E$5)+KOPIEREN()+AUSWÄHLEN(LAGER.XLS!$I$5)+EINFÜGEN()

Wiederholen Sie diesen Vorgang nun so oft mit den verschiedenen Zeilennummern, bis in A14 das kopierte Makro in diese Form umgeändert worden ist:

=WENN(LAGER.XLS!$C$12<=LAGER.XLS!$D$12;AUSWÄHLEN(LAGER.XLS!$A$12:$B$12)+KOPIEREN()+AUSWÄHLEN(LAGER.XLS!$G$12)+EINFÜGEN())+AUSWÄHLEN(LAGER.XLS!$E$12)+KOPIEREN()+AUSWÄHLEN(LAGER.XLS!$I$12)+EINFÜGEN()

Haben Sie nun die erste Spalte der Makrovorlage in der oben beschriebenen Form ausgefüllt, sollten Sie an das Ende dieses Makros in A15 die Funktion RÜCKSPRUNG() einfügen, um das Makro zu beenden.

Wahrscheinlich sind Sie gespannt auf diesen Probelauf. Wählen Sie den Befehl "Meldungen" aus dem Menü "Lagerhaltung".

Wenn Sie keinen Tippfehler gemacht haben, sollte alles funktionieren. Trotzdem hat dieses Makro noch einen Fehler, den Sie sehr schnell nachvollziehen können, wenn Sie sich einmal die Statuszeile ansehen und die folgende Meldung lesen.

Die Statuszeile zeigt einen kleinen Fehler

KOPIEREN (Ziel + EINGABE o. EINFÜGEN wählen)

Dies bedeutet, daß der letzte Kopiervorgang von E11 nach I11 noch nicht abgeschlossen ist. Wenn Sie sich das Feld E11 in der Tabelle LAGER.XLS ansehen, stellen Sie fest, daß dieses Feld noch von dem Laufrahmen umgeben ist, der erscheint, wenn Sie den Befehl "Kopieren" anwählen.

Der letzte Kopiervorgang ist nicht beendet

Drücken Sie [Esc], und der Kopiervorgang ist beendet. Schöner wäre es jedoch, wenn dieses abschließende [Esc] ebenfalls durch das Makro erledigt würde. Die Funktion hierzu heißt ABBRECHEN.KOPIEREN() und muß vor die Funktion RÜCKSPRUNG() gesetzt werden.

Geben Sie erneut den Befehl "Meldungen" aus dem Menü "Lagerhaltung", und beobachten Sie, ob der Fehler behoben ist. Der Laufrahmen verschwindet mit dem Ende des Makros.

693

Excel in der Praxis

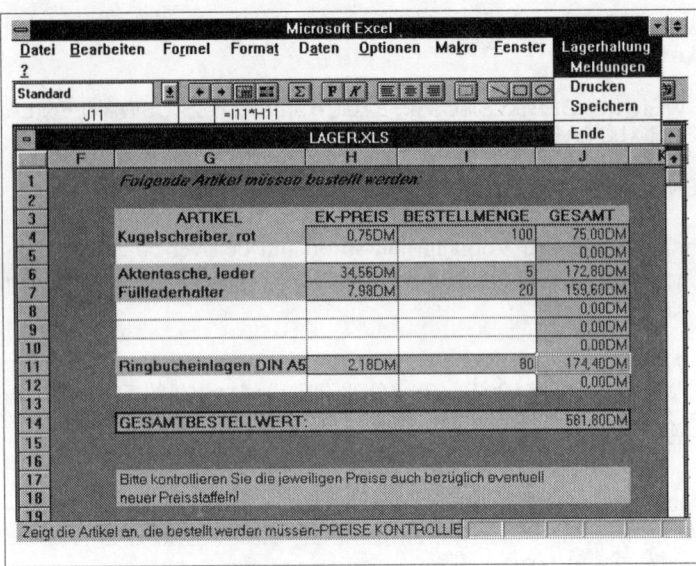

Abb. 221: *Die ausgefüllte Maske mit allen Artikeln, deren Lagerbestand kleiner als der Meldebestand ist*

Wenn Ihr Makro richtig arbeitet und Sie meine vorgegebenen Werte verwendet haben, sollte das Feld J14 einen Gesamtbestellwert von 581,80 DM aufweisen.

Sie werden erkannt haben, daß es sich bezahlt macht, sich vor jedem Schritt erst einmal einige grundsätzliche Gedanken zu machen.

Ausschalten der Bildschirmaktualisierung

Beim Ablauf des Makros hat Sie sicher auch das ständige Flackern des Bildschirms gestört. Da das Makro die Einträge aus der Lagerliste in das Meldeformular kopiert, finden viele Bewegungen des Feldzeigers statt, die für diese Unruhe auf dem Monitor sorgen.

Da diese Vorgänge aber nicht vom Benutzer kontrolliert werden müssen, sollte man sie ausschalten, um den Makroablauf ruhiger zu gestalten. Vielleicht haben Sie bereits die Funktion =ECHO() kennengelernt, die die Bildschirmaktualisierung unterdrückt.

Um zu entscheiden, an welchen Stellen im Makro die Bildschirmaktualisierung aus- bzw. wieder eingeschaltet wird, sehen Sie sich am besten Ihr Makro noch einmal an.

Die erste Funktion bewegt den Cursor in die oberste linke Ecke des Meldeformulars, in dem noch alte Einträge stehen. Dies sollte der Anwender auch mitbekommen, danach kann die Bildschirmaktualisierung ausge-

Excel in der Praxis

schaltet werden, denn interessant ist eigentlich nur, daß diese Einträge gelöscht wurden und nicht wie. Um das leere Meldeformular zu zeigen, muß sie also wieder eingeschaltet werden.

Die jetzt folgenden Kopiervorgänge verursachen die meiste Unruhe, also müssen Sie die Bildschirmaktualisierung ausschalten. Nachdem das Kopieren abgeschlossen ist, stößt Excel auf die Makrofunktion =RÜCKSPRUNG(), die den Bildschirm automatisch wieder aktualisiert, so daß der Benutzer sein fertig ausgefülltes Meldeformular vor Augen hat.

Diesen Überlegungen zufolge fügen Sie bitte vor dem Feld A4, das die Funktion =AUSWÄHLEN("Z4S7:Z12S9") enthält, auch noch die Funktion =ECHO(FALSCH) ein.

Zum Anzeigen des leeren Meldeformulars und zur Unterdrückung der Feldzeigerbewegungen beim Kopieren muß der Bildschirm nach dem Löschen zuerst ein- und dann sofort wieder ausgeschaltet werden. Fügen Sie also nun unter dem Feld A6 zwei Felder ein, die die beiden Funktionen =ECHO(WAHR) und =ECHO(FALSCH) enthalten.

Ihr endgültiges Makro sollte in den Feldern A2 bis A8 dann so aussehen:

```
=AKTIVIEREN("LAGER.XLS")
=FORMEL.GEHEZU("Meldeformular")
=ECHO(FALSCH)
=AUSWÄHLEN("Z4S7:Z12S9")
=INHALTE.LÖSCHEN(1)
=ECHO(WAHR)
=ECHO(FALSCH)
```

Jetzt steht die Erstellung des Makros zum Ausdruck des Bestellformulars an. Dieses Makro sollte folgendes leisten:

1. Der Feldzeiger muß in die richtige Spalte bewegt werden, damit das Bestellformular auch auf dem Bildschirm erscheint.

   Zuerst das Bestellformular

2. Genau wie die Ausgabemaske darf auch das Bestellformular keine alten Einträgen enthalten. Das heißt für Sie, daß das komplette Meldeformular einschließlich aller Leerzeilen in den entsprechenden Bereich im Bestellformular kopiert wird. Somit werden alle alten Einträge entweder durch neue Einträge oder durch eine Leerzeile überschrieben.

   Keine alten Bestellungen

3. Bevor die Bestellung ausgedruckt wird, muß sichergestellt sein, daß das Formular mit einer Bestellnummer versehen worden ist, unter der diese Bestellung gespeichert und in einem Aktenordner aufbewahrt werden kann. Der Feldzeiger muß also in das Feld hinter dem Text "B E S T E L L U N G" bewegt und das Makro angehalten werden,

   Keine Bestellung ohne Bestellnummer

Excel in der Praxis

damit der Benutzer die Möglichkeit hat, eine solche Nummer einzutragen. Natürlich muß auch eine Meldung ausgegeben werden, die den Benutzer zu dieser Eingabe auffordert.

4. Nachdem die Preise der Artikel im Meldeformular kontrolliert und gegebenfalls geändert worden sind, müssen die Felder, die die Artikelbezeichnungen, die Preise und die Bestellmenge enthalten, in das Bestellformular kopiert werden.

5. Der Ausdruck des Formulars.

Schritt für Schritt zum Ziel

Wie Sie sehen, steht eine ganze Menge von Aufgaben an. Beginnen Sie mit der Erledigung des ersten Punktes. Auch hierbei ist es von Vorteil, die Fenster der Makrovorlage und der Lagerliste nebeneinander anzuordnen. Bewegen Sie den Feldzeiger in B1 der Makrovorlage, und definieren Sie dieses Feld mit dem Befehl *Aufzeichnung festlegen* als Aufnahmebereich für den vom Makrorekorder erzeugten Makrocode. Schalten Sie nun mit dem Befehl *Aufzeichnung...* den Makrorekorder ein, und geben Sie dem neuen Makro den Namen "Drucken" und den Tastenschlüssel Strg + D. Zeichnen Sie jetzt folgende Aktionen auf:

1. Bringen Sie das Fenster mit der Lagerliste in den Vordergrund.

2. Geben Sie den Befehl *Gehe zu...* aus dem Menü *Formel*, und wählen Sie den Begriff "Bestellformular" aus der Liste.

3. Bringen Sie das Feld G4 auf den Bildschirm, benutzen Sie dazu die Rollbalken.

4. Markieren Sie den Bereich von G4:I9.

5. Wählen Sie den Befehl *Kopieren*.

6. Bringen Sie das Feld M22 auf den Bildschirm, bedienen Sie sich dazu der Rollbalken.

7. Markieren Sie dieses Feld.

8. Wählen Sie den Befehl *Einfügen*.

9. Bringen Sie das Feld N11 auf den Bildschirm, benutzen Sie dazu die Rollbalken.

10. Markieren Sie dieses Feld.

Excel in der Praxis

Das zuletzt markierte Feld soll die Bestellnummer aufnehmen, zu deren Eingabe der Benutzer aufgefordert werden soll. Da sich diese Funktion nicht aufzeichnen läßt, sondern von Hand eingegeben werden muß, verschieben Sie die Realisierung dieser Eingabe auf später und fahren mit der Aufzeichnung des Makros fort.

Interaktive Makrofunktionen lassen sich nicht aufzuzeichnen

11. Geben Sie jetzt den Befehl *Gehezu...* aus dem Menü *Formel*, und wählen Sie den Namen "Bestellformular" aus der Liste.

12. Mit dem Befehl *Druckbereich festlegen* aus dem Menü *Optionen* teilen Sie nun Excel mit, daß Sie nur den mit "Bestellformular" benannten Teil des Arbeitsblattes ausdrucken möchten.

13. Der Befehl *Layout...* aus dem Menü *Datei* soll Ihnen ermöglichen, den Druck der Gitternetzlinien sowie der Zeilen- und Spaltenköpfe zu unterdrücken. Kopf- und Fußzeilen müssen gelöscht und die Seitenränder richtig eingestellt werden. Bestätigen Sie Ihre Einstellungen mit der Schaltfläche *OK*.

14. Mit dem Befehl *Drucken* setzen Sie die Anzahl der Kopien auf 1, den Seitenumfang auf *Alle* und die Druckqualität auf hoch (also nicht Entwurf). Dann legen Sie fest, daß Sie nur die Tabellenfelder und keine Notizen ausdrucken möchten. Bestätigen Sie Ihre Einstellungen mit der Schaltfläche *OK*.

15. Schalten Sie den Makrorekorder durch den Befehl *Aufzeichnung beenden* aus.

Wenn Sie meinen Anweisungen gefolgt sind, müßte der Makrorekorder folgenden Code erzeugt haben:

```
=AKTIVIEREN("LAGER.XLS")
=FORMEL.GEHEZU("Bestellformular")
=WBILDLAUF.SPALTEN(-5)
=AUSWÄHLEN("Z4S7:Z12S9")
=KOPIEREN()
=WBILDLAUF.SPALTEN(2)
=SBILDLAUF.ZEILEN(4)
=AUSWÄHLEN("Z22S13")
=EINFÜGEN()
=WBILDLAUF.SPALTEN(1)
=AUSWÄHLEN("Z11S14")
=FORMEL.GEHEZU("Bestellformular")
=DRUCKBEREICH.FESTLEGEN()
=LAYOUT("";"";0,78740157480315;0,78740157480315;0,9842519
68503937;0,984251968503937;FALSCH;FALSCH)
=DRUCKEN(1;;;1;FALSCH;FALSCH;1)
=RÜCKSPRUNG()
```

Excel in der Praxis

Sollten Ihre Aufzeichnungen, was den waagerechten oder senkrechten Bildlauf angeht, nicht hundertprozentig mit unseren übereinstimmen, so heißt das nicht, daß Ihr Makro nicht richtig abläuft. Entscheidend ist hierbei nur, daß die richtigen Felder markiert bzw. ausgewählt werden konnten.

Interaktion wird gefordert

Um den Benutzer nun durch ein Dialogfeld zu einer Eingabe im Feld N11 zu bewegen, steht Ihnen die Makrofunktion EINGABE() zur Verfügung. Zwischen den Klammern müssen Sie die Meldung angeben, die den Benutzer zur Eingabe auffordert; des weiteren muß angegeben werden, welcher Art die Eingabe ist und welchen Titel das Dialogfeld haben soll.

Erzeugen Sie nun über dem Feld B13 ein Leerfeld, und tragen Sie dort die Funktion

=FORMEL(EINGABE("Bestellnummer eingeben!";1;"Nicht vergessen!"))

Dialogfeld mit einem Eingabefeld

ein. Durch diese Funktion erzeugen Sie ein Dialogfeld mit nur einem Eingabefeld. Der Text "Bestellnummer eingeben!" fordert den Benutzer dazu auf, in dieses Eingabefeld eine Zahl einzutragen, die Excel nach der Bestätigung durch *OK* in das aktive Feld der Tabelle überträgt. Das Argument 1 erlaubt dem Benutzer lediglich die Eingabe von Zahlen, um Fehleingaben zu vermeiden. Der Text "Nicht vergessen!" erscheint als Titel des Dialogfeldes.

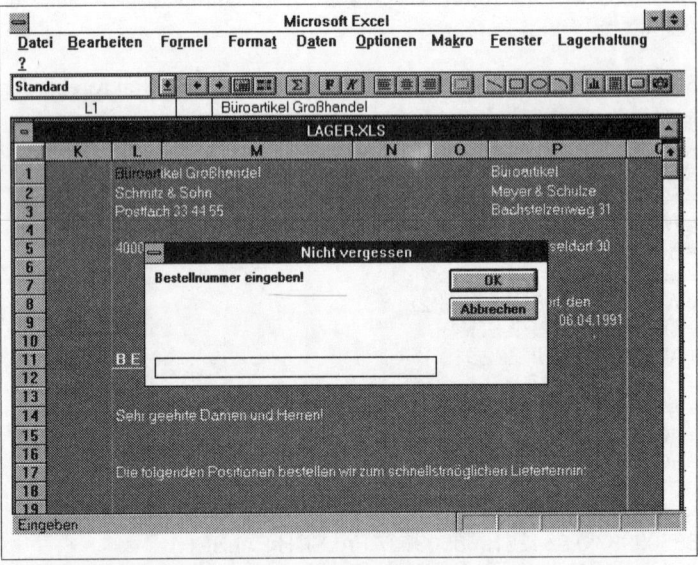

Abb. 222: Das Eingabefeld für die Bestellnummer

Excel in der Praxis

Auch bei Übereinstimmung mit dem oben abgebildeten Makro sollten Sie einen Probelauf durchführen, allein, um durch den reibungslosen Ablauf ein wenig Motivation für die nächsten Schritte zu tanken.

Auch hier steht jetzt wieder die Steuerung der Bildschirmaktualisierung an.

In diesem Fall ist dies aber wesentlich schneller erledigt, als beim ersten Makro. Da auch hier der Feldzeiger mit der zweiten Funktion in die oberste rechte Ecke des Bestellformulars bewegt wird, sollte die Bildschirmaktualisierung bis dahin auch eingeschaltet sein.

Ausschalten der Bildschirmaktualisierung

Danach werden allerdings nur noch Bereiche ausgewählt und Eingaben in Dialogfelder gemacht, die sowieso vom Makro gesteuert werden. Die Funktion EINGABE(), die den Benutzer zur Eingabe der Bestellnummer in ein Dialogfeld auffordert, ignoriert die ausgeschaltete Bildschirmaktualisierung sowieso, also können Sie den Bildschirm getrost "einfrieren", nachdem der Feldzeiger in das Bestellformular bewegt wurde.

Interaktive Makrofunktionen ignorieren die Funktion ECHO()

Zu diesem Zweck fügen Sie bitte vor dem Feld B4, das die Funktion =WBILDLAUF.SPALTEN() enthält, auch noch ein Feld mit der Funktion =ECHO(FALSCH) ein.

Dauerhaft eingeschaltet wird die Bildschirmaktualisierung erst wieder, wenn Excel auf die Makrofunktion =RÜCKSPRUNG() stößt.

RÜCKSPRUNG() für die Bildschirmaktualisierung

Die Korrespondenz wäre damit erledigt. Falls Sie eine Kopie brauchen, verwenden Sie einen Drucker, der Durchschläge produzieren kann, oder Sie erhöhen die Anzahl der Kopien mit dem Druckbefehl innerhalb des Makros.

Sicherlich wollen Sie auch eine Kopie der Bestellung auf einem Datenträger wie Platte oder Diskette haben. Automatisieren Sie diesen Arbeitsgang, indem Sie ein Makro schreiben, das den Benutzer während seines Ablaufes dazu auffordert, einen Dateinamen einzugeben, der der Bestellnummer entspricht.

Makro zur Speicherung der Bestellung auf Diskette

Dieses Makro, das in Spalte C der Makrovorlage eingetragen werden muß, soll folgende Aufgaben erledigen:

1. Ein neues Arbeitsblatt laden.

2. Das Bestellformular aus der Lagerliste in das neue Arbeitsblatt kopieren.

3. Das neue Arbeitsblatt unter dem vom Benutzer eingegebenen Dateinamen speichern.

699

Excel in der Praxis

4. Das Fenster dieses Arbeitsblattes schließen.

5. Die Lagerliste wieder in den Vordergrund bringen.

Verfahren Sie also wie gehabt, plazieren Sie das Fenster Ihrer Makrovorlage und der Lagerliste nebeneinander. Setzen Sie den Feldzeiger in das Feld C1 der Makrovorlage, und wählen Sie den Befehl *Aufzeichnung festlegen*.

Starten Sie den Makrorekorder mit dem Befehl *Aufzeichnen*.... Geben Sie dem Makro den Namen *Speichern* und den Tastenschlüssel `Strg`+`C`.

Führen Sie nun der Reihe nach folgende Befehle aus:

1. Laden Sie ein neues Arbeitsblatt mit dem Befehl *Neu*... unter der Option *Tabelle*.

2. Bringen Sie Ihre Lagerliste durch Mausklick in den Vordergrund.

3. Geben Sie den Befehl *Gehezu*..., und wählen Sie den Namen "Bestellformular" aus der Liste.

4. Wählen Sie den Befehl *Kopieren*.

5. Aktivieren Sie jetzt das neu geladene Arbeitsblatt mit `Strg`+`F6`.

6. Wählen Sie den Befehl *Einfügen* aus dem Menü *Bearbeiten*.

Die Funktion, die den Benutzer zur Eingabe des Dateinamens auffordert, läßt sich nicht durch den Makrorekorder aufzeichnen. Speichern Sie das Arbeitsblatt aus diesem Grund erst einmal unter dem von Excel vorgegebenen Namen, und korrigieren Sie diesen Schritt im Makro nach Ende der Aufzeichnung.

7. Wählen Sie also den Befehl *Speichern unter*..., und bestätigen Sie den von Excel vorgegebenen Dateinamen TAB2.XLS.

8. Schließen Sie das Fenster mit der abgespeicherten Bestellung.

9. Aktivieren Sie das Fenster, das Ihre Lagerliste enthält.

10. Schalten Sie den Makrorekorder durch den Befehl *Aufzeichnung beenden* aus.

Bei richtiger Vorgehensweise muß der Makrorekorder folgenden Code in Spalte C Ihrer Makrovorlage aufgezeichnet haben:

```
=NEU(1)
```

Excel in der Praxis

```
=AKTIVIEREN("LAGER.XLS")
=FORMEL.GEHEZU("Bestellformular")
=KOPIEREN()
=AKTIVIEREN.WEITER()
=EINFÜGEN()
=SPEICHERN.UNTER("TAB2.XLS";1;"";FALSCH)
=SCHLIESSEN()
=AKTIVIEREN("LAGER.XLS")
=RÜCKSPRUNG()
```

Jetzt können Sie die Funktion *Speichern unter...* in C8 dahingehend erweitern, daß der Benutzer den Dateinamen, unter dem die Bestellung abgespeichert werden soll, selbst in ein Eingabefeld eines Dialogfeldes eingibt.

Die Funktion EINGABE() als Argument von SPEICHERN.UNTER()

Ändern Sie also den Eintrag in C8 in:

```
=SPEICHERN.UNTER(EINGABE("Dateinamen
eingeben!";1;"Dateiname=Bestellnummer"))
```

Prüfen Sie auch dieses Makro auf seinen ordnungsgemäßen Ablauf.

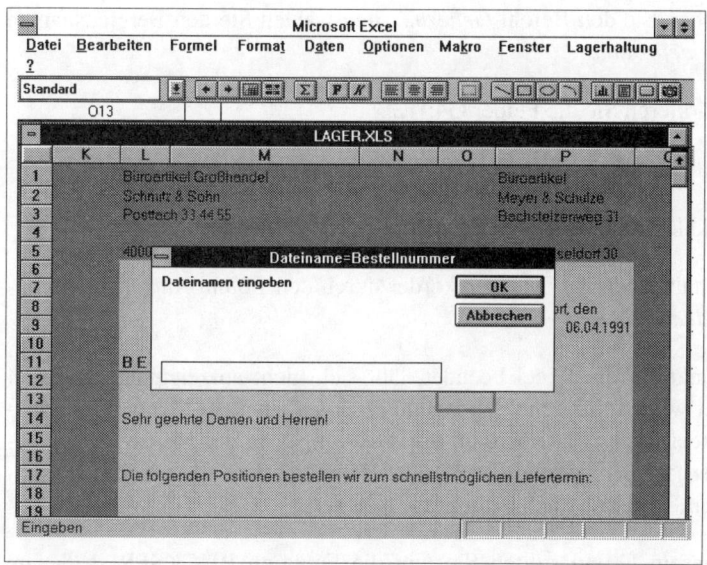

Abb. 223: Excel gibt klare Anweisungen

Was die Bildschirmaktualisierung angeht, so muß der Benutzer von den Vorgängen zum Laden und Speichern des neuen Arbeitsblattes, abgesehen von der Eingabe des Dateinamens, gar nichts mitbekommen. Da die Funktion =EINGABE() auch bei ausgeschaltetem Bilschirm erscheint,

Excel in der Praxis

sollten Sie noch vor die erste Funktion im Feld A2 des Makros ein Feld mit der Funktion =ECHO(FALSCH) einfügen.

Zum Schluß muß nur noch der letzte Menüpunkt mit dem entsprechenden Makro versehen werden. Dieser Menüpunkt soll Ihre Lagerliste unter dem Namen LAGER.XLS speichern und Excel beenden. Außerdem ist es ratsam, auch an dieser Stelle die Eintragungen im Meldeformular "auszuradieren", denn es macht eigentlich keinen Sinn, diese Meldungen mitzuspeichern.

Das entsprechende Makro, das diese Aufgaben erledigt, muß in D1 der Makrovorlage LAGER.XLM aufgezeichnet werden. Machen Sie, wie schon so oft in diesem Kapitel, dieses Feld zum Aufzeichnungsbereich.

Starten Sie den Makrorekorder, geben Sie als Makronamen "Ende" und als Tastenschlüssel `Strg`+`H` an. Beginnen Sie mit der Aufzeichnung des Makros, indem Sie folgende Befehle geben:

1. Bringen Sie die Lagerliste in den Vordergrund.

2. Geben Sie den Befehl *Gehezu...*, und wählen Sie den Bereichsnamen *Meldeformular*.

3. Markieren Sie die Felder G4:I12.

4. Wählen Sie den Befehl *Inhalte löschen* mit der Option *Alles*.

5. Wählen Sie den Befehl *Speichern* aus dem Menü *Datei*.

6. Schalten Sie den Makrorekorder durch den Befehl *Aufzeichnung beenden* aus.

Der Befehl Beenden kann nicht aufgezeichnet werden

Die Funktion, die Excel beendet, läßt sich nicht aufzeichnen, da Excel beendet wird, sobald Sie den Befehl *Beenden* aus dem Menü *Datei* wählen. Excel fragt zwar noch, ob die Änderungen in der Makrovorlage gespeichert werden sollen, dieser letzte Befehl ist dort aber noch nicht eingetragen, wird also auch nicht mitgespeichert.

Aus diesem Grund sollten Sie nun die Funktion RÜCKSPRUNG() im Feld A7 durch die Funktion BEENDEN() ersetzen.

Nach diesem Austausch sollte Ihr kleines Programm in Spalte D so aussehen:

```
=AKTIVIEREN("LAGER.XLS")
=FORMEL.GEHEZU("Meldeformular")
=AUSWÄHLEN("Z4S7:Z12S9")
=INHALTE.LÖSCHEN(1)
```

Excel in der Praxis

```
=SPEICHERN()
=BEENDEN()
```

Wenn auch der letzte Testlauf positiv verlaufen ist, haben Sie Ihre erste, schon etwas umfangreichere Excel-Anwendung mit eigener Benutzeroberfläche erfolgreich fertiggestellt.

Speichern Sie nun Ihre Makrovorlage unter dem Namen LAGER.XLM ab, wenn Sie dies nicht ohnehin schon getan haben.

Um Ihre Lagerliste unter dieser Benutzeroberfläche bearbeiten zu können, müssen immer die drei Dateien

Erstellen eines Arbeitsbereiches

    LAGER.XLS
    LAGER.XLM
    LAGERMEN.XLM

geladen sein. Das heißt, daß diese drei Dateien einen eigenständigen Arbeitsbereich bilden. Aus diesem Grund sollten Sie diese Dateien auch als Arbeitsbereich abspeichern, um sich das gesonderte Laden jeder einzelnen Datei zu sparen. Da LAGERMEN.XLM ein selbstausführendes Makro enthält, wird auch dieses automatisch beim Laden des Arbeitsbereiches ausgeführt.

Schließen Sie also alle anderen Fenster, so daß Sie nur noch die drei genannten Dateien geladen haben, und wählen Sie den Befehl *Arbeitsbereich speichern...* aus dem Menü *Datei*. Als Dateinamen vergeben Sie sinnvollerweise "LAGER.XLW".

19.3 Beispiel Iteration

In diesem Beispiel möchten wir Ihnen eine weitere Möglichkeit von Excel an einem praktischen Beispiel vorstellen. Es geht darum, Berechnungen zu lösen, die erst nach mehrmaliger Neuberechnung den richtigen Wert erhalten. Bei jeder Neuberechnung wird dabei der Endwert der letzten Berechnung als Basiswert für die nächste Berechnung verwendet. Dieses Verfahren wird Iteration genannt, wobei so viele Schleifendurchläufe ausgeführt werden, bis eine vorgegebene Genauigkeit erfüllt ist.

Folgende Problemstellung ist gegeben: Ein Kurierdienst-Unternehmen beschäftigt mehrere Fahrer, die als Subunternehmer eine monatliche Abrechnung erhalten. Sie sind mit 43% am Nettoumsatz beteiligt, wobei sich der Nettoumsatz aus Umsatz minus Kosten minus der Gewinnbeteiligung errechnet. Die Kosten, die der Subunternehmer selbst zu tragen hat, set-

Excel in der Praxis

zen sich aus Benzin, Versicherung usw. zusammen. Es handelt sich scheinbar um eine Gleichung mit zwei Unbekannten, die wir jedoch unter Excel mit einem iterativen Verfahren lösen können.

Excel geht dabei von einem geschätzten Wert aus und nähert sich durch mehrere Schleifendurchgänge dem genauen Ergebnis an.

Das Kurierdienst-Unternehmen benutzt für die Fahrerabrechnungen ein Formular, das es erlaubt, durch bloße Eingabe des jeweiligen Umsatzes pro Fahrer und dessen Kosten die monatliche Auszahlung zu berechnen (ITERATIO.XLS).

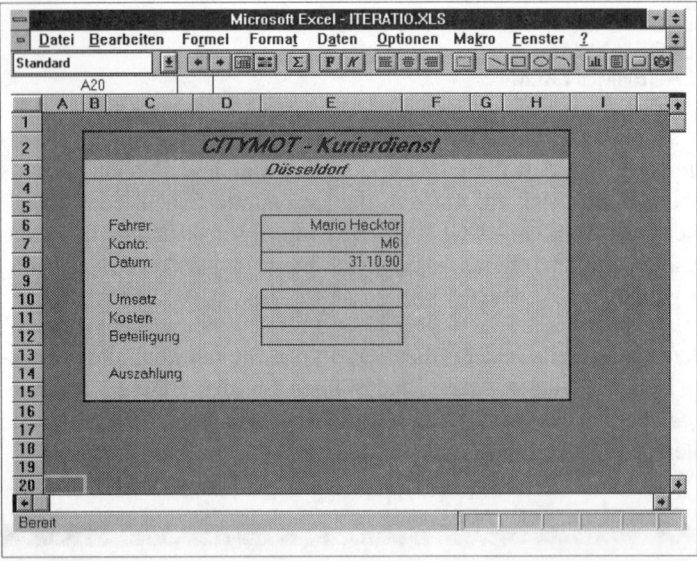

Abb. 224: Fahrerabrechnung mit Excel

Zur optischen Gestaltung

Das Formular wurde teilweise schraffiert und mit einem Rahmen versehen, wobei die Optionen des Befehls *Rahmenart...* im Menü *Format* verwendet wurden. Die entsprechenden Felder nehmen den Namen des Fahrers, die Bezeichnung seines internen Kontos und das jeweilige Datum auf.

Berechnung von abhängigen Formeln

Uns interessiert jedoch das Berechnungsfeld im unteren Teil des Formulars. Excel berechnet Tabellen auf der Grundlage von abhängigen Formeln. Aus diesem Grund ist die spaltenweise Anordnung der Berechnungsfelder nicht unbedingt verpflichtend, sollte aber der besseren Übersicht wegen eingehalten werden.

Excel in der Praxis

Bevor Sie nun die Werte für den Umsatz und die Kosten eingeben, sollten Sie im Optionsfeld des Befehls *Berechnen* im Menü *Optionen* die Option *Berechnen auf* auf *Auf Befehl* setzen, da Sie sonst bei Eingabe des ersten Wertes eine Fehlermeldung erhalten, da Excel auch direkt den zweiten Wert benötigt, damit die Formeln an sich schon erfüllt werden können.

Berechnen des Arbeitsblattes "Auf Befehl"

Die Felder haben weiterhin mit dem Befehl *Namen festlegen...* im Menü *Formel* einen Namen erhalten, um die Formeleingabe übersichtlicher zu gestalten. Es gilt daher:

Feld:	Name:
E10	Umsatz
E11	Kosten
E12	Beteiligung
E14	Auszahlung

Unter diesen Voraussetzungen können Sie jetzt die folgenden Formeln in die genannten Felder eintragen:

Feld:	Formel:
E12	=Auszahlung*0,43
E14	=Umsatz-Kosten-Beteiligung

Diese Formeln liefern jetzt den Wert 0. Da die beiden Unbekannten voneinander abhängen, können sie erst berechnet werden, wenn die Eingaben für Umsatz und Kosten getätigt werden. Geben Sie daher in die entsprechenden Felder für den monatlichen Umsatz des Fahrers den Wert 2472 und für die Kosten den Wert 364 ein.

Setzen Sie die Option *Automatisch* im Dialogfeld zum Befehl *Berechnen...* im Menü *Optionen*, um die Berechnung zu starten. Den gleichen Vorgang lösen Sie auch mit der Funktionstaste [F9] aus, die mit dem Befehl *Alles berechnen* belegt ist. Als Ergebnis erhalten Sie die Fehlermeldung "Kann Zirkelbezüge nicht auflösen".

Einschalten der automatischen Berechnung

705

Excel in der Praxis

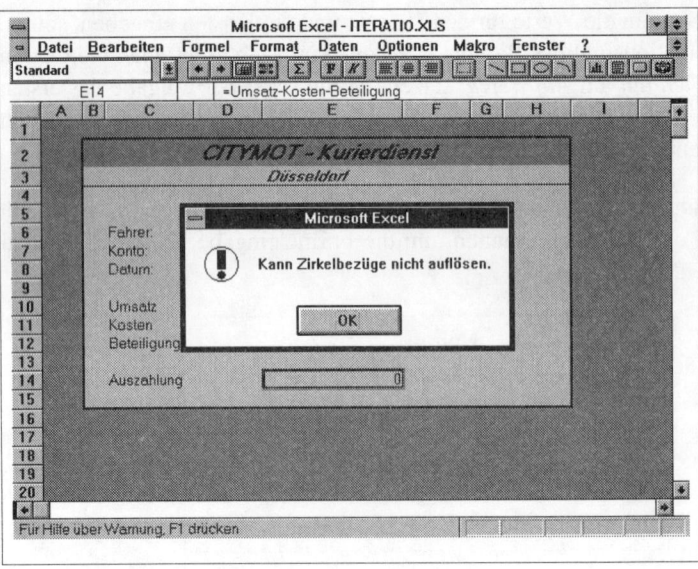

Abb. 225: Eine normale Berechnung reicht nicht aus

Excel ist nicht in der Lage, die Formel zu Ende zu berechnen, da sich in diesem Fall eine Formel auf ein anderes Feld bezieht, das sich wiederum auf das erste Feld zurückbezieht.

Zirkelbezüge können jedoch auch noch andere Ursachen haben, z.B. wenn sich eine Formel auf ihr eigenes Feld zurückbezieht oder auf ein anderes Feld bezieht, das sich wiederum auf ein anderes Feld bezieht usw., bis die Kette der Bezüge wieder beim ersten Feld endet.

Auflösung eines Zirkelbezuges

Um einen Zirkelbezug nun doch aufzulösen, weisen wir Excel an, eine Iteration vorzunehmen. Eine Iteration ist eine Technik, bei der die Berechnung einer Tabelle so oft wiederholt wird, bis eine bestimmte numerische Bedingung erfüllt ist.

Markieren Sie daher im Dialogfeld zum Befehl *Berechnen...* des Menüs *Optionen* das Optionsfeld *Iteration*.

Durch erneutes Drücken der Taste F9 bzw. der Anwahl des Befehls *Neu berechnen* wird die Tabelle iterativ berechnet, wobei sich die einzelnen Berechnungs-Durchläufe auf dem Bildschirm nachvollziehen lassen.

Das Ergebnis ist der Betrag für die Auszahlung, den das Kurierdienst-Unternehmen seinem Fahrer bezahlt.

Excel in der Praxis

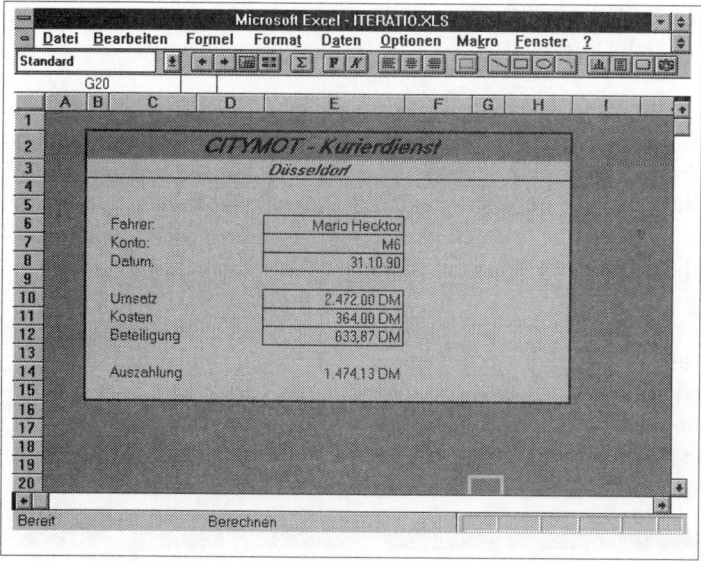

Abb. 226: Genaue Ergebnisse durch Iteration

Für die Genauigkeit des Ergebnisses gibt es unter Excel ein definiertes Maß, nach dem eine Iteration durchgeführt wird. Diese Vorgabe verhindert die Bildung einer Endlosschleife, wobei hier die Berechnung nicht ausgeführt werden kann, da die Annäherungswerte durch weitere Berechnungen keine größere Genauigkeit erlangen.

Damit eine solche Endlosschleife verhindert wird, bedient sich Excel eines Änderungshöchstwertes. Dieser Wert dient als Maßzahl für die größte Abweichung zwischen zwei Näherungsschritten. Als Standardeinstellung wird der Wert 0,001 verwendet.

Höchstzahl der Iterationen

Die Rechengenauigkeit wird damit bei dieser Vorgabe auf weniger oder gleich 0,001 im letzten Iterationsdurchlauf begrenzt. Daher erhalten Sie auch recht krumme Werte als DM-Zahlen, was uns aber nicht weiter stören soll.

Genauigkeit der Iteration

Sie können an dieser Stelle die Genauigkeit durch entsprechende Änderung im Optionsfeld *Iteration* selbst bestimmen. Auch die Zahl der Iterationszyklen, also die Anzahl der Berechnungen, läßt sich durch Eingabe eines Wertes im entsprechenden Eingabefeld steuern.

Der Verlauf der Lösung, also die schrittweise Annäherung der Werte mit jeder Iteration, nennt man Konvergenz. Die Iteration wird nun solange durchgeführt, bis entweder der Änderungshöchstwert zwischen zwei Ite-

Konvergenz und Divergenz

Excel in der Praxis

rationen erreicht ist, die Höchstzahl der Iterationen ausgeführt ist oder die Iteration durch Drücken der `Esc`-Taste abgebrochen wurde.

Der Gegensatz zur Konvergenz, die sogenannte Divergenz, ist dann gegeben, wenn die Differenz zwischen zwei Ergebnissen von einer Iteration zur nächsten größer statt kleiner wird. Die Iteration wird dann solange fortgeführt, bis die im Dialogfeld des Befehls *Berechnen...* im Menü *Optionen* eingestellte Höchstzahl der Iterationen ausgeführt wurde bzw. bis Sie die laufende Iteration mit der `Esc`-Taste abbrechen.

Excel berechnet Tabellen auf der Grundlage von abhängigen Formeln und nicht spalten- oder zeilenweise. Aus diesem Grund sollten Sie kein Iterationsmodell aufbauen, dessen Konvergenz bzw. Divergenz von der Reihenfolge der Berechnung abhängig ist. Jedes mit dem Zirkelbezug verbundene Feld wird von Excel bei jeder Iteration einmal berechnet.

19.4 Beispiel Prognose für Spediteure

Anhand des Speditionsunternehmens Hermann Winters GmbH möchten wir Sie mit der Auswertung von jährlichen Umsatzzahlen vertraut machen, wobei als Ziel die Prognose für die nächsten vier Jahre errechnet werden soll. Grundlage für die Formelerstellung bilden hier die absolute und relative Feldadressierung.

Prognostizierter Schwankungsbereich

Die Prognose selbst ermittelt sich aus den mittleren, prozentualen Werten der vorausgegangenen vier Jahre und schließt an das letzte Jahr an, dessen Werte noch vorliegen. Als Ergebnis wird Ihnen demnach auch nur eine mittlere Prognose geliefert. Daher ist es sinnvoll, einen Schwankungsbereich zu ermitteln, dem eine positive bzw. negative Steigerung der Werte zugrunde liegt.

Bei einer statistischen Auswertung kommen im Prinzip nur rein mathematische Formeln zum Vorschein, wobei die Interpretation bzw. die Reaktion auf die Ergebnisse dem einzelnen Anwender obliegt. Churchill sagte:

"Glaube keiner Statistik, die du nicht selbst gefälscht hast".

Faktoren müssen berücksichtigt werden

Weiterhin gibt es bei statistischen Prognosen keinerlei Gewährleistung für die Richtigkeit der Prognosen, da mitunter alle menschlichen und natürlichen Faktoren, die auf die Umsatzzahlen einwirken können, vernachlässigt werden.

Excel in der Praxis

Trotzdem ermitteln wir nun die Prognose für die Jahre 1986 bis 1989 aufgrund der Zahlenwerte der Jahre 1982 bis 1985.

Die Speditionsfirma hat Sie nun damit beauftragt, die Prognose aus der vorliegenden Statistik über die Transportleistungen zu errechnen, wobei folgende Zahlen verfügbar sind:

Jahr:	Leistung: (Mio. TKM)	Umsatz: (Mio. DM)
1986	80,40	16,08
1987	85,10	17,87
1988	88,10	20,26
1989	92,50	22,20

Den Spediteur interessiert dabei natürlich auch, wie hoch der Preis für den TKM (Tonnenkilometer) in den angegebenen vier Jahren durchschnittlich war und welche Steigerungen der Transportleistungen zu erwarten sind. Daraus sollen Zahlen prognostiziert werden, um die voraussichtlichen Erlöse bei bestimmten Transportkapazitäten abschätzen zu können.

Weiterhin müssen die Steigerungsraten der Leistung, des Umsatzes und schließlich noch der Preis für den Tonnenkilometer in Prozent ermittelt werden, wobei diese als Basis für die Hochrechnungen dienen.

Basis für die Hochrechnung schaffen

Als erstes sollten Sie nun ein Formular erstellen, das die vorliegenden Zahlen und einen Bereich für die Errechnung der Basiswerte beinhaltet.

Zur Erinnerung:

Die optische Aufbereitung erhalten Sie auch hier wieder durch die Optionen des Befehls *Rahmenart...* im Menü *Format*. Spaltenüberschriften erhalten mit dem Befehl *Ausrichtung...* und der Wahl der Option *Zentriert* eine mittige Ausrichtung innerhalb des Feldes.

Formatieren Sie alle Felder, die Zahlen enthalten (bis auf die der Jahreszahlen), mit dem entsprechenden Formatcode "0,00" so, daß jeweils Werte auf zwei Dezimalstellen ausgegeben werden. Auch die Zahlenfelder erhalten eine zentrierte Ausrichtung.

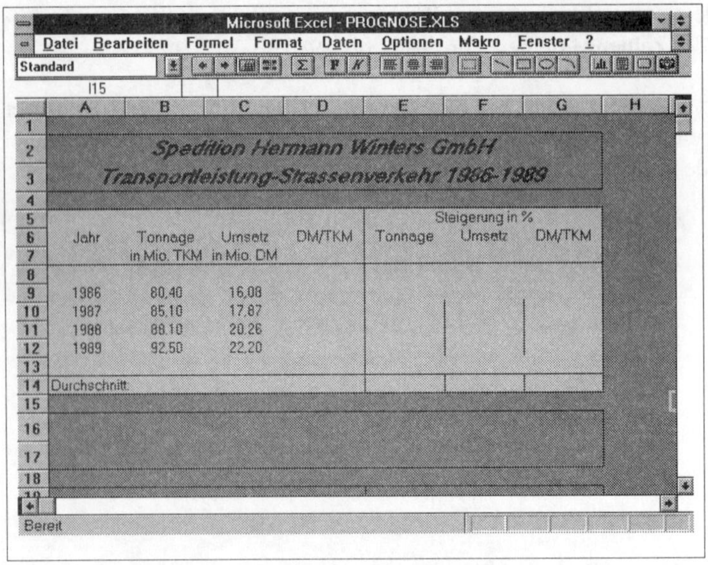

Excel in der Praxis

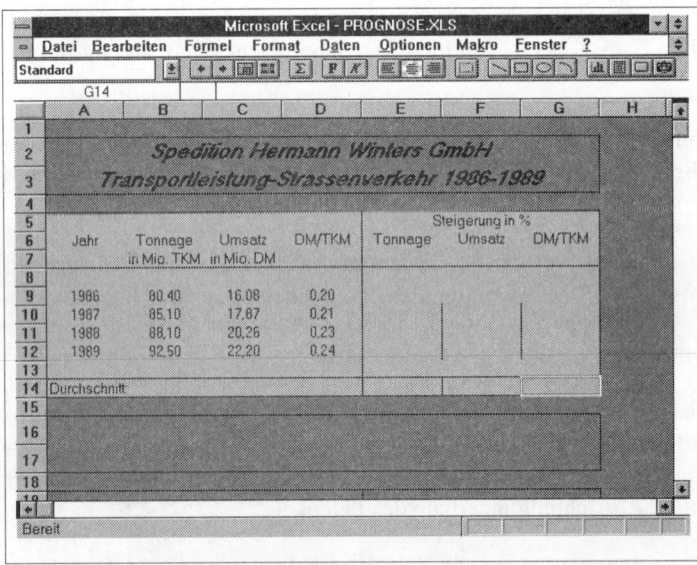

Abb. 227: *Eingabe des vorliegenden Zahlenmaterials*

Abb. 228: *Die Preise werden berechnet*

Als ersten Schritt müssen Sie den Preis für den Tonnenkilometer errechnen, der aus dem Verhältnis von Umsatz und Leistung resultiert. Setzen Sie den Feldzeiger auf das Feld D9, und geben Sie das Gleichheitszeichen (=) ein. Setzen Sie den Feldzeiger nun auf das entsprechende Umsatzfeld,

Excel in der Praxis

und geben Sie das Divisionszeichen (/) ein. Abschließend setzen Sie den Feldzeiger noch auf das entsprechende Leistungsfeld und schließen die Formel mit ⌈Return⌉ ab. Die Formel sollte jetzt so aussehen:

=C9/B9

Da es sich hierbei um eine relative Adressierung handelt, können Sie die Formel dreimal nach unten kopieren, um die Preise der übrigen Jahre berechnen zu lassen. Der nächste Schritt besteht aus der Berechnung der jährlichen, prozentualen Steigerungsrate. Da wir auch in diesem Fall die relative Adressierung nutzen, brauchen wir die Formel nur einmal zu erstellen und können sie dann in die entsprechenden Felder kopieren.

Setzen Sie den Feldzeiger in das Feld E10, und geben Sie wiederum das Gleichheitszeichen ein. In diesem Feld soll die erste Steigerungsrate (also von 1986 bis 1987) errechnet werden. Führen Sie nun den Feldzeiger auf das Feld B10 und geben Sie dann das Divisionszeichen ein. Setzen Sie den Feldzeiger nun auf das Feld B9 und geben Sie anschließend das Multiplikationszeichen ein. Geben Sie nun den Wert 100, das Minuszeichen und schließlich nochmals die 100 ein. Mit der ⌈Return⌉-Taste wird die Formel übernommen, die nun folgenden Aufbau hat:

Eingeben der Steigerungsraten

=B10/B9*100-100

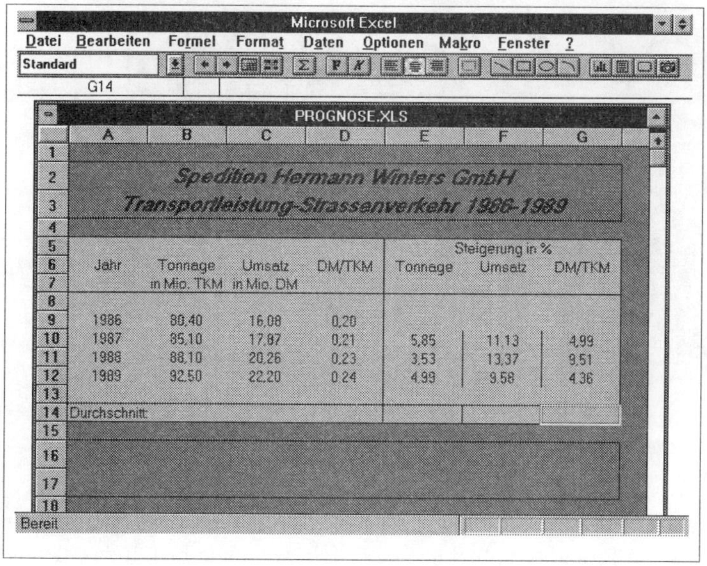

Abb. 229: Die Berechnungsgrundlage ist geschaffen

Excel in der Praxis

Da die relativen Feldadressen für diesen Fall immer dieselben bleiben, können Sie die Formel zweimal nach rechts und jeweils noch zweimal nach unten kopieren.

Statistische Auswertung

Widmen wir uns nun der ersten statistischen Funktion, um den Mittelwert der Steigerungswerte zu berechnen. Setzen Sie den Feldzeiger auf das Feld E14, und geben Sie das Gleichheitszeichen ein. Fügen Sie die Funktion MITTELWERT ein. Markieren Sie jetzt den Bereich, aus dem der Mittelwert errechnet werden soll. Dieser besteht aus den oberen drei Zeilen der gleichen Spalte und wird nach dem Markieren von dem Laufrahmen umfahren. Schließen Sie die Formel mit der Return-Taste ab. Die Formel sollte nun folgendermaßen aussehen:

MITTELWERT(E10:E12)

Wiederum bedingt durch die relative Feldadressierung können Sie diese Formel zweimal nach rechts kopieren, um auch die Mittelwerte der anderen Steigerungsraten zu berechnen.

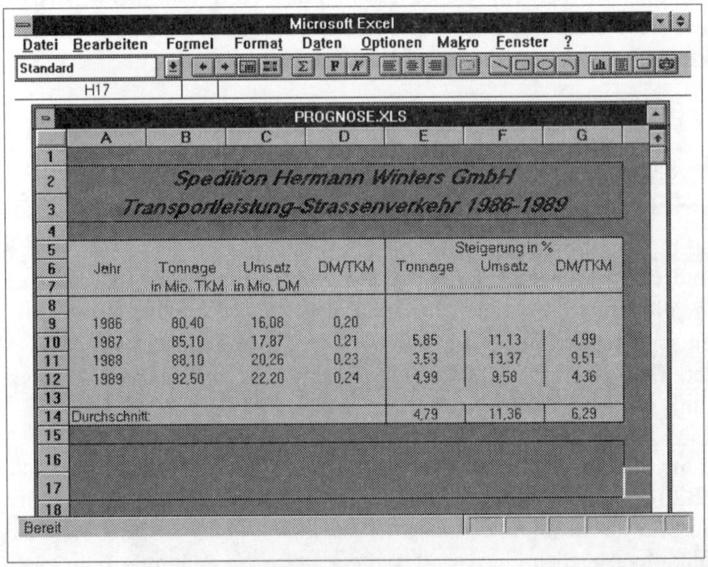

Abb. 230: Die Mittelwerte sind ermittelt

Nun steht nichts mehr im Wege, ein neues Formular anzulegen, das die Werte für die Prognose aufnehmen soll. Ich verwende hierzu das gleiche Arbeitsblatt. Sie können aber auch eine neue Tabelle anlegen und diese mit Hilfe des Befehls *Neues Fenster* gleichzeitig auf dem Bildschirm darstellen. Dies hätte den Vorteil, daß Sie von einer Grundtabelle aus externe Tabellen für verschiedene Zeiträume bzw. für Prognosen bei unterschiedlichen Ausgangswerten erhalten. Vergessen Sie in diesem Fall nicht, die entsprechenden Dateien miteinander zu verknüpfen.

Das Formular für die prognostischen Werte erhält folgenden Aufbau:

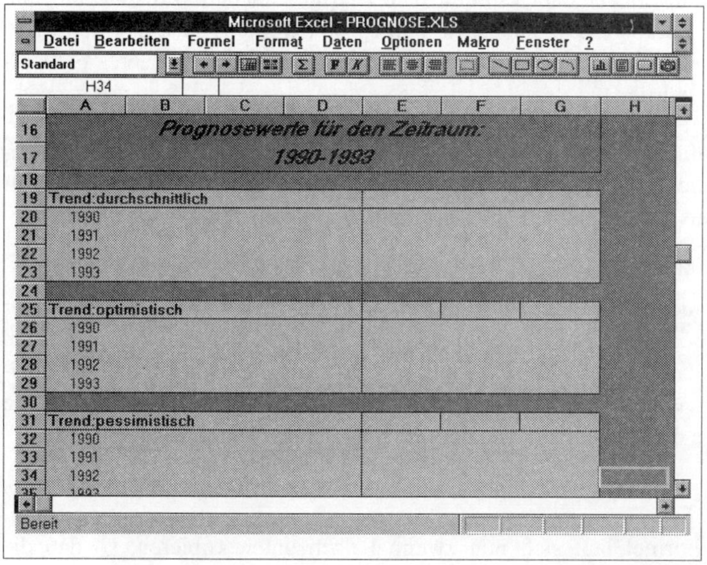

Formular-Aufbau

Abb. 231: Aufbau des Formulares

Anhand der Prozentsätze für die durchschnittliche Steigerung der Lieferung und des Umsatzes werden Sie nun die Hochrechnung für den folgenden Vierjahreszeitraum vornehmen. Die Ausgangsbasis wird dabei vom entsprechenden Wert des letzten, vorliegenden Jahres (also 1989) gebildet. Der durchschnittliche Preis ergibt sich dann wieder aus dem Verhältnis zwischen Leistung und Umsatz.

Setzen Sie den Feldzeiger auf das erste Ergebnisfeld der Prognoseberechnung (B20), und geben Sie das Gleichheitszeichen ein. Markieren Sie nun den Wert für die Leistung des Jahres 1989 (B12), und geben Sie dann das Multiplikationszeichen ein, gefolgt von der offenen Klammer. Die nächsten Eingaben sind der Wert 100, das Pluszeichen und die Feldadresse, die den durchschnittlichen Prozentsatz der Lieferung enthält (E14). Schließen Sie die Formel mit der geschlossenen Klammer und dem Prozentzeichen. Die Formel hat folgenden Aufbau:

    =B12*(100+E14)%

Das Prozentzeichen am Ende der Formel wirkt dabei wie eine Division durch 100.

Excel in der Praxis

Es wurde hier wiederum eine relative Feldadressierung vorgenommen. Die Formel läßt sich jedoch noch nicht kopieren, da der Basiswert für die Berechnung des Jahres 1991 das Ergebnis des Jahres 1990 ist. Also müssen wir eine weitere Formel erstellen, die als Ausgangswert den Inhalt des darüberliegenden Feldes nimmt. Die zugrundeliegende Prozentzahl muß jedoch als absolute Feldadresse eingegeben werden, da Excel beim Kopieren nach unten bei der Berechnung der Formel auf ein leeres Feld zugreifen würde.

Namensvergabe schafft Übersicht

Die einfachste Methode ist die Vergabe von Namen, indem Sie der durchschnittlichen Prozentzahl für die Tonnage den Namen "Tonnage", der für den Umsatz den Namen "Umsatz" und der letzten den Namen "Mark" zuordnen.

Positionieren Sie jetzt den Feldzeiger in das Ergebnisfeld für das Jahr 1991, und geben Sie wiederum das Gleichheitszeichen ein. Geben Sie nun die gleiche Formel wie zuvor ein, nur mit dem Unterschied, daß die Position des ersten Feldes die relative Adresse des Feldes für 1990 ist und die Angabe der Prozentzahl aus dem entsprechenden Namen besteht, also:

=B20*(100+Tonnage)%

Diese Formel läßt sich nun zweimal nach unten kopieren, so daß die Werte der Jahre 1992 und 1993 automatisch berechnet werden.

Erstellen Sie nun die Prognose für den Umsatz, wobei der Ablauf der gleiche ist, wie bei der Prognose der Lieferung.

Zur Kontrolle hier die Formeln:

1990   C12*(100+F14)%
1991   C20*(100+Umsatz)%

Die untere Formel wird wieder zweimal nach unten kopiert, wobei die Werte automatisch berechnet werden.

Als letzte "normale Trendrechnung" müssen Sie noch den Preis berechnen, indem Sie wieder die Formeln erstellen und die zweite Formel entsprechend zweimal nach unten kopieren:

1990   D12*(100+G14)%
1991   D20*(100+Mark)%

Die Prognose bei konstanter Steigerung ist nun fertig berechnet und sollte folgende Werte aufweisen:

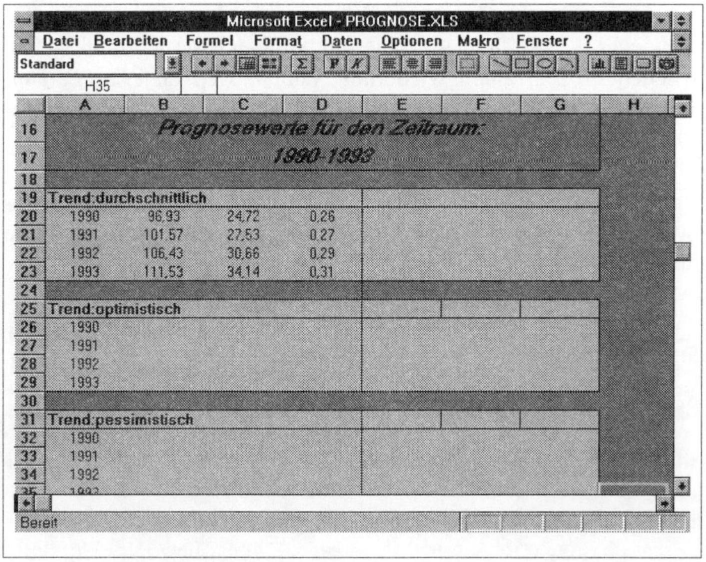

Excel in der Praxis

Abb. 232: *Was sagt der Trend?*

Wie wirken sich jedoch höhere bzw. niedrigere Steigerungsraten auf die Prognose der kommenden vier Jahre aus? Wir wollen nun noch eine optimistische und eine pessimistische Prognose berechnen, um einen gewissen Kalkulationsspielraum zu haben.

Die Steigerungsraten sollen daher einmal um 20% gemindert und zum anderen um 20% erhöht werden. Der Übersichtlichkeit halber werden dazu nach unten gerundete Prozentzahlen verwendet. Diese erhalten Sie durch die Funktion GANZZAHL.

Kalkulation mit niedrigeren Steigerungsraten

Setzen Sie den Feldzeiger in das Feld E25, das die optimistische Prozentzahl aufnehmen soll. Wählen Sie das Gleichheitszeichen, und geben Sie folgende Formel zur Berechnung des optimistischen Prozentsatzes ein:

=GANZZAHL(E14*120%)

Kopieren Sie die Formel zweimal nach rechts, und Sie erhalten auch die übrigen Prozentsätze.

Verfahren Sie auf die gleiche Weise im Feld E31, nur daß hier die pessimistische Prozentzahl mit folgender Formel errechnet wird:

=GANZZAHL(E14*80%)

Das Ermitteln der optimistischen und pessimistischen Prognosewerte ist jetzt nur noch reine Routine, wobei Sie sich jedoch auf die Adresse des

Excel in der Praxis

Feldes mit den entsprechenden neuen Prozentzahlen beziehen müssen. Da auch hier wieder die absolute Adressierung wirksam werden muß, geben Sie den neuen Prozentzahlen wiederum Namen, z.B. *LieferungP*, *UmsatzP* und *MarkP* für die pessimistischen Steigerungsraten und entsprechend *LieferungO*, *UmsatzO* und *MarkO* für die optimistischen.

Die effektivste Art, die Formeln zur Errechnung des auf den Durchschnittswerten beruhenden Trends zu kopieren, besteht aus mehreren Schritten:

Ändern Sie in der Formel in Feld B20 den relativen Bezug in einen gemischten Bezug in der Form:

    B$12*(100+Tonnage)%

oder in einen absoluten Bezug wie:

    $B$12*(100+Tonnage)%

Wiederholen Sie diese Änderung der Bezugsart auch für die Formeln der Felder C20 und D20.

Nachdem dies erledigt ist, kopieren Sie den Feldbereich B20:C20 in das Feld B26. Wenn alles glatt gelaufen ist, müßten in den Feldern B26:D26 die gleichen Werte zu finden sein wie in B20:D20. Die Formeln aus dem Bereich B21:D23 können nun ohne eine Veränderung nach B27 kopiert werden. Jetzt stehen unter der Überschrift "Trend: optimistisch" die gleichen Werte wie unter "Trend: durchschnittlich".

Optimistische Steigerungsraten

Dies liegt an der Bezugnahme auf die durchschnittliche Steigerung der einzelnen Faktoren. Wenn Sie dem o.g. Hinweis nachgekommen sind und für die optimistischen Werte die Namen "TonnageO", "UmsatzO" und "MarkO" vergeben haben, ist es jetzt sehr ratsam, für alle neun Formeln den Bezug auf die optimistischen Steigerungsraten vorzunehmen.

Zu diesem Zweck sollten Sie zuerst die Felder B26:B29 markieren. Wählen Sie dann den Befehl *Ersetzen...* aus dem Menü *Formel*. In die Eingabefelder des Dialogfelds zu diesem Befehl geben Sie nun die folgenden Texte ein:

    Ersetzen: Tonnage
    Durch: TonnageO

Daraufhin können Sie nun die Schaltfläche *Alle ersetzen* betätigen bzw. ⎡Return⎤ drücken.

Wie Sie sehen, fallen jetzt die für die folgenden Jahre errechneten Werte deutlich optimistischer aus. Wiederholen Sie nun die oben beschriebenen

Schritte auch für die Spalten C und D. Ersetzen Sie "Umsatz" durch "UmsatzO" und "Mark" durch "MarkO".

Haben Sie auch dieses erledigt, können Sie auf das bereits Geleistete zurückgreifen und alle geschilderten Vorgänge auch für die Ermittlung der pessimistisch geschätzten Werte vollziehen. Die neuen Bereichsnamen lauten dann "TonnageP", "UmsatzP" und "MarkP".

Nach getaner Arbeit können Sie sich an folgendem richtigen Ergebnis erfreuen:

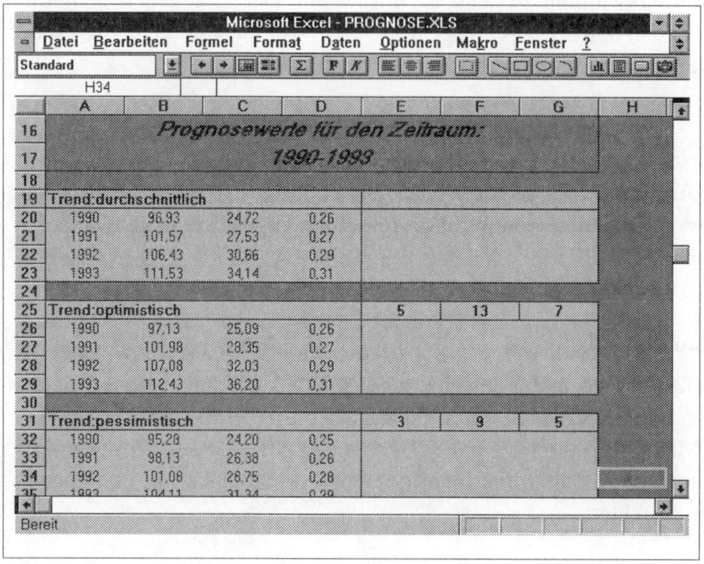

Abb. 233: Die nächsten Jahre können kommen

19.5 Adreßverwaltung mit Excel

Excel ist hervorragend dazu geeignet, Adressen und die den Adressen zugehörigen Informationen zu verwalten und zu verarbeiten. Dazu gehört neben der Pflege der Adressen auch die Ausgabe in Rechnungsformulare, Serienbriefen oder aber einfach über die Zwischenablage in andere Programme. Excel bietet die vielfältigsten Möglichkeiten zur Bearbeitung und Auswertung von Informationen dieser Art.

Wir möchten Ihnen an dieser Stelle eine Adreßverwaltung vorstellen, welche die Grundbausteine enthält. Da jeder Anwender seine eigenen Vorstellungen für die zu speichernden Informationen hat, soll Ihnen die Anwendung als Basis dienen, die Sie nach Ihren eigenen Bedürfnissen

Die Basisanwendung

Excel in der Praxis

weiter ausbauen können. Zu diesem Zweck sollten Sie sich jedoch zuvor mit dem Datenbank- und dem Makrokapitel beschäftigt haben. Für einfache Verwaltungsaufgaben ist die Datenbank jedoch sofort einsetzbar. Sie kann als Beispiel einer Makroprogrammierung dienen.

In diesem Kapitel erfahren Sie den Aufbau der Datenbank, die zur Verfügung stehenden Makros und eine Beschreibung der Funktionen.

Die verwendeten Arbeitsblätter

Die Adreßverwaltung besteht aus insgesamt vier Dateien, die allesamt den Namen "ADRESSEN" tragen. Sie unterscheiden sich lediglich durch die Dateinamenserweiterung.

ADRESSEN.XLS

Dieses Arbeitsblatt enthält den Start-Bildschirm, den eigentlichen Datenbankbereich, den Zielbereich und den Bereich für die anwenderspezifische Datenmaske.

ADRESSEN.XLM

Die Makrovorlage bildet das Herz der Adreßverwaltung. Hier erfolgt die Steuerung aller Vorgänge und Funktionen. Enthalten ist ein "AUTO_LADEN"-Makro, um die Anwendung direkt nach dem Aufruf zu starten. Die Makrovorlage enthält weiterhin eine eigene Menüleiste mit den entsprechenden Befehlen.

ADRESSEN.DOC

Diese Datei ist ein Arbeitsblatt, welches im Textformat gespeichert ist. Wichtig ist sie in Zusammenhang mit dem Befehl *Serienbrief*. Sie stellt die Steuerdatei für die Serienbrief-Funktion in Word für Windows dar.

ADRESSEN.XLW

Diese Arbeitsbereichsdatei enthält alle obengenannten Dateien zur Adreßverwaltung. Wenn Sie mit der Adreßdatei arbeiten, sollten Sie diese über die Arbeitsbereichsdatei aufrufen. Wird diese Datei in das Verzeichnis XLSTART kopiert, so erfolgt der Aufruf der Adreßverwaltung direkt nach Aufruf von Excel.

Excel in der Praxis

Starten und Beenden der Adreßverwaltung

Gestartet wird die Adreßverwaltung durch Aufruf der Arbeitsbereichsdatei ADRESSEN.XLW. Dadurch werden alle an der Adreßverwaltung beteiligten Dateien geöffnet. Die Bildschirmanzeige und der Arbeitsbereich von Excel werden entsprechend geändert und es erscheint eine neue Menüleiste mit den Menüs *Datei*, *Adressen* und *Ausgabe*. Diese Menüs enthalten wiederum die Befehle, die für die Adreßverwaltung verwendet werden.

Eine neue Menüleiste

Das Menü *Datei* enthält die Befehle *Speichern* und *Beenden*, die Sie wie gewohnt anwenden können. Mit dem Befehl *Speichern* wird jedoch nur die Datei ADRESSEN.XLS gespeichert, um eventuelle neu eingegebene Adressen zu sichern. Der Befehl *Beenden* speichert sicherheitshalber noch einmal die Datei ADRESSEN.XLS und schließt dann alle an der Adreßverwaltung beteiligten Dateien. Der Arbeitsbereich und die Bildschirmanzeige werden wieder auf die Standardwerte zurückgesetzt und es erscheint die Excel-Standardmenüleiste.

Die Befehle der Anwendung

Insgesamt stehen Ihnen zwei Menüs für die Verwaltung Ihrer Adressen zur Verfügung. Diese bilden, wie bereits erwähnt, ein Grundgerüst, welches nach Bedarf weiter ausgebaut werden kann. Zunächst einmal möchten wir Ihnen die Funktionen der vorhandenen Befehle kurz erläutern.

Im Menü *Adressen* wird durch die Befehle *Eingabe*, *Suchen* und *Löschen* die Datenmaske aufgerufen. Mit der Maske lassen sich diese Befehle am einfachsten durchführen. Die Maske selbst ist eine anwenderspezifische Datenmaske, die im Arbeitsblatt definiert wurde. Sie kann später an eigene Bedürfnisse angepaßt werden.

Mit den Befehlen *Sortieren* > und *Sortieren* < werden die Datensätze entweder aufsteigend oder absteigend sortiert. Nach Anwahl eines der Befehle erscheint ein Dialogfeld, in dem Sie die Feldbezeichnung eingeben können, nach der sortiert werden soll. Möchten Sie zum Beispiel alle Datensätze nach der Postleitzahl sortieren, geben Sie als Kriterium *PLZ* ein usw. Sinnvoll ist dies bei Ausgabe auf dem Drucker oder in die Serienbrief-Datei. Geordnete Adressen können später besser bearbeitet werden. Es kommt halt immer auf die Art der Anwendung an.

Im Menü *Ausgabe* wird die Druckersteuerung und das Ziel der Ausgabe festgelegt. Mit dem Befehl *Druckereinrichtung* wird zuerst das Dialogfeld zum Befehl *Druckerkonfiguration* angezeigt und dann das Dialogfeld zum Befehl *Layout*. Auf diese Weise können Sie Ihren Drucker entsprechend anpassen und die Ausgabe beeinflussen (Ränder, Zeilen- und

Drucken der Adressen

Excel in der Praxis

Spaltenbezeichnungen usw.). Der Befehl *Drucker* ist schon etwas komplexer. Hier wird der Datenbankbereich markiert und aufgrund der Markierung der Druckbereich festgelegt. Es werden innerhalb des Datenbankbereiches jedoch nur die reinen Inhalte markiert, sonst würde seitenweise leere Blätter gedruckt werden, da sich der Datenbankbereich über 16000 Zeilen erstreckt. Dies ist übrigens dann auch die Maximalgrenze für Adressen (Speicherabhängig!). Nachdem der Druckbereich festgelegt wurde, wird das Dialogfeld des Befehls *Drucken* angezeigt. Hier lassen sich die üblichen Parameter einstellen. Günstig ist die Option *Seitenansicht*, da hiermit vor Ausgabe auf dem Drucker die Seitenansicht angezeigt wird. So läßt sich noch überprüfen, ob alle Adressen Platz haben oder ob die Ränder noch gekürzt werden müssen.

Erstellung einer Serienbrief-Steuerdatei

Der Befehl *Serienbrief* im Menü *Ausgabe* ist von ähnlich komplexer Struktur. Wir sind davon ausgegangen, daß für einen Serienbrief nur die Adresse und die Anrede von Nutzen sind. So wurden im Datenbankbereich die Spalten *FIRMA*, *NAME*, *STRASSE*, *PLZ*, *ORT* und *ANREDE* mit dem Namen *Serienbrief* versehen. Alle Adressen werden mit den entsprechenden Feldern markiert und über die Zwischenablage in die Datei ADRESSEN.DOC kopiert. Diese Datei ist bereits im Text-Format gespeichert. Wenn Sie in Word für Windows einen Serienbrief erstellen möchten, können Sie diese Datei in Word für Windows einladen, alles markieren und den Befehl *Tabelle* aus dem Menü *Einfügen* wählen (achten Sie bitte darauf, daß alle Spalten durch ein Semikolon oder einen Tabulator getrennt sind). Die Adressen sind jetzt in einer WinWord-Tabelle eingefaßt und können ohne Probleme von der Serienbrief-Funktion verwendet werden.

Bei der nächsten Verwendung des Befehls *Serienbrief* wird zuvor der entsprechende Bereich in der Datei ADRESSEN.DOC gelöscht, damit keine Überschneidungen vorkommen. Speichern Sie daher die in WinWord verwendete Datei unter einem anderen Namen ab.

Kopieren in andere Anwendungen

Der Befehl *Zwischenablage* kopiert alle Adressen (sämtliche Spalten) in die Zwischenablage. Von dort können Sie beispielsweise durch Umschalten mit ⌜Alt⌝+⌜Tab⌝ in eine andere Anwendung eingefügt werden.

Bearbeitung der Anwendung

Anpassung an eigene Bedürfnisse

Durch die eigene Menüleiste haben Sie nur wenig Möglichkeiten zur Bearbeitung. Im Zusammenhang mit der reinen Anwendung ist das äußerst sinnvoll, wenn andere Personen damit arbeiten sollen. Möchten Sie selbst Veränderungen an der Adreßverwaltung bzw. an den Makros vornehmen, so können Sie mit der Tastenkombination ⌜Strg⌝+⌜R⌝ das Excel-Standardmenü einschalten, ohne die Anwendung zu beenden. Mit der Tasten-

kombination `Strg`+`L` erhalten Sie wieder die Menüleiste der Adreßverwaltung. So können Sie Änderungen direkt ausprobieren.

Die Datenbank-Datei

Die Datei ADRESSEN.XLS enthält im Bereich A1:H28 die Oberfläche *Die Oberfläche*
der Adreßverwaltung. Sie wird vor und nach jedem Befehl angezeigt, um
optisch ein wenig Ordnung zu schaffen. Dies besorgt der Makrobefehl
Formel.Gehezu(Adressen.xls!$A$1). Durch diesen Befehl wird immer das
richtige Arbeitsblatt in den Vordergrund gebracht und der Feldzeiger auf
das Feld A1 gesetzt.

Der Bereich J:T enthält die Feldbezeichnungen der Adressen. Von links *Der Datenbank-*
nach rechts sind dies folgende: KUNO, FIRMA, ABTEILUNG, NAME, *Bereich*
STRASSE, PLZ, ORT, TELEFON, TELEFAX, ANREDE, BRANCHE.
So enthalten die Zeilen 2:3 den Suchkriterienbereich und die Zeilen
8:16384 den Datenbankbereich. Beide Bereiche sind entsprechend benannt. Durch die Bezeichnung des Datenbankbereiches ist auch die Kapazität der Datenbank auf 16376 Adressen beschränkt. Je nach Speicherkapazität Ihres Rechners können eventuell nicht so viele Adressen verwaltet
werden.

Im Bereich der Spalten V:AF wurde der Druck- und Kopierbereich angelegt. Dieser Bereich wird von uns nicht verwendet. Er ist quasi nur ein
Platzhalter, wenn Sie weitere Makros für spezielle Ausgaben schreiben
und einen Kopierbereich verwenden möchten.

Die anwenderspezifische Datenmaske ist im Bereich AH3:AN23 defi- *Die Datenmaske*
niert. Dieser Bereich enthält auch den Namen *Datenmaske*. Wenn Sie die
Maske nach Ihren eigenen Bedürfnissen ändern möchten, beachten Sie
die Vorgaben zur Erstellung einer anwenderspezifischen Datenmaske.
Zum Ändern benutzen Sie am besten den Dialog-Editor, in dem Sie den
Bereich in die Zwischenablage kopieren und den Dialog-Editor aufrufen.
Dort können Sie die Datenmaske einfügen und ändern.

Die Makro-Vorlage

Die Datei ADRESSEN.XLM enthält alle Makros und Steuerfunktionen
für die Adreßverwaltung. Hier lassen sich neue Befehle definieren bzw.
bestehende Befehle ändern. Prinzipiell wurde die Vorlage zweigeteilt:

Die Menüleiste und die Befehle nebst Kommentarzeilen befinden sich im
Bereich A1:F17. Im Bereich A15:A17 ist der Tastenschlüssel zur Anzeige
des Standardmenüs definiert, das während der Arbeit mit der Adreßverwaltung aufgerufen werden kann. Wenn der Tastenschlüssel anderen Per-

Excel in der Praxis

sonen bekannt ist, die keinerlei Änderungen an der Anwendung vornehmen sollen, können Sie Ihn an dieser Stelle ändern. Sicherheitshalber sollten Sie zuvor natürlich Paßwörter vergeben, damit auch erfahrene Excel-Anwender keine Änderungen mehr vornehmen können.

Auch sei darauf hingewiesen, daß die Kommentare bei Anwahl der Befehle nur dann sichtbar werden, wenn die Statuszeile mit dem Befehl *Bildschirmanzeige* aktiv ist bzw. das entsprechende Makro definiert ist.

Die Spalten G bis R enthalten sämtliche Makros, wobei in Spalte G das Makro enthalten ist, welches die Anwendung automatisch bei Anwahl der Datei ADRESSEN.XLW aufruft und damit die Anwendung startet. Im folgenden sollen die einzelnen Makros noch kurz erläutert werden:

Auto_laden

Automatischer Start der Anwendung

Dieses Makro wird automatisch gestartet, wenn die Anwendung geöffnet wird. Dadurch werden Zeilen- und Spaltenbezeichnung, Rollbalken und Bearbeitungszeile ausgeschaltet, damit mehr Raum für die Darstellung bleibt. In unserer Anwendung werden diese Optionen nicht benötigt. Weiterhin wird die Datei ADRESSEN.XLS in den Vordergrund gebracht und der Feldzeiger auf das Feld A1 gesetzt. Dadurch erscheint die Anwendungsoberfläche. Zuletzt wird noch die eigene Menüleiste aus Spalte A aufgerufen, welche die speziellen Befehle enthält.

Speichern

Dieses Makro speichert die Datei ADRESSEN.XLS unter dem gleichen Namen ab. Dadurch können Eingaben in die Datenbank jederzeit zwischengespeichert werden.

Beenden

Dieses Makro schließt alle an der Anwendung beteiligten Dateien, wobei die Datei ADRESSEN.XLS nochmals gespeichert wird. Alle anderen Dateien werden nicht gespeichert.

Eingabe

Ruft die Datenmaske zum Eingeben neuer Adressen auf.

Sortieren auf

Dieses Makro aktiviert den kompletten Datenbankbereich und zeigt innerhalb des Befehls *Ordnen* ein Dialogfeld an, in das der Feldname eingegeben werden kann, nach dem in aufsteigender Reihenfolge sortiert wird. Danach wird wieder die Oberfläche angezeigt.

Sortieren ab

Dieses Makro aktiviert den kompletten Datenbankbereich und zeigt innerhalb des Befehls Ordnen ein Dialogfeld an, in das der Feldname eingegeben werden kann, nach dem in absteigender Reihenfolge sortiert wird. Danach wird wieder die Oberfläche angezeigt.

Löschen

Ruft die Datenmaske zum Löschen bestimmter Adressen auf.

Suchen

Ruft die Datenmaske zum Filtern bestimmter Adressen auf.

Druckereinrichtung

Dieses Makro zeigt das Dialogfeld der Befehle *Druckereinrichtung* und *Layout* an, um den Drucker an die Ausgabe anpassen zu können. Die Informationen werden gespeichert und für den Befehl *Drucken* verwendet.

Drucken

Dieses Makro markiert alle Adressen im Datenbankbereich. Es werden nur die Zeilen markiert, die Adressen enthalten. Aufgrund der Markierung wird dann der Druckbereich festgelegt und das Dialogfeld des Befehls *Drucken* angezeigt. Nach dem Druckvorgang wird der Druckbereich wieder gelöscht, damit beim nächsten Druckvorgang jeweils die aktuelle Datenbank gedruckt werden.

Serienbrief

Dieses Makro ruft zunächst die Datei ADRESSEN.DOC auf und löscht deren Inhalt, damit hier immer aktuelle Einträge einkopiert werden. Danach werden die Spalten K, M, N, O, P und S in der Datei ADRESSEN.XLS markiert (sie wurden mit dem Namen *Serienbrief* bezeichnet) und in die Zwischenablage kopiert. Daraufhin wird die Datei ADRESSEN.DOC aktiviert und der Inhalt der Zwischenablage kopiert. Diese Datei wird gespeichert und es erfolgt die Rückkehr zur Oberfläche.

Excel in der Praxis

Zwischenablage

Dieses Makro markiert alle Adressen im Datenbankbereich und kopiert sie in die Zwischenablage.

Mit diesem Grundgerüst haben Sie bereits eine komplette Anwendung, um einfache Adreßverwaltungen durchzuführen. Wenn Sie sich mit der Struktur dieser Anwendung und ihrer Makros erst ein wenig vertraut gemacht haben, können Sie diese Anwendung an Ihre speziellen Bedürfnisse entsprechend anpassen.

19.6 Privates Finanzmanagement

Weitere nützliche Beispiele

In diesem Kapitel wollen wir Ihnen lediglich eine weitere kleine Anwendung präsentieren, die Ihnen die Möglichkeit geben soll, Ihre privaten Finanzangelegenheiten zu organisieren. Diese Anwendung soll nur als kleine Anregung dienen, wie Sie sich Ihr ganz persönliches Excel erstellen können. Es wird deshalb nicht auf die Erstellung der Makros und Tabellen eingegangen. Wenn Sie inzwischen schon das Kapitel der Makroprogrammierung unter Excel und die o. g. Praxisbeispiele durchgearbeitet haben, sind Sie in der Lage, die nun folgenden Anwendungen nachzuvollziehen und an Ihre eigenen Bedürfnisse anzupassen.

Die privaten Kosten auf einem Blick

Um nun das Programm *Privates Finanzmanagement* zu starten, wechseln Sie in das Verzeichnis \BEISPIEL und klicken dann die Datei FNZMGMT.XLM an. Normalerweise wird jetzt Excel gestartet und das Programm aufgerufen. Natürlich können Sie die Datei auch aus Excel selbst heraus starten.

Anschließend finden Sie in der Menüleiste den zusätzlichen Eintrag *FM*. Alle Funktionen des Programms Privates Finanzmanagement werden nun über dieses Menü wie normale Excelfunktionen gestartet. Wenn Sie das Private Finanzmanagement nicht mehr benötigen, können Sie mit der Funktion *Beenden*, eben aus diesem Menü, das Programm deinstallieren.

Bedienung per Schaltflächen

Alle Programme werden über farblich hervorgehobene Schaltflächen bedient. Sie erkennen die Schaltflächen daran, daß der Mauszeiger die Form einer zeigenden Hand annimmt, wenn Sie darüberfahren. Wenn Sie dann die linke Maustaste betätigen, wird die zugeordnete Funktion ausgelöst. Diese Funktionen werden durch Makros ausgeführt, die in einer separaten Datei abgespeichert sind. Zu jeder Tabelle gehört also auch eine Makrodatei.

Alle Tabellen weisen zwei identische Schaltflächen auf. Sie sollen deshalb zuerst erklärt werden:

Excel in der Praxis

Anwendung beenden
    Die gerade angezeigte Tabelle wird geschlossen. Wenn Sie Änderungen vorgenommen haben, werden Sie gefragt, ob Sie diese speichern möchten. Da die Beispiel-Tabellen als Vorlagen dienen, wie z. B. die *Reisekostenabrechnung*, ist wohl zu überlegen, ob immer alle Änderungen zu sichern sind. Mit dieser Funktion wird auch die Makrovorlage wieder geschlossen.

?
    Die Schaltfläche mit dem Fragezeichen stellt eine einfache Hilfefunktion dar, die knapp erklärt, welche Möglichkeiten Sie mit dem Programm/der Tabelle haben.

Versicherungsdatenbank

In dieser Tabelle können Sie wichtige Daten über Ihre Versicherungen verwalten. Dazu werden die folgenden Angaben gespeichert:

Die einzelnen Anwendungen

Versicherungsart
    Die einzelnen Versicherungen wurden zu Gruppen zusammengefaßt, um einen beseren Überblick zu gewährleisten.

Versicherung Hier wird nun die eigentliche Versicherungsart eingetragen.

Institut Tragen Sie hier das Versicherungsinstitut ein.

Anzahl In dieses Feld kommt die Anzahl der Zahlungen im Jahr.

Beitrag Wichtig ist natürlich, wieviel Sie an Beitrag für diese Versicherung bezahlen müssen. Tragen Sie den jeweiligen Teilbetrag ein.

Jahresbeitrag
    Der Jahresbeitrag ergibt sich aus dem Produkt von *Anzahl* multipliziert mit dem *Beitrag*.

Das Programm führt selbständig die folgenden Auswertungen durch:

Summe (jährl.)
    Die Summe aller Jahresbeiträge wird in diesem Feld angezeigt.

Summe (monatl.)
    Die Jahressumme wird durch 12 geteilt und ergibt damit einen Durchschnitt der Versicherungsbeiträge pro Monat.

Die folgenden Funktionen können mit dem Programm durchgeführt werden:

Excel in der Praxis

Datenbank editieren

Alle Eingaben und Änderungen am Datenbestand sollten Sie über diese Funktion durchführen. Damit ist gewährleistet, daß auch die Rechenfunktionen in der Tabelle immer auf dem richtigen Stand sind.

Adreßdatenbank

In dieser Tabelle können Sie wichtige Adressen verwalten. Dazu werden die folgenden Angaben über diese Personen gespeichert:

Name, Vorname, PLZ, Ort, Straße und Telefon.

Das Programm führt selbständig die folgenden Auswertungen durch:

Einträge Die Anzahl der Einträge in der Adreßdatenbank werden angezeigt.

Folgende Funktionen können mit dem Programm durchgeführt werden:

Datenbank editieren

Alle Eingaben und Änderungen am Datenbestand sollten Sie über diese Funktion durchführen. Damit ist gewährleistet, daß auch die Rechenfunktionen in der Tabelle immer auf dem richtigen Stand sind und alle Einträge gefunden werden.

Nach Namen sortieren

Nach Eingabe oder Änderung von Adressen können Sie mit dieser Funktion alle Einträge neu sortieren.

Aufkleber drucken

Sie können mit dieser Funktion Etiketten bedrucken. Markieren Sie dazu die Namen der Personen, zu denen Aufkleber gedruckt werden sollen. Anschließend betätigen Sie diese Funktion.

Kredittilgung

Diese Funktion zeigt Ihnen, was Ihnen blüht, wenn Sie ein Darlehen tilgen müssen. Dabei können Sie die folgenden Angaben machen:

Kapital Das ist der Betrag, den Sie der Bank schulden. Den müssen Sie zurückbezahlen. Darauf müssen Sie zunächst Zinsen bezahlen. Diesen Wert müssen Sie eingeben.

Auszahlungsbetrag

Leider bekommen Sie manchmal nicht die gesamte Summe

Excel in der Praxis

ausbezahlt. Denn die Bank behält direkt einen gewissen Betrag (Disagio).

Auszahlungssatz
Wieviel Sie von Ihrer eigentlichen Schuld dann ausbezahlt bekommen, wird durch diesen Wert bestimmt. Diesen Wert müssen Sie eingeben.

Zinssatz Prozentsatz des jährlichen Zinses. Diesen Wert müssen Sie eingeben.

Disagio Das ist der Betrag, den die Bank von Ihrer Schuld einbehält.

Zahlungen Dieser Wert ist das Geld, das Sie monatlich an die Bank überweisen. Er enthält die Zinsen und die Tilgung. Diesen Wert müssen Sie eingeben.

Laufzeit Das Programm rechnet aus, wie viele Jahre Sie Zahlungen leisten müssen, um die Restschuld zu tilgen.

Zinsleistung Diesen Betrag zahlen Sie während der Laufzeit an Zinsen.

Die folgenden Funktionen können mit dem Programm durchgeführt werden:

Berechnen Aufgrund der oben eingegebenen Daten errechnet das Programm, welche Zins- bzw. Tilgungsanteile Sie in den einzelnen Jahren auf Grund Ihrer Restschuld beitragen und stellt die Werte in einer Tabelle dar.

Kfz-Kosten

In dieser Tabelle können Sie wichtige Daten über Ihr Fahrzeug verwalten. Dazu werden die folgenden Angaben gespeichert:

Bereich Bei den Kosten, die bei der KFZ-Haltung auftreten, werden insbesondere fixe und variable Kosten unterschieden. Variable Kosten hängen im Gegensatz zu den fixen Kosten von der zurückgelegten Kilometerleistung ab.

Kostenart In dieser Spalte wird die eigentliche Kostenart, also die Verwendung eingetragen.

Verursacher Hier wird eingetragen, an wen der Beitrag zu leisten ist.

Bemerkung Alles, was sonst noch wichtig erscheint.

Anzahl Da die Tabelle die jährlich anfallenden Kosten darstellt, ist die Anzahl einzutragen, wie häufig die geschilderten Kosten im Jahr aufgetreten sind.

Excel in der Praxis

Betrag Der Betrag, den Sie dafür bezahlen müssen.

Summe Der Jahresbeitrag ergibt sich aus dem Produkt von Anzahl multipliziert mit dem Betrag.

Das Programm führt selbständig die folgenden Auswertungen durch:

Summe (jährl.)
Die Summe aller Jahresbeträge wird in diesem Feld angezeigt.

Summe (monatl.)
Die Jahressumme wird durch 12 geteilt und ergibt damit einen Durchschnitt der Kosten für das Fahrzeug pro Monat.

Die folgenden Funktionen können mit dem Programm durchgeführt werden:

Datenbank editieren
Alle Eingaben und Änderungen am Datenbestand sollten Sie über diese Funktion durchführen. Damit ist gewährleistet, daß auch die Rechenfunktionen in der Tabelle immer auf dem richtigen Stand sind.

Haushalt

In dieser Tabelle können Sie wichtige Daten über Ihren Haushalt verwalten. Dazu werden die folgenden Angaben gespeichert:

Bereich Hiermit werden die Kosten, die im Haushalt auftreten, in mehrere Kategorien unterschieden. Insbesondere sind das allgemeine Kosten, Kosten des Fahrzeuges, des Hauses, der Lebensführung und das Geld für Versicherungen. Diese Tabelle dient u.a. dazu, Beträge aus besonderen Bereichen der Lebensführung, wie Versicherungen, KFZ etc. zusammenzuführen.

Kostenart In dieser Spalte wird die eigentliche Kostenart, also die Verwendung eingetragen.

geht an Hier wird eingetragen, an wen der Beitrag zu leisten ist.

Bemerkung Hier können noch wichtige Dinge eingetragen werden.

Anzahl Da die Tabelle die jährlich anfallenden Kosten darstellt, ist die Anzahl einzutragen, wie häufig die geschilderten Kosten im Jahr aufgetreten sind.

Betrag Der Betrag, den Sie dafür bezahlen müssen.

Excel in der Praxis

Summe Der Jahresbeitrag ergibt sich aus dem Produkt von Anzahl multipliziert mit dem Betrag.

Das Programm führt selbständig die folgenden Auswertungen durch:

Summe (jährl.)
Die Summe aller Jahresbeträge wird in diesem Feld angezeigt.

Summe (monatl.)
Die Jahressumme wird durch 12 geteilt und ergibt damit einen Durchschnitt der Kosten für ~~das Fahrzeug~~ *des Haushaltes* pro Monat.

Allgemein, Fahrzeug, Haus, Lebensmittel und Versicherungen
Die einzelnen Einträge zeigen, wieviel Sie jeweils für die genannten Bereiche ausgeben.

Größter Wert Dieser Wert ist der Spitzenreiter. Dafür geben Sie am meisten Geld aus.

Kleinster Wert
Das ist Ihr kleinster Ausgabebetrag.

Die folgenden Funktionen können mit dem Programm durchgeführt werden:

Datenbank editieren
Alle Eingaben und Änderungen am Datenbestand sollten Sie über diese Funktion durchführen. Damit ist gewährleistet, daß auch die Rechenfunktionen in der Tabelle immer auf dem richtigen Stand sind.

Abschreibung

Mit dieser Funktion können Sie feststellen, welche Abschreibungsmöglichkeiten Sie haben, wenn Sie zwischen linearer und degressiver Abschreibung vergleichen. Dazu geben Sie für das Abschreibeobjekt die folgenden Daten ein:

Objekt Name oder Bezeichnung des Objektes.

Anschaffung Datum der Anschaffung des Abschreibeobjektes.

Nr Sie können dem Abschreibeobjekt eine Nummer geben.

Bemerkung Was für Sie wichtig ist.

Datum, Text, Anschaffungswert
Oft setzen sich die Abschreibeobjekte aus mehreren Einzelobjekten zusammen. Hier haben Sie die Möglichkeit, mehrere Teile einzutragen.

Excel in der Praxis

Nutzungsdauer
    Geben Sie ein, wie lange Sie das Objekt nutzen werden.

Abschreibungssätze
    Die Tabelle errechnet aus der Nutzungsdauer die Abschreibungssätze.

In einer Tabelle werden dann die Werte der Abschreibung über die einzelnen Jahre der Nutzung eingetragen. Dabei werden die Werte für die degressive Abschreibung und für die lineare Abschreibung nebeneinander gestellt.

Die folgende Funktionen kann mit dem Programm durchgeführt werden:

Tabelle drucken
    Alle Angaben in der Tabelle werden auf dem Drucker ausgegeben. Dabei ist zu beachten, daß die größtmögliche Auflösung eingestellt ist, da die Zahlen sonst wegen der verwendeten Muster schlecht oder gar nicht lesbar sind.

Kalender

Mit dieser Funktion können Sie sich Kalender für jeden beliebigen Monat erzeugen und verwalten.

Dazu stehen Ihnen die folgenden Funktionen zur Verfügung, die Sie mit dem Programm durchführen können.

Kalender erzeugen
    Durch Betätigung dieser Funktion wird ein Kalender für einen Monat erzeugt. Sie werden dazu nach dem Monatsdatum gefragt. Dabei wird der aktuelle Monat vorgegeben. Anschließend wird der erzeugte Monatskalender angezeigt.

Kalender laden
    Damit können Sie einen schon erstellten Kalender wieder laden und weiter bearbeiten. Die Namen der Kalender werden nach folgendem Schema gebildet: "KAL"&Monat&"-"&jahr&".XLS". Anschließend wird der erzeugte Monatskalender angezeigt.

Wenn ein Monatskalender angezeigt wird, können Sie nach Ihren Wünschen Eintragungen in dem Kalender vornehmen. Falls Ihr Text sehr lang ist, können Sie Ihre Informationen einfach als Feldnotiz hinterlegen. Die

Excel in der Praxis

Notiz wird durch einen kleinen roten Punkt in der rechten oberen Ecke des Feldes angezeigt. Darüber hinaus haben Sie folgende Funktionen zur Verfügung:

Kalender speichern
: Mit dieser Funktion können Sie einen Kalender, den Sie bearbeitet haben, abspeichern. Dazu wird zunächst ein Dateinamen vorgegeben, der nach obigem Muster gebildet wurde. Anschließend wird die Datei geschlossen.

Kalender drucken
: Mit dieser Funktion wird der aktuell angezeigte Kalender auf dem Drucker ausgegeben.

Abbrechen
: Alle aktuellen Änderungen werden verworfen und der angezeigte Kalender wird ohne Speichern geschlossen.

+ bzw. -
: Sie bekommen einen Kalender des nächsten (+) bzw. des vorangegangenen (-) Monats angezeigt. Dazu wird jeweils der vorhandene aktuelle Kalender mit allen Eintragungen als Vorlage genommen.

Reisekostenberechnung

Mit dieser Funktion können Ihre Reisekostenabrechnungen komfortabel durchgeführt werden. Dazu steht Ihnen ein Reisekosten-Abrechnungsformular zur Verfügung, in das alle notwendigen Angaben dialoggesteuert eingetragen werden.

Für diese Funktion stehen Ihnen die folgenden Schaltflächen zur Vefügung:

Berechnung
: Die für die Berechnung der Reisekostenabrechnung notwendigen Daten werden dialogorientiert abgefragt und in das Formular eingetragen. Die notwendigen Berechnungen werden natürlich automatisch durchgeführt.

Abrechnung drucken
: Das ausgefüllte Formular Reisekostenabrechnung wird auf dem Drucker ausgegeben.

Basisdaten editieren
: Für die Abrechnung werden diverse gleichbleibende Daten benötigt, die Sie einmal bereitstellen. Dies ist beispielsweise die Wegstrecken-Entschädigung, also die Entschädigung, die Sie erhalten, wenn Sie im Rahmen einer Dienstreise Ihren eigenen PKW eingesetzt haben.

Excel in der Praxis

Die Sytemsteuerung

Kapitel 20

20. Die Systemsteuerung **735**
    20.1   Farben einstellen 736
    20.2   Ländereinstellungen 738
    20.3   Datum und Zeit setzen 740
    20.4   Druckerinstallation 741
    20.5   Schriften installieren 745
    20.6   Arbeitsbereich ändern 747
            Andere Desktop-Einstellungen 749
    20.7   Maus- und Tastatur-Einstellungen 750
            Tastatureinstellung 751
    20.8   Datenübertragungsanschlüsse konfigurieren 751
    20.9   Ein- und Ausschalten des Signaltons 753
    20.10 Einstellungen im erweiterten 386er-Modus 753
    20.11 Einstellung von Netzwerk-Optionen 756

Die Sytemsteuerung

20. Die Systemsteuerung

Die Systemsteuerung ist eigentlich kein Bestandteil von Excel, sondern ein elementarer Bestandteil von Windows. Mit der Systemsteuerung können Sie eine Reihe von Einstellungen vornehmen, um eine optimale Anpassung an Ihre spezifischen Bedürfnisse zu ermöglichen.

Mit Hilfe der Systemsteuerung bringen Sie Excel z.B. die richtige Uhrzeit, das richtige Datum, das richtige Dezimaltrennzeichen, das voreingestellte Währungssymbol, Farben, neue Drucker, neue Schriftarten und vieles mehr bei. Rufen Sie mit dem Befehl *Ausführen...* im Systemmenü von Excel die Anwendung *Systemsteuerung* auf.

Starten der Systemsteuerung

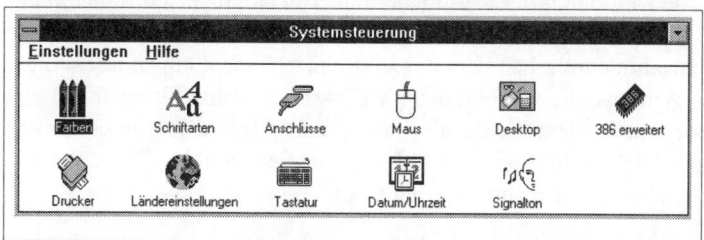

Abb. 234: Die Systemsteuerung

Innerhalb dieses Fensters können Sie entweder durch die Anwahl des entsprechenden Symbols oder des gleichnamigen Befehls im Menü *Einstellungen* eine Reihe von Einstellungen vornehmen, anhand derer Windows, die Windows-Anwendungen und somit auch Excel ablaufen.

Einfluß nehmen können Sie auf: die Farben, in denen die Fenster auf dem Bildschirm erscheinen, die Schriftarten, die auf Ihrem Drucker ausgegeben werden können, die Konfiguration der seriellen Schnittstellen COM1: - COM4:, die Umsetzung der Mausbewegungen auf den Bildschirm, die Länge des Intervalls für einen Doppelklick, den Hintergrund für Ihre Windowssitzung, die installierten Drucker, länderspezifische Einstellungen wie Währungs- und Datumsformat usw., die verwendete Tastatur, die Uhrzeit, das Datum und ob Sie bei eventuellen Fehlbedienungen einen Warnton hören möchten.

Die Sytemsteuerung

20.1 Farben einstellen

Um die Farben des Excel-Bildschirms zu ändern, wählen Sie den Befehl *Farbe* im Menü *Einstellungen* bzw. das gleichnamige Symbol an.

Bei der Farbauswahl sind keine Grenzen gesetzt

In diesem Dialogfeld können Sie für jedes Element eines Windows-Bildschirms die Farbe wählen, die Ihnen am angenehmsten erscheint. Wollen Sie die farbliche Gestaltung nicht vollständig selbst in die Hand nehmen, so können Sie in einem Listenfeld aus verschiedenen Farbschemata wählen. Wer jedoch Lust verspürt, eigene Schemata zu entwerfen, dem sind keine Grenzen gesetzt. Die Schaltfläche *Farbpalette>>* zeigt Ihnen eine vordefinierte Auswahl von 46 Farben, die Sie den entsprechenden Elementen des Bildschirms zuweisen können.

Sollten Sie sich durch diese Vorgabe immer noch eingeengt fühlen, können Sie durch Betätigung der Schaltfläche *Farben definieren...* 16 eigene Farben zusammenmischen. Um ein Bildschirmelement einzufärben, müssen Sie Windows zuerst mitteilen, auf welches Bildschirmelement Sie sich beziehen. Klicken Sie dazu das entsprechende Element in der linken Hälfte des Dialogfelds an oder wählen Sie den Namen des Elementes aus dem Listenfeld in der rechten oberen Ecke.

Schema speichern

Ein selbstentworfenes Schema kann selbstverständlich auch durch Bedienung der Schaltfläche *Schema speichern* abgespeichert und in die Liste der fertigen Schemata aufgenommen werden.

Schema löschen

Sollten Sie von Ihrer Farbauswahl einmal genug haben, so stellt es auch kein großes Problem dar, durch Betätigen der Schaltfläche *Schema löschen* das aktuell markierte Farbschema wieder aus der Liste zu löschen.

Wenn Sie einen CGA- oder Hercules-Grafikadapter besitzen, können Sie lediglich die Grautöne verändern, da Windows erst bei Verwendung eines EGA-Adapters in Verbindung mit einem EGA-Bildschirm in Farbe läuft.

Eigene Farben definieren

Die Schaltfläche *Farben definieren* führt Sie in ein weiteres Dialogfeld, das Ihnen zur Definition eigener Farben als elektronische Palette dienen soll. Sie können hier über die sechs Eingabefelder für Tönung, Helligkeit, Farbe, relativer Anteil Rot, Grün und Blau jede Farbe des Spektrums zusammenmischen.

Das Eingabefeld *Farbe* ermöglicht die Angabe der Position der Farbe im Spektrum, unter Sättigung versteht man den Reinheitsgrad einer Farbe. Hierbei reicht der Wertebereich, wie auch bei der Farbe, von 0 bis 240, d.h. von grau bis zur wirklich reinen Farbe. Das Feld Helligkeit gibt Aus-

Die Sytemsteuerung

kunft über die Intensität einer Farbe, auch hier können Sie einen Wert zwischen 0 und 240 bzw. zwischen Schwarz und Weiß wählen.

Zum Zusammenspiel von Farbe und Sättigung ist zu sagen, daß mit diesen beiden Werten letztendlich die Koordinaten des Zeigers für die Farbeinstellung innerhalb des Spektrums beschrieben werden. So gibt Farbe die horizontale und Sättigung die vertikale Koordinate des Zeigers an. Farbe 0 bedeutet also, daß sich der Zeiger am äußerst rechten Rand des Spektrums befindet, und durch Sättigung 240 beschreiben Sie eine Position des Zeigers am oberen Rand des Spektrums. Im Gegensatz dazu läßt sich durch die Helligkeit der Zeiger des vertikalen Helligkeitsbalkens verschieben: 0 beschreibt das untere und 240 das obere Ende des Balkens.

Zusammenspiel von Farbe und Sättigung

Die Werte für die Farben Rot, Grün und Blau geben die relativen Anteile der jeweiligen Grundfarbe an der Mischfarbe an. Die von Ihnen gemischte Farbe wird in der linken Hälfte des Feldes *Farbe/Basis* angezeigt. Die rechte Hälfte zeigt die reine Farbe an, die der von Ihnen gemischten Farbe am ähnlichsten ist. Um die reine Farbe als eigene Farbe zu definieren oder als Basis für eine weitere Bearbeitung zu haben, drücken Sie die Tastenkombination [Alt]+[A].

Solche reinen Farben werden von Ihrem Bildschirm auch als solche dargestellt, zusammengemischte Farben werden durch ein andersfarbiges, unterschiedlich dichtes Punktraster simuliert.

Um eine selbstgemischte Farbe dann auch in einem Farbschema verwenden zu können, müssen Sie diese Farbe dem frei definierbaren Teil der Farbpalette zuordnen. Betätigen Sie dazu die Schaltfläche *Farbe hinzufügen*.

Mausbesitzer sind in diesem Abschnitt bis jetzt etwas zu kurz gekommen, haben es aber insgesamt etwas einfacher: Wie Sie wahrscheinlich bereits vermutet haben, müssen die Werte für die einzelnen Definitionen nicht über die Tastatur eingegeben werden, sondern können auch über die Pfeile rechts neben den Eingabefeldern vergrößert oder verkleinert werden.

Mausbesitzer haben es einfacher

Um die reine Basisfarbe auszuwählen, reicht dann auch ein Doppelklick in das Feld *Basis*.

Mit der Schaltfläche *Schliessen* können Sie die Definition eigener Farben abschließen und ins vorhergehende Dialogfeld zur Auswahl oder Erstellung neuer Farbschemata zurückkehren.

Die Sytemsteuerung

Diese Einstellungen sind natürlich reine Geschmacksache. Wir halten es für weniger sinnvoll, die Voreinstellungen zu ändern, da die größtmöglichen Kontraste bereits gewählt wurden.

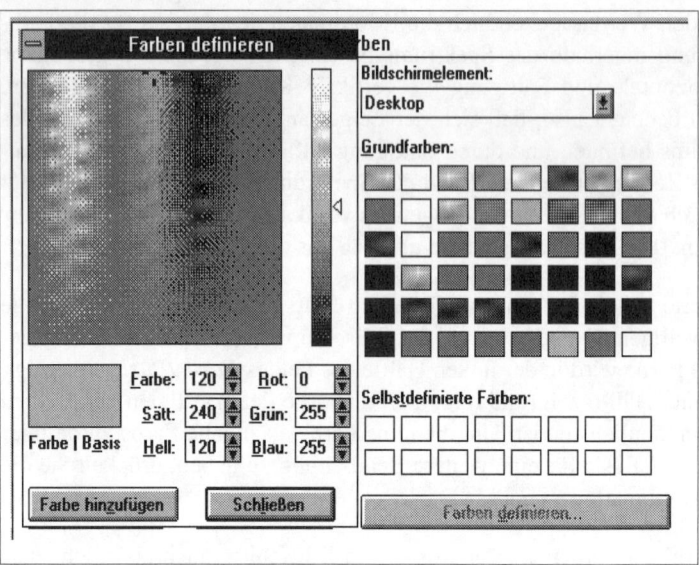

Abb. 235: Definition von eigenen Farben

20.2 Ländereinstellungen

Mit dem Befehl *Ländereinstellungen* können Sie länderspezifische Uhrzeit-, Datum,- Währungs- und Zahlenformate einstellen.

Im ersten Dialogfeld zu diesem Befehl können Sie unterscheiden zwischen allgemeinen länderspezifischen Einstellungen (Angaben, die sich auf die Tastatur, die Sprache und die Maßeinheit beziehen) und Möglichkeiten zur Veränderung dieser länderspezifischen Voreinstellungen.

Länder-
spezifische
Einstellungen

Da wäre zunächst das Eingabefeld *Land:*. Hier können Sie aus insgesamt 28 Ländern wählen. Die Folge dieser Einstellung ist die Veränderung aller Formate auf die in diesem Land üblichen Formate. Wenn Sie z.B. in der Liste Japan markieren, so werden alle Formate auf japanische Verhältnisse umgeändert.

Sprache

Das Eingabefeld *Sprache:* nimmt die Einstellungen für sprachorientierte Operationen vor, wie z.B. Sortiervorgänge. Wählen Sie hier eine andere Sprache als die, die Sie bei der Installation von Windows angegeben ha-

Die Systemsteuerung

ben, so werden Sie bei Betätigung der Schaltfläche *OK* aufgefordert, eine Windows-Einrichtungsdiskette einzulegen, auf der sich die entsprechende Umsetzungsdatei für dieses Land befindet.

Abb. 236: Eine Vielzahl von Möglichkeiten

Das Eingabefeld *Tastatur:* ermöglicht es Ihnen, auch die entsprechende Tastaturbelegung einzustellen.

Tastaturbelegung

Haben Sie also für Land und Sprache z.B. Norwegen bzw. Norwegisch gewählt, so möchten Sie wahrscheinlich auch mit einer norwegischen Tastaturbelegung arbeiten. Im Eingabefeld *Tastatur:* haben Sie dazu die Gelegenheit.

Darüber hinaus können Sie noch Einfluß auf das Maßsystem nehmen und bestimmen, welches Zeichen zur Trennung der Elemente innerhalb einer Liste verwendet werden soll.

Metrisches oder englisches Maßsystem

Für die Maßeinheit haben Sie die Auswahl zwischen dem metrischen System, wie es in den meisten Ländern Europas verwendet wird und dem englischen System (Angaben in Zoll).

Doch auch innerhalb einer bestimmten Ländereinstellung lassen sich noch bestimmte Formate ändern, die Sie auf Ihre Belange "zuschneidern" können.

Wählen Sie dazu die Schaltfläche *Ändern* für das entsprechende Format an und ändern Sie die Werte nach Ihren Bedürfnissen.

Die Sytemsteuerung

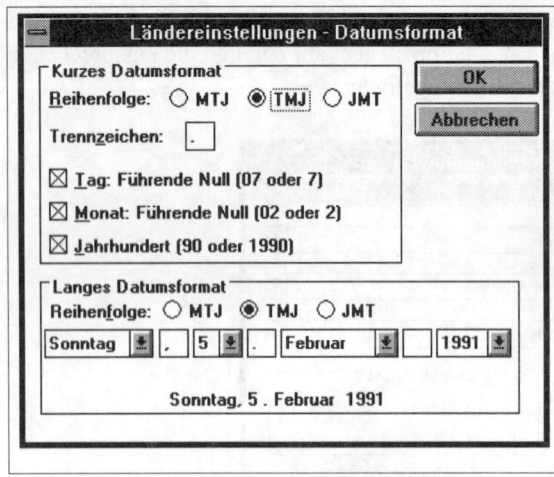

Abb. 237: Einstellung des Datumsformats

Die Einstellungen, die Sie entweder durch die Auswahl eines bestimmten Landes oder durch eine individuelle Einstellung der einzelnen Formate vorgenommen haben, wirkt sich nun in allen Windows-Anwendungen aus. Excel z.B. bietet Ihnen als Zahlenformat für die Währung grundsätzlich das Währungssymbol an, das Sie über die Einstellung *Land:* gewählt haben.

Die Windowsanwendung Kalender arbeitet mit denen von Ihnen in den Ländereinstellungen festgelegten Datumsformaten, und die Uhr zeigt Ihnen die Zeit in dem hier gewählten Zeitformat an.

20.3 Datum und Zeit setzen

Um z.B. das Systemdatum oder die Systemzeit zu ändern, wählen Sie den Befehl *Datum* aus dem Menü *Einstellungen*, oder Sie klicken das entsprechende Symbol innerhalb des Fensters für die Systemsteuerung an.

Daraufhin öffnet sich ein Dialogfeld, das Sie über die für das System aktuellen Werte informiert. Wenn Sie den Tag ändern möchten, können Sie sofort den entsprechenden Tag eingeben, um die Änderung vorzunehmen. Denn die Tagesangabe ist bereits markiert. Für Mausbesitzer gibt es die beiden Pfeile, die Sie rechts neben der Jahreszahl finden. Der Pfeil nach oben erhöht bei jedem Mausklick das Tagesdatum um einen Tag und der Pfeil nach unten schaltet einen Tag zurück.

Die Sytemsteuerung

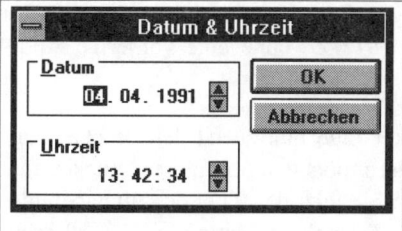

Abb. 238: *Änderungsmöglichkeit für Systemdatum und -zeit*

Auf die gleiche Weise lassen sich die anderen Werte für Monat, Jahr und Uhrzeit ändern:

Der Wert, der geändert werden soll, muß markiert werden und kann dann durch Neueingabe oder Bedienung der beiden Pfeile gesetzt werden.

20.4 Druckerinstallation

Das Symbol bzw. der Befehl *Drucker* steht für eine Installations- bzw. Konfigurationsroutine für Druckertreiber, die von Windows und von Windows-Anwendungen genutzt werden sollen.

Ändern der Druckerkonfiguration

Rufen Sie diese Installationsroutine auf, um das erste Dialogfeld zu diesem Befehl zu öffnen.

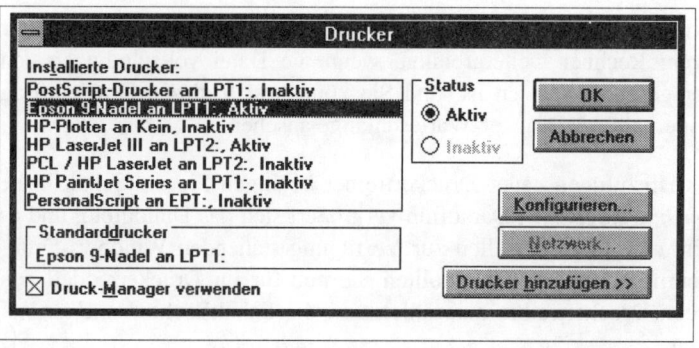

Abb. 239: *Welche Drucker sind momentan installiert?*

In diesem Dialogfeld erhalten Sie Informationen darüber, welche Drucker momentan unter Windows installiert sind und welcher Drucker als Standarddrucker angesprochen werden soll. Der Standarddrucker ist der

Der Standarddrucker

Die Sytemsteuerung

Drucker, auf dem eine Datei ausgegeben wird, nachdem Sie in einer Windows-Anwendung den Befehl *Drucken* ohne eine vorherige Änderung gegeben haben.

In der Liste der installierten Drucker muß nun zuerst der Drucker markiert werden, für den Sie etwas ändern möchten. Soll dieser Drucker zum Standarddrucker werden, so können Sie jetzt den Titel des Eingabefeldes *Standarddrucker* anklicken oder die Tastenkombination [Alt]+[D] drükken ("d" ist der unterstrichene Buchstabe im Wort Standarddrucker). Sofort wird der in der Liste markierte Drucker in diesem Eingabefeld eingetragen.

Aktive und inaktive Drucker

Das Optionsgruppenfeld *Status* erlaubt Ihnen, eventuell nur vorsorglich bei der Windows-Installation installierten Druckertreibern den Status "inaktiv" zuzuweisen. Da diese Drucker im Moment noch nicht an Ihren Rechner angeschlossen sind, soll auch kein Versuch gemacht werden können, auf diesen Druckern etwas auszugeben. Der Status "inaktiv" macht es möglich, z.B. mehrere Drucker an einem Anschluß zu installieren. Der Standarddrucker kann jedoch nicht in den Status "inaktiv" gesetzt werden.

Umgehen des Druck-Managers

Mit dem Optionsfeld *Druck-Manager verwenden* können Sie bestimmen, ob Dateien, die am aktuell markierten Drucker ausgegeben werden sollen, erst vom Druck-Manager auf der Festplatte zwischengespeichert werden oder direkt auf dem Drucker ausgegeben werden sollen. Bei großen Druckaufträgen ist es manchmal sinnvoll oder gar notwendig, ohne den Druck-Manager zu arbeiten, z.B. dann, wenn der Platz auf der Fetsplatte nicht mehr ausreicht, um eine große Datei zwischenzuspeichern.

Dies bringt jedoch einige Nachteile mit sich: Sie können erst dann wieder mit Ihrem Rechner weiterarbeiten, wenn die Datei vollständig an den Drucker gesendet worden ist, und Sie können sich diesen Druckauftrag nicht innerhalb der Drucker-Warteschlange ansehen.

Installieren neuer Druckertreiber

Für das Hinzufügen neuer Druckertreiber betätigen Sie die Schaltfläche *Drucker hinzufügen>>*. Daraufhin vergrößert sich das Dialogfeld, und es erscheint eine Liste mit allen zur Verfügung stehenden Windows-Druckertreibern. Aus dieser Liste sollten Sie nun für Ihr Druckermodell den passenden Druckertreiber auswählen und die Schaltfläche *Installieren...* betätigen.

Haben Sie dies getan, so werden Sie aufgefordert, die entsprechende Windows-Einrichtungsdiskette, auf der sich der von Ihnen gewählte Druckertreiber befindet, in ein Laufwerk einzulegen. Folgen Sie dieser Anweisung, damit Windows den gewählten Druckertreiber in das richtige Verzeichnis kopieren kann.

Die Sytemsteuerung

Ist der Kopiervorgang abgeschlossen, wird der neu installierte Druckertreiber in die Liste der installierten Drucker eingetragen und markiert.

Dieser neu installierte Drucker hat jetzt jedoch den Status "inaktiv" und ist keiner Schnittstelle zugeordnet. Dies können Sie sowohl für den neu installierten als auch für alle schon vorher installierten Druckertreiber ändern.

Um einen Drucker einer anderen Schnittstelle zuzuordnen oder die Fehlerwartezeiten, die verwendete Papiergröße usw. einzustellen, betätigen Sie die Schaltfläche *Konfigurieren*.

Konfigurieren eines Druckers

Daraufhin öffnet sich das zweite Dialogfeld dieser Installationsroutine.

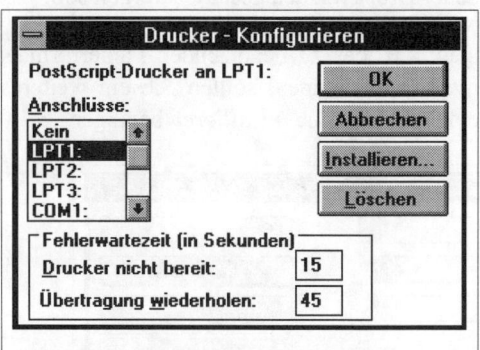

Abb. 240: Konfiguration eines Druckertreibers

In diesem Dialogfeld können Sie einen Drucker der Schnittstelle zuweisen, an der er angeschlossen ist. Windows lenkt dann die entsprechend aufbereitete Druckausgabe auf diese Schnittstelle.

Die für Ihren Drucker richtige Schnittstelle können Sie aus dem Listenfeld *Anschlüsse* wählen.

Noch ist der neue Druckertreiber mit der Bezeichnung "Keine" versehen. Arbeiten Sie mit zwei Druckern (z.B. einem Typenrad- und einem Matrixdrucker), so ordnen Sie dem zweiten Drucker erst dann die erste, parallele Schnittstelle (LPT1:) zu, wenn Sie ihn als Standarddrucker ansprechen möchten. In diesem Fall bekommt der erste Drucker den Anschluß "Keine", um eine Doppelbelegung der Anschlüsse zu vermeiden.

Sollten Sie einen zweiten Druckertreiber nur installiert haben, um eine Druckdatei im entsprechenden Format zu erhalten, so ordnen Sie dem Drucker den Anschluß FILE zu. In diesem Fall fragt Windows Sie bei jeder Ausgabe auf diesen Drucker, welchen Namen die zu erstellende

Der Anschluß FILE

Die Sytemsteuerung

Druckdatei haben soll, die neben dem Text auch die druckerspezifischen Steuerzeichen enthält.

Außer den parallelen Anschlüssen stehen auch die Anschlüsse COM1: - COM4: für serielle Datenübertragung zum Drucker und EPT als besondere Druckerschnittstelle zur Verfügung.

Störungen Weitere Einstellungen in diesem Dialogfeld beziehen sich auf die Fehlerwartezeiten, die Sie für Ihren Drucker vereinbaren möchten.

In den entsprechenden Eingabefeldern können Sie die Zeit angeben, die Windows warten soll, bis bei einer Störung gemeldet wird, daß der Drucker nicht bereit ist. Im zweiten Eingabefeld legen Sie fest, nach welcher Zeitspanne automatisch ein neuer Druckversuch gestartet werden soll.

Um detailliertere Einstellungen, z.B. des zu benutzenden Papierformats oder Papierschachts usw., machen zu können, sollten Sie ein weiteres Dialogfeld öffnen, indem Sie die Schaltfläche *Installieren* betätigen.

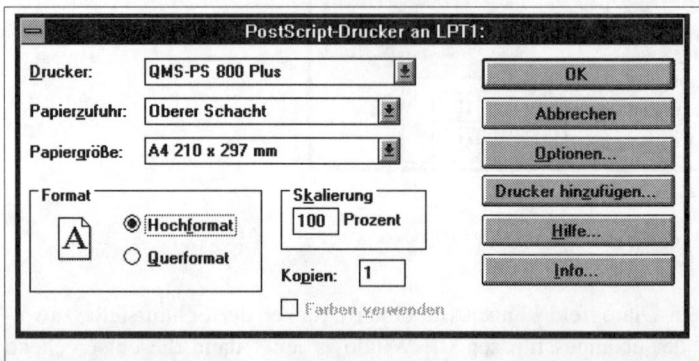

Abb. 241: Bei Druckerfehlverhalten sollten Sie auch hier nachsehen

Löschen eines Druckertreibers Wenn Sie aber nur auf einen neuen Drucker umstellen möchten, so sollten Sie den alten Druckertreiber löschen. Das gilt natürlich nur, wenn der neue Drucker einen anderen Druckertreiber benötigt.

Um einen Druckertreiber zu löschen, betätigen Sie im zweiten Dialogfeld des Befehls *Drucker* die Schaltfläche *Löschen*. In einem weiteren Dialogfeld erscheint daraufhin noch eine Sicherheitsabfrage, nach deren Bestätigung der zuvor markierte Drucker tatsächlich gelöscht wird.

Die Sytemsteuerung

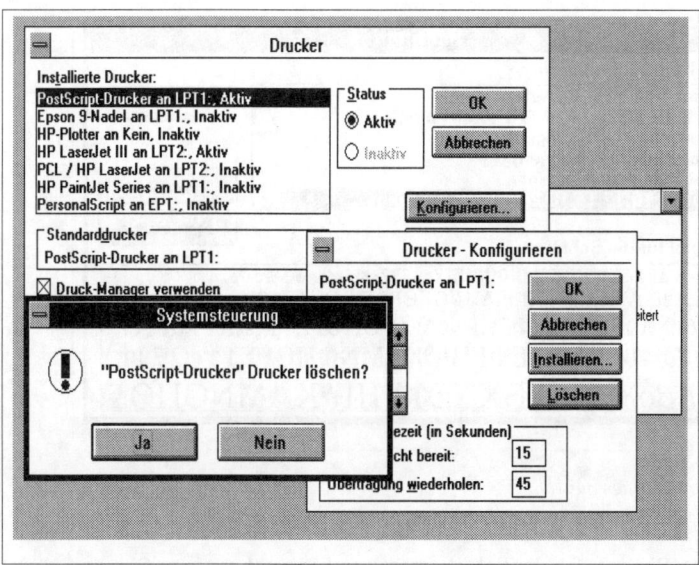

Abb. 242: Drucker löschen

Prinzipiell wird das gleiche Verfahren angewandt, um Schriftarten hinzuzufügen bzw. zu löschen. Der Unterschied ist der, daß bestimmte Drucker nur bestimmte Schriftarten drucken können.

Nicht alle Nadeldrucker können in der gleichen Auflösung drucken, und Typenraddrucker kennen nur die Schriftarten, die sich auf dem entsprechenden Typenrad befinden. Wenn Sie bei der Installation von Windows einen Drucker einrichten, so werden automatisch die entsprechenden Schriftarten installiert, die genau auf den Drucker abgestimmt sind.

20.5 Schriften installieren

Wählen Sie den Befehl *Schriftarten* oder klicken Sie das entsprechende Symbol an. In einem Dialogfeld werden Sie nun über die bereits zur Verfügung stehenden Schriftarten informiert. Die in der Liste markierte Schriftart wird gleichzeitig im unteren Teil des Dialogfeldes in allen wählbaren Größen angezeigt.

Installation von Schriftarten

So können Sie sich auf einen Blick Aufschluß darüber verschaffen, wie die entsprechenden Schriftarten auf dem Bildschirm oder auf Papier gedruckt aussehen werden.

Die Sytemsteuerung

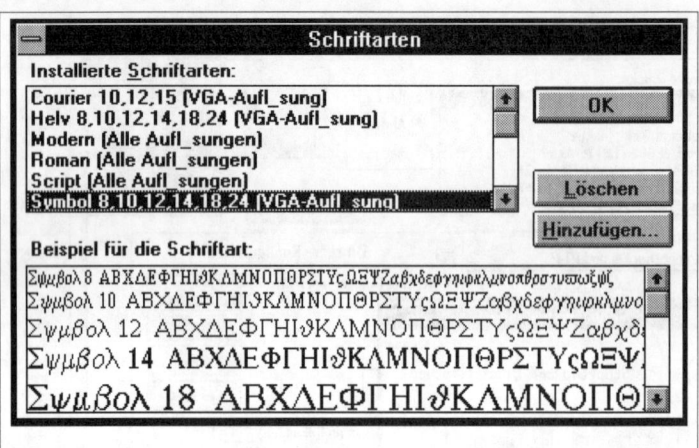

Abb. 243: Schriften auswählen

Hinzufügen zusätzlicher Schriftarten

Möchten Sie zusätzliche Schriftarten installieren, betätigen Sie die Schaltfläche *Hinzufügen*.... In einem Dialogfeld verlangt Windows nun von Ihnen die Angabe eines Verzeichnisses bzw. Laufwerks, in dem die entsprechenden Schriftart-Dateien gespeichert sind. Haben Sie z.B. eine Diskette mit weiteren Schriftarten erworben, so tragen Sie eine Laufwerksbezeichnung in das Eingabefeld ein, legen die Diskette in dieses Laufwerk und bringen den Befehl zur Ausführung.

Jetzt erscheint eine Liste aller Dateien auf Ihrer Diskette, die die Erweiterung .FON haben. Markieren Sie nun der Reihe nach alle zu installierenden Schriftarten und betätigen Sie die Schaltfläche *OK*. Windows kopiert daraufhin diese Dateien von Ihrer Diskette in das Verzeichnis, in dem Sie auch Windows installiert haben.

Sollten Sie Schriftarten installiert haben, die auf Ihrem Drucker oder auf Ihrem Bildschirm nicht ausgegeben werden können, so ersetzt Windows diese Schriftarten durch möglichst ähnliche, darstellbare Schriften.

Löschen von Schriftarten

Um Schriftarten zu löschen, die Sie weder auf Ihrem Drucker noch auf Ihrem Bildschirm ausgeben können, steht Ihnen die Schaltfläche *Löschen* zur Verfügung. Bevor Sie diese Schaltfläche betätigen, sollten Sie die Schriftart, von der Sie sich trennen möchten, markieren.

Haben Sie die unweigerlich erscheinende Sicherheitsabfrage auch noch mit *OK* bestätigt, wird diese Schriftart endgültig gelöscht.

Die Sytemsteuerung

20.6 Arbeitsbereich ändern

Auch durch den Befehl *Desktop* können Sie das äußere Erscheinungsbild von Excel beeinflussen. Wählen Sie diesen Befehl oder klicken Sie das gleichnamige Symbol im Fenster der Systemsteuerung an.

Ein Dialogfeld öffnet sich, in dem Sie aus verschiedenen Mustern und bereits existierenden Bildern für den Windows-Hintergrund wählen können. Darüber hinaus bietet *Desktop* noch einige kleinere Gefälligkeiten, die gegen Ende dieses Abschnitts beschrieben werden.

Die Voreinstellung nach der Installation von Windows bewirkt, daß als Muster für den Hintergrund eine einheitlich graue Fläche angezeigt wird.

Auswahl eines Musters

Die Beschriftung der Symbole ist ebenfalls nur blaugrau hinterlegt. Wenn Sie für diese Elemente des Windows-Bildschirms eine andere Gestaltung vereinbaren möchten, sollten Sie sich ein Muster aus dem entsprechenden Listenfeld aussuchen.

Finden Sie nun aber gar kein Muster, daß Ihnen zusagt, so können Sie über die Schaltfläche *Muster bearbeiten...* auch noch Veränderungen an diesem Muster vornehmen.

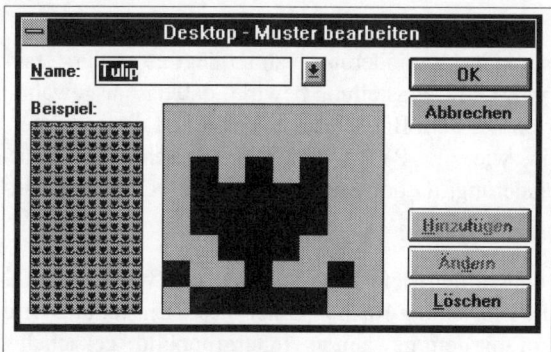

Abb. 244: Bearbeitung des Musters "Tulip"

Wenn Sie, wie in der obigen Zeichnung bereits geschehen, das Muster "Tulip" zur Bearbeitung heranziehen, sehen Sie pixelgenau, wie dieses Muster zusammengesetzt ist. In dem kleinen Ausschnitt, der genau das sich wiederholende Element des Musters - in diesem Fall eine "Tulpe" - enthält, können Sie nun mit der Maus Pixel für Pixel ändern.

Die Sytemsteuerung

Definition eines Musters

Haben Sie Ihre Änderung abgeschlossen, können Sie entscheiden, ob das neue Muster unter dem gleichen Namen wie zuvor in der Liste stehen oder unter einem neuen Namen zusätzlich in die Liste eingefügt werden soll. Im ersten Fall betätigen Sie die Schaltfläche *Ändern* und im zweiten Fall die Schaltfläche *Hinzufügen*. Im zweiten Fall werden Sie dann noch nach einem neuen Namen gefragt.

Auswahl eines Hintergrundbilds

Auch an dieser Stelle möchten wir zuerst auf die Voreinstellung eingehen, die festlegt, daß kein Hintergrundbild angezeigt wird. Nur aus diesem Grund ist der Hintergrund von Windows Grau bzw. trägt das vielleicht gerade neu ausgewählte Muster.

Bitmaps als Hintergrundbild

Sie haben jedoch auch die Möglichkeit, ein regelrechtes Hintergrundbild in Form eines Bitmaps auszuwählen. Einige stehen Ihnen bereits zur Verfügung. Welche das sind, sehen Sie, wenn Sie das Listenfeld *Datei:* öffnen. In diesem Listenfeld finden Sie eine Reihe von Dateinamen die alle die Endung .BMP tragen. Alle diese Dateien enthalten Bitmaps, die Sie als Hintergrund für Windows auswählen können.

Versuchsweise können Sie einmal einen dieser Dateinamen markieren und die Schaltfläche *OK* betätigen. Sollten Sie ein Fenster auf Vollbildgröße vergrößert haben, sehen Sie natürlich nichts von Ihrem neuen Hintergrund. In diesem Fall sollten Sie es zuerst wieder zurück auf die normale Fenstergröße bringen, um den neuen Windows-Bildschirm zu begutachten.

Stellen Sie immer noch keine Veränderung fest, so liegt es an der Desktop-Einstellung *Zentriert*. Diese Einstellung bewirkt, daß das ausgewählte Hintergrundbild zentriert auf dem Bildschirm erscheint. Ist dieses Hintergrundbild relativ klein, wie z.B. PYRAMID.BMP, so sehen Sie wahrscheinlich keine Veränderung, da der neue Hintergrund von einem Fenster verdeckt ist.

Rufen Sie also noch einmal den Befehl Desktop auf und wählen Sie für das Hintergrundbild die Einstellung Kachel. Unter dieser Einstellung wird der gesamte Bildschirm mit dem gewählten Hintergrundbild "gekachelt", also vollständig ausgefüllt.

Verwendung von eigenen Hintergrundbildern

Wenn unter den bereits existierenden Bitmap-Dateien keine ist, die Ihnen als Hintergrund gefällt, oder wenn Sie Ihre Initialen oder ein Logo als Hintergund für Windows verwenden möchten, können Sie mit einem Zeichenprogramm eine eigene Bitmap-Datei erstellen und diese als Hintergrund für Windows verwenden.

Ein Zeichenprogramm, das Dateien im Bitmap-Format erzeugen kann, heißt Paintbrush und gehört zum Lieferumfang von Windows. Sie müssen

Die Sytemsteuerung

also lediglich den gewünschten Hintergrund zeichnen und als Datei in Ihrem Windows-Verzeichnis abspeichern.

Von diesem Moment an finden Sie Ihre Zeichnung auch im Listenfeld des Dialogfelds zum Befehl *Desktop* wieder und können sie dort auswählen.

Auf die gleiche Weise kann natürlich auch eins der bereits zur Verfügung stehenden Hintergrundbilder bearbeitet werden. Die entsprechende Datei muß dazu in ein Zeichenprogramm geladen werden, mit dem Sie diese Datei verändern können.

Bearbeitung eines Hintergrundbildes

Andere Desktop-Einstellungen

Für Bildschirm-Ästheten finden sich im Desktop-Dialogfeld noch einige Einstellungen, die weniger den Bedienungskomfort als den Geschmack des Anwenders betreffen. Wir meinen damit die Einstellungen, die sich auf die Blinkgeschwindigkeit des Cursors, den Symbolabstand und das Ausrichtungsgitter beziehen.

An erster Stelle soll die Blinkgeschwindigkeit des Cursors verändert werden. Diese Einstellung wirkt sich nur bei Anwendungen unter Windows aus, die Sie zur Eingabe eines Textes auffordern. Denn nur in solchen Situationen hat der Cursor die Form eines blinkenden, senkrechten Striches. Mit welcher Frequenz dieser Strich nun blinkt, können Sie mit dem Rollbalken in der rechten unteren Ecke des Dialogfeldes einstellen.

Einstellung der Blinkgeschwindigkeit

Wie sich Ihre Veränderung auswirkt, können Sie während der Veränderung mitverfolgen, indem Sie den Testcursor unterhalb des Rollbalkens beobachten.

Im Bereich *Symbole* können Sie den Abstand der Symbole in der Leiste am unteren Bildschirmrand beeinflussen. Für den Symbolabstand kann ein Wert zwischen 0 und 512 Punkt angegeben werden. Die Voreinstellung direkt nach der Installation ist 115 Punkt.

Einstellung des Symbolabstands

Im Bereich *Ausrichtungsgitter* legen Sie fest, wie genau Sie Fenster oder Symbole auf dem Bildschirm plazieren können. Die Größe, mit der Sie die Rasterweite des Bildschirms beschreiben, nennt sich Linienabstand. Die Voreinstellung für den Linienabstand beträgt 0 Punkte, das heißt, es gibt kein Raster, an dem auf dem Bildschirm zu bewegende Objekte ausgerichtet werden müssen. Alle Bewegungen oder Vergrößerungen können ohne irgendwelche Abstufungen vollzogen werden.

Einstellung des Ausrichtungsrasters

Geben Sie hier einen von 0 abweichenden Linienabstand an, so können alle Verschiebungen oder Vergrößerungen - gleichgültig, ob Sie mit der

Die Sytemsteuerung

Maus oder der Tastatur arbeiten - nur noch in dieser Schrittweite stattfinden. Der Höchstwert, der hier angegeben werden kann, beträgt 49 Punkte.

Die Angabe eines Linienabstands größer 0 kann sinnvoll sein, wenn Sie beim Ablauf eines Makros darauf angewiesen sind, daß zwei Fenster exakt an einer bestimmten Linie ausgerichtet sind.

Einstellung der Rahmenbreite

Die Rahmenbreite eines Fensters ist aufgrund der Voreinstellung auf 3 Punkt festgelegt. Wenn Sie von dieser Vorgabe abweichen möchten, können Sie eine Rahmenbreite bis zu 49 Punkt einstellen.

20.7 Maus- und Tastatur-Einstellungen

Änderungen der Mauseinstellungen

Mit dem Befehl *Maus* bzw. durch Anklicken des Symbols "Maus" öffnen Sie ein Dialogfeld, in dem Sie Einfluß auf die Umsetzung der Mausbewegungen auf die Bewegungen des Mauszeigers auf dem Bildschirm nehmen können. Um an der aktuellen Einstellung etwas zu ändern, müssen Sie einen Rollbalken bedienen. Die Geschwindigkeit ist zwischen Langsam und Schnell frei wählbar. Je weiter der Schieber auf der rechten Seite steht, desto länger ist der Weg, den Sie mit der Maus auf dem Tisch zurücklegen müssen, um den Mauszeiger von einem Rand des Bildschirms zum anderen zu bewegen.

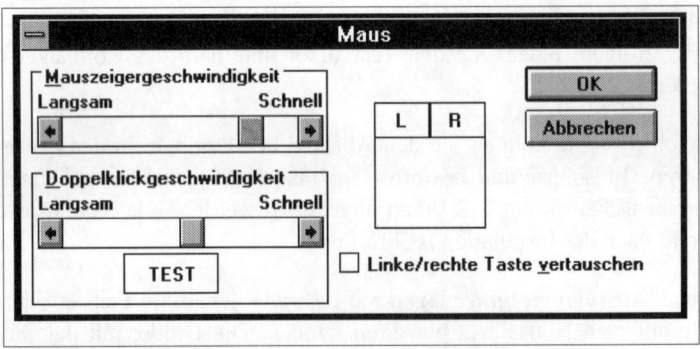

Abb. 245: Individuelle Mauseinstellung

Wie schnell ist ein Doppelklick

Als zweite Einstellmöglichkeit kann das Intervall für einen Doppelklick bestimmt werden. Auch hier wird ein Schieber betätigt, um den Abstand zwischen zwei Mausklicks zu steuern. Mit der Schaltfläche *Test* können Sie Ihre Einstellung direkt ausprobieren. Wenn Sie die geringstmögliche Zeit zwischen zwei Klicks einstellen, also den Schieber ganz nach rechts

Die Sytemsteuerung

bewegen, können Sie kaum noch vernünftig arbeiten, da es sehr schneller Finger bedarf, um mit dieser Einstellung ein Programm zu starten.

Die dritte Einstellmöglichkeit zum Thema Maus ermöglicht das Vertauschen der rechten und linken Maustaste. Dies kommt z.B. Linkshändern zugute. Nachdem Sie das rechteckige Optionsfeld markiert oder die Markierung entfernt haben, können Sie anhand des Testfeldes feststellen, ob Ihre Maus mit der veränderten Tastenbelegung arbeitet.

Vertauschen der rechten und linken Maustaste

Tastatureinstellung

Mit diesem Befehl bzw. Symbol können Sie Einfluß auf die Tastenwiederholungsrate Ihrer Tastatur nehmen. Die Tastenwiederholungsrate steuert, wieviele Zeichen auf dem Bildschirm erscheinen, wenn Sie eine bestimmte Taste eine Zeitlang gedrückt halten.

Einstellen der Tastaturgeschwindigkeit

Bei einer hohen Wiederholungsrate erscheinen also in der gleichen Zeit mehr Zeichen als bei einer langsamen Wiederholungsrate.

Zur Einstellung benutzen Sie den Rollbalken im Dialogfeld zu diesem Befehl. Um Ihre Einstellung zu testen, gibt es ein Testfeld, in dem Sie sehen können, wie sich die eingestellte Wiederholungsrate tatsächlich auswirkt.

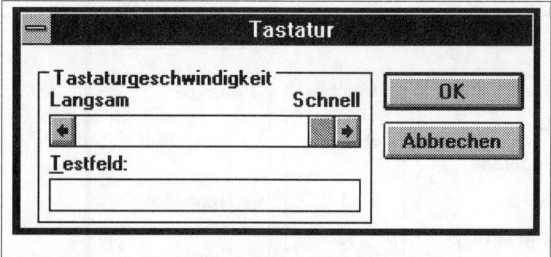

Abb. 246: Einstellung der Tastaturgeschwindigkeit

20.8 Datenübertragungsanschlüsse konfigurieren

Sollten Sie ein Ausgabegerät (Drucker, Plotter, Modem usw.) mit seriellem Anschluß installieren, müssen Sie die Übertragungsdaten mit Hilfe des Befehls *Anschlüsse* entsprechend setzen. Im Dialogfeld zum Befehl

Konfigurierung von COM1: bis COM4:

Die Sytemsteuerung

Anschlüsse markieren Sie die zu konfigurierende Schnittstelle, bevor Sie die Schaltfläche *Einstellungen...* betätigen.

Baudrate — In dem jetzt erscheinenden Dialogfeld wird die Übertragungsrate festgelegt (Baudrate), d.h. mit welcher Geschwindigkeit Daten zwischen den Geräten übertragen werden. Sie ist einer der Werte 110, 300, 600, 1200, 2400, 4800, 9600 und 19200.

Datenbits — Die Optionsfelder der Gruppe *Datenbits* bezeichnen die Anzahl der Datenbits, mit denen gearbeitet wird.

Parität — Die Einstellung *Parität* gibt die Methode der Paritätsprüfung der seriellen Schnittstelle an.

Stoppbits — Unter *Stoppbits* erfolgt der Eintrag über die Anzahl der Stoppbits, die nach einem gesendetem Datenwert übertragen werden.

Handshake — "Handshake" ist ein Verfahren, nach dem jedes übertragene Byte vom Rechner übernommen und quittiert wird.

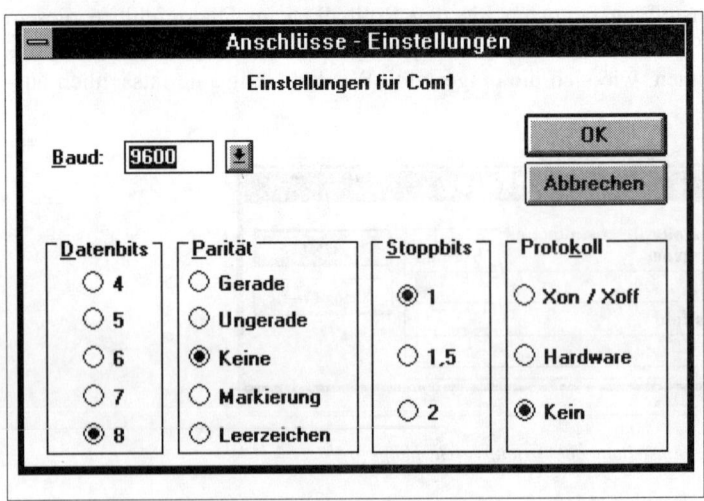

Abb. 247: Serielle Datenübertragung

Benutzen Sie dafür die Daten, die der Hersteller des entsprechenden Gerätes vorschreibt (Handbuch).

Haben Sie die Konfiguration beendet, bestätigen Sie Ihre Einstellungen mit der Schaltfläche *OK*. Sie gelangen so auch zurück in das erste Dialogfeld. Wenn Sie eine weitere Schnittstelle konfigurieren möchten, wiederholen Sie den oben beschriebenen Vorgang. Soll der Befehl *Anschlüsse* jedoch beendet werden, entscheiden Sie sich auch hier für *OK*.

Die Sytemsteuerung

20.9 Ein- und Ausschalten des Signaltons

Bei Fehlbedienungen, wie z.B. der Anwahl eines Befehls bei geöffnetem Dialogfeld, ertönt unter der Standardeinstellung ein Signalton, der Sie auf Ihren Fehler aufmerksam machen soll.

Sie können dieses Signal jedoch auch ausschalten, wenn Sie der Meinung sind darauf verzichten zu können.

Diese Einstellung nehmen Sie vor, indem Sie den Befehl *Signalton* wählen, die Markierung aus dem rechtekkigen Optionsfeld im Dialogfeld zu diesem Befehl entfernen und Ihre Einstellung bestätigen.

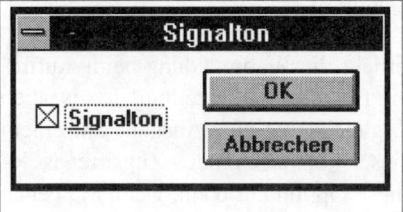

Abb. 248: Signalton ein oder aus

20.10 Einstellungen im erweiterten 386er-Modus

Wenn Windows im erweiterten 386er-Modus läuft, können mehrere Anwendungsprogramme gleichzeitig laufen und somit unter Umständen auch gleichzeitig Zugriff auf ein Peripheriegerät fordern.

Die Optionen, die Ihnen unter dem Namen *386 erweitert* von der Windows-Systemsteuerung zur Verfügung gestellt werden, dienen dazu, Einfluß auf die Priorität von gleichzeitig laufenden Anwendungen zu nehmen sowie gleichzeitige Zugriffe auf ein Peripheriegerät zu steuern und zu verwalten.

Zu Beginn dieses Abschnittes möchten wir darauf hinweisen, daß alle Optionen nur Einfluß auf nicht speziell für Windows entwickelte Anwendungen haben. Laufen mehrere Windows-Anwendungen parallel, übernimmt Windows die oben beschriebenen Aufgaben ohne irgendwelche Angaben seitens des Benutzers.

Die Sytemsteuerung

Im Dialogfeld, das sich nach dem Aufruf dieses Teils der Systemsteuerung öffnet, finden Sie im oberen Teil alle Schnittstellen, an die ein Peripheriegerät angeschlossen worden ist, das für einen konkurrierenden Zugriff in Frage kommt.

In dieser Liste muß nun die Schnittstelle markiert werden, für die die im folgenden gesetzten Optionen gelten sollen.

Es gibt drei Optionsfelder, die es Ihnen ermöglichen, Windows auf unterschiedliche Weise für die Steuerung gleichzeitiger Gerätezugriffe einzusetzen.

Konkurrierende Zugriffe werden gemeldet

Durch Markieren der Option *Immer warnen* vereinbaren Sie, daß Windows jedesmal eine Meldung ausgibt, wenn zwei Anwendungsprogramme zur gleichen Zeit Zugriff auf ein Peripheriegerät anfordern. Die Warnmeldung erfolgt in Form einer Frage nach dem Anwendungsprogramm, das letztendlich die Genehmigung bekommt.

Die Option *Niemals warnen* unterdrückt die Warnmeldung beim Auftreten von konkurrierenden Zugriffen. Bei dieser Einstellung ist es auch möglich, daß zwei Programme u.U. gleichzeitig eine Ausgabe auf einem Drucker ausführen. Das Ergebnis dieses konkurrierenden Zugriffes ist jedoch unbestimmt. Verwenden Sie diese Option nur dann, wenn Sie genau wissen, daß gleichzeitige Zugriffe auf ein Peripheriegerät ausgeschlossen sind.

Mit der Option *Leerlauf* können Sie eine Zeitspanne festlegen, die zwischen zwei Zugriffen auf ein Peripheriegerät liegen soll. Die Zeitspanne muß im Bereich zwischen 2 und 999 Sekunden liegen und bietet die Möglichkeit, ein Peripheriegerät, das zwischen zwei verschiedenen Anwendungen geschaltet werden kann, vor allzu schnellem Wechsel zu schützen. Wertvoll ist diese Option z.B. dann, wenn Sie mit einem transparenten Kommunikationsprogramm arbeiten, um über ein Selbstwählmodem die Verbindung zu einem Host aufzubauen und dann zur entsprechenden Terminal-Emu-lation umzuschalten.

Multitasking-Optionen

Der untere Teil des Dialogfeldes bezieht sich ausschließlich auf die Prioritäten, die gleichzeitig laufenden Anwendungen im erweiterten 386er-Modus zugewiesen werden. Die Prioritätensteuerung wird hier anhand unterschiedlich großer Segmente einer Zeitscheibe gesteuert. Im 386er-Modus können auch Anwendungen, die nicht speziell für Windows geschrieben wurden, im Fenster laufen, dadurch werden sie jedoch nicht zu Windows-Anwendungen.

Die Sytemsteuerung

Mit der Option *Minimale Zeitscheibe* geben Sie eine Zeitspanne in Millisekunden an, wie lange ein Programm mindestens laufen kann, bevor Windows mit der Ausführung einer anderen Anwendung fortfährt. Diese Angabe dient als Grundlage für die Umsetzung der Anteile an der Zeitscheibe in Zeitangaben.

Grundlage der Berechnungen

Hierzu ist noch zu bemerken, daß sich alle Windows-Anwendungen eine Zeitscheibe teilen, während für jede andere Anwendung eine eigene Zeitscheibe eingerichtet wird.

Die Option *Fenster im Vordergrund* ermöglicht die Angabe einer Anteilsgröße von 1 bis 10.000. Diese Angabe beschreibt den Anteil an Prozessorzeit, der den im Vordergrund laufenden Windows-Anwendungen zugewiesen wird. Um den tatsächlichen Anteil zu ermitteln, muß der angegebene Wert mit der Summe der Werte aller laufenden Anwendungen gesetzt werden. Hierbei sind auch die Angaben entscheidend, die unter *Fenster im Hintergrund* bzw. im PIF-Editor für andere Anwendungen gemacht worden sind.

Die Option *Fenster im Hintergrund* beschreibt den Anteil an Prozessorzeit, der den im Hintergrund laufenden Windows-Anwendungen zugewiesen wird. Auch hier kann sich Ihre Angabe im Wertebereich zwischen 1 und 10.000 bewegen.

Am besten läßt sich die erforderliche Rechnung an Beispielen nachvollziehen: Angenommen, Sie haben für Vordergrund und Hintergrund jeweils 100 angegeben, so bedeutet dies, daß der Windows-Anwendung im Vordergrund und allen anderen Windows-Anwendungen im Hintergrund der gleiche Anteil an Rechenzeit zugewiesen wird.

Ermittlung des Anteils an der Prozessorzeit

Haben Sie jedoch für das Fenster im Vordergrund 150 und für den Hintergrund 100 angegeben, so erhält die Vordergrundanwendung 60% der Prozessorzeit, und die Hintergrundanwendungen müssen sich die restlichen 40% teilen. Die von Ihnen angegebenen Zahlen dienen also lediglich zur Durchführung einer Verhältnisrechnung.

Durch Markieren der Option *Exklusiv im Vordergrund* weisen Sie einer im Vordergrund stehenden Windos-Anwendung 100% der Prozessorzeit zu. Dies bedeutet, daß eine aktive Windows-Anwendung dafür sorgt, daß alle anderen gestarteten Windows-Anwendungen sich 100% der Prozessorzeit teilen, während alle anderen Anwendungen stehenbleiben.

100% für Windows

Die Sytemsteuerung

20.11 Einstellung von Netzwerk-Optionen

Diesen Teilbereich der Systemsteuerung, der mit zur Einstellung der Netzwerkoptionen dient, bekommen Sie nur dann zu Gesicht, wenn Sie Windows bereits bei der Installation mitgeteilt haben, daß Sie in einem Netzwerk arbeiten.

Nachdem Sie diese Funktion aufgerufen haben, erscheint ein Dialogfeld, dessen Aussehen und Funktion abhängig von der installierten Netzwerk-Software sind. In diesem Dialogfeld können Sie dann Optionen einstellen, die sich auf das An- und Abmelden, das Ändern der Benutzerkennung und des Paßwortes sowie das Übermitteln von Meldungen an andere Netzwerkbenutzer beziehen.

Kapitel 21

21. Zusatzspeicher richtig nutzen **759**

- 21.1 Die Speicherverwaltung von PCs 759
  Die physikalische Speichergrenze
  des 8086/8088-Prozessors 760
  Die Hauptbeschränkung für einen AT liegt im DOS 761
- 21.2 Was ist Expanded Memory? 762
  Der LIM/EMS-Standard 763
  Der XMS-Standard 765
- 21.3 Die Speichernutzung von Windows 766
  Welcher Betriebsmodus ist der richtige für mich? 767
  Voraussetzungen für die Windows-Betriebsmodi 768
- 21.4 Die Konfiguration Ihres Rechners 769
  Informationen zu Gerätetreiber-Dateien 769
  Installieren von Zusatzspeicher 770
  Speicheraufrüstung im Setup anmelden 771
- 21.5 Expanded Memory einrichten 772
- 21.6 Extended Memory durch HIMEM.SYS einrichten 774
- 21.7 Die Windows-Speicheroptimierung 776
  Cache-Speicher mit SMARTDRIVE 776
  Anlegen einer RAM-Disk mit RAMDRIVE 778
  Parameteränderung Sektoren 779
  Parameteränderung Einträge 779
  RAM-Disk anwenden 780
- 21.8 Auslagerungsdateien (Swapfiles) 780
  Auslagerungsdateien für Standard-Anwendungen 781
  Temporäre Auslagerungsdateien
  im erweiterten 386-Modus 782
  Permanente Auslagerungsdateien
  im erweiterten 386-Modus 783

21. Zusatzspeicher richtig nutzen

Unter DOS gibt es schon seit langem einen Engpaß in bezug auf den Hauptspeicher (RAM) des Computers. Maximal 640 KByte können von DOS direkt adressiert werden. Da die heutigen Programme immer speicherintensiver werden, wird diese Beschränkung immer mehr zum Hindernis. Auf der anderen Seite werden auch die Prozessoren immer leistungsfähiger. Die Leistungsfähigkeit kann durch DOS alleine nicht ausgenutzt werden. Warum werden denn dann so viele PC unter DOS eingesetzt, die 1, 2 oder gar 4 MByte als Hauptspeicher besitzen? Findige Softwarespezialisten haben sich seit längerem darangemacht, zusätzlichen Hauptspeicher für größere Anwendungsprogramme anzusprechen. Dies konnte bislang nur über einen Umweg geschehen, um die von DOS gesetzte Speicherbarriere zu überlisten. Um diesen Umweg nachvollziehen zu können, muß man sich einmal die Arbeitsweise des Prozessors und damit die Speicherverwaltung des PC einmal genauer anschauen. Scheuen Sie auch als Anfänger nicht vor diesem Kapitel zurück, denn hier erhalten Sie wertvolle Information, um den Zusatzspeicher optimal für Excel auszuschöpfen.

Vielleicht haben Sie Windows kennengelernt als reine Benutzeroberfläche, mit deren Hilfe Sie mehrere Programme auf einfachste Weise starten und nach Art des Multitasking gleichzeitig benutzen können. Dabei kann es sich auch um mehrere speicherintensive Programme, wie Word für Windows und Excel handeln. Dabei werden in der Regel Hauptspeicherkapazitäten benötigt, die nicht mehr allein mit 640 KByte abzudecken sind. Im Gegensatz zu den oben angesprochenen Umwegen in bezug auf die Nutzung von Zusatzspeicher ist Windows in der Lage, den kompletten, installierten Hauptspeicher durchgängig anzusprechen und ihn für nahezu alle Programme zur Verfügung zu stellen.

Mehr Speicher für umfangreiche Anwendungen

21.1 Die Speicherverwaltung von PCs

Für den interessierten Leser, der die internen Abläufe der Speicherverwaltung in seinem PC kennenlernen möchte, haben wir in diesem Abschnitt einmal die Grundlagen zusammengestellt, in welcher Art und Weise der PC seinen Speicher verwaltet. Damit ist die Basis dafür gege-

Zusatzspeicher richtig nutzen

ben, daß Sie Ihren Zusatzspeicher sinnvoll unter Windows einsetzen können und dabei die internen Abläufe verstehen.

Kompatibilät zum 8086/8088

Da die verschiedenen PC-Leistungsklassen aus Gründen der Kompatibilität alle auf der Architektur des 8086/8088-Prozessors aufbauen, wollen wir uns die Speicherverwaltung dieser Prozessorgeneration einmal näher anschauen.

Die physikalische Speichergrenze des 8086/8088-Prozessors

Jede Speicherstelle des PCs wird über einen Adreßbus (Datenleitung) angesprochen. Der 8086-Prozessor kommuniziert mit den Speicherstellen über 20 Adreßleitungen, man spricht von einem 20-bit-Adreßbus. Damit ist der Prozessor in der Lage, 2^{20} = 1.048.576 Speicherzellen, also 1 MByte Speicher zu verwalten. Grundsätzlich kann also ein XT-Prozessor 1 MByte Speicher adressieren.

Der direkt adressierbare Speicherbereich erfährt aber durch die Tatsache, daß das Betriebssystem DOS geladen wird, eine weitere Aufteilung. Unter DOS kann der Prozessor hinsichtlich der Anwendungs-Software lediglich auf maximal 640 KByte Arbeitsspeicher zugreifen. Ausschließlich dieser Bereich steht für Anwendungen zur Verfügung. Die verbleibenden 384 KByte oberhalb dieser 640-KByte-Grenze sind für den Bildschirmspeicher, das System-Bios und andere Erweiterungen wie z.B. zusätzliche ROMs, das BIOS einer Grafikkarte usw. reserviert.

Der Hauptspeicher (auch als "Conventional Memory" bezeichnet) steht nicht vollständig den Anwendungen zur Verfügung. Hier werden nach dem Start des Rechners der Kommandoprozessor COMMAND.COM, der z.B. auch die internen DOS-Befehle wie DIR und COPY enthält, sowie weitere Treiber in den Hauptspeicher geladen. Mit dem DOS-Befehl CHKDSK wird deutlich, daß bereits durch den Start des Rechners einige Ressourcen des Hauptspeichers belegt werden. Tatsächlich stehen dem Anwender nach dem Start weniger als 600 KByte Speicher zur Verfügung.

Im Adreßbereich hinter dem Hauptspeicher liegt ein Bereich, der für den Bildschirmspeicher reserviert ist. Dieser wird als "Video-RAM" bezeichnet. Im Adreßbereich zwischen 768- und 832 KByte lag ursprünglich das interne BASIC des ersten PC. Der Bereich zwischen 832- und 960 KByte wurde für sogenannte ROM-Cartridges reserviert, mit denen es möglich war, fertige Programme ständig im Rechner präsent zu haben. Diese Möglichkeit wird heutzutage wieder in Verbindung mit Laptops (kleine, tragbare Computer) verwendet, um die Plattenspeicher und den

Zusatzspeicher richtig nutzen

Arbeitsspeicher nicht unnötig zu belasten. Programme im ROM können jedoch nur vom Hersteller verändert werden. Ein Schreibzugriff auf diesen Bereich ist nicht möglich. Im letzten Bereich unterhalb der 1-MByte-Schallgrenze befindet sich das ROM-Bios des Rechners. Hierin sind alle Voraussetzungen festgehalten, damit die Hardware mit dem Betriebssystem zusammenarbeiten kann.

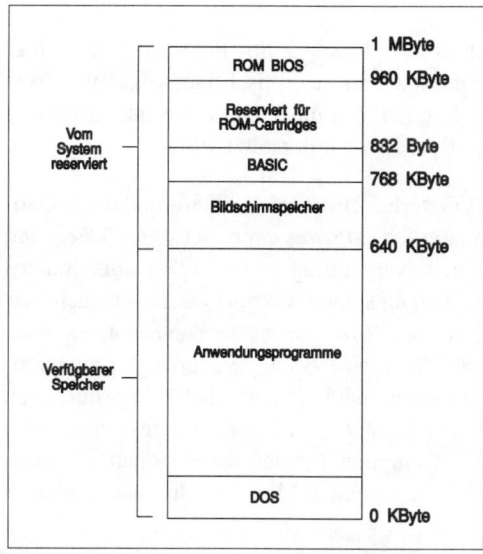

Abb. 249: Die Speicherverwaltung des 8086 wird als "Real Mode" bezeichnet

Die Hauptbeschränkung für einen AT liegt im DOS

Der AT mit seinem 80286- bzw. 80386SX-Prozessor leistet hier schon wesentlich mehr. Durch den erweiterten Adreßbus von 24 Bit ist er in der Lage, physikalisch 2^{24} (= 16.777.216) Speicherstellen, also 16 MByte Speicher direkt zu adressieren. Der über 1 MByte liegende Adreßbereich wird als "Extended Memory" (zusätzlicher Speicher) bezeichnet, da es genau der Speicherbereich ist, der durch die Erweiterung um zusätzliche vier Datenleitungen ansprechbar wird.

Extended Memory

Der wesentliche Unterschied zum 8086 besteht aber darin, daß der 80286 in zwei verschiedenen Modi arbeiten kann, nämlich im Real Mode und im Protected Mode. Die Kompatibilität zum 8086 ist allerdings nur im Real Mode gewährleistet, der beim Systemstart deshalb automatisch eingeschaltet wird. Ein Wechsel in den Protected Mode ist unter DOS nicht möglich. Unter DOS ahmt der 80286 also lediglich den 8086 nach, er emuliert seine Arbeitsweise.

Zusatzspeicher richtig nutzen

Beschränkung in DOS

Gerade darin besteht das Dilemma. Obwohl der 80286 den zusätzlichen Speicher von 15 MByte aufgrund seiner Architektur adressieren könnte, wird er von DOS daran gehindert. Unter normalen Voraussetzungen kann also auch dieser immens große Speicherbereich nicht als Arbeitsspeicher genutzt werden. Andere Betriebssysteme (z.B. UNIX, OS/2) verhelfen dem 80286 zu einer wesentlich größeren Leistungsbreite, da sie den Protected Mode unterstützen.

Das gleiche gilt auch für den 80386- bzw. 80486- Prozessor. Er verfügt über einen 32-Bit-Adreßbus und kann so theoretisch vier GigaByte Speicher (2^{32}) adressieren. Auch er unterliegt unter DOS den beschriebenen Beschränkungen, da er nur im Real Mode unterstützt wird.

Unter dem Betriebssystem DOS verhalten sich der 80286- und der 80386- Prozessor wie besonders schnelle 8086-Prozessoren. ATs und 386er sind also im Hinblick auf die Speicherverwaltung unter DOS nichts anderes als schnellere Varianten ihres gemeinsamen Vorgängers. Aber auch hier wurden Lösungen gefunden, um den Prozessor besser auszunutzen. Windows, von Microsoft auch als "Betriebssystemerweiterung" propagiert, revolutioniert die Speicherverwaltung dahingehend, daß es den normalen Hauptspeicher und das Extended Memory durchgängig adressieren kann. Dadurch scheidet also der XT-Computer für den revolutionären Gedanken aus, da dieser bekanntlich kein Extended Memory adressieren kann.

21.2 Was ist Expanded Memory?

Bisher haben wir uns nur mit dem Arbeitsspeicher und dem Extended Memory befaßt. Wie wir wissen, bleibt einem XT die Welt des Extended Memory vollständig verschlossen, während ATs und 386er diesen Speicherbereich erkennen, aber unter dem reinen DOS nicht für Anwendungsprogramme nutzen können, weil dieses Betriebssystem diese Art des Speichers nicht verwalten kann.

Bank-Switching heißt der Trick

Neben dem oft zu kleinen Arbeitsspeicher gibt es aber noch eine weitere Speicherkategorie: das "Expanded Memory", was soviel heißt wie "ausgedehnter" oder "ergänzter" Speicher. Hierunter dürfen Sie sich ein Speicherfenster vorstellen, dessen Adresse innerhalb der 384 KByte großen System-Speicherbereichs zwischen 640 und 1024 KByte liegt. Alle Prozessoren, sogar der 8086, können dieses Speicherfenster adressieren. In das Speicherfenster können, gesteuert durch einen Software-Treiber, Speicherseiten eingeblendet werden. Über den Treiber wird es möglich,

Zusatzspeicher richtig nutzen

auf dieses Fenster des Arbeitsspeichers zuzugreifen. Der für Anwendungsprogramme verfügbare Arbeitsspeicher kann so effektiv erweitert werden.

Erinnern Sie sich: Im Speicherbereich oberhalb der 640-KByte-Grenze sind der Video-Speicher, das BIOS und die ROM-Routinen angesiedelt. Diese nutzen aber nicht den gesamten, dort verfügbaren Bereich. Da das als Expanded Memory eingeblendete Fenster nur eine Größe von 64 KByte aufweist, findet es dort in dem Bereich zwischen 786 und 832 KByte gerade Platz. Dadurch wird ein 64 KByte großer Bereich zusätzlich verfügbar, der über den Arbeitsspeicher von DOS adressiert werden kann und damit für Anwendungsprogramme nutzbar wird.

Expanded Memory kann allerdings nur mit Software-Unterstützng, d.h. mittels eines Software-Treibers angesprochen werden. Den von den Firmen Lotus, Intel und Microsoft entwickelte LIM/EMS-Standard (EMS = Expanded Memory Specification) stellt die Grundlage für die Nutzung des Expanded Memory dar.

Der LIM-EMS-Standard

Der LIM/EMS-Standard

Die Antwort auf die Speicherprobleme unter DOS kam von drei führenden Herstellern im Hard- und Software-Bereich. Dieser geschaffene Standard machte es nun endlich möglich, den Arbeitsspeicher, also den für Programme verfügbaren Speicherbereich, effektiv zu erweitern.

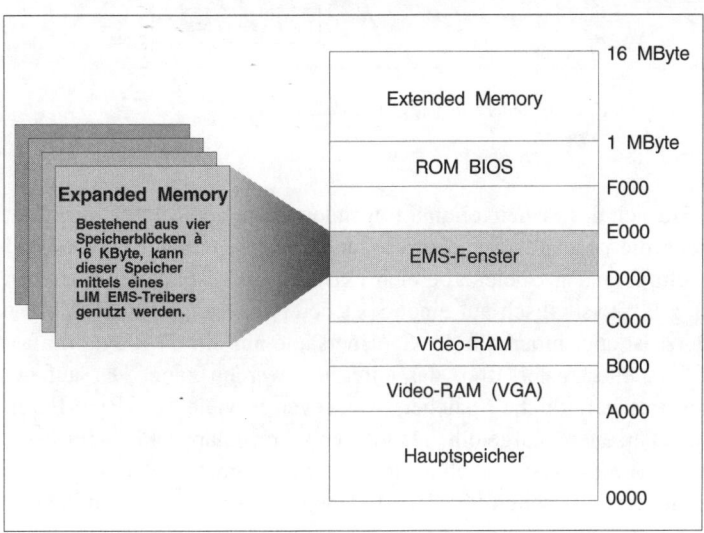

Abb. 250: Das "Fenster" des Expanded Memory

Zusatzspeicher richtig nutzen

Expanded Memory Manager

EMS macht sich eine längst bekannte Technik zunutze, nämlich das sogenannte Bank-Switching. Dabei wird ein insgesamt 64 KByte großer, ungenutzer Bereich innerhalb des 20-Bit-Adreßbereichs (unterhalb 1 MByte) dazu verwendet, zusätzliche RAM-Kapazität einzublenden. Es können maximal vier Speicherblöcke von jeweils 16 KByte in dieses "Fenster" (Page-Frame) gelegt werden.

Die Verwaltung des Fensters übernimmt ein spezieller Gerätetreiber, der Expanded-Memory-Manager (EMM.SYS).

Dieser Gerätetreiber ist Bestandteil der Installations-Software, die den EMS-fähigen Speichererweiterungskarten (z.B. dem Intel-Above-Board) beiliegt.

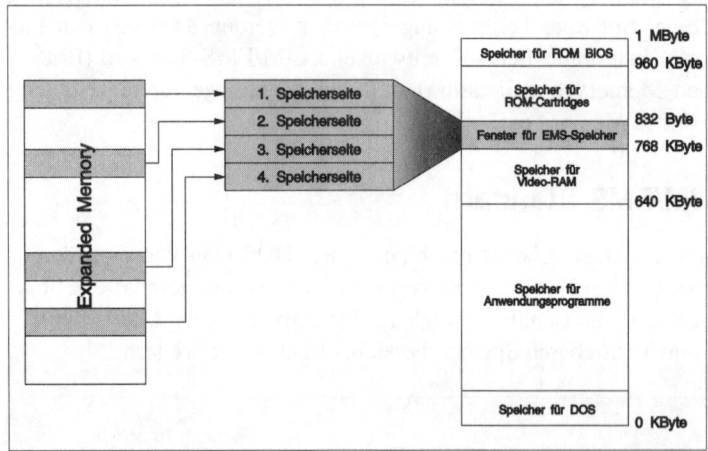

Abb. 251: *Die einzelnen Speicherseiten des Expanded Memory im Speicherfenster*

Stellen Sie sich das Prinzip einmal folgendermaßen vor. Sie sehen auf der Abbildung die normale "Speicherbelegungs-Säule". Parallel zu diesem 1 MByte umfassenden Speicherbereich existiert ein gesonderter Speicher, der sich z.B. physikalisch auf einer Speichererweiterungs-Karte befinden kann. Jetzt ist aber innerhalb der Speichersäule nur ein 64 KByte umfassendes "Speicherfenster" frei, das adressiert werden kann. Der auf der Speicherkarte befindliche Speicher ist dagegen in viele 16-KByte-Bereiche (Speicherseiten) aufgeteilt. Damit der schon knappe Platz im Speicherfenster von 64 KByte auch ausgenutzt wird, nimmt der Manager insgesamt vier Speicherseiten (4 x 16 = 64!) von der Speicherkarte und blendet sie in das Speicherfenster ein. Nun können die Speicherseiten von einem Programm mit Daten gefüllt werden. Ist das Speicherfenster komplett gefüllt, werden die Speicherfenster vom Manager auf die Speicher-

Zusatzspeicher richtig nutzen

karte verfrachtet und dort abgelegt. Vier neue, leere Speicherseiten werden dann ins Speicherfenster eingeblendet. Natürlich muß sich der Manager merken, welche abgelegte Speicherseite welche Daten enthält. Sucht das Programm also Daten, die auf diese Weise bereits gespeichert wurden, so schaut der Manager auf der Speicherkarte nach und schiebt die gewünschten Speicherseiten wieder in das Speicherfenster. Alles klar?

Seit der Einführung von EMS gibt es zunehmend auch Hauptplatinen (sog. NEAT-Boards), die der LIM-Spezifikation gerecht werden, d.h. bestimmte Bereiche der RAM-Bänke können als Expanded Memory definiert werden. Die Aufteilung wird in der Regel über Jumper oder Dip-Schalter eingestellt.

NEAT-Boards lassen sich einstellen

Erst ab der EMS-Version 4.0 kann Expanded Memory auch als Programmspeicher genutzt werden. Hier werden Speicherseiten im Hauptspeicher untergebracht. Dieses Verfahren wird als "Large-Page-Frame" bezeichnet, wobei die Bezeichnung eher irreführend ist. Denn auch nach diesem Verfahren werden nur Speicherseiten von einer maximalen Größe von 64 KByte verwendet, jedoch können aufgrund des "erweiterten" Speicherfensters nun insgesamt 32 MByte Expanded Memory verwaltet werden. Liegt das Speicherfenster im Bereich des System-Speichers zwischen 768 und 1024 KByte, so spricht man vom "Small-Page-Frame". In der Version LIM 3.2 wurde lediglich im Small-Page-Frame-Modus gearbeitet.

Die Speichereinblendung in das Expanded-Memory-Fenster funktioniert natürlich nur, wenn der entsprechende Speicherplatz auch irgendwo physikalisch existiert. In aller Regel muß also entweder auf der Hauptplatine oder auf einer Speichererweiterungskarte zusätzlicher Speicher vorhanden sein. Computer der AT- und 386er-Generation verfügen oft über mehr als 640 KByte Speicher auf der Platine. Bei EMS-fähigen Boards kann der über 640 KByte hinausgehende Bereich entweder vollständig oder teilweise als Expanded Memory definiert werden. Ein eventuell verbleibender Rest wird automatisch als Extended Memory adressiert. Viele der verfügbaren 16- bzw. 32-Bit-RAM-Erweiterungskarten für diese Rechner lassen ein flexible Aufteilung in Expanded und Extended Memory zu.

Zusätzlicher Speicher muß vorhanden sein

Der XMS-Standard

Wie schon angedeutet, sind die Prozessoren 80286, 80386 und 80486 in der Lage, mehr als 1 MByte Speicher zu adressieren. Je nach Adreßbus können im Fall des 80286 und des 80386SX insgesamt 16 MByte und im Fall des "echten" 80386 und des 80486 sogar ganze 4 GByte adressiert werden. Dieser Speicher ab 1 MByte wird als Extended Memory bezeichnet. Dieser kann nur dann angesprochen werden, wenn der Prozessor

Protected Mode

765

Zusatzspeicher richtig nutzen

im Protected Mode arbeitet. Programme wie Lotus 1-2-3 Version 3 und Windows 3.0 können im Protected Mode des Prozessors arbeiten und somit das Extended Memory vollständig nutzen. So werden der Hauptspeicher und das Extended Memory im Standard-Modus und im Enhanced-Modus durchgehend adressiert.

HIMEM.SYS als Standard

Dies konnte aber nur dadurch geschehen, daß durch einen Standard festgelegt wurde, wie der Zugriff auf das Extended Memory vonstatten gehen soll. Dieser Standard wurde wiederum von führenden Herstellern (Microsoft, Intel, Lotus und Ast) geschaffen und als "eXtended Memory Specification" (XMS) bezeichnet. Für diesen Zweck steht unter Windows ein Treiber unter dem Namen "HIMEM.SYS" zur Verfügung, der alle Anforderungen des XMS-Standards erfüllt.

21.3 Die Speichernutzung von Windows

Protected Mode und Real Mode

Windows 3.0 ist eines der wenigen Programme, die den Protected Mode Ihres Prozessors ausnutzen. Dieser Modus wird von DOS selbst nicht unterstützt. Der Vorteil des Protected Mode ist die Tatsache, daß der Hauptspeicher nicht bei 640 KByte aufhört, sondern sich nach der Größe des installierten Speichers richtet. Im Protected Mode wird der normale Hauptspeicher mit zusätzlichem Erweiterungsspeicher (Extended Memory) zusammengefaßt.

Bei Windows ist der Protected Mode Standard

Der Protected Mode ist der Standard-Arbeitsmodus von Windows. Da jedoch viele Programme diesen Modus nicht unterstützen, gibt es aus Kompatiblitätsgründen den sogenannten Real Mode, den das Betriebssystem MS-DOS unterstützt. Hier kann Windows auch Expanded Memory nutzen, der durch viele Programme unterstützt wird.

Enhanced-Modus für 386er und i486er

Für die 386er- bzw. i486er-Prozessor-Generation stellt Windows einen speziellen Betriebsmodus zur Verfügung, den sog. Enhanced-Modus. Hier kommt die virtuelle Speicheradressierung zum Tragen. In diesem Fall können mehrere Programme gleichzeitig ablaufen. Es ist also echtes Multitasking möglich. Jedem Programm wird als sog. Task (task = Aufgabe) eine virtuelle Maschine zugewiesen. Jede virtuelle Maschine hat genau die gleichen Fähigkeiten wie ein normaler PC. Stellen Sie sich also das Multitasking so vor, daß sich in einem großen Gehäuse mehrere PC befinden, wobei jeder eine Aufgabe erledigt (der eine besitzt eine Textverarbeitung, der andere eine Datenbank usw.). Es existiert aber nur ein Bildschirm, der sich auf dem großen Gehäuse befindet. Also muß zwi-

Zusatzspeicher richtig nutzen

schen den einzelnen PC hin- und hergeschaltet werden, damit man vernünftig arbeiten kann. Das wird natürlich genauso von Windows besorgt wie die Verwaltung gemeinsamer Ressourcen (z.B. Speicher, Festplatte usw.). Damit ist Windows ein extrem leistungsfähiges System, das alle Kombinationen aus Speicherart und Prozessorleistung abdecken kann.

Welcher Betriebsmodus ist der richtige für mich?

Sie haben mehrere Möglichkeiten, zusätzlichen Speicher zu installieren. Die Art der Speichererweiterung ist abhängig von den Programmen, die Sie zusätzlich benutzen. Windows arbeitet sowohl mit Erweiterungsspeicher (Extended Memory), als auch mit ergänztem Speicher (Expanded Memory). Wenn Sie nur mit Programmen arbeiten, die den Protected Mode Ihres Prozessors unterstützen (wie z.B. Lotus 1-2-3 Version 3), sollten Sie Ihren Zusatzspeicher als Erweiterungsspeicher installieren. Bei anderen Programmen kann es sinnvoll sein, einen Teil des Speichers als Erweiterungsspeicher und einen Teil als ergänzten Speicher einzurichten (falls diese Möglichkeit für Ihre Speicherkarte überhaupt vorgesehen ist). Bedenken Sie: Wenn Ihr kompletter Zusatzspeicher als ergänzter Speicher eingerichtet ist, können Sie Windows nicht im Protected Mode ablaufen lassen. Nachfolgend sollen die einzelnen Speicherarten erläutert werden, wobei Sie auch erfahren, wie Windows diesen Speicher nutzt.

Extended Memory oder Expanded Memory

Nach folgenden Regeln sollten Sie vorgehen:

Einsatz des Zusatzspeichers

1. Ihr Computer verfügt nur über die 640 KByte Hauptspeicher: In diesem Fall können Sie Windows nur im Real-Mode starten und brauchen sich nicht um andere Einstellungen zu kümmern.

2. Ihr Computer verfügt über Extended Memory, das nicht in Expanded Memory umgewandelt werden kann: Aktivieren Sie die Datei HIMEM.SYS und starten Sie Windows im Standard-Modus. Das gleiche gilt für den Fall, daß Ihr Zusatzspeicher trotzdem Expanded Memory emulieren kann und Sie nur mit Windows-3.0-Anwendungen arbeiten können.

3. Sie können über Expanded Memory verfügen und möchten hauptsächlich mit Anwendungen arbeiten, die für frühere Windows-Versionen entwickelt wurden, die das Expanded Memory nutzen: Richten Sie in diesem Fall Ihren Zusatzspeicher als Expanded Memory ein.

4. Wenn Sie mit speicherintensiven Programmen (z.B. PageMaker) arbeiten, die sehr oft Informationen von der Platte lesen, sollten Sie

Zusatzspeicher richtig nutzen

einen Teil des Zusatzspeichers durch SMARTDRIVE verwenden, damit die Festplattenzugriffe optimiert werden.

5. Sie schalten oft zwischen mehreren Anwendungen um. Richten Sie einen Teil des Zusatzspeichers als RAM-Disk ein, um den Bildschirmwechsel in den schnellen Speicher zu verlagern.

6. Sie möchten mit Windows im Standard-Modus arbeiten, benötigen jedoch für ein speicherintensives Programm (z.B. aus eigener Herstellung) Expanded Memory. Vorausgesetzt wird, daß das Programm nicht unter Windows läuft. In diesem Fall müssen Sie sowohl Extended als auch Expanded Memory installieren.

Voraussetzungen für die Windows-Betriebsmodi

Da die einzelnen Windows-Betriebsmodi spezielle Anforderungen an die Hardware des PCs stellen, müssen natürlich gewisse Voraussetzungen erfüllt werden. Diese seien an dieser Stelle kurz aufgeführt:

Windows im "Real-Mode":

Hardware:	XT, AT, 386SX, 386, i486	
Speicher:	Conventional Memory	640 KByte
	Expanded Memory	
Anmerkung:	Leistungsbegrenzung für XT Kompatibilität zu älteren Programmversionen, die Expanded Memory nutzen	

Windows im "Standard-Modus":

Hardware:	AT, 386SX, 386, i486	
Speicher:	Conventional Memory	640 KByte
	Extended Memory	mind. 192 KByte
Anmerkung:	Leistungsbegrenzung für AT, volle Speicheradressierung	

Windows im "Enhanced-Modus"

Hardware:	386SX, 386, i486	
Speicher:	Conventional Memory	640 KByte
	Extended Memory	mind. 1024 KByte
Anmerkung:	Multitasking durch virtuelle Adressierung	

21.4 Die Konfiguration Ihres Rechners

Es ist an dieser Stelle nicht leicht, eine allgemeingültige Konfiguration zu empfehlen, da diese in der Regel von der Art der Anwendung (wie oben beschrieben) abhängt. Für einen Standard-AT mit 1 MByte RAM-Speicher sollte der Treiber HIMEM.SYS aktiviert sein, damit Windows im Standard-Modus ablaufen kann und das Extended Memory verwendet wird. Weiterhin sollte im Extended Memory SMARTDRIVE in einer Größe von 256 KByte eingerichtet sein, damit Sie unter Windows nicht zu oft auf Festplattenzugriffe warten müssen. Ab einer Speicherkapazität von 2 MByte sollten Sie sich mit RAMDRIVE eine RAM-Disk anlegen, um den Bildschirmwechsel zu beschleunigen. In diesem Fall kann auch SMARTDRIVE mehr Kapazität zugeordnet werden.

So sollte Ihr Rechner konfiguriert sein

Sinnvoll sollte es im Prinzip immer sein, die vollen Möglichkeiten von Windows auszuschöpfen. Dies funktioniert nur, wenn Sie Windows im Standard-Modus ablaufen lassen und dafür Ihren Zusatzspeicher als Extended Memory einrichten.

Je nachdem, wie Ihr Speicher konfiguriert ist und wie Ihre Anwendung letztlich aussieht, können Sie Ihren Speicher auch aus einer Kombination der oben dargestellten Möglichkeiten einrichten. In den nachfolgenden Abschnitten sind jeweils die Wege beschrieben, wie Sie die einzelnen Konfigurationen durchführen können.

Informationen zu Gerätetreiber-Dateien

Windows benötigt für die Einrichtung von Zusatzspeicher oder Peripherien (wie beispielsweise einem Maustreiber), sogenannte Gerätetreiber (Systemdateien), die in der Datei CONFIG.SYS eingebunden werden. Die nachfolgenden Abschnitte geben darüber Auskunft, welche Gerätetreiber Sie im einzelnen benötigen. In manchen Fällen müssen Sie die eine oder andere Gerätetreiber-Datei *.SYS von den Windows-Disketten auf Ihre Festplatte kopieren.

Aus Platzgründen liegen diese Dateien jedoch in komprimierter Form vor. Die von Windows bei der Installation benötigten Dateien werden automatisch dekomprimiert. Wenn Sie jedoch selbst eine solche Datei per Hand kopieren, müssen Sie zuvor für eine Dekomprimierung sorgen. Windows liefert zu diesem Zweck das Programm EXPAND.EXE mit. Komprimierte Gerätetreiber-Dateien erkennen Sie auf den Disketten anhand der Endung *.SYS. Um eine solche Datei zu dekomprimieren und gleichzeitig auf die Festplatte zu spielen, geben Sie folgenden Befehl ein:

Dateien sind komprimiert

Zusatzspeicher richtig nutzen

```
expand a:\mouse.sy$ c:\windows\mouse.sys
```

Damit haben Sie gleich zwei Fliegen mit einer Klappe geschlagen: Zum einen das Expandieren und zum anderen das Kopieren der Datei ins korrekte Zielverzeichnis.

Installieren von Zusatzspeicher

Zusatzspeicherkarten sind leicht zu installieren

Eine Zusatzspeicherkarte läßt sich in einem freien Slot im Rechner leicht selbst installieren. Die Installationshinweise der Hersteller reichen dafür in der Regel vollkommen aus. Wichtig ist nur, daß der "normale" Hauptspeicher bis auf 640 KByte aufgerüstet ist. Viele Zusatzspeicherkarten bieten die Option, erst eine bestehende Lücke bis 640 KByte zu füllen und den restlichen Speicher dann als Zusatzspeicher zur Verfügung zu stellen.

Es gibt nun Speicherkarten, die nur als Extended Memory genutzt werden können und solche, die als Extended und/oder als Expanded Memory genutzt werden können (z.B. Intel Above Board). Achten Sie daher beim Kauf einer Speichererweiterung auf die Angaben des Herstellers. In der Regel sind Sie mit Extended Memory besser bedient. Einige Anwendungen arbeiten jedoch nach wie vor mit Expanded Memory. Aus diesem Grund sollte Ihr Zusatzspeicher in der Lage sein, beide Speicherarten zu unterstützen.

Speicher "on Board"

Neben den reinen Speicherkarten, die in einem freien Slot im Rechner eingesteckt werden, existiert immer häufiger bei AT- bzw. 386er-Modellen Zusatzspeicher "on board". Das hat den Vorteil, daß Auf- und Umrüstungen des Arbeitsspeichers recht einfach und unkompliziert durchgeführt werden können. Bei älteren Computern sind die Speicherchips (oft auch nur ein Teil davon) direkt auf die Platine gelötet. Der Austausch von Chips oder ein Speicherausbau ist in diesen Fällen wesentlich arbeitsintensiver und erfordert schon einige Übung mit dem Lötkolben. In diesem Fall raten wir, den Speicherausbau über eine RAM-Karte durchzuführen.

Die neuen AT-Modelle sind von vornherein so ausgelegt, daß RAM-Kapazitäten von 4 MByte auf der Hauptplatine ohne weiteres möglich sind. Dies wird vor allem dadurch erreicht, daß leistungsstarke Chips mit einer Kapazität von 1 MBit Verwendung finden.

Bis zu 8 MByte Speicherkapazität auf der Hauptplatine bieten 386er-Modelle an. Diese Platinen werden aus Platzgründen mit den sogenannten SIMM- oder SIP-Modulen ausgestattet. Darunter versteht man kleine Steckplatinen, die - ausgestattet mit einer Kapazität von 1 MByte (vergleichbar mit neun "normalen" Megabit-Chips) - in dafür vorgese-

Zusatzspeicher richtig nutzen

hene Sockel gesteckt werden können. Durch die Kombination von RAM-Bänken und SIMM- bzw. SIP-Bänken wird dann die entsprechende Speicherkapazität erreicht. Dieses Verfahren wird neuerdings immer mehr auch bei 286er-Rechnern verwendet.

Der Vorteil dieser Art der Speicherbausteine liegt im wesentlichen darin, daß ein Ausbau des Speichers auf der Platine wesentlich einfacher und schneller zu bewerkstelligen ist. Mit einem Handgriff ist eine Speichereinheit vollständig ausgebaut bzw. hinzugefügt. Zumindest bei der Verwendung von SIMMs gehört das Risiko der Beschädigung durch Um- oder gar Abknicken der filigranen Pins der Vergangenheit an. SIMM- bzw. SIP-Elemente sind mit Kapazitäten von 256 KByte bis 2048 KByte erhältlich. Ein Nachteil dieser modernen Speicherbausteine besteht allerdings darin, daß fehlerhafte Chips nicht mehr einzeln ausgetauscht werden können. Im Fall eines Fehlers muß immer das komplette SIMM bzw. SIP-Element ersetzt werden können.

Speicheraufrüstung im Setup anmelden

Wurden hardäwaremäßige Änderungen in Form eines Speicherausbaus vorgenommen, so müssen die Änderungen dem Computer mit Hilfe des Setup-Programms (nicht zu verwechseln mit dem Windows-Setup!) mitgeteilt werden. Bei den meisten neuen Computern befindet sich das Setup im BIOS und kann durch eine Tastenkombination während des Systemchecks nach dem Einschalten des Rechners aufgerufen werden. Nur bei älteren ATs muß das Setup noch von der Diskette gestartet werden. Besitzen Sie dagegen einen IBM-PS/2-Rechner, so müssen Sie nach dem Einsetzen der Speichererweiterung noch die IBM-Konfigurationsdiskette durchlaufen lassen.

Mit Hilfe des Setups werden alle Komponenten Ihres Rechners, wie Festplatte, Diskettenlaufwerke, Speicher, Systemzeit und Systemdatum, im sogenannten CMOS gespeichert, damit der Rechner diese Komponenten richtig ansteuern kann. Die Informationen im CMOS bleiben auch nach dem Ausschalten des Rechners erhalten, da dieser über einen Akku bzw. eine Batterie dauernd mit Strom versorgt wird.

Bei den sog. NEAT-Boards und bei den 386er-Boards wird der Speicher über das Setup-Programm aufgeteilt, und zwar so, daß man eine formale Einteilung in Extended- und Expanded Memory vornehmen kann. Dies ist aber nur der Schritt, in dem Sie dem Computer mitteilen, wie der Speicher genutzt werden soll. Wie Windows den Speicher entsprechend als Extended- bzw. Expanded Memory nutzen kann, erfahren Sie in den folgenden Kapiteln.

21.5 Expanded Memory einrichten

Für die Einrichtung von Expanded Memory benötigen Sie die entsprechenden Treiber für Ihre Speichererweiterungskarte. Verwenden Sie z.B. das Intel Above Board, nutzen Sie die Datei EMM.SYS. Bei Verwendung des AST RAMpage benötigen Sie die Datei REMM.SYS und in Verbindung mit der IBM PS/2 Expanded Memory Option die Datei PS2-EMM.SYS. Diese Dateien werden von Windows mitgeliefert. Besitzen Sie einen 386- bzw. 486-Computer, beachten Sie die Anmerkungen im letzten Abschnitt dieses Kapitels.

Intel-Above-Board

Im Fall des Intel Above Board erfolgt die Einrichtung über ein spezielles Installationsprogramm, das sich auf der mitgelieferten Treiberdiskette von Intel befindet. Zuvor müssen Sie jedoch die Datei EMM.SYS auf diese Diskette kopieren. Legen Sie diese Diskette in das Laufwerk A: und rufen Sie das Programm "Setboard" auf. Die Karte wird nun automatisch konfiguriert.

Die Treiberdatei für den Expanded-Memory-Manager muß als Gerätezuweisung in der Datei CONFIG.SYS eingetragen werden. Im Fall des Above-Board erfolgt dies automatisch. Dabei wird folgende Zeile erzeugt:

```
device=emm.sys at d000 208 nd
```

Parameter

Der Dateiname des Expanded-Memory-Managers (EMM.SYS) steht direkt hinter der Gerätezuweisung. Der Parameter "AT" steht für PC/AT & kompatible Rechner. Entsprechend kann hier der Parameter "PC" (für IBM PC/XT & kompatible) oder "MOD30" (Für IBM PS/2 Modell 30) verwendet werden.

Der zweite Parameter bezeichnet die Startadresse für das Speicherfenster. Hierbei handelt es sich um einen Standardwert, der unter DOS ursprünglich für zusätzliche ROMs vorgesehen war und nun praktisch zweckentfremdet wird.

Der dritte Parameter bezeichnet die Ein-/Ausgabe-Adresse der Speichererweiterungskarte. Es ist in diesem Fall die Adresse 208. Verwenden Sie mehrere Speicherkarten, so erhält jede Karte eine eigene Adresse. Diese wird dann automatisch zugeteilt.

Nach dem Neustart des Rechners wird die Initialisierung der Speicherkarte durch eine entsprechende Meldung angezeigt, wobei sowohl der zur Verfügung stehende Hauptspeicher angezeigt wird, als auch das instal-

Zusatzspeicher richtig nutzen

lierte Extended bzw. Expanded Memory. Weiterhin wird die durch den Expanded-Memory-Manager verwaltete Speichergröße angezeigt. Insgesamt könnte eine Meldung folgendermaßen aussehen, wenn der Rechner über sehr viel Speicher verfügt:

```
Expanded Memory Manager Version 4.0 Revision A
Copyright 1985, 1986, 1988 Intel Corporation
Testing Page 56
Conventional Memory    640 KByte (Hauptspeicher)
Expanded Memory        896 KByte
Extension Memory       3072 KByte
EMM length             9536 bytes
```

Bildschirm-Meldung

Einige Speicherkarten, die sich als Expanded Memory konfigurieren lassen, liefern einen eigenen Treiber mit. Auch können die Parameter etwas unterschiedlich sein. Wenn Ihrer Speichererweiterung kein Konfigurationsprogramm beiliegt, probieren Sie es mit dem einfachsten Eintrag per Hand aus. Wenn noch nicht einmal ein eigener Treiber vorhanden ist, verwenden Sie versuchsweise einen der Treiber, die Windows mitliefert. Der Standardeintrag in der CONFIG.SYS lautet:

```
device=emm.sys
```

Beachten Sie beim nächsten Start die Meldungen auf dem Bildschirm, in welcher Größe des Expanded Memory eingerichtet wurde. In der Regel können Sie hinter dieser Zeile noch eine Größenzuweisung, wie oben beschrieben, vornehmen.

Achten Sie auch darauf, daß dieser Eintrag in der CONFIG.SYS vor allen anderen Device-Einträgen steht.

Wenn Sie Windows auf einem Computer betreiben möchten, der auf einem 386- bzw. 486-Prozessor basiert, können Sie Expanded Memory mit Hilfe einer von Windows mitgelieferten EMM-Datei einrichten. Sie sollten sich jedoch einige Gedanken darüber machen, inwieweit dies notwendig ist. In der Regel benötigen Sie die Einstellung nur, wenn Sie mit Programmen arbeiten, die nur auf das Expanded Memory zugreifen. In diesem Fall emuliert EMM386.SYS für solche Anwendungen Expanded Memory im Zusatzspeicher. In der Regel geschieht die Simulation automatisch, wenn Sie Windows im erweiterten 386-Modus ablaufen lassen. Der Treiber muß also nur dann installiert werden, wenn Sie Windows im Real- bzw. Standard-Modus betreiben und Expanded Memory bei Bedarf simuliert werden soll. Achten Sie darauf, daß Sie keine anderen Emulationsprogramme wie z.B. den CEMM.SYS (Compaq) verwenden, da diese unter Windows nur im Real-Mode verwendet werden können.

Eintrag für 386- bzw. 486-Modelle

Zusatzspeicher richtig nutzen

Tragen Sie die unten stehende Zeile in der CONFIG.SYS ein, um das Emulationsprogramm einzurichten. Aktiviert wird dieses Programm erst dann, wenn Sie einen Warmstart Ihres Rechners durchgeführt haben.

 device=c:\windows\emm386.sys (Größe)

Auch hier wird der einzurichtende Bereich durch den Parameter "Größe" definiert. Definieren Sie nur soviel Speicherkapazität, wie von der Anwendung tatsächlich benötigt wird, da ansonsten Speicherplatz verschenkt wird.

21.6 Extended Memory durch HIMEM.SYS einrichten

HIMEM.SYS vergrößert den Hauptspeicher

Das Extended Memory wird von Windows im Standard- und im Enhanced-Modus durchgehend adressiert. Damit es zu einem kontrollierten Speicherzugriff kommt, wurde von führenden Herstellern der "eXtended Memory Manager" unter dem Namen "" eingeführt. Der "HIMEM.SYS" ist ein Gerätetreiber, der auf das Extended Memory zugreift und einen Teil davon dem normalen Hauptspeicher zur Verfügung stellt. Insgesamt werden 64 KByte des Extended Memory von diesem Treiber abgezweigt (die sogenannte High-Memory-Area). Damit wird der Hauptspeicher um ca. 50 KByte vergrößert, da der Treiber selbst einige Bytes benötigt. Dies ist sehr sinnvoll, wenn Sie in der Datei CONFIG.SYS viele Treiber eingebunden haben, die im Hauptspeicher resident zur Verfügung stehen.

Eingebunden wird der XMS-Treiber in der Datei CONFIG.SYS durch folgende Zeile:

 device=c:\windows\himem.sys

Geben Sie auch hier wieder das Laufwerk und den Pfad an, in dem sich die Datei befindet. Kopieren Sie den Treiber zuvor von der Diskette in das Windows-Verzeichnis.

Achten Sie darauf, daß Sie unter Windows 3.0 ältere Versionen des HIMEM.SYS nicht verwenden dürfen. Es muß auf jeden Fall die aktuelle Version verwendet werden.

Himem-Parameter setzen

Wenn Sie Windows im Standard-Modus starten und über Extended Memory verfügen, muß der HIMEM-Treiber geladen werden, damit das Extended Memory unter Windows angesprochen wird. Je nach verwendeter Hardware kann der Einsatz von Parametern notwendig sein, damit der Extended Memory unter Windows korrekt angesprochen wird. Wenn Sie

Zusatzspeicher richtig nutzen

die Einstellung des HIMEM-Treibers in der CONFIG.SYS ändern, müssen Sie Ihren Computer neu starten, damit die Änderungen aktiviert werden.

Je nach Art des Computers bzw. der Anwendung können entsprechende Parameter dem Eintrag angehängt werden. Wenn Sie mit der Standard-Einstellung Probleme haben, sollten Sie an dieser Stelle die entsprechenden Parameter ausprobieren. Die zur Verfügung stehenden Parameter können entweder über den Namen oder die Nummer spezifiziert werden. Der Effekt ist der gleiche.

```
IBM AT & komp.      at            1
IBM PS/2            ps2           2
Phoenix Bios        pt1cascade    3
HP Vectra           hpvectra      4
AT&T 6300 Plus      att6300plus   5
Acer 1100           acer1100      6
Tosch 1200/1600XE   toshiba       7
Wyse 12.5 Mhz 286   wyse          8
```

Arbeiten Sie z.B. auf einem HP-Vectra und können den Extended-Speicher nicht korrekt unter Windows ansprechen, tragen Sie in die "Device-Zeile" der CONFIG.SYS folgenden Parameter ein:

```
device=c:\windows\himem.sys /m:hpvectra oder
device=c:\windows\himem.sys /m:4
```

Ein weiterer Parameter steht im Zusammenhang mit der Verwendung von Shadow-RAM. Hier werden die Befehle des ROM in das RAM kopiert, das in der Regel sehr viel schneller ist. Dadurch kann Ihr Computer auf die Verarbeitungsgeschwindigkeit getunt werden. Es sind jedoch nicht alle Modelle in der Lage, dieses Shadow-RAM zu nutzen. Interessant ist die Einstellung bei Computern, die mehr als 384 KByte Extended Memory zur Verfügung haben, da das Shadow-RAM in das Extended Memory verlagert wird und dieser Bereich für andere Anwendungen dann nicht mehr zugänglich ist. Probieren Sie am besten in jedem Fall aus, ob sich die Performance Ihres Computers verbessert. Um das Shadow-RAM zu aktivieren, muß folgender Parameter gesetzt werden:

Shadow-RAM einrichten

```
device=c:\windows\himem.sys /shadow:on
```

Um das Shadow-RAM zu desaktivieren, setzen Sie den Parameter einfach auf "off".

Durch den Einsatz von HIMEM erfolgt eine Beschleunigung von Windows aufrund des sogenannten Code-Pagings. Da Windows-Programme in der Regel größer sind als der zur Verfügung stehende Arbeitsspeicher,

Code-Paging

775

Zusatzspeicher richtig nutzen

wurden sie in zahlreiche Segmente aufgeteilt. Diese Segmente werden dann bei Bedarf in den Speicher geladen. Der Vorteil ist, daß immer nur die Segmente geladen werden können, die gerade zur Ausführung eines Befehls benötigt werden. Die restlichen Segmente befinden sich weiterhin auf der Festplatte.

Man kann dabei zwischen zwei Arten von Segmenten unterscheiden. So gibt es Segmente, die im Speicher verschoben werden können und solche, die durch neue Segmente überschrieben werden können. Wird ein neues Segment von der Festplatte in den Speicher geladen, dann werden nicht genutzte, im Speicher befindliche Segmente wieder ausgelagert. Ursprünglich erfolgte die Auslagerung wieder auf die Festplatte. Unter HIMEM können die Segmente jedoch auf das wesentlich schnellere Extended Memory ausgelagert werden, was einen enormen Zeitvorteil bringt.

21.7 Die Windows-Speicheroptimierung

Damit der Speicher optimal genutzt werden kann, liefert Windows zwei Programme unter dem Namen SMARTDRIVE und RAMDRIVE mit. Mit diesen Programmen werden bei richtigem Einsatz bemerkenswerte Geschwindigkeitsvorteile erzielt. Grundlage für den Einsatz dieser Tools ist die ordnungsgemäße Konfiguration des Speichers, wie sie in den vorherigen Kapiteln beschrieben wurde.

Beide Programme lassen sich sowohl mit Extended als auch mit Expanded Memory nutzen. In beiden Fällen wird durch Einsatz eines Parameters der entsprechende Speicher definiert:

Zugriff auf Extended Memory: /E
Zugriff auf Expanded Memory: /A

Cache-Speicher mit SMARTDRIVE

Cache-Speicher einrichten

Unter einem Cache-Speicher versteht man einen Algorithmus zur Optimierung von Festplatten- und Speicherzugriffen. Daher spricht man auch von einem Plattenpuffer-Programm. Dieses wird wie ein Gerätetreiber über die CONFIG.SYS aktiviert und arbeitet als Zwischenspeicher für Plattenzugriffe. Eine einmal von der Festplatte in den Arbeitsspeicher geladene Information wird parallel auch in diesen Puffer geschrieben. Beim nächsten Zugriff auf die gleiche Information kann direkt aus diesem (schnellen) Puffer gelesen werden, ein Plattenzugriff wird überflüssig. Mit diesem Verfahren können bis zu 50% aller Plattenzugriffe eingespart werden. Der Zeitgewinn ist immens, da ein Speicherzugriff bekannterma-

Zusatzspeicher richtig nutzen

ßen wesentlich schneller als ein Plattenzugriff abläuft. Außerdem wird auch noch die Festplatte geschont.

Windows verwendet dafür ein eigenes Cache-Programm mit dem Namen SMARTDRV.SYS. Es wird in der Datei CONFIG.SYS als Gerätetreiber (device=) folgendermaßen installiert:

    device=smartdrv.sys (Größe) (Minimum) [/e;/a]

Programm-Parameter

Der Parameter "Größe" beschreibt die Größe des zu installierenden Cache-Speichers. Wird an dieser Stelle kein Eintrag vorgenommen, belegt SMARTDRIVE standardmäßig nur 256 KByte für den Cache-Speicher. Wenn Sie die Größe definieren, verwenden Sie als KByte-Wert ein Vielfaches von 64. Erhöhen Sie den Wert, wenn Sie mit Programmen arbeiten, die oft auf die Festplatte zugreifen, wie z.B. Datenbanken, Designer oder PageMaker. Berücksichtigen Sie dabei natürlich immer Ihren gesamten zur Verfügung stehenden Zusatzspeicher.

Im Standard-Modus und im erweiterten 386-Modus reduziert Windows, wenn noch nicht anders angegeben, den Cache-Speicher immer auf das Minimum von 256 KByte. Das ist logisch, da Windows den Zusatzspeicher selbst benötigt. Das gleiche trifft zu, wenn Sie SMARTDRIVE unter dem Real-Mode im Expanded Memory angelegt haben. Hier setzt Windows SMARTDRIVE erst dann auf seine Minimalgröße, wenn es das Expanded Memory anspricht. Haben Sie z.B. für SMARTDRIVE einen Bereich von 1 MByte im Zusatzspeicher eingerichtet und arbeiten nur zeitweise mit Programmen, die oftmals auf die Festpatte zugreifen, so sollten Sie den Parameter (Minimum) auf 256 KByte setzen, damit der übrige Bereich Windows weiterhin zur Verfügung steht. Der Eintrag in diesem Fall würde dann lauten:

    device=c:\windows\smartdrv.sys 1024 256

Der Parameter "/A" bezeichnet die Verwendung von Expanded Memory als Cache-Speicher. Durch den Parameter "/E" wird SMARTDRIVE im Extended Memory installiert, falls kein Expanded Memory zur Verfügung steht. In diesem Fall sollten Sie jedoch für SMARTDRIVE nur einen geringen Teil des Speichers reservieren (ca. 128 - 256 KByte), da Windows das Extended Memory direkt ansprechen kann.

Verfügen Sie in Ihrem Rechner sowohl über Expanded als auch über Extended Memory und möchten SMARTDRIVE im Expanded Memory einrichten (was sinnvoll ist, wenn Sie im Standard-Modus unter Windows arbeiten), sollten Sie den Eintrag für SMARTDRIVE in der Datei CONFIG.SYS vor den Eintrag für den Expanded-Memory-Manager (device=emm.sys) setzen.

Zusatzspeicher richtig nutzen

Nachdem die Datei geändert wurde, müssen Sie Ihren Rechner erneut starten (`Alt`+`Ctrl`+`Del`), damit der Zusatzspeicher aktiviert wird. Das System signalisiert die Bereitschaft von SMARTDRIVE durch eine entsprechende Meldung:

Bildschirm-Meldung

Microsoft SMARTDRIVE Plattenpufferprogramm Version 3.00
Puffergröße: 128k im Erweiterungsspeicher
Platz für 15 Spuren mit je 17 Sektoren

Anlegen einer RAM-Disk mit RAMDRIVE

RAM-Disk anlegen

Um jetzt Windows mitzuteilen, daß Sie eine RAM-Disk im Zusatzspeicher einrichten möchten, setzen Sie in der Datei CONFIG.SYS den Eintrag:

device=c:\windows\ramdrive.sys (Größe)

Achten Sie auch wieder darauf, daß sich die Treiber-Datei im entsprechenden Verzeichnis befindet.

Der Parameter "Größe" bezeichnet die Größe des Bereichs im Zusatzspeicher, der für die RAM-Disk zur Verfügung gestellt wird. Wenn hier kein Eintrag erfolgt, wird der Standardwert von 64 KByte angenommen. Prinzipiell kann aber auch nur soviel Speicher reserviert werden, wie Sie für die Arbeit mit bestimmten Anwendungsprogrammen benötigen. Als Maximalwert können Sie 4.096 kByte als RAM-Disk einrichten.

Umschalten zwischen zwei Anwendungsprogrammen

Nehmen wir an, Sie möchten ständig zwischen zwei Standard-Anwendungsprogrammen umschalten. Entnehmen Sie aus den Unterlagen zu Ihren Programmen die erforderliche Speicherkapazität des größten Programms und addieren dazu 75 KByte, die Windows für spezifische Informationen wie z.B. den Bildschirmwechsel benötigt. Multiplizieren Sie den Wert mit der Anzahl der verwendeten Standard-Anwendungsprogramme.

Das Ergebnis wird mit 1.02 multipliziert. Dieser Wert ist eine Konstante (Microsoft), die praktisch 2 Prozent zum Speicherbedarf hinzuaddiert. Das Ergebnis wird auf die nächste, ganze Zahl aufgerundet. Geben Sie das Ergebnis als Größe in die RAMDRIVE-Befehlszeile ein. Folgendes Beispiel soll den Rechenweg verdeutlichen:

Beispiel

Sie verwenden MS-CHART (256 KByte) und Turbo-Pascal (280 KByte)

280 KByte + 75 KByte = 355 KByte
355 KByte * 2 = 710 KByte
710 KByte * 1,02 = 724,2 KByte

Zusatzspeicher richtig nutzen

Aufgerundet wäre hier ein Wert von 725 KByte als Größenangabe hinter die RAMDRIVE-Befehlszeile einzusetzen.

Selbstverständlich sollen Sie jetzt nicht alle Programme, mit denen Sie irgendwann mal einen Bildschirmwechsel vornehmen möchten, auf deren Programmgröße hin untersuchen. Machen Sie es sich einfach zur Regel, daß Sie den Speicherbedarf Ihres größten Programms verdreifachen und diesen Wert als Größe verwenden. Es mag dann vielleicht im Einzelfall sein, daß Sie das eine oder andere Byte zuviel reservieren, auf jeden Fall bleiben Sie aber nach oben hin flexibel.

Wenn Sie die RAM-Disk im Expanded Memory einrichten möchten, tragen Sie hinter dem Parameter "Größe" (durch ein Leerzeichen getrennt) den Kennbuchstaben "/A" ein. Bei der Verwendung von Speicherkarten als Extended Memory tragen Sie die entsprechende Option "/E" ein. Nach erneutem Warmstart meldet sich RAMDRIVE folgendermaßen (hier bei einer 2-MByte-Speicherkarte):

Zusatzspeicher definieren

```
Microsoft RAMDrive Version 3.00 - Erstellung des Laufwerks D:
    Plattengröße: 2048k
    Sektorgröße: 512 Bytes
    Blockgröße: 1 Sektor
    Verzeichniseinträge: 64
```

Bildschirm-Meldung

Unter RAMDRIVE lassen sich noch weitere Parameter spezifizieren. Diese sind jedoch nur für spezielle Anwendungen interessant und sollen hier nur kurz erläutert werden.

RAMDRIVE (Größe) (Sektoren) (Einträge) /(Buchstabe)

Parameteränderung Sektoren

Es werden unter RAMDRIVE die Werte 128, 256 und 512 akzeptiert, alle anderen Werte werden aufgerundet. Wird hier kein Eintrag vorgenommen, so ist der Standardwert 128. DOS akzeptiert nur maximal 512 Bytes pro Sektor. Je größer die Sektoren sind, desto größer ist die Ausführungsgeschwindigkeit. Das hat aber den Nachteil, daß am Ende von Dateien eventuell einiges an Platz verschwendet wird.

Programm-Parameter

Parameteränderung Einträge

Je mehr Speicher Sie für Windows zur Verfügung stellen, desto mehr Datei-Einträge können im Inhaltsverzeichnis des virtuellen Laufwerks verwaltet werden. Setzen Sie die Anzahl nur, wenn Sie mehr als 64 Datei-

Zusatzspeicher richtig nutzen

Einträge benötigen. In diesem Fall ist es am einfachsten, wenn Sie für den Eintrag ein Vielfaches von 16 nehmen (z.B. 128, 144, 256, 304 usw.).

Wenn Sie hier einen Eintrag machen, müssen Sie auch einen Wert für die Sektoren eingeben, da die Parametereine feste Folge haben. Als Beispiel könnte der Eintrag bei Verwendung einer 1-MByte-Speichererweiterung folgendermaßen aussehen:

device=RAMDRIVE.sys 1024 128 144 /e

RAM-Disk anwenden

Die Praxis

Im Prinzip wurde ein neues Laufwerk erstellt, auf das Sie normal zugreifen können. Wenn Sie unter Windows länger mit Programmen arbeiten, die oftmals auf die Festplatte zugreifen, sollten Sie das komplette Programm in die RAM-Disk kopieren und von dort aus starten. Sie glauben nicht, wieviel Zeit sich dadurch gewinnen läßt, da der normale Speicher wesentlich schneller als eine Festplatte arbeitet. Achten Sie jedoch darauf, daß Sie veränderte bzw. neu geschaffene Dateien vor Ausschalten des Computers auf die "normale" Festplatte kopieren, da sonst alle Änderungen unweigerlich verlorengehen.

Den größten Nutzen ziehen Sie bei häufigem Wechsel zwischen mehreren Anwendungsprogrammen aus der Tatsache, daß sich die RAM-Disk als Auslagerungslaufwerk verwenden läßt. Informationen dazu finden Sie im nächsten Kapitel.

Hinweis

Achten Sie bei der Umstellung auf andere Windows-Versionen darauf, daß Sie ausschließlich die jeweils mitgelieferten Versionen von SMART- bzw. RAMDRIVE verwenden, da diese exakt auf die entsprechende Version abgestimmt sind.

21.8 Auslagerungsdateien (Swapfiles)

Verschiedene Arten von Auslagerungsdateien

Windows arbeitet mit sogenannten Auslagerungsdateien, um temporäre Dateien, die z.Zt. nicht benötigt werden, aus dem Hauptspeicher zu verbannen. Dadurch wird bei zu geringem Speicherplatzangebot genügend Kapazität für andere Anwendungen zur Verfügung gestellt. Windows kennt mehrere Arten von Auslagerungsdateien:

- Auslagerungsdateien für Standard-Anwendungen,

Zusatzspeicher richtig nutzen

- temporäre Auslagerungsdateien im erweiterten 386-Modus und
- permanente Auslagerungsdateien im erweiterten 386-Modus.

Auslagerungsdateien für Standard-Anwendungen

Einen enormen Geschwindigkeitsvorteil bringen Auslagerungsdateien von Standard-Anwendungen (Swapfiles). Haben Sie z.B. eine Standard-Anwendung wie Word gestartet und schalten zwischen diesem Programm zu Windows um, so wird automatisch der Word-Bildschirm als temporäre Datei auf die Festplatte ausgelagert.

In dieser Auslagerungsdatei befinden sich alle Informationen, die Windows benötigt, um nach erneutem Umschalten den Word-Bildschirm wieder korrekt aufzubauen. Als Standardlaufwerk werden die Festplatte und das Verzeichnis verwendet, in das Windows bei der Installation kopiert wurde.

Eine solche Auslagerungsdatei benötigt einiges an Platz auf der Festplatte. Daher sollten Sie, wenn Sie über zwei Festplatten verfügen, die Auslagerungsdatei auf die Festplatte leiten, die über den meisten freien Speicherplatz verfügt. Dabei kann auch ein Unterverzeichnis spezifiziert werden, das Sie für temporäre Dateien angelegt haben. In jedem Fall läßt sich bei dieser Methode nur ein geringer Geschwindigkeitsvorteil herausholen. Sie können sich jedoch bereits denken, wie dieses Problem gemeistert werden kann: Sie geben ganz einfach das Laufwerk Ihrer RAM-Disk an, um Auslagerungsdateien zu speichern. Da eine RAM-Disk im Speicherzugriff um ein Vielfaches schneller arbeitet als ein normales Festplattenlaufwerk, erfolgt ein Umschalten zwischen unterschiedlichen Anwendungen erheblich schneller.

Auslagerungsdatei auf die RAM-Disk legen

Nun zur Technik. Die Spezifizierung des Laufwerks bzw. des Unterverzeichnisses für die Auslagerungsdatei erfolgt über eine Zeile in der Datei SYSTEM.INI. Laden Sie diese Datei in den Notizblock und bewegen Sie den Cursor an das Ende dieser Datei. Dort befindet sich der Eintrag [NonWindowsApp]. Fügen Sie unter diesen Eintrag folgende Zeile ein:

    swapdisk=[Laufwerk] [Unterverzeichnis]

Wenn Sie mit RAM-Disk arbeiten, tragen Sie unter [Laufwerk] den Laufwerksbuchstaben ein, den RAMDRIVE beim Starten des Rechners vergeben hat. Ansonsten tragen Sie hier den Laufwerksbuchstaben bzw. das Unterverzeichnis ein, das Sie für temporäre Dateien vorgesehen haben.

Temporäre Auslagerungsdateien im erweiterten 386-Modus

Bei zu geringem Speicherplatz wird im erweiterten 386-Modus ein zusammenhängender, unfragmentierter Bereich auf der Festplatte als Auslagerungsbereich verwendet. Dieser Vorgang erfolgt automatisch und bedarf im Prinzip keiner Einrichtung. Dabei wird die Auslagerungsdatei unter dem Namen WIN386.SWP im Windows-Verzeichnis angelegt. Die Arbeit mit temporären Auslagerungsdateien ist in der Regel langsamer als die mit den permanenten. Der Vorteil ist jedoch, daß der Auslagerungsbereich nur bei Bedarf erstellt wird und ansonsten nicht die Festplatte blockiert.

Temporäre Auslagerungsdateien

In der Datei SYSTEM.INI können Sie die Anlage von temporären Auslagerungsdateien kontrollieren. Dazu gehört die Angabe über die Festplatte, auf der der Bereich angelegt werden soll. Dies ist nur dann interessant, wenn Sie über mehrere Festplatten verfügen. Geben Sie unter dem Eintrag im Abschnitt [386enh] folgende Zeile ein:

>   PagingDive=[Laufwerk]

Tragen Sie unter [Laufwerk] den Laufwerksbuchstaben der Festplatte ein, die für den Auslagerungsbereich verwendet werden soll. Dies sollte die schnellste Festplatte sein, die Sie zur Verfügung haben. Auch muß genügend Platz auf ihr sein, damit alle Informationen untergebracht werden können.

Maximale Auslagerungsdatei

Windows verwendet standardmäßig 1024 KByte für die Auslagerungsdatei und erweitert sie bei Bedarf beliebig. Das kann natürlich zu Problemen führen, wenn Windows viele Informationen auslagert, und damit die gesamte Festplattenkapazität erschöpft. In diesem Fall können Sie vielleicht die eine oder andere Anwendung nicht mehr starten, weil kein Speicherplatz mehr vorhanden ist. Auch das Anlegen neuer Dateien, wie z.B. Texte, kann dadurch nicht mehr möglich sein. Für diesen Fall können Sie einen maximalen Bereich spezifizieren, der als temporärer Auslagerungsbereich verwendet wird. Tragen Sie zu diesem Zweck in der Datei SYSTEM.INI unter dem Abschnitt [386enh] folgende Zeile ein:

>   MaxPagingFileSize=2048

Mit diesem Eintrag haben Sie die Größe des Auslagerungsbereichs auf 2048 KByte begrenzt. Für manche Anwendungen könnte dies ein wenig knapp werden. Für die optimale Einstellung müssen Sie ein wenig experimentieren. Im Prinzip hängt diese Einstellung von den verwendeten Programmen und von der Größe Ihres Speichers ab.

Zusatzspeicher richtig nutzen

Ein weiterer Eintrag regelt die minimale Größe des Auslagerungsbereichs. Dies ist dann sinnvoll, wenn Sie mit großen Anwendungen arbeiten und über wenig freien Speicherplatz verfügen. In diesem Fall sollte Windows mehr Plattenspeicherplatz zur Verfügung stehen als die standardmäßigen 1.024 KByte. Tragen Sie in diesem Fall folgende Zeile in den Abschnitt [386enh] ein:

Minimaler Auslagerungsbereich

   MinUserDiskSpace=2048

Sie können auch hier wieder die Größe des Bereichs selbst festlegen.

Permanente Auslagerungsdateien im erweiterten 386-Modus

Für die Arbeit mit permanenten Auslagerungsdateien wird eigens ein besonderer Bereich auf der Festplatte eingerichtet, der für die gesamte Zeit reserviert ist. Dieser Bereich kann somit anderweitig nicht genutzt werden. Dies ist auch der Nachteil an diesem Verfahren. Der Vorteil ist, daß die Arbeit mit permanenten Auslagerungsdateien wesentlich schneller ist als mit temporären Auslagerungsdateien. Die permanente Auslagerungsdatei ist solange aktiv, bis sie entweder gelöscht oder geändert wird. Windows bietet für die Anlage einer solchen Datei ein eigenes Programm an, das sich im Windows-Verzeichnis unter dem Namen SWAPFILE.EXE auf der Festplatte befindet. Die Einstellung kann nur vorgenommen werden, wenn Sie Windows mit dem Befehl "Win/r" im Real-Mode starten. Rufen Sie dieses Programm aus dem Datei-Manager oder über den Befehl *Ausführen* im Menü *Datei* des Programm-Managers auf.

Die Einstellung der Auslagerungsdatei ist ganz einfach. Windows untersucht die aktuelle Festplatte nach der freien Speicherkapazität und nach dem größten zusammenhängenden Block, der für die Auslagerungsdatei genutzt werden kann. Aus diesen beiden Werten wird dann automatisch ein Vorschlag berechnet, der sich auf die zu installierende, permanente Auslagerungsdatei bezieht. In der Regel sollten Sie diesen Vorschlag übernehmen, da Windows immer die optimale Lösung sucht. Wenn Sie aus Speicherplatzgründen weniger einrichten möchten, ändern Sie die Vorgabe mit Hilfe des Rollbalkens. Sie können sich mit der entsprechenden Schaltfläche auch noch auf die nächste Festplatte beziehen, wenn diese schneller ist bzw. über mehr freie Speicherplatzkapazität verfügt. Durch *OK* wird jetzt die Auslagerungsdatei eingerichtet, die als "Hidden-File" auf der Festplatte abgelegt wird. Diese Datei bleibt jetzt in dieser Konstellation solange erhalten, bis Sie SWAPFILE erneut aufrufen, um entweder die Auslagerungsdatei zu löschen oder aber zu ändern.

Einrichten der Auslagerungsdatei

Zusatzspeicher richtig nutzen

Auslagerungs-
datei ändern

Ob und wie die Auslagerungsdatei aktiv ist, erkennen Sie, wenn Sie das Windows-Setup aufrufen. Dort befindet sich unter der Systemauflistung eine Zeile, die die Auslagerungsdatei anzeigt. Möchten Sie die Auslagerungsdatei ändern, so müssen Sie SWAPFILE erneut aufrufen. Es erscheint dann ein Dialogfeld mit den Optionen, die die vorhandene Auslagerungsdatei löschen und eine neue erstellen (also eine Änderung vornehmen) oder die vorhandene einfach nur tilgen.

Kapitel 22

22.	**Excel in der Übersicht**	**787**
22.1	Befehlsübersicht	787
	Menü System	787
	Menü Datei	789
	Menü Bearbeiten	801
	Menü Formel	807
	Menü Format	819
	Menü Daten	838
	Menü Optionen	845
	Menü Makro	854
	Menü Fenster	857
	Menü Hilfe (?)	858
	Menü Muster	859
	Menü Diagramm	863
22.2	Funktionsübersicht	868
	Mathematische Funktionen	869
	Trigonometrische Funktionen	876
	Statistische Funktionen	879
	Finanzmathematische Funktionen	887
	Logische Funktionen	893
	Informationsfunktionen	894
	Matrixfunktionen	900
	Textfunktionen	901
	Datenbankfunktionen	906
	Datums- und Zeitfunktionen	908
	Suchfunktionen	911
22.3	Makrofunktionen	915

22. Excel in der Übersicht

In diesem Kapitel können Sie einzelne Befehle und Funktionen nachschlagen, deren Bedeutung Ihnen noch nicht so geläufig ist oder deren Anwendung Sie vieleicht vergessen haben. Da es sich bei der Erläuterung nur um eine Übersicht handeln kann, werden die Zusammenhänge und das Zusammenwirken zwischen den einzelnen Befehlen an den entsprechenden Stellen im Buch näher erläutert.

Die Befehle sind so angeordnet, wie sie in der Menüleiste erscheinen. Die Formatierungsbefehle im Diagramm-Modus wurden den Formatierungsbefehlen des Tabellen-Modus angehängt. Die Menüs *Muster* und *Diagramm* wurden dabei an das Ende des Kapitels gesetzt.

Befehlsstruktur

22.1 Befehlsübersicht

Menü System

Dieses Menü können Sie öffnen, indem Sie entweder `Alt`+`Leertaste` drücken oder das kleine Quadrat mit dem waagerechten Strich in der oberen, linken Ecke eines jeden Fensters mit der Maus anklicken.

System/Ausführen

Mit diesem Befehl erhalten Sie eine Liste der Windows-Zusatzprogramme. Hierbei handelt es sich um die Zwischenablage, die Systemsteuerung, den Makro-Übersetzer und den Dialog-Editor, die Sie durch Anwahl der entsprechenden Option aufrufen können.

System/Bewegen

Bewegt ein Fenster frei auf dem Bildschirm. Der gekreuzte Pfeil läßt sich mit den Richtungstasten über den Bildschirm schieben, ein grauer Rahmen zeigt dabei an, welche Position das Fenster hätte, wenn Sie die `Return`-Taste drücken würden. Mit der Maus bewegen Sie den Mauszeiger einfach auf die Titelleiste eines Fensters und drücken die linke Maustaste (festhalten). Jetzt können Sie das Fenster an jede beliebige

Excel in der Übersicht

Stelle auf den Bildschirm setzen. Wenn Sie den richtigen Platz gefunden haben, lassen Sie die Maustaste los.

System/Größe ändern

Macht ein Fenster breiter, schmaler, höher oder flacher. Der gekreuzte Pfeil springt auf einen Fensterrahmen, wenn Sie eine Richtungstaste gedrückt haben. Dieser Rahmen läßt sich dann wiederum mit den Richtungstasten nach außen oder innen ziehen. Setzen Sie den Pfeil auf eine Rahmenecke, läßt sich das Fenster sowohl horizontal als auch vertikal in der Größe verändern. Auch diesmal zeigt ein grauer Rahmen das aktuelle "Format" des Fensters an. Die Maus vereinfacht auch hier die Arbeit: Bewegen Sie den Mauszeiger auf einen Fensterrahmen, drücken Sie die Maustaste (festhalten) und ziehen Sie den Fensterrahmen in die gewünschte Richtung. Hat das Fenster das gewünschte "Format", lassen Sie die Taste los.

System/Schließen

Dieser Befehl beendet die Arbeit mit Excel bzw. schließt ein Dateifenster, je nachdem, wo Sie das System-Menü geöffnet haben.

System/Sinnbild

Verkleinert ein Fenster zu einem Sinnbild am unteren Bildschirmrand bzw. vergrößert ein Sinnbild zu einem Fenster. Dieser Befehl gilt nur im Zusammenhang mit Windows. Mit der Maus klicken Sie das Sinnbildfeld (Pfeil nach unten) in der rechten, oberen Ecke, links neben dem Vollbildfeld, an. Um ein Sinnbild zu einem Fenster zu vergrößern, genügt bei der Maus ein Doppelklick auf das Sinnbild.

System/Teilen

Teilt das aktive Tabellenfenster in zwei oder vier Ausschnitte. In jedem dieser Ausschnitte läßt sich ein separater Bildlauf durchführen. Änderungen in einem Ausschnitt werden gleichermaßen in alle anderen Ausschnitten übernommen. Nach Anwahl des Befehls lassen sich zwei gekreuzte Linien mit Hilfe der Richtungstasten bzw. der Maus über die Tabelle bewegen. Durch erneutes Aufrufen des Befehls und Verlagerung des Schnittpunktes der Linien in eine äußere Ecke wird die Teilung wieder aufgehoben.

Excel in der Übersicht

System/Vollbild

Vergrößert ein Fenster oder Sinnbild auf volle Bildschirmgröße. Klicken Sie mit der Maus das Vollbildfeld (Pfeil nach oben) in der rechten, oberen Ecke, rechts neben dem Sinnbildfeld, an, um ein bildschirmfüllendes Fenster zu erhalten. Die zweite Funktion dieses Befehls ist die Verkleinerung eines solchen Vollbildes auf die normale Größe des Fensters.

System/Wiederherstellen

Stellt die zuletzt gewählte Größe eines Fensters wieder her und setzt es zurück an seine alte Position. Voraussetzung dafür ist allerdings, daß das Fenster vorher zu einem Vollbild vergrößert worden ist. Mit der Maus stellen Sie die Größe und Position wieder her, indem Sie das wiederherzustellende Fenster mit den beiden entgegengesetzten Pfeilen in der oberen, linken Ecke eines zum Vollbild vergrößerten Fensters anklicken. Die zweite Funktion dieses Befehls ist das Vergrößern von Sinnbildern zu Fenstern. Mit der Maus erreichen Sie das gleiche, wenn Sie ein Sinnbild zweimal anklicken.

Menü Datei

Datei/Neu

Mit diesem Befehl erstellen Sie eine neue Datei im Arbeitsbereich. Im zugehörigen Listenfeld markieren Sie, ob es sich dabei um eine Tabelle, ein Diagramm, eine Makrovorlage oder eine Internationale Makrovorlage handelt. Diese Dateien erhalten einen Standardnamen, den Sie mit dem Befehl *Speichern unter...* ändern sollten.

Wurden Mustervorlagen in das Verzeichnis XLSTART kopiert, so werden diese ebenfalls im Listenfeld aufgeführt und können an dieser Stelle aufgerufen werden.

Tabelle

Markieren Sie diese Option, so wird eine neue Tabelle unter Verwendung der Einstellungen im Dialogfeld des Befehls *Optionen/Arbeitsbereich* erstellt.

Diagramm

Markieren Sie diese Option, so wird ein neues Diagramm erstellt. Befinden sich bereits Daten in der Zwischenablage, können diese mit dem Befehl *Bearbeiten/Einfügen* bzw. *Bearbeiten/Inhalte* einfügen in das Diagramm übertragen werden. Wird diese Option gewählt, während in der

Excel in der Übersicht

aktiven Tabelle ein Bereich markiert ist, so erstellt Excel aus diesen Daten automatisch ein Diagramm in der eingestellten Vorzugsform.

Makrovorlage/Internationale Makrovorlage

Markieren Sie diese Option, so wird eine leere Makrovorlage erstellt. Dies geschieht ebenfalls durch den Befehl *Makro/Aufzeichnen*.

Mustervorlage

Wählen Sie den Namen der Mustervorlage, so werden die darin gespeicherten Formatierungen und Informationen als Grundlage für eine neue Tabelle, ein Diagramm oder eine Makrovorlage verwendet.

Datei/Öffnen

Dieser Befehl dient zum Einladen einer bereits bestehenden Datei. Wählen Sie den entsprechenden Namen aus der angezeigten Liste aus. Excel erkennt automatisch, ob es sich um eine Tabelle, ein Diagramm oder eine Makrovorlage handelt. Ist die Datei durch ein Paßwort geschützt, wird dieses vor dem Ladevorgang abgefragt.

Dateiname

Spezifizieren Sie in diesem Feld durch Eingabe von Stellvertreterzeichen (z.B. *.XLW), welche Dateien im Listenfeld aufgeführt werden. Geben Sie einen exakten Dateinamen an, so wird diese Datei nach Bestätigung eingeladen.

Dateien

Dieses Feld enthält alle Dateien im aktuell eingestellten Verzeichnis. Die Liste ist abhängig vom Inhalt des Feldes *Dateiname*.

Verzeichnisse

In diesem Listenfeld werden alle auf der Festplatte (Diskette) befindlichen Unterverzeichnisse angezeigt. Wählen Sie ein bestimmtes Verzeichnis, so erscheint dessen Inhalt im Feld Dateien. Die aktuelle Einstellung wird oberhalb dieses Listenfeldes angezeigt.

Schreibschutz

Wird diese Option markiert, so können Sie Dateien zwar einladen, jedoch nicht bearbeiten. In einem Netzwerk haben dabei andere Anwender glei-

Excel in der Übersicht

chermaßen Lesezugriff. Wird diese Option nicht gewählt, kann in diesem Fall nur derjenige Anwender die Datei bearbeiten, der sie zuerst geladen hat.

Klicken Sie das Feld *Optionen* an, um Spaltenabgrenzung und Dateiursprung festzulegen.

Datei/Schließen

Nach Anwahl dieses Befehls werden alle im Arbeitsbereich befindlichen Dateifenster geschlossen. Im zugehörigen Dialogfeld bestimmen Sie mit der Option *Ja*, ob die Änderungen in dieser Datei abgespeichert werden sollen. Markieren Sie die Option *Nein*, so werden die Änderungen nicht berücksichtigt. Mit der Option *Abbrechen* kehren Sie in das Arbeitsblatt zurück, ohne daß der Befehl ausgeführt wurde. Die Abfrage erfolgt nicht, wenn nach dem letzten Zwischenspeichern keinerlei Änderungen im Arbeitsblatt vorgenommen wurden.

Datei/Alles schließen

Mit diesem Befehl schließen Sie alle auf dem Bildschirm befindlichen Fenster. Dieser Befehl wird nur dann angezeigt, wenn Sie das Menü bei gleichzeitig gedrückter `Shift`-Taste aufschlagen. Ansonsten wird der Befehl *Schließen* angezeigt. Im zugehörigen Dialogfeld *Änderungen speichern* bestimmen Sie mit der Option *Ja*, ob die Änderungen in dieser Datei abgespeichert werden sollen. Markieren Sie die Option *Nein*, so werden die Änderungen nicht berücksichtigt. Mit der Option *Abbrechen* kehren Sie in das Arbeitsblatt zurück, ohne daß der Befehl ausgeführt wurde.

Datei/Verknüpfte Dateien öffnen

Es werden nach Anwahl dieses Befehls Dateien eingeladen, die mit der aktiven Tabelle verknüpft sind.

Verknüpfte Dateien

Diese Liste enthält die Namen aller unterstützenden Dateien im aktuellen Verzeichnis. Sie können entweder eine oder mehrere Dateien markieren. Mehrere zusammengehörige Dateien lassen sich hier mit `Shift`+`Cursortaste` auswählen. Mehrere nicht zusammengehörige Dateien werden mit `Ctrl`+`Richtungstaste` ausgewählt.

Excel in der Übersicht

Schreibschutz

Wenn Sie innerhalb eines Netzwerkes diese Option markieren, können andere Benutzer diese Dateien ebenfalls laden.

Wechseln

Um eine verknüpfte Datei zu ändern, müssen Sie die unterstützende Datei im Listenfeld *Verknüpfte Dateien* markieren und anschließend die Schaltfläche *Wechseln* wählen.

Dateinamen verwenden

Geben Sie in diesem Feld den Namen der Datei an, die als neue, unterstützende Datei verwendet werden soll. Durch Eingabe von Stellvertreterzeichen lassen sich im Listenfeld *Dateien* spezifizierte Dateinamen auflisten. Möchten Sie sich dabei auf ein anderes Laufwerk bzw. Inhaltsverzeichnis beziehen, so ändern Sie die Eintragung im Listenfeld *Verzeichnisse*.

Dateien

Dieses Listenfeld enthält die Dateien im aktuellen Verzeichnis. Die Auflistung ist abhängig von der im Feld *Dateinamen verwenden* angegeben Spezifizierung und von dem im Listenfeld *Verzeichnisse* angegebenen Laufwerk bzw. Verzeichnis.

Verzeichnisse

Dieses Listenfeld enthält sämtliche zur Verfügung stehenden Laufwerke und Verzeichnisse. Das aktuelle Laufwerk/Verzeichnis wird oberhalb des Listenfeldes angezeigt.

Datei/Speichern

Mit diesem Befehl speichern Sie das aktive Dateifenster unter dem aktuellen Namen ab. Achten Sie darauf, daß Sie nicht die Namen verwenden, die standardmäßig verwendet werden (wie z.B. TAB1.XLS, DIAGRM1.XLC). Es ist möglich, Dateien unter diesem Namen zu speichern, aber es nicht nicht sinnvoll. Wenn Sie den Befehl *Speichern* auf ein Arbeitsblatt mit temporären Namen anwenden, so erhalten Sie das Dialogfeld zum Befehl *Speichern unter*, um einen anderen Namen vergeben zu können.

Excel in der Übersicht

Wird der Befehl auf ein Arbeitsblatt angewendet, das bereits einen eindeutigen Namen enthält, so erfolgt die Speicherung direkt und ohne vorherige Abfrage.

Datei/Speichern unter

Dieser Befehl dient zum Abspeichern des aktiven Dateifensters unter einem zu spezifizierenden Namen. Vorgeschlagen wird der Standardname bzw. der Name, unter dem die Datei ursprünglich geladen worden ist.

Tabelle speichern unter

Als Vorschlag in diesem Feld wird der aktuelle Dateiname verwendet. Wenn Sie diesen Namen verwenden möchten, fragt Excel, ob Sie die unter diesem Namen bereits vorhandene Datei ersetzen wollen. Ist dies nicht der Fall, schreiben Sie in das Feld einen neuen Dateinamen, unter dem die Datei im aktuellen Verzeichnis abgespeichert werden soll. Möchten Sie die Datei in einem anderen Verzeichnis abspeichern, setzen Sie den vollständigen Pfadnamen vor den Dateinamen.

Optionen

Stellen Sie in diesem Dialogfeld die Optionen ein, unter denen die angegebene Datei gespeichert werden soll.

Dateiformat

Als Voreinstellung wird das Standardformat verwendet, also im Prinzip das Excel-eigene "Format". Um Excel-Dateien mit anderen Programmen zu verarbeiten, müssen Sie diese im entsprechenden "Format" abspeichern. Die zur Verfügung stehenden Formate werden ausführlich im Kapitel 17 behandelt.

Kennwort

Durch Eingabe eines Kennwortes verhindern Sie, daß unberechtigte Personen diese Datei laden können. Die Eingabe muß nochmals bestätigt werden. Beim Laden erfolgt die Abfrage nach dem entsprechenden Kennwort. Das Kennwort darf aus bis zu 16 Zeichen bestehen. Ein Kennwort kann nur gelöscht werden, wenn man die geschützte Datei öffnet und das Kennwort löscht. Natürlich muß die Datei dann ohne Kennwort wieder abgespeichert werden.

Excel in der Übersicht

Schreibschutz-Kennwort

Mit einem Schreibschutz-Kennwort kann ein Benutzer eine Datei selektiv schützen. Personen, denen das Schreibschutz-Kennwort bekannt ist, können jede Veränderung in der Tabelle vornehmen und die Tabelle unter gleichem Namen abspeichern. Personen, die das Schreibschutz-Kennwort dagegen nicht kennen, haben zwar die Möglichkeit, Änderungen vorzunehmen, können diese aber nicht mehr unter dem gleichen Namen speichern. Schreibgeschützte Arbeitsblätter werden in der Titelleiste kenntlich gemacht. Versuchen Sie, eine schreibgeschützte Datei unter dem gleichen Namen zu speichern, so erhalten Sie eine entsprechende Fehlermeldung.

Schreibschutz empfehlen

Ist diese Option markiert, so erfolgt eine Meldung beim Öffnen der Datei, daß diese von mehreren Benutzern verwendet wird. Sie können nun wählen, ob die Datei mit oder ohne Schreibschutz geöffnet werden soll.

Sicherungsdatei erstellen

Wird diese Option markiert, so erstellt Excel beim nächsten Speichern eine Sicherungskopie der zu speichernden Datei unter Verwendung der Erweiterung .BAK. Excel unterscheidet dabei nicht, ob es sich um eine Tabelle oder ein Diagramm handelt. Wenn Sie also eine Tabelle und ein Diagramm unter dem gleichen Namen gespeichert haben, gibt es immer nur eine Sicherungskopie. Dies ist dann die zuletzt gespeicherte Datei.

Datei/Arbeitsbereich speichern

Dieser Befehl dient zum Abspeichern des gesamten Arbeitsbereiches. Der Arbeitsbereich besteht aus allen Tabellen, Diagrammen und Makrovorlagen, die zum Zeitpunkt der Befehlsauswahl geladen sind. Es wird durch diesen Befehl keine Datei, sondern lediglich eine Liste der geladenen Dateien erstellt, dabei werden aber die letzen Änderungen in den einzelnen Dateien gespeichert.

Arbeitsbereich speichern unter

Geben Sie hier den Namen ein, unter dem Sie den Arbeitsbereich speichern möchten. Als Voreinstellung wird entweder der Name der bereits geladenen Arbeitsbereichsdatei oder aber WIEDER.XLW vorgeschlagen. Wird ein Name ohne Erweiterung angegeben, fügt Excel automatisch die Erweiterung .XLW an.

Excel in der Übersicht

Datei/Löschen

Mit diesem Befehl löschen Sie eine Datei aus der angezeigten Liste durch Markieren und Bestätigen. Es ist nicht möglich, Dateien zu löschen, die gerade im Arbeitsbereich geladen sind.

Dateiname

Spezifizieren Sie in diesem Feld durch Eingabe von Stellvertreterzeichen (z.B. *.XLW), welche Dateien im Listenfeld aufgeführt werden. Geben Sie einen exakten Dateinamen an, so wird diese Datei nach Bestätigung gelöscht.

Dateien

Dieses Feld enthält alle Dateien im aktuell eingestellten Verzeichnis. Die Liste ist abhängig vom Inhalt des Feldes *Dateiname*.

Verzeichnisse

In diesem Listenfeld werden alle auf der Festplatte (Diskette) befindlichen Unterverzeichnisse angezeigt. Wählen Sie ein bestimmtes Verzeichnis, so erscheint dessen Inhalt im Feld *Datei*. Die aktuelle Einstellung wird oberhalb dieses Listenfeldes angezeigt.

Datei/Seitenansicht

Mit diesem Befehl wird die komplette Seite verkleinert auf dem Bildschirm angezeigt. Dadurch können Sie die Anordnung des Arbeitsblattes oder des Diagrammes überprüfen. Auch die Einstellung der Ränder und der Spaltenbreite kann in diesem Modus direkt vorgenommen werden.

Weiter	Die nächste Seite der Datei wird angezeigt.
Vorher	Die vorherige Seite der Datei wird angezeigt.
Vergrössern	Die Seite wird auf volle Bildschirmgröße gebracht. In diesem Fall können Sie verdeckte Bereiche mit Hilfe des Bildlaufs anzeigen. Nochmalige Anwahl des Befehls bewirkt die Rückkehr zur ursprünglichen Darstellung.
	Mit diesem Befehl vergrößern Sie die Seitenansicht.
Drucken	Die Datei wird gemäß den Optionen im Dialogfeld des Befehls *Datei/Drucken* auf dem Drucker/Plotter ausgegeben.
Layout	Mit dieser Schaltfläche gelangen Sie in das Dialogfeld des Befehls *Layout*.

Excel in der Übersicht

Ränder   Die Ränder und die Spaltenbreite lassen sich mit diesem Befehl aktivieren und können individuell verschoben werden.

Schließen   Der Befehl wird abgebrochen, und Sie kehren zur aktiven Datei zurück.

Datei/Layout

Mit diesem Befehl bestimmen Sie die Ausrichtung der Tabelle bzw. des Diagramms auf der Druckseite. Hier erfolgt die Festlegung der Randbegrenzungen, der Kopf- und Fußzeilen und die Angabe, ob Gitternetzlinien und Spaltenüberschriften mit ausgedruckt werden sollen oder nicht.

Kopfzeile/Fußzeile

Geben Sie im entsprechenden Feld den Text für die Kopfzeile bzw. Fußzeile ein. Sie können den Text mit den unten aufgeführten Codes bzw. einer Kombination aus diesen konstruieren. Als Voreinstellung für die Kopfzeile wird der Dateiname und für die Fußzeile die Seitenzahl verwendet. Kopf- und Fußzeilen werden ungefähr 15mm vom oberen bzw. unteren Rand ausgegeben.

Code	Bedeutung
&L	Linksbündige Ausrichtung der nachfolgenden Zeichen
&Z	Zentrierte Ausrichtung der nachfolgenden Zeichen
&R	Rechtsbündige Ausrichtung der nachfolgenden Zeichen
&D	Ausgabe des Systemdatums (Einstellung über Systemsteuerung)
&U	Ausgabe der Systemzeit (Einstellung über Systemsteuerung)
&N	Ausgabe des Dateinamens (vorher Namen vergeben, sonst wird temporärer Dateiname verwendet)
&F	Fettdruck der nachfolgenden Zeichen
&K	Kursivdruck der nachfolgenden Zeichen
&T	Unterstreichen der nachfolgenden Zeichen
&H	Durchstreichen der nachfolgenden Zeichen
&"Schriftart"	Verwendet die spezifizierte Schriftart (in Anführungsstriche setzen!)
&Zahl	Verwendet die durch *Zahl* definierte Schriftgröße
&&	Ausdruck eines &-Zeichens (ohne Steuerfunktion)

Excel in der Übersicht

&S	Gibt die Seitenzahl aus
&S+Zahl	Anfangsseitenzahl durch Addition
&S-Zahl	Anfangsseitenzahl durch Subtraktion
&A	Ausgabe der Gesamtanzahl der Seiten

Ränder

Definieren Sie hier den Bereich (in cm) zwischen dem Papierrand und der gedruckten Tabelle durch Eingabe einer neuen Zahl. Die Einstellung der Ränder wirkt sich jedoch nicht auf die Plazierung der Kopf- bzw. Fußzeile aus. Werden beispielsweise die Ränder auf 0,5 cm gesetzt, und verwenden Sie eine Kopf- oder Fußzeile, so werden diese eventuell in den Tabellenbereich hineingeschrieben.

Mit den Optionen *Horizontal-* und *Vertikal zentrieren* erreichen Sie eine mittige Ausrichtung des Arbeitsblattes auf dem Papier. Die Ausrichtung ist jedoch abhängig von den gesetzten Seitenrändern. Damit das Arbeitsblatt wirklich mittig auf dem Papier erscheint, müssen die jeweiligen Ränder (Oben und Unten bzw. Rechts und Links) die gleichen Werte aufweisen.

Zeilen- und Spaltenköpfe

Wird diese Option markiert, so werden die Zeilen- und Spaltenköpfe der aktiven Tabelle zur besseren Orientierung mit ausgedruckt.

Gitternetzlinien

Wird diese Option markiert, werden die Gitternetzlinien der aktiven Tabelle zur besseren Orientierung mit ausgedruckt.

Papiergröße

Setzen Sie hier die Größe des Papieres. Sie können entsprechende DIN-Größen aus der Liste auswählen. Die Auswahl ist nur für das aktuelle Arbeitsblatt gültig und ändert nicht die Standardwerte, die mit dem Befehl *Druckerkonfiguration* geändert werden können.

Format

Definieren Sie mit dieser Option, ob der Ausdruck im Hoch- oder im Querformat ausgedruckt werden soll. Auch diese Einstellung ist nur für das jeweilige Arbeitsblatt gültig und ändert nicht die Standardeinstellung des Druckers.

Excel in der Übersicht

Verkleinern oder Vergrößern

Mit einer Prozentzahl lassen sich Tabellen proportional vergrößern. Als Standardwert wird die Tabelle auf 100% gesetzt. Mit einem Eintrag von 200% wird die Größe der Tabelle verdoppelt, bei 50% auf die Hälfte verkleinert. Diese Option bezieht sich auf die gesamte Seite, so daß auch die Einträge für die Kopf- oder Fußzeile entsprechend verändert werden.

Wird die Option *Seite anpassen* markiert, so wird die Tabelle wieder auf den optimalen Stand gebracht, was wiederum einem Wert von 100% entspricht.

Diagramm

Das Layout eines Diagramms ist ein wenig anders aufgebaut als das der Tabelle. Die Einstellungen für die Ränder, Kopf- und Fußzeilen bleiben jedoch gleich. Mit der Option *Größe* legen Sie die Größe des Druckbildes für das Diagramm fest.

Bildschirmgröße

Das Diagramm wird in exakt der gleichen Größe gedruckt, wie es auf dem Bildschirm angezeigt wird.

An Seite angepaßt

Das Diagramm wird so groß wie möglich ausgedruckt, wobei das Verhältnis von Höhe zu Breite erhalten bleibt.

Ganze Seite

Das Diagramm wird auf die ganze Seite ausgedruckt, ohne Berücksichtigung der Größenverhältnisse. Dabei kommt es in den meisten Fällen zu einer extremen Verzerrung des Diagramms.

Datei/Drucken

Mit diesem Befehl wird die gerade aktive Datei an den Druckerspooler gesendet. Während des Druckvorganges können Sie mit Ihrer Arbeit fortfahren. Beim Druckvorgang werden sämtliche Einstellungen im Dialogfeld der Befehle *Datei/Layout* und *Datei/Druckereinrichtung* berücksichtigt.

Eine Tabelle wird gemäß den Einstellungen für den Druckbereich (Befehl *Optionen/Druckbereich festlegen*), den Seitenumbrüchen (Befehl *Optionen/Seitenumbruch festlegen*) und dem Drucktitel (Befehl *Optionen/*

Excel in der Übersicht

Drucktitel festlegen) ausgedruckt. Diagramme werden unter Berücksichtigung der Einstellungen im Dialogfeld des Befehls *Datei/Layout* gedruckt. Möchten Sie die Informationen des Infofensters ausdrucken, markieren Sie zuvor die entsprechenden Felder und lassen sich die Informationen anzeigen. Wählen Sie dann den Befehl *Datei/Drucken*. Folgende Optionen sind im Dialogfeld des Befehls *Drucken* verfügbar:

Kopien

Anzahl der zu druckenden Exemplare

Seiten

Alle   Es werden alle im Druckbereich befindlichen Seiten gedruckt.

Von   Bestimmt die erste Seite des Druckbereiches, die gedruckt werden soll.

Bis   Bestimmt die letzte Seite des Druckbereiches, die gedruckt werden soll.

Entwurf

Wird diese Option markiert, so verwendet Excel für den Druckvorgang den Standard-Zeichensatz des angeschlossenen Druckers zugunsten der Ausgabegeschwindigkeit. Bei Ausgabe eines Diagrammes über Plotter sollten Sie diese Option verwenden, da in den meisten Fällen die Ausgabequalität damit höher liegt.

Seitenansicht

Mit dieser Option lassen sich die Seiten der Datei so auf dem Bildschirm anzeigen, wie sie später beim Ausdruck erscheinen würden. Dazu wird der Modus *Seitenansicht* eingeschaltet.

Drucken

Tabelle   Es wird die Tabelle bzw. der Tabellenbereich ausgedruckt, ohne jedoch die zugehörigen Notizen.

Notizen   Es werden lediglich die Notizen der aktiven Tabelle ausgedruckt. Wurde die Option *Zeilen- und Spaltenköpfe* im Dialogfeld des Befehls *Datei/Layout* markiert, so wird der jeweilige Feldbezug vor die Notiz geschrieben.

Excel in der Übersicht

Beide   Es werden sowohl die Tabelle als auch die zugehörigen Notizen ausgedruckt. Wurde die Option *Zeilen- und Spaltenköpfe* im Dialogfeld des Befehls *Datei/Layout* markiert, so wird der jeweilige Feldbezug vor die Notiz geschrieben.

Farbe verwenden

Ist diese Option markiert, so werden die Farbinformationen im Arbeitsblatt bzw. im Diagramm umgesetzt und an den Drukkertreiber weitergegeben. Das funktioniert natürlich nur, wenn auch ein entsprechender Farbdrucker bzw. Plotter angeschlossen ist.

Datei/Druckerkonfiguration

Dieser Befehl dient zur Auswahl des installierten Druckertreibers aus der Liste und zur Einstellung des Ausgabemodus. Nutzen Sie diesen Befehl auch zur Erstinstallation Ihres Druckers.

Drucker

Die bei der Installation von Excel angewählten Drucker werden im Dialogfeld in einem Listenfeld aufgeführt. Markieren Sie den Drucker, den Sie als nächsten ansprechen möchten. Er wird dann weiterhin als Standarddrucker verwendet. Die Einstellungen, die hier vorgenommen werden, betreffen die Standardeinstellungen und wirken sich auf alle anderen Windows-Anwendungen aus.

Einrichtung

Das Dialogfeld sieht je nach Druckertyp völlig unterschiedlich aus. Benutzen Sie für die Einstellung der entsprechenden Optionen das jeweilige Handbuch Ihres Druckers, das dessen besonderen Merkmale beschreibt.

Datei/1-4 Auswahl

Excel stellt hier die letzten vier bearbeiteten Dateien vor, damit diese auf schnelle Art und Weise geöffnet werden können. Sinnvoll ist die Einstellung, wenn man am nächsten Tag mit den Dateien weiterarbeiten möchte, die man am Abend zuvor zuletzt bearbeitet hat. Die Dateien lassen sich durch Anklicken öffnen.

Datei/Beenden

Mit diesem Befehl beenden Sie eine Arbeitssitzung mit Excel. Haben Sie zuvor noch Änderungen an Ihren Tabellen und Diagrammen vorgenommen, erfolgt eine Abfrage, ob Sie diese Änderungen vorher abspeichern möchten. Markieren Sie die Option *Ja*, so werden alle Änderungen an dieser Datei mit abgespeichert, markieren Sie *Nein*, dann werden die Änderungen an dieser Datei nicht berücksichtigt. Mit der Option *Abbrechen* kehren Sie zur aktiven Tabelle zurück, ohne daß der Befehl wirksam wurde.

Datei/Fenster anzeigen

Dieser Befehl gehört zum Menü *Fenster/Anzeigen*, wird aber immer dann in diesem Menü angezeigt, wenn die Einstellung keine geladenen, nicht verborgenen Fenster enthält.

Anzeigen

Nach Anwahl dieser Option erhalten Sie ein Dialogfeld mit einer Liste aller verborgenen Fenster. Markieren Sie ein Fenster und bestätigen Sie die Auswahl mit *OK*. Ist dieses Fenster geschützt, so erfolgt die Abfrage nach dem Kennwort.

Datei/Makro aufzeichnen

Dieser Befehl schaltet den Makrorekorder ein. Alle nachstehenden Aktionen werden als Makro aufgezeichnet. Dieser Befehl gehört zum Menü *Makro/Aufzeichnen* und wird hier nur dann angezeigt, wenn keine Dateien geladen sind.

Menü Bearbeiten

Bearbeiten/Widerrufen

Bei einer Fehleingabe kann der letzte Befehl wieder zurückgesetzt werden. Es wird also wieder der Zustand hergestellt, wie er vor der Anwendung des letzten Befehls bestand. Um welchen Befehl es sich handelte, wird Ihnen im Menü angezeigt. Weiterhin erfolgt eine entsprechende Anzeige, wenn der letzte Befehl nicht mehr widerrufen werden kann.

Rückgängig gemacht werden können auch Eingaben in der Bearbeitungszeile, nachdem eine Formel bzw. ein Wert in ein Feld übertragen wurde.

Bearbeiten/Wiederholen

Mit Hilfe dieses Befehls lassen sich bestimmte Befehlsabläufe wiederholen. Markieren Sie einen anderen Bereich und wählen Sie diesen Befehl an. Ist eine Wiederholung nicht möglich, wird Ihnen dies im Menü hinter diesem Befehl angezeigt. Auf diese Art und Weise lassen sich Befehle

Excel in der Übersicht

mehrfach wiederholen, ohne daß man sich jeweils erneut durch die Menüs wählen muß oder ein entsprechendes Makro erstellt.

Bearbeiten/Ausschneiden

Ein markiertes Feld bzw. ein markierter Bereich wird optisch gelöscht und in die Zwischenablage gebracht. Von dort aus kann er mit dem Befehl *Einfügen* an einer anderen Stelle in die gleiche oder in eine andere Tabelle eingefügt werden.

Tabelle

Der markierte Bereich wird in der Tabelle durch einen Laufrahmen gekennzeichnet und nach Anwahl des Befehls aus der Tabelle in die Zwischenablage gebracht. Im Unterschied zum Befehl *Löschen* wird der ursprünglich eingenommene Platz beibehalten, da es sich bei diesem Befehl um einen ersten Schritt zum Bewegen eines Bereiches (Feldes) handelt.

Diagramme

In bezug auf Diagramme können Sie den Befehl lediglich auf Zeichen anwenden, die sich in der Bearbeitungszeile befinden. Diagrammelemente können mit diesem Befehl nicht ausgeschnitten werden.

Bearbeiten/Kopieren

Ein markiertes Feld bzw. ein Bereich (Datenreihe) wird in die Zwischenablage kopiert, bleibt aber in der Tabelle (Diagramm) erhalten. Von dort aus kann er mit dem Befehl *Bearbeiten/Einfügen* an einer anderen Stelle wieder in die gleiche oder in eine andere Tabelle (Diagramm) eingefügt werden.

Bearbeiten/Bild kopieren

(Menü *Bearbeiten* mit zusätzlicher Betätigung der `Umschalt`-Taste aufrufen.)

Mit Hilfe dieses Befehls kopieren Sie eine bildliche Darstellung der aktuellen Auswahl in die Zwischenablage. Im Gegensatz zum Befehl *Ausschneiden* bleibt der markierte Bereich dabei in der Tabelle bzw. im Diagramm erhalten. Der in die Zwischenablage kopierte Bereich läßt sich mit Hilfe des Befehls *Einfügen* an einer anderen Stelle wieder in die Tabelle bzw. in das Diagramm einbringen. Wird dabei jedoch der Befehl *Bild einfügen* verwendet, so wird der Inhalt der Zwischenablage als Objekt dargestellt.

Excel in der Übersicht

Tabelle

Bei einem kopierten Tabellenbereich können Sie das Aussehen des Bildes festlegen. Mit der Option *Wie angezeigt* kopiert Excel den Bereich exakt in der originalen Darstellung. Mit der Option *Wie ausgedruckt* wird der Bereich so übertragen, wie er beim Ausdruck erscheinen würde. Das Aussehen kann somit je nach verwendetem Drucker variieren.

Diagramm

Im Falle einer Kopie aus einem Diagramm legen Sie das Aussehen und die Größe fest. Mit der Option *Aussehen: Wie angezeigt* kopiert Excel den Bereich exakt in der ursprünglichen Darstellung. Mit der Option *Wie ausgedruckt* wird der Bereich so übertragen, wie er beim Ausdruck erscheinen würde. Das Aussehen kann somit je nach verwendetem Drucker variieren.

Bearbeiten/Einfügen

Mit diesem Befehl wird der Inhalt der Zwischenablage an der aktuellen Position des Feldzeigers eingefügt. Dabei kann es sich auch um Texte anderer Anwendungsprogramme handeln, wenn sie unter Windows gestartet wurden. Dieser Befehl kann nur dann angewendet werden, wenn zuvor ein markierter Bereich mit dem Befehl *Ausschneiden* bzw. *Kopieren* in die Zwischenablage gebracht wurde.

Tabelle

Wurde der Befehl *Ausschneiden* zuvor gewählt, muß der Einfügebereich in Größe und Form genau mit dem ausgeschnittenen Bereich übereinstimmen. Im Falle der vorherigen Auswahl des Befehls *Bearbeiten/Kopieren* genügt die entsprechende Feldzeigerposition. In diesem Fall haben Sie auch die Möglichkeit, mehrere Kopien einzufügen, indem Sie als Einfügebereich eine Mehrfachauswahl deklarieren. Beim *Einfügen* werden sämtliche Merkmale wie Formel, Wert, Zahlenformat, Rahmen, Schutzzustand, Ausrichtung und Auszeichnung mit übertragen.

Diagramm

Aus einer Tabelle eingefügte Bereiche werden als Datenreihen dargestellt und in das aktive Diagramm eingefügt. Aus einem anderen Diagramm eingefügte Datenreihen werden im aktiven Diagramm eingefügt. Dabei wird jedoch das aktuelle Format durch das Format des kopierten Diagramms ersetzt.

Excel in der Übersicht

Bearbeiten/Bild einfügen

Entsprechend dem Befehl *Bild kopieren* können Sie mit diesem Befehl den Inhalt der Zwischenablage als Objekt in das Arbeitsblatt einfügen. Dabei kann der Inhalt sowohl mit *Kopieren* als auch mit *Bild kopieren* in die Zwischenablage eingefügt worden sein. Das Objekt kann nun verändert und verschoben werden.

Bearbeiten/Objekt Löschen

Wenn Sie Objekte in das Arbeitsblatt eingefügt haben, können Sie diese mit dem Befehl *Objekt löschen* wieder aus dem Arbeitsblatt entfernen. Der Befehl ist allerdings nur dann aktiv, wenn das entsprechende Objekt zuvor markiert worden ist.

Bearbeiten/Inhalte löschen

Dieser Befehl dient zum "Löschen" von Feldinhalten, ohne daß die unterhalb bzw. rechts der zu löschenden Felder befindlichen Bereiche um die entsprechende Position aufgerückt werden.

Tabelle

Im zugehörigen Dialogfeld spezifizieren Sie, ob Sie alles löschen möchten oder nur die Formate, die Formeln oder die Notizen bzw. eine Kombination aus diesen Optionen.

Diagramm

Markieren Sie im zugehörigen Dialogfeld, ob Sie sämtliche Datenreihen löschen möchten oder lediglich deren Formate bzw. Formeln.

Bearbeiten/Inhalte einfügen

Mit diesem Befehl können Sie einen Tabellenbereich in der Zwischenablage mit einem Bereich der aktiven Tabelle ergänzen, in dem Sie die Art des *Einfügens* und die Rechenoperation im zugehörigen Dialogfeld markieren. Der Bereich in der Zwischenablage muß mit dem Befehl *Kopieren* eingefügt worden sein.

Tabelle

Die Option *Einfügen* bezieht sich auf die Art der Merkmale des einzufügenden Bereiches. Markieren Sie hier, ob Sie alle Merkmale einfügen möchten oder lediglich Formeln, Werte, Formate oder Notizen bzw. eine Kombination aus diesen Merkmalen. Mit der Option *Rechenoperation* definieren Sie die Art der Verknüpfung zwischen dem Einfügebereich und den zu kopierenden Inhalten. Mit der Option *Leere Felder überspringen* werden Leerfelder des Kopierbereiches nicht berücksichtigt. Bei der Option *Transponieren* werden die Daten der obersten Zeile in die linke Spalte eingefügt und die Daten der linken Spalte in die oberste Zeile.

Diagramm

Übernehmen Sie Daten aus einer Tabelle, definieren Sie mit der Option *Werte aus*, ob die Datenreihen aus den Zeilen oder Spalten des markierten Bereiches erstellt werden sollen. Je nach Auswahl beziehen sich die folgenden Optionen auf Zeilen oder Spalten. Bei der Option *Reihenname in erster Spalte* wird der erste Wert des einzufügenden Bereiches als Name der entsprechenden Datenreihe verwendet. Ansonsten übernimmt Excel diesen Wert als ersten Wert der Datenreihe. Die Option *Rubrikenname aus Zeile/Spalte* wird analog verwendet. Mit der Option *Übernehme Rubriken in allen Reihen* werden sämtliche Rubriken des aktiven Diagramms durch die eingefügten Rubriken ersetzt.

Übernehmen Sie Daten aus einem anderen Diagramm, so erhalten Sie ein anderes Optionsfeld, in dem Sie lediglich die Art der einzufügenden Datenreihen bestimmen können. Markieren Sie die entsprechenden Optionen, wenn Sie alle Merkmale der Datenreihe einfügen möchten, oder lediglich die Formate bzw. die Formeln. Wird die Option *Alles* markiert, erhält der Zielbereich das "Format" der eingefügten Datenreihe.

Bearbeiten/Verknüpfen und einfügen

Dieser Befehl dient zur Erstellung einer Verknüpfung zwischen dem Ursprung der eingefügten Daten und den markierten Feldern der aktiven Tabelle. Ändern sich die Ausgangsdaten, so werden auch die verknüpften Felder entsprechend geändert. Die Verknüpfung wird in Form einer Matrizenformel in die Tabelle eingetragen. Eine solche Formel kann nur in ihrer Gesamtheit geändert oder auch gelöscht werden.

Bearbeiten/Verknüpftes Bild einfügen

Ein kopierter Tabellenbereich kann mit diesem Befehl als Objekt in das aktive Arbeitsblatt eingefügt werden. Das Objekt kann beliebig verändert werden, wobei jedoch eine dynamische Verknüpfung zum Ursprungsbereich besteht, welche durch eine entsprechende Formel dargestellt wird. Die Formel kann in der Bearbeitungszeile geändert werden, wenn ein verknüpftes Objekt markiert wird. Befindet sich ein Diagramm in der Zwischenablage, so ist diese Option nicht möglich.

Excel in der Übersicht

Bearbeiten/Löschen

Mit diesem Befehl löschen Sie ganze Felder oder Bereiche, nachdem Sie diese zuvor markiert haben. Im Gegensatz zum Befehl *Inhalte Löschen* wird gleichzeitig der beanspruchte Platz der Tabelle gelöscht. Markieren Sie im zugehörigen Optionsfeld, ob die Felder rechts vom markierten Bereich in den gelöschten Bereich verschoben werden oder ob die Felder, die sich unterhalb des markierten Bereichs befinden, nach oben verschoben werden. Wenn nicht extra die komplette Zeile bzw. Spalte markiert wurde, können Sie die Löschfunktion durch die entsprechende Option auf die gesamte Zeile oder Spalte wirken lassen.

Bearbeiten/Leerzellen

Mit diesem Befehl können Sie Leerfelder links oder oberhalb eines markierten Feldes oder eines Bereiches einfügen. Das Einfügen von Leerzeilen bzw. -spalten geschieht durch Markieren einer entsprechenden Zeile oder Spalte und Anwahl dieses Befehls. Im zugehörigen Dialogfeld markieren Sie, ob das Einfügen links oder oberhalb der markierten Zeile/Spalte geschehen soll. Wenn nicht die komplette Zeile bzw. Spalte markiert wurde, können Sie die Löschfunktion durch die entsprechende Option auf die gesamte Zeile oder Spalte wirken lassen.

Bearbeiten/Links ausfüllen

Dieser Befehl dient zum Kopieren eines Feldinhaltes/Bereiches in die links von ihm markierten Felder/Bereiche. Dieser Befehl wird nur dann angezeigt, wenn das Menü *Bearbeiten* mit gedrückter `Shift`-Taste aufgeschlagen wurde. Ansonsten wird der Befehl *Rechts ausfüllen* angezeigt.

Bearbeiten/Oben ausfüllen

Dieser Befehl dient zum Kopieren eines Feldinhaltes/Bereiches in die oberhalb von ihm markierten Felder/Bereiche. Dieser Befehl wird nur dann angezeigt, wenn das Menü *Bearbeiten* mit gedrückter `Shift`-Taste aufgeschlagen wurde. Ansonsten wird der Befehl *Unten ausfüllen* angezeigt.

Bearbeiten/Rechts ausfüllen

Mit diesem Befehl kopieren Sie ein markiertes Feld bzw. einen Bereich in die rechts von ihm stehenden markierten Felder bzw. Bereiche.

Bearbeiten/Unten ausfüllen

Mit diesem Befehl kopieren Sie ein markiertes Feld bzw. einen Bereich in die unterhalb von ihm stehenden, markierten Felder bzw. Bereiche.

Bearbeiten/Arbeitsgruppe ausfüllen

Haben Sie mehrere Arbeitsblätter zu einer Arbeitsgruppe zusammengefaßt, so können Sie mit diesem Befehl markierte Felder oder Bereich auf alle anderen, zugehörigen Arbeitsblätter kopieren. Dies käme einem Kopieren in die dritte Dimension gleich. Ist keine Arbeitsgruppe zusammengefaßt, kann der Befehl nicht angewählt werden.

Menü Formel

Formel/Namen einfügen

Fügen Sie aus der Liste unter der Option *Namen einfügen* einen Namen in die gerade aktive Tabelle ein, damit Sie sich Bezüge leichter merken können. Die Liste enthält alle zu diesem Zeitpunkt vergebenen Namen in der aktiven Tabelle. Markieren Sie die Option *Liste einfügen*, so wird an der aktiven Feldzeigerposition eine Liste aller vergebenen Namen und deren Bezüge eingefügt. Ist die aktive Feldzeigerposition Teil der Tabelle, wird die Liste in die Berechnung mit einbezogen, so daß es zu Fehlern kommen kann. Mit dem Befehl *Bearbeiten Widerrufen* löschen Sie in diesem Fall die Liste wieder aus der Tabelle.

Namen einfügen

Das Listenfeld enthält sämtliche in der Tabelle vorkommenden Namen. Zum Einfügen markieren Sie den Namen und betätigen die Schaltfläche *OK*.

Liste einfügen

Das Listenfeld enthält sämtliche in der Tabelle vorkommenden Namen. Diese Liste wird nach Anwahl dieser Option an der Feldzeigerposition in die Tabelle bzw. Makrovorlage eingefügt.

Formel/Funktion einfügen

Fügen Sie in das gerade aktive Feld eine Funktion aus der dargestellten Liste ein. Sie erscheint zunächst in der Bearbeitungszeile, damit die benötigten Argumente eingetragen werden können. Markieren Sie die Option *Argumente einfügen*, so werden innerhalb der Funktionsklammern die

Excel in der Übersicht

Namen der benötigten Argumente eingetragen. Diese müssen dann durch die tatsächlichen Argumente ersetzt werden.

Funktion einfügen

Dieses Listenfeld enthält sämtliche in Excel zur Verfügung stehenden Funktionen bzw. Funktionsmakros. Wählen Sie eine Funktion und betätigen Sie die Schaltfläche *OK*.

Argumente einfügen

Ist diese Option markiert, setzt Excel für die zuvor gewählte Funktion die entsprechenden Platzhalter für die benötigten Argumente in die Bearbeitungszeile mit ein. Ersetzen Sie die Platzhalter durch die tatsächlich benötigten Argumente.

Argumente auswählen

Dieses Listenfeld erscheint, wenn Sie eine Funktion aufrufen, die mehrere Argumentoptionen beinhaltet (z.B. INDEX). Wählen Sie die gewünschte Argumentoption durch Markieren.

Formel/Bezugsart ändern

Ändern Sie mit Hilfe dieses Befehls die Bezugsart eines markierten Bezuges. Markieren Sie den Bezug in der Bearbeitungszeile und wählen Sie diesen Befehl. Die Änderung geht folgendermaßen vor sich: Relative Bezüge werden nach Auswahl des Befehls in absolute Bezüge umgewandelt, absolute Bezüge in gemischte Bezüge, und gemischte Bezüge wieder in relative Bezüge.

A1	$A$1
$A$1	A$1
A$1	$A1
$A1	A1

Formel/Namen festlegen

Ordnen Sie mit diesem Befehl dem aktiven Feld einen neuen bzw. einen bereits bestehenden Namen zu oder ändern bzw. löschen Sie einen bestehenden Namen. Namen können bis zu 255 Zeichen lang sein und müssen als erstes Zeichen einen Buchstaben enthalten. Danach können Sie dann Buchstaben, Zahlen, den Punkt und den Unterstreichungsstrich verwenden. Leerzeichen und andere Sonderzeichen dürfen nicht verwendet werden.

Excel in der Übersicht

Tabelle

Namen in Tabelle

Das Listenfeld enthält sämtliche in der Tabelle festgelegten Namen. Wird ein Name markiert, so erscheint dieser im Eingabefeld *Name* und der Bezug im Eingabefeld *Zugeordnet zu*.

Name

Enthält das aktive Feld Text, so wird dieser Text als Name vorgeschlagen. Ist das Feld leer, so wird der Text links oder oberhalb davon vorgeschlagen. Übernehmen Sie den Namen oder wählen Sie einen neuen.

Zugeordnet zu

Es wird der ausgewählte Feldbereich als Bezug vorgeschlagen, wenn Sie einen neuen Namen festlegen. Ist der Name bereits festgelegt, so wird der Bereich, der Wert oder die Formel vorgeschlagen, auf die sich dieser Name im Augenblick bezieht. Übernehmen Sie den Vorschlag oder geben einen neuen Bezug ein.

Hinzufügen

Der im Feld Name eingegebene *Name* wird in das Listenfeld *Name in Tabelle* übernommen.

Löschen

Der im Listenfeld *Name* gewählte Name wird nach Anwahl dieser Schaltfläche gelöscht.

Makrovorlagen

Wird der Befehl auf eine Makrovorlage angewendet, so enthält das Dialogfeld eine zusätzliche Option:

Makro

Wird ein Makroname festgelegt, so müssen Sie entweder das Optionsfeld *Funktion* oder *Befehl* auswählen. Befehlsmakros können durch einen Tastaturschlüssel ausgeführt werden. Betätigen Sie dazu die `Ctrl`-Taste, um das Makro auszuführen.

809

Excel in der Übersicht

Formel/Namen übernehmen

Mit diesem Befehl lassen sich mehrere Bereiche gleichzeitig benennen, indem Sie einen Text verwenden, der sich auf der angegebenen Seite des Bereiches befindet. Markieren Sie eine Position bzw. eine Kombination aus den Positionen, in denen sich die zu übernehmenden Namen befinden.

Aus oberster Zeile

Der Text in jedem Feld der obersten Zeile des ausgewählten Bereiches wird als Name der darunterliegenden Spalte verwendet.

Aus linker Spalte

Der Text in jedem Feld der linken Spalte des ausgewählten Bereichs wird als Name der rechts davon liegenden Zeile verwendet.

Aus unterster Zeile

Der Text in jedem Feld der untersten Zeile des ausgewählten Bereichs wird als Name für die darüberliegende Spalte verwendet.

Aus rechter Spalte

Der Text in jedem Feld der rechten Spalte des ausgewählten Bereichs wird als Name für die links davon liegende Zeile verwendet.

Formel/Namen anwenden

Mit diesem Befehl werden markierte Bezüge durch Namen ersetzt. Vorher werden die entsprechenden Formeln auf ihre Übereinstimmung hin untersucht. Wird nur ein Feld markiert, so wird die gesamte Tabelle auf die entsprechenden Bezüge durchsucht. Markieren Sie mehrere Felder durch Verwendung der gedrückten `Ctrl`-Taste. Durch Markieren der entsprechenden Optionen bestimmen Sie die Art der Anwendung.

Namen anwenden

Das Listenfeld enthält sämtliche in der Tabelle vorkommenden Namen. Markieren Sie einen Namen oder treffen Sie eine Mehrfachauswahl, indem Sie die `Ctrl`-Taste drücken, während Sie markieren.

Relative/Absolute Bezugsart ignorieren

Ist diese Option markiert, werden die Bezüge durch Namen ersetzt. Dabei wird der Bezugsstil der Namen bzw. der Bezüge nicht berücksichtigt.

Excel in der Übersicht

Wird diese Option rückgängig gemacht, so werden absolute Bezüge durch absolute Namen, relative Bezüge durch relative Namen und gemischte Bezüge durch gemischte Namen ersetzt.

Zeilen- und Spaltennamen verwenden

Wird keine exakte Übereinstimmung gefunden, so werden die Namen der Bereiche mit Feldern verwendet, auf die Bezug genommen wird. Wird diese Option rückgängig gemacht, so werden nur Bezüge ersetzt, die mit der Festlegung eines Namens genau übereinstimmen.

Optionen

Durch Anwahl dieser Schaltfläche erhalten Sie ein weiteres Dialogfeld mit folgenden Optionen:

Bei gleicher Spalte entfällt der Spaltenname

Der Bezug wird durch den zeilenorientierten Namen ersetzt, wenn sich das Feld, auf das Bezug genommen wird, in derselben Spalte, jedoch in einer anderen Zeile und in einem zeilenorientierten, benannten Bereich befindet.

Bei gleicher Zeile entfällt der Zeilennamen

Der Bezug wird durch den spaltenorientierten Namen ersetzt, wenn sich das Feld, auf das Bezug genommen wird, in derselben Zeile, jedoch in einer anderen Spalte und in einem spaltenorientierten, benannten Bereich befindet.

Reihenfolge der Namen

Definieren Sie, welcher Bereichsname zuerst aufgeführt wird, wenn ein Feldbezug durch einen Zeilen- und einen spaltenorientierten Bereichsnamen ersetzt wird.

Formel/Notiz

Ordnen Sie mit diesem Befehl einem Feld eine Notiz zu, die erklärende Informationen enthalten kann. Vergebene Notizen werden in der Tabelle erst nach Anwahl des Befehls *Fenster/Infofenster* auf dem Bildschirm angezeigt und können dort ausgedruckt werden. Das zugehörige Dialogfeld informiert Sie in einer Liste über alle schon vergebenen Notizen und deren Feldpositionen. Durch Markierung der entsprechenden Optionen lassen sich Notizen weiterhin einfügen bzw. wieder löschen.

Excel in der Übersicht

Zelle

Dieses Eingabefeld enthält den Bezug des im Listenfeld *Notizen* in der Tabelle markierten Feldes.

Notizen in der Tabelle

Dieses Listenfeld enthält sämtliche Notizen in der Tabelle, wobei der jeweilige Feldbezug vor der Notiz steht.

Notiz

Geben Sie in dieses Feld die entsprechenden Notizen ein, die dem markierten Feld zugeordnet werden.

Einfügen

Der Text im Eingabefeld *Notiz* wird nach Anwahl dieser Option in das im Eingabefeld *Zelle* angegebene Feld eingefügt.

Löschen

Die im Listenfeld *Notizen in der Tabelle* ausgewählte Notiz wird nach Anwahl dieser Option gelöscht.

Formel/Gehe zu

Sie erreichen mit diesem Befehl einen schnellen Bildlauf, indem Sie einen entsprechenden Namen bzw. einen Bezug spezifizieren. Der Feldzeiger springt dann auf dessen Position. Wählen Sie diesen Befehl erneut an, so wird jeweils die letzte Position in das entsprechende Feld eingetragen, damit Sie wieder zur Ausgangsbasis zurückkehren können.

Gehe zu

Dieses Listenfeld enthält alle in der aktiven Tabelle vorkommenden Namen. Zur Auswahl markieren Sie einen entsprechenden Namen und wählen die Schaltfläche *OK*.

Bezug

Geben Sie in dieses Eingabefeld den Bezug oder den Namen eines Bereiches ein. Sie können sich durch Voranstellen eines Tabellennamens, gefolgt von einem Ausrufezeichen, auch auf eine andere Tabelle beziehen.

Excel in der Übersicht

Nachdem Excel zu einer neuen Position gesprungen ist, können Sie mit dieser Option zur vorherigen Position zurückkehren. Durch mehrmalige Anwahl dieser Option können Sie so zwischen zwei Tabellenbereichen hin- und herspringen.

Formel/Suchen

Mit diesem Befehl wird die Position des spezifizierten Suchbegriffes ermittelt. Weiterhin kann angegeben werden, in welchem Bereich gesucht wird bzw. welche Suchrichtung verwendet werden soll. Dabei können wie bei DOS Fragezeichen und Stern als Stellvertreterzeichen innerhalb des Suchbegriffes verwendet werden. Möchten Sie das Fragezeichen bzw. den Stern selbst als Zeichen suchen, stellen Sie diesen jeweils eine Tilde ("~" = ANSI-Wert 126) voran.

Suchbegriff

Geben Sie in dieses Feld einen Suchbegriff ein. Dieser darf alle Sonderzeichen enthalten bis auf die Stellvertreterzeichen * und ?. Sollen diese Zeichen mitgesucht werden, so müssen Sie diesen eine Tilde ("~" = ANSI-Wert 126) voranstellen.

Suche in

Formeln	Es wird in jeder Formel jedes Feldes gesucht
Werten	Es wird in dem formatierten Wert jedes Feldes gesucht
Notizen	Es wird im Text der Notiz für jedes Feld gesucht

Vergleichen

Alles	Es wird der zu suchende Wert/Text mit dem gesamten Wert oder der gesamten Formel im Feld verglichen
Teil	Es wird der zu suchende Text/Wert mit einem beliebigen Teil des Wertes oder der Formel im Feld verglichen

Suchen nach

Zeilen	Es wird zeilenweise in horizontaler Richtung gesucht
Spalten	Es wird spaltenweise in vertikaler Richtung gesucht

Genaue Übereinstimmung

Wird diese Option markiert, muß der Zieltext absolut identisch mit dem Text sein, der unter dem Suchbegriff eingetragen wurde. Das gilt insbesondere für die Groß- und Kleinschreibung und für den Fall, daß der Zieltext als eigenständiges Wort vorliegt.

Formel/Ersetzen

Dieser Befehl sucht einen angegebenen Text bzw. einen Wert und ersetzt ihn durch einen neuen Text bzw. Wert. Ist nur ein Feld markiert, so wird die gesamte Tabelle abgesucht, andernfalls lediglich ein markierter Bereich. Im entsprechenden Dialogfeld bestimmen Sie den Such- bzw. den Ersatztext, die Suchrichtung und den Vergleichsbereich.

Suchen nach

Geben Sie in dieses Feld einen Suchbegriff ein. Dieser darf alle Sonderzeichen enthalten, bis auf die Stellvertreterzeichen * und ?. Sollen diese Zeichen mitgesucht werden, so müssen Sie diesen eine Tilde ("~" = ANSI-Wert 126) voranstellen.

Ersetzen durch

Geben Sie in dieses Feld den Wert bzw. Text ein, durch den die im Optionsfeld *Ersetzen* definierte Eingabe in der Tabelle ersetzt werden soll.

Genaue Übereinstimmung

Wird diese Option markiert, so muß der Zieltext absolut identisch mit dem Text sein, der unter dem Suchbegriff eingetragen wurde. Das gilt insbesondere für die Groß- und Kleinschreibung und für den Fall, daß der Zieltext als eigenständiges Wort vorliegt.

Vergleichen

Alles Der zu suchende Wert/Text wird mit dem gesamten Wert oder der gesamten Formel im Feld verglichen

Teil Der zu suchende Text/Wert wird mit einem beliebigen Teil des Wertes oder der Formel im Feld verglichen

Suchen nach

Mit der Option *Zeilen* sucht Excel zeilenweise in horizontaler Richtung, mit der Option *Spalten* dagegen spaltenweise in vertikaler Richtung.

Excel in der Übersicht

Alle ersetzen

Alle im Text vorkommenden Begriffe, die im Optionsfeld *Ersetzen* definiert wurden, werden durch die im Optionsfeld *Durch* eingegebenen Begriffe ersetzt.

Weitersuchen

Mit dieser Schaltfläche sucht Excel das nächste Vorkommen des Suchbegriffs. Halten Sie bei Anwahl dieser Schaltfläche die `Shift`-Taste gedrückt, so springt der Feldzeiger zum vorherigen Vorkommen des Begriffs.

Formel/Inhalte auswählen

Mit diesen Befehl markieren Sie alle Felder, auf die die im entsprechenden Dialogfeld spezifizierten Optionen zutreffen. Werden keine entsprechenden Felder bzw. Bereiche gefunden, so erhalten Sie eine entsprechende Meldung. Mit der `Tab`- bzw. der `Return`-Taste bewegen Sie sich jeweils zum nächsten Feld eines ausgewählten Bereichs. Setzen Sie die `Shift`-Taste davor, so gelangen Sie ein Feld zurück. Entsprechend bewegen Sie sich zwischen zwei markierten Bereichen, indem Sie statt der `Shift`- die `Ctrl`-Taste verwenden.

Notizen

Ist diese Option markiert, wird eine Mehrfachauswahl von Feldern durchgeführt, die eine Notiz enthalten.

Konstanten

Ist diese Option markiert, so wird eine Mehrfachauswahl von Feldern durchgeführt, die eine Konstante enthalten. Dies ist abhängig davon, welche Wählmarkierung ein- oder ausgeschaltet ist. Als Konstanten werden alle Werte und Texte betrachtet, die nicht mit einem Gleichheitszeichen beginnen.

Formeln

Ist diese Option markiert, so wird eine Mehrfachauswahl von Feldern durchgeführt, die eine Formel enthalten. Diese ist abhängig davon, welche Wählmarkierung ein- oder ausgeschaltet ist.

Zahlen   Auswahl der Felder mit Formeln, die Zahlen produzieren

Text   Auswahl der Felder mit Formeln, die Text produzieren

Excel in der Übersicht

Wahrheitswerte
    Auswahl der Felder mit Formeln, die Wahrheitswerte enthalten

Fehlerwerte   Auswahl der Felder mit Formeln, die Fehlerwerte enthalten

Leerzellen

Bei Anwahl dieser Option wird eine Mehrfachauswahl von leeren Feldern durchgeführt.

Aktueller Bereich

Ist diese Option markiert, so wird ein rechteckiger Bereich von Feldern um das gewünschte Feld ausgewählt.

Aktuelles Array

Ist diese Option markiert, so wird die gesamte Matrix ausgewählt, zu der die aktiven Felder gehören.

Zeilenunterschiede

Ist diese Option markiert, so wird jede Zeile der Auswahl durchsucht, und es werden Felder ausgewählt, die sich vom vergleichenden Feld jeder Zeile unterscheiden.

Spaltenunterschiede

Ist diese Option markiert, so wird jede Spalte der Auswahl durchsucht, und es werden Felder ausgewählt, die sich vom vergleichenden Feld jeder Spalte unterscheiden.

Vorrangige Zellen

Ist diese Option markiert, so werden Felder ausgewählt, auf die sich die Formeln in den Feldern der jeweiligen Auswahl beziehen.

Ahängige Zellen

Ist diese Option markiert, so werden Felder mit Formeln ausgewählt, die sich auf die Felder in der jeweiligen Auswahl beziehen.

Nur direkt

Ist die Option *Vorrangige Felder* markiert, so werden durch *Nur direkt* nur die Felder ausgewählt, auf die sich die Formeln in der Auswahl direkt beziehen. Ist die Option *Abhängige Felder* markiert, so werden durch *Nur direkt* nur die Felder ausgewählt, die sich direkt auf die Felder in der Auswahl beziehen.

Alle Ebenen

Es werden alle Felder ausgewählt, die direkt und indirekt mit den Feldern der Auswahl verbunden sind.

Letzte Zelle

Es wird die Zelle markiert, die zuletzt bearbeitet wurde. Wurde zuletzt ein markierter Bereich bearbeitet, so wird die letzte Zelle des Bereiches markiert.

Nur sichtbare

Diese Option wird nur dann bearbeitet, wenn Felder, Spalten oder Zeilen verborgen wurden. Diese werden dann nicht markiert, so daß nur die sichtbaren bearbeitet werden können.

Objekte

Es erfolgt die Auswahl aller Objekte im Arbeitsblatt. Dazu zählen Textboxen, Zeichenelemente, Diagrammboxen und Schaltflächen

Formel/Aktive Zelle zeigen

Wurde eine Zelle markiert und durch Betätigen der Rollbalken in den nicht sichtbaren Teil des Arbeitsblattes verschoben, so kann sie mit dieser Option wieder zur Anzeige gebracht werden, ohne daß die Position der Markierung verändert wird.

Formel/Gliederung

Mit diesem Befehl läßt sich das aktuelle Arbeitsblatt in mehrere Ebenen gliedern. Eine Gliederung ist dann sinnvoll, wenn bestimmte Bereiche übersichtlich dargestellt aber nicht alle Informationen angezeigt werden sollen. Auch zur Strukturierung einer Tabelle dient die Gliederungsfunktion. Zur Steuerung der Gliederungsebenen nutzen Sie die drei Schaltflächen rechts neben den Formatvorlagen, die sich in der Symbolleiste befinden. Die Schaltfläche mit dem nach links gerichteten Pfeil stellt den

Excel in der Übersicht

markierten, gegliederten Bereich in die nächsthöhere Ebene. Der nach rechts gerichtete Pfeil stellt diesen dagegen in die nächsttiefere Ebene. Die Gliederungsschaltfläche zeigt die Gliederungsspalte im aktiven Arbeitsblatt an. Nähere Einzelheiten finden Sie im Kapitel 8.11.

Automatische Formatierung

Die Gliederung in der Tabelle wird automatisch durchgeführt. Dabei wird das Arbeitsblatt auf Formeln untersucht, die auf Tabellenwerte Bezug nehmen. Die Anordnung der Werte muß dabei einheitlich sein. Ist diese Option nicht markiert, kann nachträglich eine Gliederung in einem markierten Bereich erstellt werden. Mit der Schaltfläche *Erstellen* wird die Gliederung im aktiven Arbeitsblatt erstellt.

Gliederungsfolge

Durch Markieren der Option *Hauptzeilen unter Detaildaten* läßt sich eine Gliederung zeilenweise erstellen. Excel erkennt dann die erste Zeile als Spaltenbeschriftung und erst die folgenden Zeilen als Hauptzeilen. Ist die Option *Hauptspalten rechts von Detaildaten* markiert, so wird die Gliederung spaltenweise vorgenommen, wobei die erste Spalte als Bezeichnung der Zeilen erkannt wird.

Wird eine Gliederung nachträglich ohne die automatische Gliederung erstellt, so können Sie mit den Schaltflächen *Hauptzeilen unter Detaildaten* und *Hauptspalten rechts von Detaildaten* die einzelnen Gliederungsebenen durch eine unterschiedliche Formatierung optisch voneinander trennen. Den einzelnen Ebenen ist eine Formatvorlage zugeordnet, die mit dem Befehl *Format/Formatvorlage* geändert werden kann.

Erstellen

Durch Betätigen dieses Befehls erstellen Sie Ihre Gliederung.

Format zuweisen

Auf den ersten beiden Gliederungsebenen werden unterschiedliche Formate zugewiesen.

Formel/Zielwertsuche

Mit der Zielwertsuche lassen sich Werte errechnen, die sich aufgrund eines vorgegebenen Ergebnisses ändern müssen, damit die Berechnung einen gesuchten Zielwert ergibt (siehe Kapitel 7).

Zielzelle festlegen

Geben Sie hier die Adresse der Zelle ein, die die Formel für die Berechnung enthält.

Zielwert festlegen

Hier wird der Wert definiert, der als Ergebnis der Berechnung errechnet werden soll.

Zu ändernde Zelle

Geben Sie die Feldadresse des Feldes an, dessen Eintrag sich so anpassen muß, daß durch die Berechnung der Formel in *Zielzelle* als Ergebnis der gesuchte *Zielwert* erscheint.

Menü Format

Format/Zahlenformat

Legen Sie die Darstellung der Zahlen- und Datumswerte in zuvor markierten Feldern fest. Wählen Sie ein entsprechendes Zahlenformat aus der angezeigten Liste. Anstelle des Befehls erreichen Sie eine Schnellformatierung mit der entsprechenden Tastenkombination (siehe Anhang).

Format

Im aufgeführten Listenfeld werden sämtliche zur Verfügung stehenden Zahlenformate angezeigt. Bis auf das Standardformat können sämtliche Zahlenformate als Kombination verwendet werden.

Es erfolgt die Darstellung des im Listenfeld aktiven Zahlenformats. Sie können hier direkt eigene Zahlenformate erstellen oder bereits vorhandene Zahlenformate bearbeiten. Die Ihnen zur Verfügung stehenden Formatsymbole zur Erstellung eigener Zahlenformate entnehmen Sie bitte Kapitel 8.

Löschen

Ein aktives Anwenderformat kann mit dieser Schaltfläche gelöscht werden. Diese Funktion wirkt sich nicht auf die Standardformate aus.

Excel in der Übersicht

Zahlenformate

Standard

0
0,00
#.##0
#.##0,00
#.##0 DM;-#.##0 DM
#.##0 DM;[ROT]-#.##0 DM
#.##0,00 DM;-#.##0,00 DM
#.##0,00 DM;[ROT]-#.##0,00 DM
0%
0,00%
0,00E+00

Datumsformate

T.M.JJ
T.MMM JJ
T.MMM
MMM JJ
h:mm AM/PM
h:mm:ss AM/PM
h:mm
h:mm:ss
T.M.JJ h:mm

Format/Ausrichtung

Mit diesem Befehl ändern Sie die Ausrichtung eines markierten Feldes bzw. Bereiches. Markieren Sie in der angezeigten Liste, in welcher Art der Feldinhalt ausgerichtet werden soll. In der Standardausrichtung werden Texte linksbündig, Werte rechtsbündig, Fehler- und Wahrheitswerte dagegen zentriert ausgerichtet. Die Option *Ausfüllen* bewirkt, daß der Inhalt des Feldes so oft wiederholt wird, bis das gesamte Feld ausgefüllt ist. Bestehen rechts von diesem Feld weitere Leerfelder mit diesem "Format", so werden sie ebenfalls ausgefüllt.

Zeilenumbruch

Wird ein Feld mit dieser Option formatiert, so kann ein beliebig langer Text eingegeben werden, der innerhalb der Spaltenbreite umgebrochen wird. Dadurch vergrößert sich natürlich die Zeilenhöhe entsprechend. Diese Funktion arbeitet ähnlich wie bei Eingabe von Tabellenwerten in Word für Windows.

Excel in der Übersicht

Format/Schriftart

Wählen Sie mit diesem Befehl eine Schriftart aus. Excel verwaltet alle 256 Schriftarten gleichzeitig. Sie können mit diesem Befehl aus der Liste eine der aufgeführten Schriftarten auswählen.

Schriftart

Enthält eine Liste aller verfügbaren Schriftarten. Standardmäßig werden hier jedoch nur Bildschirm-Schriftarten aufgeführt, die sich nicht unbedingt mit den Schriftarten dekken, die Ihr Drucker darstellen kann. Ist die Option *Druckerschriftarten* markiert, so erscheinen nur die Schriftarten, die mit dem installierten Druckertreiber ausgedruckt werden können.

Größe

Legt die Höhe der ausgewählten Schriftart fest. Je nach Schriftart können nur bestimmte Größen verwendet werden. Inaktive Größen werden dann grau hinterlegt.

Farbe

Definieren Sie die Farbe, die der Schriftart zugeordnet werden soll. Bei Verwendung eines Farbdruckers wird die Farbe entsprechend zu Papier gebracht.

Auszeichnung

Bestimmt die Auszeichnung der gewählten Schriftart. Es können auch Kombinationen der dargestellten Optionen verwendet werden.

Fett	Der gewählte Text wird fett ausgegeben.
Kursiv	Der gewählte Text wird kursiv ausgegeben.
Unterstrichen	Der gewählte Text wird mit einer durchgehenden Linie unterstrichen.
Durchgestrichen	Der gewählte Text wird von einer durchgehenden Linie durchgestrichen.

Druckerschriftarten

Wird diese Option markiert, so erscheinen im Listenfeld *Schriftart* nur diejenigen Schriftarten, die mit dem installierten Druckertreiber ausgedruckt werden können. Sonst erfolgt die Auflistung der Bildschirmschriftarten.

Excel in der Übersicht

Diagramm

Das Dialogfeld zum Befehl *Format/Schriftart* enthält einige Optionen, die im Zusammenhang mit Tabellen nicht erscheinen. Die übrigen Optionen sind dagegen identisch und oben aufgeführt.

Automatisch   Das "Muster" für die Hintergrundausführung wird von Excel festgelegt.

Unsichtbar   Der Text wird auf den Hintergrund gelegt.

Hervorheben   Der Text wird vom Hintergrund abgesetzt.

Muster

Es wird das Dialogfeld des Befehls *Format/Muster* angezeigt. Alle bisherigen Einstellungen werden ausgeführt.

Teilung

Es wird das Dialogfeld des Befehls *Format/Teilung* angezeigt. Alle bisherigen Einstellungen werden ausgeführt.

Text

Es wird das Dialogfeld des Befehls *Format/Text* angezeigt. Alle bisherigen Einstellungen werden ausgeführt.

Format/Rahmenart

Mit diesem Befehl können Sie Felder bzw. ganze Bereiche mit einem Rahmen versehen. Markieren Sie einen Bereich und wählen Sie die Option *Gesamt*. Dieser Bereich wird nun komplett umrahmt. Einzelne Felder können mehrere Rahmenoptionen enthalten, um z.B. Teilstriche in einen Rahmen einzufügen. Wirkungsvoll wird der Rahmen erst, wenn Sie die Anzeige der Gitternetzlinien im Menü *Optionen/Bildschirmanzeige* ausschalten.

Gesamt   Der markierte Bereich wird entlang seiner Außenseiten mit einem Rahmen versehen.

Links   Darstellung eines Randes an der linken Außenseite des markierten Bereiches.

Rechts   Darstellung eines Randes an der rechten Außenseite des markierten Bereiches.

Oben   Darstellung eines Randes an der oberen Außenseite des markierten Bereiches.

Unten	Darstellung eines Randes an der unteren Außenseite des markierten Bereiches.
Schraffieren	Alle Felder des markierten Bereiches werden mit einer Schraffur versehen.
Art	Die Ausprägung der Linie kann hier individuell festgelegt werden.
Farbe	Definiert die Farbe der Rahmenlinien.

Format/Muster

Mit diesem Befehl kann der Schraffur-Typ für die Schraffierung geändert werden. Aus den Listenfeldern können das Muster der Schraffur sowie die Farben für den Vorder- und den Hintergrund gewählt werden.

Format/Zellschutz

Schützen Sie mit diesem Befehl markierte Felder vor unberechtigtem Zugriff. Mit der Option *Gesperrt* können Sie den Inhalt der Felder vor möglicher Änderung schützen. Mit der Option *Verbergen* verhindern Sie eine Anzeige der somit geschützen Feldinhalte. Dieser Befehl wirkt zusammen mit dem Befehl *Optionen/Datei schützen*. Ist eine Tabelle geschützt, so sind standardmäßig alle Felder geschützt. Ein Feldschutz läßt sich nur in einer ungeschützten Datei aufheben, indem die entsprechenden Felder markiert werden und die Option *Gesperrt* rückgängig gemacht wird.

Format/Formatvorlage

In diesem Optionsfeld können Sie eine Formatvorlage auswählen, damit die enthaltenen Formatierungen auf die markierten Bereiche übertragen werden. Mit *Festlegen* erweitert sich das Dialogfeld um die Möglichkeit, eigene Formatvorlagen zu definiereren oder bestehende zu ändern. Wenn eine neue Formatvorlage erstellt werden soll, wählen Sie die Basisvorlage und setzen einen neuen Namen in das Listenfenster ein. Nutzen Sie nun die Formateinstellungen, um die eigene Formatvorlage zu definieren.

Formatvorlage enthält

Bestimmen Sie durch Markierung, welche Formate Ihre Formatvorlage enthalten soll. Zur Verfügung stehen die Formate "Zahlenformat", "Rahmenart", "Schriftart", "Muster", "Ausrichtung" und "Zellschutz". Ist eine dieser Optionen markiert, so können Sie unter *Ändern* die entsprechenden Einstellungen vornehmen.

Excel in der Übersicht

Ändern

Wenn Sie im Feld *Formatvorlage enthält* eine Option markiert haben, so können Sie hier durch Betätigen der gleichnamigen Schaltfläche das zugeordnete Dialogfeld aufrufen, um das Format Ihrer Vorlage zu bestimmen. Die Dialogfelder sind identisch mit denen der entsprechenden Befehle.

Löschen

Entfernt die markierte Formatvorlage aus dem Listenfeld. Die Formatvorlage "Standard" kann nicht gelöscht werden, da sie die grundlegenden Voreinstellungen von Excel enthält.

Hinzufügen

Fügt dem Listenfeld eine neu erstellte Formatvorlage hinzu.

Format/Zeilenhöhe

Ändern Sie die Höhe der Zeilen durch Angabe einer entsprechenden Punktzahl. Die Zeilenhöhe wirkt sich auf alle Spalten der entsprechenden Zeilen aus, auch wenn Sie nur ein Feld markiert haben. Durch Eingabe von Null wird die Zeile unsichtbar gemacht.

Zeilenhöhe

Geben Sie in dieses Feld die Zeilenhöhe durch einen geraden Wert oder durch einen Dezimalbruch ein. Wird der Wert Null verwendet, so ist die Zeile unsichtbar.

Standardhöhe

Ist diese Option markiert, so wird die Zeilenhöhe so angepaßt, daß jede Zeile des markierten Bereichs die größtmögliche Schriftart aufnehmen kann.

Ein/Ausblenden

Mit der Option *Ausblenden* können Zeilen unsichtbar gemacht werden. Diese werden auch anhand der Zeilenbeschriftung nicht mehr angezeigt. Um unsichtbare Zeilen einzublenden, markiert man die vorherige und die nächste und wählt *Einblenden*. Man kann die Zeile auch über *Formel/Gehe zu* erreichen.

Excel in der Übersicht

Format/Spaltenbreite

Mit diesem Befehl wird die Breite der Spalten verändert. Auch wenn nur ein Feld markiert wurde, wirkt sich der Befehl auf alle Zeilen der Spalte aus.

Spaltenbreite

Standardmäßig ist die Breite mit 10,71 Zeichen voreingestellt. Es lassen sich bis zu 255 Zeichen einstellen. Die Standardeinstellung, also der Platz für Zeichen, ist abhängig von der gewählten Schriftart und -größe.

Standardbreite

Durch Markierung dieser Option wird den markierten Spalten wieder die Standardbreite zugeordnet.

Ein/Ausblenden

Mit der Option *Ausblenden* können Spalten unsichtbar gemacht werden. Diese werden auch anhand der Spaltenbeschriftung nicht mehr angezeigt. Um unsichtbare Spalten wieder einzublenden, markiert man die vorige und die nächste und wählt *Einblenden*. Man kann die Spalte auch über *Formel/Gehe zu* erreichen.

Optimale Breite

Wird diese Schaltfläche gewählt, so paßt Excel die Breite der Spalte dem breitesten Eintrag innerhalb der Markierung an. Aus diesem Grund sollten Sie zuvor den Bereich markieren, der die längsten Einträge aufweist.

Format/Bündig anordnen

Mit diesem Befehl ordnen Sie den Text der linken Spalte eines Bereiches so an, daß alle Felder des Bereiches den Text von ungefähr der gleichen Breite anzeigen. Wenn der ausgewählte Bereich für die Aufnahme des Textes nicht ausreicht, fragt Excel, ob die Darstellung des Textes über den Rand hinaus erfolgen soll. Die markierten Felder, auf die sich der Befehl beziehen soll, müssen entweder Text enthalten oder leer sein.

Format/In den Vordergrund

Setzt ein markiertes Objekt in den Vordergrund, wenn es durch ein anderes Objekt überlagert wird.

Excel in der Übersicht

Format/In den Hintergrund

Setzt ein markiertes Objekt in den Hintergrund, wenn es ein anderes Objekt überlagert.

Format/Gruppieren

Objekte können zu einer Gruppe zusammengefaßt werden, damit sich Änderungen auf mehrere Objekte gleichzeitig auswirken können. Dazu müssen mehrere Objekte gleichzeitig markiert werden. Dies erfolgt durch Anklicken der Objekte bei gedrückter `Shift`-Taste.

Format/Gruppierung aufheben

Wurden mehrere Objekte zu einer Gruppe zusammengefaßt, so können sie mit diesem Befehl wieder in Einzelobjekte zerlegt werden. Dieser Befehl erscheint anstelle des Befehls *Gruppieren*, wenn gruppierte Objekte markiert sind.

Format/Objektposition

Mit diesem Befehl lassen sich Objektpositionen in Abhängigkeit von Feldern setzen. Die verschiedenen Objektarten stehen in einer unterschiedlichen Beziehung zu den durch sie verdeckten Feldern. Wird die Spaltenbreite einer Spalte geändert, die durch eine Grafikobjekt überlagert wird, so ändert sich auch die Breite des Objektes. Folgende Beziehungen zwischen Objekten und Feldern können gesetzt werden:

Von Zellenposition und -größe abhängig

Wird die Option markiert, so wirken sich Änderungen in der Größe und der Position von Feldern auf das überlagernde Objekt aus.

Von Zellenposition abhängig

Durch diese Option wirken sich nur Positionsänderungen der Felder auf das überlagernde Objekt aus. Eine Größenänderung der Felder kann vorgenommen werden, ohne daß dies die Größe des Objektes beeinträchtigt.

Unabhängig

Es besteht keine Verbindung zwischen dem Objekt und den überlagerten Feldern.

Diagramme

Format/Muster

Ändert das Muster eines markierten Elementes in einem Diagramm. Um die Elemente zu markieren, benutzen Sie die entsprechenden Befehle im Menü Diagramm. Dabei kann das Dialogfeld je nach markiertem Element ein anderes Aussehen haben.

Rahmenart

Die Umrahmung der Datenreihenelemente kann entweder einheitlich oder individuell gestaltet werden.

Automatisch

Mit dieser Option wird den Elementen der markierten Datenreihe die gleiche Rahmenart zugeordnet. Dies bezieht sich auf die Linienart, die Linienbreite und die Farbe der Umrahmung.

Keinen

Ist diese Option markiert, so wird den Elementen der markierten Datenreihe kein Rahmen zugeordnet.

Benutzerdefiniert

Mit dieser Option läßt sich den Elementen der markierten Datenreihe ein individuelles Aussehen in bezug auf ihre Umrandung zuweisen. Dabei lassen sich die Farben, Linienarten und Linienstärken des Rahmens individuell nach den vorgeschlagenen Mustern ändern.

Flächen

Neben den Rahmen können Sie die Flächen bzw. Füllmuster Ihren eigenen Bedürfnissen anpassen. Standardmäßig werden in Verbindung mit einem Farb-Bildschirm Volltonfarben verwendet, die bei Monochrom-Einstellung in Raster umgesetzt werden.

Automatisch

Als Standardwerte werden für die Flächen die Farben und Muster der Standard-Palette verwendet. Dieses kann mit dem Befehl *Diagramm/ Farbpalette* geändert werden.

Excel in der Übersicht

Keine

Den Elementen der markierten Datenreihe wird weder eine Farbe noch ein Muster für die Fläche zugeordnet.

Benutzerdefiniert

Bestimmen Sie die individuellen Einstellungen für Vordergrund- und Hintergrundfarbe sowie die Ausprägung des Schraffurmusters aus den vorgeschlagenen Möglichkeiten.

Allen zuweisen

Die geänderten Vorgaben wirken sich bei Markierung dieser Option nicht nur auf die aktive Datenreihe, sondern auf alle Datenreihen des aktiven Diagramms aus.

Stärke

Stellen Sie hier die Strichstärke einer Linie, eines Rahmens, einer Achse oder eines Pfeilschaftes ein.

Auszeichnung

Mit dieser Option legen Sie die Auszeichnung einer Linie fest, die jedoch ausschließlich das Format "Schmal" (Option *Stärke*) haben darf.

Schatten

Es erfolgt die Darstellung eines Schattens am unteren und rechten Rand des markierten Diagramms, Textes oder einer Legende.

Teilstrich

Diese Option bewirkt eine individuelle Gestaltung der Teilstriche der Achsen.

Unsichtbar   Teilstriche werden nicht angezeigt.

Innen   Teilstriche erscheinen nur innen an der Achse.

Außen   Teilstriche erscheinen nur außen an der Achse.

Innen und Außen
    Teilstriche kreuzen die Achsen.

Excel in der Übersicht

Teilungsbeschriftungen

Diese Option legt die Position der Beschriftungen neben den Teilstrichen an den Achsen des Diagramms fest.

Keine	Keine Beschriftungen.
Unten	Beschriftungen am unteren Ende der Achse.
Oben	Beschriftungen am oberen Ende der Achse.
Achsennah	Beschriftungen stehen neben der Achse.

Pfeilspitze

Diese Option legt die Breite, Länge und Auszeichnung einer Pfeilspitze fest.

Schriftart

Das Dialogfeld des Befehls *Format/Schriftart* wird zur Auswahl einer Schriftart angezeigt. Alle bisherigen Einstellungen werden ausgeführt.

Legende

Das Dialogfeld des Befehls *Format/Legende* wird zur Darstellung einer Legende angezeigt. Alle bisherigen Einstellungen werden ausgeführt.

Teilung

Das Dialogfeld des Befehls *Format Teilung* wird angezeigt. Alle bisherigen Einstellungen werden ausgeführt.

Text

Das Dialogfeld des Befehls *Format/Text* wird angezeigt. Alle bisherigen Einstellungen werden ausgeführt.

Format/Text

Markierter Diagrammtext wird mit diesem Befehl horizontal und vertikal ausgerichtet. Weiterhin lassen sich hier Muster und Schriftarten einstellen, die sich auf markierten Diagrammtext auswirken.

Textausrichtung

Legt die horizontale und vertikale Ausrichtung des Textes im Textrahmen fest. Bei horizontaler Ausrichtung können Sie zwischen *Linksbündig*,

Zentriert und *Rechtsbündig* wählen, bei vertikaler Ausrichtung zwischen den Optionen *Oben*, *Mitte* und *Unten*.

Vertikal

Texte werden statt von links nach rechts vertikal von oben nach unten ausgerichtet oder statt von oben nach unten horizontal von links nach rechts dargestellt. Sie können eine von vier symbolisch dargestellten Optionen wählen.

Zugeordneter Text

Stellt den ursprünglichen Text wieder her, wenn dieser mit dem Befehl *Text/zuordnen* erstellt und später bearbeitet wurde.

Zugeordnete Rahmengröße

Stellt die automatisch festgelegte Rahmengröße um den ausgewählten Text wieder her, falls diese zuvor geändert wurde.

Wert anzeigen

Der markierte Text wird durch die Datenpunktgröße ersetzt, wenn dieser dem entsprechenden Datenpunkt zugeordnet ist.

Schlüssel zeigen

Zeigt das für den Datenpunkt bzw. die Datenreihe verwendete Muster neben dem Text an, wenn dieser einem Datenpunkt bzw. einer Datenreihe zugeordnet ist.

Muster

Das Dialogfeld des Befehls *Format/Muster* wird angezeigt. Alle bisherigen Einstellungen werden ausgeführt.

Schriftart

Das Dialogfeld des Befehls *Format/Schriftart* wird angezeigt. Alle bisherigen Einstellungen werden ausgeführt.

Format/Teilung

Dieser Befehl ist nur verfügbar, wenn zuvor eine Koordinatenachse markiert wurde. Je nachdem, welche Achse Sie formatieren wollen, sind unterschiedliche Optionen verfügbar. Der Befehl wirkt sich auf das Erscheinungsbild der Diagrammachsen aus. Bestimmen Sie die Reihenfolge, in der die Größen bzw. Rubriken angegeben werden, sowie die Schnittpunkte der Achsen. Weitere Einstellungen können für die Größenachse vorgenommen werden.

Schnittpunkt mit der Größenachse bei Rubrik Nr.

Hier erfolgt die Eingabe der Rubrikennummer, an der die Rubrikenachse die Größenachse schneiden soll. Standardmäßig wird die erste Rubrik verwendet.

Anzahl der Rubriken zwischen den Teilungsbeschriftungen

Geben Sie in dieses Feld eine 2 ein, wenn nur jede zweite Rubrik mit einer Teilungsbeschriftung versehen werden soll, eine 3 für jede dritte Rubrik usw. Standardmäßig wird die 1 verwendet, da jeder Rubrik eine Teilungsbeschriftung zugeordnet wird.

Anzahl der Rubriken zwischen den Teilstrichen

Legt die Anzahl der Rubriken zwischen den Teilstrichen fest. Standardmäßig wird die 1 verwendet.

Größenachse (Y) schneidet zwischen Rubriken

Wird diese Option markiert, liegt der Schnittpunkt der Größenachse zwischen zwei Rubriken. Ansonsten verläuft die Größenachse durch die Mitte der in der Option *Schnittpunkt der Rubrikenachse bei Rubrik Nr.* angegebenen Rubrik.

Rubriken in umgekehrter Reihenfolge

Markieren Sie diese Option, um die Darstellung der Rubriken von rechts nach links zu erhalten. Standardmäßig verläuft die Darstellung von links nach rechts.

Größenachse (Y) schneidet bei größter Rubrik

Durch Markieren dieser Option schneidet die Größenachse die Rubrikenachse bei der letzten Rubrik.

Excel in der Übersicht

Kleinstwert

Die Ausgabe von Werten im Diagramm erfolgt nur bis zu diesem Wert als Untergrenze, ansonsten werden alle Werte dargestellt. Diese Einstellung wirkt sich nicht auf die Datenreihen selbst aus.

Höchstwert

Die Ausgabe von Werten im Diagramm erfolgt nur bis zu diesem Wert als Obergrenze, ansonsten werden alle Werte dargestellt. Diese Einstellung wirkt sich nicht auf die Datenreihen selbst aus.

Hauptintervall

Ist die Option *Automatisch* markiert, so wird der Abstand zwischen den Teilstrichen berechnet. Durch Eingabe einer Zahl definieren Sie diesen Abstand selbst.

Hilfsintervall

Ist die Option *Automatisch* markiert, so wird der Abstand zwischen den Hilfsteilstrichen berechnet. Durch Eingabe einer Zahl definieren Sie diesen selbst.

Rubrikenachse (X) schneidet bei

Ist die Option *Automatisch* markiert, liegt der Schnittpunkt der Rubrikenachse mit der Größenachse bei 0 bzw. bei der kleinsten Größe. Geben Sie einen Wert ein, wenn Sie den Schnittpunkt selbst definieren möchten.

Logarithmische Teilung

Bei der logarithmischen Teilung werden verschiedene Intervalle bzw. Werte neu berechnet.

Kleinstwert   Die größte Zehnerpotenz, die kleiner als der kleinste Datenpunkt ist, ist der vorgegebene Kleinstwert. Ist dieser nicht vorhanden, wird als Standardeinstellung die 1 verwendet.

Höchstwert   Die kleinste Zehnerpotenz, die größer als die größte Größe ist, ist der vorgegebene Höchstwert. Sind alle Werte kleiner oder gleich Null, wird als Standardeinstellung die 1 verwendet.

Hauptintervall   Dieser Wert muß eine Zehnerpotenz sein.

Hilfsintervall Das Hilfsintervall für die nichtlogarithmische Teilung entspricht dem vorgegebenen Hilfsintervall. Wird das Hilfsintervall geändert, muß es ein Zehntel oder die Hälfte des Hauptintervalls betragen.

Größen in umgekehrter Reihenfolge

Markieren Sie diese Option, um die Darstellung der Größen von unten nach oben zu erhalten. Standardmäßig verläuft die Darstellung von oben nach unten.

Rubrikenachse (X) schneidet bei Höchstwert

Durch Markieren dieser Option schneidet die Rubrikenachse die Größenachse beim höchsten Wert.

Schnittpunkt der Größenachse bei Höchstwert

Durch Markieren dieser Option schneidet die Größenachse die Rubrikenachse beim höchsten Wert. Diese Option wird nur dann angezeigt, wenn in einem Punktdiagramm bei der Wahl des Befehls *Format/Teilung* die Größenachse markiert wurde.

Muster

Das Dialogfeld des Befehls *Format/Muster* wird angezeigt. Alle bisherigen Einstellungen werden ausgeführt.

Schriftart

Es wird das Dialogfeld des Befehls *Format/Schriftart* angezeigt. Alle bisherigen Einstellungen werden ausgeführt.

Format/Legende

Dieser Befehl ändert die Anordnung, das Muster und die Schriftart der Legende in einem Diagramm. Markieren Sie die entsprechenden Optionen im zugehörigen Dialogfeld.

Anordnung
Unten
Die Legende wird horizontal unter der Diagrammfläche angeordnet.

Excel in der Übersicht

Ecke

Die Legende wird vertikal in der oberen, rechten Ecke des Diagramms angeordnet. Dabei wird die Diagrammfläche entsprechend verkleinert.

Oben

Die Legende wird horizontal über der Diagrammfläche angeordnet.

Rechts

Die Legende wird rechts der Diagrammfläche angeordnet. Diese Einstellung ist auch der Standardwert für die Darstellung der Legende.

Links

Die Legende wird links neben der Diagrammfläche angeordnet.

Muster

Das Dialogfeld des Befehls *Format/Muster* wird zur Wahl einer entsprechenden Option dargestellt, die sich auf die Darstellung der Legende auswirkt.

Schriftart

Das Dialogfeld des Befehls *Format/Schriftart* wird zur Wahl einer entsprechenden Schriftart dargestellt, in der die Legende dargestellt wird.

Format/Hauptdiagramm

Dieser Befehl dient zur Formatierung des Hauptdiagramms in bezug auf die Art bzw. das "Muster" und das "Format". Sind Einstellungen aufgrund der Diagrammdarstellung nicht möglich, werden sie grau angezeigt.

Hauptdiagrammart

Flächen	Darstellung als Flächendiagramm
Balken	Darstellung als Balkendiagramm
Säulen	Darstellung als Säulendiagramm
Linien	Darstellung als Liniendiagramm
Kreis	Darstellung als Kreisdiagramm
Punkt	Darstellung als Punktdiagramm
3D-Flächen	Darstellung als dreidimensionales Flächendiagramm
3D-Säulen	Darstellung als dreidimensionales Säulendiagramm
3D-Linien	Darstellung als dreidimensionales Liniendiagramm

Excel in der Übersicht

3D-Kreis   Darstellung als dreidimensionales Kreisdiagramm

Darstellungsart: normal (1. Symbol)
Die Datenreihen werden nebeneinander angeordnet.

Darstellungsart: Gestapelt (2. Symbol)
Die Größe für die erste Datenreihe wird innerhalb einer Rubrik von der Rubrikenachse aus gemessen. Dagegen wird die Größe der zweiten Datenreihe vom oberen Ende der Rubrik aus gemessen.

Darstellungsart 100% (3. Symbol)
Die Summe der Größen in jeder Rubrik ergibt 100%. Dabei werden alle Datenreihen gleich groß dargestellt. Die eigentliche Größe ergibt sich durch den prozentualen Anteil an der Säule.

Überlappung
Bestimmen Sie mit dieser Option den Abstand zwischen den einzelnen Balken bzw. Säulen. Sie können den Abstand vergrößern oder verkleinern, so daß es zu einer Überlappung kommen kann. Geben Sie den Wert in % an. Diese Option gilt nur im Zusammenhang mit Säulen- und Balkendiagrammen.

Abstand
Legen Sie den Abstand zwischen den einzelnen Säulen- bzw. Balkengruppen fest. Die Eingabe stellt einen prozentualen Anteil der Breite eines Balkens bzw. einer Säule dar.

Rubriken verschieden
Wenn Sie diese Option verwenden, wird jedem Datenpunkt ein anderes Ausführungsmuster zugewiesen. Diese Option gilt nur bei der Verwendung einer einzigen Datenreihe.

Bezugslinien
Die Darstellung der Bezugslinien erfolgt vom Höchstwert jeder Rubrik bis zur Rubrikenachse.

Excel in der Übersicht

Spannweitenlinien

Die Darstellung der Spannweitenlinien erfolgt von höchsten bis zum geringsten Wert in jeder Rubrik.

Winkel des ersten Kreissegmentes

Der erste Schenkel des ersten Kreisdiagrammsegmentes wird um den eingegebenen Wert (in Grad) aus der Vertikalen gedreht.

3D-Zwischenraum

Bestimmt den Zwischenraum zwischen den Datenreihen entlang der Z-Achse. Der Eintrag ergibt sich prozentual aus der Breite der Elemente. Beim Wert 0 wird der Zwischenraum komplett unterdrückt, beim Wert 100 ist er genauso breit wie die Breite der Elemente. Standardmäßig wird der Wert 50 verwendet.

3D-Diagrammtiefe

Mit diesem Wert bestimmen Sie die Länge der Z-Achse. Der Eintrag bewirkt entweder eine Stauchung (Minimalwert 20) oder eine Zerrung (Maximalwert 2000) der Z-Achse. Standardmäßig wird der Wert 100 verwendet.

Format/Überlagerung

Mit diesem Befehl werden die Art und das Format eines überlagernden Diagramms festgelegt. Geben Sie im zugehörigen Optionsfeld die Art der Diagrammdarstellung sowie das Format an. Dieser Befehl hat im Prinzip die gleichen Funktionen wie der Befehl *Format/Diagramm*. Zwei Optionen sind jedoch hinzugekommen.

Erste überlagernde Datenreihe

Definieren Sie die Datenreihen, die in das überlagernde Diagramm übertragen werden sollen. Geben Sie die Nummer für die Darstellungsreihenfolge der ersten Datenreihe an, die im überlagernden Diagramm dargestellt werden soll. Die Nummer wird in der Datenreihenformel angezeigt.

Automatisch

Die Verteilung der Datenreihen erfolgt gleichmäßig zwischen dem Haupt- und dem überlagernden Diagramm. Das Hauptdiagramm erhält eine Datenreihe mehr, falls die Summe aller Datenreihen ungerade ist.

Format/3D-Ansicht

Mit diesem Befehl können Sie die Darstellungsperspektive eines dreidimensionalen Diagrammes ändern. Dabei wird prinzipiell die Position des Betrachters geändert. Der Befehl ist nur dann aktiv, wenn das aktuelle Diagramm ein 3D-Muster aufweist.

Betrachtungshöhe

Es wird der Winkel bestimmt, den der Betrachter zur Diagrammbasis einnimmt. Ist der Winkel 0, so steht der Betrachter auf der gleichen Fläche, auf der die X- und Z-Achse des Diagrammes liegt. Ist der Wert 90, so schaut der Betrachter von oben auf das Diagramm. Der Eintrag muß zwischen -90 und 90 liegen.

Drehung

Der Winkel 0 bis 360 Grad bestimmt die Drehung des Diagramms um die Y-Achse.

Perspektive

Mit diesem Eintrag wird der Fluchtpunkt des Diagramms eingestellt. Als Bezugspunkt gilt der Schnittpunkt von X-, Y- und Z-Achse. Als Eintrag wird ein Wert zwischen 0 und 100 akzeptiert.

Rechtwinklige Achsen

Wird diese Option markiert, so kann das Diagramm nur jeweils in einer Richtung gemäß einer Achse verändert werden. Wenn die Option markiert ist, kann die Perspektive des Diagramms nicht gesetzt werden.

Höhe von Basis

Mit einem Wert zwischen 5 und 500 bestimmen Sie die Ausdehnung der Y-Achse. Der Standardwert liegt bei 100, so daß ein kleinerer Wert eine Stauchung und ein größerer Wert eine Zerrung der Y-Achse verursacht.

Zuweisen

Mit dieser Schaltfläche wird die Änderung einer Option auf das Diagramm übertragen, ohne das Dialogfeld zu schließen. Damit lassen sich die Auswirkungen unterschiedlicher Einstellungen schnell überprüfen.

Excel in der Übersicht

Standard

Diese Schaltfläche bewirkt das Zurücksetzen aller Optionen auf die Standardwerte.

Format/Verschieben

Mit diesem Befehl bewegen Sie ein markiertes Diagrammelement mit Hilfe der Richtungstasten auf der Tastatur an jede beliebige Stelle im Diagramm. Mit der Maus dagegen brauchen Sie ein entsprechendes Element nur anzuklicken und an die neue Position zu ziehen.

Format/Größe

Mit diesem Befehl ändern Sie die Größe eines Diagrammelementes mit Hilfe der Richtungstasten Ihrer Tastatur. Mit der Maus ändern Sie die Größe, indem Sie das Element anklicken und auf die entsprechende Größe ziehen.

Menü Daten

Daten/Maske

Der Befehl *Maske* aus dem Menü *Daten* ruft ein Dialogfeld in Form einer Datenmaske auf den Bildschirm. Diese Datenmaske kann die Excel-Standard-Datenmaske oder auch eine von Ihnen erstellte Anwender-Datenmaske sein. Da eine umfassende Beschreibung der Arbeit mit dieser Datenmaske den Rahmen dieser Befehlsübersicht sprengen würde, verweisen wier hier lediglich auf Kapitel 12.9. Dort werden alle Funktionen dieses Instrumentes zum "Bearbeiten" einer Datenbank erläutert.

Dieser Befehl kann nur ausgewählt werden, wenn zuvor ein Datenbankbereich definiert worden ist. Alle enthaltenen Datensätze werden in der Maske angezeigt. Mit der Maske lassen sich einzelne Datensätze bearbeiten.

Neu

Wenn dieser Befehl gewählt wird, können Sie der Datenbank über diese Maske einen neuen Datensatz hinzufügen. Dieser wird an die Datenbank angehängt.

Löschen

Der in der Maske angezeigte Datensatz wird aus dem Datenbankbereich komplett herausgelöscht. Alle übrigen Datensätze, die sich unterhalb des gelöschten Datensatzes befinden, rücken dann um eine Position nach oben.

Wiederherstellen

Stellt den Anfangszustand der Maske wieder her. Dieser Befehl ist z.B. aktiv, wenn Suchkriterien eingegeben wurden. Nach Auswahl von *Wiederherstellen* wird die Eingabemaske wieder gelöscht, und es können neue Suchkriterien definiert werden.

Vorherigen suchen

Setzt den Eintrag in der Maske auf den vorherigen Datensatz, der sich im Datenbankbereich vor dem aktuellen befindet.

Nächsten suchen

Setzt den Eintrag in der Maske auf den nächsten Datensatz, der sich im Datenbankbereich unter dem aktuellen befindet.

Suchkriterien

Nach Auswahl dieser Schaltfläche werden alle Einträge in der Maske gelöscht, und Sie können in einem oder mehreren Feldern der Maske Suchkriterien definieren, damit nur die Datensätze zur Anzeige gebracht werden, die den Kriterien entsprechen.

Daten/Suchen

Durch diesen Befehl prüft Excel alle Datensätze im Datenbankbereich auf Übereinstimmung mit den Suchkriterien. Die Suche beginnt beim ersten Datensatz. Wenn Sie in der umgekehrten Richtung suchen möchten, müssen Sie bei der Auswahl des Befehls *Daten/Suchen* die `Shift`-Taste gedrückt halten.

Steht der Feldzeiger allerdings bei Auswahl des Befehls *Suchen* schon auf einem Datensatz, so beginnt die Suche erst von der Position des Feldzeigers an abwärts bzw. aufwärts.

Findet Excel einen Datensatz, der den Suchkriterien entspricht, wird dieser Datensatz ausgewählt, und die Meldung "Übereinstimmender Datensatz gefunden" erscheint. Zur gleichen Zeit werden die Bildlaufleisten schraffiert dargestellt, da der Bildlauf nur noch auf die Auswahl der mit dem Suchkriterium übereinstimmenden Datensätze beschränkt ist.

Excel in der Übersicht

Um den Feldzeiger wieder frei auf dem Arbeitsblatt bewegen zu können, muß die `Esc`-Taste gedrückt, der Inhalt eines Feldes verändert oder der Befehl *Daten/Suche abbrechen* gewählt werden. Die Suche wird ebenfalls beendet, wenn Sie irgendeinen anderen Befehl wählen oder ein Feld außerhalb des Datenbankbereiches auswählen.

Wird kein Datensatz gefunden, der den Suchkriterien entspricht, so erscheint die Meldung "Kein Datensatz gefunden!".

Daten/Suche abbrechen

Dieser Befehl beendet den Befehl *Daten/Suchen*, er wird nur dann im Menü *Daten* angezeigt, wenn Sie zuvor den Befehl *Daten/Suchen* gewählt haben. *Daten/Suche abbrechen* hat die gleiche Wirkung wie ein Druck auf die `Esc`-Taste. Um die Suche abzubrechen, genügt es auch, wenn Sie den Inhalt eines Feldes ändern oder einfach irgendeinen anderen Befehl wählen.

Daten/Suchen und kopieren

Mit diesem Befehl werden die Felder aller Datensätze, die den Suchkriterien entsprechen, in den angegebenen Zielbereich kopiert. Dieser Zielbereich kann durch eine Bereichsangabe oder durch einen Namen bestimmt werden.

Durch den Befehl *Suchen und kopieren* werden allerdings nur die Felder eines Datensatzes kopiert, deren Feldnamen sich in der ersten Zeile des Zielbereiches wiederfinden lassen.

Der Zielbereich kann auch außerhalb des Arbeitsblattes liegen, in dem die Datenbank abgespeichert ist.

Die Option *Keine Duplikate* beschränkt die Suche von Datensätzen auf immer nur einen Satz, auch wenn dieser mehr als einmal vorkommt.

Daten/Löschen

Mit diesem Befehl löschen Sie diejenigen Datensätze, die den im Suchkriterienbereich festgelegten Kriterien entsprechen. Enthält der Kriterienbereich eine leere Zeile, so werden alle Datensätze gelöscht. Die übrigen Datensätze werden entsprechend nach oben verschoben, um überflüssige Lücken auszufüllen. Die Tabelle an sich wird davon jedoch nicht betroffen.

Excel in der Übersicht

Daten/Datenbank festlegen

Mit Hilfe dieses Befehls definieren Sie einen Bereich in der Tabelle als Datenbankbereich. Dieser Bereich enthält in der ersten Zeile die Feldnamen und in den folgenden Zeilen die Datensätze. Der gesamte Bereich erhält den Namen "Datenbank", der wie jeder andere Bezug weiterverwendet werden kann.

Daten/Suchkriterien festlegen

Mit diesem Befehl legen Sie den Bereich in einer Tabelle fest, der die Suchkriterien aufnehmen soll, mit denen Sie bestimmte Sätze einer Datenbank herausfiltern möchten.

Dieser Bereich erhält daraufhin den Namen "Suchkriterien", dieser Name läßt sich dann wie jeder andere Bezug verwenden.

Daten/Zielbereich festlegen

Der Name dieses Befehls ist ein wenig irreführend. Mit diesem Befehl wird ein markierter Bereich zum Zielbereich, um Datensätze aufzunehmen, die mit *Suchen und kopieren* aus dem Datenbankbereich herausgefiltert wurden. Der einzige Unterschied zum "normalen" Einfügen der kopierten Datensätze ist der, daß dieser Bereich den Namen "Suchen und kopieren" erhält. Sie können diesen Namen wie jeden anderen Namen auch für Berechnungen und Aktionen verwenden.

Daten/Ordnen

Dieser Befehl ordnet Zeilen oder Spalten eines ausgewählten Feldbereiches. Als Sortierschlüssel wird der Inhalt einer Spalte oder Zeile dieses Bereiches verwendet.

In der Optionsgruppe *Ordnen nach* kann Excel mitgeteilt werden, daß nach Zeilen oder nach Spalten geordnet werden soll.

Wie Sie dem Dialogfeld zu diesem Befehl entnehmen, können Sie mit bis zu 3 Sortierschlüsseln arbeiten. Als Sortierschlüssel können externe Bezüge auf die aktuelle Tabelle und Bezüge in der Schreibweise Z1S1 verwendet werden. Die letzteren werden von Excel als aktiv zum aktiven Feld interpretiert.

Die Optionen unterhalb der Sortierschlüssel zeigen an, ob in auf- oder absteigender Reihenfolge sortiert werden soll. Die angegebene Reihenfolge bezieht sich immer nur auf den zugehörigen Sortierschlüssel.

Excel in der Übersicht

Die voreingestellte Sortierreihenfolge ist "aufsteigend". Excel ordnet verschiedene Datentypen wie folgt:

Zahlen   von negativ nach positiv

Text   wie unten angegeben

Wahrheitswerte   erst FALSCH, dann WAHR

Fehlerwerte

Leere Felder

Die voreingestellte Textordnungsreihenfolge:

Leerstelle ! ö # $ % & ' ( ) * + , - . / 0 1 2 3 4 5 6 7 8 9 : ; < = > ? A B C D E F G H I J K L M N O P Q R S T U V W X Y Z @ [\ ] ^ _ ` { | } _ ¢ ¥ ▮

Mit den oben genannten Zahlen sind Zahlen gemeint, die als Text in ein Excel-Tabellenfeld eingegeben wurden.

Wenn Sie nach mehr als drei Sortierschlüsseln ordnen möchten, können Sie einen erneuten Ordnungslauf durchführen. Beachten Sie aber dann, daß der zuletzt durchgeführte Ordnungslauf die hauptsächliche Sortierordnung bestimmt. Beginnen Sie also jeweils mit dem unwichtigsten Ordnungskriterium.

Daten/Reihe berechnen

Dieser Befehl füllt einen ausgewählten Bereich mit einer Zahlen- oder Datumsreihe aus. Der ausgewählte Bereich kann dabei eine Zeile mit einer bestimmten Breite als auch eine Spalte mit einer gewissen Länge sein. Nähere Informationen über diesen Befehl erhalten Sie im Kapitel 7.

Wenn Sie die Option *Zeilen* einschalten, wird jede Zeile des markierten Bereichs mit einer Datenreihe ausgefüllt. Der Anfangswert steht dabei im äußerst linken Feld der Zeile.

Ist die Option *Spalten* markiert, so füllt Excel jede Spalte des ausgewählten Bereiches mit einer Datenreihe aus. Der Anfangswert steht im obersten Feld der Spalte.

Die Optionsgruppe *Reihentyp* bietet Ihnen die Möglichkeit, festzulegen, wie die Datenreihe aufgebaut werden soll. Die Option *Arithmetisch* bedeutet, daß der Wert jedes Feldes in der Reihenfolge um den durch *Inkrement* angegebenen Wert erhöht werden soll. Die Erhöhung findet durch eine Addition statt.

Excel in der Übersicht

Markieren Sie die Option *Geometrisch*, so wird die oben beschriebene Erhöhung der Feldinhalte durch eine Multiplikation mit der Schrittweite (Inkrement) vollzogen.

Wenn Sie als Reihentyp *Datum* gewählt haben, können Sie festlegen, welche Zeiteinheit Sie als Schrittweite für die Berechnung der Reihe verwenden wollen. Die Zeiteinheit muß nur dann angegeben werden, wenn Sie eine Datumsreihe berechnen wollen.

Der *Endwert* ist der Wert, der das Ende der Datenreihe darstellen soll. Excel beendet das Ausfüllen der Datenreihe, wenn dieser Endwert oder das Ende des markierten Bereiches erreicht wird.

Daten/Mehrfachoperation

Dieser Befehl führt eine Mehrfachoperation aus, die die in den Eingabefeldern *Werte aus Zeile* und *Werte aus Spalte* angegebenen Werte in die Formeln innerhalb der aktiven Auswahl einsetzt. Sie können Mehrfachoperationen mit einem oder zwei Eingabefeldern durchführen. Nähere Informationen erhalten Sie in Kapitel 7.

Daten/Analyse

Mit diesem Befehl gliedern Sie den Inhalt einer Spalte auf mehrerere Spalten auf. Der Befehl *Analyse* findet seine wichtigste Anwendung, wenn Sie einen Datenbankbericht aus einer anderen Anwendung in Excel als Tabelle verarbeiten wollen. Datenbankberichte werden in Textform geliefert, das hat zur Folge, daß Excel beim Laden eines solchen Berichtes jeden Datensatz in ein einzelnes Feld schreibt. Durch Analyse können Sie diesen Datensatz wieder auf mehrere Spalten aufteilen, die dann jeweils ein Feld des Datensatzes enthalten.

Die Länge des so aufzuteilenden Bereiches kann beliebig viele Zeilen lang, aber nur eine Spalte breit sein.

In der Analysezeile des Dialogfeldes zu diesem Befehl können Sie durch Eingabe oder *Löschen* von runden Klammern festlegen, in welcher Form und an welchen Stellen der Inhalt des analysierten Feldes auf mehrere Spalten aufgeteilt werden soll. Die Analysezeile zeigt immer das erste, also oberste, ausgefüllte Feld der aufzuteilenden Spalte.

Nach Betätigen der Schaltfläche *Schätzen* versucht Excel, die Daten in der Analysezeile so exakt wie möglich auf mehrere Spalten aufzuteilen. Die zur Aufteilung nötigen eckigen Klammern werden dann auch automatisch von Excel gesetzt. Dieser Schätzwert kann jedoch von Ihnen durch *Einfügen* oder *Löschen* von Klammern verändert werden.

Excel in der Übersicht

Wenn Sie die Schaltfläche *Löschen* betätigen, werden alle gesetzten eckigen Klammern aus der Analysezeile entfernt. Das zu analysierende Feld wird also wieder in den Urzustand versetzt, so daß Sie eine völlig neue Aufteilung vornehmen können.

Daten/Konsolidieren

Mit diesem Befehl können Sie die Ergebnisse unterschiedlicher Tabellen zu einem Gesamtergebnis unter Verwendung mathematischer Funktionen zusammenfassen. Die Art der Anwendung wird in Kapitel 7 näher erläutert.

Funktion

Wählen Sie eine der mathematischen Funktionen aus der Liste aus, mit denen die definierten Tabellen konsolidiert werden sollen. Die Funktionen sind im Einzelnen in Kapitel 22.2 beschrieben.

Durch Rubriken

Mit dieser Option können Sie bei der Konsolidierung auf Unterschiede in den Rubrikenbezeichnungen reagieren. Sind die zu konsolidierenden Tabellen nicht deckungsgleich, so werden die Unterschiede aufgrund der Rubrikenbeschriftung berücksichtigt und bei der Konsolidierung ausgeklammert. Geben Sie hier an, ob sich die Beschriftung in der obersten Zeile oder in der linken Spalte befindet.

Ursprung

Geben Sie in diesem Feld den Bereich an, der in die Konsolidierung mit einbezogen werden soll. Die Bereichsangabe erscheint automatisch, wenn Sie zuerst den Bereich markieren und danach den Befehl *Daten/Konsolidieren* wählen. Mit der Schaltfläche *Hinzufügen* wird der markierte Bereich in die Liste *Ursprungsbezüge* gestellt. Mit der Schaltfläche *Löschen* können aus der Liste markierte Bezüge wieder entfernt werden.

Ursprungsbezüge

Diese Liste enthält alle Bereichsangaben (Bezüge), die miteinander konsolidiert werden sollen. Sie wird durch Eingabe in das Feld *Ursprung* gefüllt, im Zusammenwirken mit dem Befehl *Hinzufügen*. Eine markierte Bereichsangabe wird durch die Schaltfläche *Löschen* entfernt.

Quelldatei verknüpfen

Ist diese Option nicht markiert, so wird die Konsolidierung nach der Berechnung abgeschlossen. Es besteht keine Verbindung mehr zwischen den Ursprungsbezügen. Durch Markierung wird jedoch eine dynamische Verknüpfung aufgebaut, so daß sich Änderungen in den Ursprungsbezügen auf die Konsolidierung auch im Nachhinein auswirken.

Menü Optionen

Optionen/Druckbereich festlegen

Bei normaler Anwahl des Befehls *Datei/Drucken* wird der gesamte Bereich ausgedruckt, dessen Felder noch Werte enthalten. Mit diesem Befehl bestimmen Sie einen Bereich, der nach Anwahl des Befehls *Datei/Drucken* ausgegeben werden soll. Der normale Druckbereich ist immer ein rechteckiger Bereich, der vom äußersten Feldeintrag links oben bis zum äußersten Eintrag rechts unten reicht.

Um nur einen Teilbereich innerhalb des Standard-Druckbereiches auf dem Drucker auszugeben, markieren Sie den entsprechenden Bereich und wählen den Befehl *Druckbereich festlegen*. Dieser Bereich wird dann durch gestrichelte Linien kenntlich gemacht.

Optionen/Drucktitel festlegen

Mit diesem Befehl definieren Sie einen Text, der beim Ausdruck der Tabelle als Titel verwendet werden soll. Der markierte Text erhält den Namen "Drucktitel" und sollte nicht innerhalb des Druckbereiches stehen, da er sonst zweimal ausgedruckt wird.

Optionen/Seitenwechsel festlegen

Mit diesem Befehl können Sie in der aktiven Tabelle manuelle Seitenumbrüche definieren, die sich beim Drucken der Tabelle auswirken. Ist eine Tabelle zu groß, wird sie aufgrund der Einstellung der Ränder auf mehrere Seiten verteilt. Manuelle Seitenumbrüche werden dunkler als die automatischen Seitenumbrüche angezeigt.

Optionen/Seitenwechsel aufheben

Mit diesem Befehl können Sie manuell definierte Seitenumbrüche entfernen. Dieser Befehl wird nur dann angezeigt, wenn das aktive Feld direkt unterhalb oder rechts von einem manuell eingegebenen Seitenumbruch liegt. Ist dies nicht der Fall, erscheint an dieser Stelle der Befehl *Seitenumbruch festlegen*.

Excel in der Übersicht

Optionen/Bildschirmanzeige

Mit Hilfe dieses Befehls können Sie die Art der Bildschirmanzeige steuern. Markieren Sie die entsprechenden Optionen, wenn Sie anstelle von Werten die zugehörigen Formeln darstellen oder aber die Anzeige der Gitternetzlinien, der Zeilen- und Spaltenköpfe bzw. die Nullwerte steuern möchten. Weiterhin lassen sich hier die Farben der Gitternetzlinien und der Kopfzeile verändern.

Formeln

Wird diese Option markiert, so wird der Inhalt eines jeden Feldes angezeigt, nicht jedoch das Ergebnis, das daraus resultiert.

Gitternetzlinien

Ist diese Option markiert (Voreinstellung), so werden Gitternetzlinien zur besseren Orientierung angezeigt. Um einen Rahmen hervorzuheben, machen Sie diese Option rückgängig. Löschen Sie Gitternetzlinien mit dem Befehl *Datei/Layout*.

Zeilen- und Spaltenköpfe

Ist diese Option markiert (Voreinstellung), so werden Zeilen- und Spaltenköpfe zur besseren Orientierung angezeigt. Um diese zu löschen, verwenden Sie den Befehl *Datei/Layout*.

Nullwerte

Ist diese Option markiert (Voreinstellung), so werden alle Felder, die Nullwerte enthalten, als leere Felder angezeigt. Machen Sie diese Option rückgängig, so werden die Nullwerte entsprechend angezeigt.

Gliederungssymbole

Ist diese Option markiert (Voreinstellung), so werden Gliederungssymbole angezeigt.

Automatischer Seitenumbruch

Ist diese Option markiert, so errechnet Excel anhand des eingestellten Papierformates und der gesetzten Ränder den druckbaren Bereich des Arbeitsblattes und schlägt automatisch einen Seitenrand vor, der in Form einer gestrichelten Linie dargestellt wird.

Excel in der Übersicht

Objekte

Standardmäßig werden alle im Arbeitsblatt befindlichen Objekte angezeigt. Bei größeren Tabellen behindert dies jedoch den Bildschirmaufbau, wenn man sich im Arbeitsblatt seitenweise bewegt. Zu diesem Zweck lassen sich entweder statt der Objekte nur Platzhalter anzeigen oder auch alle Objekte ausblenden. Objekte wie Textboxen können z.B. auch Informationen enthalten, die nicht die ganze Zeit über angezeigt werden müssen, so daß sie bei Bedarf mit der entsprechenden Option dieses Befehls ausgeblendet werden können.

Farbe für Gitternetzlinien und Kopfzeile

Es wird die Farbe für Gitternetzlinien und die Kopfzeile gemäß den Einstellungen in der Windows-Systemsteuerung verwendet. Wählen Sie hier eine Farbe aus. Diese Farbe bezieht sich jedoch nur auf das aktive Tabellenfenster.

Optionen/Farbpalette

Hier lassen sich die Farben der Standardpalette in bezug auf die Reihenfolge der Anwendung ändern. Beispielsweise werden die Farben für die Datenreihen im Diagramm in dieser Reihenfolge verwendet. Will man automatisch andere Farben verwenden, so müssen diese neu definiert werden.

Bearbeiten

Durch Mischung der drei Komplementärfarben lassen sich eigene Farben definieren und der Farbpalette zuordnen.

Standard

Setzt die Farbpalette auf die Standardsystemfarben zurück.

Farben kopieren von

Da eine Farbpalette einer Datei zugeordnet wird, erhalten Sie eine Liste aller geöffneten Dateien, die über eine vom Standard abweichende Farbpalette verfügen. Auf diesem Wege können Sie eine einmal erstellte Farbpalette mehrfach nutzen.

Optionen/Fenster fixieren

Dieser Befehl dient zur Fixierung der linken und oberen Fenster, die mit dem Befehl *System/Teilen* erstellt wurden. Es ist nun nicht mehr möglich,

Excel in der Übersicht

in den genannten Fenstern einen Bildlauf durchzuführen, damit z.B. Zeilen- und Spaltenüberschriften nicht verschoben werden, die für die gesamte Tabelle gültig sind.

Optionen/Fensterfixierung aufheben

Mit diesem Befehl heben Sie die Fixierung der Unterfenster in der Tabelle auf. Dies gilt nur dann, wenn die aktive Tabelle Unterfenster enthält, auf die der Befehl *Fenster fixieren* angewendet wurde.

Optionen/Datei schützen

Mit diesem Befehl haben Sie die Möglichkeit, die aktive Tabelle durch ein Kennwort vor unberechtigtem Zugriff zu schützen. Der Schutz kann sich auf *Zellen*, *Objekte* oder auch auf das gesamte *Fenster* beziehen. Das Kennwort kann bis zu 16 Zeichen lang sein und aus einer beliebigen Kombination von Buchstaben, Zahlen und Sonderzeichen bestehen. Haben Sie das Paßwort vergessen, so haben Sie keine Möglichkeit mehr, den Schutz aufzuheben.

Kennwort

Geben Sie in dieses Feld das Paßwort ein, das aus bis zu 16 Zeichen bestehen darf. Sie können eine Kombination aus Buchstaben, Zahlen und Sonderzeichen verwenden.

Zellen

Ist diese Option markiert, so können Sie den Inhalt der Tabelle weder ändern noch löschen. Sie haben lediglich die Möglichkeit, die Größe des Fensters zu ändern.

Objekte

Ist diese Option markiert, so können alle eingebrachten Objekte im Arbeitsblatt weder verändert noch gelöscht werden.

Fenster

Ist diese Option markiert, so können Sie das Tabellenfenster einer solchermaßen geschützten Tabelle nicht bewegen, ändern oder verbergen.

Optionen/Dateischutz aufheben

Mit diesem Befehl heben Sie den Schutz einer durch ein Paßwort geschützten Datei wieder auf. Das einzugebene Kennwort muß völlig identisch mit dem zuvor vergebenen Kennwort sein. Haben Sie das Kennwort vergessen, es besteht keine Möglichkeit mehr, den Schutz der Tabelle aufzuheben.

Optionen/Berechnen

Mit diesem Befehl wird der Zeitpunkt der Formelberechnung in der aktiven Tabelle festgelegt. Die Berechnung kann automatisch nach jeder Formeleingabe (außer bei einer Mehrfachberechnung) oder auch nur auf Befehl erfolgen. Weiterhin läßt sich hier die Iteration steuern. Mit der Markierung der Option *Fernanfragen aktualisieren* werden die Formeln berechnet, die Bezüge auf andere Anwendungen enthalten. Mit der Option *Genauigkeit wie angezeigt* legen Sie die Genauigkeit fest, mit der die Werte in den Feldern angezeigt werden. Wird die Option nicht markiert, so werden Werte standardmäßig mit einer Genauigkeit von 15 Ziffern gespeichert.

Fernanfragen aktualisieren

Ist diese Option markiert, so werden die Formeln berechnet, die Bezüge auf andere Anwendungen enthalten, ansonsten wird der von der Fernanwendung zuletzt empfangene Wert verwendet.

Genauigkeit wie angezeigt

Normalerweise wird der Wert jedes Feldes mit einer Genauigkeit von 15 Ziffern berechnet. Ist diese Option markiert, so verwendet Excel nur die Genauigkeit des eingegebenen Wertes (in bezug auf die verwendeten Dezimalstellen).

1904 Datumswerte

Die Option *1904 Datumswerte* legt das Systemdatum von der seriellen Zahl 0 (1. Januar 1900) auf die serielle Zahl 1 (2. Januar 1904), das Excel für den Apple Macintosh verwendet, damit bei Verwendung beider Systeme die gleichen Voraussetzungen geschaffen werden.

Externe Verknüpfungswerte

Diese Option findet bei Tabellenverknüpfungen Verwendung. Das abhängige Arbeitsblatt enthält eine Reihe von Formeln, die von verknüpften Arbeitsblättern abhängig sind. Die Werte der verknüpften Arbeitsblätter

Excel in der Übersicht

können bei markierter Option im abhängigen Arbeitsblatt mit gespeichert werden, um eine schnellere Berechnung zu ermöglichen. Der Nachteil dabei ist, daß diese Form mehr Speicherplatz in Anspruch nimmt. Bei einer umfangreichen Verknüpfung und einem entsprechend großen Arbeitsblatt kann es schon mal zu Speicherplatzproblemen kommen. In diesem Fall sollten Sie die abhängige Tabelle noch einmal speichern, nachdem diese Option deaktiviert wurde.

Iteration

Markieren Sie diese Option, so wird eine Iteration durchgeführt. Die Iteration ist von den Einträgen in den Feldern *Höchstzahl der Iteration* und *Änderungshöchstwert* abhängig. Sie endet dann, wenn eine der beiden Bedingungen erfüllt ist. Wurden keine Bedingungen definiert, so endet die Iteration entweder nach 100 Durchläufen oder wenn sich alle Werte des Iterationsmodells um weniger als 0,001 geändert haben.

Höchstzahl der Iterationen

Mit dieser Option legen Sie die Anzahl der Durchläufe fest, die Excel bei einer Iteration durchführen soll.

Änderungshöchstwert

Mit dieser Option legen Sie die Anzahl der Iterationen fest. Ändert sich der Wert aller Felder zwischen zwei Iterationen um weniger als diesen Eintrag, so wird die Iteration beendet.

Automatisch

Ändern Sie den Wert eines Feldes, so werden automatisch alle von diesem Feld abhängigen Felder neu berechnet, wobei für die Berechnung der neue Wert zugrundegelegt wird.

Automatisch außer bei Mehrfachoperationen

Ändern Sie den Wert eines Feldes, so werden automatisch alle von diesem Feld abhängigen Felder neu berechnet. Dies gilt jedoch nicht, wenn es sich um eine Mehrfachoperation handelt.

Auf Befehl

Ändern Sie den Wert eines Feldes, so werden die von diesem Feld abhängigen Felder erst dann berechnet, wenn Sie den Befehl *Optionen/Neu berechnen* bzw. *Diagramm/Neu berechnen* wählen.

Mit dem Befehl *Optionen/Datei berechnen* wird nur die aktive Datei berechnet.

Optionen/Neu berechnen

Mit diesem Befehl werden alle Tabellen und Diagramme sowie die in der Bearbeitungszeile stehenden Formeln neu berechnet. Dieser Befehl ist nur dann sinnvoll, wenn das Dialogfeld *Auf Befehl* des Befehls *Optionen berechnen* gesetzt wurde. Wenn Sie das Menü mit gedrückter `Shift`-Taste aufrufen, so erscheint an dieser Stelle der Befehl *Datei berechnen*, mit dem Sie lediglich die aktive Tabelle bzw. das aktive Diagramm berechnen.

Alle Dateien

Ist diese Option markiert, so werden alle Formeln in allen geladenen Dateien neu berechnet.

Nur aktive Datei

Ist diese Option markiert, so werden nur die Formeln der aktiven Datei neu berechnet.

In der Bearbeitungszeile

Ist diese Option markiert, so wird nur die Formel neu berechnet, die sich gerade in der Bearbeitungszeile befindet.

Optionen/Datei berechnen

Dieser Befehl erscheint anstelle des Befehls *Neu berechnen*, wenn Sie das Menü *Optionen* mit gedrückter `Shift`-Taste aufrufen. Es wird dann nur die aktive Tabelle neu berechnet.

Optionen/Arbeitsbereich

Bestimmen Sie im zugehörigen Dialogfeld die Einstellungen für den gesamten Arbeitsbereich. Durch Markieren der Option *Feste Dezimalstelle* werden alle Werte mit der definierten Stellenanzahl dargestellt. Weiterhin läßt sich die Bildschirmanzeige ändern, um den Arbeitsbereich zu vergrößern, indem die Anzeige der Bildlaufleisten, der Status- und Bearbeitungszeile unterdrückt wird. Die Zeilen-/Spaltenmarkierung kann mit der Option *Z1S1* in das Multiplan-Format umgestellt werden. Bestimmen Sie z.B. eine andere Taste als die `Alt`-Taste, um ein Menü aufzuschlagen. Verwenden Sie Excel im Zuge des dynamischen Datenaustausches

Excel in der Übersicht

(DDE) mit anderen Windows-Anwendungen, die Fernanfragen an Excel richten, so können diese Anfragen ignoriert werden.

Feste Dezimalstellen

Ist diese Option markiert, so verwendet Excel bei Berechnungen die eingegebene Stellenanzahl für die Darstellung von Dezimalzahlen. Dies wirkt sich auch auf die Eingabe von Werten aus, so daß Dezimalkommata nicht immer mit eingegeben werden müssen. Geben Sie bei der Eingabe eines Wertes in ein Feld ein Dezimalkomma mit ein, wird dies von dieser Option nicht modifiziert.

Z1S1

Mit dieser Option verwenden Sie das Format der Zeilen- und Spaltennumerierung, wie es z.B. bei Multiplan üblich ist.

Statuszeile

Ist diese Option markiert (Voreinstellung), so wird die Statuszeile im Arbeitsbereich dargestellt.

Symbolleiste

Ist diese Option markiert, so wird die Symbolleiste unterhalb der Menüzeile und der Bearbeitungszeile dargestellt. Wenn Sie ohne Maus arbeiten, können Sie die Symbolleiste ausblenden, um mehr Platz für das Arbeitsblatt zu bekommen.

Bildlaufleisten

Ist diese Option markiert (Voreinstellung), so werden die Bildlaufleisten im Arbeitsbereich dargestellt.

Bearbeitungszeile

Ist diese Option markiert (Voreinstellung), so wird die Bearbeitungszeile im Arbeitsbereich dargestellt.

Notizanzeiger

Wenn die Option markiert ist, werden alle Felder, die eine Notiz enthalten, in der rechten oberen Ecke durch einen Punkt gekennzeichnet. So läßt sich schnell nachvollziehen, welche Felder über eine Notiz verfügen.

Excel in der Übersicht

Menü- und Hilfetaste ändern

Als Voreinstellung werden Befehle mit der `Alt`-Taste aufgerufen. Sie können hier jede andere Taste für diesen Zweck definieren.

Vorgeschlagen wird der Schrägstrich, um eingefleischten Lotus-Anwendern die Umstellung zu erleichtern.

Durch die Option *Microsoft Excel-Menü* wird diese Taste verwendet, um die Befehle der Menüleiste zu aktivieren.

Ist die Option *Lotus 1-2-3-Hilfe* markiert, wird nach Betätigung der angegebenen Menü- und Hilfetaste das Lotus-Hilfsmenü aufgerufen, das sich hinter dem Befehl *?/Lotus 1-2-3* verbirgt.

Tastaturschlüssel übersetzen

Wenn Sie diese Option markieren, wird ein alternativer Tastaturschlüssel benutzt, der auf der Verwendung von Lotus-Tasten beruht.

Damit kann der Umsteiger von Lotus 1-2-3 einige Tastenfunktionen weiterbenutzen, die er von der Bedienung her gewohnt ist.

Dabei werden folgende Tasten entsprechend der Excel-Funktion übersetzt:

Funktion	Lotus-Taste (Übersetzt)
Formel beginnen	@
Ausrichtung Linksbündig	'
Ausrichtung rechtsbündig	"
Ausrichtung zentriert	^
Füllzeichen	\
Gehe zu	`F5`
Erstes Feld im Bereich	`Home`
Letztes Feld im Bereich	`End` `Home`
Nächstes nichtleeres Feld	`End`
Bildschirm blättern links	`Ctrl` `←`
Bildschirm blättern rechts	`Ctrl` `→`

Fernanfragen ignorieren

Ist diese Option markiert, so ignoriert Excel Fernanfragen, die im Zuge des dynamischen Datenaustausches von anderen Windows-Anwendungen an Excel gerichtet werden.

853

Auswahl nach dem Drücken der `Return`-Taste verschieben

Wird die Option markiert, so wird der Feldzeiger nach Betätigung der `Return`-Taste um eine Position nach unten gesetzt. Ist die Option nicht markiert, so bleibt der Feldzeiger nach Betätigung der `Return`-Taste auf der gleichen Position stehen.

Optionen/Ganze Menüs

Durch diesen Befehl werden alle zur Verfügung stehenden Befehle in den Menüs angezeigt. Wurde dieser Befehl gewählt, so erscheint an dieser Stelle der Befehl *Kurzmenüs*, um nur die am häufigsten benutzten Befehle anzuzeigen.

Optionen/Kurzmenüs

Durch diesen Befehl werden nur die am häufigsten benutzten Befehle in den Menüs angezeigt. Wurde dieser Befehl gewählt, so erscheint an dieser Stelle der Befehl *Ganze Menüs*, um alle zur Verfügung stehenden Befehle anzuzeigen.

Menü Makro

Makro/Ausführen

Mit diesem Befehl bringen Sie das Makro, das in einer geladenen Makrovorlage gespeichert ist, zur Ausführung. Nachdem Sie diesen Befehl gewählt haben, erscheint ein Dialogfeld, in dem alle Makros aufgelistet sind, die in geladenen Makrovorlagen zur Verfügung stehen. Wählen Sie das gewünschte Makro aus der Liste, oder tragen Sie seinen Namen in das Eingabefeld *Bezug* ein. Bei Betätigen der Schaltfläche *OK* wird dieses Makro ausgeführt.

Makro/Aufzeichnung beginnen

Dieser Befehl schaltet den Makrorekorder ein. Nachdem *Aufzeichnung beginnen* gewählt wurde, werden alle nachfolgenden Aktionen in einer Makrovorlage aufgezeichnet.

Wenn keine Makrovorlage geladen oder in keiner der geladenen Makrovorlagen ein Aufzeichnungsbereich festgelegt ist, lädt dieser Befehl eine neue Makrovorlage und zeigt ein Dialogfeld mit zwei Eingabefeldern.

Im Eingabefeld *Name* muß der Name eingetragen werden, unter dem Sie Ihr Makro später wiederfinden und aufrufen möchten. Machen Sie hier keine Eingabe, so verwendet Excel den Namensvorschlag.

Das Eingabefeld *Taste* dient dazu, einen Buchstaben aufzunehmen, der es Ihnen später in Verbindung mit der [Strg]-Taste ermöglicht, Ihr Makro mit der Tastenkombination [Strg]+<Buchstabe> zur Ausführung zu bringen. Beachten Sie bitte an dieser Stelle, daß Excel bei Tastenschlüsseln einen Unterschied zwischen großen und kleinen Buchstaben macht.

Wenn Sie die Schaltfläche *OK* betätigen, akzeptiert Excel Ihre Eingaben und trägt den angegebenen Namen im Feld A1 der neuen Makrovorlage oder in das erste Feld des vorher definierten Aufzeichnungsbereiches ein, und die Aufzeichnung beginnt im Feld darunter.

Während eine Aufzeichnung läuft, befindet sich der Befehl *Aufzeichnung beenden* anstelle des Befehls *Aufzeichnen* im Menü *Makro*.

Makro/Aufzeichnung beenden

Wie der Name schon sagt, beendet dieser Befehl eine Makroaufzeichnung und schaltet den Makrorekorder ab. Nachdem dieser Befehl gewählt wurde, verschwindet er aus dem Menü *Makro*, und der Befehl *Aufzeichnen beginnen* steht wieder an seinem Platz.

Bei Beendigung der Aufzeichnung durch diesen Befehl wird hinter der letzten aufgezeichneten Aktion in der Makrovorlage die Makrofunktion RÜCKSPRUNG() eingetragen, um Excel bei der Ausführung des Makros mitzuteilen, daß es am Ende angelangt ist.

Makro/Aufzeichnung ausführen

Dieser Befehl arbeitet ähnlich wie der Befehl *Aufzeichnen*, er zeichnet alle nachfolgend ausgeführten Aktionen auf, bis der Befehl *Aufzeichnung beenden* gewählt wird.

Aufzeichnung ausführen kann allerdings nur dann gewählt werden, wenn zuvor ein Aufzeichnungsbereich festgelegt worden ist. Dies kann entweder mit dem Befehl *Aufzeichnung festlegen* oder aber, wenn es sich um eine neue Makrovorlage handelt, mit dem Befehl *Aufzeichnen* geschehen.

Sie können so also eine vorläufig beendete oder abgebrochene Makroaufzeichnung fortführen.

Makro/Aufzeichnung festlegen

Dieser Befehl legt den Aufzeichnungsbereich in einer Makrovorlage fest. Wenn der ausgewählte Bereich aus mehreren Feldern besteht, so werden diese Felder zum Aufzeichnungsbereich, ist es aber nur ein einzelnes

Excel in der Übersicht

Feld, so werden alle Felder in der Spalte unter dem markierten Feldes zum Aufzeichnungsbereich erhoben.

Wenn mehrere Spalten als Aufzeichnungsbereich definiert wurden, beginnt Excel mit der Aufzeichnung im oberen, linken Feld des Bereichs und setzt sie in der linken Spalte von oben nach unten fort. Ist das unterste Feld einer Spalte erreicht, wird dort eine GEHEZU-Funktion eingetragen, die die Fortsetzung des Makros im obersten Feld der rechts davon liegenden Spalte fortsetzt.

Enthält der Aufzeichnungsbereich am Anfang ausgefüllte Felder, so beginnt die Aufzeichnung hinter diesen Feldern. Besteht das letzte ausgefüllte Feld aus einer Rücksprung-Anweisung, so wird diese überschrieben; handelt es sich um eine andere Makrofunktion, so schreibt der Makrorekorder die erste aufgezeichnete Aktion in das Feld darunter.

Makro/Relative Aufzeichnung

Durch diesen Befehl werden alle Feldbezüge, die während einer Aufzeichnung verwendet werden, als relative Bezüge aufgezeichnet. Dieser Befehl ist nur dann im Menü *Makro* sichtbar, wenn der Befehl *Absolute Aufzeichnung* aktiv ist.

Ist der Befehl *Relative Aufzeichnung* aktiv, so finden Sie anstelle dieses Befehls den Befehl *Absolute Aufzeichnung* im Menü *Makro*.

Mit diesen beiden Befehlen können Sie zu jeder Zeit auch während der Aufzeichnung eines Makros zwischen relativer und absoluter Aufzeichnung umschalten.

Makro/Absolute Aufzeichnung

Durch diesen Befehl werden alle Feldbezüge, die während einer Aufzeichnung verwendet werden, als absolute *Bezüge* aufgezeichnet. Dieser Befehl ist nur dann im Menü *Makro* sichtbar, wenn der Befehl *Relative Aufzeichnung* aktiv ist.

Ist der Befehl *Absolute Aufzeichnung* aktiv, so finden Sie anstelle dieses Befehls den Befehl *Relative Aufzeichnung* im Menü *Makro*.

Mit diesen beiden Befehlen können Sie zu jeder Zeit, auch während der Aufzeichnung eines Makros, zwischen relativer und absoluter Aufzeichnung umschalten.

Objekt zuweisen

Makros lassen sich einem beliebigen Objekt im Arbeitsbereich zuweisen. Damit können Sie Makros durch Aktivierung des Objektes ausführen. Wird eine Schaltfläche in das Arbeitsblatt eingefügt, so öffnet sich automatisch eine Liste aller aktiven Makros, aus der eines mit der aktuellen Schaltfläche verbunden werden kann.

Soll eine Zuweisung im Nachhinein erfolgen, dann markieren Sie ein beliebiges Objekt (Textbox, Schaltfläche, Grafik) und wählen den Befehl *Objekt zuweisen*. Es erscheint die Liste aller aktiven Makros. Wählen Sie die Bezeichnung des Makros aus, das mit dem Objekt verbunden werden soll.

Setzen Sie den Cursor auf ein Objekt, das mit einem Makro verbunden wurde, so ändert sich das Cursorsymbol in eine Hand, und Sie können das Makro durch Anklicken des Objektes starten.

Menü Fenster

Fenster/Neues Fenster

Dieser Befehl teilt das aktive Fenster in zwei Fenster auf, wobei Sie jedoch in jedem Fenster einen separaten Bildlauf durchführen können. Einen synchronen Bildlauf in zwei voneinander abhängigen Fenstern erreichen Sie durch den Befehl *Teilen* im Menü *System*.

Fenster/Infofenster

Mit diesem Befehl erhalten Sie ein Infofenster, das Informationen über die gerade aktive Tabelle bzw. Makrovorlage enthält. Die Informationen sind abhängig vom gerade aktiven Feld im entsprechenden Fenster. Mit dem Befehl *Dokument anzeigen* schalten Sie wieder auf das bezogene Fenster zurück.

Fenster/Alles anordnen

Mit diesem Befehl werden alle auf dem Bildschirm befindlichen Fenster so angeordnet, daß sie den Bildschirmbereich optimal ausnutzen. Dabei werden Fenster, die entweder hintereinander liegen oder sich schneiden, nebeneinander bzw. übereinander angeordnet. Mit den Systembefehlen *Bewegen* und *Größe ändern* lassen sich die einzelnen Fenster wieder entsprechend modifizieren.

Excel in der Übersicht

Fenster/Arbeitsgruppe

Mit diesem Befehl lassen sich mehrere Arbeitsblätter zu einer Arbeitsgruppe zusammenfassen. Bei einer Arbeitsgruppe werden Einträge in das oberste Arbeitsblatt auf die übrigen Arbeitsblätter der Arbeitsgrupe übertragen. Wenn der Befehl gewählt wird, können Sie aus einer Liste aller geöffneten Arbeitsblätter die Dateien auswählen, die der Arbeitsgruppe angehören sollen.

Ist eine Arbeitsgruppe eingerichtet, so werden die zugehörigen Dateien durch einen entsprechenden Eintrag in der Titelzeile des Dateifensters kenntlich gemacht. Weiterhin steht Ihnen der Befehl *Bearbeiten/Arbeitsgruppe ausfüllen* zur Verfügung.

Eine Arbeitsgruppe wird aufgelöst, wenn Sie ein anderes Fenster aktivieren.

Fenster/Ausblenden

Dieser Befehl bewirkt, daß das gerade aktive Fenster verborgen wird und sich nicht mehr im Arbeitsbereich befindet. Trotzdem sind verborgene Fenster weiterhin geladen, so daß externe Bezüge bzw. Makros weiterhin genutzt werden können.

Fenster/Einblenden

Mit diesem Befehl können Sie ein verborgenes Fenster wieder zur Anzeige bringen, dabei erscheint eine Liste aller ausgeblendeten Fenster.

Menü Hilfe (?)

Hilfe/Index

Durch Anwahl dieses Befehls erhalten Sie die Index-Liste der Excel-Hilfe auf dem Bildschirm. Wählen Sie mit Hilfe der `Tab`-Taste das entsprechende Thema aus.

Hilfe/Tastatur

Dieser Befehl bietet Ihnen eine Übersicht der jeweiligen Tasten, die Sie beim Arbeiten mit Excel benutzen können.

Excel in der Übersicht

Hilfe/Lotus 1-2-3

Mit diesem Befehl erhalten Sie Hilfe zu dem Excel-Äquivalent einer Befehlstastenfolge in Lotus 1-2-3. Geben Sie im entsprechenden Feld des Dialogfeldes die Tastenfolge des Lotus-Befehles ein.

Hilfe/Multiplan

Mit diesem Befehl erhalten Sie Hilfe zu dem Excel-Äquivalent einer Befehlstastenfolge in Multiplan. Geben Sie im entsprechenden Feld des Dialogfeldes die Tastenfolge des Multiplan-Befehls ein.

Hilfe/Lernprogramm

Das Lernprogramm von Excel bietet Ihnen eine Übersicht und eine Kurzeinführung in den Umgang mit Tabellen, Datenbanken, Makros und Diagrammen. Wenn Sie das Lernprogramm starten, muß der Arbeitsbereich leer sein, ansonsten speichert Excel den Arbeitsbereich in einer Datei und läßt Sie vor Schließen der Dateien alle Änderungen noch abspeichern.

Hilfe/Microsoft Excel Hilfe

Nach Anwahl dieses Befehls erhalten Sie die Excel-Versionsnummer und den zur Verfügung stehenden Speicherplatz in einem Dialogfeld auf dem Bildschirm.

Menü Muster

Muster/Flächen

Nach Anwahl dieses Befehls erscheint eine Auswahl aller verfügbaren Optionen zur Darstellung eines Flächendiagramms auf dem Bildschirm. Durch Anwahl einer Option werden die im Diagramm enthaltenen Werte durch diese Art der Darstellung präsentiert. Durch Anwahl einer anderen Option bzw. eines anderen Musters verliert diese Option ihre Gültigkeit.

Auswahl:

1. Einfaches Flächendiagramm
2. 100% Flächendiagramm
3. Flächendiagramm mit Bezugslinien
4. Flächendiagramm mit Gitternetzlinien
5. Flächendiagramm mit beschrifteten Bereichen

Durch Aktivieren von *Weiter* und *Vorher* bewegen Sie sich auf kurzem Weg zwischen den im folgenden beschriebenen Optionen des Menüs *Muster* hin und her.

Excel in der Übersicht

Muster/Balken

Nach Anwahl dieses Befehls erscheint eine Auswahl aller verfügbaren Optionen zur Darstellung eines Balkendiagramms auf dem Bildschirm. Durch Anwahl einer Option werden die im Diagramm enthaltenen Werte durch diese Art der Darstellung präsentiert. Durch Anwahl einer anderen Option bzw. eines anderen Musters verliert diese Option ihre Gültigkeit.

Auswahl:

1. Einfaches Balkendiagramm
2. Balkendiagramm für eine Datenreihe mit verschiedenen Ausführungsmustern
3. Gestapeltes Balkendiagramm
4. Überlapptes Balkendiagramm
5. Gestapeltes 100% Balkendiagramm
6. Balkendiagramm mit vertikalen Gitternetzlinien
7. Balkendiagramm mit Größenbeschriftungen

Muster/Säulen

Nach Anwahl dieses Befehls erscheint eine Auswahl aller verfügbaren Optionen zur Darstellung eines Säulendiagramms auf dem Bildschirm. Durch Anwahl einer Option werden die im Diagramm enthaltenen Werte durch diese Art der Darstellung präsentiert. Durch Anwahl einer anderen Option bzw. eines anderen Musters verliert diese Option ihre Gültigkeit.

Auswahl:

1. Einfaches Säulendiagramm
2. Säulendiagramm für eine Datenreihe mit verschiedenen Ausführungsmustern
3. Gestapeltes Säulendiagramm
4. Überlapptes Säulendiagramm
5. Gestapeltes 100% Säulendiagramm
6. Einfaches Säulendiagramm mit horizontalen Gitternetzlinien
7. Einfaches Säulendiagramm mit Größenbeschriftungen
8. Stufendiagramm

Muster/Linien

Nach Anwahl dieses Befehls erscheint eine Auswahl aller verfügbaren Optionen zur Darstellung eines Liniendiagramms auf dem Bildschirm. Durch Anwahl einer Option werden die im Diagramm enthaltenen Werte durch diese Art der Darstellung präsentiert. Durch Anwahl einer anderen Option bzw. eines anderen Musters verliert diese Option ihre Gültigkeit.

Excel in der Übersicht

Auswahl:

1. Linien- und Punktmarkierungen
2. Nur Linien
3. Nur Punktmarkierungen
4. Linien und Punktmarkierungen mit horizontalen Gitternetzlinien
5. Linien und Punktmarkierungen mit horizontalen und vertikalen Gitternetzlinien
6. Linien und Punktmarkierungen mit logarithmischer Teilung und Gitternetzlinien
7. Spannweitendiagramm mit Punktmarkierungen und Spannweitenlinien
8. Diagramm für Höchst-, Tiefst- und Schlußkurse (Börse)

Muster/Kreis

Nach Anwahl dieses Befehls erscheint eine Auswahl aller verfügbaren Optionen zur Darstellung eines Kreisdiagramms auf dem Bildschirm. Durch Anwahl einer Option werden die im Diagramm enthaltenen Werte durch diese Art der Darstellung präsentiert. Durch Anwahl einer anderen Option bzw. eines anderen Musters verliert diese Option ihre Gültigkeit.

Auswahl:

1. Einfaches Kreisdiagramm
2. Kreisdiagramm mit Segmenten gleicher Ausführung und Rubrikenbeschriftung
3. Kreisdiagramm, in dem das erste Segment ausgerückt ist
4. Kreisdiagramm, in dem alle Segmente ausgerückt sind
5. Kreisdiagramm mit Rubrikenbeschriftungen
6. Kreisdiagramm mit Größenbeschriftungen in Prozent

Muster/Punkt

Nach Anwahl dieses Befehls erscheint eine Auswahl aller verfügbaren Optionen zur Darstellung eines Punktdiagramms auf dem Bildschirm. Durch Anwahl einer Option werden die im Diagramm enthaltenen Werte durch diese Art der Darstellung präsentiert. Durch Anwahl einer anderen Option bzw. eines anderen Musters verliert diese Option ihre Gültigkeit.

Auswahl:

1. Punktdiagramm nur mit Punktmarkierungen
2. Punktdiagramm mit Verbindungslinien zwischen den Punktmarkierungen einer Datenreihe
3. Punktdiagramm mit Punktmarkierungen und Gitternetz

Excel in der Übersicht

4. Punktdiagramm mit Punktmarkierungen und einfach logarithmischem Gitternetz
5. Punktdiagramm mit Punktmarkierungen und doppelt logarithmischem Gitternetz

Muster/Verbund

Nach Anwahl dieses Befehls erscheint eine Auswahl aller verfügbaren Optionen zur Darstellung eines Verbunddiagramms auf dem Bildschirm. Durch Anwahl einer Option werden die im Diagramm enthaltenen Werte durch diese Art der Darstellung präsentiert. Durch Anwahl einer anderen Option bzw. eines anderen Musters verliert diese Option ihre Gültigkeit.

Auswahl:

1. Säulendiagramm mit überlagertem Liniendiagramm
2. Säulendiagramm mit überlagertem Liniendiagramm und unabhängiger Teilung
3. Zwei überlagerte Liniendiagramme mit unabhängigen Teilungen
4. Flächendiagramm mit überlagertem Säulendiagramm
5. Balkendiagramm mit überlagertem Liniendiagramm, das drei Datenreihen enthält (für Börsenkurse)

Muster/3D-Flächen

Äquivalent zum zweidimensionalen Flächendiagramm erfolgt mit diesem Befehl die Darstellung der Datenreihen als dreidimensionales Flächenmuster.

1. 3D-Flächen, gestapelt
2. 3D-Flächen, gestapelt, mit bezeichneten Datenreihen
3. 3D-Flächen, gestapelt, mit Spannweiten
4. 3D-Flächen, gestapelt, mit Hauptgitternetz
5. 3D-Flächen, hintereinander, normal
6. 3D-Flächen, hintereinander, Hauptgitternetz für X, Y und Z
7. 3D-Flächen, hintereinander, Hauptgitternetz für Z

Muster/3D-Säulen

Bei dreidimensionalen Säulen können die Datenreihen nebeneinander oder hintereinander vorgestellt werden. Sie sehen folgende Optionen:

1. 3D-Säulen, nebeneinander
2. 3D-Säulen, nebeneinander, gestapelt
3. 3D-Säulen, nebeneinander, 100%
4. 3D-Säulen, nebeneinander mit Hauptgitternetz

5. 3D-Säulen, hintereinander, normal
6. 3D-Säulen, hintereinander, Hauptgitternetz für X, Y und Z
7. 3D-Säulen, hintereinander, Hauptgitternetz für Z

Muster/3D-Linien

Bei den dreidimensionalen Liniendiagrammen werden standardmäßig folgende Optionen angeboten:

1. 3D-Linien, normal
2. 3D-Linien mit Hauptgitternetz für X, Y und Z
3. 3D-Linien mit Hauptgitternetz für Z
4. 3D-Linien mit Hauptgitternetz und logarithmischer Teilung

Muster/3D-Kreis

Die Darstellung der dreidimensionalen Kreisdiagramme erfolgt äquivalent zu den Möglichkeiten der zweidimensionalen Darstellung.

Muster/Vorzugsform festlegen

Dieser Befehl dient zum Anlegen eines Standardmusters für die Darstellung eines Diagramms. Die Vorgaben, die hier gemacht werden, können Sie mit dem Befehl *Vorzugsform* auf Ihr Diagramm anwenden.

Menü Diagramm

Diagramm/Text zuordnen

Mit diesem Befehl können Sie in einem Diagramm Texte eingeben, die bestimmten Elementen zugeordnet sind. Es erscheint eine Liste, in der Sie das Element markieren, das den Text erhalten soll. Geben Sie anschließend den entsprechenden Text ein. Dieser läßt sich nachträglich durch Markieren in die Bearbeitungszeile einfügen und dort ändern. Mit dem Befehl *Format/Text* können Sie zugeordneten Text formatieren.

Diagrammtitel

Wird diese Option markiert, so erscheint das Wort "Titel" zentriert über der Diagrammfläche. Er kann in der Bearbeitungszeile durch einen entsprechenden Eintrag ersetzt werden. Wird eine Verknüpfungsformel als Text eingegeben, so erscheint als Diagrammtitel der Eintrag des in der Formel definierten Feldes.

Excel in der Übersicht

Größenachse (Y)

Wird diese Option markiert, so erscheint der Buchstabe "Y" zentriert an der Größenachse.

Rubrikenachse (X)

Wird diese Option markiert, so erscheint der Buchstabe "X" zentriert an der Rubrikenachse.

Datenreihe-/-punkt

Markieren Sie diese Option und spezifizieren Sie die *Datenreihennummer* bzw. die *Datenpunktnummer*, um einer Datenreihe/Datenpunkt Text zuzuordnen.

Überlagerung Größenachse (Y)

Wenn in einem Diagramm eine Überlagerung eingefügt wurde, so wird durch Markieren dieser Option der Text "Y2" auf der rechten Seite zur Benennung der Größenachse der überlagerten Datenreihe eingefügt.

Überlagerung Rubrikenachse (X)

Wenn in einem Diagramm eine Überlagerung eingefügt wurde, so wird durch Markieren dieser Option der Text "X2" unterhalb des Diagrammtitels zur Benennung der Rubrikenachse der überlagerten Datenreihe eingefügt.

Diagramm/Pfeil einfügen

Fügen Sie mit diesem Befehl Erklärungspfeile in das aktive Diagramm ein. Diese werden in der oberen, linken Ecke dargestellt. Sie können beliebig viele Pfeile in das Diagramm einfügen und dieses frei bewegen. Mit den entsprechenden Befehlen im Menü *Format* können Sie gesetzte Pfeile bearbeiten. Wurde ein Pfeil markiert, so erscheint anstelle dieses Befehls der Befehl *Pfeil löschen*.

Diagramm/Pfeil löschen

Löschen Sie markierte Pfeile in Ihrem Diagramm mit diesem Befehl. Wird kein Pfeil markiert, so erscheint anstelle dieses Befehls der Befehl *Pfeil einfügen*.

Excel in der Übersicht

Diagramm/Legende einfügen

Fügen Sie mit diesem Befehl eine Legende in Ihr Diagramm ein, die die dargestellten Werte näher erläutert. Mit den entsprechenden Befehlen im Menü *Format* läßt sich die Legende formatieren. Wird die Legende angezeigt, so erscheint anstelle dieses Befehls der Befehl *Legende löschen*.

Diagramm/Legende löschen

Löschen Sie mit diesem Befehl die in Ihrem Diagramm dargestellte Legende. Ist die Legende gelöscht, erscheint anstelle dieses Befehls der Befehl *Legende einfügen*.

Diagramm/Achsen

Mit Hilfe dieses Befehls können Sie die Anzeige der Größen- und/oder der Rubrikenachse Ihres Diagramms auf dem Bildschirm unterdrücken. Enthält Ihr Diagramm ein überlagerndes Diagramm, so können Sie auch hier bestimmen, ob die Achsen angezeigt werden oder nicht.

Hauptdiagramm

Markieren Sie die Option *Rubrikenachse*, so wird diese Achse im Diagramm dargestellt. Markieren Sie die Option *Größenachse*, so wird diese Achse dargestellt. Gleichermaßen können Sie beide Optionen markieren, um alle Achsen darzustellen, oder keine Option markieren, um die Ausgabe der Achsen zu unterdrücken.

Überlagerung

Markieren Sie die Optionen für die Darstellung der Achsen des überlagernden Diagramms analog zu den Einstellungen für das Hauptdiagramm.

Diagramm/Gitternetzlinien

Legen Sie mit diesem Befehl fest, ob die Haupt- oder Hilfsgitternetzlinien am Bildschirm angezeigt werden sollen. Durch Markieren der entsprechenden Option erhalten Sie eine Unterteilung in die Zuordnung zur Rubrikenachse und zur Größenachse. Mit dem Befehl *Format/Muster* können Sie das Aussehen der Gitternetzlinien verändern.

Diagramm/Überlagerung einfügen

Mit diesem Befehl erstellen Sie eine Überlagerung, die in Ihr Hauptdiagramm eingefügt wird. Bei der Überlagerung werden die vorhandenen Datenreihen gleichmäßig auf die beiden Diagramme aufgeteilt. Bei un-

Excel in der Übersicht

gerader Anzahl erhält das Hauptdiagramm eine Datenreihe mehr. Ist bereits ein überlagerndes Diagramm vorhanden, so erscheint anstelle dieses Befehls der Befehl *Überlagerung löschen*.

Diagramm/Überlagerung löschen

Löschen Sie mit diesem Befehl ein überlagerndes Diagramm, um lediglich das Hauptdiagramm darzustellen. Im Prinzip werden beide Diagramme wieder verbunden und die Datenreihen zu einer Hauptreihe zusammengefaßt. Wurde die Überlagerung gelöscht, so erscheint anstelle dieses Befehls der Befehl *Überlagerung einfügen*.

Diagramm/Datenreihe bearbeiten

Mit diesem Befehl lassen sich auf einfache Weise die Datenreihenformeln markierter Datenreihen bearbeiten. Die Formel wird dabei in ihre einzelnen Bestandteile zerlegt und kann in den Feldern geändert werden, je nachdem, welche Option geändert werden soll. Nach Bestätigung des Dialogfeldes wird die Datenreihenformel wieder zusammengesetzt und der Datenreihe zugeordnet.

Reihe

In dieser Liste finden Sie alle im aktuellen Diagramm enthaltenen Datenreihen. Die Bezeichnung ergibt sich jeweils aus den Datenreihenbezeichnungen, die der Legende zugeordnet sind. Mit dem Eintrag *Neue Reihe* können Sie dem Diagramm eine zusätzliche Datenreihe zuweisen.

Name

Ändern Sie die Bezeichnung der Datenreihe an dieser Stelle. Der Name der Datenreihe wird in der Legende dargestellt.

X-Achsenbeschriftung

Enthält die Formel für die Bereichsangabe, die die Bezeichnung der Rubriken enthält. Ändern Sie die Formel, wenn Sie eine andere Bezeichnung für die Rubriken verwenden möchten.

Y-Achsenbeschriftung

Enthält die Formel für die Bereichsangabe, die die Werte für die Datenreihe enthält. Ändern Sie die Angabe, wenn sich diese Datenreihe auf andere Werte als die aktuellen beziehen soll.

Excel in der Übersicht

Darstellungsfolge

Hier wird die Reihenfolge der Datenreihen bestimmt, wie sie im Diagramm angezeigt werden. Wird ein vorgegebener Eintrag geändert, so passen sich die übrigen Werte an.

Festlegen

Übernimmt die Änderungen, die für die aktuelle Datenreihe vorgenommen wurden. Das Dialogfeld wird jedoch nicht geschlossen.

Löschen

Löscht die markierte Datenreihe aus der Liste. Diese wird im Diagramm nicht mehr dargestellt, und alle übrigen Datenreihen rücken um die Position nach oben.

Diagramm/Datei schützen

Schützen Sie die Einstellungen Ihres Diagramms vor unberechtigter Änderung, indem Sie ein Kennwort vergeben, das vor dem nächsten Einladen abgefragt wird und vom Benutzer eingegeben werden muß. Sie können entweder das ganze Dateifenster in bezug auf seine Lage, Größe usw. schützen, oder aber alle das Diagramm betreffenden Einstellungen. Ist ein geschütztes Diagramm geladen, so wird der Befehl *Dateischutz aufheben* angezeigt. Haben Sie Ihr Kennwort vergessen, gibt es keine Möglichkeit mehr, das Diagramm zu verändern.

Kennwort

Geben Sie in dieses Feld ein Kennwort ein, das bis zu 16 Zeichen beinhalten darf.

Inhalt

Markieren Sie diese Option, wenn Sie alle Inhalte des Diagramms schützen möchten. Sie können dann lediglich das Fenster verändern.

Fenster

Markieren Sie diese Option, wenn Sie das Fenster des Diagramms vor auf Änderung, Verbergen usw. schützen möchten.

Excel in der Übersicht

Diagramm/Dateischutz aufheben

Wurde ein geschütztes Diagramm nach Eingabe des Paßwortes geladen, so können Sie mit diesem Befehl einen bestehenden Kennwort-Schutz wieder aufheben. Excel geht davon aus, daß Sie berechtigt sind, Kennwörter zu löschen, wenn Sie Zugang zu diesen geschützten Diagrammen haben. Geben Sie in das entsprechende Optionsfeld das Kennwort ein, das mit dem betreffenden Kennwort identisch sein muß.

Diagramm/Diagramm auswählen

Aktivieren Sie das gesamte Diagramm im aktiven Fenster, um das Diagramm zu formatieren bzw. zu bearbeiten. Folgende Befehle wirken sich nur nach Anwahl dieses Befehls auf das gesamte Diagramm aus: *Format/Schriftart*, *Format/Muster*, *Format/Hauptdiagramm (Überlappung)*, *Bearbeiten/Inhalte löschen* und *Bearbeiten/Kopieren*.

Diagramm/Diagrammfläche auswählen

Aktivieren Sie die gesamte Diagrammfläche im aktiven Fenster, um es zu formatieren bzw. zu bearbeiten. Einige Befehle wirken sich nur nach Anwahl dieses Befehls auf die gesamte Diagrammfläche aus, die von den Achsen begrenzt wird.

Diagramm/Neu berechnen

Berechnen Sie die Tabelle, die dem Diagramm zugrunde liegt, mit diesem Befehl neu. Die neuen Werte wirken sich auf die Darstellung des Diagramms aus, das nach Anwahl des Befehls neu aufgebaut wird.

22.2 Funktionsübersicht

Viele der in diesem Kapitel erläuterten Funktionen finden Sie innerhalb kleiner Beispiele auf Ihrer Beispieldiskette. Für einige dieser Beispiele haben wir ein kleines Menü zur Orientierung angefertigt, in dem Sie sich durch Betätigung einer Schaltfläche eine Funktion ansehen können. Steht Ihnen ein solches Menü aber nicht zur Verfügung, so können Sie sich an den Bereichsnamen orientieren und sich mit dem Befehl *Gehezu...* aus dem Menü *Formel* in den entsprechenden Bereich des Arbeitsblattes bewegen.

Excel in der Übersicht

Hinweise

Die Eingabe von Formeln und Funktionen in der Eingabezeile wird immer mit einem Gleichheitszeichen '=' eingeleitet.

Diese Funktionen sind in dieser Übersicht nach ihrer Anwendung gegliedert. Es wurden folgende Gruppen gebildet:

Mathematische Funktionen

ABS() 873
EXP() 873
FAKULTÄT() 873
GANZZAHL() 873
KÜRZEN() 873
LN() 874
LOG() 874
LOG10() 874
PI() 874
PRODUKT() 874
REST() 875
RUNDEN() 875
SUMMENPRODUKT() 875
VORZEICHEN() 875
WURZEL() 876
ZUFALLSZAHL() 876

Trigonometrische Funktionen

ARCCOS() 876
ARCCOSHYP() 876
ARCSIN() 877
ARCSINHYP() 877
ARCTAN() 877
ARCTANHYP 877
ARCTAN2() 877
COS() 878
COSHYP() 878
SIN() 878
SINHYP() 878
TAN() 878
TANHYP() 809

Statistische Funktionen

ANZAHL() 879
ANZAHL2() 879

Excel in der Übersicht

```
MAX() .......................... 879
MEDIAN() ....................... 879
MIN() .......................... 880
MITTELWERT() ................... 880
RGP() .......................... 880
RKP() .......................... 882
STABW() ........................ 884
STABWN() ....................... 884
SUMME() ........................ 884
TREND() ........................ 885
VARIANZ() ...................... 886
VARIANZEN() .................... 886
VARIATION() .................... 886
```

Finanzmathematische Funktionen

```
BW() ........................... 887
DIA() .......................... 888
GDA() .......................... 888
IKV() .......................... 889
KAPZ() ......................... 889
LIA() .......................... 890
NBW() .......................... 890
QIKV() ......................... 890
RMZ() .......................... 890
VDB() .......................... 891
ZINS() ......................... 892
ZINSZ() ........................ 892
ZW() ........................... 892
ZZR() .......................... 893
```

Logische Funktionen

```
FALSCH() ....................... 893
NICHT() ........................ 993
ODER() ......................... 893
UND() .......................... 894
WAHR() ......................... 894
WENN() ......................... 894
```

Informations-Funktionen

```
BEREICHE() ..................... 894
INDIREKT() ..................... 895
ISTBEZUG() ..................... 895
ISTFEHL() ...................... 895
ISTFEHLER() .................... 895
```

ISTKTEXT() 895
ISTLEER() 896
ISTLOG() 896
ISTNV() 896
ISTTEXT() 896
ISTZAHL() 897
N() 897
NV() 897
SPALTE() 897
SPALTEN() 897
T() 898
TYP() 898
ZEILE() 898
ZEILEN() 898
ZELLE() 898

Matrixfunktionen

MDET() 900
MINV() 900
MMULT() 900
MTRANS() 901

Textfunktionen

CODE() 901
DM() 901
ERSETZEN() 901
FEST() 901
FINDEN() 902
GLÄTTEN() 902
GROSS() 902
GROSS2() 903
IDENTISCH() 903
KLEIN() 903
LÄNGE() 903
LINKS() 903
RECHTS() 904
SÄUBERN() 904
SUCHEN() 904
TEIL() 905
TEXT() 905
WECHSELN() 905
WERT() 905
WIEDERHOLEN() 906
ZEICHEN() 906

871

Datenbankfunktionen

DBANZAHL() 906
DBANZAHL2() 906
DBAUSZUG() 907
DBMAX() 907
DBMIN() 907
DBMITTELWERT() 907
DBPRODUKT() 907
DBSTDABW() 907
DBSTDABWN() 908
DBSUMME() 908
DBVARIANZ() 908
DBVARIANZEN() 908

Datums- und Zeitfunktionen

DATUM() 908
DATWERT() 908
HEUTE() 909
JAHR() 909
JETZT() 909
MINUTE() 909
MONAT() 910
SEKUNDE() 910
STUNDE() 910
TAG() 910
TAGE360() 911
WOCHENTAG() 911
ZEIT() 911
ZEITWERT() 911

Suchfunktionen

INDEX() 912
SVERWEIS() 913
VERGLEICH() 913
VERWEIS() 913
WAHL() 914
WVERWEIS() 915

Mathematische Funktionen

ABS(Zahl) *Betrag*

Diese Funktion liefert den Absolutwert von X.

    ABS(5) = 5
    ABS(-5) = 5

Beispiel

EXP(Zahl)

Diese Funktion berechnet die Basis des natürlichen Logarithmus hoch X. Die Basis bildet die Konstante e (2,7182818...).

    EXP(5) = 148,4131
    EXP(0) = 1
    EXP(-5) = 0,0067379

Beispiel

FAKULTÄT(Zahl)

Diese Funktion liefert als Ergebnis die Fakultät von X. Steht im Argument eine Dezimalzahl, so werden die Stellen hinter dem Komma ignoriert und die Ganzzahl berechnet.

    FAKULTÄT(1) = 1
    FAKULTÄT(0) = 1
    FAKULTÄT(4) = 24
    FAKULTÄT(4,3) = 24
    FAKULTÄT(-5) = NUM! - Fehlerwert

Beispiel

GANZZAHL(Zahl)

Diese Funktion liefert die nächstkleinere, ganze Zahl des Argumentes "Zahl".

    GANZZAHL(5) = 5
    GANZZAHL(-0,3) = -1
    GANZZAHL(3,2) = 3

Beispiel

KÜRZEN(Zahl)

Diese Funktion liefert als Ergebnis den ganzzahligen Anteil des Arguments "Zahl".

    KÜRZEN(3,1) = 3
    KÜRZEN(-3,1) = -3

Beispiel

Excel in der Übersicht

LN(Zahl)

Diese Funktion liefert als Ergebnis den natürlichen Logarithmus des Arguments "Zahl".

Beispiel

LN(0) = NUM!
LN(1) = 0
LN(-1) = NUM!
LN(2,3) = 0,8329091

LOG(Zahl;Basis)

Diese Funktion liefert als Ergebnis den Logarithmus des Arguments "Zahl" zur Basis "Basis". Achten Sie darauf, daß das Argument positiv ist. Wird die Basis nicht spezifiziert, so erhält sie automatisch den Wert 10.

Beispiel

LOG(5,4) = 0,7323938
LOG(10) = 1
LOG(10;2,5) = 2,5129416
LOG(-1) = NUM!

LOG10(Zahl)

Diese Funktion liefert als Ergebnis den Zehnerlogarithmus des Arguments "Zahl". Achten Sie darauf, daß das Argument positiv ist.

Beispiel

LOG10(1) = 1
LOG10(5) = 0,69897
LOG10(-1) = NUM!

PI()

Diese Funktion liefert als Ergebnis den Näherungswert für Pi, wobei dieser den Wert 3,1415926535898 annimmt.

Beispiel

PI() = 3,1415927
KÜRZEN(PI()) = 3

PRODUKT(Zahl1;Zahl2;...)

Diese Funktion liefert als Ergebnis das Produkt aus den angegebenen Zahlen. Bei Angabe eines Bereiches werden nur diejenigen nicht leeren Felder berechnet, die als Inhalt weder einen Text noch eine Fehlermeldung enthalten.

Excel in der Übersicht

```
PRODUKT(3;3;4;9) = 324
PRODUKT(-2;3) = -6
```
Beispiel

Wenn der Inhalt der Felder Z1S3 = 7 und Z2S3 = 9, dann ist:

```
PRODUKT(Z1S3;Z2S3) = 63
```

REST(Zahl;Divisor)

Diese Funktion liefert als Ergebnis den Restwert der Division von "Zahl" und "Divisor". Das Ergebnis erhält das Vorzeichen des Divisors.

```
REST(2;0) = DIV/0!
REST(-2;8) = 6
REST(3,4;-2) = -0,6
```
Beispiel

RUNDEN(Zahl;Anzahl_Stellen)

Diese Funktion liefert als Ergebnis den auf die angegebenen Stellen gerundeten Wert des Arguments "Zahl".

```
RUNDEN(1;0) = 1
RUNDEN(2,8;0) = 3
RUNDEN(3,3456;3) = 3,346
```
Beispiel

SUMMENPRODUKT(Array1;Array2;...)

Diese Funktion liefert die Summe der Produkte aller sich entsprechenden Tabellenelemente. Für die Argumente "Array1" und "Array2" werden Zellbereiche angegeben, die die gleiche Anzahl Zeilen und Spalten haben. Ist diese Voraussetzung nicht gegeben, liefert die Funktion den Fehlerwert #WERT!. Es können bis zu 14 Arrays angegeben werden.

Die Funktion führt die folgende Berechnung durch:

```
 Zeile1, Spalte1 von Tabelle 1 x Zeile1, Spalte1 von Tabelle2
+Zeile1, Spalte2 von Tabelle 1 x Zeile1, Spalte2 von Tabelle2
```

usw.

VORZEICHEN(Zahl)

Diese Funktion liefert als Ergebnis den Wert des Vorzeichens des Arguments "Zahl". Der Wert des Vorzeichens ist die Zahl 1, wenn das Argument eine positive Zahl ist. Bei einem negativen Argument ist die Zahl -1. Bei Zahl=0 ist das Ergebnis ebenfalls eine 0.

Excel in der Übersicht

Beispiel

VORZEICHEN(4) = 1
VORZEICHEN(0) = 0
VORZEICHEN(-78) = -1

WURZEL(Zahl)

Diese Funktion liefert als Ergebnis die Quadratwurzel des Arguments "Zahl".

Beispiel

WURZEL(9) = 3
WURZEL(0) = 0
WURZEL(-2,3) = NUM!

ZUFALLSZAHL()

Diese Funktion liefert als Ergebnis eine Zufallszahl, die nach jeder Neuberechnung der Tabelle aus dem Bereich 0 bis 0,999 neu errechnet wird.

Beispiel

ZUFALLSZAHL() = 0,234345 Taste [F4] (Tabelle neu berechnen)
ZUFALLSZAHL() = 0,573476 Taste [F4]
ZUFALLSZAHL() = 0,191123

Trigonometrische Funktionen

ARCCOS(Zahl)

Diese Funktion liefert als Ergebnis den Arcuscosinus des Arguments "Zahl" im Bogenmaß. Das ist der Winkel, dessen Cosinus "Zahl" ist. Der Wert des Arguments muß dabei im Bereich zwischen -1 und 1 liegen. Als Ergebnis erhalten Sie einen Wert zwischen 0 und PI.

Beispiel

ARCCOS(-0,3) = 1,875489 (in Bogenmaß)
ARCCOS(0) = 1,5707963 (in Bogenmaß)
ARCCOS(0,4)*180/PI() = 66,421822 (in Grad)

ARCCOSHYP(Zahl)

Diese Funktion liefert als Ergebnis den Kehrwert des hyperbolischen Cosinus des Arguments "Zahl". Das ist der Wert, dessen hyperbolischer Cosinus "Zahl" ist. Der Wert des Arguments muß dabei größer oder gleich 1 sein.

ARCCOSHYP(ARCCOS(Zahl)) = Zahl

Excel in der Übersicht

ARCSIN(Zahl)

Diese Funktion liefert als Ergebnis den Arcussinus des Arguments "Zahl" im Bogenmaß. Das ist der Winkel, dessen Sinus "Zahl" ist. Der Wert des Arguments muß dabei im Bereich zwischen -1 und 1 liegen. Als Ergebnis erhalten Sie einen Wert zwischen -PI/2 und PI/2.

> ARCSIN(-0,3) = -0,304693 (in Bogenmaß)
> ARCSIN(0) = 0 (in Bogenmaß)
> ARCSIN(1,3)*180/PI() = 23,578178 (in Grad)

Beispiel

ARCSINHYP(Zahl)

Diese Funktion liefert als Ergebnis den Kehrwert des hyperbolischen Sinus des Arguments "Zahl". Das ist der Wert, dessen hyperbolischer Sinus "Zahl" ist.

> ARCSINHYP(ARCSIN(Zahl)) = Zahl

ARCTAN(Zahl)

Diese Funktion liefert als Ergebnis den Arcustangens des Arguments "Zahl" im Bogenmaß. Das ist der Winkel, dessen Tangens "Zahl" ist. Der Wert des Arguments muß dabei im Bereich zwischen -1 und 1 liegen. Als Ergebnis erhalten Sie einen Wert zwischen -PI/2 und PI/2.

> ARCTAN(-0,3) = -0,291457 (in Bogenmaß)
> ARCTAN(0) = 0 (in Bogenmaß)
> ARCTAN(1,3)*180/PI() = 21,801409 (in Grad)

Beispiel

ARCTANHYP(Zahl)

Diese Funktion liefert als Ergebnis den Kehrwert des hyperbolischen Tangens des Arguments "Zahl". Das ist der Wert, dessen hyperbolischer Tangens "Zahl" ist. Das Argument Zahl muß größer -1 und kleiner 1 sein.

> ARCTANHYP(ARCTAN(Zahl)) = Zahl

ARCTAN2(x_Koordinate;y_Koordinate)

Diese Funktion liefert als Ergebnis den Arcustangens aus den beiden Koordinaten X und Y im Bogenmaß. Das ist der Winkel zwischen der X-Achse und dem Punkt X,Y. Als Ergebnis erhalten Sie einen Wert zwischen -PI und PI, wobei PI ausgeschlossen ist. Sind beide Argumente gleich 0, so erhalten Sie als Ergebnis den Fehlerwert DIV/0.

Excel in der Übersicht

Beispiel

ARCTAN2(1;1) = 0,7853983 (in Bogenmaß)
ARCTAN2(-1;1) = -2,256194 (in Bogenmaß)
ARCTAN2(-1;-1)*180/PI() = -135 (in Grad)

COS(Zahl)

Diese Funktion liefert als Ergebnis den Cosinus des Arguments "Zahl" im Bogenmaß.

Beispiel

COS(20) = 0,4080821 (im Bogenmaß)
COS(0) = 1 (im Bogenmaß)
COS(-2) = -0,416147 (im Bogenmaß)
COS(1,5*PI()/180) = 0,9996573 (in Grad)

COSHYP(Zahl)

Diese Funktion liefert als Ergebnis den hyperbolischen Cosinus des Arguments "Zahl".

SIN(Zahl)

Diese Funktion liefert als Ergebnis den Sinus des Arguments "Zahl" im Bogenmaß.

Beispiel

SIN(20) = 0,9129453 (in Bogenmaß)
SIN(0) = 0 (in Bogenmaß)
SIN(-2) = -0,909297 (in Bogenmaß)
SIN(1,5*PI()/180) = 0,0261769 (in Grad)

SINHYP(Zahl)

Diese Funktion liefert als Ergebnis den hyperbolischen Sinus des Arguments "Zahl".

TAN(Zahl)

Diese Funktion liefert als Ergebnis den Tangens des Arguments "Zahl" im Bogenmaß.

Beispiel

TAN(20) = 2,2371609 (in Bogenmaß)
TAN(0) = 0 (in Bogenmaß)
TAN(-2) = 2,1850399 (in Bogenmaß)

TANHYP(Zahl)

Diese Funktion liefert als Ergebnis den hyperbolischen Tangens des Arguments "Zahl".

Statistische Funktionen

ANZAHL(Wert1;Wert2;...)

Diese Funktion liefert als Ergebnis die Anzahl der dargestellten Zahlen oder numerischen Werte.

> ANZAHL(25) = 1, da die als Argument übergebene Liste ein Element enthält.
> ANZAHL(Artikel) = Wenn "Artikel" ein definierter Bereich ist, ergibt sich die Anzahl der mit Werten belegten Felder innerhalb des Bereichs. Ist kein Bereich namens "Artikel" definiert, so ist das Ergebnis Null.

Beispiel

ANZAHL2(Wert1;Wert2;...)

Diese Funktion liefert als Ergebnis die Anzahl der nicht-leeren Felder der angegebenen Werte.

> ANZAHL2(Z1S2:Z1S5) = 0, wenn alle betroffenen Felder leer sind.
> ANZAHL2(Artikel) = 1, wenn genau ein Feld des Bereiches mit dem Namen "Artikel" einen numerischen Wert oder einen Text enthält.

Beispiel

MAX(Zahl1;Zahl2;...)

Diese Funktion liefert als Ergebnis den größten Wert aus den angegebenen Zahlen.

> MAX(Z1S4:7) = 25, wenn 25 der höchste Wert des definierten Bereichs ist.
> MAX(Artikel) = 57, wenn 57 der höchste Wert des Bereiches mit dem Namen "Artikel" ist.

Beispiel

MEDIAN(Zahl1;Zahl2;...)

Diese Funktion liefert als Ergebnis den Median aus den genannten Zahlen.

> MEDIAN(12;24;36;48) = 30
> MEDIAN(A6:A8) = 11, wenn die Werte in A6:A8 z.B. 9, 11 und 56 sind.

Beispiel

Excel in der Übersicht

> **MIN(Zahl1;Zahl2;...)**

Diese Funktion liefert als Ergebnis den kleinsten Wert aus den angegebenen Zahlen.

Beispiel

MIN(Z1S4:7) = -2, wenn -2 der kleinste Wert des definierten Bereiches ist.
MIN(Artikel) = 0, wenn 0 der kleinste Wert des Bereiches mit dem Namen "Artikel" ist.

> **MITTELWERT(Zahl1;Zahl2;...)**

Diese Funktion liefert als Ergebnis den Mittelwert, der sich aus der Gesamtsumme, geteilt durch die Anzahl der Werte, ergibt.

Beispiel

MITTELWERT(Z2S4:Z2S5) = 5, wenn der erste Wert 3 und der zweite Wert 7 ist.
MITTELWERT(HARALD) = 5, wenn der Bereich Z2S4:5 den Namen "Harald" hat.
MITTELWERT(5,3,4) = 6

> **RGP(Bekannte_y_Werte;Bekannte_x_Werte;Konstante;stats)**

Diese Funktion liefert als Ergebnis die Parameter der Exponentialkurve nach der Gleichung y=m*x+b, wobei "m" die Steigung der Geraden und "b" der Schnittpunkt mit der y-Achse ist. Das Ergebnis dieser Funktion wird in Form einer Matrix geliefert.

Für das Argument "Konstante" können die Wahrheitswerte WAHR und FALSCH angegeben werden. FALSCH führt dazu, daß b = 0 gesetzt wird. Lassen Sie dieses Argument aus oder geben Sie WAHR an, so wird b auf der Basis der zur Verfügung stehenden Werte geschätzt.

Das Argument "stats" dient zur Steuerung des Ergebnisumfangs dieser Funktion. Verwenden Sie hier den Wahrheitswert FALSCH oder lassen Sie dieses Argument aus, so liefert die Funktion RGP() lediglich die Werte für die Steigung und den y-Achsenabschnitt der Linearkurve. Geben Sie jedoch für "stats" den Wahrheitswert WAHR an, so erhalten Sie zusätzlich noch statistische Informationen über Standardfehler und andere Werte, die während der Berechnung der Linearkurve ermittelt wurden.

Haben Sie für das Argument "stats" den Wahrheitswert WAHR angegeben, so liefert die Funktion RGP() eine umfangreichere Matrix in der unten dargestellten Form. Die für die ausgegebenen Werte verwendeten Kürzel sind in einer nachstehenden Aufstellung erläutert.

Excel in der Übersicht

m_n	m_{n-1}	...	m_2	m_1	b
se_n	se_{n-1}	...	se_2	se_1	se_b
r^2	se_y				
F	df				
ss_{reg}	ss_{resid}				

Die Regressionsstatistik setzt sich aus folgenden Werten zusammen:

1. Den Standardfehlern se_1, se_2,...,se_n der Koeffizienten für die Steigung der Linearkurven.

2. Dem Standardfehler se_b für den Schnittpunkt mit der y-Achse. Für diesen Standardfehler erscheint der Fehlerwert #NV, wenn Sie für das Argument "Konstante" den Wahrheitswert FALSCH angegeben haben.

3. Dem Regressionskoeffizienten r^2, über den Sie feststellen können, ob zwischen den verarbeiteten Werten eine Korrelation besteht oder nicht. Dieser Koeffizient kann Werte zwischen 0 und 1 annehmen, wobei der Wert 1 für eine vollkommene Korrelation steht und der Wert 0 zu dem Schluß führt, daß über die Regressionsanalyse keine repräsentative Schätzung möglich ist.

4. Dem Standardfehler se_y für den geschätzten y-Wert.

5. Dem F-Wert, über den Sie durch den sogenannten F-Test in Verbindung mit dem Wert für den Freiheitsgrad prüfen können, ob die während der Analyse ermittelten Werte zufällig sind oder nicht.

6. Dem Freiheitsgrad df, anhand dessen Sie die Aussagekraft der Analyse bestimmen können.

7. Der Quadratsumme der Regression ss_{reg}.

8. Der Quadratsumme der Residuen ss_{resid}.

Diese Funktion eignet sich dazu, Ihre Daten in Form einer Exponentialkurve darzustellen. Die Genauigkeit der Kurve steigt, je linearer Ihr Datenvorkommen ist.

RGP({1.9.5.7};{0.4.2.3}) = 2.1: Steigung=2, Schnittpunkt=1

Beispiel

Um die Steigung oder den Schnittpunkt der errechneten Geraden mit der Y-Achse zu ermitteln, kann die Funktion INDEX() verwendet werden.

INDEX(RGP({1.9.5.7};{0.4.2.3});1) = 2 = Steigung der Geraden
INDEX(RGP({1.9.5.7};{0.4.2.3});2) = 1 = Schnittpunkt der Geraden mit der y-Achse

Excel in der Übersicht

Ein Beispiel für die Anwendung dieser Funktion finden Sie auf der Beispieldiskette im Arbeitsbereich GRAPHEN.XLW. Zum Arbeitsbereich gehören die Dateien GRAPHRGP.XLC, GRAPHRKP.XLC, GRAPHTRE.XLC, GRAPHVAR.XLC und die Tabelle GRAPHEN.XLS, aus der die Diagramme ihre Daten beziehen.

In der Tabelle GRAPHEN.XLS befindet sich ein Bereich mit dem Namen "RPG". In diesem Feldbereich steht ein kleines Beispiel zur Schätzung von Umsätzen mit der Funktion RPG().

Graphisch dargestellt werden sowohl die realistische Umsatzkurve als auch die Kurve, die sich aus den von der Funktion RPG() errechneten Werten zusammensetzt, im Diagramm GRAPHRPG.XLC.

RKP(Bekannte_y_Werte;Bekannte_x_Werte;Konstante;stats)

Diese Funktion liefert als Ergebnis die Parameter der Exponentialkurve nach der Gleichung y=b*m^x, wobei "m" die Steigung der Geraden und "b" der Schnittpunkt mit der y-Achse ist. Das Ergebnis dieser Funktion wird in Form einer Matrix geliefert.

Diese Funktion eignet sich dazu, Ihre Daten in Form einer Exponentialkurve darzustellen. Die Genauigkeit der Kurve steigt, je ähnlicher Ihr Datenvorkommen einer Exponentialfunktion ist.

Für das Argument "Konstante" können die Wahrheitswerte WAHR und FALSCH angegeben werden. FALSCH führt dazu, daß b = 1 gesetzt wird. Lassen Sie dieses Argument aus oder geben Sie WAHR an, wird b auf der Basis der zur Verfügung stehenden Werte geschätzt.

Das Argument "stats" dient zur Steuerung des Ergebnisumfangs dieser Funktion. Verwenden Sie hier den Wahrheitswert FALSCH oder lassen Sie dieses Argument aus, liefert die Funktion RGP() lediglich die Werte für die Steigung und den y-Achsenabschnitt der Linearkurve. Geben Sie jedoch für "stats" den Wahrheitswert WAHR an, erhalten Sie in Form einer Matrix zusätzlich noch statistische Informationen über Standardfehler und andere Werte, die während der Regression ermittelt wurden.

Haben Sie für das Argument "stats" den Wahrheitswert WAHR angegeben, liefert die Funktion RGP() eine umfangreichere Matrix in der unten dargestellten Form.

Die für die ausgegebenen Werte verwendeten Kürzel sind in einer nachstehenden Aufstellung erläutert.

Excel in der Übersicht

m_n	m_{n-1}	...	m_2	m_1	b
se_n	se_{n-1}	...	se_2	se_1	se_b
r^2	se_y				
F	df				
ss_{reg}	ss_{resid}				

Die Regressionsstatistik setzt sich aus folgenden Werten zusammen:

1. Den Standardfehlern se_1, se_2,...,se_n der Koeffizienten für die Steigung der Linearkurven.

2. Dem Standardfehler se_b für den Schnittpunkt mit der y-Achse. Für diesen Standardfehler erscheint der Fehlerwert #NV, wenn Sie für das Argument "Konstante" den Wahrheitswert FALSCH angegeben haben.

3. Dem Regressionskoeffizienten r^2, über den Sie feststellen können, ob zwischen den verarbeiteten Werten eine Korrelation besteht oder nicht. Dieser Koeffizient kann Werte zwischen 0 und 1 annehmen, wobei der Wert 1 für eine vollkommene Korrelation steht und der Wert 0 zu dem Schluß führt, daß über die Regressionsanalyse keine repräsentative Schätzung möglich ist.

4. Dem Standardfehler se_y für den geschätzten y-Wert.

5. Dem F-Wert, über den Sie durch den sogenannten F-Test in Verbindung mit dem Wert für den Freiheitsgrad prüfen können, ob die während der Analyse ermittelten Werte zufällig sind oder nicht.

6. Dem Freiheitsgrad df, anhand dessen Sie die Aussagekraft der Analyse bestimmen können.

7. Der Quadratsumme der Regression ss_{reg}.

8. Der Quadratsumme der Residuen ss_{resid}.

> RKP({1.3,2.10.100};{0.0,5.1.2}) = 9,9796922.1,00475457: Steigung = 9,9796922, Schnittpunkt = 1,00475457

Beispiel

Um die Steigung oder den Schnittpunkt der errechneten Geraden mit der Y-Achse zu ermitteln, kann die Funktion INDEX() verwendet werden.

> INDEX(RKP({1.3,2.10.100};{0.0,5.1.2});1) = 9,9796922 = Steigung der Geraden
> INDEX(RKP({1.3,2.10.100;0.0,5.1.2});2) = 1,00475457 = Schnittpunkt der Geraden mit der y-Achse

Ein Beispiel für die Anwendung dieser Funktion finden Sie auf der Beispieldiskette im Arbeitsbereich GRAPHEN.XLW. Zum Arbeitsbereich

Excel in der Übersicht

gehören die Dateien GRAPHRGP.XLC, GRAPHRKP.XLC, GRAPH-TRE.XLC, GRAPHVAR.XLC und die Tabelle GRAPHEN.XLS, aus der die Diagramme ihre Daten beziehen.

In der Tabelle GRAPHEN.XLS befindet sich ein Bereich mit dem Namen "RPK". In diesem Feldbereich steht ein kleines Beispiel zur Schätzung von Umsätzen mit der Funktion RPK().

Graphisch dargestellt werden sowohl die realistische Umsatzkurve als auch die Kurve, die sich aus den von der Funktion RPK() errechneten Werten zusammensetzt, im Diagramm GRAPHRPK.XLC.

STABW(Zahl1;Zahl2;...)

Diese Funktion liefert als Ergebnis die Standardabweichung aus den angegebenen Werten, wobei das Ergebnis das Maß für die Streuung der Werte ist.

Beispiel

STABW(Z2S4:Z2S5) = 2,8284271, wenn der erste Wert 3 und der zweite Wert 7 ist.
STABW(Umsätze) = 2,8284271, wenn der Bereich Z2S4:5 den Namen "Umsätze" hat.
STABW(5,3,7) = 2

STABWN(Zahl1;Zahl2;...)

Diese Funktion liefert als Ergebnis die Standardabweichung aus den angegebenen Werten, wobei das Ergebnis unter Berücksichtigung des Verfahrens "mit systematischen Fehlern" oder "n" berechnet wird. Diese Funktion geht davon aus, daß die Argumente der Liste die vollständige Grundgesamtheit darstellen.

Beispiel

STABWN(Z2S4:Z2S5) = 2, wenn der erste Wert 3 und der zweite Wert 7 ist.
STABWN(Umsätze) = 2, wenn der Bereich Z2S4:5 den Namen "Umsätze" hat.
STABWN(5,3,7) = 1,6329932

SUMME(Zahl1;Zahl2;...)

Diese Funktion liefert als Ergebnis die Summe aller angegebenen Zahlen.

Beispiel

SUMME(Z2S4:Z2S5) = 10, wenn der erste Wert 3 und der zweite Wert 7 ist.
SUMME(Umsätze) = 10, wenn der Bereich Z2S4:5 den Namen "Umsätze" hat.
SUMME(3,5,6) = 14

Excel in der Übersicht

TREND(Bekannte_y_Werte;Bekannte_x_Werte;Neue_x_Werte)

Diese Funktion liefert als Ergebnis die Werte der Linearkurve nach der Gleichung y=m*x+b, wobei "m" die Steigung der Geraden und "b" der Schnittpunkt mit der Y-Achse ist. Anhand der als Argument "Neue_x_Werte" an die Funktion übergebenen Werte werden dann die entsprechenden Y-Werte errechnet und in Form einer Matrix ausgegeben.

Grundsätzlich arbeitet die Funktion TREND() ähnlich wie die Funktion RGP(). TREND() liefert jedoch direkt die Y-Werte zu den angegebenen neuen X-Werten. RGP() errechnet lediglich die Steigung der Geraden und den Schnittpunkt mit der Y-Achse. Mit diesen beiden Parametern läßt sich dann natürlich sowohl für jeden X-Wert ein Y-Wert als auch für jeden Y-Wert ein X-Wert errechnen.

Um sich auf die einzelnen errechneten Y-Werte zu beziehen, kann die Funktion INDEX() verwendet werden.

Ein Beispiel für die Anwendung dieser Funktion finden Sie auf der Beispieldiskette im Arbeitsbereich GRAPHEN.XLW. In der Tabelle GRAPHEN.XLS befindet sich ein Bereich mit dem Namen "RPK". In diesem Feldbereich steht ein kleines Beispiel zur Schätzung von Umsätzen mit der Funktion RPK().

Grafisch dargestellt werden sowohl die realistische Umsatzkurve als auch die Kurve, die sich aus den von der Funktion RPK() errechneten Werten zusammensetzt, im Diagramm GRAPHRPK.XLC.

INDEX(TREND($P$3:$P$8;{1;2;3;4;5;6};{7;8;9;10;11;12});1)

liefert den ersten Y-Wert der Matrix, in diesem Fall den Y-Wert zum X-Wert 7.

INDEX(TREND($P$3:$P$8;{1;2;3;4;5;6};{7;8;9;10;11;12});2)

liefert den ersten Y-Wert der Matrix, in diesem Fall den Y-Wert zum X-Wert 8.

Ein Beispiel für die Anwendung dieser Funktion finden Sie auf der Beispieldiskette im Arbeitsbereich GRAPHEN.XLW. Zum Arbeitsbereich gehören die Dateien GRAPHRGP.XLC, GRAPHRKP.XLC, GRAPHTRE.XLC, GRAHVAR.XLC und die Tabelle GRAPHEN.XLS, aus der die Diagramme ihre Daten beziehen.

In der Tabelle GRAPHEN.XLS befindet sich ein Bereich mit dem Namen "Trend". In diesem Feldbereich steht ein kleines Beispiel zur Schätzung von Umsätzen mit der Funktion TREND().

Grafisch dargestellt werden sowohl die realistische Umsatzkurve als auch die Kurve, die sich aus den von der Funktion TREND() errechneten Werten zusammensetzt, im Diagramm GRAPHTRE.XLC.

VARIANZ(Zahl1;Zahl2)

Diese Funktion liefert als Ergebnis die Schätzung der Varianz einer Grundgesamtheit anhand einer Stichprobe, die in den Argumenten spezifiziert ist. Diese Funktion geht davon aus, daß die Argumente eine Stichprobe der Grundgesamtheit darstellen.

Beispiel

VARIANZ(Z2S4:Z2S5) = 8, wenn der erste Wert 3 und der zweite Wert 7 ist.
VARIANZ(Umsätze) = 8, wenn der Bereich Z2S4:5 den Namen "Umsätze" hat.
VARIANZ(3,5,6) = 2,333333

VARIANZEN(Zahl1;Zahl2;...)

Diese Funktion liefert als Ergebnis die Varianz einer Grundgesamtheit, wenn sämtliche Daten dafür als Argumente vorliegen.

Beispiel

VARIANZEN(Z2S4:Z2S5) = 4, wenn der erste Wert 3 und der zweite Wert 7 ist.
VARIANZEN(Umsätze) = 4, wenn der Bereich Z2S4:5 den Namen "Umsätze" hat.
VARIANZEN(3,5,6) = 1,555556

VARIATION(Bekannte_y_Werte;Bekannte_x_Werte; Neue_x_Werte)

Diese Funktion liefert als Ergebnis die Werte der Exponentialkurve nach der Gleichung $y=b*m^x$, wobei "m" die Steigung der Geraden und "b" der Schnittpunkt mit der Y-Achse ist. Anhand der als Argument "Neue_x_Werte" an die Funktion übergebenen Werte werden dann die entsprechenden Y-Werte errechnet und in Form einer Matrix ausgegeben.

Grundsätzlich arbeitet die Funktion VARIATION() ähnlich wie die Funktion RKP(). VARIATION() liefert jedoch direkt die Y-Werte, zu den angegebenen neuen X-Werten. RKP() errechnet lediglich die Steigung der Geraden und den Schnittpunkt mit der Y-Achse. Mit diesen beiden Parametern läßt sich dann natürlich sowohl für jeden X-Wert ein Y-Wert als auch für jeden Y-Wert ein X-Wert errechnen.

Um sich auf die einzelnen errechneten Y-Werte zu beziehen, kann die Funktion INDEX() verwendet werden.

Excel in der Übersicht

INDEX(VARIATION($Y$3:$Y$8;$X$3:$X$8;$X$9:$X$12);1)

liefert den ersten Y-Wert der Matrix, in diesem Fall den Y-Wert zum X-Wert in $X$9.

INDEX(VARIATION($Y$3:$Y$8;$X$3:$X$8;$X$9:$X$12);2)

liefert den ersten Y-Wert der Matrix, in diesem Fall den Y-Wert zum X-Wert in XX10.

Ein Beispiel für die Anwendung dieser Funktion finden Sie auf der Beispieldiskette im Arbeitsbereich GRAPHEN.XLW. Zum Arbeitsbereich gehören die Dateien GRAPHRGP.XLC, GRAPHRKP.XLC, GRAPHTRE.XLC, GRAPHVAR.XLC und die Tabelle GRAPHEN.XLS, aus der die Diagramme ihre Daten beziehen.

In der Tabelle GRAPHEN.XLS befindet sich ein Bereich mit dem Namen "Variation". In diesem Feldbereich steht ein kleines Beispiel zur Schätzung von Umsätzen mit der Funktion VARIATION().

Grafisch dargestellt werden sowohl die realistische Umsatzkurve als auch die Kurve, die sich aus den von der Funktion VARIATION() errechneten Werten zusammensetzt, im Diagramm GRAPHVAR.XLC.

Finanzmathematische Funktionen

Alle finanzmathematischen Funktionen werden auf der Beispieldiskette in der Datei FINANZEN.XLS vorgestellt. Über ein Auswahlmenü können Sie sich zum entsprechenden Tabellenbereich bewegen. Die Datei FINANZEN.XLS ist Bestandteil eines Arbeitsbereiches mit dem Namen FINANZEN.XLW. Die Makrovorlage, die benötigt wird, um komfortabel mit der Tabelle arbeiten zu können, trägt den Namen FINANZEN.XLM und wird automatisch geladen, wenn Sie den Arbeitsbereich FINANZEN.XLW öffnen.

BW(Zins;Zzr;Rmz;Zw;F)

Diese Funktion liefert als Ergebnis den Barwert einer Investition. Grundlage sind der Zinssatz (Zins), die Anzahl der Zahlungen (Zzr), der Zahlungsbetrag (Rmz), der zukünftige Wert (Zw) und die Fälligkeit (F). Dabei ist zu beachten, daß der Zinssatz als Dezimalzahl angegeben wird (0,06 = 6%).

Bei Einsatz dieser Funktion ist darauf zu achten, daß für die Argumente "Zins", die Anzahl der Zahlungszeiträume (Zzr) die Angaben der Zeitein-

Excel in der Übersicht

heiten übereinstimmen. So ist bei monatlichen Zahlungen auch der Zinssatz durch 12 zu dividieren.

Ein Beispiel für die Anwendung dieser Funktion finden Sie auf Ihrer Beispieldiskette in der Datei FINANZEN.XLS. In dieser Tabelle werden alle finanzmathematischen Funktionen vorgestellt. Über ein Auswahlmenü können Sie sich zum entsprechenden Tabellenbereich bewegen. Die Datei FINANZEN.XLS ist Bestandteil eines Arbeitsbereiches mit dem Namen FINANZEN.XLW. Die Makrovorlage, die benötigt wird, um komfortabel mit der Tabelle arbeiten zu können, trägt den Namen FINANZEN.XLM und wird automatisch geladen, wenn Sie den Arbeitsbereich FINANZEN.XLW öffnen.

DIA(Kosten;Rest;Dauer;Zr)

Diese Funktion liefert als Ergebnis den Wert der digitalen Abschreibung eines Anlageobjektes über einen bestimmten Zeitraum. Grundlage sind der Anschaffungspreis für das Objekt (Kosten), der Restwert am Ende der Abschreibung (Rest), die Nutzungsdauer des Objektes (Dauer) und der Zeitraum (Zr).

Diese Funktion arbeitet nach der amerikanischen Abschreibungsformel.

Beispiel

DIA(30000;7500;10;1) = 4090,9091 beträgt die digitale Abschreibung im ersten Jahr, wenn das Objekt 30.000,- DM gekostet hat und nach 10 Jahren noch einen Restwert von 7.500,- DM besitzt.

GDA(Kosten;Rest;Dauer;Zr)

Diese Funktion liefert als Ergebnis den Abschreibungswert eines Anlageobjektes über einen bestimmten Zeitraum (Zr) unter Verwendung der geometrisch degressiven Abschreibungsmethode, die auf den Anfangskosten (Kosten), dem Restwert (Rest) und der Nutzungsdauer (Dauer) beruht. Die Argumente müssen alle aus positiven Werten bestehen. Dauer und Zeitraum müssen die gleiche Einheit haben.

Beispiel

KÜRZEN(GDA(4000;1000;1520;1)) = 5 Abschreibungsbetrag am ersten Tag der Nutzung, wenn das Objekt 4.000,- DM kostet, einen Restwert von 1000,- DM hat und über vier Jahre (1.520 Tage) genutzt wird.

IKV(Werte;Schätzwert)

Diese Funktion liefert als Ergebnis den internen Kapitalverzinsungssatz einer Liste von Cashflows, wobei der "Schätzwert" als Vorgabe gleich 0,1

Excel in der Übersicht

also 10% ist. "Schätzwert" ist der Wert, der nach Ihrer Einschätzung dem errechneten Ergebnis sehr nahe kommen sollte. Wenn Sie das Argument "Schätzwert" auslassen, nimmt Excel diese Vorgabe an.

Die Funktion berücksichtigt weder die Finanzierungskosten einer Investition noch die erhaltenen Zinsen für eine Reinvestition der entstandenen Gewinne. Wenn diese Parameter berücksichtigt werden sollen, muß die Funktion QIKV() zur Berechnung des qualifizierten internen Kaptitalverzinsungssatzes verwendet werden.

Excel berechnet den internen Kapitalverzinsungssatz nach einem iterativen Verfahren. Unter Verwendung des Schätzwertes als Grenzwert wiederholt Excel die Berechnung, bis eine Genauigkeit von 0,00001% erreicht ist. Liegt diese Genauigkeit nach der 20. Iteration nicht vor, so liefert IKV als Ergebnis des Fehlerwert "#ZAHL!". In einem solchen Fall sollten Sie es mit einem anderen Schätzwert versuchen. Beachten Sie, daß der Schätzwert eine Dezimalzahl sein muß (0,06 = 6%).

Voraussetzung für die Arbeit mit dieser Funktion ist eine Wertematrix, die mindestens einen positiven und einen negativen Wert aufweist. Da die Reihenfolge der Cashflows Einfluß auf das Ergebnis der Funktion hat, sollten Sie auf die richtige Reihenfolge der Cashflows in der Matrix achten.

KAPZ(Zins;Zr;Zzr;Bw;Zw;F)

Diese Funktion liefert als Ergebnis die Kapitalzahlung in einem gegebenen Zeitraum (Zr) für eine Investition auf der Basis von regelmäßigen, konstanten Zahlungen.

Errechnet wird der Tilgungs- oder Kapitalanteil an einer Monatsrate in einem bestimmten Zeitraum der Abschreibung. Mit KAPZ() können Sie z.B. errechnen, wie sich die Zins-Tilgungsschere einer Hypothek entwickelt und welchen Einfluß dies auf Ihre Steuerbelastung hat.

Beispiel

KAPZ(0,1/12;1;24;2000) = -75,62 Kapitalzahlung im ersten Monat bei einem zweijährigem Darlehen in Höhe von 2.000,- DM, wobei der Zinssatz 10% beträgt.

Excel in der Übersicht

LIA(Kosten;Rest;Dauer)

Diese Funktion liefert als Ergebnis den Wert der linearen Abschreibung eines Anlageobjektes für einen einzigen Zeitraum. Grundlage sind der Anschaffungspreis für das Objekt (Kosten), der Restwert am Ende der Abschreibung (Rest) und die Nutzungsdauer des Objektes (Dauer).

Beispiel

LIA(30000;7500;10) = 2.250 jährliche Abschreibung, wenn das Objekt 30.000,- DM gekostet hat und nach 10 Jahren noch einen Restwert von 7.500,- DM besitzt.

NBW(Zins;Wert1;Wert2;...)

Diese Funktion liefert als Ergebnis den Nettobarwert einer Investition der angegebenen Werte unter Berücksichtigung des Zinssatzes. Der Zinssatz steht für einen Ertrag aus einer alternativen Investition bzw. für die Inflationsrate. Somit sind Sie in der Lage, zwei Investitionen miteinander zu vergleichen bzw. den Ertrag einer Investition zu bereinigen, indem Sie der Investition die Inflationsrate oder eine entgangene, alternative Investition gegenüberstellen.

Für den Zinssatz könnten Sie an dieser Stelle die interne Kapitalverzinsung einer alternativen Investition einsetzen.

QIKV(Werte;Investitionssatz;Reinvestitionssatz)

Diese Funktion liefert als Ergebnis den qualifizierten internen Kapitalverzinsungssatz einer Liste von Cashflows bei vorgegebenem Zinssatz für die Investitionen, der die Finanzierungskosten der negativen Cashflows beschreibt, und der Reinvestitionserträge, die die Reinvestition der positiven Cashflows einbringt.

RMZ(Zins;Zzr;Bw;Zw;F)

Diese Funktion liefert als Ergebnis die regelmäßigen Zahlungen für eine Investition, wobei sich diese aus den Argumenten für den Zinsfuß je Zeitraum (Zins), der Anzahl der Zahlungen (Zzr), dem Barwert (Bw), dem zukünftigen Wert (Zw) und der Fälligkeit (F) zusammensetzt. Verwendet wird diese Funktion im Zusammenhang mit Cashflow-Rechnungen.

Excel in der Übersicht

> **VDB**(Kosten;Rest;Dauer;Zeitraum_Anfang;Zeitraum_Ende;
> Faktor;Nicht_wechseln)

Diese Funktion leistet Ihnen ähnliche Dienste wie die Funktion GDA(). Auch mit VDB() ermitteln Sie den Abschreibungswert eines Objektes in einem Zeitraum der Nutzungsdauer. Aber der Unterschied zur Funktion GDA() besteht darin, daß Sie sich auf Teilzeiträume innerhalb der Nutzungsdauer beziehen können. Es ist also auch möglich, mit dieser Funktion den Abschreibungsbetrag zwischen dem 8. und dem 14. Monat der Nutzungsdauer zu ermitteln.

Das Argument "Kosten" beschreibt den Anschaffungswert des Anlageobjektes, "Rest" gibt an, auf welchen Restwert das Anlageobjekt abgeschrieben werden soll, und "Dauer" gibt letztendlich Auskunft darüber, über welchen Zeitraum die Abschreibung erfolgen soll. Für das Argument "Dauer" können Sie eine Angabe in Jahren, Monaten oder Tagen machen; achten Sie jedoch darauf, daß Sie für die Argumente "Zeitraum_Anfang" und "Zeitraum_Ende" die gleiche Zeiteinheit verwenden.

"Zeitraum_Anfang" beschreibt den ersten Tag, den ersten Monat oder das Jahr des Teilzeitraums, für den ein Abschreibungsbetrag ermittelt werden soll. Das Ende dieses Teilzeitraums wird durch das Argument "Zeitraum_Ende" beschrieben.

VDB(5000;300;10;3;5) liefert also den Abschreibungsbetrag zwischen dem dritten und dem fünften Jahr für ein Anlageobjekt mit einem Anschaffungswert von 5000 DM, das innerhalb von 10 Jahren auf einen Restwert von 300 DM abgeschrieben werden soll.

Das Argument "Faktor" wird, wenn Sie es auslassen, per Voreinstellung auf den Wert 2 gesetzt. Dies ist der Wert für das geometrisch degressive Abschreibungsverfahren. "Faktor" beschreibt die Rate, um die der Restwert nach jeder Abschreibungsperiode vermindert wird. Faktor 2 führt zu einer Verminderung des Restwertes um 20% pro Abschreibungsperiode.

Für das Argument "Nicht_wechseln" kann ein Wahrheitswert angegeben werden, der festlegt, ob das lineare Abschreibungsverfahren verwendet werden soll, wenn dies zu einer höheren Abschreibungsrate führt als das degressive Verfahren. Lassen Sie dieses Argument aus oder setzen Sie dafür den Wahrheitswert FALSCH ein, so wechselt Excel in keinem Fall auf das lineare Verfahren. Die Angabe des Wertes WAHR führt unter den genannten Bedingung zur Verwendung der effektiveren Abschreibungsmethode.

Ein Beispiel für die Anwendung dieser Funktion finden Sie auf Ihrer Beispieldiskette in der Datei FINANZEN.XLS. In dieser Tabelle werden alle

Excel in der Übersicht

finanzmathematischen Funktionen vorgestellt. Über ein Auswahlmenü können Sie sich zum entsprechenden Tabellenbereich bewegen. Die Datei FINANZEN.XLS ist Bestandteil eines Arbeitsbereiches mit dem Namen FINANZEN.XLW. Die Makrovorlage, die benötigt wird, um komfortabel mit der Tabelle arbeiten zu können, trägt den Namen FINANZEN.XLM und wird automatisch mitgeladen, wenn Sie den Arbeitsbereich FINANZEN.XLW öffnen.

ZINS(Zzr;Rmz;Bw;Zw;F;Schätzwert)

Diese Funktion liefert als Ergebnis den Zinssatz für eine Investition, der sich aus den Argumenten für die Anzahl der Zahlungen (Zzr); dem Zahlungsbetrag (Rmz), dem Barwert (Bw), dem zukünftigen Wert (Zw), der Fälligkeit (F) und einem Schätzwert zusammensetzt.

ZINSZ(Zins;Zr;Zzr;Bw;Zw;F)

Diese Funktion liefert als Ergebnis die Zinszahlung in einem bestimmten Zeitraum für eine Investition auf der Basis regelmäßiger, konstanter Zahlungen bei einem konstanten Zinssatz.

Errechnet wird der Zinsanteil an einer Monatsrate in einem bestimmten Zeitraum der Abschreibung. Mit ZINSZ() können Sie z.B. errechnen, wie sich die Zins-Tilgungsschere einer Hypothek entwickelt und welchen Einfluß dies auf Ihre Steuerbelastung hat.

Beispiel

ZINSZ(0,1/12;1;36;8000) = -66,67 Zins des ersten Monats, wenn ein dreijähriges Darlehen in Höhe von 8.000,- DM mit 10% verzinst wird.

ZW(Zins;Zzr;Rmz;Bw;F)

Diese Funktion liefert als Ergebnis den zukünftigen Wert einer Investition, der sich aus den Argumenten für den Zinssatz (Zins), der Zahl der Zeiträume (Zzr), den regelmäßigen Zahlungen (Rmz), dem Barwert (Bw) und der Fälligkeit (F) zusammensetzt. Verwendet wird diese Formel im Zusammenhang mit Cashflow-Rechnungen.

Die Argumente "Barwert" und "Fälligkeit" können auch weggelassen werden, Excel verwendet dann den Wert 0 als Vorgabe für beide Argumente. Das Argument "Barwert" ermöglicht Ihnen jedoch, ein eventuell vorhandenes Guthaben mit in Ihre Darlehensberechnung einzubeziehen, indem Sie den Guthabensbetrag als negativen Barwert angeben.

Excel in der Übersicht

ZZR(Zins;Rmz;Bw;ZwF)

Diese Funktion liefert als Ergebnis die Anzahl der Zahlungen für eine Investition, die sich aus den Argumenten für den Zinssatz (Zins), den regelmäßigen Zahlungen (Rmz), dem Barwert (Bw), dem zukünftigen Wert (Zw) und der Fälligkeit (F) zusammensetzt. Verwendet wird diese Formel im Zusammenhang mit Cashflow-Rechnungen.

Die Argumente "zukünftiger Wert" und "Fälligkeit" können weggelassen werden, Excel verwendet dann als Vorgabe den Wert 0 für beide Argumente.

Logische Funktionen

FALSCH()

Diese Funktion liefert als Ergebnis den logischen Wert FALSCH. Diese Funktion wird in Verbindung mit verschachtelten Funktionen genutzt.

> WENN(Z2S4>=87;FALSCH();WAHR()) = FALSCH, wenn Wert des Feldes kleiner als 87 ist.
> WENN(Z2S9>=87;FALSCH();WAHR()) = WAHR, wenn Wert des Feldes größer oder gleich 87 ist.

Beispiel

NICHT(Wahrheitswert)

Diese Funktion liefert als Ergebnis den umgekehrten Wahrheitswert des Feldes "Wahrheitswert".

> NICHT(3-2=9) = WAHR
> NICHT(4+4=8) = FALSCH

Beispiel

ODER(Wahrheitswert1;Wahrheitswert2;...)

Diese Funktion liefert als Ergebnis den logischen Wert WAHR, wenn mindestens einer der Werte in der Liste WAHR ist. Ist dies nicht der Fall, wird der logische Wert FALSCH ausgegeben.

> ODER(3/3=2;4+5=9;9-8=2) = WAHR, da 4+5=9 wahr ist.
> ODER(3/3=2;4+5=7;9-8=2) = FALSCH, da kein Ergebnis wahr ist.

Beispiel

Excel in der Übersicht

> **UND(Wahrheitswert1;Wahrheitswert2;...)**

Diese Funktion liefert als Ergebnis den logischen Wert WAHR, wenn alle Werte in der Liste WAHR sind. Ist dies nicht der Fall, wird der logische Wert FALSCH ausgegeben.

Beispiel
UND(3+3=6;2-3=-1) = WAHR, da alle Werte wahr sind.
UND(3+3=6;2-3=0) = FALSCH, da 2-3=0 falsch ist.

> **WAHR()**

Diese Funktion liefert als Ergebnis den logischen Wert WAHR. Sie wird im Zusammenhang mit verschachtelten Funktionen benutzt.

Beispiel
WENN(Z2S4>=87;FALSCH();WAHR()) = FALSCH, wenn Wert des Feldes kleiner als 87 ist.
WENN(Z2S9>=87;FALSCH();WAHR()) = WAHR, wenn Wert des Feldes größer oder gleich 87 ist.

> **WENN(Wahrheitsprüfung;Dann_Wert;Sonst_Wert)**

Diese Funktion liefert als Ergebnis den Dann_Wert, wenn die Wahrheitsprüfung den logischen Wert WAHR ergibt. Haben Sie keinen Dann_Wert definiert, wird der Wahrheitswert WAHR ausgegeben. Ist der logische Wert FALSCH, wird als Ergebnis der Sonst_Wert ausgegeben. Haben Sie keinen Sonst_Wert definiert, wird der Wahrheitswert FALSCH ausgegeben.

Beispiel
WENN(NOTE>=5;"FERNSEHVERBOT";"TASCHENGELD")
WENN(A4>4000;=A4-50)

Informationsfunktionen

> **BEREICHE(Bezug)**

Diese Funktion liefert als Ergebnis die Anzahl der im Bezug enthaltenen Bereiche. Der Bezug kann sich auf ein einzelnes Feld oder einen Mehrfachbereich beziehen.

Beispiel
BEREICHE(Preise) = 3, wenn sich der Name "Preise" auf drei Bereiche wie z.B. E2, E4:E5 und E8 bezieht.

Ein Beispiel für die Anwendung dieser Funktion finden Sie auf Ihrer Beispieldiskette in der Tabelle INFOS.XLS. In dieser Tabelle gibt es einen Bereich mit dem Namen "Bereiche". In diesem Bereich finden Sie das im Text erläuterte Beispiel wieder.

Excel in der Übersicht

INDIREKT(Bezugs_Text;Bezugstyp)

Diese Funktion liefert als Ergebnis den Inhalt des Feldes aus seinem Bezug.

> INDIREKT(B10) = 5, wenn Feld B10 den Text C7 und Feld C7 den Wert 5 enthält

Beispiel

Ein Beispiel für die Anwendung dieser Funktion finden Sie auf Ihrer Beispieldiskette in der Tabelle INFOS.XLS. In dieser Tabelle gibt es einen Bereich mit dem Namen "Indirekt". In diesem Bereich werden Ergebnisse der Funktion INDIREKT() ausgegeben oder in Funktionen weiterverwendet.

ISTBEZUG(Wert)

Diese Funktion liefert als Ergebnis den logischen Wert WAHR, wenn der Wert ein Bezug ist; Wenn nicht, liefert die Funktion den logischen Wert FALSCH.

ISTFEHL(Wert)

Diese Funktion liefert als Ergebnis den logischen Wert WAHR, wenn der Inhalt des Feldes aus einer Fehlermeldung (außer #NV) besteht; wenn nicht, liefert die Funktion den logischen Wert FALSCH.

> ISTFEHL(Z2S6) = WAHR, wenn Wert des Feldes DIV/0! ist.
> ISTFEHL(Z1S8) = FALSCH, wenn Wert des Feldes eine Zahl, Text oder eine Formel ist.

Beispiel

ISTFEHLER(Wert)

Diese Funktion liefert als Ergebnis den logischen Wert WAHR, wenn der Inhalt des Feldes aus einer Fehlermeldung (z.B. DIV/0!) besteht. Handelt es sich bei der Fehlermeldung jedoch um den Wert NV!, so ist das Ergebnis der logische Wert FALSCH.

> ISTFEHLER(Z2S6) = WAHR, wenn Wert des Feldes DIV/0! ist.
> ISTFEHLER(Z2S9) = FALSCH, wenn Wert des Feldes NV! ist.

Beispiel

ISTKTEXT(Wert)

Diese Funktion liefert als Ergebnis den logischen Wert WAHR, wenn der Inhalt des Feldes keinen Text enthält. Ist dies nicht der Fall, so wird der logische Wert FALSCH ausgegeben.

Excel in der Übersicht

Beispiel

ISTKTEXT("DATA BECKER") = FALSCH
ISTKTEXT(Z3S6) = FALSCH, wenn Wert des Feldes Data Becker ist.
ISTKTEXT(Z4S13) = WAHR, wenn Wert des Feldes 56 ist.

ISTLEER(Wert)

Diese Funktion liefert als Ergebnis den logischen Wert WAHR, wenn der Inhalt des Feldes bzw. des Bereiches leer ist. Ist dies nicht der Fall, so wird der logische Wert FALSCH ausgegeben.

Beispiel

ISTLEER(Z3S5) = WAHR, wenn Feld leer ist.
ISTLEER(Z5S6:9) = WAHR, wenn Bereich leer ist.
ISTLEER(HARALD) = WAHR, wenn Bereich mit Namen Harald leer ist.
ISTLEER(MARKUS) = FALSCH, wenn Bereich mit Namen Markus Werte enthält.

ISTLOG(Wert)

Diese Funktion liefert als Ergebnis den logischen Wert WAHR, wenn der Inhalt des Feldes aus einem logischen Wert besteht. Ist dies nicht der Fall, so wird der logische Wert FALSCH ausgegeben.

Beispiel

ISTLOG(Z2S5) = WAHR, wenn Wert des Feldes FALSCH ist.
ISTLOG(Z3S7) = WAHR, wenn Wert des Feldes WAHR ist.
ISTLOG(Z1S9) = FALSCH, wenn Wert des Feldes 15 ist.

ISTNV(Wert)

Diese Funktion liefert als Ergebnis den logischen Wert WAHR, wenn der Inhalt des Feldes aus dem Fehlerwert #NV besteht. Ist dies nicht der Fall, so wird der logische Wert FALSCH ausgegeben.

Beispiel

ISTNV(Z4S7) = WAHR, wenn Wert des Feldes #NV ist.
ISTNV(Z7S2) = FALSCH, wenn Wert des Feldes #DIV/0 ist.
ISTNV(Z5S5) = FALSCH, wenn Wert des Feldes 34 ist.

ISTTEXT(Wert)

Diese Funktion liefert als Ergebnis den logischen Wert WAHR, wenn ein Feld einen Text enthält. Ist dies nicht der Fall, so wird der logische Wert FALSCH ausgegeben.

Beispiel

ISTTEXT("DATA BECKER") = WAHR
ISTTEXT(Z3S6) = WAHR, wenn Wert des Feldes Data Becker ist.
ISTTEXT(Z4S13) = FALSCH, wenn Wert des Feldes 56 ist.

ISTZAHL(X)

Diese Funktion liefert als Ergebnis den logischen Wert WAHR, wenn ein Feld einen numerischen Wert enthält. Ist dies nicht der Fall, so wird der logische Wert FALSCH ausgegeben.

> ISTZAHL(23) = WAHR
> ISTZAHL(Z3S6) = WAHR, wenn Wert des Feldes die Formel SUMME(Z3S6:9) ist.
> ISTZAHL(Z7S4) = FALSCH, wenn Wert des Feldes NV! ist.

Beispiel

N(Wert)

Diese Funktion liefert als Ergebnis den numerischen Wert des Feldes, wobei eine Zahl gleich bleibt, der logische Wert WAHR in eine 1 umgewandelt und alles andere als eine Null ausgegeben wird.

> N(B3) = 6, wenn das Feld den Wert 6 enthält.
> N(B4) = 1, wenn das Feld den logischen Wert WAHR enthält.
> N(C8) = 0, wenn das Feld einen Text enthält.

Beispiel

NV()

Diese Funktion liefert als Ergebnis den Fehlerwert #NV (Wert ist nicht verfügbar). Diese Funktion wird genutzt, um Leerfelder zu kennzeichnen, die nicht in die Berechnung mit einbezogen werden sollen. Bezieht sich eine Funktion auf einen Bereich, der ein Feld mit dem Inhalt #NV enthält, so wird als Ergebnis der Wert #NV geliefert.

SPALTE(Bezug)

Diese Funktion liefert als Ergebnis die im Bezug enthaltenen Spaltennummern. Wird ein Bereich angegeben, so erfolgt die Ausgabe der Spaltennummern als horizontale Matrix.

> SPALTE(A1) = 1
> SPALTE(A1:D3) = 1.2.3.4

Beispiel

SPALTEN(Matrix)

Diese Funktion liefert als Ergebnis die Anzahl der in der Matrix enthaltenen Spalten.

> SPALTEN(A1:D3) = 4
> SPALTEN({1.2.3;4.5.6}) = 3

Beispiel

Excel in der Übersicht

T(Wert)

Diese Funktion liefert als Ergebnis den Textwert des angegebenen Wertes.

Beispiel

T(A3) = "", wenn Feld A3 eine Zahl enthält.
T(G6) = "Data Becker", wenn Feld G6 den Text "Data Becker" enthält.
T(FALSCH) = ""
T("FALSCH") = "FALSCH"

TYP(Wert)

Diese Funktion liefert als Ergebnis den Datentyp des angegebenen Wertes, wobei der Wert Zahl dem Typ "1", der Wert Text dem Typ "2", der Wert Wahrheitswert der Typ 4, dem Wert Fehlerwert der Wert 16 und dem Wert Matrix der Typ 64 entspricht.

Beispiel

TYP(A1) = 2, wenn Inhalt des Feldes ein Text ist.
TYP(2/0) = 16, da Wert gleich Fehlerwert #DIV/0 ist.

ZEILE(Bezug)

Diese Funktion liefert als Ergebnis die im Bezug enthaltenen Zeilennummern. Wird ein Bereich angegeben, so erfolgt die Ausgabe der Zeilen als vertikale Matrix.

Beispiel

ZEILE(A1) = 1
ZEILE(A5:D6) = {5.6}

ZEILEN(Matrix)

Diese Funktion liefert als Ergebnis die Anzahl der Zeilen in der Matrix.

Beispiel

ZEILEN(A1:C4) = 4
ZEILEN({1.2.3;4.5.6}) = 2

ZELLE(Infotyp;Bezug)

Diese Funktion liefert als Ergebnis Informationen über Formatierung, Position oder Inhalt des oberen, linken Feldes im Bezug. Ist der Bezug ein Mehrfachbezug, so liefert FELD den Fehlerwert #WERT!.

Infotyp

Breite   Spaltenbreite der Zelle (abgerundet).

Excel in der Übersicht

Zeile   Entspricht der Zeilenzahl im Bezug.

Spalte   Entspricht der Spaltenzahl im Bezug.

Schutz   Zelle gesperrt = WAHR (1); Zelle nicht gesperrt = FALSCH (0).

Adresse   Der Bezug des ersten Feldes im Bezug als Text.

Inhalt   Der im Bezug enthaltene Wert.

Format   Textwert entsprechend dem Zahlenformat. Wenn für negative Werte eine andere Farbe gewählt wird, so erscheint ein Bindestrich am Ende des Textes. Wenn negative Werte in Klammern dargestellt werden, erscheint "()" am Ende des Textes.

In der folgenden Liste sehen Sie alle Textwerte mit den entsprechenden Formatcodes:

```
"G"  = Standard
"F0" = 0 oder #.##0
".0" = #.##0
"F2" = 0,00 oder #.##0,00
".2" = #.##0,00
"C0" = DM#.##0 ;-DM#.##0
"C0-" = DM#.##0;[rot]-DM#.##0
"C2" = DM#.##0,00;-DM#.##0,00
"C2-" = DM#.##0,00;[rot]-DM#.##0,00
"P0" = 0%
"P2" = 0,00%
"S2" = 0,00E+00
"G"  = # ?/? ooder # ??/??
"D4" = T.MM.JJ oder T.MM.JJ h:mm
"D1" = T.MMM JJ
"D2" = T.MMM
"D3" = MMM JJ
"D7" = h:mm AM/PM
"D6" = h:mm:ss AM/PM
"D9" = h:mm
"D8" = h:mm:ss
```

Vorspann Textwert entsprechend dem Beschriftungsvorspann der Zelle = "'" linksbündig angeordneter Text; '"' rechtsbündig angeordneter Text; "^" zentrierter Text; "" leerer Text bzw. Zelle nicht mit Text belegt.

Farbe   Die "1", wenn negative Werte farbig dargestellt werden, ansonsten "0".

Dateiname Der Name der Datei, in dem die durch "Bezug" angegebene Zelle enthalten ist. Sie erhalten einen leeren Text (""), wenn

Excel in der Übersicht

die entsprechende Datei zuvor noch nicht gespeichert worden ist.

Klammern   Die "1", wenn nur positive oder alle Werte in Klammern dargestellt werden, ansonsten "0".

Typ   Textwert, der dem Datentyp entspricht.

"b", wenn die Zelle leer ist.
"1", wenn die Zelle eine Textkonstante enthält.
"v", wenn die Zelle etwas anderes enthält.

Ein Beispiel für die Anwendung dieser Funktion finden Sie auf Ihrer Beispieldiskette in der Tabelle INFOS.XLS. In dieser Tabelle gibt es einen Bereich mit dem Namen "Zelle". In diesem Bereich finden Sie ein Beispiel, in dem mehrere Felder auf ihre Attribute hin untersucht werden.

Matrixfunktionen

MDET(Matrix)

Diese Funktion liefert als Ergebnis die Determinante der Matrix. Voraussetzung ist, daß die Matrix quadratisch ist und Zahlen enthält. Die Matrix-Determinante ist eine Zahl, die aus den Werten der Matrix berechnet wird. MDET() liefert den Fehlerwert #WERT!, wenn die angegebene Matrix nicht quadratisch ist oder leere Felder enthält.

Beispiel

MDET(D2:F4)   Formel:
D2*(E3*F4-E4*F3) +D3*(E4*F2-E2*F4) +D4*(E2*F3-E3*F2)

MINV(Matrix)

Diese Funktion liefert als Ergebnis die Inverse der Matrix. Voraussetzung ist, daß die Matrix quadratisch ist und Zahlen enthält. Das Produkt aus einer Matrix und ihrer Inversen ist die Einheitsmatrix, d.h. eine quadratische Matrix, in der die Werte in der Diagonalen alle gleich 1 und alle anderen Werte gleich 0 sind.

Beispiel

MINV(B2,C3) = {0.,5;-1.2}, wenn das Feld B2 den Wert 4, Feld B3 den Wert 2, Feld C2 den Wert -1 und Feld C3 den Wert 0 enthält

MMULT(Matrix1;Matrix2)

Diese Funktion liefert als Ergebnis das Produkt der beiden Matrizen. Voraussetzung ist, daß die Matrizen quadratisch sind und Zahlen enthalten.

Excel in der Übersicht

MTRANS(Matrix)

Diese Funktion liefert als Ergebnis den transponierten Inhalt der Matrix. Zur Bildung der transponierten Matrix wird die erste Zeile der Matrix als erste Spalte der neuen Matrix verwendet, die zweite Zeile der Matrix als zweite Spalte usw.

Textfunktionen

CODE(Text)

Diese Funktion liefert als Ergebnis den ASCII-Code des ersten Zeichens des angegebenen Textes.

    CODE("Harald Frater") = 72 (ASCII-Code von H)   *Beispiel*

DM(Zahl;Dezimalstellen)

Diese Funktion liefert als Ergebnis einen Text mit Währungsformat, wobei der Wert "Zahl" als Basis zugrundeliegt. Die Rundung erfolgt auf die durch das Argument "Dezimalstellen" angegebene Stellenanzahl. Werden keine Dezimalstellen angegeben, so erfolgt die Ausgabe standardmäßig mit zwei Stellen hinter dem Komma. Dem Text wird rechts ein Leerzeichen und das Währungssymbol angehängt.

    DM(56,3457) = 56,34 DM
    DM(-2;2) = 2,00 DM   *Beispiel*
    DM(0;5) =0,00000 DM

ERSETZEN(Alter_Text;Beginn;Anzahl_Zeichen;Neuer_Text)

Diese Funktion liefert als Ergebnis einen Text, der auf einem alten Text basiert, wobei die angegebene Anzahl von Zeichen ab der genannten Position durch einen neuen Text ersetzt wurde.

    ERSETZEN("DURCH";1;1;"L") = LURCH
    ERSETZEN("SCHWAMMUNG";6;2;"NK") = SCHWANKUNG   *Beispiel*

FEST(Zahl;Dezimalstellen)

Diese Funktion liefert als Ergebnis die auf die angegebenen Dezimalstellen gerundete Zahl als Text. Der Wert für die Dezimalstellen muß kleiner als 127 sein, wobei negative Werte eine Rundung links vom Komma ver-

Excel in der Übersicht

anlassen. Das Ergebnis dieser Funktion ist keine Zahl, d.h. kein numerischer Wert mehr. Mit dem Ergebnis kann also auch nicht mehr gerechnet werden.

Beispiel

FEST(234,7899;1) = 234,7
FEST(234,7899;-1) = 230
FEST(644,7899;-3) = 1000

FINDEN(Suchtext;Text;Beginn)

Diese Funktion liefert als Ergebnis die Position des Zeichens, bei dem der Suchtext zum ersten Mal auftritt. Das erste Zeichen in "Text" hat die Nummer 1. Mit dem Argument "Beginn" können Sie festlegen, an welcher Position in "Text" mit der Suche begonnen werden soll. Lassen Sie das Argument "Beginn" aus, so wird bei Position 1 begonnen. Ist der angegebene Suchtext in "Text" nicht enthalten, wird der Fehlerwert WERT! ausgegeben.

Beispiel

FINDEN("F";"Harald Frater") = 8
FINDEN("Y";"Banane") = WERT!
FINDEN("e";"Freiheitsstatue";5) = 6

GLÄTTEN(Text)

Diese Funktion liefert als Ergebnis einen Text, wobei unnötige Leerstellen im Argument "Text" entfernt wurden. Als "unnötige Leerstellen" versteht Excel Leerstellen vor dem Beginn des ersten Wortes oder mehrere Leerstellen zwischen zwei Wörtern.

Beispiel

GLÄTTEN("   Harald   Frater   ") = "Harald Frater"

GROSS(Text)

Die Funktion liefert als Ergebnis eine Zeichenfolge, die ausschließlich aus Großbuchstaben besteht. Das Argument "Text" kann dabei aus Groß- bzw. Kleinbuchstaben oder einer Kombination aus beiden bestehen. Enthält das Argument numerische Werte, so erfolgt die Ausgabe des Fehlerwertes WERT!.

Beispiel

GROSS("Data Becker") = "DATA BECKER"
GROSS("DATA BECKER") = "DATA BECKER"
GROSS(345) = WERT!

GROSS2(Text)

Diese Funktion liefert als Ergebnis einen Text, wobei der erste Buchstabe und alle Buchstaben hinter einem Leerzeichen in Großbuchstaben umgewandelt wurden.

> GROSS2(das große Buch zu excel) = Das Große Buch Zu Excel

Beispiel

IDENTISCH(Text1;Text2)

Diese Funktion vollzieht eine Prüfung, ob die angegebenen Texte untereinander identisch sind. Als Ergebnis wird der logische Wert WAHR geliefert, wenn die Texte übereinstimmen, ansonsten wird der logische Wert FALSCH geliefert.

> IDENTISCH("HARALD";"HARALD") = WAHR
> IDENTISCH("Data Becker";"Data becker") = FALSCH

Beispiel

KLEIN(Text)

Diese Funktion liefert als Ergebnis eine Zeichenfolge, die ausschließlich aus Kleinbuchstaben besteht. Das Argument "Text" kann dabei aus Groß- bzw. Kleinbuchstaben oder aus einer Kombination zwischen beiden bestehen. Enthält das Argument numerische Werte, so erfolgt die Ausgabe der Fehlermeldung WERT!.

> KLEIN("Data Becker") = "data becker"
> KLEIN("data becker") = "data becker"
> KLEIN(243) = WERT!

Beispiel

LÄNGE(Text)

Diese Funktion liefert als Ergebnis die Anzahl der Zeichen im angegebenen Text.

> LÄNGE("Computer") = 8
> LÄNGE(Z2S6) = 8, wenn im angegebenen Feld z.B. das Wort "Computer" steht.

Beispiel

LINKS(Text;Anzahl_Zeichen)

Diese Funktion liefert als Ergebnis die angegebene Anzahl von Zeichen ab dem Beginn des Textes. "Anzahl_Zeichen" muß größer 0 sein. Ist "Anzahl_Zeichen" größer als die Anzahl der Zeichen im gesamten Text, wird der Text vollständig ausgegegeben. Ist der Inhalt des Feldes ein nu-

Excel in der Übersicht

merischer Wert, so wird der Fehlerwert WERT! ausgegeben. Wenn Sie das Argument "Anzahl_Zeichen" auslassen, wird nur das äußerst linke Zeichen des Textes ausgegeben.

Beispiel

LINKS("Computer";4) = "Comp"
LINKS(Z2S4;Z3S2) = "Comp", wenn im Feld Z2S4 das Wort Computer und im Feld Z3S2 der numerische Wert 4 steht.
LINKS(Z17S23) = WERT!, wenn das Feld eine Zahl enthält.

RECHTS(Text;Anzahl_Zeichen)

Diese Funktion liefert als Ergebnis die mit "Anzahl_Zeichen" definierte Anzahl von Zeichen ab dem Ende der im Argument "Text" angegebenen Zeichenfolge. "Anzahl_Zeichen" muß größer 0 sein. Ist "Anzahl_Zeichen" größer als die Anzahl der Zeichen im gesamten Text, wird der Text vollständig ausgegegeben. Ist der Inhalt des Feldes ein numerischer Wert, so wird der Fehlerwert WERT! ausgegeben. Wenn Sie das Argument "Anzahl_Zeichen" auslassen, wird nur das äußerst rechte Zeichen des Textes ausgegeben.

Beispiel

RECHTS("Computer";5) = "puter"
RECHTS(Z2S4;Z3S2) = "puter", wenn im Feld Z2S4 das Wort Computer und im Feld Z3S2 der numerische Wert 5 steht.
RECHTS(Z17S23) = WERT!, wenn der Inhalt des Feldes eine Zahl ist.

SÄUBERN(Text)

Diese Funktion löscht alle Steuerzeichen aus dem angegebenen Text. Wenn Sie mehrere Zeilen aus einer Textverarbeitung kopieren oder ausschneiden und in ein Feld einer Excel-Tabelle einfügen, kann es vorkommen, daß der kopierte Text Steuerzeichen (wie z.B. für einen Absatz) enthält. Diese Steuerkennzeichen werden von Excel als senkrechter Strich im Feld dargestellt. Mit der Funktion SÄUBERN() können Sie solche Steuerzeichen aus den Feldern entfernen.

SUCHEN(Suchtext;Text;Beginn)

Diese Funktion liefert als Ergebnis die Position des Zeichens, bei dem der Suchtext ab der mit "Beginn" definierten Position zum ersten Mal in "Text" auftritt. "Suchtext" kann auch die Wildcards "*" und "?" enthalten. Tritt der Suchtext nicht im Text auf, wird der Fehlerwert WERT! ausgegeben. Wenn Sie das Argument "Beginn" auslassen, wird der gesamte Text durchsucht.

Excel in der Übersicht

SUCHEN("omp";"Computer") = 2
SUCHEN("p*";"Computer") = 4
SUCHEN(Z17S23) = WERT!, wenn der Inhalt des Feldes eine Zahl ist.

Beispiel

TEIL(Text;Beginn;Anzahl_Zeichen)

Diese Funktion liefert als Ergebnis einen Teil des angegebenen Textes, wobei der Teil durch die Anfangsposition "Beginn" und "Anzahl_Zeichen" definiert ist. Ist der Wert für "Beginn" größer als die Länge der Zeichenfolge oder ist "Anzahl_Zeichen" gleich Null, so wird kein Textteil geliefert. Die Eingabe eines negativen Wertes für die Länge führt zur Ausgabe des Fehlerwertes WERT!.

TEIL("Computer";4;2) = "pu"
TEIL("Computer";3;-2) = WERT!

Beispiel

TEXT(Wert;Textformat)

Diese Funktion wandelt den "Wert" in Text um und verwendet dafür das angegebene Textformat. Das Textformat muß ein mit dem Befehl "Zahlenformat..." formatierter Text sein; das Textformat darf weder einen Stern (*) enthalten noch "Standard" sein.

TEXT(3,4567;"0,00 DM") = 3,46 DM
TEXT("29.01.1991";"T.MMM.JJJJ") = 29. Januar 1991

Beispiel

WECHSELN(Text;Alter_Text;Neuer_Text;Anzahl)

Diese Funktion liefert als Ergebnis den mit dem Argument "Text" angegebenen Text. Innerhalb dieses Textes werden von der Funktion WECHSELN() alle Zeichen, die dem Argument "Alter_Text" entsprechen, durch die Zeichen ersetzt, die als "Neuer_Text" angegeben wurden. Wird die Anzahl mit angegeben, so wird der Text erst ab dem angegebenen Mal ersetzt.

WECHSELN("Auto Becker";"Auto";"Data") = "Data Becker"
WECHSELN("PARTY";"Y";"EI";2) = "PARTY".
WECHSELN("HAPPY PARTY";"Y";"EI";2) = "HAPPY PARTEI"

Beispiel

WERT(Text)

Diese Funktion liefert als Ergebnis eine Zahl, die im "Text" dargestellt wird. "Text" muß die Zahl in der gleichen Darstellung enthalten, wie sie durch Anwendung eines der Formatcodes aufbereitet wird. Dabei kann der "Text" Minuszeichen, Exponentenschreibweise oder auch ein Wäh-

Excel in der Übersicht

rungssymbol enthalten. Enthält der "Text" mehrere Kommata oder Buchstaben, so erfolgt die Ausgabe des Fehlerwertes WERT!.

Beispiel

WERT("1E1") = 10
WERT("20 DM") = 20
WERT("-2,3") = -2,3
WERT("-2,,3") = WERT!

WIEDERHOLEN(Text;Multiplikator)

Diese Funktion liefert als Ergebnis eine Zeichenfolge des Textes "Text" mit der in "Multiplikator" definierten Länge.

Beispiel

WIEDERHOLEN("-";10) = ----------
WIEDERHOLEN("*";5) = *****
WIEDERHOLEN("Wau";2) = WauWau

ZEICHEN(Zahl)

Diese Funktion liefert als Ergebnis das Zeichen, dessen ASCII-Code mit "Zahl" definiert ist.

Beispiel

ZEICHEN(77) = "M"
ZEICHEN(109) = "m"

Datenbankfunktionen

Eine detaillierte Erläuterung der Datenbankfunktionen finden Sie in Kapitel 12.13.

DBANZAHL(Datenbank;Feld;Suchkriterien)

Diese Funktion liefert als Ergebnis die Anzahl der Zahlen im angegebenen Feld derjenigen Datensätze der Datenbank, die die Suchkriterien erfüllen.

DBANZAHL2(Datenbank;Feld;Suchkriterien)

Diese Funktion liefert als Ergebnis die Anzahl der nicht-leeren Felder im angegebenen Feld derjenigen Datensätze der Datenbank, die die Suchkriterien erfüllen.

DBAUSZUG(Datenbank;Feld;Suchkriterien)

Diese Funktion liefert einen einzigen Feldeintrag aus der Datenbank. Durch die Argumente der Funktion geben Sie an, in welcher Datenbank gesucht, welche Suchkriterien ausgewertet und welcher Feldinhalt von der Funktion ausgegeben werden sollen.

Wenn kein Datensatz den Suchkriterien entspricht, liefert diese Funktion den Fehlerwert #WERT!. Entspricht mehr als ein Datensatz den formulierten Suchkriterien, so erhalten Sie den Fehlerwert #ZAHL!.

DBMAX(Datenbank;Feld;Suchkriterien)

Diese Funktion liefert als Ergebnis die größte Zahl im angegebenen Feld derjenigen Datensätze der Datenbank, die die Suchkriterien erfüllen.

DBMIN(Datenbank;Feld;Suchkriterien)

Diese Funktion liefert als Ergebnis die kleinste Zahl im angegebenen Feld derjenigen Datensätze der Datenbank, die die Suchkriterien erfüllen.

DBMITTELWERT(Datenbank;Feld;Suchkriterien)

Diese Funktion liefert als Ergebnis den Mittelwert der Zahlen im angegebebenen Feld derjenigen Datensätze der Datenbank, die die Suchkriterien erfüllen.

DBPRODUKT(Datenbank;Feld;Suchkriterien)

Diese Funktion liefert als Ergebnis das Produkt der Zahlen im angegebenen Feld derjenigen Datensätze der Datenbank, die die Suchkriterien erfüllen.

DBSTDABW(Datenbank;Feld;Suchkriterien)

Diese Funktion liefert als Ergebnis die Standardabweichung durch Schätzung aus einer Stichprobe unter Verwendung der Zahlen im angegebebenen Feld derjenigen Datensätze der Datenbank, die die Suchkriterien erfüllen.

Excel in der Übersicht

> **DBSTABWN**(Datenbank;Feld;Suchkriterien)

Diese Funktion liefert als Ergebnis die Standardabweichung einer Grundgesamtheit unter Verwendung der Zahlen im angegebenen Feld derjenigen Datensätze der Datenbank, die die Suchkriterien erfüllen.

> **DBSUMME**(Datenbank;Feld;Suchkriterien)

Diese Funktion liefert als Ergebnis die Summe der Zahlen im angegebenen Feld derjenigen Datensätze der Datenbank, die die Suchkriterien erfüllen.

> **DBVARIANZ**(Datenbank;Feld;Suchkriterien)

Diese Funktion liefert als Ergebnis die Varianz durch Schätzung aus einer Stichprobe unter Verwendung der Zahlen im angegebenen Feld derjenigen Datensätze der Datenbank, die die Suchkritereien erfüllen.

> **DBVARIANZEN**(Datenbank;Feld;Suchkriterien)

Diese Funktion liefert als Ergebnis die Varianz einer Grundgesamtheit unter Verwendung der Zahlen im angegebenen Feld derjenigen Datensätze der Datenbank, die die Suchkriterien erfüllen.

Datums- und Zeitfunktionen

> **DATUM**(Jahr;Monat;Tag)

Diese Funktion liefert als Ergebnis die dem angegebenen Datum entsprechende serielle Zahl. Dies ist eine ganze Zahl aus dem Bereich zwischen 0 und 65.380. Der Berechnung liegt der Zeitraum zwischen dem 1.1.1900 (0) und dem 31.12.2078 (65.380) zugrunde.

Beispiel

DATUM(1988;11;27) = 32474
DATUM(1988;11;27)-DATUM(1988;11;20) = 7

> **DATWERT**(Datumstext)

Diese Funktion liefert als Ergebnis eine serielle Datumszahl, der eine Zeichenfolge zugrundeliegt, die in jedem beliebigen Excel-Datumsformat formatiert sein kann. Lassen Sie im Datumstext die Jahresangabe aus, so verwendet Excel zur Umsetzung des Textes in die serielle Zahl die Jahresangabe, die vom Systemdatum Ihres Rechners geliefert wird. Eventuelle Zeitangaben im Datumstext werden ignoriert.

> DATWERT("27.11.88") = 32474
> DATWERT("27.11.88")-DATWERT("20.11.88") = 7
> DATWERT("6.Okt") =33152, wenn das Systemdatum auf 1990 gesetzt ist.

Beispiel

HEUTE()

Diese Funktion liefert als Ergebnis das aktuelle Datum, wenn die Tabelle neu berechnet wurde. Ausgegeben wird eine serielle Zahl, die für das Datum im Bereich zwischen 0 (1.1.1900) und 65.380 (31.12.2078) liegt.

> HEUTE() = 32474,031 wenn das aktuelle Datum der 04.04.1991 ist.

Beispiel

JAHR(Serielle_Zahl)

Diese Funktion liefert als Ergebnis eine Jahresangabe aus der angegebenen, seriellen Zahl. Die Jahresangabe ist eine ganze Zahl aus dem Bereich zwischen 1.900 und 2.078.

> JAHR(31654) = 1986
> JAHR(JETZT()) = 1990, wenn das Systemdatum Ihres Rechners auf 1990 gesetzt ist.

Beispiel

JETZT()

Diese Funktion liefert als Ergebnis das aktuelle Datum und die aktuelle Zeit, wenn die Tabelle neu berechnet wurde. Ausgegeben wird eine serielle Zahl, die für das Datum im Bereich zwischen 0 (1.1.1900) und 65.380 (31.12.2078) und für die Zeit im Bereich zwischen 0 (0:00:00) und 0,999 (23:59:59) liegt.

> JETZT() = 32474,031 wenn das aktuelle Datum der 27.11.1988 und die aktuelle Zeit 20:23:49 ist.

Beispiel

MINUTE(Serielle_Zahl)

Diese Funktion liefert als Ergebnis eine Minutenangabe aus der angegebenen, laufenden Zahl. Die Minutenangabe ist eine ganze Zahl aus dem Bereich zwischen 0 und 59.

Excel in der Übersicht

Beispiel
MINUTE("20:23:30") = 23
MINUTE(JETZT()) = 12, wenn die aktuelle Systemzeit Ihres Rechners den Wert 13:12:00 liefert.

MONAT(Serielle_Zahl)

Diese Funktion liefert als Ergebnis eine Monatsangabe aus der angegebenen, laufenden Zahl. Die Monatsangabe ist eine ganze Zahl aus dem Bereich zwischen 1 und 12.

Beispiel
MONAT(DATUM(1988;11;27)) = 11
MONAT(JETZT()) = 9, wenn das Systemdatum auf den Monat September eingestellt ist.

SEKUNDE(Serielle_Zahl)

Diese Funktion liefert als Ergebnis eine Sekundenangabe aus der angegebenen, laufenden Zahl. Die Sekundenangabe ist eine ganze Zahl aus dem Bereich zwischen 0 und 59.

Beispiel
SEKUNDE(ZEIT(20;23;39)) = 39
SEKUNDE(JETZT()) = 44, wenn die Systemzeit Ihres Rechners die Uhrzeit 19:03:44 liefert.

STUNDE(Serielle_Zahl)

Diese Funktion liefert als Ergebnis eine Stundenangabe aus der angegebenen, laufenden Zahl. Die Stundenangabe ist eine ganze Zahl aus dem Bereich zwischen 0 und 23.

Beispiel
STUNDE(ZEIT(20;23;39)) = 20
STUNDE(JETZT()) = 14, wenn die Systemzeit Ihres Rechners die Uhrzeit 14:35:00 liefert.

TAG(Serielle_Zahl)

Diese Funktion liefert als Ergebnis eine Tagesangabe aus der angegebenen, laufenden Zahl. Die Tagesangabe ist eine ganze Zahl aus dem Bereich zwischen 1 und 31.

Beispiel
TAG(DATUM(1988;11;27)) = 27
TAG(JETZT()) = 14, wenn das Systemdatum Ihres Rechners auf 14.10.90 eingestellt ist.

Excel in der Übersicht

TAGE360(Anfangsdatum;Enddatum)

Liefert als Ergebnis die Anzahl der Tage zwischen "Anfangsdatum" und "Enddatum". Basis für die Berechnung ist ein Jahr, in dem jeder Monat 30 Tage hat.

> TAGE360(HEUTE();Weihnachten) = 260, wenn das aktuelle Datum der 4.4.91 ist und im Bereich "Weihnachten" der 24.12.91 eingetragen ist.
> TAGE360(HEUTE();"31.12.91") = 266, wenn das aktuelle Datum der 4.4.91 ist.

Beispiel

WOCHENTAG(Serielle_Zahl)

Diese Funktion liefert als Ergebnis eine Wochentagsangabe aus der angegebenen, laufenden Zahl. Die Wochentagsangabe ist eine ganze Zahl aus dem Bereich zwischen 1 und 7, wobei der Wert 1 den Sonntag darstellt.

> WOCHENTAG(DATUM(1988;11;25) = 7 (Samstag)
> WOCHENTAG(JETZT()) = 2 (Montag), wenn das Systemdatum Ihres Rechners den Wert 24.09.90 liefert.

Beispiel

ZEIT(Stunde;Minute;Sekunde)

Diese Funktion liefert als Ergebnis eine laufende Zahl, der eine Zeitangabe, bestehend aus Stunde, Minute und Sekunde, zugrundeliegt. Die betreffenden Felder müssen das Format hh:mm:ss haben.

> ZEIT(20;23;39) = 0,84975694, das entspricht 20:23:39
> ZEIT(23;15;22)-ZEIT(20;23;39) = 0,11924769, das entspricht 2:51:43 (2 Stunden, 51 Minuten, 43 Sekunden)

Beispiel

ZEITWERT(Zeittext)

Diese Funktion liefert als Ergebnis eine serielle Datumszahl, der ein Text zugrundeliegt. Dieser Text ist in einem beliebigen Multiplan-Zeitformat formatiert.

> ZEITWERT("2:24 AM") = 0,1
> ZEITWERT("12:34:17") = 0,52380787

Beispiel

Suchfunktionen

Alle Suchfunktionen werden auf der Beispieldiskette in der Datei SUCHFUNK.XLS vorgestellt. Die Datei SUCHFUNK.XLS ist Bestandteil eines Arbeitsbereiches mit dem Namen SUCHFUNK.XLW. Die Makrovorlage,

Excel in der Übersicht

die benötigt wird, um komfortabel mit dieser Tabelle arbeiten zu können, trägt den Namen SUCHFUNK.XLM und wird automatisch mitgeladen, wenn Sie den Arbeitsbereich SUCHFUNK.XLW öffnen.

> **INDEX**(Bezug;Zeile;Spalte;Bereich)
> **INDEX**(Matrix;Zeile;Spalte)

Die Funktion INDEX() hat zwei Formate: das Bezugsformat und das Matrixformat. Beide Formate unterscheiden sich sowohl in ihrem Ergebnis als auch in den Argumenten, die an sie übergeben werden können.

Im Bezugsformat liefert INDEX() einen Bezug als Ergebnis. Diesen Bezug können Sie mit anderen Funktionen, die einen Bezug als Argument verlangen, weiterverarbeiten, oder Sie können den Inhalt des Bezuges ausgeben lassen.

Das Argument "Bezug" gibt einen Feldbereich an, der durch den Schnittpunkt von "Zeile" und "Spalte" als Ergebnis der Funktion ermittelt wird. Das Argument "Bereich" dient zur Spezifizierung eines Bereiches in "Bezug". Enthält "Bezug" mehrere Bereiche, so kann mit dem Argument "Bereich" noch angegeben werden, auf welchen der Bereiche in "Bezug" die Koordinaten "Zeile" und "Spalte" angewendet werden sollen. "Bereich" muß in Form einer Bereichsnummer angegeben werden. Enthält "Bezug" die Bereiche A1:A5, C2:C4 und D6:D9, so ist der Bereich C2:C4 der Bereich 2.

Die Werte, die Sie für "Zeile" und "Spalte" angeben, müssen innerhalb des angegebenen Bereiches liegen, sonst liefert die Funktion den Fehlerwert #BEZUG!.

Besteht der angegebene Bezug nur aus einer Zeile, so kann das Argument "Zeile" ausgelassen werden. Gleiches gilt selbstverständlich für das Argument "Spalte", wenn "Bezug" nur eine Spalte enthält. Setzen Sie jedoch eines dieser Argumente auf 0, so ist das Ergebnis der Funktion INDEX() der Bezug der gesamen Zeile bzw. Spalte.

Das Matrixformat der Funktion INDEX() liefert als Ergebnis den Wert eines Feldes, das durch seine Lage im angegebenen Bereich bestimmt wird. Die Lage in der durch das Argument "Matrix" beschriebenen Matrix wird durch die Argumente "Zeile" und "Spalte" bekanntgegeben. Werden die Grenzen des angegebenen Bereichs überschritten, erfolgt die Ausgabe des Fehlerwertes #BEZUG!.

Beispiel

INDEX(Z2;9) = 234, wenn 234 der neunte Wert der zweiten Zeile ist.

INDEX(Umsätze);4;5) = 234, wenn 234 der Wert des Feldes in der vierten Zeile und fünften Spalte des Bereiches mit dem Namen "Umsätze" ist.

SVERWEIS(Suchkriterium;Mehrfachoperationsmatrix; Spaltenindex)

Diese Funktion liefert als Ergebnis einen dem Suchkriterium entsprechenden Wert einer Mehrfachoperationsmatrix. Es wird eine Zeile gesucht, in deren erster Spalte das Suchkriterium enthalten ist. Anschließend geht die Funktion entsprechend dem Spaltenindex die Zeile entlang und ermittelt den Wert des Feldes. Die Mehrfachoperationsmatrix kann als Argument auch in Form einer Konstantenmatrix angegeben werden.

SVERWEIS("d";{1.2.3};{"a"."b"."c";"d"."e"."f"};2) = "e"

Beispiel

VERGLEICH(Suchkriterium;Suchmatrix;Vergleichstyp)

Diese Funktion liefert als Ergebnis die relative Position eines Wertes entsprechend dem Suchkriterium, wobei der Vergleichstyp 1 den größten Wert (Suchkriterium <=) in aufsteigender Reihenfolge liefert, der Typ -1 den kleinsten Wert (Suchkriterium >=) in absteigender Reihenfolge und 0 den ersten Wert. Wird der Vergleichstyp nicht angegeben, so wird standardmäßig die 1 verwendet.

In der Tabelle SUCHFUNK.XLS auf der Beispieldiskette gibt es einen Bereich mit dem Namen "Vergleich" mit einem Beispiel, in dem Positionen von Werten in einer Matrix gesucht werden. Darüberhinaus wird die Funktion VERGLEICH verwendet, um den Zeilen- oder Spaltenindex für die Funktionen WVERWEIS() und SVERWEIS() zu liefern.

VERWEIS(Suchkriterium;Suchvektor;Ergebnisvektor)
VERWEIS(Suchkriterium,Matrix)

Diese Funktion hat zwei Formate: das Vektorformat und das Matrixformat. Zuerst möchten wir das Vektorformat dieser Funktion erläutern.

Ein Vektor ist eine eindimensionale, horizontale oder vertikale Matrix. In diesem Format sucht VERWEIS() im "Suchvektor" nach dem angegebenen "Suchkriterium" und liefert dann als Ergebnis den Wert, der an der entsprechenden Position in "Ergebnisvektor" steht.

Ist der für das Suchkriterium angegebene Wert nicht im "Suchvektor" vorhanden, so verwendet VERWEIS() den größten Wert im "Suchvektor", der kleiner als das Suchkriterium ist, und liefert den an der entspre-

Excel in der Übersicht

chenden Position stehenden Wert aus dem Ergebnisvektor. Ist der für das "Suchkriterium" angegebene Wert kleiner als der kleinste Wert im "Suchvektor", so liefert die Funktion den Fehlerwert #NV!.

Voraussetzung für den erfolgreichen Einsatz der Funktion VERWEIS() ist, daß die Werte im Suchvektor in aufsteigender Reihenfolge sortiert sind.

Beispiel

VERWEIS(27;D3:D8;F3:F8) = NV!, wenn kein Feld im Ergebnisvektor existiert, dessen Wert 27 ist.

Im Matrixformat liefert die Funktion VERWEIS() als Ergebnis den letzten Wert der Zeile/Spalte einer Tabelle bzw. eines Bereiches, in dem der als "Suchkriterium" angegebene Wert als erster Wert steht. Sind die Werte aller Felder der ersten Spalte/Zeile kleiner als der Wert im "Suchkriterium", so wird die letze Zeile des Bereiches verwendet. Sind sie größer, so erfolgt die Ausgabe der Fehlermeldung #NV!. Voraussetzung ist, daß die vorliegenden Werte in aufsteigender Reihenfolge vorhanden sind.

VERWEIS() arbeitet ähnlich wie die Funktionen WVERWEIS() und SVERWEIS(). Die Funktion VERWEIS() orientiert sich jedoch am Format der Matrix. Während WVERWEIS() immer in der ersten Zeile der Matrix und SVERWEIS() immer in der ersten Spalte der Matrix nach dem Suchkriterium sucht, prüft VERWEIS() zuerst, ob die Matrix breiter als hoch ist (also mehr Spalten als Zeilen hat) oder höher als breit ist (also mehr Zeilen als Spalten hat).

Hat die Matrix mehr Zeilen als Spalten, so sucht VERWEIS() automatisch in der ersten Spalte nach dem Suchkriterium. Im umgekehrten Fall, also wenn die Matrix mehr Spalten als Zeilen hat, sucht VERWEIS() in der ersten Zeile der Matrix nach dem Suchkriterium.

Voraussetzung für den erfolgreichen Einsatz der Funktion VERWEIS() ist auch in diesem Fall, daß die zu durchsuchenden Werte in der ersten Zeile oder in der ersten Spalte der Matrix in aufgesteigender Reihenfolge sortiert sind.

Beispiel

VERWEIS(5;D3:F4) = 34, wenn 34 der letzte Wert im angegebenen Bereich ist und der erste Wert der gleichen Zeile eine 5 ist.

WAHL(Index;Liste)

Die Funktion liefert als Ergebnis einen Wert aus der Liste, der durch den Index bestimmt wird. Ist der Index gleich 1, so wird der erste Wert der

Excel in der Übersicht

Liste ausgegeben. Ist der Index kleiner als 1 oder größer als die Nummer des letzten Wertes, so erfolgt die Ausgabe des Fehlerwertes WERT!.

> WAHL(3;"a:";"b:";"c:") = "c:"
> WAHL(5;"a:";"b:";"c:") = #WERT!

Beispiel

WVERWEIS(Suchkriterium;Mehrfachoperationsmatrix; Zeilenindex)

Liefert als Ergebnis einen dem Suchkriterium entsprechenden Wert einer Mehrfachoperation. Es wird eine Spalte gesucht, in deren erster Zeile das Suchkriterium enthalten ist. Dann geht die Funktion die dem Zeilenindex entsprechende Spalte hinunter und ermittelt den Wert des Feldes.

> WVERWEIS(3;{1.2.3;"a"."b"."c"."d"."e"};2) = "c"

Beispiel

22.3 Makrofunktionen

Viele der in diesem Kapitel erläuterten Makrofunktionen finden Sie innerhalb kleiner Beispielmakros auf Ihrer Beispieldiskette. Unter der jeweiligen Erläuterung steht ein Hinweis darauf, in welcher Makrovorlage Sie nachsehen müssen und mit welchem Namen das entsprechende Makro gestartet werden kann. Manche Makrofunktionen werden zweimal untereinander genannt, die zweite Makrofunktion ist dann mit einem Fragezeichen versehen. Dies bedeutet, daß es sich hierbei um die Dialogfeldform der Makrofunktion handelt. Beim Lesen dieser Form der Funktion führt Excel nicht die entsprechende Operation aus, sondern zeigt zuerst ein Dialogfeld, in dem Sie noch Einstellungen machen können. Diese Übersicht ist alphabetisch geordnet.

A1.Z1S1(Z1S1)

Diese Makrofunktion hat die gleiche Wirkung wie der Befehl *Arbeitsbereich* aus dem Menü *Optionen* oder wie die Auswahl des Feldes A1, wenn das Argument "Z1S1" FALSCH ist. Ist dieses Argument allerdings WAHR, so wird die Wahl des Feldes A1 aufgehoben.

ABBRECHEN()

ABBRECHEN() beendet eine SOLANGE-WEITER-Schleife. Stößt Excel innerhalb einer solchen Schleife auf diese Funktion, so wird die

Excel in der Übersicht

Schleife beendet, Excel springt an die Stelle hinter die Funktion WEITER() und liest die dort eingetragene Makrofunktion.

Ein Beispiel für die Anwendung dieser Funktion finden Sie in der Makrovorlage MAKABB.XLM auf Ihrer Beispieldiskette. Zu dieser Makrovorlage gehört die Tabelle MAKABB.XLS. Um beide Dateien gleichzeitig zu laden, öffnen Sie den Arbeitsbereich MAKABB.XLW.

ABBRECHEN.KOPIEREN()

Diese Funktion löscht den Laufrahmen, der um einen markierten Bereich gezogen wird, nachdem die Makrofunktion "Kopieren" aufgerufen wurde.

ABBRECHEN.TASTE (Aktivieren;Makrobezug)

Mit dieser Funktion können Sie sich gegen ein Abbrechen des Makros durch Druck auf die `Esc`-Taste schützen. Um diese Taste während eines Makroablaufs lahmzulegen, setzen Sie bitte das Argument "Aktivieren" auf FALSCH oder lassen es weg. Wenn Sie diese Taste wieder inkraft setzen wollen, fügen Sie diese Funktion erneut in Ihr Makro ein und ersetzen FALSCH durch WAHR.

Wenn Sie bei Abbruch eines Makros durch `Esc` gleichzeitig ein anderes Makro aufrufen wollen, setzen Sie "Aktivieren" auf WAHR und tragen als Bezug den Feldbereich ein, in dem das neue Makro geschrieben steht.

Diese Funktion ist solange wirksam, bis das Makro anhält.

ABFRAGEN(Kanalnummer;Objekt)

Diese Funktion unterstützt den Dynamischen Datenaustausch zwischen Excel und anderen Windows-Anwendungen der Version 2.0 oder höher.

ABFRAGEN dient zum Datenempfang aus einer anderen Windows-Anwendung, empfangen werden die Daten, die durch das Argument "Objekt" beschrieben werden. Die Anwendung, die die Daten liefert, muß den durch "Kanalnummer" angegebenen Kanal benutzen. Kanalnummer ist hier immer die Zahl, die als Ergebnis der Funktion KANAL.ÖFFNEN() geliefert wird. In welcher Form das "Objekt" bezeichnet werden muß, hängt von der entsprechenden Anwendung ab, mit der Sie kommunizieren wollen.

Die empfangenen Daten werden als Matrix ausgegeben.

Excel in der Übersicht

Wird die Funktion ABFRAGEN() nicht erfolgreich ausgeführt, liefert sie folgende Fehlerwerte:

#WERT! Kanalnummer ist keine zulässige Kanalnummer.

#NV Die Anwendung, die Sie zu erreichen versuchen, ist mit etwas anderem beschäftigt.

#DIV/0! Die Anwendung, von der Sie Daten empfangen wollen, hat nach einer bestimmten Zeitspanne nicht geantwortet, die Abfrage ist durch ⌜Esc⌝ abgebrochen worden.

#BEZUG Die Funktion SENDEN() wurde zurückgewiesen.

ABS(Zahl)   *BETRAG*

Liefert den absoluten Wert der durch das Argument "Zahl" angegebenen Zahl. Der absolute Wert ist der Betrag, also die Zahl ohne Vorzeichen.

> =ABS(-4,86) liefert den Wert 4,86.
> =ABS(F1) liefert den absoluten Wert des Feldeintrages in F1.

Beispiel

ABSPOS(Bezug_Text;Bezug)

Liefert einen absoluten Bezug des Feldes, das durch den im Bezugstext angegebenen, relativen Bezug zu dem durch das Argument "Bezug" genannten Feld steht. Das Argument "Bezug_Text" muß in der Schreibweise Z1S1 angegeben werden. Ist "Bezug_Text" ein Bereich, so wird damit das Feld in der oberen, linken Ecke des Bezugs beschrieben. "Bezug" kann auch ein externer Bezug sein.

> ABSPOS("Z(-2)S(-2)";C3) ist gleich A1.
> ABSPOS("Z(-2)S(-2)";LAGER.XLM!C3 ist gleich LAGER.XLM!A1.
> ABSPOS("Z(-2)S(-2)";C3:G7) ist gleich A1:E5.
> ABSPOS("Z(-2)S(-2):Z(2)S(2)";C3) ist gleich A1:E5.
> ABSPOS(RELPOS(A1;c3);D4) ist gleich B2.

Beispiel

ACHSEN(Haupt_Rubrik;Haupt_Größe;Überlagerung_Rubrik; Überlagerung_Größe)
ACHSEN?(Haupt_Rubrik;Haupt_Größe;Überlagerung_Rubrik; Überlagerung_Größe)

Die Funktion ACHSEN() hat die gleiche Wirkung wie der Befehl *Achsen* aus dem Menü *Diagramm*. Die Argumente dieser Funktion geben die vier Optionsfelder zu diesem Befehl wieder. Wenn ein Diagramm keine Überlagerung hat, sind nur die ersten beiden Optionsfelder wirksam, hier müssen also in diesem Fall auch nur die ersten beiden Argumente eingegeben werden.

Wenn Sie für ein Argument den Wahrheitswert WAHR eintragen, so gilt die Option als eingeschaltet. Der Eintrag FALSCH hebt diese Wahl wieder auf.

Das Argument "Haupt_Rubrik" entspricht dem Optionsfeld *Hauptdiagramm: Rubrikenachse*. "Haupt_Größe" entspricht dann dem Optionsfeld *Hauptdiagramm: Größenachse*. Die anderen beiden Argumente stehen jeweils für die Rubriken- bzw. Größenachse des Überlagerungsdiagramms.

Wenn Sie innerhalb eines Makros dem Benutzer noch die Möglichkeit lassen wollen, sich in einem Dialogfeld für Optionen zu entscheiden, so verwenden Sie die Option ACHSEN?().

ADRESSE(Zeile;Spalte;Abs;A1;Tabellenname)

Diese Funktion liefert eine Zelladresse in Textform. Für die Argumente "Zeile" und "Spalte" müssen Zahlenwerte als Zeilen- und Spaltennummer der zu liefernden Adresse angegeben werden. Das Argument "Abs" gibt durch eine Kennzahl bekannt, welche Bezugsart in der Adresse verwendet werden soll.

Kennzahl 1 steht für absolute und Kennzahl 4 für relative Adressierung. Kennzahl 2 bedeutet, daß nur die Zeilen absolut angegeben werden. Im Gegensatz dazu führt die Angabe der Kennzahl 3 zur absoluten Spaltenadressierung.

Für "A1" kann ein Wahrheitswert angegeben werden, der festlegt, ob die Adresse in der Schreibweise Z1S1 oder A1 ausgegeben werden. Beim Auslassen dieses Arguments oder der Angabe des Wahrheitswertes WAHR wird die Funktion die Adresse in der Schreibweise A1 ausgeben. Durch den Wahrheitswert FALSCH erhalten Sie das Ergebnis in Z1S1-Schreibweise.

Soll die Adresse sich auf eine andere Tabelle beziehen, so kann auch ein Tabellenname als Textwert angegegeben werden. Lassen Sie dieses Argument aus, so enthält die von der Funktion gelieferte Adresse keinen Tabellennamen.

AKTIVE.ZELLE()

Diese Funktion liefert den Bezug des aktiven Feldes als externen Bezug. Es verhält sich jedoch so, daß der von der Funktion gelieferte Bezug in

Excel in der Übersicht

ein Feld eingetragen wird, in dem der Bezug wiederum in einen Wert umgewandelt wird. Wenn Sie z.B. innerhalb einer Bedingung den aktuellen Bezug verwenden wollen, müssen Sie das Ergebnis der Funktion AKTIVE.ZELLE() durch POSTEXT() wieder in einen Text umwandeln.

Beispiel

Wenn sich die Datei LAGER.XLS im aktiven Fenster befindet und der Feldzeiger auf A1 steht, so liefert AKTIVE.ZELLE() den Bezug LAGER.XLS!A1.

WENN((POSTEXT(AKTIVE.ZELLE())="LAGER.XLS!Z1S1");...;...) führt den Dann_Wert aus, da das Ergebnis der Wahrheitsprüfung WAHR ist.

AKTIVE.ZELLE.ZEIGEN()

hat die gleiche Wirkung wie [Strg]+[Rücktaste]. Die Funktion führt einen Bildlauf im aktiven Fenster durch, bis die aktive Zelle erscheint.

AKTIVIEREN(Fenster_Text;Unterfenster_Nummer)

Diese Funktion macht ein Fenster zum aktuellen Fenster. Hat das durch "Fenster_Text" beschriebene Fenster noch Unterfenster, so kann durch "Unterfenster_Nummer" noch die Nummer des gewünschten Unterfensters angegeben werden. Wird "Unterfenster_Nummer" weggelassen, so aktiviert die Funktion das erste Unterfenster. "Fenster_Text" wird durch den Dateinamen angegeben.

Das Argument "Unterfenster_Nummer" kann die Werte 1 - 4 mit folgender Bedeutung annehmen:

1 Das obere, linke Unterfenster. Ist das Fenster waagerecht geteilt, so wird das obere Fenster, bei senkrechter Teilung das linke Fenster aktiviert. Wenn das Fenster nicht geteilt ist, wird das einzige Fenster aktiviert.

2 Das obere, rechte Unterfenster. Wenn das Fenster senkrecht geteilt ist, wird das rechte Fenster aktiviert.

3 Das untere, linke Unterfenster. Wenn das Fenster waagerecht geteilt ist, wird das untere Fenster aktiviert.

4 Unten rechts.

Wenn eine Datei in mehreren Fenstern angezeigt und durch "Fenster_Text" nicht beschrieben wird, welches Fenster aktiviert werden soll, wird das erste Fenster ausgewählt, in dem diese Datei abgebildet ist.

Excel in der Übersicht

Wenn "Fenster_Text" weggelassen wird, wird das durch "Unterfenster_Nummer" bestimmte Fenster der aktuellen Datei aktiviert. Falls jedoch "Unterfenster_Nummer" weggelassen wird, aktivieren Sie die durch "Fenster_Text" angegebene Datei, das aktive Unterfenster wechselt jedoch nicht.

AKTIVIEREN.VORHER()
AKTIVIEREN.WEITER()

Diese Funktionen aktivieren das vor bzw. nach dem aktuellen Fenster geöffnete Fenster. Ihre Wirkung entspricht also den Tastenkombinationen `Strg`+`Shift`+`F6` bzw. `Strg`+`F6`.

AKTUALISIERUNGSSTATUS.FESTLEGEN(Verknüpfung; Status;Verknüpfungsart)

Diese Funktion legt die Art und Weise fest, in der eine Verknüpfung aktualisiert wird. Das Attribut "Verknüpfung" nennt den Namen der Datei, zu der die Verknüpfung existiert, mit vollständiger Pfadangabe. Für das Attribut "Status" muß eine Zahl eingegeben werden, die festlegt, ob die Verknüpfung automatisch oder manuell aktualisiert werden soll. Die "1" steht für automatische und die "2" für manuelle Aktualisierung der Verknüpfung. Durch "Verknüpfungsart" wird beschrieben, um welche Art von Verknüpfung es sich handelt. Auch hier werden Zahlen mit bestimmten Bedeutungen verwendet:

1 = Verknüpfung besteht nicht
2 = DDA-Verknüpfung
3 = Verknüpfung besteht nicht
4 = Verknüpfung zu Newwave (Hewlett Packard)

ALLES.SCHLIESSEN()

Mit dieser Funktion schließen Sie alle auf dem Bildschirm befindlichen Fenster. Diese Funktion entspricht dem Befehl *Alles schliessen* aus dem Menü *Datei*.

ANALYSE(Analysetext)

Diese Funktion entspricht dem Befehl *Analyse* aus dem Menü *Daten*. Die aufzuteilende Spalte müssen Sie hier allerdings in Textform, einschließlich aller zur Aufteilung notwendigen Klammern, als Argument angeben. Aus diesem Grund ist es einfacher, mit dem Makrorekorder den Befehl "Analyse" aufzuzeichnen, als diese Funktion von Hand einzugeben.

Excel in der Übersicht

Ein Beispiel für die Anwendung dieser Makrofunktion finden Sie in der Makrovorlage ANALYSE.XLM auf Ihrer Beispieldiskette, das entsprechende Makro heißt "Analyse".

ANORDNEN()

Mit dieser Funktion werden alle auf dem Bildschirm befindlichen Fenster so angeordnet, daß sie den Bildschirmbereich optimal ausnutzen. Dabei werden Fenster, die entweder hintereinander liegen oder sich schneiden, nebeneinander bzw. übereinander angeordnet. Mit den Funktionen BEWEGEN() und GRÖSSE() lassen sich die einzelnen Fenster wieder entsprechend modifizieren.

ANSICHT.3D(Betrachtungshöhe;Perspektive;Drehung;Achse;Höhe%)

Diese Funktion ist identisch mit dem Befehl *3D-Ansicht...* aus dem Menü *Format* eines Diagrammfensters. Durch diese Makrofunktion können Sie den Blickwinkel auf und die Darstellung des 3D-Diagramms beeinflussen.

Das Argument "Betrachtungshöhe" ermöglicht Ihnen, Einfluß auf den Blickwinkel zu nehmen. Es können Werte zwischen -90 und 90 Grad angegeben werden. Der Wert -90 liefert Ihnen die Ansicht der Grafik von unten, während der Wert 90 Sie von oben auf die Grafik schauen läßt. Die Werte zwischen diesen beiden Extremen stellen Ihnen 189 andere Blickwinkel zur Auswahl.

Über das Argument "Perspektive" können Sie eine bestimmte Sichtweise auf das Diagramm simulieren, indem Sie den Winkel der Achsen zueinander verändern. Hier sind Werte zwischen 0 und 100 erlaubt. Allgemein kann man sagen, daß höhere Werte für das Argument "Perspektive" das Diagramm näher erscheinen lassen als niedrige Werte.

Mit "Drehung" beschreiben Sie, in welchem Winkel das Diagramm um die Größenachse gedreht werden soll. Selbstverständlich können hier Werte zwischen 0 und 360 Grad angegeben werden.

Das Argument "Achse" muß durch einen Wahrheitswert ersetzt werden. Dieser Wahrheitswert legt fest, ob die Achsen fest im rechten Winkel zueinander stehen sollen oder ob die Achsen gedreht werden können. Dieses Argument verkörpert das rechteckige Optionsfeld *Rechtwinklige Achsen* im Dialogfeld zum Befehl *3D-Ansicht*. Die Voreinstellung für dieses Argument ist abhängig von der Darstellungsform des Diagramms. Für 3D-Diagramme in räumlicher Darstellung wird "Achse" auf FALSCH gesetzt und erlaubt somit eine Drehung der Achsen. In jeder anderen, 3-dimensionalen Darstellung wird WAHR als Voreinstellung benutzt, womit die Achsen starr im rechten Winkel zueinander stehen.

Das Argument "Höhe%" gibt letztendlich die Höhe des Diagramms im prozentualen Verhältnis zur Grundfläche an. Sie können Werte zwischen 20 und 500 für dieses Argument einsetzen, um das Diagramm nach Ihren Vorstellungen zu dehnen oder zu stauchen.

ANW.AKTIVIEREN(Titel;Warten_Wahrheitswert)

Öffnet ein Fenster für die Anwendung, die durch "Titel" beschrieben wird. Wird das Argument "Titel" nicht angegeben, so öffnet sich ein neues Excel-Fenster. Durch "Warten_Wahrheitswert" können Sie bestimmen, ob Excel mit dem Starten der Anwendung warten soll, bis Sie aktivieren oder nicht. WAHR bedeutet, daß Excel auf diese Aktivierung wartet, und die Titelleiste des Excel-Fensters blinkt. Der Wahrheitswert FALSCH hat zur Folge, daß die genannte Anwendung sofort gestartet wird.

Beispiel

ANW.AKTIVIEREN("CARDFILE") aktiviert CARDFILE.EXE.

ANW.BEWEGEN(x_Position;y_Position)
ANW.BEWEGEN?(x_Position;y_Position)

Durch ANW.BEWEGEN können Sie die Position des für eine Anwendung geöffneten Fensters auf dem Bildschirm festlegen. Die Argumente "x_Position" und "y_Position" geben die horizontalen und vertikalen Koordinaten auf dem Bildschirm an.

ANW.BEWEGEN?() zeigt kein Dialogfeld an, sondern öffnet lediglich das Menü *System* am Fenster der Anwendung und wählt den Befehl *Bewegen*. Sie können das Fenster der Anwendung nun mit den Richtungstasten frei auf dem Bildschirm bewegen. Mit der Maus klicken Sie auf die Titelleiste des Fensters, halten die Maustaste gedrückt, positionieren das Fenster auf dem Bildschirm und lassen die Maustaste wieder los.

ANW.GRÖSSE(x_Zahl;y_Zahl)
ANW.GRÖSSE?(x_Zahl;y_Zahl)

Durch ANW.GRÖSSE können Sie die Größe eines für eine Anwendung geöffneten Fensters bestimmen. Die Argumente "x_Zahl" und "y_Zahl" geben die Breite bzw. Höhe an, gemessen in waagerechten bzw. senkrechten Bildschirmeinheiten.

Excel in der Übersicht

ANW.GRÖSSE? zeigt kein Dialogfeld, das Menü *System* am Fenster der Anwendung wird geöffnet und der Befehl *Größe ändern* gewählt. Sie können nun die Größe des Fensters mit den Richtungstasten oder der Maus ändern.

ANW.SINNBILD()

Diese Funktion verkleinert das Fenster der Anwendung auf ein Sinnbild am unteren Bildschirmrand.

ANW.VOLLBILD()

Diese Funktion vergrößert das Fenster der Anwendung auf Bildschirmgröße.

ANW.WIEDERHERSTELLEN()

Ändert die Größe eines Anwendungs-Fensters auf die zuvor eingestellte Größe. Sinnbilder können so zu normalen Fenstern vergrößert und Vollbilder wieder auf die normale Größe reduziert werden.

ANZAHL(Wert1;Wert2;...)

Diese Funktion liefert als Ergebnis die Anzahl der Zahlen oder numerischen Feldinhalte in der Liste der angegebenen Argumente. Es können bis zu 14 Argumente in Form eines Wertes oder eines Feldbezuges angegeben werden.

Geben Sie als Argument der Funktion Feldbezüge an, so werden lediglich die Zahlen innerhalb dieser Bezüge gezählt. Geben Sie jedoch eine Liste von Argumenten an, so zählen auch Leerfelder, Wahrheitswerte, und Textdarstellungen von Zahlen.

ANZAHL2(Wert1;Wert2;...)

Diese Funktion liefert als Ergebnis die Anzahl der Werte oder Felder in der Liste der Argumente. Auch hier können bis zu 14 Argumente in Form eines Wertes oder eines Feldbezuges angegeben werden.

Geben Sie als Argument Feldbezüge an, so werden Leerfelder nicht mitgezählt.

Excel in der Übersicht

> **ARBEITSBEREICH**(Fest;Dezimal;Z1S1;Bildlauf;Status;Formel;
> Menütaste;Fern;Eingabe;Unterstreichung;Symbole;Notizen;
> Tastaturschlüssel_übersetzen;Menütaste)
> **ARBEITSBEREICH?**(Fest;Dezimal;Z1S1;Bildlauf;Status;
> Formel;Menütaste;Fern;Eingabe;Unterstreichung;Symbole;
> Notizen;Tastaturschlüssel_übersetzen;Menütaste)

Die angegebenen Argumente entsprechen den Optionsfeldern zu diesem Befehl. Hat ein Argument den Wahrheitswert WAHR, so gilt die Option als eingeschaltet. Durch das Auslassen eines Argumentes oder den Wert FALSCH wird die entsprechende Option ausgeschaltet.

Sie bestimmen durch diese Argumente die Einstellungen für den gesamten Arbeitsbereich. Durch Markieren der Option "Feste Dezimalstellen" werden alle Werte mit der durch "Dezimal" definierten Stellenanzahl dargestellt. Weiterhin läßt sich die Bildschirmanzeige ändern, um den Arbeitsbereich zu vergrößern, indem die Anzeige der Bildlaufleisten, der Status- und der Bearbeitungszeile unterdrückt wird. Die Zeilen-/Spaltenmarkierung kann mit der Option "Z1S1" in das Multiplan-Format umgestellt werden. Bestimmen Sie z.B. eine andere Taste als die `Alt`-Taste, um ein Menü aufzuschlagen. Verwenden Sie Excel im Zuge des dynamischen Datenaustausches (DDA) mit anderen Windows-Anwendungen, die Fernanfragen an Excel richten, so können diese Anfragen ignoriert werden.

Das erste Attribut "Menütaste" gibt ein Zeichen an, mit dem Sie in Abhängigkeit vom zweiten Attribut "Menütaste" entweder die Excel-Menüleiste aktivieren oder die spezielle Hilfefunktion für ehemalige Lotus-Benutzer aufrufen können. Für das zweite Attribut "Menütaste" muß die "1" angegeben werden, wenn Sie mit der neu definierten Taste die Excel-Menüleiste aktivieren wollen. Tragen Sie dort eine "2" ein, so wird beim Druck auf die angegebene Taste die spezielle Hilfefunktion für ehemalige Lotus-Anwender auf den Bildschirm geholt.

Ein für das Attribut "Symbole" eingesetzter Wahrheitswert legt fest, ob die Formatierungsleiste sichtbar ist oder nicht. Der Wahrheitswert WAHR für das Attribut "Tastaturschlüssel_übersetzen" führt dazu, daß bestimmte Tastenkombinationen anders gedeutet werden; welche und in welcher Weise entnehmen Sie der folgenden Aufstellung:

Tastenkombinationen zur Bewegung des Zellzeigers

`Strg`+`←`	Eine Bildschirmseite nach links.
`Strg`+`→`	Eine Bildschirmseite nach rechts.

Excel in der Übersicht

`Pos 1`　　　　　　　In die obere, linke Ecke des Arbeitsblattes.

`Ende` `Pos1`　　　In die untere, rechte Ecke des aktiven Bereiches.

`Ende`　　　　　　　Wenn Sie diese Taste drücken, bevor Sie `↑`, `↓`, `←`, `→` drücken, bewegt sich der Zellzeiger in der angegebenen Richtung auf die erste leere Zelle neben einer gefüllten Zelle. Dieses Verhalten wird durch den Vermerk "END" auch in der Statuszeile angezeigt.

Funktionstasten

`F5` (Gehezu)　　　Positioniert die angegebene Zelle oder den angegebenen Bereich in die obere, linke Ecke des Fensters.

Andere Tasten

Um Texteinträge innerhalb der Zellen auszurichten, setzen Sie vor Ihre Texte die folgenden Zeichen:

'　　Linksbündige Ausrichtung

"　　Rechtbündige Ausrichtung

^　　Zentrierte Ausrichtung

\　　Wiederholungszeichen (Die folgenden Zeichen werden wiederholt, bis die Zelle voll ist.)

Formeln

Unter dieser Einstellung können Formeln auch mit Zahlen, der öffnenden runden Klammer, einem Bindestrich und dem @-Zeichen begonnen werden.

Das Attribut "Notizen" bestimmt über einen Wahrheitswert, ob Notizanzeiger im Arbeitsblatt angezeigt werden sollen oder nicht. Mit "Eingabe" steuern Sie die Bewegung des Zellzeigers, nachdem Sie die Eingabe-Taste gedrückt haben. Setzen Sie für dieses Atribut den Wahrheitswert WAHR ein, so wir der Zellzeiger nach jedem Druck auf `Return` eine Zelle nach unten bewegt. "Unterstreichen" steht Ihnen nur dann zur Verfügung, wenn Sie Excel 3.0 auf einem Macintosh betreiben.

ARBEITSBEREICH.SPEICHERN(Name)
ARBEITSBEREICH.SPEICHERN?(Name)

Diese Funktion dient zum Abspeichern des gesamten Arbeitsbereiches. Der Arbeitsbereich besteht aus allen Tabellen, Diagrammen und Makrovorlagen, die zum Zeitpunkt der Befehlsauswahl geladen sind. Es wird durch diesen Befehl keine Datei, sondern lediglich eine Liste der geladenen Dateien erstellt, jedoch werden die letzen Änderungen in den einzelnen Dateien gespeichert.

Wenn Sie keinen Namen angeben, nimmt Excel an, daß Sie den Arbeitsbereich in der Datei WIEDER.XLW oder in der zuletzt geladenen Arbeitsbereichsdatei speichern möchten.

ARBEITSBEREICH.ZUORDNEN(Infotyp)

Als Ergebnis dieser Funktion erhalten Sie Informationen über die aktuellen Arbeitsbereiche. Das Argument "Infotyp" bestimmt, welche Art der Information ausgegeben werden soll. Sie haben folgende Infotypen zur Auswahl, der Text dahinter gibt das Ergebnis der Funktion an:

1   Der Name der Umgebung, in der Excel ausgeführt wird, als Text, gefolgt von der Versionsnummer der Umgebung

2   Die Excel-Versionsnummer als Text, z.B. "3.0".

3   Die Anzahl der Dezimalstellen, wenn Sie die Option "automatische Dezimalstellen" eingeschaltet haben, ansonsten liefert die Funktion den Wert 0.

4   Wenn Bezüge im Z1S1-Format angezeigt werden, WAHR. FALSCH, wenn das Format A1 verwendet wird.

5   WAHR, wenn Bildlaufleisten angezeigt werden, ansonsten FALSCH.

6   WAHR, wenn die Statuszeile angezeigt wird, ansonsten FALSCH.

7   WAHR, wenn die Bearbeitungszeile angezeigt wird, andernfalls FALSCH.

8   WAHR wenn die Option "Fernanfragen ignorieren" ausgeschaltet ist, sonst FALSCH.

9   Die alternative Menütaste als Text. Wenn diese Option ausgeschaltet worden ist, den Fehlerwert #NV.

Excel in der Übersicht

10 Eine Zahl, die die speziellen Modi angibt:

   1 = Datensuch-Modus
   2 = Kopiermodus
   3 = Ausschneiden
   0, wenn kein besonderer Modus aktiv ist.

11 Abstand des Excelfensters, gemessen in Punkt, vom linken Bildschirmrand.

12 Abstand des Excelfensters, gemessen in Punkt, vom oberen Bildschirmrand.

13 Die Breite des nutzbaren Arbeitsbereiches.

14 Die Höhe des nutzbaren Arbeitsbereiches.

15 Die 1, wenn das Excelfenster in seiner Standardgröße auf dem Bildschirm ist. Die 2, wenn sich nur das Excel-Sinnbild auf dem Bildschirm befindet. Die 3, wenn Excel als Vollbild dargestellt wird.

16 Die Größe des verfügbaren Speicherplatzes (in KByte).

17 Die Größe des Speichers (in KByte).

18 Den Wahrheitswert WAHR, wenn Ihr Rechner über einen mathematischen Coprozessor verfügt, wenn nicht: FALSCH.

19 WAHR, wenn Sie eine Maus angeschlossen haben, FALSCH, wenn nicht.

20 Wenn sich eine Arbeitsgruppe in Ihrem Arbeitsbereich befindet, liefert die Funktion eine horizontale Matrix mit den Namen der Arbeitsblätter dieser Arbeitsgruppe. Gibt es keine Arbeitsgruppe in Ihrem Arbeitsbereich, so erhalten Sie den Fehlerwert #NV.

21 Wenn die Formatierungsleiste angezeigt wird, liefert die Funktion den Wahrheitswert WAHR, ansonsten FALSCH.

22 Den Fehlercode einer DDA-Anwendung.

23 Den vollständigen, voreingestellten Pfad des Verzeichnisses XLSTART.

24 Den vollständigen alternativen Pfad des Verzeichnisses XLSTART. Wenn es keinen alternativen Pfad gibt, liefert die Funktion den Fehlerwert #NV.

Excel in der Übersicht

25   WAHR, wenn relative (Makro-)Aufzeichnung eingestellt ist. Bei absoluter (Makro-) Aufzeichnung erhalten Sie den Wahrheitswert FALSCH.

26   Den Namen des Benutzers.

27   Den Namen der Firma.

28   Wenn sich die angegebene Menütaste auf die Aktivierung der Excel-Menüleiste beziehen soll, erhalten Sie die "1". Wird durch diese Taste jedoch die Hilfefunktion für ehemalige Lotus-Anwender aufgerufen, so liefert die Funktion als Ergebnis die "2".

29   Wenn Tastaturschlüssel übersetzt werden, wird der Wahrheitswert WAHR geliefert, ansonsten FALSCH.

Auf Ihrer Beispieldiskette finden Sie im Arbeitsbereich ARBZUO.XLW, zu dem die Dateien ARBZUO.XLS und ARBZUO.XLM gehören, ein Makro namens "Arbeitsbereich". Dieses Makro fragt alle Informationen zu Ihrem Arbeitsbereich ab und schreibt diese in eine erläuterte Spalte der Tabelle ARBZUO.XLS.

ARBEITSGRUPPE("Dateiname 1"; "Dateiname 2";...;"Dateiname n")

Diese Funktion definiert die als Argumente übergebenen Dateinamen als Arbeitsgruppe. Die Arbeitsweise dieser Funktion ist identisch mit dem Befehl *Arbeitsgruppe...* aus dem Menü *Fenster*. Die Dateinamensliste darf nur geöffnete, eingeblendete Tabellen und Makrovorlagen enthalten. Diagramme können nicht in eine Arbeitsgruppe eingefügt werden.

Wenn Sie die Dateinamensliste als Argument der Funktion ARBEITSGRUPPE() auslassen, so wird die zuletzt angelegte Arbeitsgruppe erneut zusammengestellt. Haben Sie zuvor keine Arbeitsgruppe angelegt, so werden alle geöffneten und eingeblendeten Arbeitsblätter und Makrovorlagen zu einer Arbeitsgruppe zusammengefaßt.

Die Funktion ARBEITSGRUPPE() liefert den Fehlerwert WERT() und hält das Makro an, wenn eine der genannten Dateien nicht geöffnet oder eingeblendet ist, bzw. wenn ein Diagramm in der Dateinamensliste angegeben wurde.

Beispiel

ARBEITSGRUPPE("KOSTEN1.XLS";"KOSTEN2.XLS";"SPESEN.XLS")

ARBEITSGRUPPE.AUSFÜLLEN(Typ)

Mit dieser Funktion füllen Sie die gesamte Arbeitsgruppe mit den Inhalten des im aktuellen Arbeitsblatt markierten Zellbereiches. Der Befehl *Arbeitsgruppe ausfüllen* leistet die gleichen Dienste. Die Optionen *Alles*, *Formeln* und *Formate*, die im Dialogfeld zu diesem Befehl gewählt werden können, müssen für ARBEITSGRUPPE.AUSFÜLLEN() in Form einer Kennzahl als Argument übergeben werden. Die Kennzahl "1" steht für die Option "Alles", die "2" für "Formeln" und die "3" für "Formate".

ARCCOS(Zahl)

Diese Funktion liefert als Ergebnis den Arcuscosinus des Arguments "Zahl" im Bogenmaß. Das ist der Winkel, dessen Cosinus "Zahl" ist. Der Wert des Arguments muß dabei im Bereich zwischen -1 und 1 liegen. Als Ergebnis erhalten Sie einen Wert zwischen 0 und PI.

ARCCOSHYP(Zahl)

Diese Funktion liefert als Ergebnis den Kehrwert des hyperbolischen Cosinus des Arguments "Zahl". Das ist der Wert, dessen hyperbolischer Cosinus "Zahl" ist. Der Wert des Arguments muß dabei größer oder gleich 1 sein.

$$ARCCOSHYP(ARCCOS(Zahl)) = Zahl$$

ARCSIN(Zahl)

Diese Funktion liefert als Ergebnis den Arcussinus des Arguments "Zahl" im Bogenmaß. Das ist der Winkel, dessen Sinus "Zahl" ist. Der Wert des Arguments muß dabei im Bereich zwischen -1 und 1 liegen. Als Ergebnis erhalten Sie einen Wert zwischen -PI/2 und PI/2.

ARCSINHYP(Zahl)

Diese Funktion liefert als Ergebnis den Kehrwert des hyperbolischen Sinus des Arguments "Zahl". Das ist der Wert, dessen hyperbolischer Sinus "Zahl" ist.

$$ARCSINHYP(ARCSIN(Zahl)) = Zahl$$

Excel in der Übersicht

> **ARCTAN**(Zahl)

Diese Funktion liefert als Ergebnis den Arcustangens des Arguments "Zahl" im Bogenmaß. Das ist der Winkel, dessen Tangens "Zahl" ist. Der Wert des Arguments muß dabei im Bereich zwischen -1 und 1 liegen. Als Ergebnis erhalten Sie einen Wert zwischen -PI/2 und PI/2.

> **ARCTANHYP**(Zahl)

Diese Funktion liefert als Ergebnis den Kehrwert des hyperbolischen Tangens des Arguments "Zahl". Das ist der Wert, dessen hyperbolischer Tangens "Zahl" ist. Das Argument Zahl muß größer -1 und kleiner 1 sein.

ARCTANHYP(ARCTAN(Zahl)) = Zahl

> **ARCTAN2**(x_Koordinate;y_Koordinate)

Diese Funktion liefert als Ergebnis den Arcustangens aus den beiden Koordinaten X und Y im Bogenmaß. Das ist der Winkel zwischen der X-Achse und dem Punkt X,Y. Als Ergebnis erhalten Sie einen Wert zwischen -PI und PI, wobei PI ausgeschlossen ist. Sind beide Argumente gleich 0, so erhalten Sie als Ergebnis den Fehlerwert DIV/0.

> **ARGUMENT**(Name;Datentypzahl)
> **ARGUMENT**(Name;Datentypzahl;Bezug)

Diese Funktion nennt durch "Name" das an ein Funktionsmakro zu übergebende Argument. Bis zu 13 Argumente können so an ein Funktionsmakro übergeben werden. Wenn ein Makro eine Argumentfunktion enthält und beim Aufruf des Makros dieses Argument nicht angeben wird, so benutzt das Makro den Fehlerwert #NV als Wert für das Argument.

"Datentypzahl" besagt, um welchen Datentyp es sich handelt. Sie haben folgende Datentypen zur Auswahl:

    1 = Zahl
    2 = Text
    4 = Wahrheitswert
    8 = Bezug
    16 = Fehlerwert
    64 = Matrix

"Bezug" gibt lediglich die Felder an, in denen das Argument gespeichert werden soll.

Excel in der Übersicht

Die Anwendung dieser Funktion haben wir in Kapitel 13 detailliert beschrieben.

AUSBLENDEN()

Diese Funktion blendet das aktive Fenster aus. Ausgeblendete Fenster können mit der Makrofunktion EINBLENDEN() wieder zur Anzeige gebracht werden. Beide Makrofunktionen arbeiten analog zu den gleichnamigen Befehlen im Menü *Fenster*.

AUFRUFEN(Aufruftext;Argument1;...)

Diese Funktion ruft eine Prozedur aus der Microsoft-Windows-Bibliothek auf. Als Aufruftext verwenden Sie den durch die Funktion REGISTER() ermittelten Wert. Weitere Argumente sind Argumente, die Sie an die Prozedur übergeben wollen.

Beispiel

Mit =AUFRUFEN(A3;4) beziehen Sie sich auf die Funktion REGISTER() im Feld A3 der Makrovorlage und übergeben den Wert 4 an die aufgerufene Prozedur.

Durch =AUFRUFEN(REGISTER(..;..;..);4) können Sie das Ergebnis von REGISTER() direkt als Aufruftext verwenden.

AUFRUFEN() ist mit Vorsicht zu genießen und sollte nur gezielt eingesetzt werden. Bei auftretenden Fehlern kann das System ausfallen.

AUSF(Programm_Text;Fenster_Zahl)

Mit dieser Funktion können Sie eine andere Windows-Anwendung starten, wenn Sie eine Windows-Version 2.0 oder höher benutzen. "Programmtext" ist der Name der Programmdatei, den Sie auch angeben müßten, wenn Sie unter Windows den Befehl *Ausführen...* wählen würden. Mit AUSF() können Sie natürlich auch Dateinamen als Parameter von Windows-Anwendungen angeben.

Beispiel

=AUSF("TELEFON.CRD") startet CARDFILE.EXE und lädt die Datei TELEFON.CRD.

Das Argument "Fenster_Zahl" legt fest, wie die neue Anwendung auf dem Bildschirm dargestellt werden soll. Die 1 steht für das Standardfenster, 2 für ein Sinnbild und die 3 dient dazu, die Anwendung direkt als Vollbild zu starten.

Excel in der Übersicht

Bei erfolgreichem Ausführen liefert diese Funktion eine Kennzahl, die zur Identifizierung des gestarteten Programms dient. Diese Kennzahl ist wichtig, wenn Sie DDA nutzen wollen und mit mehreren Instanzen kommunizieren möchten.

Wenn AUSF() nicht erfolgreich ausgeführt wird, liefert diese Funktion den Fehlerwert #WERT!.

In der Makrovorlage TASTEN.XLM auf Ihrer Beispieldiskette finden Sie ein kleines Beispiel zur Anwendung dieser Funktion. In diesem Beispiel wird eine andere Windows-Anwendung gestartet und über die Funktion TASTENF.SENDEN() angesteuert.

AUSFÜHREN(Kanalnummer;Ausführen_Text)

Diese Funktion führt einen Befehl in der Anwendung aus, die den Kanal benutzt, der durch die Kanalnummer angegeben wird. Der auszuführende Befehl und die Form von "Ausführen_Text" hängen von der Anwendung ab, auf die zugegriffen werden soll. Um anstelle eines Befehls Tastenfolgen an diese Anwendung zu senden, tragen Sie die entsprechenden Tastencodes als "Ausführen_Text" ein. Welche Codes welche Tasten wiedergeben, können Sie in der Liste am Ende des Kapitels 13.13 nachsehen.

Als Kanalnummer verwenden Sie den von der Funktion KANAL.ÖFFNEN gelieferten Wert.

Verläuft diese Funktion erfolglos, liefert sie diese Fehlerwerte:

#WERT!	Kanalnummer ist ungültig.
#NV	Die Anwendung, auf die Sie zugreifen wollen, ist mit etwas anderem beschäftigt.
#DIV/0!	Die `Esc`-Taste wurde gedrückt, um den Befehl abzubrechen, da die angesprochene Anwendung nach einer gewissen Zeit noch nichts ausgegeben hat.
#BEZUG!	Die Anfrage AUSFÜHREN() wird zurückgewiesen.

AUSRICHTUNG(Typzahl;Zeilenumbruch)
AUSRICHTUNG?(Typzahl;Zeilenumbruch)

Mit dieser Funktion ändern Sie die Ausrichtung einer markierten Zelle bzw. eines markierten Bereiches. Geben Sie durch "Typzahl" an, in welcher Art der Zellinhalt ausgerichtet werden soll. In der Standardausrichtung werden Texte linksbündig, Werte rechtsbündig, Fehler- und Wahrheitswerte dagegen zentriert ausgerichtet.

Excel in der Übersicht

Typzahl:

    1 = Standard
    2 = Linksbündig
    3 = Zentriert
    4 = Rechtsbündig
    5 = Ausfüllen

Für das Argument "Zeilenumbruch" kann ein Wahrheitswert angegeben werden. WAHR führt dazu, daß Textzeilen innerhalb der Zelle umgebrochen werden. Lassen Sie dieses Argument aus, nimmt Excel den Wahrheitswert FALSCH als Voreinstellung.

Wenn Sie das zweite Format dieser Makrofunktion unter Verwendung des Fragezeichens einsetzen, erscheint bei Ausführung der Funktion das Dialogfeld zum Befehl *Ausrichtung...* im Menü *Format*. Die durch "Typzahl" angegebene Ausrichtung dient dann als Voreinstellung.

AUSSCHNEIDEN()

Ein markiertes Feld bzw. ein markierter Bereich wird in der Tabelle gelöscht und in die Zwischenablage gebracht. Von dort aus kann er mit der Funktion EINFÜGEN() an einer anderen Stelle in die gleiche oder in eine andere Tabelle eingefügt werden.

AUSWAHL()

Diese Funktion liefert den Bezug einer ausgewählten Zelle oder eines Bereiches als externen Bezug. Wenn Sie dieses Ergebnis jedoch in einer Funktion weiterverwenden wollen, so werden Sie den Wert dieses Bezugs erhalten. Um den von dieser Funktion gelieferten Bezug verarbeiten zu können, verwenden Sie die Funktion POSTEXT().

AUSWÄHLEN(Auswahl;Aktive_Zelle)

Diese Funktion existiert in drei Formen. In diesem Abschnitt soll die Variante beschrieben werden, in der die Auswahl entweder Teil eines Tabellenbereiches oder eine Makrovorlage ist.

AUSWÄHLEN() markiert die durch "Auswahl" angegebenen Zellen und macht die durch "Aktive_Zelle" angegebene Zelle zur aktiven Zelle.

Das Argument "Auswahl" muß ein Bezug auf die aktive Tabelle (!A4), ein Bereichsname(!Artikel) oder ein relativer Bezug zur aktuellen Zelle im Format "Z(-1)S(-1):Z(2)S(2)" als Text sein. Wenn "Auswahl" nicht angegeben wird, ändert sich diese auch nicht.

Excel in der Übersicht

Das Argument "Aktive_Zelle" muß ein Bezug auf die aktive Tabelle (!A4) oder ein relativer Bezug zur aktiven Zelle in Textform sein, z.B. "Z(-1)S(-1)". "Aktive_Zelle" muß sich innerhalb der Auswahl befinden, wenn Sie keine Zelle als "Aktive_Zelle" angeben, wird automatisch die Zelle in der oberen, linken Ecke der Auswahl zur aktiven Zelle.

Wenn Sie mit dem Makrorekorder und der relativen Aufzeichnung arbeiten, zeichnet Excel die Argumente dieser Funktion als relative Bezüge im Format "Z1S1" auf. Dementsprechend werden bei absoluter Aufzeichnung auch absolute Bezüge aufgezeichnet.

Beispiel

AUSWÄHLEN(!C3:F6;!C4) markiert den Bereich C3:F6 und macht die Zelle C4 zur aktiven Zelle.

Wenn C3 die aktive Zelle ist, wählt die folgende Funktion die Zellen E5:G7 aus und macht F6 zur aktiven Zelle:

=AUSWÄHLEN("Z(2)S(2):Z(4)S(4)";"Z(3)S(3)")

AUSWÄHLEN(Objektkenntext;Ersetzen)

Die zweite Form dieser Funktion ermöglicht die Auswahl von Objekten in einem Arbeitsblatt oder einer Makrovorlage. Möchten Sie Objekte auswählen, um sie später zu bewegen oder zu vergrößern, dann ist das in diesem Abschnitt beschriebene Format der Funktion das richtige für Ihren Zweck.

"Objektkenntext" gibt die Objekte an, die ausgewählt werden sollen. Innerhalb dieser Liste können Sie die auszuwählenden Objekte über Namen und Nummer oder nur über die Nummer ansprechen.

Beispiel

AUSWÄHLEN("Linie 1, Bogen 2, Ellipse 3") ist identisch mit AUSWÄHLEN("1, 2, 3").

Sie können die Nummern ebenfalls verwenden, um die Objekte anzusprechen, weil diese Nummern fortlaufend beim Anlegen eines Objektes vergeben werden. "Bogen 3" bedeutet nicht, daß dies der dritte gezeichnete Bogen ist, sondern sagt aus, daß es das dritte Objekt in Ihrem Arbeitsblatt ist und daß es sich dabei um einen Bogen handelt.

Als Objektkenntexte stehen die folgenden zur Verfügung: Linie, Bogen, Ellipse, Rechteck, Text, Diagramm, Schaltfläche und Bild.

Das Argument "Ersetzen" wird durch einen Wahrheitswert angegeben. Lassen Sie dieses Argument aus, so setzt Excel hier den Wahrheitswert WAHR ein. Die hat zur Folge, daß bei Ausführung dieser Funktion alle zuvor ausgewählten Objekt inaktiv werden und lediglich die als Argu-

Excel in der Übersicht

mente angegebenen Objekte ausgewählt werden. Setzen Sie für dieses Argument den Wahrheitswert FALSCH ein, so bleiben zuvor ausgewählte Objekte auch aktiv, nachdem die Funktion ausgeführt worden ist.

AUSWÄHLEN(Element)

In diesem Abschnitt soll auf die dritte Variante dieser Funktion eingegangen werden, die gebraucht wird, wenn ein Teil eines Diagrammes ausgewählt werden soll.

Das Argument "Element" enthält den Auswahlcode, der den auszuwählenden Teil des Diagrammes definiert. Sie haben die folgende Liste von Auswahlcodes zur Verfügung:

"Diagramm"	Das ganze Diagramm.
"Diagrammfl"	Die Diagrammfläche.
"Legende"	Die Legende.
"Achse 1"	Die Größenachse des Hauptdiagramms.
"Achse 2"	Die Rubrikenachse des Hauptdiagramms.
"Achse 3"	Die Größenachse des Überlagerungsdiagramms.
"Achse 4"	Die Rubrikenachse des Überlagerungsdiagramms.
"Titel"	Den Diagrammtitel.
"Achsentext 1"	Den Text für die Größenachse des Hauptdiagramms.
"Achsentext 2"	Den Text für die Rubrikenachse des Hauptdiagramms.
"Text n"	Das n-te gleitende Textelement.
"Pfeil n"	Den n-ten Pfeil.
"Gitternetzl 1"	Die Hauptgitternetzlinien der Größenachse.
"Gitternetzl 2"	Die Hilfsgitternetzlinien der Größenachse.
"Gitternetzl 3"	Die Hauptgitternetzlinien der Rubrikenachse.
"Gitternetzl 4"	Die Hilfsgitternetzlinien der Rubrikenachse.
"Bezugsl 1"	Bezugslinien im Hauptdiagramm.
"Bezugsl 2"	Bezugslinien im Überlagerungsdiagramm.
"Spannweitl 1"	Spannweitenlinien im Hauptdiagramm.
"Spannweitl 2"	Spannweitenlinien im Überlagerungsdiagramm.
"RnPm"	Die zu Punkt m in der Reihe n gehörenden Daten.

Excel in der Übersicht

"Text RnPm"	Den zu Punkt m in der Reihe n zugeordneten Text.
"Text Rn"	Den Reihentitel einer Reihe n in einem Flächendiagramm.
"Bodenfl"	Die Bodenfläche eines 3D-Diagramms.
"Wände"	Die Wände eines 3D-Diagramms.

> **AUSZEICHNUNG**(Fett;Kursiv)
> **AUSZEICHNUNG?**(Fett;Kursiv)

Diese Funktion stellte Excel 2.1 Ihnen zur Verfügung, um eine Kompatibilität der Makros zu gewährleisten, die Sie auf dem Apple Macintosh verfaßt haben.

Diese Funktion arbeitet wie die Funktionen FORMAT.SCHRIFTART() oder SCHRIFTART.ERSETZEN().

Die aktuelle Auswahl wird mit der entsprechenden Schriftart formatiert. Ist das Argument "Fett" WAHR, wird die Auswahl fett formatiert, ist "Kursiv" WAHR, so erscheinen die ausgewählten Zeichen in kursiver Schrift. Es ist natürlich auch möglich, beide Argumente auf WAHR zusetzen.

Sie sollten jedoch die beiden o.g. Funktionen FORMAT.SCHRIFTART() oder SCHRIFTART.ERSETZEN() benutzen, wenn Sie Schriftarten auf einem IBM-kompatiblen Rechner verändern wollen.

> **BEARBEITEN.LÖSCHEN**(Zahl)
> **BEARBEITEN.LÖSCHEN?**(Zahl)

Mit dieser Funktion löschen Sie Felder oder ganze Bereiche, wenn Sie diese zuvor markiert haben. Alle Felder, die sich rechts bzw. unterhalb der gelöschten Felder befinden, werden um die entsprechende Position aufgerückt. Durch "Zahl" geben Sie an, wie die angrenzenden Felder verschoben werden sollen. Dabei bedeutet

  1 = Felder werden nach links verschoben
  2 = Felder werden nach oben verschoben

> **BEARBEITEN.WIEDERHOLEN**(Zahl)

Diese Funktion erfüllt den gleichen Zweck wie der Befehl *Wiederholen* im Menü *Bearbeiten*. Bestimmte Operationen können über diese Funktion wiederholt werden. Nähere Informationen finden Sie in der Befehlsübersicht.

BEENDEN()

Beendet Excel. Wenn diese Funktion gelesen wird und sich noch geöffnete Dateien mit ungespeicherten Änderungen auf dem Bildschirm befinden, erscheint für jede dieser Dateien ein Dialogfeld, in dem Sie gefragt werden, ob Sie die Änderungen speichern wollen oder nicht.

BEFEHL.AKTIVIEREN(Kennummer;Menüposition; Befehlsposition;Aktivieren)

Diese Makrofunktion stellt den durch "Befehlsposition" angegebenen Befehl in schwarzer Schrift dar, wenn das Argument "Aktivieren" WAHR ist. Das Argument "Kennummer" bezeichnet die Menüleiste, die das Menü enthält, in dem der Befehl aktiviert werden soll. Dieses Argument muß die Nummer einer Standard-Menüleiste oder eine von MENÜLEISTE.EINFÜGEN() gelieferte Nummer sein.

Das Argument "Menüposition" kann die Position des Menüs in der Menüleiste (das Menü 1 ist das äußerst linke Menü in der Menüleiste) oder der Menüname sein.

"Befehlsposition" gibt die Position eines Befehls in einem Menü an. Der erste Befehl in einem Menü hat die Nummer 1; wird "Befehlsposition" auf 0 gesetzt, so werden alle Befehle des Menüs aktiviert bzw. deaktiviert.

Wenn "Aktivieren" den Fehlerwert FALSCH darstellt, wird der beschriebene Befehl deaktiviert und grau hinterlegt.

Diese Funktion ist nur bei selbsterstellten Befehlen wirksam. Geben Sie durch "Befehlsposition" einen Excel-Befehl oder einen Befehl an, der nicht im entsprechenden Menü zu finden ist, so gibt BEFEHL.AKTIVIEREN() den Fehlerwert #WERT! aus.

Ein Beispiel für die Anwendung dieser und der folgenden Makrofunktionen finden Sie auf Ihrer Beispieldiskette in dem Arbeitsbereich MAKBEF.XLW. Zu diesem Arbeitsbereich gehören die zwei Dateien MAKBEF.XLM und MAKMEN.XLM. Beide Makrovorlagen enthalten Makros, die Menüleisten erzeugen, anzeigen und löschen sowie Befehle in die Menüs eintragen, diese aktivieren und deaktivieren.

Excel in der Übersicht

> **BEFEHL.EINFÜGEN**(Kennummer;Menüposition;Menübezug)

Fügt einen selbsterstellten Befehl in das durch "Menüposition" angegebene Menü in der Menüleiste "Kennummer" ein. "Menübezug" muß den Bereich in der Makrovorlage kennzeichnen, in dem der neue Befehl beschrieben wird.

Die Kennummern der Standard-Menüleisten können Sie in Kapitel 13.5 nachlesen.

> **BEFEHL.LÖSCHEN**(Kennummer;Menüposition;
> Befehlsposition)

Diese Funktion löscht einen selbsterstellten Befehl aus dem durch "Menüposition" angegebenen Menü der Menüleiste mit der entsprechenden Kennummer. "Befehlsposition" kann eine Zahl sein, die die Position des Befehls innerhalb des Menüs wiedergibt. Sie können allerdings auch den Befehlsnamen verwenden.

Ist ein Befehl aus einem Menü gelöscht worden, so wird von den Befehlspositionen der Befehle, die unterhalb des gelöschten Befehls im Menü standen, der Wert 1 abgezogen.

Wenn Sie einen Befehl löschen wollten, der an der angegeben Position nicht existiert, gibt die Funktion den Fehlerwert #WERT! aus.

> **BEFEHL.UMBENENNEN**(Kennummer;Menüposition;
> Befehlsposition;Name)

Benennt einen Befehl an der durch die verwendeten Argumente beschriebenen Position um. Zur Erläuterung der verschiedenen Argumente lesen Sie bitte den Eintrag zur Funktion BEFEHL.AKTIVIEREN() weiter oben.

"Name" ist der neue Befehlsname. Wenn Sie versuchen, einen Befehl umzubennen, der nicht existiert, gibt die Funktion den Fehlerwert #WERT! aus.

> **BEFEHL.WÄHLEN**(Kennummer;Menüposition;Befehlsposition;
> Wählen)

Diese Funktion arbeitet ähnlich wie BEFEHL.AKTIVIEREN(). Sie fügt neben dem genannten Befehl eine Wählmarkierung ein, wenn das Argument "Wählen" WAHR ist. Wenn dieses Argument den Wahrheitwert

FALSCH hat, wird diese Markierung wieder gelöscht. Die Wählmarkierung wirkt sich nicht auf die Ausführung des Befehls aus, sie ist lediglich ein Anhaltspunkt für den Anwender.

BEI.DATEN(Datei_Text;Makro_Text)

Diese Funktion ruft das Makro "Makro_Text" auf, wenn eine Anwendung Daten zu einer Datei "Datei_Text" sendet. "Datei_Text" muß mindestens einen Fernbezug enthalten.

Das Argument "Makro_Text" muß ein Bezug in Textform und in der Schreibweise Z1S1 sein. Wenn Excel durch die empfangenen Daten eine Neuberechnung der Datei vornehmen muß, geschieht dies, bevor das Makro "Makro_Text" ausgeführt wird.

Um diese Funktion außer Kraft zu setzen, fügen Sie sie erneut in Ihr Makro ein und lassen das Argument "Makro_Text" weg.

BEI.DATEN bleibt aktiv, bis diese Funktion deaktiviert oder Excel beendet wird. Die Makrovorlage, in der das Makro steht, das durch "Makro_Text" aufgerufen wird, darf nicht geschlossen werden. Sie erhalten sonst eine Fehlermeldung, wenn Daten zu der durch "Datei_Text" benannten Datei gesendet werden.

BEI.BERECHNEN(Tabellentext;Makrotext)

Diese Funktion ruft das durch "Makrotext" benannte Makro auf, sobald die durch "Tabellentext" angegebene Datei neu berechnet wird. Bei Auslassen des Arguments "Tabellentext" wird das genannte Makro für alle Neuberechnungen an allen geöffneten Arbeitsblättern ausgeführt, es sei denn, für ein anderes Arbeitsblatt gibt es bereits eine Funktion BEI.BERECHNEN().

Für die Neuberechnungen eines Arbeitsblattes kann jeweils nur eine BEI.BERECHNEN()-Funktion ausgeführt werden. Die Funktion BEI.BERECHNEN() ist solange aktiv, bis sie durch ein BEI.BERECHNEN(Tabellentext;) ausgeschaltet wird.

Die Funktion BEI.BERECHNEN() registriert keine Neuberechnungen, die durch andere Makros hervorgerufen werden. Lediglich manuelle Änderungen und Neuberechnungen führen zum Aufruf des genannten Makros.

BEI.FENSTER(Fenster_Text;Makro_Text)

Diese Funktion ruft das durch das Argument "Makro_Text" angegebene Makro dann auf, wenn das Fenster "Fenster_Text" aktiviert wird. "Makro_Text" muß wie bei der Funktion BEI.DATEN ein Z1S1-Bezug in Textform sein und den Feldbereich bezeichnen, in dem das auszuführende Makro steht, wenn das durch "Fenster_Text" beschriebene Fenster aktiviert wird.

Wenn kein spezielles Fenster durch "Fenster_Text" beschrieben wird, führt Excel das genannte Makro immer dann aus, wenn irgendein Fenster aktiviert wird. Um diese Funktion außer Kraft zu setzen, können Sie sie ein zweites Mal in Ihr Makro schreiben und das Argument "Makro_Text" auslassen.

BEI.TASTE(Taste_Text;Makro_Text)

Diese Funktion veranlaßt Excel dazu, das durch "Makro_Text" benannte Makro immer dann auszuführen, wenn die Taste "Taste_Text" gedrückt wird.

"Makro_Text" muß ein Bezug in Textform in der Schreibweise Z1S1 sein. Wenn "Makro_Text" ein leerer Text ("") ist, so geschieht nichts, wenn die genannte Taste gedrückt wird. Die Taste ist somit gesperrt.

Um die Wirkung dieser Funktion aufzuheben, muß die Funktion BEI.TASTE() ohne das Argument "Makro_Text" in Ihr Makro eingefügt werden. Die durch "Taste_Text" benannte Taste hat dann wieder ihre normale Bedeutung.

Die Makrovorlage, in der das Makro "Makro_Text" steht, darf nicht geschlossen werden, da sonst eine Fehlermeldung erscheint, wenn die entsprechende Taste gedrückt wird.

Beispiel

=BEI.TASTE("D";DRUCKEN.XLM!Bestellung")

Das Makro "Bestellung" in der Makrovorlage DRUCKEN.XLM wird ausgeführt, wenn der Buchstabe "D" gedrückt wird.

=BEI.TASTE("D") macht die Eingabe des Buchstabens "D" wieder möglich, ohne daß daraufhin ein Makro ausgeführt wird.

Diese Funktion behält ihre Wirkung, bis sie entweder auf die oben beschrieben Weise außer Kraft gesetzt oder bis Excel beendet wird. Für die Makrovorlage, in der das auszuführende Makro steht, gilt das gleiche wie bei den Funktionen BEI.DATEN() und BEI.FENSTER().

BEI.ZEIT(Zeit;Makro_Text;Toleranz;Eingabe_Wahrheitswert)

Diese Funktion führt das durch "Makro_Text" benannte Makro zu der angegebenen Zeit aus, wenn das Argument "Eingabe_Wahrheitswert" WAHR oder nicht genannt ist. "Makro_Text" muß ein Bezug in Textform in der Schreibweise Z1S1 sein.

Wenn "Zeit" nur eine Uhrzeit ist, wird das Makro jeden Tag zu dieser Zeit ausgeführt. Wenn das Argument "Eingabe_Wahrheitswert" FALSCH ist, werden alle zur genannten Zeit noch anstehenden Makrofunktionen zur Ausführung des Makros nicht berücksichtigt.

Wenn die Makrovorlage mit dem Makro "Makro_Text" zum Zeitpunkt "Zeit" noch nicht geladen ist, wird die Makrofunktion BEI.ZEIT() ignoriert.

Wenn Excel zur angegebenen Zeit nicht im BEREIT-, KOPIEREN-, AUSSCHNEIDEN- oder FINDEN-Modus ist, wird solange auf die Rückkehr von Excel in einen dieser Modi gewartet, bis der durch das Argument "Toleranz" angegebene Zeitraum verstrichen ist. Ist diese Zeit vorüber, wird die Funktion abgebrochen und mit der Abarbeitung des Makros in der nächsten Zeile fortgefahren.

Wenn sich zwei dieser Funktionen auf die gleiche Zeit beziehen, zu der ein Makro ausgeführt werden soll, so wird die Funktion ausgeführt, die von Excel zuerst gelesen wurde. Die zweite Funktion wird übergangen und gibt den Fehlerwert #NV aus.

Wenn Sie keine Toleranzzeit definieren, so wartet Excel die maximal mögliche, serielle Zeit ab.

BENUTZERDEFINIERT.WIDERRUFEN(Makrotext; Widerrufungstext)

Die Funktion "BENUTZERDEFINIERT.WIDERRUFEN()" ermöglicht es, die Ergebnisse Ihrer selbstgeschriebenen Befehle oder Makros wieder rückgängig zu machen. Mit dieser Funktion definieren Sie eigentlich nur, wie der Befehl *Widerrufen*, der Ihnen im Menü *Bearbeiten* zur Verfügung steht, beschrieben werden soll, und welches Makro ausgeführt werden muß, um die Ergebnisse des zuletzt durchgeführten Makros wieder rückgängig zu machen.

Das Argument "Makrotext" nennt das Makro, das zur Rückführung der Tabelle in den ursprünglichen Zustand ausgeführt werden muß. Hier kann ein Name oder ein Zellbezug angegeben werden.

Excel in der Übersicht

Mit dem Argument "Widerufungstext" geben Sie an, in welcher Form der Befehl *Widerrufen* im Menü *Bearbeiten* erscheinen soll. Wie es auch bei den Excel-Standardbefehlen üblich ist, kann hier z.B. hinter dem Befehlswort "Widerrufen" die Operation genannt werden, die zurückgesetzt wird.

Ein kleines Beispiel für die Anwendung dieser Funktion finden Sie auf Ihrer Beispieldiskette in der Datei REDOUNDO.XLM. Sehen Sie sich dort diese Funktion im Einsatz an.

> **BENUTZERDEFINIERT.WIEDERHOLEN**(Makrotext; Wiederholungstext;Aufzeichnungstext)

Diese Funktion versetzt Sie in die Lage, über den Befehl *Wiederholen* im Menü *Bearbeiten* selbstgeschriebene Befehle oder Makros noch einmal ausführen zu lassen. Diese Möglichkeit steht Ihnen für Excel-Standardbefehle meistens zur Verfügung, für aufgerufene Makros aber nur, wenn Sie dies mit dieser Funktion definieren. Weiterhin definieren Sie über BENUTZERDEFINIERT.WIEDERHOLEN(), was der Makrorekorder aufzeichnet, wenn das Makro, das diese Funktion enthält, während einer Aufzeichnung aufgerufen wird.

Das Argument "Makrotext" gibt an, welches Makro aufgerufen wird, um die zuvor durchgeführte Prozedur zu wiederholen. Sie können diese Angabe in Form eines Makronamens oder eines Zellbezugs machen. Dieses Argument kann auch ausgelassen werden, dann ist zwar keine Wiederholung möglich, aber Sie haben über "Aufzeichnungstext" die Aufzeichnungen des Makrorekorders beeinflußt.

"Wiederholungstext" gibt an, in welcher Form der Befehl "Wiederholen" im Menü "Bearbeiten" erscheinen soll. Wie es auch bei den Excel-Standardbefehlen üblich ist, kann hier z.B. hinter dem Befehlswort "Wiederholen" die Operation genannt werden, die wiederholt wird.

Mit dem Argument "Aufzeichnungstext" legen Sie fest, wie der Makrorekorder einen Aufruf Ihres Makros während einer Aufzeichnung im aufgezeichneten Makro protokolliert. Dieses Argument kann auch weggelassen werden.

Ein kleines Beispiel für die Anwendung dieser Funktion finden Sie auf Ihrer Beispieldiskette in der Datei REDOUNDO.XLM. Sehen Sie sich dort diese Funktion im Einsatz an.

BERECHNEN(Typzahl;Iteration;Max_Zahl;
Änderungshöchstwert;Aktualisieren;Genauigkeit;1904)
BERECHNEN?(Typzahl;Iteration;Max_Zahl;
Änderungshöchstwert;Aktualisieren;Genauigkeit;1904)

Mit dieser Funktion wird der Zeitpunkt der Formelberechnung in der aktiven Tabelle festgelegt. Die Berechnung kann automatisch nach jeder Formeleingabe oder, mit Ausnahme einer Mehrfachberechnung, auch nur auf Befehl erfolgen. Das Argument "Typzahl" beschreibt die entsprechende Einstellung, dabei bedeutet:

1 automatische Berechnung

2 automatische Berechnung außer bei Mehrfachoperationen

3 Berechnen auf Befehl

Weiterhin läßt sich hier die "Iteration" steuern. Setzen Sie für dieses Argument WAHR ein, so lassen Sie die iterative Berechnung zu.

"Max_Zahl" gibt die maximale Anzahl der Iterationen an, die Sie zulassen wollen.

"Änderungshöchstwert" nennt den minimalen Wert, um den sich eine Zahl zwischen zwei Iterationen ändern darf, ohne daß die Berechnung gestoppt wird.

Mit der Markierung der Option "Fernanfragen aktualisieren" werden die Formeln berechnet, die Bezüge auf andere Anwendungen enthalten. WAHR schaltet diese Option ein.

Mit dem Argument "Genauigkeit" legen Sie die Genauigkeit fest, mit der die Werte in den Feldern angezeigt werden. Wird die Option nicht markiert, so werden Werte standardmäßig mit einer Genauigkeit von 15 Ziffern gespeichert.

Das Argument "1904" ändert das Systemdatum von der seriellen Zahl 0 (1. Januar 1900) auf die serielle Zahl 1 (2. Januar 1904). Dieses Datensystem verwendet Excel für den Apple Macintosh. Excel erkennt jedoch das Format der Datei und setzt das Systemdatum automatisch in die richtige serielle Zahl um.

BEREICH.VERSCHIEBEN(Bezug;Zeilen;Spalten;Höhe;Breite)

Diese Funktion liefert als Ergebnis einen Bezug, der gegenüber dem durch "Bezug" angegebenen Bereich um die durch "Höhe" definierte An-

Excel in der Übersicht

zahl Zeilen und die durch "Breite" benannte Anzahl Spalten verschoben ist. Die Argumente "Zeilen" bzw. "Spalten" geben an, um wieviel Zeilen nach unten bzw. Spalten nach rechts die linke, obere Ecke des Bezugs verschoben ist. Haben Sie für Zeilen oder Spalten negative Werte eingetragen, so gibt die Funktion einen Bezug aus, der sich oberhalb bzw. links vom angegebenen Bezug befindet.

Diese Funktion liefert lediglich den Bezug nach einer Verschiebung der Felder, sie selbst verschiebt die Felder aber nicht.

Wenn Sie "Höhe" oder "Breite" nicht angeben, geht Excel davon aus, daß es sich um die Höhe und Breite des genannten Bezugs handelt. Sollte der Bezug durch die von Ihnen definierte Zeilen- und Spaltenanzahl über den Tabellenrand hinaus verschoben werden, liefert BEREICH.VERSCHIEBEN() den Fehlerwert #BEZUG!. Handelt es sich beim genannten Bezug um eine Mehrfachauswahl, liefert die Funktion den Fehlerwert #WERT!.

Beispiel

BEREICH.VERSCHIEBEN(A1;3;2;1;1) = D3
BEREICH.VERSCHIEBEN(A1:D4;1;2;4;4) = C2:F5
BEREICH.VERSCHIEBEN(A1:D4;-2;2;4;4) = #BEZUG!

BEREICHE(Bezug)

Diese Funktion liefert als Ergebnis die Anzahl der im "Bezug" enthaltenen Bereiche. Der Bezug kann sich auf ein einzelnes Feld, einen einzelnen Bereich oder einen Mehrfachbereich beziehen.

BEWEGEN(x_Position;y_Position;Fenster_Text)

Diese Funktion entspricht dem Befehl *Bewegen* aus dem Menü *System*. Sie positioniert also ein Fenster auf dem Bildschirm, ohne die Größe zu verändern oder das Fenster zu aktivieren bzw. zu deaktivieren. Die Argumente "x_Position" und "y_Position" geben die waagerechten bzw. senkrechten Koordinaten des Fensters auf dem Bildschirm an.

BILD.EINFÜGEN()

Diese Funktion fügt eine bildliche Darstellung des Inhalts der Zwischenablage an der Position des Zellzeigers in das Arbeitsblatt ein. Diese Funktion arbeitet genauso wie der Befehl *Bild einfügen* im Menü *Bearbeiten*.

BILD.KOPIEREN(Erscheinungsbild;Größe)

Mit Hilfe dieser Funktion kopieren Sie eine bildliche Darstellung der aktuellen Auswahl in die Zwischenablage. Bei einem kopierten Tabellenbereich können Sie das Aussehen des Bildes durch das Argument "Erscheinungsbild" festlegen.

"Erscheinungsbild"

1   Die Abbildung wird in der gleichen Form in die Zwischenablage kopiert, wie sie auf dem Bildschirm abgebildet ist.

2   Die Abbildung wird in der Form in die Zwischenablage kopiert, wie sie ausgedruckt auf dem Papier erscheinen würde.

Im Falle einer Kopie aus einem Diagramm können Sie das Aussehen und die Größe festlegen.

Für das Argument "Größe" können die gleichen Werte eingesetzt werden wie auch für "Erscheinungsbild". Die 1 bedeutet hier, daß die Abbildung in der gleichen Größe in die Zwischenablage kopiert wird, wie sie auf dem Bildschirm dargestellt ist. Bei Angabe der 2 kopiert Excel die Abbildung in der Größe, in der sie auch ausgedruckt werden würde.

Das Bild läßt sich aus der Zwischenablage mit dem Befehl *Einfügen* wieder in eine Tabelle oder ein Diagramm einbringen.

BILDSCHIRMANZEIGE(Formel;Gitternetzlinien;Kopf;Null; Farbe;Gliederung;Seitenumbruch;Objekte)

Diese Form der Funktion entspricht dem Befehl *Bildschirmanzeige...* aus dem Menü *Optionen*.

Mit Hilfe dieser Funktion können Sie die Art der Bildschirmanzeige steuern. Markieren Sie die entsprechenden Optionen durch Angabe des Wahrheitswertes WAHR.

Durch Wahl der entsprechenden Option können Sie anstelle von Werten die zugehörigen Formeln darstellen lassen, die Anzeige der Gitternetzlinien sowie der Zeilen- und Spaltenköpfe ausschalten, Nullwerte innerhalb des Arbeitsblattes unterdrücken, eine Farbe für die Gitternetzlinien und Zeilen- und Spaltenköpfe festlegen, Gliederungssymbole anzeigen oder verbergen, den automatischen Seitenumbruch ausschalten und steuern, ob Objekte vollständig, gar nicht oder nur durch Platzhalter dargestellt werden.

Für das Argument "Farbe" kann eine Zahl zwischen 0 und 16 genannt werden. Die angegebene Zahl entspricht der Wahl des entsprechenden Optionsfeldes im Dialogfeld zum Befehl *Bildschirmanzeige...* im Menü *Optionen*. Ist Farbe = 0, so hat dies den gleichen Effekt wie das Betätigen

Excel in der Übersicht

der Schaltfläche *Automatisch*, d.h. für die Kopfbereiche und Gitternetzlinien werden die Standard-Farben Ihrer Windows-Konfiguration gewählt.

Das Argument "Objekte" wird durch eine Kennzahl definiert. Dabei bedeutet:

   1 = alle Objekte werden vollständig angezeigt
   2 = Objekte werden durch graue Platzhalter ersetzt
   3 = alle Objekte werden ausgeblendet

BILDSCHIRMANZEIGE(Feld;Formel;Wert;Format;Schützen; Namen;Vorrangige;Abhängige;Notiz)

Diese zweite Form der Funktion entspricht dem Befehl *Bildschirmanzeige...* aus dem Menü *Info*. Für die Argumente "Vorrangige" und "Abhängige" können Zahlen zwischen 0 und 2 mit folgender Bedeutung eingetragen werden:

   0 = Keine
   1 = Nur direkt
   2 = Alle Ebenen

BÜNDIG.ANORDNEN()

Mit dieser Funktion ordnen Sie den Text in der linken Spalte eines Bereiches so an, daß alle Felder des Bereiches den Text von ungefähr der gleichen Breite anzeigen. Wenn der ausgewählte Bereich für die Aufnahme des Textes nicht ausreicht, fragt Excel, ob die Darstellung des Textes über den Rand hinaus erfolgen soll. Die markierten Felder, auf die sich der Befehl beziehen soll, müssen entweder Text enthalten oder leer sein.

BW(Zins;Zzr;Rmz;Zw;F)

Diese Funktion liefert als Ergebnis den Barwert einer Investition. Grundlage sind der Zinssatz (Zins), die Anzahl der Zahlungen (Zzr), der Zahlungsbetrag (Rmz), der zukünftige Wert (Zw) und die Fälligkeit (F). Dabei ist zu beachten, daß der Zinssatz als Dezimalzahl angegeben wird (0,6 = 60%).

Ein Beispiel für die Anwendung dieser Funktion finden Sie auf Ihrer Beispieldiskette in der Datei FINANZEN.XLS. In dieser Tabelle werden alle finanzmathematischen Funktionen vorgestellt. Über ein Auswahlmenü können Sie sich zum entsprechenden Tabellenbereich bewegen. Die Datei FINANZEN.XLS ist Bestandteil eines Arbeitsbereiches mit dem Namen FINANZEN.XLW. Die Makrovorlage, die benötigt wird, um komfortabel mit der Tabelle arbeiten zu können, trägt den Namen FINANZEN.XLM und wird automatisch mitgeladen, wenn Sie den Arbeitsbereich FINANZEN.XLW öffnen.

CODE(Text)

Diese Funktion liefert als Ergebnis den ASCII-Code des ersten Zeichens des angegebenen Textes.

COS(Winkel)

Diese Funktion liefert als Ergebnis den Cosinus des Arguments "Winkel" im Bogenmaß.

COSHYP(Zahl)

Diese Funktion liefert als Ergebnis den hyperbolischen Cosinus des Arguments "Zahl".

DATEI.BERECHNEN()

Diese Funktion führt lediglich eine Neuberechnung der aktiven Tabelle durch. Sie entspricht damit dem Befehl *Berechnen* aus den Menüs *Datei* und *Diagramm*.

Befindet sich ein Diagramm im aktiven Fenster, so wird durch diese Funktion die Datei neu berechnet, die diesem Diagramm zugrunde liegt, eventuell neu errechnete Werte wirken sich natürlich auf das Diagramm aus.

Die Verwendung dieser Funktion hat nur dann einen Sinn, wenn die automatische Neuberechnung ausgeschaltet ist.

DATEI.LÖSCHEN(Name)
DATEI.LÖSCHEN?(Name)

Mit dieser Funktion löschen Sie eine Datei; als Argument muß der Dateiname der zu löschenden Datei angegeben werden. Wenn die von Ihnen genannte Datei nicht gefunden werden kann, erscheint ein Dialogfeld mit der Aufforderung, eine Diskette einzulegen, auf der sich die entsprechende Datei befindet.

Wenn Sie die Funktion DATEI.LÖSCHEN?() verwenden, können Sie bei der Angabe des Dateinamens auch Stellvertreterzeichen verwenden. Das ? steht hierbei immer für ein beliebiges einzelnes Zeichen und der * für

Excel in der Übersicht

beliebig viele Zeichen. Die Verwendung von Stellvertreterzeichen hat zur Folge, daß im Dialogfeld zu dieser Funktion eine Liste von Dateinamen erscheint, in der alle Dateien im aktuellen Verzeichnis und Laufwerk aufgelistet sind, die dieser Namensgruppe angehören.

Es ist nicht möglich, Dateien zu löschen, die gerade im Arbeitsbereich geladen sind.

DATEI.SCHLIESSEN(Speichern_Wahrheitswert)

Bei Verwendung dieser Funktion werden alle im Arbeitsbereich befindlichen Dateifenster geschlossen. Durch das Argument "Speichern_Wahrheitswert" bestimmen Sie, ob eventuelle Änderungen in den Arbeitsblättern gespeichert werden sollen oder nicht.

WAHR bewirkt, daß die Datei vor dem Schließen gespeichert wird. FALSCH dagegen hat zur Folge, daß Änderungen nicht gespeichert werden. Lassen Sie dieses Argument ganz aus, so erfolgt eine Abfrage, ob Ihre Änderungen abgespeichert werden sollen.

DATEI.SCHÜTZEN(Inhalt;Fenster;Kennwort;Objekte)
DATEI.SCHÜTZEN?(Inhalt;Fenster;Kennwort;Objekte)

Mit dieser Funktion haben Sie die Möglichkeit, die aktive Tabelle oder das aktive Diagramm durch ein Kennwort vor unberechtigtem Zugriff zu schützen oder diesen Schutz wieder aufzuheben. Der Schutz kann sich auf den Inhalt der Zellen, die Teilung und Größe des Fensters oder auch die Objekte beziehen, dies legen Sie durch Angabe von Wahrheitswerten für die entsprechenden Argumente fest. Diese Funktion wirkt genauso, wie der Befehl *Datei schützen...* aus dem Menü *Optionen*. Die Angabe der entsprechenden Wahrheitswerte entspricht der Markierung der Optionsfelder im Dialogfeld zu diesem Befehl.

Wenn Sie das Argument "Inhalt" oder "Objekte" auslassen, nimmt Excel dafür den Wert WAHR an, machen Sie jedoch keine Angabe für das Argument "Fenster", so deutet Excel das Fehlen dieses Argumentes als FALSCH.

Das Kennwort kann bis zu 256 Zeichen lang sein und aus einer beliebigen Kombination von Buchstaben, Zahlen und Sonderzeichen bestehen. Haben Sie das Kennwort vergessen, besteht keine Möglichkeit mehr, den Schutz aufzuheben, da Sie bei jeder Änderung des Kennwortes das alte Kennwort vorher eingeben müssen. Sie können eine Datei auch ohne ein Kennwort schützen. Damit lassen Sie jedoch zu, daß jeder den Schutz aufheben und ein neues Kennwort vergeben kann.

DATEI.ZUORDNEN(Infotyp;Name)

Diese Funktion liefert als Ergebnis Information über die durch das Argument "Name" spezifizierte Datei. Ist kein Name angegeben, werden Informationen über die aktive Datei ausgegeben.

Mit "Infotyp" legen Sie fest, von welcher Art die Informationen sein sollen, die von dieser Funktion ausgegeben werden. Im Folgenden sind alle möglichen Werte, die das Argument "Infotyp" annehmen kann, einschließlich der zu erwartenden Informationen aufgeführt:

1 Der Name der Datei als Text, ohne Pfadangaben oder Fensternummern.

2 Der Pfadname des Verzeichnisses, das die angegebene Datei enthält, in Textform. Ist die genannte Datei noch nicht gespeichert worden, gibt die Funktion den Fehlerwert #NV aus.

3 Den Dateityp, und zwar eine 1, wenn die Datei eine Tabelle ist, eine 2, wenn es sich um ein Diagramm handelt, und eine 3, wenn Sie den Namen einer Makrovorlage als Namen angegeben haben.

4 Den Wahrheitswert WAHR, wenn seit der letzten Speicherung Änderungen an der Datei vorgenommen wurden, sonst FALSCH.

5 Den Wahrheitswert WAHR, wenn auf die genannte Datei nur lesend zugegriffen werden darf, sonst FALSCH.

6 WAHR, wenn es sich um eine geschützte Datei handelt, ansonsten FALSCH.

7 WAHR, wenn der Inhalt der Datei geschützt ist, andernfalls FALSCH.

8 WAHR, wenn Dateifenster geschützt sind, sonst FALSCH.

Die Werte 9 bis 12 führen nur dann zum angegeben Ergebnis, wenn es sich bei der genannten Datei um ein Diagramm handelt.

9 Einen Wert, der angibt, welcher Art das Hauptdiagramm ist:

    1 = Flächen
    2 = Balken
    3 = Säulen
    4 = Linien
    5 = Kreis
    6 = Punkt
    7 = 3D-Flächen

Excel in der Übersicht

        8 = 3D-Säulen
        9 = 3D-Linien
      10 = 3D-Kreis

10 Eine Zahl von 1 bis 10, die den Typ des Überlagerungsdiagramms angibt. Es gelten die gleichen Erläuterungen wie oben. Gibt es kein überlagerndes Diagramm, erhalten Sie den Fehlerwert #NV.

11 Die Nummer der Datenreihe im Hauptdiagramm.

12 Die Nummer der Datenreihe im Überlagerungsdiagramm.

Die folgenden möglichen Werte des Arguments "Infotyp" liefern nur die genannten Ergebnisse, wenn es sich um eine Tabelle oder um eine Makrovorlage handelt. Bei Verwendung der Werte 34, 35, 36, 37 und 40 können Sie sich auch auf ein Diagramm beziehen.

9 Die Nummer der ersten beschriebenen Zeile. Ist die Datei leer, liefert DATEI.ZUORDNEN() den Wert 0.

10 Die Nummer der letzten beschriebenen Zeile. Ist die Datei leer, liefert DATEI.ZUORDNEN() den Wert 0.

11 Die Nummer der ersten beschriebenen Spalte. Wenn die Datei leer ist, wird der Wert 0 ausgegeben.

12 Die Nummer der letzten benutzten Spalte. Wenn die Datei leer ist, wird der Wert 0 ausgegeben.

13 Die Anzahl der Fenster.

14 Den Berechnungsmodus in Form einer Zahl:

      1 = Automatisch
      2 = Automatisch außer bei Mehrfachoperationen
      3 = Auf Befehl

15 Den Wahrheitswert WAHR, wenn "Iteration" eingeschaltet ist, sonst FALSCH.

16 Maximale Anzahl der Iterationen.

17 Änderungshöchstwert zwischen zwei Iterationen.

18 WAHR, wenn die Option "Fernbezüge aktualisieren" eingeschaltet ist, sonst FALSCH.

19 WAHR, wenn die Option "Genauigkeit wie angezeigt" eingeschaltet ist, sonst FALSCH.

Excel in der Übersicht

20 WAHR, wenn die Datei auf "1904 Datumswerte" gesetzt ist, sonst FALSCH.

21 Die vier Namen der verwendeten Schriftarten werden als horizontale Textmatrix ausgegeben.

22 Horizontale Matrix aus vier Elementen mit den Größen der vier Schriftarten.

23 Horizontale Matrix mit vier Wahrheitswerten. WAHR bedeutet hier, daß die Schriftart fett dargestellt wird, z.B. bedeutet {FALSCH, WAHR, FALSCH, WAHR} daß die Schriftarten 2 und 4 fett sind.

24 Wie 23, WAHR steht hier für kursiv.

25 Wie 23, WAHR steht hier für unterstrichen.

26 Wie 23, WAHR steht hier für durchgestrichen.

27 Wie 23, hier wird jedoch mit einer Zahl zwischen 1 und 16 die Farbe jeder Schriftart angegeben.

28 Wie 23, WAHR wird hier für eine Konturschrift gesetzt. Für Excel 3.0 unter Windows und OS/2 liefert die Funktion immer den Wert FALSCH. Diese Typzahl ist zur Erhaltung der Kompatibilität zu Excel für Macintosh eingeführt worden.

29 Wie 23, WAHR wird hier für eine Schattenschrift gesetzt. Für Excel 3.0 unter Windows und OS/2 liefert die Funktion immer den Wert FALSCH. Diese Typzahl ist zur Erhaltung der Kompatibilität zu Excel für Macintosh eingeführt worden.

30 Horizontale Textmatrix mit Konsolidierungsbezügen für das aktive Arbeitsblatt. Wenn keine Konsolidierungsbezüge existieren, erhalten Sie den Fehlerwert #NV.

31 Eine Zahl zwischen 1 und 11, die anzeigt, welche Funktion bei der Konsolidierung ausgeführt wurde. Wenn keine Funktion ausgeführt wurde, erhalten Sie den Wert 9. Eine Liste der Zahlen mit deren Bedeutung finden Sie bei der Erläuterung der Funktion KONSOLIDIEREN().

32 Eine horizontale Matrix bestehend aus 3 Wahrheitswerten, die den Status der rechteckigen Optionsfelder im Dialogfeld zum Befehl *Konsolidieren...* anzeigen. Wenn der Wahrheitswert WAHR ausgegeben wird, gilt ein Optionsfeld als markiert. Der erste Wahrheitswert

der Matrix steht für die Option *Oberste Zeile*, der zweite für die Option *Linke Spalte* und der dritte für die Option *Mit Quelldatei verknüpfen*.

33 WAHR, wenn die Option *Vor Speichern neu berechnen* im Dialogfeld zum Befehl *Berechnen...* aus dem Menü *Optionen* eingeschaltet ist.

34 WAHR, wenn für die Datei ein Schreibschutz empfohlen wird.

35 WAHR, wenn die Datei schreibgeschützt ist.

36 Name des Benutzers, der momentan die Berechtigung hat, die Datei zu verändern (Schreibzugriff).

37 Eine Zahl, die angibt, welches Dateiformat die aktive Datei hat. Eine Liste der Zahlen und deren Bedeutung finden Sie bei der Erläuterung der Funktion SPEICHERN.UNTER().

38 WAHR, wenn die Option *Hauptzeilen unter Detaildaten* im Dialogfeld zum Befehl *Gliederung* eingeschaltet ist.

39 WAHR, wenn die Option *Hauptspalten rechts von Detaildaten* im Dialogfeld zum Befehl *Gliederung* eingeschaltet ist.

40 WAHR, wenn die Option *Sicherungsdatei erstellen* im Dialogfeld zum Befehl *Speichern unter...* markiert ist.

41 Eine Zahl zwischen 1 und 3, die anzeigt, wie Objekte angezeigt werden. 1 steht für die vollständige Anzeige aller Objekte, 2 für die Darstellung der Objekte über Platzhalter und 3 bedeutet, daß alle Objekte ausgeblendet werden.

42 Horizontale Textmatrix aller Objekte im Arbeitsblatt. Wenn es keine Objekte gibt, erhalten Sie den Fehlerwert #NV.

43 WAHR, wenn im Dialogfeld zum Befehl *Berechnen...* die Option *Externe Verknüpfungswerte* eingeschaltet ist.

44 WAHR, wenn die Objekte Ihres Arbeitsblattes geschützt sind, ansonsten FALSCH.

DATEIEN(Verzeichnis_Text)

Liefert als Ergebnis eine Liste der im angegebenen Verzeichnis abgelegten Dateien. Diese Liste wird als horizontale Textmatrix ausgegeben. Um die Einträge in dieser Matrix verarbeiten zu können, steht Ihnen die

Excel in der Übersicht

Funktion INDEX() zur Verfügung, mit der sich einzelne Elemente einer Matrix adressieren lassen.

Um sich nur bestimmte Dateien in der Matrix ausgeben zu lassen, können Sie als Argument dieser Funktion auch Verzeichnisnamen mit Stellvertreterzeichen benutzen. Wenn Sie keine Angabe machen, nimmt Excel das Argument *.* als Voreinstellung. Excel kann maximal 256 Dateinamen in dieser Matrix ausgeben.

Beispielsweise liefert die Funktion

=FORMEL(DATEIEN("C:\WINDOWS\EXCELCBT*.XLS"))

die Namen aller Excel-Arbeitsblätter im angegebenen Unterverzeichnis.

DATEN.LÖSCHEN()
DATEN.LÖSCHEN?()

Diese Funktion löscht alle Datensätze, die den im Suchkriterienbereich formulierten Suchkriterien entsprechen. Die gelöschten Datensätze werden aus der Datenbank entfernt, die darunterstehenden Datensätze rücken nach oben auf. Dieses Aufrücken hat keinerlei Auswirkungen auf die übrige Tabelle.

Gelöschte Datensätze können nicht mit der Funktion RÜCKGÄNGIG() wieder in das Arbeitsblatt zurückgeholt werden.

Vorsicht

DATEN.SUCHEN(Wahrheitswert)

Diese Funktion entspricht dem Befehl *Suchen* bzw. *Suche abbrechen* aus dem Menü *Daten*. DATEN.SUCHEN() beschränkt den Bildlauf innerhalb der Datenbank auf die Sätze, die den Suchkriterien entsprechen, wenn Sie als Wahrheitswert WAHR angegeben haben.

Als Ergebnis dieser Funktion wird der erste Satz der Datenbank angezeigt, der den Suchkriterien entspricht. Befindet sich der Feldzeiger bei Ausführung dieser Funktion auf einem Datensatz, so wird nicht der erste Satz der Datenbank, sondern der nächste Satz ab Feldzeigerposition ausgewählt.

Die Bildlaufleisten werden schraffiert dargestellt, um anzuzeigen, daß der Bildschirm bei Betätigung der Bildlaufleisten lediglich zum nächsten bzw. vorhergehenden, den Suchkriterien entsprechenden Satz rollt.

Ist der letzte Satz der Datenbank auf diese Weise ausgewählt worden, stoppt Excel den Suchvorgang.

Excel in der Übersicht

Wurde als Argument der Wert FALSCH eingetragen, so wird die Suche abgebrochen, und der zuletzt gefundene Datensatz bleibt ausgewählt. Dies entspricht dem Befehl *Suche abbrechen* aus dem Menü *Daten*.

> **DATEN.SUCHEN.VORHER()**
> **DATEN.SUCHEN.WEITER()**

Diese beiden Funktionen wählen jeweils den vorherigen bzw. nächsten den Suchkriterien entsprechenden Satz aus, nachdem die Funktion DATEN.SUCHEN() gelesen wurde. Wenn kein solcher Satz gefunden werden kann, liefert die Funktion den Wahrheitswert FALSCH.

> **DATENBANK.FESTLEGEN()**

Durch diese Funktion legen Sie einen bestimmten, vorher markierten Bereich in Ihrem Arbeitsblatt als Bereich zur Aufnahme der Datensätze fest. Zum Datenbankbereich gehören sowohl die Zeile, in der Feldnamen stehen, als auch die Zeilen, in die die Datensätze geschrieben werden.

Excel gibt dem so definierten Bereich den Namen "Datenbank", diesen Namen können Sie wie jeden anderen Bezug verwenden.

> **DATENREIHE.BEARBEITEN**(Datenreihe;Name_Bezug;x_Bez; y_Bez;z_Bez;Darstellungsfolge)

Diese Funktion ist identisch mit dem Befehl *Datenreihe bearbeiten...* aus dem Menü *Bearbeiten* eines Diagrammfensters. Die Datenreihen, die die Grundlage eines Diagramms darstellen, können mit dieser Makrofunktion genauso bearbeitet werden wie mit dem gleichnamigen Befehl. Aus diesem Grund sind auch die Argumente dieser Funktion mit den gleichen Werten zu ersetzen, die Sie in das Dialogfeld zum Befehl *Datenreihe bearbeiten...* eintragen würden.

Für das Argument "Datenreihe" geben Sie die Nummer der Datenreihe an, die Sie bearbeiten möchten. Wenn Sie dieses Argument auslassen oder eine 0 angeben, erzeugt Excel eine neue Datenreihe.

"Name_Bezug" nennt den Namen der Datenreihe. Diese Angabe können Sie als externen Zellbezug auf eine Zelle des Arbeitsblattes, das die Daten enthält, oder als Namen machen.

Das Argument "X_Bez" muß durch einen externen Bezug auf die Zellen im Arbeitsblatt ersetzt werden, die bei Punktdiagrammen die X-Koordinaten und bei allen anderen Diagrammen die Rubrikenbeschriftungen enthalten.

Für das Argument "Y_Bez" muß ein externer Bezug auf die Zellen im Arbeitsblatt angegeben werden, die für alle 2-D-Diagramme die Werte enthalten. Für Punktdiagramme werden mit "Y_Bez" die Y-Koordinaten angegeben. Für die Bearbeitung von Datenreihen in 2-D-Diagrammen ist dieses Argument zwingend erforderlich. Bei 3D-Diagrammen kann es jedoch auch ausgelassen werden.

"Z_Bez" ist der externe Bezug, der für 3D-Diagramme genannt werden muß. Mit "Z_Bez" beziehen Sie sich auf die Werte, die in einem dreidimensionalen Diagramm dargestellt werden.

Um festzulegen, in welcher Reihenfolge die einzelnen Datenreihen gezeichnet werden, können Sie für das Argument "Darstellungsfolge" eine Zahl angeben. Wenn es bereits eine Datenreihe gibt, die mit der gleichen Zahl für die Darstellungsfolge versehen ist, wird die Zahl für diese Datenreihe und für alle darauffolgenden um 1 erhöht. Wenn Sie dieses Argument beim Erzeugen einer neuen Datenreihe auslassen, wird die neue Datenreihe zuletzt gezeichnet.

DATENREIHE.BERECHNEN(Zeile_Spalte;Typ;Datum; Schrittweite;Endwert)
DATENREIHE.BERECHNEN?(Zeile_Spalte;Typ;Datum; Schrittweite;Endwert)

Diese Funktion füllt einen ausgewählten Bereich mit einer Zahlen- oder Datumsreihe aus. Der ausgewählte Bereich kann dabei sowohl eine Zeile mit einer bestimmten Breite als auch eine Spalte mit einer bestimmten Länge sein.

Wenn Sie die Option "Zeilen" durch Angabe des Wertes 1 für das Argument "Zeilen_Spalten" einschalten, wird jede Zeile des markierten Bereichs mit einer Datenreihe ausgefüllt. Der Anfangswert steht dabei im äußerst linken Feld der Zeile.

Ist die Option "Spalten" durch Angabe des Wertes 2 für das Argument "Zeilen_Spalte" markiert, so füllt Excel jede Spalte des ausgewählten Bereiches mit einer Datenreihe aus. Der Anfangswert steht im obersten Feld der Spalte.

"Typ" bietet Ihnen die Möglichkeit, festzulegen, wie die Datenreihe aufgebaut werden soll. Die Option "arithmetisch" vom Typ 1 bedeutet, das der Wert jedes Feldes in der Folge um den durch "Schrittweite" angegebenen Wert erhöht werden soll. Die Erhöhung findet durch eine Addition statt.

Excel in der Übersicht

Markieren Sie die Option "Geometrisch" durch Angabe des Wertes 2 für das Argument "Typ", so wird die oben beschriebene Erhöhung der Feldinhalte durch eine Multiplikation mit der Schrittweite vollzogen.

Wenn Sie als Reihentyp "Datum", also Typ 3, gewählt haben, können Sie mit dem Argument "Datum" festlegen, welche Zeiteinheit Sie als Schrittweite für die Berechnung der Reihe verwenden wollen. Das Argument "Datum" muß nur dann angegeben werden, wenn Sie eine Datumsreihe berechnen wollen. Folgende Zeiteinheiten haben Sie anhand der Kennziffern zur Auswahl:

1 = Tag
2 = Wochentag
3 = Monat
4 = Jahr

"Endwert" ist der Wert, der das Ende der Datenreihe darstellen soll. Excel beendet das Ausfüllen der Datenreihe, wenn dieser Endwert oder das Ende des markierten Bereiches erreicht wird.

DATUM(Jahr;Monat;Tag)

Diese Funktion liefert als Ergebnis die dem angegebenen Datum entsprechende serielle Zahl. Dies ist eine ganze Zahl aus dem Bereich zwischen 0 und 65.380. Der Berechnung liegt der Zeitraum zwischen dem 1.1.1900 (0) und dem 31.12.2078 (65380) zugrunde.

DATWERT(Datumstext)

Diese Funktion liefert als Ergebnis eine serielle Datumszahl, der eine Zeichenfolge zugrundeliegt, die in jedem beliebigen Excel-Datumsformat formatiert sein kann.

Die nachfolgenden Funktionen bis einschließlich der Funktion DBVARIANTEN() sind in Kapitel 12.13 detailliert beschrieben.

DBANZAHL(Datenbank;Feld;Suchkriterien)

Diese Funktion liefert als Ergebnis die Anzahl der Zahlen im angegebenen Feld derjenigen Datensätze der Datenbank, die die Suchkriterien erfüllen.

Excel in der Übersicht

DBANZAHL2(Datenbank;Feld;Suchkriterien)

Diese Funktion liefert als Ergebnis die Anzahl der nicht-leeren Felder im angegebenen Feld derjenigen Datensätze der Datenbank, die die Suchkriterien erfüllen.

DBAUSZUG(Datenbank;Feld;Suchkriterien)

Diese Funktion zieht einen einzigen Feldeintrag aus der Datenbank. Durch die Argumente der Funktion geben Sie an, in welcher Datenbank gesucht, welche Suchkriterien ausgewertet und welcher Feldinhalt von der Funktion ausgegeben werden sollen.

Wenn kein Datensatz den Suchkriterien entspricht, liefert diese Funktion den Fehlerwert #WERT!. Genügt mehr als ein Satz den formulierten Suchkriterien, so erhalten Sie den Fehlerwert #ZAHL!.

DBMAX(Datenbank;Feld;Suchkriterien)

Diese Funktion liefert als Ergebnis die größte Zahl im angegebenen Feld derjenigen Datensätze der Datenbank, die die Suchkriterien erfüllen.

DBMIN(Datenbank;Feld;Suchkriterien)

Diese Funktion liefert als Ergebnis die kleinste Zahl im angegebeben Feld derjenigen Datensätze der Datenbank, die die Suchkriterien erfüllen.

DBMITTELWERT(Datenbank;Feld;Suchkriterien)

Diese Funktion liefert als Ergebnis den Mittelwert der Zahlen im angegebenen Feld derjenigen Datensätze der Datenbank, die die Suchkriterien erfüllen.

DBPRODUKT(Datenbank;Feld;Suchkriterien)

Diese Funktion liefert als Ergebnis das Produkt der Zahlen im angegebenen Feld derjenigen Datensätze der Datenbank, die die Suchkriterien erfüllen.

DBSTDABW(Datenbank;Feld;Suchkriterien)

Diese Funktion liefert als Ergebnis die Standardabweichung durch Schätzung aus einer Stichprobe unter Verwendung der Zahlen im angegebebenen Feld derjenigen Datensätze der Datenbank, die die Suchkriterien erfüllen.

DBSTDABWN(Datenbank;Feld;Suchkriterien)

Diese Funktion liefert als Ergebnis die Standardabweichung einer Grundgesamtheit unter Verwendung der Zahlen im angegebenen Feld derjenigen Datensätze der Datenbank, die die Suchkriterien erfüllen.

DBSUMME(Datenbank;Feld;Suchkriterien)

Diese Funktion liefert als Ergebnis die Summe der Zahlen im angegebenen Feld derjenigen Datensätze der Datenbank, die die Suchkriterien erfüllen.

DBVARIANZ(Datenbank;Feld;Suchkriterien)

Diese Funktion liefert als Ergebnis die Varianz durch Schätzung aus einer Stichprobe unter Verwendung der Zahlen im angegebenen Feld derjenigen Datensätze der Datenbank, die die Suchkritereien erfüllen.

DBVARIANZEN(Datenbank;Feld;Suchkriterien)

Diese Funktion liefert als Ergebnis die Varianz einer Grundgesamtheit unter Verwendung der Zahlen im angegebenen Feld derjenigen Datensätze der Datenbank, die die Suchkriterien erfüllen.

DEF.ZUORDNEN(Definitionstext;Datei;Typ)

Liefert den Namen des durch "Definitionstext" angegebenen Bereiches oder der Formel als Text in der angegebenen Datei. Wollen Sie für das Argument "Definitionstext" einen Bezug angeben, so tun Sie dies in Z1S1-Schreibweise. Es können auch Formeln für das Argument "Definitionstext" angegeben werden, in diesem Falle müssen diese auch nicht mit einem Gleichheitszeichen beginnen. Falls der angegebene Definitionstext auf mehrere Namen verweist, liefert die Funktion nur den ersten Namen.

Über das Argument "Datei" geben Sie an, wo Excel den Namen für die genannte Definition suchen soll. Lassen Sie dieses Argument aus, so sucht Excel in der aktiven Makrovorlage. Die Angabe des Dateinamens muß in Textform erfolgen.

Durch die Angabe einer Kennzahl zwischen 1 und 3 für das Argument "Typ" bestimmen Sie, welche Namen von der Funktion "DEF.ZUORD-NEN" geliefert werden sollen. Lassen Sie dieses Argument aus oder geben Sie die Kennzahl 1 an, werden nur normale Namen geliefert. Durch Angabe einer 2 erhalten Sie nur die verborgenen Namen und 3 bedeutet, daß alle Namen ins Ergebnis miteinbezogen werden.

Wenn in der Tabelle "VK1991.XLS" der Bereich A3:A23 den Namen "Preise" hat, liefert die folgende Makrofunktion als Ergebnis den Namen "Preise".

    DEF.ZUORDNEN("Z3S1:Z23S1"."VK!))!XLS")

Kann kein Name für Ihren Definitionstext gefunden werden, gibt diese Funktion den Fehlerwert #NAME? aus.

DGRÖSSE(Dateinummer)

Liefert die Anzahl der gespeicherten Zeichen in der durch die Dateinummer spezifizierten Datei. Die genannte Datei muß durch die Funktion DLADEN() geladen worden sein. Dateinummer ist die Zahl, die nach erfolgreichem Laden von der Funktion DLADEN() geliefert wird. Sollten Sie eine falsche Dateinummer angeben, liefert DGRÖSSE() den Fehlerwert #WERT!.

DIA(Kosten;Rest;Dauer;Zr)

Diese Funktion liefert als Ergebnis den Wert der digitalen Abschreibung eines Anlageobjektes über einen bestimmten Zeitraum. Grundlage sind der Anschaffungspreis für das Objekt (Kosten), der Restwert am Ende der Abschreibung (Rest), die Nutzungsdauer des Objektes (Dauer) und der Zeitraum (Zr).

Ein Beispiel für die Anwendung dieser Funktion finden Sie auf Ihrer Beispieldiskette in der Datei FINANZEN.XLS. In dieser Tabelle werden alle finanzmathematischen Funktionen vorgestellt. Über ein Auswahlmenü können Sie sich zum entsprechenden Tabellenbereich bewegen. Die Datei FINANZEN.XLS ist Bestandteil eines Arbeitsbereiches mit dem Namen FINANZEN.XLW. Die Makrovorlage, die benötigt wird, um komfortabel mit dieser Tabelle arbeiten zu können, trägt den Namen FINANZEN.XLM und wird automatisch mitgeladen, wenn Sie den Arbeitsbereich FINANZEN.XLW öffnen.

DIAGRAMM.AUSWÄHLEN()

Diese Funktion wurde Ihnen in der Version 2.1 zur Verfügung gestellt, um einen reibungslosen Ablauf von Makros zu gewährleisten, die auf dem Apple Macintosh geschrieben wurden. DIAGRAMM.AUSWÄHLEN() entspricht der Funktion AUSWÄHLEN("Diagramm").

DIAGRAMM.ELEMENT(X_Y_Index;Punkt_Index; Element_Text)

Das Ergebnis dieser Funktion ist die senkrechte oder waagerechte Position eines Punktes innerhalb eines Diagrammelementes.

"X_Y_Index" kann die Werte 1 oder 2 haben, bei 1 liefert die Funktion die waagerechte Koordinate und bei 2 die senkrechte.

"Punkt_Index" ist eine Nummer, die einen bestimmten Punkt innerhalb eines Diagrammelementes bezeichnet. Eine Liste der Punktindizes für verschiedene Diagrammelemente folgt weiter unten. Wird "Punkt_Index" nicht angegeben, setzt Excel dieses Argument auf 1.

"Element_Text" ist ein Auswahlcode. Die möglichen Auswahlcodes und ihre Bedeutung:

"Diagramm"	Das ganze Diagramm.
"Diagrammfl"	Die Diagrammfläche.
"Legende"	Die Legende.
"Achse 1"	Die Größenachse des Hauptdiagramms.
"Achse 2"	Die Rubrikenachse des Hauptdiagramms.
"Achse 3"	Die Größenachse des Überlagerungsdiagramms.
"Achse 4"	Die Rubrikenachse des Überlagerungsdiagramms.
"Titel"	Den Diagrammtitel.
"Achsentext 1"	Den Text für die Größenachse des Hauptdiagramms.
"Achsentext 2"	Den Text für die Rubrikenachse des Hauptdiagramms.
"Text n"	Das n-te gleitende Textelement.
"Pfeil n"	Den n-ten Pfeil.
"Gitternetzl 1"	Die Hauptgitternetzlinien der Größenachse.
"Gitternetzl 2"	Die Hilfsgitternetzlinien der Größenachse.

"Gitternetzl 3"	Die Hauptgitternetzlinien der Rubrikenachse.
"Gitternetzl 4"	Die Hilfsgitternetzlinien der Rubrikenachse.
"Bezugsl 1"	Bezugslinien im Hauptdiagramm.
"Bezugsl 2"	Bezugslinien im Überlagerungsdiagramm.
"Spannweitl 1"	Spannweitenlinien im Hauptdiagramm.
"Spannweitl 2"	Spannweitenlinien im Überlagerungsdiagramm.
"RnPm"	Die zu Punkt m in der Reihe n gehörenden Daten.
"Text RnPm"	Den zu Punkt m in der Reihe n zugeordneten Text.
"Text Rn"	Den Reihentitel einer Reihe n in einem Flächendiagramm.
"Bodenfl"	Die Bodenfläche eines 3D-Diagramms.
"Wände"	Die Wände eines 3D-Diagramms.

Wird "Element_Text" weggelassen, so bezieht Excel das gerade ausgewählte Element in die Formel mit ein. Ist jedoch auch kein Element ausgewählt, so liefert die Funktion den Fehlerwert #WERT!.

Wenn es sich bei dem ausgewählten Element nicht um eine Datenlinie handelt, kann "Punkt_Index" folgende Werte annehmen, die dazugehörenden Texte geben die Position des durch den "Punkt_Index" beschriebenen Punktes innerhalb des Diagrammelementes an:

```
1 = Unten links
2 = Oben rechts
```

Geben Sie einen bestimmten Punkt auf der Linie an, um die Position der Datenlinie zu erhalten.

Wenn das Diagrammelement ein Rechteck oder eine Fläche in einem Flächendiagramm ist, verwenden Sie diese Werte für den "Punkt_Index":

```
1 = Oben links
2 = Oben Mitte
3 = Oben rechts
4 = Rechts Mitte
5 = Unten rechts
6 = Unten Mitte
7 = Unten links
8 = Links Mitte
```

Wenn das Element ein Pfeil ist:

```
1 = Der Schaft
2 = Die Spitze
```

Excel in der Übersicht

Wenn das ausgewählte Element ein Kreisdiagrammmsegment ist:

1   Der am weitesten gegen den Uhrzeiger liegende Punkt.

2   Der Mittelpunkt des Kreisbogens.

3   Der am weitesten außen im Uhrzeiger liegende Punkt.

4   Der Mittelpunkt des gegen den Uhrzeigersinn liegenden Radius.

5   Der Kreismittelpunkt.

6   Der Mittelpunkt des im Uhrzeigersinn liegenden Radius.

DIAGRAMM.KOPIEREN(Zahl)
DIAGRAMM.KOPIEREN?(Zahl)

Diese Funktion wurde Ihnen in der Version 2.1 zur Verfügung gestellt, um einen reibungslosen Ablauf von Makros zu gewährleisten, die auf dem Apple Macintosh geschrieben wurden.

"Zahl" bestimmt das Erscheinungsbild des kopierten Diagramms. Geben Sie eine 1 an, wenn das Diagramm in der gleichen Darstellung in die Zwischenablage kopiert werden soll, wie es auch auf dem Bildschirm erscheint. Tragen Sie die 2 ein, wenn Sie es in der gleichen Form in die Zwischenablage kopieren möchten, in der es auch auf dem Drucker ausgegeben würde.

DIAGRAMM.KOPIEREN() entspricht der Funktion BILD.KOPIEREN() ohne die Angabe des Argumentes "Erscheinungsbild".

DIAGRAMMFLÄCHE.AUSWÄHLEN()

Diese Funktion wurde Ihnen in der Version 2.1 zur Verfügung gestellt, um den reibungslosen Ablauf von Makros zu gewährleisten, die auf Apple Macintosh geschrieben wurden. DIAGRAMMFLÄCHE.AUSWÄHLEN() entspricht der Funktion AUSWÄHLEN("Diagrammfläche").

DIALOGFELD(Dialogfeldbezug)

Diese Funktion zeigt das in "Dialogfeldbezug" beschriebene Dialogfeld auf dem Bildschirm an. Wird in diesem von Ihnen erstellten Dialogfeld die Schaltfläche *OK* betätigt, so gibt DIALOGFELD() die Nummer der gewählten Schaltfläche und eventuelle Eingaben in der Ein-/Ausgabespalte der Makrovorlage aus. Um sich mit einem Makro auf die ausgewählte

Schaltfläche zu beziehen, können Sie die Funktion DIALOGFELD(VERGLEICH(Punkt;Dialogfeldbezug;0)) verwenden. Punkte werden für die zweite Zeile des Dialogfeldes von 1 an aufsteigend durchnumeriert. Wenn der Benutzer jedoch die Schaltfläche *Abbrechen* betätigt hat, ist das Ergebnis von DIALOGFELD() FALSCH. Wenn Sie einen ungültigen Dialogfeldbezug eingetragen haben, dann gibt die Funktion den Fehlerwert #WERT! aus. Wird das Makro ausgeführt, so werden Sie in einem Warnfeld darüber informiert, welche Felder innerhalb des angegebenen Bezugs einen Fehler enthalten. Der Dialogfeldzug muß eine minimale Größe von 7 Spalten und 2 Zeilen aufweisen.

Mehr über das Erstellen von Dialogfeldern finden Sie in Kapitel 13.11.

DLESEN(Dateinummer;Anzahl_Zeichen)

Diese Funktion liest die durch "Anzahl_Zeichen" angegebene Anzahl an Zeichen aus der durch "Dateinummer" spezifizierten Datei. Der Lesevorgang beginnt an der aktuellen Position innerhalb dieser Datei. "Dateinummer" muß eine durch DLADEN() zugewiesene Dateinummer sein.

Wenn DLESEN() erfolgreich ausgeführt worden ist, ist das Ergebnis dieser Funktion der gelesene Text. Ist die angegebene Dateinummer ungültig, so liefert DLESEN den Fehlerwert #WERT!. Wird das Ende der Datei erreicht oder kann die Datei von DLESEN() nicht gelesen werden, so gibt die Funktion den Fehlerwert #WERT! aus.

DLESEN.ZEILE(Dateinummer)

DLESEN.ZEILE() arbeitet ähnlich wie DLESEN(), begonnen wird der Lesevorgang auch an der aktuellen Position innerhalb der Datei, jedoch wird nur bis zum Zeilenende gelesen. Die Dateinummer ist der von DLADEN() zugeordnete Wert.

Wenn die angegebene Dateinummer ungültig ist, gibt DLESEN.ZEILE() den Wert #WERT! aus. Wenn die aktuelle Dateiposition schon am Ende der Datei steht oder die Datei nicht gelesen werden kann, liefert DLESEN.ZEILE() den Fehlerwert #NV.

DM(Zahl;Dezimalstellen)

DM() rundet die angegebene Zahl auf die durch "Dezimalstellen" angegebenen Dezimalstellen und versieht sie mit dem Währungssymbol "DM". Die so formatierte Zahl wird als Text ausgegeben.

Excel in der Übersicht

DÖFFNEN(Datei_Text;Zugriff_Zahl)

Diese Funktion lädt die durch "Datei_Text" angegebene Datei. Mit "Zugriff_Zahl" können Sie festlegen, wie auf diese Datei zugegriffen werden kann. "Zugriff_Zahl" = "1" bedeutet, daß auf die geladene Datei lesend und schreibend zugegriffen werden kann. Bei Angabe einer "2" kann auf die Datei nur lesend zugegriffen werden. Wenn Sie jedoch eine "3" für dieses Argument angeben, wird eine neue Datei mit dem von Ihnen angegebenen Namen erstellt, auf die dann lesend und schreibend zugegriffen werden kann.

Ist eine Datei erfolgreich geladen worden, so weist DÖFFNEN() dieser Datei eine Dateikennummer zu. Kann die angegebene Datei nicht geladen werden, liefert DÖFFNEN() den Fehlerwert #NV.

Wenn Sie mit dieser Funktion versuchen, eine nicht existierende Datei zu laden und entweder die 1 oder die 2 als "Zugriff_Zahl" angegeben haben, liefert DLADEN() den Fehlerwert #NV.

Eine geöffnete Datei sollte, wenn sie nicht mehr benötigt wird, mit DSCHLIESSEN() wieder geschlossen werden.

DOKUMENTE()

Liefert die Namen aller geladen Dateien in Form einer horizontalen Textmatrix. Die Dateinamen sind in alphabetischer Reihenfolge geordnet und können durch die Funktion INDEX() ausgewählt werden, um sie als Argumente an andere Funktionen zu übergeben. Die Funktion

    =FORMEL(DOKUMENTE())

gibt die Namen aller geladenen Dateien in die Tabelle aus.

DPOS(Dateinummer;Position)

Legt die aktuelle Position in der durch "Dateinummer" spezifizierten Datei fest. "Dateinummer" ist die von der Funktion DLADEN() zugeordnete Nummer. "Position" gibt die Position in der Datei an, die zur aktuellen Position werden soll. Wenn Sie das Argument "Position" nicht angeben, gibt DPOS() die aktuelle Position wieder.

Wenn die angegebene Dateinummer ungültig ist, erhalten Sie den Fehlerwert #WERT!.

DRUCKBEREICH.FESTLEGEN()

Bei Verwendung der Funktion DRUCKEN() wird der gesamte Bereich ausgedruckt, dessen Felder noch Werte enthalten. Mit DRUCKBEREICH.FESTLEGEN() spezifizieren Sie einen bestimmten Bereich, der durch die Funktion DRUCKEN() ausgegeben werden soll.

Excel gibt dem so festgelegten Druckbereich automatisch auch diesen Namen, der wie jeder andere Bezug verwendet werden kann. Wenn Sie einen neuen Druckbereich festlegen wollen, markieren Sie den neuen Bereich und verwenden diese Funktion erneut. Excel ändert daraufhin den Bezug, der dem Namen "Druckbereich" zugewiesen war, in den neuen Bezug um.

Möchten Sie jedoch Ihren Druckbereich löschen, müssen Sie die Funktion NAMEN.LÖSCHEN(Druckbereich) verwenden.

DRUCKEN(Bereich;Von;Bis;Kopien;Entwurf;Seitenansicht; Auszug;Farbe;Papiervorschub)
DRUCKEN?(Bereich;Von;Bis;Kopien;Entwurf;Seitenansicht; Auszug;Farbe;Papiervorschub)

Mit dieser Funktion wird die gerade aktive Tabelle an den Druckmanager gesendet. Während des Druckvorganges können Sie mit Ihrer Arbeit fortfahren. Die Liste der Argumente gibt die Optionsfelder im Dialogfeld zum Befehl *Drucken...* wieder.

"Bereich" kann den Wert 1 oder 2 annehmen, 1 steht für alles drucken und 2 bedeutet, daß der durch die Argumente "Von" und "Bis" angegebene Seitenbereich gedruckt werden soll.

Die Argumente "Von" und "Bis" müssen also nur dann angegeben werden, wenn für "Bereich" der Wert 2 eingetragen wurde. "Von" gibt die erste und "Bis" die letzte zu druckende Seite an.

"Kopien" nennt die Anzahl der Exemplare, die der Drucker ausgeben soll.

Geben Sie für "Entwurf" WAHR an, so wird beim Ausdruck der Standardzeichensatz Ihres Druckers verwendet, dadurch sinkt die Qualität des Drucks, aber die Geschwindigkeit steigt.

Schalten Sie die Option "Seitenansicht" durch WAHR ein, so wird Ihr Arbeitsblatt nicht auf dem Drucker ausgegeben, sondern der zu druckende Bereich wird in der Form auf dem Bildschirm angezeigt, in der er auch auf dem Drucker ausgegeben würde. Sie können dann am Bildschirm

Excel in der Übersicht

prüfen, ob alles am richtigen Platz erscheint und ob die Seitenaufteilung stimmt.

Das Argument "Auszug" bestimmt durch Angabe einer Kennzahl, was gedruckt werden soll:

- 1 = Nur das Arbeitsblatt
- 2 = Nur die Notizen
- 3 = Arbeitsblatt und Notizen

Der teilweise Ausdruck von Diagrammen ist natürlich nicht möglich.

Das Argument "Farbe" kann ebenfalls durch einen Wahrheitswert ersetzt werden. WAHR bedeutet hier, daß, sofern ein Farbdrucker angeschlossen ist, in Farbe gedruckt wird. Diese Option steht allerdings nur auf Macintosh-Rechnern zur Verfügung.

Mit dem Argument "Papiervorschub" stellen Sie ein, ob Sie mit einem Papierschacht arbeiten (dann müßten Sie die Kennzahl 1 angeben) oder Einzelblätter über einen automatischen Einzelblatteinzug oder per Hand verarbeiten. Im letzten Fall wäre 2 der richtige Eintrag.

> **DRUCKER.EINRICHTUNG**(Drucker_Text)
> **DRUCKER.EINRICHTUNG?**(Drucker_Text)

Diese Funktion dient zur Auswahl des installierten Druckertreibers aus der Liste und zur Zuweisung der entsprechenden Schnittstelle.

"Drucker_Text" nennt den Drucker, auf dem ausgegeben werden soll. Da die Funktion dem Befehl *Druckereinrichtung...* aus dem Menü *Datei* entspricht, muß "Drucker_Text" so angegeben werden, wie der entsprechende Druckertreiber im Listenfeld des Befehls genannt wird.

Um auch die Schnittstelle zu wechseln, können Sie die entsprechende Zuweisung an das Argument "Drucker_Text" anhängen.

Beispiel

DRUCKER.EINRICHTUNG("EPSON FX-80 auf LPT2:")

Obige Funktion ändert den angeschlossenen Drucker und die Schnittstelle auf Epson FX-80 und LPT2:.

Mit der Makrofunktion DRUCKEREINRICHTUNG() können Sie nicht die Optionen im Dialogfeld zur Schaltfläche "Einstellungen" ansprechen. Diese Aufgabe muß mit der Makrofunktion TASTENF.SENDEN() erledigt werden. Sie senden dann die zu drückenden Tasten nicht an eine andere Anwendung, sondern an Excel selbst. Ein Beispielmakro, das dieses

Problem löst, finden Sie auf der Beispieldiskette in einer Makrovorlage mit dem Namen DRUCKER.XLM.

DRUCKTITEL.FESTLEGEN()

Mit dieser Funktion definieren Sie einen Feldbereich mit einem Text, den Sie beim Ausdruck der Tabelle als Titel verwenden wollen. Der markierte Bereich erhält den Namen "Drucktitel" und sollte nicht innerhalb des Druckbereiches stehen, da er sonst auf der ersten Seite zweimal ausgedruckt wird. Als Drucktitel können nur ganze Zeilen verwendet werden. Nähere Informationen über die Definition von Drucktiteln und die Druckausgabe im allgemeinen finden Sie in Kapitel 10.

DSCHLIESSEN(Dateinummer)

Schließt die durch Dateinummer angegebene Datei. Dateinummer ist der Wert, der beim Laden der Datei durch die Funktion DLADEN() zugeordnet worden ist.

Wenn die angegebene Dateinummer nicht gültig ist, liefert die Funktion den Wert #WERT!.

DSCHREIBEN(Dateinummer;Text)

Diese Funktion arbeitet genau umgekehrt wie die Funktion DLESEN(). Der angegebene Text wird an der aktuellen Position in die durch "Dateinummer" angegebene Datei geschrieben. Wenn die Dateinummer ungültig ist, dann liefert DSCHREIBEN() den Fehlerwert #WERT!, kann DSCHREIBEN() nicht in diese Datei schreiben, wird der Fehlerwert #NV ausgegeben.

DSCHREIBEN.ZEILE(Dateinummer;Text)

DSCHREIBEN.ZEILE() schreibt den angegebenen Text an die aktuelle Dateiposition und hängt an das Ende des Textes ein Wagenrücklauf- und Zeilenendezeichen an. Wenn die Dateinummer ungültig ist, dann liefert DSCHREIBEN() den Fehlerwert #WERT!. Kann DSCHREIBEN() nicht in diese Datei schreiben, wird der Fehlerwert #NV ausgegeben.

DUPLIZIEREN()

Diese Funktion dupliziert ein markiertes Objekt. Wenn zum Zeitpunkt der Ausführung noch kein Objekt markiert ist, erhalten Sie den Fehlerwert #WERT!.

ECHO(Wahrheitswert)

Mit der Funktion ECHO() läßt sich die Bildschirmaktualisierung unterdrücken und wieder aktivieren. Ist der angegebene Wahrheitswert dann FALSCH, so findet keine Bildschirmaktualisierung mehr statt, bis das Makro beendet wird oder Excel auf eine weitere ECHO()-Funktion stößt, die entweder den Wahrheitswert WAHR oder gar keinen Eintrag für dieses Argument aufweist.

Die Funktion ECHO() ohne einen Eintrag für das Argument "Wahrheitswert" ändert also immer den Status der Bildschirmaktualisierung von einauf ausgeschaltet und umgekehrt.

Der Ablauf eines längeren Makros wird bei ausgeschalteter Bildschirmanzeige beschleunigt.

Ein Beispiel für die Anwendung dieser Makrofunktion finden Sie auf Ihrer Beispieldiskette im Arbeitsbereich DIAGRAMM.XLW. Die Makrovorlage DIAGRAMM.XLM, die neben den Dateien DIAGRAMM.XLS und DIAGRAMM.XLC zu diesem Arbeitsbereich gehört, beinhalt zwei Makros, die ein Diagramm formatieren. Um die ständige Bildschirmaktualisierung auszuschalten, wurde die Makrofunktion ECHO() sehr häufig benutzt.

EDITION.OPTIONS(edition_type;edition_name;reference; option)

Mit dieser Makrofunktion können Sie mit Excel unter Windows oder OS/2 einen Publisher oder Subscriber entfernen, den Sie mit Excel unter Macintosh angelegt haben.

Mit dem Argument "edition_type" geben Sie an, ob Sie sich auf einen Publisher (Kennzahl 1) oder einen Subscriber (Kennzahl 2) beziehen möchten.

"edition_name" gibt den Namen der "edition" an, die Sie entfernen möchten. Wenn Sie dieses Argument auslassen, müssen Sie zwingend mit dem Argument "reference" den Bezug angeben, der für Ihren Publisher oder Subscriber verwendet wurde.

Als "option" kann unter Excel für Windows oder OS/2 nur die Kennzahl 5 angegeben werden, die für das Entfernen der Operation steht.

EINBLENDEN(Fenster_Text)

Diese Funktion bewirkt, daß ein durch "Fenster_Text" genanntes Fenster zur Anzeige gebracht wird, das mit der Funktion AUSBLENDEN() unsichtbar gemacht wurde. Es erscheint ein Dialogfeld mit einer Liste aller z.Zt. verborgenen Fenster. Ist ein verborgenes Fenster geschützt, so erfolgt zunächst die Abfrage nach dem entsprechenden Paßwort.

Wenn auf kein Fenster mit dem Namen "Fenster_Text" zugegriffen werden kann, führt EINBLENDEN() zu einem Makrofehler.

EINFÜGEN()

Mit diesem Befehl wird der Inhalt der Zwischenablage an die aktuelle Position des Feldzeigers eingefügt. Dabei kann es sich auch um Texte anderer Anwendungsprogramme handeln, wenn sie unter Windows gestartet wurden.

EINGABE(Aufforderungstext;Typ;Überschrift;Vorgabe; x_Position;y_Position)

Diese Makrofunktion bringt ein Dialogfeld auf den Bildschirm. Durch das Argument "Aufforderungstext" wird der Text angegeben, der den Benutzer im Dialogfeld zu der gewünschten Eingabe auffordert. Als Überschrift kann von Ihnen ein Text angegeben werden, der in der Titelleiste des Dialogfelds erscheint. Lassen Sie das Argument "Überschrift" aus, so trägt Excel automatisch "Eingabe" in die Titelleiste des Dialogfeldes ein.

Die Argumente "x_Position" und "y_Position" geben die Position des Dialogfeldes auf dem Bildschirm an. "x_Position" bestimmt die waagerechte und "y_Position" die senkrechte Koordinate. Lassen Sie diese beiden Argumente aus oder wählen dafür den Wert 0, so erscheint das Dialogfeld zentriert auf dem Bildschirm.

"Vorgabe" gibt Ihnen die Möglichkeit, schon einen Wert in das Dialogfeld einzutragen, den der Benutzer dann nur noch zu bestätigen braucht, aber bei Bedarf noch ändern kann.

Das Argument "Typ" bestimmt die Art der Daten, die in das Eingabefeld eingetragen werden können. Sie können folgende Datentypen für die Art der Eingabe festlegen:

Excel in der Übersicht

0 = Formel
1 = Zahl
2 = Text
4 = Wahrheitswert
8 = Bezug
16 = Fehlerwert
64 = Matrix

Wenn Sie mehrere Datentypen für die Eingabe zulassen möchten, können Sie dies durch die Eingabe der Summe der verschiedenen Typkennziffern erreichen. Wenn Sie z.B. die Eingabe von Zahlen und Text zulassen möchten, geben Sie als Typ die 3 ein, die Summe aus 1 (Zahlen) + 2 (Text).

Wird die Eingabe durch Betätigen der Schaltfläche *OK* oder Drücken von [Return] bestätigt, gibt Excel den Wert des Eingabefeldes aus. Wenn die Schaltfläche *Abbrechen* betätigt oder die [Esc]-Taste gedrückt wird, gibt EINGABE() den Wahrheitswert FALSCH aus.

Wenn Bezüge als Eingabe zugelassen sind und ein Bezug eingegeben worden ist, liefert EINGABE() den absoluten Bezug zu den Feldern. Haben Sie jedoch für "Typ" die 0 angegeben und eine Formel eingetragen, so wird diese Eingabe als Text ausgegeben. Sind in der Formel Bezüge enthalten, so werden diese in der Schreibweise "Z1S1" ausgegeben.

Sollten die eingegebenen Daten nicht der Definition durch "Typ" entsprechen, versucht Excel, sie in die entsprechende Form umzuwandeln; ist dies nicht möglich, so erscheint eine Fehlermeldung auf dem Bildschirm.

Wenn Sie einen eingegebenen Bezug in einer Funktion oder einer Formel verwenden möchten, erhalten Sie den Wert des Bezugs. Wenn Sie mit dem aktuellen Bezug arbeiten möchten, sollten Sie die Funktion POSTEXT() verwenden, die den Bezug in einen Text umwandelt, den Sie dann verarbeiten können.

EINGABE.SPERREN(Wahrheitswert)

Durch diese Funktion werden alle Eingaben, die Sie über Tastatur und Maus machen können, gesperrt, wenn das Argument "Wahrheitswert" WAHR ist. Die Wirkung dieser Funktion wird durch EINGABE.SPERREN(FALSCH) wieder aufgehoben.

Wenn Sie über DDA mit anderen Windows-Anwendungen kommunizieren, kann Ihnen diese Funktion brauchbare Dienste erweisen.

EINGABEFELD.VORHER()
EINGABEFELD.WEITER()

Diese Makrofunktionen haben die gleiche Wirkung wie das Drücken der Tasten `Tab` oder `Umschalt`+`Tab`; sie bewegen den Feldzeiger in einer geschützten Tabelle zum vorhergehenden bzw. nächsten nicht gesperrten Feld.

EINZELHEITEN.ZEIGEN(Zeile_Spalte;Zeile_Spalte_Nummer; Erweitern)

Diese Funktion ermöglicht Ihnen, die einer Hauptzeile oder Hauptspalte untergeordneten Zellen zu zeigen, ohne direkt die ganze Gliederungsebene zu entfalten. Als Argument "Zeile_Spalte" wird angegeben, ob Sie die untergeordneten Zeilen oder Spalten sehen wollen. Die Kennzahl "1" sagt aus, daß Sie die untergeordneten Zeilen einblenden möchten. Die "2" bewirkt, daß die untergeordneten Spalten sichtbar werden.

"Zeile_Spalte_Nummer" gibt nun entsprechend dem Argument "Zeile_Spalte" an, welche Zeile oder Spalte den einzublendenden Detaildaten übergeordnet ist. Auch wenn Sie im "A1"-Modus sind, muß eine Spalte als Zahl angegeben werden.

Das Argument "Erweitern" beschreibt durch einen Wahrheitswert, ob die spezifizierten Detaildaten aus- oder eingeblendet werden sollen. Der Wahrheitswert WAHR blendet die Daten ein und FALSCH blendet sie aus.

EINZELSCHRITT()

Diese Funktion dient zur Überwachung eines Makroablaufs in der Testphase. Sie bewirkt, daß ein Makro nur schrittweise ausgeführt wird. In einem Dialogfeld wird Ihnen mitgeteilt, welches Feld des Makros gerade gelesen wird und welche Makrofunktion zur Ausführung ansteht. Des weiteren stehen Ihnen in diesem Dialogfeld vier Schaltflächen zur Verfügung. Die Schaltfläche *Schritt* leitet die Ausführung des nächsten Schrittes ein. Die Schaltfläche *Stop* hält das Makro an. Durch Betätigen der Schaltfläche *Weiter* schalten Sie den Einzelschrittmodus aus, und Excel fährt mit der Ausführung des Makros fort, ohne vor jedem Schritt das Dialogfeld anzuzeigen. Die Schaltfläche *Berechnen* liefert Ihnen zuerst das Ergebnis der anstehenden Makrofunktion, und erst bei erneuter Betätigung dieser Schaltfläche wird die Funktion auch ausgeführt.

Excel in der Übersicht

Sie können den Einzelschrittmodus auch während eines Makroablaufs einschalten, indem Sie die `Esc`-Taste drücken und in der dann erscheinenden Maske die Schaltfläche *Schritt* betätigen.

SONST()

Diese Funktion wird im Zusammenhang mit den Makrofunktionen WENN(), SONST.WENN() und WENN.ENDE() eingesetzt. Sie dient dazu, den Ablauf eines Makros anhand bestimmter Bedingungen zu steuern. SONST() führt dazu, daß alle auf diese Funktion folgenden Makrofunktionen ausgeführt werden, wenn die zuvor mit WENN() oder SONST.WENN() formulierten Bedingungsprüfungen den Wahrheitswert FALSCH ergaben.

Beispiele für diese Funktion finden Sie auf Ihrer Beispieldiskette in der Makrovorlage SCHLEIFE.XLM. Diese Makrovorlage ist Bestandteil eines Arbeitsbereiches mit dem Namen SCHLEIFE.XLW. Darin enthalten ist noch eine Tabelle namens SCHLEIFE.XLS, die für den Ablauf des Beispielmakros gebraucht wird.

SONST.WENN(Wahrheitsprüfung)

Diese Makrofunktion dient zur Steuerung des Makroablaufs anhand von Ihnen formulierter Bedingungen. Durch diese Makrofunktion legen Sie den Beginn eines Bereiches fest, der durch das nächste SONST(), SONST.WENN() oder WENN.ENDE() beendet wird. Die Makrofunktionen, die in diesem Bereich liegen, werden ausgeführt, wenn die Wahrheitsprüfungen durch ein zuvor gesetztes WENN() oder SONST.WENN() den Wahrheitswert FALSCH ergaben und der Wahrheitswert von diesem SONSTWENN() WAHR ist.

Für das Argument "Wahrheitswert" können Sie WAHR oder FALSCH, eine Funktion, die einen Wahrheitswert liefert, oder eine selbstformulierte Bedingung angeben.

Beispiele für diese Funktion finden Sie auf Ihrer Beispieldiskette in der Makrovorlage SCHLEIFE.XLM. Diese Makrovorlage ist Bestandteil eines Arbeitsbereiches mit dem Namen SCHLEIFE.XLW. Darin enthalten ist noch eine Tabelle namens SCHLEIFE.XLS, die für den Ablauf des Beispielmakros gebraucht wird.

Excel in der Übersicht

ENDE.AUSWÄHLEN(Richtungszahl)

Diese Makrofunktion bewegt den Feldzeiger in der durch "Richtungszahl" angegeben Richtung. Durch die Angabe dieser Richtungszahl hat die Funktion dann genau den gleichen Effekt wie die Tastenkombination ⎡Strg⎤+⎡Richtungstaste⎤.

- 1 = Nach links
- 2 = Nach rechts
- 3 = Nach oben
- 4 = Nach unten

WENN.ENDE()

Beendet einen durch die Makrofunktion WENN() geöffneten Zweig, der in Abhängigkeit vom Ausgang der Wahrheitsprüfung durch die Funktion WENN() ausgeführt wird. Jeder WENN()-Zweig muß durch ein einziges WENN.ENDE beendet werden.

Beispiele für diese Funktion finden Sie auf Ihrer Beispieldiskette in der Makrovorlage SCHLEIFE.XLM. Diese Makrovorlage ist Bestandteil eines Arbeitsbereiches mit dem Namen SCHLEIFE.XLW. Darin enthalten ist noch eine Tabelle namens SCHLEIFE.XLS, die für den Ablauf des Beispielmakros gebraucht wird.

ERGEBNIS(Typzahl)

Legt den Datentyp des durch ein Funktionsmakro ausgegebenen Wertes fest. Die "Typzahl" kann folgenden Wert haben:

- 1 = Zahl
- 2 = Text
- 4 = Wahrheitswert
- 8 = Bezug
- 16 = Fehlerwert
- 64 = Matrix

Wenn Sie mehrere Datentypen als Ausgabe zulassen wollen, können Sie als "Typzahl" auch eine Summe der entsprechenden Kennziffern angeben. Tragen Sie z.B. als "Typzahl" eine 3 ein, so erlaubt Excel die Ausgabe von Zahlen und Texten, da 3 die Summe aus 1 und 2 ist.

Wenn "Typzahl" nicht angegeben wird, nimmt Excel dafür den Wert 7 an, die Summe aus 1, 2 und 4. Damit sind Zahlen, Texte und Bezüge als Ausgabe zugelassen.

Excel in der Übersicht

ERSETZEN(Alter_Text;Beginn;Anzahl_Zeichen;Neuer_Text)

Diese Funktion liefert als Ergebnis einen Text, der auf einem alten Text basiert, wobei die angegebene Anzahl von Zeichen ab der durch "Beginn" genannten Position durch einen neuen Text ersetzt wurde.

EXP(Zahl)

Diese Funktion berechnet die Basis des natürlichen Logarithmus hoch "Zahl". Die Basis bildet die Konstante e (2,7182818...).

FAKULTÄT(Zahl)

Diese Funktion liefert als Ergebnis die Fakultät von "Zahl". Steht im Argument eine Dezimalzahl, werden die Stellen hinter dem Komma ignoriert, und die Ganzzahl wird berechnet.

FALSCH()

Diese Funktion liefert als Ergebnis den logischen Wert FALSCH.

FARBE.BEARBEITEN(Farbnummer;Farbwert_Rot; Farbwert_Grün;Farbwert_Blau)

Diese Funktion arbeitet genau so wie der Befehl *Farbpalette...* aus dem Menü *Optionen*, wenn Sie die Schaltfläche *Bearbeiten...* betätigt haben. Mit dieser Funktion können Sie eine der 16 Standardfarben wählen, indem Sie für das Argument "Farbnummer" eine Zahl zwischen 1 und 16 angeben. Weiterhin können Sie eine Standardfarbe durch Angabe der Argumente "Farbwert_Rot", "Farbwert_Grün" und "Farbwert_Blau" verändern. Daraufhin werden alle Objekte, Zellen und Schriften geändert, die Sie mit dieser Farbe versehen haben.

Die verschiedenen Farbwerte geben den Anteil der jeweiligen Grundfarbe an der Mischfarbe an. Sie können hier Werte zwischen 0 und 255 angeben. Wenn alle Farbwerte auf 0 gesetzt sind, ergibt dies die Farbe Schwarz, wohingegen die Angabe des Höchstwertes 255 für alle Werte dazu führt, daß die angegebene Farbnummer als Weiß definiert wird. Lassen Sie die Farbwerte stehen, so werden diese entsprechend der angegebenen Farbnummer gesetzt.

Die Werte für "Farbton", "Sättigung" und "Intensität", die Sie im Dialogfeld zur Farbbearbeitung angeben können, werden als Argumente der Funktion FARBE.BEARBEITEN() nicht benötigt. Die Farbdefinition geschieht hier ausschließlich über die verschiedenen Farbwerte. Selbst, wenn Sie den Befehl *Farbpalette...* mit dem Makrorekorder aufzeichnen lassen, während Sie eine neue Farbe definieren, werden lediglich die Farbanteile angegeben.

FARBPALETTE(Dateitext)

Diese Funktion entspricht der Auswahl eines Dateinamens aus dem Listenfeld im Dialogfeld zum Befehl *Farbpalette...* aus dem Menü *Optionen*. Sie kopieren mit dieser Funktion die "Farbpalette..." der durch "Dateitext" angegeben Datei in die aktive Datei. Die genannte Datei muß zum Kopieren der Farbpalette allerdings geöffnet sein. Ist die genannte Datei jedoch nicht geöffnet, so liefert die Funktion FARBPALETTE() den Fehlerwert #WERT!. Geben Sie erst gar keinen Dateinamen an, so wird die Farbpalette der aktiven Datei auf die Standardwerte zurückgesetzt.

FEHLER(Aktivieren;Makrobezug)

Durch die Funktion FEHLER() läßt sich ein bestimmtes Makro aufrufen, wenn innerhalb eines anderen Makros ein Fehler auftritt. Durch das Argument "Aktivieren", können Sie die Fehlerprüfung während eines Makros komplett aktivieren oder deaktivieren.

Wenn Sie für dieses Argument den Wahrheitswert FALSCH angeben, so ist die gesamte Fehlerprüfung deaktiviert. Das hat zur Folge, daß Excel eventuell auftretende Fehler ignoriert und mit der Abarbeitung des Makros fortfährt.

Ist "Aktivieren" allerdings WAHR, so wird die Fehlerprüfung eingeschaltet, auch wenn Sie das Argument "Makrobezug" nicht angeben. Bei eingeschalteter Fehlerprüfung führt Excel das durch den Makrobezug angegebene Makro aus, wenn es auf einen Fehler stößt. Ist jedoch kein Makrobezug angegeben, so zeigt Excel das Einzelschritt-Dialogfeld, indem das Feld inklusive der Funktion angezeigt wird, die von Excel gerade gelesen wurde.

Sowohl die Funktion FEHLER(WAHR;Makrobezug) als auch die Funktion FEHLER(FALSCH) unterdrücken die Excel-Fehlermeldungen. Sie erhalten dann z.B. auch keine Fehlermeldung, wenn Sie eine nicht gespeicherte Datei mit der Funktion SCHLIESSEN() schließen. Bedenken Sie dies bitte bei Verwendung dieser Funktion.

FENSTER()

Die Funktion FENSTER() gibt alle Namen der auf dem Bildschirm befindlichen Fenster aus. Diese Namen werden in einer horizontalen Textmatrix angegeben, wobei die Namen dort so sortiert sind, wie die Fenster auch auf dem Bildschirm übereinanderliegen. Das aktive Fenster wird an erster Stelle aufgeführt. Danach kommt der Name des Fensters, das sich auf dem Bildschirm direkt unter dem aktiven Fenster befindet, usw. Mit der Makrofunktion INDEX() können Sie sich auf einen Namen in dieser Textmatrix beziehen und diesen z.B. durch ein anderes Makro weiterverarbeiten.

FENSTER.FIXIEREN(Wahrheitswert)

Diese Funktion dient zur Fixierung der linken und oberen Unterfenster, die mit der Funktion TEILEN() erstellt wurden. Es ist dann nicht mehr möglich, in den genannten Fenstern einen Bildlauf durchzuführen, damit z.B. Zeilen- und Spaltenüberschriften nicht verschoben werden, die für die gesamte Tabelle gültig sind.

FENSTER.ZUORDNEN(Infotyp;Name)

Diese Makrofunktion liefert die aktuellen Informationen über das durch "Name" angegebene Fenster. Wenn Sie keine Namensangabe machen, liefert diese Funktion Informationen über das aktive Fenster.

Durch "Infotyp" geben Sie an, was Sie eigentlich von dem entsprechenden Feld wissen wollen. Die untenstehende Liste zeigt Ihnen alle Infotypen, die Sie angeben können, und die entsprechenden Ergebnisse:

1   Den Namen der in diesem Fenster abgebildeten Datei als Text.

2   Die Nummer des Fensters.

3   Den Abstand vom linken Bildschirmrand zum linken Fensterrand, gemessen in Punkt.

4   Den Abstand vom oberen Bildschirmrand zum oberen Fensterrand, gemessen in Punkt.

5   Die Breite des Fensters, gemessen in Punkt.

6   Die Höhe des Fensters, gemessen in Punkt.

7   Den Wahrheitswert WAHR, wenn das Fenster verborgen ist, ansonsten FALSCH.

"Infotyp" kann, wenn es sich um Makrovorlagen oder Tabellen handelt, auch die Werte 8 bis 12 annehmen:

8   WAHR, wenn Formeln angezeigt werden, sonst FALSCH.

9   WAHR, wenn Gitternetzlinien angezeigt werden, sonst FALSCH.

10 WAHR, wenn Kopfbereiche angezeigt werden, ansonsten FALSCH.

11 WAHR, wenn Nullwerte angezeigt werden, ansonsten FALSCH.

12 Eine Zahl zwischen 1 und 16, die die Farbe der Gitternetzlinien und der Kopfbereiche angibt. Die Zahlen 1-16 entsprechen den Farben im Dialogfeld *Optionen*. Die Farbe 0 entspricht der Wahl der Schaltfläche *Automatisch*.

Die Werte 13, 14, 15 und 16 geben horizontale numerische Matrizen aus. Diese Matrizen geben an, welcher Fensterausschnitt in den einzelnen Unterfenstern zu sehen ist.

Angegeben werden die Zeilen- und Spaltennummern, die an den Rändern des Unterfensters im Fenster "Name" liegen. Die erste Zahl in der ausgegebenen Matrix gibt die Zeilen- und Spaltennummern für den Rand des ersten Unterfensters an, die zweite Zahl den des zweiten Unterfensters, usw.

Wenn der Rand einen Teil einer Zeile oder Spalte abschneidet, hat die Zahl eine Dezimalstelle, die erkennbar macht, wieviel von der Zeile oder Spalte im Unterfenster zu sehen ist. Die ausgegebene Zahl kann als Argument an die Makrofunktion TEILEN() übergeben werden, um ein Fenster so genau wie möglich an bestimmten Zeilen- oder Spaltengrenzen zu teilen.

13 Die äußerst linke Spalte für jedes Unterfenster in einer numerischen Matrix.

14 Die oberste Zeile für jedes Unterfenster in einer numerischen Matrix.

15 Die äußerst rechte Spalte für jedes Unterfenster in einer numerischen Matrix.

16 Die unterste Zeile für jedes Unterfenster in einer numerischen Matrix.

Excel in der Übersicht

17 Die Nummer des aktiven Unterfensters.

    1 = Oberes, linkes Unterfenster
    2 = Oberes, rechtes Unterfenster
    3 = Unteres, linkes Unterfenster
    4 = Unteres, rechtes Unterfenster

18 Wenn das Fenster vertikal geteilt ist, den Wahrheitswert WAHR, sonst FALSCH.

19 Wenn das Fenster horizontal geteilt ist, den Wahrheitswert WAHR, sonst FALSCH.

20 Wenn das Fenster als Vollbild dargestellt wird, den Wahrheitswert WAHR, sonst FALSCH.

21 Reserviert.

22 Wenn Gliederungssymbole angezeigt werden können, den Wahrheitswert WAHR, sonst FALSCH.

FEST(Zahl;Dezimalstellen)

Diese Funktion liefert als Ergebnis einen Text mit den als "Dezimalstellen" angegebenen Nachkommastellen, wobei das Argument "Zahl" einen Wert darstellt. Das Ergebnis ist identisch mit dem, was Sie über den Befehl *Zahlenformat...* erreichen können. Der Wert für die Dezimalstellen muß im Bereich zwischen 0 und 127 liegen, wobei negative Werte die Rundung links vom Komma veranlassen.

Hinweis

Das Ergebnis der Funktion FEST() ist keine Zahl, sondern ein Text. Dies unterscheidet die Funktion vom Befehl *Zahlenformat...* im Menü *Format*.

Beispiel

    FEST(1234,5678;1) = 1.234,6
    FEST(1234,5678;0) = 1.235
    FEST(1234,5678;-2) = 1.200

FINDEN(Suchtext;Text;Beginn)

Diese Funktion liefert als Ergebnis die Nummer des Zeichens, bei dem der "Suchtext" zum ersten Mal auftritt. Das erste Zeichen in "Text" hat die Nummer 1. Ist der angegebene "Suchtext" in "Text" nicht enthalten, wird der Fehlerwert #WERT! ausgegeben. "Beginn" gibt die Nummer des Zeichens innerhalb von "Text" an, an dem die Suche beginnt. Lassen Sie dieses Argument aus, so nimmt Excel dafür den Wert 1 an.

FINDEN() gibt den Fehlerwert #WERT! aus, wenn der Suchtext nicht vorhanden oder "Beginn" <= 0 oder größer als die Anzahl der Zeichen in "Text" ist.

FINDEN("n";"Freund Henning") = 5
FINDEN("n";"Freund Henning";6) = 12

Beispiel

FORMATVORLAGE.FESTLEGEN(Formatvorlage;Zahl; Schriftart;Ausrichtung;Rahmen;Muster;Schutz)
FORMATVORLAGE.FESTLEGEN?(Formatvorlage;Zahl; Schriftart;Ausrichtung;Rahmen;Muster;Schutz)

Dieses Format der Funktion FORMATVORLAGE.FESTLEGEN() wird verwendet, um ein Druckformat auf der Basis der Formatinformationen aus der aktiven Zelle zu definieren. Um Druckformate ohne eine bereits entsprechend formatierte Zelle zu definieren, benutzen Sie das zweite Format der Funktion, um jedes Formatierungsmerkmal einzeln zu definieren.

Das Argument "Formatvorlage" gibt den Namen der neu zu definierenden Formatvorlage in Anführungszeichen an. Alle anderen Argumente legen durch Wahrheitswerte fest, welche Formatierungsmerkmale der aktiven Zelle mit in das Druckformat aufgenommen werden sollen. Die Angabe des Wahrheitswertes WAHR für eines der Argumente "Zahl", "Schriftart", "Ausrichtung", "Rahmen", "Muster" und "Schutz" entspricht dem Einschalten einer der Optionen im Dialogfeld zum Befehl *Formatvorlage...* aus dem Menü Format.

Wenn Sie alle oder auch nur eins dieser Argumente auslassen, hängt das Ergebnis davon ab, ob der gesamte aktive Zellbereich für die ausgelassenen Attribute einheitliche Formatierungen aufweist. Wenn dies der Fall ist, wird per Voreinstellung für ausgelassene Argumente der Wahrheitswert WAHR angenommen. Gibt es unterschiedliche Formatinformationen für die Zellen des markierten Bereiches, wird FALSCH eingesetzt.

Um eine bereits bestehende Formatvorlage zu ändern, genügen also die Auswahl einer entsprechend formatierten Zelle und die Ausführung der Funktion FORMATVORLAGE.FESTLEGEN("Name").

FORMATVORLAGE.FESTLEGEN(Formatvorlage;Merkmale; Zusatzmerkmale...)

Dieses Format der Funktion ermöglicht Ihnen die Definition von Formatvorlagen, ohne eine formatierte Zelle als Basis zu verwenden. Zur vollständigen Definition einer Formatvorlage, die mehrere Formatinformationen enthalten soll, ist es jedoch notwendig, diese Funktion mehrfach einzusetzen, um so nacheinander jedes Formatierungsmerkmal zu belegen.

Mit dem Argument "Formatvorlage" wird auch hier der Name der neu zu definierenden Formatvorlage in Anführungszeichen angegeben.

Das Argument "Merkmale" entscheidet jetzt, welches Formatierungsmerkmal definiert wird und welche "Zusatzmerkmale" mit den folgenden Argumenten beschrieben werden können. Für "Merkmale" können Kennzahlen mit folgender Bedeutung eingesetzt werden:

  2 = Zahlenformat
  3 = Schriftart
  4 = Ausrichtung
  5 = Rahmenart
  6 = Muster
  7 = Zellschutz

Wenn man bedenkt, daß die Funktion FORMATVORLAGE.FESTLEGEN() genauso arbeitet wie der Befehl *Formatvorlage...*, so entspricht die Angabe des Arguments "Merkmal" durch eine der oben genannten Kennzahlen der Betätigung der entsprechenden Schaltflächen im Dialogfeld zu diesem Befehl.

Welches "Zusatzmerkmal" nun angegeben werden kann, hängt von der Kennzahl ab, die Sie genannt haben. Aber auch diese Frage wollen wir mit einer Aufstellung beantworten:

Für Zahlenformate (Kennzahl 2):
Als "Zusatzmerkmal" wird hier das Zahlenformat angegeben, z.B.

   FORMATVORLAGE.FESTLEGEN("Bruch",2,"# ?/?")

Für Schriftarten (Kennzahl 3):

Name	Nennt die gewünschte Schriftart.
Größe	Gewünschte Größe der oben genannten Schriftart in Punkten.
Fett	Setzen Sie WAHR ein, wenn die gewählte Schriftart fett dargestellt werden soll.
Kursiv	Setzen Sie WAHR ein, wenn die gewählte Schriftart kursiv dargestellt werden soll.

Unterstreichen
Setzen Sie WAHR ein, wenn die gewählte Schriftart unterstrichen dargestellt werden soll.

Durchstreichen
Setzen Sie WAHR ein, wenn die gewählte Schriftart durchgestrichen dargestellt werden soll.

Farbe Kann einen Wert zwischen 0 und 16 annehmen. Diese Zahlen entsprechen den Optionsfeldern zum Befehl *Schriftart...* im Menü *Format*. Die 0 steht für automatisch, die Excel-Standardfarben Ihrer Windows-Konfiguration werden verwendet.

Kontur Setzen Sie WAHR ein, wenn die gewählte Schriftart als Konturschrift dargestellt werden soll. Diese Option steht nur auf Macintosh-Rechnern zur Verfügung.

Schatten Setzen Sie WAHR ein, wenn die gewählte Schriftart als Schattenschrift dargestellt werden soll. Diese Option steht nur auf Macintosh-Rechnern zur Verfügung.

Für die Ausrichtung (Kennzahl 4)

"Typzahl"

```
1 = Standard
2 = Linksbündig
3 = Zentriert
4 = Rechtsbündig
5 = Ausfüllen
```

Für das Argument "Zeilenumbruch" kann ein Wahrheitswert angegeben werden. WAHR führt dazu, daß Textzeilen innerhalb der Zelle umgebrochen werden. Lassen Sie dieses Argument unausgefüllt, so nimmt Excel den Wahrheitswert FALSCH als Voreinstellung.

Für die Rahmenart (Kennzahl 5)

Für die unten genannten Argumente müssen Kennzahlen eingesetzt werden, die beschreiben, ob ein Rahmen gezeichnet und welche Farbe dafür verwendet werden soll.

```
Gesamt
Rand_links
Rand_rechts
Rand_oben
Rand_unten
Schraffieren
Farbe_Gesamt
```

Excel in der Übersicht

        Farbe_links
        Farbe_rechts
        Farbe_oben
        Farbe_unten

Das Argument "Schraffieren" wird durch einen Wahrheitswert ersetzt. WAHR hat die gleiche Bedeutung wie das Einschalten der Option *Schattieren* im Dialogfeld zum Befehl *Rahmenart*....

Für die Farben stehen Ihnen die Farbkennziffern zwischen 0 und 16 zur Verfügung, wobei die 0 für die automatische Farbgebung steht. Die Kennzahlen für die Argumente "Gesamt", "Rand_links", "Rand_rechts", "Rand_oben" und "Rand_unten" beschreiben jedoch die Ausprägung der zu zeichnenden Rahmen. Die Kennzahlen haben folgende Bedeutung:

    0 = kein Rahmen
    1 = dünn gerahmt
    2 = normal gerahmt
    3 = gestrichelt gerahmt
    4 = gepunktet gerahmt
    5 = dick gerahmt
    6 = doppelt gerahmt
    7 = sehr dünn gerahmt

Um die Kompatibilität von Makros aufrechtzuerhalten, die mit älteren Excel-Versionen geschrieben wurden, werden die beiden Wahrheitswerte WAHR und FALSCH, die für die unterschiedlichen Rahmen gesetzt wurden, in die Werte "0" (für kein Rahmen) und "1" (für dünner Rahmen) umgewandelt.

Für das Muster (Kennzahl 6)

Das Argument "FMuster" beschreibt über eine Kennzahl zwischen 1 und 18, mit welchem Muster die Zelle schraffiert werden soll. Die Angabe einer 0, bedeutet daß die Zelle gar nicht schraffiert wird.

Über das Argument "FVgrd" können Sie durch die Angabe einer Farbkennziffer zwischen 1 und 16 die Farbe für den Vordergrund der gewählten Schraffur wählen. Über das Argument "FHgrd" können Sie durch die Angabe einer Farbkennziffer zwischen 1 und 16 die Farbe für den Hintergrund der gewählten Schraffur wählen.

Für den Zellschutz (Kennzahl 7)

Mit dem Argument "Gesperrt" können Sie den Inhalt der Zellen vor möglicher Änderung schützen. Der Wahrheitswert WAHR schaltet diese Option ein, FALSCH bewirkt das Gegenteil.

Durch das Argument "Formel_Verbergen" verhindern Sie eine Anzeige der so geschützen Formeln. Diese Formeln werden nicht einmal mehr in der Bearbeitungszeile angezeigt. Das Aus- und Einschalten dieses Schutzes unterliegt den gleichen Konventionen wie das Argument "Gesperrt": WAHR schaltet die Option ein und FALSCH aus.

FORMATVORLAGE.LÖSCHEN(Formatvorlage)

Mit dieser Funktion löschen Sie die durch das Argument "Formatvorlage" genannte Formatvorlage. Existiert keine Formatvorlage unter dem angegebenen Namen, liefert diese Funktion den Fehlerwert #WERT!.

FORMATVORLAGE.ZUWEISEN(Formatvorlage)

Mit dieser Funktion weisen Sie der oder den aktiven Zellen die durch "Formatvorlage" genannte Formatvorlage zu. Alle in der Formatvorlage enthaltenen Formatinformationen werden für die aktiven Zellen verwendet.

FORMATVORLAGEN.ZUSAMMENFÜHREN(Datei)

Diese Funktion gibt Ihnen die Möglichkeit, mit einem Makro bereits definierte Formatvorlagen aus einer anderen Datei in die aktive Datei einzufügen. Die Datei, aus der Sie die Formatvorlagen einfügen möchten, muß geöffnet sein. Ist keine Datei mit dem angegebenen Namen geöffnet, so liefert die Funktion als Ergebnis den Fehlerwert #WERT!.

FORMAT.GRÖSSE(Breite;Höhe)
FORMAT.GRÖSSE?(Breite;Höhe)

Mit dieser Form der Funktion ändern Sie die Größe eines Diagrammelementes. "Breite" und "Höhe" geben die Abmessungen des vergrößerten Elementes in Punkt an. Kreisdiagramme können in der Grösse nicht verändert werden, in einem solchen Fall gibt diese Funktion den Wahrheitswert FALSCH aus. Ein Punkt entspricht 1/72 Zoll.

FORMAT.GRÖSSE(x_offset;y_offset;Bezug)

Die Funktion FORMAT.GRÖSSE() bietet in dieser Form die Möglichkeit, aus einem Makro heraus ein zuvor markiertes Objekt auf dem Arbeitsblatt zu vergrößern oder zu verkleinern, als wären Sie selbst mit der Maus aktiv. Die Größenänderung, die Sie vornehmen möchten, muß durch eine horizontale und eine vertikale Entfernungsangabe der rechten,

Excel in der Übersicht

unteren Ecke des zu bewegenden Objektes und der oberen, linken Ecke der durch "Bezug" genannten Zelle angegeben werden. Das Argument "X_offset" beschreibt die horizontale und "Y_offset" die vertikale Entfernung in Punkten. Ein Punkt entspricht 1/72 Zoll.

Haben Sie für "Bezug" einen Zellbereich angegeben, so bezieht sich Excel auf die obere, linke Zelle des Bereiches. Handelt es sich bei dem zu vergrößernden Objekt um eine Ellipse oder einen Bogen, so wird zur Entfernungsmessung die untere, rechte Ecke des gedachten Rechtecks um die Ellipse oder den Bogen angenommen.

Kann das ausgewählte Objekt nicht in seiner Größe verändert werden, so liefert FORMAT.GRÖSSE() den Wahrheitswert FALSCH, war die Größenänderung erfolgreich, so erhalten Sie den Wahrheitswert WAHR.

> **FORMAT.HAUPTDIAGRAMM**(Typ;Ansicht;Überlappung; Abstand;Verschieden;Bezugsl;Spannweite;Winkel; Zwischenraum;Diagrammtiefe)
> **FORMAT.HAUPTDIAGRAMM?**(Typ;Ansicht;Überlappung; Abstand;Verschieden;Bezugsl;Spannweite;Winkel; Zwischenraum;Diagrammtiefe)

Diese Funktion ist identisch mit dem Befehl *Hauptdiagramm...* aus dem Menü *Format* in einem Diagrammfenster.

Das Argument "Art" gibt eine Kennzahl zwischen 1 und 10 an, die festlegt, welche Diagrammart gewählt wird:

    1 = Flächendiagramm
    2 = Balkendiagramm
    3 = Säulendiagramm
    4 = Liniendiagramm
    5 = Kreisdiagramm
    6 = Punktdiagramm
    7 = 3D-Flächendiagramm
    8 = 3D-Säulendiagramm
    9 = 3D-Liniendiagramm
   10 = 3D-Kreisdiagramm

Mit "Ansicht" bestimmen Sie, in welcher Form die ausgewählte Diagrammart dargestellt werden soll. Auch hier wird das Argument in Form einer Kennzahl angegeben, die für eine Darstellungsart steht. Die Kennzahlen, die verwendet werden können, hängen von der gewählten Diagrammart ab. So können für Flächen-, Balken-, Säulen- und Liniendiagramme die Kennzahlen 1 bis 4 für jeweils 4 unterschiedliche Darstellungsformen angegeben werden. Für einige Diagrammarten stehen jedoch nicht alle Kennzahlen oder Darstellungsformen zur Verfügung.

Excel in der Übersicht

Die Bedeutung der Kennzahlen entnehmen Sie bitte der folgenden Aufstellung:

Art	Kennzahl 1	Kennzahl 2	Kennzahl 3	Kennzahl 4
Flächen	Überlappt	Gestapelt	Gestapelt 100%	
Balken	Seite an Seite	Gestapelt	Gestapelt 100%	
Säulen	Seite an Seite	Gestapelt	Gestapelt 100%	
Linien	Normal	Gestapelt	Gestapelt 100%	
Kreis	Normal			
Punkt	Normal			
3D-Flächen	Gestapelt	Gestapelt 100%	r. Darstellung	
3D-Säulen	Seite an Seite	Gestapelt	Gestapelt 100%	r. Darstellung
3D-Linien	r. Darstellung			
3D-Kreis	Normal			

Für das Argument "Überlappung" können Werte zwischen -100 und 100 eingegeben werden. Diese Angabe entspricht einem Eintrag in das Eingabefeld *Überlappung* im Dialogfeld zum Befehl *Hauptdiagramm*.... Angaben für dieses Argument haben nur dann eine Wirkung, wenn es sich um ein Balken- oder Säulendiagramm handelt.

Ist der angegebene Wert positiv, so werden die Balken bzw. Säulen einer Rubrik überlappt dargestellt. Bei Angabe von 100 erscheinen die Balken oder Säulen einer Rubrik 100%ig überlappt. Haben Sie jedoch einen negativen Wert angegeben, so haben Sie festgelegt, wie groß der Abstand zwischen den Balken oder Säulen einer Rubrik sein soll. Ist der angegebene Wert 100, so beträgt der Abstand 100%, also eine volle Säulen- bzw. Spaltenbreite. Bei der Angabe 0 erscheinen die Balken oder Säulen ohne Überlappung oder Abstand nebeneinander. Lassen Sie dieses Argument unausgefüllt, so setzt Excel automatisch den Wert 0 ein.

Das Argument "Abstand" kann durch einen Wert zwischen 0 und 500 ersetzt werden. Diese Angabe entspricht dem Prozentwert der im Eingabefeld *Abstand* im Dialogfeld zum Befehl *Hauptdiagramm*... eingegeben werden kann, wenn das Diagramm ein Balken- oder Säulendiagramm ist. Beschrieben wird hiermit der Abstand zwischen den einzelnen Rubriken. Die Prozentzahl bezieht sich auf die Breite einer Säule oder eines Balkens. Die Angabe des Wertes 100 führt also dazu, daß der Abstand zwischen den einzelnen Rubriken eine volle Säulen- oder Balkenbreite beträgt. Wird das Argument "Abstand" ausgelassen, so trägt Excel automatisch den Wert 50 ein.

Für das Argument "Verschieden" kann ein Wahrheitswert angegeben werden. Dieses Argument wird jedoch nur dann ausgewertet, wenn das Diagramm kein Flächendiagramm ist und nur eine Datenreihe enthält. Die

Excel in der Übersicht

Angabe des Wahrheitswertes WAHR ist gleichbedeutend mit der Markierung der Option *Rubriken verschieden* im Dialogfeld zum Befehl *Hauptdiagramm*.

Das Argument "Bezugsl" wird ebenfalls durch einen Wahrheitswert realisiert. Dieses Argument wird jedoch nur dann beachtet, wenn das Diagramm ein Flächen- oder Liniendiagramm ist. Die Angabe des Wahrheitswertes WAHR ist gleichbedeutend mit der Markierung der Option *Bezugsl* im Dialogfeld zum Befehl *Überlagerung*.

Der Wahrheitswert WAHR für das Argument "Spannweite" hat die gleichen Auswirkungen wie das Einschalten der Option *Spannweitenlinien* im Dialogfeld zum Befehl *Hauptdiagramm*.... Ebenso wie diese Option nur zur Verfügung steht, wenn es sich um ein Liniendiagramm handelt, wird auch dieses Argument nur unter dieser Voraussetzung ausgewertet.

Über das Argument "Winkel" geben Sie den Winkel an, in dem das erste Segment eines Kreisdiagrammes zu einer Senkrechten durch den Mittelpunkt des Kreises dargestellt wird. Als Wertebereich steht Ihnen hier natürlich der Bereich 0 bis 360 zur Verfügung. Bei Auslassung dieses Arguments wird von Excel automatisch die Einstellung 50° gewählt.

Für das Argument "Reihenabstand" kann entweder eine "1" oder eine "2" angegeben werden. Die "1" bedeutet, daß eine automatische Reihenverteilung stattfindet. Dies ist auch die Voreinstellung, die Excel verwendet, wenn Sie keine Angaben für dieses Argument machen. Die "2" hingegen steht für manuelle Reihenverteilung und erzwingt die Angabe des Argumentes "Reihe".

Das Argument "Reihe" nennt nun die erste Reihe des Diagramms. Dieses Argument wird ignoriert, wenn Sie für "Reihenabstand" die "1" angegeben oder dieses Argument ausgelassen haben.

Für das Argument "Zwischenraum" kann ein Wert zwischen 0 und 500 angegeben werden, der den Abstand in Prozent angibt, der vor und hinter jedem Balken, jeder Säule, jeder Fläche oder jeder Linie eingerichtet wird. Die Prozentangabe bezieht sich auf die Breite eines Balkens, einer Säule, einer Fläche oder einer Linie. Dieses Argument wird nur ausgewertet, wenn das Hauptdiagramm ein 3D-Diagramm, aber kein 3D-Kreisdiagramm ist.

Lassen Sie dieses Argument aus, so wird per Voreinstellung der Wert 50 eingetragen, sofern es sich beim Hauptdiagramm um ein Diagramm in räumlicher Darstellung handelt. Bei allen anderen Darstellungsformen wird der Wert 0 als Voreinstellung für dieses Argument verwendet.

Excel in der Übersicht

Mit "Diagrammtiefe" können Sie die räumliche Tiefe eines 3D-Diagramms beeinflussen. Hier sind Werte zwischen 20 und 2.000 zugelassen. Bei Auslassung dieses Arguments verwendet Excel den Wert 100.

FORMAT.LEGENDE(Position)
FORMAT.LEGENDE?(Position)

Diese Funktion ändert die Anordnung der Legende in einem Diagramm. Durch das Argument "Position" kann eine Kennziffer angegeben werden, die die Position der Legende definiert:

    1 = Unten quer
    2 = Ecke
    3 = Oben quer
    4 = Seitlich

FORMAT.LÖSCHEN(Formattext)

Diese Funktion löscht das angegebene Zahlenformat. Nach dem Löschen steht das als Argument angegebene Zahlenformat nicht mehr in der Formatliste des Befehls *Zahlenformat...* zur Verfügung, und alle mit diesem Format versehenen Felder werden ins Standardformat zurückformatiert.

    FORMAT.LÖSCHEN("#.##0,00")

Beispiel

FORMAT.SCHRIFTART(Farbe;Hintergrund;Gilt_für;Name; Größe;Fett;Kursiv;Unterstreichen;Durchstreichen;Kontur; Schatten)
FORMAT.SCHRIFTART?(Farbe;Hintergrund;Gilt_für;Name; Größe;Fett;Kursiv;Unterstreichen;Durchstreichen;Kontur; Schatten)

Wählen Sie mit dieser Funktion eine Schriftart aus. Excel verwaltet vier Schriftarten gleichzeitig. Sie können mit dieser Funktion aus der Liste eine der vier Schriftarten auswählen oder auch eine neue Schriftart in die Liste einfügen. Wenn Sie diese Funktion verwenden, während sich ein Diagramm im aktiven Fenster befindet, müssen Sie sich an den Argumenten der beiden unteren Funktionen orientieren, die in der zweiten Liste erläutert werden.

Argumente der Funktion FORMAT.SCHRIFTART() für Tabellen und Makrovorlagen:

Tabellen und Makrovorlagen

Name   Nennt die gewünschte Schriftart.

Größe   Gewünschte Größe der oben genannten Schriftart in Punkt.

Excel in der Übersicht

Fett	Setzen Sie WAHR ein, wenn die gewählte Schriftart fett dargestellt werden soll.
Kursiv	Setzen Sie WAHR ein, wenn die gewählte Schriftart kursiv dargestellt werden soll.
Unterstreichen	
	Setzen Sie WAHR ein, wenn die gewählte Schriftart unterstrichen dargestellt werden soll.
Durchstreichen	
	Setzen Sie WAHR ein, wenn die gewählte Schriftart durchgestrichen dargestellt werden soll.
Farbe	Kann einen Wert zwischen 0 und 16 annehmen. Diese Zahlen entsprechen den Optionsfeldern zum Befehl *Schriftart...* im Menü *Format*. Die 0 steht für automatisch, die Excel-Standardfarben Ihrer Windows-Konfiguration werden verwendet.
Kontur	Setzen Sie WAHR ein, wenn die gewählte Schriftart als Konturschrift dargestellt werden soll. Diese Option steht nur auf Macintosh-Rechnern zur Verfügung.
Schatten	Setzen Sie WAHR ein, wenn die gewählte Schriftart als Schattenschrift dargestellt werden soll. Diese Option steht nur auf Macintosh-Rechnern zur Verfügung.

FORMAT.SCHRIFTART(Name;Größe;Fett;Kursiv;
Unterstreichen;Durchstreichen;Farbe;Kontur;Schatten)
FORMAT.SCHRIFTART?(Name;Größe;Fett;Kursiv;
Unterstreichen;Durchstreichen;Farbe;Kontur;Schatten)

Diagramme	Argumente der Funktion FORMAT.SCHRIFTART() für Diagramme:
Farbe	Kann einen Wert zwischen 0 und 16 annehmen. Diese Zahlen entsprechen den Optionsfeldern zum Befehl *Schriftart...* im Menü *Format*. Die 0 steht für automatisch, die Excel-Standardfarben Ihrer Windows-Konfiguration werden verwendet.
Hintergrund	Legt fest, auf welchem Hintergrund die Schrift dargestellt werden soll. Werte zwischen 1 und 3 können angegeben werden:
	1 = Automatisch
	2 = Durchsichtig
	3 = Hervorheben

Excel in der Übersicht

Gilt_für WAHR schaltet die Option "Allgemeingültig" ein. "Gilt_für" bezieht sich nur auf Daten-Texthinweise.

Name Nennt die gewünschte Schriftart.

Größe Gewünschte Größe der oben genannten Schriftart in Punkten.

Fett Setzen Sie WAHR ein, wenn die gewählte Schriftart fett dargestellt werden soll.

Kursiv Setzen Sie WAHR ein, wenn die gewählte Schriftart kursiv dargestellt werden soll.

Unterstreichen Setzen Sie WAHR ein, wenn die gewählte Schriftart unterstrichen dargestellt werden soll.

Durchstreichen Setzen Sie WAHR ein, wenn die gewählte Schriftart durchgestrichen dargestellt werden soll.

Wenn Sie durch das Argument "Name" eine Schriftart angeben, die nicht verfügbar ist, versucht Excel, eine ähnliche Schriftart zu finden, und verwendet diese.

FORMAT.SCHRIFTART(Name;Größe;Fett;Kursiv; Unterstreichen;Durchstreichen;Farbe;Kontur;Schatten; Objektkenntext;Anzahl_Zeichen)

Argumente der Funktion FORMAT.SCHRIFTART() für Textboxen und Schaltflächen:

Textboxen und Schaltflächen

Name Nennt die gewünschte Schriftart.

Größe Gewünschte Größe der oben genannten Schriftart in Punkten.

Fett Setzen Sie WAHR ein, wenn die gewählte Schriftart fett dargestellt werden soll.

Kursiv Setzen Sie WAHR ein, wenn die gewählte Schriftart kursiv dargestellt werden soll.

Unterstreichen Setzen Sie WAHR ein, wenn die gewählte Schriftart unterstrichen dargestellt werden soll.

Excel in der Übersicht

Durchstreichen
: Setzen Sie WAHR ein, wenn die gewählte Schriftart durchgestrichen dargestellt werden soll.

Farbe
: Kann einen Wert zwischen 0 und 16 annehmen. Diese Zahlen entsprechen den Optionsfeldern zum Befehl *Schriftart...* im Menü *Format*. Die 0 steht für automatisch, die Excel-Standardfarben Ihrer Windows-Konfiguration werden verwendet.

Kontur
: Setzen Sie WAHR ein, wenn die gewählte Schriftart als Konturschrift dargestellt werden soll. Diese Option steht nur auf Macintosh-Rechnern zur Verfügung.

Schatten
: Setzen Sie WAHR ein, wenn die gewählte Schriftart als Schattenschrift dargestellt werden soll. Diese Option steht nur auf Macintosh-Rechnern zur Verfügung.

Anzahl_Zeichen
: Gibt an, wieviele Zeichen entsprechend den gemachten Einstellungen formatiert werden sollen.

FORMAT.TEXT(x_Ausrichtung;y_Ausrichtung;Zentrierung; Zugeordnet_Text;Zugeordnet_Größe;Schlüssel_zeigen; Wert_zeigen)
FORMAT.TEXT?(x_Ausrichtung;y_Ausrichtung;Zentrierung; Zugeordnet_Text;Zugeordnet_Größe;Schlüssel_zeigen; Wert_zeigen)

Markierter Diagrammtext wird mit dieser Funktion horizontal und vertikal ausgerichtet. Weiterhin lassen sich hier Muster und Schriftarten einstellen, die sich auf markierten Diagrammtext auswirken. Die Funktion FORMAT.TEXT() entspricht dem Befehl *Text* aus dem Menü *Format*, durch Angabe der verschiedenen Argumente können Sie also die Optionen zu diesem Befehl ein- oder ausschalten.

x_Ausrichtung
: gibt die horizontale Ausrichtung an:

   1 = Linksbündig
   2 = Zentriert
   3 = Rechtsbündig

y_Ausrichtung
: gibt die vertikale Ausrichtung an:

   1 = Oben
   2 = Mitte
   3 = Unten

Zentrierung
>gibt die Richtung an, in der der Text dargestellt wird:
>
>0 = Horizontal
>1 = Vertikal
>2 = Vertikal von unten nach oben
>3 = Vertikal von oben nach unten

Zugeordnet_Text
>WAHR schaltet die Option "zugeordneter Text" ein.

Zugeordnet_Größe
>WAHR schaltet die Option "zugeordnete Rahmengröße" ein.

Schlüssel_zeigen
>WAHR schaltet die Option "Schlüssel anzeigen" ein, dieses Argument wird nur dann berücksichtigt, wenn der ausgewählte Text ein Daten-Texthinweis ist.

Wert_zeigen WAHR schaltet die Option "Wert zeigen" ein, dieses Argument wird nur dann berücksichtigt, wenn der ausgewählte Text ein Daten-Texthinweis ist.

FORMAT.ÜBERLAGERUNG(Art;Ansicht;Überlappung; Abstand;Verschieden;Bezugsl;Spannweite;Winkel; Reihenabstand;Reihen)
FORMAT.ÜBERLAGERUNG?(Art;Ansicht;Überlappung; Abstand;Verschieden;Bezugsl;Spannweite;Winkel; Reihenabstand;Reihen)

Diese Funktion ist identisch mit dem Befehl *Überlagerung...* aus dem Menü *Format* in einem Diagrammfenster. Ein Überlagerungsdiagramm kann mit dieser Funktion unabhängig vom Hauptdiagramm formatiert werden.

Das Argument "Art" gibt eine Kennzahl zwischen 1 und 6 an, die festlegt, welche Diagrammart für das Überlagerungsdiagramm gewählt wird:

1 = Flächendiagramm
2 = Balkendiagramm
3 = Säulendiagramm
4 = Liniendiagramm
5 = Kreisdiagramm
6 = Punktdiagramm

Mit "Ansicht" bestimmen Sie, in welcher Form die ausgewählte Diagrammart dargestellt werden soll. Auch hier wird das Argument in Form einer Kennzahl angegeben, die für eine Darstellungsart steht. Die Kenn-

Excel in der Übersicht

zahlen, die verwendet werden können, hängen von der gewählten Diagrammart ab. So können für Flächen-, Balken-, Säulen- und Liniendiagramme die Kennzahlen 1 bis 3 für jeweils 3 unterschiedliche Darstellungsformen angegeben werden. Für Punkt- und Kreisdiagramme steht jedoch nur die Kennzahl 1, also nur eine Darstellungsform, zur Verfügung. Die Bedeutung der Kennzahlen entnehmen Sie bitte der folgenden Aufstellung:

Diagrammart	Kennzahl 1	Kennzahl 2	Kennzahl 3
Flächen	Überlappt	Gestapelt	Gestapelt auf 100%
Balken	Seite an Seite	Gestapelt	Gestapelt auf 100%
Säulen	Seite an Seite	Gestapelt	Gestapelt auf 100%
Linien	Normal	Gestapelt	Gestapelt auf 100%
Kreis	Normal		
Punkt	Normal		

Für das Argument "Überlappung" können Werte zwischen -100 und 100 eingegeben werden. Diese Angabe entspricht einem Eintrag in das Eingabefeld *Überlappung* im Dialogfeld zum Befehl *Überlagerung...*. Angaben für dieses Argument haben nur dann eine Wirkung, wenn es sich um ein Balken- oder Säulendiagramm handelt.

Ist der angegebene Wert positiv, so werden die Balken bzw. Säulen einer Rubrik überlappt dargestellt. Bei Angabe von 100 erscheinen die Balken oder Säulen einer Rubrik 100%ig überlappt. Haben Sie jedoch einen negativen Wert angegeben, so haben Sie festgelegt, wie groß der Abstand zwischen den Balken oder Säulen einer Rubrik sein soll. Ist der angegebene Wert 100, so beträgt der Abstand 100%, also eine volle Säule bzw. Spaltenbreite. Bei der Angabe der 0 erscheinen die Balken oder Säulen ohne Überlappung oder Abstand nebeneinander. Lassen Sie dieses Argument aus, so setzt Excel automatisch den Wert 0 ein.

Das Argument "Abstand" kann durch einen Wert zwischen 0 und 500 ersetzt werden. Diese Angabe entspricht dem Prozentwert, der im Eingabefeld *Abstand* im Dialogfeld zum Befehl *Überlagerung...* eingegeben werden kann, wenn das Diagramm ein Balken- oder Säulendiagramm ist. Beschrieben wird hiermit der Abstand zwischen den einzelnen Rubriken. Die Prozentzahl bezieht sich auf die Breite einer Säule oder eines Balkens. Die Angabe des Wertes 100 führt also dazu, daß der Abstand zwischen den einzelnen Rubriken eine volle Säulen- oder Balkenbreite beträgt. Wird das Argument "Abstand" ausgelassen, so trägt Excel automatisch den Wert 50 ein.

Für das Argument "Verschieden" kann ein Wahrheitswert angegeben werden. Dieses Argument wird jedoch nur dann ausgewertet, wenn das

Excel in der Übersicht

Überlagerungsdiagramm kein Flächendiagramm ist. Die Angabe des Wahrheitswertes WAHR ist gleichbedeutend mit der Markierung der Option *Rubriken verschieden* im Dialogfeld zum Befehl *Überlagerung*.

Das Argument "Bezugslinie" wird ebenfalls durch einen Wahrheitswert verkörpert. Dieses Argument wird jedoch nur dann beachtet, wenn das Überlagerungsdiagramm ein Flächen- oder Liniendiagramm ist. Die Angabe des Wahrheitswertes WAHR ist gleichbedeutend mit der Markierung der Option *Bezugsl* im Dialogfeld zum Befehl *Überlagerung*.

Der Wahrheitswert WAHR für das Argument "Spannweite" hat die gleichen Auswirkungen wie das Einschalten der Option *Spannweitenlinien* im Dialogfeld zum Befehl *Überlagerung*.... Ebenso wie diese Option nur zur Verfügung steht, wenn es sich um ein Liniendiagramm handelt, wird auch dieses Argument nur unter dieser Voraussetzung ausgewertet.

Über das Argument "Winkel" geben Sie den Winkel an, in dem das erste Segment eines Kreisdiagrammes zu einer Senkrechten durch den Mittelpunkt des Kreises dargestellt wird. Als Wertebereich steht Ihnen hier natürlich der Bereich 0 bis 360 zur Verfügung. Bei Auslassung dieses Arguments wird von Excel automatisch die Einstellung 50° gewählt.

Für das Argument "Reihenabstand" kann entweder eine "1" oder eine "2" angegeben werden. Die "1" bedeutet, daß eine automatische Reihenverteilung stattfindet. Dies ist auch die Voreinstellung, die Excel verwendet, wenn Sie keine Angaben für dieses Argument machen. Die "2" hingegen steht für manuelle Reihenverteilung und erzwingt die Angabe des Argumentes "Reihe".

Das Argument "Reihe" nennt nun die erste Reihe des Überlagerungsdiagramms. Dieses Argument wird ignoriert, wenn Sie für "Reihenabstand" die "1" angegeben oder dieses Argument ausgelassen haben.

FORMAT.VERSCHIEBEN(x_Position;y_Position)
FORMAT.VERSCHIEBEN?(X_Position;Y_Position)

Mit dieser Form der Funktion bewegen Sie ein markiertes Diagrammelement durch die Angabe "x_Position" und "y_Position" an jede beliebige Stelle im Diagramm. Der Wert für "x_Position" gibt die horizontale und "y_Position" die vertikale Koordinate auf dem Bildschirm an.

FORMAT.VERSCHIEBEN(X_offset;Y_offset;Bezug)

Mit dieser Form der Funktion kann ein Objekt durch ein Makro auf dem Arbeitsblatt wie mit der Maus bewegt werden. Wenn das ausgewählte

Excel in der Übersicht

Objekt nicht bewegt werden kann, liefert diese Funktion den Wahrheitswert FALSCH als Ergebnis, konnte das Objekt erfolgreich verschoben werden, so erhalten Sie den Wahrheitswert WAHR.

Die Argumente "X_offset" und "Y_offset" geben die Position des Objektes nach der Verschiebung an. Diese Position wird als horizontale und vertikale Entfernung von der oberen, linken Ecke der Zelle gemessen, die Sie mit dem Argument "Bezug" angegeben haben. "X_offset" beschreibt die horizontale Entfernung in Punkten und "Y_offset" die vertikale Entfernung in Punkten. Ein Punkt entspricht 1/72 Zoll.

Haben Sie für das Argument "Bezug" einen Zellbereich angegeben, so bezieht Excel sich auf die obere, linke Zelle dieses Bezugs.

Die angegebene Entfernung ist die Entfernung von der oberen, linken Ecke der angegebenen Zelle und der oberen, linken Ecke des betreffenden Objektes. Handelt es sich bei dem Objekt um eine Ellipse oder einen Bogen, so bezieht Excel sich auf die obere, linke Ecke des gedachten Rechtecks um das Objekt.

FORMAT.ZAHLENFORMAT(Formattext)
FORMAT.ZAHLENFORMAT?(Formattext)

Mit dieser Funktion legen Sie die Darstellung der Zahlen- und Datumswerte in zuvor markierten Feldern fest. Tragen Sie ein entsprechendes Zahlenformat für das Argument "Formattext" ein. Anstelle dieser Funktion erreichen Sie eine Schnellformatierung mit der entsprechenden Tastenkombination. Die Schnellformatierung erreichen Sie natürlich nur bei der Makroerstellung mit dem Makrorekorder, nicht aber, wenn Sie Makros von Hand eingeben.

FORMEL(Formel;Bezug)

Wenn die aktive Datei eine Tabelle ist, so trägt diese Makrofunktion die angegebene Formel in das durch "Bezug" bezeichnete Feld ein. Falls "Bezug" fehlen sollte, wird die Formel in das aktive Feld eingetragen.

Wenn Sie eine Formel als Argument angeben, schreiben Sie sie genauso, wie Sie sie auch in ein Feld der Tabelle eintragen würden. Das Argument "Formel" kann allerdings auch eine Zahl, ein Text oder ein Wahrheitswert sein. Ist dies der Fall, so wird dieser Wert als Konstante eingetragen.

Wenn Sie in der Formel Bezüge verwenden, müssen diese im Z1S1-Format angegeben werden. Wenn Sie während der Eingabe der Formel ein

Excel in der Übersicht

Makro aufzeichnen, werden alle Bezüge im A1-Format ins Z1S1-Format umgewandelt.

Wenn die aktive Datei ein Diagramm ist, gibt FORMEL() Texthinweise oder DATENREIHE-Funktionen ein.

Der ausgewählte Texthinweis wird durch die Formel ersetzt, wenn Formel und die aktuelle Auswahl ein Texthinweis waren. Wenn nur die Formel als Texthinweis behandelt werden kann, erstellt sie einen neuen Texthinweis.

Die ausgewählte DATENREIHE-Formel wird durch die Formel ersetzt, wenn die Formel und die aktuelle Auswahl eine DATENREIHE-Formel waren. Wenn nur die Formel als DATENREIHE-Formel behandelt werden kann, erstellt sie eine neue DATENREIHE-Formel.

Beispiel

1. Für die Anwendung in Tabellen:

    =FORMEL(769) trägt den Wert 769 in das aktive Feld ein.

    Folgende Funktion trägt die Formel =ZS(-2)*(6+Z(2)S) oder =A6*(6+$C$8) in Feld C6 ein, wenn C6 das aktive Feld ist:

    =FORMEL("=ZS(-2)*(6+Z8S3)")

    Die folgende Funktion gibt das Ergebnis der Funktion EINGABE in das aktuelle Feld aus:

    =FORMEL(EINGABE("Bitte Bestellnummer angeben!";2)

2. Für die Anwendung in Diagrammen:

    Die folgende Funktion gibt eine DATENREIHE-FORMEL() in das Diagramm ein. Wenn die aktuelle Auswahl eine DATENREIHE-Formel ist, wird diese ersetzt:

    =FORMEL("=DATENREIHE(""Diagrammtitel"";;{1.2.3};1)")

FORMEL.AUSFÜLLEN(Formel;Bezug)

Gibt die angegebene Formel in den durch "Bezug" bezeichneten Bereich ein. Wenn kein Bezug angegeben wurde, trägt Excel die Formel in die aktuelle Auswahl ein. Diese Makrofunktion bewirkt das gleiche wie das Drücken der `Strg`-Taste bei Eingabe einer Formel.

Ein Beispiel für eine Anwendung dieser Funktion finden Sie auf Ihrer Beispieldiskette im Arbeitsbereich FORMEL.XLW. Dieser Arbeitsbe-

Excel in der Übersicht

reich besteht aus den Dateien FORMEL1.XLS, FORMEL2.XLS, FORMEL3.XLS und FORMEL.XLM. In der Makrovorlage FORMEL.XLM finden Sie zwei Makros, die diese Makrofunktion enthalten.

FORMEL.GEHEZU(Bezug;Ecke)
FORMEL.GEHEZU?(Bezug;Ecke)

Mit dieser Funktion erreichen Sie einen schnellen Bildlauf, indem Sie einen entsprechenden Namen bzw. einen Bezug angeben, auf dessen Position der Feldzeiger dann springt. Verwenden Sie diesen Befehl erneut, so wird jeweils die letzte Auswahl als Argument eingetragen, damit Sie wieder zur Ausgangsbasis zurückkehren können.

Das Argument "Ecke" gibt Ihnen die Möglichkeit, das Rollen des Bildschirms zu steuern, das unter Umständen durch dieses Funktion hervorgerufen wird. "Ecke" kann durch einen Wahrheitswert ersetzt werden. Setzen Sie FALSCH ein, dann verhält Excel sich normal, das heißt der Bildschirminhalt rollt nur dann, wenn die durch "Bezug" angegebene Zelle außerhalb des sichtbaren Bereiches liegt. Dies ist auch die Voreinstellung, die verwendet wird, wenn Sie dieses Argument auslassen. Bei Angabe des Wahrheitswertes WAHR wird jedoch die oberste linke Zelle des angegebenen Bezugs in die obere, linke Ecke des Fensters gesetzt. Es findet also auf jeden Fall ein Bildschirmrollen statt.

Ein Beispiel für eine Anwendung dieser Funktion finden Sie auf Ihrer Beispieldiskette im Arbeitsbereich FORMEL.XLW. In der Makrovorlage FORMEL.XLM finden Sie ein Makro mit dem Namen "Kumulieren", das diese Makrofunktion enthält.

FORMEL.MFORMEL(Formel;Bezug)

Gibt die angegebene Formel als Matrixformel in den durch "Bezug" bezeichneten Bereich ein. Wird kein Bezug angegeben, so wird die Matrixformel in die aktuelle Auswahl eingetragen. Diese Makrofunktion entspricht dem Drücken der Tasten [Strg]+[Shift]+[Return] bei der Eingabe einer Matrixformel.

FORMEL.SUCHEN(Text;In_Zahl;Vergleiche_Zahl;Nach_Zahl;
Richtung;Genaue_Übereinstimmung)
FORMEL.SUCHEN?(Text;In_Zahl;Vergleiche_Zahl;Nach_Zahl;
Richtung;Genaue_Übereinstimmung)

Mit dieser Funktion wird die Position des durch "Text" angegebenen Suchbegriffes ermittelt. Weiterhin kann angegeben werden, in welchem

Excel in der Übersicht

Bereich gesucht wird bzw. welche Suchrichtung verwendet werden soll. Das Fragezeichen (?) und der Stern (*) können wie bei MS-DOS als Stellvertreterzeichen innerhalb des Suchbegriffes verwendet werden. Möchten Sie das Fragezeichen bzw. den Stern als Zeichen suchen, so stellen Sie diesem jeweils eine Tilde (~) voran.

In_Zahl   gibt an, worum es sich bei dem angegeben Text handelt:

       1 = Formeln
       2 = Werte
       3 = Notizen

Vergleiche_Zahl

       gibt an, ob jeweils der ganze Feldeintrag oder nur ein Teil dessen untersucht werden soll:

       1 = Alles
       2 = Teil

Nach_Zahl   gibt an, wie die Suche vorgenommen werden soll:

       1 = nach Zeilen
       2 = nach Spalten

Richtung   gibt an, ob nach der nächsten oder vorhergehenden Übereinstimmung mit Text gesucht werden soll:

       1 = Weiter (führt Suche nach angegebenem Text fort)
       2 = Vorher

Mit dem Argument "Genaue Übereinstimmung" können Sie bestimmen, ob die Zellinhalte genau mit dem zu suchenden Text verglichen werden sollen. Geben Sie hierfür den Wahrheitswert WAHR an, so legt Excel auch Wert auf die richtige Schreibweise. FALSCH hingegen führt dazu, daß es Excel gleichgültig ist, ob Sie groß oder klein geschrieben haben. Sofern die gefundenen Zeichen mit den gesuchten übereinstimmen, gilt die entsprechende Zelle als gefunden. Die Voreinstellung, die bei Auslassung dieses Arguments verwendet wird, ist FALSCH.

Wenn kein übereinstimmendes Feld gefunden wird, liefert FORMEL.SUCHEN() den Wert FALSCH, und eine entsprechende Meldung erscheint auf dem Bildschirm.

Excel in der Übersicht

> **FORMEL.SUCHEN.UND.ERSETZEN**(Suchtext;Ersatztext;
> Vergleiche;Suche_nach;Aktuelle_Zelle;
> Genaue_Übereinstimmung)
> **FORMEL.SUCHEN.UND.ERSETZEN?**(Suchtext;Ersatztext;
> Vergleiche;Suche_nach;Aktuelle_Zelle;
> Genaue_Übereinstimmung)

Diese Funktion sucht einen angegebenen Text bzw. einen Wert und ersetzt ihn durch einen neuen Text bzw. Wert. Ist "Aktuelles_Feld" WAHR, wird der Suchtext nur im aktuellen Feld ersetzt. Wenn das Argument "Aktuelles_Feld" ausgelassen wird oder den Wahrheitswert FALSCH hat, so wird der "Suchtext" in der gesamten Auswahl ersetzt. Wenn nur ein Feld ausgewählt worden ist, findet der Austausch in der gesamten Datei statt.

Die Argumente "Vergleiche" und "Suche_nach" sind Kennzahlen, die die Art und Weise angeben, in der Excel nach dem Suchtext suchen soll. Wenn der ganze Text mit dem Suchtext verglichen werden soll, setzen Sie für "Vergleiche" eine 1 ein. Um nur einen Teil des Textes mit dem Suchtext vergleichen zu lassen, muß für "Vergleiche" die 2 eingetragen werden.

"Suche_nach" legt fest, ob Excel zeilen- oder spaltenweise nach dem Suchtext suchen soll. Eine 1 für dieses Argument schaltet die zeilen- und 2 die spaltenweise Suchmethode ein.

"Suchtext" kann auch Stellvertreterzeichen wie ? oder * enthalten. Wenn im gesuchten Text selbst ein * oder ein ? vorkommt, müssen Sie diesen Zeichen im Suchtext eine Tilde (~) voranstellen.

Mit dem Argument "Genaue Übereinstimmung" können Sie bestimmen, ob die Zellinhalte genau mit dem zu suchenden Text verglichen werden sollen. Geben Sie hierfür den Wahrheitswert WAHR an, so legt Excel auch Wert auf die richtige Schreibweise. FALSCH hingegen führt dazu, daß es Excel gleichgültig ist, ob Sie groß oder klein geschrieben haben. Sofern die gefunden Zeichen mit den gesuchten übereinstimmen, gilt die entsprechende Zelle als gefunden. Die Voreinstellung, die bei Auslassung dieses Arguments verwendet wird, ist FALSCH.

Wenn Sie die Dialogfeldform dieser Funktion verwenden, werden weggelassene Textargumente durch frühere Einträge an den entsprechenden Stellen ersetzt. Wenn diese Funktion zuvor noch nicht benutzt wurde, werden weggelassene Textargumente als leerer Text interpretiert.

Ein Beispiel für eine Anwendung dieser Funktion finden Sie auf Ihrer Beispieldiskette im Arbeitsbereich FORMEL.XLW. In der Makrovorlage

FORMEL.XLM finden Sie ein Makro mit dem Namen "Ersetzen", das diese Makrofunktion enthält.

FORMEL.SUCHEN.VORHER()
FORMEL.SUCHEN.WEITER()

Durch diese beiden Funktionen wird das vorhergehende Feld gesucht, das dem zuvor durch die Funktion FORMEL.SUCHEN() genannten Suchtext enspricht. Wird kein entsprechendes Feld gefunden, so gibt die Funktion den Wahrheitswert FALSCH aus.

Sie erzielen also den gleichen Effekt wie durch Drücken der Tastenkombination `Shift`+`F7` bzw. `F7`.

FORMEL.UMWANDELN(Formel;von_A1;zu_A1;zu_Abs; rel_zu_Bezug)

Mit dieser Funktion können Sie die Schreibweise einer Formel und die verwendete Adressierung ändern.

Das Argument "Formel" gibt die Formel an, die umgewandelt werden soll. Die Angabe dieser Formel muß als Text, also in Anführungszeichen inklusive Gleichheitszeichen, erfolgen.

Mit dem Wahrheitswert, den Sie für das Argument "von_A1" angeben müssen, teilen Sie Excel mit, ob die in der Formel verwendeten Bezüge im Format "A1" ODER "Z1S1" vorliegen. WAHR steht für das Format "A1" und FALSCH für das Format "Z1S1".

Das Argument "Zu_A1" legt mit einem Wahrheitswert fest, in welche Adressierungsform die verwendeten Bezüge umgesetzt werden sollen. Geben Sie WAHR an, so wandelt die Funktion die verwendeten Bezüge in das Format "A1" um. FALSCH führt jedoch dazu, daß die Bezüge nach Ausführung dieser Funktion im Format "Z1S1" in der Formel stehen. Lassen Sie dieses Argument aus, so wird die Adressierungsform nicht geändert. Für "Zu_Abs" kann eine Kennzahl zwischen 1 und 4 angegeben werden, mit der Sie die Adressierung steuern können. Die Kennzahlen haben folgende Bedeutung:

1   Absolute Adressierung

2   Absolute Adressierung der Zeilen, relative Adressierung der Spalten

3   Absolute Adressierung der Spalten, relative Adressierung der Zeilen

4   Relative Adressierung

Excel in der Übersicht

Geben Sie gar keine Kennzahl an, so wird die Bezugsart nicht geändert.

Das Argument "rel_zu_Bezug" nennt einen absoluten Bezug, auf den sich alle relativen Bezüge nach der Umwandlung beziehen sollen.

Um die umgewandelten Formeln auch in die entsprechenden Zellen einzutragen, verwenden Sie am besten die Funktion FORMEL.UMWANDELN() als Argument der Funktion FORMEL().

Beispiel

FORMEL(FORMEL.UMWANDELN("=SUMME(A3:A5)";WAHR;FALSCH;4)

FORMEL.ZUORDNEN(Bezug)

FORMEL.ZUORDNEN() liefert den Inhalt des Feldes in der linken oberen Ecke des angegebenen Bezugs. Dieser Inhalt wird in Textform ausgegeben. Wenn in einer Formel Bezüge verwendet werden, so werden diese im Z1S1-Format ausgegeben.

FÜR(Zähler;Anfang;Ende;Schrittweite)

Diese Funktion startet eine FÜR-WEITER-Schleife. Das Argument "Zähler" muß ein Name in Textform sein. Durch die Funktion FÜR() finden die Prüfung der Schleifeneingangsbedingung und das Hochsetzen des Zählers im Schleifenkopf statt. FÜR() erledigt also folgendes:

1. Setzt den Zähler auf den durch "Anfang" bestimmten Wert.

2. Ist der im Zähler befindliche Wert größer als der durch "Ende" festgelegte Endwert, wird die Ausführung des Makros erst hinter der Funktion WEITER() fortgeführt.

3. Hat der Zähler einen gültigen Wert zwischen Anfangs- und Endwert, so werden die Makrofunktionen bis zur Funktion WEITER() ausgeführt.

4. Der durch "Schrittweite" angegebene Wert wird zum Zähler addiert. Wenn Sie keinen Wert für "Schrittweite" angegeben haben, addiert Excel automatisch eine 1 zum Zähler.

5. Excel springt wieder zur Funktion FÜR() und der gesamte Vorgang, der hier ab Punkt 2 beschrieben wurde, beginnt erneut.

Eine FÜR-WEITER-Schleife kann mit der Funktion ABBRECHEN() unterbrochen werden.

Excel in der Übersicht

Auf Ihrer Beispieldiskette finden Sie zwei Makros, die eine FÜR-WEITER-Schleife enthalten. Laden Sie dazu den Arbeitsbereich SCHLEIFE.XLW, dem die Dateien SCHLEIFE.XLM und SCHLEIFE.XLS zugeordnet sind. Die beiden Makros, die für Sie in diesem Zusammenhang interessant sind, heißen "FÜR_WEITER_1" und "FÜR_WEITER_2" und sind innerhalb der Makrovorlage dokumentiert.

FÜR.ZELLE(Bezug;Bezugsbereich;Überspringen)

Diese Funktion stellt den Beginn einer Schleife dar. Innerhalb dieser Schleife werden alle Zellen einer Auswahl verarbeitet. Die Verarbeitung einer Zelle der Auswahl wird durch die Makrofunktionen zwischen der Funktion FÜR.ZELLE() und der Funktion WEITER() durchgeführt. Die Schleife wird beendet, wenn die letzte Zelle der Auswahl verarbeitet ist oder Excel die Funktion ABBRECHEN() gelesen hat. Das Argument "Bezug" gibt einen Namen als Text an, der der jeweils in Verarbeitung befindlichen Zelle gegeben wird. Der Bereich, dessen Zellen verarbeitet werden sollen, wird durch das Argument "Bezugsbereich" festgelegt. Wenn Sie dieses Argument auslassen, werden die Zellen der aktuellen Auswahl verarbeitet.

Das Argument "Überspringen" steuert die Verarbeitung von leeren Zellen. Setzen Sie hierfür den Wahrheitswert WAHR ein, so werden leere Zellen übersprungen. Steht an dieser Stelle FALSCH, so werden auch leere Zellen von den Makrofunktionen im Bereich der Schleife verarbeitet.

Beispiele für diese Funktion finden Sie auf Ihrer Beispieldiskette in der Makrovorlage SCHLEIFE.XLM. Diese Makrovorlage ist Bestandteil eines Arbeitsbereiches mit dem Namen SCHLEIFE.XLW. Darin enthalten ist noch eine Tabelle namens SCHLEIFE.XLS, die für den Ablauf des Beispielmakros gebraucht wird.

GANZZAHL(Zahl)

Diese Funktion liefert die nächstkleinere ganze Zahl zum Argument "Zahl". Das Ergebnis ist entweder kleiner oder gleich "Zahl".

GDA(Kosten;Rest;Dauer;Zr)

Diese Funktion liefert als Ergebnis den Abschreibungswert eines Anlageobjektes über einen bestimmten Zeitraum (Zr) unter Verwendung der geometrisch degressiven Abschreibungsmethode, die auf den Anfangskosten (Kosten), dem Restwert (Rest) und der Nutzungsdauer (Dauer) be-

Excel in der Übersicht

ruht. Die Argumente müssen alle aus positiven Werten bestehen. Dauer und Zeitraum müssen die gleiche Einheit haben.

Ein Beispiel für die Anwendung dieser Funktion finden Sie auf Ihrer Beispieldiskette in der Datei FINANZEN.XLS. In dieser Tabelle werden alle finanzmathematischen Funktionen vorgestellt. Über ein Auswahlmenü können Sie sich zum entsprechenden Tabellenbereich bewegen. Die Datei FINANZEN.XLS ist Bestandteil eines Arbeitsbereiches mit dem Namen FINANZEN.XLW. Die Makrovorlage, die benötigt wird, um komfortabel mit dieser Tabelle arbeiten zu können, trägt den Namen FINANZEN.XLM und wird automatisch mitgeladen, wenn Sie den Arbeitsbereich FINANZEN.XLM öffnen.

GEHEZU(Bezug)

Diese Funktion verzweigt innerhalb eines Makros auf das oberste linke Feld in den durch "Bezug" angegebenen Bereich, um das dort beginnende Makro zu starten.

"Bezug" kann auch ein externer Bezug sein. Ist die entsprechende Makrovorlage aber bei Bedarf nicht geladen, gibt GEHEZU() ein Warnfeld an, in dem Ihnen dieser Mangel mitgeteilt wird.

GENAUIGKEIT(Wahrheitswert)

Diese Funktion schaltet die Option *Genauigkeit wie angezeigt* im Dialogfeld zum Befehl *Berechnen...* aus dem Menü *Optionen* ein, wenn als Argument WAHR angegeben wurde.

GITTERNETZLINIEN(Rubrik_Haupt;Rubrik_Hilfs;Größe_Haupt; Größe_Hilfs;Serien_Haupt;Serien_Hilfs)
GITTERNETZLINIEN?(Rubrik_Haupt;Rubrik_Hilfs; Größe_Haupt;Größe_Hilfs;Serien_Haupt;Serien_Hilfs)

Mit dieser Funktion legen Sie fest, ob die Haupt- oder Hilfsgitternetzlinien für die Größen- oder Rubrikenachse auf dem Bildschirm angezeigt werden sollen.

Diese Funktion entspricht dem Befehl *Gitternetzlinien...* aus dem Menü *Diagramm*. Die Argumente der Funktion stehen für die Optionsfelder zu diesem Befehl. Wird für ein Argument der Wahrheitswert WAHR eingesetzt, so wird die entsprechende Option eingeschaltet.

Rubrik_Haupt	zeigt Hauptgitternetzlinien für die Rubrikenachse
Rubrik_Hilfs	zeigt Hilfsgitternetzlinien für die Rubrikenachse
Größe_Haupt	zeigt Hauptgitternetzlinien für die Größenachse
Größe_Hilfs	zeigt Hilfsgitternetzlinien für die Größenachse
Serien_Haupt	zeigt Hauptgitternetzlinien für die Serienachse (nur bei 3D-Diagrammen)
Serien_Hilfs	zeigt Hilfsgitternetzlinien für die Serienachse (nur bei 3D-Diagrammen)

GLÄTTEN(Text)

Diese Funktion liefert als Ergebnis einen Text, wobei unnötige Leerstellen im Argument "Text" entfernt werden.

GLIEDERUNG(Gliederungsfolge;Zeilen;Spalten; Erstellen_Zuweisen)

Diese Makrofunktionen leistet die gleichen Dienste wie der Befehl *Gliederung...* aus dem Menü *Format*. Durch Angabe der Argumente steuern Sie, ob eine Gliederungsfolge automatisch miterstellt werden soll, wenn Sie die Gliederungsebenen erzeugen. Über die Argumente "Zeilen" und "Spalten" können Sie Excel mitteilen, ob Ihre Tabelle nach der Standard-Vorgehensweise gegliedert werden kann oder ob Sie unkonventionelle Summenbildungen vorgenommen haben.

Das Argument "Gliederungsfolge" wird durch einen Wahrheitswert festgelegt. Geben Sie hier WAHR an, so hat dies die gleiche Bedeutung wie das Einschalten der Option *Automatische Gliederungsfolge* im Dialogfeld zum Befehl *Gliederung...*.

Ebenso werden die zwei Optionsfelder *Hauptzeilen unter Detaildaten* und *Hauptspalten rechts von Detaildaten* durch die Argumente "Zeilen" und "Spalten" verkörpert. Auch hier wirkt der Wahrheitswert WAHR genauso wie die eingeschaltete Option.

Über eine Kennzahl für das Argument "Erstellen_Zuweisen" teilen Sie Excel mit, ob Sie lediglich die Gliederungsebenen erzeugen wollen oder ob auch automatisch die entsprechenden Formatvorlagen zugewiesen werden sollen. Die Kennzahl "1" führt zum Anlegen der Gliederung gemäß der zuvor gemachten Einstellungen. Durch die Kennzahl "2" wird bei Ausführung der Funktion gleichzeitig auch jeder Gliederungsebene eine Formatvorlage zugewiesen.

Excel in der Übersicht

GLIEDERUNGSEBENEN.ZEIGEN(Zeilenebene;Spaltenebene)

Mit dieser Funktion sind Sie in der Lage, Gliederungsebenen ein- oder auszublenden. Die Argumente "Zeilenebene" und "Spaltenebene" werden durch die entsprechende Ebenennummer ersetzt. Eingeblendet werden jeweils die Zeilen und Spalten der angegebenen Ebenen und aller Ebenen darüber.

GROSS(Text)

Die Funktion liefert als Ergebnis eine Zeichenfolge, die ausschließlich aus Großbuchstaben besteht. Das Argument "Text" kann dabei aus Groß- bzw. Kleinbuchstaben oder einer Kombination aus beiden bestehen. Enthält das Argument numerische Werte, so erfolgt die Ausgabe des Fehlerwertes #WERT!.

GROSS2(Text)

Diese Funktion liefert als Ergebnis einen Text, wobei der erste Buchstabe und alle Buchstaben hinter einem Leerzeichen in Großbuchstaben umgewandelt werden.

GRÖSSE(Breite;Höhe;Fenster_Text)

Durch GRÖSSE() können Sie die Größe des durch "Fenster_Text" genannten Fensters bestimmen. Die Argumente "Breite" und "Höhe" geben die Breite bzw. Höhe an, gemessen in waagerechten bzw. senkrechten Bildschirmeinheiten. Wird "Fenster_Text" nicht angegeben, geht Excel davon aus, daß Sie die Größe des aktiven Fensters verändern wollen.

GRÖSSE() ändert nicht die Position eines Fensters auf dem Bildschirm, sondern lediglich die Größe, die mit der unteren, rechten Ecke des Fensters auf die angegebenen Maße gebracht wird, als würden Sie selbst mit der Maus die Größe ändern wollen.

GRUPPIEREN()

Diese Funktion entspricht dem Befehl *Gruppieren* aus dem Menü *Format*. Die zuvor markierten Objekte werden zu einer Gruppe zusammengefaßt, die nur noch als ganzes angesprochen werden kann.

GRUPPIERUNG.AUFHEBEN()

Mit dieser Funktion kann eine Gruppierung aufgehoben werden. Die entsprechende Gruppe muß selbstverständlich zuvor aktiviert worden sein. Nach Ausführung dieser Funktion sind alle Objekte oder Untergruppen wieder einzeln ansprechbar.

HAUPTDIAGRAMM(Art;Stapel;100;Verschieden;Überlappung; Bezugsl;Spannweite;Überlappung%;Gruppe;Winkel)

Diese Funktion dient zur Formatierung des Hauptdiagramms. Sie entspricht dem Befehl *Hauptdiagramm* aus dem Menü *Format*. Für das Argument "Art" können Kennzahlen zwischen 1 und 6 mit folgender Bedeutung angegeben werden:

```
1 = Flächen
2 = Balken
3 = Säulen
4 = Linien
5 = Kreis
6 = Punkt
```

Die Argumente "Stapel", "100", "Verschieden", "Überlappung", "Bezugsl", "Spannweite" entsprechen den Optionsfeldern zum Befehl *Hauptdiagramm*. Ist für ein Argument WAHR eingesetzt, gilt diese Option als eingeschaltet:

Stapel   steht für die Option "Gestapelt".
100   steht für die Option "100%".
Verschieden   steht für die Option "Rubriken verschieden".
Überlappung   steht für die Option "überlappt".
Bezugsl   steht für die Option "Bezugsl".
Spannweite   steht für die Option "Spannweitenlinien".

Für die Argumente "Überlappung%", "Gruppe" und" Winkel" müssen Zahlen angegeben werden:

Überlappung%   gibt die Überlappung in % an.
Gruppe   gibt den Gruppenabstand in % an.
Winkel   gibt den Winkel zum ersten Kreissegment in Grad an.

Nicht jedes Argument kann auf jede Diagrammart angewendet werden, die folgenden beiden Tabellen geben einen Überblick:

Excel in der Übersicht

	Flächen	Balken	Säulen
Stapel	ja	ja	ja
100	ja	ja	ja
Verschieden	nein	ja	ja
Überlappung	nein	ja	ja
Bezugslinien	ja		
Spannweite	nein	nein	nein
Überlappung%	nein	ja	ja
Gruppe	nein	ja	ja
Winkel	nein	nein	nein

	Linien	Kreis	Punkt
Stapel	ja	nein	nein
100	ja	nein	nein
Verschieden	ja	ja	ja
Überlappung	nein	nein	nein
Bezugslinien	ja	nein	nein
Spannweite	ja	nein	nein
Überlappung%	nein	nein	nein
Gruppe	nein	nein	nein
Winkel	nein	ja	nein

HAUPTDIAGRAMM.ART(Art)

Diese Funktion ist nur entstanden, um auf dem Apple Macintosh geschriebene Makros auch mit der PC-Version von Excel verarbeiten zu können. Ansonsten entspricht diese Funktion der obigen. Sie steht in der Version 3.0 nicht zur Verfügung.

HERAUFSTUFEN(Zeile_Spalte)
HERAUFSTUFEN?(Zeile_Spalte)

Diese Funktion entspricht der Betätigung der Schaltfläche *Heraufstufen*. Mit einer Kennzahl für das Argument "Zeile_Spalte" legen Sie fest, ob Sie die markierten Zellen um eine Zeilen- oder eine Spaltenebene heraufstufen möchten. Die Kennzahl "1" steht für Zeilenebene und die "2" für Spaltenebene. Lassen Sie dieses Argument unausgefüllt, so verwendet Excel per Voreinstellung die "1".

Verwenden Sie die Funktion in der Form mit Fragezeichen, so wird Ihnen das Dialogfeld zum Befehl *Heraufstufen* gezeigt. Läßt der markierte Bereich jedoch eine eindeutige Schlußfolgerung auf das Ziel Ihrer Operation zu (wenn Sie z.B. eine ganze Zeile oder eine ganze Spalte markiert haben), so erscheint das Dialogfeld nicht.

HERUNTERSTUFEN(Zeile_Spalte)
HERUNTERSTUFEN?(Zeile_Spalte)

Diese Funktion enstpricht der Betätigung der Schaltfläche *Herunterstufen*. Mit einer Kennzahl für das Argument "Zeile_Spalte" legen Sie fest, ob Sie die markierten Zellen um eine Zeilen- oder eine Spaltenebene herunterstufen möchten. Die Kennzahl "1" steht für Zeilenebene und die "2" für Spaltenebene. Lassen Sie dieses Argument aus, so verwendet Excel per Voreinstellung die "1".

Verwenden Sie die Funktion im Format mit Fragezeichen, so wird Ihnen das Dialogfeld zum Befehl *Herunterstufen* gezeigt. Läßt der markierte Bereich jedoch eine eindeutige Schlußfolgerung auf das Ziel Ihrer Operation zu, wenn Sie z.B. eine ganze Zeile oder eine ganze Spalte markiert haben, so erscheint das Dialogfeld nicht.

HEUTE()

Diese Funktion ähnelt sehr stark der Funktion JETZT(). Durch HEUTE() werden lediglich keine Informationen über die aktuelle Uhrzeit geliefert. HEUTE liefert das Systemdatum als serielle Zahl.

HILFE(Datei!Hauptpunkt)

Diese Funktion startet das Menü *Hilfe*, sofern dieses momentan nicht aufgerufen ist. Ist dies geschehen, zeigt sie den durch "Hilfe_Bezug" angegebenen Hilfepunkt auf dem Bildschirm an. Haben Sie keinen "Hilfe_Bezug" angegeben, wird lediglich das Hilfe-Verzeichnis auf den Bildschirm gebracht.

"Datei" ist ein Verweis in Textform auf eine Hilfedatei. Eine Hilfedatei besteht aus mindestens einem Hilfepunkt, dem ein entsprechender Hilfetext zugeordnet ist. Dieser Hilfetext erscheint auf dem Bildschirm, wenn durch "Hauptpunkt" ausdrücklich nach diesem Hilfepunkt verlangt wurde. So bringt z.B.

    =HILFE("HILFE.TXT!8")

den dem Hilfepunkt 8 zugeordneten Text in der Datei HILFE.TXT in einem Dialogfeld auf den Bildschirm.

Excel in der Übersicht

Ein Beispiel für die Erstellung einer solchen Hilfe-Datei finden Sie in Kapitel 19.2 beim Beispiel "Lagerhaltung".

IDENTISCH(Text1;Text2)

Diese Funktion vollzieht eine Prüfung daraufhin, ob die angegebenen Texte untereinander identisch sind. Als Ergebnis wird der Wahrheitswert WAHR geliefert, wenn die Texte übereinstimmen, ansonsten wird der logische Wert FALSCH geliefert.

IKV(Werte;Schätzwert)

Diese Funktion liefert als Ergebnis den internen Kapitalverzinsungssatz einer Liste von Cashflows, wobei der "Schätzwert" als Vorgabe gleich Null ist. Beachten Sie, daß der Schätzwert eine Dezimalzahl sein muß (0,6 = 60%).

"Werte" muß ein Bezug auf Felder oder eine Matrix sein, die Werte enthält. Der interne Kapitalverzinsungssatz läßt sich auch nur dann berechnen, wenn unter diesen Werten mindestens ein positiver und ein negativer Wert ist.

Ein Beispiel für die Anwendung dieser Funktion finden Sie auf Ihrer Beispieldiskette in der Datei FINANZEN.XLS im Arbeitsbereich FINANZEN.XLW.

IN.DEN.HINTERGRUND()

Diese Funktion stellt ein zuvor markiertes Objekt in den Hintergrund. Die Ausführung dieser Funktion hat den gleichen Effekt wie die Anwahl des Befehls *In den Hintergrund* aus dem Menü *Format*.

IN.DEN.VORDERGRUND()

Diese Funktion stellt ein zuvor markiertes Objekt in den Vordergrund. Die Ausführung dieser Funktion hat den gleichen Effekt wie die Anwahl des Befehls *In den Vordergrund* aus dem Menü *Format*.

INDEX(Bezug;Zeile;Spalte;Bereich)
INDEX(Matrix;Zeile;Spalte)

Diese Funktion liefert in ihrer ersten Form als Ergebnis einen Bezug, der durch die Argumente "Zeile" und "Spalte" im angegebenen Bereich bestimmt wird. "Bereich" bestimmt den in "Bezug" enthaltenen Feldbereich.

Sind durch "Bezug" z.B. vier Feldbereiche angegeben, so wählen Sie den dritten Bereich aus, indem Sie für "Bereich" die 3 eintragen. Werden die Grenzen des angegebenen Bereichs überschritten, erfolgt die Ausgabe des Fehlerwertes #NV!.

In ihrer zweiten Form liefert diese Funktion einen Wert oder eine Wertematrix. Die Argumente "Zeile" und "Spalte" legen fest, welcher Wert der Matrix ausgegeben wird. Wird für "Zeile" oder "Spalte" der Wert 0 eingetragen, so liefert INDEX() als Ergebnis alle Werte der entsprechenden Spalte oder Zeile in Form einer Matrix.

Ein Beispiel für die Anwendung finden Sie auf der Beispieldiskette in der Datei SUCHFUNK im Arbeitsbereich SUCHFUNK.XLW.

INDIREKT(Bezug;Bezugsart)

Diese Funktion liefert als Ergebnis den Bezug, der im durch das Argument "Bezug" genannten Feld als Text gespeichert ist. Für "Bezugsart" kann ein Wahrheitswert eingetragen werden, der festlegt, in welcher Schreibweise "Bezug" interpretiert wird. Wenn Sie dieses Argument auslassen oder WAHR an seiner Stelle einsetzen, erwartet Excel einen Bezug in der Schreibweise A1, verwenden Sie jedoch FALSCH, so versteht Excel diesen Bezug in der Form Z1S1.

INFO(Typ)

Diese Funktion liefert Informationen über Ihre Arbeitsumgebung. Welche Information Sie erhalten, legen Sie über das Argument dieser Funktion fest.

In der folgenden Aufstellung finden Sie alle möglichen Einträge für das Argument "Typ" und deren Bedeutung:

"Verzeichnis"   Pfadangabe des aktuellen Verzeichnisses.

"verfügbarer Speicher"
     Größe des zu Verfügung stehenden Arbeitsspeichers in Bytes.

"Anzahl_Dateien"   Anzahl der geöffneten Dateien.

"BS-Version"   Aktuelle Betriebssystemversion als Text.

"Neuberechnen"   Zeigt den aktuellen Modus an: "Automatisch" oder "Manuell".

"Excel-Version"   Aktuelle Excel-Version als Text.

Excel in der Übersicht

"System"   Name des Betriebssystems:

                        Macintosh = "Mac"
                        OS/2 = "pcos2"
                        Windows = "pcdos"

"totaler Speicher" Größe des gesamten Arbeitsspeichers in Bytes, unter OS/2 wird virtueller Speicher nicht berücksichtigt.

"benutzter Speicher" Größe des aktuell belegten Arbeitsspeichers in Byte.

INFO.VERKNÜPFUNG.ZUORDNEN(Verknüpfungstext;Typ; Verknüpfungsart;Bezug)

Diese Funktion liefert Informationen über die in "Verknüpfungstext" genannte Verknüpfung.

Das Argument "Verknüpfungstext" gibt den Pfad der Verknüpfung an.

"Typ" ist eine Kennzahl, die beschreibt, welche Informationen über die genannte Verknüpfung geliefert werden sollen. Geben Sie für "Typ" eine "1" an, so erhalten Sie Auskunft darüber, ob die Verknüpfung automatisch aktualisiert wird oder nicht. Erhalten Sie unter dieser Einstellung die "1" als Ergebnis, so findet eine automatische Aktualisierung statt. Wird von der Funktion jedoch das Ergebnis "2" geliefert, so handelt es sich um eine manuell zu aktualisierende Verknüpfung.

Die Angabe der Kennzahl "2" für das Argument "Typ" führt nur zu einem Ergebnis, wenn Sie Excel auf einem Macintosh betreiben.

Für das Argument "Verknüpfungsart" wird über eine Kennzahl zwischen 1 und 6 angegeben, über welche Art von Verknüpfung Sie informiert werden wollen. Die Kennzahlen von 1-4 stehen Ihnen zur Verfügung, wenn Sie Excel unter Windows oder OS/2 laufen lassen. Voraussetzung für den Gebrauch der Kennzahl 4 ist ein Hewlett Packard-Computer mit "Newwave". Die Kennzahlen 5 und 6 sind nur für Macintosh-Benutzer interessant.

       1 = Nicht verfügbar
       2 = DDA-Verknüpfung
       3 = Nicht verfügbar
       4 = Newwave Verknüpfung
       5 = Publisher
       6 = Subscriber

Das Argument "Bezug" gibt in der Schreibweise "Z1S1" einen Bereich an, über den Sie Informationen erhalten wollen.

Findet Excel keine Verknüpfung zu der angegebenen Datei oder stimmt die von Ihnen genannte Verknüpfungsart nicht mit der der bestehenden Verknüpfung überein, so liefert diese Funktion den Fehlerwert #WERT!.

INFO.ZEIGEN(Wahrheitswert)

Wenn als Wahrheitswert WAHR angegeben wurde, aktiviert diese Funktion das Info-Fenster. Wenn das aktuelle Fenster jedoch das Infofenster ist und als Wahrheitswert FALSCH eingetragen wird, so aktiviert Excel das Fenster der Datei, auf die sich das Infofenster bezieht.

INHALTE.AUSWÄHLEN(Typzahl;Wertetyp;Ebene)

Mit dieser Funktion markieren Sie alle Felder, auf die die durch die Argumente bestimmten Bedingungen zutreffen. "Typzahl" gibt an, von welcher Art die auszuwählenden Elemente sein sollen, es können Kennzahlen zwischen 1 und 10 mit folgender Bedeutung verwendet werden:

```
 1 = Notizen
 2 = Konstanten
 3 = Formeln
 4 = Leere Felder
 5 = Aktueller Bereich
 6 = Aktuelle Matrix
 7 = Zeilenunterschiede
 8 = Spaltenunterschiede
 9 = Vorrangige
10 = Abhängige
```

Das Argument "Wertetyp" wird nur dann berücksichtigt, wenn als "Typzahl" entweder die 2 oder die 3 angegeben wurde. Welcher Wert ausgewählt werden soll, wird durch 4 mögliche Kennzahlen bestimmt:

```
 1 = Zahlen
 2 = Text
 4 = Wahrheitswerte
16 = Fehlerwerte
```

Die Kennzahlen für das Argument "Wertetyp" können auch addiert werden, um mehrere Typen auszuwählen. "Wertetyp" 18 bedeutet dann, daß Texte und Fehlerwerte ausgewählt werden sollen.

Das dritte Argument "Ebene" ist nur dann aktiv, wenn als "Typzahl" entweder die 9 oder die 10 angegeben wurde. Für dieses Argument haben Sie die Zahlen 1 und 2 zur Verfügung:

```
1 = Nur direkt
2 = Alle Ebenen
```

> **INHALTE.EINFÜGEN**(Inhalt)
> **INHALTE.EINFÜGEN?**(Inhalt)

Mit dieser Form der Funktion können Sie einen Teil eines Diagramms in der Zwischenablage in ein anderes Diagramm einfügen. Durch das Argument "Inhalt" legen Sie fest, was einzufügen ist. Der Diagrammteil in der Zwischenablage muß mit der Funktion KOPIEREN() oder AUSSCHNEIDEN() eingefügt worden sein.

"Inhalt" kann drei Werte mit folgender Bedeutung annehmen:

   1 = Alles
   2 = Formate
   3 = Formeln

Da diese Funktion dem Befehl *Inhalte einfügen...* aus dem Menü *Bearbeiten* entspricht, stellt jede dieser drei Angaben die Markierung eines Optionsfeldes im Dialogfeld zu diesem Befehl dar.

> **INHALTE.EINFÜGEN**(Inhalt;Operation;Überspringen; Transponieren)
> **INHALTE.EINFÜGEN?**(Inhalt;Operation;Überspringen; Transponieren)

Diese Form von INHALTE.EINFÜGEN() wird verwendet, um Bereiche aus Tabellen oder Makrovorlagen, die mit den Funktionen KOPIEREN() oder AUSSCHNEIDEN() in die Zwischenablage übertragen wurden, in andere Tabellen oder Makrovorlagen einzufügen.

"Inhalt" gibt an, was eingefügt werden soll:

   1 = Alles
   2 = Formeln
   3 = Werte
   4 = Formate
   5 = Notizen

Das Argument "Operation" beschreibt, welche Rechenoperation beim Einfügen ausgeführt werden soll:

   1 = Keine
   2 = Addieren
   3 = Subtrahieren
   4 = Multiplizieren
   5 = Dividieren

Excel in der Übersicht

Da diese Funktion dem Befehl *Inhalte einfügen...* aus dem Menü *Bearbeiten* entspricht, stellt jede Angabe die Markierung eines Optionsfeldes im Dialogfeld zu diesem Befehl dar.

Die Argumente "Überspringen" und "Transponieren" schalten die Optionen "Leere Felder überspringen" bzw. "Transponieren" ein, wenn für sie der Wahrheitswert WAHR angegeben wird. FALSCH schaltet diese Optionen wieder aus.

INHALTE.EINFÜGEN(Zeile_Spalte;Reihe;Rubriken;Ersetzen)
INHALTE.EINFÜGEN?(Zeile_Spalte;Reihe;Rubriken;Ersetzen)

Diese dritte Form von INHALTE.EINFÜGEN() dient dazu, bestimmte Bereiche, die von Tabellen in die Zwischenablage kopiert wurden, in Diagramme einzufügen.

Durch "Zeile_Spalte" teilen Sie Excel mit, wo die einzufügenden Werte stehen:

    1 = Zeilen
    2 = Spalten

Die Argumente "Reihe", "Rubriken" und "Ersetzen" stehen für die Optionsfelder im Dialogfeld zum Befehl *Inhalte einfügen...* aus dem Menü *Bearbeiten*. Wird für eines dieser Argumente der Wahrheitswert WAHR eingetragen, so gilt die entsprechende Option als eingeschaltet. FALSCH deaktiviert diese Option.

Argument	entspricht Optionsfeld.
Reihe	Reihenname in erster Zeile als Datenreihennamen.
Rubriken	Rubriken in erster Spalte als Rubriken.
Ersetzen	Rubriken auf alle Datenreihen anwenden.

INHALTE.LÖSCHEN(Zahl)
INHALTE.LÖSCHEN?(Zahl)

Diese Funktion entspricht dem Befehl *Inhalte Löschen...* aus dem Menü *Bearbeiten*. Das Argument "Zahl" kann vier Werte annehmen, die Auskunft darüber geben, was gelöscht werden soll:

    1 = Alles
    2 = Formate
    3 = Formeln
    4 = Notizen

Excel in der Übersicht

Wenn "Zahl" ausgelassen wird, nimmt Excel als Voreinstellung den Wert 3 an.

ISTBEZUG(Wert)

Diese Funktion liefert als Ergebnis den logischen Wert WAHR, wenn "Wert" ein Bezug ist; wenn nicht, liefert die Funktion den logischen Wert FALSCH.

ISTFEHL(Wert)

Diese Funktion liefert als Ergebnis den logischen Wert WAHR, wenn "Wert" ein Fehlerwert (außer #NV) ist; wenn nicht, liefert die Funktion den Wahrheitswert FALSCH.

ISTFEHLER(Wert)

Diese Funktion liefert als Ergebnis den logischen Wert WAHR, wenn "Wert" ein Fehlerwert ist. Wenn nicht, liefert die Funktion den Wahrheitswert FALSCH.

ISTKTEXT(Wert)

Diese Funktion liefert als Ergebnis den logischen Wert WAHR, wenn "Wert" kein Text ist. Ist dies nicht der Fall, wird der logische Wert FALSCH ausgegeben.

ISTLEER(Wert)

Diese Funktion liefert als Ergebnis den logischen Wert WAHR, wenn der Inhalt des Feldes bzw. des Bereiches leer ist. Ist dies nicht der Fall, wird der logische Wert FALSCH ausgegeben.

ISTLOG(Wert)

Diese Funktion liefert als Ergebnis den logischen Wert WAHR, wenn das Argument "Wert" aus einem logischen Ausdruck besteht. Ist dies nicht der Fall, wird der logische Wert FALSCH ausgegeben.

ISTNV(Wert)

Diese Funktion liefert als Ergebnis den logischen Wert WAHR, wenn "Wert" dem Fehlerwert #NV entspricht. Ist dies nicht der Fall, wird der logische Wert FALSCH ausgegeben.

ISTTEXT(Wert)

Diese Funktion liefert als Ergebnis den logischen Wert WAHR, wenn "Wert" ein Text ist. Ist dies nicht der Fall, wird der logische Wert FALSCH ausgegeben.

ISTZAHL(Wert)

Diese Funktion liefert als Ergebnis den logischen Wert WAHR, wenn "Wert" einem numerischen Wert entspricht. Ist dies nicht der Fall, wird der logische Wert FALSCH ausgegeben.

JAHR(Serielle_Zahl)

Diese Funktion liefert als Ergebnis eine Jahresangabe aus der angegebenen laufenden Zahl. Die Jahresangabe ist eine ganze Zahl aus dem Bereich zwischen 1900 und 2078. Als "Serielle-Zahl" können Sie auch eine Uhrzeit oder ein Tagesdatum als Text, wie z.B. "19.30.00", eintragen; wenn die Uhr in Ihrem Rechner auf 1989 eingestellt ist, liefert JAHR() Ihnen die Jahreszahl 1989.

JETZT()

Diese Funktion liefert als Ergebnis das momentane Datum und die momentane Zeit, wenn die Tabelle neu berechnet wurde. Ausgegeben wird eine serielle Zahl, die für das Datum im Bereich zwischen 0 (1.1.1900) und 65.380 (31.12.2078) und für die Zeit im Bereich zwischen 0 (0:00:00) und 0,999 (23:59:59) liegt. Die Zahl vor dem Komma gibt also Auskunft über das Datum und die Zahl hinter dem Komma über die Uhrzeit.

KANAL.ÖFFNEN(Anwendung_Text;Thema)

Diese Funktion arbeitet nur, wenn Sie Microsoft Windows 2.0 oder höher zur Verfügung haben.

Excel in der Übersicht

KANAL.ÖFFNEN stellt einen Kanal zur Verfügung, durch den ein Dynamischer Daten-Austausch (DDA) mit anderen Windows-Anwendungen stattfinden kann.

Das Argument "Anwendung_Text" ist der DDA-Name der Anwendung. Dieser Name ist zumeist eine Form des "normalen" Programmdateinamens. Für Excel ist der DDA-Name z.B. auch "Excel".

"Thema" beschreibt ein Element der Anwendung, mit der Sie kommunizieren möchten, kann also irgendein mit der Anwendung erstellter Dateiname oder auch der Name "System" sein.

Wenn diese Funktion erfolgreich ausgeführt wurde, liefert sie als Ergebnis eine Kanalnummer. Diese Kanalnummer wird von allen anderen Makrofunktionen benutzt, mit denen Sie DDA realisieren können.

Sie können einen bestimmten Fall einer Anwendung spezifizieren, wenn Sie an das Argument "Anwendungstext" eine Anwendungsnummer anhängen. Wenn Sie diese Anwendung dann mit AUSF() starten, gibt die Funktion AUSF() diese Anwendungs- oder Instanzennummer als Ergebnis aus. Falls Sie mehr als eine Instanz einer Anwendung ausführen möchten, vergeben Sie jedesmal eine neue Instanznummer. Wenn Sie jedoch versuchen, eine neue Instanz ohne Angabe der Nummer zu starten, erscheint ein Dialogfeld, in dem Sie eine Instanz wählen können.

KANAL.SCHLIESSEN(Kanalnummer)

Diese Funktion arbeitet nur, wenn Sie Microsoft Windows 2.0 oder höher zur Verfügung haben.

KANAL.SCHLIESSEN() schließt den durch die Kanalnummer definierten Kanal. Die Kanalnummer ist der von der Funktion KANAL.ÖFFNEN() als Ergebnis ausgegebene Wert.

Wenn diese Funktion nicht erfolgreich ausgeführt werden kann, liefert sie den Fehlerwert #WERT!.

KAPZ(Zins;Zr;Zzr;Bw;Zw;F)

Diese Funktion liefert als Ergebnis die Kapitalzahlung über einen gegebenen Zeitraum (Zr) für eine Investition auf der Basis von regelmäßigen konstanten Zahlungen bei einem festgelegten Zinssatz (Zins). "F" gibt an, wann die Zahlungen fällig sind; 1 steht für den Anfang und 0 für das Ende der Periode. "Zw" ist der Wert, den Ihr Kapital durch regelmäßige Zahlungen erreichen soll.

"F" und "Zw" sind frei wählbar. Lassen Sie diese Argumente aus, nimmt Excel dafür den Wert 0 an.

"Zr" steht für den Zeitraum, über den die regelmäßigen Zahlungen geleistet werden sollen.

"Zzr" gibt die Anzahl der Zahlungszeiträume bei Jahreszahlungen an.

"Bw" ist in diesem Fall der Barwert, auf den sich die Summe aller geleisteten Zahlungen beläuft.

"Zins" ist der Zinssatz pro Zeitraum.

Ein Beispiel für die Anwendung dieser Funktion finden Sie auf Ihrer Beispieldiskette in der Datei FINANZEN.XLS im Arbeitsbereich FINANZEN.XLW.

KLEIN(Text)

Diese Funktion liefert als Ergebnis eine Zeichenfolge, die ausschließlich aus Kleinbuchstaben besteht. Das Argument "Text" kann dabei aus Groß- bzw. Kleinbuchstaben oder aus einer Kombination zwischen beiden bestehen. Enthält das Argument numerische Werte, so erfolgt die Ausgabe des Fehlerwertes #WERT!.

KONSOLIDIEREN(Ursprungsbezüge;Funktion;Oberste_Zeile; Linke_Spalte;Verknüpfungen_erstellen)

Diese Funktion entspricht dem Befehl *Konsolidieren...* aus dem Menü *Daten*. Mit dieser Funktion können Sie Daten aus mehreren Arbeitsblättern sehr komfortabel in einem zuvor markierten Bereich des aktiven Arbeitsblattes konsolidieren.

Das Argument "Ursprungsbezüge" nennt die Bereiche und Arbeitsblätter, aus denen die Daten für die Konsolidierung bezogen werden sollen. Hierbei müssen die Namen der Dateien und Bereiche mit vollem Pfad in Form einer Textmatrix angegeben werden, z.B.:

```
{"BERLIN.XLS!UMSATZ89";"BERLIN.XLS!UMSATZ90";
"HAMBURG.XLS!UMSATZ89"}
```

Um Ursprungsbezüge zu ändern oder zu löschen, verwenden Sie erneut die Funktion KONSOLIDIEREN() mit den geänderten Angaben für die Ursprungsbezüge.

Excel in der Übersicht

Mit dem Argument "Funktion" teilen Sie Excel über eine Kennzahl mit, welche Operation bei der Konsolidierung durchgeführt werden soll. Die Kennzahlen und ihre Bedeutungen:

1 = MITTELWERT
2 = ANZAHL
3 = ANZAHL2
4 = MAX
5 = MIN
6 = PRODUKT
7 = STABW
8 = STABWN
9 = SUMME
10 = VARIANZ
11 = VARIANZEN

Die Argumente "Oberste_Zeile", "linke_Spalte" und "Verknüpfungen_erstellen" entsprechen den Optionsfeldern im Dialogfeld zum Befehl *Konsolidieren*.... Beim Gebrauch dieser Funktion werden diese Optionen durch den Wahrheitswert WAHR für das entsprechende Argument eingeschaltet.

Wenn das aktive Arbeitsblatt einen Konsolidierungsbereich enthält und Sie die Funktion KONSOLIDIEREN() ausführen lassen, ohne ein Argument anzugeben, führt Excel anhand der aktuellen Einstellungen eine erneute Konsolidierung dieses Bereiches durch. Existiert jedoch kein Konsolidierungsbereich im aktiven Arbeitsblatt, so führt die Ausführung dieser Funktion ohne Argumente zum Fehlerwert #WERT!.

KOPIEREN()

Ein markiertes Feld bzw. ein Bereich oder ein Diagrammelement wird in die Zwischenablage kopiert, bleibt aber in der Tabelle oder im Diagramm erhalten. Von dort aus kann es mit der Funktion EINFÜGEN() oder INHALTE.EINFÜGEN() an einer anderen Stelle wieder in die gleiche oder in eine andere Tabelle bzw. in das gleiche oder ein anderes Diagramm eingefügt werden.

KREGISTER(Registernummer)

Diese Funktion entfernt eine Dynamic-Link-Library, die mit der Makrofunktion REGISTER() geladen wurde, aus dem Speicher. Das Argument "Registernummer" wird von der Makrofunktion REGISTER() erzeugt. Beziehen Sie sich also auf den Inhalt der Zelle, in der die Makrofunktion REGISTER() steht, deren Code Sie aus dem Speicher entfernen wollen.

Excel in der Übersicht

KÜRZEN(Zahl)

Diese Funktion liefert als Ergebnis den ganzzahligen Anteil des Arguments "Zahl".

KURZE.MENÜS(Wahrheitswert)

Wenn "Wahrheitswert", der als Argument an diese Funktion angehängt werden muß, WAHR ist, zeigt Excel kurze Menüs an, ist er FALSCH, so werden ganze Menüs angezeigt. Diese Funktion entspricht den Befehlen *Kurze Menüs* bzw. *Ganze Menüs* aus den Menüs *Diagramm* oder *Optionen*.

LÄNGE(Text)

Diese Funktion liefert als Ergebnis die Anzahl der Zeichen im angegebenen Text.

LAYOUT(Kopf;Fuß;Links;Rechts;Oben;Unten;Kopfbereiche; Gitter;Horizontal;Vertikal;Ausrichtung;Papiergröße;Teilung)
LAYOUT?(Kopf;Fuß;Links;Rechts;Oben;Unten;Kopfbereiche; Gitter;Horizontal;Vertikal;Ausrichtung;Papiergröße;Teilung)

Diese Form der Funktion LAYOUT() wird benutzt, wenn die aktive Datei eine Tabelle oder Makrovorlage ist.

Die Argumente "Kopf" und "Fuß" geben jeweils den Text an, der als Kopf- bzw. Fußzeile auf dem Ausdruck erscheinen soll. Des weiteren können Sie an dieser Stelle auch Codes angeben, die bewirken, daß z.B. die Seitenzahl, das Datum, die Uhrzeit oder der Dateiname in einer Kopf- bzw. Fußzeile erscheinen. Ihnen stehen auch Codes zur Verfügung, die die Ausrichtung des angegebenen Textes beeinflussen oder Ihnen die Möglichkeit geben, die Seitennumerierung zu beeinflussen. Wenn Sie mehr über diese Codes wissen möchten, lesen Sie in Kapitel 10 nach.

"Links", "Rechts", "Oben" und "Unten" dienen zur Aufnahme der Maßangabe in der durch die Systemsteuerung festgelegten Maßeinheit.

Die Argumente "Kopfbereiche" und "Gitter" entsprechen den Optionsfeldern im Dialogfeld zum Befehl *Layout....* Um die Zeilen- und Spaltenköpfe bzw. die Gitternetzlinien mit auszudrucken, geben Sie hier den Wahrheitswert WAHR an.

Excel in der Übersicht

Mit den Argumenten "Horizontal" und "Vertikal" haben Sie über Wahrheitswerte die gleichen Möglichkeiten wie durch das Ein- oder Ausschalten der Optionen *Horizontal zentrieren* und *Vertikal zentrieren* im Dialogfeld zum Befehl *Layout...*. Die Angabe des Wahrheitswertes WAHR entspricht dem Einschalten einer dieser Optionen.

Durch Angabe einer Kennzahl für das Argument "Ausrichtung" beschreiben Sie, ob Ihr Drucker im Hochformat oder im Querformat drucken soll. Die Kennzahl "1" steht für Hochformat, während die "2" dazu führt, daß Ihr Drucker die Blätter im Querformat bedruckt.

Für das Argument "Papiergröße" kann eine Kennzahl zwischen 1 und 26 angegeben werden. Die folgende Aufstellung gibt Aufschluß über die Kennzahl und die zugewiesene Papiergröße:

1 = US-Brief
2 = US-Brief (kurz)
3 = US-Tabloid
4 = US-Ledger
5 = US-Legal
6 = US-Statement
7 = US-Executive
8 = A3
9 = A4
10 = A4 (kurz)
11 = A5
12 = B4
13 = B5
14 = US-Folio
15 = US-Quarto
16 = 10 x 14 (25,4 x 35,56 cm)
17 = 11 x 17 (27,9 x 43,18 cm)
18 = Note
19 = US-ENV 9
20 = US-ENV 10
21 = US-ENV 11
22 = US-ENV 12
23 = US-ENV 14
24 = US-C-Blatt
25 = US-D-Blatt
26 = US-E-Blatt

Für das Argument "Teilung" kann ein Wert oder der Wahrheitswert WAHR angegeben werden. WAHR entspricht dem Einschalten der Option *An Seite anpassen*. Geben Sie einen Wert an, beschreiben Sie, wie stark der definierte Druckbereich vergrößert oder verkleinert werden soll. Der angegebene Wert ist also als Prozentzahl zu verstehen. Tragen Sie hier z.B. den Wert 50 ein, wird Ihre Ausgabe um 50% verkleinert.

Excel in der Übersicht

> **LAYOUT**(Kopf;Fuß;Links;Rechts;Oben;Unten;Größe;
> Horizontal;Vertikal;Ausrichtung;Papiergröße;Teilung)
> **LAYOUT?**(Kopf;Fuß;Links;Rechts;Oben;Unten;Größe;
> Horizontal;Vertikal;Ausrichtung;Papiergröße;Teilung)

Diese Form der Funktion findet ihre Anwendung, wenn die aktive Datei ein Diagramm ist. Die Argumente "Kopf", "Fuß", "Links", "Rechts", "Oben", "Unten", "Horizontal", "Vertikal", "Ausrichtung", "Papiergröße" und "Teilung" sind im oberen Abschnitt schon erläutert worden.

Für das Argument "Größe" kann ein Wert zwischen 1 und 3 angegeben werden, der festlegt, in welcher Form das Diagramm über den Drucker ausgegeben wird:

1. Das Diagramm wird in der gleichen Größe auf dem Papier abgebildet, in der es auch auf dem Bildschirm erscheint. Entspricht der Option *Bildschirmgröße*.

2. Das Diagramm wird so groß wie möglich aufs Papier gebracht, das auf dem Bildschirm abgebildete Format, also das Verhältnis von Höhe und Breite, wird dabei nicht verändert. Entspricht der Option *An Seite angepaßt*.

3. Das Diagramm wird so ausgedruckt, daß es auf eine ganze Seite paßt. Auf das auf dem Bildschirm abgebildete Format wird keine Rücksicht genommen. Entspricht der Option *Ganze Seite*.

> **LEERZELLEN**(Verschieben_Zahl)
> **LEERZELLEN?**(Verschieben_Zahl)

Diese Funktion entspricht dem Befehl *Leerzellen...* aus dem Menü *Bearbeiten*.

Mit dieser Funktion können Sie Leerzellen links oder oberhalb einer markierten Zelle oder eines Bereiches einfügen. Das Argument "Verschieben_Zahl" muß eine Kennummer enthalten, die angibt, in welche Richtung die vorher markierten Zellen zu verschieben sind.

Die Kennummer "1" steht für Verschieben nach rechts und die Kennummer "2" für Verschieben nach links.

LEGENDE(Wahrheitswert)

Mit dieser Funktion fügen Sie eine Legende, die die dargestellten Werte näher erläutert, in Ihr Diagramm ein, oder Sie entfernen eine Legende aus einem Diagramm.

Das Argument "Wahrheitswert" gibt Auskunft darüber, ob diese Funktion dem Befehl *Legende einfügen* oder *Legende löschen* aus dem Menü *Diagramm* entspricht. Ist Wahrheitswert WAHR oder ausgelassen, so wird eine Legende eingefügt. Geben Sie FALSCH an, wird die Legende gelöscht.

LETZTE.ZELLE.AUSWÄHLEN()

Diese Funktion markiert die Zelle, die in der letzten Zeile der Tabelle am weitesten rechts steht und eine Formel, einen Wert oder ein Format enthält, oder auf die in einer anderen Formel Bezug genommen wird.

LETZTER.FEHLER

Diese Funktion liefert den Zellbezug des letzten aufgetretenen Makrofehlers. Wenn kein Fehler aufgetreten ist, liefert diese Funktion den Fehlerwert #NV.

LIA(Kosten;Rest;Dauer)

Diese Funktion liefert als Ergebnis den Wert der linearen Abschreibung eines Anlageobjektes für einen einzigen Zeitraum. Grundlage ist der Anschaffungspreis für das Objekt (Kosten), der Restwert am Ende der Abschreibung (Rest) und die Nutzungsdauer des Objektes (Dauer).

Ein Beispiel für die Anwendung dieser Funktion finden Sie auf Ihrer Beispieldiskette in der Datei FINANZEN.XLS im Arbeitsbereich FINANZEN.XLW.

LINKS(Text;Anzahl_Zeichen)

Diese Funktion liefert als Ergebnis die definierte Anzahl von Zeichen ab dem Beginn der im Argument "Text" angegebenen Zeichenfolge. Ist der Inhalt des Feldes ein numerischer Wert, so wird der Fehlerwert #WERT! ausgegeben.

Excel in der Übersicht

LINKS.AUSFÜLLEN()

Mit dieser Funktion kopieren Sie ein markiertes Feld bzw. einen Bereich in die links von ihm stehenden markierten Felder bzw. Bereiche. Sie arbeitet genauso wie der Befehl *Links ausfüllen* aus dem Menü *Bearbeiten*.

LN(Zahl)

Diese Funktion liefert als Ergebnis den natürlichen Logarithmus des Arguments "Zahl".

LOG(Zahl;Basis)

Diese Funktion liefert als Ergebnis den Logarithmus des Arguments "Zahl" zur Basis "Basis". Achten Sie darauf, daß das Argument positiv ist. Wird die Basis nicht spezifiziert, erhält sie automatisch den Wert 10.

LOG10(Zahl)

Diese Funktion liefert als Ergebnis den Zehnerlogarithmus des Arguments "Zahl". Achten Sie darauf, daß das Argument positiv ist.

MAKRO.AUSFÜHREN(Bezug;Schrittweite)
MAKRO.AUSFÜHREN?(Bezug;Schrittweite)

Diese Funktion entspricht dem Befehl *Makro ausführen*.... Excel führt das durch "Bezug" angegebene Makro aus, wenn diese Funktion gelesen wird. "Bezug" muß entweder ein externer Bezug auf ein Makro in einer Makrovorlage sein oder ein externer Bezug in Textform in der Schreibweise Z1S1. Es ist jedoch auch möglich, eine Kennzahl für das Argument "Bezug" anzugeben, um alle selbstausführenden Makros der aktiven Makrovorlage ausführen zu lassen. Die Angabe der Kennzahl "1" bewirkt, daß alle beim Öffnen dieser Makrovorlage automatisch ausgeführten Makros aufgerufen werden. Geben Sie die Kennzahl "2" an, so werden alle automatisch beim Schließen der Makrovorlage ausgeführten Makros aufgerufen.

Mit dem Argument "Schrittweite" wählen Sie über einen Wahrheitswert, ob das genannte Makro im normalen Modus oder im Einzelschrittmodus ablaufen soll. WAHR schaltet den Einzelschrittmodus ein.

Excel in der Übersicht

MASKE()

Diese Funktion entpricht dem Befehl *Maske...* aus dem Menü *Daten*. Sie zeigt eine Datenmaske in Form eines Dialogfeldes an. Diese Datenmaske kann sowohl die Excel-Standarddatenmaske als auch eine von Ihnen persönlich erstellte Datenmaske sein.

MAX(Zahl1;Zahl2;...)

Diese Funktion liefert als Ergebnis den größten Wert aus den angegebenen Zahlen.

MDET(Matrix)

Diese Funktion liefert als Ergebnis die Determinante der Matrix. Voraussetzung ist, daß die Matrix quadratisch ist und Zahlen enthält. Die Matrix-Determinante ist eine Zahl, die aus den Werten der Matrix berechnet wird.

MEDIAN(Zahl1;Zahl2;...)

Diese Funktion liefert als Ergebnis den Median aus den genannten Zahlen.

MEHRFACHOPERATION(Zeilenbezug;Spaltenbezug)
MEHRFACHOPERATION?(Zeilenbezug;Spaltenbezug)

Diese Funktion entspricht dem Befehl *Mehrfachoperation...* aus dem Menü *Daten*. Sie führt eine Mehrfachoperation aus, die die mit den Argumenten "Zeilenbezug" und/oder "Spaltenbezug" angegebenen Werte in die Formeln innerhalb der aktiven Auswahl einsetzt.

"Zeilenbezug" und "Spaltenbezug" müssen entweder externe Bezüge auf einzelne Felder in der aktiven Tabelle sein oder Bezüge in Textform und der Schreibweise Z1S1. Wenn Sie Bezüge in der zuletzt genannten Schreibweise verwenden, interpretiert Excel diese als relativ zum aktiven Feld der Auswahl.

Beispiel

MEHRFACHOPERATION(!a1;!$A$2)

oder

MEHRFACHOPERATION("Z1S1";"Z2S2")

Excel in der Übersicht

führt in der Auswahl der aktiven Tabelle eine Mehrfachoperation durch und verwendet die Felder A1 und A2 als Eingabefelder.

Wenn das Feld C3 der aktiven Tabelle den Namen "Preis" hat, führen die beiden folgenden Funktionen eine Mehrfachoperation aus und verwenden das Feld C3 als Zeileneingabefeld:

    MEHRFACHOPERATION(!Preis;)

oder

    MEHRFACHOPERATION("Preis")

Ist der Feldbereich D4:E6 die aktuelle Auswahl und D4 das aktive Feld dieser Auswahl, können Sie die folgende Funktion benutzen, um C3 als Spalteneingabefeld zu verwenden:

    MEHRFACHOPERATION(;"Z(-1)S(-1)")

Beispiele für Mehrfachoperationen finden Sie auf Ihrer Beispieldiskette in der Tabelle MEHRFACH.XLS.

MELDUNG(Wahrheitswert;Text)

Zeigt den angegebenen Text in der Statuszeile an und entfernt diese Meldung auch wieder. Auf eine solche Meldung braucht der Anwender nicht zu antworten, sie dient lediglich der Information.

Wenn das Argument "Wahrheitswert" WAHR ist, wird die angegebene Meldung in der Statuszeile angezeigt. Ist "Text" jedoch eine leerer Text (""), so werden alle Meldungen in der Statuszeile gelöscht. Setzen Sie für Wahrheitswert FALSCH ein, so werden in der Statuszeile nur noch die Excel-Standardmeldungen, also die Hilfemeldungen zu den Befehlen, angezeigt.

Es kann immer nur eine Meldung in der Statuszeile angezeigt werden. Meldungen werden immer an der gleichen Stelle angezeigt. Es führt auch nicht zu einer Fehlermeldung, wenn Sie die Funktion bei ausgeblendeter Statuszeile MELDUNG() einsetzen. Sobald die Statuszeile wieder auf dem Bildschirm erscheint, wird auch Ihre Meldung angezeigt.

Der durch MELDUNG() in die Statuszeile eingetragene Text bleibt solange dort stehen, bis Sie Excel beenden oder die Statuszeile wieder auf "Standard" zurückschalten.

Excel in der Übersicht

MENÜ.EINFÜGEN(Kennummer;Menübezug)

Diese Funktion fügt das im "Menübezug" beschriebene Menü in die Menüleiste mit der angegebenen Kennummer ein. Wenn die Funktion erfolgreich ausgeführt wurde, wird das neue Menü an der äußeren rechten Position in die Menüleiste eingefügt und angezeigt. Auf diese Weise können Sie Menüs sowohl in die Standardmenüleisten als auch in eigene Menüleisten einfügen.

Die Kennummer ist entweder die Nummer einer Standard-Menüleiste oder das Ergebnis der Funktion MENÜLEISTE.EINFÜGEN().

Ein Beispiel für die Anwendung dieser und der folgenden Makrofunktionen finden Sie auf Ihrer Beispieldiskette in dem Arbeitsbereich MAKBEF.XLW. Zu diesem Arbeitsbereich gehören die beiden Dateien MAKBEF.XLM und MAKMEN.XLM. Beide Makrovorlagen enthalten Makros, die Menüleisten erzeugen, anzeigen und löschen sowie Befehle in die Menüs eintragen, diese aktivieren und deaktivieren.

MENÜ.LÖSCHEN(Kennummer;Menüposition)

Löscht das durch "Menüposition" angegebene Menü in der Menüleiste mit der entsprechenden Kennummer. Für das Argument "Kennummer" gilt das gleiche wie bei der Funktion MENÜ.EINFÜGEN(). "Menüposition" gibt die Position eines Menüs in einer Menüleiste an. Das am weitesten links stehende Menü hat die Kennummer 1, alle weiteren sind durchnumeriert.

Wenn Sie ein Menü löschen wollten, das nicht existiert, gibt die Funktion den Fehlerwert #WERT! aus. Ist die Funktion jedoch erfolgreich ausgeführt, so wird von der Positionsziffer aller Menüs, die rechts von dem gelöschten Menü standen, der Wert 1 abgezogen.

MENÜLEISTE.EINFÜGEN()

Fügt eine neue, leere Menüleiste in das Excel-Menüsystem ein. Grundsätzlich können nicht mehr als 15 neue Menüleisten gleichzeitig definiert sein. Die Funktion liefert als Ergebnis die Kennummer der eingefügten Menüleiste. Wurden schon zuviele neue Menüleisten definiert, so erzeugt die Funktion den Fehlerwert #WERT!.

Um die neu erstellte Menüleiste auch auf den Bildschirm zu bringen, müssen Sie sich der Funktion MENÜLEISTE.ZEIGEN() bedienen.

MENÜLEISTE.LÖSCHEN(Kennummer)

Löscht die durch das Argument "Kennummer" angegebene Menüleiste. Kennummer muß immer ein von der Funktion MENÜLEISTE.EINFÜGEN() gelieferter Wert sein. Mit MENÜLEISTE.LÖSCHEN() kann nur eine Menüleiste gelöscht werden, die momentan nicht angezeigt wird.

MENÜLEISTE.ZEIGEN(Kennummer)

Zeigt die durch "Kennummer" bezeichnete Menüleiste auf dem Bildschirm an. Die Kennummer muß immer ein von der Funktion MENÜLEISTE.EINFÜGEN() gelieferter Wert sein.

Durch diese Funktion kann nicht die aktuell auf dem Bildschirm befindliche Menüleiste angezeigt werden. Um eine Standardmenüleiste anzuzeigen, müssen Sie die Kennummern dieser Menüleisten kennen:

1   Menüleiste für Tabellen oder Makrovorlagen mit ganzen Menüs.

2   Menüleiste für Diagramme mit ganzen Menüs.

3   Excel-Basismenüleiste, kein Fenster ist geöffnet.

4   Menüleiste des Info-Fensters.

5   Menüleiste für Tabellen oder Makrovorlagen mit kurzen Menüs.

6   Menüleiste für Diagramme mit kurzen Menüs.

Wenn eine Tabelle oder Makrovorlage aktiv ist, können Sie natürlich nur die Kennummern 1 oder 5 verwenden, bei Diagrammen nur 2 oder 6, usw. Wenn eine selbsterstellte Anwendermenüleiste angezeigt wird, schaltet Excel nicht automatisch die Menüleisten um, wenn Dateien verschiedener Typen ausgewählt werden.

MENÜLEISTE.ZUORDNEN()

Liefert als Ergebnis die Kennummer der aktiven Menüleiste.

MIN(Zahl1;Zahl2;...)

Diese Funktion liefert als Ergebnis den kleinsten Wert aus den angegebenen Zahlen. Anstelle von Zahlen kann hier auch ein Feldbereich angegeben werden, z.B. MIN(B2:G6).

Excel in der Übersicht

MINUTE(Serielle_Zahl)

Diese Funktion liefert als Ergebnis eine Minutenangabe aus der angegebenen seriellen Zahl. Die Minutenangabe ist eine ganze Zahl aus dem Bereich zwischen 0 und 59.

MINV(Matrix)

Diese Funktion liefert als Ergebnis die Inverse der Matrix. Voraussetzung ist, daß die Matrix quadratisch ist und Zahlen enthält. Das Produkt aus einer Matrix und ihrer Inversen ist die Einheitsmatrix, d.h. eine quadratische Matrix, in der die Werte in der Diagonalen alle gleich 1 und alle anderen Werte gleich 0 sind.

MITTELWERT(Zahl1;Zahl2;...)

Diese Funktion liefert als Ergebnis den Mittelwert der angegebenen Zahlen. Dieser errechnet sich aus der Gesamtsumme geteilt durch die Anzahl der Werte. Anstelle von Zahlen kann hier auch ein Feldbereich angegeben werden.

MMULT(Matrix1;Matrix2)

Diese Funktion liefert als Ergebnis das Produkt der beiden Matrizen. Voraussetzung ist, daß die Matrizen quadratisch sind und Zahlen enthalten.

MONAT(Serielle_Zahl)

Diese Funktion liefert als Ergebnis eine Monatsangabe aus der angegebenen, laufenden Zahl. Die Monatsangabe ist eine ganze Zahl aus dem Bereich zwischen 1 und 12.

MTRANS(Matrix)

Diese Funktion liefert als Ergebnis den transponierten Inhalt der Matrix. Zur Bildung der transponierten Matrix wird die erste Zeile der Matrix als erste Spalte der neuen Matrix verwendet, die zweite Zeile der Matrix als zweite Spalte usw.

Excel in der Übersicht

> **MUSTER**(FMuster;FVgrd;FHgrd)
> **MUSTER?**(FMuster;FVgrd;FHgrd)

Diese Funktion entspricht dem Befehl *Muster...* aus dem Menü *Format*. Wenn Sie diesen Befehl wählen, zeigt Excel Ihnen ein Dialogfeld, in dem nur die Optionen zu verändern sind, die eine Wirkung auf das ausgewählte Element haben. Um sich innerhalb eines Makros mit der Funktion MUSTER() auf das ausgewählte Element beziehen zu können, stellt Excel Ihnen acht Formen dieser Funktion zur Verfügung.

Die o.g. Form der Funktion MUSTER() entspricht der Auswahl des Befehls *Muster*, wenn eine Zelle oder ein Zellbereich ausgewählt ist. Die Argumente dieser Funktion geben über Kennzahlen an, welche Schraffur Sie wählen bzw. welche Farben Sie für Vordergrund und Hintergrund der gewählten Schraffur verwenden möchten. Für die Argumente "FVgrd" und "FHgrd" haben Sie die Kennzahlen 1 bis 16 zur Verfügung, anhand derer Sie eine Farbe aus der Farbpalette auswählen. Die 0 kann hier angegeben werden, wenn Sie die automatische Farbwahl verwenden wollen.

Für "FMuster" stehen Ihnen die Kennzahlen 1 bis 18 zur Verfügung, um aus den 18 möglichen Schraffuren auszuwählen, die Ihnen auch im Dialogfeld zum Befehl *Muster...* gezeigt werden. Die 0 bedeutet, daß keine Schraffur vorgenommen werden soll.

> **MUSTER**(RAut;RArt;RFarbe;RStark;Schatten;FAut;FMuster;
> FVgrd;FHgrd;Umkehr;Zuweisen)
> **MUSTER?**(RAut;RArt;RFarbe;RStark;Schatten;FAut;FMuster;
> FVgrd;FHgrd;Umkehr;Zuweisen)

Diese Form der Funktion wird dann verwendet, wenn das ausgewählte Element ein Diagramm, eine Diagrammfläche, eine Legende, ein Texthinweis, eine Fläche oder ein Balken ist.

Für "RAut" können die Werte 0, 1 und 2 für die automatische Rahmenausführung mit folgender Bedeutung angegeben werden:

 0 = Vom Anwender festgelegt
 1 = Automatisch
 2 = Unsichtbar

Für "RArt" muß eine Zahl zwischen 1 und 8 eingetragen werden, dieser Wert entspricht einer der acht Rahmenarten im Dialogfeld zum Befehl *Muster...*.

Excel in der Übersicht

Für "RFarbe" muß eine Zahl zwischen 1 und 16 eingetragen werden, dieser Wert entspricht einer der 16 Rahmenfarben im Dialogfeld zum Befehl *Muster...*.

Für "RStark" muß eine Zahl zwischen 1 und 4 eingetragen werden, dieser Wert entspricht einer der 4 Rahmenstärken im Dialogfeld zum Befehl *Muster...*.

Durch Angabe des Wahrheitswertes WAHR wird die Option "Schatten" eingeschaltet. Diese Option wirkt sich nicht auf Flächen in Flächendiagrammen oder Balken in Balkendiagrammen aus.

Für "FAut" können die Werte 0, 1 und 2 für die automatische Flächenausführung mit folgender Bedeutung angegeben werden:

    0 = Vom Anwender festgelegt
    1 = Automatisch
    2 = Unsichtbar

Für "FMuster" muß eine Zahl zwischen 1 und 18 eingetragen werden, dieser Wert entspricht einem der 18 Flächenmuster im Dialogfeld zum Befehl *Muster...*. Die Angabe der 0 bedeutet keine Schraffur.

Für "FVgrd" muß eine Zahl zwischen 1 und 16 eingetragen werden, dieser Wert entspricht einer der 16 Flächen-Vordergrundfarben im Dialogfeld zum Befehl *Muster...*. Die 0 kann hier zur automatischen Farbgebung eingetragen werden.

Für "FHgrd..." muß eine Zahl zwischen 1 und 16 eingetragen werden, dieser Wert entspricht einer der 16 Flächen-Hintergrundfarben im Dialogfeld zum Befehl *Muster...*.

Das Argument "Umkehr" steht für das Optionsfeld *Umkehren falls negativ*, WAHR schaltet die Option ein, und FALSCH bewirkt das Gegenteil. Dieses Argument wird von Excel übergangen, es sei denn, die aktuelle Auswahl ist ein Balken. So lassen sich z.B. negative Werte hervorheben, indem die entsprechenden Balken in der Hintergrundfarbe dargestellt werden.

Das Argument "Zuweisen" entspricht dem Optionsfeld "Allgemeingültig". Diese Option kann durch Einsetzen des Wahrheitswertes WAHR eingeschaltet werden. "Zuweisen" ist aber nur wirksam, wenn ein Datenpunkt, eine Datenreihe oder ein einem Datenpunkt zugeordneter Text ausgewählt ist.

Auf Ihrer Beispieldiskette finden Sie Makros, die Ihnen als Veranschaulichung der Anwendung dieser und der folgenden Makrofunktionen dienen

Excel in der Übersicht

sollen. Die entsprechende Makrovorlage, das Diagramm und die Tabelle, aus der das Diagramm seine Daten bezieht, finden Sie im Arbeitsbereich DIAGRAMM.XLW. Zu diesem Arbeitsbereich gehören die Dateien DIAGRAMM.XLS, DIAGRAMM.XLC, DIAGRAMM.XLM.

> **MUSTER**(RAut;RArt;RFarbe;RStark;Schatten;FAut;FMuster; FVgrd;FHgrd;Abgerundet)
> **MUSTER?**(RAut;RArt;RFarbe;RStark;Schatten;FAut;FMuster; FVgrd;FHgrd;Abgerundet)

Dieses Form der Funktion MUSTER() kann dann eingesetzt werden, wenn das ausgewählte Element eine Textbox, ein Rechteck, eine Ellipse, ein Bogen oder ein Bild ist.

Sofern es sich um ein Rechteck, eine Textbox oder ein Bild handelt, können Sie durch Angabe des Wahrheitwertes WAHR für das Argument "Abgerundet" die Ecken des entsprechenden Objektes abrunden. Handelt es sich beim ausgewählten Objekt um eine Ellipse oder einen Bogen, so wird das Argument "Abgerundet" ignoriert.

Alle anderen Argumente wurden bereits für die vorhergehende Form der Funktion MUSTER() erläutert.

> **MUSTER**(SAut;SArt;SFarbe;SStark;THaupt;THilfs;TBeschrift)
> **MUSTER?**(SAut;SArt;SFarbe;SStark;THaupt;THilfs;TBeschrift)

Diese Form der Funktion findet ihre Anwendung, wenn das ausgewählte Element eine Achse ist.

"SAut" kann über die Werte 0, 1 und 2 für die automatische Strichausführung mit folgender Bedeutung angegeben werden:

    0 = Vom Anwender festgelegt
    1 = Automatisch
    2 = Unsichtbar

Für "SArt" muß eine Zahl zwischen 1 und 8 eingetragen werden, dieser Wert entspricht einer der 8 Stricharten im Dialogfeld zum Befehl *Muster*....

Für "SFarbe" muß eine Zahl zwischen 1 und 16 eingetragen werden, dieser Wert entspricht einer der 16 Strichfarben im Dialogfeld zum Befehl *Muster*....

Excel in der Übersicht

Für "SStark" muß eine Zahl zwischen 1 und 4 eingetragen werden, dieser Wert entspricht einer der vier Strichstärken im Dialogfeld zum Befehl *Muster*....

"THaupt" beschreibt den Typ der Hauptteilstriche durch eine Kennzahl:

1 = Unsichtbar
2 = Innen
3 = Außen
4 = Innen und Außen

"THilfs" bezeichnet den Typ der Hilfsteilstriche:

1 = Unsichtbar
2 = Innen
3 = Außen
4 = Innen und Außen

"TBeschrift" bezeichnet die Position der Teilungsbeschriftungen:

1 = Ohne
2 = Unten
3 = Oben
4 = Achsennah

Auf Ihrer Beispieldiskette finden Sie Makros zur Veranschaulichung der Anwendung dieser und der folgenden Makrofunktionen im Arbeitsbereich DIAGRAMM.XLW.

MUSTER(SAut;SArt;SFarbe;SStark;Zuweisen)
MUSTER?(SAut;SArt;SFarbe;SStark;Zuweisen)

Diese Form der Funktion MUSTER() ist nur dann wirksam, wenn das ausgewählte Argument eine Gitternetzlinie, eine Spannweitenlinie oder eine Bezugslinie ist.

Die Argumente "SAut", "SArt", "SFarbe" und "SStark" wurden weiter oben bereits für eine andere Form der Funktion MUSTER() erläutert.

Das Argument "Zuweisen" entspricht dem Optionsfeld *Allgemeingültig*. Diese Option kann durch Einsetzen des Wahrheitswertes WAHR eingeschaltet werden. "Zuweisen" ist aber nur wirksam, wenn ein Datenpunkt, eine Datenreihe oder ein einem Datenpunkt zugeordneter Text ausgewählt ist.

Excel in der Übersicht

MUSTER(SAut;SArt;SFarbe;SStark;PAut;PAuszeich;PVgrd; PHgrd;Zuweisen)
MUSTER?(SAut;SArt;SFarbe;SStark;PAut;PAuszeich;PVgrd; PHgrd;Zuweisen)

Diese Form der Funktion ist nur bei einer ausgewählten Datenlinie wirksam.

Welche Platzhalter für die Argumente "SAut", "SArt", "SFarbe" und "SStark" eingesetzt werden können, entnehmen Sie bitte dem Abschnitt, der sich mit der Funktionsform MUSTER(STRICH;THaupt;THilfs;TBeschrift) beschäftigt.

"PAut" kann über die Werte 0, 1 und 2 für die automatische Punktmarkierung mit folgender Bedeutung angegeben werden:

    0 = Vom Anwender festgelegt
    1 = Automatisch
    2 = Unsichtbar

Für "PAuszeich" muß eine Zahl zwischen 1 und 7 eingetragen werden, dieser Wert entspricht einer der 7 Auszeichnungen der Punktmarkierung im Dialogfeld zum Befehl *Muster...*.

Für "PVgrd" muß eine Zahl zwischen 1 und 8 eingetragen werden, dieser Wert entspricht einer der 8 Flächen-Vordergrundfarben im Dialogfeld zum Befehl *Muster...*.

Für "PHgrd" muß eine Zahl zwischen 1 und 8 eingetragen werden, dieser Wert entspricht einer der 8 Flächen-Hintergrundfarben im Dialogfeld zum Befehl *Muster...*.

MUSTER(SAut;SArt;SFarbe;SStark;PfBreit;PfLang;PfAusf)
MUSTER?(SAut;SArt;SFarbe;SStark;PfBreit;PfLang;PfAusf)

Diese fünfte Form der Funktion wird dann verwendet, wenn die aktuelle Auswahl eine Linie oder ein Pfeil ist. Welche Platzhalter für die Argumente "SAut", "SArt", "SFarbe" und "SStark" eingesetzt werden können, entnehmen Sie bitte der Erläuterung der obigen Funktionsform für Achsen. Die genannten Argumente beschreiben hier das Aussehen des Pfeilschaftes.

"PfBreit" definiert die Pfeilspitze:

    1 = Schmal
    2 = Mittel
    3 = Breit

"PfLang" definiert die Länge der Pfeilspitze:

1 = Kurz
2 = Mittel
3 = Lang

"PfAusf" definiert die Ausführung der Pfeilspitze:

1 = Keine Spitze
2 = Offene Spitze
3 = Geschlossene Spitze

MUSTER(Typ;Bildeinheiten;Zuweisen)
MUSTER?(Typ;Bildeinheiten;Zuweisen)

Dieses Format der Funktion wird verwendet, wenn das ausgewählte Argument ein Bilddiagramm ist. Das Argument "Typ" kann durch die Kennzahlen 1 bis 3 angegeben werden. Die Kennzahl "1" sagt an dieser Stelle aus, daß das zur Darstellung der Werte verwendete Bild je nach Größe des darzustellenden Wertes gestreckt oder gestaucht wird. Die Kennzahl "2" erzeugt eine Einstellung, die das Bild stapelt, bis der darzustellende Wert erreicht ist. Wie oft es gestapelt ist, kann unter dieser Einstellung nicht weiter beeinflußt werden. Mit der Kennzahl "3" legen Sie fest, wie oft das Bild zur Darstellung einer Einheit gestapelt werden soll. Die 3 Kennzahlen verkörpern also die Optionsfelder des Befehls "Muster", wenn Sie zuvor eine Datenreihe eines Bilddiagramms ausgewählt haben.

Das Argument "Bildeinheiten" wird nur dann ausgewertet, wenn Sie für "Typ" die Kennzahl "3" angegeben haben. Nur dann macht es einen Sinn, die Anzahl der Einheiten pro Bild festzulegen.

Für das Argument "Zuweisen" wird auch in diesem Format ein Wahrheitswert angegeben, der dem Ein- und Auschalten der Option *Allen zuweisen* im Dialogfeld zum Befehl *Muster...* entspricht.

MUSTER.3D.FLÄCHEN(Typ)
MUSTER.3D.FLÄCHEN?(Typ)

Diese Funktion arbeitet genauso wie der Befehl *3D-Flächen* im Menü *Muster* eines Diagrammfensters. Über die Angabe einer Kennzahl zwischen 1 und 7 haben Sie die Auswahl aus verschiedenen Flächendiagrammformen. Die Kennzahlen sind in der gleichen Reihenfolge vergeben, wie Ihnen diese Diagrammformen im Dialogfeld zum Befehl *3D-Flächen* vorgeschlagen werden.

Excel in der Übersicht

MUSTER.3D.KREIS(Typ)
MUSTER.3D.KREIS?(Typ)

Diese Funktion arbeitet genauso wie der Befehl *3D-Kreis* im Menü *Muster* eines Diagrammfensters. Über die Angabe einer Kennzahl zwischen 1 und 6 haben Sie die Auswahl aus verschiedenen Kreisdiagrammformen. Die Kennzahlen sind in der gleichen Reihenfolge vergeben, wie Ihnen diese Diagrammformen im Dialogfeld zum Befehl *3D-Kreis* vorgeschlagen werden.

MUSTER.3D.LINIEN(Typ)
MUSTER.3D.LINIEN?(Typ)

Diese Funktion arbeitet genauso wie der Befehl *3D-Linien* im Menü *Muster* eines Diagrammfensters. Über die Angabe einer Kennzahl zwischen 1 und 4 haben Sie die Auswahl aus verschiedenen Flächendiagrammformen. Die Kennzahlen sind in der gleichen Reihenfolge vergeben, wie Ihnen diese Diagrammformen im Dialogfeld zum Befehl *3D-Linien* vorgeschlagen werden.

MUSTER.3D.SÄULEN(Typ)
MUSTER.3D.SÄULEN?(Typ)

Diese Funktion arbeitet genauso wie der Befehl *3D-Säulen* im Menü *Muster* eines Diagrammfensters. Über die Angabe einer Kennzahl zwischen 1 und 7 haben Sie die Auswahl aus verschiedenen Flächendiagrammformen. Die Kennzahlen sind in der gleichen Reihenfolge vergeben, wie Ihnen diese Diagrammformen im Dialogfeld zum Befehl *3D-Säulen* vorgeschlagen werden.

MUSTER.BALKEN(Zahl;Überlagerung_Löschen)
MUSTER.BALKEN?(Zahl;Überlagerung_Löschen)

Diese Funktion entspricht dem Befehl *Balken...* aus dem Menü *Muster*. Durch das Argument "Zahl" legen Sie fest, welche Art des Balkendiagramms Sie auswählen möchten.

Die zur Verfügung stehenden Balkendiagramme sind wie folgt numeriert:

Excel in der Übersicht

1   Einfaches Balkendiagramm

2   Balkendiagramm für eine Datenreihe mit verschiedenen Ausführungsmustern

3   Gestapeltes Balkendiagramm

4   Überlapptes Balkendiagramm

5   Gestapeltes 100% Balkendiagramm

6   Balkendiagramm mit vertikalen Gitternetzlinien

7   Balkendiagramm mit Größenbeschriftungen

"Überlagerung_Löschen" kann nur einen Wahrheitswert annehmen, WAHR bedeutet, daß die Funktion jede Überlagerung löscht und das neue Format auf das Hauptdiagramm angewendet wird. Wird dieses Argument auf FALSCH gesetzt oder ausgelassen, so wird das neue Format auf das aktuelle Diagrammelement angewendet, ohne Überlagerungen zu löschen.

Auf Ihrer Beispieldiskette finden Sie Makros zur Veranschaulichung der Anwendung der Makrofunktion im Arbeitsbereich DIAGRAMM.XLW.

> **MUSTER.FLÄCHEN**(Zahl;Überlagerung_Löschen)
> **MUSTER.FLÄCHEN?**(Zahl;Überlagerung_Löschen)

Diese Funktion entspricht dem Befehl *Flächen...* aus dem Menü *Muster*. Durch das Argument "Zahl" legen Sie fest, welche Art des Flächendiagramms Sie auswählen möchten. Die zur Verfügung stehenden Flächendiagramme sind wie folgt numeriert:

1   Einfaches Flächendiagramm

2   100% Flächendiagramm

3   Flächendiagramm mit Bezugslinien

4   Flächendiagramm mit Gitternetzlinien

5   Flächendiagramm mit beschrifteten Bereichen

"Überlagerung_Löschen" kann immer nur einen Wahrheitswert annehmen, WAHR bedeutet, daß die Funktion jede Überlagerung löscht und das neue Format auf das Hauptdiagramm angewendet wird. Wird dieses

Argument auf FALSCH gesetzt oder ausgelassen, so wird das neue Format auf das aktuelle Diagrammelement angewendet, ohne Überlagerungen zu löschen. Auf Ihrer Beispieldiskette finden Sie Makros zur Veranschaulichung dieser und anderer Makrofunktionen im Arbeitsbereich DIAGRAMM.XLW.

> **MUSTER.KREIS**(Zahl;Überlagerung_Löschen)
> **MUSTER.KREIS?**(Zahl;Überlagerung_Löschen)

Diese Funktion entspricht dem Befehl *Kreis...* aus dem Menü *Muster*. Durch das Argument "Zahl" legen Sie fest, welche Art des Kreisdiagramms Sie auswählen möchten. Die zur Verfügung stehenden Kreisdiagramme sind wie folgt numeriert:

1   Einfaches Kreisdiagramm

2   Kreisdiagramm mit Segmenten gleicher Ausführung

3   Kreisdiagramm, in dem das erste Segment ausgerückt ist

4   Kreisdiagramm, in dem alle Segmente ausgerückt sind

5   Kreisdiagramm mit Rubrikenbeschriftungen

6   Kreisdiagramm mit Größenbeschriftungen in Prozent

"Überlagerung_Löschen" kann nur immer einen Wahrheitswert annehmen, WAHR bedeutet, daß die Funktion jede Überlagerung löscht und das neue Format auf das Hauptdiagramm angewendet wird. Wird dieses Argument auf FALSCH gesetzt oder ausgelassen, so wird das neue Format auf das aktuelle Diagrammelement angewendet, ohne Überlagerungen zu löschen.

Auf Ihrer Beispieldiskette finden Sie Makros zur Veranschaulichung dieser und anderer Makrofunktionen im Arbeitsbereich DIAGRAMM.XLW.

> **MUSTER.LINIEN**(Zahl;Überlagerung_Löschen)
> **MUSTER.LINIEN?**(Zahl;Überlagerung_Löschen)

Diese Funktion entspricht dem Befehl "Linien..." aus dem Menü "Muster". Durch das Argument "Zahl" legen Sie fest, welche Art des Liniendiagramms Sie auswählen möchten. Die zur Verfügung stehenden Liniendiagramme sind wie folgt numeriert:

1   Linien und Punktmarkierungen

Excel in der Übersicht

2   Nur Linien

3   Nur Punktmarkierungen

4   Linien und Punktmarkierungen mit horizontalen Gitternetzlinien

5   Linien und Punktmarkierungen mit horizontalen und vertikalen Gitternetzlinien

6   Linien und Punktmarkierungen mit logarithmischer Teilung und Gitternetzlinien

7   Spannweitendiagramm mit Punktmarkierungen und Spannweitenlinien

8   Diagramm für Höchst-, Tief- und Schlußkurse (bei Börsennotierungen

"Überlagerung_Löschen" kann hier immer nur einen Wahrheitswert annehmen, WAHR bedeutet, daß die Funktion jede Überlagerung löscht und das neue Format auf das Hauptdiagramm angewendet. Wird dieses Argument auf Falsch gesetzt oder ausgelassen, so wird das neue Format auf das aktuelle Diagrammelement angewendet, ohne Überlagerungen zu löschen.

Auf Ihrer Beispieldiskette finden Sie Makros zur Veranschaulichung dieser und anderer Makrofunktionen im Arbeitsbereich DIAGRAMM.XLW.

MUSTER.PUNKT(Zahl;Überlagerung_Löschen)
MUSTER.PUNKT?(Zahl;Überlagerung_Löschen)

Diese Funktion entspricht dem Befehl *Punkt...* aus dem Menü *Muster*. Durch das Argument "Zahl" legen Sie fest, welche Art des Punktdiagramms Sie auswählen möchten. Die zur Verfügung stehenden Punktdiagramme sind wie folgt numeriert:

1   Punktdiagramm nur mit Punktmarkierungen

2   Punktdiagramm mit Verbindungslinien zwischen den Punktmarkierungen einer Datenreihe

3   Punktdiagramm mit Punktmarkierungen und Gitternetz

4   Punktdiagramm mit Punktmarkierungen und einfach logarithmischem Netz

Excel in der Übersicht

5   Punktdiagramm mit Punktmarkierungen und doppelt logarithmischem Netz

"Überlagerung_Löschen" kann immer nur einen Wahrheitswert annehmen, WAHR bedeutet, daß die Funktion jede Überlagerung löscht und das neue Format auf das Hauptdiagramm angewendet wird. Wird dieses Argument auf FALSCH gesetzt oder ausgelassen, so wird das neue Format auf das aktuelle Diagrammelement angewendet, ohne Überlagerungen zu löschen.

Auf Ihrer Beispieldiskette finden Sie Makros zur Veranschaulichung dieser und anderer Makrofunktionen im Arbeitsbereich DIAGRAMM.XLW.

> **MUSTER.SÄULEN**(Zahl;Überlagerung_Löschen)
> **MUSTER.SÄULEN?**(Zahl;Überlagerung_Löschen)

Diese Funktion entspricht dem Befehl *Säulen...* aus dem Menü *Muster*. Durch das Argument "Zahl" legen Sie fest, welche Art des Säulendiagramms Sie auswählen möchten. Die zur Verfügung stehenden Säulendiagramme sind wie folgt numeriert:

1   Einfaches Säulendiagramm

2   Säulendiagramm für eine Datenreihe mit verschiedenen Ausführungsmustern

3   Gestapeltes Säulendiagramm

4   Überlapptes Säulendiagramm

5   Gestapeltes 100% Säulendiagramm

6   Einfaches Säulendiagramm mit horizontalen Gitternetzlinien

7   Einfaches Säulendiagramm mit Größenbeschriftungen

8   Stufendiagramm (ohne Zwischenraum zwischen den Säulen)

"Überlagerung_Löschen" kann immer nur einen Wahrheitswert annehmen, WAHR bedeutet, daß die Funktion jede Überlagerung löscht und das neue Format auf das Hauptdiagramm angewendet wird. Wird dieses Argument auf FALSCH gesetzt oder ausgelassen, so wird das neue Format auf das aktuelle Diagrammelement angewendet, ohne Überlagerungen zu löschen.

Auf Ihrer Beispieldiskette finden Sie Makros zur Veranschaulichung dieser und anderer Makrofunktionen im Arbeitsbereich DIAGRAMM.XLW.

N(Wert)

Diese Funktion liefert als Ergebnis den numerischen Wert des Feldes, wobei eine Zahl gleichbleibt, der logische Wert WAHR in eine 1 umgewandelt wird und alles andere als 0 ausgegeben wird.

NAMEN(Datei_Text;Typ)

Liefert eine Liste aller festgelegten Namen in der Datei "Datei_Text". Die Liste wird als horizontale Matrix ausgegeben, wenn Sie keine spezielle Datei definiert haben.

Mit dem Argument "Typ" bestimmen Sie, ob auch verborgene Namen mit in die Liste aufgenommen werden sollen. Geben Sie für dieses Element die Kennzahl "1" an, so werden nur normale Namen ausgegeben, die "2" führt dazu, daß nur verborgene Namen im Ergebnis der Funktion zu finden sind, und die "3" liefert alle Namen, die im genannten Arbeitsblatt vergeben wurden.

NAMEN.ANWENDEN(Namensarray;Ignorieren; Verwenden_Zeile_Spalte;Spalte_weglassen;Zeile_weglassen; Reihenfolge;Anhang)
NAMEN.ANWENDEN?(Namensarray;Ignorieren; Verwenden_Zeile_Spalte;Spalte_weglassen;Zeile_weglassen; Reihenfolge;Anhang)

Diese Funktion hat die gleiche Wirkung wie der Befehl *Namen anwenden...* aus dem Menü *Formel*. Sie sucht in Formeln nach Bezügen auf Feldbereiche, die den durch Namensmatrix angegebenen Namen oder einen Namen in der "Namensmatrix" tragen. Findet NAMEN.ANWENDEN() einen solchen Bezug, wird dieser durch den Namen ersetzt.

Das Argument "Namensarray" gibt an, welche(r) Name(n) angewendet werden soll. Die Namensangabe muß in Textform und in Gestalt einer horizontalen Matrix stattfinden.

"Ignorieren" kann nur die Werte WAHR oder FALSCH annehmen. Dieses Argument steht für das Optionsfeld zum Befehl *Namen anwenden...*. WAHR bewirkt, daß Excel Bezüge durch Namen ersetzt, gleichgültig, ob es sich um absolute, relative oder gemischte Bezüge handelt. FALSCH bedeutet, daß absolute Bezüge in absolute, relative Bezüge in relative und gemischte Bezüge in gemischte Namen umgewandelt werden.

Für das Argument "Verwenden_Zeile_Spalte" kann ebenfalls nur ein Wahrheitswert eingesetzt werden. Tragen Sie an dieser Stelle FALSCH ein, so ersetzt Excel nur Bezüge, die genau mit der Festlegung des Namens übereinstimmen. WAHR bewirkt, daß, wenn keine genaue Übereinstimmung gefunden wird, ein benannter Bereich gesucht wird, der das Feld enthält, auf das Bezug genommen wird und das nicht länger als eine Zeile und nicht breiter als eine Spalte ist.

"Spalte_weglassen" entspricht der Option *Bei gleicher Spalte entfällt Spaltenname*. Der Wert WAHR schaltet diese Option ein, FALSCH macht die Markierung des Optionsfeldes rückgängig.

"Zeile_weglassen" entspricht der Option *Bei gleicher Zeile entfällt Zeilenname*. Der Wert WAHR schaltet diese Option ein, FALSCH macht die Markierung des Optionsfeldes rückgängig.

Das Argument "Reihenfolge" bestimmt, ob beim Ersetzen eines Bezugs zuerst der Zeilen- oder der Spaltenname aufgeführt wird. Wenn Sie als Platzhalter den Wert 1 eintragen, wird zuerst der Zeilenname aufgeführt. Verwenden Sie die 2, so erscheint der Spaltenname an erster Stelle.

Wenn Sie für das Argument "Anhang" WAHR einsetzen, ersetzt die Funktion nicht nur die Namensfestlegung in der Namensmatrix, sondern auch die Namensdefinition, die durch die Funktion NAMEN.FESTLEGEN() oder NAMEN.ÜBERNEHMEN() festgelegt wurde. Tragen Sie aber den Wert FALSCH ein, so wird nur die Namensfestlegung in der Namensmatrix ersetzt.

NAMEN.AUFLISTEN()

Diese Funktion entspricht der Auswahl der Schaltfläche *Liste einfügen* im Dialogfeld zum Befehl *Namen einfügen...* aus dem Menü *Formel*. Wenn die aktive Datei eine Tabelle ist, schreibt Excel alle in der Tabelle verwendeten Namen in einen zweispaltigen Bereich, der genauso viele Zeilen hat, wie in der Tabelle Namen verwendet werden. In der linken Spalte dieses Bereiches stehen die Namen und rechts davon deren Bezüge. Das erste, also linke obere Feld dieses Bereiches ist das beim Lesen dieser Funktion aktive Feld.

Ist die aktive Datei jedoch eine Makrovorlage, so erstellt Excel einen vierspaltigen Bereich, dessen Zeilenanzahl der Anzahl der in der Makrovorlage verwendeten Namen entspricht. In der ersten Spalte stehen die Namen, die zweite Spalte enthält deren Bezüge, die dritte Spalte die Kennzahl 1 oder 2. Die Kennzahl 1 bedeutet, daß es sich um ein Funktionsmakro handelt, 2 steht für ein Befehlsmakro. Die vierte und letzte Spalte enthält die Tastaturschlüssel, über die die Makros gestartet werden können.

Excel in der Übersicht

Beachten Sie bitte bei der Anwendung dieser Funktion, daß Excel mit der Namensliste alle von ihr benötigten Felder überschreibt.

> **NAMEN.FESTLEGEN**(Name;Bezug_Auf;Makrotyp; Tastaturschlüssel;Ausblenden)
> **NAMEN.FESTLEGEN?**(Name;Bezug_Auf;Makrotyp; Tastaturschlüssel;Ausblenden)

Diese Funktion erstellt einen Namen für einen Feldbereich, einen Wert oder eine Formel. Sie können auch Namen für Werte, Texte oder Formeln vergeben, die nicht in einem Feld stehen.

Das Argument "Name" gibt den Namen an, den Sie vergeben wollen. "Bezug_Auf" beschreibt, worauf sich der Name beziehen soll. "Bezug_Auf" kann ein Wert, ein Text, ein Wahrheitswert, ein externer Bezug oder eine Formel sein. Wenn Sie einer Formel einen Namen geben wollen, müssen die in der Formel verwendeten Bezüge in der Schreibweise Z1S1 angegeben werden. Lassen Sie das Argument "Bezug_Auf" aus, so vergibt Excel den genannten Namen auf die Felder der aktiven Auswahl.

Benutzen Sie NAMEN.FESTLEGEN() während einer Makroaufzeichnung, um einen Namen für eine Formel zu vergeben, so wandelt Excel alle Bezüge im Format A1 in Bezüge im Format Z1S1 um.

Die Argumente "Makrotyp" und "Tastaturschlüssel" werden nur berücksichtigt, wenn die aktive Datei eine Makrovorlage ist.

"Makrotyp" kann Werte zwischen 1 und 3 mit folgender Bedeutung annehmen:

    1 = Funktionsmakro
    2 = Befehlsmakro
    3 = Der angegebene Name ist kein Bezug auf ein Makro

Wenn Sie dieses Argument auslassen, nimmt Excel dafür eine 3 an.

Durch "Tastaturschlüssel" wird der Buchstabe angegeben, der in Verbindung mit der `Strg`-Taste gedrückt werden muß, um ein Makro auszuführen. Dieser Schlüssel kann immer nur ein einzelner Buchstabe sein.

Der Wahrheitswert WAHR, der für das Argument "Ausblenden" angegeben werden kann, führt dazu, daß der festgelegte Name für einen Bereich im Dialogfeld zum Befehl *Namen festlegen...* aus dem Menü *Formel* nicht angezeigt wird. Auf diese Weise definieren Sie einen verborgenen Namen (dies ist nur mit der Makrofunktion NAMEN.FESTLEGEN() möglich).

Lassen Sie dieses Argument aus, so wird automatisch der Wahrheitswert FALSCH eingesetzt, und Excel definiert einen normalen Makronamen.

NAMEN.LÖSCHEN(Name)

Diese Funktion wirkt genau umgekehrt wie die Funktion NAMEN.FESTLEGEN(). Sie löscht den durch "Name" angegebenen Namen.

NAMEN.ÜBERNEHMEN(Oben;Links;Unten;Rechts)
NAMEN.ÜBERNEHMEN?(Oben;Links;Unten;Rechts)

Diese Funktion erzielt die gleiche Wirkung wie der Befehl *Namen übernehmen...* aus dem Menü *Formel*. Die Argumente entsprechen den Optionsfeldern im Dialogfeld zum Befehl.

Ist das Argument "Oben" WAHR, wird der in jedem Feld der obersten Zeile der Auswahl stehende Text zum Namen für die darunterliegende Spalte.

Ist das Argument "Links" WAHR, wird der in jedem Feld der äußersten linken Spalte der Auswahl stehende Text zum Namen für die rechts davon liegende Zeile.

Ist das Argument "Unten" WAHR, wird der in jedem Feld der untersten Zeile der Auswahl stehende Text zum Namen für die darüberliegende Spalte.

Ist das Argument "Rechts" WAHR, wird der in jedem Feld der äußersten rechten Spalte der Auswahl stehende Text zum Namen für die links davon liegende Zeile.

NAMEN.ZUORDNEN(Name)

Diese Funktion liefert als Ergebnis den dem Namen zugeordneten Wert, Text, Bezug, Wahrheitswert oder auch die entsprechende Formel. Wenn das Ergebnis ein Bezug ist, so wird dieser in der Schreibweise Z1S1 ausgegeben.

NAMEN.ZUWEISEN(Name;Wert)

Diese Makrofunktion legt in der Makrovorlage den angegebenen Namen fest, um den durch das Argument "Wert" festgelegten Wert während einer Berechnung zu speichern. Um einen so zugewiesenen Namen zu löschen,

Excel in der Übersicht

verwenden Sie ebenfalls diese Funktion, verwenden den zu löschenden Namen und lassen das Argument "Wert" aus.

Der angegebene Wert kann auch ein Bezug sein. Ist dies der Fall, so wird der Name diesem Bezug zugeordnet. Wenn der Name allerdings dem in diesem Bezug enthaltenen Wert zugeordnet werden soll, müssen Sie die Funktion POSWERT() verwenden, die Bezüge in Werte umwandelt.

NBW(Zins;Wert1;Wert2;...)

Diese Funktion liefert als Ergebnis den Nettobarwert der angegebenen Werte unter Berücksichtigung des Zinssatzes. Ein Beispiel für die Anwendung dieser Funktion finden Sie auf Ihrer Beispieldiskette in der Datei FINANZEN.XLS im Arbeitsbereich FINANZEN.XLW.

NEU(Typ;XY_Reihen)
NEU?(Typ;XY_Reihen)

Öffnet ein Fenster für eine neue Datei. Durch das Argument "Typ" wird angegeben, von welcher Art das neue Dateifenster sein soll. Mögliche Angaben für das Argument "Typ":

  1 = Tabelle
  2 = Diagramm
  3 = Makrovorlage
  4 = Internationale Makrovorlage

Mustervorlagen können über die Funktion *Neu...* nur dann geöffnet werden, wenn sie im Verzeichnis XLSTART gespeichert wurden.

Mit dem Argument "XY_Reihen" nehmen Sie Einfluß auf die Darstellung von zuvor markierten Werten in einem neu anzulegenden Diagramm. Für dieses Argument geben Sie bitte eine Kennzahl zwischen 0 und 3 an:

0   Zeigt ein Dialogfeld, wenn die Auswahl nicht eindeutig gewertet werden kann.

1   Erste Zeile oder erste Spalte wird zur ersten Datenreihe (Voreinstellung).

2   Erste Zeile oder erste Spalte wird zur Beschriftung der Rubrikenachse verwendet.

3   Erste Reihe oder erste Spalte sind X-Werte, ein Punkt-Diagramm wird angelegt.

NEUBERECHNEN()

Diese Funktion berechnet alle geladenen Dateien neu.

NEUES.FENSTER()

Diese Funktion richtet für das aktive Fenster ein neues Unterfenster auf dem Bildschirm ein.

NEUSTART(Ebene)

Diese Makrofunktion löscht alle im Stapelspeicher registrierten Ebenen-Rücksprungadressen. Wenn das Argument "Ebene" nicht angegeben wird, entfernt die Funktion alle Rücksprungadressen aus dem Stapelspeicher. Das hat zur Folge, daß die Funktion RÜCKSPRUNG() das Makro beendet, statt die Steuerung an das übergeordnete Makro zurückzugeben.

NEWWAVE.ATTRIBUTES(comment_text;public_copy)

Diese Funktion steht Ihnen nur zur Verfügung, wenn Sie mit Hewlett Packard NewWave arbeiten.

NEWWAVE.SAVE.NEW.OBJECT(name_text)

Diese Funktion steht Ihnen nur zur Verfügung, wenn Sie mit Hewlett Packard NewWave arbeiten.

NEWWAVE.SHARE()

Diese Funktion steht Ihnen nur zur Verfügung, wenn Sie mit Hewlett Packard NewWave arbeiten.

NEWWAVE.SHARE.NAME(name_text)

Diese Funktion steht Ihnen nur zur Verfügung, wenn Sie mit Hewlett Packard NewWave arbeiten.

NICHT(Wahrheitswert)

Die Funktion liefert als Ergebnis den umgekehrten Wahrheitswert des Argumentes "Wahrheitswert".

NOTIZ(Text;Feldbezug;Anfang;Anzahl_Zeichen)

Ersetzt den Text einer Notiz in "Feldbezug" durch "Text", und zwar ab einer bestimmten Position ("Anfang"), u.U. beschränkt auf eine bestimmte Anzahl zu ersetzender Zeichen ("Anzahl_Zeichen").

Wenn das Argument "Text" nicht angegeben wird, so werden die betroffenen Zeichen durch Leerzeichen, also leeren Text, ersetzt. Fehlt der Feldbezug, so wirkt diese Funktion auf die dem aktiven Feld zugeordnete Notiz. Haben Sie "Anfang" nicht definiert, so beginnt Excel mit dem Austausch der Zeichen an Position 1. Ist "Anzahl_Zeichen" nicht festgelegt worden, so wird genau die Anzahl Zeichen ausgetauscht, die der angegebene Text enthält.

Das Argument "Text" darf höchstens 255 Zeichen haben.

NOTIZ.ZUORDNEN(Feldbezug;Beginn;Anzahl_Zeichen)

Gibt als Ergebnis die Anzahl der Zeichen, die ab der Position "Beginn" in der dem "Feldbezug" zugeordneten Notiz enthalten sind.

Wenn das Argument "Beginn" ausgelassen wird, setzt Excel dafür den Wert 1 ein, fehlt "Anzahl_Zeichen", so verwendet Excel statt dessen die Länge der gesamten Notiz. Das Argument "Anzahl_Zeichen" darf maximal den Wert 255 annehmen.

NV()

Diese Funktion liefert als Ergebnis den Fehlerwert #NV (Wert ist nicht verfügbar). Diese Funktion wird genutzt, um Leerfelder zu kennzeichnen, die nicht in die Berechnung einbezogen werden sollen. Bezieht eine Funktion sich auf einen Bereich, der ein Feld mit dem Inhalt #NV enthält, so wird als Ergebnis der #NV geliefert.

OBEN.AUSFÜLLEN()

Mit dieser Funktion kopieren Sie ein markiertes Feld bzw. einen Bereich in die oberhalb von ihm stehenden markierten Felder bzw. Bereiche.

Excel in der Übersicht

Sie arbeitet genauso wie der Excel-Befehl namens *Oben ausfüllen* aus dem Menü *Bearbeiten*.

OBJEKT.AUSBLENDEN(Objektkenntext;Ausblenden)

Mit dieser Makrofunktion können die durch "Objektkenntext" genannten Objekte ausgeblendet werden. Das Argument "Objektkenntext" kann auch eine Liste von Namen oder Zellbezügen auf die Zellen enthalten, in denen die Funktion OBJEKT.ERSTELLEN() steht, mit der das auszublendende Objekt erzeugt worden ist. Um eine Liste von Objekten anzugeben, orientieren Sie sich bitte an folgendem Beispiel:

OBJEKT.AUSBLENDEN("Rechteck1,Bogen3,Ellipse5")

Das Argument "Ausblenden" steht für einen Wahrheitswert, der automatisch auf WAHR gesetzt wird, wenn Sie dieses Argument auslassen. Setzen Sie jedoch FALSCH für dieses Argument ein, so werden die genannten Objekte eingeblendet.

Ohne Angabe eines Objektkenntextes ist das ausgewählte Objekt von der Funktion betroffen. Gibt es jedoch kein ausgewähltes Objekt oder haben Sie Namen von nicht existierenden Objekten angegeben, so liefert diese Funktion den Fehlerwert #WERT!.

OBJEKT.ERSTELLEN(Objekt;Bezug_1;x_Offset1;y_Offset1; Bezug_2;x_Offset1;y_Offset1)
OBJEKT.ERSTELLEN(Objekt;Bezug_1;x_Offset1;y_Offset1; Bezug_2;x_Offset1;y_Offset1;Text)
OBJEKT.ERSTELLEN(Objekt;Bezug_1;x_Offset1;y_Offset1; Bezug_2;x_Offset1;y_Offset1;XY_Datenreihen)

Wie Sie an den vorangegangenen drei Zeilen erkennen, gibt es drei unterschiedliche Formen der Funktion OBJEKT.ERSTELLEN(). Die erste Form wird verwendet, wenn Sie Linien, Rechtecke, Ellipsen, Bögen und Bilder erzeugen möchten. Die zweite Form dient zum Erstellen von Textboxen und Schaltflächen, und das dritte Format ermöglicht Ihnen das Einfügen von Diagrammboxen in Ihr Arbeitsblatt.

Die Funktion OBJEKT.ERSTELLEN() zeichnet anhand der von Ihnen vorgegebenen Werte ein Objekt und liefert als Ergebnis einen Objektkenntext, der von den anderen Makrofunktionen, die sich auf Objekte beziehen, weiterverarbeitet werden kann.

Die Argumente "Objekt", "Bezug_1", "x_Offset1", "y_Offset1", "Bezug_2", "x_Offset2" und "y_Offset2" werden von allen drei Funktionen

1047

Excel in der Übersicht

in der gleichen Bedeutung verwendet. Aus diesem Grund möchten wir diese Argumente an erster Stelle erklären:

Mit dem Argument "Objekt" wird durch eine Kennzahl zwischen 1 und 8 festgelegt, welche Art von Objekt erstellt werden soll. Die Kennzahlen und ihre Bedeutung:

    1 = Linie
    2 = Rechteck
    3 = Ellipse
    4 = Bogen
    5 = Diagrammbox
    6 = Textbox
    7 = Schaltfläche
    8 = Bild (erstellt über die Schaltfläche mit der Kamera)

Mit den Argumenten "Bezug_1", "x_Offset1", "y_Offset1" beschreiben Sie nun, an welcher Position sich die linke obere Ecke des zu erstellenden Objektes befinden wird. "Bezug1" nennt eine Zelladresse, deren obere, linke Ecke als Bezugspunkt für die folgenden Entfernungsangaben in Punkten dient. "x_Offset1" gibt nun die horizontale Entfernung der linken oberen Ecke des Objektes von der linken oberen Ecke der durch "Bezug1" angegeben Zelle in Punkten an. "y_Offset1" gibt die vertikale Entfernung der linken oberen Ecke des Objektes von der linken oberen Ecke der durch "Bezug1" angegeben Zelle in Punkten an.

Mit den Argumenten "Bezug_2", "x_Offset2", "y_Offset2" beschreiben Sie nun, an welcher Position sich die rechte untere Ecke des zu erstellenden Objektes befinden wird. "Bezug1" nennt eine Zelladresse, deren obere, linke Ecke als Bezugspunkt für die folgenden Entfernungsangaben in Punkten dient. "x_Offset2" gibt die horizontale Entfernung der rechten unteren Ecke des Objektes von der linken oberen Ecke der durch "Bezug2" angegeben Zelle in Punkten an. "y_Offset2" gibt die vertikale Entfernung der rechten, unteren Ecke des Objektes von der linken oberen Ecke der durch "Bezug2" angegeben Zelle in Punkten an.

Für die Formate 2 und 3 dieser Funktion bleiben noch die Argumente "Text" und "XY_Datenreihen" zu klären.

Das Argument "Text" wird im Format 2 für Textboxen und Schaltflächen gebraucht. Für dieses Argument wird ganz einfach der Text angegeben, der in einer Textbox oder auf einer Schaltfläche erscheinen soll. Lassen Sie dieses Argument bei der Definition einer Schaltfläche unausgefüllt, so erscheint auf der Schaltfläche der Text "Schaltfläche" mit einer laufenden Nummer, die Bestandteil des Objektkenntextes ist.

Excel in der Übersicht

Das Argument "XY_Datenreihen" wird im dritten Format der Funktion gebraucht, wenn es darum geht, ein Diagramm in ein Arbeitsblatt oder eine Makrovorlage einzufügen. Für dieses Argument wird eine Kennzahl angegeben, die festlegt, wie die zuvor markierten Daten in dem einzufügenden Diagramm dargestellt werden.

0   Eine Dialogbox erscheint, wenn die Markierung nicht eindeutig ist.

1   Erste Spalte oder erste Zeile wird zur ersten Datenreihe.

2   Erste Spalte oder erste Zeile wird zur Beschriftung der Rubrikenachse verwendet.

3   Erste Spalte oder erste Zeile enthält X-Werte, ein Punktdiagramm wird angelegt.

OBJEKT.SCHÜTZEN(Gesperrt;Text_gesperrt)

Diese Funktion arbeitet genauso wie der Befehl *Objekt schützen...* aus dem Menü *Format*. Über das Argument "Gesperrt" wird durch einen Wahrheitswert festgelegt, ob ein Objekt gegen Änderungen geschützt werden soll oder nicht. Durch Angabe des Wahrheitswertes WAHR wird der Schutz in Kraft gesetzt und durch FALSCH wieder aufgehoben. Der Schutzmechanismus wirkt nur dann, wenn auch das Dokument geschützt ist. Die Voreinstellung ist WAHR.

Das Argument "Text_gesperrt" wird nur dann ausgewertet, wenn das ausgewählte Objekt eine Textbox oder eine Schaltfläche ist. Wenn Sie für dieses Argument den Wahrheitswert WAHR angeben oder es auslassen, kann der Text nicht geändert werden.

OBJEKT.ZUORDNEN(Typ;Objektkenntext;Anfang;Zähler_Nr)

Diese Funktion liefert als Ergebnis Informationen über das durch "Objektkenntext" genannte Objekt. Der Fehlerwert #WERT! wird geliefert, wenn Sie ein nicht existierendes Objekt angeben oder wenn mehr als ein Objekt markiert ist und Sie keinen Objektkenntext angegeben haben.

Mit dem Argument "Typ" legen Sie fest, welche Art von Information Sie über das genannte oder markierte Objekt erhalten wollen. Für "Typ" können die folgenden Kennzahlen angegeben werden:

1   Art des Objekts als Zahl:

    1 = Linie
    2 = Rechteck

1049

Excel in der Übersicht

      3 = Ellipse
      4 = Bogen
      5 = Diagrammbox
      6 = Textbox
      7 = Schaltfläche
      8 = Bild

2   WAHR, wenn das Objekt gesperrt ist, sonst FALSCH.

3   Darstellungsebene als Zahl.

4   Zellbezug der oberen, linken Ecke des Objektes, bei einer Ellipse oder einem Bogen der Anfangspunkt.

5   Horizontale Entfernung der oberen, linken Ecke des Objektes von der oberen, linken Ecke der vom Startpunkt des Objektes verdeckten Zelle in Punkten.

6   Vertikale Entfernung der oberen, linken Ecke des Objektes von der oberen, linken Ecke der vom Startpunkt des Objektes verdeckten Zelle in Punkten.

7   Zellbezug der unteren, rechten Ecke des Objektes, bei einer Ellipse oder einem Bogen der Endpunkt.

8   Horizontale Entfernung der unteren, rechten Ecke des Objektes von der oberen, linken Ecke der vom Endpunkt des Objektes verdeckten Zelle in Punkten.

9   Vertikale Entfernung der unteren, rechten Ecke des Objektes von der oberen, linken Ecke der vom Endpunkt des Objektes verdeckten Zelle in Punkten.

10 Vollständiger Name des Makros, das diesem Objekt zugewiesen ist; falls keine Zuweisung existiert, FALSCH.

11 Abhängigkeit von Zellgröße und -position als Zahl:

      1 = Von Zellenposition und -größe abhängig
      2 = Von Zellenposition abhängig
      3 = Unabhängig

Die Kennzahlen 12 bis 21 können nur angegeben werden, wenn sie sich auf eine Textbox oder eine Schaltfläche beziehen. Wenn ein anderes Objekt angegeben wurde oder ausgewählt war, liefert die Funktion OBJEKT.ZUORDNEN() den Fehlerwert #WERT!.

12 Text ab der durch "Anfang" definierten Position in der durch "Zähler_Nr" definierten Länge.

Excel in der Übersicht

13 Schriftart des Textes ab der durch "Anfang" definierten Position in der durch "Zähler_Nr" definierten Länge. Wenn die Formatierung nicht einheitlich ist, erhalten Sie den Fehlerwert #NV.

14 Schriftgröße des Textes ab der durch "Anfang" definierten Position in der durch "Zähler_Nr" definierten Länge. Wenn die Formatierung nicht einheitlich ist, erhalten Sie den Fehlerwert #NV.

15 WAHR, wenn der gesamte Text ab der durch "Anfang" definierten Position in der durch "Zähler_Nr" definierten Länge fett formatiert ist. Wenn die Formatierung nicht einheitlich ist, erhalten Sie den Fehlerwert #NV.

16 WAHR, wenn der gesamte Text ab der durch "Anfang" definierten Position in der durch "Zähler_Nr" definierten Länge kursiv formatiert ist. Wenn die Formatierung nicht einheitlich ist, erhalten Sie den Fehlerwert #NV.

17 WAHR, wenn der gesamte Text ab der durch "Anfang" definierten Position in der durch "Zähler_Nr" definierten Länge unterstrichen formatiert ist. Wenn die Formatierung nicht einheitlich ist, erhalten Sie den Fehlerwert #NV.

18 WAHR, wenn der gesamte Text ab der durch "Anfang" definierten Position in der durch "Zähler_Nr" definierten Länge durchgestrichen formatiert ist. Wenn die Formatierung nicht einheitlich ist, erhalten Sie den Fehlerwert #NV.

19 WAHR, wenn der gesamte Text ab der durch "Anfang" definierten Position in der durch "Zähler_Nr" definierten Länge in Konturschrift formatiert ist. Wenn die Formatierung nicht einheitlich ist, erhalten Sie den Fehlerwert #NV. Da dieses Schriftattribut nur unter Excel für Macintosh-Rechner gewählt werden kann, erhalten Sie von Excel für Windows oder OS/2 immer den Wahrheitswert FALSCH.

20 WAHR, wenn der gesamte Text ab der durch "Anfang" definierten Position in der durch "Zähler_Nr" definierten Länge in Schattenschrift formatiert ist. Wenn die Formatierung nicht einheitlich ist, erhalten Sie den Fehlerwert #NV. Da dieses Schriftattribut nur unter Excel für Macintosh-Rechner gewählt werden kann, erhalten Sie von Excel für Windows oder OS/2 immer den Wahrheitswert FALSCH.

21 Eine Zahl zwischen 0 und 16 für die Farbe des Textes ab der durch "Anfang" definierten Position in der durch "Zähler_Nr" definierten Länge. Wenn Sie "automatische Farbwahl" eingestellt haben, erhalten

Excel in der Übersicht

Sie den Wert 0. Wenn die Formatierung nicht einheitlich ist, erhalten Sie den Fehlerwert #NV.

Auch die Kennzahlen 22 bis 25 führen nur dann zu einem verwertbaren Ergebnis, wenn sie sich auf eine Textbox oder eine Schaltfläche beziehen. Wenn ein anderes Objekt angegeben wurde oder ausgewählt war, liefert die Funktion OBJEKT.ZUORDNEN() den Fehlerwert #NV.

22 Horizontale Ausrichtung als Zahl:

    1 = Linksbündig
    2 = Zentriert
    3 = Rechtsbündig

23 Vertikale Ausrichtung als Zahl:

    1 = Oben
    2 = Zentriert
    3 = Unten

24 Anordnung des Textes als Zahl:

    0 = Horizontal
    1 = Vertikal
    2 = Vertikal von unten nach oben
    3 = Vertikal von oben nach unten

25 WAHR, wenn die Option "zugeordnete Rahmengröße" eingeschaltet ist, sonst FALSCH.

Die folgenden Kennzahlen können für alle Objekte angegeben werden. Bei Ausnahmen werden Sie darauf hingewiesen:

26 WAHR, wenn das Objekt sichtbar ist, FALSCH wenn es durch die Funktion OBJEKT.AUSBLENDEN() ausgeblendet wurde.

27 Rahmenart als Zahl:

    0 = Benutzdefiniert
    1 = Automatisch
    2 = Keinen

28 Ausprägung des Rahmens als Zahl:

    0 = Keine
    1 = Durchgezogen gerahmt
    2 = Gestrichelt gerahmt
    3 = Gepunktet gerahmt
    4 = Gepunktet-gestrichelt gerahmt
    5 = Doppelt-gepunktet-gestrichelt gerahmt
    6 = 50%-grau gerahmt

7 = 75%-grau gerahmt
8 = 25%-grau gerahmt

29 Eine Zahl zwischen 0 und 16 für die Farbe des Rahmens. Wenn Sie "automatische Farbwahl" eingestellt haben, erhalten Sie den Wert 0.

30 Stärke des Rahmens als Zahl:

   0 = Sehr dünn
   1 = Dünn
   2 = Normal
   3 = Mittel
   4 = Dick

31 Füllung des Objektes als Zahl:

   0 = Benutzerdefiniert
   1 = Automatisch
   2 = Keine

32 Schraffur des Objektes als Zahl zwischen 1 und 18 gemäß der Anordnung der Schraffuren im Listenfeld *Muster* im Dialogfeld zum Befehl *Muster...*.

33 Vordergrundfarbe der Schraffur als Zahl zwischen 1 und 16. Wenn "automatische Farbwahl" eingeschaltet war, erhalten Sie den Wert 0. Wenn das angegebene oder ausgewählte Objekt eine Linie ist, liefert die Funktion den Fehlerwert #NV.

34 Vordergrundfarbe der Schraffur als Zahl zwischen 1 und 16. Wenn "automatische Farbwahl" eingeschaltet war, erhalten Sie den Wert 0. Wenn das angegebene oder ausgewählte Objekt eine Linie ist, liefert die Funktion den Fehlerwert #NV.

35 Breite der Pfeilspitze als Zahl:

   1 = Schmal
   2 = Mittel
   3 = Breit

   Wenn das angegebene oder ausgewählte Objekt keine Linie ist, liefert die Funktion den Fehlerwert #NV.

36 Länge der Pfeilspitze als Zahl:

   1 = Kurz
   2 = Mittel
   3 = Lang

Excel in der Übersicht

Wenn das angegebene oder ausgewählte Objekt keine Linie ist, liefert die Funktion den Fehlerwert #NV.

37 Ausprägung der Pfeilspitze als Zahl:

1 = Keine Pfeilspitze
2 = Offene Pfeilspitze
3 = Volle Pfeilspitze

Wenn das angegebene oder ausgewählte Objekt keine Linie ist, liefert die Funktion den Fehlerwert #NV.

38 WAHR, wenn der Rahmen abgerundete Ecken hat, sonst FALSCH. Wenn das angegebene oder ausgewählte Objekt keine Linie ist, liefert die Funktion den Fehlerwert #NV.

39 WAHR, wenn der Rahmen schattiert ist, sonst FALSCH. Wenn das angegebene oder ausgewählte Objekt keine Linie ist, liefert die Funktion den Fehlerwert #NV.

40 WAHR, wenn die Option "Text gesperrt" für eine Schaltfläche oder eine Textbox eingeschaltet ist, sonst FALSCH.

Das Argument "Objektkenntext" muß durch den Namen und die Nummer oder nur durch die Nummer des Objektes ersetzt werden, über das Sie Informationen erhalten wollen. Welchen Objektkenntext ein Objekt hat, sehen Sie am linken Rand der Bearbeitungszeile, wenn ein Objekt markiert ist. Wenn Sie dieses Argument auslassen, und kein Objekt wurde zuvor ausgewählt, liefert die Funkion OBJEKT.ZUORDNEN() den Fehlerwert #BEZUG!.

Die Argumente "Anfang" und "Zähler_Nr" werden ignoriert, wenn es sich bei dem genannten oder ausgewählten Objekt nicht um eine Textbox oder eine Schaltfläche handelt. "Anfang" enthält die Anfangsposition des Textes einer Schaltfläche oder einer Textbox, ab der der Text von der Funktion OBJEKT.ZUORDNEN() untersucht werden soll. Lassen Sie dieses Argument unausgefüllt, so setzt Excel für dieses Argument den Wert "1" ein.

"Zähler_Nr" gibt die Anzahl der Zeichen des Textes an, die auf ihre Formatierung hin geprüft werden sollen. Machen Sie keine Angaben zu diesem Argument, so trägt Excel hierfür den Wert "255" ein.

OBJEKT.ZUWEISEN(Makrobezug)

Mit dieser Funktion kann einem Objekt ein Makro zugewiesen werden, das ausgeführt wird, sobald das entsprechende Objekt markiert wird. Ma-

Excel in der Übersicht

krobezug nennt den vollständigen Namen des Makros mit dem Namen der Makrovorlage.

OBJEKTPOSITION(Positionstyp)

Mit dieser Funktion sind Sie in der Lage, die Abhängigkeit eines Objektes von Position und Größe der Zellen zu steuern, die von dem entsprechenden Objekt verdeckt werden. Über die Angabe einer Kennzahl für das Argument "Positionstyp" legen Sie die unterschiedlichen Abhängigkeiten fest. In der folgenden Aufstellung finden Sie die Kennzahlen und deren Bedeutung. Die Angabe einer Kennzahl für die Funktion OBJEKTPOSITION() hat den gleichen Effekt wie das Einschalten der entsprechenden Option im Dialogfeld zum Befehl *Objektposition...* aus dem Menü *Format*.

    1 = Von Zellgröße und -position abhängig
    2 = Von Zellposition abhängig
    3 = Unabhängig

ODER(Wahrheitswert1;Wahrheitswert2;...)

Diese Funktion liefert als Ergebnis den logischen Wert WAHR, wenn mindestens einer der Werte in der Liste WAHR ist. Ist dies nicht der Fall, wird der logische Wert FALSCH ausgegeben.

ÖFFNEN(Dateitext;Aktualisieren_Verkn;Schreibschutz;Format; Kennwort;Schreibschutz_Kennwort;Schreibsch_ignorieren; Dateiherkunft)
ÖFFNEN?(Dateitext;Aktualisieren_Verkn;Schreibschutz; Format;Kennwort;Schreibschutz_Kennwort; Schreibsch_ignorieren;Dateiherkunft)

Diese Funktion entspricht dem Befehl *Öffnen...* aus dem Menü *Datei*. Sie lädt die durch "Datei_Text" genannte Datei. "Datei_Text" sollte den vollständigen Dateinamen enthalten, falls notwendig, können Sie den Dateinamen einschließlich der vollständigen Pfadangabe eintragen.

Das Argument "Aktualisieren_Verkn" muß eine Kennzahl enhalten, die Auskunft darüber gibt, welche Bezüge beim Laden der Datei aktualisiert werden sollen. Folgende Kennzahlen stehen zur Verfügung:

    0 = Weder externe Bezüge noch Fernbezüge aktualisieren
    1 = Nur externe Bezüge aktualisieren
    2 = Nur Fernbezüge aktualisieren
    3 = Beide aktualisieren

Excel in der Übersicht

Das Argument "Schreibschutz" entspricht dem gleichnamigen Optionsfeld im Dialogfeld zum Befehl *Öffnen*.... Setzen Sie für dieses Argument den Wahrheitswert WAHR ein, so kann auf die geöffnete Datei nur lesend zugegriffen werden.

Wenn Sie die Funktion in der Dialogfeldform einsetzen, können Sie innerhalb des Argumentes "Datei_Text" auch Stellvertreterzeichen wie ? oder * verwenden. In dem daraufhin erscheinenden Dialogfeld sind dann alle Dateinamen des aktuellen Verzeichnisses abgebildet, die dieser Dateigruppe entsprechen.

Möchten Sie mit dieser Funktion eine Lotus-1-2-3-Datei laden, zu der Grafiken erstellt worden sind, so sollten Sie für das Argument "Aktualisieren_Verkn" den Wert 2 angeben. Excel erzeugt dann diesen Grafiken entsprechende Diagramme zu der geladenen Datei. Tragen Sie jedoch den Wert 0 ein, so werden keine Excel-Diagramme erzeugt.

Für das Argument "Format" kann als Kennzahl die "1" oder die "2" angegeben werden. Dieses Argument ist jedoch nur dann von Bedeutung, wenn Sie eine Textdatei laden. Bei Angabe von "1" geht Excel davon aus, daß die Werte innerhalb der Textdatei durch Tabulatoren getrennt sind und anhand dieser Trennzeichen in die Zellen des Arbeitsblattes umgesetzt werden können. Bei "2" geht Excel davon aus, daß in der Textdatei Kommata verwendet wurden, um die einzelnen Werte voneinander zu trennen.

"Kennwort" gibt Ihnen die Möglichkeit, das Kennwort anzugeben, mit dem eine Datei gegen ungewollten Zugriff geschützt ist. Versuchen Sie, ohne Angabe des Argumentes "Kennwort" ein Datei zu öffnen, die durch ein Kennwort geschützt ist, so erscheint ein Dialogfeld, das Sie zur Eingabe des richtigen Kennwortes auffordert. Denken Sie daran, daß Excel ein- oder angegebene Kennwörter auch auf Groß- und Kleinschreibung hin überprüft. Ebenso ist zu beachten, daß Kennwörter nicht aufgezeichnet werden, wenn Sie den Befehl *Öffnen*... bei laufendem Makrorekorder geben.

Mit dem Argument "Schreibschutz_Kennwort" haben Sie die Möglichkeit, innerhalb dieser Makrofunktion ein eventuell notwendiges Schreibschutzkennwort anzugeben, um eine schreibgeschützte Datei noch unter dem gleichen Namen abspeichern zu können.

Das Argument "Schreibsch_ignorieren" wird durch einen Wahrheitswert ersetzt, der festlegt, ob beim Öffnen einer gemeinsam genutzten Datei eine Warnung angezeigt wird, die Ihnen einen Schreibschutz empfiehlt. Wenn Sie für dieses Argument den Wahrheitswert FALSCH einsetzen und das Argument "Schreibschutz" steht ebenfalls auf FALSCH, so wird die Meldung angezeigt, die Ihnen die Arbeit mit Schreibschutz empfiehlt.

Mit dem Argument "Dateiherkunft" geben Sie bekannt, unter welchem Betriebssystem eine zu öffnende Textdatei erstellt worden ist. Auch hier finden Kennzahlen Verwendung. Die Bedeutung der Kennzahlen entnehmen Sie bitte der folgenden Aufstellung:

    1 = Macintosh
    2 = Windows (ANSI)
    3 = DOS oder OS/2 (PC-8)
    Keine Angabe = Aktuelles Betriebssystem

ORDNEN(Ordnen;Schlüssel1;Reihenfolge1;Schlüssel2; Reihenfolge2;Schlüssel3;Reihenfolge3)
ORDNEN?(Ordnen;Schlüssel1;Reihenfolge1;Schlüssel2; Reihenfolge2;Schlüssel3;Reihenfolge3)

Diese Funktion ordnet Zeilen oder Spalten eines ausgewählten Feldbereiches. Als Sortierschlüssel wird der Inhalt einer Spalte oder Zeile dieses Bereiches verwendet. ORDNEN() entspricht also dem Befehl *Ordnen* aus dem Menü *Daten*.

Für das Argument "Ordnen" kann sowohl "1" (Ordnen nach Zeilen) als auch "2" (Ordnen nach Spalten) angegeben werden.

Wie Sie aus der Schreibweise der Funktion entnehmen, können Sie mit bis zu 3 Sortierschlüsseln arbeiten. Als Sortierschlüssel können externe Bezüge auf die aktuelle Tabelle und Bezüge in der Schreibweise Z1S1 verwendet werden. Die letzteren werden von Excel als aktiv zum aktiven Feld interpretiert.

Die Argumente "Reihenfolge1" bis "Reihenfolge3" zeigen an, ob in auf- oder absteigender Reihenfolge sortiert werden soll. Die 1 besagt, daß in aufsteigender Reihenfolge sortiert werden soll. Tragen Sie die 2 ein, so werden die entsprechenden Felder in absteigender Reihenfolge geordnet. Die angegebene Reihenfolge bezieht sich immer nur auf den zugehörigen Sortierschlüssel: "Reihenfolge1" bestimmt, wie nach "Schlüssel1" sortiert werden soll.

PFEIL.EINFÜGEN()

Diese Funktion fügt einen Pfeil in die obere, linke Ecke des Diagramms ein.

Excel in der Übersicht

PFEIL.LÖSCHEN()

Löscht den ausgewählten Pfeil aus dem Diagramm.

Diese Funktion arbeitet nur, wenn das ausgewählte Element ein Pfeil ist, ansonsten liefert sie den Wahrheitswert FALSCH.

PI()

Diese Funktion liefert als Ergebnis den Näherungswert für Pi, wobei dieser den Wert 3,1415926535898 annimmt.

POSTEXT(Bezug;A1)

POSTEXT() wandelt den genannten Bezug in einen absoluten Bezug in Textform um. Hat das Argument "A1" den Wahrheitswert WAHR, so gibt die Funktion den Bezug in der Schreibweise A1 aus. Ist das Argument "A1" FALSCH, so wird der Bezug in der Schreibweise Z1S1 ausgegeben.

POSWERT(Bezug)

Diese Funktion gibt als Ergebnis den Wert der in "Bezug" angegeben Felder aus. Ist durch "Bezug" nur ein Feld angesprochen, so ist das Ergebnis der Wert dieses Feldes. Wird allerdings ein Feldbereich beschrieben, so gibt POSWERT() die Matrix der Werte in diesem Feldbereich aus. Normalerweise ist es gleich, ob Sie in einer Formel oder einer Funktion einen Wert oder einen Bezug verwenden, da die meisten Funktionen Bezüge in die entsprechenden Werte umwandeln. Es gibt jedoch Ausnahmen, die diese Umwandlung nicht vornehmen, wie z.B. die Funktion NAMEN.ZUWEISEN().

Wenn sich der angegebene Bezug auf die aktive Tabelle bezieht, so muß er als absoluter Bezug angegeben werden, relative Bezüge werden in absolute umgewandelt.

PRODUKT(Zahl1;Zahl2;...)

Diese Funktion liefert als Ergebnis das Produkt aus den angegebenen Zahlen. Bei Angabe eines Bereiches werden nur diejenigen nicht leeren Felder berechnet, die als Inhalt weder einen Text noch eine Fehlermeldung enthalten.

Excel in der Übersicht

QIKV(Werte;Investitionssatz;Reinvestitionssatz)

Diese Funktion liefert als Ergebnis den qualifizierten, internen Kapitalverzinsungssatz einer Liste von Cashflows bei vorgegebenem Verzinsungssatz der Investition, der die Finanzierung der negativen Cashflows ermöglicht, und der Reinvestitionen, zu dem die positiven Cashflows reinvestiert werden können.

Ein Beispiel für die Anwendung dieser Funktion finden Sie auf Ihrer Beispieldiskette in der Datei FINANZEN.XLS im Arbeitsbereich FINANZEN.XLW.

RAHMENART(Gesamt;Rand_links;Rand_rechts;Rand_oben;
Rand_unten;Schraffieren;Farbe_Gesamt;Farbe_links;
Farbe_rechts;Farbe_oben;Farbe_unten)
RAHMENART?(Gesamt;Rand_links;Rand_rechts;Rand_oben;
Rand_unten;Schraffieren;Farbe_Gesamt;Farbe_links;
Farbe_rechts;Farbe_oben;Farbe_unten)

Diese Funktion entspricht dem Befehl *Rahmenart...* aus dem Menü *Muster*. Jedes Argument, das hier durch einen Wahrheitswert ersetzt werden muß, stellt ein Optionsfeld zu diesem Befehl dar. Setzen Sie für ein Argument WAHR ein, so gilt die Option als markiert.

Für die Argumente "Farbe_Gesamt", "Farbe_links", "Farbe_rechts", "Farbe_oben" und "Farbe_unten" kann eine Farbkennziffer zwischen 1 und 16 angegeben werden. Tragen Sie für dieses Argument die 0 ein, so wird die Farbe für diesen Teil des Rahmens automatisch gewählt.

RECHTS(Text;Anzahl_Zeichen)

Diese Funktion liefert als Ergebnis die definierte Anzahl von Zeichen ab dem Ende der im Argument "Text" angegebenen Zeichenfolge. Ist der Inhalt des Feldes ein numerischer Wert, so wird der Fehlerwert#WERT! ausgegeben.

RECHTS.AUSFÜLLEN()

Mit dieser Funktion kopieren Sie ein markiertes Feld bzw. einen Bereich in die rechts von ihm stehenden markierten Felder bzw. Bereiche. Sie arbeitet genauso wie der Befehl *Rechts ausfüllen* aus dem Menü *Bearbeiten*.

Excel in der Übersicht

> **REGISTER**(Modul;Prozedur;Eingabetext;Funktion;Argumente)

Mit dieser Funktion können Sie auf Prozeduren der Windows-Bibliothek zugreifen. Benutzen Sie sie also äußerst vorsichtig und nur dann, wenn Sie genau wissen, was Sie auf welchem Weg erreichen möchten. Bei unsachgemäßem Einsatz dieser Funktion kann es zu Fehlern in Ihrem System kommen.

Das Ergebnis dieser Funktion ist der Textwert, der später von der Funktion AUFRUFEN() zum Aufruf der Windows-Bibliothek verwendet wird.

Für das Argument "Modul" muß der Name der Dynamic-Link-Library eingesetzt werden, die die aufzurufende Prozedur enthält. "Prozedur" gibt lediglich den Namen der Prozedur an, die Sie aus der Library aufrufen wollen. "Eingabetext" steht für die Anzahl und die Datentypen der aufzurufenden Prozedur sowie für den Datentyp des Ausgabewertes dieser Prozedur.

Das Argument "Funktion" ist der Name der Funktion in Anführungszeichen und in dem Format, in dem Sie es auch in ein Excel-Arbeitsblatt oder eine Makrovorlage eintragen würden. Mit "Argumenttext" geben Sie die Namen der Argumente an, die Ihnen auch im Dialogfeld zum Befehl *Funktion einfügen...* angezeigt werden.

Als Codes für verschiedene Datentypen werden die Buchstaben A-K verwendet. Der Argumenttext ist eine Zusammenfügung der Codes für die Datentypen der Prozedur und des Ausgabewertes.

A - BOOLESCH

Argument   Wenn FALSCH; schreibt Excel die Ganzzahl 0 in den Speicher, wenn WAHR, so wird die 1 in den Speicher eingegeben.

Wert   Wenn AX=0, gibt die Funktion den Wert FALSCH aus, sonst WAHR.

B - IEEE-Gleitpunkt

Argument   Vier Wörter in den Speicher.

Wert   DX:AX zeigt auf IEEE-Gleitpunktzahl.

C - Mit Null belegte ANSI-Zeichenfolge

Argument   Far-Zeiger auf durch Null beendete Zeichenfolge.

Wert   DX:AX zeigt auf mit Null beendete Zeichenfolge.

Excel in der Übersicht

D - KByte-Anzahl, ANSI-Zeichenfolge

Argument   Far-Zeiger auf Anzahl-Zeichenfolge wird in den Speicher eingegeben.

Wert   DX:AX zeigt auf Byte-Anzahl, gefolgt von Zeichenfolge.

E - IEEE-Zahlenpuffer

Argument   Far-Zeiger auf einen Vier-Wort-Zahlenpuffer.

Wert   IEEE Gleitinhalt des Zahlenpuffers.

F - Zeichenfolgepuffer

Argument   Far-Zeiger auf einen 256-KByte-Zeichenfolgepuffer.

Wert   Mit Null beendeter Inhalt eines Zeichenfolgepuffers.

G - Zeichenfolgepuffer

Argument   Far-Zeiger auf einen 256-KByte-Zeichenfolgepuffer.

Wert   Zeichenfolge-Inhalt des Zeichenfolgepuffers zählen.

H - Vorzeichenlose, ganze Zahl

Argument   Wort in den Speicher eingeben.

Wert   AX enthält die ganze Zahl.

I - Ganze Zahl mit Vorzeichen

Argument   Wort in den Speicher eingeben

Wert   AX enthält die ganze Zahl.

J - Vorzeichenlose doppelt genaue Zahl

Argument   2 Wörter in den Speicher eingeben

Wert   DX:AX enthält die ganze Zahl

K - Gleitpunktmatrix

Argument   Far-Zeiger auf Matrixstruktur, erstes Wort enthält Zeilenanzahl, nächstes Wort enthält Spaltenanzahl, gefolgt von Zeilen mal Spalten IEEE-Gleitpunktzahl.

Wert   DX:AX enhält Zeiger auf Matrixstruktur.

Beispielsweise bedeutet der Wert "ABBI" für das Argument "Argumenttext", daß die Prozedur einen Booleschen Wert ausgibt und drei Argumente benötigt. Die ersten zwei Argumente sind Gleitpunktzahlen, und das dritte Argument ist eine ganze Zahl mit Vorzeichen. Für jedes der ersten beiden Argumente werden vier Wörter in den Speicher eingegeben, für das dritte Argument nur ein Wort. Der Ausgabewert ist FALSCH, wenn AX=0 ist. Er ist WAHR, wenn AX<>0 ist.

RELPOS(Bezug;Relativ_zu_Bezug)

Liefert als Ergebnis den Bezug, den das durch "Bezug" angegebene Feld relativ zu dem Feld in der oberen, linken Ecke des durch "Relativ_zu_Bezug" definierten Bezug hat. Der von RELPOS() gelieferte Bezug ist ein relativer Bezug in der Schreibweise Z1S1.

Beispiel

```
RELPOS(A2;C5) = Z(-3)S(-2)
RELPOS(UMSATZ!A2;UMSATZ!C5) = Z(-3)S(-2)
RELPOS(A2:F8;C5:G9) = Z(-3)S(-2)
```

REST(Zahl;Divisor)

Diese Funktion liefert als Ergebnis den Restwert der Division von "Zahl" und "Divisor". Das Ergebnis erhält das Vorzeichen des Divisors.

RGP(Bekannte_y_Werte;Bekannte_x_Werte;Konstante;stats)

Diese Funktion liefert als Ergebnis die Parameter der Linearkurve nach der Gleichung y=m*x+b, wobei m die Steigung der Geraden und b der Schnittpunkt mit der Y-Achse ist. Für das Argument "Konstante" können die Wahrheitswerte WAHR und FALSCH angegeben werden. FALSCH führt dazu, daß b = 0 gesetzt wird. Lassen Sie dieses Argument aus oder geben Sie WAHR an, so wird b auf der Basis der zur Verfügung stehenden Werte geschätzt.

Das Argument "stats" verhilft Ihnen zur Steuerung des Ergebnisumfangs dieser Funktion. Verwenden Sie hier den Wahrheitswert FALSCH oder lassen Sie dieses Argument aus, so liefert die Funktion RGP() lediglich die Werte für die Steigung und den Y-Achsenabschnitt der Linearkurve. Geben Sie jedoch für "stats" den Wahrheitswert WAHR an, so erhalten Sie zusätzlich noch statistische Informationen über Standardfehler und andere Werte, die während der Berechnung der Linearkurve ermittelt wurden. Nähere Informationen über den Einsatz dieser Funktion finden Sie in der Übersicht der Tabellenfunktionen.

Ein Beispiel für die Anwendung dieser Funktion finden Sie auf der Beispieldiskette im Arbeitsbereich GRAPHEN.XLW. In der Tabelle GRAPHEN.XLS befindet sich ein Bereich mit dem Namen "RPK". In diesem

Feldbereich steht ein kleines Beispiel zur Schätzung von Umsätzen mit der Funktion RPK(). Im Diagramm GRAPHRPK.XLC werden sowohl die realistische Umsatzkurve als auch die Kurve, die sich aus den von der Funktion RPK() errechneten Werten zusammensetzt, grafisch dargestellt.

RKP(Bekannte_y_Werte;Bekannte_x_Werte;Konstante;stats)

Diese Funktion liefert als Ergebnis die Parameter der Exponentialkurve nach der Gleichung y=b*m^x, wobei m die Steigung der Geraden und b der Schnittpunkt mit der Y-Achse ist. Für das Argument "Konstante" können die Wahrheitswerte WAHR und FALSCH angegeben werden. FALSCH führt dazu, daß b = 1 gesetzt wird. Lassen Sie dieses Argument aus oder geben Sie WAHR an, wird b auf der Basis der zur Verfügung stehenden Werte geschätzt.

Das Argument "stats" verhilft Ihnen zur Steuerung des Ergebnisumfangs dieser Funktion. Verwenden Sie hier den Wahrheitswert FALSCH oder lassen Sie dieses Argument aus, so liefert die Funktion RGP() lediglich die Werte für die Steigung und den Y-Achsenabschnitt der Linearkurve. Geben Sie jedoch für "stats" den Wahrheitswert WAHR an, so erhalten Sie zusätzlich noch statistische Informationen über Standardfehler und andere Werte, die während der Berechnung der Linearkurve ermittelt wurden. Nähere Informationen über den Einsatz dieser Funktion finden Sie in der Übersicht der Tabellenfunktionen.

Ein Beispiel für die Anwendung dieser Funktion finden Sie auf der Beispieldiskette im Arbeitsbereich GRAPHEN.XLW.

RMZ(Zins;Zzr;Bw;Zw;F)

Diese Funktion liefert als Ergebnis die regelmäßigen Zahlungen für eine Investition, wobei sich diese aus den Argumenten für den Zinsfuß je Zeitraum (Zins), der Anzahl der Zahlungen (Zzr), dem Barwert (Bw), dem zukünftigen Wert (Zw) und der Fälligkeit (F) zusammensetzt. Verwendet wird diese Funktion im Zusammenhang mit Cashflow-Rechnungen.

Ein Beispiel für die Anwendung dieser Funktion finden Sie auf Ihrer Beispieldiskette in der Datei FINANZEN.XLS im Arbeitsbereich FINANZEN.XLW.

RÜCKSPRUNG(Wert)

Diese Funktionen hält das gerade ausgeführte Makro an und veranlaßt Excel dazu, die Steuerung an den Aufruf des Makros zurückzugeben.

Excel in der Übersicht

Dieser Aufruf kann vom Anwender durch den Befehl *Makro ausführen...*, durch Eingabe des Tastenschlüssels oder von einem anderen Makro ausgegangen sein. Wenn es sich um ein Funktionsmakro handelt, kann auch eine Formel den Anstoß zum Ausführen des Makros gegeben haben.

Wenn RÜCKSPRUNG() ein Funktionsmakro beendet, kann mit dem Argument "Wert" der Ausgabewert des Makros festgelegt werden. Verwenden Sie RÜCKSPRUNG() allerdings in einem Befehlsmakro, so kann kein Argument eingetragen werden.

RUNDEN(Zahl;Anzahl_Stellen)

Diese Funktion liefert als Ergebnis den auf die angegebenen Stellen gerundeten Wert des Arguments "Zahl".

SÄUBERN(Text)

Diese Funktion löscht alle Steuerzeichen aus dem angegebenen Text.

SBILDLAUF(Position;Zeile_Wahrheitswert)

Diese Funktion führt im aktiven Fenster einen senkrechten Bildlauf durch, wie Sie ihn auch durch Betätigen der senkrechten Bildlaufleiste erreichen können. Wenn das Argument "Zeile_Wahrheitswert" WAHR ist, wird ein senkrechter Bildlauf zu der angegebenen Zeile durchgeführt.

Wenn Sie als "Zeile_Wahrheitswert" FALSCH angeben, führt Excel einen senkrechten Bildlauf zu der Zeile durch, die dem durch "Position" genannten Prozentsatz, bezogen auf die Tabellenlänge, entspricht. Wenn "Bildlauf" gleich 0 ist, führt Excel einen Bildlauf zu Zeile 1 durch, da 0% der Tabellenlänge der Zeile 1 entsprechen. Ist "Position" gleich 1, so erscheint die Zeile 16.384 auf dem Bildschirm, da 100% der Tabellenlänge der letzten Zeile der Tabelle entsprechen.

Wenn Sie das Argument "Zeile_Wahrheitswert" ganz auslassen, können Sie die entsprechende Zeilenangabe auch in anderer Form machen:

Beispiel

SBILDLAUF(50%) führt einen Bildlauf zu Zeile 8.192, der halben Tabellenlänge, aus.

SBILDLAUF(8192/16384) hat die gleiche Wirkung, die Angabe des Wertes 50% haben Sie hier durch einen Bruch erreicht: 8.192 16.384stel= 0,5 oder 50%.

Excel in der Übersicht

SBILDLAUF.SEITEN(Anzahl_Fenster)

Diese Funktion führt einen seitenweisen, senkrechten Bildlauf im aktiven Fenster durch. Die Größe der Seiten, also die Anzahl der Zeilen, hängt von der Größe der Fenster ab.

Wenn "Anzahl_Fenster" positiv ist, läuft das Bild abwärts, bei negativem Argument "Anzahl_Fenster" dementsprechend aufwärts.

SBILDLAUF.ZEILEN(Anzahl_Zeilen)

Diese Funktion führt einen zeilenweisen, senkrechten Bildlauf im aktiven Fenster durch. Wenn "Anzahl_Zeilen" positiv ist, läuft das Bild abwärts, bei negativem Argument "Anzahl_Zeilen" dementsprechend aufwärts.

SCHLIESSEN(Speichern_Wahrheitswert)

Diese Makrofunktion entspricht dem Befehl *Schliessen* aus dem Menü *System*. SCHLIESSEN() schließt das aktive Fenster, durch Angabe des Arguments "Speichern_Wahrheitswert" können Sie bestimmen, ob die Datei vor dem Schließen gespeichert wird oder nicht. Geben Sie keinen Wahrheitswert an, erscheint eine Warnung, die Sie fragt, ob Sie eventuelle Änderungen speichern wollen.

Wird als Argument der Wahrheitswert WAHR angegeben, so wird die Datei vor dem Schließen des Fensters gespeichert, tragen Sie jedoch FALSCH ein, so schließt Excel das Fenster, ohne die Datei vorher abzuspeichern.

SCHRIFTART(Name;Größe)
SCHRIFTART?(Name;Größe)

Diese Makrofunktion diente in der Version 2.1 dazu, die Kompatibilität von auf dem Apple Macintosh geschriebenen Makros zu der Excel-Version für PC aufrechtzuerhalten. Zum Ändern der Schriftart verwenden Sie auf dem PC die Funktion SCHRIFTART.ERSETZEN()

SCHRIFTART.ERSETZEN(Schriftart;Name;Größe;Fett;Kursiv; Unterstreichen;Durchstreichen;Farbe;Kontur;Schatten)

Ersetzt die genannte Schriftart durch die in den anderen Argumenten definierte Schriftart.

Das Argument "Name" gibt den Namen der Schriftart an, z.B. Helvetia. "Größe" beschreibt die Größe der Schriftart in Punkten. Alle anderen Einstellungen (Fett, Kursiv, Unterstrichen, Durchgestrichen, Kontur und Schatten) werden durch die Wahrheitswerte WAHR oder FALSCH ein- bzw. ausgeschaltet. Die Attribute "Kontur" und "Schatten" können jedoch nur verwendet werden, wenn Sie mit Excel auf einem Macintosh arbeiten. Arbeiten Sie mit Excel unter Windows, so werden diese Argumente ignoriert.

Für das Argument "Farbe" muß eine Farbkennziffer zwischen 1 und 16 angegeben werden. Bei Angabe des Wertes 0 haben Sie die Option "Automatisch" für die Farbgebung eingeschaltet.

SEITENANSICHT()

Diese Funktion ist absolut identisch mit dem Befehl *Seitenansicht...* aus dem Menü *Datei*.

SEITENWECHSEL.AUFHEBEN()

Hebt einen von Ihnen festgelegten Seitenumbruch auf, wenn das aktive Feld sich direkt unter oder rechts von diesem Seitenumbruch befindet. Ist dies nicht so, führt diese Funktion nichts aus und liefert auch keinen Fehlerwert.

SEITENWECHSEL.FESTLEGEN()

Legt einen manuellen Seitenumbruch links oberhalb vom aktiven Feld fest. Durch diesen von Ihnen festgelegten Seitenumbruch werden die folgenden automatischen Seitenumbrüche beeinflußt.

SEKUNDE(Serielle_Zahl)

Diese Funktion liefert als Ergebnis eine Sekundenangabe aus der angegeben "Seriellen Zahl". Die Sekundenangabe ist eine ganze Zahl aus dem Bereich zwischen 0 und 59.

SENDEN(Kanalnummer;Objekt;Datenbezug)

Mit dieser Funktion können Sie nur arbeiten, wenn Sie Excel unter der Windows-Version 2.0 oder höher installiert haben.

Die Makrofunktion SENDEN() sendet die durch "Datenbezug" angegebenen Daten zum genannten "Objekt" der Anwendung, mit der über den durch "Kanalnummer" angegebenen Kanal kommuniziert werden kann.

"Kanalnummer" muß der von der Funktion KANAL.ÖFFNEN() gelieferte Wert sein. "Datenbezug" ist ein Excel-Bezug auf die Datei, die die zu sendenden Daten enthält. Die Form, in der das Objekt angegeben wird, hängt von der Anwendung ab, mit der Sie verbunden sind.

Wenn Sie eine ungültige Kanalnummer angeben, liefert die Funktion den Fehlerwert #WERT!. Wenn die entsprechende Anwendung nach einer gewissen Zeit nicht reagiert und Sie zum Abbrechen des Sendevorgangs die Esc -Taste gedrückt haben, erhalten Sie den den Fehlerwert #DIV/0!

Falls SENDEN() von der entsprechenden Anwendung zurückgewiesen wurde, gibt sie #BEZUG! aus.

SIGNAL(Zahl)

Erzeugt einen Ton. Die Tonhöhe wird durch das Argument "Zahl" festgelegt, das Werte zwischen 1 und 4 annehmen kann. Wenn Sie das Argument "Zahl" nicht angeben, setzt Excel anstelle Ihrer Angabe den Wert 1.

Diese Funktion läßt sich dazu verwenden, den Anwender auf bestimmte Ereignisse während eines Makros, z.B. auf ein Dialogfeld, aufmerksam zu machen.

SIN(Winkel)

Diese Funktion liefert als Ergebnis den Sinus des Arguments "Winkel" im Bogenmaß.

SINHYP(Zahl)

Diese Funktion liefert als Ergebnis den hyperbolischen Sinus des Arguments "Zahl".

SOLANGE(Wahrheitswert_Prüfung)

Eröffnet eine SOLANGE-WEITER-Schleife, d.h. alle Anweisungen zwischen den Funktionen SOLANGE() und WEITER() werden solange wiederholt, bis das Argument "Wahrheits_Prüfung" den Wert FALSCH annimmt. "Wahrheitswert_Prüfung" muß eine von Ihnen formulierte Bedin-

Excel in der Übersicht

gung sein. Sobald dieses Argument den Wert FALSCH angenommen hat und Excel erneut diese Funktion liest, wird die Ausführung des Makros hinter der Funktion WEITER() fortgesetzt.

Ein Beispiel für die Anwendung einer SOLANGE-WEITER-Schleife finden Sie auf Ihrer Beispieldiskette im Arbeitsbereich SCHLEIFE.XLW. Zu diesem Arbeitsbereich gehören die beiden Dateien SCHLEIFE.XLS und SCHLEIFE.XLM. In der Makrovorlage SCHLEIFE.XLM finden Sie zwei Makros mit den Namen SOL_WEITER1 und SOL_WEITER2, an denen Sie die Arbeitsweise der Funktion SOLANGE() nachvollziehen können.

SPALTE(Bezug)

Diese Funktion liefert als Ergebnis die im "Bezug" enthaltenen Spaltennummern. Wird ein Bereich angegeben, der mehrere Spalten umfaßt, so erfolgt die Ausgabe der Spaltennummern als eine horizontale Matrix.

SPALTEN(Matrix)

Diese Funktion liefert als Ergebnis die Anzahl der in der Matrix enthaltenen Spalten.

SPALTENBREITE(Breite;Bezug;Standardbreite;Typ)
SPALTENBREITE?(Breite;Bezug;Standardbreite;Typ)

Setzt die Spaltenbreite der durch "Bezug" angegebenen Spalte auf den durch "Breite" genannten Wert. Die Breite einer Spalte wird entspricht der Zeichenbreite der Standard-Schriftart der Tabelle gemessen. Der durch das Argument "Breite" genannte Wert wird ignoriert, wenn für das Argument "Standard" der Wahrheitswert WAHR angegeben wurde.

"Bezug" kann sowohl ein externer Bezug als auch ein Bezug in Textform im Format Z1S1 auf die aktive Tabelle sein. Wenn die Schreibweise Z1S1 benutzt wird, wertet Excel diese Angabe als relativen Bezug zum aktiven Feld.

Für das Argument "Standardbreite" kann ein Wahrheitswert eingegeben werden, der dem Einschalten der Option *Standardspaltenbreite* im Dialogfeld zum Befehl *Spaltenbreite...* entspricht. WAHR setzt die Spaltenbreite auf den Standardwert 10,71. Diese Angabe bezieht sich auf die Anzahl der in der gewählten Schriftart darstellbaren Ziffern. Wenn Sie für dieses Argument den Wahrheitswert FALSCH angeben, setzt Excel die Spaltenbreite auf die durch "Bezug" oder "Typ" angegebene Breite.

Excel in der Übersicht

Für das Argument "Typ" kann eine Kennzahl angegeben werden, die den gleichen Effekt hat wie die Betätigung einer der Schaltflächen *Einblenden*, *Ausblenden* oder *Optimale Breite* im Dialogfeld zum Befehl *Spaltenbreite*.... Die Kennzahlen und ihre Bedeutungen finden Sie in der folgenden Aufstellung.

1   Spalte wird mit Spaltenbreite 0 ausgeblendet.

2   Spalte wird mit vorheriger Spaltenbreite eingeblendet.

3   Setzt die Spalte auf die am besten passende Breite. Excel orientiert sich dabei am längsten Eintrag in dieser Spalte.

SPEICHERN()

Speichert die aktuelle Version der aktiven Datei unter dem alten Namen. Die ältere Version der Datei geht dabei verloren.

SPEICHERN.UNTER(Name;Typzahl;Paßwort;Sicherung)
SPEICHERN.UNTER?(Name;Typzahl;Paßwort;Sicherung)
Datei;Name;Kennwort;Sicherung;Schreibschutz_Kennwort; Schreibschutz_empfehlen)

Speichert, genau wie die Funktion SPEICHERN(), die aktive Datei. Sie haben hierbei jedoch die Möglichkeit, die Datei unter einem anderen Namen und Dateiformat zu speichern. Des weiteren können Sie ein Paßwort vergeben oder Excel anweisen, eine Sicherungskopie der vorhergehenden Dateiversion zu erstellen.

Alles dies legen Sie durch folgende Argumente fest:

"Name" ist der Name der Datei. Wenn Sie die Datei in einem anderen Verzeichnis als dem aktuellen speichern wollen, können Sie an dieser Stelle auch die vollständige Pfadangabe eintragen.

"Typzahl" legt fest, in welchem Format die Datei gespeichert werden soll, um sie vielleicht mit anderen Programmen weiterverarbeiten zu können. Sie haben die Typzahlen von 1 bis 26 mit folgender Bedeutung zur Verfügung:

1   Standardformat

2   SYLK-Format

3   Textformat (Feldinhalte sind durch Tabs voneinander getrennt).

1069

Excel in der Übersicht

4 WKS-Format (wird von Lotus 1-2-3 Version 1a und Symphony verwendet).

5 WK1-Format (wird von Lotus 1-2-3 Version 2 verwendet).

6 CSV-Format (Feldinhalte werden durch Semikola voneinander getrennt).

7 DBF2 (Tabelle wird im dBASE II-Format gespeichert).

8 DBF3 (Tabelle wird im dBASE III-Format gespeichert).

9 DIF-Format (Data Interchange Format, wird von Visicalc verwendet).

10 Reserviert.

11 DBF4 (Tabelle wird im dBASE IV-Format gespeichert).

12 Reserviert.

13 Reserviert.

14 Reserviert.

15 WK3-Format (wird von Lotus 1-2-3 Version 3 verwendet.

16 Excel 2.x

17 Mustervorlage

18 Zusatz (Add-in).

19 Text (für Macintosh, Feldinhalte sind durch Tabs voneinander getrennt).

20 Text (für Windows, Feldinhalte sind durch Tabs voneinander getrennt).

21 Text (für OS/2 oder DOS, Feldinhalte sind durch Tabs voneinander getrennt).

22 CSV-Format (für Macintosh, Feldinhalte werden durch Semikola voneinander getrennt).

23 CSV-Format (für Windows, Feldinhalte werden durch Semikola voneinander getrennt).

Excel in der Übersicht

24 CSV-Format (für OS/2 oder DOS, Feldinhalte werden durch Semikola voneinander getrennt).

25 Internationale Makrovorlage.

26 Internationaler Zusatz (Internationales Add-in).

Setzen Sie für "Typzahl" den Wert 0 ein, so wird die Datei zwar als gespeichert gekennzeichnet, aber nicht auf Diskette oder Festplatte geschrieben. So können Sie z.B. ein Fenster schließen, ohne von Excel eine Meldung zu bekommen, die nachfragt, ob diese Datei gespeichert werden soll oder nicht.

Für "Paßwort" tragen Sie einfach das Paßwort ein, mit dem Sie diese Datei vor unberechtigtem Zugriff schützen möchten. Das Paßwort kann bis zu 16 Zeichen lang sein und muß vor jedem Laden der Datei eingegeben werden.

Anstelle des Argumentes "Sicherung" muß ein Wahrheitswert eingetragen werden. WAHR bedeutet, daß beim Speichern der Datei eine eventuell schon bestehende ältere Version durch Ändern der Namenserweiterung in .BAK umbenannt wird und die neueste Version unter dem alten Namen auf Diskette oder Festplatte wiederzufinden ist. FALSCH verhindert diesen Vorgang.

"Schreibschutzkennwort" gibt das Kennwort an, mit dem Ihre Datei gegen Überschreiben, also Speichern unter dem gleichen Namen, gesichert ist. Wenn eine Datei mit einem Schreibschutzkennwort gespeichert worden ist, wird beim Öffnen dieser Datei das Kennwort abgefragt, wird es nicht angegeben, so wird die Datei mit Schreibschutz geöffnet.

Das Argument "Schreibschutz_empfehlen" setzt ein Attribut für die zu speichernde Datei, das dazu führt, daß beim Öffnen der Datei empfohlen wird, mit Schreibschutz zu arbeiten, wobei Sie diesen Schreibschutz aber aufheben können, ohne ein Kennwort einzugeben. Durch Angabe des Wahrheitswertes WAHR schalten Sie diesen Mechanismus ein. Eine solche Einstellung wird für Dateien empfohlen, die von mehreren Benutzern gleichzeitig geöffnet werden müssen.

Excel in der Übersicht

> **STABW**(Zahl1;Zahl2;...)

Diese Funktion liefert als Ergebnis die Standardabweichung aus den angegebenen Werten, wobei das Ergebnis das Maß für die Streuung der Werte ist.

> **STABWN**(Zahl1;Zahl2;...)

Diese Funktion liefert als Ergebnis die Standardabweichung aus den angegebenen Werten, wobei das Ergebnis unter Berücksichtigung des Verfahrens "mit systematischen Fehlern" oder "n" berechnet wird. Diese Funktion geht davon aus, daß die Argumente der Liste die vollständige Grundgesamtheit darstellen.

> **STANDARDSCHRIFT**(Name;Größe;Fett;Kursiv;Unterstreichen; Durchstreichen;Farbe;Kontur;Schatten)

Mit dieser Makrofunktion legen Sie fest, welche Schriftart Sie als Standardschriftart (die in der Formatvorlage "Standard" definiert ist) verwenden wollen. Die gleiche Operation können Sie auch über die Funktion FORMATVORLAGE.FESTLEGEN() durchführen.

Das Argument "Name" gibt den Namen der Schriftart an, z.B. Helvetia. "Größe" beschreibt die Größe der Schriftart in Punkten. Alle anderen Einstellungen (Fett, Kursiv, Unterstrichen, Durchgestrichen, Kontur und Schatten) werden durch die Wahrheitswerte WAHR oder FALSCH ein- bzw. ausgeschaltet. Die Attribute "Kontur" und "Schatten" können jedoch nur verwendet werden, wenn Sie mit Excel auf einem Macintosh arbeiten. Arbeiten Sie mit Excel unter Windows, so werden diese Argumente ignoriert.

Für das Argument "Farbe" muß eine Farbkennziffer zwischen 1 und 16 angegeben werden. Bei Angabe des Wertes 0 haben Sie die Option "Automatisch" für die Farbgebung eingeschaltet.

> **STOP**()

Hält die gesamte Makroausführung an.

> **STUNDE**(Serielle_Zahl)

Diese Funktion liefert als Ergebnis eine Stundenangabe aus der angegebenen, laufenden Zahl. Die Stundenangabe ist eine ganze Zahl aus dem Bereich zwischen 0 und 23.

SUCHEN(Suchtext;Text;Beginn)

Diese Funktion liefert als Ergebnis die Positionsnummer des Zeichens, bei dem der "Suchtext" ab dem definierten "Beginn" zum ersten Mal in "Text" auftritt. Der "Suchtext" kann auch die Stellvertreterzeichen * und ? enthalten. Tritt "Suchtext" nicht in "Text" auf, wird der Fehlerwert #WERT! ausgegeben.

SUCHEN.KOPIEREN(Keine_Doppel)
SUCHEN.KOPIEREN?(Keine_Doppel)

Diese Funktion prüft den gesamten Datenbankbereich auf Datensätze, die den Suchkriterien entprechen. Gefundene Datensätze werden in den Zielbereich kopiert.

Das Argument "Keine_Doppel" verhindert das Kopieren von mehreren gleichen Datensätzen, wenn Sie anstelle des Argumentes den Wahrheitswert WAHR eingetragen haben.

Wenn Sie Datensätze in Ihre Datenbank aufgenommen haben, die Formeln enthalten, so werden durch diese Funktion nur die durch die Formeln errechneten Werte in den Zielbereich kopiert und nicht die Formel selbst.

SUCHKRITERIEN.FESTLEGEN()

Diese Funktion entspricht dem Befehl *Suchkriterien festlegen* aus dem Menü *Daten*. Sie erhebt die aktive Auswahl zum Suchkriterienbereich.

SUMME(Zahl1;Zahl2;...)

Diese Funktion liefert als Ergebnis die Summe aller angegebenen Zahlen. Anstelle von einzelnen Zahlen können hier auch Feldbereiche angegeben werden.

SUMMENPRODUKT(Array1;Array2;...)

Diese Funktion liefert die Summe der Produkte aller sich entsprechenden Tabellenelemente. Für die Argumente "Array1" und "Array2" werden Zellbereiche angegeben, die die gleiche Anzahl Zeilen und Spalten haben. Ist diese Voraussetzung nicht gegeben, so liefert die Funktion den Fehlerwert #WERT!. Es können bis zu 14 Arrays angegeben werden.

Die Funktion führt die folgende Berechnung durch:

Zeile1, Spalte1 von Tabelle 1 x Zeile1, Spalte1 von Tabelle2
+Zeile1, Spalte2 von Tabelle 1 x Zeile1, Spalte2 von Tabelle2

usw.

SVERWEIS(Suchkriterium;Mehrfachoperationsmatrix; Spaltenindex)

Diese Funktion liefert als Ergebnis einen dem Suchkriterium entsprechenden Wert einer Mehrfachoperation. Es wird eine Zeile gesucht, in deren erster Spalte das Suchkriterium enthalten ist. Anschließend geht die Funktion entsprechend dem Spaltenindex die Zeile entlang und ermittelt den Wert des Feldes.

Ein Beispiel für die Anwendung finden Sie auf Ihrer Beispieldiskette in der Datei SUCHFUNK.XLS im Arbeitsbereich SUCHFUNK.XLW.

T(Wert)

Diese Funktion liefert als Ergebnis den Textwert des angegebenen Wertes. Wenn "Wert" ein Text ist oder sich auf einen Text bezieht, liefert T() diesen Text, ansonsten gibt die Funktion einen leeren Text aus.

TAG(Serielle_Zahl)

Diese Funktion liefert als Ergebnis eine Tagesangabe aus der angegebenen, laufenden Zahl. Die Tagesangabe ist eine ganze Zahl aus dem Bereich zwischen 1 und 31.

TAGE360(Anfangsdatum;Enddatum)

Liefert als Ergebnis die Anzahl der Tage zwischen "Anfangsdatum" und "Enddatum". Basis für die Berechnung ist ein Jahr, in dem jeder Monat 30 Tage hat.

TAN(Winkel)

Diese Funktion liefert als Ergebnis den Tangens des Arguments "Winkel" im Bogenmaß.

TANHYP(Zahl)

Diese Funktion liefert als Ergebnis den hyperbolischen Tangens des Arguments "Zahl".

TASTENF.SENDEN(Tasten;Warten_Wahrheitswert)

Sendet die durch "Tasten" angegebene Tastenfolge zur aktiven Anwendung. Die Anwendung reagiert auf die gesendete Tastenfolge, als ob die entsprechenden Tasten innerhalb dieser Anwendung gedrückt würden.

Durch "Warten_Wahrheitswert" legen Sie fest, ob Excel mit der Ausführung der nächsten Makrofunktion warten soll, bis die Tastenfolge von der Anwendung verarbeitet worden ist. WAHR wartet diese Verarbeitung ab, FALSCH ist die Standardeinstellung, in der Excel nicht auf die Anwendung wartet.

Wenn Sie mit dieser Funktion eine Tastenfolge an Excel senden, so wartet Excel auch dann nicht mit der Fortsetzung des Makros, wenn Sie WAHR angegeben haben. Excel verarbeitet die Tastenfolge erst, wenn das Makro beendet worden ist.

In welchem Format Sie Tastenfolgen senden müssen, lesen Sie in der Liste am Ende des Kapitels "Dynamischer Datenaustausch".

Auf der Beispieldiskette finden Sie eine Makrovorlage mit dem Namen TASTEN.XLM. In dieser Makrovorlage wird die Funktion TASTENF.SENDEN() verwendet, um eine Tastenfolge an eine andere Windows-Anwendung zu senden.

TEIL(Text;Beginn;Anzahl_Zeichen)

Diese Funktion liefert als Ergebnis einen Teil des angegebenen Textes, wobei der Teil durch die Anfangsposition "Beginn" und die "Anzahl_Zeichen" definiert ist. Ist der Wert für "Beginn" größer als die Länge der Zeichenfolge oder "Anzahl_Zeichen"=0, wird kein Textteil geliefert. Die Eingabe eines negativen Wertes für die Länge führt zur Ausgabe des Fehlerwertes#WERT!.

TEILEN(Spalte;Zeile)

Die Makrofunktion TEILEN() hat die gleiche Wirkung wie der Befehl *Teilen* aus dem Menü *System*. Durch die Argumente "Zeile" und "Spalte" bestimmen Sie, an welcher Stelle das Fenster horizontal bzw. vertikal geteilt werden soll.

Geben Sie für ein Argument den Wert 0 an, so wird eine bestehende Teilung aufgehoben. Wird ein Argument nicht angegeben, so wird keine Änderung an einer eventuell bestehenden Teilung vorgenommen.

Excel in der Übersicht

Soll ein fixiertes Fenster durch diese Funktion geteilt werden, so erscheint eine Fehlermeldung, die angibt, in welchem Feld des Makros der Fehler auftritt.

> **TEILUNG**(Min;Max;Haupt;Hilfs;Schnittp;Logarith;Umgekehrt; Max)

Diese Form der Funktion wirkt sich auf das Erscheinungsbild der Größenachse aus, wenn dies die aktuell ausgewählte Achse oder wenn das aktive Diagramm ein Punktdiagramm ist.

Die Funktion entspricht dem Befehl *Teilung...* aus dem Menü *Format*. Durch die Argumente "Min", "Max", "Hilfs" und "Schnittpunkt" bestimmen Sie die Anfangs- und Endwerte sowie die Teilung der Größenachse.

Für die Argumente "Haupt" und "Hilfs" kann der Wahrheitswert WAHR angegeben werden, um die automatische Einteilung der Größenachse einzuschalten. Um die Hilfs- oder Hauptintervalle der Größenachse selbst zu gestalten, können für diese Argumente auch Werte angegeben werden.

"Schnittpunkt" legt den Punkt auf der Größenachse fest, in dem sie von der Rubrikenachse geschnitten wird.

Für diese Argumente können Wahrheitswerte eingesetzt werden, die bewirken, daß Excel die Größenachse automatisch aufteilt. Ersetzen Sie die Argumente jedoch durch Werte, so verwendet Excel diese Werte bei der Gestaltung der Größenachse.

Die drei Argumente "Logarithmisch", "Umgekehrt" und "Max" entsprechen den Optionsfeldern zum Befehl *Teilung...*. Für diese Argumente können nur Wahrheitswerte eingesetzt werden.

Min	WAHR schaltet die automatische Teilung ein, sonst wird der kleinste Wert auf der Größenachse angegeben.
Max	WAHR schaltet die automatische Teilung ein, sonst wird der größte Wert auf der Größenachse angegeben.
Haupt	WAHR schaltet die automatische Teilung ein, sonst wird das Intervall zwischen den Hauptteilstrichen angegeben.
Hilfs	WAHR schaltet die automatische Teilung ein, sonst wird das Intervall zwischen den Hilfsteilstrichen angegeben.
Schnittpunkt	WAHR schaltet die automatische Teilung ein, sonst wird der Schnittpunkt der Rubrikenachse mit der Größenachse auf der Größenachse angegeben.

Die letzten drei Optionen werden durch Eintrag des Wahrheitswertes FALSCH ausgeschaltet:

Logarithmisch
   WAHR schaltet die logarithmische Teilung der Größenachse ein.

Umgekehrt WAHR bewirkt, daß die Größen in aufsteigender Reihenfolge von oben nach unten auf der Größenachse eingetragen werden.

Max WAHR bedeutet, daß die Rubrikenachse die Größenachse beim höchsten Wert schneiden soll.

Bei logarithmischer Teilung müssen sich alle eingegebenen Werte und Intervalle an Zehnerpotenzen orientieren.

> **TEILUNG**(Min;Max;Haupt;Hilfs;Schnittp;Logarith;Umgekehrt; Min)

Diese Form der Funktion wirkt sich auf das Erscheinungsbild der Größenachse aus, wenn dies die aktuell ausgewählte Achse oder wenn das aktive Diagramm ein Punktdiagramm ist.

Die Funktion entspricht dem Befehl *Teilung...* aus dem Menü *Format*. Durch die Argumente "Min", "Max", "Hilfs" und "Schnittpunkt" bestimmen Sie die Anfangs- und Endwerte sowie die Teilung der Größenachse.

Für die Argumente "Haupt" und "Hilfs" kann der Wahrheitswert WAHR angegeben werden, um die automatische Einteilung der Größenachse einzuschalten. Um die Hilfs- oder Hauptintervalle der Größenachse selbst zu gestalten, können für diese Argumente auch Werte angegeben werden.

"Schnittpunkt" legt den Punkt auf der Größenachse fest, in dem sie von der Rubrikenachse geschnitten wird.

Für diese Argumente können Wahrheitswerte eingesetzt werden, die bewirken, daß Excel die Größenachse automatisch aufteilt. Ersetzen Sie die Argumente jedoch durch Werte, so verwendet Excel diese Werte bei der Gestaltung der Größenachse.

Die drei Argumente "Logarithmisch", "Umgekehrt" und "Max" entsprechen den Optionsfeldern zum Befehl *Teilung....* Für diese Argumente können nur Wahrheitswerte eingesetzt werden.

Min WAHR schaltet die automatische Teilung ein, sonst wird der kleinste Wert auf der Größenachse angegeben.

Excel in der Übersicht

Max WAHR schaltet die automatische Teilung ein, sonst wird der größte Wert auf der Größenachse angegeben.

Haupt WAHR schaltet die automatische Teilung ein, sonst wird das Intervall zwischen den Hauptteilstrichen angegeben.

Hilfs WAHR schaltet die automatische Teilung ein, sonst wird das Intervall zwischen den Hilfsteilstrichen angegeben.

Schnittpunkt WAHR schaltet die automatische Teilung ein, sonst wird der Schnittpunkt der Rubrikenachse mit der Größenachse auf der Größenachse angegeben.

Logarithmisch
WAHR schaltet die logarithmische Teilung der Größenachse ein.

Umgekehrt WAHR bewirkt, daß die Größen in aufsteigender Reihenfolge von oben nach unten auf der Größenachse eingetragen werden.

Min WAHR bedeutet, daß die Rubrikenachse die Größenachse beim kleinsten Wert schneiden soll.

Die letzten drei Optionen werden durch den Eintrag des Wahrheitswertes FALSCH ausgeschaltet.

Bei logarithmischer Teilung müssen sich alle eingegebenen Werte und Intervalle an Zehnerpotenzen orientieren.

> **TEILUNG**(Schnittp;Rub_Beschrift;Rub_Teilstr;Zwischen;Max; Umgekehrt)

Diese Form der Funktion wirkt sich auf das Erscheinungsbild der Rubrikenachse aus, wenn dies die aktuell ausgewählte Achse oder das aktive Diagramm kein Punktdiagramm ist.

Das Argument "Schnittpunkt" gibt durch eine Zahl an, bei welcher Rubrik die Größenachse die Rubrikenachse schneiden soll. Die Rubriken sind hierbei von links nach rechts durchnumeriert.

"Rubriken_Beschriftung" gibt an, wieviele Rubriken zwischen den Teilungsbeschriftungen dargestellt werden sollen. Wenn Sie hier z.B. eine 2 angeben, wird nur jede zweite Rubrik beschriftet.

"Rubriken_Teilstrich" nennt die Anzahl der Rubriken, die zwischen zwei Teilstrichen stehen sollen.

Excel in der Übersicht

Für die Argumente "Zwischen", "Umgekehrt" und "Max" können nur Wahrheitswerte mit folgender Bedeutung eingesetzt werden:

Zwischen WAHR bewirkt, daß die Größenachse die Rubrikenachse zwischen den Rubriken schneidet. Ist der Wahrheitswert FALSCH gesetzt, so verläuft die Größenachse mitten durch die als Schnittpunkt angegebene Rubrik.

Umgekehrt WAHR ordnet die Rubriken in umgekehrter Reihenfolge, also von rechts nach links, an. FALSCH schaltet diese Option aus.

Max WAHR bewirkt, daß die Größenachse die Rubrikenachse bei der letzten Rubrik schneidet. FALSCH bewirkt das Gegenteil.

TEILUNG(Rub_Beschrift;Rub_Teilstr;Umgekehrt;Zwischen)

Diese Funktion kommt dann zum Einsatz, wenn Sie die Teilung einer X-Achse im einem 3D-Diagramm beeinflussen möchten.

Mit dem Argument "Rub_Beschrift" bestimmen Sie die Anzahl der Rubriken zwischen den Teilstrichbeschriftungen. Die Voreinstellung ist "1".

Mit dem Argument "Rub_Teilstr" bestimmen Sie die Anzahl der Rubriken zwischen den Teilstrichen der Achse. Die Voreinstellung ist "1".

Mit einem Wahrheitswert für das Argument "Umgekehrt" legen Sie die Reihenfolge der Rubrikendarstellung fest. Geben Sie hier WAHR an, so stellt Excel die Rubriken im Diagramm in umgekehrter Reihenfolge dar.

Auch für das Argument "Zwischen" kann ein Wahrheitswert angegeben werden. Der Wahrheitswert WAHR führt an dieser Stelle dazu, daß die Datenpunkte zwischen den Rubriken erscheinen. Lassen Sie dieses Argument aus, so setzt Excel automatisch den Wahrheitswert FALSCH als Voreinstellung ein.

TEILUNG(Reihen_Beschrift;Reihen_Teilstr;Umgekehrt)

Mit dieser Form der Funktion TEILUNG() beziehen Sie sich auf die Reihenachse eines 3D-Diagramms.

Mit dem Argument "Reihen_Beschrift" bestimmen Sie die Anzahl der Datenreihen zwischen den Teilstrichbeschriftungen. Die Voreinstellung ist "1".

Excel in der Übersicht

Mit dem Argument "Reihen_Teilstr" bestimmen Sie die Anzahl der Datenreihen zwischen den Teilstrichen der Achse. Die Voreinstellung ist "1".

Mit einem Wahrheitswert für das Argument "Umgekehrt" legen Sie die Reihenfolge der Rubrikendarstellung fest. Geben Sie hier WAHR an, so stellt Excel die Datenreihen im Diagramm in umgekehrten Reihenfolge dar.

TEXT(Wert;Textformat)

Diese Funktion wandelt den "Wert" in einen Text um und verwendet dafür das angegebene "Textformat". Das "Textformat" muß ein mit dem Befehl *Format/Zahlenformat* formatierter Text sein; das Textformat darf weder einen Stern (*) enthalten noch "Standard" sein.

TEXTFELD(Text;Objektkenntext;Anfang;Anzahlzeichen)

Mit dieser Funktion können Sie den Text einer Textbox ändern. Das Argument "Text" enthält den neuen Text, der anstelle des alten Textes in der Textbox erscheinen soll. "Objektkenntext" gibt den Namen der Textbox an, deren Text Sie ersetzen wollen. Die Textbox kann über den vollständigen Namen inklusive der Nummer oder nur über ihre Nummer angesprochen werden. Geben Sie keinen Namen und keine Nummer an, so bezieht Excel sich auf die aktuell ausgewählte Textbox.

Durch das Argument "Anfang" können Sie eine Anfangsposition für den zu ersetzenden oder einzufügenden Text angeben. Wenn Sie für "Anfang" eine Zahl angeben, die die Länge des Textes überschreitet, so wird der durch "Text" angegebene Text in die Textbox eingefügt. Bei Auslassen dieses Arguments wird der Wert 1 als Voreinstellung verwendet.

In welcher Länge der alte Text ab der Anfangsposition durch einen neuen Text ersetzt werden soll, bestimmen Sie mit dem Argument "Anzahlzeichen". Geben Sie für dieses Argument den Wert 0 an, so wird kein Zeichen ersetzt, sondern der angegebene Text wird an der genannten Position in das Textfeld eingefügt. Lassen Sie dieses Argument aus, so werden ab der Anfangsposition alle Zeichen ersetzt.

TEXTPOS(Text;A1)

Diese Funktion wandelt den durch "Text" angegebenen Bezug in einen Bezug in den Schreibweisen A1 oder Z1S1 um. Ist das Argument "A1" WAHR, so interpretiert Excel den Text als A1-Bezug. Wird an dieser

Stelle FALSCH angegeben, so hält Excel den Text für eine Z1S1-Bezug. Gibt "Text" einen Bezug in der Schreibweise A1 wieder und ist als Argument "A1" FALSCH eingetragen, so liefert TEXTPOS() den Fehlerwert #BEZUG!, da ein A1-Bezug nicht als Z1S1-Bezug interpretiert werden kann.

TEXT.ZUORDNEN(Zuordnen_zu_Zahl;Datenreihennummer; Datenpunktnummer)
TEXT.ZUORDNEN?(Zuordnen_zu_Zahl;Datenreihennummer; Datenpunktnummer)

Ordnet den angegebenen Text einem Diagrammelement zu. Durch das Argument "Zuordnen_zu_Zahl" definieren Sie, welchem Element der Text zugeordnet werden soll. Folgende Werte können Sie für "Zuordnen_zu_Zahl" für 2-D-Diagramme verwenden:

1 = Diagrammüberschrift
2 = Größenachse
3 = Rubrikenachse
4 = Datenreihe oder Datenpunkt
5 = Überlagerungswert der Y-Achse
6 = Überlagerungsrubrik der X-Achse

Hat "Zuordnen_zu_Zahl" den Wert 4, so müssen Sie durch die Argumente "Datenreihennummer" und "Datenpunktnummer" bestimmen, welcher Datenreihe und welchem Datenpunkt der Text zugeordnet werden soll.

Für 3D-Diagramme stehen Ihnen für das Argument "Zuordnen_zu_Zahl" 5 Kennzahlen mit unterschiedlichen Bedeutungen zur Verfügung:

1 = Diagrammüberschrift
2 = Größenachse
3 = Reihenachse
4 = Rubrikenachse
5 = Datenreihe oder Datenpunkt

Hat "Zuordnen_zu_Zahl" den Wert 5, so müssen Sie durch die Argumente "Datenreihennummer" und "Datenpunktnummer" bestimmen, welcher Datenreihe und welchem Datenpunkt der Text zugeordnet werden soll.

TREND(Bekannte_y_Werte;Bekannte_x_Werte;Neue_x_Werte; Konstante)

Diese Funktion liefert als Ergebnis die Werte der Linearkurve nach der Gleichung $y = m*x + b$, wobei m die Steigung der Geraden und b der

Schnittpunkt mit der Y-Achse ist. Danach berechnet die Funktion die y-Werte dieser Kurve anhand der neuen x-Werte. Das Argument "Konstante" steuert die Berechnung der y-Werte.

Setzen Sie den Wahrheitswert WAHR ein, so wird für den Schnittpunkt der Linearkurve mit der Y-Achse der Wert 0 angenommen. Lassen Sie dieses Argument aus oder tragen Sie FALSCH ein, so wird b berechnet.

Ein Beispiel für die Anwendung dieser Funktion finden Sie auf der Beispieldiskette im Arbeitsbereich GRAPHEN.XLW. In der Tabelle GRAPHEN.XLS befindet sich ein Bereich mit dem Namen "Trend". In diesem Feldbereich steht ein kleines Beispiel zur Schätzung von Umsätzen mit der Funktion TREND().

TYP(Wert)

Diese Funktion liefert als Ergebnis den Datentyp des angegebenen Wertes, wobei der Wert 1 dem Typ "Zahl" entspricht, der Wert 2 dem Typ "Text", der Wert 4 dem Typ "Wahrheitswert", der Wert 16 dem Typ "Fehlerwert" und der Wert 64 dem Typ "Matrix".

ÜBERLAGERUNG(Art;Stapel;100;Verschieden;Überlappung; Bezugsl;Spannweite;Überlappung%;Gruppe;Winkel;Reihe; Automatisch)

Mit dieser Funktion werden die Art und das Format eines überlagernden Diagramms festgelegt. Sie arbeitet genau wie der Befehl *Überlagerung...* aus dem Menü *Format* in älteren Excel-Versionen.

In der Version 3.0 existiert diese Funktion nur noch, um die Kompatibilität von Makros aus älteren Excel-Versionen zu gewährleisten. Excel 3.0 stellt zum gleichen Zweck die Funktion FORMAT.ÜBERLAGERUNG() zur Verfügung.

Für das Argument "Art" wird eine Kennzahl eingetragen:

1 = Flächendiagramm
2 = Balkendiagramm
3 = Säulendiagramm
4 = Liniendiagramm
5 = Kreisdiagramm
6 = Punktdiagramm

Excel in der Übersicht

Die Argumente "Stapel", "100", "Verschieden", "Überlappung%", "Bezugsl" und "Spannweite" entsprechen folgenden Optionsfeldern im Dialogfeld zum Befehl *Überlagerung...*, wobei WAHR das Optionsfeld markiert bzw. diese Option einschaltet:

Stapel	Gestapelt
100	100 %
Verschieden	Rubriken verschieden
Überlappung%	Überlappt
Bezugsl	Bezugslinien
Spannweite	Spannweitenlinien

Für "Überlappung%" muß eine Zahl eingesetzt werden, die den Prozentsatz der Überlappung durch das überlagernde Diagramm angibt.

Der Wert "Gruppe" gibt den Gruppenabstand in Prozent an.

"Winkel" ist eine Gradzahl, die den Winkel zum ersten Kreissegment angibt.

Das Argument "Reihe" nennt die Nummer der ersten Datenreihe im überlagernden Diagramm.

Wenn Sie für das Argument "Automatisch" den Wert WAHR einsetzen, wird die automatische Datenreihenzuordnung eingeschaltet. Da nicht alle Argumente für jede Diagrammart maßgeblich sind, fügen wir die folgende Tabelle an, aus der Sie entnehmen können, welche Argumente sich auf welche Diagrammarten auswirken.

	Flächen	Balken	Säulen
Stapel	ja	ja	ja
100	ja	ja	ja
Verschieden	nein	ja	ja
Überlappung	nein	ja	ja
Bezugslinien	ja	nein	nein
Spannweite	nein	nein	nein
Überlappung%	nein	ja	ja
Gruppe	nein	ja	ja
Winkel	nein	nein	nein
Reihe	ja	ja	ja
Automatisch	ja	ja	ja

Excel in der Übersicht

	Linien	Kreis	Punkt
Stapel	ja	nein	nein
100	ja	nein	nein
Verschieden	ja	ja	ja
Überlappung	nein	nein	nein
Bezugslinien	ja	nein	nein
Spannweite	ja	nein	nein
Überlappung%	nein	nein	nein
Gruppe	nein	nein	nein
Winkel	nein	ja	nein
Reihe	ja	ja	ja
Automatisch	ja	ja	ja

ÜBERLAGERUNG.DIAGRAMM.ART(Art)

Diese Funktion soll lediglich gewährleisten, daß Makros, die Sie auf dem Apple Macintosh geschrieben haben, auch auf dem PC ablauffähig sind. Sie entspricht der Funktion ÜBERLAGERUNG(). Wird für das Argument "Art" der Wert 0 eingesetzt, hat diese Funktion den gleichen Effekt wie ÜBERLAGERUNG.LÖSCHEN().

ÜBERLAGERUNG.EINFÜGEN()

Diese Funktion fügt im aktiven Diagramm eine Überlagerung ein. Existiert dort bereits eine Überlagerung, dann gibt sie den Wahrheitswert FALSCH aus und fügt keine Überlagerung ein.

ÜBERLAGERUNG.LÖSCHEN()

Diese Funktion löscht eine Überlagerung im aktiven Diagramm. Falls dort keine Überlagerung existiert, gibt sie den Wahrheitswert WAHR aus, ohne eine Aktion durchzuführen.

UND(Wahrheitswert1;Wahrheitswert2;...)

Diese Funktion liefert als Ergebnis den logischen Wert WAHR, wenn alle Werte in der Liste WAHR sind. Ist dies nicht der Fall, so wird der Wahrheitswert FALSCH ausgegeben.

UNTEN.AUSFÜLLEN()

Mit dieser Funktion kopieren Sie ein markiertes Feld bzw. einen Bereich in die unterhalb von ihm stehenden markierten Felder bzw. Bereiche. Sie arbeitet genauso wie der Befehl *Unten ausfüllen* aus dem Menü *Bearbeiten*.

Unterprogramme:BEZUG(Argument1;Argument2;...)

Durch Angabe eines Bezugs können aus einem Makro heraus Unterprogramme aufgerufen werden. Zur näheren Erläuterung schlagen Sie bitte unter BEZUG(Argument 1; Argument 2;...) nach.

URSPRUNG()

Liefert den Bezug des Feldes, in dem die Funktion steht, die das gerade aktive Funktionsmakro aufgerufen hat. Ist diese Funktion in einer Matrix enthalten, so liefert URSPRUNG() den Bezug der gesamten Matrix. Wenn das momentan ausgeführte Makro ein Befehlsmakro ist, so gibt diese Funktion den Fehlerwert #BEZUG! aus.

Diese Funktion findet in Makros Anwendung, die sich bei unterschiedlichen Größen des aufrufenden Bezugs auch unterschiedlich verhalten sollen.

VARIANZ(Zahl1;Zahl2;...)

Diese Funktion liefert als Ergebnis die Schätzung der Varianz einer Grundgesamtheit anhand einer Stichprobe, die in den Argumenten spezifiert ist. Diese Funktion geht davon aus, daß die Argumente eine Stichprobe der Grundgesamtheit darstellen.

VARIANZEN(Zahl1;Zahl2;...)

Diese Funktion liefert als Ergebnis die Varianz einer Grundgesamtheit, wenn sämtliche Daten dafür als Argumente vorliegen.

VARIATION(Bekannte_y_Werte;Bekannte_x_Werte; Neue_x_Werte)

Diese Funktion liefert als Ergebnis die Werte der Exponentialkurve nach der Gleichung y=b*m^x, wobei m die Steigung der Geraden und b der

Schnittpunkt mit der Y-Achse ist. Nachdem dies geschehen ist, berechnet sie die y-Werte an der Kurve für die neuen x-Werte.

Ein Beispiel für die Anwendung dieser Funktion finden Sie auf der Beispieldiskette im Arbeitsbereich GRAPHEN.XLW.

> **VDB**(Kosten;Rest;Dauer;Zeitraum_Anfang;Zeitraum_Ende; Faktor;Nicht_wechseln)

Diese Makrofunktion leistet Ihnen ähnliche Dienste wie die Funktion GDA(). Auch mit VDB() ermitteln Sie den Abschreibungswert eines Objektes in einem Zeitraum der Nutzungsdauer. Zur Berechnung wird das geometrisch degressive oder ein von Ihnen durch einen Faktor festzulegendes Verfahren angewandt. Der Unterschied zur Funktion GDA() besteht darin, daß Sie sich auf Teilzeiträume innerhalb der Nutzungsdauer beziehen können. Es ist also auch möglich, mit dieser Funktion den Abschreibungsbetrag zwischen dem 8. und dem 14. Monat der Nutzungsdauer zu ermitteln.

Das Argument "Kosten" beschreibt den Anschaffungswert des Anlageobjektes, "Rest" gibt an, auf welchen Restwert das Anlageobjekt abgeschrieben werden soll und "Dauer" gibt schließlich Auskunft darüber, über welchen Zeitraum die Abschreibung erfolgen soll. Für das Argument "Dauer" können Sie eine Angabe in Jahren, Monaten oder Tagen machen; achten Sie jedoch darauf, daß Sie für die Argumente "Zeitraum_Anfang" und "Zeitraum_Ende" die gleiche Zeiteinheit verwenden.

"Zeitraum_Anfang" beschreibt den ersten Tag, den ersten Monat oder das Jahr des Teilzeitraums für den ein Abschreibungsbetrag ermittelt werden soll. Das Ende dieses Teilzeitraums wird durch das Argument "Zeitraum_Ende" beschrieben.

VDB(5000;300;10;3;5) liefert also den Abschreibungsbetrag zwischen dem dritten und dem fünften Jahr für ein Anlageobjekt mit einem Anschaffungswert von 5000 DM, das innerhalb von 10 Jahren auf einen Restwert von 300 DM abgeschrieben werden soll.

Das Argument "Faktor" wird, wenn Sie es auslassen, per Voreinstellung auf den Wert 2 gesetzt. Dies ist der Wert für das geometrisch degressive Abschreibungsverfahren. "Faktor" beschreibt die Rate, um die der Restwert nach jeder Abschreibungsperiode vermindert wird. Faktor 2 führt zu einer Verminderung des Restwertes um 20% pro Abschreibungsperiode.

Für das Argument "Nicht_wechseln" kann ein Wahrheitswert angegeben werden, der festlegt, ob das lineare Abschreibungsverfahren verwendet werden soll, wenn dies zu einer höheren Abschreibungsrate führt als das degressive Verfahren. Lassen Sie dieses Argument aus oder setzen Sie dafür den Wahrheitswert FALSCH ein, so wechselt Excel in keinem Fall auf das lineare Verfahren. Die Angabe des Wertes WAHR führt unter den genannten Bedingung zur Verwendung der effektiveren Abschreibungsmethode.

Ein Beispiel für die Anwendung dieser Funktion finden Sie auf Ihrer Beispieldiskette in der Datei FINANZEN.XLS. In dieser Tabelle werden alle finanzmathematischen Funktionen vorgestellt. Über ein Auswahlmenü können Sie sich zum entsprechenden Tabellenbereich bewegen. Die Datei FINANZEN.XLS ist Bestandteil eines Arbeitsbereiches mit dem Namen FINANZEN.XLW. Die Makrovorlage, die benötigt wird, um komfortabel mit der Tabelle arbeiten zu können, trägt den Namen FINANZEN.XLM und wird automatisch mitgeladen, wenn Sie den Arbeitsbereich FINANZEN.XLW öffnen.

VERBUND(Zahl)
VERBUND?(Zahl)

Diese Funktion entspricht dem Befehl *Verbund...* aus dem Menü *Muster*. VERBUND() ändert das Format des aktiven Diagramms in das durch "Zahl" zu bestimmende Verbundformat.

Für Zahl können Werte zwischen 1 und 5 eingetragen werden, die den folgenden Verbunddiagrammen entsprechen:

1   Säulendiagramm mit überlagertem Liniendiagramm.

2   Säulendiagramm mit überlagertem Liniendiagramm und unabhängiger Teilung.

3   Zwei Liniendiagramme mit unabhängigen Teilungen.

4   Flächendiagramm mit überlagertem Säulendiagramm.

5   Balkendiagramm mit überlagertem Liniendiagramm, das drei Datenreihen enthält (für Umsatz mit einem Diagramm für Höchst-, Tiefst- und Schlußkurse).

VERGLEICH(Suchkriterium;Suchmatrix;Vergleichstyp)

Diese Funktion liefert als Ergebnis die relative Position eines Wertes entsprechend dem "Suchkriterium", wobei der "Vergleichstyp" 1 den größten Wert (Suchkriterium <=) in aufsteigender Reihenfolge liefert, der Typ -1 den kleinsten Wert (Suchkriterium >=) in absteigender Reihenfolge und 0

Excel in der Übersicht

den ersten Wert. Wird der Vergleichstyp nicht angegeben, so wird standardmäßig die 1 verwendet.

Ein Beispiel für die Anwendung dieser Funktion finden Sie auf Ihrer Beispieldiskette in der Datei SUCHFUNK.XLS im Arbeitsbereich SUCHFUNK.XLW.

VERKNÜPFEN.UND.EINFÜGEN()

Diese Funktion dient zur Herstellung einer Verknüpfung zwischen dem Ursprung der eingefügten Daten und den markierten Feldern der aktiven Tabelle. Ändern sich die Ausgangsdaten, so werden auch die verknüpften Felder entsprechend geändert.

VERKNÜPFTE.DATEIEN(Datei_Text;Verknüpfungstyp)

Das Ergebnis dieser Funktion ist eine horizontale Textmatrix, die in alphabetischer Reihenfolge die Namen aller mit der Datei "Datei_Text" verknüpften Tabellen enthält. Um diese Dateinamen zu verarbeiten, sollten Sie die Funktion INDEX() verwenden.

Wenn das Argument "Datei_Text" nicht angegeben wird, enthält die Matrix die Namen aller mit der aktuellen Datei verknüpften Dateien. Sollten keine externen Bezüge existieren, die auf die angegebene Datei zeigen, so liefert VERKNÜPFTE.DATEIEN() den Fehlerwert #NV!

Mit dem Argument "Verknüpfungstyp" legen Sie fest, welche Verknüpfungsart zu der angegebenen Datei bestehen muß. Zur Angabe der Verknüpfungsart wird eine Kennzahl zwischen 1 und 6 verwendet:

       1 = Verknüpfung zu einem Excel-Arbeitsblatt
       2 = DDA-Verknüpfung
       3 = Reserviert
       4 = Verknüpfung zu einem Newwave-Dokument
       5 = Verknüpfung zu einem Publisher
       6 = Subscriber

Bei Angabe der Kennzahlen 5 oder 6 ist das Ergebnis eine zweizeilige Matrix, die in der ersten Zeile den Namen der Edition und in der zweiten Zeile den Bezug enthält.

Excel in der Übersicht

VERKNÜPFTE.DATEIEN.ÖFFNEN(Datei_Text1;Datei_Text2;
...;Schreibschutz;Verknüpfungstyp)
VERKNÜPFTE.DATEIEN.ÖFFNEN?(Datei_Text1;Datei_Text2;
...;Schreibschutz;Verknüpfungstyp)

Mit dieser Funktion werden verknüpfte Dateien geladen, die durch "Datei_Text1" bis "Datei_Text14" angegeben werden. Die Datei, mit der diese Dateien verknüpft sind, muß bereits geöffnet sein. Eventuell vorhandene Fernbezüge oder externe Bezüge in diesen Tabellen werden aktualisiert.

Das vorletzte Argument dieser Funktion ist "Schreibschutz". Setzen Sie dafür den Wahrheitswert WAHR ein, so kann auf die mit dieser Funktion geladenen verknüpften Dateien nur lesend zugegriffen werden.

Mit dem Argument "Verknüpfungstyp" legen Sie fest, welche Verknüpfungsart zu der angegebenen Datei bestehen muß. Zur Angabe der Verknüpfungsart wird eine Kennzahl zwischen 1 und 6 verwendet:

```
1 = Verknüpfung zu einem Excel-Arbeitsblatt
2 = DDA-Verknüpfung
3 = Reserviert
4 = Verknüpfung zu einem Newwave-Dokument
5 = Verknüpfung zu einem Publisher
6 = Subscriber
```

VERKNÜPFTES.BILD.EINFÜGEN()

Diese Funktion leistet das gleiche wie der Befehl *Verknüpftes Bild einfügen* aus dem Menü *Bearbeiten*. Das eingefügte Bild ist verknüpft mit den Quelldaten, so daß Veränderungen an diesen Daten auch zu Veränderungen am eingefügten Bild führen.

VERKNÜPFUNG.AKTUALISIEREN(Verknüpfungstext;
Verknüpfungtyp)

Mit dieser Funktion erhalten Sie die neuesten Daten aus der durch "Verknüpfungstext" genannten Datei. Lassen Sie das Argument "Verknüpfungstext" aus, so werden lediglich die Verknüpfungen der aktiven Datei zu anderen Excel-Arbeitsblättern aktualisiert.

Mit dem Argument "Verknüpfungstyp" geben Sie an, welche Art von Verknüpfung aktualisiert werden soll. Zur Angabe dieses Arguments haben Sie die Kennzahlen 1 bis 4 zur Verfügung.

Excel in der Übersicht

1 = Verknüpfung zu einem anderen Excel-Arbeitsblatt
2 = DDA-Verknüpfung
3 = Nicht verfügbar
4 = Verknüpfung zu einem Newwave-Dokument

> **VERKNÜPFUNG.WECHSELN**(Alte_Verknüpfung; Neue_Verknüpfung;Verknüpfungstyp)
> **VERKNÜPFUNG.WECHSELN?**(Alte_Verknüpfung; Neue_Verknüpfung;Verknüpfungstyp)

Diese Funktion ändert die Verknüpfung einer Datei. Die Argumente "Alte_Verknüpfung" und "Neue_Verknüpfung" geben jeweils den entsprechenden Dateinamen an. Mit der Kennzahl "1" für das Argument "Verknüpfungstyp" geben Sie an, daß es sich um eine Verknüpfung zu einem Excel-Arbeitsblatt handelt. Die Kennzahl "2" beschreibt eine DDA-Verknüpfung.

> **VERWEIS**(Suchkriterium;Matrix)

Diese Form der Funktion sucht das Suchkriterium in der ersten Spalte einer Matrix, wenn die Matrix mehr Zeilen als Spalten hat. Umfaßt die Matrix jedoch mehr Spalten als Zeilen, so wird in der ersten Zeile nach dem Suchkriterium gesucht. Die Funktion prüft dabei die Zeile oder Spalte vom ersten bis zum letzten Feld und gibt den Wert dieses Feldes aus.

Der von VERWEIS() auf Übereinstimmung mit dem Suchkriterium geprüfte Bereich muß Text, Zahlen oder Wahrheitwerte enthalten, die in aufsteigender Reihenfolge geordnet sind, sonst kann es zu einem falschen Ergebnis kommen.

Wenn keine Übereinstimmung mit dem Suchkriterium festgestellt werden kann, verwendet die Funktion den größten Wert der Zeile oder Spalte, der kleiner oder gleich dem Suchkriterium ist. Ist das Suchkriterium kleiner als der kleinste Wert in der Matrix, so gibt die Funktion den Fehlerwert #NV aus.

Ein Beispiel für die Anwendung dieser Funktion finden Sie auf Ihrer Beispieldiskette in der Datei SUCHFUNK.XLS im Arbeitsbereich SUCHFUNK.XLM.

> **VERWEIS**(Suchkriterium;Suchvektor;Ergebnisvektor)

Dies ist die Vektorform der Funktion VERWEIS(), sowohl der Suchvektor als auch der Ergebnisvektor ist eine eindimensionale Matrix. Die

Excel in der Übersicht

Funktion sucht im Suchvektor nach Übereinstimmung mit dem Suchkriterium. Wird eine solche Übereinstimmung gefunden, so liefert das entsprechende Feld im Ergebnisvektor den richtigen Wert.

Der Suchvektor muß Text, Zahlen oder Wahrheitwerte enthalten, die in aufsteigender Reihenfolge geordnet sind, sonst kann es zu einem falschen Ergebnis kommen.

Genau wie die Matrixform dieser Funktion verwendet sie den größten Wert, der kleiner oder gleich dem Suchkriterium ist, wenn keine Übereinstimmung gefunden werden kann. Ist das Suchkriterium kleiner als der kleinste Wert im Suchvektor, so gibt die Funktion den Fehlerwert #NV aus.

Ein Beispiel für die Anwendung dieser Funktion finden Sie auf Ihrer Beispieldiskette in der Datei SUCHFUNK.XLS im Arbeitsbereich SUCHFUNK.XLM.

VERZEICHNIS(Pfadtext)

Wechselt in das durch "Pfadtext" angegebene Verzeichnis im genannten Laufwerk. Ausgegeben wird die vollständige neue Pfadangabe in Textform. Wenn das Argument "Pfadtext" nicht angegeben wird, liefert die Funktion die Pfadangabe des aktuellen Verzeichnisses im aktuellen Laufwerk. Lassen Sie jedoch lediglich die Laufwerksangabe aus, so wechselt Excel in das angegebene Verzeichnis im aktuellen Laufwerk und gibt den entsprechenden Pfad aus.

VOLLBILD(Wahrheitswert)

Diese Makrofunktion entspricht der Anwahl des Befehls *Vollbild* aus dem Menü *System*. Das aktive Fenster wird auf Bildschirmgröße gebracht, analog dem Betätigen der Tastenkombination [Strg]+[F10]. Setzen Sie für den Wahrheitswert FALSCH ein, so wird die herkömmliche Fenstergröße eines Vollbildfensters wiederhergestellt. Die Funktion hat dann also die gleiche Wirkung wie [Strg]+[F5].

VORZEICHEN(Zahl)

Diese Funktion liefert als Ergebnis den Wert des Vorzeichens des Arguments "Zahl". Der Wert des Vorzeichens ist die Zahl 1, wenn das Argument positiv ist. Bei einem negativen Argument ist die Zahl -1. Bei "Zahl"=0 ist das Ergebnis ebenfalls eine 0.

VORZUGSFORM()

Mit dieser Funktion rufen Sie das Muster in der Standardeinstellung auf. Hierbei handelt es sich um das Muster des normalen Balkendiagramms. Dieses Muster ist solange gültig, bis Sie mit Hilfe der Funktion VORZUGSFORM.FESTLEGEN() ein anderes Muster als Standardeinstellung definiert haben.

VORZUGSFORM.FESTLEGEN()

Diese Funktion dient zum Anlegen eines Standardmusters für die Darstellung eines Diagramms. Die Vorgaben, die hier gemacht werden, können Sie mit der Funktion VORZUGSFORM() auf Ihr Diagramm anwenden.

WAHL(Index;Wert1;Wert2;...)

Die Funktion liefert als Ergebnis einen Wert aus der Werteliste, der durch den "Index" bestimmt wird. Ist der Index gleich 1, so wird der erste Wert der Liste ausgegeben. Ist der Index kleiner als 1 oder größer als die Nummer des letzten Wertes, so erfolgt die Ausgabe des Fehlerwertes #WERT!.

Ein Beispiel für die Anwendung dieser Funktion finden Sie auf Ihrer Beispieldiskette in der Datei SUCHFUNK.XLS im Arbeitsbereich SUCHFUNK.XLM.

WAHR()

Diese Funktion liefert als Ergebnis den logischen Wert WAHR. Sie wird im Zusammenhang mit verschachtelten Funktionen benutzt.

WARNUNG(Meldungstext;Typzahl)

Zeigt ein Warnfeld, in dem Sie eine Meldung ausgeben können, die der Benutzer bestätigen muß. Durch "Typzahl" legen Sie fest, welches Warnfeld angezeigt werden soll und ob der Benutzer die Möglichkeit hat, einen Wahrheitswert an das Makro zu liefern. Das Argument "Typzahl" kann folgende Werte annehmen:

   1 = Wenn eine Auswahl getroffen werden soll.
   2 = Wenn Sie eine Information geben möchten.
   3 = Wenn Sie auf einen Fehler hinweisen möchten.

Ein Warnfeld vom Typ 1 beinhaltet die Schaltflächen *OK* und *Abbrechen*. Neben den Schaltflächen wird innerhalb des Warnfeldes ein Fragezeichen dargestellt. Durch die Schaltfläche *OK* wird WAHR und durch die Schaltfläche *Abbrechen* FALSCH ausgegeben.

Ein Warnfeld vom Typ 2 zeigt einen Stern und die Schaltfläche *OK*. Die Typzahl 3 definiert ein Warnfeld mit einem Ausrufezeichen und der Schaltfläche *OK*. Unter Verwendung der Typzahlen 2 oder 3 liefert die Funktion WARNUNG() den Wahrheitswert WAHR, wenn die Schaltfläche *OK* betätigt worden ist.

Das Argument "Meldungstext" muß den Text wiedergeben, den Sie durch das Warnfeld ausgeben möchten.

Ein Beispiel für die Anwendung dieser Makrofunktion finden Sie auf Ihrer Beispieldiskette im Arbeitsbereich DIAGRAMM.XLW. Nach Ablauf des ersten Makros kann der Anwender durch Betätigung einer Schaltfläche entscheiden, ob ein weiteres Makro zur Farbveränderung des Diagramms ausgeführt werden soll oder nicht. Diese Aufgabe wurde mit der Funktion WARNUNG() gelöst.

WARTEN(Serielle_Zahl)

Hält ein Makro für die durch "Serielle-Zahl" genannte Zeitspanne an. Dabei entspricht 0,00001 einer Sekunde, 0,0007 einer Minute und 0,042 etwa einer Stunde. Durch einen Druck auf die `Esc`-Taste können Sie die Ausführung des angehaltenen Makros auch fortsetzen, ohne die angegebene Zeit zu warten.

Ein Beispiel für die Anwendung dieser Makrofunktion finden Sie auf Ihrer Beispieldiskette im Arbeitsbereich DIAGRAMM.XLW. Mit den Makros in der Makrovorlage wird ein Diagramm formatiert. Eines der beiden Makros läuft wie eine Demonstration ab, in deren Verlauf verschiedene Diagrammarten gezeigt werden. Damit der Anwender Zeit hat, sich die verschiedenen Diagrammarten anzusehen, wurde Excel nach jedem Diagrammwechsel durch die Makrofunktion WARTEN() veranlaßt, 4 Sekunden zu warten.

WBILDLAUF(Bildlauf;Spalte_Wahrheitswert)

Diese Funktion führt im aktiven Fenster einen waagerechten Bildlauf durch, wie Sie ihn auch durch Betätigen der waagerechten Bildlaufleiste erreichen können. Wenn das Argument "Spalte_Wahrheitswert" WAHR ist, wird ein waagerechter Bildlauf zu der angegebenen Spalte durchgeführt.

Excel in der Übersicht

Wenn Sie als "Spalte_Wahrheitswert" FALSCH angeben, führt Excel einen waagerechten Bildlauf zu der Spalte durch, die dem durch "Bildlauf" genannten Prozentsatz, bezogen auf die Tabellenbreite, entspricht. Wenn "Bildlauf" gleich 0 ist, führt Excel einen Bildlauf zu Spalte A durch, da 0% der Tabellenbreite der Spalte A entsprechen. Ist "Bildlauf" gleich 1, erscheint die Spalte IV auf dem Bildschirm, da 100% der Tabellenbreite der letzten Spalte der Tabelle entsprechen.

Wenn Sie das Argument "Spalte_Wahrheitswert" ganz auslassen, können Sie die entsprechende Spaltenangabe auch in anderer Form machen:

Beispiel

WBILDLAUF(50%) führt einen Bildlauf zu Spalte DX, der halben Tabellenbreite, aus.

WBILDLAUF(128/256) hat die gleiche Wirkung, die Angabe des Wertes 50% haben Sie hier durch einen Bruch erreicht: 128 256stel= 0,5 oder 50%.

WBILDLAUF.SEITEN(Anzahl_Fenster)

Diese Funktion führt einen seitenweisen, waagerechten Bildlauf im aktiven Fenster durch. Die Größe der Seiten, also die Anzahl der Spalten, hängt von der Größe der Fenster ab.

Wenn "Anzahl_Fenster" positiv ist, läuft das Bild nach rechts, bei negativem Argument "Anzahl_Fenster" dementsprechend nach links.

WBILDLAUF.ZEILEN(Anzahl_Spalten)

Diese Funktion führt einen spaltenweisen, waagerechten Bildlauf im aktiven Fenster durch. Wenn "Anzahl_Spalten" positiv ist, läuft das Bild nach rechts, bei negativem Argument "Anzahl_Spalten" dementsprechend nach links.

WECHSELN(Text;Alter_Text;Neuer_Text;Häufigkeit_Zahl)

Diese Funktion ändert "Alter_Text", der in "Text" enthalten ist, in "Neuer_Text" um. "Häufigkeit_Zahl" gibt an, wie oft der alte durch den neuen Text ersetzt werden soll. Setzen Sie für "Häufigkeit_Zahl" z.B. die 2 ein, so wird erst das zweite Vorkommen gewechselt. Lassen Sie dieses Argument jedoch aus, werden alle Vorkommen des alten Textes im Text ersetzt.

Excel in der Übersicht

WEITER()

Beendet eine FÜR-WEITER oder SOLANGE-WEITER-Schleife. Näheres zu dieser Funktion finden Sie unter den Einträgen FÜR() und SOLANGE().

WENN(Wahrheitsprüfung;Dann_Wert;Sonst_Wert)

Diese Funktion liefert als Ergebnis den "Dann_Wert", wenn die Wahrheitsprüfung den logischen Wert WAHR ergibt. Ist der logische Wert FALSCH, so wird als Ergebnis der "Sonst_Wert" ausgegeben.

"Dann_Wert" und "Sonst_Wert" können natürlich auch Makrofunktionen sein, die bei entsprechendem Ausgang der Wahrheitsprüfung ausgeführt werden.

Die Funktion WENN() kann auch ohne "Dann_Wert" und "Sonst_Wert" verwendet werden. In dieser Form stellt diese Funktion den Beginn eines Bereiches innerhalb eines Makros dar, das nur dann ausgeführt wird, wenn die als Argument der Funktion angegebene Wahrheitsprüfung den Wahrheitswert WAHR liefert. Das Ende dieses Bereiches wird durch die Funktion WENN.ENDE() definiert. Ergibt die Wahrheitsprüfung den Wert FALSCH, so fährt Excel mit der Abarbeitung der ersten Makrofunktion hinter der Funktion WENN.ENDE() fort.

Beispiele zur Anwendung dieser Funktion finden Sie im Arbeitsbereich SCHLEIFE.XLW. In der Makrovorlage SCHLEIFE.XLM finden Sie zwei Makros, die die Funktion WENN() zum bedingten Unterprogrammaufruf bzw. bedingten Ausführen einer Makrofunktion eingesetzt haben.

WENN.ENDE()

Diese Funktion definiert das Ende eines Makrobereiches, der in Abhängigkeit von der Funktion WENN() ausgeführt wird. Liefert die Wahrheitsprüfung der Funktion WENN() den Wahrheitswert FALSCH, so wird die erste Funktion hinter der Funktion WENN.ENDE() ausgeführt.

WERT(Text)

Diese Funktion liefert als Ergebnis eine Zahl, die in "Text" dargestellt wird. "Text" muß die Zahl in der gleichen Darstellung enthalten, wie sie durch Anwendung eines Formatcodes aufbereitet wird. Dabei kann "Text" auch Minuszeichen, Exponentenschreibweise oder auch ein Währungs-

Excel in der Übersicht

symbol enthalten. Enthält "Text" mehrere Kommata oder Buchstaben, erfolgt die Ausgabe des Fehlerwertes #WERT!.

WERT.FESTLEGEN(Bezug;Werte)

Diese Funktion ändert die Werte in den durch "Bezug" angegebenen Feldern in die genannten Werte um. Formeln bleiben hierbei unverändert. Sie können diese Funktion also zum Zuweisen von Anfangswerten und zur Ausführung von Schleifen benutzen.

Wenn der angegebene Bezug eine Matrix darstellt, so sollten auch die entsprechenden Werte eine Matrix in der richtigen Größe sein. Ist dies nicht der Fall, so wird die genannte Matrix nach den normalen Regeln zur Erweiterung einer Matrix auf die entsprechende Größe erweitert.

WERT.FESTLEGEN() findet seine Verwendung bei der Speicherung von Werten und bei der Festlegung von Anfangswerten für Zähler. Im Vergleich mit der Funktion NAMEN.ZUORDNEN(), die Ähnliches leistet, arbeitet WERT.FESTLEGEN() schneller.

Beispiel

=WERT.FESTLEGEN(A4;5) belegt das Feld A4 mit dem Wert 5.

WIDERRUFEN()

Diese Funktion arbeitet genau wie der gleichnamige Befehl aus dem Menü *Bearbeiten*. Sie macht den zuletzt ausgewählten Befehl oder die letzte Eingabe in ein Tabellenfeld rückgängig.

WIDERRUFEN() wirkt nicht nach den Befehlen *Datei löschen*, *Daten löschen* und *Daten Suchen und kopieren*.

WIEDERHOLEN(Text;Multiplikator)

Diese Funktion liefert als Ergebnis eine Zeichenfolge des Textes in der durch den Multiplikator bestimmten Länge.

Beispiel

WIEDERHOLEN("=";5) ergibt "=====".

WOCHENTAG(Serielle_Zahl)

Diese Funktion liefert als Ergebnis eine Wochentagsangabe aus der angegebenen, laufenden Zahl. Die Wochentagsangabe ist eine ganze Zahl aus dem Bereich zwischen 1 und 7, wobei der Wert 1 den Sonntag darstellt.

Excel in der Übersicht

> **WURZEL**(Zahl)

Diese Funktion liefert als Ergebnis die Quadratwurzel des Arguments "Zahl".

> **WVERWEIS**(Suchkriterium;Mehrfachoperationsmatrix; Zeilenindex)

Diese Funktion sucht in der genannten Matrix nach einer Spalte, die in der ersten Zeile das Suchkriterium enthält. Anschließend geht die Funktion die dem Zeilenindex entsprechende Spalte hinunter und ermittelt den Wert des Feldes.

Die erste Zeile der Matrix muß Text, Zahlen oder Werte enthalten, die in aufsteigender Reihenfolge geordnet sind, ansonsten kann es zu einem falschen Ergebnis kommen.

Wird keine Übereinstimmung mit dem Suchkriterium gefunden, so verwendet WVERWEIS() den größten Wert, der kleiner oder gleich dem Suchkriterium ist. Wenn jedoch das Suchkriterium kleiner als der kleinste Wert in der ersten Zeile der Matrix ist, liefert die Funktion den Fehlerwert #NV.

Ist der Zeilenindex kleiner als 1, so gibt die Funktion den Fehlerwert #WERT! aus, ist der Zeilenindex jedoch größer als die Anzahl der von der Matrix ausgefüllten Zeilen, ist das Ergebnis der Funktion der Fehlerwert #BEZUG!.

Ein Beispiel für die Anwendung dieser Funktion finden Sie auf Ihrer Beispieldiskette in der Datei SUCHFUNK.XLS im SUCHFUNK.XLM.

> **ZEICHEN**(Zahl)

Diese Funktion liefert als Ergebnis das Zeichen, dessen ASCII-Code mit "Zahl" definiert ist.

> **ZEILE**(Bezug)

Diese Funktion liefert als Ergebnis die im "Bezug" enthaltenen Zeilennummern. Wird ein Bereich angegeben, so erfolgt die Ausgabe der Zeilen als eine vertikale Matrix.

> **ZEILEN**(Matrix)

Diese Funktion liefert als Ergebnis die Anzahl der Zeilen in der angegebenen Matrix.

> **ZEILENHÖHE**(Höhe;Bezug;Standardhöhe;Typ)
> **ZEILENHÖHE?**(Höhe;Bezug;Standardhöhe;Typ)

Diese Funktion entspricht dem Befehl *Zeilenhöhe...* aus dem Menü *Format*. Sie stellt die Zeilenhöhe auf die durch das Argument "Höhe" angegebene Punktzahl ein. Die Zeilenhöhe wird nur in dem durch "Bezug" definierten Bereich geändert. Lassen Sie das Argument "Bezug" aus, so ändert Excel die Zeilenhöhe in den Zeilen der aktuellen Auswahl. "Bezug" muß entweder ein externer Bezug auf die aktive Tabelle oder ein Bezug in Textform in der Schreibweise Z1S1 sein.

Wenn Sie einen relativen Bezug angegeben, interpretiert Excel diesen Bezug als relativ zum aktiven Feld.

Für "Standardhöhe" muß ein Wahrheitswert eingetragen werden. WAHR bewirkt, daß die Zeilenhöhe von der gewählten Schriftart in den entsprechenden Zeilen abhängig ist. Lassen Sie dieses Argument aus oder verwenden Sie den Wahrheitswert FALSCH, so wird die Zeilenhöhe auf die angegebene Höhe eingestellt.

Über das Argument "Typ" haben Sie durch Angabe einer Kennzahl zwischen 1 und 3 die Möglichkeit, Zeilen durch eine Zeilenhöhe von 0 auszublenden (Kennzahl 1) oder mit der zuletzt eingestellten Zeilenhöhe wieder einzublenden (Kennzahl 2). Die komfortabelste Einstellung wählen Sie mit der Kennzahl 3. Unter dieser Einstellung stellt Excel die Zeilenhöhe optimal ein. Für die Beurteilung der optimalen Zeilenhöhe werden die Größe der Schriftart und die Anzahl der umgebrochenen Zeilen in Betracht gezogen.

> **ZEIT**(Stunde;Minute;Sekunde)

Diese Funktion liefert als Ergebnis eine laufende Zahl, der eine Zeitangabe, bestehend aus "Stunde", "Minute" und "Sekunde" zugrunde liegt. Die betreffenden Felder müssen das Format hh:mm:ss haben.

ZEITWERT(Zeittext)

Diese Funktion liefert als Ergebnis eine serielle Datumszahl, der ein Text zugrunde liegt. Dieser Text ist in einem beliebigen Excel-Zeitformat formatiert.

ZELLE(Infotyp;Bezug)

Diese Funktion liefert als Ergebnis Informationen über Formatierung, Position oder Inhalt der oberen, linken Zelle im Bezug. Ist der Bezug ein Mehrfachbezug, so liefert ZELLE() den Fehlerwert #WERT!.

"Infotyp" bestimmt, welche Art von Information ausgegeben wird. In der untenstehenden Tabelle stehen links die Platzhalter, die für dieses Argument eingetragen werden können und rechts die entsprechenden Ergebnisse, die von der Funktion geliefert werden können.

Breite	Spaltenbreite der Zelle (abgerundet)
Zeile	Entspricht der Zeilenzahl im Bezug
Spalte	Entspricht der Spaltenzahl im Bezug
Schutz	Zelle gesperrt = WAHR (1); Zelle nicht gesperrt = FALSCH (0)
Adresse	Der Bezug der ersten Zelle im Bezug als Text
Inhalt	Der im Bezug enthaltene Wert
Format	Textwert entsprechend dem Zahlenformat. Wenn für negative Werte eine andere Farbe gewählt wird, erscheint ein Bindestrich am Ende des Textes. Wenn negative Werte in Klammern dargestellt werden, erscheinen die öffnende Klammer und die schließende Klammer "()" am Ende des Textes

In der folgenden Liste sehen Sie alle Textwerte mit den entsprechenden Formatcodes:

```
"G" = Standard
"F0" = 0 oder #.##0
".0" = #.##0
"F2" = 0,00 oder #.##0,00
".2" = #.##0,00
"C0" = DM#.##0 ;-DM#.##0
"C0-" = DM#.##0;[rot]-DM#.##0
"C2" = DM#.##0,00;-DM#.##0,00
"C2-" = DM#.##0,00;[rot]-DM#.##0,00
"P0" = 0%
```

"P2" = 0,00%
"S2" = 0,00E+00
"G" = # ?/? ooder # ??/??
"D4" = T.MM.JJ oder T.MM.JJ h:mm
"D1" = T.MMM JJ
"D2" = T.MMM
"D3" = MMM JJ
"D7" = h:mm AM/PM
"D6" = h:mm:ss AM/PM
"D9" = h:mm
"D8" = h:mm:ss

Vorspann   Textwert entsprechend dem Beschriftungsvorspann der Zelle = "'" linksbündig angeordneter Text; """ rechtsbündig angeordneter Text; "^" zentrierter Text; "" leerer Text bzw. Zelle nicht mit Text belegt.

Farbe   Die "1", wenn negative Werte farbig dargestellt werden, ansonsten "0".

Dateiname   Der Name der Datei, in dem die durch "Bezug" angegebene Zelle enthalten ist. Sie erhalten einen leeren Text (""), wenn die entsprechende Datei zuvor noch nicht gespeichert worden ist.

Klammern   Die "1", wenn nur positive oder alle Werte in Klammern dargestellt werden, ansonsten "0".

Typ   Textwert, der dem Datentyp entspricht.

"b", wenn die Zelle leer ist
"1", wenn die Zelle eine Textkonstante enthält
"v", wenn die Zelle etwas anderes enthält

ZELLE.ZUORDNEN(Infotyp;Bezug)

Diese Makrofunktion liefert als Ergebnis die aktuellen Informationen über den Inhalt, die Position oder die Formatierung der Zelle in der oberen, linken Ecke des ersten Bereiches im angegebenen Bezug. Wenn "Bezug" nicht angegeben wird, geht Excel davon aus, daß die aktuelle Auswahl gemeint ist.

Durch "Infotyp" geben Sie an, was Sie eigentlich über die entsprechende Zelle wissen wollen. Die untenstehende Liste zeigt Ihnen alle Infotypen, die Sie angeben können, und die entsprechenden Ergebnisse:

1   Der Bezug der obersten linken Zelle im Bezug.

2   Ist gleich der Zeile der obersten, linken Zelle im Bezug.

Excel in der Übersicht

3 Ist gleich der Spalte der am weitesten links stehenden Zelle im Bezug.

4 Ist gleich TYP (Bezug).

5 Der Inhalt des Bezugs.

6 Die Formel im Bezug als Text.

7 Das Zellformat als Text (z.B. "#.##0,00 DM;-#.##0,00 DM").

8 Die Zellausrichtung in Form einer Kennzahl:

   1 = Standard
   2 = Linksbündig
   3 = Zentriert
   4 = Rechtsbündig
   5 = Ausfüllen

9 Eine Zahl, die angibt, ob und mit welchem Rahmen der linke Rand einer Zelle versehen ist:

   0 = kein Rahmen
   1 = dünn gerahmt
   2 = mittel gerahmt
   3 = gestrichelt gerahmt
   4 = gepunktet gerahmt
   5 = dick gerahmt
   6 = doppelt gerahmt
   7 = sehr dünn gerahmt

10 Eine Zahl, die angibt, ob und mit welchem Rahmen der rechte Rand einer Zelle versehen ist (siehe 9).

11 Eine Zahl, die angibt, ob und mit welchem Rahmen der obere Rand einer Zelle versehen ist (siehe 9).

12 Eine Zahl, die angibt, ob und mit welchem Rahmen der untere Rand einer Zelle versehen ist (siehe 9).

13 Eine Zahl zwischen 0 und 18, die angibt, mit welcher Schraffur die Zelle versehen ist. Die 0 bedeutet keine Schraffur.

14 Wenn die Zelle gesperrt ist, den Wahrheitswert WAHR, ansonsten FALSCH.

15 Wenn die Zelle verborgen ist, den Wahrheitswert WAHR, ansonsten FALSCH.

Excel in der Übersicht

16 Die Spaltenbreite der Zelle, gemessen in Zeichen. Die Größe der Zeichen entspricht der Standard-Schriftart dieser Datei.

17 Die Zeilenhöhe der Zelle in Punkten.

18 Den Namen der Schriftart als Text.

19 Die Größe der Schriftart in Punkten.

20 Wenn der Inhalt der Zelle fett formatiert ist, den Wahrheitswert WAHR, sonst FALSCH.

21 Wenn der Inhalt der Zelle kursiv formatiert ist, den Wahrheitswert WAHR, sonst FALSCH.

22 Wenn der Inhalt der Zelle unterstrichen formatiert ist, den Wahrheitswert WAHR, sonst FALSCH.

23 Wenn der Inhalt der Zelle durchgestrichen formatiert ist, den Wahrheitswert WAHR, sonst FALSCH.

24 Die Farbe der Schriftart als Zahl zwischen 1 und 16, wenn "Automatisch" eingestellt ist, die "0".

25 Wenn der Inhalt der Zelle in Konturschrift dargestellt wird, den Wahrheitswert WAHR, sonst FALSCH. Konturschrift kann jedoch nur auf Macintosh-Rechnern eingestellt werden.

26 Wenn der Inhalt der Zelle in Schattenschrift dargestellt wird, den Wahrheitswert WAHR, sonst FALSCH. Konturschrift kann jedoch nur auf Macintosh-Rechnern eingestellt werden.

27 Eine Zahl, die angibt, ob an dieser Zelle ein Seitenumbruch gemacht wird:

    0 = kein Seitenumbruch
    1 = Seitenumbruch an der Zeile
    2 = Seitenumbruch an der Spalte
    3 = Seitenumbruch an Zeile und Spalte

28 Die Zeilengliederungsebene

29 Die Spaltengliederungsebene

30 Wenn die Zeile, in der die aktive Zelle sich befindet, eine Hauptzeile ist, den Wahrheitswert WAHR, ansonsten FALSCH.

Excel in der Übersicht

31 Wenn die Spalte, in der die aktive Zelle sich befindet, eine Hauptspalte ist, den Wahrheitswert WAHR, ansonsten FALSCH.

32 Den Namen des Arbeitsblattes, das die Zelle enthält.

33 Wenn die Zelle mit Zeilenumbruch formatiert ist, den Wahrheitswert WAHR, sonst FALSCH.

34 Die Farbe des linken Rahmens als Zahl zwischen 1 und 16. Wenn "Automatisch" eingestellt ist, die "0".

35 Die Farbe des rechten Rahmens als Zahl zwischen 1 und 16. Wenn "Automatisch" eingestellt ist, die "0".

36 Die Farbe des oberen Rahmens als Zahl zwischen 1 und 16. Wenn "Automatisch" eingestellt ist, die "0".

37 Die Farbe des unteren Rahmens als Zahl zwischen 1 und 16. Wenn "Automatisch" eingestellt ist, die "0".

38 Die Farbe für den Vordergrund der Schattierung als Zahl zwischen 1 und 16. Wenn "Automatisch" eingestellt ist, die "0".

39 Die Farbe für den Hintergrund der Schattierung als Zahl zwischen 1 und 16. Wenn "Automatisch" eingestellt ist, die "0".

40 Das Format der Zelle als Text.

ZELLSCHUTZ(Gesperrt;Formel_verbergen)
ZELLSCHUTZ?(Gesperrt;Formel_verbergen)

Schützen Sie mit dieser Funktion markierte Zellen vor unberechtigtem Zugriff. ZELLSCHUTZ() entspricht dem Befehl *Zellschutz* aus dem Menü *Format*. Mit dem Argument "Gesperrt" können Sie den Inhalt der Zellen vor möglicher Änderung schützen. Der Wahrheitswert WAHR schaltet diese Option ein, FALSCH bewirkt das Gegenteil.

Durch das Argument "Formel_Verbergen" verhindern Sie eine Anzeige der so geschützten Formeln. Diese Formeln werden nicht einmal mehr in der Bearbeitungszeile angezeigt. Was das Aus- und Einschalten dieses Schutzes angeht, verhält es sich genau wie beim Argument "Gesperrt". WAHR schaltet die Option ein und FALSCH aus. Diese Funktion wirkt zusammen mit der Funktion DATEI.SCHÜTZEN(). Ist eine Tabelle geschützt, sind standardmäßig alle Felder geschützt. Ein Zellschutz läßt sich nur in einer ungeschützten Datei aufheben, indem die entsprechenden

Excel in der Übersicht

Zellen markiert werden und das Argument "Gesperrt" auf FALSCH gesetzt wird.

ZIELBEREICH.FESTLEGEN()

Diese Funktion entspricht dem Befehl *Zielbereich festlegen* aus dem Menü *Daten*. Der markierte Zellbereich erhält den Namen "Zielbereich".

ZIELWERTSUCHE(Zielzelle;Zielwert;Variable_Zelle)

Diese Funktion entspricht dem Befehl *Zielwertsuche...* aus dem Menü *Formel*. Die Argumente, die an diese Funktion übergeben werden müssen, sind identisch mit den Eingaben, die im Dialogfeld zu diesem Befehl gemacht werden müssen.

Das Argument "Zielzelle" gibt den Bezug auf die Zelle an, die die Formel enthält, deren Ergebnis in Übereinstimmung mit dem "Zielwert" gebracht werden soll. Wenn "Zielzelle" keine Formel enthält, gibt Excel diesbezüglich eine Fehlermeldung aus.

"Variable_Zelle" gibt die Zelle an, deren Inhalt während der iterativen Berechnung geändert werden muß, um sich dem "Zielwert" zu nähern. Die Formel, die Sie durch "Zielzelle" angegeben haben, muß in Abhängigkeit von "Variable_Zelle" stehen, ansonsten kann Excel keine Lösung finden.

ZINS(Zzr;Rmz;Bw;Zw;F;Schätzwert)

Diese Funktion liefert als Ergebnis den Zinssatz für eine Investition. Wobei sich dieser aus den Argumenten für die Anzahl der Zahlungen (Zzr), dem Zahlungsbetrag (Rmz), dem Barwert (Bw), dem zukünftigen Wert (Zw), der Fälligkeit (F) und einem Schätzwert zusammensetzt. Der Schätzwert ist Ihre Schätzung für den sich ergebenden Zins. Wenn dieses Argument ausgelassen wird, setzt Excel statt dessen den Wert 10% ein.

Ein Beispiel für die Anwendung dieser Funktion finden Sie auf Ihrer Beispieldiskette in der Datei FINANZEN.XLS im Arbeitsbereich FINANZEN.XLW.

ZINSZ(Zins;Zr;Zzr;Bw;Zw;F)

Diese Funktion liefert als Ergebnis die Zinszahlung über einen bestimmten Zeitraum für eine Investition auf der Basis regelmäßiger, konstanter Zahlungen bei einem konstanten Zinssatz.

Excel in der Übersicht

Eine Erläuterung der Argumente finden Sie zur obenstehenden Funktion ZINS().

Ein Beispiel für die Anwendung dieser Funktion finden Sie auf Ihrer Beispieldiskette in der Datei FINANZEN.XLS im Arbeitsbereich FINANZEN.XLW.

ZUFALLSZAHL()

Diese Funktion liefert als Ergebnis eine Zufallszahl, die nach jeder Neuberechnung der Tabelle aus dem Bereich 0 bis 0,999 neu errechnet wird.

ZW(Zins;Zzr;Rmz;Bw;F)

Diese Funktion liefert als Ergebnis den zukünftigen Wert, wobei sich dieser aus den Argumenten für den Zinssatz (Zins), der Zahl der Zeiträume (Zzr), den regelmäßigen Zahlungen (Rmz), dem Barwert (Bw) und der Fälligkeit (F) zusammensetzt. Verwendet wird diese Formel im Zusammenhang mit Cashflow-Rechnungen.

Ein Beispiel für die Anwendung dieser Funktion finden Sie auf Ihrer Beispieldiskette in der Datei FINANZEN.XLS im Arbeitsbereich FINANZEN.XLW.

ZWISCHENABLAGE.EINBLENDEN()

Diese Funktion existiert nur aus Kompatibilitätsgründen zu Makros, die auf dem Apple Macintosh erstellt wurden. Sie entspricht dem Befehl *Ausführen* aus dem Menü *System* bei eingeschalteter Option *Zwischenablage*. Bei Ausführung dieses Befehls öffnet sich das Fenster der Windows-Zwischenablage auf dem Bildschirm.

ZZR(Zins;Rmz;Bw;Zw;F)

Diese Funktion liefert als Ergebnis die Anzahl der Zahlungen für eine Investition, die sich aus den Argumenten für den Zinssatz (Zins), den regelmäßigen Zahlungen (Rmz), dem Barwert (Bw), dem zukünftigen Wert (Zw) und der Fälligkeit (F) zusammensetzt. Verwendet wird diese Formel im Zusammenhang mit Cashflow-Rechnungen.

Ein Beispiel für die Anwendung dieser Funktion finden Sie auf Ihrer Beispieldiskette in der Datei FINANZEN.XLS im Arbeitsbereich FINANZEN.XLW.

Excel in der Übersicht

Stichwortverzeichnis

#BEZUG!	153
$	135
80286-Prozessor	761
80386SX-Prozessor	761
Abfragedatei öffnen	603
Absolute Aufzeichnung	492
Absolute Feldadresse	135
Absolute Makroaufzeichnung	491
Absolutwert	873
Add-In speichern	318
Add-In, Verzeichnis	321
Adressen, gemischt	136
Adreßbus	760
Adreßverwaltung	717
Aktive und inaktive Drucker	742
Amerikanische Abschreibungsformel	888
Ändern der Dialogfeldgröße	544
Ändern der Größe von Elementen	543
Anwendungen einrichten	32
Anzeigen der Gliederungsleisten	246, 309
Arbeitsbereich	95
Arbeitsbereich einrichten	517
Arbeitsblatt schließen	56
Arbeitsgruppe	159
Arbeitsgruppe anordnen	162
Arbeitsgruppe auflösen	161
Arbeitsgruppe ausfüllen	162
Arbeitsgruppe erstellen	161
Arcuscosinus	876
Arcussinus	877
Arcustangens	877
ASCII-Format lesen	634
Aufheben des Objektschutzes	288
Aufheben einer Gruppierung	286
Aufzeichnung ausführen	492
Ausblenden der Formeln	221
Ausblenden einer Spalte	216
Ausblenden einer Zeile	218
Ausrichtung der Texte in der Textbox	291
Ausrichtung eines Diagramms	338
Ausrichtungsraster einstellen	749
Ausschalten der Gliederungsleisten	246
Ausschließen unsichtbarer Felder	253
Ausschneiden in die Zwischenablage	651
Auto_laden	516
Auto_schließen	517
Automatische Formaterkennung	187
Automatischer Seitenumbruch	224
Automatischer Start aus Windows	518
Barwert	887
Baudrate	752
Bearbeiten der Texte	289
Bearbeiten von Dialogfeldern mit dem Dialogfeld-Editor	549
Bearbeitung der Diagrammboxen	297
Bedienungselemente eines Fensters	43
Bedingter Unterprogrammaufruf	504
Beenden einer Anwendung mit dem Task-Manager	60
Beenden von Excel	38
Befehle auswählen	102
Befehlsauswahl	47
Befehlsbereich	94
Befehlsmakros	485
Benennen eines Funktionsmakros	497
Benutzerdefinierte Hilfe	82
Berechnen	111
Berechnete Suchkriterien	427, 447
Bereich verknüpfen	148
Bereichsname, auflisten	138
Bereichsname, Schnittmenge, Formel	141
Bereichsnamen anwenden	139
Bereichsnamen aus Tabelle übernehmen	138
Bereichsnamen, Liste einfügen	141
Bereichsnamen, Schnittmengen	141
Bereichsnamen, Syntax	138
Beschreibung eines Dialogfeldes	545
Betrag	873
Bewegen einer ganzen Gruppe	541
Bewegen eines Dialogfeldes	542
Bewegen eines Elementes	541
Bezüge, extern	151
Bezugsfeld	534
Bilder einfügen	301
Bilder einfügen wie angezeigt	301
Bilder kopieren wie ausgedruckt	302
Bildlauffeld	45
Bildlaufleisten	45
Bildschirm ändern	99
Bildschirmfarben einstellen	736
Bildschirmparameter	100
Bildschirmschriften	205
Blinkgeschwindigkeit ändern	749
Brüche	187
Cache-Speicher	776
Chart-Dateien	632
Cosinus	878
Cursorbewegung	113
Dann-Wert	504
Dateiformate	309, 631
Daten	510
Daten aus Q+E übertragen	618
Datenaustausch mit einem Host	436
Datenbank als externer Bezug	457
Datenbank-Abfragedateien	602
Datenbank-Indexdateien	604
Datenbankbefehle, Reihenfolge ändern	592
Datenbankbereich	425

Stichwortverzeichnis

Datenbankbereich einrichten 428
Datenbankdateien gleichzeitig öffnen . . 584
Datenbankeditor Q+E 579
Datenbanken aktualisieren 600
Datenbanken in
    Textdateien umwandeln 616
Datenbanken verknüpfen 594
Datenbankfelder formatieren 432
Datenbankfelder statistisch auswerten . 590
Datenbankfunktionen 477, 906
Datenbits 752
Datenmaske 467
Datenreihe 379
Datenreihenformel, Aufbau 379
Datensätze ändern 469
Datensätze auswählen 586
Datensätze editieren 583
Datensätze löschen 459
Datensätze ordnen 461
Datenübertragungsanschlüsse 751
Datum ändern 740
Datumsformat 131
Datumsfunktionen 908
DBase-Dateien anzeigen 579
DDA 549
DDA-Name 550
DDE 549, 657
Definition eines Musters 748
Definition von eigenen Funktionen 495
Desktop 747
Dezimalzahlen 101
Diagramm erstellen 369
Diagramm, Achsen darstellen 402
Diagramm, Alles anordnen 384
Diagramm, Beschriftung der Achse . . . 407
Diagramm, Bilder verwenden 416
Diagramm, Bildschirmgröße 338
Diagramm, Elemente markieren 400
Diagramm, Farbpalette bearbeiten . . . 415
Diagramm, Gitternetzlinien verwenden 403
Diagramm,
    Größen- und Rubrikenachsen 404
Diagramm, Legende einfügen 407
Diagramm, Legende positionieren 408
Diagramm, Mustervorlage speichern . . 317
Diagramm, Pfeile einfügen 414
Diagramm, Pfeile löschen 414
Diagramm, Spannweitenlinien 394
Diagramm, Stapelung 391
Diagramm, Text frei positioniert 413
Diagramm, Text löschen 412
Diagramm, Text mit Zeilenumbruch . . . 411
Diagramm, Texte zuordnen 409
Diagramm, Überlappung 392
Diagramm, Vorzugsform 381
Diagramm, Wertereihen überlagern . . 396
Diagrammart, Kreis 377
Diagrammart, Punkt 377
Diagramme im Verbund 378
Diagramme, 3D-Perspektive ändern . . 397

Diagramme, Mehrfachauswahl 374
Dialogfelder 48
Dialogfeldgröße ändern 544
Digitale Abschreibung 888
Divergenz 708
Dokumentation einer Tabelle 226
Dokumentation eines Dialogfeldes . . . 545
Doppelklickgeschwindigkeit 750
Dreiecke zeichnen 280
Druck, Spalten-
    und Zeilenbeschriftungen 340
Druck-Manager als Symbol 348
Druck-Manager umgehen 742
Druck-Manager, Fehlermeldung 350
Druckauftrag anhalten 348
Druckauftrag fortsetzen 348
Druckauftrag löschen 348
Druckaufträge, Reihenfolge verändern . 346
Druckbereichsgrenze 327
Drucken im Netzwerk 349
Drucker konfigurieren 743
Drucker, Auflösung 343
Drucker, Einzugsschacht 343
Drucker, Schriftarten 343
Drucker, Seiten selektieren 344
Drucker-Schnittstelle 350
Druckerkonfiguration 741
Druckerschriftarten 205
Druckertreiber löschen 744
Druckertreiber neu installieren 742
Drucktitel 331
Duplizieren eines Elements 541
Dynamic Data Exchange 549, 657
Dynamische Verknüpfung aktualisieren 659
Dynamische Verknüpfung, Formel . . . 660
Dynamischer Datenaustausch . . . 549, 657

e 873
Eigene Befehle
    in ein Standardmenü einfügen 510
Eigene Datumsformate 200
Eigene Währungsformate 200
Eigene Zahlenformate 194
Einblenden einer Spalte 216
Einblenden einer Zeile 219
Einfügen aus der Zwischenablage . . . 651
Einfügen des Dialogfelds
    in die Makrovorlage 547
Einfügen einer fremden Grafik 303
Einfügen eines Befehls 510
Einfügen von Eingabefeldern 546
Eingabe von Brüchen 187
Eingabe von Zahlen 187
Eingabefeld für Brüche 533
Eingabefeld für Integer-Werte 533
Einrichten eines Arbeitsbereiches 517
Einstellung des Ausrichtungsrasters . . 749
Einzelschrittmodus 493
Ellipsen zeichnen 282
EMS-Version 765

Stichwortverzeichnis

Englisches Maßsystem 739	Formatvorlage "Dezimal" 258
Entfernen der Gliederung 252	Formatvorlage "Prozent" 259
Ergebnisfeld 129	Formatvorlage "Standard" 258
Erstellen einer eigenen Hilfedatei 536	Formatvorlage "Währung" 259
Erweiterter 386er-Modus 753	Formatvorlagen ändern 269
Erzeugen eines Objektbereiches 299	Formatvorlagen definieren 260
Etiketten drucken 597	Formatvorlagen in Mustervorlagen . . . 274
Eulersche Zahl 873	Formatvorlagen löschen 270
Excel beenden 38, 97	Formatvorlagen zusammenführen 271
Excel installieren 33	Formatvorlagen zuweisen 259
Excel starten 36	Formeleingabe 129
Expanded Memory 762	Formelfeld 533
Exponent 187	Formeln anzeigen 223
Exponentialfunktion 882	Funktionen 105
Exponentialkurve 882	Funktionen einfügen 144
Exponentialschreibweise 187	Funktionen kombinieren 145
Extended Memory 762	Funktionen, Syntax 144
Externe Bezüge 151	Funktionsmakro erstellen 494
	Funktionsmakros 486
Fakultät 873	Funktionsübersicht 869
Farben definieren 736	FÜR-WEITER-Schleife 503
Farben selbst definieren 736	Fußzeile 336
Farbige Linien 276	
Farbige Rechtecke 278	Ganze-Zahlen-Feld 533
Farbliche Gestaltung	Geometrisch degressive
von Diagrammboxen 298	Abschreibungsmethode 888
Farbschema löschen 736	Geraden zeichnen 274
Farbschema speichern 736	Gitternetzlinien ein- und ausschalten . . 222
Feld verknüpfen 148	Gleichheitszeichen 129
Feldadressierung 96	Gliederung erstellen 237
Felder arithmetisch überlagern 654	Gliederung, Formate 232
Felder in Formeln 132	Gliederung, spaltenweise 234
Feldinhalte ändern 121	Gliederung, zeilenweise 233
Feldinhalte ausschneiden 122	Gliederungsfolge festlegen 243
Feldinhalte kopieren 114	Gliederungsformatvorlagen 245
Feldnotizen 226	Gliederungshierarchie 230
Feldnotizen auswählen 227	Gliederungssymbole 224, 238
Feldnotizen bearbeiten 227	Grafikkarte 93, 100
Feldnotizen drucken 227	Größe einer Schaltfläche ändern 543
Feldnotizen lesen 227	Gruppen formatieren 286
Feldnotizen suchen 227	Gruppierung aufheben 286
Feldnotizen übernehmen 227	Gruppierungs-Optionsfeld 534
Feldposition 131	
Fenster 53	Handshake 752
Fenster Format ändern 55	Hardwareanwendungen 22
Fenster Größe ändern 55	HELPCONV.EXE 537
Fenster schließen 56	Hilfe, Anwenderspezifisch 537
Fenster teilen 56	Hilfe-Fenster starten 76
Fenster vergrößern 53	Hilfe-Fenster verlassen 77
Fenster verschieben 55	Hilfe-Fenster, Schaltflächen 78
Fenster wiederherstellen 54	Hilfe-Themen auswählen 79
Fenster, überlappen 61	Hilfedatei selbst erstellen 536
Fensterarten in Excel 102	Hilfeprojektdatei 87
Fensterausschnitte 56	Hilfepunkte 538
Finanzierungskosten 889	Hilfetext erstellen 80
Finanzmathematische Funktionen . . . 887	HIMEM.SYS 774
Formate übertragen 653	Hintergrundbild auswählen 748
Formatieren der Feldgrafiken 302	Hintergrundbild bearbeiten 749
Formatierung einer Gruppe 286	Hochformat 342
Formatierungslineal 95	Hotkey 48

1109

Stichwortverzeichnis

Informationsfunktionen 894
Inhalte einfügen 146
Inhalte einfügen 653
Installation von Excel 33
Installation von Windows 27
Installationsmöglichkeiten 29
Interner Kapitalverzinssungssatz 888
Investitionskosten 890
Iteration mit der Zielwertsuche 165
Iterative Strukturen 499

Kachel 748
Kanal 549
Kanalnummer 550
Kapitalanteil 889
Kapitalverzinssungssatz, intern 888
Kapitalzahlung 889
Kennummern 510
Klammerregeln 129
Kombinieren von Suchkriterien ... 422, 460
Kombinieren von Suchkriterien 449
Konsolidieren von Tabellen 156
Konsolidieren, Funktionen 156
Konsolidieren, Unterschiede erkennen 158
Konsolidieren, Ursprung 157
Konsolidieren, Verknüpfungen 158
Konsolidierung von Tabellen 155
Konvergenz 707
Kopfgesteuerte Schleife 499
Kopfzeile 336
Kopieren in die Zwischenablage 651
Kopieren von Datensätzen
   in andere Arbeitsblätter 457
Kreisdiagramm 377
Kreise zeichnen 282
Kurven zeichnen 280
Kurvenradius verändern 281

Ländereinstellungen 189
Ländereinstellungen 738
Länderspezifische Einstellungen 738
Längere Texte 210
Leerzellen überspringen 652
Lernprogramm 67
LIM/EMS-Standard 763
Lineare Abschreibung 890
Linienart ändern 276
Linienstärke einstellen 276
Listenfeld 534
Logarithmus, natürlicher 874
Logische Verknüpfung 449
Logische Funktionen 893
Löschen von Befehlen 512
Löschen von eigenen Zahlenformaten . 195
Lotus 1-2-3 639
Lotus 1-2-3-Makros 556

Matrixformel 174
Makro-Übersetzungshilfe 556
Makrofunktionen 915

Makros für andere Anwendungen 550
Makros, modularer Aufbau 501
Makrounterbrechung verhindern 916
Makrovorlage speichern 317
Mantisse 187
Markieren im Gliederungsmodus 252
Maßsystem ändern 739
Mathematische Funktionen 873
Mathematische Operatoren 128
Matrix 127
Matrixfunktionen 900
Matrixkonstanten 179
Mauseinstellungen 750
Maximum 879
Mehrdimensionale Matrizen 176
Mehrfachauswahl bei Diagrammen ... 374
Mehrfachindexdatei 606
Mehrfachoperation 168
Mehrzeilige Feldeinträge 218
Menüauswahl 46
Menübezug 510
Menüleiste 44
Menüposition 510
Metrisches Maßsystem 739
Minimum 880
Mittelwert 880
Multiplan 635
Multiplan, SYLK-Format 636
Multiplan-Feldadressierung 101
Multiplan-Makros 556
Multitasking-Optionen 754
Muster auswählen 747
Muster bearbeiten 747
Muster definieren 748
Mustervorlage speichern 314

Name 328
Natürlicher Logarithmus 874
NEAT-Boards 765
Nettobarwert 890
Netzwerk-Optionen 756
Notizen auswählen 227
Notizen bearbeiten 227
Notizen drucken 227
Notizen lesen 227
Notizen suchen 227
Notizen übernehmen 227
Novell-Netzwerke 623
Nullwerte unterdrücken 224
Nummern mit Kennbuchstaben 200

Objekte in den Vordergrund holen ... 287
Objekte, Zuweisung ändern 525
Objektschutz aufheben/einrichten ... 287
Öffnen neuer Dateien 322
Öffnen von Datenbankdateien 581
Operatoren 128
Optimale Spaltenbreite 215
Optionsfelder 48
Optionsfeldgruppe 534

Stichwortverzeichnis

Papier, Orientierung 342
Papierformat 339
Parität 752
Passwort, Schreibschutz 320
Passwort, Zugriff 319
Pfeile zeichnen 274
Pi 874
Polygone zeichnen 280
Prioritäten für den Druck-Manager 347
Privates Finanzmanagment 724
Produkt 874
Programm anpassen 32
Protected Mode 766
Prozentzahlen 188
Prozentzeichen 188
Pulldown-Menüs 46
Punktdiagramm 377

Q+E starten 580
Q+E, Menüleiste 580
Q+E-Schlüsselfeld 584
Quadratwurzel 876
Qualifizierter
   interner Kaptitalverzinsungssatz . . 889
Quellenfenster 597
Querformat 342

Rahmen mit Schatten 278
Rahmenbreite verändern 750
RAM-Disk 778
Ränder, Maßeinheit 338
Real Mode 766
Rechtecke zeichnen 277
Reihenfolge der Bezugsänderung 137
Reihenfolge der
   Druckaufträge verändern 346
Reinvestition 889
Reinvestitionen 890
Reinvestitionsverzinsung 890
Relative Aufzeichnung 492
Relative Feldadresse 134
Relative Makroaufzeichnung 491
Restwert 875
Rollbalken 45
Runde Ecken 278
Rundes Optionsfeld 51, 534

SAA 41
Schaltfläche "Abbrechen" 533
Schaltfläche .k.Ok 533
Schaltfläche verknüpfen 523
Schaltflächen 48
Schaltflächen, Zuweisung ändern 525
Schattenrahmen 278
Schleife, kopfgesteuert 499
Schleifeneingangsbedingung 499
Schließen eines Arbeitsblattes 56
Schlüsselspalten 597
Schnelle Ausrichtung 209
Schnittmenge 141

Schnittmenge, Formel 141
Schnittmenge, relativ 142
Schraffieren 210
Schraffuren 210
Schriftart 204
Schriftarten 745
Schriftarten hinzufügen 746
Schriftarten installieren 745
Schriftarten Löschen 746
Schriftattribute 204
Schriftfarben 205
Schriftgröße 204
Schriftkassetten verwenden 341
Schutz gezeichneter Objekte 287
Schutz von Objekten 287
Schutzmechanismus aufheben 288
Seitenansicht 333
Seitenansicht, Rändereinstellung 334
Seitenansicht, Zoom-Funktion 334
Seitenlayout 333
Seitenumbruch 329
Seitenumbruch löschen 331
Selbstausführende Makros 516
Senden von Tastenfolgen 550
Sequentielle Struktur 498
SETUP 28
Shadow-RAM 775
Sicherungsdateien 315
Sicherungskopie 319
Signalton ein- oder ausschalten 753
Sinnbild 535
Sinus 878
SMARTDRV.SYS 777
Solver, Art der Optimierung 565
Solver, Berechnungoptionen 574
Solver, Beschränkung ändern 570
Solver, Beschränkungen 568
Solver, Installation 561
Solver, Modell laden 573
Solver, Modell speichern 572
Solver, Optimierungsfeld 564
Solver, Report erstellen 567
Solver, zu ändernde Felder 565
Solver, Zurücksetzen 565
Sonst-Wert 504
Sortieren von Datenbankdateien 584
Sortierfolge anzeigen lassen 585
Sortierschlüssel 463
Spalten- und Zeilenbeschriftung 131
Spaltenebenen 234
Speicher optional konfigurieren 769
Speicheraufrüstung 771
Sprache 738
SQL 607
Standardzeilenhöhe 217
Standard-Spaltenbreite 215
Standardabweichung 884
Standardausrichtung 208
Standarddrucker 741
Standarddrucker wechseln 341

1111

Stichwortverzeichnis

Standardformate 191
Standardmenüleisten 510
Standardschaltfläche "Abbrechen" . . . 533
Standardschaltfläche OK 532
Start des
    Makro-Übersetzungsprogramms . . 556
Start einer weiteren Anwendung 60
Starten von Excel 36
Statistische Funktionen 879
Steuern von anderen Anwendungen . . 550
Stoppbits 752
Streamer 624
Strichart ändern 276
Strichstärke einstellen 276
Structured Query Language 607
Strukturierte Abfragesprache 607
Suchbefehl außer Kraft setzen 443
Suchfunktionen 911
Suchkriterien 426, 441
Suchkriterien als externer Bezug 457
Suchkriterienbereich definieren 439
Suchkriterium eintragen 471
Suchkriterium löschen 473
Supervisor 624
SYLK-Format 635
Symbol aktivieren 58
Symbolabstand einstellen 749
Symbole anordnen 62
System-Dateien 769
Systemsteuerung 31

Tabelle speichern 312
Tabelle verknüpfen 150
Tabelle, Standardformat 312
Tabellenfunktionen
    zur Cursorsteuerung 96
Tangens 878
Task-Liste 60
Task-Manager 60
Tastaturabkürzung 48
Tastaturbelegung 739
Tastatureinstellung 751
Tastaturgeschwindigkeit 751
Tastencodes 552
Tastenfolgen senden 550
Teilen eines Fensters 56
Telefonnummern 199
Text in Boxen ändern 290
Text in einer Textbox ausrichten 291
Textboxen positionieren 289
Textdateien mit Makros verarbeiten . . 963
Textfunktionen 901
Tilgungsanteil 889
Titelleiste 44
Tortendiagramm 357
Transponieren 147
Trigonometrische Funktionen 876

Übergabe des Arguments 498
Übersetzungshilfe 556

Uhrzeit ändern 740
Umrahmung der Diagramme 297
Umschalten mit der Maus 61
Umschalten mit
    einer Tastenkombination 62
Umschalten über den Task-Manager . . . 60
Umwandlung von Formeln 636
Unabhängig 277
Unterprogrammaufrufe 501
Unterprogramme 501

Varianz 886
Varianz (Schätzung) 886
Verbunddiagramm 378
Verbunddiagramme 396
Vergleichende Suchkriterien 427, 441
Vergrößern einer Textbox 290
Verkleinern einer Textbox 290
Verkleinerung, Proportional 340
Verknüpfte Tabelle 150
Verknüpfter Bereich 148
Verknüpftes Datei-Listenfeld 535
Verknüpftes Feld 148
Verknüpftes
    Laufwerks- und Verzeichnisfeld . . . 535
Verknüpftes Listenfeld 535
Verknüpfung aktualisieren 153
Verknüpfung anzeigen 154
Verknüpfung über Zwischenablage . . . 152
Verknüpfung wechseln 155
Verknüpfung, Fehlerwert 153
Verknüpfungen speichern 313
Vernüpfte Bilder einfügen 301
Verschieben einer Textbox 290
Verschieben von Fenstern 55
Verzeichnistext 535
Viereckiges Optionsfeld 50
Viereckiges Optionsfeld 534
Von Zellenposition abhängig 277

Warenhandelskalkulation 665
Wertereihe arithmetisch 167
Wertereihe geometrisch 167
Wertereihe, Inkrement 168
Wertereihen 165
Wertereihen berechnen 166
WIN.INI 518
Windows 41
Windows, Installation 27
Windows-Disketten 769
Word für Windows 658
Workstation 623
Wurzel 876

XMS-Standard 765
XMS-Treiber 774

Zahlen als Text eingeben 131
Zahlenformate für Telefonnummern . . 199
Zahlenformate mit Maßeinheiten 198

Stichwortverzeichnis

Zählschleifen 499, 502
Zehnerlogarithmus 874
Zeichen von Ellipsen 282
Zeichnen von Diagonalen 274
Zeichnen von Dreiecken 280
Zeichnen von Geraden 274
Zeichnen von Kreisen 282
Zeichnen von Kurven 280
Zeichnen von Pfeilen 274
Zeichnen von Polygonen 280
Zeichnen von Rechtecken 277
Zeilenebenen 232
Zeilenumbruch 209
Zeitfunktionen 908
Zellschutz 219
Zentrierung der Tabelle 338
Zielbereich 454
Zielfenster 597
Zielwertsuche 163
Zielwertsuche verwenden 164
Zins-Tilgungsschere 889, 892
Zinsanteil 892
Zinssatz 892
Zinstage 911
Zufallszahl 876
Zukünftiger Wert 892
Zusammenführen von Formatvorlagen . 271
Zusatzspeicher installieren 770
Zwischenablage 650
Zwischenablage einfügen 651
Zwischenablage selektiv einfügen 653
Zwischenablage starten 650
Zwischenablage, Bild kopieren 654
Zwischenablage, DDE 658
Zwischenablage, Formate 654
Zwischenablage, Inhalte löschen 662
Zwischenablage, Inhalte speichern . . . 661

„WinWord": Profi-Wissen nicht nur für „Power-User".

Man hat etwas auf Word für Windows warten müssen, aber das Warten hat sich gelohnt. Wie sehr, das sagt Ihnen das große Buch zu Word für Windows. Denn das Flaggschiff unter den Microsoft-Textverarbeitungen ist für die normale Korrespondenz einfach zu schade. Ganze Bücher, Dissertationen, Serienbriefe – da fühlt sich Word für Windows richtig wohl. Ebenso wohl darf sich der Anwender fühlen, der sich die Arbeit gleich von Anfang an leicht macht – mit Profitips und Detailinformationen aus dem großen Buch zu Word für Windows. Einige der Höhepunkte: rund 300 Seiten zur Programmierung mit WordBASIC; ausführliche Beschreibung von Feldern (richtige Syntax!); praxisnahe Beispieltexte, Makros, Grafiken und Druckformat-Vorlagen auf Diskette. Zum guten Schluß folgt ein Kapitel, das sich noch einmal ausschließlich und intensiv mit der praktischen Arbeit beschäftigt. Hier erstellen Sie einen übersichtlichen Tabellensatz, eine Zeitung…

Ebel/Retzlaff
Das große Buch zu Word für Windows
Hardcover, 965 Seiten, inkl. Diskette, DM 79,-
ISBN 3-89011-390-7

Vielen Dank!

Wenn Sie Ihr Buch nicht von hinten nach vorne studieren, dann haben Sie jetzt den ganzen Band gelesen und können ihn an Ihren eigenen Erwartungen messen. Schreiben Sie uns, wie Ihnen das Buch gefällt, ob der Stil Ihrer "persönlichen Ader" entspricht und welche Aspekte stärker oder weniger stark berücksichtigt werden sollten. Natürlich müssen Sie diese Seite nicht herausschneiden, sondern können uns auch eine Kopie schicken; für längere Anmerkungen fügen Sie einfach ein weiteres Blatt hinzu. Vielleicht haben Sie ja auch Anregungen für ein neues Buch oder ein neues Programm, das Sie selbst schreiben möchten.
Wir freuen uns auf Ihren Brief!

Mein Kommentar: _____

_____

_____

_____

_____

❏ Ich möchte selbst DATA-BECKER-Autor werden.
Bitte schicken Sie mir Ihre Informationen für Autoren.

Name _____

Straße _____

PLZ Ort _____

Ausschneiden oder kopieren und einschicken an:
DATA BECKER, Abteilung Lektorat
Merowingerstr. 30, 4000 Düsseldorf 1

440 355

Windows 3: So wird die Arbeit zum Vergnügen!

Fast 1000 Seiten zu Windows: Das große Windows-3-Buch ist trotzdem so übersichtlich und verständlich wie die Benutzeroberfläche selbst. Ein beliebter Band, denn hier finden Sie alle Informationen und attraktiven Anwendungen auf Diskette: etwa zwei Bildschirmschoner und Hintergrundmotive. Praxisorientiert macht der Einsteiger seine ersten Erfahrungen mit Windows 3, während der Profi sich gleich auf die vielen nützlichen Tips stürzt. Die Inhalte im einzelnen: Installation, Expanded und Extended Memory, individuelle Anpassung von Windows, Programm-, Datei- und Druckmanager, die unterschiedlichen Betriebsarten, Systemsteuerung, Windows im Netzwerk, Einführung in die Windows-Programmierung, "Zubehör", Spiele und Windows-Anwendungen (Excel, PageMaker, WinWord etc.). Viel Vergnügen!

Frater/Schüller
Das große Windows-3-Buch
Hardcover, 978 Seiten
inklusive Diskette, DM 59,-
ISBN 3-89011-287-0

Windows Intern: Insider-Infos und Applikationen

In den Intern-Bänden finden Sie die harten Fakten – geballte Informationen, die in die Tiefe gehen. Dieses Know-how gibt es jetzt auch zu Windows: Windows als Betriebssystem-Erweiterung (Multitasking, Handles, Code- und Ressourcen-Sharing), Grundstrukturen von Windows-Applikationen, Dialogboxen (Messageboxen, modale/nichtmodale Dialogboxen etc.), Kindfenster, das Graphics Device Interface, Zugriff auf das Dateisystem, Drucken unter Windows, Maus-Nachrichten, die serielle Schnittstelle, Multiple Document Interface, Clipboard, dynamischer Datenaustausch, Dynamic Link Libraries etc. Natürlich erhalten Sie auch fertige Applikationen, die Sie nicht extra abtippen müssen: Auf der mitgelieferten Source-Code- Diskette finden Sie u.a. einen Clipboard-Viewer, eine DDE-Applikation und ein MDI-Beispiel. Die Applikationen wurden mit dem Microsoft-C-Compiler (ab Version 5.1) und dem MS-Software-Development-Kit (SDK) erzeugt.

Honekamp/Wilken
Windows Intern
Hardcover, 763 Seiten
inklusive Diskette, DM 99,-
ISBN 3-89011-284-6

Ihr Fenster zur Zukunft: Windowsprogrammierung

Windows 3 ist zweifellos die Programmierumgebung der 90er Jahre. Denn die Zahl der Windows-Applikationen nimmt ständig zu. Und mit diesem großen Buch sind Sie für diese Zukunft bestens gerüstet. Die Autoren führen Sie leichtverständlich in das komplexe Thema der Windowsprogrammierung ein. Nach kurzer Zeit beherrschen Sie das Programmierkonzept von Windows und verstehen das im Grunde einfache System der Nachrichtenübermittlung zwischen Ihrem Programm und dem Windows-Kern. Themen des Buches sind u.a.: das Nachrichtensystem von Windows; Device Context; Dateiverwaltung; das Hilfesystem; Mehrfach-Dokumentenschnittstelle; Dialogboxen; Tastatur- und Mauseingaben; Zwischenablage; Dynamic Link Libraries. – Zu diesem innovativen Band gehört natürlich auch eine Diskette mit allen Beispielprogrammen. So steht das „Fenster" zur Zukunft weit auf!

Bauder
Das große Buch zur Windowsprogrammentwicklung
Hardcover, 414 Seiten
inkl. Diskette, DM 69,-
ISBN 3-89011-376-1

Monat für Monat ein Stück Praxis zu Ihrem PC.

Ob Einsteiger, Fortgeschrittener oder Profi – wer die neuesten Entwicklungen auf dem PC-Markt praxisnah miterleben will, liest PC-Praxis. Monat für Monat. Hier finden Sie das Know-how, das Sie direkt nutzen können. Unter Rubriken wie DOS-Praxis, PC Intern, PC-Tuning, Druckerklinik oder Software-Praxis bekommen Sie Informationen rund um Ihren PC. Immer verbunden mit zahlreichen praktischen Tips und Tricks. Dazu aktuelle Marktberichte, schonungslose Produkttests und gut recherchierte Hintergrund-Berichte. Eben eine PC-Zeitschrift, bei der der Name Programm ist: PC-Praxis in purer Form.

Holen Sie sich diese Praxis!
Monat für Monat neu im Zeitschriftenhandel

DOS 5.0 für alle Einsteiger, Aufsteiger und die versierten Anwender: Das große Buch informiert rundum

Der neue Standard heißt MS-DOS 5.0 – und Sie können von Anfang an problemlos das Beste aus der jüngsten und leistungsfähigsten Betriebssystem-Version machen: Nutzen Sie das große Buch zu DOS 5.0 mit seinen umfassenden Erläuterungen aller DOS-Befehle und einer speziellen Sammlung von sofort einsetzbaren, professionellen Anwendungen. Aufsteiger von älteren Versionen erfahren alles über die optimale Nutzung des Speichers über 640 KByte, bedienen sich der neuen DOS-Shell (einschließlich des Task-Switchings zwischen mehreren Programmen), retten versehentlich formatierte Datenträger und gelöschte Dateien, erstellen Makros (z. B. mit Doskey) und BASIC-Programme mit dem neuen QBASIC etc. Einsteiger lernen unter anderem, wie MS-DOS 5.0 richtig installiert wird und wie man die Hilfemöglichkeiten nutzt. Natürlich werden auch die Vorteile der neuen DOS-Shell, DOS-Interna sowie Autoexec.Bat- und Config.Sys-Dateien erklärt.

**Tornsdorf/Tornsdorf
Das große Buch zu DOS 5.0
Hardcover, 1.110 Seiten
inklusive Diskette, DM 59,-
ISBN 3-89011-290-0**